JN356009

여러분의 합격을 응원하는

# 해커스공무원의 특별 혜택

## FREE 공무원 경제학 **특강**

해커스공무원(gosi.Hackers.com) 접속 후 로그인 ▶ 상단의 [무료강좌] 클릭 ▶
[교재 무료특강] 클릭하여 이용

## **회독용 답안지**(PDF)

해커스공무원(gosi.Hackers.com) 접속 후 로그인 ▶
상단의 [교재·서점 → 무료 학습 자료] 클릭 ▶ 본 교재의 [자료받기] 클릭

▲ 바로가기

## 해커스공무원 온라인 단과강의 **20% 할인쿠폰**

**9E6C6CCF9CF3JB2G**

해커스공무원(gosi.Hackers.com) 접속 후 로그인 ▶ 상단의 [나의 강의실] 클릭 ▶
좌측의 [쿠폰등록] 클릭 ▶ 위 쿠폰번호 입력 후 이용

* 등록 후 7일간 사용 가능(ID당 1회에 한해 등록 가능)

## 합격예측 **온라인 모의고사 응시권 + 해설강의 수강권**

**BE4A477AC7B7F84A**

해커스공무원(gosi.Hackers.com) 접속 후 로그인 ▶ 상단의 [나의 강의실] 클릭 ▶
좌측의 [쿠폰등록] 클릭 ▶ 위 쿠폰번호 입력 후 이용

* ID당 1회에 한해 등록 가능

쿠폰 이용 관련 문의 **1588-4055**

# 단기 합격을 위한
# 해커스공무원 커리큘럼

**입문**

### 탄탄한 기본기와 핵심 개념 완성!

누구나 이해하기 쉬운 개념 설명과 풍부한 예시로 부담없이 쌩기초 다지기

TIP 베이스가 있다면 **기본 단계**부터!

**기본+심화**

### 필수 개념 학습으로 이론 완성!

반드시 알아야 할 기본 개념과 문제풀이 전략을 학습하고
심화 개념 학습으로 고득점을 위한 응용력 다지기

**기출+예상 문제풀이**

### 문제풀이로 집중 학습하고 실력 업그레이드!

기출문제의 유형과 출제 의도를 이해하고 최신 출제 경향을 반영한
예상문제를 풀어보며 본인의 취약영역을 파악 및 보완하기

**동형문제풀이**

### 동형모의고사로 실전력 강화!

실제 시험과 같은 형태의 실전모의고사를 풀어보며 실전감각 극대화

**최종 마무리**

### 시험 직전 실전 시뮬레이션!

각 과목별 시험에 출제되는 내용들을 최종 점검하며 실전 완성

**PASS**

* 커리큘럼 및 세부 일정은 상이할 수 있으며,
자세한 사항은 해커스공무원 사이트에서 확인하세요.

해커스공무원

# 局경제학

15개년 기출문제집

해커스

## 김종국

**약력**

연세대학교 경제학과 졸업

현 | 해커스공무원 경제학 강의
현 | 해커스 경영아카데미 경제학 교수
현 | 해커스 법아카데미 경제학원론 · 노동경제학 강의
전 | EBS 강사

**저서**

해커스공무원 局경제학 15개년 기출문제집
해커스 局경제학 기본서
해커스공무원 局경제학 핵심 기출 OX 1592
해커스 공감보노 기출로 보는 局경제학 하프모의고사 Season 1
해커스 공감보노 기출로 보는 局경제학 하프모의고사 Season 2
해커스공무원 실전동형모의고사 局경제학
해커스공무원 局경제학 FINAL 합격 봉투모의고사
거꾸로 경제학, EBS
경제 만점의 정석과 비법, EBS
경제 수능기출 특강, EBS

# 공무원 시험의 해답
# 경제학 시험 합격을 위한 필독서

방대한 공무원 경제학의 효율적인 학습을 위해 누적된 기출문제를 분석·분류하여, 학습의 범위와 방향을 명확히 하고 문제해결 능력을 기를 수 있는 기출문제집을 만들었습니다.

경제학 학습에 기본이 되는 기출문제를 효과적으로 학습할 수 있도록 다음과 같은 특징을 가지고 있습니다.

**첫째,** 정확하게 문제를 이해할 수 있도록 상세하고 꼼꼼한 해설을 수록하였습니다.

**둘째,** 기출문제뿐만 아니라 계산문제와 기출변형문제를 수록하였습니다.

**셋째,** 다회독을 위한 다양한 장치를 수록하였습니다.

최소한의 시간으로 최대한의 학습 효과를 낼 수 있는 다음의 학습 방법을 추천합니다.

**첫째,** 기본서와의 연계학습을 통해 각 단원에 맞는 기본 이론을 확인하고 쉽게 암기할 수 있습니다.

**둘째,** 정답이 아닌 선택지까지 모두 학습함으로써 다채로운 문제 유형에 대처할 수 있는 능력을 기를 수 있습니다.

**셋째,** 반복 회독학습을 통해 출제유형에 익숙해지고, 자주 출제되는 개념을 스스로 확인할 수 있습니다.

더불어, 공무원 시험 전문 사이트인 해커스공무원(gosi.Hackers.com)에서 교재 학습 중 궁금한 점을 나누고 다양한 무료 학습 자료를 함께 이용하여 학습 효과를 극대화할 수 있습니다.

부디 <해커스공무원 局경제학 15개년 기출문제집>과 함께 공무원 경제학 시험의 고득점을 달성하고 합격을 향해 한걸음 더 나아가시기를 바랍니다.

**김종국**

# 차례

## Part 4 국회직



## Part 5 계산문제



## 기출변형문제 [책 속의 책]

# 이 책의 구성

## 문제해결 능력 향상을 위한 단계별 구성

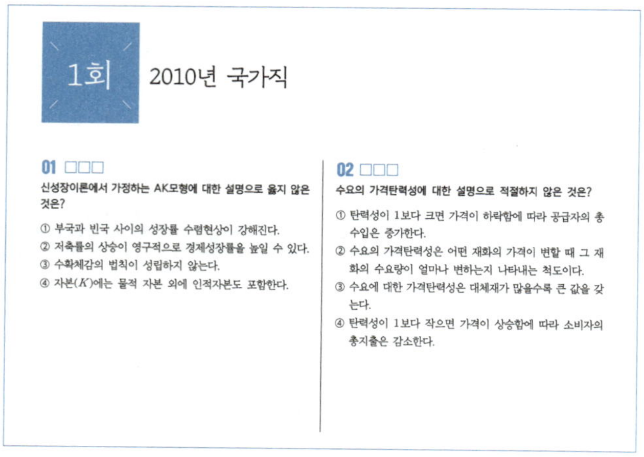
1회 2010년 국가직

01 □□□
신성장이론에서 가정하는 AK모형에 대한 설명으로 옳지 않은 것은?
① 부국과 빈국 사이의 성장률 수렴현상이 강해진다.
② 저축률의 상승이 영구적으로 경제성장률을 높일 수 있다.
③ 수확체감의 법칙이 성립하지 않는다.
④ 자본($K$)에는 물적 자본 외에 인적자본도 포함한다.

02 □□□
수요의 가격탄력성에 대한 설명으로 적절하지 않은 것은?
① 탄력성이 1보다 크면 가격이 하락함에 따라 공급자의 총수입은 증가한다.
② 수요의 가격탄력성은 어떤 재화의 가격이 변할 때 그 재화의 수요량이 얼마나 변하는지 나타내는 척도이다.
③ 수요에 대한 가격탄력성은 대체재가 많을수록 큰 값을 갖는다.
④ 탄력성이 1보다 작으면 가격이 상승함에 따라 소비자의 총지출은 감소한다.

### STEP 1 기출문제로 문제해결 능력 키우기

국가직·지방직·서울시·국회직 등 다양한 직렬의 기출문제를 풀어봄으로써 각 시행처별 출제 경향을 자연스럽게 익힐 수 있습니다. 추가로, 문제 번호 옆에 체크 박스를 활용하여 각 회독마다 문제풀이 여부나 이해 정도를 표시할 수 있습니다.

▼

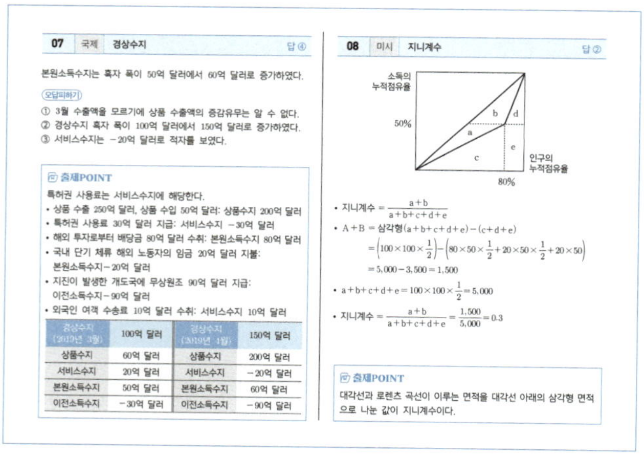
07 국제 경상수지 답 ④

본원소득수지는 흑자 폭이 50억 달러에서 60억 달러로 증가하였다.

오답피하기
① 3월 수출액을 모르기에 상품 수출액의 증감유무는 알 수 없다.
② 경상수지 흑자 폭이 100억 달러에서 150억 달러로 증가하였다.
③ 서비스수지는 −20억 달러로 적자를 보였다.

출제POINT
특허권 사용료는 서비스수지에 해당한다.
- 상품 수출 250억 달러, 상품 수입 50억 달러: 상품수지 200억 달러
- 특허권 사용료 30억 달러 지급: 서비스수지 −30억 달러
- 해외 투자로부터 배당금 80억 달러 수취: 본원소득수지 80억 달러
- 국내 단기 체류 해외 노동자의 임금 20억 달러 지불: 본원소득수지 −20억 달러
- 지진이 발생한 개도국에 무상원조 90억 달러 지급: 이전소득수지 −90억 달러
- 외국인 여객 수송료 10억 달러 수취: 서비스수지 10억 달러

| 경상수지 (2019년 3월) | 100억 달러 | 경상수지 (2019년 4월) | 150억 달러 |
|---|---|---|---|
| 상품수지 | 60억 달러 | 상품수지 | 200억 달러 |
| 서비스수지 | 20억 달러 | 서비스수지 | −20억 달러 |
| 본원소득수지 | 50억 달러 | 본원소득수지 | 60억 달러 |
| 이전소득수지 | −30억 달러 | 이전소득수지 | −90억 달러 |

08 미시 지니계수 답 ②



- 지니계수 $= \frac{a+b}{a+b+c+d+e}$
- A+B = 삼각형(a+b+c+d+e) − (c+d+e)
$= \left(100\times100\times\frac{1}{2}\right)-\left(80\times50\times\frac{1}{2}+20\times50\times\frac{1}{2}+20\times50\right)$
$= 5{,}000-3{,}500=1{,}500$
- $a+b+c+d+e=100\times100\times\frac{1}{2}=5{,}000$
- 지니계수 $= \frac{a+b}{a+b+c+d+e}=\frac{1{,}500}{5{,}000}=0.3$

출제POINT
대각선과 로렌츠 곡선이 이루는 면적을 대각선 아래의 삼각형 면적으로 나눈 값이 지니계수이다.

### STEP 2 상세한 해설로 다시 한번 이론 학습하기

문제 하단의 상세한 해설을 통해 풀이 과정을 꼼꼼히 확인할 수 있습니다. 또한, 출제POINT를 통해 경제학 내용 중 시험에서 주로 묻는 핵심 개념들이 무엇인지 확인하고, 학습하였던 이론의 내용을 다시 한 번 정리할 수 있습니다.

▼

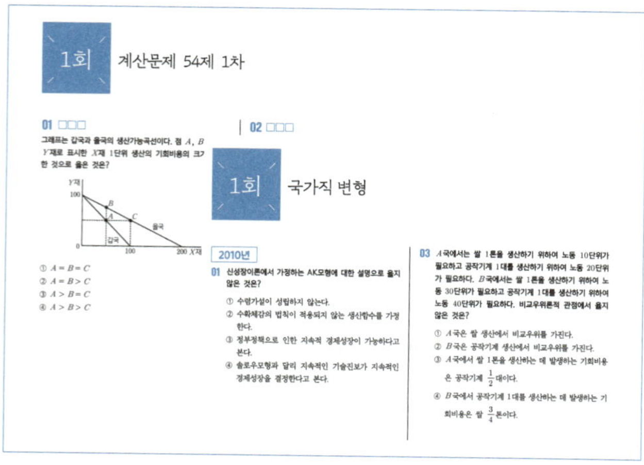
1회 계산문제 54제 1차

01 □□□
그래프는 갑국과 을국의 생산가능곡선이다. 점 $A$, $B$ $Y$재로 표시한 $X$재 1단위 생산의 기회비용의 크기 순으로 옳은 것은?

① $A=B=C$
② $A=B>C$
③ $A>B=C$
④ $A>B>C$

02 □□□

1회 국가직 변형

2010년
01 신성장이론에서 가정하는 AK모형에 대한 설명으로 옳지 않은 것은?
① 수렴가설이 성립하지 않는다.
② 수확체감의 법칙이 적용되지 않는 생산함수를 가정한다.
③ 정부정책으로 인한 지속적 경제성장이 가능하다고 본다.
④ 솔로우모형과 달리 지속적인 기술진보가 지속적인 경제성장을 결정한다고 본다.

03 $A$국에서는 쌀 1톤을 생산하기 위하여 노동 10단위가 필요하고 공작기계 1대를 생산하기 위하여 노동 20단위가 필요하다. $B$국에서는 쌀 1톤을 생산하기 위하여 노동 30단위가 필요하고 공작기계 1대를 생산하기 위하여 노동 40단위가 필요하다. 비교우위론적 관점에서 옳지 않은 것은?
① $A$국은 쌀 생산에서 비교우위를 가진다.
② $B$국은 공작기계 생산에서 비교우위를 가진다.
③ $A$국에서 쌀 1톤을 생산하는 데 발생하는 기회비용은 공작기계 $\frac{1}{2}$대이다.
④ $B$국에서 공작기계 1대를 생산하는 데 발생하는 기회비용은 쌀 $\frac{3}{4}$톤이다.

### STEP 3 계산·기출변형문제로 문제응용 능력 키우기

출제경향을 분석·반영하여 시험 빈출 주제로 구성한 '계산문제'로 출제비중이 높아진 복잡한 계산문제에 대비할 수 있습니다. 또한, 기출문제를 최근 출제경향에 맞추어 재구성한 '기출변형문제'를 풀어봄으로써 문제응용 능력을 키울 수 있습니다.

# 정답의 근거와 오답의 원인, 관련 이론까지 짚어주는 정답 및 해설

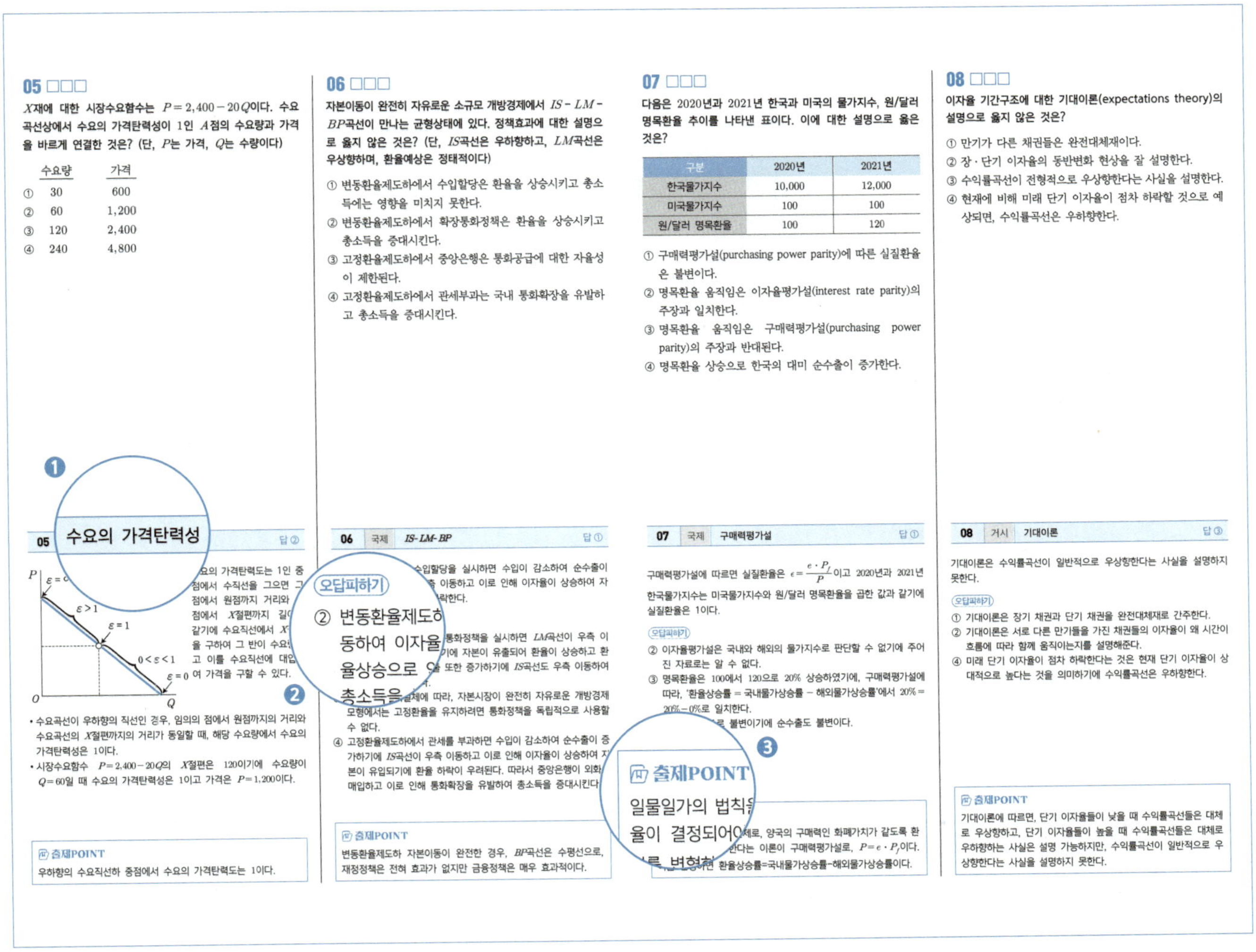

**05**

$X$재에 대한 시장수요함수는 $P=2,400-20Q$이다. 수요곡선상에서 수요의 가격탄력성이 1인 $A$점의 수요량과 가격을 바르게 연결한 것은? (단, $P$는 가격, $Q$는 수량이다)

| | 수요량 | 가격 |
|---|---|---|
| ① | 30 | 600 |
| ② | 60 | 1,200 |
| ③ | 120 | 2,400 |
| ④ | 240 | 4,800 |

**06**

자본이동이 완전히 자유로운 소규모 개방경제에서 $IS-LM-BP$곡선이 만나는 균형상태에 있다. 정책효과에 대한 설명으로 옳지 않은 것은? (단, $IS$곡선은 우하향하고, $LM$곡선은 우상향하며, 환율예상은 정태적이다)

① 변동환율제도하에서 수입할당은 환율을 상승시키고 총소득에는 영향을 미치지 못한다.
② 변동환율제도하에서 확장통화정책은 환율을 상승시키고 총소득을 증대시킨다.
③ 고정환율제도하에서 중앙은행은 통화공급에 대한 자율성이 제한된다.
④ 고정환율제도하에서 관세부과는 국내 통화확장을 유발하고 총소득을 증대시킨다.

**07**

다음은 2020년과 2021년 한국과 미국의 물가지수, 원/달러 명목환율 추이를 나타낸 표이다. 이에 대한 설명으로 옳은 것은?

| 구분 | 2020년 | 2021년 |
|---|---|---|
| 한국물가지수 | 10,000 | 12,000 |
| 미국물가지수 | 100 | 100 |
| 원/달러 명목환율 | 100 | 120 |

① 구매력평가설(purchasing power parity)에 따른 실질환율은 불변이다.
② 명목환율 움직임은 이자율평가설(interest rate parity)의 주장과 일치한다.
③ 명목환율 움직임은 구매력평가설(purchasing power parity)의 주장과 반대된다.
④ 명목환율 상승으로 한국의 대미 순수출이 증가한다.

**08**

이자율 기간구조에 대한 기대이론(expectations theory)의 설명으로 옳지 않은 것은?

① 만기가 다른 채권들은 완전대체재이다.
② 장·단기 이자율의 동반변화 현상을 잘 설명한다.
③ 수익률곡선이 전형적으로 우상향한다는 사실을 설명한다.
④ 현재에 비해 미래 단기 이자율이 점차 하락할 것으로 예상되면, 수익률곡선은 우하향한다.

❶

05 수요의 가격탄력성 답 ②



요의 가격탄력도는 1인 중 점에서 수직선을 그으면 그 점에서 원점까지 거리와 점에서 X절편까지 길이 같기에 수요직선에서 X 을 구하여 그 반이 수요 고 이를 수요직선에 대입 여 가격을 구할 수 있다.

❷

- 수요곡선이 우하향의 직선인 경우, 임의의 점에서 원점까지의 거리와 수요곡선의 $X$절편까지의 거리가 동일할 때, 해당 수요량에서 수요의 가격탄력성은 1이다.
- 시장수요함수 $P=2,400-20Q$의 $X$절편은 120이기에 수요량이 $Q=60$일 때 수요의 가격탄력성은 1이고 가격은 $P=1,200$이다.

출제POINT
우하향의 수요직선하 중점에서 수요의 가격탄력도는 1이다.

06 국제 IS-LM-BP 답 ①

수입할당을 실시하면 수입이 감소하여 순수출이 측 이동하고 이로 인해 이자율이 상승하여 자 락한다.

오답피하기
② 변동환율제도하 동하여 이자율 율상승으로 총소득을

통화정책을 실시하면 LM곡선이 우측 이 기에 자본이 유출되어 환율이 상승하고 환 을 또한 증가하기에 IS곡선도 우측 이동하여

체에 따라, 자본시장이 완전히 자유로운 개방경제 모형에서는 고정환율을 유지하려면 통화정책을 독립적으로 사용할 수 없다.
④ 고정환율제도하에서 관세를 부과하면 수입이 감소하여 순수출이 증가하기에 IS곡선이 우측 이동하고 이로 인해 이자율이 상승하여 자본이 유입되기에 환율 하락이 우려된다. 따라서 중앙은행이 외화 매입하고 이로 인해 통화확장을 유발하여 총소득을 증대시킨다.

출제POINT
변동환율제도하 자본이동이 완전한 경우, BP곡선은 수평선으로, 재정정책은 전혀 효과가 없지만 금융정책은 매우 효과적이다.

07 국제 구매력평가설 답 ①

구매력평가설에 따르면 실질환율은 $\epsilon=\frac{e\cdot P_f}{P}$이고 2020년과 2021년 한국물가지수는 미국물가지수와 원/달러 명목환율을 곱한 값과 같기에 실질환율은 1이다.

오답피하기
② 이자율평가설은 국내와 해외의 물가지수로 판단할 수 없기에 주어진 자료로는 알 수 없다.
③ 명목환율은 100에서 120으로 20% 상승하였기에, 구매력평가설에 따라, '환율상승률 = 국내물가상승률 − 해외물가상승률'에서 20% = 20% − 0%로 일치한다.
로 불변이기에 순수출도 불변이다.

❸

출제POINT
일물일가의 법칙을 율이 결정되어야 제로, 양국의 구매력인 화폐가치가 같도록 환 를 변형하 한다는 이론이 구매력평가설로, $P=e\cdot P_f$이다. 환율상승률=국내물가상승률−해외물가상승률이다.

08 거시 기대이론 답 ③

기대이론은 수익률곡선이 일반적으로 우상향한다는 사실을 설명하지 못한다.

오답피하기
① 기대이론은 장기 채권과 단기 채권을 완전대체재로 간주한다.
② 기대이론은 서로 다른 만기들을 가진 채권들의 이자율이 왜 시간이 흐름에 따라 함께 움직이는지를 설명해준다.
④ 미래 단기 이자율이 점차 하락한다는 것은 현재 단기 이자율이 상대적으로 높다는 것을 의미하기에 수익률곡선은 우하향한다.

출제POINT
기대이론에 따르면, 단기 이자율들이 낮을 때 수익률곡선들은 대체로 우상향하고, 단기 이자율들이 높을 때 수익률곡선들은 대체로 우하향하는 사실은 설명 가능하지만, 수익률곡선이 일반적으로 우상향한다는 사실을 설명하지 못한다.

## ❶ 문항별 핵심 주제

문항마다 문제의 핵심이 되는 주제를 명시하여, 각 문제가 묻고 있는 이론을 한눈에 파악할 수 있습니다.

## ❷ 오답피하기

정답인 선지뿐만 아니라 오답인 선지에 대해서도 상세한 설명을 수록하여, 다양한 선지 내용을 빈틈없이 학습할 수 있습니다.

## ❸ 출제POINT

해당 문제에 대한 핵심이론을 제시하여, 주요 개념을 다양한 시각에서 폭넓게 학습이 가능합니다.

# Part 1

# 국가직

# 1회 2010년 국가직

## 01 □□□

**신성장이론에서 가정하는 AK모형에 대한 설명으로 옳지 않은 것은?**

① 부국과 빈국 사이의 성장률 수렴현상이 강해진다.
② 저축률의 상승이 영구적으로 경제성장률을 높일 수 있다.
③ 수확체감의 법칙이 성립하지 않는다.
④ 자본($K$)에는 물적 자본 외에 인적자본도 포함한다.

## 02 □□□

**수요의 가격탄력성에 대한 설명으로 적절하지 않은 것은?**

① 탄력성이 1보다 크면 가격이 하락함에 따라 공급자의 총수입은 증가한다.
② 수요의 가격탄력성은 어떤 재화의 가격이 변할 때 그 재화의 수요량이 얼마나 변하는지 나타내는 척도이다.
③ 수요에 대한 가격탄력성은 대체재가 많을수록 큰 값을 갖는다.
④ 탄력성이 1보다 작으면 가격이 상승함에 따라 소비자의 총지출은 감소한다.

**01** 거시 AK모형 답 ①

경제성장률은 소득수준이나 자본량의 규모에 관계없이 결정되므로 부국과 빈국 간에 소득수렴 현상이 나타나지 않는다.

(오답피하기)

② AK모형의 경제 성장률은 $sA$이므로 저축률($s$)이 상승하거나 총요소생산성($A$)이 상승하면 경제성장률이 높아진다.
③ AK모형의 생산 함수는 $Y=AK$이므로 자본에 대해 수확체감의 법칙이 성립하지 않는다.
④ 자본($K$)에 물적 자본 외에 인적자본도 포함가능하기에 수확체감의 법칙이 성립하지 않아 지속적인 경제성장이 가능하다고 본다.

**출제POINT**

수확체감의 법칙이 적용되지 않는 $Y=AK$라는 생산함수를 가정할 때, AK모형은 정부의 감세정책 등으로 저축률이 높아지면 지속적인 경제성장이 가능함을 보여준다.

**02** 미시 수요의 가격탄력성 답 ④

수요의 가격탄력성이 1보다 작은 경우에는 가격이 상승하더라도 판매량이 별로 감소하지 않기에 소비자의 총지출이 증가한다.

(오답피하기)

① 탄력성이 1보다 크면 가격이 하락함에 따라 판매량이 크게 증가하기에 공급자의 총수입은 증가한다.
② 수요의 가격탄력성은 가격의 변화율(%)에 대한 수요량의 변화율(%)이다.
③ 사치재의 성격이 강할수록, 대체재가 많을수록, 소비에서 차지하는 비중이 클수록, 재화의 분류범위가 좁을수록, 측정기간이 길수록 수요의 가격탄력성은 탄력적이다.

**출제POINT**

수요의 가격탄력성은 가격의 변화율(%)에 대한 수요량의 변화율(%)로, 가격이 1% 변화할 때 수요량의 변화율로 나타낼 수 있다. 따라서 가격이 1% 변화할 때, 수요량의 변화율이 수요의 가격탄력성이다.

## 03 □□□

**국제통화제도에 대한 설명으로 옳지 않은 것은?**

① 금본위제도는 전형적인 고정환율제도이다.
② 킹스턴체제에서는 회원국들이 독자적인 환율제도를 선택할 수 있는 재량권을 부여하고 있다.
③ 브레튼우즈체제는 달러화를 기축통화로 하는 변동환율제도 도입을 골자로 한다.
④ 1985년 플라자협정의 결과로 달러화의 가치가 하락하였다.

## 04 □□□

**정상재들에 대한 무차별곡선의 설명으로 옳은 것을 모두 고른 것은?**

ㄱ. 소비자에게 같은 수준의 효용을 주는 상품묶음의 집합을 그림으로 나타낸 것이다.
ㄴ. 원점에서 멀어질수록 더 높은 효용수준을 나타낸다.
ㄷ. 기수적 효용 개념에 입각하여 소비자의 선택행위를 분석하는 것이다.
ㄹ. 무차별곡선들을 모아 놓은 것을 무차별지도라고 부른다.

① ㄱ, ㄷ　② ㄷ, ㄹ
③ ㄱ, ㄴ, ㄹ　④ ㄱ, ㄴ, ㄷ

| 03 | 국제 | 국제통화제도 | 답 ③ |
|---|---|---|---|

브레튼우즈체제는 미국 달러화를 기축통화로 조정가능한 고정환율제도이다.

(오답피하기)
① 금본위제도는 전형적인 고정환율제도이다.
② 킹스턴체제는 독자적 환율제도 선택권이 부여되고 특별인출권(SDR)의 역할이 증대된 변동환율제도이다.
④ 1985년 플라자협정의 결과로 달러화의 가치는 대폭 하락하고 엔화의 급속한 강세가 이루어졌다.

**출제POINT**
전형적인 고정환율제도인 금본위제도, 미국 달러화를 기축통화로 조정가능한 고정환율제도인 브레튼우즈체제(1944년), 달러외 기축통화를 도입하여 조정가능범위가 확대된 고정환율제도인 스미소니언협정(1971년)이후 독자적 환율제도 선택권이 부여되고 특별인출권(SDR)의 역할이 증대된 변동환율제도인 킹스턴체제(1976년)로 변천해 왔다.

| 04 | 미시 | 무차별곡선 | 답 ③ |
|---|---|---|---|

ㄱ, ㄴ. 소비자에게 동일한 효용을 주는 두 재화의 조합을 나타낸 곡선이 무차별곡선으로, 원점에서 멀어질수록 효용이 커진다.
ㄹ. 무차별곡선들을 모아 놓은 것을 무차별지도라고 부른다.

(오답피하기)
ㄷ. 무차별곡선 이론에서는 서수적 효용을 가정한다.

**출제POINT**
소비자에게 동일한 효용을 주는 두 재화의 조합을 나타낸 곡선이 무차별곡선이다. 무차별곡선은 우하향의 형태로, 원점에서 멀어질수록 효용이 커지고 교차하지 않으며 원점에 대하여 볼록하다.

## 05 □□□

**효율성임금가설(Efficiency Wage Hypothesis)에 대한 설명으로 옳은 것을 모두 고른 것은?**

ㄱ. 효율성임금가설에 의하면 기업의 노동수요는 노동의 한계생산성과 명목임금이 같아지는 수준에서 결정된다.
ㄴ. 효율성임금가설은 비자발적 실업을 설명하고자 한다.
ㄷ. 효율성임금가설에 의하면 노동자의 근로의욕은 명목임금의 크기에 의해 결정된다.
ㄹ. 효율성임금가설에 의하면 노동자의 생산성은 실질임금에 의하여 좌우된다.

① ㄱ, ㄴ
② ㄴ, ㄹ
③ ㄱ, ㄴ, ㄷ
④ ㄴ, ㄷ, ㄹ

## 06 □□□

**$A$국에서는 쌀 1톤을 생산하기 위하여 노동 50단위가 필요하고 공작기계 1대를 생산하기 위하여 노동 80단위가 필요하다. $B$국에서는 쌀 1톤을 생산하기 위하여 노동 100단위가 필요하고 공작기계 1대를 생산하기 위하여 노동 120단위가 필요하다. 비교우위론적 관점에서 옳은 설명은?**

① $A$국은 쌀 생산 및 공작기계 생산에서 비교우위를 가진다.
② $A$국에서 공작기계 1대를 생산하는데 발생하는 기회비용은 쌀 $\frac{5}{8}$톤이다.
③ $B$국은 쌀 생산 및 공작기계생산에서 비교우위를 가진다.
④ $B$국에서 공작기계 1대 생산하는데 발생하는 기회비용은 쌀 1.2톤이다.

| 05 | 거시 | 효율성임금가설 | 답 ② |
|---|---|---|---|

ㄴ. 시장의 균형임금보다 높은 효율성임금을 지급하면 비자발적 실업이 발생한다. 즉, 효율성임금가설은 비자발적 실업을 설명하고자 한다.
ㄹ. 효율성임금은 실질임금 한 단위당 근로의욕이 최대가 되는 임금으로, 효율성임금가설에 의하면 노동자의 생산성은 실질임금에 의하여 좌우된다.

**오답피하기**

ㄱ. 기업의 노동수요는 한계생산물가치($VMP_L = MP_L \times P$)와 명목임금($w$)이 같아지는 수준, 즉 한계생산성($MP_L$)과 실질임금$\left(\frac{w}{P}\right)$이 같아지는 수준에서 결정된다.
ㄷ. 효율성임금가설에 의하면 노동자의 근로의욕은 명목임금의 크기가 아닌 실질임금의 크기에 의해 결정된다.

**출제POINT**

기업은 시장의 균형임금보다 높은 효율성임금을 지급함으로써 역선택, 도덕적 해이 등을 방지할 수 있게 되어 이윤이 증가한다는 것이 효율성임금이론이다.

| 06 | 국제 | 비교우위 | 답 ④ |
|---|---|---|---|

$B$국에서 공작기계 1대 생산하는 데 발생하는 기회비용은 노동 120단위를 쌀 생산에 투입했을 때 생산가능한 쌀 생산 톤수이다. 즉, 노동 100단위로 쌀 1톤 생산이 가능하기에 노동 120단위이면 쌀 1.2톤이다. 따라서 $B$국에서 공작기계 1대 생산하는데 발생하는 기회비용은 쌀 1.2톤이다.

| 각 재화 1단위 생산에 필요한 노동량 | $A$국 | $B$국 |
|---|---|---|
| 쌀 1톤 | 50 | 100 |
| 공작기계 1대 | 80 | 120 |

**오답피하기**

① $A$국은 쌀 생산 및 공작기계생산에서 절대우위를 가진다.
② $A$국에서 공작기계 1대를 생산하는 데 발생하는 기회비용은 노동 80단위를 쌀 생산에 투입했을 때 생산가능한 쌀 생산 톤수이다. 즉, 노동 50단위로 쌀 1톤 생산이 가능하기에 노동 80단위이면 쌀 $\frac{8}{5}$톤이다. 따라서 $A$국에서 공작기계 1대를 생산하는 데 발생하는 기회비용은 쌀 $\frac{8}{5}$톤이다.
③ $B$국에서 공작기계 1대 생산하는 데 발생하는 기회비용은 쌀 1.2톤이고, $A$국에서 공작기계 1대를 생산하는 데 발생하는 기회비용은 쌀 $\frac{8}{5}$톤이다. 따라서 공작기계 1대 생산하는 데 발생하는 기회비용은 $B$국이 $A$국보다 작기에 $B$국은 공작기계 생산에서 비교우위를 가지고, $A$국은 쌀 생산에서 비교우위를 가진다.

**출제POINT**

재화 1단위 생산의 기회비용이 작은 국가가 그 재화 생산에 비교우위가 있다.

## 07 □□□

**기업의 생산활동과 생산비용에 대한 설명으로 옳지 않은 것은?**

① 평균비용이 증가할 때 한계비용은 평균비용보다 작다.
② 단기에 기업의 총비용은 총고정비용과 총가변비용으로 구분된다.
③ 낮은 생산수준에서 평균비용의 감소추세는 주로 급격한 평균고정비용의 감소에 기인한다.
④ 완전경쟁기업의 경우, 단기에 평균가변비용이 최저가 되는 생산량이 생산중단점이 된다.

| 07 | 미시 | 생산비용 | 답 ① |
|---|---|---|---|

한계비용이 평균비용보다 크면 평균비용은 증가하기에, 평균비용이 증가하는 구간에서는 한계비용이 평균비용보다 크다.

**오답피하기**

② 단기란 고정요소가 존재하는 기간으로 단기에 기업의 총비용은 총고정비용과 총가변비용으로 구분된다.
③ 평균비용은 평균고정비용과 평균가변비용의 합이다. 평균가변비용보다 평균고정비용이 더욱 급격하게 감소하기에, 낮은 생산수준에서 평균비용의 감소추세는 주로 급격한 평균고정비용의 감소에 기인한다.
④ 완전경쟁기업의 경우, $AVC$곡선의 최저점은 생산하는 것과 생산을 하지 않는 것이 동일한 생산중단점이다. 따라서 단기에 평균가변비용이 최저가 되는 생산량이 생산중단점이 된다.

**출제POINT**

한계비용이 평균비용보다 크면 평균비용은 증가하고, 한계비용이 평균비용보다 작으면 평균비용은 감소한다.

## 08 □□□

**독점적 경쟁시장에서 이윤극대화를 목적으로 하는 기업에 대한 설명으로 옳지 않은 것은? (단, $P$는 상품가격, $MC$는 한계비용, $AR$은 평균수입, $LAC$는 장기평균비용을 의미한다)**

① 기업의 진입과 퇴출은 자유로우나 기업의 수요곡선은 우하향한다.
② 독점적 경쟁시장에 속하는 기업의 균형생산량에서는 $P > MC$이다.
③ 독점적 경쟁시장에 속하는 기업은 평균비용곡선의 최저점에서 가격이 결정된다.
④ 독점적 경쟁시장의 장기균형에서는 $P = AR = LAC$이 충족된다.

| 08 | 미시 | 독점적 경쟁시장 | 답 ③ |
|---|---|---|---|

독점적 경쟁은 평균비용곡선 최소점의 좌측에서 생산하기에 생산량 수준이 최적 수준에 미달하는 초과설비가 존재한다.

**오답피하기**

① 독점적 경쟁의 경우, 기업의 진입과 퇴출은 자유로우나, 가격인상 시 판매량이 감소하기에 기업의 수요곡선은 우하향한다.
② 독점적 경쟁시장에 속하는 기업은 $P > MC$인 구간에서 생산되기에 후생손실을 보인다.
④ 독점적 경쟁의 경우, $P > MC$인 구간($P = AR = SAC = LAC > MR = SMC = LMC$)에서 생산되기에 후생손실을 보인다. 즉, 독점적 경쟁시장의 장기균형에서는 $P = AR = LAC$이 충족된다.

**출제POINT**

독점적 경쟁은 독점의 성격과 완전경쟁의 성격이 모두 나타난다.

## 09 □□□

**단기의 완전경쟁기업에 대한 설명으로 옳지 않은 것은?**

① 일정한 생산량 수준을 넘어서서 공급하는 경우에 총수입은 오히려 감소한다.
② 완전경쟁기업의 경우에 평균수입과 한계수입은 동일한 선으로 나타난다.
③ 완전경쟁기업이 받아들이는 가격은 시장 수요와 공급의 균형가격이다.
④ 완전경쟁기업이 직면하는 수요곡선은 수평선이다.

## 10 □□□

**폐쇄경제하에서 다음의 $IS-LM$모형을 기초로 할 때 균형이자율($r^*$)이 6이 되는($r^*=6$) 화폐공급($K$)은?**

> $C=200+0.8(Y-T)$
> $I=1{,}600-100r$
> $G=T=1{,}000$
> $M=K$
> $L=0.5Y-250r+500$
> (단, $Y$는 국민소득, $C$는 소비지출, $T$는 세금, $I$는 투자지출, $r$은 이자율, $G$는 정부지출, $M$은 화폐공급, $L$은 화폐수요이다. 이때 $r$의 균형값인 균형이자율은 $r^*$로 표시한다)

① 2,300 ② 2,500
③ 2,700 ④ 3,000

**09** 미시 이윤극대화 답 ①

$TR(=PQ)$은 원점을 지나는 직선이기에, 생산량이 증가하면 총수입도 증가한다.

(오답피하기)

② 완전경쟁기업의 경우에 $P$(고정된 상수)$=AR=MR$이다.
③ 완전경쟁기업은 시장 수요와 공급의 균형가격을 받아들인다.
④ 완전경쟁시장에서 개별기업이 직면하는 수요곡선은 시장에서 결정된 가격으로 생산하기에 수평선이 된다.

**출제POINT**

완전경쟁에서 $P$가 고정된 상수이기에 $TR(=PQ)$은 원점을 지나는 직선이고, $AR(=\frac{TR}{Q}=\frac{PQ}{Q}=P)$과 $MR(=\frac{\Delta TR}{\Delta Q}=\frac{P\Delta Q}{\Delta Q}=P)$은 모두 수평선이다.

**10** 거시 $IS-LM$모형 답 ②

총수요($C+I+G$)와 총공급($Y$)에서,
$C+I+G=200+0.8(Y-1{,}000)+1{,}600-100r+1{,}000=Y$이다.
따라서 $0.8Y+2{,}000-100r=Y$이기에 $0.2Y+100r=2{,}000$이다.
$r^*=6$을 대입하면, $Y^*=7{,}000$이다.
$M=K=L=0.5Y-250r+500$이기에, $K=2{,}500$이다.

**출제POINT**

생산물시장의 균형은 총수요($C+I+G$)와 총공급($Y$)이 일치하는 점에서 결정된다. 화폐시장의 균형은 화폐의 수요($L$)와 공급($M$)이 일치하는 점에서 결정된다.

## 11 □□□

어떤 국가의 실질국내총생산($GDP$)은 1,000단위라고 하자. 한편, 이 나라의 경제주체들의 민간소비는 200단위, 투자는 150단위, 정부지출은 400단위라고 한다. 이 나라의 순수출은 몇 단위인가?

① 150　　② 200
③ 250　　④ 300

## 12 □□□

다음 중 총공급곡선을 오른쪽으로 이동시키는 요인만을 모두 고른 것은?

ㄱ. 실질임금 상승
ㄴ. 원자재 가격 하락
ㄷ. 신기술 개발
ㄹ. 정부지출 증가

① ㄱ, ㄹ　　② ㄴ, ㄷ
③ ㄱ, ㄷ, ㄹ　　④ ㄱ, ㄴ, ㄷ, ㄹ

**11** 거시 국민소득 답 ③

$Y = C + I + G + (X - M)$에 $1{,}000 = 200 + 150 + 400 + (X - M)$이기에 $(X - M) = 250$이다.

**출제POINT**

국내총지출($GDE$)은 $C$(민간소비지출), $I$(민간총투자), $G$(정부지출), $X-M$(순수출)의 합과 같다.

**12** 거시 $AS$곡선 답 ②

ㄴ. 원자재 가격 하락으로 요소투입량이 증가하여 $AS$곡선은 우측으로 이동한다.
ㄷ. 신기술 개발로 $AS$곡선은 우측으로 이동한다.

**오답피하기**

ㄱ. 실질임금 상승은 비용인상으로 $AS$곡선은 좌측으로 이동한다.
ㄹ. 정부지출 증가로 $IS$곡선이 우측으로 이동하여 $AD$곡선이 우측으로 이동한다.

**출제POINT**

인구증가, 생산성향상, 기술진보 등으로 $AS$곡선은 우측으로 이동한다.

## 13 □□□

**효율적 시장가설(Efficient Market Hypothesis)에 대한 설명으로 옳은 것은?**

① 자본시장이 효율적이라면 금융자산의 가격에는 이미 공개된 모든 정보가 반영되어 있다.

② 시장에서 오랫동안 주식 투자를 하면 지속적으로 초과수익을 얻을 수 있다.

③ 계속 6개월 이상 하락했던 주식의 가격은 조만간 올라갈 것이라고 예상된다.

④ 금융자산의 가격 추세에 따라 투자하면 지속적으로 초과수익을 얻을 수 있다.

## 14 □□□

**공공재에 대한 설명으로 옳지 않은 것은?**

① 무임승차자의 문제가 있다.

② 소비에 있어서 경합성 및 배제성의 원리가 작용한다.

③ 공공재라고 할지라도 민간이 생산, 공급할 수 있다.

④ 시장에 맡기면 사회적으로 적절한 수준보다 과소공급될 우려가 있다.

| 13 | 거시 | 효율적 시장가설 | 답 ① |
|---|---|---|---|

자본시장이 효율적이라면 금융자산의 가격에는 이미 공개된 모든 정보가 반영되어 있다.

(오답피하기)

② 효율적 시장에서는 모든 정보가 주식 가격에 반영되어 있기에 시장 평균 이상의 수익을 얻는 것이 불가능하다.

③ 계속 6개월 이상 하락했던 주식의 가격이 올라갈 것인지 또는 내려갈 것인지 알 수 없다.

④ 금융자산의 가격추세에 따라 투자하면 시장평균수익을 얻을 수 있을 뿐이며, 지속적인 초과수익을 얻는 것은 불가능하다.

**출제POINT**

효율적 시장가설(Efficient Market Hypothesis)이란, 시장은 효율적으로 모든 정보가 즉시 시장에 반영되어 주가는 무작위로 움직이기에 주가를 예측할 수 없다는 이론이다.

| 14 | 미시 | 공공재 | 답 ② |
|---|---|---|---|

공공재는 소비에 있어서 비경합성 및 비배제성의 원리가 작용한다.

(오답피하기)

①, ④ 비경합성과 비배제성을 특성으로 하는 재화인 공공재가 무임승차심리로 과소하게 생산되는 현상은 긍정적인 외부성과 관련된다.

③ 공공재는 주로 정부에 의해 공급되나 민간이 생산, 공급할 수 있다. SBS공중파 방송 등이 그 사례이다.

**출제POINT**

개인의 소비가 타인의 소비가능성을 감소시키지 않는 비경합성과 대가를 지불하지 않아도 소비할 수 있는 비배제성을 특성으로 하는 재화를 공공재라 한다.

## 15 □□□

**경제성장에 관한 솔로우(Solow)모형의 내용으로 옳지 않은 것은?**

① 노동과 자본의 상대가격이 조정되어 생산요소의 과잉상태는 해소된다.

② 노동과 자본의 완전고용이 달성되는 성장의 상태를 균제상태(steady state)라고 한다.

③ 지속적인 성장은 지속적 기술진보에 의해서 가능하다.

④ 기술진보는 경험을 통한 학습효과 등 경제 내에서 내생적으로 결정된다.

| 15 | 거시 | 솔로우성장모형 | 답 ④ |
|---|---|---|---|

내생적 성장이론은 기술진보는 경험을 통한 학습효과 등 경제 내에서 내생적으로 결정된다고 본다.

**오답피하기**

① 요소가격의 신축적 조정을 가정하기에 등량곡선은 원점에 대해서 볼록이고, 따라서 노동과 자본의 상대가격이 조정되어 생산요소의 과잉상태는 해소된다.

② 균제상태란 노동과 자본의 완전고용이 달성되는 성장상태이다.

③ 지속적인 성장은 일회적 기술진보가 아닌 지속적 기술진보에 의해서 가능하다.

**출제POINT**

경제의 안정적 성장을 전제한 솔로우성장모형은 지속적인 성장은 지속적인 기술 진보에 의해 결정되나, 기술진보는 외생적으로 주어진 것으로 가정할 뿐 모형 내에서 기술진보의 원인을 설명하지 못한다. 고전학파 성장이론은 기술진보에 따른 생산성 증가를 과소평가한다. 공급능력증대와 함께 총수요측면도 고려하여 케인즈 이론을 동태화한 $H-D$모형은 기본적으로 불안정적이다.

## 16 □□□

**어떤 산업의 노동수요곡선과 노동공급곡선이 아래와 같다고 한다. 하루 법정 최저실질임금이 60,000이라 할 때, 이 노동시장의 실업인구는? (단, 여기에서 $N_D$는 노동수요, $N_S$는 노동공급 그리고 $w$는 하루의 실질임금이다)**

- $N_D = 800{,}000 - 4w$
- $N_S = 380{,}000 + 4w$

① 20,000 ② 30,000
③ 40,000 ④ 60,000

| 16 | 미시 | 노동시장 | 답 ④ |
|---|---|---|---|

$w = 60{,}000$을 노동수요곡선과 노동공급곡선 식에 대입하면 노동수요량 $N_D = 560{,}000$, 노동공급량 $N_S = 620{,}000$이기에 노동시장에서 60,000의 초과공급이 발생한다. 따라서 실업인구는 60,000이다.

**출제POINT**

최저임금으로 노동의 초과공급, 즉 실업이 발생할 수 있다.

## 17 □□□

**중앙은행이 통화량을 증대시키는 행위와 가장 거리가 먼 것은?**

① 통화안정증권을 발행한다.
② 기준금리를 낮춘다.
③ 지불준비율을 낮춘다.
④ 환율관리를 위해 달러를 매입한다.

## 18 □□□

**$J$씨는 특정한 주식 $A$에 투자하여 수익을 얻으려고 한다. 이때 시장 포트폴리오의 기대수익률과 분산은 각각 $2\%$와 $3\%$이며, 무위험자산의 수익률은 $1\%$이다. 주식 $A$와 시장포트폴리오의 공분산은 $6\%$이다. 자산가격결정모형(CAPM)에 의하면 주식 $A$의 기대수익률은?**

① $1\%$ ② $2\%$
③ $3\%$ ④ $4\%$

| 17 | 거시 | 금융정책 | 답 ① |
|---|---|---|---|

중앙은행이 통화안정증권을 발행하면 매각대금이 중앙은행으로 들어가기에 통화량이 감소한다.

오답피하기

② 기준금리를 낮추면 연동하는 대출금리도 낮아지기에 통화량이 증가한다.
③ 통화량증가는 지급준비율을 하락시켜 예치금을 감소시킴으로써도 달성가능하다. 이른바 지급준비율정책이다.
④ 환율관리를 위해 달러를 매입하면 매입대금이 방출되기에 통화량이 증가한다.

**출제POINT**

통화량증가는 중앙은행의 국공채 매입을 통해 시중에 통화량을 제공함으로써 달성가능하다. 바로 공개시장조작정책이다.

| 18 | 거시 | 자산가격결정모형 | 답 ③ |
|---|---|---|---|

주식 $A$의 기대수익률 = 무위험자산의 수익률 + 주식 $A$의 위험프리미엄이고, 주식 $A$의 위험프리미엄 = (시장 포트폴리오의 기대수익률 − 무위험자산의 수익률) × (주식 $A$와 시장 포트폴리오의 공분산 / 시장 포트폴리오의 분산)이다. 따라서 주식 $A$의 기대수익률 = 무위험자산의 수익률 + 주식 $A$의 위험프리미엄 $= 1\% + (2\% - 1\%) \times \frac{6}{3} = 3\%$이다.

**출제POINT**

'주식 $A$의 기대수익률 = 무위험자산의 수익률 + (시장 포트폴리오의 기대수익률 − 무위험자산의 수익률) × (주식 $A$와 시장 포트폴리오의 공분산/시장 포트폴리오의 분산)'이다.

## 19 □□□

**포트폴리오이론에 대한 설명으로 옳은 것은?**

> 가. 자산수익률간의 상관계수가 0이면 위험분산의 효과가 전혀 없다.
> 나. 분산투자를 통해 자산선택에서 발생하는 체계적인 위험을 모두 제거할 수 있다.

① 가
② 나
③ 가, 나
④ 가, 나 모두 옳지 않다.

## 20 □□□

**최근 우리나라의 대미 달러 환율이 급속히 상승하였다. 이의 원인에 대한 설명으로 경제적 논리에 가장 부합하지 않는 것은?**

① 글로벌 금융위기로 인해 외국 기관투자가들이 우리나라 주식을 매각하였다.
② 우리나라 채권에 대한 미국투자자들의 수요가 증가하였다.
③ 국제금융시장의 불확실성 증가로 인해 달러 수요가 증가하였다.
④ 대미 달러 환율 상승의 기대가 달러화에 대한 가수요를 부추겼다.





| 19 | 거시 | 포트폴리오 | 답 ④ |
|---|---|---|---|

가. 자산수익률간의 상관계수가 0인 경우에도 위험분산효과가 나타난다.
나. 분산투자를 통해 비체계적 위험(기업의 경영성과, 소송사건, 신제품 개발의 성공여부 등 특정 주식에만 영향을 미치는 기업 특유의 위험)은 제거할 수 있다. 하지만, 분산투자를 통해 체계적 위험(모든 증권에 공통된 위험)은 제거할 수 없다.

**출제POINT**

포트폴리오효과란 두 개 이상의 자산조합으로 위험을 분산시키는 효과를 말한다. 상관계수(correlation coefficient)는 두 확률변수간 상관관계의 정도를 나타내는 것으로 $-1$과 $+1$ 사이의 값을 갖는다. 두 변수가 완전히 양의 상관관계를 가지면 상관계수는 $+1$의 값을 갖고, 두 변수가 완전한 음의 상관관계를 갖는 경우에는 상관계수가 $-1$이 된다. 그리고 독립적인 경우에는 상관계수가 0이다. 상관계수가 $+1$이면 위험분산 효과가 없으며, 상관계수가 $+1$이 아니면 위험분산효과가 있다.

| 20 | 국제 | 외환시장 | 답 ② |
|---|---|---|---|

우리나라 채권에 대한 미국투자자들의 수요가 증가하면 달러를 매각하고 원화를 매입하기에 달러의 공급이 증가한다. 즉, 환율하락요인이다.

**오답피하기**

① 외국 기관투자가들이 우리나라 주식을 매각하면 달러의 수요증가로 환율상승요인이다.
③ 달러의 수요증가는 환율상승요인이다.
④ 달러화에 대한 가수요증가는 환율상승요인이다.

**출제POINT**

외화유출은 외화의 수요증가로 환율상승요인이고, 외화유입은 외화의 공급증가로 환율하락요인이다.

# 2회 2011년 국가직

## 01 □□□

**무차별곡선이론에 대한 설명으로 옳지 않은 것은?**

① 효용의 주관적 측정 가능성을 전제한다.
② 무차별곡선과 예산제약선을 이용하여 소비자 균형을 설명한다.
③ 무차별곡선의 기울기는 한계기술대체율이다.
④ 무차별곡선은 우하향하며 원점에 대해 볼록(convex)하다.

## 02 □□□

**화폐공급의 증감 여부를 바르게 연결한 것은?**

ㄱ. 금융위기로 인하여 은행의 안전성이 의심되면서 예금주들의 현금인출이 증가하였다.
ㄴ. 명절을 앞두고 기업의 결제수요가 늘고, 개인들은 명절 준비를 위해 현금보유량을 늘린다.
ㄷ. 한국은행이 자금난을 겪고 있는 지방은행들로부터 국채를 매입하였다.
ㄹ. 은행들이 건전성 강화를 위해 국제결제은행(BIS) 기준의 자기자본비율을 높이고 있다.

| | ㄱ | ㄴ | ㄷ | ㄹ |
|---|---|---|---|---|
| ① | 감소 | 증가 | 감소 | 증가 |
| ② | 감소 | 감소 | 증가 | 감소 |
| ③ | 증가 | 감소 | 증가 | 감소 |
| ④ | 증가 | 감소 | 감소 | 증가 |

**01** 미시 **무차별곡선** 답 ③

한계기술대체율은 등량곡선의 기울기이다.

오답피하기

① 효용이 기수적인 측정이 가능하다고 가정하는 한계효용이론과 달리 무차별곡선이론에서는 효용을 서수적으로만 측정이 가능하다고 가정한다.
② 무차별곡선과 예산제약선을 이용하여 소비자 균형을 설명한다.
④ 무차별곡선은 우하향하며 원점에 대해 볼록(convex)하다. 이는 한계대체율이 체감함을 의미한다.

**출제POINT**

무차별곡선의 기울기는 한계대체율이다.

**02** 거시 **화폐공급** 답 ②

ㄱ. 예금주들의 현금 인출이 증가하면 현금/예금비율($k$)이 증가하고 통화승수가 감소하여 통화량이 감소한다.
ㄴ. 개인들이 현금 보유량을 늘리면 현금/예금비율($k$)이 증가하고 통화승수가 감소하여 통화량이 감소한다.
ㄷ. 국채를 매입하면 본원통화의 증가로 통화량이 증가한다.
ㄹ. 은행들이 자기자본비율을 높이면 지급준비율을 높이기에 통화승수가 감소하여 통화량이 감소한다.

**출제POINT**

현금/예금비율 시 통화승수는 $m=\dfrac{k+1}{k+z}$이고, 통화량은 $M^S=\left(\dfrac{k+1}{k+z}\right)\times H$이다.

## 03 □□□

**자유무역이 가져오게 될 현상으로 적절하지 않은 것은?**

① 동질의 노동력에 대한 각국의 임금격차가 줄어든다.
② 국가 간 산업구조의 차이가 커진다.
③ 동일한 상품에 대한 국가 간의 가격균등화가 일어난다.
④ 수입대체산업이 활성화된다.

## 04 □□□

**기업의 이윤극대화 조건을 가장 적절하게 표현한 것은? (단, $MR$은 한계수입, $MC$는 한계비용, $TR$은 총수입, $TC$는 총비용이다)**

① $MR = MC$, $TR > TC$
② $MR = MC$, $TR < TC$
③ $MR > MC$, $TR > TC$
④ $MR > MC$, $TR < TC$

| 03 | 국제 | 자유무역 | 답 ④ |
|---|---|---|---|

헥셔-올린정리에 따라 수출재 생산은 늘리고 수입재 생산은 줄이기에 수입대체산업은 위축된다.

(오답피하기)

① 완전한 자유무역이 생산요소의 가격을 균등화시키기에 동질의 노동력에 대한 각국의 임금격차가 줄어든다.
② 헥셔-올린정리에 따라 노동풍부국은 노동집약재 생산에, 자본풍부국은 자본집약재 생산에 비교우위가 있기에, 국가마다 수출재가 다르다. 따라서 국가 간 산업구조의 차이가 커진다.
③ 국제시장이 완전경쟁이면 일물일가의 법칙에 따라 동일한 상품에 대한 국가 간의 가격균등화가 일어난다.

**출제POINT**
각국이 비교우위에 따라 교역한다면 완전한 자유무역이 생산요소의 가격을 균등화시킨다는 것을 요소가격균등화정리라 한다.

| 04 | 미시 | 이윤극대화 | 답 ① |
|---|---|---|---|

기업의 이윤극대화는 $MR = MC$, 그리고 $TR > TC$하 $MR$기울기 < $MC$기울기일 때 달성된다.

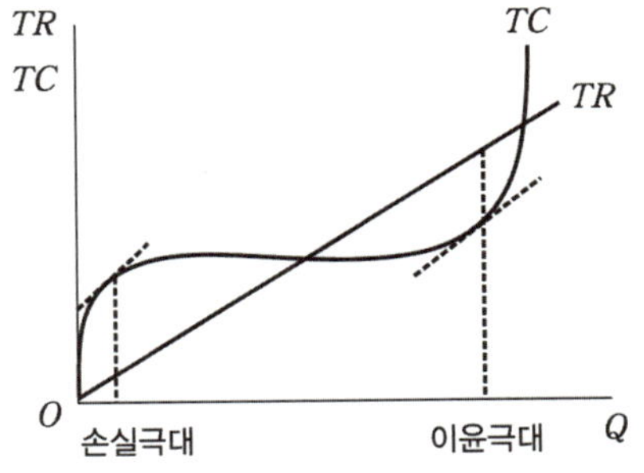

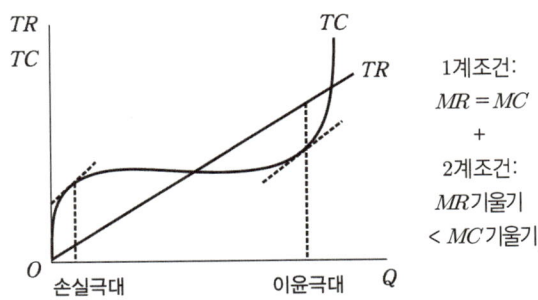

1계조건: $MR = MC$
+
2계조건: $MR$기울기 < $MC$기울기

**출제POINT**
총수입에서 총비용을 차감한 값인 이윤은 $MR = MC$, 그리고 $MR$기울기 < $MC$기울기일 때 극대화된다.

## 05 □□□

**㉠ ~ ㉡에 들어갈 말을 바르게 연결한 것은?**

> 풀(W. Poole)은 통화금융정책을 실시하는 경우 실물부문과 금융부문의 불안전성 정도에 따라 중간목표로 통화량과 이자율 중 하나를 선택해야 한다고 주장한다. 실물부문이 불확실하다면 ( ㉠ )을 중간목표로 삼고, 금융부문이 불확실하다면 ( ㉡ )을 중간목표로 삼는 것이 생산 및 소득의 변동성을 줄일 수 있다는 점에서 우월하다.

| | ㉠ | ㉡ |
|---|---|---|
| ① | 통화량 | 통화량 |
| ② | 통화량 | 이자율 |
| ③ | 이자율 | 통화량 |
| ④ | 이자율 | 이자율 |

## 06 □□□

**정책당국이 내년의 경제성장률은 $7\%$, 화폐유통속도는 $1.5\%$ 수준으로 예상하고 있다고 가정한다. 급격한 물가 상승을 우려한 정책당국이 내년 물가상승률을 $3\%$로 억제하기 위한 내년도의 적정 통화성장률은?**

① $6.5\%$　② $7.5\%$
③ $8.5\%$　④ $9.5\%$

**05** 거시 **금융정책** 답 ②

화폐수요의 이자율탄력성이 커서 $LM$곡선이 완만하다고 보는 케인즈학파는 화폐부문($LM$곡선)이 불안정하기에 이자율을 중간목표로 사용할 때 실질 $GDP$의 변동이 작다고 주장한다. 투자의 이자율탄력성이 커서 $IS$곡선이 완만하다고 보는 통화주의는 실물부문($IS$곡선)이 불안정하기에 통화량을 중간목표로 사용할 때 실질 $GDP$의 변동이 작다고 주장한다.

> **출제POINT**
> 실물이 불안정하고 화폐가 안정이면 통화량을 중간목표(통화주의)로 하고, 화폐가 불안정하고 실물이 안정이면 이자율을 중간목표(케인즈학파)로 한다.

**06** 거시 **교환방정식** 답 ③

'통화공급증가율 = 물가상승률 + 경제성장률 − 유통속도증가율'이다. 따라서 통화공급증가율 $=3+7-1.5=8.5\%$이다.

> **출제POINT**
> 일반적인 교환방정식 $MV=PY$를 변형하면, $\frac{\Delta M}{M}+\frac{\Delta V}{V}=\frac{\Delta P}{P}+\frac{\Delta Y}{Y}$이기에 '통화공급증가율 + 유통속도증가율 = 물가상승률 + 경제성장률'이다.

## 07 □□□

**화폐수요에 대한 설명으로 옳지 않은 것은?**

① 화폐는 다른 금융자산에 비해 교환수단으로는 우등(superior)하나, 가치저장수단으로는 열등(inferior)하다.
② 보몰-토빈(Baumol-Tobin)의 거래적 화폐수요이론에 따르면, 다른 조건이 일정할 때 소득이 2배 증가하면 화폐수요는 2배보다 더 많이 증가한다.
③ 프리드만(M. Friedman)의 화폐수요모델은 케인즈(J. M. Keynes)의 화폐수요모델에 비해 화폐유통속도가 안정적인 것을 전제한다.
④ 피셔(I. Fisher)의 거래수량설에서 강조된 것은 화폐의 교환수단 기능이다.

## 08 □□□

**이자율 기간구조에 대한 설명으로 옳은 것을 모두 고른 것은?**

> ㄱ. 기대이론에 의하면, 미래의 단기이자율 상승이 예상된다는 것은 수익률 곡선이 우상향함을 의미한다.
> ㄴ. 기대이론에 의하면, 미래의 단기이자율 하락이 예상된다는 것은 수익률 곡선이 우하향함을 의미한다.
> ㄷ. 유동성프리미엄이론에 의하면, 미래의 단기이자율 상승이 예상된다는 것은 수익률 곡선이 우상향함을 의미한다.
> ㄹ. 유동성프리미엄이론에 의하면, 미래의 단기이자율 하락이 예상된다는 것은 수익률 곡선이 우하향함을 의미한다.

① ㄱ, ㄴ, ㄷ ② ㄱ, ㄴ, ㄹ
③ ㄱ, ㄷ, ㄹ ④ ㄴ, ㄷ, ㄹ

### 07 | 거시 | 화폐수요 | 답 ②

보몰의 화폐수요함수는 $M^D = P\sqrt{\frac{bY}{2r}}$ ($b$: 거래비용)이다. 따라서 다른 조건이 일정할 때 소득이 2배 증가하면 화폐수요는 2배보다 더 적게 증가한다.

**오답피하기**

① 화폐는 주식이나 채권 등의 다른 금융자산에 비해 유동성이 크기에 교환수단으로는 우등(superior)하나, 수익성이 작기에 가치저장수단으로는 열등(inferior)하다.
③ 프리드만(M. Friedman)의 화폐수요모델은 신화폐수량설로, 화폐수요는 항상소득의 증가함수이고, 유통속도($V$)가 이자율($r$)과 예상인플레이션율($\pi^e$)의 영향을 받지만 그 정도는 매우 미미하기에 프리드만의 화폐수요함수는 $\frac{M^D}{P} = \frac{1}{V(r, \pi^e)} \cdot Y_p$이다. 즉, 유동성함정하 화폐수요의 이자율탄력성이 무한대인 케인즈(J. M. Keynes)의 화폐수요모델에 비해 화폐유통속도가 안정적인 것을 전제한다.
④ 피셔(I. Fisher)의 거래수량설에서 강조된 것은 화폐의 교환수단 기능이나, 케인즈는 화폐의 가치저장 기능도 있음을 강조한다.

> **출제POINT**
> 화폐를 일종의 재고로 보고 화폐보유의 총비용이 극소화되도록 화폐수요의 크기를 결정하는 것이 보몰의 재고이론이다.

### 08 | 거시 | 이자율 기간구조 | 답 ①

ㄱ. 기대이론에 의하면, 장기이자율은 미래 예상되는 단기이자율의 평균이다. 미래의 단기이자율 상승이 예상된다면 장기이자율이 올라가기에 수익률곡선이 우상향한다.
ㄴ. 기대이론에 의하면, 장기이자율은 미래 예상되는 단기이자율의 평균이다. 미래의 단기이자율 하락이 예상된다면 장기이자율이 내려가기에 수익률 곡선이 우하향한다.
ㄷ. 유동성프리미엄이론에 의하면, 장기이자율은 단기이자율에 위험프리미엄을 더해 결정한다. 미래의 단기이자율 상승이 예상된다면 장기이자율이 높기에 수익률 곡선이 우상향한다.

**오답피하기**

ㄹ. 유동성프리미엄이론에 의하면, 장기이자율은 단기이자율에 위험 프리미엄을 더해 결정한다. 미래의 단기이자율 하락이 예상되더라도 장기 이자율이 높을 수 있기에 수익률 곡선이 우상향할 수 있다.

> **출제POINT**
> 만기에 따라 이자율이 다른 것을 이자율 기간구조라 하고, 만기별로 수익률값을 보여주는 곡선이 수익률 곡선이다.

## 09 □□□

**구매력평가설과 이자율평가설이 성립한다고 가정한다. 한국과 미국의 명목이자율이 각각 5%, 6%이며, 한국의 예상 물가 상승률이 3%일 경우 옳지 않은 것은?**

① 미국의 예상 물가상승률은 4%이다.
② 달러에 대한 원화의 실질환율은 상승한다.
③ 한국과 미국의 실질이자율은 동일하다.
④ 원/달러 환율은 1% 하락할 것으로 예상된다.

## 10 □□□

**해외 관광상품 시장의 수요 및 공급함수가 다음과 같이 주어질 때, 시장 균형에서의 수요와 공급의 가격탄력성이 바르게 연결된 것은? (단, 단위는 $Q$만 명, $P$만 원이다)**

- 수요함수: $Q_d = 210 - P$
- 공급함수: $Q_s = 2P$

① (0.5, 1.0)
② (0.5, 2.0)
③ (1.0, 1.0)
④ (0.5, 2.0)

**09** 국제 **구매력평가설과 이자율평가설** 답 ②

구매력평가설이 성립하면 $P = e \cdot P_f$이고, 실질환율은 $\epsilon = \frac{e \times P_f}{P}$이기에 실질환율은 1로 변함이 없다. 즉 '실질환율변화율 = 명목환율변화율 + 해외물가상승률 − 국내물가상승률'으로 실질환율변화율은 $-1+4-3=0$이다. (④번에 의해 환율변화율이 −1%이고, ①번에 의해 해외물가상승률은 4%이다.)

**오답피하기**

① 구매력평가설에서 '환율상승률 = 국내물가상승률 − 해외물가상승률'이다. 즉, $-1=3-$해외물가상승률이기에 해외물가상승률 = 4%이다. 따라서 미국의 예상 물가상승률은 4%이다.
③ 한국의 명목이자율이 5%이며, 한국의 예상물가상승률이 3%이기에 한국의 실질이자율은 2%이다. 미국의 명목이자율이 6%이며, 미국의 예상 물가상승률이 4%이기에 미국의 실질이자율은 2%이다. 따라서 한국과 미국의 실질이자율은 동일하다.
④ 이자율평가설에서 환율변화율 = 국내이자율 − 해외이자율 $= 5-6 = -1$%이다. 따라서 원 / 달러 환율은 1% 하락할 것으로 예상된다.

**출제POINT**

이자율평가설에서 '환율변화율 = 국내이자율 − 해외이자율'이다.

**10** 미시 **수요와 공급의 가격탄력성** 답 ①

두 함수의 교점은 $P=70$, $Q=140$이다. 따라서 수요함수($Q_d = 210 - P$)에서 $P=70$, $Q=140$일 때 수요의 가격탄력성은 $-\frac{\Delta Q}{\Delta P} \cdot \frac{P}{Q}$으로 $\frac{1}{2}$이다. 공급함수($Q_s = 2P$)에서 $P=70$, $Q=140$일 때 공급의 가격탄력성은 $\frac{\Delta Q}{\Delta P} \cdot \frac{P}{Q}$으로 1이다.

**출제POINT**

수요의 가격탄력성은 $-\frac{\Delta Q}{\Delta P} \cdot \frac{P}{Q}$이고, 공급의 가격탄력성은 $\frac{\Delta Q}{\Delta P} \cdot \frac{P}{Q}$이다.

## 11 □□□

**두 재화 간의 가격의 교차탄력성이 0보다 작다면, 두 재화 간의 관계는?**

① 보완재의 관계
② 대체재의 관계
③ 정상재와 열등재의 관계
④ 사치재와 필수재의 관계

| 11 | 미시 | 재화의 성격 | 답 ① |
|---|---|---|---|

교차탄력성이 0보다 작다면 두 재화는 보완재의 관계이다.

(오답피하기)

② 교차탄력성이 0보다 크다면 두 재화는 대체재의 관계이다.
③ 소득이 1% 변화할 때 수요(량) 변화율이 소득 탄력성으로, (+)일 때 정상재, (-)일 때 열등재이다.
④ 소득이 1% 변화할 때 수요(량) 변화율이 소득 탄력성으로, 1보다 클 때 사치재, 1보다 작고 0보다 클 때 필수재이다.

**출제POINT**

다른 재화의 가격이 1% 변화할 때, 본 재화의 수요(량) 변화율이 수요의 교차 탄력성으로, (+)일 때 대체재, (-)일 때 보완재이다.

## 12 □□□

**필립스곡선 및 자연실업률가설에 대한 설명으로 옳은 것은?**

① 필립스곡선은 명목임금상승률과 실업률 간의 관계를 나타내는 우상향의 곡선이다.
② 필립스곡선은 단기총공급곡선을 나타내며 기대인플레이션율이 상승하면 아래쪽으로 이동한다.
③ 자연실업률가설에 따르면 정부가 총수요확대정책을 실시한 경우에 단기적으로 기업과 노동자가 이를 정확하게 인식하지 못하기 때문에 실업률을 낮출 수 있다.
④ 자연실업률가설에 따르면 장기적으로 필립스곡선은 수직이며, 이 경우 총수요확대정책은 자연실업률보다 낮은 실업률을 달성한다.

| 12 | 거시 | 필립스곡선 | 답 ③ |
|---|---|---|---|

자연실업률가설에 따르면 단기에는 재량적인 안정화정책이 효과가 있다. 따라서 정부가 총수요확대정책을 실시한 경우에 단기적으로 기업과 노동자가 이를 정확하게 인식하지 못하기 때문에 실업률을 낮출 수 있다.

(오답피하기)

① 필립스곡선은 명목임금상승률(인플레이션율)과 실업률 간의 관계를 나타내는 우하향의 곡선이다.
② 필립스곡선과 단기총공급곡선은 동일한 속성을 나타내기에 기대인플레이션율이 상승하면 위쪽으로 이동한다.
④ 장기필립스곡선이 수직선이기에 실업률감소의 재량적인 안정화정책은 물가상승만 초래한다. 따라서 자연실업률가설에 따르면 장기적으로 필립스곡선은 수직이며, 이 경우 실제실업률과 자연실업률이 일치한다. 따라서 총수요확대정책은 자연실업률보다 낮은 실업률을 달성할 수 없다.

**출제POINT**

자연실업률가설에서 단기필립스곡선은 안정적인 우하향의 형태이다. 따라서 재량적인 안정화정책은 효과가 있다. 그러나 장기필립스곡선이 수직선이기에 실업률감소의 재량적인 안정화정책은 물가상승만 초래한다.

## 13 □□□

어느 기업의 평균수입($AR$)함수는 $AR = 60 - 3Q$, 총비용 함수는 $TC = Q^2 - 4Q + 5$라고 할 때, 이 기업의 이윤극대화 생산량은? (단, $Q$는 수량, $TC$는 총비용이다)

① 4
② 8
③ 12
④ 16

## 14 □□□

어느 독점기업이 직면하는 수요곡선이 $P = 6 - 3Q$(단, $P$는 가격, $Q$는 수요량)일 때, 이 기업의 한계수입이 0이라면 총수입은?

① 1
② 2
③ 3
④ 4

| 13 | 미시 | 이윤극대화 | 답 ② |
|---|---|---|---|

$AR = 60 - 3Q$이기에 $TR = 60Q - 3Q^2$이고 $MR = 60 - 6Q$이다. $TC = Q^2 - 4Q + 5$이기에 $MC = 2Q - 4$이다. 따라서 $MR = MC$에서 $Q = 8$이다.

**출제POINT**

총수입에서 총비용을 차감한 값인 이윤은 $MR = MC$, 그리고 $MR$ 기울기 $<$ $MC$기울기일 때 극대화된다.

| 14 | 미시 | 독점기업 | 답 ③ |
|---|---|---|---|

$P = 6 - 3Q$이기에 $MR = 6 - 6Q$이다. 따라서 $TR = 6Q - 3Q^2$이다. $MR = 6 - 6Q = 0$이기에 $Q = 1$이고 $TR = 6Q - 3Q^2 = 3$이다.

**출제POINT**

수요곡선이 우하향의 직선일 때 한계수입곡선은 수요곡선과 절편은 같고 기울기는 2배이다.

## 15 □□□

**담배수요의 가격탄력성이 0.4이며 담배의 가격은 2,000원이다. 정부가 담배소비량을 20% 감소시키고자 할 때, 담배가격의 적정 인상분은?**

① 1,000원 ② 2,000원
③ 3,000원 ④ 4,000원

## 16 □□□

**정부가 특정 재화의 공급을 촉진하기 위해 소비자에게 재화 한 단위 당 보조금을 지급한다고 할 때, 이 보조금 정책의 시행으로 소비자와 생산자잉여, 정부의 수입 및 총 사회적 후생에 미치는 영향으로 옳지 않은 것은?**

① 소비자잉여는 증가한다.
② 정부의 수입은 감소한다.
③ 총사회적후생은 증가한다.
④ 생산자잉여는 증가한다.

| 15 | 미시 | 수요의 가격탄력성 | 답 ① |
|---|---|---|---|

담배수요의 가격탄력성이 0.4일 때 담배소비량을 20% 감소시키려면 가격은 50% 상승시켜야 한다. 담배의 가격이 2,000원이기에 담배가격의 적정 인상분은 2,000원의 50%인 1,000원이다.

**출제POINT**
수요의 가격탄력성은 가격의 변화율(%)에 대한 수요량의 변화율(%)로, 가격이 1% 변화할 때 수요량의 변화율로 나타낼 수 있다.

| 16 | 미시 | 사회적후생 | 답 ③ |
|---|---|---|---|

소비자에게 보조금을 지급하면 소비자잉여와 생산자잉여가 증가하나 증가분의 합이 보조금에 미달하기에 총사회적후생은 감소한다.

오답피하기

① 소비자에게 보조금을 지급하면 거래량이 증가하고 소비자 실제지불가격이 하락하기에 소비자잉여는 증가한다.
② 소비자에게 보조금을 지급하면 보조금 지급만큼 정부의 수입은 감소한다.
④ 소비자에게 보조금을 지급하면 거래량이 증가하고 생산자 실제수취가격이 상승하기에 생산자잉여는 증가한다.

**출제POINT**
소비자에게 보조금을 지급하면 소비자잉여와 생산자잉여는 증가, 정부수입은 감소, 총사회적후생는 감소를 보인다.

## 17 □□□

**다음의 경우 정부가 마을 주민을 위해 나무심기에 지원하는 보조금의 액수는?**

> 어느 마을의 주민들은 보다 쾌적한 공원 환경을 조성하기 위해 나무를 심고자 한다. 마을 주민 각자는 자신의 집에 나무를 가져갈 수는 없지만 공원을 지날 때마다 쾌적함을 느낄 것이다. 마을 주민 개인의 공원 나무에 대한 수요함수가 $P = 10 - Q$라고 하자. $P$는 나무 한 그루의 가격이고 $Q$는 나무의 수량이다. 나무 한 그루를 공원에 심는 비용은 200원이며, 마을 주민은 200명이다.

① 1,000원　　② 1,200원
③ 1,400원　　④ 1,600원

## 18 □□□

**먼델-플레밍모형에 대한 설명으로 옳지 않은 것은?**

① 먼델-플레밍모형은 $IS-LM$모형과 마찬가지로 재화 및 용역 시장을 설명하지만 순수출을 추가적으로 포함한다.
② 소국개방경제의 경우, 고정환율제하에서는 재정정책만이 소득에 영향을 미친다.
③ 소국개방경제의 경우, 변동환율제하에서는 금융정책만이 소득에 영향을 미친다.
④ 소국개방경제의 경우, 일국과 관련된 위험할증이 증가하면 소득이 감소한다.

### 17 미시 사회 보조금 답 없음

공공재의 시장수요곡선은 개별수요곡선을 수직으로 합하여 도출한다. 마을 주민이 200명이고 각각의 수요함수는 $P=10-Q$이다. 따라서 공공재의 시장수요곡선은 $P=2{,}000-200Q$이다. 그리고 한계비용은 200원이다. 공공재의 적정공급조건은 $P=MC$에 따라 $P=2{,}000-200Q$와 $MC=200$이 만나는 $Q=9$이다. 나무 한 그루를 공원에 심는 비용이 200원이기에 총비용은 1,800원이다. 마을 주민의 수요함수는 $P=10-Q$로 $Q=9$일 때 $P=1$이기에 마을 주민은 나무 한 그루에 1원씩, 즉 9그루에 9원씩 지불의사가 있다. 마을 주민이 200명으로 마을 주민은 총 1,800원을 지불할 의사가 있다. 따라서 보조금은 1,800원 - 1,800원 = 0원이다.

**출제POINT**

개별수요곡선을 수직으로 합하여 도출하는 공공재의 시장수요곡선하에서 소비자들은 동일한 양을 서로 다른 편익으로 소비한다.

### 18 국제 먼델-플레밍모형 답 ④

투자자는 위험한 만큼 높은 수익을 원하는데, 위험을 감수하는 만큼의 대가를 더하는 것을 위험할증이라 한다. 일국과 관련된 위험할증이 증대하는 경우 자본유출이 발생한다. 고정환율제도하에서 자본유출은 중앙은행의 외화매각으로 인한 통화량감소로 $LM$곡선이 좌측으로 이동하여 국민소득이 감소한다. 변동환율제도하에서 자본유출은 환율상승으로 $IS$곡선이 우측으로 이동하여 국민소득이 증가한다.

**오답피하기**

① 먼델-플레밍모형은 개방경제하 $IS-LM$모형과 마찬가지로 재화 및 용역 시장을 설명하지만 순수출을 추가적으로 포함한다.
② (고정환율제도하)자본이동이 완전한 경우, $BP$곡선은 수평선으로, 재정정책은 매우 효과적이나 금융정책은 전혀 효과가 없다. 따라서 소국개방경제의 경우, 고정환율제하에서는 재정정책만이 소득에 영향을 미친다.
③ (변동환율제도하)자본이동이 완전한 경우, $BP$곡선은 수평선으로, 재정정책은 전혀 효과가 없지만 금융정책은 매우 효과적이다. 따라서 소국개방경제의 경우, 변동환율제하에서는 금융정책만이 소득에 영향을 미친다.

**출제POINT**

$IS-LM$모형이 폐쇄적인 자급자족 경제를 다룬데 반해, 먼델-플레밍모형은 개방경제를 다룬다.

## 19 □□□

**소비이론 중 생애주기(life-cycle)가설에 대한 설명으로 옳지 않은 것은?**

① 소비자는 일생동안 발생할 소득을 염두에 두고 적절한 소비수준을 결정한다.
② 청소년기에는 소득보다 더 높은 소비수준을 유지한다.
③ 저축과 달리 소비의 경우는 일생에 걸쳐 거의 일정한 수준이 유지된다.
④ 동일한 수준의 가처분소득을 갖고 있는 사람들은 같은 한계 소비성향을 보인다.

## 20 □□□

**타이어에 대한 수요($Q_d$)와 공급($Q_s$)함수가 각각 $Q_d = 700 - P$와 $Q_s = 200 + 4P$로 주어져 있다. 정부가 소비자에게 타이어 1개당 10원의 세금을 부과한다면, 공급자가 받는 가격($P_s$)과 소비자가 지불하는 가격 ($P_d$)은? (단, $P$는 가격을 나타낸다)**

| | $P_s$ | $P_d$ |
|---|---|---|
| ① | 98원 | 108원 |
| ② | 100원 | 110원 |
| ③ | 108원 | 98원 |
| ④ | 110원 | 100원 |



| 19 | 거시 | 생애주기가설 | 답 ④ |
|---|---|---|---|

동일한 수준의 가처분소득을 갖고 있는 사람들이라도 생애전체소득의 현재가치는 다를 수 있기에 같은 한계소비성향을 보인다고 단정할 수 없다.

**오답피하기**

① 소비자는 일생동안 발생할 소득을 염두에 두고 평생 효용을 극대화하는 적절한 소비수준을 결정한다.
② 통상적으로 청소년기에는 소득보다 더 높은 소비수준을 유지하기에 (-)의 저축, 즉 부채가 발생한다.
③ 생애전체소득의 현재가치를 감안하여 소비는 일정하게 유지한다.

**출제POINT**

일생동안 소득의 변화는 불규칙하나 생애전체소득의 현재가치를 감안하여 소비는 일정하게 유지한다는 가정아래 소비는 소득과 자산의 크기에 영향을 받는다는 것이 생애주기가설이다.

| 20 | 미시 | 조세부담 | 답 ① |
|---|---|---|---|

$Q_d = 700 - P$를 $P$로 변형하면, $P = 700 - Q$이고 10을 빼면, $P = 700 - Q - 10 = 690 - Q$이다. 이를 $Q$로 변형하면, $Q = 690 - P$이다. $Q_d = Q_s$에서 $690 - P = 200 + 4P$에서 $P = 98$이기에 공급자가 받는 가격($P_s$)은 98원이고, 여기에 1개당 10원의 세금을 더한 108원이 소비자가 지불하는 가격($P_d$)이다.

**출제POINT**

우상향하는 공급곡선과 우하향하는 수요곡선을 갖는 $X$재에 대하여 소비자에게 조세가 부과되면 소비자 가격은 조세부과 이전보다 상승하나 생산자 가격은 조세부과 이전보다 낮아진다.

# 3회 2012년 국가직

## 01 □□□

**환율과 국제수지에 대한 설명으로 옳지 않은 것은?**

① 구매력평가설에 따를 때, 다른 조건은 일정하고 우리나라의 통화량만 증가하는 경우 원/달러 환율은 하락한다.
② 원/달러 환율이 하락하는 경우 원화가 평가절상된 것이다.
③ 달러 대비 원화가치의 하락은 우리나라의 대미 수출 증가 요인으로 작용한다.
④ 자본이동이 자유로운 경우, 다른 조건은 일정하고 우리나라의 이자율만 상대적으로 상승하면 원화의 가치가 상승한다.

## 02 □□□

**어느 경제의 국민총생산함수가 $Y = AL^{\frac{1}{2}}K^{\frac{1}{2}}$로 주어진다. 어느 기간 동안의 자료를 분석한 결과 국민총생산증가율 $\left(\frac{\Delta Y}{Y}\right)$이 10%, 노동증가율 $\left(\frac{\Delta L}{L}\right)$이 4%, 자본증가율 $\left(\frac{\Delta K}{K}\right)$이 4%로 나타났다. 이 기간 동안의 총요소생산성증가율은? (단, $Y$는 국민총생산, $L$은 노동, $K$는 자본이다)**

① 2% ② 4%
③ 6% ④ 8%

| 01 | 국제 | 환율과 국제수지 | 답 ① |
|---|---|---|---|

구매력평가설에 따를 때, $P=e \cdot P_f$이다. 다른 조건은 일정하고 우리나라의 통화량만 증가하면, 물가상승으로 원/달러 환율은 상승한다.

**오답피하기**

② 환율은 '달러값'으로, 환율하락은 달러가치의 하락이고 원화가치의 상승, 즉 원화의 평가절상이다.
③ 달러 대비 원화가치의 하락은 수출품의 달러표시 가격하락으로 우리나라의 대미 수출 증가 요인으로 작용한다.
④ 자본이동이 자유로운 경우, 다른 조건은 일정하고 우리나라의 이자율만 상대적으로 상승하면 외화유입증가로 환율이 하락하기에 원화의 가치가 상승한다.

**출제POINT**

일물일가의 법칙을 전제로, 양국의 구매력인 화폐가치가 같도록 환율이 결정되어야 한다는 이론이 구매력평가설로, $P=e \cdot P_f$이다. 이를 변형하면 '환율상승률 = 국내물가상승률 − 해외물가상승률'이다.

| 02 | 거시 | 총요소생산성 | 답 ③ |
|---|---|---|---|

$\frac{\Delta A}{A} = \frac{\Delta Y}{Y} - \alpha\frac{\Delta L}{L} - (1-\alpha)\frac{\Delta K}{K}$에서 국민총생산증가율$\left(\frac{\Delta Y}{Y}\right)$이 10%, 노동증가율$\left(\frac{\Delta L}{L}\right)$이 4%, 자본증가율$\left(\frac{\Delta K}{K}\right)$이 4%이고, $\alpha$(노동소득분배율) $=0.5$, $1-\alpha$(자본소득분배율) $=0.5$이기에, $\frac{\Delta A}{A} = 10 - 0.5 \times 4 - 0.5 \times 4 = 6\%$이다.

**출제POINT**

경제성장의 요인을 요인별로 분석해 보는 것을 성장회계라 하고, $Y = AL^{\alpha}K^{1-\alpha}$에서 $\frac{\Delta Y}{Y} = \frac{\Delta A}{A} + \alpha\frac{\Delta L}{L} + (1-\alpha)\frac{\Delta K}{K}$로 나타낸다. 이때 $\frac{\Delta A}{A}$를 총요소생산성증가율이라 한다.

## 03 □□□

**기업의 시장구조와 행동원리에 대한 설명으로 옳지 않은 것은?**

① 두 기업이 특정시장을 50 : 50으로 양분하고 있으면 허핀달지수(Herfindahl index)에 의한 독과점도는 5,000이다.
② 꾸르노(Cournot) 과점시장 모델에서 기업 수가 많아질수록 시장전체의 산출량은 증가한다.
③ 독점적 경쟁시장에서 이윤극대화를 추구하는 기업의 장기균형 생산량은 평균비용이 최소가 되는 점이다.
④ 완전경쟁기업의 이윤극대화 산출량은 한계수입과 한계비용이 일치하는 점에서 결정된다.

**03 | 미시 | 시장의 종류 | 답 ③**

독점적 경쟁시장에서 이윤극대화를 추구하는 기업의 장기균형 생산량은 $P > MC$인 구간($P = AR = SAC = LAC > MR = SMC = LMC$)이기에 후생손실을 보인다. 즉, 진입과 퇴거가 자유로워 정상이윤만을 획득하고 독점보다는 작지만 초과설비를 보유하여 생산이 비효율적으로 이루어진다. 생산이 장기평균비용곡선의 최소점에서 이루어지는 것은 완전경쟁기업이다.

**오답피하기**

① 허핀달지수는 $H = s_1^2 + s_2^2 + s_3^2 + \cdots + s_n^2$($n$개의 기업이 존재하고, $s_i$ = i번째 기업의 시장점유율이다)이다. 두 기업이 특정시장을 50 : 50으로 양분하고 있으면 허핀달지수에 의한 독과점도는 $50^2 + 50^2 = 5{,}000$이다.
② 두 기업이 모두 추종자라고 가정하는 꾸르노모형은 각 기업이 완전경쟁의 $\frac{1}{3}$씩 생산하여 시장은 $\frac{2}{3}$만큼 생산한다. 따라서 꾸르노 과점시장 모델에서 기업 수가 많아질수록 시장전체의 산출량은 증가한다.
④ 시장형태와 관계없이 기업의 이윤극대화 산출량은 한계수입과 한계비용이 일치하는 점에서 결정된다.

**출제POINT**

가격과 한계비용의 차이가 클수록 후생손실이 증가한다는 점을 반영한 $dm = \frac{P - MC}{P}$가 러너의 독점도이다. 수요의 가격탄력성에 반비례한 모습의 $dm = \frac{1}{\epsilon}$가 힉스의 독점도이다.

## 04 □□□

**조세에 대한 설명으로 옳은 것을 모두 고른 것은?**

ㄱ. 과세부과에 따른 자중적 손실(deadweight loss)의 최소화를 기하는 것은 효율성 측면과 관련이 있다.
ㄴ. 과세표준소득이 1천만 원인 경우 10만 원의 세금을 부과하고 과세표준소득이 2천만 원인 경우 20만 원의 세금을 부과한다면 이 과세표준구간 내에서 누진세를 적용하고 있는 것이다.
ㄷ. 고가의 모피코트에 부과하는 세금은 세금부담능력이 더 큰 사람이 더 많은 세금을 내야 한다는 원칙을 잘 만족시킨다.
ㄹ. 과세부담의 수평적 공평성의 원칙은 세금부담능력이 다르면 세금도 다르게 부과하는 것이다.

① ㄱ ② ㄱ, ㄹ
③ ㄴ, ㄷ ④ ㄷ, ㄹ

**04 | 미시 | 조세부과 | 답 ①**

ㄱ. 과세부과에 따른 자중적 손실의 최소화를 기하는 것은 효율성 측면과 관련이 있다.

**오답피하기**

ㄴ. 과세표준소득이 1천만 원인 경우 10만 원의 세금부과와 과세표준소득이 2천만 원인 경우 20만 원의 세금부과 모두 세율이 1%로 비례세와 관련이 있다.
ㄷ. 고가의 모피코트에 부과하는 세금은 간접세로 세금부담능력이 더 큰 사람이 더 많은 세금을 내야 한다는 보장은 없다.
ㄹ. 세금부담능력이 다르면 세금도 다르게 부과하는 것은 과세부담의 수직적 공평성의 원칙이다.

**출제POINT**

과세부과에 따른 자중적 손실은 자원의 비효율적 배분과 관련된다.

## 05 □□□

**재정정책 및 금융정책의 효과에 대한 설명으로 옳은 것은?**

① 단기 $IS-LM$ 분석 시 화폐수요가 이자율에 탄력적일수록 재정정책의 효과는 약해진다.

② 단기 $IS-LM$ 분석 시 투자가 이자율에 비탄력적일수록 통화정책의 효과는 강해진다.

③ 통화주의자들은 재량적 통화정책을 주장한다.

④ 풀(W. Poole)에 따르면 실물부문보다 금융부문의 불확실성이 클 때는 금융정책의 지표로 이자율이 통화량보다 바람직하다.

## 06 □□□

**다음은 전통적 화폐수량설에 관한 문제이다. $A$국은 우유와 빵만을 생산하며 그 생산량과 가격은 아래 표와 같다. 2010년도의 통화량이 20억 원이면 2011년도의 통화량은? (단, 통화의 유통속도는 2010년도와 2011년도에 동일하다)**

| 연도 | 우유 | | 빵 | |
|---|---|---|---|---|
| | 가격 (원/병) | 생산량 (백만 병) | 가격 (원/개) | 생산량 (백만 개) |
| 2010년 | 250 | 40 | 200 | 10 |
| 2011년 | 300 | 40 | 400 | 15 |

① 20억 원 ② 25억 원

③ 30억 원 ④ 35억 원

**05** 거시 **재정정책과 금융정책** 답 ④

실물부문보다 금융부문의 불확실성이 클 때는 금융정책의 지표로 이자율이 통화량보다 바람직하다.

(오답피하기)

① 단기 $IS-LM$ 분석 시 화폐수요가 이자율에 탄력적일수록 금융정책의 효과는 약해진다.

② 단기 $IS-LM$ 분석 시 투자가 이자율에 비탄력적일수록 재정정책의 효과는 강해진다.

③ 통화주의자들은 경제안정화는 준칙에 의해 통화공급증가율을 일정하게 유지해야 한다고 주장한다.

**출제POINT**

실물이 불안정하고 화폐가 안정이면 통화량을 중간목표(통화주의)로 하고, 화폐가 불안정하고 실물이 안정이면 이자율을 중간목표(케인즈학파)로 한다.

**06** 거시 **화폐수량설** 답 ③

2010년의 통화량이 20억 원이고, 명목국민소득($PY$)은 $250 \times 40,000,000 + 200 \times 10,000,000 = 12,000,000,000$원이기에 유통속도($V$)는 6이다.

2011년의 유통속도도 2010년과 같기에 6이고, 명목국민소득($PY$)은 $300 \times 40,000,000 + 400 \times 15,000,000 = 18,000,000,000$원이다. 따라서 통화량은 30억 원이다.

**출제POINT**

고전학파의 화폐수량설($MV = PY$)을 변형한 $M = \frac{1}{V}PY$는 $PY$(명목국민소득)만큼의 거래를 위해 일정비율($\frac{1}{V}$)만큼의 화폐수요가 필요하다는 화폐수요로 해석할 수 있다.

## 07 □□□

**재화의 성질 및 무차별곡선에 대한 설명으로 옳지 않은 것은?**

① 모든 기펜재(Giffen goods)는 열등재이다.

② 두 재화가 대체재인 경우 두 재화 간 교차탄력성은 양(+)의 값을 가진다.

③ $X$축에는 공해를, $Y$축에는 정상재를 나타내는 경우 무차별곡선은 수평이다.

④ 두 재화가 완전대체재인 경우 두 재화의 한계대체율(marginal rate of substitution)은 일정하다.

## 08 □□□

**$X$재화의 시장수요곡선은 $Q = 120 - P$이고, 독점기업이 이 재화를 공급한다. 이 독점기업의 사적인 비용함수는 $C(Q) = 1.5Q^2$이고, 환경오염비용을 추가로 발생시키며 그 환경오염비용은 $EC(Q) = Q^2$이다. 이 경우 사회적 순편익을 극대화하는 최적생산량은? (단, $P$는 시장가격, $Q$는 생산량이다)**

① 20 ② 30

③ 40 ④ 50

| 07 | 미시 | 여러 가지 재화 | 답 ③ |
|---|---|---|---|

$X$축에는 공해를, $Y$축에는 정상재를 나타내는 경우 무차별곡선은 우상향이다.

(오답피하기)

① 기펜재는 열등재 중에서 수요법칙이 성립하지 않는 재화로 모든 기펜재는 열등재이다.

② 두 재화가 대체재인 경우 한 재화의 가격 변화와 다른 재화의 수요 변화가 같은 방향이기에 두 재화 간 교차탄력성은 양(+)의 값을 가진다.

④ 두 재화가 완전대체재인 경우 무차별곡선은 우하향의 직선 형태이기에, 두 재화의 한계대체율은 일정하다.

**출제POINT**

비재화의 한계효용은 (-)이기에 비재화의 소비량이 증가할 때 효용이 동일하게 유지되기 위해서는 재화(정상재)의 소비량은 증가해야 한다.

| 08 | 미시 | 독점시장 | 답 ① |
|---|---|---|---|

시장수요곡선은 $Q = 120 - P$으로 소비측면의 외부효과는 없기에 사적한계편익 = 사회적한계편익으로 $SMB = 120 - Q$이다. 사적한계비용곡선은 사적인 비용함수인 $C(Q) = 1.5Q^2$를 미분한 $PMC(Q) = 3Q$이다. 환경오염으로 인한 외부효과의 크기는 환경오염비용인 $EC(Q) = Q^2$를 미분한 $EMC(Q) = 2Q$이다. 따라서 사회적한계비용곡선은 $SMC = 5Q$이다. 따라서 최적생산량은 $SMB = SMC$으로 $Q = 20$이다.

**출제POINT**

독점시장에서 수요곡선인 사적한계편익곡선과 사적한계비용곡선이 만나는 점에서 이윤극대화 생산량이 결정된다.

## 09 □□□

**$X$재화를 공급하는 독점기업이 이윤극대화를 위해 실시하는 가격차별에 대한 설명으로 옳지 않은 것은?**

① $X$재화에 대한 수요의 가격탄력성 차이가 집단구분의 기준이 될 수 있다.

② 두 시장을 각각 $A$와 $B$, $X$재화 판매의 한계수입을 $MR$, $X$재화 생산의 한계비용을 $MC$라고 할 때, 독점기업은 $MR_A = MR_B = MC$ 원리에 기초하여 행동한다.

③ $A$시장보다 $B$시장에서 $X$재화에 대한 수요가 가격에 더 탄력적이라면 독점기업은 $A$시장보다 $B$시장에서 더 높은 가격을 설정한다.

④ 독점기업이 제1차 가격차별(first-degree price discrimination)을 하는 경우 사회적으로 바람직한 양이 산출된다.

## 10 □□□

**$A$은행의 초과지급준비금이 0인 상황에서, 甲이 $A$은행에 예치했던 요구불예금 5,000만 원의 인출을 요구하자 $A$은행은 보유하고 있는 시재금을 활용하여 지급하였다. 이 경우 $A$은행의 상황으로 옳은 것은? (단, 요구불예금에 대한 법정지급준비율은 15%이다)**

① 고객의 요구불예금 잔고가 750만 원 감소한다.

② 고객의 요구불예금 잔고가 4,250만 원 감소한다.

③ 지급준비금이 법정기준보다 750만 원 부족하게 된다.

④ 지급준비금이 법정기준보다 4,250만 원 부족하게 된다.

**09** 미시 가격차별 답 ③

제3급 가격차별로 비탄력적인 시장에서는 높은 가격으로 판매하고 탄력적인 시장에서는 낮은 가격으로 판매한다. $A$시장보다 $B$시장에서 $X$재화에 대한 수요가 가격에 더 탄력적이라면 독점기업은 $A$시장보다 $B$시장에서 더 낮은 가격을 설정한다.

(오답피하기)

① 제3급 가격차별의 경우, $X$재화에 대한 수요의 가격탄력성 차이가 집단구분의 기준이 될 수 있다.

② 독점기업은 $MR_A = MR_B = MC$원리에 기초하여 행동한다.

④ 각 단위의 재화에 대하여 소비자들이 지불할 용의가 있는 최대금액을 설정하는 것이 제1급 가격차별로, 완전경쟁시장의 산출량과 일치한다.

**출제POINT**

시장을 몇 개로 분할하여 각 시장에서 서로 다른 가격을 설정하는 것이 제3급 가격차별로 일반적인 가격차별이다.

**10** 거시 지급준비금 답 ④

초과지급준비금이 0이기에 '지급준비금 = 법정지급준비금'이다. 법정지급준비금은 750만 원(= 5,000만 원 × 15%)이고 요구불예금 5,000만 원을 시재금으로 지급하면, 지급준비금이 법정기준보다 4,250만 원 부족하게 된다.

(오답피하기)

①, ② 고객의 요구불예금 잔고가 5,000만 원 감소한다.

③ 지급준비금이 법정기준보다 4,250만 원 부족하게 된다.

**출제POINT**

'지급준비금 = 법정지급준비금 + 초과지급준비금 = 시재금 + 지급준비예치금'이다.

## 11 □□□

모든 은행이 초과지급준비금은 보유하지 않고 민간은 현금을 모두 요구불예금으로 예금한다고 가정한다. 요구불예금의 법정지급준비율이 20%인 경우 중앙은행이 국채 100억 원을 사들인다면 이로 인한 통화량의 창출 규모는?

① 80억 원
② 100억 원
③ 200억 원
④ 500억 원

## 12 □□□

甲은 주어진 돈을 모두 $X$재와 $Y$재 소비에 지출하여 효용을 최대화하고 있으며, $X$재의 가격은 100원이고 $Y$재의 가격은 50원이다. 이때 $X$재의 마지막 1단위의 한계효용이 200이라면 $Y$재의 마지막 1단위의 한계효용은?

① 50
② 100
③ 200
④ 400



**11** 거시 **통화승수** 답 ④

모든 은행이 초과지급준비금은 보유하지 않기에 지급준비율 = 법정지급준비율로 $z$(지급준비율) = 0.2이다. 또한 민간은 현금을 모두 요구불예금으로 예금한다고 가정하기에 현금은 전혀 보유하지 않고 따라서 $z$(현금/예금비율)는 0이다. 중앙은행이 국채 100억 원을 사들인다면 본원통화는 100억 원 증가한다. 통화승수는 $m=\frac{k+1}{k+z}$=5이기에 통화량은 $M^S=\left(\frac{k+1}{k+z}\right)\times H$ = 500억 원이다.

**출제POINT**

현금/예금비율 시 통화승수는 $m=\frac{k+1}{k+z}$이고, 통화량은 $M^S=\left(\frac{k+1}{k+z}\right)\times H$이다.

**12** 미시 **한계효용균등의 법칙** 답 ②

$P_X=100$원, $P_Y=50$원일 때, 한계효용균등의 법칙$\left(\frac{MU_X}{P_X}=\frac{MU_Y}{P_Y}\right)$에 따라 효용극대화를 계산하면, $\frac{MU_X}{P_X}=\frac{200}{100\text{원}}=\frac{MU_Y}{P_Y}$에서 $P_Y=$ 50원이기에 $Y$재의 한계효용은 100이다.

**출제POINT**

한계효용균등의 법칙$\left(\frac{MU_X}{P_X}=\frac{MU_Y}{P_Y}\right)$에 따라 효용극대화를 추구한다.

## 13 □□□

**정보의 비대칭성(information asymmetry)의 원인, 문제, 사례 및 해결책이 바르게 연결된 것은?**

| | 원인 | 문제 | 사례 | 해결책 |
|---|---|---|---|---|
| ① | 숨겨진 특징 (hidden characteristics) | 도덕적 해이 (moral hazard) | 중고차 시장 | 강제보험 |
| ② | 숨겨진 특징 | 역선택 (adverse selection) | 신규차 시장 | 성과급 |
| ③ | 숨겨진 행위 (hidden action) | 도덕적 해이 | 주인과 대리인 | 감시강화 |
| ④ | 숨겨진 행위 | 역선택 | 노동시장 | 최저임금 |

## 14 □□□

**어느 소국개방경제(small open economy)가 특정 재화의 수입에 대해 단위당 일정액의 관세를 부과하였을 때 그 효과에 대한 분석으로 옳지 않은 것은? (단, 이 재화의 국내 수요곡선은 우하향하고 국내 공급곡선은 우상향한다)**

① 국내시장가격은 국제가격보다 관세액과 동일한 금액만큼 상승한다.
② 사회적 순후생손실(net welfare loss)은 국내 소비량의 감소나 생산량의 증가와 무관하다.
③ 생산자잉여는 증가하고 소비자잉여는 감소한다.
④ 총잉여는 관세부과 이전보다 감소한다.

**13** 미시 **정보의 비대칭성** 답 ③

거래이후 주인의 입장에서 볼 때 대리인이 바람직하지 않은 행동을 하는 현상을 주인-대리인 문제라 하고, 이는 도덕적 해이에 포함되며, 감시강화나 성과급, 효율성임금 등으로 해결한다.

**출제POINT**

감춰진 특성이 원인인 계약이전에 일어나는 선택의 문제가 역선택이다. 중고차 시장은 신호발송, 보험시장은 선별, 금융시장은 신용할당으로 해결한다. 감춰진 행동이 원인인 계약이후에 일어나는 행동의 문제가 도덕적 해이이다. 보험시장은 공동보험제도나 기초공제제도, 금융시장은 담보요구나 감시, 노동시장은 승진 · 포상 · 효율성임금 등으로 해결한다.

**14** 국제 **관세부과** 답 ②

(소국)관세가 부과되면, 국내생산증가, 국내소비감소, 국제수지개선, 및 재정수입증가 효과가 발생한다. 따라서 국내생산증가와 국내소비감소는 사회적 순후생손실과 관련된다.

**오답피하기**

① 국내시장가격은 국제가격보다 관세액과 동일한 금액만큼 상승한다.
③, ④ 소비자잉여감소, 생산자잉여증가, 재정수입증가이나 사회적후생손실이 발생한다. 따라서 사회적후생손실만큼 총잉여는 관세부과 이전보다 감소한다.

**출제POINT**

(소국)관세가 부과되더라도 국제가격(수입가격)이 변하지 않아 교역조건은 불변이고 단위당 $T$원의 관세가 부과되면 국내가격이 $T$원만큼 상승한다.

## 15 □□□

**통화량, 인플레이션과 고용에 대한 설명으로 옳은 것은?**

① 구직을 포기한 자의 수가 증가하면 실업률은 증가한다.
② 총수요관리를 통한 경기안정화정책은 자연실업률을 낮추기 위한 것이다.
③ 통화의 중립성(the neutrality of money)은 통화량의 증가가 주요 명목변수에 영향을 미치지 못함을 말한다.
④ 이력현상이론(hysteresis theory)에 따르면 장기불황이 지속되는 경우 자연실업률이 증가한다.

## 16 □□□

**자동차 중고매매업체가 출고된 지 1년이 지난 중고차(출고 시 신차가격은 2,000만 원) 1대를 2011년 1월 초 1,300만 원에 매입하여 수리한 후, 2011년 5월 초 甲에게 1,500만 원에 판매하였다. 이론상 이 과정에서의 2011년 *GDP* 증가 규모는?**

① 증가하지 않았다.
② 200만 원
③ 1,300만 원
④ 1,500만 원





| 15 | 거시 | 거시경제이론 | 답 ④ |
|---|---|---|---|

이력현상이론(hysteresis theory)에 따르면 장기불황이 지속되는 경우 자연실업률이 증가한다.

**오답피하기**

① 구직을 포기한 자 즉, 구직단념자의 수가 증가하면 실업률은 감소한다.
② 총수요관리를 통한 경기안정화정책은 단기적으로 물가안정이나 고용안정을 목표로 하고, 자연실업률을 낮추기 위한 것이 아니다.
③ 통화의 중립성(the neutrality of money)은 통화량의 증가가 주요 실질변수에 영향을 미치지 못함을 말한다.

**출제POINT**

경기침체로 실업률증가 후 일정기간 유지 시 노동자의 숙련도 상실과 근로에 대한 태도변화로 자연실업률 자체가 높아지는 현상을 실업률의 이력현상, 또는 기억효과라 한다. 새케인즈학파는 재량적인 안정화정책을 통해 실업률감소 후 일정기간 유지 시 자연실업률이 낮아질 수 있기에 재량적인 안정화정책이 필요함을 주장한다.

| 16 | 거시 | *GDP* | 답 ② |
|---|---|---|---|

부가가치는 총생산물가치에서 중간생산물가치를 차감한 값으로 1,500만 원에서 1,300만 원을 차감하면 부가가치는 200만 원으로 *GDP* 증가 규모는 200만 원이다.

**출제POINT**

*GDP*는 부가가치로 구할 수 있다.

## 17 □□□

**생산자비용 및 생산자선택이론에 대한 설명으로 옳은 것은?**

① 생산량증가 시 한계비용이 평균비용보다 크면 평균비용은 하락한다.
② 공급곡선이 원점을 통과하여 우상향하는 직선인 경우 공급의 가격탄력성은 기울기에 관계없이 모두 1이다.
③ 한 재화의 생산량 증가에 따라 평균비용이 감소하는 것을 범위의 경제라 한다.
④ 총비용곡선이 직선인 경우에도 기업의 이윤극대화 산출량은 0이나 무한대가 될 수 없다.

## 18 □□□

**거시경제에 대한 설명으로 옳지 않은 것은?**

① 공급측면에서 부정적인 충격(negative supply shock)이 있을 때, 총수요관리정책은 물가안정과 고용증대에 유용하다.
② 고전학파이론은 가격과 임금의 신축성을 가정하기 때문에 장기적인 이슈 분석에 유용하다.
③ 합리적기대가설에 따르면 예견된 일회성 통화량의 증가는 실물경제에 큰 영향을 미치지 못한다.
④ 상대가격과 물가수준에 대한 착각이 있는 경우 단기 총공급곡선은 우상향할 수 있다.

| 17 | 미시 | 생산자이론 | 답 ② |
|---|---|---|---|

공급곡선이 원점을 통과하여 우상향하는 직선인 경우 공급의 가격탄력성은 기울기에 관계없이 모두 1이다.

**오답피하기**

① 한계비용이 평균비용보다 크면 평균비용이 증가하고, 한계비용이 평균비용보다 작으면 평균비용이 감소한다.
③ 생산량을 증가시킬 때 장기평균비용이 낮아지는 것을 규모의 경제라 한다. 한 기업이 여러 가지 재화를 동시에 생산하는 것이 여러 기업이 각각 한 가지의 재화를 생산할 때보다 생산비용이 적게 소요되는 것을 범위의 경제라 한다.
④ 총비용곡선이 직선인 경우, 한계비용은 일정하고 한계비용곡선은 수평선이다. 만약 $MR < MC$라면 기업의 이윤극대화 산출량은 0이고, $MR > MC$라면 무한대가 될 수 있다.

**출제POINT**

공급곡선이 수평선일 때는 모든 점이 완전탄력적이고, 수직선일 때는 모든 점이 완전비탄력적이며, 원점을 지나는 직선일 때는 모든 점이 단위탄력적으로, 모든 점의 공급의 가격 탄력도가 같은 경우이다.

| 18 | 거시 | 거시경제이론 | 답 ① |
|---|---|---|---|

공급측면에서 부정적인 충격(negative supply shock)이 있을 때, 긴축 또는 확장정책을 실시해도 실업률이 높아지거나 인플레이션이 심화되는 딜레마에 직면하게 된다.

**오답피하기**

② 모든 가격변수(물가, 이자율, 명목임금)가 신축적이기에 불균형 시 가격조정으로 즉각 균형회복이 가능하고, 따라서 비개입주의를 주장하는 고전학파는, 장기적인 이슈 분석에 유용하다.
③ 합리적기대가설에 따르면, 예상된 정책은 단기적으로도 효과가 없다는 것이 정책무력성정리로, 예상된 통화량증가는 $AD$곡선 우측이동이나, 예상물가수준 상승으로 단기$AS$곡선이 좌측으로 이동하기에 산출량증가 없이 물가만 상승한다.
④ 단기에는 가격변수가 완전신축적이지 않으며 정보불완전성으로 총공급곡선($AS$)은 우상향으로 도출된다. 즉, $Y = Y_N + \alpha(P - P^e)$이다.

**출제POINT**

노동자의 과도한 임금인상, 기업의 이윤인상, 석유파동 등 공급충격으로 발생하는 총공급감소에 의한 물가상승을 비용인상 인플레이션이라 한다.

## 19 □□□

**어떤 재화의 수요곡선은 우하향하고 공급곡선은 우상향 한다고 가정한다. 이 재화의 공급자에 대해 재화 단위당 일정액의 세금을 부과했을 때의 효과에 대한 분석으로 옳은 것은?**

① 단위당 부과하는 세금액이 커지면 자중적손실(deadweight loss)은 세금액 증가보다 더 가파르게 커진다.

② 다른 조건이 일정할 때 수요가 가격에 탄력적일수록 소비자가 부담하는 세금의 비중은 더 커진다.

③ 다른 조건이 일정할 때 수요가 가격에 탄력적일수록 세금부과에 따른 자중적손실(deadweight loss)은 적다.

④ 세금부과 후에 시장가격은 세금부과액과 동일한 금액만큼 상승한다.

## 20 □□□

**효율적 자원배분 및 후생에 대한 설명으로 옳은 것은?**

① 후생경제학 제1정리는 효율적 자원배분이 독점시장인 경우에도 달성될 수 있음을 보여준다.

② 후생경제학 제2정리는 소비와 생산에 있어 규모의 경제가 있으면 완전경쟁을 통해 효율적 자원배분을 달성할 수 있음을 보여준다.

③ 차선의 이론(theory of the second best)에 따르면 효율적 자원배분을 위해 필요한 조건을 모두 충족하지 못한 경우, 더 많은 조건을 충족하면 할수록 더 효율적인 자원배분이다.

④ 롤즈(J. Rawls)의 주장에 따르면 사회가 $A$, $B$ 두 사람으로 구성되고 각각의 효용을 $U_A$, $U_B$라 할 때, 사회후생함수($SW$)는 $SW = \min(U_A, U_B)$로 표현된다.

| 19 | 미시 | 조세부과 | 답 ① |
|---|---|---|---|

단위당 부과하는 세금액이 커지면 자중적손실은 세금액증가보다 더 가파르게 커진다. 공급곡선이 수평선일 때 자중적손실은 세율의 제곱에 비례한다.

오답피하기

② 조세부과 시 분담 정도는 탄력성에 반비례한다. 따라서 다른 조건이 일정할 때 수요가 가격에 탄력적일수록 소비자가 부담하는 세금의 비중은 더 작아진다.

③ 조세부과 시 자중적손실은 탄력성에 비례한다. 따라서 다른 조건이 일정할 때 수요가 가격에 탄력적일수록 세금부과에 따른 자중적손실(deadweight loss)은 커진다.

④ 수요곡선은 우하향하고 공급곡선은 우상향할 때, 세금부과 후에 시장가격은 세금부과액보다 덜 상승한다.

**출제POINT**

생산자든 소비자든 어느 일방에게 조세를 부과해도 양자가 분담하게 되는 것을 조세의 귀착이라 한다. 분담 정도와 조세 수입은 탄력성에 반비례하며, 이로 이한 후생손실인 초과부담 또는 자중적손실은 탄력성에 비례한다.

| 20 | 미시 | 후생경제학 | 답 ④ |
|---|---|---|---|

$A$, $B$ 두 사람으로 구성되고 각각의 효용을 $U_A$, $U_B$라 할 때, 롤즈(J. Rawls)의 사회후생함수($SW$)는 $SW = \min(U_A, U_B)$로 표현된다.

오답피하기

① 시장구조가 완전경쟁적이고 외부성 등의 시장실패요인이 존재하지 않는다면 일반경쟁균형의 자원배분은 파레토 효율적이라는 것이 후생경제학의 제1정리로, '보이지 않는 손'의 역할을 증명한 것이다. 독점시장인 경우에는 비효율적 자원배분이 이루어진다.

② 개인의 선호가 볼록성을 충족하면 초기부존자원의 적절한 재분배 이후 일반경쟁균형을 통해 파레토 효율적인 자원배분을 달성 할 수 있다는 것이 후생경제학의 제2정리로, 공평한 소득분배를 위한 예외적인 정부개입의 가능성을 시사한다. 소비와 생산의 규모경제는 자연독점으로 비효율적 자원배분이 이루어진다. 따라서 정부개입없이 완전경쟁을 통해 효율적 자원배분을 달성할 수 없다.

③ 모든 파레토효율성 조건이 충족되지 않는 상태에서 그 중 더 많은 효율성 조건을 충족한다 해서 사회적으로 더 바람직한 상태가 되는 것은 아니라는 것이 차선이론이다.

**출제POINT**

사회후생이 가장 가난한 계층의 후생에 의해 결정된다는 것이 롤스(최소극대화) 사회후생함수이다. 즉, $W = \min[U^A, U^B]$이다.

# 4회 2013년 국가직

## 01 □□□

$A$와 $B$는 사무실을 공유하고 있다. $A$는 사무실에서 흡연을 원하며 이를 통해 20,000원 가치의 효용을 얻는다. 반면 $B$는 사무실에서 금연을 통해 상쾌한 공기를 원하며 이를 통해 10,000원 가치의 효용을 얻는다. 코즈의 정리(Coase Theorem)와 부합하는 결과로 옳은 것은?

① $B$는 $A$에게 20,000원을 주고 사무실에서 금연을 제안하고, $A$는 제안을 받아들인다.
② $B$는 $A$에게 15,000원을 주고 사무실에서 금연을 제안하고, $A$는 제안을 받아들인다.
③ $A$는 $B$에게 11,000원을 주고 사무실에서 흡연을 허용할 것을 제안하고, $B$는 제안을 받아들인다.
④ $A$는 $B$에게 9,000원을 주고 사무실에서 흡연을 허용할 것을 제안하고, $B$는 제안을 받아들인다.

## 02 □□□

명목 $GDP$가 100이고 $GDP$ 디플레이터(deflator)가 125일 때, 실질 $GDP$는?

① 80 ② 90
③ 100 ④ 125

**01** | 미시 | 코즈정리 | 답 ③

$A$의 흡연 권리보다 $B$의 금연 권리가 우선한다면 $A$가 협상을 제안하게 된다. 이때 $A$가 $B$에게 금연을 통해 $B$가 얻는 효용보다 크고 흡연을 통해 $A$가 얻는 효용보다 작은 금액을 보상액으로 제안하면 $B$는 이를 받아들여 협상이 체결된다. 즉, 10,000원 이상이고 20,000원 이하 금액이면 협상이 체결된다. 따라서 $A$는 $B$에게 11,000원을 주고 사무실에서 흡연을 허용할 것을 제안하고, $B$는 제안을 받아들인다.

(오답피하기)

④ $A$가 $B$에게 9,000원을 주고 사무실에서 흡연을 허용할 것을 제안하면, $B$는 제안을 받아들이지 않는다. $A$의 흡연 권리가 $B$의 금연 권리보다 우선한다면 $B$가 협상을 제안하게 된다. 이때 $B$가 $A$에게 흡연을 통해 $A$가 얻는 효용보다 크고 금연을 통해 $B$가 얻는 효용보다 작은 금액을 보상액으로 제안하면 $A$가 이를 받아들여 협상이 체결된다. 따라서 20,000원 이상이고 10,000원 이하 금액에서 협상은 불가능하다. 따라서 ① $B$가 $A$에게 20,000원을 주고 사무실에서 금연을 제안할 수는 없다. 마찬가지로 ② $B$가 $A$에게 15,000원을 주고 사무실에서 금연을 제안할 수는 없다.

**출제POINT**

당사자 간 자발적인 협상으로 외부효과를 내부화하는 방안이 코즈 정리이다.

**02** | 거시 | $GDP$와 $GDP$디플레이터 | 답 ①

$GDP$디플레이터 = (명목 $GDP$/실질 $GDP$)×100이기에

실질 $GDP = \left(\frac{100}{125}\right) \times 100 = 80$이다.

**출제POINT**

'$GDP$디플레이터 = (명목 $GDP$/실질 $GDP$)×100'이다.

## 03 □□□

**총수요 - 총공급모형에서 $A$국의 총수요가 증가하는 경우에 해당하는 것으로 옳은 것은? (단, 다른 조건은 일정하다)**

① $A$국의 실질자산가치하락
② $A$국의 이자율상승
③ $A$국의 화폐가치하락
④ $A$국의 재정흑자발생

| 03 | 거시 | 총수요 - 총공급 | 답 ③ |
|---|---|---|---|

환율상승에서 의미하는 화폐가치하락은 순수출의 증가로 총수요를 증가시킨다. 따라서 $A$국의 화폐가치하락은 총수요증가를 낳을 수 있다.

오답피하기

① $A$국의 실질자산가치가 하락하면 소비지출이 줄어 총수요가 감소한다.
② $A$국의 이자율이 상승하면 투자지출이 줄어 총수요가 감소한다.
④ $A$국의 재정흑자 발생은 세율인상이나 정부지출감소에 의한 것으로 이는 총수요감소로 이어진다.

**출제POINT**
물가상승에서 의미하는 화폐가치하락은 순수출의 감소로 나타난다. 반면에 환율상승에서 의미하는 화폐가치하락은 순수출의 증가로 나타난다.

## 04 □□□

**도시 $A$의 고용관련 자료를 부분적으로 얻었다. 취업자 수는 24만 명이고 비경제활동인구가 25만 명, 생산가능인구가 50만 명이라 할 때, 옳은 것은?**

① 도시 $A$의 실업자는 1만 명이다.
② 도시 $A$의 경제활동인구는 50만 명이다.
③ 도시 $A$의 실업률은 5%이다.
④ 도시 $A$의 경제활동참가율은 48%이다.

| 04 | 거시 | 고용관련지표 | 답 ① |
|---|---|---|---|

비경제활동인구가 25만 명이고 생산가능인구가 50만 명이기에 경제활동인구는 25만 명이다. 그리고 취업자 수는 24만 명이기에 실업자 수는 1만 명이다.

오답피하기

② 비경제활동인구가 25만 명이고 생산가능인구가 50만 명이기에 경제활동인구는 25만 명이다.
③ 경제활동인구는 25만 명이고 실업자 수는 1만 명이기에 실업률은 4%이다.
④ 생산가능인구가 50만 명이고 경제활동인구는 25만 명이기에 경제활동참가율은 50%이다.

**출제POINT**
취업자와 실업자의 합을 경제활동인구라 하고, 경제활동인구와 비경제활동인구의 합을 생산가능인구라 한다.

## 05 □□□

**생산량이 $3\%$ 증가하고 통화량이 $6\%$ 증가하였다고 할 때, 화폐수량설에 근거하여 계산한 물가상승률은? (단, 다른 조건은 일정하다)**

① 2%　　② 3%
③ 6%　　④ 9%

## 06 □□□

**완전경쟁시장에서 기업의 단기 이윤극대화에 대한 설명으로 옳지 않은 것은?**

① 개별기업의 수요곡선은 수평이며 한계수입곡선이다.
② 이윤극대화를 위해서는 한계수입과 한계비용이 같아야 한다.
③ 고정비용이 전부 매몰비용일 경우 생산중단점은 평균비용곡선의 최저점이 된다.
④ 투입요소들의 가격이 불변일 경우 시장전체의 공급곡선은 개별기업의 공급곡선을 수평으로 더하여 구할 수 있다.

**05** | 거시 | 피셔방정식 | 답 ②

$MV = PY$를 변형하면, $\frac{\Delta M}{M} + \frac{\Delta V}{V} = \frac{\Delta P}{P} + \frac{\Delta Y}{Y}$이고, 생산량이 3% 증가, 통화량이 6% 증가이며, 다른 조건은 일정하기에 유통속도 증가율은 0%이다. 즉, '물가상승률 = 통화공급증가율 + 유통속도증가율 − 경제성장률'이다. 따라서 물가상승률 $= 6 + 0 - 3 = 3\%$이다.

> **출제POINT**
>
> 피셔의 교환방정식($MV = PT$, $M$: 통화량, $V$: 유통속도, $P$: 물가, $T$: 거래량)을 변형한 $MV = PY$($Y$: 실질국민소득)에서 $V$는 제도상 일정하고 $Y$는 고전학파의 경우 완전고용국민소득에서 일정하기에, 고전학파의 화폐수량설 $MV = PY$는 통화량과 물가가 정비례하다는 물가이론으로 볼 수 있다.

**06** | 미시 | 완전경쟁시장의 이윤극대화 | 답 ③

고정비용이 전부 매몰비용이면 생산중단점은 $AVC$곡선의 최저점이 된다.

(오답피하기)

① 완전경쟁시장에서 개별기업이 직면하는 수요곡선은 시장에서 결정된 가격으로 생산하기에 수평선이 된다. 또한 완전경쟁에서 $P$가 고정된 상수이기에 $AR(= \frac{TR}{Q} = \frac{PQ}{Q} = P)$은 수평선이며, $MR(= \frac{\Delta TR}{\Delta Q} = \frac{P\Delta Q}{\Delta Q} = P)$도 수평선이다.
즉, $P$(고정된 상수) $= AR = MR$이다.
② 모든 시장에서 이윤극대화를 위해서는 한계수입과 한계비용이 같아야 한다.
④ 완전경쟁기업은 $P = MC$인 점에서 생산을 하기에 투입요소들의 가격이 불변일 경우 $AVC$곡선의 최저점을 상회하는 $MC$곡선이 완전경쟁기업의 단기공급곡선이고, 이를 수평으로 합하여 도출한 곡선이 완전경쟁산업의 단기공급곡선이다.

> **출제POINT**
>
> $AC$곡선의 최저점은 초과이윤도 없고 손실도 없는 손익분기점이고, $AVC$곡선의 최저점은 생산하는 것과 생산을 하지 않는 것이 동일한 생산중단점이다.

## 07 □□□

**역선택에 관한 설명으로 옳지 않은 것은?**

① 역선택은 정보를 가지고 있는 자의 자기선택 과정에서 생기는 현상이다.
② 교육수준이 능력에 관한 신호를 보내는 역할을 하는 경우 역선택의 문제가 완화된다.
③ 정부에 의한 품질인증은 역선택의 문제를 완화시킨다.
④ 역선택 현상이 존재하는 상황에서 강제적인 보험프로그램의 도입은 후생을 악화시킨다.

## 08 □□□

**완전경쟁시장에서 이윤극대화를 추구하는 한 기업이 생수를 생산하여 판매하고 있다. 갑작스런 식수원 오염사건이 발생하여 생수에 대한 수요가 급격히 증가함에 따라 발생할 수 있는 설명으로 옳은 것은?**

① 노동의 한계생산이 증가한다.
② 노동의 한계생산물가치가 증가한다.
③ 생수의 한계효용이 증가한다.
④ 생수 산업의 근로자의 임금은 하락한다.

**07** 미시 **역선택** 답 ④

강제적인 보험프로그램의 도입으로 사고확률이 높은 사람만 보험에 가입하는 역선택이 나타나지 않아 후생을 증가시킨다.

오답피하기

① 역선택은 정보수준이 낮은 측이 바람직하지 않은 상대방을 만날 가능성이 높아지는 현상으로, 이는 정보를 가지고 있는 자의 자기선택 과정에서 생기는 현상이다.
② 자격증 취득이나 교육수준이 능력에 관한 신호를 보내는 역할을 하는 경우 역선택의 문제가 완화된다.
③ 정부에 의한 품질인증은 신호발생의 예로 역선택의 문제를 완화시킨다.

**출제POINT**

감춰진 특성으로 정보수준이 낮은 측이 바람직하지 않은 상대방을 만날 가능성이 높아지는 현상을 역선택이라 한다.

**08** 미시 **완전경쟁시장의 이윤극대화** 답 ②

수요증가는 가격상승과 거래량증가를 초래한다. 따라서 가격상승으로 노동의 한계생산물가치가 증가한다.

오답피하기

① 노동의 한계생산은 체감한다.
③ 생수의 한계효용은 체감한다.
④ 가격상승으로 노동의 한계생산물가치가 증가하기에 근로자의 임금은 상승한다.

**출제POINT**

생산물시장이 완전경쟁이면 $P = MR$이기에 $MRP_L = MP_L \times MR = MP_L \times P = VMP_L$이고, 생산요소시장이 완전경쟁이면 개별기업은 주어진 임금으로 원하는 만큼 고용할 수 있기에 $MFC_L = w$이다. 따라서 $VMP_L = MRP_L = MFC_L = w$가 성립한다.

## 09 □□□

**독점기업인 자동차 회사 $A$가 자동차 가격을 $1\%$ 올렸더니 수요량이 $4\%$ 감소하였다. 자동차의 가격이 $2,000$만 원이라면 자동차 회사 $A$의 한계수입은?**

① 1,000만 원 ② 1,500만 원
③ 2,000만 원 ④ 2,500만 원

## 10 □□□

**잠재생산량을 초과하는 경기과열이 발생하여 인플레이션이 지속되고 있을 때, 정부가 경제안정을 위해 채택하는 정책으로 옳은 것은?**

① 통화공급량축소
② 투자에 대한 세액공제확대
③ 정부지출확대
④ 세율인하

| 09 | 미시 | 독점기업 | 답 ② |
|---|---|---|---|

가격이 2,000만 원이고, 수요의 가격탄력도가 4이기에

$MR = P(1-\frac{1}{\epsilon_d}) = 2,000(1-\frac{1}{4}) = 1,500$만 원이다.

**출제POINT**

$MR = \frac{dTR}{dQ} = P + \frac{QdP}{dQ}$로, $MR = P(1-\frac{1}{\epsilon_d})$이다.

| 10 | 거시 | 긴축정책 | 답 ① |
|---|---|---|---|

통화공급량축소는 이자율상승으로 투자를 줄여 총수요를 감소시킨다.

**오답피하기**

② 투자에 대한 세액공제확대는 투자증가를 통한 총수요증가를 초래한다.
③ 정부지출확대는 총수요증가를 초래한다.
④ 세율인하는 소비와 투자를 늘려 총수요증가를 초래한다.

**출제POINT**

총수요증가에 의한 경기과열 시 인플레이션 억제를 위해 긴축정책이 필요하다.

## 11 □□□

**다음과 같은 경제모형을 가정한 국가의 잠재총생산 수준이 $Y^*$라고 할 때, 총생산갭을 제거하기 위해 통화당국이 설정해야 하는 이자율은?**

$C = 14{,}000 + 0.5(Y - T) - 3{,}000r$
$I = 5{,}000 - 2{,}000r$
$G = 5{,}000$
$NX = 400$
$T = 8{,}000$
$Y^* = 40{,}000$
(단, $Y$는 국민소득, $C$는 소비, $I$는 투자, $G$는 정부지출, $T$는 조세, $NX$는 순수출, $r$은 이자율)

① 2%　② 4%
③ 6%　④ 8%

## 12 □□□

**먼델-토빈효과에 따르면, 기대인플레이션율이 상승할 경우 옳은 것은?**

① 명목이자율이 하락한다.
② 화폐수요가 감소한다.
③ 투자가 감소한다.
④ 실질이자율이 상승한다.

**11** 거시 **국민소득결정모형** 답 ④

$Y = C + I + G + NX$
$= 14{,}000 + 0.5(Y - T) - 3{,}000r + 5000 - 2{,}000r + 5{,}000 + 400$에서
$T = 8{,}000$이기에,
$Y = 14{,}000 + 0.5(Y - 8{,}000) - 3{,}000r + 5{,}000 - 2{,}000r + 5{,}000 + 400$
$= 20{,}400 + 0.5Y - 5{,}000r$이다. $Y = 40{,}800 - 10{,}000r$이다. 따라서
$Y = 40{,}800 - 10{,}000r = Y^* = 40{,}000$에서 $r = 8\%$이다.

**출제POINT**
국민소득과 잠재총생산이 같을 때 총생산갭이 제거된다.

**12** 거시 **먼델-토빈효과** 답 ②

기대인플레이션율 상승분이 모두 명목이자율상승으로 반영되지 못하지만 명목이자율은 상승한다. 따라서 명목이자율의 감소함수인 (투기적) 화폐수요가 감소한다.

**오답피하기**
① 명목이자율은 상승한다.
③ 실질이자율이 하락하면 투자가 증가한다.
④ 실질이자율은 하락한다.

**출제POINT**
실질이자율에 기대인플레이션율을 더한 값이 명목이자율이라는 피셔의 방정식에서, 기대인플레이션율 상승분이 모두 명목이자율상승으로 반영되지 못하여 실질이자율이 하락하는 효과를 먼델-토빈효과라 하고, 먼델-토빈효과로 실질이자율이 하락하면 소비와 투자가 증가하므로 총수요가 증가하게 된다.

## 13 □□□

**한국 법인이 100% 지분을 소유하고 있는 자동차 회사 $A$가 한국 대신에 미국에 생산 공장을 설립하여 직원을 대부분 현지인으로 고용할 경우, 한국과 미국의 경제에 미치는 영향에 대한 설명으로 옳지 않은 것은?**

① 미국의 $GDP$ 증가분은 $GNP$ 증가분보다 크다.

② 미국의 $GDP$와 $GNP$가 모두 증가한다.

③ 한국의 해외직접투자가 증가하면서 $GNP$가 더욱 중요해진다.

④ 한국의 $GDP$ 감소분은 $GNP$ 감소분보다 크다.

| 13 | 거시 | $GDP$와 $GNP$의 관계 | 답 ③ |
|---|---|---|---|

한국의 해외직접투자가 증가하면서 어디에서 생산했느냐의 $GDP$가 더욱 중요해진다.

(오답피하기)

① 미국에서 대부분의 현지인(미국인)이 새로이 생산한 것은 미국 $GNP$증가분이고, 미국에서 일부의 한국인이 새로이 생산한 것을 합하면 미국 $GDP$증가분이다. 따라서 미국의 $GDP$증가분은 $GNP$증가분보다 크다.

② 또한 미국의 $GDP$와 $GNP$가 모두 증가한다.

④ 미국에서 일부의 한국인이 새로이 생산한 것이 있기에 한국의 $GDP$감소분은 $GNP$감소분보다 크다.

**출제POINT**

미국에서 대부분의 현지인(미국인)이 새로이 생산한 것은 미국 $GNP$증가분이고, 미국에서 일부의 한국인이 새로이 생산한 것을 합하면 미국 $GDP$증가분이다.

## 14 □□□

**통화정책에서 신용중시 견해(credit view)에 대한 설명으로 옳지 않은 것은?**

① 신용중시 견해는 금융중개가 물가와 생산활동에 중요한 영향을 미친다는 점을 강조하는 견해이다.

② 은행과 차입자 사이에 정보의 비대칭성이 존재한다.

③ 은행은 높은 이자율을 지불할 의향이 있는 자보다 신용이 높은 자에게 대출을 한다.

④ 은행의 대출과 채권은 완전대체재이다.

| 14 | 거시 | 신용중시 견해 | 답 ④ |
|---|---|---|---|

신용중시 견해는 은행의 대출과 채권의 대체관계가 높지 않을 때 그 타당성이 확보될 수 있다.

(오답피하기)

① 신용중시 견해는 금융중개, 즉 대출경로가 물가와 생산활동에 중요한 영향을 미친다는 점을 강조하는 견해이다.

②, ③ 정보의 비대칭성하 금융기관이 균형보다 낮은 이자율을 설정하고 우량기업에만 대출하면 이자율이 낮은 수준에서 경직적이 된다는 신용할당이론을 전제한다.

**출제POINT**

신용중시 견해란 정부의 통화정책이 시중은행의 대출경로를 거쳐야 효과를 달성할 수 있다고 보는 학설이다.

## 15 □□□

**단일세율 소득세에 대한 찬성의 근거로 옳지 않은 것은?**

① 조세행정비용이 절감된다.
② 민간부문의 의사결정에 대한 교란을 줄일 수 있다.
③ 각종 공제제도를 이용한 합법적 조세회피 행위를 막을 수 있다.
④ 조세부담의 수직적 공평성을 증진시킨다.

| 15 | 미시 | 조세의 효과 | 답 ④ |
|---|---|---|---|

조세부담의 수직적 공평성 증진은 단일세율이 아니라 누진세율이다.

오답피하기

① 세율이 단순하여 조세행정비용이 절감된다.
②, ③ 세율이 동일하여 각종 공제제도를 이용한 합법적 조세회피를 위한 민간부문의 의사결정에 대한 교란을 줄일 수 있다.

**출제POINT**
단일세율은 세율이 일정하여 세액이 과세대상금액에 단순 비례로 증가하는 비례세를 의미한다.

## 16 □□□

**강 상류에 위치한 기업 $A$가 오염물질을 배출하고 있으며, 강 하류에서는 어민 $B$가 어업 활동을 영위하고 있다. 그런데 기업 $A$는 자사의 오염배출이 어민 $B$에 미치는 영향을 고려하지 않고 있다. 사회적 최적 수준의 오염물질배출량이 100톤이라고 가정할 때, 옳지 않은 것은?**

① 현재 기업 $A$의 오염물질배출량은 100톤보다 많다.
② 오염배출문제는 기업 $A$와 어민 $B$의 협상을 통해서 해결가능하며, 이러한 경우 보상을 위한 필요자금 없이도 가능하다.
③ 기업 $A$에게 적절한 피구세(Pigouvian tax)를 부과함으로써 사회적 최적 수준의 오염물질배출량 달성이 가능하다.
④ 강 하류에 어민이 많을수록 협상을 통한 오염배출문제의 해결은 현실적으로 어려워진다.

| 16 | 미시 | 외부효과 | 답 ② |
|---|---|---|---|

오염배출문제는 기업 $A$와 어민 $B$의 협상을 통해서 해결가능하며, 이러한 경우 보상을 위한 자금이 필요하다.

오답피하기

① 생산의 외부불경제 시 사적비용이 사회적비용보다 작아서 과다생산이 되기에 현재 기업 $A$의 오염물질배출량은 사회적 최적 수준인 100톤보다 많다.
③ 생산의 외부불경제 시 기업 $A$에게 적절한 피구세(Pigouvian tax)를 부과하여 사적비용을 증가시켜 사회적비용과 일치시킴으로써 사회적 최적 수준의 오염물질배출량 달성이 가능하다.
④ 강 하류에 어민이 많을수록 피해정도 파악이 곤란하고 협상대상자가 많아 협상을 통한 오염배출문제의 해결은 현실적으로 어려워진다.

**출제POINT**
재화의 생산과정에서 제3자에게 의도하지 않은 피해를 주지만 대가를 지불하지 않아 사적비용이 사회적비용보다 작아서 과다생산이 되는 것을 생산의 외부불경제라 한다.

## 17 □□□

**2013년에 한국은행이 국내외환시장에서 8억 달러를 매입하였다. 이를 국제수지표에 기록한 것으로 옳은 것은?**

| | 차변 | 대변 |
|---|---|---|
| ① | 준비자산 8억 달러 | 금융계정(기타투자) 8억 달러 |
| ② | 준비자산 8억 달러 | 금융계정(증권투자) 8억 달러 |
| ③ | 금융계정(기타투자) 8억 달러 | 준비자산 8억 달러 |
| ④ | 금융계정(증권투자) 8억 달러 | 준비자산 8억 달러 |

## 18 □□□

**A국이 수출 물품에 단위당 일정액을 지급하는 보조금 정책이 교역조건에 미치는 효과에 대한 설명으로 옳은 것을 모두 고르면? (단, 다른 조건은 일정하다)**

ㄱ. A국이 대국이면, 교역조건은 악화된다.
ㄴ. A국이 소국이면, 교역조건은 개선된다.
ㄷ. A국이 소국이면, 국내시장에서 수출품의 가격은 상승한다.

① ㄱ, ㄴ　② ㄴ, ㄷ
③ ㄱ, ㄷ　④ ㄱ, ㄴ, ㄷ

**17** 국제 **국제수지표** 답 ①

직접투자, 증권투자 및 파생금융거래를 제외한 모든 대외거래 즉, 대출·차입, 무역신용, 현금 및 예금 등의 금융거래를 기타투자라 한다. 따라서 국내 외환시장에서 한국은행의 외화매입은 차변에 준비자산 8억 달러, 대변에 금융계정(기타투자) 8억 달러로 표시된다.

**출제POINT**

국내외환시장에서 한국은행의 외화매입은 준비자산증가를 의미하고, 금융계정의 차변 즉, 지급(-) 항목에 표시된다.

**18** 국제 **관세정책** 답 ③

ㄱ. (대국)수출보조금이 지급되면 수출량증가로 국제시장에서 초과공급이 발생하여 국제가격(수출가격)이 하락하여 교역조건은 악화되고, 단위당 S원의 수출보조금이 지급되면 하락한 국제가격에서 S원만큼 상승하기에 국내가격이 S원보다 더 적게 상승한다.
ㄷ. (소국)수출보조금이 지급되더라도 국제가격(수출가격)이 변하지 않아 교역조건은 불변이고 단위당 S원의 보조금이 지급되면 국내가격이 S원만큼 상승한다.

오답피하기

ㄴ. A국이 소국이면, 교역조건은 불변이다.

**출제POINT**

수출상품 1단위와 교환되는 수입상품의 수량으로 수출재가격을 수입재가격으로 나눈 값을 교역조건이라 한다.

## 19 □□□

**$A$국과 $B$국이 두 생산요소 노동($L$)과 자본($K$)을 가지고 두 재화 $X$와 $Y$를 생산한다고 가정하자. 두 재화 $X$와 $Y$의 생산기술은 서로 다르나 $A$국과 $B$국의 기술은 동일하다. 그리고 $A$국과 $B$국의 노동과 자본의 부존량은 각각 $L_A=100$, $K_A=50$ 이며, $L_B=180$, $K_B=60$이다. 또한 두 재화 $X$와 $Y$의 생산함수는 각각 $X=L^2K$, $Y=LK^2$으로 주어진다. 헥셔-오린(Heckscher-Ohlin)이론에 따를 경우 옳은 것을 모두 고르면?**

> ㄱ. 상대적으로 자본이 풍부한 나라는 $B$국이다.
> ㄴ. 상대적으로 노동집약적인 산업은 $X$재 산업이다.
> ㄷ. $A$국은 $Y$재, $B$국은 $X$재에 비교우위가 있다.

① ㄱ, ㄴ
② ㄴ, ㄷ
③ ㄱ, ㄷ
④ ㄱ, ㄴ, ㄷ

### 19 국제 헥셔-오린정리 답 ②

요소부존도는 자본부존량을 노동부존량으로 나눈 값으로, 요소부존도가 클수록 상대적으로 자본이 풍부하다. $A$국의 요소부존도 $=\frac{1}{2}$이고, $B$국의 요소부존도 $=\frac{1}{3}$이다. 따라서 자본이 풍부한 나라는 $A$국이다.

ㄴ. $MRTS_{LK}=(-)\frac{\Delta K}{\Delta L}=\frac{MP_L}{MP_K}=(-)\frac{w}{r}$으로, 한계기술대체율이 클수록 노동집약적이다.($MRTS^X_{LK}>MRTS^Y_{LK}$: $X$는 $L$을 더 선호하고 $Y$는 $K$를 더 선호 + $X$는 $L$을 받고 $K$를 주는 교환 = 생산 증가)

$MRTS^X_{LK}=\frac{2LK}{L^2}=\frac{2K}{L}$이고, $MRTS^Y_{LK}=\frac{K^2}{2LK}=\frac{K}{2L}$이다. 따라서 상대적으로 노동집약적인 산업은 $X$재 산업이다.

ㄷ. 노동풍부국은 노동집약재생산에, 자본풍부국은 자본집약재생산에 비교우위가 있다. 따라서 $A$국은 $Y$재, $B$국은 $X$재에 비교우위가 있다.

(오답피하기)

ㄱ. $A$국의 요소부존도 $=\frac{1}{2}$이고, $B$국의 요소부존도 $=\frac{1}{3}$이다. 따라서 자본이 풍부한 나라는 $A$국이다.

**출제POINT**

비교우위의 발생원인을 요소부존의 차이로 설명하는 헥셔-오린정리는, 노동풍부국은 노동집약재생산에, 자본풍부국은 자본집약재생산에 비교우위가 있다고 설명한다.

## 20 □□□

**솔로우성장모형에 대한 설명으로 옳지 않은 것은?**

① 인구증가를 고려할 경우, 국가별 1인당 $GDP$가 다름을 설명할 수 있다.
② 지속적인 기술진보는 1인당 $GDP$의 지속적인 성장을 설명할 수 있다.
③ 저축률은 1인당 자본량을 증가시키므로 항상 저축률이 높을수록 좋다.
④ 자본량이 황금률 안정상태보다 큰 경우 저축을 감소시키면 소비가 증가한다.

### 20 거시 솔로우성장모형 답 ③

항상 저축률이 높을수록 좋은 것은 아니다.

(오답피하기)

① 인구증가율이 상승(자본유지선의 상방이동)하면 1인당 생산량이 감소하기에 인구증가를 고려할 경우, 국가별 1인당 $GDP$가 다름을 설명할 수 있다.
② 저축률의 지속적 증가나 인구증가율의 지속적 감소는 불가능하기에 지속적인 경제성장은 지속적인 기술진보에 의해서만 가능하다. 따라서 지속적인 기술진보는 1인당 $GDP$의 지속적인 성장을 설명할 수 있다.
④ 1인당 소비가 극대화되는 상태가 황금률 안정상태이다. 자본량이 황금률 안정상태보다 큰 경우는 소비보다 저축이 많은 상태이기에 저축을 감소시키면 소비가 증가한다.

**출제POINT**

솔로우모형에서, 저축률이 상승하면 단기적으로 경제성장률이 증가하나 장기적으로 경제성장률은 본래수준으로 복귀하기에 수준효과만 있을 뿐 성장효과를 갖지 못한다.

# 5회 2014년 국가직

## 01 □□□

**다음 표는 두 기업이 선택하는 전략에 따라 발생하는 이윤의 조합을 표시하고 있다. 이와 같은 상황에서 두 기업이 선택할 가능성이 높은 이윤의 조합은? (단, 괄호 안의 첫 번째 숫자는 기업 $A$의 이윤, 두 번째 숫자는 기업 $B$의 이윤을 나타낸다)**

| 구분 | | 기업 $B$ | |
|---|---|---|---|
| | | 전략 $b1$ | 전략 $b2$ |
| 기업 $A$ | 전략 $a1$ | (5, 8) | (7, 4) |
| | 전략 $a2$ | (9, 6) | (8, 8) |

① (5, 8) ② (7, 4)
③ (9, 6) ④ (8, 8)

| 01 | 미시 | 내쉬균형 | 답 ④ |
|---|---|---|---|

기업 $B$가 전략 $b1$을 선택하면 기업 $A$는 전략 $a2$ 선택이 최선이고 기업 $B$가 전략 $b2$를 선택하면 기업 $A$는 전략 $a2$ 선택이 최선이다.
기업 $A$가 전략 $a1$을 선택하면 기업 $B$는 전략 $b1$ 선택이 최선이고 기업 $A$가 전략 $a2$를 선택하면 기업 $B$는 전략 $b2$ 선택이 최선이다.
따라서 내쉬균형은 전략 $a2$, $b2$인 (8, 8)이다.

**출제POINT**
상대방의 전략을 주어진 것으로 보고 경기자가 자신에게 가장 유리한 전략을 선택하였을 때 도달하는 균형을 내쉬균형이라 한다.

## 02 □□□

**자동차 제조업체들이 생산비용을 획기적으로 절감할 수 있는 로봇 기술을 개발하였다. 이 기술개발이 자동차 시장에 미치는 직접적인 파급효과로 옳은 것은?**

① 수요곡선이 우측으로 이동하고, 자동차 가격이 상승한다.
② 수요곡선이 우측으로 이동하고, 자동차 가격이 하락한다.
③ 공급곡선이 우측으로 이동하고, 자동차 가격이 상승한다.
④ 공급곡선이 우측으로 이동하고, 자동차 가격이 하락한다.

| 02 | 미시 | 수요와 공급곡선 | 답 ④ |
|---|---|---|---|

기술개발로 공급곡선이 우측으로 이동하면, 자동차 가격이 하락한다.

**출제POINT**
기술개발은 공급증가 요인으로 공급곡선의 우측이동으로 나타난다.

## 03 □□□

**재화 $X$는 가격이 상승할 때 수요량이 증가하는 재화이다. 재화 $X$에 대한 설명으로 옳은 것은?**

① 재화 $X$는 정상재이다.

② 재화 $X$의 수요의 소득탄력성은 0보다 크다.

③ 재화 $X$는 대체효과와 가격효과가 동일한 방향으로 나타난다.

④ 재화 $X$의 가격 변화에 따른 소득효과는 대체효과보다 더 크다.

## 04 □□□

**폐쇄경제하에서 $IS-LM$곡선에 대한 설명으로 옳지 않은 것은?**

① 유동성함정에서 $LM$곡선은 수직이 된다.

② 민간수요가 줄어들면 $IS$곡선은 좌측으로 이동한다.

③ 정부가 재정지출을 늘리면 $IS$곡선은 우측으로 이동한다.

④ $LM$곡선의 이동은 거래적 화폐수요에 의하여 영향을 받는다.





**03** | 미시 | 기펜재 | 답 ④

기펜재의 가격변화에 따른 소득효과는 대체효과보다 더 크다. 재화의 가격변화에 따른 구입량의 변화를 가격효과라 하고 대체효과와 소득효과로 나누어진다. 동일한 실질소득 수준에서 상대가격의 변화에 따른 구입량의 변화를 대체효과라 하고 항상 음(-)이다. 동일한 상대가격 수준에서 실질소득의 변화에 따른 구입량의 변화를 소득효과라 하며, 정상재이면 음(-), 열등재이면 양(+)이다.

**오답피하기**

① 재화 $X$는 기펜재로 열등재이다.

② 열등재의 수요의 소득탄력성은 0보다 작다.

③ 기펜재는 대체효과가 (-)이고, 소득효과가 (+)이나 대체효과보다 소득효과가 더 커서 가격효과는 (+)이다.

**출제POINT**

가격이 상승할 때 수요량이 증가하는 재화를 기펜재라 한다.

**04** | 거시 | $IS-LM$곡선 | 답 ①

유동성함정에서 $LM$곡선은 수평이 된다.

**오답피하기**

②, ③ 소비증가, 투자증가, 정부지출증가, 수출증가로 $IS$곡선은 우측으로 이동하고, 조세증가, 수입증가, 저축증가로 $IS$곡선은 좌측으로 이동한다.

④ 통화량증가로 $LM$곡선은 우측으로 이동하고, (거래적 동기)화폐수요증가, 물가상승으로 $LM$곡선은 좌측으로 이동한다.

**출제POINT**

화폐수요의 이자율탄력성($h$)이 무한대의 경우 국민소득이 증가하여 화폐수요가 증가하지만 이자율이 불변이기에 $LM$곡선이 수평선이라는 입장이 케인즈의 유동성함정이다.

## 05 □□□

**실물적 경기변동이론(real business cycle theory)에 대한 설명으로 옳은 것만을 모두 고른 것은?**

> ㄱ. 메뉴비용(menu cost)은 경기변동의 주요 요인이다.
> ㄴ. 비자발적 실업이 존재하지 않아도 경기가 변동한다.
> ㄷ. 경기변동이 발생하는 과정에서 가격은 비신축적이다.
> ㄹ. 정책결정자들은 경기침체를 완화시키는 재정정책을 자제해야한다.

① ㄱ, ㄷ　　② ㄴ, ㄷ
③ ㄴ, ㄹ　　④ ㄷ, ㄹ

## 06 □□□

**다음 표는 빵과 옷만을 생산하는 경제의 연도별 생산 현황이다. 2011년을 기준연도로 할 때, 2013년의 $GDP$ 디플레이터(㉠)와 물가상승률(㉡)은? (단, 물가상승률은 $GDP$ 디플레이터를 이용하여 구한다)**

| 재화 / 연도 | 빵 | | 옷 | |
|---|---|---|---|---|
| | 가격(원) | 생산량(개) | 가격(원) | 생산량(벌) |
| 2011 | 30 | 100 | 100 | 50 |
| 2012 | 40 | 100 | 110 | 70 |
| 2013 | 40 | 150 | 150 | 80 |

| | ㉠ | ㉡ |
|---|---|---|
| ① | 144 | 18.2% |
| ② | 144 | 23.1% |
| ③ | 157 | 18.2% |
| ④ | 157 | 23.1% |

**05** 거시 **실물적 경기변동이론** 답 ③

ㄴ. 생산성향상과 같은 유리한 공급충격에도 경기변동이 가능하기에 비자발적 실업이 존재하지 않아도 경기가 변동한다.
ㄹ. 실물적 경기변동이론에 따르면 경기변동은 최적화 결과로 사회적후생손실은 없다고 보기에, 경기변동을 기본적으로 균형현상으로 파악한다. 따라서 정부개입은 불필요하다고 본다.

(오답피하기)
ㄱ. 실물적 경기변동이론에서는 신축성을 전제하기에 메뉴비용이 존재하지 않는다.
ㄷ. 실물적 경기변동이론은 고전학파에 근거를 두고 있으며, 경기변동이 발생하는 과정에서 가격은 신축적이라 가정한다.

> **출제POINT**
> 실물적 균형경기변동이론($RBC$)은 초기에는 주로 생산성충격(기술진보)에 주목했으나 이후 $IS$곡선에 영향을 미치는 충격도 인정한다. 하지만, 화폐의 중립성을 가정하기에 $LM$곡선에 영향을 미치는 충격은 경기변동의 요인이 되기 어렵다고 본다.

**06** 거시 **물가상승률** 답 ②

2013년의 명목 $GDP$는 $40\times150+150\times80=18,000$원이고, 실질 $GDP$는 $30\times150+100\times80=12,500$원이다.

따라서 $GDP$디플레이터는 $\frac{18,000}{12,500}\times100=144$이다.

파셰 물가지수는

$$P_P=\frac{P_t\cdot Q_t}{P_0\cdot Q_t}\times100=\frac{40\times150+150\times80}{30\times150+100\times80}\times100=144\text{이다.}$$

2013년의 물가상승률을 구하기 위해 2012년의 $GDP$디플레이터를 파셰 방식에 의해 구하면,

$$P_P=\frac{P_t\cdot Q_t}{P_0\cdot Q_t}\times100=\frac{40\times100+110\times70}{30\times100+100\times70}\times100=117\text{이다.}$$

따라서 2012년과 2013년의 $GDP$디플레이터는 각각 117과 144로 2013년의 물가상승률은 23.1%이다.

> **출제POINT**
> 파셰 물가지수는 $P_P=\frac{P_t\cdot Q_t}{P_0\cdot Q_t}$이고, 명목 $GDP$를 실질 $GDP$로 나눈 값이 $GDP$디플레이터이다.

## 07 □□□

**다음과 같이 생산물시장과 화폐시장이 주어졌을 때, $G=100$, $M^s=500$, $P=1$이고 균형재정일 경우, 균형국민소득($Y$)과 균형이자율($r$)은?**

> $Y=C+I+G$
> $C=100+0.8(Y-T)$
> $I=80-10r$
> $\frac{M^d}{P}=Y-50r$
> (단, $C$는 소비, $I$는 투자, $G$는 정부지출, $T$는 조세, $M^s$는 명목화폐공급, $M^d$는 명목화폐수요, $P$는 물가를 나타내고 해외부문과 총공급부문은 고려하지 않는다)

① $Y=750$, $r=5$
② $Y=750$, $r=15$
③ $Y=250$, $r=5$
④ $Y=250$, $r=15$

## 08 □□□

**현재 우리나라 15세 이상 인구는 4,000만 명, 비경제활동인구는 1,500만 명, 실업률이 4%라고 할 때, 이에 대한 설명으로 옳은 것은?**

① 현재 상태에서 실업자는 60만 명이다.
② 현재 상태에서 경제활동참가율은 61.5%이다.
③ 현재 상태에서 고용률은 최대 2.5%포인트 증가할 수 있다.
④ 현재 상태에서 최대한 달성할 수 있는 고용률은 61.5%이다.




**07** 거시 균형국민소득 답 ①

균형재정은 정부지출과 조세가 동액만큼 증가할 때 달성된다. 따라서 $G=100$이기에 $T=100$이다.
$Y=C+I+G$에서 $Y=100+0.8(Y-100)+80-10r+100$이므로 $Y=0.8Y-10r+200$이다. 즉, $Y=1{,}000-50r$이다. $\frac{M^s}{P}=\frac{M^d}{P}$에서 $500=Y-50r$이다. 즉, $Y=500+50r$이다. 따라서 이를 연립하면, $Y=750$, $r=5\%$이다.

**출제POINT**

$Y=C+I+G$와 $\frac{M^s}{P}=\frac{M^d}{P}$에서 균형이자율($r$)이 결정된다.

**08** 거시 고용률 답 ③

비경제활동인구가 1,500만 명이고 15세이상인구가 4,000만 명이기에 경제활동인구는 2,500만 명이다. 실업률이 4%라고 할 때 취업률은 96%이기에, 실업자는 100만 명이고 취업자는 2,400만 명으로 고용률은 60%이다. 100만 명의 실업자가 취업자가 되면, 고용률은 2.5%포인트 증가할 수 있다.

**오답피하기**

① 실업률이 4%라고 할 때, 경제활동인구가 2,500만 명이기에 실업자는 100만 명이다.
② 15세이상인구가 4,000만 명이고 경제활동인구가 2,500만 명이기에 경제활동참가율은 62.5%이다.
④ 실업률이 4%라고 할 때 취업률은 96%이기에, 실업자는 100만 명이고 취업자는 2,400만 명으로 고용률은 60%이다. 100만 명의 실업자가 취업자가 되면, 고용률은 2.5%포인트 증가할 수 있다. 따라서 최대한 달성할 수 있는 고용률은 62.5%이다.

**출제POINT**

취업자와 실업자의 합을 경제활동인구라 하고, 경제활동인구와 비경제활동인구의 합을 생산가능인구라 한다.

## 09 □□□

**현재 자본시장은 균형상태에 있으며 $A$주식의 기대수익률은 $14\%$이고, 무위험자산의 수익률은 $2\%$이다. 이 경우 시장 포트폴리오(market portfolio)의 기대수익률은? (단, $A$주식과 시장 포트폴리오의 공분산은 $6\%$이며, 시장 포트폴리오의 분산은 $5\%$이다)**

① 8%　　② 10%
③ 12%　　④ 14%

## 10 □□□

**솔로우(Solow)의 성장모형에 대한 설명으로 옳은 것만을 모두 고른 것은?**

ㄱ. 생산요소 간의 비대체성을 전제로 한다.
ㄴ. 기술진보는 균형성장경로의 변화 요인이다.
ㄷ. 저축률 변화는 1인당 자본량의 변화 요인이다.
ㄹ. 인구증가율이 상승할 경우 새로운 정상상태(steady state)의 1인당 산출량은 증가한다.

① ㄱ, ㄴ　　② ㄴ, ㄷ
③ ㄷ, ㄹ　　④ ㄱ, ㄹ

**09** 거시 **자산가격결정모형** 답 ③

주식 $A$의 기대수익률 = 무위험자산의 수익률 + 주식 $A$의 위험프리미엄이고, 주식 $A$의 위험프리미엄 = (시장 포트폴리오의 기대수익률 − 무위험자산의 수익률) × (주식 $A$와 시장 포트폴리오의 공분산/시장 포트폴리오의 분산)이다. 따라서 주식 $A$의 기대수익률 = 무위험자산의 수익률 + 주식 $A$의 위험프리미엄에서 $14\% = 2\% + (\text{시장 포트폴리오의 기대수익률} - 2\%) \times \frac{6}{5}$이다. 따라서 시장 포트폴리오의 기대수익률은 12%이다.

**출제POINT**

주식 $A$의 기대수익률 = 무위험자산의 수익률 + (시장 포트폴리오의 기대수익률 − 무위험자산의 수익률) × (주식 $A$와 시장 포트폴리오의 공분산/시장 포트폴리오의 분산)이다.

**10** 거시 **솔로우성장모형** 답 ②

ㄴ. 저축률상승, 인구증가율상승, 기술진보 등은 균형성장경로의 변화 요인이다.
ㄷ. 저축률상승으로 1인당 자본량은 증가한다.

**오답피하기**

ㄱ. 요소대체가 가능한 1차동차 생산함수와 요소가격의 신축적 조정을 가정하는 솔로우성장모형은 경제의 안정적 성장을 설명하였다.
ㄹ. 인구증가율이 상승할 경우 새로운 정상상태(steady state)의 1인당 산출량은 감소한다.

**출제POINT**

경제의 안정적 성장을 전제한 솔로우성장모형은 지속적인 성장은 지속적인 기술 진보에 의해 결정되나, 기술진보는 외생적으로 주어진 것으로 가정할 뿐 모형 내에서 기술진보의 원인을 설명하지 못한다.

## 11 □□□

**다음 사례를 역선택(adverse selection)과 도덕적 해이(moral hazard)의 개념에 따라 올바르게 구분한 것은?**

> ㄱ. 자동차 보험 가입 후 더욱 난폭하게 운전한다.
> ㄴ. 건강이 좋지 않은 사람이 민간 의료보험에 더 많이 가입한다.
> ㄷ. 실업급여를 받게 되자 구직 활동을 성실히 하지 않는다.
> ㄹ. 사망 확률이 낮은 건강한 사람이 주로 종신연금(life annuity)에 가입한다.

| | 역선택 | 도덕적 해이 |
|---|---|---|
| ① | ㄱ, ㄹ | ㄴ, ㄷ |
| ② | ㄴ, ㄹ | ㄱ, ㄷ |
| ③ | ㄱ, ㄴ | ㄷ, ㄹ |
| ④ | ㄴ, ㄷ | ㄱ, ㄹ |

**11** 미시 **정보경제학** 답 ②

ㄴ, ㄹ. 건강이 좋지 않은 사람이 민간 의료보험에 더 많이 가입하거나, 사망 확률이 낮은 건강한 사람이 주로 종신연금에 가입하는 경우는 계약이전의 선택의 문제로 역선택이다.
ㄱ, ㄷ. 자동차 보험 가입 후 더욱 난폭하게 운전하거나, 실업급여를 받게 되자 구직 활동을 성실히 하지 않는 것은 도덕적 해이이다.

**출제POINT**

상대방의 특성(거래되는 재화의 품질)에 대한 당사자들 간 정보수준이 다른 상황을 감춰진 특성이라 하고, 이는 계약이전의 선택의 문제로 역선택을 초래한다. 일방의 행동을 상대방이 관찰할 수 없거나 통제할 수 없는 상황을 감춰진 행동이라 하고, 이는 계약이후의 행동의 문제로 도덕적 해이를 초래한다.

## 12 □□□

**$A$국에서는 항공기 제조업체가 제품 생산과정에서 하천을 오염시켜 주민들에게 피해를 주고 있다. 이 경우 코즈정리(Coase theorem)에 따라 하천문제 해결방안에 대해 설명한 것으로 옳은 것은?**

① 정부가 기업에 피구세를 부과한다.
② 거래비용에 관계없이 합리적인 문제해결이 가능하다.
③ 주민들이 기업과의 협의를 통해 하천문제를 해결할 수 있다.
④ 기업이 하천에 대한 사유재산권을 가져야만 효율적인 결과를 얻을 수 있다.

**12** 미시 **코즈정리** 답 ③

코즈정리(Coase theorem)에 따라 주민들이 기업과의 협의를 통해 하천문제를 해결할 수 있다.

**오답피하기**

① 생산의 외부불경제 시 기업 $A$에게 적절한 피구세(Pigouvian tax)를 부과하여 사적비용을 증가시켜 사회적비용과 일치시킴으로써 사회적 최적 수준의 오염물질 배출량 달성이 가능하다.
② 코즈정리는 거래비용 없이 협상을 할 수 있다면, 외부효과로 인해 초래되는 비효율성을 시장에서 스스로 해결할 수 있다는 원리이나, 과도한 협상비용이나 협상능력의 차이 등으로 문제해결에 어려움이 있다.
④ 소유권 부재가 외부성을 초래하기에 자발적인 협상으로 외부효과를 내부화하는 방안이 코즈정리이다.

**출제POINT**

소유권 부재가 외부성을 초래하기에 당사자 간 자발적인 협상으로 외부효과를 내부화하는 방안이 코즈정리이다.

## 13 □□□

**산업내무역에 관한 설명으로 옳은 것은?**

① 산업내무역은 규모의 경제와 관계없이 발생한다.
② 산업내무역은 부존자원의 상대적인 차이 때문에 발생한다.
③ 산업내무역은 경제여건이 다른 국가 사이에서 이루어진다.
④ 산업내무역은 유럽연합 국가들 사이의 활발한 무역을 설명할 수 있다.

## 14 □□□

**내생적 성장이론에 대한 설명으로 옳지 않은 것만을 모두 고른 것은?**

ㄱ. 기술진보 없이는 성장할 수 없다.
ㄴ. 자본의 한계생산성 체감을 가정한다.
ㄷ. 경제개방, 정부의 경제발전정책 등의 요인을 고려한다.
ㄹ. AK모형의 $K$는 물적 자본과 인적자본을 모두 포함한다.

① ㄱ, ㄴ　　② ㄱ, ㄹ
③ ㄴ, ㄷ　　④ ㄷ, ㄹ

**13 | 국제 | 산업내무역 | 답 ④**

산업내무역은 경제여건이 유사한 국가 간 발생하기에, 유럽연합 국가들 사이의 활발한 무역을 설명할 수 있다.

**오답피하기**

① 산업내무역은 주로 규모의 경제에 의해 발생한다.
② 산업간무역은 부존자원의 상대적인 차이 때문에 발생한다.
③ 산업간무역은 경제여건이 다른 국가 사이에서 이루어진다.

**출제POINT**

산업간무역은 비교우위에 의해 두 나라가 서로 다른 산업에서 생산되는 재화를 수출하지만, 산업내무역은 주로 규모의 경제에 의해 두 나라가 동일 산업에서 생산되는 재화를 수출한다.

**14 | 거시 | 내생적 성장이론 | 답 ①**

ㄱ. 수확체감의 법칙이 적용되지 않는 $Y = AK$라는 생산함수를 가정할 때, AK모형은 정부의 감세정책 등으로 저축률이 높아지면 지속적인 경제성장이 가능함을 보여준다. 이처럼 기술진보 없이도 성장할 수 있다.
ㄴ. 자본($K$)에 물적자본 외에 인적자본도 포함가능하기에 수확체감의 법칙이 성립하지 않아 지속적인 경제성장이 가능하다고 본다. 따라서 자본의 한계생산성이 체감하지 않기에 수렴가설이 성립하지 않는다.

**오답피하기**

ㄷ. 저축률이나 생산성에 영향을 미치는 경제개방, 정부의 경제발전정책 등의 요인을 고려한다.
ㄹ. AK모형의 $K$는 물적자본과 인적자본을 모두 포함한다.

**출제POINT**

내생적 성장이론은 기술진보는 경험을 통한 학습효과 등 경제 내에서 내생적으로 결정된다고 본다.

## 15 □□□

**독점적 경쟁시장에 대한 설명으로 옳지 않은 것은?**

① 진입장벽이 존재하기 않기 때문에 기업의 진입과 퇴출은 자유롭다.

② 개별 기업은 차별화된 상품을 공급하며, 우하향하는 수요곡선에 직면한다.

③ 개별 기업은 자신의 가격책정이 다른 기업의 가격결정에 영향을 미친다고 생각하면서 행동한다.

④ 개별 기업은 단기에는 초과이윤을 얻을 수 있지만, 장기에는 정상이윤을 얻는다.

## 16 □□□

**다음은 소매시장의 오리고기 수요곡선과 공급곡선이다. $P_b=7$, $P_c=3$, $P_d=5$, $Y=2$라고 할 때, 시장균형점에서 오리고기에 대한 수요의 가격탄력성은?**

> • 수요곡선: $Q_d=105-30P-20P_c+5P_b-5Y$
> • 공급곡선: $Q_s=5+10P-3P_d$
> (단, $P$는 소매시장 오리고기 가격, $P_b$는 쇠고기 가격, $P_c$는 닭고기 가격, $P_d$는 도매시장 오리고기 가격, $Y$는 소득이다)

① $\frac{1}{6}$　　② $\frac{1}{3}$

③ 3　　④ 6

**15** 미시 독점적 경쟁시장 답 ③

기업간 상호의존성, 치열한 비가격경쟁, 담합 등의 비경쟁행위는 과점의 특징이다.

(오답피하기)

①, ② 독점적 경쟁시장의 경우, 기업의 진입과 퇴출은 자유로우나, 가격인상 시 판매량이 감소하기에 기업의 수요곡선은 우하향한다.

④ 개별기업은 단기에는 초과이윤을 얻을 수 있지만, 장기에는 정상이윤을 얻는다. 장기에는 진입과 퇴거가 자유로워 정상이윤만을 획득하고 독점보다는 작지만 초과설비를 보유하여 생산이 비효율적으로 이루어진다.

**출제POINT**

독점적 경쟁은 상품차별화로 다양한 기호를 충족시키지만, 독점의 성격과 완전경쟁의 성격이 모두 나타난다.

**16** 미시 수요의 가격탄력성 답 ④

$P_b=7$, $P_c=3$, $P_d=5$, $Y=2$일 때, 수요곡선은 $Q_d=105-30P-20P_c+5P_b-5Y=70-30P$이고, 공급곡선은 $Q_s=5+10P-3P_d=-10+10P$이다.
두 곡선의 교점은 $P=2$, $Q=10$이다. 따라서 수요곡선($Q_d=70-30P$)에서 $P=2$, $Q=10$일 때 수요의 가격탄력성은 $-\frac{\Delta Q}{\Delta P}\cdot\frac{P}{Q}$으로 6이다.

**출제POINT**

수요의 가격탄력성은 $-\frac{\Delta Q}{\Delta P}\cdot\frac{P}{Q}$이다.

## 17 □□□

**자국과 외국은 두 국가 모두 한 가지 재화만을 생산하며, 노동투입량과 노동의 한계생산량의 관계는 다음 표와 같다. 자국과 외국의 현재 노동부존량은 각각 11과 3이고 모두 생산에 투입된다. 국가 간 노동이동이 자유로워지면 세계 총생산량의 변화는?**

| 노동투입량 (명) | 1 | 2 | 3 | 4 | 5 | 6 | 7 | 8 | 9 | 10 | 11 |
|---|---|---|---|---|---|---|---|---|---|---|---|
| 노동의 한계생산량 (개) | 20 | 19 | 18 | 17 | 16 | 15 | 14 | 13 | 12 | 11 | 10 |

① 4개 증가
② 8개 증가
③ 12개 증가
④ 16개 증가

| 17 | 미시 | 생산량 | 답 ④ |
|---|---|---|---|

10번째 노동투입 시 노동의 한계생산량이 11이지만, 5번째 노동투입 시 노동의 한계생산량이 16이기에 전자 대신 후자에 노동을 투입하면 노동의 한계생산량은 5만큼 증가한다. 결국, 9번째 대신 6번째 노동투입 시 노동의 한계생산량은 3만큼 증가하고, 8번째 대신 7번째 노동투입 시 노동의 한계생산량은 1만큼 증가하기에 총생산량은 16개 증가한다.

★★★ 먼저 읽기

**출제POINT**

11번째 노동투입 시 노동의 한계생산량이 10이지만, 4번째 노동투입 시 노동의 한계생산량이 17이기에 전자 대신 후자에 노동을 투입하면 노동의 한계생산량은 7만큼 증가한다.

## 18 □□□

**매년 이자를 지급하는 일반이표채권(straight coupon bond)의 가격 및 이자율과 관련된 설명으로 옳지 않은 것은?**

① 이 이표채권의 가격은 액면가 아래로 낮아질 수 있다.
② 이 이표채권의 가격이 액면가보다 높다면 이 채권의 시장수익률은 이표이자율보다 낮다.
③ 이미 발행된 이 이표채권의 이표이자액은 매년 시장수익률에 따라 다르게 지급된다.
④ 이표채권가격의 상승은 그 채권을 매입하여 얻을 수 있는 수익률의 하락을 의미한다.

| 18 | 미시 | 이표채권 | 답 ③ |
|---|---|---|---|

확정금리부이표채권(Straight coupon Bond)의 이표이자액은 확정이자율에 의한 일정금액을 약정기일에 지급하는 채권이다.

오답피하기

① 금리(수익률)가 상승하면 채권의 가격은 하락하기에, 이표채권의 가격은 금리(수익률)가 상승하면 액면가 아래로 낮아질 수 있다.
② 금리(수익률)가 하락하면 채권의 가격은 상승하기에, 이표채권의 가격이 액면가보다 높다면 이 채권의 시장수익률은 이표이자율보다 낮다.
④ 금리(수익률) 변동과 채권가격은 서로 반대의 방향이기에, 이표채권가격의 상승은 그 채권을 매입하여 얻을 수 있는 수익률의 하락을 의미한다.

**출제POINT**

금리변동과 채권가격은 서로 반대의 방향이다. 즉, 금리가 하락하면 채권의 가격은 상승하고 금리가 상승하면 채권의 가격은 하락하게 된다.

- 채권은 정부, 공공기관, 기업이 일반 대중 투자자들로부터 장기의 자금을 조달하기 위하여 부담하는 채무를 표시하는 일종의 차용증서이다.
- 이표채권(coupon bond)은 채권의 권면에 이표가 붙어 있어 이자지급일에 이것으로 일정이자를 지급받는 채권이다.
- 확정금리부채권(Straight Bond)은 확정이자율에 의한 일정금액을 약정기일에 지급하는 채권으로 국공채와 회사채의 대부분이 이에 해당한다.

## 19 □□□

개방경제체제하에 있는 소국 $A$는 세계시장에서 의류 한 벌을 10달러에 수입할 수 있다고 한다. $A$국 내 의류의 공급곡선($S$)은 $S = 50 + 5P$이고, 수요곡선($D$)은 $D = 450 - 15P$이다. 의류 한 벌당 5달러의 관세를 부과할 때, $A$국에 미치는 사회적후생순손실(deadweight loss)은? (단, $P$는 가격이다)

① 125달러 ② 250달러
③ 350달러 ④ 375달러

| 19 | 국제 | 관세부과 | 답 ② |
|---|---|---|---|

10달러 시 국내수요량은 300벌이나 국내생산량은 100벌로 200벌만큼 수입한다. 5달러 관세부과 시 관세포함 국내가격은 15달러로, 국내수요량은 225벌이나 국내생산량은 125벌로 100벌만큼 수입한다. 따라서 국내수요량이 75벌만큼 줄고 국내생산량은 25벌만큼 증가한다. 따라서 사회적후생손실은 250달러이다.

**출제POINT**

(소국)관세부과로 소비자잉여감소, 생산자잉여증가, 재정수입증가이나 사회적후생손실이 발생한다.

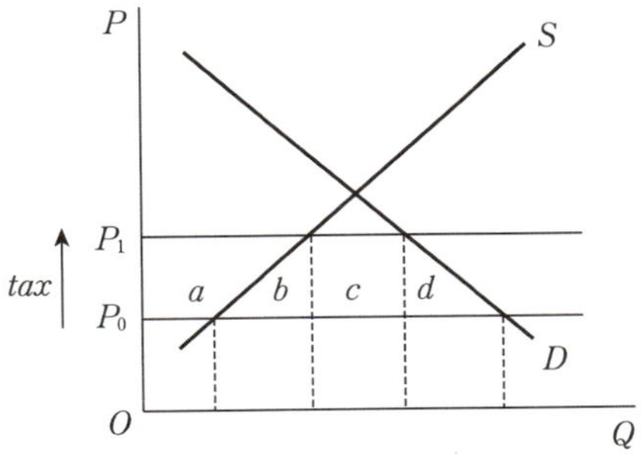


| | |
|---|---|
| 소비자잉여 | $-(a+b+c+d)$ |
| 생산자잉여 | $a$ |
| 재정수입 | $c$ |
| 총잉여 | $-(b+d)$ |

## 20 □□□

다음 그래프는 경기가 회복되고 있는 $A$국에 존재하는 금융상품의 기대수익률 추이를 나타낸다. 각 기대수익률을 해당 금융상품에 바르게 짝지은 것은? (단, 채권의 만기기간은 5년이고 위험기피투자자를 가정한다)

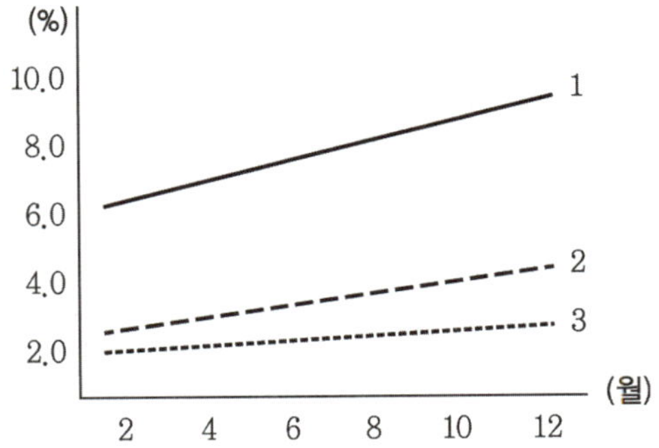

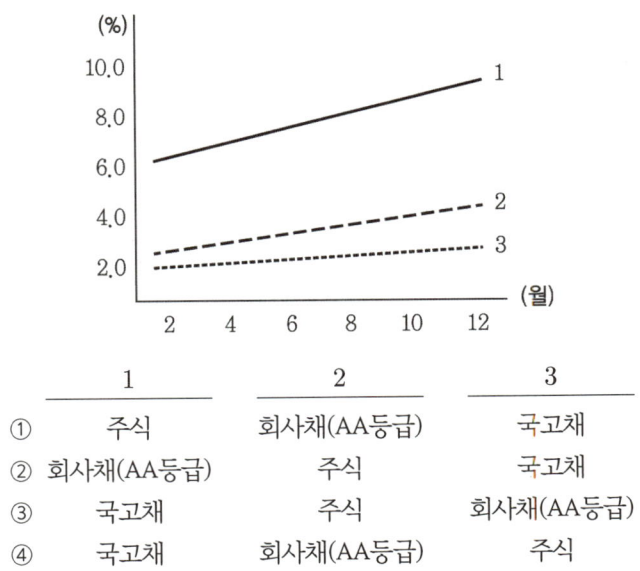

| | 1 | 2 | 3 |
|---|---|---|---|
| ① | 주식 | 회사채(AA등급) | 국고채 |
| ② | 회사채(AA등급) | 주식 | 국고채 |
| ③ | 국고채 | 주식 | 회사채(AA등급) |
| ④ | 국고채 | 회사채(AA등급) | 주식 |

| 20 | 거시 | 채권, 기대수익률 | 답 ① |
|---|---|---|---|

위험기피투자자 입장에서 경기가 회복 중일 때 기대수익률은 주식, 회사채(AA등급), 국고채의 순위로 크다.

**출제POINT**

위험기피투자자 입장에서 경기가 회복중일 때 기대수익률은 일반적으로 주식이 채권보다 크고, 회사채(AA등급)가 국고채보다 크다.

# 6회 2015년 국가직

## 01 □□□

**경기활성화를 위한 정책으로 옳지 않은 것은?**

① 자국 통화의 평가절상
② 중앙은행의 재할인율 인하
③ 사회복지 관련 정부지출의 증가
④ 공기업 투자 확대의 유도

## 02 □□□

**은행에 100만 원을 예금하고 1년 후 105만 원을 받으며, 같은 기간 중 소비자물가지수가 100에서 102로 상승할 경우 명목이자율과 실질이자율은?**

| | 명목이자율 | 실질이자율 |
|---|---|---|
| ① | 2% | 5% |
| ② | 3% | 5% |
| ③ | 5% | 2% |
| ④ | 5% | 3% |

**01** 거시 **경기활성화 정책** 답 ①

자국 통화의 평가절상, 즉, 환율인하로 수출이 줄고 수입이 늘면 총수요가 감소한다.

오답피하기

② 중앙은행의 재할인율 인하로 통화량이 증가하면 자금 시장에서 이자율 하락을 초래하여 소비와 투자의 증가로 이어져 총수요증가를 초래한다.
③ 정부지출의 증가는 총수요증가를 초래한다.
④ 공기업 투자 확대의 유도는 총수요증가를 초래한다.

**출제POINT**

총수요감소에 의한 경기침체 시 경기활성화를 위해 총수요를 증가시키는 확장정책이 필요하다.

**02** 거시 **피셔방정식** 답 ④

은행에 100만 원을 예금하고 1년 후 105만 원을 받으면 명목이자율은 5%이다. 소비자물가지수가 100에서 102로 상승할 경우 물가상승률은 2%이다. 따라서 실질이자율 = 명목이자율 − 기대인플레이션율 = 5 − 2 = 3%이다.

**출제POINT**

'실질이자율 + 기대인플레이션율 = 명목이자율'이다.

## 03 □□□

완전경쟁시장의 단기균형상태에서 시장가격이 10원인 재화에 대한 한 기업의 생산량이 50개, 이윤이 100원이라면 이 기업의 평균비용은?

① 5원 ② 6원

③ 7원 ④ 8원

## 04 □□□

총수요곡선은 $Y=550+\frac{2,500}{P}$, 총공급곡선은 $Y=800+(P-P^e)$, 기대물가는 $P^e=10$일 때, 균형에서의 국민소득은? (단, $Y$는 국민소득, $P$는 물가수준을 나타낸다)

① 500 ② 600

③ 700 ④ 800

| 03 | 미시 | 완전경쟁기업의 이윤극대화 | 답 ④ |
|---|---|---|---|

이윤이 100원이고 총수입은 $P\times Q=10\times 50=500$원으로 총비용은 400원이다. 따라서 평균비용은 총비용 ÷ 생산량 $=400\div 50=8$원이다.

**출제POINT**

'이윤 = 총수입 − 총비용'이다.

| 04 | 거시 | $AD-AS$이론 | 답 ④ |
|---|---|---|---|

총수요곡선은 $Y=550+\frac{2,500}{P}$이고, 총공급곡선은 $Y=800+(P-P^e)$으로 총수요 = 총공급에 따라 $550+\frac{2,500}{P}=800+(P-P^e)$이다. 기대물가가 $P^e=10$이기에 $P$는 $-250$ 또는 10이나 음수가 아니기에 $P$는 10이다. 따라서 $Y$는 $Y=550+\frac{2,500}{P}$ 또는 $Y=800+(P-P^e)$에서 800이다.

**출제POINT**

총수요와 총공급이 일치하는 점에서 균형국민소득이 결정된다.

## 05 □□□

**지급준비율(reserve-deposit ratio)은 $0.1$, 현금/예금비율(currency deposit ratio)은 $0.2$일 때의 통화승수는?**

① 2
② 3
③ 4
④ 5

## 06 □□□

**생산비용에 대한 설명으로 옳은 것만을 모두 고른 것은?**

ㄱ. 총비용함수가 $TC=100+\sqrt{Q}$인 경우 규모의 경제가 존재한다. (단, $Q$는 생산량이다)
ㄴ. 한 기업이 두 재화 $X$, $Y$를 생산할 경우의 비용이 $C(X, Y)=10+2X+3Y-XY$이고, 두 기업이 $X$, $Y$를 독립적으로 하나씩 생산할 경우의 비용이 각각 $C(X)=5+2X$, $C(Y)=5+3Y$인 경우 범위의 경제가 존재한다.
ㄷ. 매몰비용과 관련된 기회비용은 0이다.

① ㄱ, ㄴ
② ㄱ, ㄷ
③ ㄴ, ㄷ
④ ㄱ, ㄴ, ㄷ

**05** 거시 **통화승수** 답 ③

지급준비율은 $z=0.1$, 현금/예금비율은 $k=0.2$이기에 통화승수는 $m=\frac{k+1}{k+z}=\frac{0.2+1}{0.2+0.1}=4$이다.

**출제POINT**

현금/예금비율이 $k$일 때, 통화승수는 $m=\frac{k+1}{k+z}$이다.

**06** 미시 **규모의 경제** 답 ④

ㄱ. 총비용함수가 $TC=100+\sqrt{Q}$인 경우 생산량을 증가시킬 때 총비용은 체감적으로 증가하기에 장기 평균비용이 낮아지는 규모의 경제를 보인다.
ㄴ. 한 기업이 두 재화를 동시에 생산할 경우의 비용은 $10+2X+3Y-XY$로, 두 기업이 하나씩 생산할 경우의 비용의 합인 $5+2X+5+3Y$인 경우보다 생산비용이 적게 소요되기에 범위의 경제가 존재한다.
ㄷ. 매몰비용은 회수나 환불이 불가하기에 합리적 선택을 위해 매몰비용은 기회비용으로 고려하지 않는다.

**출제POINT**

생산량을 증가시킬 때 장기 평균비용이 낮아지는 것을 규모의 경제라 한다. 한 기업이 여러 가지 재화를 동시에 생산하는 것이 여러 기업이 각각 한 가지의 재화를 생산할 때보다 생산비용이 적게 소요되는 것을 범위의 경제라 한다.

## 07 □□□

어떤 한 경제에 $A$, $B$ 두 명의 소비자와 $X$, $Y$ 두 개의 재화가 존재한다. 이 중 $X$는 공공재(public goods)이고 $Y$는 사용재(private goods)이다. 현재의 소비량을 기준으로 $A$와 $B$의 한계대체율(marginal rate of substitution: $MRS$)과 한계전환율(marginal rate of transformation: $MRT$)이 다음과 같이 측정되었다. 공공재의 공급에 관한 평가로 옳은 것은?

$$MRS^A_{XY}=1,\ MRS^B_{XY}=3,\ MRT_{XY}=5$$

① 공공재가 최적 수준보다 적게 공급되고 있다.
② 공공재가 최적 수준으로 공급되고 있다.
③ 공공재가 최적 수준보다 많이 공급되고 있다.
④ 공공재의 최적 수준 공급 여부를 알 수 없다.

| 07 | 미시 | 공공재 | 답 ③ |
|---|---|---|---|

$MRS^A_{XY}=1$, $MRS^B_{XY}=3$으로 $MRS^A_{XY}+MRS^B_{XY}=4$이고, $MRT_{XY}=5$이기에 $MRS_{XY}(4)<MRT_{XY}(5)$이다. 따라서 $X$재 생산을 줄이고 $Y$재 생산을 늘려 소비하면 효용이 증가할 수 있다. 즉, $X$재 공공재가 최적 수준보다 많이 공급되고 있다.

**출제POINT**
공공재의 소비자들은 동일한 양을 서로 다른 편익으로 소비하기에 공공재의 적정공급조건은 $MRS^A_{XY}+MRS^B_{XY}=MRT_{XY}$이다.

## 08 □□□

두 명의 경기자 $A$와 $B$는 어떤 업무에 대해 '태만'(노력수준 $=0$)을 선택할 수도 있고, '열심'(노력수준 $=1$)을 선택할 수도 있다. 단, '열심'을 선택하는 경우 15원의 노력비용을 감당해야 한다. 다음 표는 사회적 총 노력수준에 따른 각 경기자의 편익을 나타낸 것이다. 두 경기자가 동시에 노력수준을 한 번 선택해야 하는 게임에서 순수전략 내쉬(Nash)균형은?

| 사회적 총 노력수준<br>(두 경기자의 노력수준의 합) | 0 | 1 | 2 |
|---|---|---|---|
| 각 경기자의 편익 | 1원 | 11원 | 20원 |

① 경기자 $A$는 '열심'을, 경기자 $B$는 '태만'을 선택한다.
② 경기자 $A$는 '태만'을, 경기자 $B$는 '열심'을 선택한다.
③ 두 경기자 모두 '태만'을 선택한다.
④ 두 경기자 모두 '열심'을 선택한다.

| 08 | 미시 | 내쉬균형 | 답 ③ |
|---|---|---|---|

'열심'을 선택하는 경우 15원의 노력비용을 전제로 $A$와 $B$의 선택에 따른 편익을 표시하면 다음과 같다.

| 구분 | | B | |
|---|---|---|---|
| | | 태만(0) | 열심(1) |
| A | 태만(0) | (1, 1) | (11, −4) |
| | 열심(1) | (−4, 11) | (5, 5) |

$B$가 태만을 선택하면 $A$는 태만선택이 최선이고 $B$가 열심을 선택하면 $A$는 태만선택이 최선이다. $A$가 태만을 선택하면 $B$는 태만선택이 최선이고 $A$가 열심을 선택하면 $B$는 태만선택이 최선이다. 따라서 내쉬균형은 (태만, 태만)인 (1, 1)이다.

**출제POINT**
상대방의 전략을 주어진 것으로 보고 경기자가 자신에게 가장 유리한 전략을 선택하였을 때 도달하는 균형을 내쉬균형이라 한다.

## 09 □□□

**$IS-LM$ 모형하에서 재정지출 확대에 따른 구축효과(crowding-out effect)에 대한 설명으로 옳지 않은 것은?**

① 다른 조건이 일정한 경우 $LM$곡선의 기울기가 커질수록 구축효과는 커진다.

② 다른 조건이 일정한 경우 투자의 이자율 탄력성이 낮을수록 구축효과는 커진다.

③ 다른 조건이 일정한 경우 화폐수요의 이자율 탄력성이 낮을수록 구축효과는 커진다.

④ 다른 조건이 일정한 경우 한계소비성향이 클수록 구축효과는 커진다.

| 09 | 거시 | 구축효과 | 답 ② |
|---|---|---|---|

투자의 이자율 탄력성이 낮을수록, 즉 $IS$곡선이 급경사일수록 구축효과는 작아진다.

(오답피하기)

① $LM$곡선의 기울기가 커질수록, 즉 $LM$곡선이 수직에 가까울수록 구축효과는 커진다.

③ 화폐수요의 이자율 탄력성이 낮을수록, 즉 $LM$곡선이 수직에 가까울수록 구축효과는 커진다.

④ 한계소비성향이 클수록 $IS$곡선이 완만하기에 구축효과는 커진다.

**출제POINT**

확장재정정책에도 이자율이 상승하여 민간소비와 민간투자가 감소하는 것을 구축효과라 한다. $IS$곡선이 완만할수록, $LM$곡선이 수직에 가까울수록 구축효과는 커진다.

## 10 □□□

**유동성함정에서 발생할 수 있는 일반적인 상황으로 옳지 않은 것은?**

① 재정지출확대가 국민소득에 미치는 영향은 거의 없다.

② 통화량공급을 늘려도 더 이상 이자율이 하락하지 않는다.

③ 재정지출확대에 따른 구축효과가 발생하지 않는다.

④ 경제주체들은 채권가격하락을 예상하여 채권에 대한 수요 대신 화폐에 대한 수요를 늘린다.

| 10 | 거시 | 유동성함정 | 답 ① |
|---|---|---|---|

유동성함정 시 화폐수요의 이자율탄력성이 무한대로 $LM$곡선이 수평선이기에 금융정책은 효과가 없다. 정부지출증가의 확장재정정책을 실시하면 $IS$곡선은 우측으로 이동하나 이자율은 불변이고, 국민소득이 증가하기에 재정정책효과는 크다.

(오답피하기)

② 이자율이 매우 낮은 상태에서 통화량을 증가시켜도 전부 투기적 화폐수요로 흡수되기에 더이상 이자율이 하락하지 않는다.

③ 확장재정정책을 실시하면 $IS$곡선은 우측으로 이동하나 이자율은 불변으로, 이자율이 상승하여 민간소비와 민간투자가 감소하는 구축효과가 발생하지 않는다.

④ 채권 가격이 매우 높아 이후 채권 가격이 하락할 것으로 예상하여, 자산을 전부 화폐로 보유하고 있는 상태이다.

**출제POINT**

이자율이 매우 낮고 채권 가격이 매우 높아 이후 이자율이 상승하고 채권 가격이 하락할 것으로 예상하여, 자산을 전부 화폐로 보유하고 있는 상태를 유동성함정이라 한다.

## 11 □□□

**$x$재와 $y$재를 소비하는 소비자 $A$의 효용함수가 $U(x, y) = \min(3x, 5y)$이다. 두 재화 사이의 관계와 $y$재의 가격은? (단, $x$재의 가격은 8원이고, 소비자 $A$의 소득은 200원, 소비자 $A$의 효용을 극대화하는 $x$재 소비량은 10단위이다)**

① 완전보완재, 12원
② 완전보완재, 20원
③ 완전대체재, 12원
④ 완전대체재, 20원

## 12 □□□

**통화량 공급을 늘리기 위한 중앙은행의 공개시장조작(open market operation)정책으로 옳은 것은?**

① 정부채권을 매입한다.
② 재할인율을 인하한다.
③ 중앙은행의 지급준비율을 인하한다.
④ 시중 민간은행의 대출한도확대를 유도한다.





| 11 | 미시 | 완전보완재의 최적소비 | 답 ② |
|---|---|---|---|

$P_X \cdot X + P_Y \cdot Y = M$의 예산선하, 효용함수가 $U(x, y) = \min(3x, 5y)$이면 $3x = 5y$에서, 즉 $y = \frac{3}{5}x$에서 효용이 극대화된다. $x$재의 가격은 8원이고, 소득은 200원, $x$재 소비량은 10단위로 $y = \frac{3}{5}x = \frac{3}{5} \times 10 = 6$단위이다.
$P_X \cdot X + P_Y \cdot Y = M$에서 $80 + 6Py = 200$이다. 따라서 $Py = 20$원이다. 효용함수가 $U(x, y) = \min(ax, by)$이면 두 재화는 완전보완재의 성격을 보인다.

**출제POINT**
효용함수가 $U(x, y) = \min(ax, by)$이면 $ax = by$에서 효용이 극대화된다.

| 12 | 국제 | 통화정책 | 답 ① |
|---|---|---|---|

정부채권을 매입하여 통화량을 증가시키는 것은 공개시장조작정책이다.

**오답피하기**
② 재할인율을 인하하여 일반은행의 중앙은행으로부터의 차입을 늘림으로써 통화량을 증가시키는 것은 재할인율정책이다.
③ 지급준비율을 인하하여 통화승수를 상승시킴으로써 통화량을 증가시키는 것은 지급준비율정책이다.
④ 시중 민간은행의 대출한도를 제한하는 대출한도제는 선별적 정책수단이다.

**출제POINT**
중앙은행의 국공채 매입이나 매각을 통해 통화량과 이자율을 조정하는 정책이 공개시장조작정책이다.

## 13 □□□

**1990년대 후반 지속된 미국 경제의 호황은 정보기술발전에 따른 생산성 증대의 결과라는 주장이 있다. 이 주장을 뒷받침하는 이론으로 옳은 것은?**

① 케인지언(Keynesian)이론
② 통화주의(Monetarism)이론
③ 합리적 기대가설(Rational Expectations Hypothesis)이론
④ 실물경기변동(Real Business Cycle)이론

## 14 □□□

**$w$원에 대한 $A$의 효용함수는 $U(w) = \sqrt{w}$이다. $A$는 50%의 확률로 10,000원을 주고, 50%의 확률로 0원을 주는 복권 $L$을 가지고 있다. 다음 중 옳은 것은?**

① 복권 $L$에 대한 $A$의 기대효용은 5,000이다.
② 누군가 현금 2,400원과 복권 $L$을 교환하자고 제의한다면, $A$는 제의에 응하지 않을 것이다.
③ $A$는 위험중립적인 선호를 가지고 있다.
④ $A$에게 40%의 확률로 100원을 주고, 60%의 확률로 3,600원을 주는 복권 $M$과 복권 $L$을 교환할 수 있는 기회가 주어진다면, $A$는 새로운 복권 $M$을 선택할 것이다.

| 13 | 거시 | 실물적 경기이론 | 답 ④ |
|---|---|---|---|

정보기술발전에 따른 생산성 증대로 호황이 지속된다는 것은 공급측면의 충격에 의한 경기변동으로 실물적 균형경기변동이론이다.

**오답피하기**

① 사무엘슨의 승수-가속도 원리와 힉스의 순환제약이론은 케인즈학파의 경기변동론이다.
② 프리드만 등의 통화주의는 통화량 변화와 같은 화폐적 충격을 경기변동의 요인으로 보았다.
③ 합리적기대를 전제하나 외부충격에 의한 경제주체들의 최적화 결과로 경기변동이 발생한다는 것은 새고전학파의 경기변동론으로 화폐적 균형경기변동이론과 실물적 균형경기변동이론이 있다.

**출제POINT**

생산성 변화 등 공급측면의 충격과 정부지출 변화 등 $IS$곡선에 영향을 미치는 충격으로 경기변동이 발생한다는 것이 키들랜드와 프레스콧 등의 실물적 균형경기변동이론이다.

| 14 | 미시 | 기대효용이론 | 답 ② |
|---|---|---|---|

불확실성하에서 기대효용과 동일한 효용을 주는 확실한 현금의 크기를 확실성등가라 한다.
즉, $L$에 대한 기대효용은 $0.5\times\sqrt{10,000}+0.5\times\sqrt{0}=50$으로 확실성등가는 $U(w)=50=\sqrt{w}$에서 2,500이다. 따라서 현금 2,400원과 복권 $L$을 교환하자는 제의에 응하지 않을 것이다.

**오답피하기**

① $L$에 대한 기대효용은 $0.5\times\sqrt{10,000}+0.5\times\sqrt{0}=50$이다.
③ $A$의 효용함수는 $U(w)=\sqrt{w}$로 아래로 오목하다. 따라서 $A$는 위험기피적인 선호를 가지고 있다.
④ $M$에 대한 기대효용은 $0.4\times\sqrt{100}+0.6\times\sqrt{3,600}=40$으로 확실성등가는 $U(w)=40=\sqrt{w}$에서 1,600이다. $L$에 대한 기대효용은 50으로 확실성등가는 2,500이기에 $A$는 새로운 복권 $M$을 선택하지 않을 것이다.

**출제POINT**

불확실성하의 소비자 행동 분석을 기대효용이론이라 한다.

## 15 □□□

**원화, 달러화, 엔화의 현재 환율과 향후 환율이 다음과 같을 때, 옳지 않은 것은?**

| 현재 환율 | 향후 환율 |
|---|---|
| • 1달러당 원화 환율 1,100원<br>• 1달러당 엔화 환율 110엔 | • 1달러당 원화 환율 1,080원<br>• 100엔당 원화 환율 900원 |

① 한국에 입국하는 일본인 관광객 수가 감소할 것으로 예상된다.

② 일본 자동차의 대미 수출이 감소할 것으로 예상된다.

③ 미국에 입국하는 일본인 관광객 수가 감소할 것으로 예상된다.

④ 달러 및 엔화에 대한 원화가치가 상승할 것으로 예상된다.

## 16 □□□

**솔로우(Solow)의 경제성장모형하에서 $A$국의 생산함수는 $Y=10\sqrt{LK}$, 저축률은 30%, 자본 감가상각률은 연 5%, 인구증가율은 연 1%, 2015년 초 $A$국의 1인당 자본량은 100일 경우 2015년 한 해 동안 $A$국의 1인당 자본의 증가량은? (단, $L$은 노동, $K$는 자본을 나타낸다)**

① 24 ② 25

③ 26 ④ 27





### 15 국제 환율 답 ②

원/달러 환율의 하락폭(1,100에서 1,080으로 −1.8%)이 원/100엔 환율의 하락폭(1,000에서 900으로 −10%)보다 더 작기에 엔화가치가 달러화가치보다 더 큰 하락을 보인다.

즉, 가치 상승 정도는 '원화 > 달러 > 엔화'이다. 엔화가치가 달러화가치보다 더 큰 하락이기에 일본 자동차의 대미 수출이 증가할 것으로 예상된다.

**오답피하기**

① 원/100엔 환율의 하락으로 원화가치의 상승이고 엔화가치의 하락이다. 따라서 한국에 입국하는 일본인 관광객 수가 감소할 것으로 예상된다.

③ 엔화가치가 달러화가치보다 더 큰 하락이기에 미국에 입국하는 일본인 관광객 수가 감소할 것으로 예상된다.

④ 원/달러 환율은 1,100에서 1,080으로 하락이기에 달러화에 대한 원화 가치가 상승하고, 원/100엔 환율은 1,000에서 900으로 하락이기에 엔화에 대한 원화가치가 상승할 것으로 예상된다.

**출제POINT**

1달러당 원화 환율이 1,100원이고 1달러당 엔화 환율이 110엔이면 110엔당 원화 환율은 1,100원으로 100엔당 원화 환율은 1,000원이다.

### 16 거시 솔로우성장모형 답 ①

$A$국의 생산함수는 $Y=10\sqrt{LK}$으로 1인당 생산량은 $\frac{Y}{L}=\frac{10\sqrt{LK}}{L}=\frac{10\sqrt{LK}}{\sqrt{L^2}}=\frac{10\sqrt{K}}{\sqrt{L}}=10\sqrt{k}$이다. 1인당 실제투자액$[sf(k)]$과 1인당 필요투자액$[(n+d)k]$의 차이가 1인당 자본의 변화분이다. 따라서 1인당 자본의 변화분은 $sf(k)-(n+d)k=0.3\times10\sqrt{100}-(0.01+0.05)\times100=24$이다.

**출제POINT**

솔로우(Solow)의 경제성장모형하에서 1인당 실제투자액$[sf(k)]$과 1인당 필요투자액$[(n+d)k]$이 일치할 때 1인당 자본량이 불변으로 균제상태를 보인다.

## 17 □□□

$A$국은 포도주 수입을 금지하는 나라이다. 포도주 수입이 없는 상태에서 포도주의 균형가격이 1병당 20달러이고, 균형생산량은 3만 병이다. 어느 날 $A$국은 포도주시장을 전격적으로 개방하기로 하였다. 포도주시장 개방 이후 $A$국의 포도주 가격은 국제가격인 16달러로 하락하였고, 국내시장에서의 균형거래량도 5만 병으로 증가하였으나, 국내포도주 생산량은 1만 병으로 오히려 하락하였다. 다음 중 옳은 것만을 모두 고른 것은? (단, 수요곡선과 공급곡선은 직선이라고 가정한다)

ㄱ. 국내 사회적잉여 증가분은 국내 생산자잉여 감소분과 같다.
ㄴ. 국내 사회적잉여 증가분은 국내 소비자잉여 증가분의 절반이다.
ㄷ. 국내 소비자잉여 증가분은 국내 생산자잉여 감소분과 같다.

① ㄱ, ㄴ　② ㄱ, ㄷ
③ ㄴ, ㄷ　④ ㄱ, ㄴ, ㄷ

| 17 | 국제 | 교역의 이득 | 답 ① |
|---|---|---|---|

ㄱ. 국내 사회적잉여 증가분은 $B+C$로 $(4\times4\times0.5=)$8만 달러이고, 국내 생산자잉여 감소분은 $A$로 $(4\times3-4\times2\times0.5=)$8만 달러로 같다.
ㄴ. 국내 사회적잉여 증가분은 8만 달러이고, 국내 소비자잉여 증가분은 $A+B+C$로 $(4\times3+4\times2\times0.5=)$16만 달러이다.

(오답피하기)

ㄷ. 국내 소비자잉여 증가분은 16만 달러이고, 국내 생산자잉여 감소분은 8만 달러로 같지 않다.

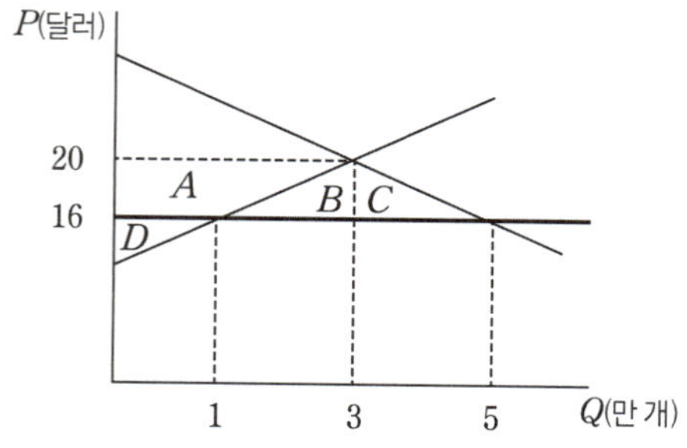


**출제POINT**

자유무역(수입)으로 소비자잉여는 증가하고 생산자잉여는 감소하나 사회적잉여는 증가한다.

## 18 □□□

내생적 성장이론은 신고전학파의 경제성장이론의 대안으로 제시된 이론이다. 내생적 성장이론에서 고려되는 경제성장 요인으로 가장 적합한 것은?

① 이자율상승에 따른 저축률의 증가
② 새로운 지식 및 기술에 대한 연구투자의 증가
③ 자본 감가상각률의 상승
④ 인구증가

| 18 | 거시 | 내생적 성장이론 | 답 ② |
|---|---|---|---|

내생적 성장이론은 실물자본외 인적자본, 새로운 지식 및 기술에 대한 연구투자 그리고 경험을 통한 학습 등을 경제성장의 요인으로 고려한다.

(오답피하기)

①, ③, ④ 솔로우모형의 기본방정식은 $sf(k)=(n+d)k$이다. 즉, 저축률$(s)$, 감가상각률$(d)$, 인구증가율$(n)$ 등이 고려된다.

**출제POINT**

새고전학파의 솔로우모형은 경제성장의 요인을 내생적으로 설명하지 못한다.

## 19 □□□

**현재 한국과 미국의 연간 이자율이 각각 4%와 2%이고, 1년 후의 예상 환율이 1,122원/달러이다. 양국 간에 이자율평형조건(interest parity condition)이 성립하기 위한 현재 환율은?**

① 1,090원/달러
② 1,100원/달러
③ 1,110원/달러
④ 1,120원/달러

## 20 □□□

**다음 그림은 어떤 재화의 생산량에 따른 사적한계비용($PMC$), 사회적한계비용($SMC$), 사적한계편익($PMB$), 사회적한계편익($SMB$)을 나타낸 것이다. 다음 중 옳은 것은?**

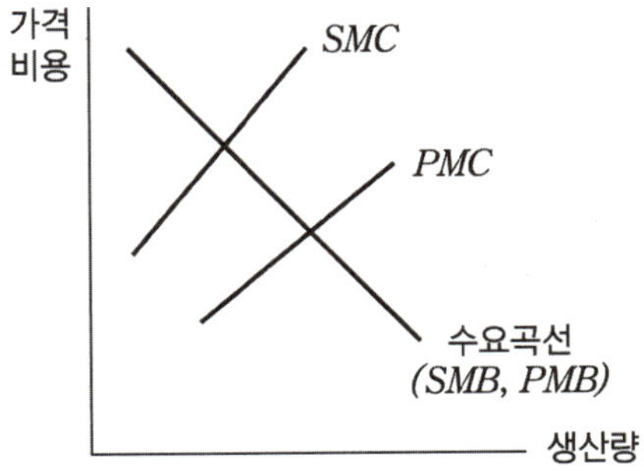


① 이 재화의 생산에는 양의 외부효과가 존재하고 시장생산량은 사회적으로 바람직한 수준보다 높다.
② 이 재화의 생산에는 양의 외부효과가 존재하고 시장생산량은 사회적으로 바람직한 수준보다 낮다.
③ 이 재화의 생산에는 음의 외부효과가 존재하고 시장생산량은 사회적으로 바람직한 수준보다 높다.
④ 이 재화의 생산에는 음의 외부효과가 존재하고 시장생산량은 사회적으로 바람직한 수준보다 낮다.

| 19 | 국제 | 이자율평가설 | 답 ② |
|---|---|---|---|

한국과 미국의 연간 이자율이 각각 4%와 2%이고, 1년 후의 예상 환율이 1,122원/달러이기에 현재환율(1 + 국내이자율) = 선도환율(1 + 해외이자율)에서, 현재환율$(1+0.04)=1,122(1+0.02)$이다. 따라서 현재환율은 대략 1,100원/달러이다.

**출제POINT**
금융시장에서 일물일가의 법칙을 전제로, 국가 간 완전자본이동이 보장될 때 국내투자수익률과 해외투자수익률이 동일해야 한다는 것이 이자율평가설이다. 이때, 해외투자수익률의 불확실성은 선물계약을 통해 제거할 수 있기에, 무위험이자율평가설은 현재환율(1+국내이자율) = 선도환율(1+ 해외이자율)이다.

| 20 | 미시 | 외부효과 | 답 ③ |
|---|---|---|---|

음의 외부효과가 존재하고 시장생산량은 사회적으로 바람직한 수준보다 높다.

**출제POINT**
사회적한계비용($SMC$)이 사적한계비용($PMC$)보다 크기에 생산의 외부불경제가 발생한다. 따라서 시장 균형생산량은 사회적최적생산량보다 많다.

# 7회 2016년 국가직

## 01 □□□

**케인즈의 화폐수요이론에 대한 설명으로 옳지 않은 것은?**

① 개인은 수익성 자산에 투자하는 과정에서 일시적으로 화폐를 보유하기도 한다.
② 화폐수요의 이자율탄력성이 0이 되는 것을 유동성함정이라고 한다.
③ 소득수준이 높아질수록 예비적 동기의 화폐수요는 증가한다.
④ 거래적 동기의 화폐수요는 소득수준과 관련이 있다.

## 02 □□□

**재화 $A$에 대한 수요곡선과 공급곡선은 각각 $Q_d = 12 - P$ 및 $Q_s = 2P$로 표현된다. 이 재화에 개당 3원의 세금을 소비자에게 부과하는 경우에 경제적 순손실의 크기는? (단, $Q_d$는 수요량, $Q_s$는 공급량, $P$는 가격이다)**

① 1원 ② 3원
③ 5원 ④ 7원

**01** | 거시 | 유동성함정 | 답 ②

유동성함정하 화폐수요의 이자율탄력성이 무한대로 재정정책의 효과가 극대화된다.

오답피하기

① 케인즈는 채권가격 하락이 예상될 때 채권 대신 화폐를 보유하는 것을 투기적 동기의 화폐수요라 정의한다. 따라서 개인은 수익성 자산에 투자하는 과정에서 일시적으로 화폐를 보유하기도 한다.
③, ④ 거래적 동기와 예비적 동기의 화폐수요는 소득의 증가함수이다.

**출제POINT**
현재 이자율이 매우 낮고 채권가격이 매우 높아 이후 이자율이 상승하고 채권가격이 하락할 것으로 예상하여, 자산을 전부 화폐로 보유하고 있는 상태를 유동성함정이라 한다.

**02** | 미시 | 조세부과의 효과 | 답 ②

| | |
|---|---|
| 1. 조세부과 전 거래량 | $12-P=2P$<br>$P=4,\ Q=8$ |
| 2. 조세부과 후 곡선($P$로 도출) | 비법: 평행이동!<br>$Q_d=12-P$에서 $P$대신<br>$[P-(-3)]$를 대입하면,<br>$Q_d=12-(P+3)$으로<br>$Q_d=9-P$이다. |
| 3. 조세부과 후 거래량 | $9-P=2P$<br>$P=3,\ Q=6$ |
| 4. 거래량 감소분 ×단위당 조세 $\times\frac{1}{2}$ | $(8-6)\times3\times\frac{1}{2}=3$ |

**출제POINT**
조세의 귀착 시 후생손실은 '거래량 감소분×단위당 조세×$\frac{1}{2}$'을 통해 알 수 있다.

## 03 □□□

**명목이자율이 $15\%$ 이고 예상인플레이션율은 $5\%$ 이다. 이자소득에 대해 $20\%$ 의 이자소득세가 부과된다면 세후 실질이자율은?**

① 3%
② 5%
③ 7%
④ 9%

## 04 □□□

**자본이동이 완전히 자유로운 소국개방경제를 가정하자. 먼델-플레밍의 $IS-LM-BP$ 모형에 대한 설명으로 옳지 않은 것은?**

① $BP$ 곡선은 (산출, 이자율) 평면에서 수평선으로 나타난다.
② 고정환율제하에서 통화정책은 국민소득에 영향을 미치지 못한다.
③ 변동환율제하에서는 통화정책의 독자성이 보장된다.
④ 재정정책의 국민소득에 대한 효과는 고정환율제보다 변동환율제하에서 더 커진다.





**03** 거시 피셔방정식 답 ③

명목이자율이 15%이고 이자소득에 대한 세율이 20%이기에 세후 명목이자율은 $15-(15\times20\%)=12\%$이다. 인플레이션율이 5%이기에 세후 실질이자율 = 세후 명목이자율 − 인플레이션율 $=12-5=7\%$이다.

**출제POINT**

'실질이자율 + 기대인플레이션율 = 명목이자율'이다.

**04** 국제 먼델-플레밍모형 답 ④

완전한 자본이동성하 고정환율제도에서는 재정정책이 효과있고, 변동환율제도에서는 통화정책이 효과있다. 따라서 재정정책의 국민소득에 대한 효과는 변동환율제보다 고정환율제하에서 더 커진다.

**오답피하기**

① 완전한 자본이동성하 $BP$곡선은 (산출, 이자율) 평면에서 수평선으로 나타난다.
② 고정환율제하에서는 재정정책이 효과적이고, 통화정책은 국민소득에 영향을 미치지 못한다.
③ 변동환율제하에서는 통화정책이 효과적이기에 통화정책의 독자성이 보장된다.

**출제POINT**

먼델-플레밍모형은 완전한 자본이동과 소국개방경제를 가정한다.

## 05 □□□

**총수요($AD$)곡선이 우하향하는 이유에 대한 설명으로 옳지 않은 것은?**

① 물가가 하락하는 경우 실질임금이 상승하여 노동공급이 증가하기 때문이다.

② 물가가 하락하는 경우 실질통화량이 증가하여 이자율이 하락하고 투자가 증가하기 때문이다.

③ 물가가 하락하는 경우 실질환율상승, 즉 절하가 생겨나 순수출이 증가하기 때문이다.

④ 물가가 하락하는 경우 가계의 실질자산가치가 증가하여 소비가 증가하기 때문이다.

| 05 | 거시 | 총수요곡선 | 답 ① |
|---|---|---|---|

물가가 하락하면 실질임금이 상승하여 고용량이 감소하기에 생산량도 감소한다. 따라서 우상향의 총공급곡선을 도출할 수 있다.

(오답피하기)

② 물가하락이 실질통화량증가를 가져와 이자율하락에 의한 투자와 소비증가를 초래하여 총수요(국민소득)를 증가시키는데, 이를 이자율효과라 한다.

③ 물가하락이 수출품가격하락을 가져와 수출증가와 수입감소에 의한 순수출증가를 초래하여 총수요(국민소득)를 증가시키는데, 이를 경상수지효과라 한다.

④ 물가하락이 화폐구매력증가를 가져와 실질부증가에 의한 소비증가를 초래하여 총수요(국민소득)를 증가시키는데, 이를 실질잔고효과, 피구효과 또는 부의 효과라 한다.

**출제POINT**

이자율효과, 실질잔고효과, 경상수지효과 등에 의해 일반적으로 $AD$곡선은 우하향한다.

## 06 □□□

**필립스곡선(Phillips curve)에 대한 설명으로 옳지 않은 것은?**

① 1950년대 말 필립스(A. W. Phillips)는 영국의 실업률과 명목임금상승률 사이에서 양(+)의 상관관계를 찾아냈다.

② 총공급곡선은 물가와 산출 분석에, 필립스곡선은 인플레이션과 실업 분석에 적절하다.

③ 이력현상(hysteresis)이 존재할 경우 거시경제정책은 장기적으로도 실업률에 영향을 미칠 수 있다.

④ 디스인플레이션 정책에 따른 희생률은 적응적 기대보다 합리적 기대에서 작게 나타난다.

| 06 | 거시 | 필립스곡선 | 답 ① |
|---|---|---|---|

1950년대 말 필립스(A. W. Phillips)는 영국의 실업률과 명목임금상승률 사이에서 음(−)의 상관관계를 찾아냈다.

(오답피하기)

② 총생산함수와 노동시장 등 공급측면을 통해 물가와 국민소득의 관계를 나타내는 곡선을 총공급곡선이라 한다. 총수요곡선의 이동으로 인플레이션율과 실업률이 반비례인 필립스곡선을 도출할 수 있다.

③ 경기침체로 실업률증가 후 일정기간 유지 시 노동자의 숙련도 상실과 근로에 대한 태도변화로 자연실업률 자체가 높아지는 현상을 실업률의 이력현상 또는 기억효과라 한다. 새케인즈학파는 재량적인 안정화정책을 통해 실업률감소 후 일정기간 유지 시 자연실업률이 낮아질 수 있기에 재량적인 안정화정책이 필요함을 주장한다. 따라서 이력현상(hysteresis)이 존재할 경우 거시경제정책은 장기적으로도 실업률에 영향을 미칠 수 있다.

④ 적응적 기대 시 필립스곡선이 우하향하기 때문에 긴축통화정책으로 실업률이 증가하고 산출량이 감소하여 큰 희생률이 나타날 수 있다. 합리적 기대 시 사전에 공표한 긴축통화정책으로 기대물가상승률이 실제물가상승률과 함께 하락하기 때문에 실업률의 증가 없이 물가상승률을 낮출 수 있다. 따라서 디스인플레이션 정책에 따른 희생률은 적응적 기대보다 합리적 기대에서 작게 나타난다.

**출제POINT**

현재는 명목임금상승률 대신 인플레이션율로 수정하여, 총수요곡선의 이동으로 인플레이션율과 실업률이 반비례인 필립스곡선을 도출할 수 있다.

## 07 □□□

**숙련노동자가 비숙련노동자에 비해 풍부한 $A$국과 비숙련노동자가 숙련노동자에 비해 풍부한 $B$국이 있다. 폐쇄경제를 유지하던 두 나라가 무역을 개시하여 $A$국은 $B$국에 숙련노동집약적인 재화를 수출하고, $B$국으로부터 비숙련노동 집약적인 재화를 수입한다고 가정하자. 헥셔-올린모형의 예측에 따라 이러한 무역 형태가 $A$국과 $B$국의 노동시장에 미칠 영향에 대한 설명으로 옳은 것은? (단, 두 나라 모두 숙련노동자의 임금이 비숙련노동자의 임금에 비해 높다)**

① $A$국의 숙련노동자와 비숙련노동자의 임금격차가 확대될 것이다.
② $B$국의 숙련노동자와 비숙련노동자의 임금격차가 확대될 것이다.
③ $A$국 비숙련노동자의 교육 투자를 통한 숙련노동자로의 전환 인센티브가 감소한다.
④ $B$국 비숙련노동자의 교육 투자를 통한 숙련노동자로의 전환 인센티브가 증가한다.

**07** 국제 **스톨퍼-사무엘슨정리** 답 ①

$A$국은 교역 전 상대적으로 높은 숙련노동자의 임금은 상승하고 교역 전 상대적으로 낮은 비숙련노동자의 임금은 하락하기에 $A$국의 숙련노동자와 비숙련노동자의 임금격차가 확대될 것이다.

**오답피하기**

② $B$국은 교역 전 상대적으로 높은 숙련노동자의 임금은 하락하고 교역 전 상대적으로 낮은 비숙련노동자의 임금은 상승하기에 노동자 간 임금격차가 축소될 것이다.
③ 교역 후 $A$국은 숙련노동자와 비숙련노동자의 임금격차가 확대되기에 비숙련노동자의 교육 투자를 통한 숙련노동자로의 전환 인센티브가 증가한다.
④ 교역 후 $B$국은 숙련노동자와 비숙련노동자의 임금격차가 축소되기에 비숙련노동자의 교육 투자를 통한 숙련노동자로의 전환 인센티브가 감소한다.

**출제POINT**

스톨퍼-사무엘슨정리를 따를 때, 자유무역 시 풍부한 생산요소의 소득은 증가하고 희소한 생산요소의 소득은 감소한다. 자유무역 이후 숙련노동자가 비숙련노동자에 비해 풍부한 $A$국은 숙련노동자의 임금은 상승하고 비숙련노동자의 임금은 하락한다. 비숙련노동자가 숙련노동자에 비해 풍부한 $B$국은 비숙련노동자의 임금은 상승하고 숙련노동자의 임금은 하락한다.

## 08 □□□

**100개의 기업들이 완전경쟁시장에서 경쟁하고 있다. 개별기업의 총비용함수와 외부비용은 각각 $C=Q^2+4Q$와 $EC=Q^2+Q$로 동일하다. 이 재화에 대한 시장수요곡선이 $Q_d=1{,}000-100P$로 표현될 때, 사회적으로 최적인 생산량과 외부비용을 고려하지 않는 균형생산량 간의 차이는? (단, $C$는 각 기업의 총비용, $Q$는 각 기업의 생산량, $EC$는 각 기업의 생산에 따른 외부비용, $Q_d$는 시장수요량, $P$는 가격이다)**

① 50 ② 100
③ 150 ④ 200

**08** 미시 **외부효과** 답 ②

사회적으로 최적인 생산량은 다음과 같다.
개별기업의 총비용함수 $C=Q^2+4Q$와 외부비용 $EC=Q^2+Q$의 합은 $2Q^2+5Q$이다.
$MC=4Q+5$이고 $Q=\frac{MC-5}{4}$이기에 개별기업이 100개로 시장의 $MC=5+\frac{Q}{25}$이다. 시장수요곡선이 $Q_d=1{,}000-100P$이기에 $P=10-\frac{Q}{100}$이다. $P=MC$에 따라 $Q=100$이다. 외부비용을 고려하지 않는 균형생산량은 다음과 같다. 개별기업의 총비용함수는 $C=Q^2+4Q$이다. $MC=2Q+4$이고 $Q=\frac{MC-4}{2}$이기에 개별기업이 100개로 시장의 $MC=4+\frac{Q}{50}$이다. 시장수요곡선이 $Q_d=1{,}000-100P$이기에 $P=10-\frac{Q}{100}$이다. $P=MC$에 따라 $Q=200$이다. 결국, 사회적으로 최적인 생산량과 외부비용을 고려하지 않는 균형생산량 간의 차이는 100이다.

**출제POINT**

사회적으로 최적인 생산량은 개별기업의 총비용함수와 외부비용의 합에서 수평합으로 얻어진 $MC$와 시장수요곡선에서 얻어진 $P$가 일치할 때 산출되고, 외부비용을 고려하지 않는 균형생산량은 개별기업의 총비용함수에서 수평합으로 얻어진 $MC$와 시장수요곡선에서 얻어진 $P$가 일치할 때 계산된다.

## 09 □□□

다음은 $A$국의 소비함수에 대한 추정 결과이다. $C_t$와 $Y_t$는 각각 $t$기의 소비(조 원)와 소득(조 원)을 나타내며 안정적인 시계열이다. 괄호 안의 $t$통계량에 따르면 절편과 계수의 추정치는 통계적으로 유의하다. 이 결과에 대한 설명으로 옳은 것만을 모두 고른 것은? (단, 모형은 회귀분석의 기본가정을 모두 만족하며, $\epsilon_t$는 잔차이다)

$$C_t = 2.48 + 0.56\,Y_t + \epsilon_t$$
$$(3.51)\ (4.04)$$
$$R^2 = 0.85$$

ㄱ. $R^2$에 따르면 소비의 총변동 중 85%가 소득 변수를 사용한 회귀모형으로 설명된다.
ㄴ. 소득의 계수 0.56은 한계소비성향이 0.56임을 의미한다.
ㄷ. 소득의 계수 0.56은 소득이 1% 상승할 때 소비가 0.56% 상승함을 의미한다.

① ㄱ
② ㄴ
③ ㄱ, ㄴ
④ ㄴ, ㄷ

## 10 □□□

어느 마을의 어부 누구나 물고기를 잡을 수 있는 호수가 있다. 이 호수에서 잡을 수 있는 물고기의 수($Q$)와 어부의 수($N$) 사이에는 $Q = 70N - \frac{1}{2}N^2$의 관계가 성립한다. 한 어부가 일정기간 동안 물고기를 잡는 데는 2,000원의 비용이 발생하며, 물고기의 가격은 마리당 100원이라고 가정한다. 어부들이 아무런 제약 없이 경쟁하면서 각자의 이윤을 극대화할 경우 어부의 수($N_0$)와 이 호수에서 잡을 수 있는 물고기의 수($Q_0$)는? 그리고 마을 전체적으로 효율적인 수준에서의 어부의 수($N_1$)와 이 호수에서 잡을 수 있는 물고기의 수($Q_1$)는?

① $(N_0,\ Q_0,\ N_1,\ Q_1) = (100,\ 2{,}000,\ 50,\ 2{,}250)$
② $(N_0,\ Q_0,\ N_1,\ Q_1) = (100,\ 2{,}000,\ 70,\ 2{,}450)$
③ $(N_0,\ Q_0,\ N_1,\ Q_1) = (120,\ 1{,}200,\ 50,\ 2{,}250)$
④ $(N_0,\ Q_0,\ N_1,\ Q_1) = (120,\ 1{,}200,\ 70,\ 2{,}450)$

**09** 거시 절대소득가설 답 ③

ㄱ. $R^2$은 종속변수인 소비의 총변동 중 몇 %가 독립변수인 소득에 의해 설명되는지를 나타낸다.
ㄴ. 소득의 계수 0.56은 한계소비성향으로 소득이 한 단위 증가할 때 소비가 0.56단위 증가함을 나타낸다.

**오답피하기**

ㄷ. 소득의 계수 0.56은 소득이 1단위 증가할 때 소비가 0.56단위 증가한다는 의미로 한계소비성향이다.

**출제POINT**

$R^2$은 결정계수로 종속변수의 변동 중 몇 %가 독립변수에 의해 설명되는지를 나타내며 0 ~ 1 사이의 값을 갖는다.

**10** 미시 공공재의 최적공급량 답 ①

어부들이 아무런 제약 없이 경쟁하면서 각자의 이윤을 극대화할 경우, 이윤이 0보다 크면 새로운 어부들이 계속 진입할 것이기에 각 개인의 이윤이 0이 될 때 결정된다.

각 개인의 총수입 $TR = 100 \times \left\{\left(70N - \frac{1}{2}N^2\right) \div N\right\} = 100 \times \left(70 - \frac{1}{2}N\right)$과 총비용 $TC = 2{,}000$에서 이윤 $\pi = 100 \times \left(70 - \frac{1}{2}N\right) - 2{,}000$이다.

따라서 각 개인의 이윤이 0이 될 때는 $N_0 = 100$, $Q_0 = 2{,}000$이다.

마을 전체적으로 효율적인 수준은 완전경쟁하 이윤극대화 수준에서 결정된다. 마을 전체적으로 총수입 $TR = 100 \times \left(70N - \frac{1}{2}N^2\right)$과 총비용 $TC = 2{,}000N$에서 이윤 $\pi = 100 \times \left(70N - \frac{1}{2}N^2\right) - 2{,}000N$이다.

따라서 이윤극대화는 $N_1 = 50$, $Q_1 = 2{,}250$이다.

**출제POINT**

어부들이 아무런 제약 없이 경쟁하면서 각자의 이윤을 극대화할 경우, 어부의 수는 각 개인의 이윤이 0일 때 결정된다. 마을 전체적으로 효율적인 수준은 완전경쟁하 이윤극대화 수준에서 결정된다.

## 11 □□□

**다음의 교환방정식에 대한 설명으로 옳지 않은 것은?**

> $MV=PY$
> (단, $M$은 통화량, $V$는 화폐의 유통속도, $P$는 물가, $Y$는 실질 $GDP$이다)

① 통화량이 증가하면, 물가나 실질 $GDP$가 증가하거나 화폐유통속도가 하락해야 한다.
② $V$와 $Y$가 일정하다는 가정을 추가하면 화폐수량설이 도출된다.
③ $V$와 $M$이 일정할 때, 실질 $GDP$가 커지면 물가가 상승해야 한다.
④ $V$와 $Y$가 일정할 때, 인플레이션율과 통화 증가율은 비례관계에 있다.

## 12 □□□

**어느 물고기 양식장이 수질오염을 일으킨다고 알려져 있다. 이 양식장이 연간 $x$톤의 물고기를 양식할 때, 1톤을 더 양식하는 데 들어가는 한계비용은 $(1,000x+7,000)$원이다. 동시에 1톤을 더 양식하는 데 따른 수질오염의 피해액, 즉 한계피해액은 $500x$원이다. 양식장의 물고기는 톤당 10,000원이라는 고정된 가격에 팔린다. 정부가 과다한 양식을 제한하기 위하여 피구세(Pigouvian tax)를 부과하기로 결정하였는데, 사회적으로 최적 수준의 톤당 세액은?**

① 500원　② 1,000원
③ 1,500원　④ 2,000원

| 11 | 거시 | 화폐수량설 | 답 ③ |
|---|---|---|---|

$V$와 $M$이 일정할 때, 실질 $GDP$가 커지면 물가가 하락해야 한다.

**오답피하기**

① $MV=PY$에서 통화량이 증가하면, $V$가 일정할 때 물가나 실질 $GDP$가 증가한다. 또한 $P$와 $Y$가 일정할 때 화폐유통속도가 하락해야 한다.
② $V$와 $Y$가 일정하다는 가정을 추가하면 통화량과 물가가 정비례하다는 물가 이론인 화폐수량설이 도출된다.
④ $MV=PY$를 변형하면, '통화 증가율 + 유통속도 증가율 = 인플레이션율 + 경제성장률'이다. 따라서 $V$와 $Y$가 일정할 때, 인플레이션율과 통화 증가율은 비례관계에 있다.

> **출제POINT**
> 고전학파의 화폐수량설 $MV=PY$는 통화량과 물가가 정비례하다는 물가이론으로 볼 수 있다.

| 12 | 미시 | 외부효과의 내부화 | 답 ② |
|---|---|---|---|

$PMC=(1,000x+7,000)$원이고
$SMC=(1,000x+7,000)+500x=(1,500x+7,000)$원이다.
$P=10,000$원이기에 $P=PMC$에서 시장 균형산출량은 3이고,
$P=SMC$에서 사회적 최적산출량은 2이다. 따라서 사회적 최적산출량 2에서 $SMC$와 $PMC$의 차이,
즉 $(1,500\times2+7,000)-(1,000\times2+7,000)=1,000$원이다.

> **출제POINT**
> $P=SMC$에서 사회적 최적산출량이 달성되고, $P=PMC$에서 시장 균형산출량이 결정된다.

## 13 □□□

**소비이론에 대한 설명으로 옳지 않은 것은?**

① 레입슨(D. Laibson)에 따르면 소비자는 시간 비일관성(time inconsistency)을 보인다.

② 항상소득가설에 의하면 평균소비성향은 현재소득 대비 항상소득의 비율에 의존한다.

③ 생애주기가설에 의하면 전 생애에 걸쳐 소비흐름은 평탄하지만, 소득흐름은 위로 볼록한 모양을 갖는다.

④ 가계에 유동성제약이 존재하면 현재소득에 대한 현재소비의 의존도는 약화된다.

| 13 | 거시 | 항상소득가설 | 답 ④ |
|---|---|---|---|

가계에 유동성제약이 존재하면 현재소득에 대한 현재소비의 의존도는 강화된다.

**오답피하기**

① 레입슨(D. Laibson)에 따르면 소비자는 시간비일관성(time inconsistency)을 보인다. 즉, 현재시점에서의 미래계획과 미래도래 시 실제 선택이 다르게 나타나는 것을 '현재 만족의 충동'(pull of instant gratification)때문이라고 보았다.

② 소비는 항상소득의 일정비율($C=kY_p$)이라는 것이 프리드만의 항상소득가설이다. 따라서 항상소득가설에 의하면 평균소비성향은 현재소득 대비 소비, 즉 항상소득의 비율에 의존한다.

③ 생애주기가설에 의하면, 소비는 일생에 걸쳐 일정한 수준이 유지된다. 그러나 유년기와 노년기에는 부(-)의 저축, 중·장년기에는 정(+)의 저축을 보이기에 소득흐름은 위로 볼록한 모양을 갖는다.

**출제POINT**

유동성제약 시 현재가처분소득이 증가하면 현재소비가 증가한다.

## 14 □□□

**U자 형태의 평균비용곡선과 한계비용곡선 간의 관계에 대한 설명으로 옳지 않은 것은?**

① 한계비용이 평균비용보다 낮을 때에는 평균비용곡선이 음의 기울기를 갖게 된다.

② 평균비용곡선과 한계비용곡선이 서로 교차하는 점에서 평균비용은 최소가 된다.

③ 한계비용이 최소가 되는 점에서 평균비용곡선은 한계비용곡선을 아래에서 위로 교차하며 지나간다.

④ 평균비용이 최소가 되는 점보다 생산량을 증가시키는 경우에는 한계비용이 평균비용보다 높다.

| 14 | 미시 | 평균비용과 한계비용 | 답 ③ |
|---|---|---|---|

평균비용이 최소가 되는 점에서 한계비용곡선은 평균비용곡선을 아래에서 위로 교차하며 지나간다.

**오답피하기**

① 한계비용이 평균비용보다 작으면 평균비용이 감소한다. 따라서 한계비용이 평균비용보다 낮을 때에는 평균비용곡선이 음의 기울기를 갖게 된다.

② 한계비용이 평균비용과 같다면 평균비용이 극소화된다. 즉, 평균비용곡선과 한계비용곡선이 교차할 때 평균비용은 최소가 된다.

④ 한계비용이 평균비용보다 크면 평균비용이 증가한다. 즉, 평균비용이 최소가 되는 점보다 생산량을 증가시키는 경우에는 한계비용이 평균비용보다 높다.

**출제POINT**

한계비용이 평균비용과 같다면 평균비용이 극소화된다.

## 15 □□□

**환율결정이론 중 구매력평가(Purchasing Power Parity) 이론에 대한 설명으로 옳지 않은 것은?**

① 경제에서 비교역재의 비중이 큰 나라 간의 환율을 설명하는 데에는 적합하지 않다.

② 두 나라 화폐 간의 명목환율은 두 나라의 물가수준에 의해 결정된다고 설명한다.

③ 장기보다는 단기적인 환율의 움직임을 잘 예측한다는 평가를 받는다.

④ 동질적인 물건의 가격은 어디에서나 같아야 한다는 일물일가의 법칙을 국제시장에 적용한 것이다.

## 16 □□□

**$A$국의 1인당 $GDP(y)$, 1인당 물적자본스톡$(k)$, 그리고 1인당 인적자본스톡$(h)$의 연평균 증가율은 각각 $1.54\%$, $0.84\%$, $0.63\%$이며, 총생산함수는 $y=zk^{\alpha}h^{1-\alpha}$이다. 이 경우 $A$국의 총요소생산성의 연평균증가율은? (단, $z$는 총요소생산성이며, $\alpha=\frac{1}{3}$이다)**

① $0.07\%$ ② $0.70\%$

③ $0.84\%$ ④ $1.09\%$

**15** 국제 구매력평가설 답 ③

이자율평가설은 자본거래로 환율의 단기적 변동을 더 잘 설명하나, 구매력평가설은 경상거래로 환율의 장기적 추세를 더 잘 설명한다.

오답피하기

① 가격차이에도 거래비용이 크기 때문에 국가 간의 교역이 이루어지지 못하는 재화를 비교역재라고 한다. 비교역재가 존재하면 일물일가의 법칙이 성립하지 않는다. 따라서 경제에서 비교역재의 비중이 큰 나라 간의 환율을 설명하는 데에는 적합하지 않다.

②, ④ 일물일가의 법칙을 국제시장에 적용한 것으로, 명목환율은 두 나라의 물가수준에 의해 결정된다고 설명한다.

**출제POINT**

일물일가의 법칙을 전제로, 양국의 구매력인 화폐가치가 같도록 환율이 결정되어야 한다는 이론이 구매력평가설로 $P=e\cdot P_f$이다.

**16** 거시 성장회계 답 ③

$\frac{\Delta y}{y}=\frac{\Delta z}{z}+\alpha\frac{\Delta k}{k}+(1-\alpha)\frac{\Delta h}{h}$에서 $A$국의 1인당 $GDP$증가율$\left(\frac{\Delta y}{y}\right)$이 1.54%, 1인당 물적자본스톡$\left(\frac{\Delta k}{k}\right)$이 0.84%, 1인당 인적자본스톡$\left(\frac{\Delta h}{h}\right)$이 0.63%이고, $\alpha=\frac{1}{3}$, $1-\alpha=\frac{2}{3}$이기에, $\frac{\Delta z}{z}=1.54-0.84\times\frac{1}{3}-0.63\times\frac{2}{3}=0.84\%$이다.

**출제POINT**

경제성장의 요인을 요인별로 분석해 보는 것을 성장회계라 하고, $y=zk^{\alpha}h^{1-\alpha}$에서 $\frac{\Delta y}{y}=\frac{\Delta z}{z}+\alpha\frac{\Delta k}{k}+(1-\alpha)\frac{\Delta h}{h}$로 나타낸다.

이때 $\frac{\Delta z}{z}$를 총요소생산성증가율이라 한다.

## 17 □□□

**총수요 - 총공급($AD-AS$) 모형에 대한 설명으로 옳은 것은?**

① 정부가 이전지출 규모를 축소하면 총수요곡선이 우측으로 이동한다.
② 기대물가의 상승은 총공급곡선을 상방으로 이동시킨다.
③ 팽창적 통화정책의 시행은 총수요곡선의 기울기를 가파르게 한다.
④ 균형국민소득이 완전고용국민소득보다 작다면 인플레이션갭이 발생하여 물가상승압력이 커진다.

## 18 □□□

**어느 기업의 생산함수는 $Q=2LK$이다. 단위당 임금과 단위당 자본비용이 각각 2원 및 3원으로 주어져 있다. 이 기업의 총 사업자금이 60원으로 주어졌을 때, 노동의 최적 투입량은? (단, $Q$는 생산량, $L$은 노동투입량, $K$는 자본투입량이며, 두 투입요소 모두 가변투입요소이다)**

① $L=10$　② $L=15$
③ $L=20$　④ $L=25$

| 17 | 거시 | 총수요와 총공급 | 답 ② |
|---|---|---|---|

기대물가의 상승은 총공급곡선을 상방으로 이동시킨다.

**오답피하기**

① 정부가 이전지출 규모를 축소하면 가처분소득이 감소하기에 총수요곡선이 좌측으로 이동한다.
③ 팽창적 통화정책의 시행은 $LM$곡선의 우측이동으로 총수요곡선을 우측으로 이동시킨다.
④ 균형국민소득이 완전고용국민소득보다 작다면 총공급이 총수요를 초과하여 디플레이션갭이 발생하기에 물가하락압력이 커진다.

**출제POINT**

총공급곡선($AS$)은 $Y=Y_N+\alpha(P-P^e)$이다.

| 18 | 미시 | 생산자의 비용극소화 | 답 ② |
|---|---|---|---|

$MRTS_{LK}=\frac{MP_L}{MP_K}=\frac{w}{r}$이다. 따라서 $\frac{MP_L}{MP_K}=\frac{2K}{2L}=\frac{w}{r}=\frac{2}{3}$이다. $K=\frac{2}{3}L$이다. 등비용선은 $wL+rK=C$으로 $2L+3K=60$이다. 결국, $L=15$이다.

**출제POINT**

생산자균형은 등량곡선과 등비용선이 접하는 점에서 등량곡선의 기울기인 한계기술대체율과 등비용선의 기울기가 일치함으로써 달성된다.

## 19 □□□

**다음은 사과와 배의 수요함수를 추정한 식이다. 이에 대한 설명으로 옳지 않은 것은?**

• 사과의 수요함수: $Q_A = 0.8 - 0.8P_A - 0.2P_B + 0.6I$
• 배의 수요함수: $Q_B = 1.1 - 1.3P_B - 0.25P_A + 0.7I$
(단, $Q_A$는 사과수요량, $Q_B$는 배수요량, $P_A$는 사과가격, $P_B$는 배가격, $I$는 소득을 나타낸다)

① 사과와 배는 보완재이다.
② 사과와 배는 모두 정상재이다.
③ 사과와 배 모두 수요법칙이 성립한다.
④ 사과와 배 모두 가격 및 소득과 무관한 수요량은 없다.

## 20 □□□

**어느 나라가 kg당 10달러에 땅콩을 수입하며, 세계 가격에는 영향을 미칠 수 없다고 가정한다. 이 나라의 땅콩에 대한 수요곡선과 공급곡선은 각각 $Q_d = 4{,}000 - 100P$ 및 $Q_s = 500 + 50P$로 표현된다. 수입을 500kg으로 제한하는 수입할당제를 시행할 때, 새로운 시장가격과 이때 발생하는 할당지대는? (단, $Q_d$는 수요량, $Q_s$는 공급량, $P$는 가격이다)**

① 20달러, 4,000달러
② 15달러, 4,000달러
③ 20달러, 5,000달러
④ 15달러, 5,000달러





**19** | 미시 | **수요의 소득탄력성과 교차탄력성** | 답 ④

사과수요함수의 0.8과 배수요함수의 1.1은 수요량과 가격, 소득에 영향을 받지 않는 상수로, 사과와 배 모두 가격 및 소득과 무관한 수요량이 있다.

**오답피하기**

① 사과수요함수에서 사과수요량과 배가격 간 (-)의 관계를 보여주고, 배수요함수에서 배수요량과 사과가격 간 (-)의 관계를 보여주기에 사과와 배는 보완재이다.
② 사과수요함수에서 사과수요량과 소득 간 (+)의 관계를 보여주고, 배수요함수에서 배수요량과 소득 간 (+)의 관계를 보여주기에 사과와 배는 모두 정상재이다.
③ 사과수요함수에서 사과수요량과 사과가격 간 (-)의 관계를 보여주고, 배수요함수에서 배수요량과 배가격 간 (-)의 관계를 보여주기에 사과와 배 모두 수요법칙이 성립한다.

**출제POINT**

수요함수 $Q_A = 0.8 - 0.8P_A - 0.2P_B + 0.6I$에서 수요법칙, 연관재 및 정상재 등에 관한 속성을 알 수 있다.

**20** | 국제 | **관세와 수입할당제** | 답 ③

수량할당 시 시장가격을 $a$라 할 때 수요량은 $4{,}000 - 100a$이고 공급량은 $500 + 50a$이다. 수요량과 공급량의 차이인 수입량은 $3{,}500 - 150a = 500$이다. 따라서 $a = 20$달러이다. 할당지대는 수입량 × (새로운 가격 − 기존 가격) $= 500 \times 10 = 5{,}000$달러이다.

**출제POINT**

관세와 수량할당(수입쿼터)의 경제적 효과는 동일하고, 관세수입이 수량할당 시 수입업자의 초과이윤으로 귀속된다는 차이점이 있다.

# 8회 2017년 국가직(8월 시행)

## 01 □□□

**$GDP$(Gross Domestic Product)의 측정에 대한 설명으로 옳은 것은?**

① 식당에서 판매하는 식사는 $GDP$에 포함되지만, 아내가 가족을 위해 제공하는 식사는 $GDP$에 포함되지 않는다.
② 발전소가 전기를 만들면서 공해를 발생시키는 경우, 전기의 시장가치에서 공해의 시장가치를 뺀 것이 $GDP$에 포함된다.
③ 임대 주택이 제공하는 주거서비스는 $GDP$에 포함되지만, 자가 주택이 제공하는 주거서비스는 $GDP$에 포함되지 않는다.
④ $A$와 $B$가 서로의 아이를 돌봐주고 각각 임금을 상대방에게 지불한 경우, $A$와 $B$ 중 한 사람의 임금만 $GDP$에 포함된다.

## 02 □□□

**다음은 $A$국의 15세 이상인구 구성이다. 이 경우 경제활동참가율과 실업률은?**

- 임금근로자: 60명
- 무급가족종사자: 10명
- 직장은 있으나 질병으로 인해 일시적으로 일을 하고 있지 않은 사람: 10명
- 주부: 50명
- 학생: 50명
- 실업자: 20명

(단, 주부와 학생은 모두 부업을 하지 않는 전업주부와 순수 학생을 나타낸다)

| | 경제활동참가율 | 실업률 |
|---|---|---|
| ① | 40% | 20% |
| ② | 50% | 25% |
| ③ | 40% | 25% |
| ④ | 50% | 20% |

**01** 거시 $GDP$ 답 ①

식당에서 판매하는 식사는 시장거래로 $GDP$에 포함되지만, 아내가 가족을 위해 제공하는 식사는 시장가치로 나타낼 수 없기에 $GDP$에 포함되지 않는다.

(오답피하기)

② $GDP$ 측정에는 여가와 공해비용 등이 고려되지 않는 후생지표상 한계가 있다.
③ 임대 주택이 제공하는 주거서비스뿐만 아니라 자가 주택이 제공하는 주거서비스도 자가 주택의 귀속임대료로 $GDP$에 포함된다.
④ $A$와 $B$가 서로의 아이를 돌봐주고 각각 임금을 상대방에게 지불한 경우, 모두 시장거래로 $A$와 $B$의 임금 모두 $GDP$에 포함된다.

**출제POINT**

$GDP$ 측정에는 주부의 가사노동이 제외되는 등 측정상 한계와 여가와 공해비용 등이 고려되지 않는 후생지표상 한계가 있다.

**02** 거시 고용지표 답 ④

경제활동참가율 = (경제활동인구/15세이상인구)×100

$$= \frac{80+20}{80+20+100} \times 100 = 50\%$$

실업률 = (실업자/경제활동인구)×100 $= \frac{20}{80+20} \times 100 = 20\%$

- 취업자 = 임금근로자(60명)+무급가족종사자(10명)+직장은 있으나 질병으로 인해 일시적으로 일을 하고 있지 않은 사람(10명)=80명
- 실업자 = 20명
- 비경제활동인구 = 주부(50명)+학생(50명)=100명

**출제POINT**

주당 18시간 이상 일한 무급가족종사자와 직장은 있으나 질병으로 인해 일시적으로 일을 하고 있지 않은 사람은 모두 취업자이다.

## 03 □□□

**다음은 경제통합 형태에 대한 내용이다. 자유무역지역(free trade area), 관세동맹(customs union), 공동시장(common market)의 개념을 바르게 연결한 것은?**

> (가) 가맹국 간에는 상품에 대한 관세를 철폐하고, 역외 국가의 수입품에 대해서는 가맹국이 개별적으로 관세를 부과한다.
> (나) 가맹국 간에는 상품뿐만 아니라 노동, 자원과 같은 생산요소의 자유로운 이동이 보장되며, 역외 국가의 수입품에 대해서는 공동관세를 부과한다.
> (다) 가맹국 간에는 상품의 자유로운 이동이 보장되지만, 역외 국가의 수입품에 대해서는 공동관세를 부과한다.

| | (가) | (나) | (다) |
|---|---|---|---|
| ① | 자유무역지역 | 관세동맹 | 공동시장 |
| ② | 자유무역지역 | 공동시장 | 관세동맹 |
| ③ | 관세동맹 | 자유무역지역 | 공동시장 |
| ④ | 관세동맹 | 공동시장 | 자유무역지역 |

**03** 국제 **경제통합** 답 ②

(가) 자유무역지역의 역내는 관세철폐이나 역외는 개별관세부과를 유지한다.
(나) 공동시장의 역내는 관세철폐와 생산요소의 자유이동이나 역외는 공동관세를 부과한다.
(다) 관세동맹의 역내는 관세철폐이나 역외는 공동관세를 부과한다.

**출제POINT**
경제통합은 자유무역지역 → 관세동맹 → 공동시장 → 경제동맹 → 완전경제통합의 단계로 진행된다.

## 04 □□□

**'한 기업이 여러 제품을 함께 생산하는 경우가 각 제품을 별도의 개별기업이 생산하는 경우보다 생산비용이 더 적게 드는 경우'를 설명하는 것은?**

① 범위의 경제
② 규모에 대한 수확체증
③ 규모의 경제
④ 비경합적 재화

**04** 미시 **범위의 경제** 답 ①

한 기업이 여러 가지 재화를 동시에 생산하는 것이 여러 기업이 각각 한 가지의 재화를 생산할 때보다 생산비용이 적게 소요되는 것을 범위의 경제라 한다.

**오답피하기**
② 요소투입량이 $k$배 증가하면 생산량이 $k$배보다 크게 증가하는 것을 규모에 대한 수익체증이라 한다.
③ 생산량을 증가시킬 때 장기평균비용이 낮아지는 것을 규모의 경제라 한다.
④ 한 사람의 소비가 다른 사람의 소비를 제한하지 않는 속성을 비경합적 재화라 한다.

**출제POINT**
범위의 경제는 생산요소의 공동이용 등으로 발생한다.

## 05 □□□

**다음 그림은 자본이동이 자유로운 소규모 개방경제를 나타낸다. $IS_0$, $LM_0$, $BP_0$곡선이 만나는 점 $A$에서 균형이 이루어졌을 때, 이에 대한 설명으로 옳은 것은?**

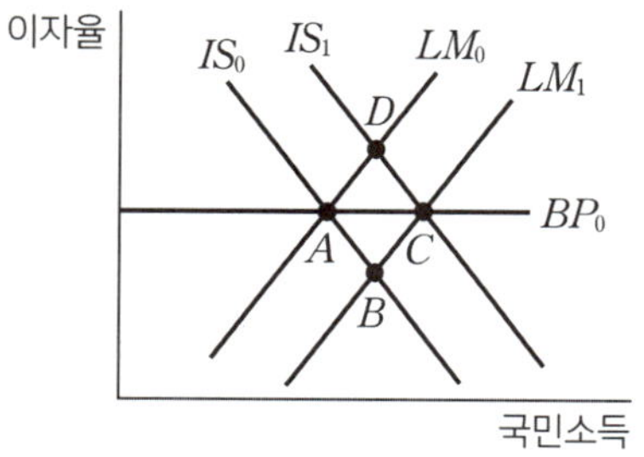


① 변동환율제하에서 확장적 재정정책의 새로운 균형은 $A$이다.
② 변동환율제하에서 확장적 통화정책의 새로운 균형은 $D$이다.
③ 고정환율제하에서 확장적 통화정책의 새로운 균형은 $C$이다.
④ 고정환율제하에서 확장적 재정정책의 새로운 균형은 $B$이다.

| 05 | 국제 | 범위의 경제 | 답 ① |
|---|---|---|---|

변동환율제하에서 정부지출증가로 $IS$곡선이 우측이동하면, 국내금리가 국제금리보다 커져 외국자본유입으로 환율이 하락하기에 $IS$곡선이 좌측이동한다. $BP$곡선이 좌측이동하나 수평선이기에 재정정책은 전혀 효과가 없다. 따라서 변동환율제하에서 확장적 재정정책의 새로운 균형은 최초의 $A$이다.

오답피하기

② 변동환율제하에서 화폐공급증가로 $LM$곡선이 우측이동하면, 국내금리가 국제금리보다 작아져 외국자본유출로 환율이 상승하기에 $IS$곡선이 우측이동한다. $BP$곡선이 우측이동하나 수평선이기에 금융정책은 매우 효과적이다. 따라서 변동환율제하에서 확장적 통화정책의 새로운 균형은 $C$이다.
③ 고정환율제하에서 화폐공급증가로 $LM$곡선이 우측이동하면, 국내금리가 국제금리보다 작아져 외국자본유출로 통화량이 감소하기에 $LM$곡선이 좌측이동한다. $BP$곡선이 불변이기에 금융정책은 전혀 효과가 없다. 따라서 고정환율제하에서 확장적 통화정책의 새로운 균형은 최초의 $A$이다.
④ 고정환율제하에서 정부지출증가로 $IS$곡선이 우측이동하면, 국내금리가 국제금리보다 커져 외국자본유입으로 통화량이 증가하기에 $LM$곡선이 우측이동한다. $BP$곡선이 불변이기에 재정정책은 매우 효과적이다. 따라서 고정환율제하에서 확장적 재정정책의 새로운 균형은 $C$이다.

**출제POINT**

- (고정환율제도하)자본이동이 완전한 경우, 재정정책은 매우 효과적이나 금융정책은 전혀 효과가 없다.
- (변동환율제도하)자본이동이 완전한 경우, 재정정책은 전혀 효과가 없지만 금융정책은 매우 효과적이다.

## 06 □□□

**생산함수가 $Y = L^{\frac{2}{3}}K^{\frac{1}{3}}$인 경제의 저축률이 $s$, 감가상각률이 $\sigma$이다. 인구증가나 기술진보가 없다고 가정할 때, 정상상태(steady state)에서 1인당 생산량을 $s$와 $\sigma$의 함수로 바르게 나타낸 것은?**

① $\left(\frac{s}{\sigma}\right)^{\frac{1}{3}}$
② $\left(\frac{s}{\sigma}\right)^{\frac{1}{2}}$
③ $\left(\frac{s}{2\sigma}\right)^{\frac{1}{3}}$
④ $\left(\frac{s}{2\sigma}\right)^{\frac{2}{3}}$

| 06 | 거시 | 솔로우모형 | 답 ② |
|---|---|---|---|

생산함수가 $Y = L^{\frac{2}{3}}K^{\frac{1}{3}}$일 때 1인당 생산함수는 $\frac{Y}{L} = \frac{L^{\frac{2}{3}}K^{\frac{1}{3}}}{L} = \frac{K^{\frac{1}{3}}}{L^{\frac{1}{3}}} = \left(\frac{K}{L}\right)^{\frac{1}{3}} = k^{\frac{1}{3}}$이다. 정상상태에서 $sf(k) = (n+\sigma+g)k$일 때, 인구증가나 기술진보가 없기에 $sf(k) = sk^{\frac{1}{3}} = \sigma k$이다. $sk^{\frac{1}{3}} = \sigma k$에서 $\frac{s}{\sigma} = k^{\frac{2}{3}}$일 때 $\left(\frac{s}{\sigma}\right)^{\frac{1}{2}} = k^{\frac{1}{3}}$이다. 따라서 1인당 생산량은 $k^{\frac{1}{3}} = \left(\frac{s}{\sigma}\right)^{\frac{1}{2}}$이다.

**출제POINT**

솔로우모형하 저축률이 $s$, 인구증가율이 $n$, 감가상각률이 $\sigma$, 기술진보율이 $g$일 때, $sf(k) = (n+\sigma+g)k$에서 정상상태를 보여준다.

## 07 □□□

**다음 그림은 보통사람과 중증환자에 대한 의료서비스 수요곡선을 나타낸다. 보통사람의 수요곡선은 $D_1$, 중증환자의 수요곡선은 $D_2$일 때, 옳지 않은 것은?**

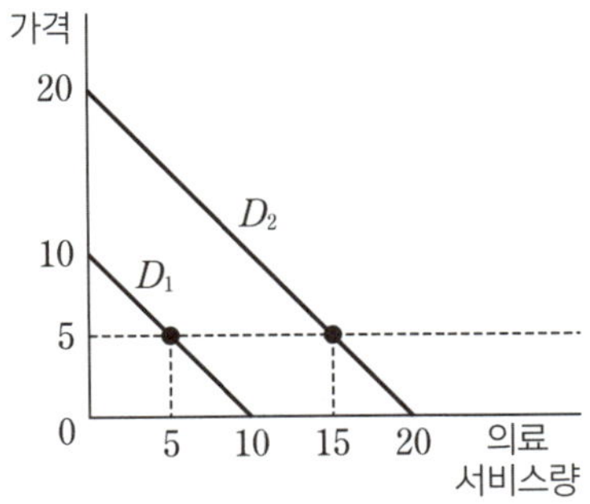


① 보통사람은 가격 5에서 탄력성이 $-1$이다.

② 중증환자는 가격 5에서 탄력성이 $-\frac{1}{3}$이다.

③ 이윤을 극대화하는 독점병원은 보통사람보다 중증환자에게 더 높은 가격을 부과한다.

④ 가격 5에서 가격 변화율이 동일할 경우 보통사람이나 중증환자 모두 수요량의 변화율은 동일하다.

## 08 □□□

**효용함수가 $u(x,\ y)=x+y$인 소비자가 있다. $p_x=2,\ p_y=3$일 때, 이 소비자의 소득소비곡선 (income-consumption curve)을 바르게 나타낸 식은?**

① $x=0$ ② $y=0$

③ $y=\frac{2}{3}x$ ④ $y=\frac{3}{2}x$

| 07 | 미시 | 탄력도 | 답 ④ |
|---|---|---|---|

보통사람은 가격 5에서 탄력성이 $-1$이고, 중증환자는 가격 5에서 탄력성이 $-\frac{1}{3}$이다. 가격 5에서 보통사람과 중증환자의 탄력성이 다르기에 가격 변화율이 동일할 경우 보통사람과 중증환자의 수요량의 변화율은 동일하지 않다.

**오답피하기**

① 보통사람의 수요곡선 $D_1$이 $P=10-Q$일 때, 가격 5에서 탄력성은 $\frac{\Delta Q}{\Delta P}\cdot\frac{P}{Q}=(-1)\times\frac{5}{5}=-1$이다.

② 중증환자의 수요곡선 $D_2$가 $P=20-Q$일 때, 가격 5에서 탄력성이 $\frac{\Delta Q}{\Delta P}\cdot\frac{P}{Q}=(-1)\times\frac{5}{15}=-\frac{1}{3}$이다.

③ 가격차별로 이윤을 극대화하는 독점병원은 상대적으로 비탄력적인 중증환자(②)에게 높은 가격을 부과하고 상대적으로 탄력적인 보통사람(①)에게 낮은 가격을 부과한다.

**출제POINT**

수요의 가격탄력도는 $\frac{\Delta Q}{\Delta P}\cdot\frac{P}{Q}$이다.

| 08 | 미시 | 소득소비곡선 | 답 ② |
|---|---|---|---|

예산선의 기울기($-\frac{2}{3}$)절댓값이 무차별곡선의 기울기($-1$)절댓값보다 작기에 소비자균형은 $X$축에서 이루어진다. 따라서 소득이 변해도 소비자균형은 늘 $X$축에서 달성되기에 소득소비곡선은 $X$축과 일치한다. 따라서 $y=0$이다.

**출제POINT**

소득변화에 따른 소비자 균형점을 연결한 곡선이 소득소비곡선이다.

## 09 □□□

**다음 표는 각국의 시장환율과 빅맥가격을 나타낸다. 빅맥가격으로 구한 구매력평가 환율을 사용할 경우, 옳은 것은? (단, 시장환율의 단위는 '1달러 당 각국 화폐'로 표시되며, 빅맥가격의 단위는 '각국 화폐'로 표시된다)**

| 국가(화폐 단위) | 시장환율 | 빅맥가격 |
|---|---|---|
| 미국(달러) | 1 | 5 |
| 브라질(헤알) | 2 | 12 |
| 한국(원) | 1,000 | 4,000 |
| 중국(위안) | 6 | 18 |
| 러시아(루블) | 90 | 90 |

① 브라질의 화폐가치는 구매력평가 환율로 평가 시 시장환율 대비 고평가된다.
② 한국의 화폐가치는 구매력평가 환율로 평가 시 시장환율 대비 저평가된다.
③ 중국의 화폐가치는 구매력평가 환율로 평가 시 시장환율 대비 고평가된다.
④ 러시아의 화폐가치는 구매력평가 환율로 평가 시 시장환율 대비 저평가된다.

## 10 □□□

**지급준비율과 관련하여 옳지 않은 것은?**

① 우리나라는 부분지급준비제도를 활용하고 있다.
② 은행들은 법정지급준비금 이상의 초과지급준비금을 보유할 수 있다.
③ 100% 지급준비제도하에서는 지급준비율이 1이므로 통화승수는 0이 된다.
④ 지급준비율을 올리면 본원통화의 공급량이 변하지 않아도 통화량이 줄어들게 된다.

**09** 국제 **빅맥지수** 답 ③

중국의 빅맥지수 = (중국가격/미국가격) = $\frac{18}{5}$ = 3.6이다. 시장환율이 6이기에 중국이 미국보다 빅맥가격이 싸다. 따라서 빅맥가격으로 구한 구매력평가 환율을 사용할 경우, 환율은 하락한다. 즉, 중국의 화폐가치는 구매력평가 환율로 평가 시 시장환율 대비 고평가된다.

| 각 국 | 브라질 | 한국 | 러시아 |
|---|---|---|---|
| 빅맥지수 | $\frac{12}{5}=2.4$ | $\frac{4,000}{5}=800$ | $\frac{90}{5}=18$ |
| 미국 대비 빅맥가격 | 시장환율 = 2<br>∴ 비싸다 | 시장환율<br>= 1,000<br>∴ 싸다 | 시장환율 = 90<br>∴ 싸다 |
| 구매력평가 환율사용 시 | 환율상승 | 환율하락 | 환율하락 |
| 시장환율 대비 화폐가치 | 저평가 | 고평가 | 고평가 |

**출제POINT**
미국 빅맥가격이 1달러라고 가정하면, 빅맥지수는 국내 가격으로, 시장환율은 미국가격으로 볼 수 있다.

**10** 거시 **지급준비율** 답 ③

100% 지급준비제도하에서는 지급준비율이 1이므로 통화승수는 1이 된다.

**오답피하기**
① 우리나라는 부분지급준비제도를 활용하고 있기에 예금의 일부를 지급준비금으로 두고 나머지를 대출하게 한다.
② 중앙은행이 정한 법정지급준비금외 은행들은 초과지급준비금을 보유할 수 있다.
④ 지급준비율을 올리면 통화승수가 감소하여 본원통화의 공급량이 변하지 않아도 통화량이 줄어들게 된다.

**출제POINT**
통화승수에서 100% 지급준비제도하에서는 지급준비율이 1이므로 현금/통화량비율 시 $m=\frac{1}{c+z(1-c)}=1$이고, 현금/예금비율 시 $m=\frac{k+1}{k+z}=1$이다.

## 11 □□□

**$A$국에서는 고전학파의 이론인 화폐수량설이 성립한다. 현재 $A$국의 실질 $GDP$는 20,000, 물가수준은 30, 그리고 통화량은 600,000일 때, 옳지 않은 것은?**

① $A$국에서 화폐의 유통속도는 1이다.
② $A$국 중앙은행이 통화량을 10% 증가시켰을 때, 물가는 10% 상승한다.
③ $A$국 중앙은행이 통화량을 10% 증가시켰을 때, 명목 $GDP$는 10% 증가한다.
④ $A$국 중앙은행이 통화량을 4% 증가시켰을 때, 실질 $GDP$는 4% 증가한다.

| 11 | 거시 | 화폐수량설 | 답 ④ |
|---|---|---|---|

고전학파의 화폐수량설에 의하면 통화량을 4% 증가시켰을 때, 실질 $GDP$는 불변이고 물가만 4% 상승한다.

오답피하기

① 실질 $GDP$가 20,000, 물가수준이 30, 그리고 통화량은 600,000일 때, $MV=PY$에서 화폐의 유통속도는 1이다.
② 고전학파의 화폐수량설에 의하면, 통화량($M$)을 10% 증가시키면, 물가($P$)만 10% 상승한다.
③ 고전학파의 화폐수량설에 의하면, 통화량($M$)을 10% 증가시켰을 때, 실질 $GDP$는 불변이고 물가만 10% 상승하기에 명목 $GDP(PY)$는 10% 증가한다.

**출제POINT**
고전학파의 화폐수량설에 의하면 통화량을 증가시켰을 때, 유통속도와 실질 $GDP$는 불변이고 물가만 상승한다.

## 12 □□□

**완전경쟁시장에서 정부가 시행하는 가격상한제에 대한 설명으로 옳은 것은?**

① 최저임금제는 가격상한제에 해당하는 정책이다.
② 가격상한제를 실시할 경우 초과공급이 발생한다.
③ 가격상한은 판매자가 부과할 수 있는 최소가격을 의미한다.
④ 가격상한이 시장균형가격보다 높게 설정되면 정책의 실효성이 없다.

| 12 | 미시 | 최고가격제 | 답 ④ |
|---|---|---|---|

가격상한제하 가격상한이 시장균형가격보다 높게 설정되면 정책의 실효성이 없다.

오답피하기

① 최저임금제는 노동공급자 보호를 위한 가격하한제에 해당하는 정책이다.
② 가격상한제를 실시할 경우 초과수요가 발생한다.
③ 가격상한은 판매자가 부과할 수 있는 최고가격을 의미한다.

**출제POINT**
가격상한제(최고가격제)는 수요자 보호를 위해 균형가격보다 낮게 설정하는 제도이다.

## 13 □□□

**다음 그림은 $A$국의 명목$GDP$와 실질$GDP$를 나타낸다. 이에 대한 설명으로 옳지 않은 것은? (단, $A$국의 명목$GDP$와 실질$GDP$는 우상향하는 직선이다)**

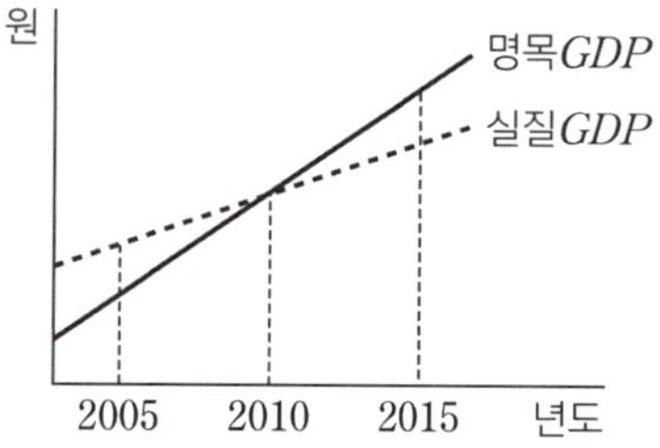


① 기준연도는 2010년이다.

② 2005년의 $GDP$디플레이터는 100보다 큰 값을 가진다.

③ 2010년에서 2015년 사이에 물가는 상승하였다.

④ 2005년에서 2015년 사이에 경제성장률은 양(+)의 값을 가진다.

**13** 거시 $GDP$디플레이터 답 ②

'$GDP$디플레이터/100 =(명목 $GDP$/실질 $GDP$)'에서 2005년에 실질 $GDP$가 명목$GDP$보다 크기에 $GDP$디플레이터는 100보다 작은 값을 가진다.

**오답피하기**

① 명목$GDP$와 실질$GDP$가 우상향하는 직선이기에 명목$GDP$와 실질$GDP$가 일치하여 $GDP$디플레이터가 100인 2010년이 기준연도이다.

③ 2010년은 $GDP$디플레이터가 100이고 2015년은 '$GDP$디플레이터/100 =(명목$GDP$/실질$GDP$)'에서 명목$GDP$가 실질$GDP$보다 크기에 $GDP$디플레이터는 100보다 큰 값을 가진다. 따라서 2010년에서 2015년 사이에 물가는 상승하였다.

④ 2005년에서 2015년 사이에 실질$GDP$는 증가했기에 경제성장률은 양(+)의 값을 가진다.

**출제POINT**

명목$GDP$를 실질$GDP$로 나눈 값을 $GDP$디플레이터[=(명목$GDP$/실질$GDP$)×100]라 하고, 이는 대표적인 물가지수의 역할을 한다. 따라서 '$GDP$디플레이터/100 =(명목$GDP$/실질$GDP$)'으로 변형할 수 있다.

## 14 □□□

**다음은 재화시장만을 고려한 케인지안 폐쇄경제 거시모형이다. 이에 대한 설명으로 옳지 않은 것은?**

> 총지출은 $E=C+I+G$이며, 여기서 $E$는 총지출, $C$는 소비, $I$는 투자, $G$는 정부지출이다. 생산물 시장의 균형은 소득($Y$)과 총지출($E$)이 같아지는 것을 의미한다. 투자와 정부지출은 외생적으로 고정되어 있다고 가정한다. 즉, $I=\overline{I}$이고 $G=\overline{G}$이다. 소비함수는 $C=0.8(Y-\overline{T})$이고 $\overline{T}$는 세금이며, 고정되어 있다고 가정한다.

① $\overline{I}=100$, $\overline{G}=50$, $\overline{T}=50$이면 총소득은 550이다.

② 정부지출을 1단위 증가시키면 발생하는 총소득 증가분은 5이다.

③ 세금을 1단위 감소시키면 발생하는 총소득 증가분은 4이다.

④ 투자를 1단위 증가시키면 발생하는 총소득 증가분은 4이다.

**14** 거시 승수 답 ④

투자를 1단위 증가시키면 발생하는 총소득 증가분은 투자승수로 $\frac{1}{1-c}=\frac{1}{1-0.8}=5$이다.

**오답피하기**

① $\overline{I}=100$, $\overline{G}=50$, $\overline{T}=50$이면 $E=C+I+G=0.8(Y-\overline{T})+\overline{I}+\overline{G}$에서 총소득은 550이다.

② 정부지출을 1단위 증가시키면 발생하는 총소득 증가분은 정부지출승수로 $\frac{1}{1-c}=\frac{1}{1-0.8}=5$이다.

③ 세금을 1단위 감소시키면 발생하는 총소득 증가분은 조세승수로 $\frac{c}{1-c}=\frac{0.8}{1-0.8}=4$이다.

**출제POINT**

총지출 $E=C+I+G=0.8(Y-\overline{T})+\overline{I}+\overline{G}$이다.

## 15 □□□

다음 표는 $A$국이 소비하는 빵과 의복의 구입량과 가격을 나타낸다. 물가지수가 라스파이레스 지수(Laspeyres index)인 경우, 2010년과 2011년 사이의 물가상승률은? (단, 기준연도는 2010년이다)

| 구분 | 빵 | | 의복 | |
|---|---|---|---|---|
| | 구입량 | 가격 | 구입량 | 가격 |
| 2010년 | 10만 개 | 1만 원 | 5만 벌 | 3만 원 |
| 2011년 | 12만 개 | 3만 원 | 6만 벌 | 6만 원 |

① 140%
② 188%
③ 240%
④ 288%

## 16 □□□

$A$국은 한 단위의 노동으로 하루에 쌀 5kg을 생산하거나 옷 5벌을 생산할 수 있다. $B$국은 한 단위의 노동으로 하루에 쌀 4kg을 생산하거나 옷 2벌을 생산할 수 있다. 두 나라 사이에 무역이 이루어지기 위한 쌀과 옷의 교환비율이 아닌 것은? (단, $A$국과 $B$국의 부존노동량은 동일하다)

① $\frac{P_{쌀}}{P_{옷}}=0.9$
② $\frac{P_{쌀}}{P_{옷}}=0.6$
③ $\frac{P_{쌀}}{P_{옷}}=0.4$
④ $\frac{P_{쌀}}{P_{옷}}=0.8$





**15** 거시 라스파이레스 물가지수 답 ①

라스파이레스 방식($L_P$)은 기준연도 거래량을 가중치로 사용하여 계산($L_P=\frac{P_t \cdot Q_0}{P_0 \cdot Q_0}$)한다.

즉, $L_P=\frac{P_t \cdot Q_0}{P_0 \cdot Q_0}=\frac{3\times10+6\times5}{1\times10+3\times5}\times100=240$이다. 따라서 기준연도 대비 물가상승률은 140%이다.

**출제POINT**

라스파이레스 지수가 240이면 기준연도 대비 물가상승률은 140%이다.

**16** 국제 무역이론 답 ③

쌀 1단위 생산 기회비용은 $A$국은 옷 $\frac{5}{5}$이고 $B$국은 옷 $\frac{2}{4}$이다. 따라서 두 나라가 이익을 얻을 수 있는 교역조건은 옷 $\frac{5}{5}$ > 쌀 1 > 옷 $\frac{2}{4}$이다.

즉, $1>\frac{P_{쌀}}{P_{옷}}>0.5$이다. 따라서 $\frac{P_{쌀}}{P_{옷}}=0.4$는 두 나라 사이에 무역이 이루어지기 위한 쌀과 옷의 교환비율이 아니다.

| 구분 | 쌀 | 옷 |
|---|---|---|
| $A$국 | 5 | 5 |
| $B$국 | 4 | 2 |

**출제POINT**

양국의 국내상대가격비, 즉 기회비용 사잇값에서 양국이 이득을 볼 수 있는 교역조건이 성립한다.

## 17 □□□

$A$ 기업의 장기 총비용곡선은 $TC(Q) = 40Q - 10Q^2 + Q^3$ 이다. 규모의 경제와 규모의 비경제가 구분되는 생산규모는?

① $Q = 5$　② $Q = \frac{20}{3}$
③ $Q = 10$　④ $Q = \frac{40}{3}$

## 18 □□□

총 노동량과 총 자본량이 각각 12단위인 경제를 가정하자. 완전 보완관계인 노동 1단위와 자본 2단위를 투입하여 $X$재 한 개를 생산하며, 완전대체관계인 노동 1단위 혹은 자본 1단위를 투입하여 $Y$재 한 개를 생산한다. 이 경우 $X$재 생산량이 6일 때, 생산의 파레토 최적 달성을 위한 $Y$재 생산량은?

① 8　② 6
③ 4　④ 3

| 17 | 미시 | 규모의 경제와 규모의 비경제 | 답 ① |
|---|---|---|---|

장기 평균비용곡선의 최소점에서 규모의 경제와 규모의 비경제가 구분된다. 장기 총비용곡선 $TC(Q) = 40Q - 10Q^2 + Q^3$에서 장기 평균비용곡선을 구하면 $LAC(Q) = 40 - 10Q + Q^2$이다. 이를 미분하여 영(0)이 되는 생산량을 구하면, $0 = -10 + 2Q$에서 $Q = 5$이다.

**출제POINT**

생산량을 증가시킬 때 장기 평균비용이 낮아지는 것을 규모의 경제라 하고, 장기 평균비용이 높아지는 것을 규모의 비경제라 한다.

| 18 | 미시 | 생산의 파레토효율성 | 답 ② |
|---|---|---|---|

노동 1단위와 자본 2단위를 투입하여 $X$재 한 개를 생산하기에 $X$재 생산량이 6일 때, 노동 6단위와 자본 12단위를 투입해야 한다. 노동 1단위 혹은 자본 1단위를 투입하여 $Y$재 한 개를 생산하기에, 총 노동량과 총 자본량이 각각 12단위일 때, 남은 노동 6단위로 $Y$재 6단위가 생산 가능하다.

**출제POINT**

생산의 파레토효율성 조건은 주어진 노동과 자본 및 기술로 최대한 생산가능한 생산가능곡선상의 점에서 달성 가능하다.

## 19 □□□

**다음은 2기간 소비선택모형이다. 이에 대한 설명으로 옳지 않은 것은?**

> 소비자의 효용함수는 $U(C_1, C_2)=\ln(C_1)+\beta\ln(C_2)$이다. 여기서 $C_1$은 1기 소비, $C_2$는 2기 소비, $\beta\in(0, 1)$, ln은 자연로그이다. 소비자의 1기 소득은 100이며, 2기 소득은 0이다. 1기의 소비 중에서 남은 부분은 저축할 수 있으며, 저축에 대한 이자율은 $r$로 일정하다.

① 소비자의 예산제약식은 $C_1+\dfrac{C_2}{1+r}=100$이다.

② $\beta(1+r)=1$이면, 1기의 소비와 2기의 소비는 같다.

③ $\beta>\dfrac{1}{1+r}$이면, 1기의 소비가 2기의 소비보다 크다.

④ 효용함수가 $U(C_1, C_2)=C_1C_2^{\beta}$인 경우에도, 1기 소비와 2기 소비의 균형은 변하지 않는다.

| 19 | 미시 | 2기간 소비선택모형 | 답 ③ |
|---|---|---|---|

$\dfrac{C_2}{\beta C_1}=(1+r)$에서 $\beta>\dfrac{1}{1+r}$이면, 2기의 소비가 1기의 소비보다 크다.

**오답피하기**

① $C_1$은 1기 소비, $C_2$는 2기 소비, 1기 소득은 100이며, 2기 소득은 0이다. 따라서 소비자의 예산제약식은 $C_1+\dfrac{C_2}{1+r}=100$이다.

② $\dfrac{C_2}{\beta C_1}=(1+r)$에서 $\beta(1+r)=1$이면, 1기의 소비와 2기의 소비는 같다.

④ 효용함수가 $U(C_1, C_2)=C_1C_2^{\beta}$인 경우에도,
$MRS_{C_1C_2}=\dfrac{MU_{C_1}}{MU_{C_2}}=\dfrac{C_2^{\beta}}{\beta C_1C_2^{\beta-1}}=\dfrac{C_2}{\beta C_1}$로 1기 소비와 2기 소비의 균형은 변하지 않는다.

**출제POINT**

예산선의 기울기는 예산제약식 $C_1+\dfrac{C_2}{1+r}=100$에서 $-(1+r)$이고, 무차별곡선의 접선의 기울기는 효용함수 $U(C_1, C_2)=\ln(C_1)+\beta\ln(C_2)$에서 $MRS_{C_1C_2}=\dfrac{MU_{C_1}}{MU_{C_2}}$이기에 $(1+r)=\dfrac{MU_{C_1}}{MU_{C_2}}$일 때 소비자균형점은 달성된다. 즉, 효용함수 $U(C_1, C_2)=\ln(C_1)+\beta\ln(C_2)$에서 $MRS_{C_1C_2}=\dfrac{MU_{C_1}}{MU_{C_2}}=\dfrac{\frac{1}{C_1}}{\frac{\beta}{C_2}}=\dfrac{C_2}{\beta C_1}$로 예산선의 기울기 $(1+r)$과 일치할 때 소비자균형점은 달성된다.

## 20 □□□

**다음 그림은 필립스곡선을 나타낸다. 현재 균형점이 $A$인 경우, (가)와 (나)로 인한 새로운 단기균형점은?**

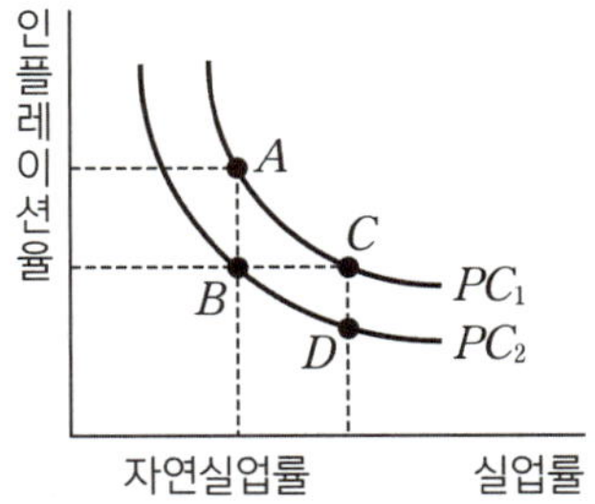


> (가) 경제주체들의 기대형성이 적응적기대를 따르고 예상하지 못한 화폐공급의 감소가 일어났다.
> (나) 경제주체들의 기대형성이 합리적기대를 따르고 화폐공급의 감소가 일어났다. (단, 경제주체들은 정부를 신뢰하며, 정부 정책을 미리 알 수 있다)

| | (가) | (나) |
|---|---|---|
| ① | B | C |
| ② | B | D |
| ③ | C | B |
| ④ | C | D |

| 20 | 거시 | 필립스곡선 | 답 ③ |
|---|---|---|---|

(가) 적응적기대하 단기필립스곡선은 우하향이다. 따라서 단기균형점은 우하향의 단기필립스곡선을 따라 $A$점에서 $C$점으로 이동한다.
(나) 합리적기대와 예상된 정책하 단기필립스곡선은 수직선이다. 따라서 단기균형점은 수직선의 단기필립스곡선을 따라 $A$점에서 $B$점으로 이동한다.

**출제POINT**

합리적기대와 예상된 정책하 단기필립스곡선은 수직선으로 단기긴축정책의 효과는 없다.

# 9회 2017년 국가직(10월 추가)

## 01 □□□

**甲은 영화 DVD 대여료가 4,000원일 때 한 달에 5개를 빌려 보다가, DVD 대여료가 3,000원으로 하락하자 한 달에 9개를 빌려 보았다. 甲의 DVD 대여에 대한 수요의 탄력성과 수요곡선의 모양에 대한 설명으로 가장 적절한 것은?**

① 수요는 탄력적이고, 이때의 수요곡선은 상대적으로 완만하다.
② 수요는 탄력적이고, 이때의 수요곡선은 상대적으로 가파르다.
③ 수요는 비탄력적이고, 이때의 수요곡선은 상대적으로 완만하다.
④ 수요는 비탄력적이고, 이때의 수요곡선은 상대적으로 가파르다.

| 01 | 미시 | 수요의 가격탄력성 | 답 ① |
|---|---|---|---|

영화 DVD 대여료가 4,000원에서 3,000원으로 1,000원 내렸을 때 가격변화율은 25%이다. 수요량이 5개에서 9개로 증가하면 수요량 변화율은 80%이다. 따라서 수요의 가격탄력도는 3.2로 탄력적이다. 다른 조건이 동일할 때 수요의 가격탄력성은 수요곡선 기울기에 반비례이기에 탄력적일수록 수요곡선은 상대적으로 완만하다.

**출제POINT**
수요의 가격탄력도는 가격의 변화율(%)에 대한 수요량의 변화율(%)이다.

## 02 □□□

**다음은 소득과 소비의 관계에 대한 두 의견이다. 이에 대한 설명으로 옳은 것은?**

> (가) 소비는 처분가능소득에 가장 큰 영향을 받는다. 처분가능소득이 증가하면 소비는 증가한다.
> (나) 사람들은 현재의 소득이 아니라 일생 동안의 소득을 고려하여 소비 수준을 결정한다. 사람들은 전 생애에 걸쳐 안정적 소비 패턴을 유지하려고 하므로 소비는 그때그때의 소득에 민감하게 반응하지 않는다.

① (가)에 따르면 소액 복권에 당첨된 사람은 소비를 늘리지 않을 것이다.
② (가)에 따르면 경기 상승으로 회사 영업실적이 좋아져 받은 특별 상여금은 모두 저축될 것이다.
③ (나)에 따르면 일시적 실업자는 소비를 크게 줄일 것이다.
④ (나)에 따르면 장기간의 소득세 감면은 경기 활성화에 도움이 될 것이다.

| 02 | 거시 | 소비함수 | 답 ④ |
|---|---|---|---|

(나)에 따르면 장기간의 소득세 감면은 일생 동안의 소득을 고려할 때 소득증가로 소비가 늘어 경기 활성화에 도움이 될 것이다.

**오답피하기**
① (가)에 따르면 소액 복권 당첨으로 현재의 가처분소득이 증가하기에 소비를 늘릴 것이다.
② (가)에 따르면 특별 상여금으로 현재의 가처분소득이 증가하기에 소비도 일정비율만큼 증가할 것이다.
③ (나)에 따르면 일시적 실업자는 일생 동안의 소득을 고려할 때 소득 감소의 정도는 미미하기에 소비를 크게 줄이지 않을 것이다.

**출제POINT**
(가)는 소비는 현재의 가처분소득에 의해 결정된다는 절대소득가설이고, (나)는 일생 동안의 소득을 고려하여 소비한다는 생애주기가설이다.

## 03 □□□

**단기총공급곡선에 대한 설명으로 옳은 것은?**

① 단기에 있어서 물가와 총생산물 공급량 간의 음(-)의 관계를 나타낸다.
② 소매상점들의 바코드 스캐너 도입에 따른 재고관리의 효율성 상승은 단기총공급곡선을 오른쪽으로 이동시킨다.
③ 원유가격의 상승으로 인한 생산비용의 상승은 단기총공급곡선을 오른쪽으로 이동시킨다.
④ 명목임금의 상승은 단기총공급곡선을 이동시키지 못한다.

## 04 □□□

**환율에 대한 설명으로 옳지 않은 것은?**

① 원화의 평가절상은 원유 등 생산 원자재를 대량으로 수입하는 우리나라의 수입 원가부담을 낮춰 내수 물가안정에 기여한다.
② 미국의 기준금리 인상은 원화의 평가절하를 유도하여 우리나라의 수출 기업에 유리하게 작용한다.
③ 대규모 외국인 직접투자가 우리나라로 유입되면 원화의 평가절하가 발생하고 우리나라의 수출증대로 이어진다.
④ 실질환율은 한 나라의 재화와 서비스가 다른 나라의 재화와 서비스로 교환되는 비율을 말한다.

**03** | 거시 | *AS*곡선 | 답 ②

소매상점들의 바코드 스캐너 도입에 따른 재고관리의 효율성 상승으로 생산성이 향상되면 단기총공급곡선을 오른쪽으로 이동시킨다.

(오답피하기)

① 단기총공급곡선은 우상향으로 물가와 총생산물 공급량 간의 양(+)의 관계를 나타낸다.
③ 원유가격의 상승으로 인한 생산비용의 상승은 단기총공급곡선을 왼쪽으로 이동시킨다.
④ 명목임금의 상승으로 실질임금이 변동하면 단기총공급곡선을 이동시킬 수 있다.

**출제POINT**

단기에는 가격변수가 완전신축적이지 않으며 정보불완전성으로 총공급곡선은 우상향으로 도출된다. 즉, $Y=Y_N+\alpha(P-P^e)$이다.

**04** | 국제 | 환율 | 답 ③

대규모 외국인 직접투자가 우리나라로 유입되면 달러공급증가로 환율하락, 즉 원화의 평가절상이 발생하고 우리나라의 수출감소로 이어진다.

(오답피하기)

① 원화의 평가절상은 환율하락으로 수입가격하락을 초래하기에 우리나라의 수입 원가부담을 낮춰 내수 물가안정에 기여한다.
② 미국의 기준금리 인상은 외자유출로 환율상승, 즉 원화의 평가절하를 유도하여 우리나라의 수출을 증가시키기에 수출 기업에 유리하게 작용한다.
④ 실질환율은 나라간 실물 교환비율을 말한다.

**출제POINT**

외화 유출은 외화의 수요증가로 환율상승요인이고, 외화 유입은 외화의 공급증가로 환율하락요인이다.

## 05 □□□

**수요의 법칙과 공급의 법칙이 성립하는 상황에서 소비자잉여와 생산자잉여에 대한 설명으로 옳은 것만을 모두 고른 것은?**

> ㄱ. 콘플레이크와 우유는 보완재로, 콘플레이크의 원료인 옥수수 가격이 하락하면 콘플레이크 시장의 소비자잉여는 증가하고 우유 시장의 생산자잉여도 증가한다.
> ㄴ. 콘플레이크와 떡은 대체재로, 콘플레이크의 원료인 옥수수 가격이 상승하면 콘플레이크 시장의 소비자잉여는 감소하고 떡 시장의 생산자잉여도 감소한다.
> ㄷ. 수요와 공급의 균형 상태에서 생산된 재화의 수량은 소비자잉여와 생산자잉여를 동일하게 하는 수량이다.

① ㄱ  ② ㄴ
③ ㄱ, ㄷ  ④ ㄴ, ㄷ

## 06 □□□

**단기필립스곡선에 대한 설명으로 옳은 것은?**

① 기대인플레이션이 적응적 기대에 의해 이루어질 때, 실업률증가라는 고통 없이 디스인플레이션(disinflation)이 가능하다.
② 단기필립스곡선은 인플레이션과 실업률 사이의 양(+)의 관계를 나타낸다.
③ 기대인플레이션이 높아지면 단기필립스곡선은 위쪽으로 이동한다.
④ 실제인플레이션이 기대인플레이션보다 낮은 경우 단기적으로 실제실업률은 자연실업률보다 낮다.

**05** 미시 소비자잉여와 생산자잉여 답 ①

ㄱ. 콘플레이크의 원료인 옥수수 가격이 하락하면 콘플레이크의 공급증가가 이루어지고 이에 따라 보완재인 우유의 수요증가가 발생한다. 콘플레이크의 공급증가에 의해 가격하락과 거래량증가로 콘플레이크 시장의 소비자잉여는 증가한다. 또한 우유의 수요증가에 의해 가격상승과 거래량증가로 우유 시장의 생산자잉여는 증가한다.

(오답피하기)

ㄴ. 콘플레이크의 원료인 옥수수 가격이 상승하면 콘플레이크의 공급감소가 이루어지고 이에 따라 대체재인 떡의 수요증가가 발생한다. 콘플레이크의 공급감소에 의해 가격상승과 거래량감소로 콘플레이크 시장의 소비자잉여는 감소한다. 또한 떡의 수요증가에 의해 가격상승과 거래량증가로 떡 시장의 생산자잉여는 증가한다.
ㄷ. 수요와 공급의 균형 상태하, 소비자잉여는 소비자의 최대지불의사금액에 의해 결정되고 생산자잉여는 생산자의 최소요구금액에 의해 결정된다. 따라서 균형 상태에서 결정된 소비자잉여와 생산자잉여가 동일하다는 보장은 없다.

> **출제POINT**
> 공급증가로 소비자잉여가 증가하고, 수요증가로 생산자잉여가 증가한다.

**06** 거시 필립스곡선 답 ③

기대부가 필립스곡선[$\pi = \pi^e - \alpha(U - U_N)$]에서 기대인플레이션이 높아지면 실제인플레이션도 높아지기에 단기필립스곡선은 위쪽으로 이동한다.

(오답피하기)

① 기대인플레이션이 적응적 기대에 의해 이루어질 때, 단기필립스곡선은 우하향으로 디스인플레이션(disinflation) 시 실업률증가라는 고통은 불가피하다.
② 단기필립스곡선은 우하향으로 인플레이션과 실업률 사이의 음(-)의 관계를 나타낸다.
④ 기대부가 필립스곡선[$\pi = \pi^e - \alpha(U - U_N)$]에서, 실제인플레이션이 기대인플레이션보다 낮은 경우 단기적으로 실제실업률은 자연실업률보다 높다.

> **출제POINT**
> 전통적인 필립스곡선에 기대인플레이션율을 부가하여 통화주의(프리드만과 펠프스)가 제시한 것이 기대부가 필립스곡선[$\pi = \pi^e - \alpha(U - U_N)$]이다.

## 07 □□□

**기술진보가 없는 솔로우성장모형의 황금률(Golden Rule)에 대한 설명으로 옳은 것은?**

① 황금률하에서 정상상태(steady state)의 1인당 투자는 극대화된다.

② 정상상태(steady state)의 1인당 자본량이 황금률 수준보다 많은 경우 소비 극대화를 위해 저축률을 높이는 것이 바람직하다.

③ 솔로우성장모형에서는 저축률이 내생적으로 주어져 있기 때문에 황금률의 자본축적이 항상 달성된다.

④ 황금률하에서 자본의 한계생산물은 인구증가율과 감가상각률의 합과 같다.

## 08 □□□

**경제성장에 대한 설명으로 옳은 것은?**

① 솔로우성장모형에서는 1인당 소득이 높은 나라일수록 경제가 빠르게 성장한다.

② 성장회계는 현실에서 이룩된 경제성장을 각 요인별로 분해해보는 작업을 말한다.

③ 쿠즈네츠 가설에 따르면 경제성장의 초기단계에서 발생한 소득불평등은 처음에 개선되다가 점차 악화된다.

④ 내생적 성장이론은 일반적으로 자본에 대한 수확체감을 가정한다.





**07** 거시 **황금률** 답 ④

자본의 한계생산물이 인구증가율과 감가상각률의 합과 같을 때 황금률 상태가 달성된다.

**오답피하기**

① 황금률하에서 정상상태(steady state)의 1인당 소비가 극대화된다.

② 정상상태(steady state)의 1인당 자본량이 황금률 수준보다 많은 경우 소비 극대화를 위해 저축률을 낮추는 것이 바람직하다.

③ 솔로우성장모형에서는 저축률이 외생적으로 주어져 있기 때문에 황금률의 자본축적이 항상 달성된다고 볼 수 없다.

**출제POINT**

1인당 소비가 극대화되는 상태를 자본축적의 황금률이라 하고 $f'(k)=n+d$에서 달성된다.

**08** 거시 **경제성장** 답 ②

성장회계는 $\frac{\Delta Y}{Y}=\frac{\Delta A}{A}+\alpha\frac{\Delta K}{K}+(1-\alpha)\frac{\Delta L}{L}$로 경제성장의 요인을 각 요인별로 분석한다.

**오답피하기**

① 솔로우성장모형에서는 수렴가설하, 자본의 한계생산성이 체감하기에 1인당 소득이 높은 나라일수록 경제가 느리게 성장한다.

③ 경제발전단계와 소득분배균등도 사이의 관계를 나타내는 쿠즈네츠의 U자 가설은 경제발전 초기단계에서는 소득분배가 악화되었다가 후기로 가면서 서서히 개선됨을 보여준다.

④ 내생적 성장이론에서, R&D모형은 솔로우성장모형처럼 한계수확체감의 법칙을 전제하나, AK모형이나 인적자본모형 등은 한계수확체감의 법칙을 부인한다.

**출제POINT**

경제성장의 요인을 요인별로 분석해 보는 것을 성장회계라 한다.

## 09 □□□

**정부는 최저임금제 시행이 실업 증가라는 부작용을 초래한다는 논리와 최저 생활수준의 보장을 위해 최저임금 인상이 불가피하다는 여론 사이에서 고민하고 있다. 정부가 실업을 최소로 유발하면서 최저임금을 인상할 수 있는 경우는?**

① 숙련노동자의 노동수요가 탄력적인 경우
② 숙련노동자의 노동수요가 비탄력적인 경우
③ 비숙련노동자의 노동수요가 비탄력적인 경우
④ 비숙련노동자의 노동수요가 탄력적인 경우

## 10 □□□

**위험자산 $A$와 $B$의 기대수익률은 각각 $5\%$, $20\%$이고, 표준편차는 각각 $5\%$, $10\%$이다. 이 두 자산으로 구성된 포트폴리오가 무위험이기 위한 조건으로 옳은 것은? (단, 위험자산 $A$와 $B$의 상관계수는 $-1$이다)**

① $A$의 비중이 $\frac{1}{3}$, $B$의 비중이 $\frac{2}{3}$가 되게 포트폴리오를 구성한다.
② $A$의 비중이 $\frac{1}{2}$, $B$의 비중이 $\frac{1}{2}$이 되게 포트폴리오를 구성한다.
③ $A$의 비중이 $\frac{2}{3}$, $B$의 비중이 $\frac{1}{3}$이 되게 포트폴리오를 구성한다.
④ $A$의 비중이 $\frac{3}{4}$, $B$의 비중이 $\frac{1}{4}$이 되게 포트폴리오를 구성한다.

| 09 | 거시 | 최저임금제 | 답 ③ |
|---|---|---|---|

숙련노동자의 경우 처음부터 임금이 높기에 최저임금제도의 영향을 받지 않는다. 따라서 비숙련노동자가 최저임금제도의 대상이다. 그리고 노동에 대한 수요가 비탄력적일수록 임금상승 시 노동의 대한 수요량이 적게 줄어 고용량이 적게 줄기에 실업이 최소화될 수 있다.

**출제POINT**
최저임금으로 노동의 초과공급, 즉 실업이 발생할 수 있다.

| 10 | 거시 | 최적 포트폴리오 | 답 ③ |
|---|---|---|---|

두 자산 포트폴리오가 무위험이기 위한 조건은 두 자산 포트폴리오의 표준편차가 영(0)일 때 달성된다. 즉, $\sigma = a \times \sigma_A - b \times \sigma_B = a \times 5\% - b \times 10\% = 0$에서 $a + b = 1$과 연립하면, $a = \frac{2}{3}$이고 $b = \frac{1}{3}$이다.

**출제POINT**
두 자산 포트폴리오의 표준편차는 두 자산의 상관계수가 $-1$일 때, $\sigma = a \times \sigma_A - b \times \sigma_B$이다(단, $A$의 비중은 $a$이고 $B$의 비중은 $b$로 $a + b = 1$이다).

## 11 □□□

**다음은 $A$국과 $B$국이 노트북과 전기차를 생산하기 위한 단위당 노동소요량을 나타낸다. 이에 대한 설명으로 옳은 것은?**

〈단위당 노동소요량(재화 한 단위 생산을 위한 노동투입시간)〉

| 구분 | 노트북 | 전기차 |
|---|---|---|
| $A$국 | 10 | 120 |
| $B$국 | 20 | 400 |

① $A$국은 노트북 생산에, $B$국은 전기차 생산에 비교우위가 있다.
② $A$국은 전기차 생산에, $B$국은 노트북 생산에 비교우위가 있다.
③ $A$국은 노트북과 전기차 두 재화 생산 모두에 비교우위가 있다.
④ $B$국은 노트북과 전기차 두 재화 생산 모두에 절대우위가 있다.

## 12 □□□

**생산함수가 $Q = L^2K^2$으로 주어져 있다. 이 생산함수에 대한 설명으로 옳은 것만을 모두 고른 것은? (단, $Q$는 생산량, $L$은 노동량, $K$는 자본량이다)**

> ㄱ. 2차 동차함수이다.
> ㄴ. 규모에 따른 수확체증이 있다.
> ㄷ. 주어진 생산량을 최소비용으로 생산하는 균형점에서 생산요소 간 대체탄력성은 1이다.

① ㄱ　② ㄴ
③ ㄱ, ㄷ　④ ㄴ, ㄷ

---

**11** 국제 무역이론 답 ②

$A$국에서 노트북 1대 생산하는 데 발생하는 기회비용은 전기차 $\frac{10}{120}$대이고, $B$국에서 노트북 1대를 생산하는 데 발생하는 기회비용은 전기차 $\frac{20}{400}$대이다. 따라서 노트북 1대 생산하는 데 발생하는 기회비용은 $B$국이 $A$국보다 작기에 $B$국은 노트북 생산에서 비교우위를 가지고, $A$국은 전기차 생산에서 비교우위를 가진다.

**오답피하기**

④ $A$국은 노트북과 전기차 두 재화 생산 모두에 절대우위가 있다.

**출제POINT**
재화 1단위 생산의 기회비용이 작은 국가가 그 재화 생산에 비교우위가 있다.

**12** 미시 생산함수 답 ④

ㄴ. 생산함수 $Q = L^2K^2$은 4차 동차함수로 $K$와 $L$을 $t$배 증가시키면 $Q$는 $t^4$배로 $t$배보다 많이 증가하기에 규모에 따른 수확체증을 나타낸다.
ㄷ. 생산함수 $Q = L^2K^2$은 C-D생산함수로 생산자균형점에서 생산요소 간 대체탄력성은 1이다.

**오답피하기**

ㄱ. 생산함수 $Q = L^2K^2$은 4차 동차함수이다.

**출제POINT**
C-D생산함수 $Q = AL^{\alpha}K^{\beta}$는 1차 동차함수 여부와 관계없이 대체탄력성은 1이다.

## 13 □□□

국민연금제도하에서 연간 기본연금액은 $\alpha(A+B)(1+0.05y)$로 결정된다. $\alpha$는 가입한 시점에 따라 달라지며, $A$는 연금 수급 전 3년간 전체 가입자의 평균소득월액의 평균액이고, $B$는 가입자 개인의 가입기간 중 기준소득월액의 평균액이다. 그리고 $y$는 가입연수에서 20년을 뺀 값이다. 연금에 40년간 가입한 김씨의 $B$값이 100만 원이라고 할 때, 김씨가 수령하게 될 연금의 소득대체율은? (단, $\alpha$는 1.8로 고정되어 있으며, $A$는 100만 원이라고 가정한다)

① 30%　　② 40%
③ 50%　　④ 60%

## 14 □□□

다음 특징을 지닌 시장의 장기균형에 대한 설명으로 옳은 것은?

| 특징 | 응답 |
|---|---|
| 비가격경쟁 존재 | 아니다. |
| 가격차별화 실시 | 아니다. |
| 차별화된 상품 생산 | 아니다. |
| 새로운 기업의 자유로운 진입 가능 | 그렇다. |
| 장기이윤이 0보다 작으면 시장에서 이탈 | 그렇다. |

① 단골 고객이 존재한다.
② 규모를 늘려 평균비용을 낮출 수 있다.
③ 시장 참여 기업 간 상호의존성이 매우 크다.
④ 개별 기업은 시장 가격에 영향을 미칠 수 없다.

**13** 미시 연금제도 답 ④

연간 기본연금액은
$\alpha(A+B)(1+0.05y)=1.8\times(100+100)\times[1+0.05\times(40-20)]=720$만 원이다. 따라서 월간 기본연금액은 $\frac{720}{12}=60$만 원이다. 결국, 가입자 개인의 가입기간 중 기준소득월액의 평균액이 100만 원으로 김씨가 수령하게 될 연금의 (월간)소득대체율은 $\left(\frac{60}{100}\right)\times100=60\%$이다.

**출제POINT**
연간 기본연금액이 $\alpha(A+B)(1+0.05y)$로 결정되면 월간 기본연금액은 $\frac{\alpha(A+B)(1+0.05y)}{12}$로 계산된다.

**14** 미시 완전경쟁시장 답 ④

완전경쟁시장에서는 비가격경쟁이 존재하지 않고 가격차별화가 없으며 차별화된 상품 생산이 이루어지지 않는다. 또한 자유로운 진입과 퇴거가 가능하고 장기이윤이 0보다 작으면 시장에서 이탈한다. 또한 개별기업은 가격수용자로서 시장가격에 영향을 미칠 수 없다.

오답피하기
① 상품차별화를 통한 단골 고객 확보는 독점적 경쟁시장과 관련된다.
② 규모를 늘려 평균비용을 낮출 수 있는 규모의 경제는 독과점시장의 특징이다.
③ 시장 참여 기업 간 상호의존성이 매우 큰 것은 과점시장의 특징이다.

**출제POINT**
완전경쟁시장에서는 개별기업은 가격수용자로서의 역할을 한다.

## 15 □□□

**이윤극대화를 추구하는 어느 독점기업의 이윤극대화 생산량은 230단위, 이윤극대화 가격은 3,000원이고, 230번째 단위의 한계비용은 2,000원이다. 만약 이 재화가 완전경쟁시장에서 생산된다면, 균형생산량은 300단위이고 균형가격은 2,500원이다. 수요곡선과 한계비용곡선이 직선일 때, 이 독점기업에 의해 유발되는 경제적 순손실(deadweight loss)은?**

① 20,000원
② 28,000원
③ 35,000원
④ 50,000원

## 16 □□□

**수요함수와 공급함수가 각각 $D=10-P$와 $S=3P$인 재화에 1원의 종량세를 공급자에게 부과했다. 이 조세의 경제적 귀착(economic incidence)에 대한 설명으로 옳은 것은? (단, $D$는 수요량, $S$는 공급량, $P$는 가격을 나타낸다)**

① 소비자: 0.75원, 생산자: 0.25원
② 소비자: 0.5원, 생산자: 0.5원
③ 소비자: 0.25원, 생산자: 0.75원
④ 소비자: 0원, 생산자: 1원

| 15 | 미시 | 독점 | 답 ③ |
|---|---|---|---|

독점기업의 이윤극대화 생산량은 $MR=MC$에서 230단위이고, 이윤극대화 가격은 $MR=MC$의 위에 있는 수요곡선 상의 점에서 3,000원이다. 230번째 단위의 한계비용이 2,000원이고 완전경쟁시장하 균형생산량은 $P=MC$에서 300단위이다. 따라서 경제적 순손실은 $A$면적으로 $(3{,}000-2{,}000)\times(300-230)\times0.5=35{,}000$원이다.

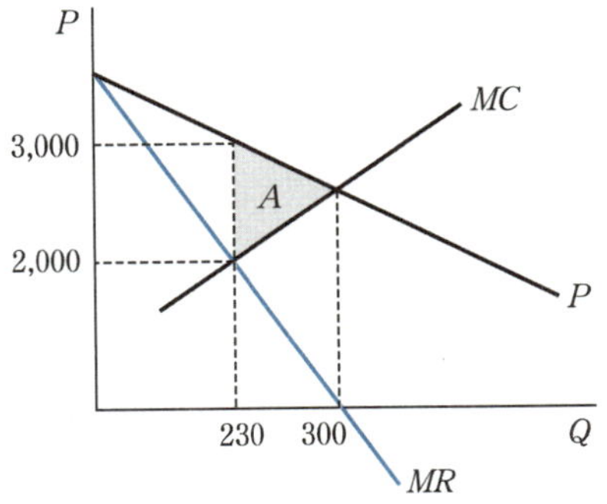


**출제POINT**
독점기업은 $MR=MC$에서 생산량을 결정하고, $MR=MC$의 위에 있는 수요곡선 상의 점에서 가격이 결정된다.

| 16 | 미시 | 조세의 귀착 | 답 ① |
|---|---|---|---|

조세부담은 탄력성에 반비례하고 수요곡선의 기울기에 비례하기에 수요함수 $D=10-P$의 기울기가 1이고 공급함수 $S=3P$의 기울기가 $\frac{1}{3}$일 때, 소비자부담과 생산자부담은 3 : 1이다. 따라서 소비자부담은 1원 중에서 $\frac{3}{4}$으로 0.75원이고, 생산자부담은 1원 중에서 $\frac{1}{4}$로 0.25원이다. 즉, 조세의 경제적 귀착은 소비자가 0.75원이고, 생산자는 0.25원이다.

**출제POINT**
조세의 귀착 시 분담 정도는 탄력성에 반비례한다.

## 17 □□□

**정부의 거시경제정책 중 재량적 정책과 준칙에 따른 정책에 대한 설명으로 옳은 것은?**

① 준칙에 따른 정책은 소극적 경제정책의 범주에 속한다.
② 매기의 통화증가율을 $k$%로 일정하게 정하는 것은 통화공급량이 매기 증가한다는 점에서 재량적 정책에 해당한다.
③ 동태적 비일관성(dynamic inconsistency)은 재량적 정책 때문이 아니라 준칙에 따른 정책 때문에 발생한다.
④ 케인즈 경제학자들의 미세조정 정책은 준칙에 따른 정책보다는 재량적 정책의 성격을 띤다.

| 17 | 거시 | 재량과 준칙 | 답 ④ |
|---|---|---|---|

케인즈 경제학자들의 미세조정, 즉 재정정책과 금융정책을 적절하게 사용하는 정책은 재량적 정책의 성격을 띤다.

**오답피하기**

① 준칙에 따른 정책은 매년 통화량 증가율을 일정하게 유지하는 소극적 경제정책과 일정하게 유지하되 경제여건에 따라 약간 조정이 가능한 적극적 경제정책이 있다.
② 매기의 통화 증가율을 $k$%로 일정하게 정하는 것은 (소극적)준칙에 해당한다.
③ 재량적인 최적정책은 장기적으로 일관성을 상실한다는 것이 최적정책의 동태적 비일관성이다. 따라서 동태적 비일관성(dynamic inconsistency)은 재량적 정책 때문에 발생한다.

**출제POINT**

케인즈학파는 재량적인 안정화정책을, 통화주의는 준칙에 입각한 정책실시를 주장한다.

## 18 □□□

**경제의 여러 측면을 측정하는 지표들의 문제점에 대한 비판 중에서 가장 옳지 않은 것은?**

① 소비자물가지수는 대체효과, 품질변화 등으로 인해 실제 생활비 측정에 왜곡을 초래할 수 있다.
② 국민소득지표로 가장 널리 사용되는 국내총생산은 시장경제에서 거래되지 않고 공급되는 정부 서비스의 가치를 모두 제외하고 있기 때문에 문제점이 있다.
③ 실업률 지표는 잠재적으로 실업자에 가까운 실망실업자(discouraged worker)를 실업자에 포함하지 않기 때문에 문제점이 있다.
④ 소비자물가지수는 대표적인 소비자가 구입하는 재화와 서비스의 전반적인 비용을 나타내는 지표이므로 특정 가계의 생계비 변화와 괴리가 발생할 수 있다.

| 18 | 거시 | 경제지표 | 답 ② |
|---|---|---|---|

시장경제에서 거래되지 않고 공급되는 정부 서비스의 가치 중 국방이나 치안서비스 등은 국내총생산에 포함된다.

**오답피하기**

① 소비자물가지수는 대체효과나 품질변화 등을 적절하게 반영하지 못하기에 물가변화를 과대평가한다.
③ 실망실업자(discouraged worker)는 비경제활동인구로 분류한다.
④ 소비자물가지수는 소비자가 일상 소비생활에서 구입하는, 가계소비지출 중에서 비중이 $\frac{1}{10,000}$ 이상인 재화와 서비스의 가격변동을 측정하기에 특정 가계의 생계비 변화와 괴리가 발생할 수 있다.

**출제POINT**

귀속임대료, 농부의 자가소비농산물, 치안과 국방서비스 등은 시장경제에서 거래되지 않으나 국내총생산에 포함된다.

## 19 □□□

**정부의 총수요 확대 정책 수단에는 정부지출 확대 및 조세감면 정책이 있다. 균형 국민소득결정 모형에서 2,000억 원의 정부지출 확대와 2,000억 원의 조세 감면의 효과에 대한 설명으로 옳은 것은? (단, 밀어내기 효과(crowding-out effect)는 없으며 한계소비성향 $\frac{3}{4}$ 이다)**

① 정부지출 확대는 6,000억 원, 조세 감면은 6,000억 원의 총수요 확대 효과가 있다.
② 정부지출 확대는 6,000억 원, 조세 감면은 8,000억 원의 총수요 확대 효과가 있다.
③ 정부지출 확대는 8,000억 원, 조세 감면은 6,000억 원의 총수요 확대 효과가 있다.
④ 정부지출 확대는 8,000억 원, 조세 감면은 8,000억 원의 총수요 확대 효과가 있다.

## 20 □□□

**통화정책의 전달경로 중 신용경로(credit channel)에 대한 설명으로 옳지 않은 것은?**

① 기준금리가 낮아지면 명목환율이 상승하여 수출입에 영향을 미치는 것이다.
② 통화정책이 가계와 기업의 대차대조표를 변화시킴으로써 소비와 투자에 영향을 미치는 것이다.
③ 팽창적 통화정책이 역선택 및 도덕적 해이 문제를 완화시킴으로써 실물 부문에 영향을 미치는 것이다.
④ 증권화의 진전이나 금융 자유화가 되면 은행의 자금조달 경로가 다양해져 신용경로의 중요성이 작아진다.

| 19 | 거시 | 승수효과 | 답 ③ |
|---|---|---|---|

정부지출승수는 $\frac{1}{1-c}=\frac{1}{1-\frac{3}{4}}=4$이기에 정부지출이 2,000억 원 증가할 경우 균형국민소득의 증감분은 $2,000\times4=8,000$억 원이다. 감세승수는 $\frac{c}{1-c}=\frac{\frac{3}{4}}{1-\frac{3}{4}}=3$이기에 조세감면이 2,000억 원일 경우 균형국민소득의 증감분은 $2,000\times3=6,000$억 원이다.

**출제POINT**
정부지출승수는 $\frac{1}{1-c}$이고, 감세승수는 $\frac{c}{1-c}$이다(단, $c$는 한계소비성향이다).

| 20 | 거시 | 통화정책 | 답 ① |
|---|---|---|---|

통화량이 증가하면 이자율이 낮아지고 외자유출로 환율이 상승하여 순수출이 증가한다는 것이 통화정책의 환율경로이다.

**오답피하기**
② 가령, 통화량증가가 은행대출여력을 증가시켜 대출을 받기 어려웠던 가계와 기업에 대출이 이루어져 소비와 투자가 증가하는 것이다.
③ 팽창적 통화정책으로 이자율이 줄면 역선택 및 도덕적 해이 문제를 완화시킴으로써 실물 부문에 영향을 미치는 것이다.
④ 증권화의 진전이나 금융 자유화가 되면 은행의 자금조달경로가 다양해져 통화량변화가 은행대출에 영향을 주는 신용경로의 중요성이 작아진다.

**출제POINT**
통화정책의 신용경로는 통화량변화가 은행대출에 영향을 주어 실물부분에 영향을 미치는 경로이다.

# 10회 2018년 국가직

## 01 □□□

**공개시장조작을 통한 중앙은행의 국채매입이 본원통화와 통화량에 미치는 영향에 대한 설명으로 옳은 것은?**

① 본원통화와 통화량 모두 증가한다.
② 본원통화와 통화량 모두 감소한다.
③ 본원통화는 증가하고 통화량은 감소한다.
④ 본원통화는 감소하고 통화량은 증가한다.

**01** 거시 **공개시장조작** 답 ①

중앙은행의 국채매입이 본원통화를 증가시키고 신용창조를 통해 통화량이 증가한다.

**출제POINT**
통화량증가는 중앙은행의 국공채매입을 통해 시중에 본원통화를 제공함으로써 달성 가능하다. 바로 공개시장조작 정책이다.

## 02 □□□

**다음은 어느 은행의 대차대조표이다. 이 은행이 초과지급준비금을 전부 대출할 때, 은행시스템 전체를 통해 최대로 증가할 수 있는 통화량의 크기는? (단, 법정지급준비율은 20%이며 현금통화비율은 0%이다)**

| 자산(억 원) | | 부채(억 원) | |
|---|---|---|---|
| 지급준비금 | 600 | 예금 | 2,000 |
| 대출 | 1,400 | | |

① 120억 원 ② 400억 원
③ 1,000억 원 ④ 2,000억 원

**02** 거시 **통화승수** 답 ③

현금통화비율이 0%이고, 초과지급준비금 200억 원을 전부 대출할 때, 은행시스템 전체를 통해 최대로 증가할 수 있는 통화승수는 법정지급준비율의 역수로 $\frac{1}{20}$%=5이다. 따라서 은행시스템 전체를 통해 최대로 증가할 수 있는 통화량의 크기는 200억 원×5=1,000억 원이다.

**출제POINT**
예금이 2,000억 원이고 법정지급준비율이 20%이기에 법정지급준비금은 400억 원이다. 그런데 이 은행은 600억 원의 실제지급준비금을 보유하고 있기에 초과지급준비금은 200억 원이다.

## 03 □□□

$A$국에서 어느 재화의 수요곡선은 $Q_d = 280 - 3P$이고, 공급곡선은 $Q_s = 10 + 7P$이다. $A$국 정부는 이 재화의 가격상한을 20원으로 설정하였고, 이 재화의 생산자에게 보조금을 지급하여 공급량을 수요량에 맞추고자 한다. 이 조치에 따른 단위당 보조금은? (단, $P$는 이 재화의 단위당 가격이다)

① 10원 ② 12원

③ 14원 ④ 16원

## 04 □□□

다음은 통화정책의 전달 경로를 나타낸 것이다. 이에 대한 설명으로 옳은 것은?

> 통화량 변화 → 이자율 변화 → 투자 변화 → 총수요 변화 → 국민소득 변화

① 화폐수요의 이자율 탄력성이 클수록 정책효과가 크다.

② 투자의 이자율 탄력성이 클수록 정책효과가 작다.

③ $IS$곡선이 수평선에 가까울수록 정책효과가 크다.

④ 한계소비성향이 클수록 정책효과가 작다.

**03** 미시 보조금 답 ①

생산자에게 단위당 보조금 $a$를 지급하여 공급량을 수요량에 맞추고자 한다면, 공급곡선은 $Q_s = 10+7P$에서 $Q_s = 10+7[P-(-a)]$로 평행이동한다. 평행이동한 공급곡선 $Q_s = 10+7[P-(-a)]$가 가격상한 20원과 수요량 220을 만족하려면, $220 = 10+7[20-(-a)] = 150+7a$에서 $a = 10$이다.

**출제POINT**

수요곡선이 $Q_d = 280-3P$이고, 공급곡선이 $Q_s = 10+7P$일 때, 가격상한을 20원으로 설정하면, 수요량은 220이고 공급량은 150이다.

**04** 거시 통화정책 답 ③

$IS$곡선이 수평선에 가까울수록 재정정책효과가 작고 통화정책효과는 크다.

**오답피하기**

① 화폐수요의 이자율 탄력성이 클수록 $LM$곡선이 완만해지기에 통화정책효과는 작다.

② 투자의 이자율 탄력성이 클수록 $IS$곡선이 완만해지기에 재정정책효과는 작고 통화정책효과는 크다.

④ 한계소비성향이 클수록 $IS$곡선이 완만해지기에 통화정책효과가 크다.

**출제POINT**

한계소비성향이 클수록 $IS$곡선이 완만해지기에 통화정책효과가 크고, 한계소비성향이 클수록 $IS$곡선이 완만해지지만 승수효과가 커지기에 재정정책효과도 크다.

## 05 □□□

甲의 효용함수는 $u(x) = \sqrt{x}$로 표현된다. 甲은 현재 소득이 0원이며, $\frac{1}{3}$의 당첨 확률로 상금 100원을 받는 복권을 갖고 있다. 상금의 일부를 포기하는 대신에 당첨될 확률을 $\frac{2}{3}$로 높일 수 있을 때, 甲이 포기할 용의가 있는 최대 금액은? (단, $x$는 원으로 표시된 소득이다)

① $\frac{100}{3}$원 ② 50원

③ $\frac{200}{3}$원 ④ 75원

## 06 □□□

두 명의 주민이 사는 어느 마을에서 가로등에 대한 개별 주민의 수요함수는 $P = 10 - Q$로 표현되며, 주민 간에 동일하다. 가로등 설치에 따르는 한계비용이 6일 때, 이 마을에 설치할 가로등의 적정 수량은? (단, $Q$는 가로등의 수량이다)

① 4 ② 5

③ 6 ④ 7

**05** 미시 기대효용함수 답 ④

$\frac{1}{3}$의 당첨 확률로 상금 100원을 받는 복권의 확실성등가는 기대효용, $\frac{1}{3} \times \sqrt{100} + \frac{2}{3} \times \sqrt{0} = \frac{10}{3}$을 제곱한 $\frac{100}{9}$이다.

상금의 일부인 $a$를 포기하는 대신에 $\frac{2}{3}$의 당첨 확률로 상금 $(100-a)$원을 받는 복권의 확실성등가는 기대효용, $\frac{2}{3} \times \sqrt{(100-a)} + \frac{1}{3} \times \sqrt{0} = \frac{2}{3}\sqrt{(100-a)}$를 제곱한 $\frac{4(100-a)}{9}$이다.

두 경우의 확실성등가가 같을 때, $\frac{100}{9} = \frac{4(100-a)}{9}$에서 甲이 포기할 용의가 있는 최대 금액은 $a = 75$이다.

**출제POINT**

불확실성하에서 기대효용과 동일한 효용을 주는 확실한 현금의 크기를 확실성등가라 한다.

**06** 미시 공공재 답 ④

가로등은 비배제성과 비경합성을 보이는 공공재이다.
공공재의 시장수요곡선은 개별수요곡선을 수직으로 합하여 도출하기에, $P = 10 - Q$에서 주민 두 명의 개별수요곡선을 수직으로 합하면 $P = (10-Q) + (10-Q) = 20 - 2Q$이다. 한계비용 $MC = 6$일 때, $20 - 2Q = 6$에서 $Q = 7$이다.

**출제POINT**

공공재의 소비자들은 동일한 양을 서로 다른 편익으로 소비하기에 공공재의 적정공급조건은 $MB_A + MB_B = MC$이다.

## 07 □□□

다음은 $A$국 중앙은행이 따르는 테일러준칙이다. 현재 인플레이션율이 4%이고 $GDP$갭이 1%일 때, $A$국의 통화정책에 대한 설명으로 옳지 않은 것은? (단, $r$은 중앙은행의 목표 이자율, $\pi$는 인플레이션율, $Y^*$는 잠재$GDP$, $Y$는 실제$GDP$이다)

$$r = 0.03 + \frac{1}{4}(\pi - 0.02) - \frac{3}{4}\frac{Y^* - Y}{Y^*}$$

① 목표 이자율은 균형 이자율보다 높다.
② 목표 인플레이션율은 2%이다.
③ 균형 이자율은 3%이다.
④ 다른 조건이 일정할 때, 인플레이션갭 1%p 증가에 대해 목표 이자율은 0.25%p 증가한다.

## 08 □□□

변동환율제하에서의 국제수지표에 대한 설명으로 옳은 것만을 모두 고르면? (단, 국제수지표에서 본원소득수지, 이전소득수지, 오차와 누락은 모두 0과 같다)

ㄱ. 국민소득이 국내총지출보다 크면 경상수지는 적자이다.
ㄴ. 국민저축이 국내투자보다 작으면 경상수지는 적자이다.
ㄷ. 순자본유출이 정(+)이면 경상수지는 흑자이다.

① ㄱ
② ㄴ
③ ㄱ, ㄷ
④ ㄴ, ㄷ





### 07 거시 테일러준칙 답 ①

목표 이자율은 현재 인플레이션율이 4%이고 $GDP$갭이 1%일 때,

$$r = 0.03 + \frac{1}{4}(\pi - 0.02) - \frac{3}{4}\frac{Y^* - Y}{Y^*}$$
$$= 0.03 + \frac{1}{4}(0.04 - 0.02) - \frac{3}{4}(0.01)$$
$$= 0.0275$$

즉, 2.75%로 균형 이자율 3%보다 낮다.

**오답피하기**

② 목표 인플레이션율은 인플레이션갭이 0, 즉 $(\pi - 0.02) = 0$일 때 2%이다.
③ 균형 이자율은 인플레이션갭과 $GDP$갭이 0, 즉 $(\pi - 0.02) = 0$, $(\frac{Y^* - Y}{Y^*}) = 0$일 때 3%이다.
④ 다른 조건이 일정할 때 인플레이션갭, 즉 $(\pi - 0.02)$가 1%p 증가에 대해 목표 이자율은 $r = 0.03 + \frac{1}{4}(\pi - 0.02) - \frac{3}{4}\frac{Y^* - Y}{Y^*}$에서 $\frac{1}{4}(\pi - 0.02) = \frac{1}{4} \times 1\%p = 0.25\%p$ 증가한다.

**출제POINT**

균형 이자율은 인플레이션갭이 0이고 $GDP$갭이 0일 때 이자율이다.

### 08 국제 국제수지 답 ④

ㄴ. 국민저축이 국내투자보다 작으면, 즉 $Y - T - C + T - G < I$이면, $X - M < 0$이다. 따라서 경상수지는 적자이다.
ㄷ. 순자본유출이 정(+)이면 순수출, 즉 경상수지는 흑자이다.

**오답피하기**

ㄱ. 국민소득이 국내총지출보다 크면, 즉 $Y > C + I + G$이면, $X - M > 0$이다. 따라서 경상수지는 흑자이다.

**출제POINT**

'$X - M$=순수출=순자본유출'이다. 즉, 수출을 통해 얻은 1달러로 미국의 주식 등을 구입한다면 순자본유출이 발생한다. 따라서 순수출 1달러는 순자본유출 1달러로 전환된다.

## 09 □□□

**$A$국에서 어느 재화의 국내 수요곡선과 국내 공급곡선은 다음과 같다.**

> • 국내 수요곡선: $Q_d = 16 - P$
> • 국내 공급곡선: $Q_s = -6 + P$

**$A$국이 자유무역을 허용하여 이 재화가 세계시장 가격 $P_w = 6$으로 거래되고 있다고 하자. 이때, 단위당 2의 수입관세를 부과할 경우의 국내시장 변화에 대한 설명으로 옳지 않은 것은? (단, $P$는 이 재화의 가격이며, $A$국의 수입관세 부과는 세계시장 가격에 영향을 미치지 못한다)**

① 소비자잉여는 18만큼 감소한다.
② 생산자잉여는 2만큼 증가한다.
③ 수요량은 4만큼 감소한다.
④ 사회후생은 4만큼 감소한다.

**09** 국제 **관세** 답 ③

세계시장 가격이 6일 때 국내수요량은 10이나 국내생산량은 0으로 10만큼 수입한다. 단위당 2의 관세부과 시 관세포함 국내가격은 8로, 국내수요량은 8이나 국내생산량은 2로 6만큼 수입한다. 따라서 국내수요량이 2만큼 줄고 국내생산량은 2만큼 증가한다.

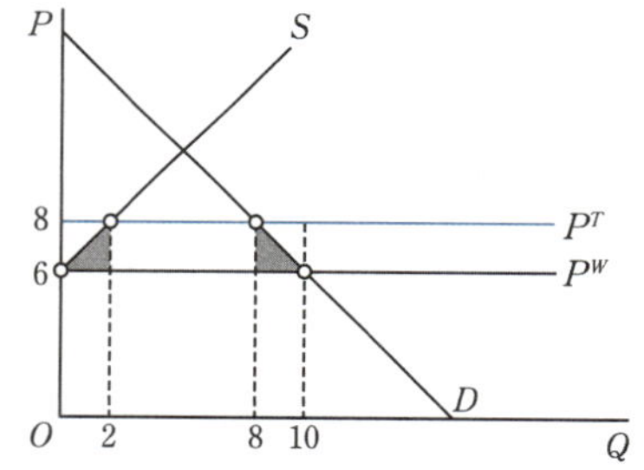


**오답피하기**

① 소비자잉여는 $(2\times8)+\left(2\times2\times\frac{1}{2}\right)=18$만큼 감소한다.

② 생산자잉여는 $2\times2\times\frac{1}{2}=2$만큼 증가한다.

④ 사회후생은 색칠한 면적으로 $\left(2\times2\times\frac{1}{2}\right)+\left(2\times2\times\frac{1}{2}\right)=4$만큼 감소한다.

**출제POINT**

(소국)관세부과로 소비자잉여는 감소, 생산자잉여는 증가하고 재정수입이 증가하나 사회적후생손실이 발생한다.

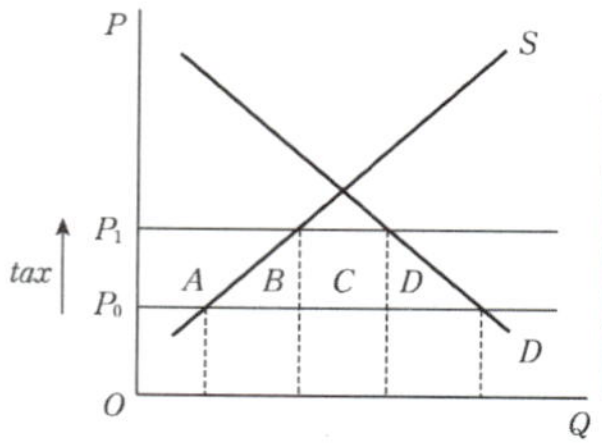


| | |
|---|---|
| 소비자잉여 | $-(A+B+C+D)$ |
| 생산자잉여 | $A$ |
| 재정수입 | $C$ |
| 총잉여 | $-(B+D)$ |

## 10 □□□

**어느 공항의 이윤함수는 $28x - x^2$이고, 공항 근처에 주택을 개발하고자 하는 업체의 이윤함수는 $20y - y^2 - xy$이다. 만일 한 기업이 공항과 주택개발업체를 모두 소유한다면, 이 기업이 이윤을 극대화하는 주택의 수($a$)는? 한편, 공항과 주택개발업체를 서로 다른 기업이 소유한다면 공항은 주택개발업체에게 이착륙 소음으로 인한 보상금으로 $xy$를 지불해야 한다. 이때 주택개발업체가 이윤을 극대화하는 주택의 수($b$)는? (단, $x$는 하루에 이착륙하는 비행기의 수이며, $y$는 주택개발업체가 건설할 주택의 수이다)**

| | $a$ | $b$ |
|---|---|---|
| ① | 4 | 4 |
| ② | 4 | 10 |
| ③ | 6 | 4 |
| ④ | 6 | 10 |

**10** 미시 **이윤극대화** 답 ②

• 한 기업이 모두 소유하는 경우: 이윤함수는 공항의 이윤함수 $28x-x^2$과, 주택개발업체의 이윤함수 $20y-y^2-xy$를 더하여 구한다.
즉, $28x-x^2+20y-y^2-xy$이다. 이를 $X$로 미분하여 $28-2x-y=0$과 $Y$로 미분하여 $20-2y-x=0$을 연립하면, 이윤을 극대화하는 주택의 수($a$)는 $y=4$이다.

• 서로 다른 기업이 소유하는 경우: 주택개발업체의 이윤함수는 $20y-y^2-xy$와 보상금 $xy$를 더하여 구한다.
즉, $20y-y^2-xy+xy=20y-y^2$이다. 이를 $Y$로 미분하여 $20-2y=0$에서, 이윤을 극대화하는 주택의 수($b$)는 $y=10$이다.

**출제POINT**

이윤극대화는 이윤함수를 미분하여 0일 때 달성된다.

## 11 □□□

**완전경쟁 기업, 독점적 경쟁 기업, 독점 기업에 대한 설명으로 옳지 않은 것은?**

① 단기균형하에서, 완전경쟁 기업이 생산한 제품의 가격은 한계수입이나 한계비용과 동일한 반면, 독점적 경쟁 기업과 독점 기업이 생산한 제품의 가격은 한계수입이나 한계비용보다 크다.
② 완전경쟁 기업이 직면하는 수요곡선은 수평선인 반면, 독점적경쟁 기업과 독점 기업이 직면하는 수요곡선은 우하향한다.
③ 장기균형하에서, 완전경쟁 기업과 독점적 경쟁 기업이 존재하는 시장에는 진입장벽이 존재하지 않는 반면, 독점 기업이 존재하는 시장에는 진입장벽이 존재한다.
④ 장기균형하에서, 완전경쟁 기업의 이윤은 0인 반면, 독점적경쟁 기업과 독점 기업의 이윤은 0보다 크다.

## 12 □□□

**$A$대학 경제학과는 2017년도 졸업생 100명을 대상으로 2018년 4월 현재 취업 현황을 조사했다. 조사 결과, 40명은 취업했으며 20명은 대학원에 등록하여 재학 중이었다. 다른 일은 하지 않고 취업준비와 진학준비를 하고 있는 졸업생은 각각 20명과 10명이었다. 나머지 10명은 실업자로 분류되었다. $A$대학 경제학과의 2017년도 졸업생 100명이 모두 생산가능인구에 포함될 때, 이들의 실업률, 고용률, 경제활동참가율은?**

| | 실업률 | 고용률 | 경제활동참가율 |
|---|---|---|---|
| ① | 20% | 40% | 40% |
| ② | 20% | 40% | 50% |
| ③ | 30% | 30% | 40% |
| ④ | 30% | 30% | 50% |

**11** 미시 시장 답 ④

장기균형하에서, 완전경쟁 기업과 독점적 경쟁 기업의 경우, 진입과 퇴거가 자유로워 (초과)이윤은 0인 반면, 독점 기업의 이윤은 0보다 크거나 같다.

오답피하기

① 단기균형하에서, 완전경쟁은 $P=MR=MC$이고, 독점은 $P>MR=MC$이며, 독점적 경쟁은 $P>MR=MC$이다.
② 완전경쟁시장에서 개별 기업이 직면하는 수요곡선은 시장에서 결정된 가격으로 생산하기에 수평선이 된다. 독점의 경우, 독점 기업이 직면하는 수요곡선은 우하향하는 시장전체의 수요곡선이기에 독점기업이 직면하는 수요곡선은 우하향한다. 독점적 경쟁의 경우도 독점의 경우와 마찬가지로 우하향이나, 다수의 대체재가 존재하기에 수요곡선은 독점의 경우보다 훨씬 완만하다.
③ 장기균형하에서, 완전경쟁 기업과 독점적 경쟁 기업이 존재하는 시장에는 진입과 퇴거가 자유로우나, 독점 기업이 존재하는 시장에는 진입장벽이 존재한다.

**출제POINT**

장기균형하에서, 완전경쟁 기업과 독점적 경쟁 기업이 존재하는 시장에는 진입과 퇴거가 자유롭다.

**12** 거시 고용지표 답 ②

졸업생 100명이 모두 생산가능인구에 포함될 때, 이들의 실업률, 고용률, 경제활동참가율을 계산하기 위해 100명을 생산가능인구라 가정한다. 40명은 취업했기에 취업자수는 40명이고, 10명은 실업자이다. 즉, 경제활동인구는 50명이다. 20명은 대학원에 재학 중이고, 취업준비와 진학준비를 하고 있는 졸업생은 각각 20명과 10명으로 모두 비경제활동인구이다. 즉, 비경제활동인구는 50명이다.

- 실업률 = (실업자수/경제활동인구) × 100 = $\frac{10}{50}\times 100 = 20\%$
- 고용률 = (취업자수/생산가능인구) × 100 = $\frac{40}{100}\times 100 = 40\%$
- 경제활동참가율 = (경제활동인구/생산가능인구) × 100 $= \frac{50}{100}\times 100 = 50\%$

**출제POINT**

- 실업률 = (실업자수/경제활동인구) × 100
- 고용률 = (취업자수/생산가능인구) × 100
- 경제활동참가율 = (경제활동인구/생산가능인구) × 100

## 13 □□□

**기업 $A$의 생산함수는 $Q=\min\{2L, K\}$이다. 고정비용이 0원이고 노동과 자본의 단위당 가격이 각각 2원과 1원이라고 할 때, 기업 $A$가 100단위의 상품을 생산하기 위한 총비용은? (단, $L$은 노동투입량, $K$는 자본투입량이다)**

① 100원 ② 200원
③ 250원 ④ 500원

## 14 □□□

**갑국과 을국으로 이루어진 세계경제가 있다. 생산요소는 노동과 자본이 있는데, 갑국은 노동 200단위와 자본 60단위, 을국은 노동 800단위와 자본 140단위를 보유하고 있다. 양국은 두 재화 $X$와 $Y$를 생산할 수 있는데, $X$는 노동집약적 재화이고 $Y$는 자본집약적 재화이다. 헥셔-올린 모형에 따를 때 예상되는 무역패턴은? (단, 노동과 자본은 양국에서 모두 동질적이다)**

① 갑국은 $Y$를 수출하고 을국은 $X$를 수출한다.
② 갑국은 $X$를 수출하고 을국은 $Y$를 수출한다.
③ 갑국과 을국은 $X$와 $Y$를 모두 생산하며, 그중 일부를 무역으로 교환한다.
④ 갑국과 을국은 $X$와 $Y$를 모두 생산하며, 각자 자급자족한다.

**13** 미시 비용 답 ②

| | |
|---|---|
| 1. 등비용선 | 등비용곡선의 기울기는 $-\frac{w}{r}=-\frac{2}{1}=-2$이다. |
| 2. $Q(L, K)=\min[2L, K]$ | $2L=K$와 등비용선의 교점에서 생산하면 $2L=K=Q$의 비용극소화를 이룬다. |
| 3. $L$과 $K$ | $2L=K=100$에서 $K=100$이고 $L=50$ |
| 4. $C$ | 최소생산비는 $L=50$, $K=100$ $(w=2,\ r=1)$일 때로 $50\times2+100\times1=200$이다. |

**출제POINT**

등비용곡선의 기울기는 $-\frac{w}{r}$이다.

**14** 국제 헥셔-올린 모형 답 ①

• 갑국의 요소부존도: $\frac{K}{L}=\frac{60}{200}$

• 을국의 요소부존도: $\frac{K}{L}=\frac{140}{800}$

갑국은 상대적으로 자본풍부국이고 을국은 상대적으로 노동풍부국이다. 따라서 갑국은 자본집약적 재화인 $Y$재에 특화하여 수출하고, 을국은 노동집약적 재화인 $X$재에 특화하여 수출한다.

**출제POINT**

비교우위의 발생원인을 요소부존의 차이로 설명하는 헥셔-올린 정리는, 노동풍부국은 노동집약재 생산에, 자본풍부국은 자본집약재 생산에 비교우위가 있다고 설명한다.

## 15 □□□

$A$ 산업 부문의 노동시장에서 균형 임금의 상승이 예상되는 상황만을 모두 고르면? (단, 노동수요곡선은 우하향하는 직선이고 노동공급곡선은 우상향하는 직선이다)

> ㄱ. $A$ 산업 부문의 노동자에게 다른 산업 부문으로의 취업 기회가 확대되고, 노동자의 생산성이 증대되었다.
> ㄴ. $A$ 산업 부문의 노동자를 대체하는 생산기술이 도입되었고, $A$ 산업 부문으로의 신규 취업 선호가 증대되었다.
> ㄷ. $A$ 산업 부문에서 생산되는 재화의 가격이 하락하고, 노동자 실업보험의 보장성이 약화되었다.

① ㄱ ② ㄴ
③ ㄱ, ㄷ ④ ㄴ, ㄷ

## 16 □□□

어느 재화의 가격이 1천 원에서 1% 상승하면 판매 수입은 0.2% 증가하지만, 5천 원에서 가격이 1% 상승하면 판매 수입은 0.1% 감소한다. 이 재화에 대한 설명으로 옳은 것은? (단, 수요곡선은 수요의 법칙이 적용된다)

① 가격이 1천 원에서 1% 상승 시, 가격에 대한 수요의 탄력성은 탄력적이다.
② 가격이 5천 원에서 1% 상승 시, 가격에 대한 수요의 탄력성은 비탄력적이다.
③ 가격이 1천 원에서 1% 상승 시, 수요량은 0.2% 감소한다.
④ 가격이 5천 원에서 1% 상승 시, 수요량은 1.1% 감소한다.



| 15 | 미시 | 노동시장 | 답 ① |
|---|---|---|---|

ㄱ. $A$ 산업 부문의 노동자에게 다른 산업 부문으로의 취업기회확대는 노동공급감소를 초래하고, 노동자의 생산성증대는 노동수요증가($VMP_L = P \times MP_L$)를 낳기에 균형임금은 상승한다.

**오답피하기**

ㄴ. $A$ 산업 부문의 노동자를 대체하는 생산기술이 도입되면 노동수요감소를 초래하고, $A$ 산업 부문으로의 신규 취업 선호가 증대되면 노동공급증가를 낳기에 균형임금은 하락한다.
ㄷ. $A$ 산업 부문에서 생산되는 재화의 가격이 하락하면 노동수요감소($VMP_L = P \times MP_L$)를 초래하고, 노동자 실업보험의 보장성이 약화되면 다른 산업 부문으로의 이탈이 발생하여 노동공급감소를 낳기에 균형임금의 변화는 알 수 없다.

**출제POINT**

노동수요곡선은 $VMP_L(= P \times MP_L)$이다.

| 16 | 미시 | 탄력도 | 답 ④ |
|---|---|---|---|

$TR = PQ$에서 '$TR$증가율 $= P$상승률$+ Q$증가율'이다. 가격이 5천 원에서 1% 상승 시 판매 수입의 0.1% 감소이기에, '$TR$증가율 $= P$상승률$+ Q$증가율'에서 $Q$증가율 $= TR$증가율$- P$상승률$= -0.1 - 1 = -1.1$이다. 즉, 수요량은 1.1% 감소한다.

**오답피하기**

① 가격이 1천 원에서 1% 상승 시, 판매 수입의 증가에서 가격에 대한 수요의 탄력성은 비탄력적임을 알 수 있다.
② 가격이 5천 원에서 1% 상승 시, 판매 수입의 감소에서 가격에 대한 수요의 탄력성은 탄력적임을 알 수 있다.
③ $TR = PQ$에서 '$TR$증가율$= P$상승률 $+ Q$증가율'이다. 가격이 1천 원에서 1% 상승 시 판매 수입의 0.2% 증가이기에, '$TR$증가율$= P$상승률$+ Q$증가율'에서 $Q$증가율$= TR$증가율$- P$상승률$= 0.2 - 1 = -0.8$이다. 즉, 수요량은 0.8% 감소한다.

**출제POINT**

우하향의 수요직선에서 탄력적 구간은 가격이 하락, 비탄력적 구간은 가격이 상승하면 판매 수입이 증가하며, 중점에서 판매 수입이 극대화된다.

## 17 □□□

**기대인플레이션과 자연실업률이 부가된 필립스(Phillips) 곡선에 대한 설명으로 옳지 않은 것은?**

① 실제실업률이 자연실업률과 같은 경우, 실제인플레이션은 기대인플레이션과 같다.

② 실제실업률이 자연실업률보다 높은 경우, 실제인플레이션은 기대인플레이션보다 낮다.

③ 실제실업률이 자연실업률과 같은 경우, 기대인플레이션율은 0과 같다.

④ 사람들이 인플레이션을 완전히 예상할 수 있는 경우, 실제실업률은 자연실업률과 일치한다.

**17** 거시 **필립스곡선** 답 ③

기대부가 필립스곡선[$\pi = \pi^e - \alpha(U - U_N)$]에서, 실제실업률($U$)이 자연실업률($U_N$)과 같은 경우, 실제인플레이션($\pi$)은 기대인플레이션($\pi^e$)과 같다. 즉, 기대인플레이션율이 0인지는 알 수 없다.

(오답피하기)

① 기대부가 필립스곡선[$\pi = \pi^e - \alpha(U - U_N)$]에서, 실제실업률($U$)이 자연실업률($U_N$)과 같은 경우, 실제인플레이션($\pi$)은 기대인플레이션($\pi^e$)과 같다.

② 기대부가 필립스곡선[$\pi = \pi^e - \alpha(U - U_N)$]에서, 실제실업률($U$)이 자연실업률($U_N$)보다 높은 경우, 실제인플레이션($\pi$)은 기대인플레이션($\pi^e$)보다 낮다.

④ 사람들이 인플레이션을 완전히 예상할 수 있는 경우, 실제인플레이션($\pi$)이 기대인플레이션($\pi^e$)과 같기에 실제실업률($U$)은 자연실업률($U_N$)과 일치한다.

**출제POINT**

전통적인 필립스곡선에 기대인플레이션율을 부가하여 통화주의(프리드만과 펠프스)가 제시한 것이 기대부가 필립스곡선[$\pi = \pi^e - \alpha(U - U_N)$]이다.

## 18 □□□

**다음 중 솔로우(Solow) 성장모형에 대한 설명으로 옳은 것은?**

① 자본투입이 증가함에 따라 경제는 지속적으로 성장할 수 있다.

② 저축률이 상승하면 정상상태(steady state)의 일인당 자본은 증가한다.

③ 자본투입이 증가하면 자본의 한계생산이 일정하게 유지된다.

④ 인구증가율이 상승하면 정상상태의 일인당 자본이 증가한다.

**18** 거시 **솔로우(Solow)모형** 답 ②

저축률이 상승하면 정상상태(steady state)의 1인당 자본은 증가하고 1인당 산출량도 증가한다.

(오답피하기)

① 솔로우(Solow)모형은 지속적인 성장은 지속적인 기술 진보에 의해 결정된다고 본다.

③ 솔로우(Solow)모형은 1차 C-D생산함수를 가정하기에 자본투입이 증가하면 자본의 한계생산성은 체감한다.

④ 인구증가율이 상승하면 정상상태의 1인당 자본은 감소한다.

**출제POINT**

경제의 안정적 성장을 전제한 솔로우(Solow)모형은 지속적인 성장은 지속적인 기술진보에 의해 결정되나, 기술진보는 외생적으로 주어진 것으로 가정할 뿐 모형 내에서 기술진보의 원인을 설명하지 못한다.

## 19 □□□

**어느 재화를 생산하는 기업이 직면하는 수요곡선은 $Q_d = 200 - P$이고, 공급곡선 $Q_s$는 $P = 100$에서 수평선으로 주어져 있다. 정부가 이 재화의 소비자에게 단위당 20원의 물품세를 부과할 때, 초과부담을 조세수입으로 나눈 비효율성계수(coefficient of inefficiency)는? (단, $P$는 가격이다)**

① $\frac{1}{8}$
② $\frac{1}{4}$
③ $\frac{1}{2}$
④ 1

## 20 □□□

**어느 경제에서 총생산함수는 $Y = 100\sqrt{N}$이고, 노동공급함수는 $N = 2,500\left(\frac{W}{P}\right)$이며, 생산가능인구는 3,000명이다. 이 경제에서는 실질임금이 단기에는 경직적이지만 장기에는 신축적이라고 가정하자. 이 경제의 단기와 장기에서 일어나는 현상으로 옳지 않은 것은? (단, $W$는 명목임금, $P$는 물가수준을 나타낸다)**

① 장기균형에서 취업자수는 2,500명이다.
② 장기균형에서 명목임금이 10이라면 물가수준은 10이다.
③ 장기균형에서 실업자는 500명이다.
④ 기대치 않은 노동수요 감소가 발생할 경우 단기적으로 실업이 발생한다.

| **19** | 미시 | **비효율성계수** | 답 ① |
|---|---|---|---|

조세의 귀착 시 초과부담, 즉 후생손실은 '거래량 감소분×단위당 조세×$\frac{1}{2}$'을 통해 알 수 있다.

| | |
|---|---|
| 1. 조세부과 전 거래량 | $200 - Q = 100$<br>$Q = 100,\ P = 100$ |
| 2. 조세부과 후 곡선($P$로 도출) | 비법: 평행이동!<br>$Q_d = 200 - P$에서 $P$대신<br>$[P-(-20)]$을 대입하면,<br>$Q_d = 200-(P+20)$으로<br>$Q_d = 180 - P$이다. |
| 3. 조세부과 후 거래량 | $180 - Q = 100$<br>$Q = 80,\ P = 100$ |
| 4. 거래량 감소분×단위당 조세×$\frac{1}{2}$ | $(100-80)\times 20 \times \frac{1}{2} = 200$ |

조세의 귀착 시 조세수입은 '조세부과 후 거래량×단위당 조세'를 통해 알 수 있다. 즉, $80 \times 20 = 1,600$이다. 따라서 '비효율성계수=초과부담/조세수입' $= \frac{200}{1,600} = \frac{1}{8}$이다.

**출제POINT**

'비효율성계수=초과부담/조세수입'이다.

| **20** | 거시 | ***AS*곡선** | 답 ③ |
|---|---|---|---|

장기균형에서 실질임금이 신축적이기에 실업자수는 0이 될 것이다.

**오답피하기**

① 노동수요곡선 $MP_N = \frac{50}{\sqrt{N}}$과 노동공급곡선 $\frac{W}{P} = \frac{N}{2,500}$이 일치할 때, 장기균형하 취업자 수는 2,500명이다.
② 장기균형에서 취업자 수가 2,500명이기에 실질임금 $\frac{W}{P} = \frac{2,500}{2,500} = 1$이다. 따라서 명목임금이 10이라면 물가수준은 10이다.
④ 기대치 않은 노동수요 감소가 발생할 경우 단기적으로 실질임금이 경직적이기에 고용이 감소하여 실업이 발생한다.

**출제POINT**

노동수요곡선($MP_N$)과 노동공급곡선($\frac{W}{P}$)이 일치할 때 달성되는 노동시장의 균형과 총생산함수를 통해 총공급곡선을 도출할 수 있다. 총생산함수 $Y = 100\sqrt{N}$에서 $MP_N = \frac{50}{\sqrt{N}}$이기에, 노동수요곡선은 $MP_N = \frac{50}{\sqrt{N}}$이다. $N = 2,500\left(\frac{W}{P}\right)$이기에 노동공급곡선은 $\frac{W}{P} = \frac{N}{2,500}$이다.

# 11회 2019년 국가직

## 01 □□□

**인플레이션과 관련된 설명으로 옳지 않은 것은?**

① 예상치 못한 인플레이션은 채권자와 채무자 사이의 소득 재분배를 야기할 수 있다.

② 피셔방정식에 따르면 명목이자율은 실질이자율에 인플레이션율을 더한 것이다.

③ 필립스 곡선은 실업률과 인플레이션율 사이의 관계를 보여 준다.

④ 피셔효과에 따르면 인플레이션율의 상승은 실질이자율을 변화시킨다.

## 02 □□□

**신성장이론(New Growth Theory)에 대한 설명으로 옳지 않은 것은?**

① 기술혁신은 우연한 과학적 발견 등에 의해 외생적으로 주어진다고 간주한다.

② 기업이 연구개발에 참여하거나 기술변화에 기여할 때 경제의 지식자본스톡이 증가한다.

③ 개별 기업이 아닌 경제 전체 수준에서 보면 지식자본의 축적을 통해 수확체증(increasing returns)이 나타날 수 있다.

④ 지식 공유에 따른 무임승차 문제를 완화하기 위해 지적재산권에 대한 정부의 보호가 필요하다고 강조한다.

| 01 | 거시 | 피셔효과 | 답 ④ |
|---|---|---|---|

피셔효과에 따르면 인플레이션율의 상승은 명목이자율의 비례적 상승으로 실질이자율은 불변이다.

**오답피하기**

① 예상치 못한 인플레이션으로 채권자가 불리해지고 채무자는 유리해지는 부와 소득의 재분배가 발생할 수 있다.

② 피셔방정식에 따르면 실질이자율에 기대인플레이션율을 더한 값이 명목이자율이다.

③ 필립스곡선은 인플레이션율과 실업률이 반비례로 상충관계임을 보여 준다.

**출제POINT**

피셔효과란 인플레이션이 발생하면 기대인플레이션율이 상승하여 명목이자율이 비례적으로 상승하는 효과를 뜻한다.

| 02 | 거시 | 신성장이론 | 답 ① |
|---|---|---|---|

내생적 성장이론은 기술진보를 내생화함으로써 지속적인 경제성장의 요인을 밝히고 있다.

**오답피하기**

② 로머(P. Romer)의 R&D모형에 따르면 기업이 연구개발에 참여하거나 기술변화에 기여할 때 외부효과를 발생시켜 경제의 지식자본스톡이 증가한다고 본다.

③ 학습효과모형에 따르면 개별 기업이 아닌 경제 전체 수준에서 보면 지식자본의 축적을 통해 긍정적 외부효과로 수확체증(increasing returns)이 나타날 수 있다.

④ 지식 공유에 따른 무임승차 문제를 완화하기 위해 지적재산권에 대한 정부의 보호를 통한 배제성 부여가 필요하다고 강조한다.

**출제POINT**

신성장이론인 내생적 성장이론은 기술진보를 모형 안에서 내생화한 이론으로 외생적으로 주어진 것으로 가정하는 솔로우성장모형의 한계를 극복하기 위하여 등장하였다.

## 03 □□□

**리디노미네이션(redenomination)에 대한 일반적인 설명으로 옳지 않은 것은?**

① 화폐단위 변경에 따라 큰 단위 금액의 표기가 간소화되어 금융거래 시 오류 가능성이 감소한다.
② 자국 통화의 대외적 위상을 높일 목적으로 시행되기도 한다.
③ 인플레이션을 낮추어 물가안정에 기여할 수 있다.
④ 경제 전반에 일시적으로 상당한 메뉴비용(menu cost)을 발생시킨다.

**03** 거시 **리디노미네이션** 답 ③

액면가를 낮은 숫자로 변경하면 오히려 물가가 상승할 수 있다.

**오답피하기**

① 화폐단위 변경에 따라 큰 단위 금액의 표기가 간소화된다. 가령, 100대 1 등으로 하향조정하면, 금융거래 시 오류 가능성이 감소한다.
② 1달러당 1,000원의 교환비율이 1,000원을 10원으로 리디노미네이션시키면, 1달러당 10원으로 조정되어 자국 통화의 대외적 위상을 높일 수 있다.
④ 제품의 명목가격이 달라지면, 경제 전반에 일시적으로 상당한 메뉴비용(menu cost)이 발생할 수 있다.

**출제POINT**

리디노미네이션(redenomination)이란, 모든 화폐에 대해 실질가치의 변경없이, 액면가를 동일비율의 낮은 숫자로 변경하는 것으로, 가령, 100대 1 등으로 하향조정하는 조치이다.

## 04 □□□

**갑국과 을국은 $X$, $Y$재만을 생산하며, 교역 시 비교우위가 있는 재화 생산에 완전특화한다. 양국의 생산가능곡선이 다음과 같을 때 이에 대한 설명으로 옳은 것은? (단, 양국의 생산요소 양은 같고 교역은 양국 간에만 이루어진다)**

- 갑국: $4X+Y=40$
- 을국: $2X+3Y=60$

① 갑국이 $X$재 생산을 1단위 늘리려면 $Y$재 생산을 2단위 줄여야 한다.
② 갑국은 $X$재 생산에 절대우위를 갖는다.
③ 을국은 $X$재 생산에 비교우위를 갖는다.
④ $X$재와 $Y$재의 교역비율이 1 : 1이라면 갑국만 교역에 응할 것이다.

**04** 국제 **무역이론** 답 ③

$X$재 생산의 기회비용이 갑국은 $Y$재 4이고 을국은 $Y$재 $\frac{2}{3}$이기에 을국은 $X$재 생산에 비교우위를 갖는다.

**오답피하기**

① 갑국의 생산가능곡선 $4X+Y=40$에서 기울기가 4이기에 갑국이 $X$재 생산을 1단위 늘리려면 $Y$재 생산을 4단위 줄여야 한다.
② 갑국은 $Y$재 생산에 절대우위를 갖는다.
④ 양국이 모두 이득을 볼 수 있는 교역조건은 기회비용 사잇값으로 $Y4>X1>Y\frac{2}{3}$이다. 따라서 $X$재와 $Y$재의 교역비율이 1:1이라면 양국이 모두 교역에 응할 것이다.

**출제POINT**

갑국의 생산가능곡선이 $4X+Y=40$이고, 을국의 생산가능곡선이 $2X+3Y=60$일 때, 그래프는 다음과 같다.

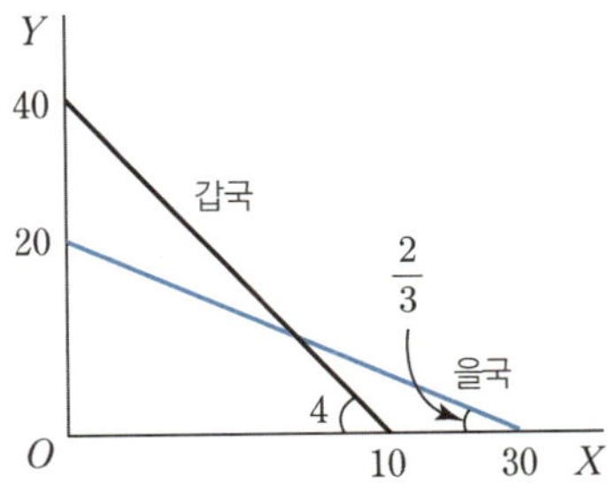

## 05 □□□

**완전경쟁시장에서 거래되는 어느 재화의 수요곡선과 공급곡선이 다음과 같다. 정부가 균형가격을 시장가격으로 설정하고 시장 거래량을 2로 제한할 때, 소비자잉여와 생산자잉여의 합은? (단, $Q_D$는 수요량, $Q_S$는 공급량, $P$는 가격이다)**

- 수요곡선: $Q_D = 10 - 2P$
- 공급곡선: $Q_S = -2 + 2P$

① 2　　② 4
③ 6　　④ 8

## 06 □□□

**불가능한 삼위일체(Impossible Trinity)에 대한 설명으로 옳은 것만을 모두 고르면?**

ㄱ. 한 경제가 자유로운 자본이동, 물가안정 및 통화정책의 독립성을 동시에 모두 유지하는 것은 불가능하다는 이론이다.
ㄴ. 이 이론에 따르면 자본시장을 완전히 개방한 국가가 고정환율제도를 채택하는 경우 통화정책을 이용하여 경기조절이 가능하다.
ㄷ. 이 이론에 따르면 고정환율제도를 운영하면서 동시에 통화정책의 독립성을 확보하기 위해서는 자본이동에 대한 제한이 필요하다.

① ㄴ　　② ㄷ
③ ㄱ, ㄴ　　④ ㄱ, ㄷ

**05 | 미시 | 수량규제　　답 ③**

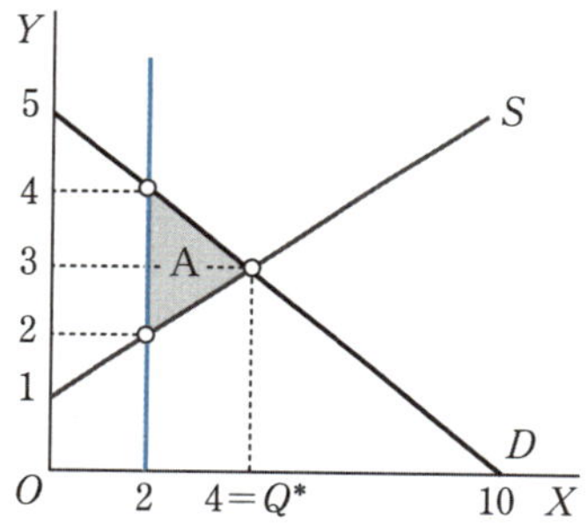


규제 전 사회적잉여인 삼각형 면적에서 규제 후 후생손실인 $A$면적을 차감하면 규제 후 소비자잉여와 생산자잉여의 합은 $(5-1)\times4\times\frac{1}{2}-(4-2)\times2\times\frac{1}{2}=6$이다.

**출제POINT**
정부의 수량규제로 소비자잉여와 생산자잉여의 합은 감소한다.

**06 | 국제 | 불가능한 삼위일체　　답 ②**

ㄷ. 불가능한 삼위일체에 따르면, 고정환율제도와 통화정책의 독립성을 확보하기 위해서는 자본이동에 대한 제한이 필요하다.

**오답피하기**

ㄱ. 불가능한 삼위일체에 따르면, 자유로운 자본이동, 환율안정 및 통화정책의 독립성을 동시에 모두 유지하는 것은 불가능하다는 이론이다.
ㄴ. 불가능한 삼위일체에 따르면, 자본시장이 완전히 자유로운 경우, 고정환율을 유지하려면 독립적인 통화정책을 사용할 수 없다.

**출제POINT**
트릴레마(trilemma) 또는 불가능한 삼위일체(impossible trinity)에 따르면, 자본시장의 완전한 자유, 고정환율제도 및 독립적인 통화정책 중에서 2가지만이 가능하고 3가지 모두를 가질 수 없다.

## 07 □□□

다음은 $A$국의 2019년 3월 경상수지와 4월에 발생한 모든 경상거래를 나타낸 것이다. 전월 대비 4월의 경상수지에 대한 설명으로 옳은 것은?

| 경상수지(2019년 3월) | 100억 달러 |
|---|---|
| 상품수지 | 60억 달러 |
| 서비스수지 | 20억 달러 |
| 본원소득수지 | 50억 달러 |
| 이전소득수지 | −30억 달러 |

<2019년 4월 경상거래>
- 상품 수출 250억 달러, 상품 수입 50억 달러
- 특허권 사용료 30억 달러 지급
- 해외 투자로부터 배당금 80억 달러 수취
- 국내 단기 체류 해외 노동자의 임금 20억 달러 지불
- 지진이 발생한 개도국에 무상원조 90억 달러 지급
- 외국인 여객 수송료 10억 달러 수취

① 상품 수출액은 150억 달러 증가하였다.
② 경상수지 흑자 폭이 감소하였다.
③ 서비스수지는 흑자를 유지하였다.
④ 본원소득수지는 흑자 폭이 증가하였다.

## 08 □□□

$A$국에서 국민 20%가 전체 소득의 절반을, 그 외 국민 80%가 나머지 절반을 균등하게 나누어 가지고 있다. $A$국의 지니계수는?

① 0.2 ② 0.3
③ 0.4 ④ 0.5

### 07 국제 경상수지 답 ④

본원소득수지는 흑자 폭이 50억 달러에서 60억 달러로 증가하였다.

**오답피하기**

① 3월 수출액을 모르기에 상품 수출액의 증감유무는 알 수 없다.
② 경상수지 흑자 폭이 100억 달러에서 150억 달러로 증가하였다.
③ 서비스수지는 −20억 달러로 적자를 보였다.

**출제POINT**

특허권 사용료는 서비스수지에 해당한다.
- 상품 수출 250억 달러, 상품 수입 50억 달러: 상품수지 200억 달러
- 특허권 사용료 30억 달러 지급: 서비스수지 −30억 달러
- 해외 투자로부터 배당금 80억 달러 수취: 본원소득수지 80억 달러
- 국내 단기 체류 해외 노동자의 임금 20억 달러 지불: 본원소득수지 −20억 달러
- 지진이 발생한 개도국에 무상원조 90억 달러 지급: 이전소득수지 −90억 달러
- 외국인 여객 수송료 10억 달러 수취: 서비스수지 10억 달러

| 경상수지 (2019년 3월) | 100억 달러 | 경상수지 (2019년 4월) | 150억 달러 |
|---|---|---|---|
| 상품수지 | 60억 달러 | 상품수지 | 200억 달러 |
| 서비스수지 | 20억 달러 | 서비스수지 | −20억 달러 |
| 본원소득수지 | 50억 달러 | 본원소득수지 | 60억 달러 |
| 이전소득수지 | −30억 달러 | 이전소득수지 | −90억 달러 |

### 08 미시 지니계수 답 ②

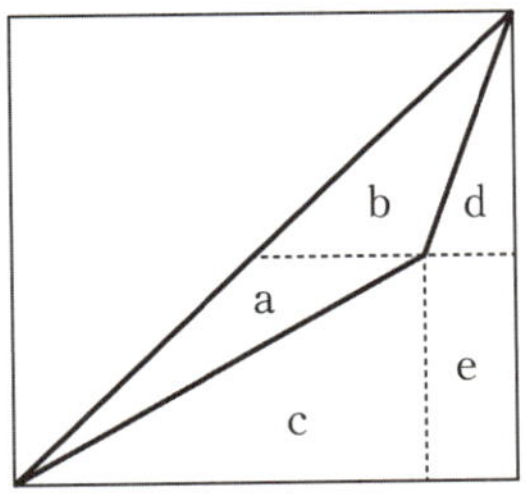


- 지니계수 $= \dfrac{a+b}{a+b+c+d+e}$
- $A+B =$ 삼각형$(a+b+c+d+e)-(c+d+e)$
$= \left(100\times100\times\dfrac{1}{2}\right)-\left(80\times50\times\dfrac{1}{2}+20\times50\times\dfrac{1}{2}+20\times50\right)$
$=5{,}000-3{,}500=1{,}500$
- $a+b+c+d+e=100\times100\times\dfrac{1}{2}=5{,}000$
- 지니계수 $=\dfrac{a+b}{a+b+c+d+e}=\dfrac{1{,}500}{5{,}000}=0.3$

**출제POINT**

대각선과 로렌츠 곡선이 이루는 면적을 대각선 아래의 삼각형 면적으로 나눈 값이 지니계수이다.

## 09 □□□

**다음 표는 기업 $A$, $B$의 광고 여부에 따른 두 기업의 보수를 나타낸 것이다. 두 기업이 광고 여부를 동시에 결정할 때, 이에 대한 설명으로 옳은 것은? (단, 괄호에서 앞의 숫자는 기업 $A$의 보수, 뒤의 숫자는 기업 $B$의 보수이다)**

| 기업 $A$ \ 기업 $B$ | 광고 | 광고 안함 |
|---|---|---|
| 광고 | (10, 10) | (20, 5) |
| 광고 안함 | (5, 20) | (15, 15) |

① 이 게임의 우월전략균형과 순수전략 내쉬균형은 다르다.
② 이 게임의 내쉬균형은 파레토 효율적이다.
③ 기업 $A$가 먼저 결정을 내리고 기업 $B$가 이를 관찰한 후 결정을 내리는 경우에도 각 기업의 결정은 변하지 않는다.
④ 이 게임이 2회 반복되면 파레토 효율적인 상황이 균형으로 달성될 수 있다.

**09** 미시 **내쉬균형** 답 ③

- 기업 $B$가 광고를 선택하면 기업 $A$는 광고 선택이 최선이고 기업 $B$가 광고 안함을 선택하면 기업 $A$는 광고 선택이 최선이다. 즉, 기업 $A$의 우월전략은 광고이다.
- 기업 $A$가 광고를 선택하면 기업 $B$는 광고 선택이 최선이고 기업 $A$가 광고 안함을 선택하면 기업 $B$는 광고 선택이 최선이다. 즉, 기업 $B$의 우월전략은 광고이다.
- 따라서 우월전략균형과 내쉬균형은 (광고10, 광고10)이다.

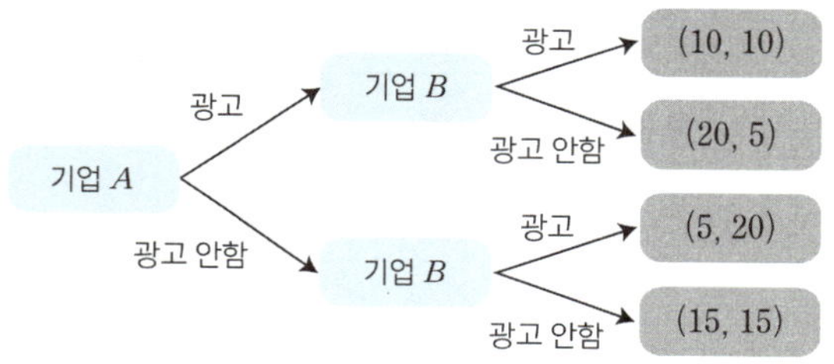


순차게임에 따라
- 기업 $A$가 광고를 선택하면 기업 $B$는 광고 선택이 최선이고 기업 $A$가 광고 안함을 선택하면 기업 $B$는 광고 선택이 최선이다.
- 위의 사실을 기업 $A$는 알고 있고, 기업 $A$는 광고 전략시 보수가 10이고 광고 안함 전략시 보수가 5이기에 광고 전략을 선택한다.
- 기업 $A$가 광고 전략을 선택하면 기업 $B$도 광고 전략을 선택하기에 순차게임의 경우에도 각 기업의 결정은 변하지 않는다.

오답피하기
① 우월전략균형과 순수전략 내쉬균형은 (10, 10)으로 동일하다.
② 내쉬균형 (10, 10)은 (15, 15)로 개선가능하기에 파레토 효율적이지 않다.
④ 무한 반복되면 파레토 효율적인 상황이 균형으로 달성될 수 있다.

**출제POINT**
상대방의 전략을 주어진 것으로 보고 경기자는 자신에게 가장 유리한 전략을 선택하였을 때 도달하는 균형을 내쉬균형이라 한다.

## 10 □□□

**효용함수가 $U = Ly$인 $A$는 매주 주어진 80시간을 노동과 여가에 배분하여 효용을 극대화한다. 시간당 임금은 1주일에 40시간까지는 1만 원이고, 40시간을 초과한 시간에 대해서는 2만 원이다. 효용이 극대화될 때 $A$의 1주일간 노동 소득은? (단, $L$은 여가, $y$는 소득이며, $A$에게 노동 소득을 제외한 다른 소득은 없다)**

① 30만 원
② 40만 원
③ 50만 원
④ 60만 원

**10** 미시 **효용극대화** 답 ④

노동시간 ≤ 40일 때,
- 예산선은 노동×1 = $y$이다. $L$+노동 = 80, 노동 = (80 − $L$)이기에 예산선은 (80 − $L$)×1 = $y$, 80 − $L$ = $y$이다.
- 무차별곡선의 기울기는 $MRS_{Ly} = \frac{y}{L}$, 예산선의 기울기는 1이기에 $\frac{y}{L} = 1$, $y = L$이다.
- 예산선 $80 - L = y$와 $y = L$을 연립하면, $L = 40$, 노동 = 40, $y = 40$이다. 또한 $U = 1{,}600$이다.

노동시간 > 40일 때,
- 예산선은 40×1 + (노동 − 40)×2 = $y$이다. $L$+노동 = 80, 노동 = (80 − $L$)이기에 예산선은 $40\times1+(80-L-40)\times2=y$, $40\times1+(40-L)\times2=y$, $120-2L=y$이다.
- 무차별곡선의 기울기는 $MRS_{Ly} = \frac{y}{L}$, 예산선의 기울기는 2이기에 $\frac{y}{L} = 2$, $y = 2L$이다.
- 예산선 $120 - 2L = y$와 $y = 2L$을 연립하면, $L = 30$, 노동 = 50, $y = 60$이다. 또한 $U = 1{,}800$이다.

따라서 $L = 30$, 노동 = 50일 때 효용극대화로 $y = 60$이다.

**출제POINT**
효용함수 $U = Ly$에서 $MRS_{Ly} = \frac{y}{L}$이다.

## 11 □□□

**경제활동인구가 일정한 경제에서 매기 취업자의 $4\%$가 직장을 잃고 실업자가 되지만, 실업자의 $60\%$는 취업에 성공한다. 이 경제에서 균제상태(steady state)의 실업률은?**

① 5.50%
② 5.75%
③ 6.00%
④ 6.25%

## 12 □□□

**다음과 같이 주어진 폐쇄경제에서 균형 실질이자율($r$)은? (단, $Y$는 총소득, $C$는 소비, $G$는 정부지출, $T$는 조세, $I$는 투자이다)**

| |
|---|
| $Y=1{,}000,\quad C=600,\quad G=100,\quad T=50,\quad I=400-50r$ |

① 1
② 2
③ 3
④ 4



| 11 | 거시 | 자연실업률 | 답 ④ |
|---|---|---|---|

$s$가 4%이고, $f$가 60%이기에 자연실업률하, 즉 균제상태에서의 실업률은 6.25%이다.

**출제POINT**

자연실업률하에서 노동시장이 균형으로 취업자수와 실업자수가 변하지 않는다. 따라서 자연실업률은

$u_N=\frac{U}{U+E}=\frac{U}{U+\frac{f}{s}U}=\frac{s}{s+f}$ ($s$: 실직률, $f$: 구직률)이다.

| 12 | 거시 | 균형실질이자율 | 답 ② |
|---|---|---|---|

총수요($C+I+G$)는 $600+400-50r+100$이고, 총공급($Y$)은 1,000이다. 따라서 $600+400-50r+100=1{,}000$에서 $r=2\%$이다.

**출제POINT**

생산물시장의 균형은 총수요($C+I+G$)와 총공급($Y$)이 일치하는 점에서 결정된다.

## 13 □□□

**실질 $GDP$와 화폐유통속도 증가율이 각각 5%이고 통화량 증가율이 10%이다. 화폐수량방정식으로 계산한 물가상승률에 가장 가까운 것은?**

① $-10\%$
② $10\%$
③ $-15\%$
④ $15\%$

| 13 | 거시 | 화폐수량설 | 답 ② |
|---|---|---|---|

$MV=PY$를 변형하면, $\frac{\Delta M}{M}+\frac{\Delta V}{V}=\frac{\Delta P}{P}+\frac{\Delta Y}{Y}$이고, 실질 $GDP$가 5% 증가, 통화량이 10% 증가이며, 화폐유통속도증가율은 5%이기에, '물가상승률=통화공급증가율+화폐유통속도증가율-경제성장률'이다. 따라서 물가상승률 $=10+5-5=10\%$이다.

**출제POINT**

피셔의 교환방정식($MV=PT$, $M$: 통화량, $V$: 유통속도, $P$: 물가, $T$: 거래량)을 변형한 $MV=PY$($Y$: 실질국민소득)에서 $V$는 제도상 일정하고 $Y$는 고전학파의 경우 완전고용국민소득에서 일정하기에, 고전학파의 화폐수량설 $MV=PY$는 통화량과 물가가 정비례하다는 물가이론으로 볼 수 있다.

## 14 □□□

**$X$재의 수요함수가 $Q_X=200-0.5P_X+0.4P_Y+0.3M$이다. $P_X$는 100, $P_Y$는 50, $M$은 100일 때, $Y$재 가격에 대한 $X$재 수요의 교차탄력성은? (단, $Q_X$는 $X$재 수요량, $P_X$는 $X$재 가격, $P_Y$는 $Y$재 가격, $M$은 소득이다)**

① 0.1
② 0.2
③ 0.3
④ 0.4

| 14 | 미시 | 교차탄력성 | 답 ① |
|---|---|---|---|

$Y$재 가격에 대한 $X$재 수요의 교차탄력성은 $\frac{\Delta Q_X}{\Delta P_Y}\times\frac{P_Y}{Q_X}=0.4\times\frac{50}{200}=0.1$이다.

**출제POINT**

$Y$재 가격에 대한 $X$재 수요의 교차탄력성은 $\frac{\Delta Q_X}{\Delta P_Y}\times\frac{P_Y}{Q_X}$이다.

## 15 □□□

**경제안정화정책에 대한 설명으로 옳은 것은?**

① 준칙에 따른 정책은 미리 정해진 규칙에 따라 정책을 운용하므로 적극적 정책으로 평가될 수 없다.

② 정책의 내부시차는 대체로 재정정책이 통화정책에 비해 짧다.

③ 시간불일치(time inconsistency) 문제는 주로 준칙에 따른 정책에서 나타난다.

④ 루카스 비판(Lucas critique)은 정책 변화에 따라 경제 주체의 기대가 변화할 수 있음을 강조한다.

## 16 □□□

**독점기업 $A$의 수요함수와 평균비용이 다음과 같다. 정부가 $A$의 생산을 사회적 최적 수준으로 강제하는 대신 $A$의 손실을 보전해 줄 때, 정부가 $A$에 지급하는 금액은? (단, $Q_D$는 수요량, $P$는 가격, $AC$는 평균비용, $Q$는 생산량이다)**

- 수요함수: $Q_D = \frac{25}{2} - \frac{1}{4}P$
- 평균비용: $AC = -Q + 30$

① 50

② 100

③ 150

④ 200

| 15 | 거시 | 경제안정화정책 | 답 ④ |
|---|---|---|---|

루카스 비판은 정책효과를 달성하기 위해서는 정책변화에 따른 경제구조 변화를 고려하여 정책을 수립하고 집행해야 한다는 주장으로, 정책 변화에 따라 경제 주체의 기대가 변화할 수 있음을 강조한다.

**오답피하기**

① 준칙에 따른 정책은 매년 통화량 증가율을 일정하게 유지하는 소극적 경제정책과 일정하게 유지하되 경제여건에 따라 약간 조정이 가능한 적극적 경제정책이 있다.

② 재정정책은 내부시차가 길고 외부시차가 짧지만, 금융정책은 반대이다.

③ 재량적인 최적정책은 장기적으로 일관성을 상실한다는 것이 최적정책의 동태적 비일관성, 즉 시간불일치(time inconsistency) 문제이다.

**출제POINT**

경제상황과 관계없이 소비성향, 투자성향 등이 일정하다는 가정하에서 이루어진 분석은 타당하지 않다는 것이 루카스 비판이다.

| 16 | 미시 | 손실보전 | 답 ② |
|---|---|---|---|

- 수요함수 $Q_D = \frac{25}{2} - \frac{1}{4}P$에서 $P = 50 - 4Q$이고, 평균비용 $AC = -Q + 30$에서 $TC = -Q^2 + 30Q$이기에 $MC = -2Q + 30$이다.

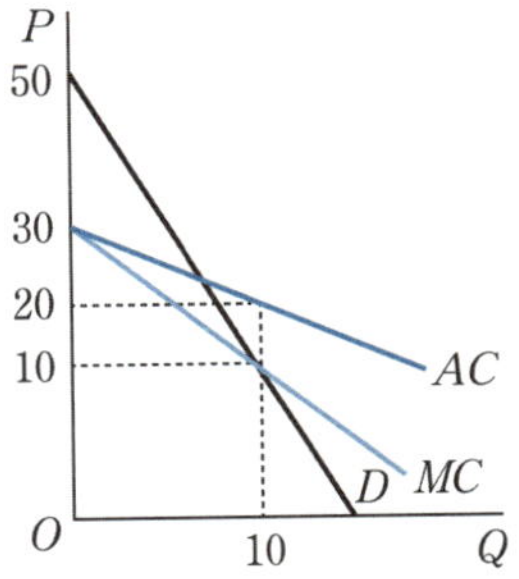


- $P = SMC$, 즉 $50 - 4Q = -2Q + 30$에서 사회적 최적산출량은 $Q = 10$이고, 이를 수요함수 $P = 50 - 4Q$에 대입하면 $P = 10$이다. 따라서 총수입은 $P \times Q = 100$이다.
- 또한 평균비용 $AC = -Q + 30$에 $Q = 10$을 대입하면 $AC = 20$이다. 따라서 총비용은 $AC \times Q = 200$이다.
- 손실은 총비용(200) − 총수입(100) = 100이다.

**출제POINT**

독점이라도 $P = SMC$에서 사회적 최적산출량이 달성된다.

## 17 □□□

다음과 같이 주어진 $IS-LM$ 모형에서 정부지출($G$)이 600에서 700으로 증가할 때, 균형 총소득의 증가 폭은? (단, $Y$는 총소득, $C$는 소비, $I$는 투자, $T$는 조세, $M$은 명목통화공급, $P$는 물가, $r$은 이자율, $\left(\frac{M}{P}\right)^d$는 실질화폐수요량이다)

- 소비함수: $C=100+0.6(Y-T)$
- 투자함수: $I=200-10r$
- 화폐수요함수: $\left(\frac{M}{P}\right)^d = Y-100r$
- $T=1{,}000,\ M=1{,}000,\ P=2$

① 200　② 300
③ 400　④ 500

## 18 □□□

양식장 $A$의 한계비용은 $10x+70$만 원이고, 고정비용은 15만 원이다. 양식장 운영 시 발생하는 수질오염으로 인해 인근 주민이 입는 한계피해액은 $5x$만 원이다. 양식장 운영의 한계편익은 $x$에 관계없이 100만 원으로 일정하다. 정부가 $x$ 1단위당 일정액의 세금을 부과하여 사회적 최적 생산량을 유도할 때 단위당 세금은? (단, $x$는 양식량이며 소비 측면의 외부효과는 발생하지 않는다)

① 5만 원　② 10만 원
③ 20만 원　④ 30만 원

**17 거시 균형국민소득 답 ①**

- $IS$곡선($G=600$): $Y=C+I+G$
  $Y=100+0.6(Y-1{,}000)+200-10r+600$
  $0.4Y=300-10r$
  $Y=750-25r$
- $LM$곡선: $\left(\frac{M}{P}\right)^d=\left(\frac{M}{P}\right)^s$
  $Y-100r=\frac{1{,}000}{2}=500$
  $Y=500+100r$
- 균형: $r=2,\ Y=700$
- $IS$곡선($G=700$): $Y=C+I+G$
  $Y=100+0.6(Y-1{,}000)+200-10r+700$
  $0.4Y=400-10r$
  $Y=1{,}000-25r$
- 균형: $r=4,\ Y=900$
- 균형 총소득의 증가 폭: 200

**출제POINT**
생산물시장의 균형은 총수요($C+I+G$)와 총공급($Y$)이 일치하는 점에서 결정된다. 화폐시장의 균형은 화폐의 수요$\left(\frac{M}{P}\right)^d$와 공급$\left(\frac{M}{P}\right)^s$이 일치하는 점에서 결정된다.

**18 미시 외부불경제 답 ②**

- $PMC=(10x+70)$만 원이고 $SMC=(10x+70)+5x=(15x+70)$만 원이다.
- $P=MB=100$만 원이기에 $P=PMC$에서 시장 균형산출량은 3이고, $P=SMC$에서 사회적 최적산출량은 2이다.
- 따라서 사회적 최적산출량 2에서 $SMC$와 $PMC$의 차이, 즉 $(15x+70)-(10x+70)=10$만 원이다.

**출제POINT**
$P=SMC$에서 사회적 최적산출량이 달성되고 $P=PMC$에서 시장 균형산출량이 결정된다.

## 19 □□□

**소비이론에 대한 설명으로 옳은 것만을 모두 고르면?**

> ㄱ. 소비의 무작위행보(random walk) 가설이 성립하면 예상된 정책 변화는 소비에 영향을 미치지 못한다.
> ㄴ. 리카도의 대등정리(Ricardian equivalence)가 성립하면 정부지출에 변화가 없는 한 조세의 삭감은 소비에 영향을 미치지 못한다.
> ㄷ. 기간간 선택모형에 따르면 소비는 소득과 상관없이 매기 일정하다.
> ㄹ. 항상소득가설에 따르면 한계소비성향은 현재소득에 대한 항상소득의 비율에 의존한다.

① ㄱ, ㄴ　　② ㄱ, ㄷ
③ ㄴ, ㄹ　　④ ㄷ, ㄹ

## 20 □□□

**기술진보가 없으며 1인당 생산($y$)과 1인당 자본량($k$)이 $y=2\sqrt{k}$의 함수 관계를 갖는 솔로우모형이 있다. 자본의 감가상각률($\delta$)은 20%, 저축률($s$)은 30%, 인구증가율($n$)은 10%일 때, 이 경제의 균제상태(steady state)에 대한 설명으로 옳은 것은?**

① 균제상태의 1인당 생산은 4이다.
② 균제상태의 1인당 자본량은 2이다.
③ 균제상태의 1인당 생산 증가율은 양(+)으로 일정하다.
④ 균제상태의 1인당 자본량 증가율은 양(+)으로 일정하다.





| 19 | 거시 | 소비이론 | 답 ① |
|---|---|---|---|

ㄱ. 합리적기대하 항상소득이 결정되면 그에 따라 소비가 결정된다는 것이 랜덤워크가설로, 예상된 정책은 소비에 영향을 미치지 못하나 예상하지 못한 정책은 소비에 영향을 미칠 수 있음을 설명한다. 즉, 예상된 정부정책은 소비에 아무런 영향을 미칠 수 없음을 시사한다.
ㄴ. 리카도등가정리는 합리적인 소비자들이 국채를 자산이 아니라 부채로 인식함으로써 정부지출이 고정된 상태에서 국채를 발행하고 조세를 감면하면 소비증가가 이루어지지 않는다는 새고전학파의 주장이다.

**오답피하기**

ㄷ. 저축과 차입이 자유로울 때, 소득흐름과 무관하게 소비를 일정하게 유지하여 더 높은 효용수준을 추구하는 이른바 소비평준화 경향을 보여준다. 그런데 기간간 선택모형에 따르면 현재소비는 미래소득도 영향을 줄 수 있다.
따라서 소득이 증가하면 소비도 증가한다.
ㄹ. 항상소득가설에 따르면 평균소비성향은 현재소득에 대한 항상소득의 비율에 의존한다.

**출제POINT**

항상소득가설에서 평균소비성향은 $APC=\frac{C}{Y}=\frac{kY_p}{Y_p+Y_t}$이다.

| 20 | 거시 | 솔로우모형 | 답 ① |
|---|---|---|---|

솔로우모형의 균제상태에서, $sf(k)=(n+d+g)k$이다. 주어진 값을 대입하여 계산하면 아래와 같다.

$0.3\times2\sqrt{k}=(0.1+0.2+0)k$

$2\sqrt{k}=k$

$k=4$

따라서 균제상태하 $y=2\sqrt{k}$에서 $k=4$이기에 1인당 생산은 $y=4$이다.

**오답피하기**

② 균제상태하 1인당 자본량은 $k=4$이다.
③ 균제상태하 1인당 생산 증가율, 즉 1인당 경제성장률은 0이다.
④ 균제상태하 1인당 자본량 증가율, 즉 1인당 지본증가율은 0이다.

**출제POINT**

솔로우모형의 균제상태에서 1인당 경제성장률은 0이다.

# 12회 2020년 국가직

## 01 □□□

$X$재에 대한 시장수요곡선과 시장공급곡선이 다음과 같을 때 옳지 않은 것은? (단, $Q^D$는 수요량, $Q^S$는 공급량, $P$는 가격이다)

- 시장수요곡선: $Q^D = 100 - P$
- 시장공급곡선: $Q^S = -20 + P$

① 균형 시장가격은 60이다.
② 균형 시장거래량은 40이다.
③ 소비자잉여는 800이다.
④ 생산자잉여가 소비자잉여보다 크다.

## 02 □□□

지방자치제도의 당위성을 이론적으로 뒷받침하는 티부모형(Tiebout model)의 기본 가정에 해당하지 않는 것은?

① 사람들이 각 지역에서 제공하는 재정 프로그램의 내용에 대한 완전한 정보를 갖는다.
② 사람들의 이동성에 제약이 없다.
③ 생산기술이 규모수익체증의 특성을 갖는다.
④ 외부성이 존재하지 않는다.

**01** 미시 시장 답 ④

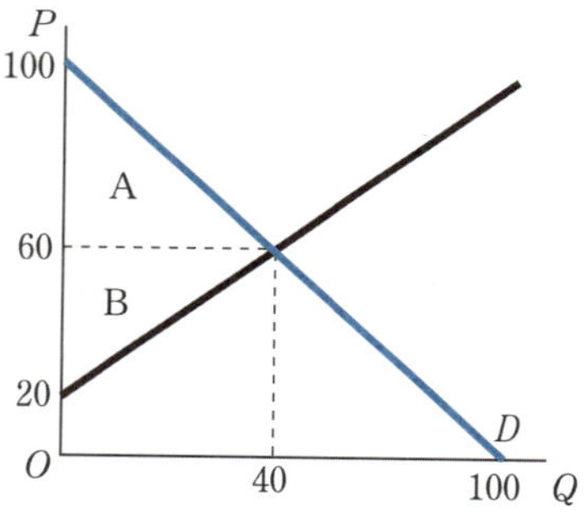


시장수요곡선 $P = 100 - Q$와, 시장공급곡선 $P = 20 + Q$가 만나는 점에서 균형거래량은 40이고 균형가격은 60이다.
소비자잉여는 $A = 800[= (100-60) \times 40 \times 1/2]$이고,
생산자잉여는 $B = 800[= (60-20) \times 40 \times 1/2]$이기에 사회적잉여는 1,600이다.

**오답피하기**

① 균형 시장가격은 60이다.
② 균형 시장거래량은 40이다.
③ 소비자잉여는 800이다.

**출제POINT**

수요와 공급이 만나는 균형점에서 사회적잉여는 극대화된다.

**02** 미시 티부모형(Tiebout model) 답 ③

티부모형(Tiebout model)에 따르면, 생산기술이 규모수익불변의 특성을 갖는다.

**오답피하기**

①, ②, ④ 티부모형(Tiebout model)에은 완전한 정보와 완전한 이동성 및 외부성이 존재하지 않을 때, 지방 공공재의 배분이 효율적으로 이루어진다는 것을 입증하는 모형이다.

**출제POINT**

티부모형(Tiebout model)은 다수의 지역사회가 존재하고, 완전한 정보와 완전한 이동성이 전제되며, 규모수익불변의 생산기술과 외부성이 존재하지 않을 때, 지방 공공재의 배분이 효율적으로 이루어진다는 것을 입증하는 모형이다.

## 03 □□□

$IS-LM$모형에서 확장적 통화정책에 대한 설명이다. ㉠, ㉡에 들어갈 내용으로 옳게 짝지은 것은? (단, $IS$곡선은 우하향, $LM$곡선은 우상향한다)

> • $IS$곡선의 기울기가 완만할수록 확장적 통화정책으로 인한 국민소득의 증가폭이 ( ㉠ ).
> • $LM$곡선의 기울기가 완만할수록 확장적 통화정책으로 인한 국민소득의 증가폭이 ( ㉡ ).

| | ㉠ | ㉡ |
|---|---|---|
| ① | 커진다 | 커진다 |
| ② | 커진다 | 작아진다 |
| ③ | 작아진다 | 커진다 |
| ④ | 작아진다 | 작아진다 |

## 04 □□□

경제활동인구가 일정한 경제에서 안정상태(steady state)의 실업률이 10%이다. 매월 취업자 중 2%가 직장을 잃고 실업자가 되는 경우, 기존의 실업자 중 매월 취업을 하게 되는 비율은?

① 2%
② 8%
③ 10%
④ 18%

### 03 거시 통화정책 답 ②

• $IS$곡선의 기울기가 완만할수록 상대적으로 $LM$곡선은 급경사로 확장적 통화정책의 효과는 커진다. 즉, 국민소득의 증가폭이 (㉠ 커진다).
• $LM$곡선의 기울기가 완만할수록 상대적으로 $IS$곡선은 가파른 기울기로 확장적 통화정책의 효과는 작아진다. 즉, 국민소득의 증가폭이 (㉡ 작아진다).

**출제POINT**
$IS$곡선이 완만할수록, $LM$곡선이 급경사일수록 금융정책의 유효성은 커진다.

### 04 거시 자연실업률 답 ④

$s$가 2%이고, 자연실업률이 10%일 때, $u_N(10\%) = \dfrac{s(2\%)}{s(2\%)+f}$에서 $f$는 18%이다.

**출제POINT**
자연실업률하에서 노동시장이 균형으로 취업자수와 실업자수가 변하지 않는다. 따라서 자연실업률은
$u_N = \dfrac{U}{U+E} = \dfrac{U}{U+\dfrac{f}{s}U} = \dfrac{s}{s+f}$ ($s$: 실직률, $f$: 구직률)이다.

## 05 □□□

$A$기업의 단기생산함수가 다음과 같을 때, 완전경쟁시장에서 $A$기업은 이윤을 극대화하는 생산수준에서 노동 50단위를 고용하고 있다. 노동 한 단위당 임금이 300일 경우, 이윤을 극대화하는 생산물 가격은? (단, 노동시장은 완전경쟁시장이고, $Q$는 생산량, $L$은 노동이다)

| |
|---|
| $A$기업의 단기생산함수: $Q(L)=200L-L^2$ |

① 1
② 3
③ 5
④ 9

## 06 □□□

$X$재 시장은 완전경쟁적이며, 각 기업의 장기총비용함수와 $X$재에 대한 시장수요곡선은 다음과 같다. $X$재 시장의 장기균형에서 시장균형가격과 진입하여 생산하는 기업의 수를 옳게 짝 지은 것은? (단, $P$는 가격이고, $q$는 각 기업의 생산량이고, 모든 기업들의 비용함수 및 비용조건은 동일하다)

| |
|---|
| • 장기총비용함수: $TC(q)=2q^3-12q^2+48q$<br>• 시장수요곡선: $D(P)=600-5P$ |

| | 장기시장균형가격 | 기업의 수 |
|---|---|---|
| ① | 20 | 100 |
| ② | 20 | 120 |
| ③ | 30 | 150 |
| ④ | 30 | 180 |

**05** 미시 노동시장 답 ②

단기생산함수 $Q(L)=200L-L^2$에서 노동 $L=50$이기에 $MP_L=200-2L=100$이고, 노동 한 단위당 임금이 $W=300$일 때, 이윤극대화는 $VMP_L(=P\times MP_L)=W$에서 달성된다.
즉, $P\times 100=300$에서 생산물 가격은 $P=3$이다.

**출제POINT**
노동시장과 생산물시장이 완전경쟁시장일 때, $VMP_L(=P\times MP_L)$에서 이윤극대화가 달성된다.

**06** 미시 완전경쟁시장 답 ③

장기총비용함수 $TC(q)=2q^3-12q^2+48q$에서 $AC(Q)=2q^2-12q+48$이기에 $AC$를 미분하여 0이 되는 $q=3$이다.
$q=3$일 때, $AC(Q)=2q^2-12q+48=30$이기에 $P=30$이다.
$P=30$일 때, 시장수요곡선 $D(P)=600-5P$에서 시장거래량은 $Q=450$이다. 따라서 개별기업생산량이 3이고 시장거래량이 $Q=450$이기에 기업수는 150개이다.

**출제POINT**
완전경쟁시장은 $P=LAC$ 최소점에서 장기균형을 보인다.

## 07 □□□

**현재 시점에서 $A$국 경제의 채권시장에 1년 만기, 2년 만기, 3년 만기 국채만 존재하고 각각의 이자율이 3%, 5%, 6%이다. 현재 시점으로부터 2년 이후에 성립하리라 기대되는 1년 만기 국채의 이자율 예상치에 가장 가까운 값은? (단, 이자율의 기간구조에 대한 기대이론이 성립한다)**

① 4%
② 6%
③ 8%
④ 10%

| 07 | 거시 | 기대이론 | 답 ③ |
|---|---|---|---|

• $x$는 현재 시점으로부터 1년 이후에 성립하리라 기대되는 1년 만기 국채의 이자율 예상치이다.
2년 만기 장기이자율(5%)=[현재 단기이자율(3%)+1년 후 기대 단기이자율($x$)]/2에서 $x=7\%$이다.

• $y$는 현재 시점으로부터 2년 이후에 성립하리라 기대되는 1년 만기 국채의 이자율 예상치이다.
3년 만기 장기이자율(6%)=[현재 단기이자율(3%)+1년 후 기대 단기이자율(7)+2년 후 기대 단기이자율($y$)]/3에서 $y=8\%$이다.

**출제POINT**

3년 만기 장기이자율=(현재 단기이자율+1년 후 기대 단기이자율+2년 후 기대 단기이자율)/3이다.

## 08 □□□

**밑줄 친 ㉠에 대한 근거로 옳지 않은 것은?**

> 경기침체가 지속되면서 정부는 소득세의 대폭 감면을 통해 경기회복을 꾀하고 있다. 하지만 정부가 정부지출을 일정하게 유지하면서, 세금감면에 따른 적자를 보전하기 위해 국채를 발행하게 되면 이러한 재정정책의 결과로 ㉠ <u>소비가 증가하지 않는다</u>는 주장이 있다.

① 소비자들이 현재 저축을 증가시킬 것으로 예상된다.
② 소비자들은 현재소득과 미래소득 모두를 고려하여 소비를 결정한다.
③ 소비자들은 미래에 세금이 증가할 것이라고 예상한다.
④ 소비자들은 미래에 금리가 하락할 것이라고 예상한다.

| 08 | 거시 | 리카도 등가정리 | 답 ④ |
|---|---|---|---|

$(Y-T-\overline{C})+(T-\overline{G})=I$에서 정부지출이 일정할 때 국채발행을 통해 조세를 감면해도 소비는 불변이기에 민간저축이 늘고 그만큼 정부저축이 줄어 국민저축은 불변이다. 즉, 대부자금의 공급이 불변으로 이자율도 불변이다.

**오답피하기**

① 정부지출의 규모가 동일하게 유지되면서 조세감면이 이루어지면 합리적 경제주체들은 가처분소득의 증가분을 모두 저축하여 미래에 납부할 조세의 증가를 대비하기에 소비증가를 유발하지 못한다는 이론이다.
②, ③ 소비자들은 국채를 부채로 여기기에 미래에 세금이 증가할 것이라고 예상한다. 즉, 소비자들은 현재소득과 미래소득 모두를 고려하여 소비를 결정하기에 소비증가를 유발하지 못하고, 현재 저축을 증가시킨다.

**출제POINT**

정부지출재원을 국채를 통하든 조세를 통하든 소비는 전혀 증가하지 않는다는 것을 리카도 등가정리라 한다.

## 09 □□□

다음 성장회계(growth accounting)식에서 노동자 1인당 $GDP$ 증가율이 4%, 노동자 1인당 자본 증가율이 6%일 때, 총요소생산성 증가율은?

> 성장회계식: $\frac{\Delta Y}{Y}=\frac{\Delta A}{A}+\frac{1}{3}\frac{\Delta K}{K}+\frac{2}{3}\frac{\Delta L}{L}$
>
> (단, $\frac{\Delta Y}{Y}$, $\frac{\Delta A}{A}$, $\frac{\Delta K}{K}$, $\frac{\Delta L}{L}$은 각각 $GDP$ 증가율, 총요소생산성 증가율, 자본 증가율, 노동자 증가율이다)

① 1%
② 2%
③ 3%
④ 4%

## 10 □□□

중앙은행이 공개시장조작정책을 시행하여 국채를 매입하는 경우, 예상되는 경제현상으로 옳은 것만을 모두 고르면? (단, 총수요곡선은 우하향한다)

> ㄱ. 유동성선호이론에 의하면, 국채매입은 화폐시장에 초과공급을 유발하여 이자율을 상승시킨다.
> ㄴ. 단기적으로 총수요 증가를 통해 산출량은 증가하고 물가도 상승한다.
> ㄷ. 장기적으로 경제는 자연산출량 수준으로 회귀한다.
> ㄹ. 새고전학파에 따르면, 경제주체의 정책 예상이 완벽한 경우 단기에도 산출량은 불변이고 물가만 상승한다.

① ㄱ, ㄴ
② ㄴ, ㄷ
③ ㄷ, ㄹ
④ ㄴ, ㄷ, ㄹ

**09** 거시 **성장회계** 답 ②

- 노동자 1인당 $GDP$ 증가율(4%) = $GDP$ 증가율 − 노동자 증가율에서 노동자 증가율 = $GDP$ 증가율 − 4이다.
- 노동자 1인당 자본 증가율(6%) = 자본 증가율 − 노동자 증가율에서 자본 증가율 = 노동자 증가율(= $GDP$ 증가율 − 4) + 6 = $GDP$ 증가율 + 2이다.
- $\frac{\Delta Y}{Y}=\frac{\Delta A}{A}+\frac{1}{3}\frac{\Delta K}{K}+\frac{2}{3}\frac{\Delta L}{L}$에서 $GDP$ 증가율 = 총요소생산성 증가율 + $\frac{1}{3}$($GDP$ 증가율 + 2) + $\frac{2}{3}$($GDP$ 증가율 − 4)이다.
- 따라서 총요소생산성 증가율은 2%이다.

> **출제POINT**
> 경제성장의 요인을 요인별로 분석해 보는 것을 성장회계라 하고, $Y=AK^{\alpha}L^{1-\alpha}$에서 $\frac{\Delta Y}{Y}=\frac{\Delta A}{A}+\alpha\frac{\Delta K}{K}+(1-\alpha)\frac{\Delta L}{L}$로 나타낸다. 이때 $\frac{\Delta A}{A}$를 총요소생산성 증가율이라 한다.

**10** 거시 **통화정책** 답 ④

ㄴ. 국채매입으로 통화량이 증가하면 $LM$곡선의 우측이동으로 $AD$곡선이 우측이동한다. 단기적으로 총공급곡선이 우상향일 때, 총수요곡선이 우측으로 이동하면 산출량은 증가하고 물가도 상승한다.
ㄷ. 단기적으로 총수요곡선의 우측이동으로 균형국민소득이 잠재 $GDP$를 초과하기에 경기과열이 초래된다. 이에 따라 장기적으로는 임금이 상승하여 단기총공급곡선이 상방으로 이동하기에 자연산출량 수준으로 복귀하고 물가만 상승한다.
ㄹ. 새고전학파에 따르면, 경제주체의 정책 예상이 완벽한 경우 단기에도 총공급곡선이 수직선이기에 총수요곡선의 우측이동으로 산출량은 불변이고 물가만 상승한다.

**오답피하기**

ㄱ. 유동성선호이론에 의하면, 국채매입으로 통화량이 증가하면 화폐시장의 초과공급으로 이자율이 하락한다.

> **출제POINT**
> 통화량이 증가하면 화폐시장의 초과공급으로 이자율이 하락한다.

## 11 □□□

**공공재와 공유자원에 대한 설명으로 옳은 것만을 모두 고르면?**

> ㄱ. 공공재는 경합성이 낮다는 점에서 공유자원과 유사하다.
> ㄴ. 공유자원은 남획을 통한 멸종의 우려가 존재한다.
> ㄷ. 정부의 사유재산권 설정은 공유자원의 비극을 해결하는 방안 중 하나이다.
> ㄹ. 막히지 않는 유료도로는 공공재의 예라고 할 수 있다.

① ㄱ, ㄴ
② ㄱ, ㄷ
③ ㄴ, ㄷ
④ ㄴ, ㄹ

| 11 | 미시 | 공공재와 공유자원 | 답 ③ |
|---|---|---|---|

ㄴ. 공유자원은 사유재산권 부재로 인한 비배제성하, 경합성으로 인한 공유자원의 비극, 즉 남획을 통한 멸종의 우려가 존재한다.
ㄷ. 정부의 사유재산권 설정은 사유재산권 부재로 인한 공유자원의 비극을 해결하는 방안 중 하나이다.

**오답피하기**

ㄱ. 공공재는 배제성도 없고 경합성도 없으나, 공유자원은 경합성은 있지만 배제성이 없다.
ㄹ. 막히지 않는 유료도로는 경합성은 없고 배제성은 있는 요금재의 예이다.

> **출제POINT**
> 공공재는 비배제성과 비경합성을 특징으로 하고, 공유자원은 비배제성과 경합성을 특징으로 한다.

## 12 □□□

**헥셔-올린(Heckscher-Ohlin) 모형의 기본 가정으로 옳지 않은 것은?**

① 각 산업에서 규모수익은 일정하게 유지된다.
② 양국 간 기술수준 및 선호는 다르다.
③ 노동과 자본의 산업 간 이동은 완전히 자유롭다.
④ 노동과 자본의 국가 간 이동은 완전히 불가능하다.

| 12 | 국제 | 헥셔-올린(Heckscher-Ohlin) 모형 | 답 ② |
|---|---|---|---|

양국 간 기술수준 및 선호는 같다.

**오답피하기**

① 각 산업에서 규모수익은 불변이다.
③, ④ 노동과 자본의 산업 간 이동은 완전히 자유로우나, 노동과 자본의 국가 간 이동은 불가능하다.

> **출제POINT**
> 비교우위의 발생원인을 요소부존의 차이로 설명하는 헥셔-올린 정리는, 노동풍부국은 노동집약재 생산에, 자본풍부국은 자본집약재 생산에 비교우위가 있다고 설명한다.
> **<헥셔-올린(Heckscher-Ohlin) 모형의 기본 가정>**
> 1. 2개국, 2개 재화, 2개 생산요소가 존재한다.
> 2. 국가 내, 산업 간 생산요소의 이동은 자유로우나 국가 간 생산요소의 이동은 불가능하다.
> 3. 국가 간, 생산기술 즉, 생산함수의 차이는 전혀 없다.
> 4. 생산함수는 규모수익 불변의 1차 동차함수이다.
> 5. 국가 간, 사회후생함수의 차이는 없다.

## 13 □□□

재정의 자동안정장치(automatic stabilizer)에 대한 설명으로 옳은 것만을 모두 고르면?

> ㄱ. 경제정책의 내부시차를 줄여주는 역할을 한다.
> ㄴ. 경기회복기에는 경기회복을 더디게 만들 수 있다.
> ㄷ. 누진적 소득세제와 실업보험제도는 자동안정장치이다.

① ㄱ, ㄴ
② ㄱ, ㄷ
③ ㄴ, ㄷ
④ ㄱ, ㄴ, ㄷ

## 14 □□□

독점기업 $A$는 동일한 상품을 생산하는 두 개의 공장을 가지고 있다. 두 공장의 비용함수와 $A$기업이 직면한 시장수요곡선이 다음과 같을 때, $A$기업의 이윤을 극대화하는 각 공장의 생산량을 옳게 짝지은 것은? (단, $P$는 가격, $Q$는 총생산량, $Q_1$은 공장 1의 생산량, $Q_2$는 공장 2의 생산량이다)

> • 공장 1의 비용함수: $C_1(Q_1) = 40 + Q_1^2$
> • 공장 2의 비용함수: $C_2(Q_2) = 90 + 6Q_2$
> • 시장수요곡선: $P = 200 - Q$

| | $Q_1$ | $Q_2$ |
|---|---|---|
| ① | 3 | 94 |
| ② | 4 | 96 |
| ③ | 5 | 98 |
| ④ | 6 | 100 |

**13 | 거시 | 자동안정장치 | 답 ④**

ㄱ. 경기변동에 따라 자동으로 경기진폭을 완화해 주기에 정책을 결정하기까지 소요되는 내부시차를 없애주는 역할을 한다.
ㄴ. 경기회복기에 자동으로 누진세 등의 긴축정책이 시행되어 오히려 경기회복을 더디게 만들 수 있다.
ㄷ. 누진적 소득세는 경기침체기에 소득세를 줄여주며, 실업보험제도는 경기침체기에 실험수당지급으로 총수요를 증가시켜 경기침체를 완화시킬 수 있다.

**출제POINT**

경기변동에 따라 누진세, 실업보험 등의 제도를 통해 자동으로 조세수입 또는 정부지출이 변해 경기진폭을 완화해주는 제도를 자동안정화장치라 한다.

**14 | 미시 | 다공장독점 | 답 ①**

• 공장 1의 비용함수 $C_1(Q_1) = 40 + Q_1^2$에서 $MC_1 = 2Q_1$이고, 공장 2의 비용함수 $C_2(Q_2) = 90 + 6Q_2$에서 $MC_2 = 6$이다.
따라서 $MC_1 = 2Q_1$과 $MC_2 = 6$에서 $MC_1 = 2Q_1 = MC_2 = 6$이다. 즉, $Q_1 = 3$이다.
• 시장수요곡선 $P = 200 - Q$에서 $MR = 200 - 2Q$이다. $Q = Q_1 + Q_2$이기에 $MR = 200 - 2(Q_1 + Q_2)$이다.
따라서 $MR = 200 - 2(Q_1 + Q_2)$에서 $Q_1 = 3$이고 $MC_1 = MC_2 = 6$이기에 $Q_2 = 94$이다.

**출제POINT**

다공장 독점기업의 이윤극대화 조건은 $MR = MC_1 = MC_2$이다.

## 15 □□□

**$A$국 경제의 인구와 기술 수준은 고정되어 있다. 안정상태(steady state)에서 자본의 한계생산물은 $0.125$, 감가상각률은 $0.1$이다. 현재 안정상태의 자본량에 대한 설명으로 옳은 것은? (단, 표준적인 솔로우 모형이다)**

① 황금률수준(golden rule level)의 자본량보다 많다.
② 황금률수준의 자본량보다 적다.
③ 황금률수준의 자본량과 동일하다.
④ 황금률수준의 자본량보다 많을 수도 적을 수도 있다.

## 16 □□□

**단기적으로 대미 환율(₩/$)을 가장 크게 하락시킬 가능성이 있는 우리나라 정부와 중앙은행의 정책 조합으로 옳게 짝 지은 것은? (단, 우리나라는 자본이동이 완전히 자유롭고, 변동환율제도를 채택하고 있는 소규모 개방경제 국가이다. $IS$와 $LM$곡선은 각각 우하향, 우상향하며, 경제주체들의 환율 예상은 정태적이다)**

① 확장적 재정정책, 확장적 통화정책
② 확장적 재정정책, 긴축적 통화정책
③ 긴축적 재정정책, 확장적 통화정책
④ 긴축적 재정정책, 긴축적 통화정책

| 15 | 거시 | 황금률 | 답 ② |
|---|---|---|---|

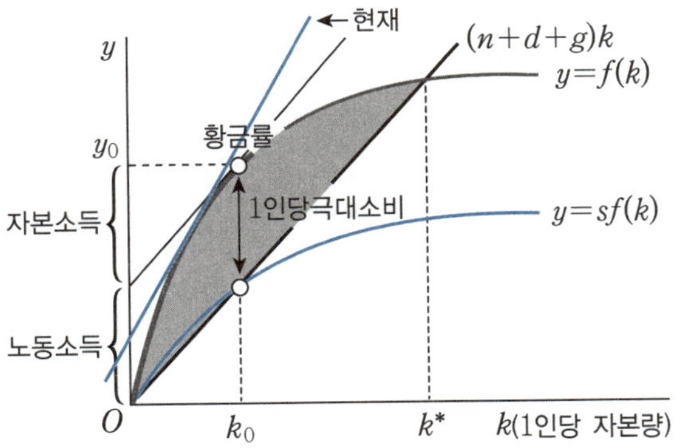


현재 안정상태에서, 인구($n$)와 기술 수준($g$)은 고정되어 있고, 자본의 한계생산물은 0.125, 감가상각률($d$)은 0.1일 때, $MP_K(=0.125) > n+d+g(0+0.1+0)$이다.
현재 안정상태에서 자본량은 $MP_K(=0.125) > n+d+g(0+0.1+0)$이기에 황금률수준의 자본량보다 적다.

> **출제POINT**
> 1인당 소비가 극대화되는 상태를 자본축적의 황금률이라 하고 $MP_K = n+d+g$에서 달성된다.

| 16 | 거시 | 환율 | 답 ② |
|---|---|---|---|

확장적 재정정책으로 $IS$곡선이 우측으로 이동하여 이자율이 상승하고, 긴축적 통화정책으로 $LM$곡선이 좌측으로 이동하여 이자율이 상승하면 이자율이 가장 크게 상승할 수 있다.
이자율이 크게 상승하여 외자유입이 대폭 증가하면 환율이 가장 크게 하락할 수 있다.

**오답피하기**

① 확장적 재정정책으로 $IS$곡선이 우측으로 이동하여 이자율이 상승하나, 확장적 통화정책으로 $LM$곡선이 우측으로 이동하여 이자율이 하락하기에 이자율의 변화는 불분명하다.
③ 긴축적 재정정책으로 $IS$곡선이 좌측으로 이동하여 이자율이 하락하고, 확장적 통화정책으로 $LM$곡선이 우측으로 이동하여 이자율이 하락하면 이자율이 가장 크게 하락할 수 있다.
④ 긴축적 재정정책으로 $IS$곡선이 좌측으로 이동하여 이자율이 하락하나, 긴축적 통화정책으로 $LM$곡선이 좌측으로 이동하여 이자율이 상승하기에 이자율의 변화는 불분명하다.

> **출제POINT**
> 외화공급증가나 외화수요감소로 환율은 하락할 수 있다.

## 17 □□□

**부분지급준비제도하의 통화공급모형에서 법정지급준비율과 초과지급준비율의 합이 1보다 작다. 다른 조건이 일정할 때, $C/D$ 비율의 증가로 발생하는 현상은? (단, $C$는 현금, $D$는 요구불 예금이다)**

① 현금 유통량이 증가하고 통화공급도 증가한다.
② 통화공급은 증가하지만 지급준비금은 변화가 없다.
③ 통화공급이 감소한다.
④ 현금 유통량은 증가하지만 통화공급은 변화가 없다.

| 17 | 거시 | 통화승수 | 답 ③ |
|---|---|---|---|

법정지급준비율과 초과지급준비율의 합이 1보다 작으면 실제지급준비율이 1보다 작기에 통화승수는 1보다 크다.
현금/예금비율이 커질수록 통화승수가 작아지기에 본원통화가 일정할 때 통화량은 감소한다.

**출제POINT**
다른 조건이 일정할 경우 현금/예금비율이 커질수록 통화승수가 작아지기에 통화량은 감소한다.

## 18 □□□

**$A$국과 $B$국은 노동만을 사용하여 $X$재와 $Y$재만을 생산한다. 재화 한 단위를 생산하기 위한 노동시간이 다음 표와 같을 때 옳은 것은? (단, 양국은 비교우위에 따라 교역을 하고, 교역에 따른 비용은 없다)**

(단위: 시간)

| 국가 \ 재화 | $X$ | $Y$ |
|---|---|---|
| $A$ | 3 | 6 |
| $B$ | 3 | 7 |

① $X$재 1단위가 $Y$재 $\frac{1}{3}$단위와 교환되는 교역조건이면 두 나라 사이에 무역이 일어나지 않는다.
② $A$국은 $X$재 생산에, $B$국은 $Y$재 생산에 비교우위가 있다.
③ $A$국은 $X$재와 $Y$재의 생산에 절대우위가 있다.
④ $X$재 생산의 기회비용은 $A$국이 작다.

| 18 | 국제 | 무역이론 | 답 ① |
|---|---|---|---|

$X$ 1단위 생산 기회비용이 $B$국은 $Y3/7$이고 $A$국은 $Y3/6$이다. 즉, $Y3/7 < X1 < Y3/6$에서 교역조건이 성립할 때 양국은 교역시 이득을 본다. 따라서 $X$재 1단위가 $Y$재 $\frac{1}{3}$단위와 교환되는 교역조건이면, $Y3/7 < X1 < Y3/6$의 조건을 충족하지 않기에 두 나라 사이에 무역이 일어나지 않는다.

| 국가 \ 재화 | 기회비용 $X$ | 기회비용 $Y$ |
|---|---|---|
| $A$ | $Y3/6$ | $X6/3$ |
| $B$ | $Y3/7$ | $X7/3$ |

**오답피하기**
② $X$ 1단위 생산 기회비용이 $B$국($Y3/7$)이 $A$국($Y3/6$)보다 작기에 $B$국은 $X$ 생산에 비교우위가 있다. $Y$ 1단위 생산 기회비용이 $A$국($X6/3$)이 $B$국($X7/3$)보다 작기에 $A$국은 $Y$ 생산에 비교우위가 있다.
③ $X$재 한 단위를 생산하기 위한 노동시간이 $A$국과 $B$국이 같기에 $X$재 절대우위는 없다. $Y$재 한 단위를 생산하기 위한 노동시간이 $A$국이 $B$국보다 작기에 $A$국은 $Y$재 생산에 절대우위가 있다.
④ $X$재 생산의 기회비용은 $B$국($Y3/7$)이 $A$국($Y3/6$)보다 작다.

**출제POINT**
재화 1단위 생산의 기회비용이 작은 국가가 그 재화 생산에 비교우위가 있다.

## 19 □□□

**차별적 과점시장에서 활동하는 두 기업 1, 2가 직면하는 수요곡선은 다음과 같다. 두 기업은 가격을 전략변수로 이용하며, 기업 1이 먼저 가격을 책정하고, 기업 2는 이를 관찰한 후 가격을 정한다. 두 기업의 균형가격을 옳게 짝지은 것은? (단, $Q_1$은 기업 1의 생산량, $Q_2$는 기업 2의 생산량, $P_1$은 기업 1의 가격, $P_2$는 기업 2의 가격이고, 각 기업의 한계비용과 고정비용은 0이다)**

- 기업 1의 수요곡선: $Q_1 = 20 - P_1 + P_2$
- 기업 2의 수요곡선: $Q_2 = 32 - P_2 + P_1$

| | $P_1$ | $P_2$ |
|---|---|---|
| ① | 34 | 32 |
| ② | 36 | 34 |
| ③ | 38 | 36 |
| ④ | 40 | 38 |

## 20 □□□

**실물경기변동(real business cycle)이론에 대한 설명으로 옳지 않은 것은?**

① 일시적으로 이자율이 하락하는 경우 노동자들은 노동공급량을 증가시킨다.
② 화폐의 중립성이 장기뿐만 아니라 단기에도 성립한다고 가정하여 통화량 변화는 경기에 아무런 영향을 미치지 못한다.
③ 경기변동을 유발하는 주요 요인은 기술충격(technical shock)이다.
④ 임금 및 가격이 신속히 조정되어 시장이 청산된다.



**19** 미시 **차별적 베르뜨랑모형** 답 ②

- 각 기업의 한계비용과 고정비용이 0으로 총비용도 모두 0이다. 추종기업인 기업 2의 이윤극대화를 통해 반응곡선을 도출하면 아래와 같다.

$Q_2 = 32 - P_2 + P_1$

$TR_2 = (32 - P_2 + P_1) \times P_2 = 32P_2 - P_2^2 + P_1P_2$

$\frac{d\pi_2}{dP_2} = 32 - 2P_2 + P_1 = 0$

$P_2 = 16 + \frac{1}{2}P_1$

- 선도기업인 기업 1은 추종기업인 기업 2의 반응곡선상에서 가장 유리한 점을 선택한다.

$Q_1 = 20 - P_1 + P_2$

$TR_1 = [20 - P_1 + (16 + \frac{1}{2}P_1)] \times P_1 = 36P_1 - \frac{1}{2}P_1^2$

$\frac{d\pi_1}{dP_1} = 36 - P_1 = 0$

$P_1 = 36, P_2 = 34$

**출제POINT**
선도기업은 추종기업의 반응곡선상에서 가장 유리한 점을 선택한다.

**20** 거시 **실물경기변동** 답 ①

현재실질임금을 $w_1$, 미래실질임금의 현재가치를 $\frac{w_2}{1+r}$라 하면, 일시적으로 이자율 $r$하락 시 $w_1 < \frac{w_2}{1+r}$이기에 현재 노동공급을 감소시키고, 미래 노동공급을 증가시킨다.

(오답피하기)
② 실물경기변동은 화폐의 중립성을 장기와 단기에도 성립한다고 가정하기에 $LM$곡선에 영향을 미치는 충격은 경기변동의 요인이 되기 어렵다고 본다.
③ 실물적 균형경기변동이론($RBC$)은 초기에는 주로 생산성충격(기술진보)에 주목했으나 이후 $IS$곡선에 영향을 미치는 충격도 인정한다.
④ 실물적 경기변동이론은 단기적으로도 가격변수가 신축적이라고 가정하기에 임금 및 가격이 신속히 조정되어 시장이 청산된다.

**출제POINT**
노동자들이 상대적으로 실질임금이 높은 기간에는 노동공급을 증가시키고, 실질임금이 낮은 기간에는 노동공급을 감소시키는 것을 노동의 기간 간 대체라 한다.

# 13회 2021년 국가직

## 01 □□□

**어떤 재화 시장에서 소비자잉여와 생산자잉여에 대한 설명으로 옳은 것은? (단, 수요곡선은 우하향하며, 공급곡선은 우상향한다)**

① 소비자잉여는 실제로 지불한 금액이 지불할 용의가 있는 최대금액을 초과하는 부분이다.
② 소비자잉여는 소비자가 재화의 소비에서 얻는 편익의 총합과 같다.
③ 고정비용이 없는 장기에 생산자잉여는 기업의 이윤과 같다.
④ 기업에 단위당 $T$원의 물품세를 부과하면 가격이 상승하여 생산자잉여가 증가한다.

## 02 □□□

**정보의 비대칭성으로 인해 발생하는 상황에 대한 설명으로 옳은 것은?**

① 중고차 시장에서 불량품(lemon)만 남게 되는 현상은 도덕적 해이의 사례이다.
② 유인설계(incentive design)는 대리인의 감추어진 행동 때문에 발생하는 문제를 해결하기 위한 수단이다.
③ 강제적인 단체보험 프로그램의 도입은 본인-대리인 문제(principal-agent problem)를 해결하기 위한 수단이다.
④ 자동차 보험 가입 후 운전을 더 부주의하게 하는 것은 역선택의 사례이다.

| 01 | 미시 | 소비자 · 생산자잉여 | 답 ③ |
|---|---|---|---|

단기에는 생산자잉여가 이윤보다 크거나 같을 수 있지만, 고정비용이 없는 장기에는 진입과 퇴출이 자유롭기에 생산자잉여는 이윤과 같다.

(오답피하기)

① 소비자잉여는 최대 지불할 용의가 있는 금액이 실제로 지불한 금액을 초과하는 부분으로, 수요곡선 하방면적에서 균형거래량과 균형가격의 곱을 제외한 부분이다.
② 소비자가 재화의 소비에서 얻는 편익의 총합은 최대 지불할 용의가 있는 금액이기에 편익의 총합에서 실제로 지불한 금액을 제외한 부분이 소비자잉여이다.
④ 기업에게 단위당 $T$원의 물품세를 부과하면 소비자의 지불가격은 상승하지만 조세의 귀착으로 생산자가 실제로 받는 가격은 하락하기에 생산자잉여는 감소한다.

**출제POINT**

소비자의 최대지불의사금액에서 실제지불금액을 차감한 것을 소비자잉여라 하고, 실제받은금액에서 생산자의 최소요구금액을 뺀 값을 생산자잉여라 한다.

| 02 | 미시 | 정보경제학 | 답 ② |
|---|---|---|---|

유인설계(incentive design)는 계약이후의 행동의 문제인 도덕적 해이를 완화시킬 수 있다.

(오답피하기)

① 중고차 시장에서 불량품(lemon)만 남게 되는 현상은 계약이전의 선택의 문제로 역선택이다.
③ 강제적인 단체보험 프로그램의 도입은 계약이전의 선택의 문제인 역선택 문제를 완화시킬 수 있다.
④ 자동차 보험 가입 후 운전을 더 부주의하게 하는 것은 계약이후의 행동의 문제인 도덕적 해이이다.

**출제POINT**

상대방의 특성(거래되는 재화의 품질)에 대한 당사자들 간 정보수준이 다른 상황을 감춰진 특성이라 하고, 이는 계약이전의 선택의 문제로 역선택을 초래한다. 일방의 행동을 상대방이 관찰할 수 없거나 통제할 수 없는 상황을 감춰진 행동이라 하고, 이는 계약이후의 행동의 문제로 도덕적 해이를 초래한다.

## 03 □□□

**경제성장 및 경기변동에 관한 설명으로 옳지 않은 것은?**

① 국내총생산이 장기추세치보다 더 큰 값을 가질 때 경제는 호황기에 있다.

② 국내총생산의 단기적 동향을 경기변동이라 하고 장기적 추세를 경제성장이라고 한다.

③ 국내총생산이 늘어나는 시기에 실업률이 줄어들고 국내총생산이 줄어드는 시기에 실업률이 늘어나는 양상을 공행성의 예라 할 수 있다.

④ 어떤 변수가 일정한 시차를 갖고 다른 변수보다 선행(leading)하거나 후행(lagging)하는 경우 두 변수 사이에 공행성이 없다고 말한다.

## 04 □□□

**물가변동이 없는 단기 거시균형에서 다음의 재정정책과 통화정책의 조합 중 실질이자율을 높이는 것은? (단, 실질이자율에 미치는 각각의 정책적 효과의 크기는 동일하다고 가정한다)**

① 통화정책과 재정정책을 확장적으로 운영한다.

② 통화정책은 확장적으로 재정정책은 긴축적으로 운영한다.

③ 통화정책은 긴축적으로 재정정책은 확장적으로 운영한다.

④ 통화정책과 재정정책을 긴축적으로 운영한다.



| 03 | 거시 | 경제변동론 | 답 ④ |
|---|---|---|---|

시차가 존재한다 하더라도 변수 간에 일정한 관계를 가지고 함께 움직인다면 공행성이 있다고 말할 수 있다.

**오답피하기**

① 국내총생산이 장기추세치보다 더 큰 값을 가지는 경우, 경기변동의 확장국면에 속하기에 호황기이다(단, 후퇴기도 장기추세치보다 더 큰 값을 가질 수 있다).

② 국내총생산이 주기적으로 상승과 하강을 반복하는 단기적 동향을 경기변동이라 하고 장기간에 걸친 경제규모의 지속적 증가현상을 경제성장이라 한다.

③ 경기순환의 상승과 하강국면에서 고용량과 실업, 소비와 투자, 통화량과 물가 등 다양한 거시경제변수들이 산출량 변화와 일정한 관계를 갖고 함께 움직이는 특성을 공행성(comovement)이라고 한다.

**출제POINT**

공행성은 상관관계에 따라 실질 $GDP$가 거시경제변수와 양의 상관(경기순응적), 음의 상관(경기역행적), 0의 상관관계(경기비순행적)를 보일 수 있다. 또한 변동시점에 따라 먼저 변동(경기선행적), 나중에 변동(경기후행적), 동시 변동(경기동행적)으로 구분할 수 있다.

| 04 | 거시 | $IS-LM$ 모형 | 답 ③ |
|---|---|---|---|

$IS-LM$모형에서 긴축통화정책을 실시하거나 확장재정정책을 실시할 경우 실질이자율은 상승한다.

**출제POINT**

$IS-LM$모형에서 긴축통화정책을 실시하면 $LM$곡선이 좌측으로 이동하고 확장재정정책을 실시하면 $IS$곡선이 우측으로 이동하기에 실질이자율은 상승한다.

## 05 □□□

**동종 산업 내에서 수출과 수입이 동시에 나타나는 무역을 산업내무역(intra-industry trade)이라고 한다. 이러한 형태의 무역이 발생하는 원인으로 옳은 것만을 모두 고르면?**

| | |
|---|---|
| ㄱ. 비교우위 | ㄴ. 규모의 경제 |
| ㄷ. 제품 차별화 | ㄹ. 상이한 부존자원 |

① ㄱ, ㄴ
② ㄱ, ㄷ
③ ㄴ, ㄷ
④ ㄴ, ㄹ

## 06 □□□

**다음 상황에서 기업 $A$가 선택하는 기본요금과 단위당 사용료를 바르게 연결한 것은?**

> 독점기업 $A$의 비용함수는 $C(Q)=20Q$이고 개별 소비자의 수요함수는 모두 동일하게 $Q=100-P$($Q$: 수량, $P$: 가격)이다. 이 기업은 이부가격제(two-part tariff)를 이용해 이윤을 극대화하려고 한다.

| | 기본요금 | 단위당 사용료 |
|---|---|---|
| ① | 2,250 | 60 |
| ② | 2,800 | 60 |
| ③ | 3,000 | 20 |
| ④ | 3,200 | 20 |

**05** 거시 **산업내무역** 답 ③

ㄴ, ㄷ. 산업내무역이 발생하면 규모의 경제로 장기평균비용이 낮아지고 독점적경쟁의 불완전경쟁으로 차별화된 상품을 생산하기에 무역을 통한 소비자의 후생이 증가한다.

오답피하기

ㄱ, ㄹ. 산업간무역은 노동생산성 차이에 따른 기회비용 차이로 인한 비교우위와 상이한 부존자원에 따른 요소집약도에 따라 무역이 발생한다고 본다.

**출제POINT**

산업간무역은 비교우위에 의해 두 나라가 서로 다른 산업에서 생산되는 재화를 수출하지만, 산업내무역은 주로 규모의 경제와 독점적 경쟁에 의해 두 나라가 동일 산업에서 생산되는 재화를 수출한다.

**06** 미시 **이부가격제** 답 ④

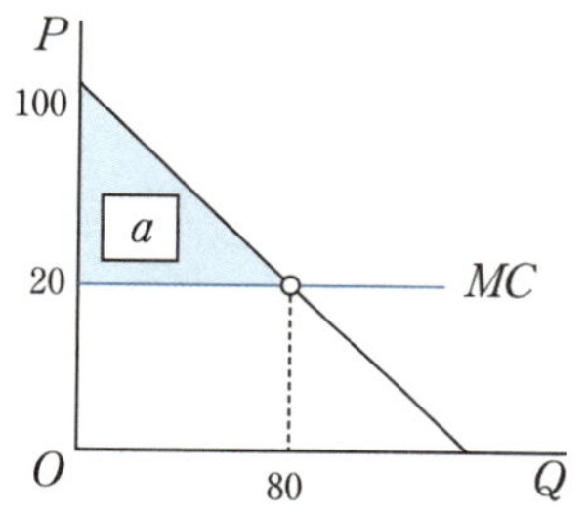


- 독점기업 $A$의 비용함수는 $C(Q)=20Q$이기에 한계비용은 $MC=20$이다.
- 이부가격제하에서, 이윤을 극대화하는 독점기업은 $P=MC$에서 단위당 사용료와 공급량을 결정하기에 $P(=100-Q)=MC(=20)$에서, $Q=80$, $P=20$으로 단위당 사용료는 20원이다.
- 이부가격제하에서, 이윤을 극대화하는 독점기업은 소비자잉여에 해당하는 부분을 기본요금으로 설정하기에 기본요금은 $P=100-Q$에서 $Q=80$일 때 최대지불의사금액에서 실제지불금액을 차감한 면적($a$)으로 $80\times80\times\frac{1}{2}=3,200$이다.

**출제POINT**

이부가격이란 재화를 구입할 권리에 대해 1차로 가격을 부과하고, 재화 구입량에 따라 2차로 다시 가격을 부과하는 가격체계로 가격차별의 한 유형이다.

## 07 □□□

**수익률 곡선(yield curve)에 대한 설명으로 옳지 않은 것은?**

① 만기 외에 다른 조건이 동일한 채권의 만기와 이자율 사이의 관계를 나타내는 곡선이다.
② 이자율의 기간구조에 대한 분할시장이론(segmented markets theory)은 단기채권과 장기채권의 이자율이 시간의 흐름에 따라 같은 방향으로 움직이는 이유를 설명해 준다.
③ 이자율의 기간구조에 대한 유동성프리미엄이론(liquidity premium theory)은 수익률곡선이 전형적으로 우상향하는 이유를 설명해 준다.
④ 이자율의 기간구조에 대한 기대이론(expectations theory)에 따르면, 중앙은행이 앞으로 계속 단기이자율을 낮추겠다는 공약을 할 경우 장기이자율은 하락해야 한다.

**07** 거시 **이자율 기간구조** 답 ②

분할시장이론은 다른 만기를 가진 채권시장들은 완전히 분리돼 있다고 가정하기에 특정한 만기를 가진 채권의 이자율은 다른 만기를 가진 채권들의 이자율에 아무런 영향을 받지 않으며, 해당 채권의 수요와 공급에 의해서 결정된다.

(오답피하기)

① 수익률 곡선은 만기 외에 다른 조건이 동일한 장단기 국채의 이자율 차이를 말한다.
③ 유동성프리미엄이론에 의하면, 기대이론과 달리 단기이자율들의 평균에 추가적으로 위험프리미엄이 주어지기에 수익률 곡선은 우상향한다.
④ 기대이론에 의하면, 장기채권의 이자율은 단기이자율들의 평균과 일치하기에 중앙은행이 단기이자율을 낮출 경우 장기이자율은 하락한다.

**출제POINT**

- 이자율 기간구조의 정형화된 사실은 다음과 같다.
  [사실1] 서로 다른 만기를 가지는 채권들의 이자율들은 시간의 흐름에 따라 함께 움직인다.
  [사실2] 단기이자율이 낮을 때, 수익률 곡선은 우상향의 기울기를 가질 가능성이 크다. 단기이자율이 높을 때, 수익률 곡선은 우하향하거나 역전될 가능성이 크다.
  [사실3] 수익률 곡선은 일반적으로 우상향한다.
- 기대이론은 [사실1], [사실2]는 설명하나 [사실3]은 설명하지 못한다.
- 분할시장이론은 [사실3]을 설명하나 [사실1], [사실2]는 설명하지 못한다.
- 유동성프리미엄이론은 3가지 사실 모두를 설명한다.

## 08 □□□

**효율임금이론(efficiency wage theory)에 대한 설명으로 옳지 않은 것은?**

① 효율임금이론은 임금의 하방경직성을 설명할 수 있다.
② 효율임금은 근로자의 도덕적 해이를 완화시킬 수 있다.
③ 효율임금은 근로자의 이직을 감소시킬 수 있다.
④ 효율임금은 노동의 공급과잉을 해소시킬 수 있다.

**08** 미시 **효율성임금** 답 ④

시장의 균형임금보다 높은 효율성임금을 지급하면 비자발적 실업이 발생한다. 즉, 효율성임금가설은 비자발적 실업을 설명하고자 한다.

(오답피하기)

①, ②, ③ 기업은 시장의 균형임금보다 높은 효율성임금을 지급하기에 임금의 하방경직성을 설명할 수 있고 근로자들의 도덕적 해이를 방지할 수 있다. 또한 효율성임금을 지급하면 노동자들이 쉽게 그만두지 않기에 이직과 관련된 비용도 줄일 수 있다.

**출제POINT**

기업은 시장의 균형임금보다 높은 효율성임금(실질임금 한 단위당 근로의욕이 최대가 되는 임금)을 지급함으로써 역선택, 도덕적 해이 등을 방지할 수 있게 되어 이윤이 증가한다는 것이 효율성임금이론이다.

## 09 □□□

효용이 극대가 되도록 두 재화 $x$, $y$를 소비하는 을의 효용함수는 $u(x, y) = 2\sqrt{xy}$ 이다. $y$의 가격이 4배가 되었을 때 원래의 효용수준을 유지하기 위해 필요한 추가 소득을 구하면? (단, 가격 변화 전의 소득은 60, $x$와 $y$의 가격은 각각 1이다)

① 60
② 80
③ 100
④ 120

## 10 □□□

$A$국과 $B$국의 거시경제모형이 각각 다음과 같을 때 이에 대한 설명으로 옳은 것은?

| $A$국 | $B$국 |
|---|---|
| • $C = 20 + 0.8Y_D$ | • $C = 20 + 0.8Y_D$ |
| • $Y_D = Y - T$ | • $Y_D = Y - T$ |
| • $T = 30 + 0.25Y$ | • $T = 30$ |
| • $I = 40$ | • $I = 40$ |
| • $G = 50$ | • $G = 50$ |
| • $X = M = 0$ | • $X = M = 0$ |

(단, $C$는 소비, $Y_D$는 가처분소득, $Y$는 국민소득, $T$는 조세, $I$는 투자, $G$는 정부지출, $X$는 수출, $M$은 수입을 나타내며, 측정 단위는 조 원이다)

① $A$국의 균형국민소득이 215조 원이라고 할 때 균형국민소득을 4% 증가시키기 위해서는 정부지출을 8.6조 원 증대시키면 된다.
② $B$국의 균형국민소득이 430조 원이라고 할 때 균형국민소득을 4% 증가시키기 위해서는 투자를 3.44조 원 증대시키면 된다.
③ 정부지출의 증대가 균형국민소득에 미치는 영향의 크기는 $A$국과 $B$국이 동일하다.
④ $A$국의 한계세율이 증가하면 균형국민소득 역시 증가한다.

**09** 미시 **효용극대화** 답 ①

- $u(x, y) = 2\sqrt{xy}$가 1차 $C-D$형이기에 효용함수의 무차별곡선의 기울기 $MRS_{XY}$는 $\frac{y}{x}$이고 효용극대화를 위해 예산선기울기는 $\frac{P_x}{P_y} = \frac{1}{1}$과 연립하면 $Y = X$이다.
- $Y = X$와 예산선 $X + Y = 60$을 연립하면 $2X = 60$, $X = 30$, $Y = 30$이기에 을의 효용 $u = 2\sqrt{xy} = 2\sqrt{30 \times 30} = 60$이다.
- $P_y$가 1에서 4배 증가하면 $\frac{P_x}{P_y} = \frac{1}{4}$이기에 $MRS_{XY}$와 연립하면 $4Y = X$이다.
- 이때, 원래의 효용수준을 유지하기에 $4Y = X$를 효용함수 $u(x, y) = 2\sqrt{xy}$에 대입하면 $2\sqrt{4y \times y} = 2\sqrt{4y^2} = 2 \times 2y = 4y = 60$으로, $y = 15$, $x = 60$이다. 이를 바뀐 예산선 $X + 4Y$에 대입하면 120이기에 추가적으로 필요한 소득은 60이다.

**출제POINT**

$MRS_{XY} = (-)\frac{\Delta Y}{\Delta X} = \frac{MU_X}{MU_Y} = (-)\frac{P_X}{P_Y}$에서 소비자의 효용극대화가 이루어진다.

**10** 거시 **승수효과** 답 ②

$B$국의 투자승수는 $\frac{1}{1-c} = \frac{1}{1-0.8} = 5$이기에 균형국민소득 430조의 4%인 17.2조 원을 증가시키기 위해서는 투자를 3.44조 원 증대시켜야 한다.

**오답피하기**

① $A$국의 정부지출승수는 $\frac{1}{1-c(1-t)} = \frac{1}{1-0.8(1-0.25)} = \frac{1}{0.4} = 2.5$이기에 균형국민소득 215조의 4%인 8.6조 원을 증가시키기 위해서는 정부지출을 3.44조 원 증대시켜야 한다.
③ 양국의 정부지출승수는 서로 다르기에 정부지출의 증대가 균형국민소득에 미치는 영향의 크기는 다르다.
④ $A$국의 한계세율이 증가할 경우 가처분소득이 감소하기에 균형국민소득 역시 감소한다.

**출제POINT**

소비/투자/정부지출/수출승수는 $\frac{1}{1-c(1-t)-i+m}$이고, 조세승수는 $\frac{-c}{1-c(1-t)-i+m}$이며, 수입승수는 $\frac{-1}{1-c(1-t)-i+m}$이다.

## 11 □□□

**어느 나라의 생산가능인구 중 취업자가 900만 명, 실업자가 100만 명, 비경제활동인구가 1,000만 명이라고 가정하자. 이 나라의 경제활동참가율과 실업률을 바르게 연결한 것은?**

| | 경제활동참가율 | 실업률 |
|---|---|---|
| ① | 50% | 5% |
| ② | 50% | 10% |
| ③ | 55% | 5% |
| ④ | 55% | 10% |

**11** 거시 **실업률** 답 ②

• 경제활동참가율 = (경제활동인구/15세 이상 인구)×100
= [(900+100)/(900+100+1000)]×100 = 50%
• 실업률 = (실업자/경제활동인구)×100
= [100/(900+100)]×100 = 10%

**출제POINT**
취업자와 실업자의 합을 경제활동인구라 하고, 경제활동인구와 비경제활동인구의 합을 생산가능인구라 한다.

## 12 □□□

**통화량을 감소시키는 요인만을 모두 고르면? (단, 부분준비제도하의 화폐공급모형에서 법정지급준비율과 초과지급준비율의 합이 1보다 작고, 다른 조건은 일정하다)**

ㄱ. 중앙은행의 공개시장매도
ㄴ. 중앙은행의 재할인율 인상
ㄷ. 예금자의 현금통화비율($\frac{\text{현금통화}}{\text{요구불예금}}$) 감소
ㄹ. 시중은행의 초과지급준비율 감소

① ㄱ, ㄴ
② ㄱ, ㄷ
③ ㄴ, ㄹ
④ ㄷ, ㄹ

**12** 거시 **통화정책** 답 ①

ㄱ. 중앙은행이 공개시장조작정책을 통해 국채 등을 매도하면 중앙은행이 통화를 흡수하기에 통화량이 감소한다.
ㄴ. 중앙은행이 재할인율을 인상하면 일반은행의 중앙은행으로부터의 차입이 감소하기에 통화량이 감소한다.

오답피하기
ㄷ. 예금자의 현금이 감소하고 예금이 증가하면 일반은행의 대출이 증가하기에 통화량이 증가한다.
ㄹ. 지급준비율을 인하하면 통화승수가 상승하기에 통화량이 증가한다.

**출제POINT**
통화량을 조정하기 위해 중앙은행이 시행하는 일반적 정책수단으로는 공개시장조작정책, 재할인율정책, 지급준비율정책이 있다.

## 13 □□□

**기술진보가 없는 단순한 솔로우모형(Solow model)에 대한 설명으로 옳지 않은 것은?**

① 노동과 자본에 대한 생산함수가 규모에 대한 수익불변(constant returns to scale)이라고 가정한다.

② 균제상태(steady state)에서 1인당 자본량과 1인당 생산량은 시간이 지남에 따라 변하지 않고 안정적으로 유지된다.

③ 균제상태에서 총자본의 성장률은 인구증가율과 같고 총생산량의 성장률은 0이 된다.

④ 1인당 소비를 극대화하는 1인당 자본량의 균제상태 값을 자본의 황금률 수준이라 한다.

## 14 □□□

**어떤 폐쇄경제 국가의 거시경제모형이 다음과 같을 때 균형이자율을 구하면?**

- $C = 130 + 0.5Y_D$
- $Y_D = Y - T$
- $T = 0.2Y$
- $I = 120 - 90r$
- $G = 200$
- $M_D = 25 + 0.5Y - 25r$
- $M_S = 200$

(단, $C$는 소비, $Y_D$는 가처분소득, $Y$는 국민소득, $T$는 조세, $I$는 투자, $r$은 이자율, $G$는 정부지출, $M_D$는 화폐수요, $M_S$는 화폐공급을 나타낸다)

① 1.5%　　② 2.0%

③ 2.5%　　④ 3.0%

| 13 | 거시 | 솔로우모형 | 답 ③ |
|---|---|---|---|

균제상태에서는 자본증가율과 경제성장률이 인구증가율과 동일하다.

**오답피하기**

① 솔로우경제성장모형은 생산함수를 1차 $C-D$형으로 전제하기에 규모수익불변이다.

② 균제상태에서는 자본증가율과 경제성장률이 인구증가율과 동일하기에 1인당 자본증가율과 1인당 경제성장률은 0으로 불변이다.

④ 1인당 소비가 극대화되는 상태를 자본축적의 황금률이라 하고 $f'(k) = n + d$에서 달성된다.

**출제POINT**

솔로우(Solow)의 경제성장모형 하에서 1인당 실제투자액[$sf(k)$]과 1인당 필요투자액[$(n+d)k$]이 일치할 때 1인당 자본량이 불변으로 균제상태를 보인다.

| 14 | 거시 | 거시경제 일반균형 | 답 ② |
|---|---|---|---|

- $IS$곡선: $Y = C + I + G$

$$Y = 130 + 0.5(Y - 0.2Y) + 120 - 90r + 200$$
$$0.6Y = 450 - 90r$$
$$Y = 750 - 150r$$

- $LM$곡선: $\left(\frac{M}{P}\right)^d = \left(\frac{M}{P}\right)^s$

$$25 + 0.5Y - 25r = 200$$
$$0.5Y = 175 + 25r$$
$$Y = 350 + 50r$$

- 균형: $r = 2$, $Y = 450$

**출제POINT**

생산물시장의 균형은 총수요($C + I + G$)와 총공급($Y$)이 일치하는 점에서 결정된다. 화폐시장의 균형은 화폐의 수요$\left(\frac{M}{P}\right)^d$와 공급$\left(\frac{M}{P}\right)^s$이 일치하는 점에서 결정된다.

## 15 □□□

**소국인 $A$국은 쌀 시장이 전면 개방되었으나 국내 생산자를 보호하기 위해 관세를 부과하기로 하였다. 관세 부과의 경제적 효과로 옳지 않은 것은? (단, 국내수요곡선은 우하향하고 국내공급곡선은 우상향하며, 부분균형분석을 가정한다)**

① 국내소비량은 감소하며, 수요가 가격탄력적일수록 감소효과가 커진다.
② 국내생산과 생산자잉여가 증가한다.
③ 사회후생의 손실이 발생한다.
④ 수입의 감소로 국제가격이 하락하므로 국내가격은 단위당 관세보다 더 적게 상승한다.

## 16 □□□

**단기의 완전경쟁시장에서 기업 $A$의 고정비용은 0이고, 평균가변비용이 $AVC(q) = q^2 - 6q + 18$ ($q$: 생산량)이라 할 때 옳지 않은 것은?**

① 시장가격이 6일 때 한계비용이 최소가 된다.
② 시장가격이 7이면 기업은 생산을 중단하는 편이 낫다.
③ 시장가격이 8이면 생산하는 것이 하지 않는 것보다 순손실을 줄일 수 있다.
④ 시장가격이 9일 때 기업의 경제적 이윤이 0이 된다.

| 15 | 거시 | 관세부과 | 답 ④ |
|---|---|---|---|

대국관세의 경우 국제가격이 하락하지만 소국관세의 경우 국제가격은 하락하지 않고 국내가격은 단위당 관세만큼 증가한다.

오답피하기

① (소국)관세가 부과되면, 국내시장가격은 국제가격보다 관세액과 동일한 금액만큼 상승하기에 국내소비량은 감소하고, 수요가 가격탄력적일수록 소비자는 탄력적으로 반응하기에 감소효과가 커진다.
② 관세부과는 생산자보호정책이기에 국내생산과 생산자잉여는 증가한다.
③ (소국)관세부과는 정부개입이기에 손실이 발생한다.

**출제POINT**
(소국)관세가 부과되면, 국내생산증가, 국내소비감소, 국제수지개선, 및 재정수입증가 효과가 발생하고 손실이 발생한다.

| 16 | 미시 | 완전경쟁시장 | 답 ③ |
|---|---|---|---|

$AVC(q) = q^2 - 6q + 18$에서, 조업중단점을 구하기 위해 $AVC$를 $q$에 대해 미분하여 0으로 두면 $2q - 6 = 0$, $q = 3$이다. $q$를 다시 $AVC$에 대입하면 $p = 9$이기에 시장가격이 8이면 생산을 중단한다.

오답피하기

① $TC(q) = q^3 - 6q^2 + 18q$, $MC(q) = 3q^2 - 12q + 18$이기에 $MC$를 $q$에 대해 미분하여 0으로 두면 $6q - 12 = 0$, $q = 2$이다. $q = 2$를 다시 $MC$에 대입하면 $MC = 6$이기에 시장가격이 6일 때 한계비용이 최소가 된다.
② 조업중단점이 $p = 9$이기에 시장가격이 7이면 기업은 생산을 중단한다.
④ $AC(= AVC)$최소점에서 기업은 정상이윤만 얻기에 기업의 경제적 이윤은 0이 된다.

**출제POINT**
기업은 평균비용 > 평균가변비용 > 가격이면 단기적으로 손해를 보고 있으며 생산을 중단해야 하고 고정비용이 0일 경우 $AC = AVC$이다.

## 17 □□□

**소국인 $A$국에서 $X$재의 국내 수요함수와 공급함수는 각각 $P=12-Q$, $P=Q$($P$: 가격, $Q$: 수량)이며, 세계시장에서의 $X$재 가격은 4이다. $A$국이 $X$재 시장을 전면 개방한 직후 국내수요함수와 공급함수에 변화가 없다면, 개방 후 $A$국의 후생변화는? (단, 후생은 소비자잉여와 생산자잉여의 합이다)**

① 4만큼 증가 ② 6만큼 증가
③ 8만큼 증가 ④ 10만큼 증가

## 18 □□□

**먼델-플레밍(Mundell-Fleming)모형을 가정할 때 다음의 상황에서 나타날 수 있는 현상으로 옳지 않은 것은? (단, 마셜-러너 조건이 충족된다고 가정한다)**

> • $A$국과 $B$국은 소규모 개방경제하에서 변동환율제도를 채택하고 있고 단기적으로 물가가 고정되어 있으며 자본 유출입은 자유롭다.
> • 글로벌 경기 침체를 극복하기 위해 $A$국은 국채를 통한 재정지출을 증가시키고 $B$국은 통화량을 증가시켰다.

① 자본이 $B$국에서 $A$국으로 이동한다.
② $A$국의 경상수지가 악화된다.
③ $A$국의 통화가 평가절상된다.
④ $A$국과 $B$국의 경기가 회복된다.

**17** 거시 국제무역 답 ①

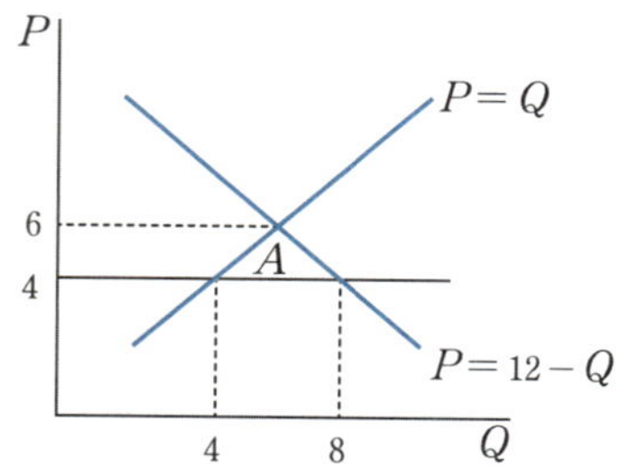


• $12-Q=Q$, $2Q=12$, $Q=6$, $P=6$이기에 국내가격 $P=6$이다.
• 국제가격 $P=4$를 수요함수와 공급함수에 대입하면 $Q_d=8$, $Q_s=4$이기에 수출량은 4이다.
• 사회적잉여 증가량은 $A$면적으로 $(6-4)\times(8-4)\times\frac{1}{2}=4$이다.

> **출제POINT**
> 국제가격이 국내가격보다 작을 경우, 자유무역으로 소비자잉여는 증가하고 생산자잉여는 감소하지만 사회적잉여는 증가한다.

**18** 거시 $IS-LM-BP$모형 답 ④

양국 모두 자본이동이 자유롭고 변동환율제도를 채택하기에 금융정책을 실시한 $B$국의 경우 경기가 회복되지만, 재정정책을 실시한 $A$국의 경우 아무런 효과가 없다.

(오답피하기)
① $A$국의 경우 $IS$곡선이 우측이동하여 $r$이 상승하나, $B$국은 $LM$곡선이 우측이동하여 $r$이 하락하기에 $B$국에서 $A$국으로 자본이 이동한다.
② 정부지출을 증가할 경우, '$IS$곡선의 우측이동 → $r$상승 → 자본유입 → 환율하락'이기에 경상수지는 악화된다.
③ 정부지출을 증가할 경우, '$IS$곡선의 우측이동 → $r$상승 → 자본유입 → 환율하락'이기에 통화는 평가절상된다.

> **출제POINT**
> 자본이동이 자유롭고 변동환율제도일 경우, 재정정책은 효과가 없으나 금융정책은 국내생산량을 변화시킨다.

## 19 □□□

**현재 총수요와 총공급이 자연산출량(완전고용산출량)에서 균형을 이루고 있을 때 총수요 증가의 결과로 옳지 않은 것은?**

① 단기에는 생산량은 증가하고 물가는 상승한다.
② 단기에는 실질임금이 하락하고 고용은 증가한다.
③ 장기에는 총공급이 감소하여 물가는 단기보다 더 상승한다.
④ 장기에는 기대인플레이션이 낮아지고 고용이 완전고용 수준으로 감소한다.

## 20 □□□

**$A$국은 교역의존도가 높은 경제로 변동환율제도를 채택하고 있다. 다른 조건이 일정할 때 $A$국 통화의 가치를 단기적으로 상승시키는 사건은? (단, 모든 사건은 외생적으로 발생하였다고 가정한다)**

① 국내 물가의 상승
② 수입품에 대한 국내 수요감소
③ 해외 경기의 침체
④ 외국인 주식투자액 한도의 축소

| 19 | 거시 | 거시경제 일반균형 | 답 ④ |
|---|---|---|---|

장기에는 $AS$곡선이 좌측이동하여 자연산출량 수준으로 복귀하지만 기대인플레이션은 단기보다 더 증가한다.

오답피하기

① 단기에 총수요가 증가하면 $AD$곡선이 우측이동하기에 물가와 생산량이 상승한다.
② $AD$곡선 우측이동으로 물가가 상승하기에 실질임금 $\frac{W}{P}$은 하락하고 생산량이 증가하기에 고용은 증가한다.
③ 총수요가 증가할 경우 장기에는 $AS$곡선이 좌측이동하기에 가격은 단기보다 더 상승하고 생산량은 현재 자연산출량 수준으로 복귀한다.

**출제POINT**

총수요가 증가할 경우 단기에는 $AD$곡선의 우측이동으로 물가와 생산량이 증가하지만, 장기에는 $AS$곡선이 좌측이동하여 자연산출량 수준으로 복귀하고 물가는 단기보다 더 상승한다.

| 20 | 거시 | 환율 | 답 ② |
|---|---|---|---|

수입품에 대한 국내 수요가 감소하면 외화 수요가 감소하기에 환율이 하락한다.

오답피하기

① 국내물가가 상승하면 수출가격이 상승하고 수출이 감소하기에 외화 유입이 감소하여 환율이 상승한다.
③ 해외 경기가 침체될 경우, 수출재에 대한 해외의 소비가 감소하기에 외화 유입이 감소하여 환율이 상승한다.
④ 외국인 주식투자액 한도가 축소되면 외화 유입이 감소하기에 환율이 상승한다.

**출제POINT**

외화 유출은 외화의 수요 증가로 환율상승요인이고, 외화 유입은 외화의 공급 증가로 환율하락요인이다.

## 21 □□□

**(가)와 (나)에 해당하는 값을 바르게 연결한 것은?**

> (가) 갑의 재산 $x$에 대한 효용함수는 $u(x)=\sqrt{x}$ 이며, 재산은 사고가 없을 때 100원, 사고가 나면 0원이 되고, 사고가 날 가능성이 20%일 때 갑의 위험프리미엄
> (나) (가)와 같은 상황에서 사고 시 보험료 지불 후의 최종 재산이 64원이 되도록 보장하는 보험에 가입한다면 지불할 용의가 있는 최대 보험료

| | (가) | (나) |
|---|---|---|
| ① | 8원 | 32원 |
| ② | 8원 | 36원 |
| ③ | 16원 | 32원 |
| ④ | 16원 | 36원 |

## 22 □□□

**병은 하루 24시간을 여가시간($\ell$)과 노동시간($L$)으로 나누어 사용한다. 효용은 노동을 통해 얻는 근로소득($Y$)과 여가시간을 통해서만 결정된다고 할 때, 병의 노동공급곡선에 대한 설명으로 옳은 것은? (단, $Y=wL$이며 $w$는 시간당 임금이다)**

① 여가가 열등재일 경우 노동공급곡선의 후방굴절(backward bending)이 나타날 수 있다.
② 시간당 임금상승으로 인한 대체효과는 노동공급량을 증가시킨다.
③ 여가가 정상재일 경우 시간당 임금상승 시 소득효과가 대체효과보다 더 크면 노동공급량이 증가한다.
④ 근로소득과 여가가 완전보완관계일 경우 시간당 임금상승 시 소득효과가 발생하지 않는다.

**21** 미시 **위험프리미엄** 답 ④

- 갑의 재산은 0.8의 확률로 100원, 0.2의 확률로 0원이기에 갑의 기대소득은 $(0.8\times100)+(0.2\times0)=80$원이고 갑의 효용은 0.8의 확률로 10, 0.2의 확률로 0이기에 갑의 기대효용은 $(0.8\times10)+(0.2\times0)=8$이다. 이때 갑의 확실성등가는 64이기에 위험프리미엄은 기대소득 − 확실성등가 $=80-64=16$이다.
- 갑이 지불할 용의가 있는 최대 보험료는 최초자산 − 확실성등가 $=100-64=36$이다.

> **출제POINT**
> 불확실한 자산을 확실한 자산으로 교환하기 위하여 지불할 용의가 있는 금액을 위험프리미엄이라 하고, 위험프리미엄($\pi$)=기대소득($E(w)$) − 확실성등가($CE$)로 계산한다.

**22** 미시 **후방굴절노동공급곡선** 답 ②

시간당 임금은 여가 소비의 기회비용이기에 임금이 상승하면 여가 소비가 감소하고 노동공급이 증가한다.

**오답피하기**

① 여가가 정상재일 경우 후방굴절노동공급곡선이 나타날 수 있다.
③ 여가가 정상재이고 소득효과가 대체효과보다 더 크면 노동공급량은 감소한다.
④ 근로소득과 여가가 완전보완관계일 경우 소득과 여가간 무차별곡선이 L자형으로 대체효과가 0이다.

> **출제POINT**
> 여가가 정상재이고 소득효과가 대체효과가 클 경우 노동공급곡선은 후방굴절한다.

## 23 □□□

개인 $A$와 $B$로 구성된 한 사회에서 개인의 소득이 각각 $I_A = 400$만 원, $I_B = 100$만 원이다. 개인 $i = A$, $B$의 효용함수가 $U_i = I_i$이고, 이 사회의 사회후생함수($SW$)가 다음과 같을 때, 앳킨슨 지수(Atkinson index)를 구하면?

$$SW = \min(U_A,\ 2U_B)$$

① 0.20
② 0.25
③ 0.30
④ 0.35

## 24 □□□

$A$, $B$, $C$ 3인으로 구성된 사회에서 공공재에 대한 개인의 수요함수는 각각 $P_A = 40 - 2Q$, $P_B = 50 - Q$, $P_C = 60 - Q$로 주어져 있다. 공공재 생산의 한계비용이 90으로 일정할 때, 사회적으로 최적인 공급 수준에서 $A$가 지불해야 하는 가격을 구하면? (단, $P_i$는 개인 $i = A$, $B$, $C$의 공공재에 대한 한계편익, $Q$는 수량이다)

① 10
② 15
③ 20
④ 25





| 23 | 미시 | 앳킨슨 지수 | 답 ① |
|---|---|---|---|

- 소득 $I_i = I_A + I_B = 500$이기에 평균소득은 250이다.
- 효용은 소득과 같기에 $U_A = 400$, $U_B = 100$이다. 효용함수 $SW = \min(U_A,\ 2U_B) = \min(400, 2\times100) = \min(400, 200) = 200$이기에 균등분배대등소득은 200이다.
- 따라서 앳킨슨 지수 $1 - \frac{\text{균등분배대등소득}}{\text{평균소득}} = 1 - \frac{200}{250} = 0.2$이다.

**출제POINT**

앳킨슨 지수는 $1 - \frac{\text{균등분배대등소득}}{\text{평균소득}}$이다.

| 24 | 미시 | 공공재 | 답 ① |
|---|---|---|---|

- $A$, $B$, $C$의 수요함수가 각각 $P_A = 40 - 2Q$, $P_B = 50 - Q$, $P_C = 60 - Q$이기에 개별수요곡선을 수직으로 합한 공공재의 시장수요곡선은 $P = 150 - 4Q$이다.
- 공공재의 적정공급조건은 $P = MC$이기에 $150 - 4Q = 90$, $Q = 15$이고, 이를 다시 $A$의 수요함수 $P_A = 40 - 2Q$에 대입하면 $A$가 지불해야 하는 가격은 $P = 10$이다.

**출제POINT**

개별수요곡선을 수직으로 합하여 도출하는 공공재의 시장수요곡선 하에서 소비자들은 동일한 양을 서로 다른 편익으로 소비한다.

## 25 □□□

**어느 은행의 재무상태가 다음과 같을 때, 은행의 레버리지 비율$\left(\frac{\text{총자산}}{\text{자기자본}}\right)$은 대출이 회수 불가로 판명되기 전에 비해 몇 배가 되는가? (단, 소수 첫째자리에서 반올림한다)**

| |
|---|
| • 최초 자기자본은 1,000만 원이고 예금으로 9,000만 원을 예치하고 있다.<br>• 예금액의 10%를 지급준비금으로 보유하고 있으며, 잔여 자산을 모두 대출하고 있다.<br>• 전체 대출 금액 중 10%가 회수 불가로 판명되었다. |

① 3배
② 5배
③ 10배
④ 12배

**25** 거시 **레버리지 비율** 답 ③

- 자기자본은 1,000만 원이고 예금이 9,000만 원으로 총자산은 10,000만 원이다. 따라서 최초의 은행 레버리지 비율은 $\left(\frac{\text{총자산}}{\text{자기자본}}\right) = \frac{10{,}000\text{만 원}}{1{,}000\text{만 원}} = 10$이다.
- 예금액 9,000만 원 중 10%인 900만 원을 제외한 잔여 자산을 모두 대출하고 있기에 전체 대출 금액은 9,100만 원이다.
- 전체 대출 금액 중 10%인 910만 원이 회수 불가로 판명되면, 은행은 최초 자기자본에서 차감하기에 차감 후 은행의 자기자본은 최초 자기자본 1,000만 원 중 회수 불가 판명된 대출 금액인 910만 원을 차감한 90만 원이 된다.
- 회수 불가 판명 이후 총 자산은 자기자본(90만 원)+예금액(9,000만 원)=9,090만 원이기에, 은행의 레버리지 비율은 $\frac{9{,}090}{90} = 101$로 기존의 10보다 약 10배 증가한다.

**출제POINT**

전체 대출 금액 중 일부가 회수 불가로 판명되면 은행은 자기자본에서 차감한다.

# 14회 2022년 국가직



## 01 □□□

**소득분배와 관련된 지표에 대한 설명으로 옳지 않은 것은?**

① 10분위분배율은 최하위 40% 소득계층의 소득점유율을 최상위 20% 소득계층의 소득점유율로 나눈 값이다.

② 5분위배율은 값이 커질수록 소득분배가 불평등함을 나타낸다.

③ 지니계수는 값이 커질수록 소득분배가 불평등함을 나타낸다.

④ 지니계수는 특정 소득계층의 소득분배상태 측정에 유용하다.

## 02 □□□

**다음은 기업 $A$와 기업 $B$의 공격적 투자 혹은 보수적 투자 전략에 따른 이익을 나타내는 보수행렬(payoff matrix)이다. 이에 대한 설명으로 옳은 것은? (단, 표의 괄호에서 앞의 숫자는 기업 $A$의 이익, 뒤의 숫자는 기업 $B$의 이익이다)**

| 기업 $A$ \ 기업 $B$ | 공격적 투자 | 보수적 투자 |
|---|---|---|
| 공격적 투자 | (10, 5) | (9, 3) |
| 보수적 투자 | (8, 4) | (7, 2) |

① 기업 $A$는 우월전략을 가지고 있지 않다.

② 유일한 내쉬균형(Nash equilibrium)이 존재한다.

③ 죄수의 딜레마(prisoner's dilemma)의 한 예로 볼 수 있다.

④ 두 기업이 어떤 전략을 선택할지 예측하기 어렵다.

**01** 미시 지니계수 답 ④

지니계수는 10분위분배율과 달리 특정 소득계층이 아닌 모든 소득계층의 소득분배상태 측정에 유용하다.

(오답피하기)

① 최하위 40%의 소득점유율을 최상위 20%의 소득점유율로 나눈 값이 10분위분배율로, 0과 2사이의 값이고 그 값이 클수록 소득분배가 균등함을 의미한다.

② 상위 20%의 소득점유율을 하위 20%의 소득점유율로 나눈 값이 5분위배율로, 1과 무한대 사이의 값이고 그 값이 작을수록 소득분배가 균등함을 의미한다.

③ 지니계수는 0과 1사이의 값으로 그 값이 작을수록 소득분배가 균등함을 의미한다.

**출제POINT**

대각선과 로렌츠 곡선이 이루는 면적을 대각선 아래의 삼각형 면적으로 나눈 값이 지니계수로, 로렌츠 곡선이 나타내는 소득분배상태를 하나의 숫자로 표현하여 0과 1사이의 값이고 그 값이 작을수록 소득분배가 균등함을 의미한다.

**02** 미시 내쉬균형 답 ②

| 기업 $A$ \ 기업 $B$ | 공격적 투자 | 보수적 투자 |
|---|---|---|
| 공격적 투자 | ★(10, 5)☆ | ★(9, 3) |
| 보수적 투자 | (8, 4)☆ | (7, 2) |

상대방의 선택에 따른 기업들의 선택을 표시($A$: ★, $B$: ☆)하면 위의 표와 같기에 내쉬균형은 (10, 5)로 유일하다.

(오답피하기)

① 기업 $B$가 어떤 전략을 선택하든 기업 $A$는 공격적 투자를 선택하는 것이 더 높은 보수를 보장하기에 기업 $A$의 우월전략은 공격적 투자이다.

③ 경기자가 우월전략을 선택했을 때의 보수가 열위전략을 선택했을 때의 보수보다 작아지는 현상을 죄수의 딜레마라 하고 이 게임에서는 내쉬균형의 보수의 합이 가장 높기에 죄수의 딜레마에 해당하지 않는다.

④ 내쉬균형은 (10, 5)로 유일하기에 어떤 전략을 선택할지 예측할 수 있다.

**출제POINT**

상대방의 전략을 주어진 것으로 보고 경기자는 자신에게 가장 유리한 전략을 선택하였을 때 도달하는 균형을 내쉬균형이라 하고, 우월전략균형은 내쉬균형에 포함된다.

## 03 □□□

**공공재에 대한 설명으로 옳지 않은 것은?**

① 공공재의 무임승차자 문제는 배제불가능성 때문에 나타난다.
② 공공재에 대한 시장수요곡선은 개인의 수요곡선을 수직 방향으로 합하여 도출한다.
③ 시장실패를 일으키는 요인 중 하나이다.
④ 소비에서 경합성이 존재한다.

| 03 | 미시 | 공공재 | 답 ④ |
|---|---|---|---|

공공재는 비경합성과 비배제성을 특징으로 갖는다.

**오답피하기**

① 공공재의 무임승차자 문제는 대가를 지불하지 않아도 소비할 수 있는 비배제성 때문에 나타난다.
② 공공재의 시장수요곡선은 개인의 수요곡선의 수직합으로 도출된다.
③ 공공재는 시장실패의 대표적인 원인 중 하나이다.

**출제POINT**

개인의 소비가 타인의 소비가능성을 감소시키지 않는 비경합성과 대가를 지불하지 않아도 소비할 수 있는 비배제성을 특성으로 하는 재화를 공공재라 한다. 국방, 치안, 공중파방송 등이 그 예이다.

## 04 □□□

**다음은 $X$재에 대한 독점적 경쟁시장에서의 장기균형을 나타낸 그림이다. 이윤을 극대화하는 기업의 장기균형에 대한 설명으로 옳은 것은?**

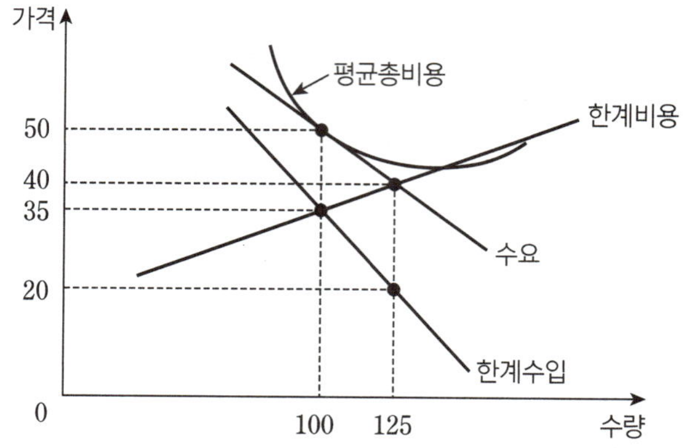


① 기업이 부과하는 가격과 평균총비용은 다르다.
② 기업은 125를 생산한다.
③ 기업의 경제적 이윤은 0보다 크다.
④ 기업은 초과설비(excess capacity)를 보유한다.

| 04 | 미시 | 독점적 경쟁시장 | 답 ④ |
|---|---|---|---|

장기균형에서, 독점적 경쟁은 평균비용곡선의 최저점의 좌측에서 생산이 결정되기에 생산량 수준이 최적 수준에 미달하는 초과설비가 존재한다.

**오답피하기**

①, ③ 독점적 경쟁은 평균비용곡선의 최저점 좌측에서 수요곡선과 평균총비용곡선이 접할 때 생산이 결정되기에 기업이 부과하는 가격과 평균총비용은 동일하며 경제적 이윤이 0인 정상이윤만을 얻는다.
② 기업은 평균총비용곡선의 좌측인 100을 생산한다.

**출제POINT**

독점적 경쟁시장은 장기에는 완전경쟁의 성격이 크고 $P > MC$인 구간($P = AR = SAC = LAC > MR = SMC = LMC$)에서 생산되기에 후생손실을 보인다.

## 05 □□□

**$X$재에 대한 시장수요함수는 $P = 2,400 - 20Q$이다. 수요곡선상에서 수요의 가격탄력성이 1인 $A$점의 수요량과 가격을 바르게 연결한 것은? (단, $P$는 가격, $Q$는 수량이다)**

| | 수요량 | 가격 |
|---|---|---|
| ① | 30 | 600 |
| ② | 60 | 1,200 |
| ③ | 120 | 2,400 |
| ④ | 240 | 4,800 |

## 06 □□□

**자본이동이 완전히 자유로운 소규모 개방경제에서 $IS-LM-BP$곡선이 만나는 균형상태에 있다. 정책효과에 대한 설명으로 옳지 않은 것은? (단, $IS$곡선은 우하향하고, $LM$곡선은 우상향하며, 환율예상은 정태적이다)**

① 변동환율제도하에서 수입할당은 환율을 상승시키고 총소득에는 영향을 미치지 못한다.

② 변동환율제도하에서 확장통화정책은 환율을 상승시키고 총소득을 증대시킨다.

③ 고정환율제도하에서 중앙은행은 통화공급에 대한 자율성이 제한된다.

④ 고정환율제도하에서 관세부과는 국내 통화확장을 유발하고 총소득을 증대시킨다.



**05** 미시 수요의 가격탄력성 답 ②

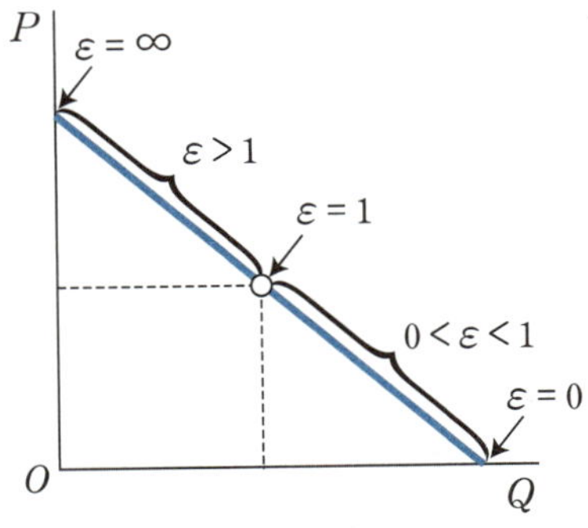


수요의 가격탄력도는 1인 중점에서 수직선을 그으면 그 점에서 원점까지 거리와 그 점에서 $X$절편까지 길이가 같기에 수요직선에서 $X$절편을 구하여 그 반이 수요량이고 이를 수요직선에 대입하여 가격을 구할 수 있다.

- 수요곡선이 우하향의 직선인 경우, 임의의 점에서 원점까지의 거리와 수요곡선의 $X$절편까지의 거리가 동일할 때, 해당 수요량에서 수요의 가격탄력성은 1이다.
- 시장수요함수 $P = 2,400 - 20Q$의 $X$절편은 120이기에 수요량이 $Q = 60$일 때 수요의 가격탄력성은 1이고 가격은 $P = 1,200$이다.

**출제POINT**

우하향의 수요직선하 중점에서 수요의 가격탄력도는 1이다.

**06** 국제 $IS-LM-BP$ 답 ①

변동환율제도하에서 수입할당을 실시하면 수입이 감소하여 순수출이 증가하기에 $IS$곡선이 우측이동하고 이로 인해 이자율이 상승하여 자본이 유입되기에 환율은 하락한다.

**오답피하기**

② 변동환율제도하에서 확장통화정책을 실시하면 $LM$곡선이 우측이동하여 이자율이 하락하기에 자본이 유출되어 환율이 상승하고 환율상승으로 인해 순수출 또한 증가하기에 $IS$곡선도 우측이동하여 총소득을 증대시킨다.

③ 불가능한 삼위일체에 따라, 자본시장이 완전히 자유로운 개방경제모형에서는 고정환율을 유지하려면 통화정책을 독립적으로 사용할 수 없다.

④ 고정환율제도하에서 관세를 부과하면 수입이 감소하여 순수출이 증가하기에 $IS$곡선이 우측이동하고 이로 인해 이자율이 상승하여 자본이 유입되기에 환율 하락이 우려된다. 따라서 중앙은행이 외화를 매입하고 이로 인해 통화확장을 유발하여 총소득을 증대시킨다.

**출제POINT**

변동환율제도하 자본이동이 완전한 경우, $BP$곡선은 수평선으로, 재정정책은 전혀 효과가 없지만 금융정책은 매우 효과적이다.

## 07 □□□

**다음은 2020년과 2021년 한국과 미국의 물가지수, 원/달러 명목환율 추이를 나타낸 표이다. 이에 대한 설명으로 옳은 것은?**

| 구분 | 2020년 | 2021년 |
|---|---|---|
| 한국물가지수 | 10,000 | 12,000 |
| 미국물가지수 | 100 | 100 |
| 원/달러 명목환율 | 100 | 120 |

① 구매력평가설(purchasing power parity)에 따른 실질환율은 불변이다.
② 명목환율 움직임은 이자율평가설(interest rate parity)의 주장과 일치한다.
③ 명목환율 움직임은 구매력평가설(purchasing power parity)의 주장과 반대된다.
④ 명목환율 상승으로 한국의 대미 순수출이 증가한다.

## 08 □□□

**이자율 기간구조에 대한 기대이론(expectations theory)의 설명으로 옳지 않은 것은?**

① 만기가 다른 채권들은 완전대체재이다.
② 장·단기 이자율의 동반변화 현상을 잘 설명한다.
③ 수익률곡선이 전형적으로 우상향한다는 사실을 설명한다.
④ 현재에 비해 미래 단기 이자율이 점차 하락할 것으로 예상되면, 수익률곡선은 우하향한다.

**07** 국제 **구매력평가설** 답 ①

구매력평가설에 따르면 실질환율은 $\epsilon = \frac{e \cdot P_f}{P}$이고 2020년과 2021년 한국물가지수는 미국물가지수와 원/달러 명목환율을 곱한 값과 같기에 실질환율은 1이다.

**오답피하기**

② 이자율평가설은 국내와 해외의 물가지수로 판단할 수 없기에 주어진 자료로는 알 수 없다.
③ 명목환율은 100에서 120으로 20% 상승하였기에, 구매력평가설에 따라, '환율상승률 = 국내물가상승률 − 해외물가상승률'에서 20% = 20% − 0%로 일치한다.
④ 실질환율이 1로 불변이기에 순수출도 불변이다.

**출제POINT**

일물일가의 법칙을 전제로, 양국의 구매력인 화폐가치가 같도록 환율이 결정되어야 한다는 이론이 구매력평가설로, $P = e \cdot P_f$이다. 이를 변형하면 환율상승률 = 국내물가상승률 − 해외물가상승률이다.

**08** 거시 **기대이론** 답 ③

기대이론은 수익률곡선이 일반적으로 우상향한다는 사실을 설명하지 못한다.

**오답피하기**

① 기대이론은 장기 채권과 단기 채권을 완전대체재로 간주한다.
② 기대이론은 서로 다른 만기들을 가진 채권들의 이자율이 왜 시간이 흐름에 따라 함께 움직이는지를 설명해준다.
④ 미래 단기 이자율이 점차 하락한다는 것은 현재 단기 이자율이 상대적으로 높다는 것을 의미하기에 수익률곡선은 우하향한다.

**출제POINT**

기대이론에 따르면, 단기 이자율들이 낮을 때 수익률곡선들은 대체로 우상향하고, 단기 이자율들이 높을 때 수익률곡선들은 대체로 우하향하는 사실은 설명 가능하지만, 수익률곡선이 일반적으로 우상향한다는 사실을 설명하지 못한다.

## 09 □□□

**甲의 소득은 $1,600$만 원이지만, 사고가 발생하면 $1,200$만 원의 비용을 지출해야 한다. 甲의 효용함수는 $U(I)=\sqrt{I}$이고, 사고를 당할 확률은 $25\%$이다. 甲이 완전한 보험(full insurance)에 가입하는 경우, 보험회사가 받을 수 있는 최대 보험료는? (단, $I$는 甲의 소득이다)**

① 365만 원
② 370만 원
③ 375만 원
④ 380만 원

## 10 □□□

**효용을 극대화하는 소비자의 효용함수는 $U(x_1, x_2)=\sqrt{x_1}+\sqrt{x_2}$이다. 재화 $x_1$과 $x_2$의 가격은 각각 2, 1이고, 예산은 200이다. 다른 조건이 일정하고, 정부가 $x_2$에 단위당 1의 종량세를 부과할 때, 얻게 되는 조세수입은? (단, $x_i$는 정상재 $i$의 소비량이고, $i=1$, 2이다)**

① 25
② 50
③ 75
④ 100

| 09 | 미시 | 최대 보험료 | 답 ③ |
|---|---|---|---|

- 甲의 사고발생 시 소득은 $1,600-1,200=400$만 원이고, 사고미발생 시 소득은 1,600만 원이다.
- 甲의 기대소득은 $0.25\times400+0.75\times1,600=1,300$만 원이다.
- 甲의 효용함수는 $U(I)=\sqrt{I}$이기에 甲의 기대효용은 $0.25\times\sqrt{400}+0.75\times\sqrt{1,600}=35$이고 이에 따른 확실성등가는 $35=\sqrt{CE}$, $CE=1,225$만 원이다.
- 최초의 자산은 1,600만 원, 확실성등가는 1,225만 원이기에 최대 보험료는 $1,600-1,225=375$만 원이다.

**출제POINT**

확실성등가를 $\overline{w}$라 가정하면 공정한 보험료 $pl$과 위험프리미엄 $\pi$의 합을 최대한 보험료 $w_0-\overline{w}$라 한다.

| 10 | 미시 | 소비자균형 | 답 ② |
|---|---|---|---|

- 조세를 부과하기 전 소비자의 예산선은 $2x_1+1x_2=200$이고 $x_2$에 단위당 1의 종량세를 부과하면 예산선은 $2x_1+(1+1)x_2=200$, $2x_1+2x_2=200$로 바뀐다.
- 소비자의 효용함수 $U(x_1, x_2)=\sqrt{x_1}+\sqrt{x_2}$에서

$$MRS_{x_1x_2}=\frac{MU_{x_1}}{MU_{x_2}}=\frac{\frac{1}{2\sqrt{x_1}}}{\frac{1}{2\sqrt{x_2}}}=\frac{\sqrt{x_2}}{\sqrt{x_1}}$$ 이다.

- 효용극대화는 $MRS_{x_1x_2}=\frac{P_{x_1}}{P_{x_2}}$에서 이루어지고 $\frac{P_{x_1}}{P_{x_2}}=1$, $\frac{\sqrt{x_2}}{\sqrt{x_1}}=1$, $x_1=x_2$이기에 이를 바뀐 예산선에 대입하면 $4x_2=200$, $x_2=50$이다.
- 따라서 조세수입은 $50\times1=50$이다.

**출제POINT**

주어진 예산선 수준에서 총효용이 극대가 되는 것을 소비자균형이라 하고, 무차별곡선과 예산선이 접하는 점에서 한계효용균등의 법칙에 따라 달성된다.

## 11 □□□

**신고전학파의 투자모형(Neoclassical model of investment)에서 자본의 순투자(net investment)를 증가시키는 요인이 아닌 것은?**

① 감가상각률 하락
② 기술 발전
③ 고용량 감소
④ 실질이자율 하락

## 12 □□□

**통화공급의 증가가 실물 경제에 영향을 미치는 전달경로(transmission mechanism)에 대한 설명으로 옳지 않은 것은?**

① 자산가격 상승에 따른 부의 효과(wealth effect)로 소비가 증가한다.
② 토빈의 $q$(Tobin's $q$)가 하락하여 투자가 증가한다.
③ 기업의 재무상태(balance sheet)가 개선되므로 은행 차입이 증가하여 투자가 증가한다.
④ 가계 대출이 증가하여 유동성제약을 받고 있는 가계의 소비가 증가한다.

| 11 | 거시 | 투자함수론 | 답 ③ |
|---|---|---|---|

일반적으로 고용량이 감소하면 생산량이 감소하기에 자본의 순투자는 감소할 수 있다. 그러나 신고전학파모형에서 고용량 감소는 순투자와 직접적인 관련은 없다.

**오답피하기**

①, ④ 신고전학파의 투자모형의 사용자 비용 $C=(r+d)P_k$에서 감가상각률 $d$와 실질이자율 $r$이 하락하면 사용자비용이 하락하기에 투자는 증가한다.
② 기술이 발전하면 $MP_K$가 증가하기에 투자는 증가한다.

**출제POINT**

자본의 한계생산물가치($VMP_K$)와 자본의 사용자비용($C$)이 일치하는 수준에서 적정자본량이 결정되고 투자가 이루어진다는 이론이 신고전학파이론이다. 신고전학파이론은 이자율이 하락하면 자본의 사용자 비용이 감소하여 적정자본량이 증가하기에 투자가 증가한다고 본다. 즉, 투자는 이자율의 감소함수이다.

| 12 | 거시 | q이론 | 답 ② |
|---|---|---|---|

$q=\frac{\text{주식시장에서 평가된 기업의 시장가치}}{\text{실물자본의 대체비용}}$에서 $q$가 증가하면 투자가 증가한다.

**오답피하기**

① 부의 효과는 물가하락이 화폐구매력증가를 가져와 실질부증가에 의한 소비증가를 초래하여 총수요(국민소득)를 증가시키는 것으로 자산가격이 상승하면 소비는 증가한다.
③ 대차대조표경로에 따르면, 통화공급이 증가되면 재무상태가 개선되어 은행으로부터의 차입이 증가하기에 투자가 증가한다.
④ 은행대출경로에 따르면, 통화공급이 증가하면 은행의 대출여력이 증가하여 가계 대출이 증가하기에 유동성제약을 받고 있는 가계의 소비가 증가한다.

**출제POINT**

$q=\frac{\text{주식시장에서 평가된 기업의 시장가치}}{\text{실물자본의 대체비용}}$으로 $q$값이 1보다 크면 투자가 증가하고, 1보다 작으면 투자가 감소한다.

## 13 □□□

**소비자물가지수($CPI$)와 $GDP$ 디플레이터(deflator)에 대한 설명으로 옳지 않은 것은?**

① $CPI$는 소비자들이 상대적으로 가격이 높아진 재화 대신 가격이 낮아진 재화를 구입할 수 있다는 사실을 잘 반영한다.

② $CPI$는 재화 및 서비스 가격에 고정된 가중치를 사용하여 도출되지만 $GDP$ 디플레이터는 변화하는 가중치를 사용한다.

③ 해외 생산되어 한국에서 판매되는 자동차 가격의 인상은 한국 $CPI$에 영향을 미치지만 한국 $GDP$ 디플레이터에는 영향을 주지 못한다.

④ 경제 내에 새로운 상품이 도입되면 화폐의 실질가치가 상승하는 효과가 발생하지만 $CPI$는 이를 충분히 반영하지 못한다.

| 13 | 거시 | 소비자물가지수 | 답 ① |
|---|---|---|---|

소비자물가지수는 라스파이레스 방식을 사용하기에 가격 변화에 따른 소비량의 대체효과를 반영하지 못한다.

**오답피하기**

② 소비자물가지수는 소비량에 대한 고정된 가중치를 사용하는 라스파이레스 방식을 사용하지만 $GDP$디플레이터는 변화하는 가중치를 사용하는 파셰 방식을 사용한다.

③ 소비자물가지수는 수입품의 가격변화를 반영하지만 $GDP$디플레이터는 반영하지 못한다.

④ 소비자물가지수는 기준연도 가중치를 사용하기에 선택폭의 확대를 반영하지 못한다.

**출제POINT**

라스파이레스 방식($L_P$)은 기준연도 거래량을 가중치로 사용하여 계산($L_P = \frac{P_t \cdot Q_0}{P_0 \cdot Q_0}$)하는 물가지수로 물가변화를 과대평가하고, 소비자물가지수, 생산자물가지수 등이 있다.

## 14 □□□

**수요의 탄력성에 대한 설명으로 옳지 않은 것은?**

① 대부분 재화의 경우, 수요는 단기보다 장기에 더 가격탄력적이다.

② 재화의 대체재가 적을수록 수요는 더 가격탄력적이다.

③ 열등재의 경우, 수요의 소득탄력성은 음(−)의 값을 갖는다.

④ 두 재화가 보완재인 경우, 수요의 교차탄력성은 음(−)의 값을 갖는다.

| 14 | 미시 | 수요의 탄력성 | 답 ② |
|---|---|---|---|

대체재가 많을수록 수요는 더 가격탄력적이다.

**오답피하기**

① 수요는 측정기간이 길수록 가격탄력적이다.

③ 열등재의 수요의 소득탄력성은 음(−)의 값을 갖는다.

④ 다른 재화의 가격이 1% 변화할 때, 본 재화의 수요량 변화율이 교차 탄력성으로, (+)일 때 대체재, (−)일 때 보완재이다.

**출제POINT**

수요는 사치재의 성격이 강할수록, 대체재가 많을수록, 소비에서 차지하는 비중이 클수록, 재화의 분류범위가 좁을수록, 측정기간이 길수록 탄력적이다.

## 15 □□□

**甲국과 乙국은 경쟁시장에서 $X$재와 $Y$재를 모두 생산하고, 비교우위에 따라 교역을 하며, 이에 따른 비용은 없다. $X$재의 개당 가격은 甲국 24, 乙국 10이며, Y재의 경우 甲국 60, 乙국 20일 때, 모두 이득을 볼 수 있는 교역조건($\frac{P_X}{P_Y}$)은? (단, $P_X$는 $X$재 가격, $P_Y$는 $Y$재 가격이고, 甲국과 乙국만 존재하며, $X$재와 $Y$재만 생산한다)**

① 0.25
② 0.35
③ 0.45
④ 0.55

## 16 □□□

**정부부채에 대한 리카디언 견해(Ricardian equivalence)를 따를 때, 차입을 통한 감세정책의 효과인 것은?**

① 민간소비에 영향을 미치지 않지만 국민저축을 감소시킨다.
② 민간저축과 국민저축 모두에 영향을 주지 않는다.
③ 민간저축을 증가시키지만 국민저축에는 영향을 주지 않는다.
④ 민간소비를 증가시키지만 국민저축을 감소시킨다.

| 15 | 국제 | 교역조건 | 답 ③ |
|---|---|---|---|

甲국의 $Y$재 가격에 대한 $X$재의 상대가격은 $\frac{P_x}{P_y}=\frac{24}{60}=0.4$이고 乙국은 $\frac{P_x}{P_y}=\frac{10}{20}=0.5$이기에 교역조건은 $0.4 <$ 교역조건 $< 0.5$이다.

**출제POINT**

양국의 국내상대가격비, 즉 기회비용 사잇값에서 양국이 이득을 볼 수 있는 교역조건이 성립한다.

| 16 | 거시 | 리카르도 등가정리 | 답 ③ |
|---|---|---|---|

리카르도 등가정리에 따르면 국채를 통화 정부의 재정정책은 민간저축을 증가시키지만 동일한 만큼 정부저축을 감소시키기에 국민저축은 불변이다.

**오답피하기**

①, ②, ④ 리카르도 등가정리에 따르면 국민은 국채를 통한 정부정책을 부채로 인식하기에 오히려 소비는 불변이고 민간저축이 증가하며 이에 따라 정부저축이 감소하기에 결과적으로 국민저축은 불변이다.

**출제POINT**

정부지출재원을 국채를 통하든 조세를 통하든 국민소득은 전혀 증가하지 않는다는 것을 리카르도 등가정리라 한다.

## 17 □□□

**새케인즈학파(New Keynesian)에 대한 설명으로 옳은 것은?**

① 개별기업의 메뉴비용(menu cost)이 작다고 해도 가격의 경직성은 유지된다.
② 가계와 기업이 합리적인 선택을 한다는 원칙을 받아들이지 않는다.
③ 개별 생산자들이 매우 높은 경쟁관계를 유지하는 완전경쟁상태에 있다고 가정한다.
④ 물가의 변동성이 커지면 단기 총공급곡선의 기울기는 수평에 가까워진다.

## 18 □□□

**실업에 대한 설명으로 옳지 않은 것은?**

① 구조적 실업은 노동공급량이 노동수요량을 지속적으로 초과하기 때문에 발생한다.
② 마찰적 실업은 노동자들이 일자리에 대한 정보가 완전함에도 불구하고, 일자리 탐색에 나서기 때문에 발생한다.
③ 구속력 있는 최저임금은 구조적 실업의 원인 중 하나이다.
④ 균형임금보다 높은 효율임금(efficiency wage)은 구조적 실업의 원인 중 하나이다.

**17** 거시 **경직성** 답 ①

가격조정에 따른 수입증가분보다 가격조정 시 발생하는 모든 비용인 메뉴비용으로 인해 기업은 가격조정을 포기하기에 가격이 경직적이 된다는 것이 메뉴비용이론이다. 새케인즈학파에 따르면, 개별기업의 메뉴비용(menu cost)이 미미하더라도 총수요 충격이 발생하면, 가격의 경직성은 유지된다.

오답피하기

② 새케인즈학파는 새고전학파와 마찬가지로 합리적 기대를 가정한다.
③ 새케인즈학파는 불완전경쟁상태를 가정한다.
④ 새케인즈학파는 우상향의 단기 총공급곡선을 주장하였다.

**출제POINT**

합리적 기대 속에 가격변수가 비신축적으로 시장청산이 곤란하다는 것이 새케인즈학파의 기본가정이다.

**18** 거시 **실업** 답 ②

노동시장의 정보불완정성으로 인해 발생하는 실업을 마찰적 실업이라 한다.

오답피하기

① 구조적 실업은 산업구조변화로 인해 노동공급량이 노동수요량을 지속적으로 초과하기 때문에 발생한다.
③, ④ 최저임금과 효율임금은 균형 임금수준보다 높게 책정되어 노동의 초과공급이 발생하기에 구조적 실업을 야기한다.

**출제POINT**

경기침체로 발생하는 실업을 경기적 실업, 산업구조변화로 발생하는 실업을 구조적 실업, 노동시장의 정보불완전성으로 이직 과정에서 발생하는 실업을 마찰적 실업이라 한다.

## 19 □□□

**다음 테일러 준칙(Taylor rule)에 따라 중앙은행이 목표 명목정책금리를 결정한다. 이에 대한 설명으로 옳지 않은 것은?**

> 목표 명목정책금리 = 실제 인플레이션율 + 균형 실질정책금리 + 0.5 × 산출갭 + 0.5 × 인플레이션갭
>
> (단, 산출갭 $= \left(\dfrac{\text{실제 실질 } GDP - \text{잠재 실질 } GDP}{\text{잠재 실질 } GDP}\right) \times 100$,
>
> 인플레이션갭 = 실제 인플레이션율 − 목표 인플레이션율)

① 산출갭과 인플레이션갭이 목표 명목정책금리 결정에 영향을 준다.

② 현재의 실제 인플레이션율이 목표 인플레이션율보다 낮은 경우 목표 명목정책금리를 내린다.

③ 중앙은행이 경제의 잠재실질 $GDP$를 과소평가하고 있다면, 목표 명목정책금리는 적정수준보다 낮게 결정된다.

④ 균형 실질정책금리가 실제보다 과대평가되어 있다면, 목표 명목정책금리는 적정수준보다 높아지게 된다.

## 20 □□□

**생산함수 $Y = K^{0.5}L^{0.5}$를 갖는 솔로우(Solow)모형에 대한 설명으로 옳은 것은? (단, 기술진보는 없고, $Y$, $K$, $L$은 각각 생산물, 자본, 노동이며, 인구성장률은 $1\%$, 감가상각률은 $4\%$, 한계소비성향은 0.7이다)**

① 균제상태(steady state)에서 1인당 자본량은 6이다.

② 균제상태에서 1인당 소비량은 5이다.

③ 황금률(golden rule) 수준에서 1인당 자본량은 10이다.

④ 황금률 수준에서 1인당 소비량은 5이다.

---

**19** 거시 **테일러 준칙** 답 ③

목표 명목정책금리 계산식에서 잠재실질 $GDP$가 과소평가되면 산출갭이 증가하기에 목표 명목정책금리는 높게 결정된다.

**오답피하기**

① 목표 명목정책금리 계산식에 산출갭과 인플레이션갭이 변수로 작용하기에 목표 명목정책금리 결정에 영향을 준다.

② 현재의 실제 인플레이션율이 목표 인플레이션율보다 낮은 경우 인플레이션갭이 감소하기에 목표 명목정책금리는 감소한다.

④ 균형 실질정책금리가 실제보다 과대평가되어 있다면 균형 실질정책금리에 비례적인 목표 명목정책금리는 높아지게 된다.

**출제POINT**

테일러 준칙은 물가상승률과 경제성장률을 고려한 중앙은행의 기준금리 산정 방식으로 물가안정과 산출물안정(실물경제 대표변수)에 적절한 가중치를 부여하여 중앙은행이 금리를 설정한다.

---

**20** 거시 **황금률** 답 ④

- 생산함수 $Y = K^{0.5}L^{0.5}$에서 1인당 생산함수는 $y = \sqrt{k}$이다.
- 황금률 조건 $MP_K = n + d + g$에서 $MP_K = \dfrac{1}{2\sqrt{k}} = 0.05$, $k = 100$이고 이를 다시 1인당 생산함수 $y = \sqrt{k}$에 대입하면 1인당 소득은 $y = 10$이다.
- 황금률에서는 자본소득분배율과 저축률이 동일하기에 저축률은 생산함수 $Y = K^{0.5}L^{0.5}$에서 $s = 0.5$이다.
- 따라서 한계소비성향은 0.5이기에 1인당 소비량은 $c = 0.5y = 10 \times 0.5 = 5$이다.

**오답피하기**

①, ②

- 한계소비성향은 0.7이기에 저축률은 $s = 0.3$이고 Solow모형의 균제상태 조건 $\dfrac{sf(k)}{k} = n$에서 $0.3\sqrt{k} = 0.05k$, $\sqrt{k} = 6$, 1인당 자본량은 $k = 36$이고 이를 다시 1인당 생산함수 $y = \sqrt{k}$에 대입하면 1인당 소득은 6이다.
- 한계소비성향은 0.7이기에 1인당 소비량은 $c = 0.7y = 6 \times 0.7 = 4.2$이다.

③ 1인당 자본량은 $k = 100$이다.

**출제POINT**

1인당 소비가 극대화되는 상태를 자본축적의 황금률이라 하고 $MP_K = n + d + g$에서 달성된다.

## 21 □□□

**총수요곡선과 총공급곡선에 대한 설명으로 옳은 것은?**

① 경제 전체의 자본량이 증가하면 단기 총공급곡선과 장기 총공급곡선 모두 우측으로 이동한다.
② 명목임금이 단기적으로 신축적이라는 가정은 단기 총공급곡선이 우상향하는 이유 중 하나이다.
③ 완전고용을 가정하는 고전학파 모형에서 확장 재정정책은 총수요곡선을 우측으로 이동시키고, 장기적으로 국민소득을 증가시킨다.
④ 물가하락 시 실질화폐잔고 증가로 인해 총수요곡선이 우측으로 이동한다.

## 22 □□□

**다음은 $A$기업의 한계생산물과 비용을 나타낸다. $w=5$, $r=10$인 경우, 최대산출량을 가져다주는 노동과 자본을 바르게 연결한 것은? (단, $L$은 노동, $K$는 자본, $w$는 임금, $r$은 자본의 임대료이다)**

- 노동의 한계생산물: $MP_L = 100K - L$
- 자본의 한계생산물: $MP_K = 100L - 4K$
- 비용: $wL + rK = 1{,}000$

| | 노동 | 자본 |
|---|---|---|
| ① | 70 | 65 |
| ② | 80 | 60 |
| ③ | 90 | 55 |
| ④ | 100 | 50 |

**21** 거시 **총공급곡선** 답 ①

경제 전체의 자본량이 증가하면 자연산출량이 증가하기에 단기와 장기 총공급곡선은 모두 우측이동한다.

오답피하기

② 명목임금이 단기적으로 경직적이라는 가정이 단기 총공급곡선이 우상향하는 이유 중 하나이다.
③ 완전고용을 가정하는 고전학파 모형은 화폐수량설 $MV=PY$를 가정하기에 확장 재정정책을 실시하더라도 총수요곡선은 불변이다.
④ 물가는 총수요곡선의 내재변수이기에 총수요곡선 자체의 이동이 아닌 총수요곡선상 점의 이동요인이다.

**출제POINT**

인구증가, 생산성향상, 기술진보 등으로 $AS$곡선은 우측으로 이동한다.

**22** 미시 **생산자균형** 답 ④

- 생산자균형조건은 $MRTS_{LK} = \frac{MP_L}{MP_K} = (-)\frac{w}{r}$로 $\frac{100K-L}{100L-4K} = \frac{1}{2}$, $200-2L = 100L-4K$, $204K = 102L$, $2K = L$이다.
- $2K = L$을 비용선 $5L+10K=1{,}000$에 대입하면 $20K = 1{,}000$, $K=50$이고 $L=100$이다.

**출제POINT**

생산자균형은 등량곡선과 등비용선이 접하는 점에서 등량곡선의 기울기인 한계기술대체율과 등비용선의 기울기가 일치함으로써 달성된다. 즉, $MRTS_{LK} = (-)\frac{\Delta K}{\Delta L} = (-)\frac{w}{r}$이다.

## 23 □□□

**독점기업이 생산하여 판매하는 $X$재를 두 개의 지역시장으로 나누어 가격차별을 실시할 때, 독점기업이 당면하는 시장1과 시장2에서의 수요함수와 총비용함수는 다음과 같다. 기업의 이윤을 극대화시키는 각 시장에서의 가격을 바르게 연결한 것은? (단, 소비자 간의 차익거래는 금지되어 있고, $P_i$는 시장 $i$의 $X$재 가격, $Q_i$는 시장 $i$의 $X$재 수요량이고, $i=1, 2$이다)**

- 시장1: $P_1 = 55 - Q_1$
- 시장2: $P_2 = -\frac{1}{2}Q_2 + 35$
- 총비용함수: $TC = \frac{1}{2}Q^2 + 5Q + 10$ (단, $Q = Q_1 + Q_2$)

| | $P_1$ | $P_2$ |
|---|---|---|
| ① | 44 | 34 |
| ② | 43 | 33 |
| ③ | 42 | 32 |
| ④ | 41 | 31 |

| 23 | 미시 | 가격차별 | 답 ④ |
|---|---|---|---|

- 시장1의 수요함수는 $P_1 = 55 - Q_1$로 한계수입함수는 $MR_1 = 55 - 2Q_1$이고 총비용함수 $TC = \frac{1}{2}Q^2 + 5Q + 10$를 $Q$에 대해 미분한 한계비용함수는 $MC = Q + 5 = Q_1 + Q_2 + 5$이기에 시장1의 한계이윤과 한계비용을 연립하면 $55 - 2Q_1 = Q_1 + Q_2 + 5, 50 = 3Q_1 + Q_2$이다.
- 시장2의 수요함수는 $P_2 = -\frac{1}{2}Q_2 + 35$로 한계수입함수는 $MR_2 = 35 - 2Q_2$이고 이를 한계비용함수 $MC = Q + 5 = Q_1 + Q_2 + 5$와 연립하면 $35 - Q_2 = Q_1 + Q_2 + 5, 30 = Q_1 + 2Q_2$이다.
- $50 = 3Q_1 + Q_2$와 $30 = Q_1 + 2Q_2$를 연립하면 시장1과 2의 생산량은 각각 $Q_1 = 14, Q_2 = 8$이고 이를 각각의 수요함수에 대입하면 $P_1 = 41, P_2 = 31$이다.

**출제POINT**

시장을 몇 개로 분할하여 각 시장에서 서로 다른 가격을 설정하는 것이 제3급 가격차별로 생산량은 $MR_1 = MR_2 = MC$에서 결정된다.

## 24 □□□

**$IS-LM$모형으로 구성된 폐쇄경제가 균형상태에 있을 때, 정책효과에 대한 설명으로 옳지 않은 것은? (단, $IS$곡선은 우하향하고, $LM$곡선은 우상향하며, 물가는 고정이다)**

① 화폐수요의 이자율탄력성이 클수록 재정정책 효과는 증가하고, 통화정책 효과는 감소한다.

② 화폐수요의 소득탄력성이 클수록 재정정책 효과는 감소하고, 통화정책 효과는 증가한다.

③ 한계소비성향이 클수록 재정정책과 통화정책 효과는 모두 증가한다.

④ 투자의 이자율탄력성이 작을수록 재정정책 효과는 증가하고, 통화정책 효과는 감소한다.

## 24 거시 $IS-LM$모형 답 ②

화폐수요의 소득탄력성이 클수록 $LM$곡선이 가파르기에 재정정책의 효과는 감소하고 통화량증가에 따른 투자상쇄효과가 커지기에 통화정책의 효과도 감소한다.

오답피하기

① 화폐수요의 이자율탄력성이 클수록 $LM$곡선이 완만하기에 재정정책의 효과는 증가하고 통화정책의 효과는 감소한다.
③ 한계소비성향 $c$가 클수록 $IS$곡선은 완만하기에 금융정책의 효과는 커지고 승수효과가 커지기에 재정정책의 효과는 커진다.
④ 투자의 이자율탄력성이 작을수록 $IS$곡선이 가파르기에 재정정책의 효과는 증가하고 통화정책의 효과는 감소한다.

**출제POINT**

한계소비성향 $c$가 클수록 $IS$곡선은 완만하고 금융정책과 재정정책의 효과는 커진다. 화폐수요의 소득탄력성 $k$가 작을수록 $LM$곡선은 완만하고 금융정책과 재정정책의 효과는 커진다.

**<씰크자켓>**

1. 한계소비성향($c$)이 클수록, 재정정책과 통화정책은 모두 효과가 커진다.
   - "정부지출증가 - 소득증가 - 화폐수요증가 - 이자율상승 - 투자감소"에서 한계소비성향이 클수록, $IS$곡선이 완만해져 투자의 이자율탄력성이 커지기에 이자율상승에 따른 투자감소가 크다. 그러나 한계소비성향이 클수록, 이를 초과하는 승수효과로 재정정책은 효과가 커진다.
   - "통화량증가 - 이자율하락 - 투자증가 - 소득증가 - 화폐수요증가 - 이자율상승 - 투자상쇄"에서 한계소비성향이 클수록, $IS$곡선이 완만해져 투자의 이자율탄력성이 커지기에 투자증가가 크다. 따라서 한계소비성향이 클수록 통화정책은 효과가 커진다.
2. 화폐수요의 소득탄력성(마샬$k$)이 작을수록 재정정책과 통화정책은 모두 효과가 커진다.
   - "정부지출증가 - 소득증가 - 화폐수요증가 - 이자율상승 - 투자감소"에서 화폐수요의 소득탄력성이 작을수록 이자율상승에 따른 투자감소가 작다. 따라서 화폐수요의 소득탄력성이 작을수록 재정정책은 효과가 커진다.
   - "통화량증가 - 이자율하락 - 투자증가 - 소득증가 - 화폐수요증가 - 이자율상승 - 투자상쇄"에서 화폐수요의 소득탄력성이 작을수록 투자상쇄가 작다. 따라서 화폐수요의 소득탄력성이 작을수록 통화정책은 효과가 커진다.

## 25 □□□

**다음 폐쇄경제에서 정부지출이 100에서 125로, 물가가 2에서 5로 상승하는 경우, 균형소득과 균형이자율의 변화량을 바르게 연결한 것은? (단, $Y$는 소득, $r$은 이자율이다)**

- 소비함수: $C=200+0.75(Y-T)$
- 투자함수: $I=200-25r$
- 정부지출: $G=100$
- 조세: $T=100$
- 화폐수요함수: $\frac{M^d}{P}=Y-100r$
- 화폐공급: $M^s=1,000$
- 물가: $P=2$

| | 균형소득 변화량 | 균형이자율 변화량 |
|---|---|---|
| ① | $-100$ | $+1$ |
| ② | $-200$ | $+1$ |
| ③ | $-100$ | $+2$ |
| ④ | $-200$ | $+2$ |

## 25 거시 $IS$곡선과 $LM$곡선 답 ③

- 최초 $IS$곡선
  $Y=C+I+G$, $Y=200+0.75(Y-100)+200-25r+100$
  $0.25Y=-25r+425$, $Y=-100r+1,700$
- 최초 $LM$곡선
  $\frac{M^d}{P}=Y-100r$, $\frac{1,000}{2}=Y-100r$
  $Y=100r+500$
- $100r+500=-100r+1,700$, $200r=1,200$, $r=6$, $Y=1,100$
- 바뀐 $IS$곡선
  $0.25Y=-25r+450$, $Y=-100r+1,800$
- 바뀐 $LM$곡선
  $\frac{M^d}{P}=Y-100r$, $\frac{1,000}{5}=Y-100r$
  $Y=100r+200$
  $100r+200=-100r+1,800$, $200r=1,600$, $r=8$, $Y=1,000$
- 따라서 균형소득 변화량은 $-100$, 균형이자율 변화량은 $+2$이다.

**출제POINT**

$IS$곡선과 $LM$곡선이 만나는 점에서 생산물시장과 화폐시장의 동시 균형이 달성된다.

# 15회 2023년 국가직

## 01 □□□

**다음은 $X$재에 대한 수요의 탄력성이다. $X$재 가격이 3% 오르고 소비자의 소득도 6% 증가할 때, $X$재의 수요량을 6% 증가시키기 위해 요구되는 $Y$재 가격의 변화는? (단, 수요의 가격탄력성은 절댓값으로 표시한다)**

- 수요의 가격탄력성: 0.4
- 수요의 소득탄력성: 0.6
- $Y$재 가격 변화에 대한 수요의 교차탄력성: 0.6

① 2% 상승
② 3% 상승
③ 4% 상승
④ 6% 상승

## 02 □□□

**다음은 $A$와 $B$ 두 사람만 존재하는 경제에서 공공재에 대한 $A$와 $B$의 수요함수를 나타낸다. 공공재 생산의 한계비용이 40으로 일정할 때, 사회적 최적 생산량은?**

- $A$의 수요함수: $Q=50-P_A$
- $B$의 수요함수: $Q=30-2P_B$

(단, $Q$는 수량, $P_A$와 $P_B$는 각각 A와 B의 한계편익이다)

① $\frac{50}{3}$
② $\frac{55}{3}$
③ $\frac{60}{3}$
④ $\frac{65}{3}$

**01** 미시 가격탄력성 답 ④

- 소득이 1% 변화할 때 수요량의 변화율이 수요의 소득탄력성이고, 대체재 가격이 1% 변화할 때 수요량의 변화율이 수요의 교차탄력성이다.
- 정상재인 $X$재 수요의 가격탄력성이 0.4이기에 가격이 1% 상승할 때 수요량은 0.4% 감소한다. 따라서 $X$재 가격이 3% 상승하면 수요량은 1.2% 감소한다. $X$재 수요의 소득탄력성이 0.6이기에 소득이 1% 증가하면 수요량은 0.6% 증가한다. 따라서 소득이 6% 증가하면 수요량은 3.6% 증가한다.
- $X$재 가격 변화와 소득 변화에 따른 수요량의 변화율이 2.4%(−1.2%+3.6%)이기에 $Y$재 가격 변화에 따른 수요량의 변화율이 3.6%이어야 $X$재의 수요량을 6% 증가시킬 수 있다. $Y$재 가격 변화에 대한 수요의 교차탄력성이 0.6%이기에 $Y$재 가격이 6% 상승해야 $X$재 수요량의 변화율이 3.6%가 된다.

**출제POINT**
가격이 1% 변화할 때, 수요량의 변화율이 수요의 가격탄력성이다.

**02** 미시 공공재 답 ①

- $A$의 수요함수는 $P_A=50-Q$, $B$의 수요함수는 $P_B=15-\frac{1}{2}Q$이다.
- 공공재의 시장수요곡선은 개별수요곡선의 수직 합으로 구하기에, 둘을 더한 시장수요함수는 $P=65-\frac{3}{2}Q$이다. 사회적 최적 생산량은 $P=MC$이기에 $65-\frac{3}{2}Q=40$으로 사회적 최적 생산량은 $Q=\frac{50}{3}$이다.

**출제POINT**
공공재의 시장수요곡선은 개별수요곡선의 수직 합으로 구한다.

## 03 □□□

외부성에 대한 설명으로 옳은 것만을 모두 고르면?

ㄱ. 외부성은 생산 측면에서 발생하는 현상으로 소비 측면에서는 발생하지 않는다.
ㄴ. 완전경쟁시장에서 외부성이 존재하면 효율적인 자원배분이 이루어진다.
ㄷ. 외부불경제가 존재하는 경우 일반적으로 균형거래량이 사회적으로 최적인 수준보다 많다.
ㄹ. 외부불경제가 존재하는 상황에서 소유권이 명확하게 규정되지 않는 경우 공유지의 비극이 발생할 수 있다.

① ㄱ, ㄴ
② ㄱ, ㄹ
③ ㄴ, ㄷ
④ ㄷ, ㄹ

| 03 | 미시 | 시장실패론 | 답 ④ |
|---|---|---|---|

ㄷ. 일반적으로 생산 측면에서 외부불경제가 존재하는 경우, $PMC < SMC$로 균형거래량이 사회적으로 최적인 수준보다 많다.
ㄹ. 외부불경제가 존재하는 상황에서 소유권을 명확하게 지정하지 않는다면 자원이 과다 소비되어 공유지의 비극이 발생할 수 있다.

(오답피하기)
ㄱ. 외부성은 생산 측면과 소비 측면 모두에서 발생한다.
ㄴ. 완전경쟁시장에서 외부성이 존재하지 않을 때 효율적인 자원배분이 이루어진다.

**출제POINT**
시장의 가격기구를 통하지 않고 제3자에게 의도하지 않은 이득이나 손해를 주지만 대가를 받지도 지불하지도 않는 것을 외부성이라 한다.

## 04 □□□

소비이론에 대한 설명으로 옳은 것은?

① 케인즈(Keynes)의 소비함수에서는 현재가처분소득이 증가하더라도 평균소비성향은 일정하다.
② 항상소득가설은 일시적인 소득 증가가 소비에 영향을 크게 미친다고 가정한다.
③ 생애주기가설에 의하면 소비자는 현재가처분소득에만 의존하여 적절한 소비수준을 결정한다.
④ 홀(Hall)에 의하면 항상소득가설과 합리적 기대를 결합시킬 경우 소비는 임의보행(random walk)을 따른다.

| 04 | 거시 | 소비함수론 | 답 ④ |
|---|---|---|---|

랜덤워크가설에 따르면, 합리적 기대하 항상소득이 결정되면, 소비는 임의보행(random walk)을 따른다.

(오답피하기)
① 케인즈의 소비함수는 단기에서만 성립하기에 현재가처분소득이 증가하면 평균소비성향이 감소한다.
② 항상소득가설은 일시적인 소득 증가가 소비에 거의 영향을 주지 못한다고 가정한다.
③ 소비자가 현재가처분소득에만 의존하여 적절한 소비수준을 결정한다고 주장하는 이론은 케인즈의 절대소비가설이다. 생애주기가설에 따르면 소비자는 생애 전체의 소득을 감안하여 현재 소비를 결정하게 된다.

**출제POINT**
합리적 기대하 항상소득이 결정되면 그에 따라 소비가 결정된다는 것이 랜덤워크가설로, 예상된 정책은 소비에 영향을 미치지 못하나 예상하지 못한 정책은 소비에 영향을 미칠 수 있음을 설명한다. 즉, 예상된 정부정책은 소비에 아무런 영향을 미칠 수 없음을 시사한다.

## 05 □□□

**예상된 인플레이션의 사회적 비용이 아닌 것은?**

① 화폐 보유를 줄이는 데 드는 구두창비용
② 기존의 가격 메뉴표를 바꾸는 비용
③ 채권자와 채무자 사이의 소득 재분배
④ 상대가격의 변동성 증가에 의한 자원배분 왜곡

| 05 | 거시 | 인플레이션이론 | 답 ③ |
|---|---|---|---|

예상된 인플레이션의 경우, 채권자와 채무자 사이의 소득 재분배는 일어나지 않는다. 예상치 못한 인플레이션이 발생하면 채권자와 채무자 사이의 소득 재분배가 이루어진다.

**출제POINT**
예상된 인플레이션이 발생하면 부와 소득의 재분배는 불변이나, 구두창비용, 메뉴비용 등이 발생하고 조세부담이 증가하며, 경상수지가 악화된다.

## 06 □□□

**동일한 재화를 생산하는 기업 $A$와 기업 $B$가 경쟁하는 복점 시장의 시장수요함수는 $Q=20-P$이다. 두 기업 모두 고정비용이 없으며, 한계비용은 2로 일정할 때 옳지 않은 것은? (단, $Q$는 두 기업의 생산량의 합이고, $P$는 시장가격이다)**

① 베르뜨랑(Bertrand) 모형의 내쉬균형에서 두 기업의 이윤은 0이다.
② 두 기업이 완전한 담합을 하는 경우, 꾸르노(Cournot) 모형에서의 내쉬균형보다 각 기업의 이윤이 증가한다.
③ 슈타켈버그(Stackelberg) 모형에서 선도자와 추종자가 불명확하여 모든 기업이 선도자로서 행동하려는 경우에도 내쉬균형이 존재한다.
④ 슈타켈버그 모형에서 선도자와 추종자가 불명확하여 모든 기업이 추종자로서 행동하려는 경우의 균형은 꾸르노 모형의 내쉬균형과 같아진다.

| 06 | 미시 | 과점시장 | 답 ③ |
|---|---|---|---|

슈타켈버그 모형에서 선도자와 추종자가 불명확하여 모든 기업이 선도자로서 행동하려는 경우에는 슈타켈버그 불균형(선도자 전쟁)이 발생해, 내쉬균형이 존재하지 않는다.

**오답피하기**

① 고정비용이 없고 한계비용이 일정하기에 총비용은 원점에서 시작되는 직선이다. 이 경우 평균비용과 한계비용이 2로 같다. 베르뜨랑 모형은 $P=MC$이기에 $20-Q=2$으로, $Q=18$, $P=2$이다. 이윤은 총수입에서 총비용을 빼서 구하기에 $P\times Q-AC\times Q=18\times2-18\times2=0$로, 두 기업의 이윤은 0이다.
② 두 기업이 완전히 담합했다는 것은 독점으로 행동한다는 것과 같다. $MR=MC$이기에 $20-2Q=2$으로 $Q=9$, $P=11$이다. 이때의 이윤을 구하면 $11\times9-2\times9=81$이고, 두 기업이기에 각 기업의 이윤은 40.5씩이다.
완전경쟁시장에서는 $P=MC$를 따르기에 $20-Q=2$, $Q=18$인데 꾸르노 모형에서는 완전경쟁시장의 $\frac{2}{3}$만큼 생산하므로 꾸르노 모형에서의 생산량과 가격은 $Q=12$, $P=8$이다. 이때의 이윤은 $8\times12-2\times12=72$이기에 각 기업의 이윤은 36씩이다.
④ 슈타켈버그 모형에서 선도자와 추종자가 불명확하여 모든 기업이 추종자로서 행동하면, 이와 동일한 상황을 가정하는 꾸르노 모형의 내쉬균형과 같은 균형을 갖게 된다.

**출제POINT**
한 기업은 선도기업이고, 한 기업은 추종기업일 때의 슈타켈버그 모형은 선도기업의 생산량이 독점일 때와 동일(완전경쟁의 $\frac{1}{2}$)하고, 추종기업의 생산량은 선도기업의 절반(완전경쟁의 $\frac{1}{4}$)이다.

## 07 □□□

$X$재 시장은 완전경쟁적이고, $X$재 생산에 참여하는 모든 기업의 장기평균비용함수는 $LAC(q)=20-4q+\frac{1}{2}q^2$으로 동일하다. $X$재의 시장수요함수가 $Q^D=2{,}000-100P$일 때, 장기균형에서 존재하는 기업의 수는? (단, $q$는 개별기업의 생산량, $Q^D$는 수요량, $P$는 가격이다)

① 120
② 160
③ 200
④ 240

## 08 □□□

확장적 통화정책의 전달경로에 대한 설명으로 옳지 않은 것은?

① 환율경로에 따르면 금리하락으로 환율이 상승하여 순수출이 증가하고 경상수지가 개선된다.
② 신용경로에 따르면 예금 및 대출의 감소와 가계·기업의 대차대조표 악화로 소비와 투자가 증가한다.
③ 자산가격 경로에 따르면 주가와 부동산 가격의 상승에 따른 부의 효과(wealth effect)로 소비가 증가한다.
④ 금리경로에 따르면 단기금리 하락으로 장기금리와 은행금리도 하락하여 소비와 투자가 증가한다.





| 07 | 미시 | 완전경쟁시장 | 답 ③ |
|---|---|---|---|

- 장기평균비용곡선의 최소점, 즉, 극점은 장기평균비용함수를 미분하여 0이 되는 지점에서 구할 수 있다.
- $LAC(q)=20-4q+\frac{1}{2}q^2$을 $q$에 대해 미분하면, $\frac{dLAC(q)}{dq}=-4+q$이기에 미분한 $LAC$를 0으로 만드는 값은 $q=4$이다. $q=4$를 $LAC$에 대입하면 $p=12$이기에, 이를 시장수요함수에 대입하면 $Q=800$이다. 한 기업이 4개씩 생산해 총 800개를 생산하기에, 이 시장에 기업은 200개$(200\times4=800)$가 존재한다.

**출제POINT**
완전경쟁기업의 생산은 장기평균비용곡선의 최소점에서 이루어진다.

| 08 | 거시 | 금융정책 | 답 ② |
|---|---|---|---|

확장 통화정책으로 예금 및 대출의 증가와 가계 및 기업의 대차대조표가 개선되면 소비와 투자가 증가하게 된다.

**오답피하기**
① 환율경로는 금리가 하락하면 환율이 상승하여 순수출이 증가하고 경상수지가 개선되는 과정을 설명한다.
③ 자산가격 경로에 따르면 주가와 부동산 가격이 상승하면 자산이 증가한 것처럼 느끼는 부의 효과로 소비가 증가한다.
④ 금리경로에 따르면 단기금리가 하락하면 장기금리와 은행금리도 하락하여 소비와 투자가 증가하게 된다.

**출제POINT**
물가하락이 화폐구매력증가를 가져와 실질부증가에 의한 소비증가를 초래하여 총수요(국민소득)를 증가시키는데, 이를 실질잔고효과, 피구효과 또는 부의 효과라 한다.

## 09 □□□

**甲국이 국내시장을 개방하기 전 $X$재의 수요함수와 공급함수는 다음과 같다. 시장이 개방되어 국제시장 가격 20으로 $X$재를 수입하고 있다. 정부가 국내 생산자를 보호하기 위해 $X$재에 단위당 10의 관세를 부과하는 경우, 이로 인한 관세수입과 경제적 순손실을 바르게 연결한 것은? (단, 甲국은 소국이고, $X$재 시장은 완전경쟁시장이다)**

> • 국내 $X$재 수요함수: $P=50-\frac{1}{2}Q$
>
> • 국내 $X$재 공급함수: $P=5+Q$
>
> (단, $P$는 가격, $Q$는 수량이다)

| | 관세수입 | 경제적 순손실 |
|---|---|---|
| ① | 100 | 100 |
| ② | 100 | 150 |
| ③ | 150 | 100 |
| ④ | 150 | 150 |

## 10 □□□

**소비자 $A$는 $X$재와 $Y$재만을 소비하고, $X$재 5단위와 $Y$재 7단위를 소비하여 얻는 효용과 $X$재 9단위와 $Y$재 5단위를 소비하여 얻는 효용이 같다. 소비자 $A$가 $X$재 6단위와 $Y$재 8단위를 소비할 때 얻는 효용의 크기에 대한 설명으로 옳은 것은? (단, 소비자 $A$의 선호체계는 완비성(completeness), 이행성(transitivity), 연속성(continuity), 강단조성(strong monotonicity), 볼록성(convexity)을 모두 만족한다)**

① $X$재 9단위와 $Y$재 5단위를 소비하여 얻는 효용수준과 같다.

② $X$재 9단위와 $Y$재 5단위를 소비하여 얻는 효용수준보다 높다.

③ $X$재 9단위와 $Y$재 5단위를 소비하여 얻는 효용수준보다 낮다.

④ 주어진 정보만으로는 판단할 수 없다.

| 09 | 국제 | 무역정책론 | 답 ④ |
|---|---|---|---|

• 관세부과 전 국제시장 가격 20에서 $X$재 수입 시, 국내가격은 $P=20$, 수요량은 60, 공급량은 15로 총 45를 수입한다.

• $X$에 단위당 10의 관세부과 시, 공급량은 25, 수요량은 40이 되기에 총 수입량은 15이다. 단위당 관세가 10이므로 관세수입은 $15\times10=150$이다.

• 손실은 그림에서 색칠한 면적으로, $\frac{1}{2}\times10\times10+\frac{1}{2}\times10\times20=150$ 이다.

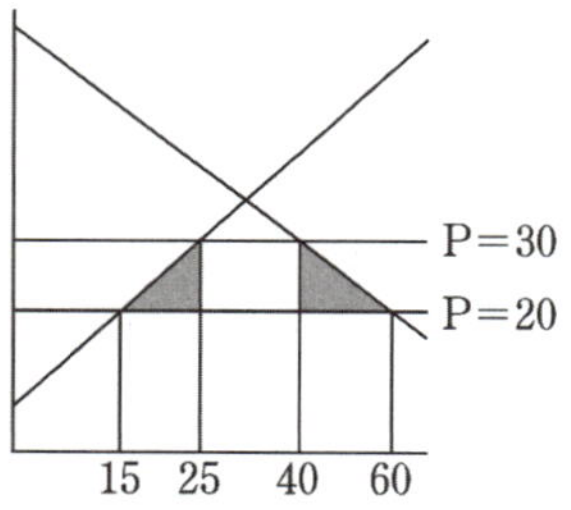


> **출제POINT**
>
> 소국에서는 관세가 부과되더라도 국제가격(수입가격)이 변하지 않아 교역조건은 불변이고 단위당 $T$원의 관세가 부과되면 국내가격이 $T$원만큼 상승한다. 따라서 국내생산증가, 국내소비감소, 국제수지 개선, 및 재정수입증가 효과가 발생한다.

| 10 | 미시 | 무차별곡선이론 | 답 ② |
|---|---|---|---|

• 완비성, 이행성, 연속성, 강단조성, 볼록성은 효용함수가 갖는 기본 가정이다.

• 소비자 $A$가 $X$재 5단위, $Y$재 7단위를 소비하여 얻는 효용과 $X$재 9단위와 $Y$재 5단위를 소비하여 얻는 효용이 같기에 $X$재 4단위 추가의 효용과 $Y$재 2단위 포기의 효용이 동일하다. 즉, $X$재 3단위 추가와 $Y$재 1.5단위 포기의 효용이 같다.

• $X$재 9단위와 $Y$재 5단위에서 $X$재 3단위를 포기하고 $Y$재 3단위를 얻어야 $X$재 6단위, $Y$재 8단위가 된다. $X$재 3단위를 포기하고 $Y$재 1.5단위를 추가할 때 기존의 효용수준과 같은 효용을 얻게 되는데, 여기서 $Y$재 1.5단위를 더 추가하고 있으므로 기존 효용수준보다 높은 효용을 얻게 된다.

> **출제POINT**
>
> 소비자에게 동일한 효용을 주는 두 재화의 조합을 나타낸 곡선이 무차별곡선이다. 무차별곡선은 우하향의 형태로, 원점에서 멀어질수록 효용이 커지고 교차하지 않으며 원점에 대하여 볼록하다.

## 11 □□□

**기술진보가 없는 단순한 솔로우(Solow)모형에 대한 설명으로 옳지 않은 것은?**

① 저축률을 높임으로써 지속적인 성장을 도모할 수 있다.
② 인구증가율이 증가하면 새로운 균제상태에서 일인당 자본량은 감소한다.
③ 절대적 수렴성(absolute convergence)이 도출되는 것은 한계수확체감의 법칙 때문이다.
④ 저축률이 황금률 수준보다 높은 경우에 저축률을 낮추면 일인당 현재소비와 미래소비가 늘어난다.

## 12 □□□

**총수요곡선에 대한 설명으로 옳지 않은 것은?**

① 물가수준이 하락하면 이자율이 하락하고 이에 따른 투자재 지출 증가로 총수요곡선은 우하향한다.
② 주어진 물가수준에서 정부의 세금인하로 인한 소비지출 증가는 총수요곡선을 우측이동시킨다.
③ 주어진 물가수준에서 국방비와 고속도로 건설 등 정부의 구입증가는 총수요곡선을 우측이동시킨다.
④ 주어진 물가수준에서 원화가치가 상승하면 우리나라 제품의 상대가격이 상승하여 순수출을 증가시켜 총수요곡선을 우측이동시킨다.

| 11 | 거시 | 경제성장론 | 답 ① |
|---|---|---|---|

솔로우모형에서 저축률을 높여도 일시적으로 경제가 성장할 뿐, 지속적인 성장을 도모할 수는 없다.

**오답피하기**

② 인구증가율이 증가하면 새로운 균제상태에서 일인당 자본량과 일인당 소득이 감소한다.
③ 한계수확체감의 법칙에 따라 모든 나라의 경제수준이 결과적으로 같은 지점에 수렴하는 절대적 수렴성이 도출된다.
④ 저축률이 황금률 수준보다 높은 경우에 저축률을 낮추면 즉시 일인당 현재소비는 증가하고, 황금률에 도달 시 소비가 극대화되기에 미래소비도 늘어난다.

**출제POINT**
솔로우 모형에서 저축률이 상승하면 단기적으로 경제성장률이 증가하나 장기적으로 경제성장률은 본래수준으로 복귀하기에 수준효과만 있을 뿐 성장효과를 갖지 못한다.

| 12 | 거시 | 수요측면의 균형 | 답 ④ |
|---|---|---|---|

일정한 물가수준에서 원화가치가 상승하면 환율이 하락하여 순수출을 감소시키고, 이때 $IS$곡선이 좌측으로 이동하여 총수요곡선을 좌측이동시킨다.

**오답피하기**

① 이자율효과에 의해, 물가수준이 하락하면 실질통화량이 늘어 이자율이 낮아지고 투자재 지출이 증가하여 총수요곡선이 우하향한다.
② 정부가 세금을 인하하면 가처분소득$(Y-T)$이 증가하여 소비지출이 증가한다. 따라서 $IS$곡선이 우측으로 이동하고 $AD$곡선도 우측이동한다.
③ 정부지출증가는 $IS$곡선을 우측으로 이동시켜 총수요곡선도 우측이동시킨다.

**출제POINT**
소비증가, 투자증가, 정부지출증가, 수출증가, 수입감소, 조세감소로 $IS$곡선은 우측으로 이동하고, 통화량증가, 화폐수요감소로 $LM$곡선은 우측으로 이동하여 $AD$곡선은 우측으로 이동한다.

## 13 □□□

**적응적 기대하의 필립스곡선에 대한 설명으로 옳은 것만을 모두 고르면?**

ㄱ. 우하향하는 단기 필립스곡선은 인플레이션과 실업률 간에 상충관계가 있음을 의미한다.
ㄴ. 예상치 못한 인플레이션은 단기적으로 실업률에 영향을 주지 못한다.
ㄷ. 필립스곡선은 장기에는 자연실업률 수준에서 수직이 된다.

① ㄱ, ㄴ
② ㄱ, ㄷ
③ ㄴ, ㄷ
④ ㄱ, ㄴ, ㄷ

## 14 □□□

**$X$재 시장의 수요함수와 공급함수는 각각 $Q^D = 5,000 - 10P$, $Q^S = -2,000 + 10P$이다. 정부가 생산자에게 단위당 100의 보조금을 지급할 때 발생하는 후생손실(deadweight loss)의 크기는? (단, $Q^D$는 수요량, $Q^S$는 공급량, $P$는 가격이다)**

① 25,000
② 30,000
③ 35,000
④ 40,000

**13** 거시 필립스곡선 답 ②

ㄱ. 적응적 기대하 단기 필립스곡선은 우하향하며, 인플레이션과 실업률 사이의 상충관계를 나타낸다.
ㄷ. 필립스곡선은 장기에 자연실업률 수준에서 수직이 된다.

(오답피하기)
ㄴ. 적응적 기대하 단기 필립스곡선은 우하향으로, 예상치 못한 인플레이션은 단기적으로 실업률에 영향을 주게 된다.

**출제POINT**
인플레이션을 정확하게 예상하지 못하는 단기에 필립스곡선은 우하향의 형태이다. 인플레이션을 정확하게 예상하는 장기에 실제실업률이 자연실업률과 일치하기에 장기필립스곡선은 수직선으로 도출된다.

**14** 미시 수요 · 공급이론의 응용 답 ①

- 최초 거래량은 $5000 - 10P = -2000 + 10P$이기에 $P = 350$, $Q = 1,500$이다.
- 생산자에게 단위당 100의 보조금을 지급하면, 공급함수는 $Q = -2000 + 10(P - (-100)) = 10P - 1000$이기에, 새로운 거래량은 $5000 - 10P = -1000 + 10P$이기에 $P = 300$, $Q = 2000$이다.
- 이때 후생손실은 $\frac{1}{2} \times 100 \times 500 = 25,000$이다.

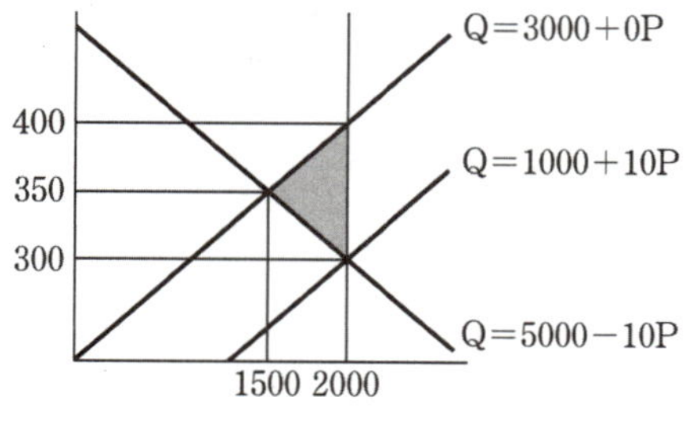


**출제POINT**
보조금이나 조세를 부과할 경우, 소비자잉여와 생산자잉여의 감소가 발생하는데, 이 중 일부만 정부의 세수증가로 전환되고 나머지는 후생손실이 발생한다. 후생손실은 단위당 보조금×(바뀐 거래량−최초거래량)×$\frac{1}{2}$이다.

## 15 □□□

**정보의 비대칭성으로 인해 발생할 수 있는 상황에 대한 설명으로 옳은 것만을 모두 고르면?**

> ㄱ. 역선택의 문제를 해결하기 위해 사적정보를 가진 개인은 신호발송(signaling)을 하기도 한다.
> ㄴ. 기업은 근로자의 도덕적 해이를 막기 위해 효율 임금(efficiency wage)을 지급하기도 한다.
> ㄷ. 분리균형(separating equilibrium)에서는 서로 다른 선호체계를 갖는 경제주체들이 동일한 선택을 한다.
> ㄹ. 유인설계(incentive design)는 대리인의 도덕적 해이를 막기 위해 사용할 수 있는 수단이다.

① ㄱ, ㄴ
② ㄴ, ㄷ
③ ㄱ, ㄴ, ㄹ
④ ㄱ, ㄷ, ㄹ

## 16 □□□

**중앙은행의 통화정책 수단에 대한 설명으로 옳은 것은?**

① 국공채를 매입하면 통화량은 감소하고 이자율은 상승한다.
② 재할인율을 인상하면 통화량은 증가하고 이자율은 하락한다.
③ 지급준비율을 인하하면 통화량은 증가하고 이자율은 하락한다.
④ 국공채 매입, 재할인율 인상, 지급준비율 인하는 모두 본원통화를 변화시킨다.



| 15 | 미시 | 정보경제학 | 답 ③ |
|---|---|---|---|

ㄱ. 역선택 문제는 신호발송, 선별, 신용할당 등의 방법으로 해결할 수 있다.
ㄴ. 효율임금은 근로관계에서의 도덕적 해이 문제에 대처하는 대표적인 해결법이다.
ㄹ. 유인설계는 주인-대리인 문제에서 대리인의 도덕적 해이를 막기 위한 수단으로 사용된다.

**오답피하기**

ㄷ. 분리균형에서는 서로 다른 선호체계를 갖는 경제주체들이 서로 다른 선택을 하게 된다.

**출제POINT**

주인-대리인 문제는 주인의 이득이 대리인에게도 유리하게 작용하도록 하는 유인설계를 통해 해결가능하고, 성과급, 효율성임금 등이 그 예이다.

| 16 | 거시 | 금융정책 | 답 ③ |
|---|---|---|---|

지급준비율을 인하하면 대출이 증가하기에 통화량은 증가하고, 통화공급곡선의 우측이동으로 이자율이 하락한다.

**오답피하기**

① 국공채를 매입하면 시중 통화량이 증가하고 이자율은 하락한다.
② 재할인율을 인상하면 시중 통화량이 감소하고 이자율은 상승한다.
④ 지급준비율의 변화는 승수를 통해 통화량에 영향을 줄 뿐, 본원통화와 직접적인 관련이 없다.

**출제POINT**

중앙은행은 호경기일 때 금리를 높이고 국공채를 매각하여 통화량을 감소시키고, 불경기일 때 금리를 낮추고 국공채를 매입하여 통화량을 증가시킨다.

## 17 □□□

**단기 총공급곡선을 우상향하게 만드는 요인에 대한 설명으로 옳은 것만을 모두 고르면?**

| |
|---|
| ㄱ. 신축적 가격조정과 합리적 기대하에서도 불완전정보로 인한 물가예상의 착오<br>ㄴ. 가격을 즉각적으로 조정하는 기업과 가격을 경직적으로 유지하는 기업들의 혼재<br>ㄷ. 자연실업률의 하락으로 인한 노동인구의 증가<br>ㄹ. 임금계약에 의한 명목임금의 일정 기간 고정 |

① ㄱ, ㄴ, ㄷ
② ㄱ, ㄴ, ㄹ
③ ㄱ, ㄷ, ㄹ
④ ㄴ, ㄷ, ㄹ

| 17 | 거시 | 거시경제의 일반균형 | 답 ② |
|---|---|---|---|

ㄱ. 합리적 기대하에서도 정보가 불완전하다면 물가예상의 착오로 단기 총공급곡선이 우상향한다.
ㄴ. 가격을 경직적으로 유지하는 기업들의 존재로 가격변수가 경직성을 보인다면 단기 총공급곡선이 우상향한다.
ㄹ. 명목임금을 일정기간 고정시키면 가격변수가 경직성을 갖게 되어 단기 총공급곡선이 우상향한다.

(오답피하기)
ㄷ. 자연실업률의 변동은 총공급곡선 자체의 이동요인이다.

**출제POINT**
단기에는 가격변수가 완전신축적이지 않으며 정보불완전성으로 총공급곡선($AS$)은 우상향으로 도출된다.

## 18 □□□

**생산물시장은 완전경쟁적이고, 생산물가격은 $3{,}000$이다. 기업 $A$의 생산함수는 $Q=5L+2{,}000$이고, 노동공급곡선은 $L=10w+10{,}000$이다. 노동시장에서 기업 $A$가 수요독점자인 경우 이윤을 극대화하는 고용량($L_M$)과 노동시장이 완전경쟁적인 경우 기업 $A$의 이윤을 극대화하는 고용량($L_C$)을 바르게 연결한 것은? (단, $w$는 임금률, $L$은 노동량, $Q$는 생산량이다)**

| | $L_M$ | $L_C$ |
|---|---|---|
| ① | 80,000 | 160,000 |
| ② | 80,000 | 180,000 |
| ③ | 90,000 | 160,000 |
| ④ | 90,000 | 180,000 |

| 18 | 미시 | 불완전경쟁 가변생산요소시장 | 답 ① |
|---|---|---|---|

• 노동시장에서 기업 $A$가 수요독점자인 경우, 이윤극대화 조건은 $VMP_L=MRP_L=MFC_L>w$이다. 생산함수 $Q$를 미분하면 $\frac{dQ}{dL}=MP_L=5$이기에, $P\times MP_L=MFC_L=3{,}000\times5=0.2L-1{,}000$으로, $L_M=80{,}000$이다.
• 노동시장이 완전경쟁적일 경우, $VMP_L=w$에서 이윤을 극대화하는 고용량이 결정된다. 따라서 $P\times MP_L=w=3{,}000\times5=0.1L-1{,}000$으로, $L_C=160{,}000$이다.

**출제POINT**
생산물시장이 완전경쟁적이고, 생산요소시장이 수요독점이면 고용량은 $VMP_L=MRP_L=MFC_L>w$에서 결정되고, 임금은 평균요소비용과 일치한다.

## 19 □□□

**채권에 대한 설명으로 옳지 않은 것은? (단, 만기수익률은 양(+)의 값을 갖고, 무이표채는 액면가가 고정되어 있으며, 이표채는 액면가와 쿠폰금액이 고정되어 있다)**

① 만기수익률이 일정한 상태에서 만기가 가까워질수록 무이표채의 가격은 상승한다.

② 만기가 고정되어 있을 때, 만기수익률과 이표채 가격은 반대방향으로 움직인다.

③ 무이표채의 경우 만기수익률이 동일하게 변화할 때, 가격 변동폭은 단기채권보다 장기채권이 크다.

④ 이표채의 경우 만기수익률이 동일하게 변화할 때, 가격변동폭은 장기채권보다 단기채권이 크다.

| 19 | 거시 | 채권가격과 이자율 | 답 ④ |
|---|---|---|---|

만기수익률이 동일하게 변화할 때, 이표채의 가격 변동폭은 단기채권보다 장기채권에서 크게 나타난다.

**오답피하기**

① 만기수익률이 일정한 상태에서 만기가 가까워지면 수요가 증가하기에 무이표채의 가격이 상승한다.

② 이자율과 만기수익률은 같은 방향으로, 이표채 가격과 만기수익률은 반대 방향으로 움직인다.

③ 만기수익률이 동일하게 변화할 때, 무이표채의 가격 변동폭은 단기채권보다 장기채권에서 크게 나타난다.

**출제POINT**

채권의 만기가 길수록, 즉, 장기채일수록, 만기수익률의 변화에 더 민감하게 반응한다.

## 20 □□□

**두 정상재 $X$와 $Y$만을 소비하여 효용을 극대화하는 소비자 $A$의 효용함수는 $U(X, Y) = 3X + 4Y$이다. $Y$재의 가격은 4, 소득은 $M$이라고 할 때, 이에 대한 설명으로 옳지 않은 것은? (단, $P_X$는 $X$재의 가격, $P_X > 0$, $0 < M < \infty$, $X \geq 0$, $Y \geq 0$이다)**

① $X$재와 $Y$재는 대체재 관계이다.

② $P_X < 3$일 때, $X$재의 수요함수는 $X = \frac{M}{P_X}$이다.

③ $X$재의 수요곡선에서 수요의 가격탄력성이 무한대($\infty$)인 구간이 존재한다.

④ $P_X < 3$일 때, 소비자 A의 $X$재에 대한 가격소비곡선과 엥겔곡선의 기울기가 동일하다.

| 20 | 미시 | 생산이론 | 답 ④ |
|---|---|---|---|

효용극대화는 $MRS_{XY} = \frac{MU_X}{MU_Y} = \frac{3}{4} = \frac{P_X}{P_Y}$에서 이루어지기에 이 때의 $P_X = 3$이다.

**오답피하기**

① 선형함수는 두 재화의 완전대체관계를 나타내기에 $X$재와 $Y$재는 대체재 관계이다.

②, ④ $P_X < 3$일 때, $\frac{P_X}{P_Y} < MRS_{XY}$가 되기에 예산선과 무차별곡선이 $X$축에서 만난다. 따라서 주어진 소득을 전부 $X$재에만 소비하므로, $X$재의 수요함수는 $X = \frac{M}{P_X}$이다. 이때 가격소비곡선은 수평선이고 엥겔곡선은 소득의 증가에 따라 우상향하기에, 둘의 기울기는 다르다.

③ $P_X > 3$일 때, $\frac{P_X}{P_Y} > MRS_{XY}$이기에 예산선과 무차별곡선이 $Y$축에서 만난다. 즉, $X$재의 수요함수는 $P_X > 3$인 구간에서 $Q_X = 0$로, 수평선이므로 $X$재의 수요곡선에서 수요의 가격탄력성이 무한대인 구간이 있다.
(두 재화가 완전대체재일 경우, 수요곡선이 특정 가격에서는 수요곡선이 수평선, 가격이 그보다 높은 구간은 수직선, 가격이 그보다 낮을 때는 직각쌍곡선의 형태가 된다)

**출제POINT**

$U = aX + bY$ 형태의 효용함수는 두 재화 간 완전대체관계를 나타내는 선형함수이다.

## 21 □□□

$A$와 $B$ 두 사람만 존재하는 경제에서, 사적재화인 $X$재만 소비되고 $X$재의 총 부존량은 15이다. $A$와 $B$의 효용함수는 각각 $U_A = \sqrt{X_A}$와 $U_B = 2\sqrt{X_B}$이다. 이 경제의 사회후생함수가 롤스(Rawls)의 사회후생함수일 때 사회후생의 극댓값($W_R$)과 공리주의 사회후생함수일 때 사회후생의 극댓값($W_B$)을 바르게 연결한 것은? (단, $X_A$와 $X_B$는 각각 $A$와 $B$의 $X$재 소비량이다)

| | $W_R$ | $W_B$ |
|---|---|---|
| ① | $2\sqrt{3}$ | $4\sqrt{3}$ |
| ② | $2\sqrt{3}$ | $5\sqrt{3}$ |
| ③ | $3\sqrt{3}$ | $4\sqrt{3}$ |
| ④ | $3\sqrt{3}$ | $5\sqrt{3}$ |

## 22 □□□

甲국의 실질화폐수요함수와 경제 조건이 다음과 같다. 국민소득이 1,000, 명목화폐공급이 100, 명목화폐공급 증가율이 1%일 때, 화폐시장의 균형물가와 균형명목이자율(%)을 바르게 연결한 것은? (단, $M^d$는 명목화폐수요, $P$는 물가, $Y$는 국민소득, $i$는 균형명목이자율이다)

- 실질화폐수요함수: $\frac{M^d}{P} = 0.6Y - 100i$
- 실질이자율은 3%에 고정되어 있다.
- 기대인플레이션은 명목화폐공급 증가율과 일치한다.
- 피셔 방정식이 성립한다.

| | 균형물가 | 균형명목이자율 |
|---|---|---|
| ① | 0.5 | 3 |
| ② | 0.5 | 4 |
| ③ | 1 | 3 |
| ④ | 1 | 4 |

**21 미시 후생경제이론 답 ②**

- $X$재의 총 부존량이 15이기에, $X_A + X_B = 15$이다.
- 롤스의 사회후생함수는, $W_R = \min[\sqrt{X_A}, 2\sqrt{X_B}]$으로, $U_A = U_B$에서 사회후생이 극대화된다. 즉, $\sqrt{X_A} = 2\sqrt{X_B}$, $X_A = 4X_B$이다. 이때 $X_A + X_B = 15$이므로 $5X_B = 15$, $X_B = 3$, $X_A = 12$이다. 따라서 롤스 사회후생의 극댓값은, $W_R = \sqrt{12} = 2\sqrt{3}$이다.
- 공리주의 사회후생함수는 $W_B = \sqrt{X_A} + 2\sqrt{X_B}$으로, $MU_A = MU_B$에서 사회후생이 극대화된다. 즉, $\frac{1}{2\sqrt{X_A}} = \frac{1}{\sqrt{X_B}}$, $\sqrt{X_B} = 2\sqrt{X_A}$, $X_B = 4X_A$이다. 이때 $X_A + X_B = 15$이므로 $5X_A = 15$, $X_A = 3$, $X_B = 12$이다. 따라서 공리주의 사회후생의 극댓값은 $\sqrt{3} + 2\sqrt{12} = \sqrt{3} + 4\sqrt{3} = 5\sqrt{3}$이다.

**출제POINT**

공리주의 사회후생함수는 $W = U^A + U^B$, 롤스 사회후생함수는 $W = \min[U^A, U^B]$이다.

**22 거시 거시경제의 일반균형 답 ②**

- 피셔의 방정식에 따르면, 명목이자율은 3%+1%=4%이기에, 균형명목이자율은 4이다.
- 국민소득이 1,000이기에, 실질화폐수요는 $0.6 \times 1,000 - 100 \times 4 = 200$이다. 실질화폐공급이 $\frac{100}{P} = 200$이 되므로 균형물가 $P$는 0.5이다.

**출제POINT**

실질화폐수요함수와 실질화폐공급함수가 만나는 점에서 균형물가를 구할 수 있으며, 피셔의 방정식은 실질이자율에 기대인플레이션율을 더한 값이 명목이자율임을 나타낸다.

## 23 □□□

**중앙은행이 극대화하는 사회후생함수와 루카스(Lucas)의 동태적 총공급곡선이 다음과 같다. 목표인플레이션이 0인 상황에서 민간의 예상인플레이션이 0으로 고정되어 있다. 중앙은행이 재량(discretion)에 의한 통화정책을 실시하는 경우와 준칙(rule)에 의한 통화정책을 실시하는 경우, 사회후생함수의 값을 바르게 연결한 것은? (단, $W$, $Y$, $Y^*$, $\pi$, $\pi^T$, $\pi^e$는 각각 사회후생함수, 실제산출수준, 완전고용 산출수준, 인플레이션, 목표인플레이션, 예상인플레이션을 나타내고, $\alpha > 0$, $\gamma > 0$이다)**

> • 사회후생함수: $W = (Y - Y^*) - \frac{1}{4}\alpha(\pi - \pi^T)^2$
>
> • 루카스 총공급곡선: $Y = Y^* + \gamma(\pi - \pi^e)$

| | 재량 | 준칙 |
|---|---|---|
| ① | $\frac{\gamma^2}{\alpha}$ | $0$ |
| ② | $\frac{\gamma^2}{\alpha}$ | $\frac{\gamma^2}{\alpha}$ |
| ③ | $\frac{\gamma^2}{2\alpha}$ | $0$ |
| ④ | $\frac{\gamma^2}{2\alpha}$ | $\frac{\gamma^2}{2\alpha}$ |

## 24 □□□

**기업의 생산기술이 진보하는 경우에 대한 설명으로 옳은 것만을 모두 고르면?**

> ㄱ. 자본절약적 기술진보는 평균비용곡선을 하방이동시킨다.
> ㄴ. 자본절약적 기술진보는 동일한 양을 생산하는 등량곡선을 원점 쪽으로 이동시킨다.
> ㄷ. 중립적 기술진보는 노동의 한계생산물과 자본의 한계생산물을 동일한 비율로 증가시킨다.
> ㄹ. 노동절약적 기술진보는 이윤극대화를 추구하는 기업의 노동투입을 늘리고 자본투입을 줄이게 한다.

① ㄱ, ㄴ

② ㄷ, ㄹ

③ ㄱ, ㄴ, ㄷ

④ ㄴ, ㄷ, ㄹ

---

**23** 거시 **새고전학파이론** 답 ①

• 재량에 의한 통화정책을 실시할 경우,
$\pi^e = 0$이므로, $Y = Y^* + \gamma(\pi - 0)$가 되고, $\pi^T = 0$이기에,
$W = [(Y^* + \gamma\pi) - Y^*] - \frac{1}{4}\alpha(\pi - 0)^2 = \gamma\pi - \frac{1}{4}\alpha\pi^2$이다.
사회후생극대화는 $W$를 $\pi$로 미분하여 0일 때 달성되기에,
$\frac{dW}{d\pi} = \gamma - \frac{1}{2}\alpha\pi = 0$, $\pi = \frac{2\gamma}{\alpha}$이다.
즉, $W = \gamma \times \frac{2\gamma}{\alpha} - \frac{1}{4}\alpha \times (\frac{2\gamma}{\alpha})^2 = \frac{\gamma^2}{\alpha}$으로,
사회후생의 값은 $W = \frac{\gamma^2}{\alpha}$이다.

• 준칙에 따른 통화정책의 경우, 예상된 정책이기 때문에 루카스 총공급곡선이 수직이 되고, $\pi = \pi^e = 0$, $Y = Y^*$, $\pi = \pi^T = 0$가 되어 사회후생의 값은 $W = 0$이 된다.

**출제POINT**

새고전학파의 주장에 따르면, 예상된 정책으로 준칙에 따른 일관된 정책이 바람직하다. 즉, 인플레이션율감소를 위해 통화량감소를 공표하고 실행하면 기대인플레이션율감소로 비용부담 없이 인플레이션율감소가 가능하다.

**24** 미시 **생산이론** 답 ③

ㄱ. 기술진보로 생산비용을 감소시키기에 평균비용곡선을 하방이동 시킨다.
ㄴ. 기술진보는 산출 대비 투입량을 감소시키기에 동일한 양을 생산하는 등량곡선을 원점 쪽으로 이동시킨다.
ㄷ. 노동의 한계생산물과 자본의 한계생산물을 동일한 비율로 증가시키는 기술진보는 중립적 기술진보이다.

**오답피하기**

ㄹ. 노동절약적 기술진보는 투입하는 노동을 줄이는 방식으로, 자본투입보다는 노동투입을 더 줄이게 한다.

**출제POINT**

자본절약적 기술진보는 자본을 줄이는 방식으로 이루어지고, 노동절약적 기술진보는 노동을 줄이는 방식으로 이루어진다.

## 25 □□□

甲국과 乙국으로 이루어진 세계경제에서 생산요소는 노동과 자본만 있고, 양국은 두 생산요소를 사용하여 두 재화 $X$와 $Y$를 생산할 수 있다. $X$는 자본집약적 재화이고 $Y$는 노동집약적 재화이다. 교역을 하지 않던 甲국과 乙국이 교역을 시작하면서 노동풍부국 甲국은 $Y$재를 수출하고, 자본풍부국 乙국은 $X$재를 수출하였다. 교역 후 甲국 노동자의 실질임금과 乙국 자본가의 실질임대료 변화를 바르게 연결한 것은? (단, 헥셔-올린 모형의 가정을 따른다)

| | 실질임금 | 실질임대료 |
|---|---|---|
| ① | 감소 | 감소 |
| ② | 감소 | 증가 |
| ③ | 증가 | 감소 |
| ④ | 증가 | 증가 |

| 25 | 국제 | 국제무역론 | 답 ④ |
|---|---|---|---|

- 스톨퍼-사무엘슨 정리에 따르면, 자유무역 시 풍부한 자원의 요소소득이 증가하고, 보호무역 시 희소한 자원의 요소소득이 증가한다.
- 甲국과 乙국이 무역 중이므로, 노동집약적 재화를 수출하는 노동풍부국 甲국에서는 노동의 요소소득, 즉 실질임금이 증가한다. 반대로 자본집약적 재화를 사용하는 乙국에서는 자본의 요소소득, 즉 실질임대료가 증가한다.

**출제POINT**

어떤 재화의 상대가격이 상승하면 그 재화에 집약적으로 사용되는 생산요소 소득이 증가하고 다른 생산요소 소득은 감소한다는 것을 스톨퍼-사무엘슨 정리라 한다.

# 16회 2024년 국가직

## 01 □□□

**생산요소의 가격이 한계생산물과 같다고 할 때, 각 생산요소에 지급되는 요소소득의 합계가 총생산과 같아지는 생산함수는? (단, $Y$는 총생산, $K$는 자본, $L$은 노동이다)**

① $Y = K^{0.1}L^{0.3}$

② $Y = K^{0.3}L^{0.9}$

③ $Y = K^{0.4}L^{0.6}$

④ $Y = KL$

## 02 □□□

**경제정책의 시차에 관한 설명으로 옳지 않은 것은?**

① 내부시차란 경제적 충격과 정책 시행 시점 사이의 기간을 의미하고, 외부시차란 정책 시행과 정책이 경제에 영향을 미치는 시점 사이의 기간을 의미한다.

② 일반적으로 통화정책은 내부시차가 짧고 외부시차가 긴 반면, 재정정책은 내부시차가 길고 외부시차가 짧다.

③ 정책시차가 존재하기 때문에 적극적인 경제안정화정책은 오히려 경제를 불안정하게 할 수 있다.

④ 재정의 자동안정화 장치는 외부시차가 없는 재정정책이라고 볼 수 있다.



**01** 미시 **생산이론** 답 ③

생산요소의 가격이 한계생산물과 일치하는 경우, 각 생산요소에 지급되는 요소소득의 합계, 즉 노동요소소득의 합계와 자본요소소득의 합계가 총생산물과 일치하기 위해서는 $\alpha+\beta=1$이어야 한다.

**출제POINT**

총생산함수 $Y = AL^{\alpha}K^{1-\alpha}$에서 $\alpha$는 노동소득분배율을, $1-\alpha$는 자본소득분배율을 뜻한다.

**02** 거시 **재정정책** 답 ④

경기변동에 따라 누진세, 실업보험 등의 제도를 통해 자동으로 조세수입 또는 정부지출이 변해 경기진폭을 완화해주는 제도를 자동안정화장치라 한다. 지표에 따라 즉각적으로 실행되기에 내부시차가 없으나, 경제에 적용되기까지의 시간은 다소 걸리기에 외부시차가 존재한다.

**오답피하기**

① 내부시차란 경제적 충격에 대응하여 정책이 시행되는 시점까지의 시간을, 외부시차란 정책 시행과 그 정책이 경제에 효력을 미치기까지의 시간을 뜻한다.

② 일반적으로 통화정책은 짧은 내부시차와 긴 외부시차를, 재정정책은 긴 내부시차와 짧은 외부시차를 갖는다.

③ 정책시차로 인해 정책을 시행하고 그 효과가 경제에 미치기까지 어느 정도 딜레이가 있기에, 적극적인 경제안정화정책은 도리어 경제를 불안정하게 만들 수 있다.

**출제POINT**

정책을 결정하기까지 시간을 내부시차라 하고, 정책결정이후 효과가 나타나기까지 시간을 외부시차라 한다. 재정정책은 결정전 국회동의 등이 필요하기에 내부시차는 길지만, 외부시차는 짧다.

## 03 □□□

**투자에 관한 토빈(Tobin)의 $q$이론에 대한 설명으로 옳지 않은 것은?**

① 토빈의 $q$는 자본의 시장가치를 자본의 대체비용으로 나누어 계산할 수 있다.
② 토빈의 $q$가 1보다 큰 기업은 투자를 늘릴 유인이 있다.
③ 기업의 이윤이 증가하면 토빈의 $q$가 상승할 것이다.
④ 실질이자율이 하락하면 토빈의 $q$가 하락할 것이다.

## 04 □□□

**다음 자료의 (가)~(다)에 해당하는 변화를 순서대로 바르게 나열한 것은?**

> 미국의 $GDP$ 대비 재정수지 적자 비율이 1970년대에 비해 1980년대에 대폭 상승하였다. 이와 같은 확대 재정정책의 결과 1980년대 총저축은 [(가)]하였고 이자율은 [(나)]하였다. 그러나 이자율이 [(나)]하였음에도 불구하고 해외자본의 유입으로 총투자는 큰 변화가 없었고 무역수지 적자는 큰 폭으로 [(다)]했다.

| | (가) | (나) | (다) |
|---|---|---|---|
| ① | 감소 | 상승 | 증가 |
| ② | 감소 | 하락 | 감소 |
| ③ | 증가 | 상승 | 증가 |
| ④ | 증가 | 하락 | 감소 |

**03** 거시 **투자함수론** 답 ④

$q = \dfrac{\text{주식시장에서 평가된 기업의 시장가치}}{\text{실물자본의 대체비용}}$로 $q$값이 1보다 크면 투자가 증가하고, 1보다 작으면 투자가 감소한다. 실질이자율이 하락하면 대체비용이 줄어 토빈의 $q$가 상승한다.

(오답피하기)

① 토빈의 $q$는 자본의 시장가치를 자본의 대체비용으로 나누어 계산할 수 있다.
② 토빈의 $q$가 1보다 큰 기업은 투자를 늘릴 유인이 있고, 1보다 작은 기업은 투자를 감소시킬 유인이 있다.
③ 기업의 이윤이 증가하면 기업 가치, 즉, 주식이 증가하기에 토빈의 $q$가 상승한다.

**출제POINT**

주식시장에서 평가된 기업의 시장가치와 실물자본의 대체비용을 비교하여 투자여부를 결정하는 이론이 $q$이론이다.

**04** 거시 **재정정책** 답 ①

- 민간저축($S_p$)은 $Y-T-C$이고, 정부저축($S_G$)은 $T-G$로, 총저축은 $Y-C-G$이다. 이때 재정지출 $G$를 증가시키는 경우(확대 재정정책) 총저축은 감소(가)할 것이다.
- 정부지출이 증가하면 대부자금의 공급이 감소하기에 이자율이 상승(나)한다.
- 이자율이 상승하여 해외자본이 유입되는 경우, 환율이 하락하기에 수입은 증가하고 수출은 감소하여 무역수지 적자는 큰 폭으로 증가(다)했을 것이다.

**출제POINT**

정부지출이 증가하면 총수요가 증가하여 국민소득이 증가한다. 국민소득이 증가하면 화폐수요가 증가하여 이자율이 상승하기에 민간투자는 감소한다. 민간투자가 감소하면 총수요가 감소하여 정부지출증가에 따른 국민소득증가분의 일부가 상쇄되는 구축효과가 발생한다.

## 05 □□□

다음 (가)에 들어갈 값은?

> $A$국의 올해 실질 $GDP$ 증가율이 3%이고 화폐의 유통속도 증가율이 1%로 예상된다. 화폐수량설에 따르면, 중앙은행은 물가상승률을 2%로 유지하기 위해 통화량을 (가) % 증가해야 한다.

① 2　② 3
③ 4　④ 5

## 06 □□□

노동과 자본의 한계생산이 각각 45와 50인 상태에서 재화를 생산하고 있는 어떤 기업이 현재 생산량 수준을 유지하면서 장기적으로 비용을 최소화하기 위한 선택으로 옳은 것은? (단, 노동과 자본의 가격이 각각 10과 20이며, 등량곡선은 원점에 대해 볼록하다)

① 노동 투입량을 늘리고 자본 투입량을 줄여야 한다.
② 노동 투입량을 줄이고 자본 투입량을 늘려야 한다.
③ 노동과 자본 투입량을 모두 늘려야 한다.
④ 노동과 자본의 투입량을 현 상태로 유지해야 한다.





**05 | 거시 | 화폐수요이론 답 ③**

- 화폐수량설에 따르면 $MV=PY$가 성립하고, 이를 근사값 공식을 통해 변형하여 $\frac{\Delta M}{M}+\frac{\Delta V}{V}=\frac{\Delta P}{P}+\frac{\Delta Y}{Y}$로 쓸 수 있다.
- 이때 $A$국의 실질 $GDP$ 증가율($\frac{\Delta Y}{Y}$)이 3%이고, 화폐의 유통속도증가율($\frac{\Delta V}{V}$)이 1%이고, 중앙은행은 물가상승률($\frac{\Delta P}{P}$)을 2%로 유지하려 하기에, $\frac{\Delta M}{M}+1\%=2\%+3\%$로, 통화량은 (가)4%만큼 증가시켜야 한다.

**출제POINT**

피셔의 교환방정식($MV=PT$. $M$ 통화량, $V$ 유통속도, $P$ 물가, $T$ 거래량)을 변형한 $MV=PY$($Y$ 실질국민소득)에서 $V$는 제도상 일정하고 $Y$는 고전학파의 경우 완전고용국민소득에서 일정하기에, 고전학파의 화폐수량설 $MV=PY$는 통화량과 물가가 정비례하다는 물가이론으로 볼 수 있다.

**06 | 미시 | 생산이론 답 ①**

- 노동과 자본의 한계생산이 각각 45, 50이기에 $MP_L=40, MP_K=50$으로 $MRTS_{LK}=\frac{MP_L}{MP_K}=\frac{45}{50}=0.9$이다.
- 이때 노동과 자본의 가격이 각각 10, 20이기에 $w=10, r=20$으로 등비용선의 기울기는 $\frac{w}{r}=\frac{10}{20}=0.5$이다.
- 현재 $MRTS_{LK}>\frac{w}{r}$이기에 노동 투입량을 늘리고 자본 투입량을 줄여야 한다.

**출제POINT**

생산자균형은 등량곡선과 등비용선이 접하는 점에서 등량곡선의 기울기인 한계기술대체율과 등비용선의 기울기가 일치함으로써 달성된다. 즉, $MRTS_{LK}=(-)\frac{\Delta K}{\Delta L}=(-)\frac{w}{r}$이다.

## 07 □□□

두 기업만 존재하는 복점(duopoly)시장에서 각 기업의 고정비용은 존재하지 않고 한계비용은 4이다. 두 기업이 담합해서 독점기업처럼 행동하고 총생산량을 절반씩 나누어 생산한다면, 각 기업의 생산량과 독점가격은? (단, 시장수요함수는 $Q=16-2P$, $Q$는 수량, $P$는 가격이다)

| | 생산량 | 독점가격 |
|---|---|---|
| ① | 2 | 6 |
| ② | 3 | 5 |
| ③ | 4 | 7 |
| ④ | 6 | 5 |

## 08 □□□

정상재인 어떤 재화의 단기 시장균형 변화에 관한 설명으로 옳은 것은? (단, 수요곡선은 우하향하며, 공급곡선은 우상향한다)

(가) 기술개발로 생산비용 감소
(나) 대체재의 가격 상승
(다) 생산요소의 가격 상승
(라) 소비자들의 소득 증가

① (가)와 (나)가 동시에 발생할 경우 균형 가격이 하락한다.
② (나)와 (다)가 동시에 발생할 경우 균형 거래량이 증가한다.
③ (다)와 (라)가 동시에 발생할 경우 균형 가격이 상승한다.
④ (라)와 (가)가 동시에 발생할 경우 균형 거래량이 감소한다.

### 07 미시 독점시장 답 ①

- 발문에서 주어진 시장수요함수를 $P$에 대해 정리하면, $P=8-\frac{1}{2}Q$이다.
- 독점시장의 $MR$은 수요곡선과 절편이 동일하고, 기울기는 수요곡선의 2배이다. 따라서 $MR=8-Q$이다.
- 한계비용이 4라고 주어졌기에 $4=8-Q$, $Q=4$이다. 각 기업이 총생산량을 절반으로 나누어 생산하기에, 각 기업의 생산량은 2이다.
- 독점기업은 $MR=MC$의 위에 있는 수요곡선상의 점에서 가격이 결정된다. 수요함수가 $P=8-\frac{1}{2}Q$이고, $Q=4$이기에 각 기업의 독점가격은 $P=8-2=6$이다.

**출제POINT**

독점에서 $MR$은 수요곡선과 절편이 동일하고, 기울기는 수요곡선의 2배이다.

### 08 거시 거시경제의 일반균형 답 ③

(다), (라)가 동시에 발생할 경우 공급곡선이 좌측 이동, 수요곡선이 우측 이동하기에 균형 가격이 확정적으로 상승한다.

**오답피하기**

① (가), (나)가 동시에 발생할 경우 공급곡선이 우측으로, 수요곡선이 우측으로 이동하기에 공급곡선이 더 큰 폭으로 이동하는 경우에만 균형 가격이 하락한다.
② (나), (다)가 동시에 발생할 경우 수요곡선이 우측으로, 공급곡선이 좌측으로 이동하기에 수요곡선이 더 큰 폭으로 이동하는 경우에만 균형 거래량이 증가한다.
④ (라), (가)가 동시에 발생할 경우 수요곡선이 우측으로, 공급곡선이 우측으로 이동하기에 균형 거래량은 확정적으로 증가할 것이다.

**출제POINT**

(가) 생산비용 감소 → 공급 증가
(나) 대체재 가격 상승 → 수요 증가
(다) 생산요소의 가격 상승 → 공급 감소
(라) 소비자들의 소득 증가 → 수요 증가

생산물시장과 화폐시장을 고려한 총수요곡선과 총생산함수와 노동시장을 고려한 총공급곡선이 만나는 점에서 거시경제 일반균형이 결정된다.

## 09 □□□

$A$국은 생산가능인구와 경제활동인구 수가 일정하게 유지되며, 경제가 현재 안정상태(steady state)에 있다. $A$국 경제에서 자연실업률이 $5\%$이고 구직확률이 $28.5\%$일 때, 실직확률은?

① $1.2\%$ ② $1.5\%$
③ $1.8\%$ ④ $2.0\%$

## 10 □□□

어떤 독점시장에서 수요함수가 $Q=170-P$이고, 이윤극대화를 추구하는 독점기업의 평균비용함수가 $AC=50+Q$이다. 완전경쟁시장과 비교하여 독점으로 인해 생산자잉여로 이전(transfer)되는 소비자잉여의 크기는? (단, $P$는 가격, $Q$는 수량이다)

① 200 ② 250
③ 300 ④ 350

| 09 | 거시 | 자연실업률 | 답 ② |
|---|---|---|---|

자연실업률이 $u_N=\frac{U}{U+E}=\frac{U}{U+\frac{f}{s}U}=\frac{s}{s+f}$이기에, 발문의 조건을 대입하면 $5\%=\frac{s}{s+28.5\%}$로, 해당 수식을 만족하기 위해서 실직확률$(s)$은 $1.5\%$여야 한다.

**출제POINT**

자연실업률하에서 노동시장이 균형으로 취업자수와 실업자수가 변하지 않는다. 따라서 자연실업률은 $u_N=\frac{U}{U+E}=\frac{U}{U+\frac{f}{s}U}=\frac{s}{s+f}$($s$: 실직률, $f$: 구직률)이다.

| 10 | 미시 | 완전경쟁시장과 독점시장 | 답 ③ |
|---|---|---|---|

- 수요함수를 $P$에 대해 풀이하면, $P=170-Q$이고, 평균비용함수에 $Q$를 곱해 $TC=50Q+Q^2$로 총비용함수를 도출할 수 있다.
- 따라서 $MC=\frac{dTC}{dQ}=50+2Q$이다.
- 완전경쟁시장은 $P=MC$에서 균형이 이뤄지기에, $170-Q=50+2Q$, $120=3Q$, $Q=40$이고, $P=130$이다. 이때 소비자 잉여는 수요함수와 균형가격이 이루는 삼각형의 면적이다.
- 독점시장의 $MR$은 $MR=170-2Q$이고, 독점기업은 $MR=MC$에서 이윤을 극대화하기에 $170-2Q=50+2Q$, $120=4Q$, $Q=30$이고, $P=140$이다. 이때 소비자 잉여는 수량과 가격, 수요함수가 이루는 삼각형의 면적이다.
- 따라서 독점으로 인해 생산자잉여로 이전된 소비자잉여의 크기는 $30\times(140-130)=30\times10=300$이다.

**출제POINT**

독점기업은 $MR=MC$에서 생산량을 결정하고, $MR=MC$의 위에 있는 수요곡선상의 점에서 가격이 결정된다.
즉, $P=AR>MR=MC$이다.

## 11 □□□

**경제성장에 관한 솔로우(Solow) 성장모형이 적절한 설명을 제공하는 질문은?**

① 왜 국가 간 저축률 차이가 존재하는가?
② 왜 국가 간 생산성 차이가 존재하는가?
③ 왜 국가 간 인구증가율은 다른가?
④ 왜 어떤 나라는 잘살고 어떤 나라는 못사는가?

## 12 □□□

**어떤 기업의 단기생산함수는 $Q = L$이고, 이 기업은 생산물 시장에서 공급독점자이고 노동시장에서는 수요독점자이다. 생산물시장의 수요함수는 $Q = 120 - P$이고, 노동시장의 공급함수는 $L = w/4$일 때, 이 기업의 이윤을 극대화하는 노동투입량은? (단, $P$는 가격, $Q$는 수량, $L$은 노동, $w$는 임금률이다)**

① 8 ② 12
③ 16 ④ 20

| 11 | 거시 | 경제성장론 | 답 ④ |
|---|---|---|---|

솔로우모형은 완만하게 우상향하는 곡선상 위치하는 지점에 따라 특정 국가의 경제가 발전했는지 판별할 수 있다.

오답피하기

①, ③ 국가의 저축률과 인구증가율은 외부에서 주어진 변수로, 솔로우 모형이 그 차이에 대한 적절한 설명을 제공할 수 없다.
② 솔로우 성장모형은 국가 간 생산성 차이를 설명하지 않는다.

**출제POINT**

자본주의의 불안정성을 전제한 $H-D$모형과 달리, 요소대체가 가능한 1차동차 생산함수와 요소가격의 신축적 조정을 가정하는 Solow모형은 경제의 안정적 성장을 설명하였다.

| 12 | 미시 | 불완전경쟁 가변생산요소시장 | 답 ② |
|---|---|---|---|

- 기업은 공급독점자인 동시에 수요독점자로, 생산요소시장에서는 $MRP_L = MFC_L$을 통해 이윤을 극대화할 것이다.
- 단기생산함수가 $Q = L$이기에 이를 미분하면, $MP_L = \frac{dQ}{dL} = 1$임을 알 수 있다.
- 생산물시장의 수요함수를 $P$에 대해 정리하면 $P = 120 - Q$이고, 한계수입은 $MR = 120 - 2Q$이다. $Q = L$이기에 $MRP_L = MR \times MP_L = (120 - 2Q) \times 1 = 120 - 2L$이다.
- 노동시장의 공급함수를 $w$에 대해 정리하면, $w = 4L$이고, $MFC_L$은 절편은 같고 기울기는 2배이기에 $MFC_L = 8L$이다.
- 수요독점자 기업은 $MRP_L = MFC_L$에서 이윤을 극대화하기에 $120 - 2L = 8L$, $120 = 10L$, $L = 12$이다. 즉, 기업의 이윤을 극대화하는 노동 투입량은 12이다.

**출제POINT**

생산요소의 수요와 공급이 모두 독점인 경우를 쌍방독점이라 하고, 공급독점자는 $MR = MC$인 점에서 요소공급량을 결정하려 하고 수요독점자는 $MRP_L = MFC_L$에서 요소수요량을 결정하려 한다.

## 13 □□□

**우하향하는 필립스곡선에 근거한 탈인플레이션(disinflation) 정책의 비용인 희생률에 관한 설명으로 옳지 않은 것은?**

① 희생률은 물가상승률을 1% 포인트 낮추기 위해서 발생하는 실업률 증가분의 누적치로 정의된다.
② 점진주의 전략(gradualism)을 시행하면 높은 실업률이 얼마나 오래 지속되는지와 무관하게 실업률 상승폭이 작으므로 희생률이 작게 나타난다.
③ 적응적 기대하에서 여러 기간이 아닌 단기간 내에 급랭 전략(cold turkey strategy)의 실업률 상승폭은 점진주의 전략보다 크게 나타난다.
④ 희생률은 적응적 기대하에서는 크게 나타나고, 합리적 기대하에서는 작게 나타난다.

## 14 □□□

**시장실패에 관한 설명으로 옳지 않은 것은?**

① 정보의 비대칭성은 시장실패의 원인 중 하나이다.
② 자연독점은 시장실패의 원인 중 하나이다.
③ 시장실패는 정부개입의 충분조건이다.
④ 국민건강보험의 의무가입제도는 역선택에 따른 시장실패의 문제를 해결할 수 있다.



**13** 거시 **희생률** 답 ②

점진주의 전략은 디스인플레이션을 위해 서서히 통화량을 감소시키는 방법론으로, 실업률 상승폭이 적더라도 높은 실업률이 오래 지속된다.

(오답피하기)

① 희생률은 물가상승률을 1%p 낮추기 위해 발생하는 실업률 증가분의 누적치이다.
③ 급랭 전략은 점진주의 전략보다 큰 실업률 상승폭을 동반하지만, 디스인플레이션에 있어 점진주의 전략보다 빠르게 물가를 잡을 수 있다.
④ 합리적 기대하에서는 급랭 전략으로도 희생률은 작지만, 단기에 물가를 잡을 수 있다.

**출제POINT**

인플레이션율을 1%p 낮추기 위해 감수해야 할 *GDP* 감소의 %p 혹은 실업률 증가분의 누적치를 희생률이라 한다.

**14** 미시 **시장실패론** 답 ③

시장실패 시 정부개입만이 아니라 시장 스스로도 해결가능하기에, 시장실패는 정부개입의 필요조건이다.

(오답피하기)

① 정보의 비대칭성은 시장실패의 원인 중 하나로 작용한다.
② 자연독점은 시장실패의 원인 중 하나이다.
④ 의무가입제는 역선택에 따른 시장실패의 문제를 방지하기 위한 해결책이다.

**출제POINT**

시장의 가격기구가 효율적인 자원배분을 가져오지 못하는 것을 시장실패라 한다.

## 15 □□□

**경합성과 배제성의 관점에서 공유자원에 대한 설명으로 옳은 것은?**

① 경합성과 비배제성을 가진 재화이다.
② 비경합성과 배제성을 가진 재화이다.
③ 비경합성과 비배제성을 가진 재화이다.
④ 경합성과 배제성을 가진 재화이다.

| 15 | 미시 | 공공재 | 답 ① |
|---|---|---|---|

공유자원은 경합성과 비배제성을 가진 재화로, 공해상의 물고기를 예시로 들 수 있다. 공유자원이 과다하게 이용되는 현상을 공유지의 비극이라 하고, 이는 부정적인 외부성과 관련된다.

**출제POINT**

경합성이란 한 사람이 더 많이 소비하면 다른 사람의 소비가 줄어드는 재화의 특성을, 배제성이란 대가를 지불하지 않는 사람을 사용에서 배제할 수 있는 재화의 특성을 의미한다.

## 16 □□□

**변동환율제도보다 고정환율제도를 더 지지하는 근거로 옳은 것은?**

① 삼위일체 불가능(impossible trinity) 이론에 의하면, 자본시장이 개방된 경우 통화정책의 자율성을 확보할 수 있다.
② 구매력평가설에 의하면, 외국의 인플레이션이 국내로 전가되는 수입 인플레이션을 피할 수 있다.
③ 경상수지 흑자나 적자가 대규모로 커지는 것을 자동적으로 억제한다.
④ 국제자본의 이동성이 높은 환경에서 확대 재정정책이 확대 통화정책에 비해 국민소득을 증대하는 효과가 더 크다.

| 16 | 국제 | 국제수지론 | 답 ④ |
|---|---|---|---|

국제자본의 이동성이 비교적 자유로운 환경에서, 고정환율제하 확대 재정정책이 확대 통화정책에 비해 국민소득을 증대하는 효과가 더 크다(고재변금).

**오답피하기**

① 삼위일체 불가능(트릴레마)에 의하면, 자유로운 자본이동과 고정환율제가 존재하는 경우 독립적인 통화정책이 제한된다.
② 수입 인플레이션이란 무역을 통해 타국의 영향을 받아 야기되는 통화 팽창으로, 수입품의 가격 상승으로 발생한다. 구매력평가설하 고정환율제도가 시행된다면 환율고정으로 이를 회피할 수는 없다.
③ 경상수지 흑자나 적자가 발생하더라도 고정환율제하 환율이 그에 맞춰 조정되지 않기에 대규모 경상흑자나 적자를 자동적으로 억제하는 기능은 없다.

**출제POINT**

(고정환율제도하)자본이동이 완전한 경우, $BP$곡선은 수평선으로, 재정정책은 매우 효과적이나 금융정책은 전혀 효과가 없다.

## 17 □□□

$A$국과 $B$국만이 존재하는 세계에서 양국 간 노동의 이동이 완전히 자유로울 경우, 노동 이동이 양국에 미치는 영향에 관한 설명으로 옳은 것은?

> • 노동 이동 전의 실질임금은 $B$국이 더 높다.
> • 양국은 노동과 자본을 투입하여 $X$재만 생산하며, 재화시장 및 생산요소시장은 모두 완전경쟁시장이다.
> • 생산함수는 수확체감하고, 모든 생산요소는 완전고용된다.
> • 양국 간 재화와 자본의 이동은 불가능하다.

① $A$국의 노동자 중 $B$국으로 이동한 노동자의 실질소득이 증가하지만, $A$국에 남은 노동자의 실질소득은 변화가 없다.
② B국의 기존 노동자와 $A$국 자본가의 실질소득은 감소한다.
③ 세계 전체의 소득 증가분은 $B$국으로 이동한 $A$국 노동자에게 모두 귀속된다.
④ 양국의 실질임금이 동일해지며, 양국 간 노동자 수도 같아진다.

## 18 □□□

$K$국은 감자와 고구마 두 재화만을 생산하며, 감자와 고구마의 생산량과 가격은 다음 표와 같다. 기준연도가 2022년일 때, 옳지 않은 것은? (단, 기준연도의 $GDP$디플레이터는 100이다)

| 연도 \ 재화 | 감자 | | 고구마 | |
|---|---|---|---|---|
| | 생산량 | 가격 | 생산량 | 가격 |
| 2021년 | 4 | 2 | 2 | 3 |
| 2022년 | 6 | 4 | 3 | 2 |
| 2023년 | 8 | 3 | 4 | 4 |

① 2021년의 명목 $GDP$는 14이다.
② 2023년의 실질 $GDP$는 40이다.
③ 2021년의 $GDP$디플레이터는 70이다.
④ $GDP$디플레이터로 계산한 2022년과 2023년 사이의 물가상승률은 10%이다.

**17** | 국제 | **국제노동이동** | 답 ②

노동이동 전 $B$국의 실질임금이 높기에, $A$국 노동자들은 더 높은 임금을 위해 $B$국으로 이주할 것이다. 이렇듯 $B$국의 노동공급이 증가하기에 $B$국의 실질임금은 감소하여 $B$국 기존 노동자의 실질소득은 감소한다. $A$국에서는 노동력이 $B$국으로 유출되어 이전보다 노동이 희귀해져 $A$국 자본가의 실질소득은 감소한다.

**오답피하기**

①, ③ $A$국의 노동공급이 감소하기에 $A$국에 남은 노동자들의 임금이 오르며 실질소득도 증가할 것이다. 따라서 세계 전체의 소득 증가분은 $A$국 잔류 노동자와 $B$국 이주 노동자 모두에게 귀속된다.
④ $A$국의 노동공급이 감소하고, $B$국의 노동공급이 증가하면서 실질임금이 동일한 수준까지 이주가 이루어지지만 양국 간 노동자 수는 알 수 없다.

> **출제POINT**
> 노동의 이동이 자유롭고, 경제에 두 부문의 노동시장이 존재하며, 한 노동시장이 다른 노동시장보다 임금이 높은 경우, 두 부문의 임금이 동일해질 때까지 노동이동이 일어난다.

**18** | 거시 | **국민소득론** | 답 ④

$GDP$디플레이터는 $GDP\text{디플레이터} = \frac{\text{명목 } GDP}{\text{실질 } GDP} \times 100$로 구한다. 2022년의 $GDP$디플레이터는 발문에 제시되었듯 100이고, 2023년의 $GDP$디플레이터는 $\frac{8\times3+4\times4}{8\times4+4\times2}\times100 = \frac{40}{40}\times100 = 100$이다. 따라서 물가상승률은 0%이다.

**오답피하기**

① 2021년의 명목 $GDP$는 $4\times2+2\times3=14$이다.
② 2023년의 실질 $GDP$는 $8\times4+4\times2=40$이다.
③ 2021년의 $GDP$디플레이터는 $\frac{14}{4\times4+2\times2}\times100 = \frac{14}{20}\times100 = 70$이다.

> **출제POINT**
> 당해연도의 생산물에 당해연도의 가격을 곱하여 계산한 것이 명목 $GDP$이고, 당해연도의 생산물에 기준연도의 가격을 곱하여 계산한 것이 실질 $GDP$이며, 명목 $GDP$를 실질 $GDP$로 나눈 값이 $GDP$디플레이터이다.

## 19 □□□

**경제성장모형에 관한 설명으로 옳지 않은 것은?**

① 내생적 성장모형에 따르면, 저축률이 장기적인 성장률에 영향을 미치지 않는다.

② 내생적 성장모형에서는 연구개발 투자나 인적자본의 중요성을 강조한다.

③ 솔로우(Solow) 성장모형에 따르면, 경제의 균제상태에서 기술진보가 없는 경우에도 인구가 증가하면 경제는 성장한다.

④ 솔로우(Solow) 성장모형에서도 기술진보가 있는 경우 노동의 효율성을 향상시킬 수 있다.

## 20 □□□

**완전경쟁시장에 있는 어떤 재화의 시장 수요함수와 공급함수가 각각 $Q=6-P$, $Q=P$이고, 생산에 따른 오염물질의 발생으로 생산 단위당 2만큼의 외부비용이 발생한다. 사회적으로 최적인 생산과 비교해서 시장균형에서의 생산이 초래하는 사회후생 손실의 크기는? (단, $P$는 가격, $Q$는 수량이며, 사회후생은 소비자잉여와 생산자잉여의 합에서 총외부비용을 뺀 것이다)**

① $\frac{1}{2}$ ② 1

③ $\frac{3}{2}$ ④ 2

| 19 | 거시 | 경제성장론 | 답 ① |
|---|---|---|---|

$AK$모형과 같은 내생적 성장모형에 따르면, 저축률은 장기적인 성장률에 미치는 변수 중 하나이다.

(오답피하기)

② 내생적 성장모형에서는 연구개발 투자나 인적자본의 중요성을 강조한다.

③ 솔로우 성장모형에 따르면, 균제상태에서 경제성장률=인구증가율이기에, 균제상태에서 기술진보가 없는 경우에도, 인구가 증가하면 경제는 성장한다.

④ 솔로우 성장모형에서도 기술진보가 있다면 노동의 효율성을 향상시킬 수 있다.

**출제POINT**

수확체감의 법칙이 적용되지 않는 $Y=AK$라는 생산함수를 가정할 때, $AK$모형은 정부의 감세정책 등으로 저축률이 높아지면 지속적인 경제성장이 가능함을 보여준다.

| 20 | 미시 | 외부성 | 답 ② |
|---|---|---|---|

• 시장 수요함수를 $P$에 대해 정리하면, $P=6-Q$이고, 시장 공급함수가 $P=Q$이기에 $PMC=Q$이고, 외부비용 2를 고려한 $SMC=Q+2$이다.

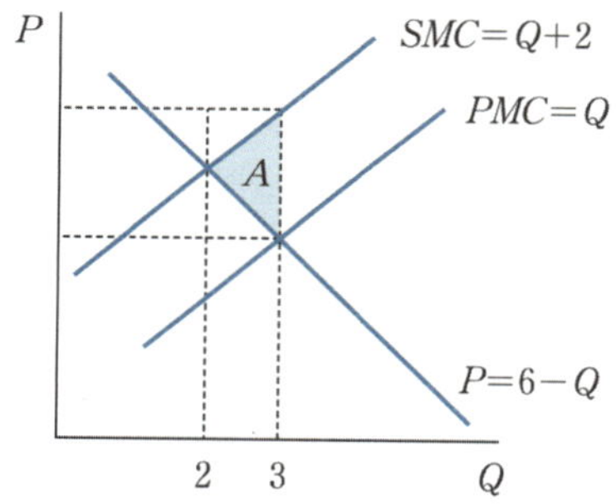


• 시장 균형생산량은 $P=PMC$에서 구할 수 있다. 즉, $6-Q=Q$, $6=2Q$, $Q=3$으로 시장 균형생산량은 3이다.

• 사회적 최적생산량은 $P=SMC$에서 구할 수 있다.
즉, $6-Q=Q+2$, $2Q=4$, $Q=2$로 사회적 최적생산량은 2이다.

• 따라서 손실은 그림의 $A$면적으로 $(\frac{1}{2})\times2\times(3-2)=1$이다.

**출제POINT**

사적 한계비용함수 $PMC$에 단위당 외부비용 $EMC$를 더해 사회적 한계비용함수 $SMC$를 구할 수 있다.

## 21 □□□

**프리드먼(Friedman)의 신화폐수량설에 대한 설명으로 옳지 않은 것은?**

① 예상 주식수익률, 예상 채권수익률, 예상 물가상승률 등을 독립변수로 하여 화폐수요를 분석하였다.
② 화폐의 유통속도를 상수라고 가정했기 때문에 화폐공급을 변화시키면 명목소득을 원하는 방향으로 변화시킬 수 있다.
③ 화폐의 수요는 장기적으로 안정적이다.
④ 화폐의 유통속도에 대한 가정이 화폐수량설과 다르다.

## 22 □□□

**어떤 나라의 2023년 경제가 다음 표와 같을 때, 이 나라의 $GDP$는? (단, $r$은 실질이자율(%)이다)**

- 소비: 250
- 정부지출: 50
- 명목이자율: 5%
- 2022년 소비자물가지수($CPI$): 120
- 2023년 소비자물가지수($CPI$): 123
- 대부자금시장에서 투자함수: $I=200-20r$

① 350 ② 400
③ 450 ④ 500

| 21 | 거시 | 화폐수요이론 | 답 ② |
|---|---|---|---|

프리드먼은 화폐의 유통속도를 상수가 아니라, 이자율($r$)과 예상인플레이션율($\pi^e$)의 영향을 받는 변수로 보았다.

**오답피하기**

① 프리드먼은 예상 주식수익률, 예상 채권수익률, 예상 물가상승률 등을 독립변수로 하여 화폐수요를 분석하였다.
③ 프리드먼에 의하면, 화폐 수요는 장기적으로 안정적이다.
④ 신화폐수량설에서의 화폐의 유통속도에 대한 가정은 화폐의 유통속도를 상수라 가정한 화폐수량설과 다르다.

**출제POINT**

화폐를 자산의 하나로 보고 자신의 부(wealth)를 어떤 자산으로 보유할 것인지를 결정하는 자산선택의 과정에서 화폐수요가 결정된다는 것이 프리드만의 신화폐수량설로, 화폐수요는 항상소득의 증가함수이고, 유통속도($V$)가 이자율($r$)과 예상인플레이션율($\pi^e$)의 영향을 받지만 그 정도는 매우 미미하기에 프리드만의 화폐수요함수는 $\frac{M^D}{P}=\frac{1}{V(r, \pi^e)}\times Y_p$이다.

| 22 | 거시 | 국민소득론 | 답 ③ |
|---|---|---|---|

- $GDP$는 $Y=C+I+G$로 구하기에, $Y=250+200-20r+50$이다.
- 이때 2022년 소비자물가지수가 120, 2023년 소비자물가지수가 123이기에 물가상승률은 $\pi=\frac{123-120}{120}\times100=2.5\%$이다.
- 피셔방정식에 따르면 명목이자율=실질이자율+기대물가상승률이기에, $5\%=r+2.5\%$로, 실질이자율 $r=2.5\%$이다.
- 이를 처음 계산식에 대입하면, $Y=250+200-20\times2.5+50=500-50=450$으로, 이 나라의 $GDP$는 450이다.

**출제POINT**

실질이자율에 기대인플레이션율을 더한 값이 명목이자율이라는 피셔의 방정식에서, 인플레이션이 발생하면 기대인플레이션율이 상승하여 명목이자율이 비례적으로 상승하는 효과를 뜻한다.

## 23 □□□

어떤 기업이 총생산량 $Q$를 공장 $A$와 $B$에서 각각 $\frac{1}{2}Q$씩 생산하고 있으며, 각 공장의 생산량 $q_i(i=A, B)$에 대한 생산비용이 각각 $TC_A=q_A^2$과 $TC_B=\frac{1}{2}q_B^2$이다. 총비용 $TC$가 최소가 되도록 각 공장의 생산량을 결정할 경우, 절감되는 비용의 크기는? (단, $Q=q_A+q_B=1$이고, $TC=TC_A+TC_B$이다)

① $\frac{1}{3}$　　② $\frac{1}{15}$

③ $\frac{1}{24}$　　④ $\frac{1}{30}$

## 24 □□□

단기의 완전경쟁시장에서, 어떤 기업의 총비용함수가 $TC=\frac{1}{2}q^3-3q^2+6q+30$과 같을 때 옳은 것을 모두 고르면? (단, $q$는 이 기업의 생산량이고, 고정비용은 모두 매몰비용이다)

ㄱ. 이 기업은 이윤이 $-25$이면 생산을 중단한다.
ㄴ. 가격이 1.5 이상인 구간에서 이 기업의 단기공급곡선은 단기한계비용곡선과 같다.
ㄷ. 시장 가격이 $P=6$이면 이 기업은 음(−)의 이윤을 얻는다.
ㄹ. 기업이 조업을 지속하는 생산량 수준에서 단기한계비용곡선은 단기평균비용곡선보다 항상 위에 위치한다.

① ㄱ, ㄴ　　② ㄱ, ㄷ

③ ㄴ, ㄷ　　④ ㄴ, ㄹ

### 23 미시 다공장독점 답 ③

- 공장 $A$와 공장 $B$가 생산량을 절반씩 생산하던 기존 체계에서, $q_A=q_B$이고 $q_A+q_B=1$이기에 $q_A=q_B=\frac{1}{2}$로, 총비용은 $(\frac{1}{2})^2+\frac{1}{2}(\frac{1}{2})^2=\frac{3}{8}$이다.
- 총비용이 최소가 되도록 다공장생산을 한다면, $MC_A=MC_B$가 성립해야 한다. $MC_A=2q_A$이고, $MC_B=q_B$로 $2q_A=q_B$인데 $q_A+q_B=1$이기에, $q_A=\frac{1}{3}, q_B=\frac{2}{3}$이다. 이때의 총비용을 구하면, $(\frac{1}{3})^2+\frac{1}{2}(\frac{2}{3})^2=\frac{1}{3}$이다.
- 따라서 총비용이 최소가 되도록 공장의 생산량을 결정할 경우, 기존보다 $\frac{3}{8}-\frac{1}{3}=\frac{9-8}{24}=\frac{1}{24}$만큼의 비용을 절감할 수 있다.

**출제POINT**

여러 공장에서 동일한 재화를 생산하는 것을 다공장 독점이라 하며, 모든 공장들의 한계비용을 일치시켜($MC_A=MC_B=MC_C$) 이윤을 극대화할 수 있다.

### 24 미시 비용이론 답 ③

ㄱ. 완전경쟁기업의 경우, $AVC$곡선의 최저점은 생산하는 것과 생산을 하지 않는 것이 동일한 생산중단점이다. $TC=\frac{1}{2}q^3-3q^2+6q+30$이기에 $TVC=\frac{1}{2}q^3-3q^2+6q$이고, $AVC=\frac{1}{2}q^2-3q+6$이다. $\frac{dAVC}{dq}=q-3$이기에 이 값이 0이 되도록 하는 $q$값은 3으로, $q=3$일 때 $AVC$가 최저값을 갖는다. 완전경쟁시장으로 $P=MC$가 성립하기에, $MC$에 $q=3$을 대입하면 $\frac{3}{2}\times9+(-6\times3)+6=1.5$이다. 즉, 조업중단점은 가격이 1.5이고, 이때의 이윤은 $PQ-TC=(3\times1.5)-(\frac{1}{2}\times27-3\times9+6\times3+30)=4.5-34.5=-30$으로, 이윤이 $-25$가 아닌 $-30$일 때 생산을 중단한다.
ㄴ. 조업중단점에서 가격은 1.5이기에, 가격이 1.5 이상인 구간에서 이 기업의 단기공급곡선은 단기한계비용곡선과 같다.
ㄷ. 완전경쟁시장으로 $P=MC$가 성립하기에, $P=6$인 경우 $MC=6$이다. 이를 이용해 식을 만들면 $\frac{3}{2}q^2-6q+6=6$으로, $\frac{3}{2}q^2-6q=0$, $q(\frac{3}{2}q-6)=0$이기에 기업의 생산량은 $\frac{3}{2}q-6=0, q=4$이다. 이때의 이윤을 구하면 $PQ-TC=(6\times4)-(\frac{1}{2}\times64-3\times16+6\times4+30)=24-38=-14$으로, 음의 이윤을 얻음을 알 수 있다.
ㄹ. 단기한계비용은 단기평균가변비용보다 상회하면 조업을 지속할 수 있다.

**출제POINT**

완전경쟁기업의 경우, $AVC$곡선의 최저점은 생산하는 것과 생산을 하지 않는 것이 동일한 생산중단점이다. 따라서 단기에 평균가변비용이 최저가 되는 생산량이 생산중단점이 된다.

## 25 □□□

**갑과 을은 각각 $U, M, D$와 $L, C, R$ 3개의 전략 중 하나를 선택할 수 있다. 동시선택게임의 보수행렬이 다음과 같을 때, 이 게임에 관한 설명으로 옳은 것은? (단, 1회성 게임이며, 보수행렬의 괄호 안 첫째 숫자는 갑의 보수이고, 둘째 숫자는 을의 보수이다)**

| | | 을 | | |
|---|---|---|---|---|
| | | $L$ | $C$ | $R$ |
| 갑 | $U$ | (−20, −20) | (0, 20) | (20, 40) |
| | $M$ | (20, 0) | (−40, −40) | (−10, 30) |
| | $D$ | (40, 20) | (30, −10) | (−5, −5) |

① 갑에게 전략 $D$는 전략 $U$에 대해 우월하다.
② 을에게 전략 $C$는 전략 $R$에 대해 열등하다.
③ 순수전략 내쉬(Nash)균형은 $(D,\ L)$과 $(M,\ R)$이다.
④ 갑의 전략 $U$에 대한 을의 최적대응(best response)은 전략 $C$이다.

**25** | 미시 | 게임이론 | 답 ②

을에게 전략 $C$는 갑이 $U, M, D$의 어떤 전략을 택하든 전략 $R$에 대해 열등하다.

**오답피하기**

① 갑에게 전략 $D$는 을이 전략 $L,\ C$를 고를 때만 유리한 것으로 갑에게 전략 $D$는 전략 $U$에 대해 항상 우월한 것은 아니다.
③ 순수전략 내쉬균형은 $(D,\ L)$과 $(U,\ R)$이다.
④ 갑의 전략 $U$에 대한 을의 최적대응은 전략 $C$가 아닌 $R$이다.

**출제POINT**

| | | 을 | | |
|---|---|---|---|---|
| | | $L$ | $C$ | $R$ |
| 갑 | $U$ | (−20, −20) | (0, 20) | (20, 40) |
| | $M$ | (20, 0) | (−40, −40) | (−10, 30) |
| | $D$ | (40, 20) | (30, −10) | (−5, −5) |

상대방의 전략을 주어진 것으로 보고 경기자는 자신에게 가장 유리한 전략을 선택하였을 때 도달하는 균형을 내쉬균형이라 하고, 우월전략균형은 내쉬균형에 포함된다.

# Part 2

# 지방직

# 1회 2010년 지방직

## 01 □□□

주인 - 대리인 이론(principal - agent model)을 적용하기에 적절하지 않은 것은?

| | 주인 | 대리인 |
|---|---|---|
| ① | 주주 | 회사 사장 |
| ② | 회사 사장 | 직원 |
| ③ | 스포츠 구단주 | 프로스포츠 선수 |
| ④ | 병원장 | 환자 |

## 02 □□□

"임금률이 상승하여 소득이 증가함에 따라 여가(leisure)가 감소하고 노동 공급이 증가한다."고 할 때 빈칸을 순서대로 바르게 채운 것은?

이 경우 여가는 ( ㉠ )재이고 노동은 ( ㉡ )재이며, ( ㉢ )효과가 ( ㉣ )효과를 능가한다.

| | ㉠ | ㉡ | ㉢ | ㉣ |
|---|---|---|---|---|
| ① | 정상 | 열등 | 소득 | 대체 |
| ② | 열등 | 정상 | 소득 | 대체 |
| ③ | 열등 | 정상 | 대체 | 소득 |
| ④ | 정상 | 열등 | 대체 | 소득 |

**01** 미시 주인 - 대리인 이론 답 ④

병원장과 병원직원 사이에서 주인 - 대리인 문제가 발생하고, 병원장과 환자 사이에는 주인 - 대리인 문제가 발생하지 않는다.

(오답피하기)

①, ②, ③ 주주와 회사 사장 간, 회사 사장과 직원 간, 그리고 스포츠 구단주와 프로스포츠 선수 간 정보의 비대칭성으로 인한 주인 - 대리인 문제가 발생한다.

**출제POINT**

거래이후 주인의 입장에서 볼 때 대리인이 바람직하지 않은 행동을 하는 현상을 주인 - 대리인 문제라 하고, 이는 대리인이 주인을 위해 노력할 동기부여가 없기 때문에 발생하며 도덕적해이에 포함된다.

**02** 미시 노동시장 답 없음

임금률이 상승하여 소득이 증가함에 따라 여가(leisure)가 감소하기에 여가는 열등재이고, 노동공급이 증가하기에 노동은 정상재이다. 여가가 열등재이면 임금상승시 대체효과와 소득효과가 모두 노동공급을 증가시키기에 노동공급곡선은 반드시 우상향이고, 대체효과와 소득효과의 크기는 비교할 수 없다.

**출제POINT**

임금상승 시 노동자의 노동공급 증감여부는 대체효과(임금↑→ 여가소비의 기회비용↑→ 여가소비↓→ 노동공급↑)와 소득효과(임금↑→ 실질소득↑→ 여가소비↑→ 노동공급↓)의 상대적 크기에 의하여 결정된다.

## 03 □□□

**가나다구두회사의 하루 구두 생산비용이 아래 표와 같을 때, 구두가격이 5만 원이라면 이 회사의 이윤은? (단, 구두시장은 완전경쟁적이라고 가정한다)**

| 구두생산량(켤레/일) | 0 | 1 | 2 | 3 | 4 | 5 |
|---|---|---|---|---|---|---|
| 총비용(만 원) | 3 | 5 | 8 | 13 | 20 | 28 |

① 0원　② 2만 원
③ 5만 원　④ 10만 원

## 04 □□□

**통화 공급에 대한 설명으로 옳은 것은?**

① 준예금통화란 이자율이 비교적 높은 요구불예금을 말한다.
② 초과지급준비금은 총예금에서 지급준비금을 공제한 것이다.
③ 현금통화비율이 클수록 통화량의 조절이 용이해진다.
④ 순신용승수는 신용승수보다 작다.

**03** 미시 이윤극대화 답 ②

완전경쟁기업의 이윤극대화조건은 $P=MC$이다.

| 구두생산량(켤레/일) | 0 | 1 | 2 | 3 | 4 | 5 |
|---|---|---|---|---|---|---|
| 총비용(만 원) | 3 | 5 | 8 | 13 | 20 | 28 |
| 한계비용 | - | 2 | 3 | 5 | 7 | 8 |

따라서 생산량이 3단위일 때 이윤극대화가 이루어지며, 총수입(15만 원 = 5만 원×3단위) − 총비용(13만 원) = 2만 원의 이윤을 얻을 수 있다.

**출제POINT**

총수입에서 총비용을 차감한 값인 이윤은 $MR=MC$, 그리고 $MR$ 기울기 < $MC$기울기일 때 극대화된다.

**04** 거시 통화공급 답 ④

순신용승수$\left(\frac{1-z_l}{z_l}\right)$는 신용승수$\left(\frac{1}{z_l}\right)$보다 작다.

오답피하기

① 저축성예금과 거주자외화예금을 준통화라고 하는데, 이는 직접지불수단으로는 통용되지 않지만 언제나 통화(요구불예금과 현금통화)로 전환될 수 있다. 통화와 준통화를 합하여 총통화라고 부른다.
② 초과지급준비금은 실제지급준비금에서 법정지급준비금을 공제한 것이다.
③ $M^S=\frac{1}{c+z(1-c)}\times H$에서, 현금통화비율($c$)이 클수록 통화승수($m=\frac{1}{c+z(1-c)}$)가 작아지기에 통화량의 조절이 어려워진다.

**출제POINT**

본원적예금이 $W$고 신용승수가 $\frac{1}{z_l}$일 때, 총예금창조액은 $\frac{1}{z_l}W$이다. 순예금창조액은 총예금창조액에서 본원적예금을 뺀 값으로 $\frac{1-z_l}{z_l}W$이기에 순신용승수는 $\frac{1-z_l}{z_l}$이다.

## 05 □□□

**예금통화에 대한 현금통화의 비율이 0.2이고 예금지급준비율은 0.4일 때, 통화승수는?**

① 1　　② 2
③ 3　　④ 4

| 05 | 거시 | 통화승수 | 답 ② |
|---|---|---|---|

통화승수 $m$은 $\frac{k+1}{k+z}=\frac{0.2+1}{0.2+0.4}=2$이다.

**출제POINT**

$z=\frac{Z}{D}$ = 지급준비율, $k=\frac{C}{D}$ = 현금 / 예금비율에서 통화승수는 $m=\frac{k+1}{k+z}$이다.

## 06 □□□

**환경오염과 같은 외부성이 발생했을 경우 이에 대한 해결 방안에 대한 설명으로 옳지 않은 것은?**

① 오염물질방출량에 대한 직접적 규제는 많은 비용이 드는 등 문제점이 있다.
② 오염물질방출업체에 대해 공해세를 부과하는 것은 외부성의 문제를 해결하는 방안이 될 수 있다.
③ 협상비용이 무시할 정도로 작은 경우에는 정부가 개입하지 않아도 협상이 하나의 해결방안이 될 수 있다.
④ 시장에서 자유로이 거래될 수 있는 오염면허제도는 누구나 면허만 가지면 오염물질을 방출할 수 있으므로, 환경 문제를 해결하는 방안이 될 수 없다.

| 06 | 미시 | 외부성 | 답 ④ |
|---|---|---|---|

오염면허허가증은 시장에서 자유로이 거래할 수 있으며 이것이 시장의 힘을 빌려 대기오염의 문제를 풀어준다.

**오답피하기**

① 오염물질방출량에 대한 직접적 규제는 개별기업의 한계정화비용을 모르기에 오염물질방출량을 동일하게 할당한다. 따라서 많은 비용이 드는 등 문제점이 있다.
② 오염물질방출업체에 대해 공해세를 부과하는 것은 사적한계비용을 늘려 외부성의 문제를 해결하는 방안이 될 수 있다.
③ 코즈정리는 거래비용없이 협상을 할 수 있다면, 외부효과로 인해 초래되는 비효율성을 시장에서 스스로 해결할 수 있다는 원리이다.

**출제POINT**

양도성 오염면허제도는 정부가 바람직한 배출수준의 총량을 정하고 총량과 같은 양의 오염허가증을 발행한 다음, 이를 소지한 기업이나 사람만 오염물질을 배출할 수 있게 하는 제도다.

## 07 □□□

**어떤 상품의 수요곡선과 공급곡선이 아래와 같다. 정부가 상품 1개당 25원의 세금을 생산자에게 부과하는 경우와 소비자에게 부과하는 경우 각각의 세금 수입은?**

$$Q^d = 150 - 2P \qquad Q^s = -100 + 3P$$

| | 생산자에게 부과한 경우 | 소비자에게 부과한 경우 |
|---|---|---|
| ① | 500원 | 500원 |
| ② | 500원 | 750원 |
| ③ | 750원 | 750원 |
| ④ | 1,750원 | 1,750원 |

## 08 □□□

**영희는 매월 아이스크림을 50개 팔고 있다. 영희의 월간 총비용은 50,000원이고, 이 중 고정비용은 10,000원이다. 영희는 단기적으로는 이 가게를 운영하지만 장기적으로는 폐업할 계획이다. 아이스크림 1개당 가격의 범위는? (단, 아이스크림 시장은 완전경쟁적이라고 가정한다)**

① 600원 이상 700원 미만
② 800원 이상 1,000원 미만
③ 1,100원 이상 1,200원 미만
④ 1,300원 이상 1,400원 미만

**07** 미시 조세귀착 답 ①

소비자에게 부과하는 경우, $Q^d = 150 - P$에서 $Q^d = 150 - 2(P-(-25)) = 100 - 2P$이고, $Q^s = -100 + 3P$에서 $P = 40$, $Q = 20$이다. 따라서 조세 수입은 $20 \times 25 = 500$원이다. 생산자에게 부과하는 경우도 마찬가지로 조세 수입은 $20 \times 25 = 500$원이다.

**출제POINT**

우상향하는 공급곡선과 우하향하는 수요곡선을 갖는 $X$재에 대하여 조세가 부과되면 생산자에게 부과하는 경우든 소비자에게 부과하는 경우든 '조세 수입 = 거래량 × 단위당 조세액'으로 같다.

**08** 미시 생산중단점 답 ②

(단기적으로)총비용은 총고정비용과 총가변비용의 합이다. 즉, 총비용 50,000원은 총고정비용 10,000원과 총가변비용의 합이다. 따라서 총가변비용은 40,000원이다. 생산량이 50개이기에 평균비용은 1,000원이고 평균가변비용은 800원이다. 따라서 아이스크림 1개당 가격의 범위는 800원 이상 1,000원 미만이다.

**출제POINT**

기업은 '평균비용 > 가격 > 평균가변비용'이면 단기적으로는 생산을 지속하나 장기적으로는 생산을 중단한다.

## 09 □□□

**선박과 자동차만 생산하는 $A$국에서 선박생산의 기술혁신으로 선박과 자동차로 표현한 생산가능곡선이 이동하였고 경제성장을 달성하였다. 이 경우 나타나는 현상으로 옳지 않은 것은?**

① 자동차의 기회비용은 증가한다.
② 선박의 기회비용은 증가한다.
③ 생산가능곡선상의 교환비율은 곡선상의 위치에 따라 다를 수 있다.
④ 생산가능곡선상의 교환비율은 시간에 따라 변할 수 있다.

## 10 □□□

**$F$국 통화 1단위는 $H$국 통화 105단위이며, $H$국의 연 이자율은 10%이고, $F$국의 연 이자율은 5%이다. 무위험이자율평가이론(Covered Interest Parity)이 성립할 때, $F$국 통화 1단위에 대한 1년 기준 선도환율(Forward Exchange Rate)은? (단, $H$국과 $F$국간의 통화거래에는 아무런 제약조건이 없다)**

① $H$국 통화 90단위
② $H$국 통화 100단위
③ $H$국 통화 110단위
④ $H$국 통화 120단위

**09** 미시 **기회비용** 답 ②

선박생산에 있어 기술진보가 발생하면 자동차 1단위 추가생산을 위해 포기해야 하는 선박의 양이 많아지므로 자동차 생산의 기회비용은 증가할 것이다. 이는 선박생산의 기술진보로 같은 양의 자동차 포기로 더 많은 선박생산이 가능하기에 같은 선박생산 시 포기하는 자동차수량은 감소할 것임을 뜻한다. 따라서 선박생산에 있어 기술진보가 발생하면 선박생산의 기회비용은 감소한다.

(오답피하기)

① 선박생산에 있어 기술진보가 발생하면 자동차 1단위 추가생산을 위해 포기해야 하는 선박의 양이 많아지므로 자동차생산의 기회비용은 증가할 것이다. 따라서 자동차의 기회비용은 증가한다.
③ 생산가능곡선상의 접선의 기울기인 한계변화율은 교환비율로, $MRT_{XY}=(-)\frac{\triangle Y}{\triangle X}$이다. 교환비율은 생산가능곡선이 직선이 아니라면 곡선상의 위치에 따라 다를 수 있다.
④ 생산가능곡선상의 접선의 기울기인 한계변화율은 교환비율로, $MRT_{XY}=(-)\frac{\triangle Y}{\triangle X}$이다. $Y$재 생산에 있어 기술진보가 발생하면, 생산가능곡선상의 교환 비율은 시간에 따라 변할 수 있다.

**출제POINT**

$Y$재 생산에 있어 기술진보가 발생하면 $X$재 생산의 기회비용은 증가한다.

**10** 국제 **이자율평가설** 답 ③

$F$국을 외국, $H$국을 본국이라 가정하면, 환율은 $H$국 통화 105단위이고, 국내이자율은 $H$국의 연 이자율인 10%이며, 해외이자율은 $F$국의 연 이자율인 5%이다. 따라서 무위험이자율평가설에 따라 환율(1+국내이자율) = 선도환율(1+해외이자율) = 105(1+0.1) = 선도환율(1+0.05)이다. 따라서 선도환율은 $H$국 통화 110단위이다.

**출제POINT**

금융시장에서 일물일가의 법칙을 전제로, 국가 간 완전자본이동이 보장될 때 국내투자수익률과 해외투자수익률이 동일해야 한다는 것이 이자율평가설이다. 이때, 해외투자수익률의 불확실성은 선물계약을 통해 제거할 수 있기에, 무위험이자율평가설은 '환율(1+국내이자율) = 선도환율(1+해외이자율)'이다.

## 11 □□□

**최저임금이 오를 때 실업이 가장 많이 증가하는 노동자 유형은?**

① 노동에 대한 수요가 탄력적인 비숙련노동자
② 노동에 대한 수요가 비탄력적인 비숙련노동자
③ 노동에 대한 수요가 탄력적인 숙련노동자
④ 노동에 대한 수요가 비탄력적인 숙련노동자

| 11 | 거시 | 최저임금 | 답 ① |
|---|---|---|---|

숙련노동자의 경우 처음부터 임금이 높기에 최저임금제도의 영향을 받지 않는다. 따라서 비숙련노동자가 최저임금제도의 대상이다. 그리고 노동에 대한 수요가 탄력적일수록 임금상승 시 노동의 대한 수요량이 크게 줄어 고용량이 크게 줄기에 실업이 크게 증가한다.

**출제POINT**
최저임금으로 노동의 초과공급, 즉 실업이 발생할 수 있다.

## 12 □□□

**국민소득에 포함되는 사항을 모두 고른 것은?**

ㄱ. 기업의 연구개발비
ㄴ. 파출부의 임금
ㄷ. 신항만 건설을 위한 국고지출
ㄹ. 아파트의 매매차익
ㅁ. 로또복권 당첨금
ㅂ. 은행예금의 이자소득
ㅅ. 전투기 도입비
ㅇ. 주부의 가사노동

① ㄱ, ㄴ, ㄷ, ㅁ, ㅂ
② ㄱ, ㄴ, ㄷ, ㅂ, ㅅ
③ ㄱ, ㄴ, ㄹ, ㅂ, ㅅ
④ ㄱ, ㄷ, ㅂ, ㅅ, ㅇ

| 12 | 거시 | *GDP* | 답 ② |
|---|---|---|---|

ㄱ. 기업의 연구개발비는 기업의 투자를 위한 지출로 국민소득에 포함된다.
ㄴ. 파출부의 임금은 노동제공에 대한 분배로 국민소득에 포함된다.
ㄷ. 신항만 건설을 위한 국고지출은 정부의 투자를 위한 지출로 국민소득에 포함된다.
ㅂ. 은행예금의 이자소득은 자금제공에 대한 분배로 국민소득에 포함된다.
ㅅ. 전투기 도입비는 정부의 지출로 국민소득에 포함된다.

**오답피하기**
ㄹ. 아파트의 매매는 소유권 이전으로 매매차익은 국민소득에 포함되지 않는다.
ㅁ. 로또복권 당첨금은 생산과 무관하기에 국민소득에 포함되지 않는다.
ㅇ. 주부의 가사노동은 시장을 매개하지 않기에 국민소득에 포함되지 않는다.

**출제POINT**
*GDP*를 생산, 분배, 지출의 어느 측면에서 측정해도 그 값이 사후적으로 같다는 것을 국민소득 3면 등가의 법칙이라 한다.

## 13 □□□

**해외에 지불하는 요소소득이 해외에서 수취하는 요소소득보다 큰 경우 $GDP$와 $GNP$의 관계는?**

① $GDP$가 $GNP$보다 크다.
② $GDP$는 $GNP$와 같거나 작다.
③ $GDP$는 $GNP$와 같거나 크다.
④ $GDP$가 $GNP$보다 작다.

## 14 □□□

**경기동향을 나타내는 기업경기실사지수(BSI: Business Survey Index)와 소비자동향지수(CSI: Consumer Survey Index)에 대한 설명으로 옳지 않은 것은?**

① BSI는 기업 활동의 실적, 계획, 경기동향 등에 대한 기업가들의 의견을 직접 조사하여 이를 지수화 한 지표이다.
② BSI는 다른 경기지표와는 달리 기업가의 주관적이고 심리적인 요소까지 조사가 가능하고, 정부 정책의 파급 효과를 분석하는데 활용되기도 한다.
③ CSI는 50을 기준치로 하며, 50을 초과할 경우는 앞으로 생활 형편이 좋아질 것이라고 응답한 가구가 나빠질 것으로 응답한 가구보다 많다는 것을 의미한다.
④ BSI는 비교적 쉽게 조사되고 작성될 수 있지만 조사 응답자의 주관적인 판단이 개입될 가능성이 있다.

| 13 | 거시 | $GDP$와 $GNP$ | 답 ① |
|---|---|---|---|

'$GNP = GDP +$ 해외순수취요소소득($=$ 해외수취요소소득 $-$ 해외지급요소소득)'의 관계에서, 해외에 지불하는 요소소득이 해외에서 수취하는 요소소득보다 큰 경우, $GDP$가 $GNP$보다 크다.

**출제POINT**

'일정기간 한 나라 국민이 새로이 생산한 모든 최종생산물의 시장가치'를 국민총생산($GNP$)라 하고, '$GNP = GDP +$ 해외순수취요소소득($=$ 해외수취요소소득 $-$ 해외지급요소소득)'의 관계이다.

| 14 | 거시 | 경기지수 | 답 ③ |
|---|---|---|---|

기업경기실사지수와 소비자동향지수는 0과 200사이의 값으로, 100보다 크면 경기가 좋아지는 것으로 판단한다. 따라서 CSI는 100을 기준치로 하며, 100을 초과할 경우는 앞으로 생활 형편이 좋아질 것이라고 응답한 가구가 나빠질 것으로 응답한 가구보다 많다는 것을 의미한다.

(오답피하기)
① BSI는 기업 활동의 실적, 계획, 경기동향 등에 대한 기업가들의 의견을 직접 조사하여 이를 지수화 한 지표이다.
② BSI는 다른 경기지표와는 달리 기업가의 주관적이고 심리적인 요소까지 조사가 가능하고, 정부 정책의 파급 효과를 분석하는 데 활용되기도 한다.
④ BSI는 비교적 쉽게 조사되고 작성될 수 있지만 조사 응답자의 주관적인 판단이 개입될 가능성이 있다.

**출제POINT**

기업가의 경기상황판단을 조사하여 작성되는 기업경기실사지수, 소비자의 주관적인 인식과 판단을 조사하여 작성되는 소비자동향지수 등이 있다.

## 15 □□□

**국가 간 자본의 자유이동과 자유변동환율제도를 가정할 때, 국민소득을 증가시키기 위한 확장적 재정정책과 확장적 통화정책의 효과에 대한 설명으로 옳은 것은?**

① 재정정책이 통화정책보다 효과가 크다.
② 재정정책과 통화정책 모두 효과가 없다.
③ 재정정책과 통화정책 모두 효과가 크다.
④ 통화정책이 재정정책보다 효과가 크다.

## 16 □□□

**한 국가의 총생산함수가 다음과 같은 Cobb - Douglas 생산함수 형태로 주어져 있다. 이 국가의 연간 평균 노동성장률은 5%이며, 자본성장률은 7.5%이고 규모계수는 연간 평균 2%씩 성장한다. 이 국가의 연간 경제성장률은?**

> $$Y = AL^aK^b$$
> (단, 여기서 $Y$=산출고, $A$=규모계수, $L$=노동투입량, $K$=자본투입량, $a=0.6$, $b=0.4$이다)

① 6% ② 8%
③ 12.5% ④ 14.5%





| 15 | 국제 | 변동환율제도하의 정책 | 답 ④ |
|---|---|---|---|

화폐공급증가로 $LM$곡선이 우측이동하면, 국내금리가 국제금리보다 작아져 외국자본유출로 환율이 상승하기에 $IS$곡선이 우측이동한다. $BP$곡선이 우측이동하나 수평선이기에 금융정책은 매우 효과적이다. 그러나 정부지출증가로 $IS$곡선이 우측이동하면, 국내금리가 국제금리보다 커져 외국자본유입으로 환율이 하락하기에 $IS$곡선이 좌측이동한다. $BP$곡선이 좌측이동하나 수평선이기에 재정정책은 전혀 효과가 없다.

> **출제POINT**
> (변동환율제도하)자본이동이 완전한 경우, $BP$곡선은 수평선으로, 재정정책은 전혀 효과가 없지만 금융정책은 매우 효과적이다.

| 16 | 거시 | 성장회계 | 답 ② |
|---|---|---|---|

$\frac{\Delta Y}{Y}=\frac{\Delta A}{A}+a\frac{\Delta L}{L}+b\frac{\Delta K}{K}$에서, 노동증가율$\left(\frac{\Delta L}{L}\right)$이 5%, 자본증가율$\left(\frac{\Delta K}{K}\right)$이 7.5%, 규모계수증가율($\frac{\Delta A}{A}$)이 2%, $a$(노동소득분배율)$=0.6$, $b$(자본소득분배율)$=0.4$이기에, $\frac{\Delta Y}{Y}=2+0.4\times 7.5+0.6\times 5$ $=8\%$이다.

> **출제POINT**
> 경제성장의 요인을 요인별로 분석해 보는 것을 성장회계라 하고, $Y=AL^aK^b$에서 $\frac{\Delta Y}{Y}=\frac{\Delta A}{A}+a\frac{\Delta L}{L}+b\frac{\Delta K}{K}$로 나타낸다. 이때 $\frac{\Delta A}{A}$를 규모계수증가율이라 한다.

## 17 □□□

**2010년 9월 현재 미국의 3개월 만기 단기국채금리는 5.11%이며 10년 만기 장기국채금리는 4.76%라고 할 때, 향후 미국경기에 대한 시사점으로 가장 적절한 것은?**

① 미국경기는 침체될 가능성이 높다.
② 미국경기는 호전될 가능성이 높다.
③ 미국경기는 호전되다가 다시 침체할 가능성이 높다.
④ 미국경기는 침체되다가 다시 호전될 가능성이 높다.

## 18 □□□

**어떤 국민경제의 총공급곡선이 수평이라고 가정할 때, 이로부터 추론해 낼 수 있는 내용으로 옳은 것은?**

① 확장적 재정정책의 효과가 발생하지 않는다.
② 구축효과를 확대시킨다.
③ 확장적 재정정책을 실시하여도 물가가 오르지 않는다.
④ 금융시장이 유동성 함정 상태에 있다.

**17** 거시 금리 답 ①

장기금리가 단기금리보다 낮아졌다면 미래전망이 부정적임을 시사한다.

**출제POINT**

만기가 길어질수록 금리가 높아지는 것이 일반적이다.

**18** 거시 재정정책 답 ③

확장적 재정정책으로 $AD$곡선의 우측이동에도 $AS$곡선이 수평이기에 물가가 오르지 않고 국민소득이 증가한다.

(오답피하기)

① 따라서 확장적 재정정책의 효과가 발생한다.
② 확장적 재정정책으로 물가가 오르지 않고 국민소득이 증가하기에 구축효과는 발생하지 않는다.
④ 유동성함정은 현재 이자율이 매우 낮은 상태에서 통화량을 증가시켜도 전부 투기적 화폐수요로 흡수되어 $LM$곡선이 수평이 되는 영역을 뜻한다. $LM$곡선이 수평이면 $AD$곡선은 수직이나, $AS$곡선과는 관련이 없다.

**출제POINT**

케인즈에 의하면, 물가가 경직적이고 충분한 유휴설비가 존재하며 주어진 물가수준하에서 생산량조정이 가능하기에 총공급곡선($AS$)은 수평선으로 도출된다. 즉, 국민소득은 물가고정하 유효수요에 의해 결정된다.

## 19 □□□

**실물적 경기변동론의 주장으로 옳은 것만을 묶은 것은?**

ㄱ. 경기변동은 외부 충격에 대한 시장의 자연스런 반응이다.
ㄴ. 경기변동의 주요인은 기술의 변화이다.
ㄷ. 이자율이 상승하면 현재의 노동공급이 감소한다.
ㄹ. 통화량의 변화가 경기변동을 초래하는 원인이다.

① ㄱ, ㄴ
② ㄷ, ㄹ
③ ㄱ, ㄴ, ㄷ
④ ㄱ, ㄴ, ㄹ

## 20 □□□

**아래 그림은 총수요곡선, 총공급곡선 그리고 잠재 $GDP$를 보여주고 있다. 그림에서 경제상태는 ( ㉠ )갭을 보여주고 있고, 잠재 $GDP$를 달성하기 위한 재정정책은 정부투자를 ( ㉡ ) 하고 (또는) 조세를 ( ㉢ )해야 한다. ㉠ ~ ㉢에 들어갈 말로 옳은 것은?**

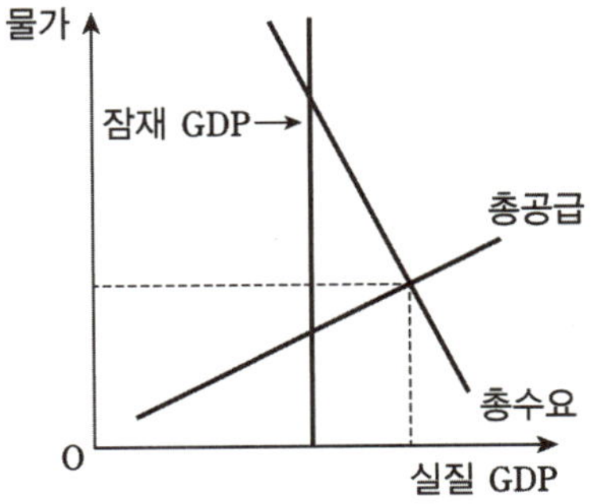


| | ㉠ | ㉡ | ㉢ |
|---|---|---|---|
| ① | 디플레이션 | 증가 | 감소 |
| ② | 인플레이션 | 증가 | 감소 |
| ③ | 인플레이션 | 감소 | 증가 |
| ④ | 디플레이션 | 감소 | 증가 |

**19** 거시 **실물적 경기변동론** 답 ①

ㄱ. 최적화 결과로 사회적 후생손실은 없다고 보기에, 경기변동은 시장의 자연스런 반응이다.
ㄴ. 실물적 균형경기변동이론(RBC)은 초기에는 주로 생산성충격(기술진보)에 주목했으나 이후 $IS$곡선에 영향을 미치는 충격도 인정한다.

(오답피하기)

ㄷ. 실물적 경기변동이론에 따르면 기간 간 대체효과로 현재 이자율의 일시적 상승에 따라 현재노동의 상대적 가치상승과 미래노동의 현재가치 하락으로 현재노동을 늘리고 미래노동을 줄임으로써 사람들은 노동공급을 증가시킨다.
ㄹ. 실물적 균형경기변동이론(RBC), 화폐의 중립성을 가정하기에 $LM$곡선에 영향을 미치는 충격은 경기변동의 요인이 되기 어렵다고 본다.

**출제POINT**

외부충격에 의한 경제주체들의 최적화 결과로 경기변동이 발생한다는 것을 새고전학파의 경기변동론이라 한다. 최적화 결과로 사회적 후생손실은 없다고 보기에, 경기변동을 기본적으로 균형현상으로 파악한다. 따라서 정부개입은 불필요하다고 본다. 즉, 새고전학파의 경기변동론은 균형경기변동이론이며, 크게 화폐적 균형경기변동이론과 실물적 균형경기변동이론이 있다.

**20** 거시 **총수요 - 총공급** 답 ③

잠재 $GDP$에서 총수요가 총공급을 초과하기에 인플레이션갭이 발생하고, 이를 제거하기 위해 총수요를 감소시켜야한다. 따라서 정부투자는 감소, 조세는 증가시켜야한다.

**출제POINT**

완전고용국민소득수준에서 총수요가 총공급을 초과할 때 발생하는 인플레이션갭은 인플레이션을 없애기 위해 감소시켜야 하는 유효수요의 크기로 측정된다.

# 2회 2011년 지방직

## 01 □□□

*GDP*(국내총생산)에 대한 설명으로 옳지 않은 것은?

① *GDP*는 한 국가 내에서 모든 경제주체가 일정기간 동안에 창출한 부가가치(value added)의 합이다.

② *GDP*는 한 국가 내에서 일정기간 동안에 생산된 모든 생산물의 시장가치이다.

③ 기준연도 이후 물가가 상승하는 기간에는 명목 *GDP*가 실질 *GDP*보다 크다.

④ 기준연도의 실질 *GDP*와 명목 *GDP*는 항상 같다.

## 02 □□□

비용에 대한 설명으로 옳은 것은?

① 매몰비용은 경제적 의사결정을 하는 데 있어서 고려되어서는 안 된다.

② 공장부지나 재판매가 가능한 생산시설을 구입하는 데 지출된 비용은 고정비용이자 매몰비용이다.

③ 평균비용곡선이 U자 형태로 되어있을 때, 한계비용곡선은 평균비용곡선의 최저점을 통과할 수 없다.

④ 수입보다 비용이 커서 손실이 발생한 기업은 조업을 중단하여야 한다.

| 01 | 거시 | *GDP* | 답 ② |
|---|---|---|---|

*GDP*는 한 국가 내에서 일정기간 동안에 생산된 모든 생산물이 아니라 모든 최종생산물의 시장가치이다.

**오답피하기**

① *GDP*는 한 국가 내에서 모든 경제주체가 일정기간 동안에 창출한 부가가치(value added)의 합이다.

③ 명목 *GDP*를 실질 *GDP*로 나눈 값을 *GDP*디플레이터[= (명목 *GDP*/실질 *GDP*)×100]라 하고, 이는 대표적인 물가지수의 역할을 한다. 따라서 '(명목 *GDP*/실질 *GDP*)×100 = *GDP*디플레이터 = 물가지수'라고 할 수 있다. 결국, 물가지수는 명목 *GDP*를 실질 *GDP*로 나눈 값으로 구할 수 있다. 그런데, '(명목 *GDP*/실질 *GDP*)×100 = 물가지수'를, '물가지수/100 = (명목 *GDP*/실질 *GDP*)'으로 변형할 수 있다. 기준연도에는 물가지수가 100으로 실질 *GDP*와 명목 *GDP*는 같다. 기준연도 이후 물가가 상승하는 기간에는 물가지수가 100보다 크기에 명목 *GDP*가 실질 *GDP*보다 크다.

④ '물가지수/100 = (명목 *GDP*/실질 *GDP*)에서 기준연도에는 물가지수가 100으로 실질 *GDP*와 명목 *GDP*는 같다.

**출제POINT**

'일정기간 한 나라 안에서 새로이 생산된 모든 최종생산물의 시장가치'를 국내총생산(*GDP*)이라 한다.

| 02 | 미시 | 비용이론 | 답 ① |
|---|---|---|---|

매몰비용은 경제적 의사결정을 하는 데 있어서 고려되어서는 안 된다.

**오답피하기**

② 공장부지나 재판매가 가능한 생산시설을 구입하는 데 지출된 비용은 고정비용이나 재판매가 가능하기에 매몰비용이 아니다.

③ 평균비용곡선이 U자 형태로 되어있을 때, 최저점에서 평균비용과 한계비용이 일치하기에 한계비용곡선은 평균비용곡선의 최저점을 통과할 수 있다.

④ *AC*곡선의 최저점은 초과이윤도 없고 손실도 없는 손익분기점이고, *AVC*곡선의 최저점은 생산하는 것과 생산을 하지 않는 것이 동일한 생산중단점이다. 즉, 수입보다 비용이 커서 손실이 발생하더라도 시장가격이 평균가변비용보다 크면 고정비용의 일부를 보상받을 수 있기에 기업은 조업을 계속한다.

**출제POINT**

합리적 선택을 위해 매몰비용은 기회비용으로 고려하지 않는다.

## 03 □□□

**고전학파와 케인즈학파의 거시경제관에 대한 설명으로 옳지 않은 것은?**

① 고전학파는 공급이 수요를 창출한다고 보는 반면 케인즈 학파는 수요가 공급을 창출한다고 본다.
② 고전학파는 화폐가 베일(veil)에 불과하다고 보는 반면 케인즈 학파는 화폐가 실물경제에 영향을 미친다고 본다.
③ 고전학파는 저축과 투자가 같아지는 과정에서 이자율이 중심적인 역할을 한다고 본 반면 케인즈학파는 국민소득이 중심적인 역할을 한다고 본다.
④ 고전학파는 실업문제 해소에 대해 케인즈학파와 동일하게 재정정책이 금융정책보다 더 효과적이라고 본다.

## 04 □□□

**개발도상국의 경제발전 전략에서 수출주도(export-led)발전전략에 대한 설명으로 옳은 것을 모두 고른 것은?**

ㄱ. 해외시장의 개발에 역점을 둔다.
ㄴ. 내수시장의 발전에 주안점을 둔다.
ㄷ. 경제자립도를 한층 더 떨어뜨리는 부작용을 초래할 수 있다.
ㄹ. 단기적인 수출성과에 치중함으로써 장기적 성장 가능성을 경시할 가능성이 있다.

① ㄱ　　② ㄱ, ㄷ
③ ㄱ, ㄷ, ㄹ　　④ ㄱ, ㄴ, ㄷ, ㄹ

| 03 | 거시 | 학파별 비교 | 답 ④ |
|---|---|---|---|

고전학파는 확대재정정책이 구축효과에 의해 실업문제 해소에 효과가 없고, 확대금융정책은 화폐의 중립성에 의해 실업문제 해소에 효과가 없다고 본다. 케인즈학파는 재정정책이 금융정책보다 더 효과적이라고 본다.

**오답피하기**

① 고전학파는 공급측면 중시로 공급이 수요를 창출한다고 보는 반면, 케인즈학파는 수요측면 중시로 수요가 공급을 창출한다고 본다.
② 고전학파는 화폐의 중립성에 따라 화폐가 베일(veil)에 불과하다고 보는 반면, 케인즈학파는 화폐가 이자율을 통해 실물경제에 영향을 미친다고 본다.
③ 고전학파는 대부자금설에 따라 저축과 투자가 같아지는 과정에서 이자율이 중심적인 역할을 한다고 본 반면 케인즈학파는 주입과 누출에 의해 저축과 투자가 같아지는 과정에서 국민소득이 중심적인 역할을 한다고 본다.

**출제POINT**

케인즈학파는 수요측면을 중시하고 단기분석에 집중하여 정부개입을 주장한다.

| 04 | 거시 | 수출주도형전략 | 답 ③ |
|---|---|---|---|

ㄱ. 수출주도형전략은 해외시장이 커야 수출증가가 가능하기에 해외시장의 개발에 역점을 둔다.
ㄷ. 수출주도형전략은 해외경기에 의존하기에 경제자립도를 한층 더 떨어뜨리는 부작용을 초래할 수 있다.
ㄹ. 수출주도형전략은 해외시장이 불확실하기에 단기적인 수출성과에 치중함으로써 장기적 성장 가능성을 경시할 가능성이 있다.

**오답피하기**

ㄴ. 수출주도형전략은 해외시장의 개발에 역점을 두기에 내수시장의 발전에 주안점을 두지 못한다.

**출제POINT**

비교우위산업을 적극 육성하여 수출할 수 있도록 하는 전략을 수출주도형전략이라 한다. 규모의 경제에 따른 이득을 얻기 용이하고 국내기업의 효율성을 제고할 수 있으나 초기단계에서 육성이 어렵고 경제의 자립도가 저하될 수 있다.

## 05 □□□

$A$국의 경제에서 화폐유통속도가 일정하고 실질 $GDP$가 매년 3% 증가한다. 수량방정식(quantity equation)이 성립한다고 가정할 때 옳지 않은 것은?

① 통화량을 3% 증가시키면 물가는 현재 수준으로 유지된다.
② 통화량을 현재 수준으로 고정시킨다면 물가는 3% 하락하게 된다.
③ 통화량을 현재 수준으로 고정시킨다면 명목 $GDP$ 증가율은 3%가 될 것이다.
④ 통화량을 6% 증가시키면 명목 $GDP$ 증가율은 실질 $GDP$ 증가율의 2배가 된다.

## 06 □□□

다음과 같은 케인즈의 경제모형을 가정할 때, 정부지출승수, 투자승수, 정액조세승수를 순서대로 바르게 배열한 것은? (단, $Y$는 국민소득, $C$는 소비지출, $I$는 투자지출, $G$는 정부지출, $T$는 정액조세를 나타낸다)

$Y = C + I + G$
$C = 0.75(Y - T) + 200$
$I = 200$
$G = 200$
$T = 200$

① 3, 3, −3　② 3, 4, −2
③ 4, 3, −2　④ 4, 4, −3

**05** 거시 **교환방정식** 답 ③

화폐유통속도가 일정하기에 유통속도증가율은 0이고, 실질 $GDP$가 매년 3% 증가하기에 경제성장률은 3%이다. 통화량을 현재 수준으로 고정시킨다면 통화량증가율이 0이기에, $\frac{\Delta M}{M}(0) + \frac{\Delta V}{V}(0) = \frac{\Delta P}{P} + \frac{\Delta Y}{Y}(3)$에서 물가상승률은 −3%이다. 명목 $GDP$ 증가율 − 물가상승률(−3) = 실질 $GDP$ 증가율(3)에서, 명목 $GDP$ 증가율은 0이 될 것이다.

**오답피하기**

① 통화량을 3% 증가시키면, 통화량증가율이 3%이기에, $\frac{\Delta M}{M}(3) + \frac{\Delta V}{V}(0) = \frac{\Delta P}{P} + \frac{\Delta Y}{Y}(3)$에서 물가상승률은 0이다.
② 통화량을 현재 수준으로 고정시킨다면 통화량증가율이 0이기에, $\frac{\Delta M}{M}(0) + \frac{\Delta V}{V}(0) = \frac{\Delta P}{P} + \frac{\Delta Y}{Y}(3)$에서 물가상승률은 −3%이다.
④ 통화량을 6% 증가시키면 통화량증가율이 6%이기에, $\frac{\Delta M}{M}(6) + \frac{\Delta V}{V}(0) = \frac{\Delta P}{P} + \frac{\Delta Y}{Y}(3)$에서 물가상승률은 3%이다. 명목 $GDP$ 증가율 − 물가상승률(3) = 실질 $GDP$ 증가율(3)에서, 명목 $GDP$ 증가율은 6%가 될 것이다. 따라서 명목 $GDP$ 증가율은 실질 $GDP$ 증가율의 2배가 된다.

**출제POINT**

일반적인 교환방정식 $MV = PY$를 변형하면, $\frac{\Delta M}{M} + \frac{\Delta V}{V} = \frac{\Delta P}{P} + \frac{\Delta Y}{Y}$이기에 '통화공급증가율 + 유통속도증가율 = 물가상승률 + 경제성장률'이다.

**06** 거시 **케인즈의 국민소득론** 답 ④

폐쇄경제와 독립투자 및 정액조세를 가정하면, 투자/정부지출승수는 $\frac{1}{1-c}$이고, 조세승수는 $\frac{-c}{1-c}$이다. $c$가 0.75이기에 투자/정부지출승수는 4이고, 조세승수는 −3이다.

**출제POINT**

투자 / 정부지출 / 수출승수는 $\frac{1}{1-c(1-t)-i+m}$이고, 조세승수는 $\frac{-c}{1-c(1-t)-i+m}$이며, 수입승수는 $\frac{-1}{1-c(1-t)-i+m}$이다.

## 07 □□□

노동시장이 안정상태(실업률이 상승하지도 하락하지도 않는 상태)에 있다. 취업인구의 $1\%$가 매달 직업을 잃고 실업인구의 $24\%$가 매달 새로운 직업을 얻는다면, 안정상태의 실업률은? (단, 경제활동인구는 고정이며, 노동자는 취업하거나 또는 실업 상태에 있다)

① 4% ② 4.5%
③ 5% ④ 5.5%

## 08 □□□

생산물시장의 균형을 나타내는 $IS$곡선과 화폐시장의 균형을 나타내는 $LM$곡선을 활용한 폐쇄경제하의 $IS-LM$모형에서 재정 정책이 가장 효과적인 경우는?

① 투자적 화폐수요가 이자율에 탄력적이고, 투자가 이자율에 탄력적일 때
② 투자적 화폐수요가 이자율에 탄력적이고, 투자가 이자율에 비탄력적일 때
③ 투자적 화폐수요가 이자율에 비탄력적이고, 투자가 이자율에 탄력적일 때
④ 투자적 화폐수요가 이자율에 비탄력적이고, 투자가 이자율에 비탄력적일 때



**07** 거시 **실업이론** 답 ①

일정기간 취업자수와 실업자수가 동일하면 실업률은 일정하고 이를 자연실업률이라 한다. 따라서 $u_N=\frac{s}{s+f}=\frac{0.01}{0.01+0.24}=0.04=4\%$이다.

**출제POINT**

자연실업률하에서 노동시장이 균형으로 취업자수와 실업자수가 변하지 않는다.

따라서 자연실업률은 $u_N=\frac{U}{U+E}=\frac{U}{U+\frac{f}{s}U}=\frac{s}{s+f}$($s$: 실직률, $f$: 구직률)이다.

**08** 거시 **재정정책** 답 ②

$IS$곡선이 급경사일수록 투자의 이자율탄력성이 작기에 이자율이 상승해도 민간투자가 적게 감소한다. 따라서 구축효과가 작고, 재정정책의 유효성은 커진다. $LM$곡선이 완만할수록 화폐수요의 이자율탄력성이 커서 이자율상승폭이 작기에 민간투자가 적게 감소한다. 따라서 구축효과가 작고, 재정정책의 유효성은 커진다.

**출제POINT**

화폐수요의 이자율탄력성이 클수록, 투자의 이자율탄력성이 작을수록 재정정책의 유효성은 커진다.

## 09 □□□

맥주시장이 기업 1과 기업 2만 존재하는 과점 상태에 있다. 기업 1과 기업 2의 한계수입($MR$)과 한계비용($MC$)이 다음과 같을 때, 꾸르노(Cournot)균형에서 기업 1과 기업 2의 생산량은? (단, $Q_1$은 기업 1의 생산량, $Q_2$는 기업 2의 생산량이다)

- 기업 1: $MR_1 = 32 - 2Q_1 - Q_2$, $MC_1 = 6$
- 기업 2: $MR_2 = 32 - Q_1 - 2Q_2$, $MC_2 = 4$

① (6, 15)　　② (8, 10)
③ (9, 18)　　④ (12, 6)

## 10 □□□

화폐 공급량은 민간의 현금보유량과 금융기관이 발행하는 예금 화폐의 합계이고, 본원통화는 민간의 현금보유량과 금융기관의 지불준비금의 합계이다. 민간의 예금 대비 현금보유 비율이 0.2이고 금융기관의 지불준비율이 0.1인 경우, 화폐승수는?

① 2.0　　② 3.0
③ 4.0　　④ 5.0

**09** 미시 이윤극대화 답 ②

$MR = MC$에 따라 기업 1은 $MR_1 = 32 - 2Q_1 - Q_2 = MC_1 = 6$에서, 기업 2는 $MR_2 = 32 - Q_1 - 2Q_2 = MC_2 = 4$에서 이윤극대화를 추구한다. 따라서 $26 - 2Q_1 - Q_2 = 0$과 $28 - Q_1 - 2Q_2 = 0$을 연립하면, $Q_1 = 8$이고, $Q_2 = 10$이다.

**출제POINT**

이윤극대화 조건은 시장의 종류와 관계없이 $MR = MC$이다.

**10** 거시 통화승수 답 ③

$z = \frac{Z}{D}$=지급준비율=0.1이고, $k = \frac{C}{D}$=현금/예금비율=0.2이기에 통화승수 $m$은 $m = \frac{0.2+1}{0.2+0.1} = 4$이다.

**출제POINT**

현금/예금비율 시 통화승수는 $m = \frac{k+1}{k+z}$이다.

## 11 □□□

**실물적 경기변동이론(Real Business Cycle theory)에 대한 설명으로 옳지 않은 것은?**

① 실물적 경기변동이론에 따르면 장기에서는 고전파적 이분성이 성립하지만 단기에서는 성립하지 않는다.
② 실물적 경기변동이론에 따르면 현재 이자율의 일시적 상승에도 사람들은 노동공급을 증가시킨다.
③ 실물적 경기변동이론에 따르면 경기변동은 변화하는 경제 상황에 대한 경제의 자연적이며 효율적인 반응이다.
④ 실물적 경기변동이론에 따르면 경기후퇴는 기술의 퇴보에 의해 설명할 수 있다.

| **11** | 거시 | **실물적 경기이론** | 답 ① |
|---|---|---|---|

실물적 균형경기변동이론(RBC)은 초기에는 주로 생산성충격(기술진보)에 주목했으나 이후 *IS*곡선에 영향을 미치는 충격도 인정한다. 하지만, 화폐의 중립성을 가정하기에 *LM*곡선에 영향을 미치는 충격은 경기변동의 요인이 되기 어렵다고 본다. 또한 명목변수와 실질변수가 양분되어 있다고 보는 고전파적 이분성은 단기와 장기 모두 성립한다.

**오답피하기**

② 실물적 경기변동이론에 따르면 기간 간 대체효과로 현재 이자율의 일시적 상승에 따라 현재노동의 상대적 가치상승과 미래노동의 현재가치 하락으로 현재노동을 늘리고 미래노동을 줄임으로써 사람들은 노동공급을 증가시킨다.
③ 실물적 경기변동이론에 따르면 경기변동은 최적화 결과로 사회적 후생손실은 없다고 보기에, 경기변동을 기본적으로 균형현상으로 파악한다. 따라서 경기변동은 변화하는 경제 상황에 대한 경제의 자연적이며 효율적인 반응이다.
④ 실물적 경기변동이론에 따르면 경기과열은 기술진보에 의해 설명할 수 있고, 경기후퇴는 기술의 퇴보에 의해 설명할 수 있다.

**출제POINT**

외부충격에 의한 경제주체들의 최적화 결과로 경기변동이 발생한다는 것을 새고전학파의 경기변동론이라 한다. 최적화 결과로 사회적 후생손실은 없다고 보기에, 경기변동을 기본적으로 균형현상으로 파악한다. 따라서 정부개입은 불필요하다고 본다. 즉, 새고전학파의 경기변동론은 균형경기변동이론이며, 크게 화폐적 균형경기변동이론과 실물적 균형경기변동이론이 있다.

## 12 □□□

**다음 그림은 시장개방 전후에 소규모 경제국인 $A$국의 $X$재 시장 균형 상태를 보여준다. 개방이전 국내 시장에서 $X$재는 $P_0$ 가격에 $X_0$만큼 거래되고 있으며, 세계시장 가격은 $P_1$이다. $A$국이 $X$재 시장을 개방할 때 $X$재 시장에서 $A$국의 총잉여 변화의 크기는? (단, 시장개방으로 인해 $A$국의 국내수요곡선과 국내공급곡선은 변하지 않는다)**

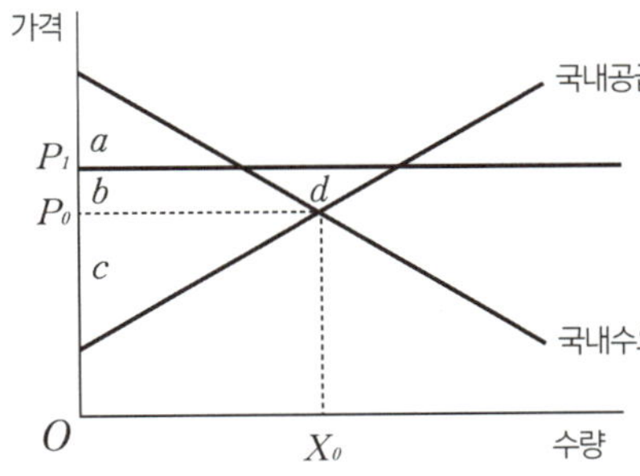


<$A$국 $X$재 시장>

① 변화없다. ② $a$
③ $b+d$ ④ $d$

| **12** | 국제 | **무역이론** | 답 ④ |
|---|---|---|---|

$P_1$가격에 생산하기에 초과공급이 발생하고 이때 초과공급이 수출로 이어진다. 따라서 소비자잉여는 $b$만큼 감소하고, 생산자잉여는 $b+d$만큼 증가한다. 따라서 사회적잉여는 $d$만큼 증가한다. 결국, 총잉여 변화는 $d$이다.

**출제POINT**

국제가격이 국내가격보다 높기에 $A$국은 수출국이다.

## 13 □□□

**외부성(externality)의 예로 옳지 않은 것은?**

① 브라질이 자국의 커피수출을 제한하여 한국의 녹차가격이 상승한다.
② 아파트 층간 소음이 이웃 주민들의 숙면을 방해한다.
③ 제철회사가 오염된 폐수를 강에 버려 생태계가 변화된다.
④ 현란한 광고판이 운전자의 주의를 산만하게 하여 사고를 유발한다.

## 14 □□□

**㉠ ~ ㉢에 들어갈 말을 바르게 나열한 것은?**

구매력평가이론(purchasing power parity theory)은 모든 나라의 통화 1단위의 구매력이 같도록 환율이 결정되어야 한다는 것이다. 구매력평가이론에 따르면 양국통화의 ( ㉠ )은 양국의 ( ㉡ )에 의해 결정되며, 구매력평가이론이 성립하면 ( ㉢ )은 불변이다.

| | ㉠ | ㉡ | ㉢ |
|---|---|---|---|
| ① | 실질환율 | 경상수지 | 명목환율 |
| ② | 명목환율 | 경상수지 | 실질환율 |
| ③ | 실질환율 | 물가수준 | 명목환율 |
| ④ | 명목환율 | 물가수준 | 실질환율 |

**13** 미시 **외부성, 코즈정리** 답 ①

시장의 가격기구를 통해 이득이나 손해를 주는 것을 (금전적)외부성이라 한다. 브라질이 자국의 커피수출을 제한하여 한국의 커피 수입량이 감소하면 커피가격이 상승하고 대체재인 녹차가격이 상승한다. 따라서 브라질의 커피수출 제한은 시장의 가격기구를 통해 한국의 녹차가격 상승으로 나타나기에 (실질적)외부성이 아닌 (금전적)외부성이다.

오답피하기

② 아파트 층간 소음이 이웃 주민들의 숙면을 방해하는 것은 의도하지 않은 손해를 주지만 대가를 지불하지도 않는 것으로 외부불경제이다.
③ 제철회사가 오염된 폐수를 강에 버려 생태계가 변화된 것은 의도하지 않은 손해를 주지만 대가를 지불하지도 않는 것으로 외부불경제이다.
④ 현란한 광고판이 운전자의 주의를 산만하게 하여 사고를 유발한 것은 의도하지 않은 손해를 주지만 대가를 지불하지도 않는 것으로 외부불경제이다.

**출제POINT**
시장의 가격기구를 통하지 않고 제3자에게 의도하지 않은 이득이나 손해를 주지만 대가를 받지도 지불하지도 않는 것을 (실질적)외부성이라 한다.

**14** 국제 **구매력평가설** 답 ④

구매력평가설에 의하면, $P = e \cdot P_f$에서 명목환율은 양국의 물가수준 $P$와 $P_f$에 의해 결정된다. 실질환율은 $\varepsilon = \frac{e \times P_f}{P} = \frac{P}{P} = 1$이고 불변이다.

**출제POINT**
일물일가의 법칙을 전제로, 양국의 구매력인 화폐가치가 같도록 환율이 결정되어야 한다는 이론이 구매력평가설로, $P = e \cdot P_f$이다.

## 15 □□□

**토지공급의 가격탄력성이 완전히 비탄력적일 때, 토지 공급에 세금을 부과할 경우 미치는 영향에 대한 설명으로 옳은 것은? (단, 토지수요의 가격탄력성은 단위탄력적이다)**

① 토지수요자가 실질적으로 세금을 모두 부담한다.
② 토지공급자가 실질적으로 세금을 모두 부담한다.
③ 토지수요자와 공급자가 모두 세금을 부담한다.
④ 토지수요자와 공급자가 모두 세금을 부담하지 않는다.

## 16 □□□

**두 상품 $X$재와 $Y$재를 소비하는 홍길동의 효용함수는 $U(X, Y) = XY + 3$이다. 홍길동의 소득이 10,000원이고 $X$재와 $Y$재의 가격이 각각 1,000원과 500원일 때, 홍길동의 효용을 극대화하는 $X$재와 $Y$재의 소비량은? (단, $X$재와 $Y$재의 소비량은 0보다 크다)**

① (2, 16)
② (5, 10)
③ (6, 8)
④ (8, 4)

**15** 미시 **조세귀착** 답 ②

토지공급의 가격탄력성이 완전히 비탄력적이면 공급곡선은 수직선이고, 토지수요의 가격탄력성은 단위탄력적이면 수요곡선은 직각쌍곡선이다. 따라서 토지 공급에 세금을 부과할 경우, 균형가격과 소비자지불가격은 불변이고 조세부과만큼 공급자수취가격은 하락하기에 토지공급자가 실질적으로 세금을 모두 부담한다.

**출제POINT**

공급자에게 (정액)조세부과 시 조세부과만큼 공급곡선의 상방이동이 이루어진다.

**16** 미시 **한계효용균등의 법칙** 답 ②

$P_X \cdot X + P_Y \cdot Y = M$이라는 예산제약에서 $1{,}000 \cdot X + 500 \cdot Y = 10{,}000$으로 $2X + Y = 20$이다.
$U(X, Y) = XY + 3$에서 $MU_X = Y$, $MU_Y = X$, $P_X = 1{,}000$, $P_Y = 500$이다. 따라서 $\frac{MU_X}{P_X} = \frac{MU_Y}{P_Y}$에서 $2X = Y$이고, $2X + Y = 20$과 $2X = Y$를 연립하면 $X = 5$, $Y = 10$이다.

**출제POINT**

한계효용균등의 법칙에 따라 $\frac{MU_X}{P_X} = \frac{MU_Y}{P_Y}$에서 효용극대화가 이루어진다.

## 17 □□□

$A$국과 $B$국이 자국의 수출보조금을 결정하는 정책 게임을 한다. $A$국과 $B$국의 전략은 Large, Medium, Small로 구성된다. 이 게임의 보수함수(payoff matrix)가 다음과 같을 때, 내쉬(Nash) 균형에서 $A$국과 $B$국의 보수(payoff) 조합은? (단, 보수조합의 왼쪽 값은 $A$국, 오른쪽 값은 $B$국의 보수를 나타낸다)

| 구분 | | $B$국 | | |
|---|---|---|---|---|
| | | Large | Medium | Small |
| $A$국 | Large | (6, 1) | (4, 2) | (1, 7) |
| | Medium | (3, 3) | (6, 5) | (4, 4) |
| | Small | (1, 8) | (4, 5) | (2, 6) |

① (1, 7) ② (1, 8)
③ (4, 4) ④ (6, 5)

## 18 □□□

독점 기업 $A$는 두 개의 공장을 가지고 있으며, 제1공장과 제2공장의 한계비용곡선($MC$)은 각각 $MC_1 = 50 + 2Q_1$, $MC_2 = 90 + Q_2$이다. $A$ 기업의 이윤을 극대화하는 생산량이 총 80단위일 때, 제1공장과 제2공장의 생산량은? (단, $Q_1$은 제1공장의 생산량, $Q_2$는 제2공장의 생산량이다)

① (20, 60) ② (30, 50)
③ (40, 40) ④ (50, 30)

**17** 미시 게임이론 답 ④

기업 $B$가 전략 Large를 선택하면 기업 $A$는 전략 Large 선택이 최선이고, 기업 $B$가 전략 Medium을 선택하면 기업 $A$는 전략 Medium 선택이 최선이다. 또한 기업 $B$가 전략 Small을 선택하면 기업 $A$는 전략 Medium 선택이 최선이다.
기업 $A$가 전략 Large를 선택하면 기업 $B$는 전략 Small 선택이 최선이고, 기업 $A$가 전략 Medium을 선택하면 기업 $B$는 전략 Medium 선택이 최선이다. 또한 기업 $A$가 전략 Small을 선택하면 기업 $B$는 전략 Large 선택이 최선이다.
따라서 내쉬균형은 (Medium, Medium)이다.

**출제POINT**
상대방의 전략을 주어진 것으로 보고 경기자는 자신에게 가장 유리한 전략을 선택하였을 때 도달하는 균형을 내쉬균형이라 한다.

**18** 미시 이윤극대화 답 ③

$MC_1 = 50 + 2Q_1 = MC_2 = 90 + Q_2$에서 $2Q_1 - Q_2 = 40$이다.
이윤을 극대화하는 생산량이 총 80단위이기에 $Q_1 + Q_2 = 80$이다.
따라서 $Q_1 = 40$, $Q_2 = 40$이다.

**출제POINT**
독점기업이 여러 공장에서 동일한 재화를 생산하는 것을 다공장 독점이라 하며, 과점시장에서 카르텔의 경우와 동일하다. 다공장 독점기업의 이윤극대화 조건은 $MR = MC_1 = MC_2$이다.

## 19 □□□

甲국의 생산함수가 $Y=AK^{\frac{1}{3}}L^{\frac{2}{3}}$ 이고, 노동자 1인당 생산량증가율이 5%, 노동인구증가율은 1%, 기술수준증가율이 3%일 때, 자본량의 증가율은? (단, $Y$, $A$, $K$, $L$은 시간의 함수이며, $Y$는 생산량, $A$는 기술수준, $K$는 자본량, $L$은 노동인구를 나타낸다)

① 4% ② 5%
③ 6% ④ 7%

## 20 □□□

다음은 자본이동이 완전히 자유로운 고정환율제도에서의 재정정책 효과를 설명한 것이다. ㉠ ~ ㉢에 들어갈 말을 바르게 나열한 것은? (단, 이 국가는 소규모 개방경제국이다)

> 재정지출의 증대 → 환율( ㉠ ) 압력 → 중앙은행 외환( ㉡ ) 개입 → 통화량 ( ㉢ ) → 국민소득 증대

| | ㉠ | ㉡ | ㉢ |
|---|---|---|---|
| ① | 상승 | 매입 | 증가 |
| ② | 하락 | 매도 | 감소 |
| ③ | 하락 | 매입 | 증가 |
| ④ | 상승 | 매도 | 감소 |



**19** 거시 성장회계 답 ④

$\frac{\Delta y}{y}=\frac{\Delta Y}{Y}-\frac{\Delta L}{L}$에서 $5=\frac{\Delta Y}{Y}-1$이기에 $\frac{\Delta Y}{Y}=6\%$이다.

$\frac{\Delta Y}{Y}=\frac{\Delta A}{A}+\alpha\frac{\Delta K}{K}+(1-\alpha)\frac{\Delta L}{L}$에서 국민총생산증가율$\left(\frac{\Delta Y}{Y}\right)$이 6%, 기술수준증가율$\left(\frac{\Delta A}{A}\right)$이 3%, $\alpha$(자본소득분배율)$=\frac{1}{3}$, $1-\alpha$(노동소득분배율)$=\frac{2}{3}$, 노동증가율$\left(\frac{\Delta L}{L}\right)$이 1%이기에,

$6=3+\left(\frac{1}{3}\right)\frac{\Delta K}{K}+\left(\frac{2}{3}\right)\times 1$에서 자본증가율은 7%이다.

> **출제POINT**
> 경제성장의 요인을 요인별로 분석해 보는 것을 성장회계라 하고, $Y=AK^{\alpha}L^{1-\alpha}$ 에서 $\frac{\Delta Y}{Y}=\frac{\Delta A}{A}+\alpha\frac{\Delta K}{K}+(1-\alpha)\frac{\Delta L}{L}$로 나타낸다. 이때 $\frac{\Delta A}{A}$를 총요소생산성증가율이라 한다. 또한 $Y$는 생산량, $L$은 노동인구일 때 노동자 1인당 생산량 $y$는 $y=\frac{Y}{L}$이다. 따라서 $y=\frac{Y}{L}$에서 $\frac{\Delta y}{y}=\frac{\Delta Y}{Y}-\frac{\Delta L}{L}$로 나타낸다.

**20** 국제 고정환율제도 답 ③

고정환율제도에서는 환율고정으로 $BP$곡선은 이동하지 않는다. 외국자본유입은 환율을 하락시키기에, 환율 유지를 위해 중앙은행은 외화를 매입하고 그 대가로 본원통화를 증가시켜 통화량이 증가한다. 따라서 $LM$곡선이 우측이동한다.

> **출제POINT**
> 자본이동이 완전히 자유로운 고정환율제도에서, 정부지출증가로 $IS$곡선이 우측이동하면, 국내금리가 국제금리보다 커져 외국자본유입으로 통화량이 증가하기에 $LM$곡선이 우측이동한다. $BP$곡선이 불변이기에 재정정책은 매우 효과적이다.

# 3회 2012년 지방직

## 01 □□□

**$A$ 기업이 생산하는 $X$재화에 대한 수요가 가격 비탄력적인 경우, $A$ 기업이 $X$재화의 가격을 인상한다면 $A$ 기업의 총수입은?**

① 감소한다.
② 증가한다.
③ 일정하다.
④ 알 수 없다.

## 02 □□□

**재정적자를 감소시키기 위한 가장 효과적인 정책 조합은?**

① 조세감소와 재정지출축소
② 조세증가와 재정지출축소
③ 조세감소와 재정지출확대
④ 조세증가와 재정지출확대

| 01 | 미시 | 판매수입 | 답 ② |
|---|---|---|---|

비탄력적 구간에서 가격이 상승하면 수요량 감소가 미미하기에 판매수입이 증가한다.

**출제POINT**
우하향의 수요직선에서 탄력적 구간은 가격이 하락, 비탄력적 구간은 가격이 상승하면 판매수입이 증가하며, 중점에서 판매수입이 극대화된다.

| 02 | 거시 | 재정정책 | 답 ② |
|---|---|---|---|

조세증가나 재정지출축소로 재정적자를 감소시킬 수 있다.

**출제POINT**
재정적자는 조세보다 재정지출이 클 때 발생한다.

## 03 □□□

**우리나라 주식시장에서 외국인의 주식 투자확대로 외국 자본(달러) 유입이 크게 늘어난다면, 어떠한 경제현상을 초래할 가능성이 높은가? (단, 다른 조건은 일정하다)**

① 원/달러 환율상승과 수출감소
② 원/달러 환율하락과 수출감소
③ 원/달러 환율상승과 수출증가
④ 원/달러 환율하락과 수출증가

## 04 □□□

**다음 그림은 최근 3개월 간 환율의 추이를 보여주고 있다. 8월 30일 이후의 환율 추이가 지속될 것으로 가정할 경우에 예상되는 것으로 옳지 않은 것은?**

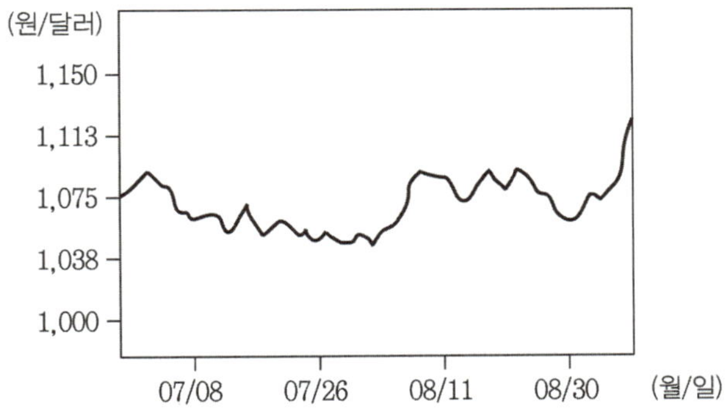


① 미국 여행시기를 앞당기는 것이 유리할 것이다.
② 달러화에 대한 원화의 가치가 하락할 것이다.
③ 미국산 수입농산물의 국내가격은 상승할 것이다.
④ 국내기업의 대미수출품 가격경쟁력이 약화될 것이다.

**03** 국제 **환율** 답 ②

외국 자본 (달러) 유입이 크게 늘어나면 외화의 공급이 증가하여 원/달러 환율은 하락한다. 원 / 달러 환율이 하락하면 달러표시 수출가격이 상승하여 수출이 감소한다.

**출제POINT**

외화의 국외 유출인 외화의 수요와 외화의 국내 유입인 외화의 공급에 의해 환율이 결정된다. 자국민의 해외관광, 조기유학, 수입, 차관상환, 자국민의 해외투자 등은 외화의 수요요인이고, 외국인의 국내관광, 국내유학, 수출, 차관도입, 외국인의 국내투자 등은 외화의 공급요인이다.

**04** 국제 **환율** 답 ④

환율이 상승하면 달러표시 수출가격이 하락하여, 국내기업의 대미수출품 가격경쟁력이 강화될 것이다.

(오답피하기)

① 환율상승은 자국화폐가치하락으로, 미국 여행시기를 앞당기는 것이 유리할 것이다.
② 환율상승은 자국화폐가치하락으로 원화의 평가절하이다.
③ 환율이 상승하면 원화표시 수입가격이 상승하여, 미국산 수입농산물의 국내가격은 상승할 것이다.

**출제POINT**

환율상승은 자국화폐가치하락으로 원화의 평가절하이고, 환율하락은 자국화폐가치상승으로 원화의 평가절상이다.

## 05 □□□

**매년 24만 원을 받는 영구채(원금상환 없이 일정 금액의 이자를 영구히 지급하는 채권)가 있다. 연 이자율이 6%에서 8%로 오른다면 이 채권가격의 변화는?**

① 108만 원 감소한다.
② 108만 원 증가한다.
③ 100만 원 감소한다.
④ 100만 원 증가한다.

| 05 | 거시 | 영구채 | 답 ③ |
|---|---|---|---|

이자율이 6%일 때, 채권가격은 400만 원이고, 이자율이 8%일 때, 채권가격은 300만 원이기에, 채권가격은 100만 원 감소한다.

**출제POINT**
매년 $C$원씩 이자를 받는 영구채의 현재가치는
$PV = \frac{C}{(1+r)} + \frac{C}{(1+r)^2} + \frac{C}{(1+r)^3} + \cdots = \frac{C}{r}$이다.

## 06 □□□

**$X$재화의 시장에 $A$와 $B$ 두 경쟁 기업만 있다. 각 기업의 광고 여부에 따른 예상 매출액은 다음 표와 같다. 각 기업은 자신의 예상 매출액만 알고 경쟁기업의 예상 매출액은 모른다고 할 때, 주어진 조건하에서 각 기업의 광고 여부에 대한 설명으로 옳은 것은? (단, 표의 사선 아래는 $A$ 기업, 사선 위는 $B$ 기업의 예상 매출액이며, 두 기업은 광고 등 주요 전략에 대해 협력관계에 있지 않다)**

| 구분 | | $B$ 기업 | |
|---|---|---|---|
| | | 광고함 | 광고 안 함 |
| $A$ 기업 | 광고함 | 30<br>40 | 20<br>60 |
| | 광고 안 함 | 50<br>30 | 40<br>50 |

① $A$ 기업은 광고를 하며, $B$ 기업은 광고를 하지 않을 것이다.
② $B$ 기업은 광고를 하며, $A$ 기업은 광고를 하지 않을 것이다.
③ $A$ 기업과 $B$ 기업 모두 광고를 하지 않을 것이다.
④ $A$ 기업과 $B$ 기업 모두 광고를 할 것이다.

| 06 | 미시 | 게임이론 | 답 ④ |
|---|---|---|---|

기업 $A$의 경우, 기업 $B$가 광고함을 선택하면 기업 $A$는 광고함을 선택하고, 기업 $B$가 광고 안 함을 선택하면 기업 $A$는 광고함을 선택하기에 기업 $A$의 우월전략은 광고함이다.
기업 $B$의 경우, 기업 $A$가 광고함을 선택하면 기업 $B$는 광고함을 선택하고, 기업 $A$가 광고 안 함을 선택하면 기업 $B$는 광고함을 선택하기에 기업 $B$의 우월전략은 광고함이다.

**출제POINT**
상대방의 전략에 관계없이 모든 경기자가 항상 자신의 보수를 가장 크게 하는 전략을 선택할 때 도달하는 균형을 우월전략균형이라 하고, 따라서 경쟁기업의 전략을 고려할 필요가 없다.

## 07 □□□

**원자재가격 상승으로 물가수준이 상승하여 중앙은행이 기준금리를 인상하기로 결정하였다. 원자재가격 상승과 기준금리 인상의 경제적 효과를 단기 총수요-총공급모형을 이용하여 분석한 것으로 옳은 것을 모두 고른 것은?**

> ㄱ. 총수요곡선은 좌측 이동한다.
> ㄴ. 총공급곡선은 좌측 이동한다.
> ㄷ. 총생산은 대폭 감소한다.

① ㄱ, ㄴ  ② ㄱ, ㄷ
③ ㄴ, ㄷ  ④ ㄱ, ㄴ, ㄷ

## 08 □□□

**솔로우성장모형에서 $A$국의 저축률이 $B$국의 저축률보다 높을 때, 균제상태(steady state)에서의 $A$국과 $B$국에 대한 설명으로 옳은 것은? (단, 두 나라의 생산기술, 기술진보율, 인구증가율 등 다른 여건은 동일하다)**

① $A$국의 경제성장률이 $B$국보다 높다.
② $A$국의 일인당 국민소득이 $B$국보다 많다.
③ $A$국의 일인당 국민소득 증가율이 $B$국보다 높다.
④ $A$국의 일인당 자본량이 $B$국보다 적다.





**07** | 거시 | **스태그플레이션** | 답 ④

ㄱ. 중앙은행의 기준금리 인상은 통화량감소에 의한 총수요감소로 총수요곡선은 좌측 이동한다.
ㄴ. 원자재가격 상승으로 인한 총공급감소로 총공급곡선은 좌측 이동한다.
ㄷ. 총공급감소와 총수요감소로 총생산은 대폭 감소한다.

**출제POINT**
원자재가격의 상승으로 인한 총공급감소로 물가수준이 상승하는 스태그플레이션 시, 중앙은행의 기준금리 인상은 통화량감소에 의한 총수요감소로 총생산의 대폭 감소를 초래한다.

**08** | 거시 | **솔로우성장모형** | 답 ②

양국이 모두 균제상태로 실제투자액[$sf(k)$]과 필요투자액($nk$)이 일치한다. 저축을 통해 투자가 이루어지면 1인당 자본량이 증가하기에, $A$국의 저축률이 $B$국의 저축률보다 높다면, $A$국의 일인당 자본량($k$)이 $B$국의 일인당 자본량($k$)보다 많다. 따라서 1인당 국민소득[$y=f(k)$]도 $A$국이 $B$국보다 많다.

**오답피하기**
① 양국의 인구증가율이 동일하기에 양국의 경제성장률도 동일하다.
③ 양국이 모두 균제상태로 양국의 1인당 생산량은 모두 불변이다. 따라서 양국의 일인당 국민소득 증가율도 모두 0이다.
④ 저축을 통해 투자가 이루어지면 1인당 자본량이 증가하기에, $A$국의 저축률이 $B$국의 저축률보다 높다면, $A$국의 일인당 자본량($k$)이 $B$국의 일인당 자본량($k$)보다 많다.

**출제POINT**
솔로우성장모형에서 균제상태란 실제투자액[$sf(k)$]과 필요투자액($nk$)이 일치하여, 1인당 자본량이 불변이고 1인당 생산량이 불변인 상태로 경제성장률과 인구증가율이 일치한다.

## 09 □□□

**$A$국은 변동환율제도를 채택하고 자본이동이 완전히 자유로운 소규모개방경제국이다. $IS-LM-BP$ 분석에서 $A$국 중앙은행이 화폐공급량을 증가시킬 때, 최종적인 경제효과로 옳지 않은 것은? (단, 국제이자율은 불변이고, $IS$곡선은 우하향하며, $LM$곡선은 우상향한다)**

① 소비가 증가한다.
② 투자가 감소한다.
③ 무역수지가 개선된다.
④ 소득이 증가한다.

| 09 | 국제 | 변동환율제도 | 답 ② |
|---|---|---|---|

이자율이 불변으로 투자도 불변이다.

(오답피하기)

①, ④ 소득이 크게 증가하기에 소비도 증가한다.
③ 환율이 상승하여 순수출이 증가하기에 무역수지가 개선된다.

**출제POINT**

변동환율제도하 자본이동이 완전할 때, 화폐공급증가로 $LM$곡선이 우측이동하면, 국내금리가 국제금리보다 작아져 외국자본유출로 환율이 상승하기에 $IS$곡선이 우측이동한다. $BP$곡선이 우측이동하나 수평선이기에 이자율은 불변이고 국민소득은 크게 증가하여 금융정책은 매우 효과적이다.

## 10 □□□

**물가수준과 국내총생산($GDP$)의 관계를 보여주는 총수요곡선이 우하향하는 이유로 옳지 않은 것은?**

① 물가수준이 낮아지면 실질임금이 상승하여 노동공급이 증가한다.
② 물가수준이 낮아지면 이자율이 하락하여 투자가 증가한다.
③ 물가수준이 낮아지면 자국 통화의 가치가 하락하여 순수출이 증가한다.
④ 물가수준이 낮아지면 화폐의 실질가치가 상승하여 소비가 증가한다.

| 10 | 거시 | 총수요곡선 | 답 ① |
|---|---|---|---|

물가수준이 낮아지면 실질임금이 상승하여 고용량이 감소하기에 생산량도 감소한다. 따라서 우상향의 총공급곡선을 도출할 수 있다.

(오답피하기)

② 물가하락이 실질통화량증가를 가져와 이자율하락에 의한 투자와 소비증가를 초래하여 총수요(국민소득)를 증가시키는데, 이를 이자율효과라 한다.
③ 물가하락이 수출품가격하락을 가져와 수출증가와 수입감소에 의한 순수출증가를 초래하여 총수요(국민소득)를 증가시키는데, 이를 경상수지효과라 한다.
④ 물가하락이 화폐구매력증가를 가져와 실질부증가에 의한 소비증가를 초래하여 총수요(국민소득)를 증가시키는데, 이를 실질잔고효과, 피구효과 또는 부의 효과라 한다.

**출제POINT**

이자율효과, 실질잔고효과, 경상수지효과 등에 의해 일반적으로 $AD$곡선은 우하향한다.

## 11 □□□

**다음 중 광의의 통화($M2$)에 포함되는 항목을 모두 고른 것은?**

ㄱ. 현금통화
ㄴ. 요구불예금
ㄷ. MMDA(money market deposit account)
ㄹ. 양도성 예금증서(CD)

① ㄱ, ㄴ, ㄷ ② ㄱ, ㄷ, ㄹ
③ ㄴ, ㄷ, ㄹ ④ ㄱ, ㄴ, ㄷ, ㄹ

## 12 □□□

**$A$은행의 지급준비 부과대상 예금이 20조 원, 실제지급준비금(actual reserves)이 5조 원, 초과지급준비금(excess reserves)이 1조 원이라면 $A$은행의 법정지급준비율은?**

① 15% ② $16\frac{2}{3}$%
③ 20% ④ 25%

**11** 거시 **통화** 답 ④

ㄱ, ㄴ, ㄷ. 현금통화, 요구불예금, MMDA(money market deposit account) 등은 협의의 통화로 광의의 통화에 포함된다.
ㄹ. 양도성 예금증서(CD)는 시장형 상품으로 광의의 통화에 포함된다.

**출제POINT**
'본원통화 = 현금통화 + 지급준비금 = 현금통화 + 시재금 + 지급준비예치금 = 화폐발행액 + 지급준비예치금'이다. '협의의 통화($M1$) = 현금통화 + 요구불예금 + 수시입출금식 저축성예금(은행의 저축예금, MMDA, 투신사MMF)'이고, '광의의 통화($M2$) = 협의의 통화($M1$) + 정기 예·적금 및 부금 + 시장형 상품(CD 등) + 실적배당형 상품 + 기타'이다.

**12** 거시 **지급준비율** 답 ③

$Z$(지급준비금), $D$(예금통화)에서 지급준비율은 $Z=\frac{Z}{D}=\frac{5}{20}=25\%$이다. 초과지급준비율은 $\frac{1}{20}=5\%$이기에, '지급준비율 = 법정지급준비율 + 초과지급준비율'에서 법정지급준비율은 20%이다.

**출제POINT**
'본원통화 = 현금통화 + 지급준비금 = 현금통화 + 시재금 + 지급준비예치금 = 화폐발행액 + 지급준비예치금'에서 '(실제)지급준비금 = 시재금 + 지급준비예치금 = 초과지급준비금 + 법정지급준비금'이다.

## 13 □□□

**중상주의의 정책내용과 거리가 먼 것은?**

① 자유무역
② 수출 증진
③ 수입 억제
④ 식민지 개척

| 13 | 국제 | 중상주의 | 답 ① |
|---|---|---|---|

귀금속의 보유량을 늘리기 위해 보호무역을 주장한다.

**오답피하기**

②, ③, ④ 중상주의는 귀금속의 보유량을 늘리기 위해 수출 증진과 수입 억제 및 식민지 개척을 강조한다.

**출제POINT**

중상주의는 국부의 원천을 금, 은 등의 귀금속에 있다고 본다.

## 14 □□□

**소득분배의 불평등정도를 나타내기 위해 가장 많이 사용되는 지표는?**

① 엥겔(Engel) 계수
② 샤프 지수(Sharpe's ratio)
③ 지니(Gini) 계수
④ 빅맥 지수(Big Mac index)

| 14 | 미시 | 소득분배지수 | 답 ③ |
|---|---|---|---|

대각선과 로렌츠 곡선이 이루는 면적을 대각선 아래의 삼각형 면적으로 나눈 값이 지니계수로, 로렌츠 곡선이 나타내는 소득분배상태를 하나의 숫자로 표현하여 0과 1사이의 값이고 그 값이 작을수록 소득분배가 균등함을 의미한다. 지니계수는 가장 일반적인 불평등정도를 보여준다.

**오답피하기**

① 가계의 총지출액 중 식료품비가 차지하는 비중을 엥겔(Engel)계수라 하고, 저소득층일수록 엥겔(Engel)계수가 상승한다.
② 펀드가 한 단위의 위험자산에 투자함으로써 얻은 초과수익의 정도를 나타내는 지표를 샤프지수(Sharpe's ratio)라 하고, 샤프지수가 높을수록 투자성과가 성공적이라고 할 수 있다.
④ 맥도날드 대표 햄버거인 '빅맥' 가격에 기초해 각 국가의 물가 수준을 비교하는 구매력평가지수 개념이 빅맥지수(Big Mac index)로, 환율의 적정성 여부를 판단하게 한다.

**출제POINT**

소득분배의 불평등정도를 나타내기 위해 십분위분배율, 로렌츠 곡선, 지니계수 등을 이용한다.

## 15 □□□

**다음 설명 중 옳은 것을 모두 고른 것은?**

ㄱ. 교복수요가 청바지수요보다 가격 비탄력적이다.
ㄴ. 수요곡선이 수직선에 가까울수록 가격탄력성은 낮아진다.
ㄷ. 가격이 낮을수록 사회적잉여(social surplus)는 증가한다.
ㄹ. 자유무역은 사회구성원 모두에게 유리하다.

① ㄱ, ㄴ ② ㄱ, ㄷ
③ ㄴ, ㄹ ④ ㄷ, ㄹ

## 16 □□□

**$GDP$ 디플레이터와 소비자물가지수($CPI$)에 대한 설명으로 옳지 않은 것은?**

① 소비자물가지수($CPI$)는 고정된 가중치를 사용하여 도출되고, $GDP$ 디플레이터는 변화하는 가중치를 사용하여 도출된다.
② 수입물품의 가격상승은 $GDP$ 디플레이터에 반영되지 않는다.
③ 파셰(Paasche)지수인 소비자물가지수($CPI$)는 생활비 인상을 과대평가하고, 라스파이레스(Laspeyres)지수인 $GDP$ 디플레이터는 물가상승률을 과소평가한다.
④ 소비자물가지수($CPI$)는 신상품 도입이나 품질 향상을 반영하지 못하므로 인플레이션을 과장할 수 있다.

| 15 | 미시 | 수요의 가격탄력성 | 답 ① |
|---|---|---|---|

ㄱ. 학생입장에서 교복은 필수재에 가깝기에 교복수요가 청바지수요보다 가격 비탄력적이다.
ㄴ. 수요곡선이 수직선에 가까울수록 가격변화에도 수요량 변화가 미미하기에 가격탄력성은 낮아진다.

**오답피하기**

ㄷ. 최고가격제에서 보듯 가격이 균형보다 낮으면 거래량감소로 사회적잉여(social surplus)는 감소한다.
ㄹ. 자유무역으로 사회적잉여는 증가하나 사회구성원 모두가 이득을 보는 것은 아니다.

**출제POINT**
수요의 가격탄력성은 가격의 변화율(%)에 대한 수요량의 변화율(%)로, 수평선일 때는 모든 점이 완전탄력적이고, 수직선일 때는 모든 점이 완전비탄력적이며, 직각쌍곡선일 때는 모든 점이 단위탄력적이다.

| 16 | 거시 | $GDP$디플레이터와 $CPI$ | 답 ③ |
|---|---|---|---|

라스파이레스(Laspeyres)지수인 소비자물가지수($CPI$)는 생활비 인상을 과대평가하고, 파셰(Paasche)지수인 $GDP$디플레이터는 물가 상승률을 과소평가한다.

**오답피하기**

① 소비자물가지수($CPI$)는 기준연도 가중치를 사용하기에 고정된 가중치를 사용하여 도출되고, $GDP$디플레이터는 비교연도 가중치로 사용하기에 변화하는 가중치를 사용하여 도출된다.
② $GDP$디플레이터는 국내생산물을 대상으로 하기에 수입물품의 가격상승은 $GDP$디플레이터에 반영되지 않는다.
④ 소비자물가지수($CPI$)는 기준연도 가중치를 사용하기에 고정된 가중치를 사용하기에 신상품 도입이나 품질 향상을 반영하지 못하므로 인플레이션을 과장할 수 있다.

**출제POINT**
라스파이레스 방식($L_p$)은 기준연도 거래량을 가중치로 사용하여 계산($L_P = \frac{P_t \cdot Q_0}{P_0 \cdot Q_0}$)하는 물가지수로 물가변화를 과대평가하고, 소비자물가지수, 생산자물가지수 등이 있다. 파셰 방식($P_p$)은 비교연도 거래량을 가중치로 사용하여 계산$\left(P_P = \frac{P_t \cdot Q_t}{P_0 \cdot Q_t}\right)$하는 물가지수로 물가변화를 과소평가하고, $GDP$디플레이터 등이 있다.

## 17 □□□

**$K$국의 국민은 $A$와 $B$ 두 사람뿐이며, 특정 공공재에 대한 이들 각각의 수요함수는 $P=10-Q$이다. 해당 공공재의 한계비용은 공급규모와 상관없이 10원으로 일정하다. 해당 공공재의 적정 생산 수준은? (단, $P$는 해당 공공재의 가격, $Q$는 해당 공공재에 대한 수요량이다)**

① 2단위
② 5단위
③ 10단위
④ 15단위

## 18 □□□

**도덕적 해이에 대한 설명으로 옳은 것을 모두 고른 것은?**

ㄱ. 불완전하게 감시를 받는 대리인이 자기의 이익을 좇아 행동하는 경향을 말한다.
ㄴ. 고용의 경우에 도덕적 해이를 줄이기 위하여 감시 감독을 강화하거나 보수지급을 연기하기도 한다.
ㄷ. 건물주가 화재보험에 가입한 후에는 화재예방설비를 적정 수준보다 부족하게 설치하는 경향을 보이는 것도 도덕적 해이에 속한다.

① ㄱ, ㄴ
② ㄱ, ㄷ
③ ㄴ, ㄷ
④ ㄱ, ㄴ, ㄷ

| 17 | 미시 | 공공재 | 답 ② |
|---|---|---|---|

공공재의 시장수요곡선은 개별수요곡선을 수직으로 합하여 도출한다. 국민이 두 사람뿐이고 각각의 수요함수는 $P=10-Q$이다. 따라서 공공재의 시장수요곡선은 $P=20-2Q$이다. 그리고 한계비용은 공급규모와 상관없이 10원으로 일정하다. 따라서 공공재의 적정공급조건은 시장수요곡선($P=20-2Q$)과 시장공급곡선($MC=10$)이 만나는 $Q=5$이다.

**출제POINT**
개별수요곡선을 수직으로 합하여 도출하는 공공재의 시장수요곡선 하에서 소비자들은 동일한 양을 서로 다른 편익으로 소비한다.

| 18 | 미시 | 도덕적 해이 | 답 ④ |
|---|---|---|---|

ㄱ. 거래 이후 주인의 입장에서 볼 때 대리인이 바람직하지 않은 행동을 하는 현상을 주인-대리인 문제라 하고, 이는 대리인이 주인을 위해 노력할 동기부여가 없기 때문에 발생하며 도덕적 해이에 포함된다. 따라서 불완전하게 감시를 받는 대리인이 자기의 이익을 좇아 행동하는 경향을 말한다.
ㄴ. 노동시장의 도덕적 해이는 승진, 포상, 효율성임금 등으로 해결한다. 따라서 고용의 경우에 도덕적 해이를 줄이기 위하여 감시 감독을 강화하거나 보수지급을 연기하기도 한다.
ㄷ. 건물주가 화재보험에 가입한 후에는 정보의 비대칭성을 이용하여 화재예방설비를 적정 수준보다 부족하게 설치하는 경향을 보이는 것도 도덕적 해이에 속한다.

**출제POINT**
감춰진 행동으로 거래 이후에 정보가 부족한 측이 볼 때 상대방이 바람직하지 않은 행동을 하는 현상을 도덕적 해이라 한다.

## 19 □□□

$A$ 기업의 고용량에 따른 노동의 한계생산물이 다음 표와 같다. $A$ 기업 제품의 가격이 20만 원이고 시장 균형 임금률이 월 300만 원일 때, $A$ 기업의 이윤극대화 고용량은? (단, 다른 조건은 일정하다)

| 고용량 | 1 | 2 | 3 | 4 | 5 | 6 |
|---|---|---|---|---|---|---|
| 한계생산물 | 10 | 15 | 30 | 25 | 10 | 5 |

① 2 ② 3
③ 4 ④ 5

## 20 □□□

총요소생산성에 대한 설명으로 옳은 것을 모두 고른 것은?

ㄱ. 총요소생산성의 변화율은 생산량의 변화율에서 생산요소에 각 요소의 몫으로 가중한 생산요소의 변화율을 차감하여 측정한다.
ㄴ. 총요소생산성은 직접 관찰하기 어렵다.
ㄷ. 경제성장에 기여하는 기술수준, 산업구조, 경제제도 등이 포함된다.

① ㄱ, ㄴ ② ㄱ, ㄷ
③ ㄴ, ㄷ ④ ㄱ, ㄴ, ㄷ

**19** 미시 완전경쟁 가변생산요소시장 답 ③

| 고용량 | 1 | 2 | 3 | 4 | 5 | 6 |
|---|---|---|---|---|---|---|
| 한계생산물 | 10 | 15 | 30 | 25 | 10 | 5 |
| 총생산물 | 10 | 25 | 55 | 80 | 90 | 95 |
| 총수입 | 200만 | 500만 | 1,100만 | 1,600만 | 1,800만 | 1,900만 |
| 총비용 | 300만 | 600만 | 900만 | 1,200만 | 1,500만 | 1,800만 |
| 이윤 | −100만 | −100만 | 200만 | 400만 | 300만 | 100만 |

**출제POINT**
생산물시장이 완전경쟁이고, 생산요소시장이 완전경쟁이면 이윤극대화 조건은 $VMP_L = MRP_L = MFC_L = W$이다. (총수입에서 총비용을 차감한 값인 이윤은 구체 수치로 주어지면 직접 계산하라!)

**20** 거시 총요소생산성 답 ④

ㄱ. 따라서 총요소생산성의 변화율은 생산량의 변화율에서 생산 요소에 각 요소의 몫으로 가중한 생산요소의 변화율을 차감하여 측정한다.
ㄴ. 총요소생산성은 기술수준 등에 의해 결정되기에 직접 관찰하기 어렵다.
ㄷ. 경제성장에 기여하는 기술수준, 산업구조, 시장개방정도 등을 나타내는 경제제도 등이 포함된다.

**출제POINT**
경제성장의 요인을 요인별로 분석해 보는 것을 성장회계라 하고, $Y = AK^{\alpha}L^{1-\alpha}$ 에서 $\frac{\Delta Y}{Y} = \frac{\Delta A}{A} + \alpha\frac{\Delta K}{K} + (1-\alpha)\frac{\Delta L}{L}$로 나타낸다. 이때 $\frac{\Delta A}{A}$를 총요소생산성증가율이라 한다.

# 4회 2013년 지방직

## 01 □□□

소비 및 저축을 하는 가계부문과 생산 및 투자를 하는 기업부문만 존재하는 단순한 거시경제에서 소비함수와 투자함수가 다음과 같을 때, 이 경제의 균형국민소득은? (단, $C$는 소비지출, $I$는 투자지출, $Y$는 국민소득을 나타낸다)

- 소비함수: $C=30+0.8Y$
- 투자함수: $I=10+0.1Y$

① 100 ② 200
③ 300 ④ 400

## 02 □□□

환율결정이론 중 구매력평가(Purchasing Power Parity)이론에 대한 설명으로 옳은 것은?

① 환율은 두 국가의 이자율 수준의 비율에 의해 결정된다.
② 환율은 두 국가의 물가수준의 비율에 의해 결정된다.
③ 환율은 두 국가 사이의 교역량에 의해 결정된다.
④ 환율은 두 국가 사이의 자본거래량에 의해 결정된다.

**01** 거시 **국민소득결정모형** 답 ④

단순한 거시경제를 가정하여 $G$(정부지출)와 $X-M$(순수출)을 영(0)이라 하면 $Y=C+I$이다. 즉, $Y=30+0.8Y+10+0.1Y=40+0.9Y$이다. 따라서 $Y=400$이다.

**출제POINT**
국내총지출($GDE$)은 $C$(민간소비지출), $I$(민간총투자), $G$(정부지출), $X-M$(순수출)의 합과 같다.

**02** 국제 **구매력평가설** 답 ②

환율은 두 국가의 물가수준의 비율에 의해 결정된다.

**출제POINT**
일물일가의 법칙을 전제로, 양국의 구매력인 화폐가치가 같도록 환율이 결정되어야 한다는 이론이 구매력평가설로, $P=e \cdot P_f$이다.

## 03 □□□

**기업의 이윤극대화에 대한 설명으로 옳은 것만을 모두 고른 것은?**

> ㄱ. 한계수입($MR$)이 한계비용($MC$)과 같을 때 이윤극대화의 1차 조건이 달성된다.
> ㄴ. 한계비용($MC$)곡선이 한계수입($MR$)곡선을 아래에서 위로 교차하는 영역에서 이윤극대화의 2차 조건이 달성된다.
> ㄷ. 평균비용($AC$)곡선과 평균수입($AR$)곡선이 교차할 때의 생산수준에서 이윤극대화가 달성된다.

① ㄱ, ㄴ　　② ㄱ, ㄷ
③ ㄴ, ㄷ　　④ ㄱ, ㄴ, ㄷ

## 04 □□□

**㉠ ~ ㉢에 들어갈 내용으로 옳은 것은?**

> 정부가 경기침체상황에 대응하여 확장적인 통화정책을 실시하려고 한다. 폐쇄경제에서 우하향하는 IS곡선을 갖는 경제를 가정할 때, 다른 조건이 일정하다면 단기적으로 총생산은 ( ㉠ )하며, 물가는 ( ㉡ )하고, 금리는 ( ㉢ ) 할 것이라는 예측이 가능하다.

| | ㉠ | ㉡ | ㉢ |
|---|---|---|---|
| ① | 증가 | 하락 | 상승 |
| ② | 증가 | 상승 | 하락 |
| ③ | 감소 | 상승 | 하락 |
| ④ | 감소 | 하락 | 상승 |

**03** 미시 이윤극대화 답 ①

ㄱ. 이윤극대화의 1차 조건은 $MR = MC$이다.
ㄴ. 이윤극대화의 2차 조건은 $MR$기울기 < $MC$기울기이다.

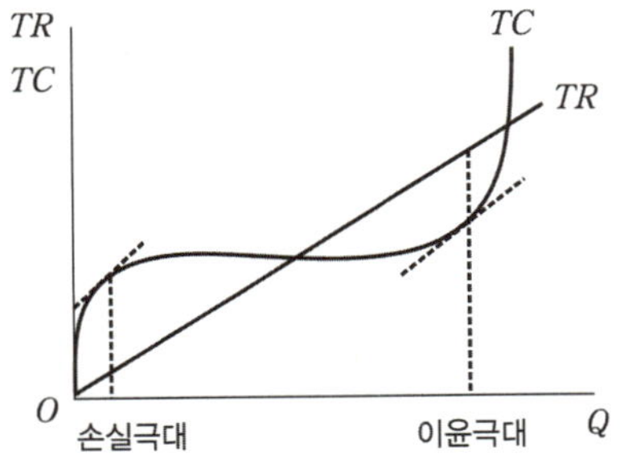

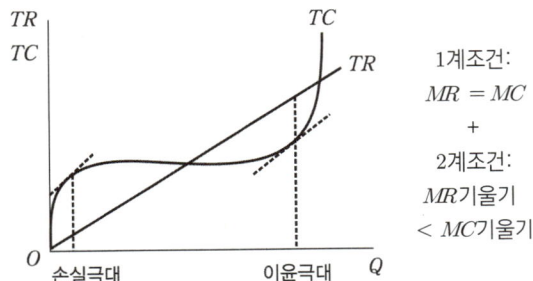

1계조건:
$MR = MC$
+
2계조건:
$MR$기울기
< $MC$기울기

**오답피하기**

ㄷ. 평균비용($AC$)곡선과 평균수입($AR$)곡선이 교차하면 총비용과 총수입이 일치하기에 이윤은 0이다.

> **출제POINT**
> 총수입에서 총비용을 차감한 값인 이윤은 $MR = MC$, 그리고 $MR$기울기 < $MC$기울기일 때 극대화된다.

**04** 거시 금융정책 답 ②

통화량증가의 확장통화정책을 실시하면 $LM$곡선은 우측으로 이동하여 이자율은 하락한다. 이자율하락으로 투자가 증가하여 총수요가 증가하기에 물가는 상승하고 총생산은 증가한다.

> **출제POINT**
> 통화량증가의 확장통화정책을 실시하면 $LM$곡선은 우측으로 이동하여, 이자율은 하락하고 국민소득은 증가하나, 이자율하락에 의한 민간투자증가로 구축효과가 발생하지 않는다.

## 05 □□□

**효율임금이론에 대한 설명으로 옳은 것만을 모두 고른 것은?**

ㄱ. 효율임금은 노동시장의 균형임금보다 높다.
ㄴ. 노동의 초과공급에 의한 실업의 존재를 설명한다.
ㄷ. 근로자들의 근무태만을 방지할 수 있다.
ㄹ. 노동의 생산성이 임금수준을 결정한다고 가정한다.

① ㄱ, ㄴ, ㄷ　② ㄱ, ㄴ, ㄹ
③ ㄱ, ㄷ, ㄹ　④ ㄴ, ㄷ, ㄹ

**05** 거시 **효율성임금** 답 ①

ㄱ, ㄴ. 시장의 균형임금보다 높은 효율성임금을 지급하면 비자발적 실업이 발생한다. 즉, 효율성임금가설은 비자발적 실업을 설명하고자 한다.
ㄷ. 기업은 시장의 균형임금보다 높은 효율성임금을 지급함으로써 근로자들의 근무태만을 방지할 수 있다.

오답피하기

ㄹ. 효율성임금은 실질임금 한 단위당 근로의욕이 최대가 되는 임금으로, 효율성임금가설에 의하면 노동자의 생산성은 실질임금에 의하여 좌우된다.

**출제POINT**

기업은 시장의 균형임금보다 높은 효율성임금을 지급함으로써 역선택, 도덕적 해이 등을 방지할 수 있게 되어 이윤이 증가한다는 것이 효율성임금이론이다.

## 06 □□□

**자본자산가격결정모형(Capital Asset Pricing Model)에서 자본시장선(Capital Market Line)의 기울기를 결정하는 요소가 아닌 것은?**

① 시장포트폴리오의 기대수익률
② 시장포트폴리오 수익률의 표준편차
③ 무위험자산의 수익률
④ 개별 자산수익률의 시장수익률에 대한 민감도지수인 베타

**06** 미시 **자본자산가격결정모형** 답 ④

주식 $i$의 기대수익률과 주식 $i$의 표준편차 간 관계를 보여주는 자본시장선(CML)의 기울기는 (시장 포트폴리오의 기대수익률 − 무위험자산의 수익률)/(시장 포트폴리오의 표준편차)이다.

주식 $i$의 기대수익률
= 무위험자산의 수익률
+ (시장 포트폴리오의 기대수익률 − 무위험자산의 수익률)
× (주식($i$)의 표준편차 / 시장 포트폴리오의 표준편차)

**출제POINT**

주식 $A$의 기대수익률
= 무위험자산의 수익률
+ (시장 포트폴리오의 기대수익률 − 무위험자산의 수익률)
× (주식 $A$와 시장 포트폴리오의 공분산/시장 포트폴리오의 분산)

## 07 □□□

**두 개의 사업 $A$와 $B$에 대한 투자 여부를 결정하려고 한다. $A$의 내부수익률(IRR)은 10%, $B$의 내부수익률은 8%로 계산되었다. 이에 대한 설명으로 옳지 않은 것은?**

① 비용과 편익을 현재가치화할 때 적용하는 할인율이 6%라면, 두 사업의 순현재가치(NPV)는 양(+)이다.

② 내부수익률 기준에 의해 선택된 사업은 순현재가치 기준에 의해 선택된 사업과 항상 일치한다.

③ 비용과 편익을 현재가치화할 때 적용하는 할인율이 10%라면, 사업 $A$의 편익의 현재가치는 비용의 현재가치와 같다.

④ 비용과 편익을 현재가치화할 때 적용하는 할인율이 9%라면, 사업 $B$의 경제적 타당성은 없다고 판정할 수 있다.

## 08 □□□

**공공재인 마을 공동우물($X$)에 대한 혜민과 동수의 수요가 각각 $X=50-P$, $X=30-2P$일 때, 사회적으로 바람직한 공동우물의 개수(㉠)와 동수가 우물에 대해 지불하고자 하는 가격(㉡)은? (단, $P$는 혜민과 동수가 $X$에 대해 지불하는 단위당 가격이고, 공동우물을 만들 때 필요한 한계비용($MC$)은 41원이다)**

| | ㉠ | ㉡ |
|---|---|---|
| ① | 16개 | 7원 |
| ② | 18개 | 6원 |
| ③ | 20개 | 5원 |
| ④ | 22개 | 4원 |

**07** 거시 **내부수익률** 답 ②

복수의 내부수익률이 존재할 때, 내부수익률 기준에 의해 선택된 사업은 순현재가치 기준에 의해 선택된 사업과 일치하지 않을 수 있다.

| | |
|---|---|
| 객관적인 시장이자율 | $PV=\frac{R_1}{(1+r)}+\frac{R_2}{(1+r)^2}+\cdots+\frac{R_n}{(1+r)^n}$<br>: $PV$와 $C$ 비교 |
| 주관적인 내부수익률 | $PV=\frac{R_1}{(1+m)}+\frac{R_2}{(1+m)^2}+\cdots+\frac{R_n}{(1+m)^n}$<br>: $m$과 $r$비교<br>($m$: 투자의 한계효율 = 내부수익률 → $PV=C$인 할인율) |

오답피하기

① 내부수익률이 $A$사업이 10%이고 $B$사업이 8%일 때, 비용과 편익을 현재가치화할 때 적용하는 할인율, 즉 이자율이 6%라면, 두 사업의 순현재가치(NPV)는 양(+)이다.

③ $A$사업의 내부수익률이 10%일 때, 비용과 편익을 현재가치화할 때 적용하는 할인율, 즉 이자율이 10%라면, $A$사업의 순현재가치(NPV)는 0이기에 편익의 현재가치는 비용의 현재가치와 같다.

④ $B$사업의 내부수익률이 8%일 때, 비용과 편익을 현재가치화할 때 적용하는 할인율, 즉 이자율이 9%라면, $B$사업의 순현재가치(NPV)는 0보다 작기에 $B$사업의 경제적 타당성은 없다고 판정할 수 있다.

**출제POINT**

투자로부터 얻는 수입의 현재가치($PV$)와 투자비용($C$)이 같아지는 내부수익률인 투자의 한계효율($m$)과 이자율($r$)을 비교하여 투자여부를 결정하는 이론이 내부수익률법으로 케인즈의 투자결정이론이다.

**08** 미시 **공공재** 답 ①

공공재의 시장수요곡선은 개별수요곡선을 수직으로 합하여 도출한다. 혜민과 동수의 수요가 각각 $X=50-P$, $X=30-2P$이기에, $P$로 전환하면 각각 $P=50-X$, $P=15-\frac{1}{2}X$이다. 따라서 공공재의 시장수요곡선은 $P=65-\frac{3}{2}X$이다. 그리고 한계비용은 41원이다. 공공재의 적정공급조건은 $P=MC$에 따라 $P=65-\frac{3}{2}X$와 한계비용 41이 만나는 $X=16$이다.

즉, 사회적으로 바람직한 공동우물의 개수(㉠)는 16개이다. 동수가 우물에 대해 지불하고자 하는 가격(㉡)은 $P=15-\frac{1}{2}X$에서 $X=16$일 때, 7원이다.

**출제POINT**

개별수요곡선을 수직으로 합하여 도출하는 공공재의 시장수요곡선 하에서 소비자들은 동일한 양을 서로 다른 편익으로 소비한다.

## 09 □□□

**다음과 같은 조건에서 어떤 투자자가 두 주식 $A$ 또는 $B$에 투자 하거나, $A$와 $B$에 각각 50%씩 분산투자하는 포트폴리오 $C$에 투자할 계획을 갖고 있다. $A$, $B$, $C$ 간의 기대수익률을 비교한 결과로 옳은 것은?**

- $A$의 수익률은 좋은 해와 나쁜 해에 각각 20% 및 $-10$%이다.
- $B$의 수익률은 좋은 해와 나쁜 해에 각각 10% 및 5%이다.
- 올해가 좋은 해일 확률은 60%이고 나쁜 해일 확률은 40%이다.

① $A > C > B$　② $A < C < B$
③ $A = B > C$　④ $A = B = C$

## 10 □□□

**$IS$곡선이나 $LM$곡선의 기울기를 가파르게 하는 것만을 모두 고른 것은?**

ㄱ. 화폐수요의 소득에 대한 탄력성이 커졌다.
ㄴ. 화폐수요의 이자율에 대한 탄력성이 작아졌다.
ㄷ. 투자의 이자율에 대한 탄력성이 커졌다.

① ㄱ, ㄴ　② ㄱ, ㄷ
③ ㄴ, ㄷ　④ ㄱ, ㄴ, ㄷ

**09** 미시 **기대수익률** 답 ④

- $A$의 기대수익률: $0.6 \times 0.2 + 0.4 \times (-0.1) = 0.08$
- $B$의 기대수익률: $0.6 \times 0.1 + 0.4 \times 0.05 = 0.08$
- $A$와 $B$에 각각 50% 분산 투자: $0.5 \times 0.08 + 0.5 \times 0.08 = 0.08$

**출제POINT**

기대수익률은 수익능력을 평균적으로 계산한 기댓값이다.

| 경제상황 | 확률 | 수익률 |
| --- | --- | --- |
| 불황 | 0.1 | $-10$% |
| 보통 | 0.7 | 20% |
| 호황 | 0.2 | 50% |

기대수익률 $= 0.1 \times (-0.1) + 0.7 \times 0.2 + 0.2 \times 0.5 = 0.23 = 23\%$이다.

**10** 거시 **화폐수요** 답 ①

ㄱ, ㄴ. 화폐수요의 소득에 대한 탄력성이 커지고, 화폐수요의 이자율에 대한 탄력성이 작아지면 $LM$곡선이 가파르게 된다.

(오답피하기)

ㄷ. 투자의 이자율에 대한 탄력성이 커지면 $IS$곡선은 완만해진다.

**출제POINT**

$r = \frac{k}{h}Y - \frac{1}{h} \cdot \frac{M_0}{P_0}$의 $LM$곡선에서 마샬 $k$(화폐수요의 소득탄력성)가 작을수록, 화폐수요의 이자율탄력성($h$)이 클수록 $LM$곡선이 완만(탄력적)해진다.

## 11 □□□

**아무런 규제가 없는 완전경쟁시장에서 생산량에 비례하여 환경오염을 발생하는 기업이 있다고 가정하자. 이를 사회적 관점에서 설명한 것으로 옳은 것만을 모두 고른 것은?**

> ㄱ. 사회적으로 바람직한 수준보다 낮은 가격이 형성된다.
> ㄴ. 기업의 사적 한계비용이 사회적 한계비용보다 높다.
> ㄷ. 사회적으로 바람직한 수준보다 많이 생산을 한다.

① ㄱ, ㄴ
② ㄱ, ㄷ
③ ㄴ, ㄷ
④ ㄱ, ㄴ, ㄷ

## 12 □□□

**외환시장에서 달러의 수요와 공급이 변화하는 과정을 설명한 것으로 옳은 것은? (단, 국내외 모든 상품수요의 가격탄력성은 1보다 크다)**

① 원/달러 환율 상승 → 수입 감소 → 외환수요 증가
② 원/달러 환율 상승 → 수출 증가 → 외환공급 증가
③ 원/달러 환율 하락 → 수입 감소 → 외환수요 증가
④ 원/달러 환율 하락 → 수출 증가 → 외환공급 감소

| 11 | 미시 | 외부효과 | 답 ② |
|---|---|---|---|

ㄱ, ㄷ. 생산의 외부불경제 시 사적한계비용이 사회적한계비용보다 작아서, 사회적으로 바람직한 수준보다 낮은 가격에, 사회적으로 바람직한 수준보다 많이 생산을 하게 된다.

**오답피하기**

ㄴ. 생산의 외부불경제 시 기업의 사적한계비용이 사회적한계비용보다 낮다.

> **출제POINT**
> 재화의 생산과정에서 제3자에게 의도하지 않은 피해를 주지만 대가를 지불하지 않아 사적한계비용이 사회적한계비용보다 작아서 과다생산이 되는 것을 생산의 외부불경제라 한다.

| 12 | 국제 | 환율변동 | 답 ② |
|---|---|---|---|

환율이 상승하면 달러표시 수출가격이 하락하여 수출이 증가할 때, 국내외 모든 상품수요의 가격탄력성은 1보다 크기에 달러공급이 증가한다.

**오답피하기**

① 원/달러 환율이 상승하면 원화표시 수입가격이 상승하여 수입이 감소할 때, 국내외 모든 상품수요의 가격탄력성은 1보다 크기에 외환수요가 감소한다.
③ 원/달러 환율 하락하면 원화표시 수입가격이 하락하여 수입이 증가할 때, 국내외 모든 상품수요의 가격탄력성은 1보다 크기에 외환수요가 증가한다.
④ 원/달러 환율이 하락하면 달러표시 수출가격이 상승하여 수출이 감소할 때, 국내외 모든 상품수요의 가격탄력성은 1보다 크기에 달러공급이 감소한다.

> **출제POINT**
> 환율이 상승하면 원화표시 수입가격이 상승하여 수입이 감소하고, 달러표시 수출가격이 하락하여 수출이 증가한다.

## 13 □□□

**전력 과소비의 원인 중 하나로 낮은 전기료가 지적되고 있다. 다음 중 전력에 대한 수요곡선을 이동(Shift)시키는 요인이 아닌 것은?**

① 소득의 변화
② 전기료의 변화
③ 도시가스의 가격 변화
④ 전기 기기에 대한 수요 변화

| 13 | 미시 | 수요곡선 | 답 ② |
|---|---|---|---|

전기료의 변화는 가격변화에 따른 수요량의 변화이다.

오답피하기

① 소득의 변화는 당해 가격 이외의 요인변화에 따른 수요의 변화이다.
③ 도시가스의 가격 변화는 당해 가격 이외의 요인, 즉 대체재 가격변화에 따른 수요의 변화이다.
④ 전기 기기에 대한 수요 변화는 당해 가격 이외의 요인, 즉 보완재 가격변화에 따른 수요의 변화이다.

**출제POINT**
수요량의 변화는 수요곡선상의 한 점에서 다른 점의 이동으로 나타나고, 수요의 변화는 수요곡선 자체의 이동으로 나타난다.

## 14 □□□

**전통적인 케인즈 소비함수의 특징이 아닌 것은?**

① 한계소비성향이 0과 1 사이에 존재한다.
② 평균소비성향은 소득이 증가함에 따라 감소한다.
③ 현재의 소비는 현재의 소득에 의존한다.
④ 이자율은 소비를 결정할 때 중요한 역할을 한다.

| 14 | 거시 | 케인즈 절대소비함수 | 답 ④ |
|---|---|---|---|

현재의 (가처분)소득이 소비를 결정할 때 중요한 역할을 한다.

오답피하기

①, ②, ③ 케인즈의 절대소득가설은 소비가 현재의 (가처분)소득에 의해 결정($C = C_0 + cY$)된다고 본다. 또한 한계소비성향($MPC$)은 0과 1사이의 값이고 소득이 증가하면 평균소비성향($APC$)이 감소하며, $APC$가 $MPC$보다 크다. 일시적인 조세정책은 효과적이나 장기에는 잘 설명하지 못한다.

**출제POINT**
소비는 현재의 (가처분)소득에 의해 결정($C = C_0 + cY$)된다고 보는 소비함수론이 케인즈의 절대소득가설이다.

## 15 □□□

**불확실성하에서 자산보유에 따른 위험을 줄이기 위해 무위험 자산인 화폐에 대한 수요를 강조한 이론은?**

① 케임브리지학파의 현금잔고방정식(Cash Balance Equation) 이론
② 프리드만의 신화폐수량설(New Quantity Theory of Money)
③ 토빈의 화폐수요에 관한 자산선택이론(Portfolio Theory)
④ 보몰-토빈의 거래적 화폐수요이론(Transactions Demand for Money)

## 16 □□□

**$A$사는 자동차 부품을 독점적으로 생산하여 대구와 광주에만 공급하고 있다. $A$사의 비용함수와 $A$사 부품에 대한 대구와 광주의 수요함수가 다음과 같을 때, $A$사가 대구와 광주에서 각각 결정할 최적 가격과 공급량은?**

- $A$사의 비용함수: $C=15Q+20$
- 대구의 수요함수: $Q_{대구}=-P_{대구}+55$
- 광주의 수요함수: $Q_{광주}=-2P_{광주}+70$ (단, $C$는 비용, $Q$는 생산량, $P$는 가격이다)

① $(P_{대구},\ Q_{대구},\ P_{광주},\ Q_{광주})=(35,\ 20,\ 25,\ 20)$
② $(P_{대구},\ Q_{대구},\ P_{광주},\ Q_{광주})=(30,\ 20,\ 40,\ 20)$
③ $(P_{대구},\ Q_{대구},\ P_{광주},\ Q_{광주})=(30,\ 40,\ 30,\ 40)$
④ $(P_{대구},\ Q_{대구},\ P_{광주},\ Q_{광주})=(15,\ 40,\ 25,\ 40)$

### 15 | 거시 | 토빈의 자산선택이론 | 답 ③

채권보유 시 장래수익의 확률분포가 주어져 있고 위험기피자를 가정할 때, 효용이 극대화되도록 화폐와 채권의 포트폴리오를 구성하는 과정에서 투기적 화폐수요를 결정하는 것이 토빈의 자산선택이론이다. 따라서 토빈의 자산선택이론은 자산보유에 따른 위험을 줄이기 위해 무위험 자산인 화폐에 대한 수요를 강조한다.

(오답피하기)

① 명목소득의 일정비율($k$)만큼의 화폐수요가 필요하기에 $M^D=kPY$가 케임브리지학파의 현금잔고수량설의 화폐수요함수이다.
② 화폐를 자산의 하나로 보고 자신의 부(wealth)를 어떤 자산으로 보유할 것인지를 결정하는 자산선택의 과정에서 화폐수요가 결정된다는 것이 프리드만의 신화폐수량설로, 화폐수요는 항상소득의 증가함수이고, 유통속도($V$)가 이자율($r$)과 예상인플레이션율($\pi^e$)의 영향을 받지만 그 정도는 매우 미미하기에 프리드만의 화폐수요함수는 $\frac{M^D}{P}=\frac{1}{V(r,\pi^e)}\cdot Y_p$이다.
④ 화폐를 일종의 재고로 보고 화폐보유의 총비용이 극소화되도록 화폐수요의 크기를 결정하는 것이 보몰-토빈의 재고접근 거래적 화폐수요이론으로, 거래적 동기의 화폐수요는 소득의 증가함수이고, 이자율의 감소함수이기에 보몰의 화폐수요함수는 $M^D=P\sqrt{\frac{bY}{2r}}$ ($b$: 거래비용)이다.

**출제POINT**
화폐의 교환매개 기능을 강조하고 화폐수요가 이자율과 무관한 것으로 본 고전학파의 화폐수량설에서 시작하여 화폐의 가치저장 기능이 있음을 강조한 케인즈는 화폐수요가 이자율에 매우 민감함을 주장한다.

### 16 | 미시 | 이윤극대화 | 답 ①

- $A$사의 비용함수인 $C=15Q+20$에서 $MC=15$이다.
- 대구의 수요함수인 $Q_{대구}=-P_{대구}+55$에서 $P_{대구}=55-Q_{대구}$이기에 $MR_{대구}=55-2Q_{대구}$이다. $MR_{대구}=MC$에서 $Q_{대구}=20$이고, $P_{대구}=55-Q_{대구}$에 대입하면 $P_{대구}=35$이다.
- 광주의 수요함수인 $Q_{광주}=-2P_{광주}+70$에서 $P_{광주}=35-\frac{1}{2}Q_{광주}$이기에 $MR_{광주}=35-Q_{광주}$이다. $MR_{광주}=MC$에서 $Q_{광주}=20$이고, $P_{광주}=35-\frac{1}{2}Q_{광주}$에 대입하면 $P_{광주}=25$이다.

**출제POINT**
가격차별 독점기업의 이윤극대화 조건은 $MR_{대구}=MR_{광주}=MC$이다.

## 17 □□□

다음 표는 두 기업이 어떠한 전략을 사용하느냐에 따라 발생하는 이윤을 표시하고 있다. 이때 순수전략에 의한 내쉬균형의 개수는? (단, 괄호 안의 첫 번째 숫자는 기업 $A$의 이윤, 두 번째 숫자는 기업 $B$의 이윤을 나타낸다)

| 구분 | | 기업 $B$ | |
|---|---|---|---|
| | | 전략 $b1$ | 전략 $b2$ |
| 기업 $A$ | 전략 $a1$ | (1, 1) | (1, 0) |
| | 전략 $a2$ | (2, 1) | (0, 2) |

① 0　② 1
③ 2　④ 3

## 18 □□□

균형국민소득결정식과 소비함수가 다음과 같을 때, 동일한 크기의 정부지출 증가, 투자액 증가 또는 감세에 의한 승수효과에 대한 설명으로 옳은 것은?

> • 균형국민소득결정식: $Y=C+I+G$
> • 소비함수: $C=B+a(Y-T)$
> (단, $Y$는 소득, $C$는 소비, $I$는 투자, $G$는 정부지출, $T$는 조세이고, $I$, $G$, $T$는 외생변수이며, $B>0$, $0<a<1$이다)

① 정부지출 증가에 의한 승수효과는 감세에 의한 승수효과와 같다.
② 투자액 증가에 의한 승수효과는 감세에 의한 승수효과보다 작다.
③ 정부지출 증가에 의한 승수효과는 감세에 의한 승수효과보다 크다.
④ 투자액 증가에 의한 승수효과는 정부지출의 증가에 의한 승수효과보다 크다.

**17** 미시 **내쉬균형** 답 ①

기업 $B$가 전략 $b1$을 선택하면 기업 $A$는 전략 $a2$ 선택이 최선이고 기업 $B$가 전략 $b2$를 선택하면 기업 $A$는 전략 $a1$ 선택이 최선이다.
기업 $A$가 전략 $a1$을 선택하면 기업 $B$는 전략 $b1$ 선택이 최선이고 기업 $A$가 전략 $a2$를 선택하면 기업 $B$는 전략 $b2$ 선택이 최선이다.
따라서 내쉬균형은 존재하지 않는다.

**출제POINT**
상대방의 전략을 주어진 것으로 보고 경기자는 자신에게 가장 유리한 전략을 선택하였을 때 도달하는 균형을 내쉬균형이라 한다.

**18** 거시 **승수효과** 답 ③

정부지출 증가에 의한 승수효과는 감세에 의한 승수효과보다 크다.

**오답피하기**
① 정부지출 증가에 의한 승수효과는 감세에 의한 승수효과보다 크다.
② 투자액 증가에 의한 승수효과는 감세에 의한 승수효과보다 크다.
④ 투자액 증가에 의한 승수효과는 정부지출의 증가에 의한 승수효과와 같다.

**출제POINT**
투자 / 정부지출 / 수출승수는 $\frac{1}{1-c(1-t)-i+m}$이고, 조세승수는 $\frac{-c}{1-c(1-t)-i+m}$이며, 수입승수는 $\frac{-1}{1-c(1-t)-i+m}$이다.

## 19 □□□

수요의 특성이 다른 두 개의 분리된 시장 $A$와 $B$에서 이윤극대화를 추구하는 독점기업이 있다고 가정하자. 이 독점기업의 한계비용은 5이고, 시장 $A$와 시장 $B$에서 수요의 가격탄력성이 각각 1.5 및 1.2일 때, 시장 $A$와 시장 $B$에서의 독점가격은?

| | 시장$A$ 독점가격 | 시장$B$ 독점가격 |
|---|---|---|
| ① | 15 | 20 |
| ② | 20 | 10 |
| ③ | 20 | 15 |
| ④ | 15 | 30 |

## 20 □□□

생산요소가 노동 하나뿐인 $A$국과 $B$국은 소고기와 의류만을 생산한다. 소고기 1단위와 의류 1단위 생산에 필요한 노동투입량이 다음과 같을 때, 무역이 발생하기 위한 의류에 대한 소고기의 상대가격의 조건은?

| 구분 | 소고기 1단위 | 의류 1단위 |
|---|---|---|
| $A$ | 1 | 2 |
| $B$ | 6 | 3 |

① $\frac{P_{소고기}}{P_{의류}} \le 2$

② $1.5 \le \frac{P_{소고기}}{P_{의류}} \le 6$

③ $0.5 \le \frac{P_{소고기}}{P_{의류}} \le 2$

④ $2 \le \frac{P_{소고기}}{P_{의류}}$

**19** 미시 이윤극대화 답 ④

$P_1(1-\frac{1}{\epsilon_1})=P_2(1-\frac{1}{\epsilon_2})=MC=5$에서 시장$A$와 시장$B$에서 수요의 가격탄력성이 각각 1.5 및 1.2일 때, $P_1=15$, $P_2=30$이다.

**출제POINT**

가격차별 독점기업의 이윤극대화 조건은 $MR_1=MR_2=MC$이다.

$$MR=\frac{dTR}{dQ}=P+\frac{QdP}{dQ}=P(1+\frac{Q}{P}\cdot\frac{dP}{dQ})=P(1-\frac{1}{\epsilon_d})$$

$MR_1=MR_2$에 따라

$P_1(1-\frac{1}{\epsilon_1})=P_2(1-\frac{1}{\epsilon_2})$이다.

**20** 국제 교역조건 답 ③

소고기를 $X$축, 의류를 $Y$축에 두면 양국의 국내상대가격비$\left(\frac{P_X}{P_Y}\right)$, 즉 $X$재 생산의 기회비용인 $A$국의 0.5와 $B$국의 2 사잇값에서 양국이 이득을 볼 수 있는 교역조건이 성립한다.

**출제POINT**

양국의 국내상대가격비$\left(\frac{P_X}{P_Y}\right)$, 즉 기회비용($X$재 생산의 기회비용) 사잇값에서 양국이 이득을 볼 수 있는 교역조건이 성립한다.

# 5회 2014년 지방직

## 01 □□□

**다음은 불평등지수에 대한 설명이다. ㉠~㉢에 들어갈 말로 알맞은 것은?**

- 지니계수가 ( ㉠ )수록, 소득불평등 정도가 크다.
- 십분위 분배율이 ( ㉡ )수록, 소득불평등 정도가 크다.
- 앳킨슨지수가 ( ㉢ )수록, 소득불평등 정도가 크다.

| | ㉠ | ㉡ | ㉢ |
|---|---|---|---|
| ① | 클 | 작을 | 작을 |
| ② | 클 | 작을 | 클 |
| ③ | 작을 | 작을 | 작을 |
| ④ | 작을 | 클 | 클 |

## 02 □□□

**솔로우성장모형에 대한 설명으로 옳지 않은 것은?**

① 해로드-도마모형의 대안으로 제시되었다.
② 인구증가율이 낮아지면 균제상태(steady state)에서의 일인당 국민소득은 증가한다.
③ 저축률이 높아지면 균제상태에서의 일인당 국민소득은 증가한다.
④ 자본의 감가상각률이 높아지면 균제상태에서의 일인당 국민소득의 증가율은 감소한다.

**01** 미시 **소득분배지수** 답 ②

㉠ 대각선과 로렌츠곡선이 이루는 면적을 대각선 아래의 삼각형 면적으로 나눈 값이 지니계수로, 로렌츠 곡선이 나타내는 소득분배상태를 하나의 숫자로 표현하여 0과 1사이의 값이고 그 값이 작을수록 소득분배가 균등함을 의미한다.
㉡ 최하위 40%의 소득점유율을 최상위 20%의 소득점유율로 나눈 값이 십분위 분배율로, 0과 2사이의 값이고 그 값이 클수록 소득분배가 균등함을 의미한다.
㉢ 현재의 평균소득에서 (현재와 동일한 사회후생을 얻을 수 있는 완전히 균등한 소득분배상태에서의 평균소득인)균등분배대등소득을 차감한 값을 현재의 평균소득으로 나눈 값이 앳킨슨지수로, 0과 1 사이의 값이고 그 값이 작을수록 소득분배가 균등함을 의미한다.

**출제POINT**

지니계수는 작을수록, 십분위 분배율은 클수록, 앳킨슨지수는 작을수록 소득분배가 균등함을 의미한다.

**02** 거시 **솔로우성장모형** 답 ④

자본의 감가상각률이 높아지면 필요투자액이 증가하여 균제상태(steady state)에서의 일인당 국민소득은 이전보다 감소하고, 일시적으로 일인당 국민소득의 증가율은 (-)가 된다. 그러나 균제상태에서는 1인당 국민소득이 불변으로 균제상태에서의 일인당 국민소득의 증가율은 0이다.

**오답피하기**

① 따라서 해로드-도마모형의 대안으로 제시되었다.
② 인구증가율이 낮아지면 필요투자액이 감소하여 균제상태(steady state)에서의 일인당 국민소득은 이전보다 증가하고, 균제상태(steady state)에서의 경제성장률은 인구증가율과 일치하기에 이전보다 감소한다.
③ 저축률이 높아지면 실제투자액이 증가하여 균제상태에서의 일인당 국민소득은 이전보다 증가하고, 일시적으로 경제성장률은 증가하나 장기적으로 이전수준으로 복귀한다.

**출제POINT**

자본주의의 불안정성을 전제한 $H-D$모형과 달리, 요소대체가 가능한 1차동차 생산함수와 요소가격의 신축적 조정을 가정하는 솔로우 성장모형은 경제의 안정적 성장을 설명하였다.

## 03 □□□

다음 표는 $A$국과 $B$국 양국이 글로벌 금융위기로부터 통화 긴축정책에 의한 출구전략을 추진함에 따라 발생하는 양국의 이득의 조합을 표시하고 있다. 양국 간 정책협조가 이루어지지 않는다고 할 때, 두 나라가 선택할 가능성이 높은 정책의 조합은? (단, 괄호 안의 첫 번째 숫자는 $A$국의 이득, 두 번째 숫자는 $B$국의 이득을 나타낸다)

| 구분 | | $B$국 | |
|---|---|---|---|
| | | 약한 긴축 | 강한 긴축 |
| $A$국 | 약한 긴축 | $(-2,\ -2)$ | $(3,\ -5)$ |
| | 강한 긴축 | $(-5,\ 3)$ | $(0,\ 0)$ |

| | $A$국 | $B$국 |
|---|---|---|
| ① | 강한 긴축 | 약한 긴축 |
| ② | 강한 긴축 | 강한 긴축 |
| ③ | 약한 긴축 | 약한 긴축 |
| ④ | 약한 긴축 | 강한 긴축 |

## 04 □□□

어떤 독점기업의 생산비용함수가 $C=10Q^2+200Q$이고, 수요함수가 $P=2,000-50Q$일 때, 이윤을 극대화하는 생산량과 가격은? (단, $C$는 생산비용, $Q$는 생산량, $P$는 가격을 나타낸다)

① $Q=15,\ P=1,250$
② $Q=20,\ P=1,250$
③ $Q=15,\ P=750$
④ $Q=30,\ P=500$





**03** 미시 게임이론 답 ③

$B$국이 약한 긴축을 선택하든, 강한 긴축을 선택하든 $A$국은 약한 긴축 선택이 최선이다. $A$국이 약한 긴축을 선택하든, 강한 긴축을 선택하든 $B$국은 약한 긴축 선택이 최선이다. 따라서 양국 간 정책협조가 이루어지지 않는다고 할 때, 양국은 모두 약한 긴축을 선택할 가능성이 높다.

**출제POINT**

상대방의 전략에 관계없이 모든 경기자가 항상 자신의 보수를 가장 크게 하는 전략을 선택할 때 도달하는 균형을 우월전략균형이라 하고, 따라서 경쟁기업의 전략을 고려할 필요가 없다.

**04** 미시 독점기업 답 ①

수요함수가 $P=2,000-50Q$로 총수입은 $TR=2,000Q-50Q^2$이기에 한계수입은 $MR=2,000-100Q$이다. 총비용이 $C=10Q^2+200Q$로 한계비용은 $MC=20Q+200$이다. 따라서 이윤극대화 생산량은 $MR=2,000-100Q=MC=20Q+200$으로 $Q=15$이다. 수요함수가 $P=2,000-50Q$이기에 가격은 1,250이다.

**출제POINT**

독점기업은 $MR=MC$에서 생산량을 결정하고, $MR=MC$의 위에 있는 수요곡선상의 점에서 가격이 결정된다.

## 05 □□□

**두 명의 소비자로 구성된 순수교환경제에서, 두 소비자가 계약곡선(contract curve)상의 한 점에서 교환을 통해 계약곡선상의 다른 점으로 옮겨 갈 경우 두 사람의 후생에 발생하는 변화는?**

① 두 사람 모두 이득이다.
② 두 사람 모두 손해다.
③ 한 사람은 이득이고 다른 사람은 손해다.
④ 어느 누구의 후생도 변화가 없다.

## 06 □□□

**우리나라와 미국의 인플레이션율이 각각 5%와 4%로 예상되고, 미국 달러화 대비 원화가치가 6% 상승할 것으로 예상된다. 이 때 한국 재화로 표시한 미국 재화의 가치인 실질환율의 변동은?**

① 7% 하락
② 5% 상승
③ 6% 하락
④ 6% 상승

| 05 | 미시 | 일반균형 | 답 ③ |
|---|---|---|---|

소비의 계약곡선상의 점들은 다른 사람의 효용감소없이는 효용증가가 불가능한 파레토효율적인 상태이다. 따라서 한 점에서 교환을 통해 계약곡선상의 다른 점으로 옮겨 갈 경우 한 사람은 이득이고 다른 사람은 손해다.

**출제POINT**

두 무차별곡선이 접하는 점에서 충족되는 소비측면의 파레토효율성은 무수히 많이 존재하고, 이를 연결한 곡선을 소비의 계약곡선이라 한다.

| 06 | 국제 | 환율 | 답 ① |
|---|---|---|---|

미국 달러화 대비 원화가치가 6% 상승할 것으로 예상되기에 명목환율변화율은 −6%이다. '실질환율변화율 = 명목환율변화율 + 해외물가상승률 − 국내물가상승률'이므로, 실질환율변화율은 $-6+4-5=-7$%이다.

**출제POINT**

$\varepsilon = \frac{e \times P_f}{P}$에서, '실질환율변화율 = 명목환율변화율 + 해외물가상승률 − 국내물가상승률'이다.

## 07 □□□

**국제시장 가격에 영향을 미치지 못하는 소국 $A$가 재화 $B$에 대해 무역정책을 고려하고 있다. 무역정책에는 수입가격의 일정 비율을 관세로 부과하는 수입관세정책과 수입량을 제한하는 수입쿼터정책이 있다. 수입재시장만을 고려한 부분균형분석에 기초해 볼 때 위 두 정책이 갖는 효과의 공통점은?**

① 국내의 허가된 수입업자가 국제가격과 국내가격의 차액만큼 이익을 본다.
② 국내 생산자의 잉여를 증가시킨다.
③ 정부의 관세 수입이 늘어난다.
④ 재화 $B$의 공급에서 국내생산이 차지하는 비중이 줄어든다.

| 07 | 국제 | 관세와 수입할당제 | 답 ② |
|---|---|---|---|

수입관세정책과 수입쿼터정책은 모두 국내생산자의 잉여를 증가시킨다.

오답피하기
① 국내의 허가된 수입업자가 국제가격과 국내가격의 차액만큼 이익을 보는 것은 수량할당(수입쿼터)정책이다.
③ 정부의 관세 수입이 늘어나는 것은 수입관세정책이다.
④ 수입관세정책과 수입쿼터정책으로 재화 $B$의 공급에서 국내생산이 차지하는 비중이 늘어난다.

**출제POINT**
관세와 수량할당(수입쿼터)의 경제적 효과는 동일하고, 관세수입이 수량할당 시 수입업자의 초과이윤으로 귀속된다는 차이점이 있다.

## 08 □□□

**$A$국의 2012년도 명목 $GDP$가 200억 달러였다. 그 후 일년 동안 명목 $GDP$는 3% 증가하였고, 같은 기간 동안의 인플레이션율은 3%였다. 2012년을 기준 연도로 할 때, $A$국의 2013년도 실질 $GDP$는?**

① 200억 달러
② 203억 달러
③ 206억 달러
④ 209억 달러

| 08 | 거시 | $GDP$ | 답 ① |
|---|---|---|---|

2012년도 명목 $GDP$가 200억 달러이고 2013년도 명목 $GDP$는 전년 대비 3% 증가로 206억 달러이다. 2012년을 기준 연도로 하기에 물가지수는 100이다. 2013년도 물가지수는 전년 대비 인플레이션율이 3%로 103이다. $GDP$디플레이터(물가지수) = (명목 $GDP$ / 실질 $GDP$)×100이기에 실질 $GDP = \frac{206}{103} \times 100 = 200$이다.

**출제POINT**
'$GDP$디플레이터 = (명목 $GDP$ /실질 $GDP$) ×100'이다.

## 09 □□□

$A$회사와 $B$회사는 다음의 금리조건으로 자금을 조달할 수 있다. 그리고 $A$회사는 현재 변동금리 자금이 필요하고 $B$회사는 고정금리 자금이 필요하다. 두 회사가 각자 자금을 조달한 뒤 서로 금리스왑 거래를 한다고 할 때, 이를 통해 두 회사가 얻게 되는 총 차입비용의 최대 절감효과는?

| 구분 | 고정금리 | 변동금리 |
|---|---|---|
| A회사 | 10% | LIBOR +0.5%$p$ |
| B회사 | 11.5% | LIBOR +1.0%$p$ |

① 0.05%$p$
② 0.25%$p$
③ 0.50%$p$
④ 1.00%$p$

## 10 □□□

어떤 과점시장에 동일한 재화를 생산하는 두 기업 $A$와 $B$만이 존재하고, 각 기업의 생산량을 $Q_A$와 $Q_B$라고 하자. 시장수요가 $P=100-Q_A-Q_B$이고, 두 기업의 총비용함수가 각각 $C_A=40Q_A$, $C_B=40Q_B$로 주어졌을 때, 꾸르노-내쉬(Cournot - Nash) 균형에서 두 기업의 생산량을 합한 총생산량($Q$)과 균형가격($P$)은?

① $Q=20$, $P=80$
② $Q=30$, $P=70$
③ $Q=40$, $P=60$
④ $Q=50$, $P=50$

**09** 거시 금리스왑 답 ④

'고정금리차이의 절대값(1.5%$p$) - 변동금리차이의 절대값(0.5%$p$) = 총 차입비용의 최대 절감효과(1%$p$)'이다. 금리하락을 예상하는 $A$회사는 현재 변동금리 자금이 필요하고 금리상승을 예상하는 $B$회사는 고정금리 자금이 필요하다. 만약 $B$회사가 LIBOR+1.0%$p$ 변동금리로 대출받아 $A$회사에게 LIBOR+0.5%$p$로 대출해주면, $B$회사는 그 차이인 0.5%$p$만큼 손해를 본다. 하지만, $A$회사가 10% 고정금리로 대출받아 $B$회사에게 10% 고정금리로 대출해주면, $B$회사는 그 차이인 1.5%$p$만큼 이익을 본다. 따라서 0.5%$p$만큼 손해이나 1.5%$p$만큼 이익이기에 1.0%$p$만큼 총 차입비용의 최대 절감효과를 볼 수 있다.

**출제POINT**

'고정금리차이의 절대값 - 변동금리차이의 절대값 = 총 차입비용의 최대 절감효과'이다.

**10** 미시 과점시장 답 ③

시장수요함수 $P=100-Q_A-Q_B$에서 $Q=Q_A+Q_B$이기에 시장수요곡선은 $P=100-Q$이다. 총비용함수가 각각 $C_A=40Q_A$, $C_B=40Q_B$로 $Q=Q_A+Q_B$이기에 총비용곡선은 $C=40Q$이다. 따라서 $MC=40$이다. 완전경쟁 산출량은 $P=MC$에서 60이다. 꾸르노모형에서 각 기업은 완전경쟁일 때 생산량의 $\frac{1}{3}$만큼씩 생산하기에 20이고, 시장전체 생산량은 40이다. 가격은 $P=100-Q$에서 60이다.

**출제POINT**

꾸르노모형은 완전경쟁의 $\frac{2}{3}$만큼 생산한다.

## 11 □□□

**어떤 재화의 시장수요곡선은 $P=300-2Q$이고, 시장공급곡선은 $P=150+Q$일 때의 시장균형에 대한 설명으로 옳은 것은? (단, $Q$는 수량, $P$는 가격을 나타낸다)**

① 사회적잉여는 3,750이다.
② 균형가격은 50이다.
③ 균형거래량은 30이다.
④ 생산자잉여는 2,500이다.

## 12 □□□

**중앙은행의 통화량 조절 정책수단에 대한 설명으로 옳지 않은 것은?**

① 중앙은행이 민간으로부터 국채를 매입할 경우 통화공급은 증가한다.
② 법정지급준비율을 변경하여 통화량을 조절하는 것은 중앙은행이 가장 자주 사용하는 수단이다.
③ 민간은행들은 법정지급준비율 이상의 준비금을 보유할 수 있다.
④ 민간은행들이 중앙은행으로부터 적게 차입할수록 통화공급은 감소한다.

| 11 | 미시 | 소비자잉여와 생산자잉여 | 답 ① |
|---|---|---|---|

시장수요곡선 $P=300-2Q$와 시장공급곡선 $P=150+Q$가 만나는 점에서 균형거래량은 50이고 균형가격은 200이다. 소비자잉여는 2,500이고, 생산자잉여는 1,250이기에 사회적잉여는 3,750이다.

오답피하기

② 균형가격은 200이다.
③ 균형거래량은 50이다.
④ 생산자잉여는 1,250이다.

**출제POINT**
수요와 공급이 만나는 균형점에서 사회적잉여는 극대화된다.

| 12 | 거시 | 통화정책 | 답 ② |
|---|---|---|---|

법정지급준비율을 변경하여 통화량을 조절하는 것은 중앙은행이 가장 자주 사용하는 수단이 아니다.

오답피하기

① 중앙은행이 민간으로부터 국채를 매입할 경우 본원통화증가로 통화공급은 증가한다.
③ 한국은행이 정한 법정지급준비금 이상의 지급준비금을 따로 준비하기도 하는데 이를 초과지급준비금이라고 한다. 즉, 민간은행들은 법정지급준비율 이상의 준비금을 보유할 수 있다.
④ 민간은행들이 중앙은행으로부터 적게 차입할수록 본원통화감소로 통화공급은 감소한다.

**출제POINT**
중앙은행의 국채매입, 재할인율 인하, 그리고 지급준비율 인하로 통화공급이 증가한다.

## 13 □□□

**다음 그림에서 $IS$곡선은 생산물시장의 균형을, $LM$곡선은 화폐시장의 균형을 나타내는 곡선이다. $A$점에서의 생산물시장과 화폐시장에 대한 설명으로 옳은 것은?**

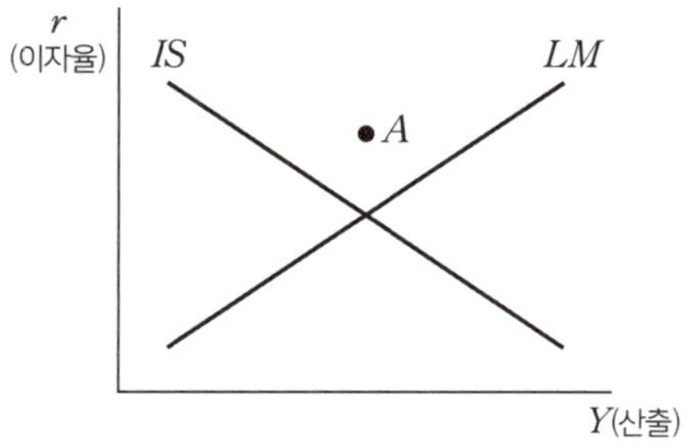


| | 생산물시장 | 화폐시장 |
|---|---|---|
| ① | 초과공급 | 초과공급 |
| ② | 초과수요 | 초과공급 |
| ③ | 초과공급 | 초과수요 |
| ④ | 초과수요 | 초과수요 |

## 14 □□□

**㉠ ~ ㉣에 들어갈 말로 알맞은 것은?**

> 케인즈는 화폐수요를 거래적 동기, 예비적 동기 그리고 투기적 동기로 분류하면서 거래적 동기 및 예비적 동기는 ( ㉠ )에 의존하고, 투기적 동기는 ( ㉡ )에 의존한다고 주장했다. 특히 ( ㉡ )이 낮을 때 채권가격이 ( ㉢ ), 투자자의 채권 투자 의욕이 낮은 상황에서 투기적 동기에 따른 화폐 수요가 ( ㉣ )고 하였다.

| | ㉠ | ㉡ | ㉢ | ㉣ |
|---|---|---|---|---|
| ① | 소득 | 이자율 | 높고 | 작다 |
| ② | 소득 | 이자율 | 높고 | 크다 |
| ③ | 이자율 | 소득 | 높고 | 크다 |
| ④ | 이자율 | 소득 | 낮고 | 작다 |

**13** 거시 **초과공급** 답 ①

$A$점은 $IS$곡선의 상방으로 생산물시장이 초과공급상태이고, $LM$곡선의 상방으로 화폐시장이 초과공급상태이다.

**출제POINT**

$IS$곡선의 상방은 생산물시장이 초과공급상태이고, $IS$곡선의 하방은 초과수요상태이다. $LM$곡선의 상방은 화폐시장이 초과공급상태이고, $LM$곡선의 하방은 초과수요상태이다.

**14** 거시 **유동성 선호** 답 ②

㉠ 거래적 동기와 예비적 동기의 화폐수요는 (소득)의 증가함수이다.
㉡ 투기적 동기의 화폐수요는 (이자율)의 감소함수이다.
㉢ 이자율과 채권가격은 반비례이기에, 이자율이 낮을 때 채권수요의 증가로 채권가격은 (높고),
㉣ 채권가격 하락이 예상될 때, 투자자의 채권 투자 의욕이 낮은 상황에서 투기적 동기에 따른 화폐 수요가 (크다).

**출제POINT**

거래적 동기와 예비적 동기의 화폐수요는 소득의 증가함수이고, 투기적 동기의 화폐수요는 이자율의 감소함수이기에 케인즈의 화폐수요함수는 $\frac{M^D}{P}=kY-hr$($k$: 거래적 동기, $h$: 투기적 동기)이다.

## 15 □□□

**$A$국은 노동과 자본만을 사용하여 노동집약재와 자본집약재를 생산하며 자본에 비해 상대적으로 노동이 풍부한 나라다. 스톨퍼-사무엘슨정리를 따를 때, $A$국의 자유무역이 장기적으로 $A$국의 소득분배에 미치는 영향은?**

① 자본과 노동의 실질보수가 모두 상승한다.
② 자본과 노동의 실질보수가 모두 하락한다.
③ 자본의 실질보수가 상승하고 노동의 실질보수가 하락한다.
④ 자본의 실질보수가 하락하고 노동의 실질보수가 상승한다.

## 16 □□□

**완전경쟁시장인 피자시장에서 어떤 피자집이 현재 100개의 피자를 단위당 100원에 팔고 있고, 이때 평균비용과 한계비용은 각각 160원과 100원이다. 이 피자집은 이미 5,000원을 고정비용으로 지출한 상태이다. 이윤극대화를 추구하는 피자집의 행동으로 가장 옳은 것은?**

① 손해를 보고 있지만 생산을 계속해야 한다.
② 손해를 보고 있으며 생산을 중단해야 한다.
③ 양(+)의 이윤을 얻고 있으며 생산을 계속해야 한다.
④ 양(+)의 이윤을 얻고 있지만 생산을 중단해야 한다.





| 15 | 국제 | 스톨퍼-사무엘슨정리 | 답 ④ |
|---|---|---|---|

$A$국은 자본에 비해 상대적으로 노동이 풍부한 나라다. 따라서 자유무역이 이루어지면 노동풍부국인 $A$국에서는 노동집약재의 상대가격이 상승하기에 노동의 실질소득은 증가하고 자본의 실질소득은 감소한다.

**출제POINT**

어떤 재화의 상대가격이 상승하면 그 재화에 집약적으로 사용되는 생산요소 소득이 증가하고 다른 생산요소 소득은 감소한다는 것을 스톨퍼-사무엘슨정리라 한다.

| 16 | 미시 | 이윤극대화 | 답 ② |
|---|---|---|---|

(단기적으로)총비용은 총고정비용과 총가변비용의 합이다. 즉, 총비용 16,000원은 총고정비용 5,000원과 총가변비용의 합이다. 따라서 총가변비용은 11,000원이다. 생산량이 100개이기에 평균가변비용은 110원이다. 따라서 평균비용(160원) > 평균가변비용(110원) > 가격(100)이기에 손해를 보고 있으며 생산을 중단해야 한다.

**출제POINT**

기업은 '평균비용 > 평균가변비용 > 가격'이면 단기적으로 손해를 보고 있으며 생산을 중단해야 한다.

## 17 □□□

보청기의 수요함수가 $Q=370-3P$이고 공급함수가 $Q=10+6P$이다. 보청기 보급을 위해서 정부가 보청기 가격의 상한을 36으로 정하였다. 이때 발생하는 초과수요를 없애기 위해 정부가 보청기 생산기업에게 보청기 한 대당 지급해야 하는 보조금은? (단, $Q$는 생산량, $P$는 가격을 나타낸다)

① 6 ② 8
③ 10 ④ 12

## 18 □□□

명목임금 $W$가 5로 고정된 다음의 케인지언 단기 폐쇄경제 모형에서 총공급곡선의 방정식으로 옳은 것은?

- 소비함수: $C=10+0.7(Y-T)$
- 투자함수: $I=7-0.5r$
- 정부지출: $G=5$
- 생산함수: $Y=2\sqrt{L}$

(단, $C$는 소비, $Y$는 산출, $T$는 조세, $I$는 투자, $r$은 이자율, $G$는 정부지출, $L$은 노동, $P$는 물가, $W$는 명목임금을 나타내며, 노동자들은 주어진 명목임금 수준에서 기업이 원하는 만큼의 노동을 공급한다)

① $Y=P$
② $Y=22$에서 수직이다.
③ 조세 $T$를 알 수 없어 총공급곡선을 알 수 없다.
④ $P=\frac{5}{2}Y$

**17** 미시 가격상한제 답 ①

가격상한이 36일 때 수요량은 262이고, 공급량은 226이기에 36만큼 초과수요상태이다. 이를 없애기 위해 지급하는 정부보조금을 단위당 $x$라 하면, 보조금지급 시 공급곡선은 $Q=10+6(P-(-x))=Q=10+6P+6x$이다. 보조금지급 시 공급곡선과 수요곡선이 만나는 점에서 가격은 36이고 거래량은 262이다. 따라서 $x$는 6이다.

**출제POINT**

수요자 보호를 위해 균형가격보다 낮게 설정하는 최고가격제하, 초과수요로 인한 암시장이 발생할 수 있다.

**18** 거시 총공급곡선 답 ④

노동시장의 균형은 $VMP_L=MP_L\times P=W$이다. $W$가 5이고, $MP_L$은 생산함수 $Y=2\sqrt{L}$을 미분한 $MP_L=\frac{1}{\sqrt{L}}$이다. $L$은 $MP_L\times P=W$에서 $\frac{1}{\sqrt{L}}\times P=5$를 통해 $L=\frac{P^2}{25}$이다. 이를 생산함수 $Y=2\sqrt{L}$에 대입하면 $P=\frac{5}{2}Y$의 총공급곡선을 구할 수 있다.

오답피하기

① $P=\frac{5}{2}Y$이다.
② 명목임금이 신축적인 고전학파의 경우 총공급곡선은 수직선으로 도출된다.
③ 조세 $T$를 알 수 없어도 총공급곡선을 알 수 있다.

**출제POINT**

명목임금이 경직적인 케인지언 단기 폐쇄경제모형의 경우 물가상승은 실질임금을 하락시켜 고용량이 증가한다. 고용량증가로 총생산량이 증가하기에 총공급곡선은 우상향의 형태로 도출된다.

## 19 □□□

**황금률의 균제상태(steady state)를 $A$, 이보다 적은 자본을 갖고 있는 균제상태를 $B$라고 할 때, $B$에서 $A$로 가기 위해 저축률을 높일 경우 나타나는 변화에 대한 설명으로 옳지 않은 것은?**

① 저축률을 높인 직후의 소비수준은 $B$에서의 소비수준보다 낮다.
② $B$에서 $A$로 가는 과정에서 자본량과 투자는 증가한다.
③ $A$에 도달했을 때의 소비수준은 $B$에서의 소비수준보다 낮다.
④ 미래 세대보다 현재 세대를 중시하는 정책당국은 $B$에서 $A$로 가는 정책을 추구하지 않을 수 있다.

**19** 거시 **자본축적의 황금률** 답 ③

황금률의 균제상태는 1인당 소비가 극대화되는 상태로, $A$에 도달했을 때의 소비수준은 $B$에서의 소비수준보다 높다.

(오답피하기)
① 저축률을 높인 직후의 소비수준은, 저축률증가만큼 소비수준이 감소하기에 $B$에서의 소비수준보다 낮다.
② $B$에서 $A$로 가는 과정에서 저축률을 높일 경우 실제투자액이 증가하기에, 1인당 자본량과 투자는 증가한다.
④ $B$에서 $A$로 가기 위해 저축률을 높일 경우 이는 미래 세대를 중시하는 것이기에, 미래 세대보다 현재 세대를 중시하는 정책당국은 $B$에서 $A$로 가는 정책을 추구하지 않을 수 있다.

**출제POINT**
1인당 소비가 극대화되는 상태를 자본축적의 황금률이라 하고 $f'(k)=n+d$, 즉 자본의 한계생산물이 인구증가율과 감가상각률의 합과 일치할 때 달성된다.

## 20 □□□

**어느 경제에서 취업자들은 매기 $5\%$의 확률로 일자리를 잃어 실업자가 되며, 실업자들은 매기 $45\%$의 확률로 새로운 일자리를 얻어 취업자가 된다. 이 경제의 균제상태에서의 실업률은? (단, 경제활동인구의 변동은 없다)**

① 5%
② 10%
③ 15%
④ 20%

**20** 거시 **마찰적 실업** 답 ②

$s$가 5%이고, $f$가 45%이기에 자연실업률하, 즉 균제상태에서의 실업률은 10%이다.

**출제POINT**
자연실업률하에서 노동시장이 균형으로 취업자수와 실업자수가 변하지 않는다. 따라서 자연실업률은

$$u_N=\frac{U}{U+E}=\frac{U}{U+\frac{f}{s}U}=\frac{s}{s+f}$$ ($s$: 실직률, $f$: 구직률)이다.

# 6회 2015년 지방직

## 01 □□□

솔로우 성장모형을 따르는 $A$국은 최근 발생한 지진과 해일로 인해 자본스톡의 $10\%$가 파괴되었다. $A$국은 천재지변이 발생하기 전 정상상태(steady state)에 있었으며 인구증가율, 저축률, 감가상각률 등 경제 전반의 펀더멘털(fundamentals)은 바뀌지 않았다. 향후 $A$국에 발생할 것으로 예상되는 현상에 대한 설명으로 옳은 것은? (단, $A$국의 외생적 기술진보율은 $0$이라고 가정한다)

① 지진과 해일이 발생하기 이전과 같은 정상상태로 향할 것이다.
② 지진과 해일이 발생하기 이전보다 높은 정상상태로 향할 것이다.
③ 지진과 해일이 발생하기 이전보다 낮은 정상상태로 향할 것이다.
④ 아무런 변화도 나타나지 않을 것이다.

## 02 □□□

$A$시장에는 동질적인 기업들이 존재하고 시장수요함수는 $Q=1{,}000-P$이다. 개별기업의 장기평균비용함수가 $c=100+(q-10)^2$일 때, 완전경쟁시장의 장기균형에서 존재할 수 있는 기업의 수는? (단, $Q$는 시장수요량, $q$는 개별기업의 생산량을 나타낸다)

① 10 ② 90
③ 100 ④ 900

| 01 | 거시 | 솔로우성장모형 | 답 ① |
|---|---|---|---|

지진과 해일로 인해 자본스톡의 10%가 파괴되면 1인당 자본스톡이 감소한다. 1인당 자본스톡이 감소하면, 인구증가율, 저축률, 감가상각률 등 경제 전반의 펀더멘털(fundamentals)이 불변일 때 1인당 실제투자액[$sf(k)$]이 1인당 필요투자액($nk$)보다 크기에 1인당 자본스톡이 증가하여 지진과 해일이 발생하기 이전과 같은 정상상태로 향하게 된다.

**출제POINT**
1인당 실제투자액[$sf(k)$]과 1인당 실제필요액($nk$)이 일치할 때 1인당 자본스톡이 불변이고 1인당 생산량이 불변인 상태를 정상상태라 한다.

| 02 | 미시 | 완전경쟁시장 | 답 ② |
|---|---|---|---|

개별기업의 장기평균비용함수인 $c=100+(q-10)^2$의 최소점, 즉 $q=10$, $c=100$에서 개별기업은 생산이 이루어진다. 완전경쟁시장의 장기균형에서 $P$(가격) $=LAC$(장기평균비용)로 가격은 100이다. 가격이 100일 때 시장수요함수인 $Q=1{,}000-P$에서 시장 수요량은 900이다. 따라서 시장 수요량인 900을 위해 동질적인 개별기업이 각각 10을 생산하기에 완전경쟁시장의 장기균형에서 존재할 수 있는 기업의 수는 90개이다.

**출제POINT**
완전경쟁시장의 장기균형에서 개별기업은 장기평균비용의 최소점에서 생산이 이루어진다.

## 03 □□□

**실업률과 경제활동참가율에 대한 설명으로 옳은 것은?**

① $A$는 나이가 만 15세이므로 자동적으로 경제활동인구에 포함된다.

② $B$는 실망노동자(discouraged worker)로 실업률 계산에 포함된다.

③ $C$는 전업 주부이므로 실업률 계산에 포함되지 않는다.

④ 경제활동참가율은 총인구에서 경제활동인구가 차지하는 비중을 의미한다.

## 04 □□□

**다음 그림은 가로축에 공급량($Q$), 세로축에 가격($P$)을 나타내는 공급곡선들을 표시한 것이다. 이에 대한 설명으로 옳은 것은?**

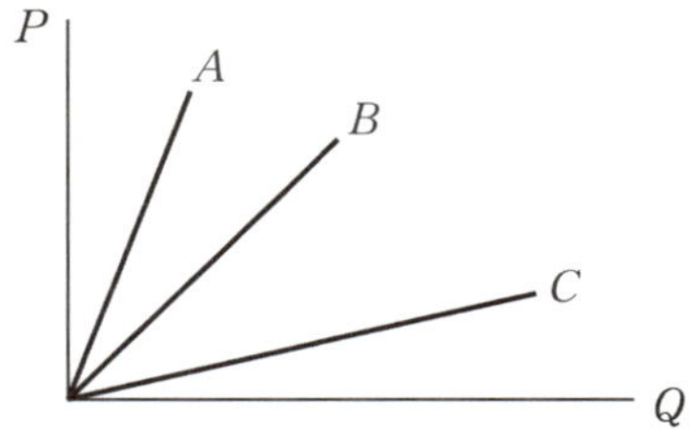


① 공급곡선 $A$의 가격에 대한 탄력성이 $C$의 가격에 대한 탄력성보다 높다.

② 공급곡선 $C$의 가격에 대한 탄력성이 $A$의 가격에 대한 탄력성보다 높다.

③ 공급곡선 $B$의 가격에 대한 탄력성이 $C$의 가격에 대한 탄력성보다 높다.

④ 공급곡선 $A$의 가격에 대한 탄력성은 $B$의 가격에 대한 탄력성과 같다.

| 03 | 거시 | 실업 | 답 ③ |
|---|---|---|---|

전업주부는 비경제활동인구로 실업률 계산에 포함되지 않는다.

(오답피하기)

① 일할 의사와 능력이 있는 사람으로 취업자와 실업자의 합을 경제활동인구라 한다. 따라서 15세 이상이더라도 전업주부, 실망실업자, 취업준비생 등은 경제활동인구에 포함되지 않는다.

② 실망노동자는 비경제활동인구로 실업률 계산에 포함되지 않는다.

④ 15세이상인구 중에서 경제활동인구가 차지하는 비중을 경제활동참가율이라 한다.

**출제POINT**

전업주부, 실망실업자, 취업준비생 등은 비경제활동인구이다.

| 04 | 미시 | 수요의 가격탄력성 | 답 ④ |
|---|---|---|---|

공급곡선 $A$, $B$, $C$의 가격에 대한 탄력성은 1로 모두 같다.

**출제POINT**

공급곡선이 원점을 지나는 직선일 때 모든 점이 단위탄력적으로, 모든 점의 공급의 가격탄력도가 같은 경우이다.

## 05 □□□

**국내총생산($GDP$)에 대한 설명으로 옳은 것은?**

① 국내총생산이 상승하면 소득불평등이 심화된다.
② 실질국내총생산은 명목국내총생산보다 항상 작다.
③ 밀수, 마약거래 등 지하경제(underground economy)에서 생산되는 것은 국내총생산에 포함된다.
④ 자가 주택의 경우, 귀속가치(imputed value)를 계산하여 국내총생산에 포함시킨다.

## 06 □□□

**$A$군은 친구가 하는 사업에 100만 원을 투자하려고 한다. 사업이 성공하면 $A$군은 0.5의 확률로 196만 원을 돌려받고, 사업이 실패하면 0.5의 확률로 64만 원을 돌려받게 된다. $A$군의 효용함수가 $U(y)=10y^{0.5}$이고, $y$는 소득을 나타낸다. 이 투자기회에 대한 $A$군의 확실성등가와 위험프리미엄은?**

| | 확실성등가 | 위험프리미엄 |
|---|---|---|
| ① | 110만 원 | 9만 원 |
| ② | 110만 원 | 20만 원 |
| ③ | 121만 원 | 9만 원 |
| ④ | 121만 원 | 20만 원 |

**05** 거시 $GDP$ 답 ④

자가 주택의 귀속가치(imputed value), 즉 귀속임대료는 국내총생산에 포함된다.

**오답피하기**

① $GDP$는 총량 개념으로 소득분배 상황을 정확히 파악할 수 없다.
② 기준시점보다 물가수준이 상승할 때 실질국내총생산은 명목국내총생산보다 작다.
③ 밀수, 마약거래 등 지하경제(underground economy)에서 생산되는 것은 국내총생산에 포함되지 않는다.

**출제POINT**

$GDP$는 주택소유주가 자기 자신에게 '지불'한 '임대료'를 포함한다.

**06** 미시 기대효용 답 ③

사업성공 시 0.5의 확률로 196만 원을 돌려받고, 사업실패 시 0.5의 확률로 64만 원을 돌려받게 된다. 따라서 기대소득을 구해보면 $0.5\times196+0.5\times64=130$이다. 그리고 기대효용을 구해보면 $0.5\times10\sqrt{196}+0.5\times10\sqrt{64}=110$이다. 또한 확실성등가를 구하면 $110=10\sqrt{x}$이고 $x=121$만 원이다. 위험프리미엄은 불확실한 자산을 확실한 자산으로 바꾸기 위해 포기할 용의가 있는 금액이므로 기대소득 − 확실성등가 $=130-121=9$만 원이다.

**출제POINT**

불확실한 자산을 확실한 자산으로 교환하기 위하여 지불할 용의가 있는 금액을 위험프리미엄이라 하고, '위험프리미엄($\pi$) = 기대소득($E(w)$) − 확실성등가($CE$)'로 계산한다.

## 07 □□□

$A$국의 경제는 $C=0.7(Y-T)+25$, $I=32$, $T=tY+10$으로 표현된다. 완전고용 시의 국민소득은 300이며, 재정지출은 모두 조세로 충당할 때, 완전고용과 재정지출의 균형을 동시에 달성하는 $t$는? (단, $Y$는 국민소득, $C$는 소비, $I$는 투자, $G$는 정부지출, $T$는 조세, $t$는 소득세율을 나타낸다)

① $\frac{1}{5}$
② $\frac{1}{4}$
③ $\frac{1}{3}$
④ $\frac{1}{2}$

## 08 □□□

다음 표는 19세기 후반 강화도 조약 이전의 조선과 해외 열강에서 생산되는 $X$와 $Y$상품 단위당 소요되는 생산비용을 나타내고 있다. 강화도 조약 이전에는 조선과 해외 열강 사이에는 교역이 없다가, 이 조약에 따라 개항이 이루어졌다. 이들 국가에 오직 $X$와 $Y$ 두 상품만 존재했다고 가정하면, 비교우위론에 입각하여 일어났을 상황으로 예측해 볼 수 있는 것은?

| 상품 / 국가 | $X$ | $Y$ |
|---|---|---|
| 조선 | 10 | 20 |
| 해외 열강 | 10 | 10 |

① 조선은 개항 이후 수출 없이 수입만 했을 것이다.
② 조선에서 두 재화를 생산하는 기회비용이 모두 높으므로, 두 재화 모두 해외 열강으로 수출되었을 것이다.
③ 조선은 개항에도 불구하고 무역 없이 자급자족 상태를 이어나갔을 것이다.
④ 조선은 상대적으로 기회비용이 낮은 재화를 수출하고, 상대적으로 기회비용이 높은 재화를 수입했을 것이다.





**07** 거시 **균형국민소득** 답 ③

$Y=C+I+G$에서, $C=0.7(Y-T)+25$, $I=32$, $T=tY+10$이고, 재정지출은 모두 조세로 충당할 때 $G=T$이기에
$Y=0.7[Y-(tY+10)]+25+32+tY+10$이다.
따라서 $(0.3-0.3t)Y=-7+57+10$이다. 즉, $(0.3-0.3t)Y=60$이다.
$Y$가 300이기에 $t=\frac{1}{3}$이다.

**출제POINT**
총수요($C+I+G$)와 총공급($Y$), 또는 주입(투자)과 누출(저축)이 일치할 때 균형국민소득이 결정된다.

**08** 국제 **비교우위** 답 ④

조선은 상대적으로 기회비용이 낮은 재화에 특화하여 이를 수출하고, 상대적으로 기회비용이 높은 재화를 수입했을 것이다. 비교우위를 살펴보면 다음과 같다. 조선의 경우, $X$재 1단위 생산을 위해 생산비용 10의 투입이 필요한데, 만약 1단위 생산에 생산비용 20의 투입이 필요한 $Y$재 생산에 투입했다면 생산했을 $Y$는 $\frac{10}{20}$단위로, 이것이 $X$재 1단위 생산의 기회비용이 된다. 즉, $Y$재 $\frac{1}{2}$단위이다. 해외 열강의 경우, $X$재 1단위 생산을 위해 생산비용 10의 투입이 필요한데, 만약 1단위 생산에 생산비용 10의 투입이 필요한 $Y$재 생산에 투입했다면 생산했을 $Y$는 $\frac{10}{10}$단위로, 이것이 $X$재 1단위 생산의 기회비용에 해당한다. 즉, $Y$재 1단위이다. 따라서 $X$재 1단위 생산의 기회비용은 조선이 해외 열강보다 더 작기에 조선은 $X$재 생산에 비교우위가 있고, 해외 열강은 $Y$재 생산에 비교우위가 있다.

**출제POINT**
재화 1단위 생산의 기회비용이 작은 국가가 그 재화생산에 비교우위가 있다.

## 09 □□□

**다음 중 산업내무역(intra-industry trade)이론과 관련된 내용만을 모두 고른 것은?**

ㄱ. 규모의 경제
ㄴ. 불완전 경쟁
ㄷ. 레온티에프 역설
ㄹ. 생산요소집약도

① ㄱ, ㄴ
② ㄱ, ㄹ
③ ㄴ, ㄷ
④ ㄷ, ㄹ

## 10 □□□

**최근 해외투자가 급증하고 있는 가운데 투자자들은 투자 포트폴리오의 미래가치에 대한 분산(불확실성)을 최소화 하고자 한다. 세 프로젝트 중 2개에 동일한 비중으로 투자할 때, 불확실성을 최소화하기 위한 포트폴리오는? (단, 각 프로젝트에서 발생할 수 있는 수익은 동일하고 프로젝트 간 분산 및 공분산 행렬(variance covariancematrix)은 아래와 같다)**

| 구분 | 중동 | 동남아 | 남미 |
|---|---|---|---|
| 중동 | 0.4 | - | - |
| 동남아 | 0.5 | 0.6 | - |
| 남미 | 0.25 | 0.4 | 0.2 |

① 프로젝트 중동과 동남아
② 프로젝트 중동과 남미
③ 프로젝트 동남아와 남미
④ 세 프로젝트 모두 차이가 없음

**09** 국제 **산업내무역** 답 ①

ㄱ, ㄴ. 규모의 경제로 한 재화에 특화생산하면 장기평균비용이 낮아지고 독점적 경쟁의 불완전 경쟁으로 차별화된 상품을 생산하기 때문에 무역을 통해 소비자의 후생이 증가한다.

오답피하기

ㄷ. 헥셔-올린모형은 노동풍부국은 노동집약재 생산에, 자본풍부국은 자본집약재 생산에 비교우위가 있다고 설명한다. 그런데 자본풍부국으로 여겨지는 미국이 오히려 자본집약재를 수입하고, 노동집약재를 수출하는 현상을 레온티에프 역설이라 한다.
ㄹ. 비교우위이론은 노동생산성 차이에 따른 기회비용 차이로 무역이 발생하고, 헥셔-올린모형은 요소부존도 차이에 따른 요소집약도에 따라 무역이 발생한다고 본다.

**출제POINT**

산업간무역은 비교우위에 의해 두 나라가 서로 다른 산업에서 생산되는 재화를 수출하지만, 산업내무역은 주로 규모의 경제와 독점적 경쟁에 의해 두 나라가 동일 산업에서 생산되는 재화를 수출한다.

**10** 거시 **포트폴리오** 답 ②

세 프로젝트 중 2개에 동일한 비중으로 투자할 때, 포트폴리오의 분산은 다음과 같다.

| 구분 | $A$분산 | $B$분산 | 공분산 |
|---|---|---|---|
| 중동, 동남아 | 0.4 | 0.6 | 0.5 |
| 중동과 동남아의 포트폴리오의 분산<br>$(\frac{1}{2})^2\times0.4+(\frac{1}{2})^2\times0.6+2\times\frac{1}{2}\times\frac{1}{2}\times0.5=0.5$ | | | |
| 중동, 남미 | 0.4 | 0.2 | 0.25 |
| 중동과 남미의 포트폴리오의 분산<br>$(\frac{1}{2})^2\times0.4+(\frac{1}{2})^2\times0.2+2\times\frac{1}{2}\times\frac{1}{2}\times0.25=0.275$ | | | |
| 동남아, 남미 | 0.6 | 0.2 | 0.4 |
| 동남아와 남미의 포트폴리오의 분산<br>$(\frac{1}{2})^2\times0.6+(\frac{1}{2})^2\times0.2+2\times\frac{1}{2}\times\frac{1}{2}\times0.4=0.4$ | | | |

따라서 포트폴리오의 분산이 가장 작은 프로젝트 중동과 남미가 불확실성을 최소화하기 위한 포트폴리오이다.

**출제POINT**

불확실성을 최소화하기 위한 포트폴리오는 포트폴리오의 분산이 최소화될 때 달성가능하다. 투자비중이 $a$와 $b$인 두 증권 $A$와 $B$의 포트폴리오의 분산은 '$a^2\times A$분산$+b^2\times B$분산$+2ab\times A$와 $B$의 공분산'으로 구할 수 있다.

## 11 □□□

**현재 환율은 1달러 당 1,000원이고, 미국의 연간이자율은 5%이다. 내년 환율이 1달러 당 1,020원으로 변동할 것으로 예상된다. 이자율평형설이 성립한다고 가정할 때, 원-달러 환율시장의 균형을 달성시키는 국내이자율(%)은?**

① 5　　② 7
③ 9　　④ 10

## 12 □□□

**화폐수요에 대한 설명으로 옳은 것은?**

① 신용카드가 널리 보급되면 화폐수요가 감소한다.
② 경기가 좋아지면 화폐수요가 감소한다.
③ 이자율이 증가하면 화폐수요가 증가한다.
④ 경제 내의 불확실성이 커지면 화폐수요가 감소한다.

| 11 | 국제 | 환율 | 답 ② |
|---|---|---|---|

이자율평가설에서 '국내이자율 = 환율변화율 + 해외이자율'이다. 환율이 1달러 당 1,000원에서 1달러 당 1,020원으로 변동하면 환율변화율은 2%이다. 미국의 연간이자율은 5%이기에 국내이자율은 2+5=7%이다.

**출제POINT**
이자율평가설에서 '환율변화율 = 국내이자율 − 해외이자율'이다.

| 12 | 거시 | 화폐수요 | 답 ① |
|---|---|---|---|

신용카드가 널리 보급되면 거래비용이 감소하기에 화폐수요가 감소한다.

**오답피하기**
② 경기가 좋아지면 소득이 증가하기에 화폐수요가 증가한다.
③ 이자율이 증가하면 화폐수요가 감소한다.
④ 경제 내의 불확실성이 커지면 예상치 못한 지출을 대비하기 위해 예비적 동기에 의한 화폐수요가 증가한다.

**출제POINT**
거래적 동기의 화폐수요는 소득의 증가함수이고, 이자율의 감소함수이기에 보몰의 화폐수요함수는 $M^D = P\sqrt{\frac{bY}{2r}}$ ($b$: 거래비용)이다.

## 13 □□□

**2014년 기상 여건이 좋아 배추와 무 등의 농산물 생산이 풍년을 이루었다. 그러나 농민들은 오히려 수입이 줄어 어려움을 겪는 현상이 발생하였다. 이러한 소위 '풍년의 비극'이 발생하게 된 원인으로 옳은 것은?**

① 가격의 하락과 탄력적 공급이 지나친 판매량 감소를 초래하였다.

② 가격의 하락과 비탄력적 공급이 지나친 판매량 감소를 초래하였다.

③ 공급의 증가와 탄력적 수요가 가격의 지나친 하락을 초래하였다.

④ 공급의 증가와 비탄력적 수요가 가격의 지나친 하락을 초래하였다.

## 14 □□□

**$A$국의 소득세는 $T = \max[0,\ 0.15(Y - 1{,}000)]$의 식에 따라 결정된다. 즉, 연소득 1,000만 원까지는 전혀 세금을 부과하지 않고, 1,000만 원을 넘는 부분에 대해서만 15%의 세율로 세금을 부과한다. 이 소득세 제도의 1,000만 원 이상 소득구간에서 한계세율(ㄱ)과 평균세율(ㄴ)에 대한 설명으로 옳은 것은? (단, $T$는 세액, $Y$는 소득이다)**

| | ㄱ | ㄴ |
|---|---|---|
| ① | 누진적 | 누진적 |
| ② | 누진적 | 비례적 |
| ③ | 비례적 | 비례적 |
| ④ | 비례적 | 누진적 |

**13** 미시 풍년의 비극 답 ④

공급증가 시 비탄력적 수요가 거래량의 미미한 증가와 가격의 지나친 하락을 초래하였기 때문이다.

오답피하기

①, ② 총판매액은 수요의 가격탄력성과 관련된다.

③ '풍년의 비극'은 비탄력적 수요와 연결된다.

**출제POINT**

'풍년의 비극'이란 쌀 수요의 가격탄력성이 비탄력적이기에 공급 증가 시 총판매액이 감소하는 현상이다.

**14** 미시 한계세율과 평균세율 답 ④

1,000만 원 이상 소득구간에서 $A$국의 소득세는 $T = 0.15(Y - 1{,}000)$이다. 한계는 접선 기울기로 1,000만 원 이상의 소득구간에서 한계세율은 0.15로 동일하기에 비례적이다. 평균은 원점 기울기로 1,000만 원 이상의 소득구간에서 소득이 증가할수록 기울기가 커지기에 누진적이다.

**출제POINT**

평균세율은 세금을 소득으로 나눈 세율이고, 한계세율은 소득이 1원 증가할 때 세금의 증가액으로 표현되는 세율이다.

## 15 □□□

**필립스곡선에 대한 설명으로 옳은 것은?**

① 단기 필립스곡선에서 합리적 기대와 정부의 정책에 대한 신뢰가 확보된 경우 고통 없는 인플레이션 감축이 가능하다.
② 단기 필립스곡선은 실업률이 낮은 시기에 인플레이션율도 낮아지는 경향이 있음을 밝힌 것이다.
③ 자연실업률 가설에 따르면 장기에서는 실업률과 인플레이션율 사이에 양의 관계가 존재한다.
④ 기대 인플레이션율이 적응적 기대에 의한다면, 단기 필립스 곡선은 인플레이션율과 실업률을 모두 낮추려는 정책이 가능함을 보여준다.

## 16 □□□

**$A$ 기업의 생산함수는 $Y=\sqrt{K+L}$ 이다. 이 생산함수에 대한 설명으로 옳은 것은?**

① 규모에 대한 수확불변을 나타낸다.
② 자본과 노동은 완전보완관계이다.
③ 이윤극대화를 위해 자본과 노동 중 하나만 사용해도 된다.
④ 등량곡선(iso-quant curve)은 원점에 대해 볼록하다.

| 15 | 거시 | 필립스곡선 | 답 ① |
|---|---|---|---|

합리적기대에 따르면, 정부정책의 사전 공표와 이에 대한 신뢰가 확보되면 단기 필립스곡선에서 고통 없는 인플레이션 감축이 가능하다고 본다.

**오답피하기**

② 단기 필립스곡선은 우하향으로 실업률이 낮은 시기에 인플레이션율은 높아지는 경향이 있음을 밝힌 것이다.
③ 자연실업률 가설에 따르면 장기에서는 필립스곡선이 수직선으로 실업률과 인플레이션율 사이에 아무런 관계가 존재하지 않는다고 본다.
④ 기대인플레이션율이 적응적 기대에 의한다면, 단기 필립스곡선은 우하향으로 인플레이션율과 실업률을 모두 동시에 낮추려는 정책은 가능하지 않음을 보여준다.

**출제POINT**
희생률이란 인플레이션율을 1%p 낮추는 데 발생하는 실질 $GDP$ 감소율이다.

| 16 | 미시 | 생산함수 | 답 ③ |
|---|---|---|---|

$Y=\sqrt{K+L}$에서 등량곡선은 $K=-L+Y^2$으로 기울기가 $-1$인 우하향하는 직선이다. 따라서 이윤극대화를 위해 자본과 노동 중 하나만 사용해도 된다.

**오답피하기**

① $Y=\sqrt{K+L}$에서 $K$와 $L$을 $t$배 증가시키면 $Y$는 $\sqrt{t}$배로 t배보다 적게 증가하기에 규모에 대한 수확체감을 나타낸다.
②, ④ 등량곡선(iso-quant curve)은 우하향하는 직선으로 자본과 노동은 완전대체관계이다.

**출제POINT**
선형의 등량곡선에서 생산자 균형은 $X$축이나 $Y$축에서 이루어진다.

## 17 □□□

다음 표는 생산함수가 $y = z\sqrt{k}\sqrt{h}$로 동일한 두 국가($A$국과 $B$국)의 1인당 $GDP(y)$, 1인당 물적자본스톡($k$), 1인당 인적자본스톡($h$)을 나타내고 있다. $B$국의 1인당 $GDP$가 $A$국의 1인당 $GDP$의 2.4배라고 할 때, $B$국의 생산성은 $A$국 생산성의 몇 배인가? (단, $z$는 생산성을 나타낸다)

| 구분 | $A$국 | $B$국 |
|---|---|---|
| 1인당 $GDP(y)$ | 100 | (　　) |
| 1인당 물적자본스톡($k$) | 100 | 100 |
| 1인당 인적자본스톡($h$) | 25 | 64 |

① 1.2　　② 1.5
③ 2.0　　④ 2.4

## 18 □□□

폐쇄경제인 $A$국은 스마트폰과 택배 서비스만을 생산하며, 생산량과 가격은 다음 표와 같을 때, 2013년 실질$GDP$와 2014년 실질$GDP$는? (단, 기준년도는 2013년이다)

| 구분 | 2013년 | 2014년 |
|---|---|---|
| 스마트폰 생산량 | 10 | 10 |
| 택배 서비스 생산량 | 100 | 120 |
| 스마트폰 개당 가격 | 10만 원 | 9만 원 |
| 택배 서비스 개당 가격 | 1만 원 | 12만 원 |

| | 2013년 실질$GDP$ | 2014년 실질$GDP$ |
|---|---|---|
| ① | 200만 원 | 234만 원 |
| ② | 200만 원 | 220만 원 |
| ③ | 210만 원 | 234만 원 |
| ④ | 230만 원 | 260만 원 |

**17** 거시 성장이론 답②

$A$국의 $y = 50z$에서 $y = 100$이기에 $z$는 2이다.
$B$국의 $y = z\sqrt{k}\sqrt{h} = z\sqrt{100}\sqrt{64} = 80z$이다.
$B$국의 1인당 $GDP$가 $A$국의 1인당 $GDP$인 100의 2.4배로 240이다.
$B$국의 $y = 80z$에서 $y = 240$이기에 $z$는 3이다. 따라서 $B$국의 생산성은 3이고 $A$국 생산성은 2이기에 전자가 후자의 1.5배이다.

**18** 거시 실질$GDP$ 답②

2013년 실질$GDP = 10 \times 10 + 100 \times 1 = 200$만 원이고,
2014년 실질$GDP = 10 \times 10 + 120 \times 1 = 220$만 원이다.

**출제POINT**

$y = z\sqrt{k}\sqrt{h}$에서 $k = 100$, $h = 25$일 때,
$A$국의 $y = z\sqrt{k}\sqrt{h} = z\sqrt{100}\sqrt{25} = 50z$이다.

**출제POINT**

당해년도의 생산물에 당해연도의 가격을 곱하여 계산한 것이 명목$GDP$이고, 당해년도의 생산물에 기준연도의 가격을 곱하여 계산한 것이 실질$GDP$이다.

## 19 □□□

**다음의 조건을 지닌 만기 3년짜리 채권 중 가격이 가장 싼 것은? (단, 이표(coupon)는 1년에 1번 지급하며, 이표율(coupon rate)은 액면가(face value) 대비 이표지급액을 의미한다)**

| | 액면가 | 이표율 | 금리 |
|---|---|---|---|
| ① | 10,000원 | 10% | 8% |
| ② | 10,000원 | 8% | 8% |
| ③ | 10,000원 | 10% | 7% |
| ④ | 10,000원 | 8% | 10% |

## 20 □□□

**리카도 대등정리(Ricardian Equivalence Theorem)에 대한 설명으로 옳지 않은 것은?**

① 정부지출이 경제에 미치는 효과는 정액세로 조달되는 경우와 국채발행으로 조달되는 경우가 서로 다르다는 주장이다.

② 리카도 대등정리가 성립하기 위해서는 저축과 차입이 자유롭고 저축이자율과 차입이자율이 동일하다는 가정이 충족되어야 한다.

③ 정부지출의 변화없이 조세감면이 이루어진다면 경제주체들은 증가된 가처분소득을 모두 저축하여 미래의 조세증가를 대비한다고 주장한다.

④ 현재의 조세감면에 따른 부담이 미래세대에게 전가될 경우 후손들의 후생에 관심 없는 경제주체들에게는 리카도 대등정리가 성립하지 않게 된다.





| 19 | 거시 | 채권 | 답 ④ |
|---|---|---|---|

액면가가 동일할 때, 이표이자율은 작고 (시장이자율)금리가 높을수록 채권가격이 싸다.

**출제POINT**

이자지급과 원금상환을 보장하는 채권을 이표채권이라 한다. $C$원씩 이자를 받고 원금이 $F$인 이표채권의 현재가치는

$$PV=\frac{C}{(1+r)}+\frac{C}{(1+r)^2}+\frac{C}{(1+r)^3}+\cdots+\frac{C}{(1+r)^n}+\frac{F}{(1+r)^n}$$

이다. 만약 기간이 1년이고 '이자 $C=$ 원금 $F\times$ 이표이자율'이라면 이표채권의 현재가치는 $PV=\frac{C}{(1+r)}+\frac{F}{(1+r)}=\frac{F(\text{이표이자율}+1)}{(1+r)}$

이다. $r$은 시장이자율로 수익률과 같고 원금을 액면가라 하면, '채권의 현재가치(1+시장이자율) = (1+이표이자율)원금'이고 '채권가격(1+수익률) = (1+이표이자율)액면가'로 표현가능하다.

| 20 | 거시 | 리카도 대등정리 | 답 ① |
|---|---|---|---|

정부지출이 소비에 미치는 효과는 국채를 통하든 조세를 통하든 소비증가를 유발하지 못한다는 점에서 모두 같다.

**오답피하기**

② 유동성제약이 존재하면 차입이 곤란하여 국채를 발행하고 조세를 감면하면 민간의 가처분소득이 증가하기에 소비가 증가한다. 따라서 리카도 대등정리가 성립하기 위해서는 저축과 차입이 자유롭고 저축이자율과 차입이자율이 동일하다는 가정이 충족되어야 한다.

③ 정부지출의 변화 없이 조세감면이 이루어진다면 경제주체들은 미래 조세증가를 인식하기에 증가된 가처분소득을 모두 저축하여 미래의 조세증가를 대비한다고 주장한다.

④ 현재의 조세감면에 따른 부담이 미래세대에게 전가될 경우 후손들의 후생에 관심 없는 경제주체들에게는 증가된 가처분소득으로 소비를 증가시키기에 리카도 대등정리가 성립하지 않게 된다.

**출제POINT**

정부지출재원을 국채를 통하든 조세를 통하든 소득증가를 유발하지 않는다는 것을 리카도 대등정리라 한다.

# 7회 2016년 지방직

## 01 □□□

어떤 판매자가 경매(auction)를 통해 물건 100개를 판매하려고 한다. 경매방식은 '구매자는 원하는 가격과 물량을 동시에 제시하고, 판매자는 입찰가격을 높은 가격부터 낮은 가격 순으로 나열하여 높은 가격을 제시한 참가자들에게 물건 100개를 소진할 때까지 판매'하는 형식이다. 이때 100번째 물건이 판매되는 참가자의 입찰가격이 유일한 낙찰가격으로 판매가격이 되고, 각각의 입찰자는 자신이 제시한 입찰 물량을 낙찰가격에 구매한다. 모든 참가자는 이러한 절차와 방식을 알고 있다. 다음 표는 판매자가 참가자들로부터 동시에 입찰을 받아 정리한 결과이다. 입찰결과에 대한 설명으로 옳은 것은?

| 참가자 | 입찰가격(원) | 입찰물량(개) | 참가자 | 입찰가격(원) | 입찰물량(개) |
|---|---|---|---|---|---|
| $A$ | 11,200 | 5 | $E$ | 9,900 | 40 |
| $B$ | 11,000 | 10 | $F$ | 9,800 | 10 |
| $C$ | 10,500 | 20 | $G$ | 9,600 | 30 |
| $D$ | 10,300 | 20 | | | |

① 낙찰가격은 9,900원이다.
② 구매자가 진정한 가격을 입찰한다(truth-revealing)는 전제하에 구매자잉여는 47,000원이다.
③ 참가자 $G$는 낙찰되어 제시한 30개 물량 중 10개를 배정받아 스스로 제시한 개당 9,600원에 구입한다.
④ 참가자 7명 중 2명은 하나의 물량도 낙찰받지 못한다.

**01** 미시 소비자잉여 답 ②

100번째 물건이 판매되는 참가자의 입찰가격이 유일한 낙찰가격으로 $A$의 5개, $B$의 10개, $C$의 20개, $D$의 20개, $E$의 40이면 95개가 판매되고 나머지 5개를 $F$가 구입하기에 $F$의 입찰가격인 9,800원이 낙찰가격이다. 낙찰가격이 9,800원이기에 입찰가격이 9,800원보다 높은 구매자들은 구매자잉여를 누리게 된다. 다음과 같이 계산된다.

| 구분 | 입찰가격 | 낙찰가격 | 구매자잉여 = (입찰가격 − 낙찰가격) × 물량 |
|---|---|---|---|
| $A$ | 11,200 | 9,800 | $1,400 \times 5 = 7,000$ |
| $B$ | 11,000 | 9,800 | $1,200 \times 10 = 12,000$ |
| $C$ | 10,500 | 9,800 | $700 \times 20 = 14,000$ |
| $D$ | 10,300 | 9,800 | $500 \times 20 = 10,000$ |
| $E$ | 9,900 | 9,800 | $100 \times 40 = 4,000$ |
| $F$ | 9,800 | 9,800 | 0 |

즉, 총 구매자잉여는 $7,000 + 12,000 + 14,000 + 10,000 + 4,000 = 47,000$원이다.

(오답피하기)
① 낙찰가격은 9,800원이다.
③ 참가자 $G$는 입찰가격(9,600원)이 낙찰가격(9,800원)보다 작아서 하나의 물량도 낙찰받지 못한다.
④ 참가자 중 $G$만 낙찰받지 못한다.

**출제POINT**
소비자의 최대지불의사금액에서 실제지불금액을 차감한 것을 소비자잉여라 하고, '(입찰가격 − 낙찰가격) × 물량'으로 계산한다.

## 02 □□□

**정부에서 어떤 도로의 신설 여부를 결정하기 위해 해당 사업에 대해 비용-편익분석을 수행한다고 생각해 보자. 이러한 비용-편익분석에서 주의해야 할 점에 대한 설명으로 옳지 않은 것은?**

① 새롭게 고용되는 인력에게 지급되는 임금의 총액은 편익이 아닌 비용에 포함되어야 한다.
② 편익의 계산에서 도로건설을 통해 다른 지역의 서비스업이 이전해 오고 인구가 유입되는 이차적인 효과는 배제하는 것이 타당하다.
③ 편익이 장기에 걸쳐 발생하는 경우, 할인율이 낮을수록 사업의 경제적 타당성이 커진다.
④ 비용계산 시 사회적 기회비용보다는 실제 지불되는 회계적 비용을 고려해야 한다.

## 03 □□□

**어떤 국가의 총생산함수는 $Y=AK^{0.3}L^{0.5}H^{0.2}$이다. 여기서 $A$, $K$, $L$, $H$는 각각 총요소생산성, 자본, 노동, 인적자본을 의미한다. 총요소생산성증가율이 1%, 자본증가율이 3%, 노동증가율이 4%, 인적자본증가율이 5%인 경우 이 국가의 경제성장률은?**

① 3.2% ② 4.9%
③ 5.5% ④ 6.8%





**02** | 미시 | **비용-편익분석** | 답 ④

비용-편익분석에서 비용계산 시 실제 지불되는 회계적 비용보다 사회적 기회비용을 고려해야 한다.

**오답피하기**

① 임금의 총액은 명시적 비용으로 비용에 포함되어야 한다.
② 편익의 계산에서 도로건설을 통해 다른 지역의 서비스업이 이전해 오고 인구가 유입되는 이차적인 효과는 계량화가 곤란하여 배제하는 것이 타당하다.
③ 할인율이 낮을수록 편익의 현재가치가 커져 사업의 경제적 타당성이 커진다.

**출제POINT**
경제문제 발생 시 편익이 기회비용보다 큰 합리적 선택이 필요하다.

**03** | 거시 | **경제성장론** | 답 ②

$\frac{\Delta Y}{Y}=\frac{\Delta A}{A}+\alpha\frac{\Delta K}{K}+\beta\frac{\Delta L}{L}+\gamma\frac{\Delta H}{H}$에서 총요소생산성증가율 $\left(\frac{\Delta A}{A}\right)$이 1%, $\alpha$가 0.3, 자본증가율$\left(\frac{\Delta K}{K}\right)$이 3%, $\beta$가 0.5, 노동증가율$\left(\frac{\Delta L}{L}\right)$이 4%, $\gamma$가 0.2, 인적자본증가율$\left(\frac{\Delta H}{H}\right)$이 5%이다. 따라서 경제성장률$\left(\frac{\Delta Y}{Y}\right)=1+0.3\times3+0.5\times4+0.2\times5=4.9$%이다.

**출제POINT**
경제성장의 요인을 요인별로 분석해 보는 것을 성장회계라 하고, $Y=AK^{\alpha}L^{\beta}H^{\gamma}$에서 $\frac{\Delta Y}{Y}=\frac{\Delta A}{A}+\alpha\frac{\Delta K}{K}+\beta\frac{\Delta L}{L}+\gamma\frac{\Delta H}{H}$로 나타낸다.

## 04 □□□

현재 어떤 생산자가 재화 $X$를 $Q$만큼 생산할 때 직면하게 되는 한계비용은 $MC=2Q$, 한계수입은 $MR=24$라고 하자. 재화 $X$의 생산은 제3자에게 환경오염이라는 형태의 외부불경제를 야기하는데, 재화 $X$가 $Q$만큼 생산될 때 유발되는 환경오염의 한계피해액(Marginal External Cost)은 $MEC=Q$이다. 정부는 $X$의 생산량을 사회적으로 바람직한 수준으로 감축시키기 위해, 생산자가 현재 생산량으로부터 한 단위 감축할 때마다 정액의 피구보조금(Pigouvian subsidy)을 지급하고자 한다. 정부가 이 생산자에게 지급해야 할 생산량 감축 1단위당 보조금은?

① 2　② 4
③ 6　④ 8

| 04 | 미시 | 외부효과 | 답 ④ |
|---|---|---|---|

$PMC=2Q$이고 $SMC=2Q+Q=3Q$이다. $MR=24$이기에 $P=24$이다. $P=PMC$에서 시장 균형산출량은 12이고, $P=SMC$에서 사회적 최적산출량은 8이다. 따라서 사회적 최적산출량 8에서 $SMC$와 $PMC$의 차이, 즉 $(3\times8)-(2\times8)=8$이다.

**출제POINT**

$P=SMC$에서 사회적 최적산출량이 달성되고 $P=PMC$에서 시장 균형산출량이 결정된다.

## 05 □□□

어느 지역에서 독점적으로 서비스를 공급하고 있는 피트니스 클럽 $A$가 이부가격제도(two-part tariff)를 시행하려고 한다. $A$의 서비스에 대한 시장수요함수는 $Q=4,000-5P$이다. 여기서 $Q$는 $A$가 제공하는 서비스의 양이고, $P$는 $A$의 서비스 한 단위당 가격이다. 또한 $A$의 서비스 제공에 따른 한계비용은 $MC=400$이다. $A$가 이윤을 극대화하기 위한 이부가격제도는? (단, 단위는 원이다)

| | 고정회비 | 서비스 한 단위당 가격 |
|---|---|---|
| ① | 400,000원 | 400원 |
| ② | 400,000원 | 600원 |
| ③ | 100,000원 | 600원 |
| ④ | 100,000원 | 400원 |

| 05 | 미시 | 이부가격제 | 답 ① |
|---|---|---|---|

이부가격의 경우, $P=MC$에 따라 가격과 산출량을 설정하고 소비자잉여만큼의 고정회비 부과가 가능하다. $P$는 $Q=4,000-5P$에서 $P=800-\frac{1}{5}Q$이고, $MC$는 $MC=400$이다. $P=MC$에 따라 $Q=2,000$이고 $P=400$이다. 소비자잉여는 $P=800-\frac{1}{5}Q$에서 $Q=2,000$일 때 최대지불의사금액에서 실제지불금액을 차감한 면적으로 $400\times2,000\times\frac{1}{2}=400,000$이다. 따라서 고정회비는 소비자잉여인 400,000원이고, 서비스 한 단위당 가격은 400원이다.

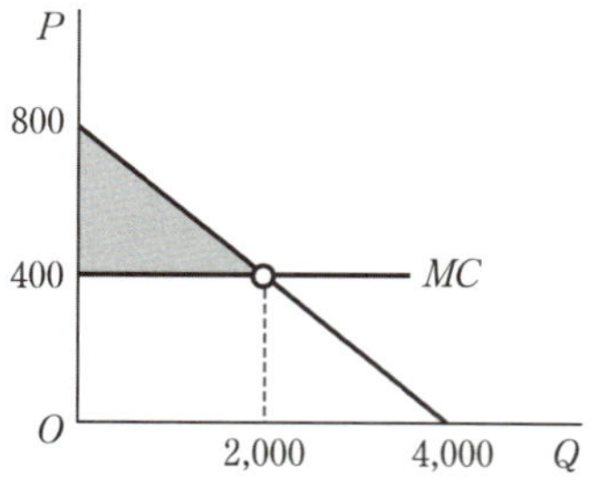


**출제POINT**

이부가격이란 재화를 구입할 권리에 대해 1차로 가격을 부과하고, 재화 구입량에 따라 2차로 다시 가격을 부과하는 가격체계로 가격차별의 한 유형이다.

## 06 □□□

**$GDP$ 디플레이터(deflator)에 대한 설명으로 옳은 것은?**

① $GDP$ 디플레이터는 소비자물가지수($CPI$)에 비해 국가의 총체적인 물가변동을 측정하는 데 불리한 지표이다.
② $GDP$ 디플레이터는 명목 $GDP$를 실질 $GDP$로 나눈다는 점에서 명목 $GDP$ 1단위에 대한 실질 $GDP$의 값을 확인하는 지표이다.
③ $GDP$ 디플레이터는 생산량 변화효과는 제거하고 기준가격에 대한 경상가격의 변화분만 나타내는 지표이다.
④ 우리나라의 $GDP$ 디플레이터는 장기간 증가하는 경향을 보이고 있는데 이는 국내기업들의 생산량 증가에 기인한다.

## 07 □□□

**$A$국가의 노동 1단위는 옥수수 3kg을 생산할 수도 있고, 모자 4개를 생산할 수도 있다. 한편 $B$국가의 노동 1단위는 옥수수 1kg을 생산할 수도 있고, 모자 2개를 생산할 수도 있다. $A$국가의 부존 노동량은 3만 단위이고, $B$국가의 부존 노동량은 5만 단위이다. 이에 대한 설명으로 옳지 않은 것은?**

① $A$국은 옥수수를 생산하는 데 절대우위를 가지고 있다.
② $A$국은 모자를 생산하는 데 절대우위를 가지고 있다.
③ $A$국의 옥수수 1kg 생산의 기회비용은 모자 $\frac{4}{3}$개이다.
④ $A$국은 모자를 생산하는 데 비교우위를 가지고 있다.





**06** 거시 **$GDP$디플레이터** 답 ③

$GDP$디플레이터 $= \frac{P_1Q_1}{P_0Q_1}$로, $GDP$디플레이터는 비교년도의 생산량을 기준으로 하기에 생산량 변화효과는 제거하고, 물가상승의 변화분을 측정하는 파셰지수이다.

**오답피하기**

① $GDP$디플레이터는 소비자물가지수($CPI$)에 비해 국가의 총체적인 물가변동을 측정하는 데 유리한 지표이다.
② $GDP$디플레이터는 명목 $GDP$를 실질 $GDP$로 나눈다는 점에서 실질 $GDP$ 1단위에 대한 명목 $GDP$의 값을 확인하는 지표이다.
④ 생산량이 증가하고 가격이 불변이면 명목 $GDP$와 실질 $GDP$가 모두 증가하기에 $GDP$디플레이터는 불변이다. 가격이 상승하고 생산량이 불변이면 명목 $GDP$는 증가하나 실질 $GDP$는 불변이기에 $GDP$디플레이터는 상승한다.

**출제POINT**

명목 $GDP$를 실질 $GDP$로 나누어 측정하는 $GDP$ 디플레이터는, 한국은행이 사후적으로 작성하고, $GDP$에 포함되는 모든 재화와 서비스를 대상으로 한다.

**07** 국제 **무역이론** 답 ④

옥수수 1단위 생산 기회비용이 $A$국(모자 $\frac{4}{3}$단위)이 $B$국(모자 $\frac{2}{1}$단위)보다 작기에 $A$국은 옥수수 생산에 비교우위가 있다. 모자 1단위 생산 기회비용이 $B$국(옥수수 $\frac{1}{2}$단위)이 $A$국(옥수수 $\frac{3}{4}$단위)보다 작기에 $B$국은 모자 생산에 비교우위가 있다.

**오답피하기**

①, ② $A$국은 옥수수와 모자 생산에 노동 1단위당 생산량이 많기에 모두 절대우위를 가지고 있다.
③ $A$국의 옥수수 1kg 생산의 기회비용은 모자 $\frac{4}{3}$개이다.

| 노동1단위산출량 | $A$국 | $B$국 |
|---|---|---|
| 옥수수 | 3 | 1 |
| 모자 | 4 | 2 |

| 기회비용 | $A$국 | $B$국 |
|---|---|---|
| 옥수수 | 모자 $\frac{4}{3}$단위 | 모자 $\frac{2}{1}$단위 |
| 모자 | 옥수수 $\frac{3}{4}$단위 | 옥수수 $\frac{1}{2}$단위 |

**출제POINT**

재화 1단위 생산의 기회비용이 작은 국가가 그 재화 생산에 비교우위가 있다.

## 08 □□□

**필립스곡선에 대한 설명으로 옳은 것은?**

① 물가연동제를 실시하는 고용계약의 비중이 클수록 단기 필립스곡선은 더 가파른 기울기를 갖는다.
② 단기 필립스곡선이 장기 필립스곡선보다 더 가파른 기울기를 갖는다.
③ 자연실업률이 증가하면 필립스곡선은 왼쪽으로 이동한다.
④ 예상물가상승률이 증가하면 단기 필립스곡선은 왼쪽으로 이동한다.

## 09 □□□

**세계는 $A$국, $B$국, $C$국의 세 국가로 구성되어 있으며, 국가 간 자본이동에는 아무런 제약이 없다. $B$국은 고정환율제도를 채택하고 있으며, $C$국은 변동환율제도를 채택하고 있다. $A$국의 경제불황으로 인하여 $B$국과 $C$국의 $A$국에 대한 수출이 감소하였을 때, $B$국과 $C$국의 국내경제에 미칠 영향에 대한 설명으로 옳지 않은 것은?**

① $B$국 중앙은행은 외환을 매각할 것이다.
② $C$국의 환율($C$국 화폐로 표시한 $A$국 화폐 1단위의 가치)은 상승할 것이다.
③ $B$국과 $C$국 모두 이자율 하락에 따른 자본유출을 경험한다.
④ $C$국이 $B$국보다 $A$국 경제불황의 영향을 더 크게 받을 것이다.

| 08 | 거시 | 필립스곡선 | 답 ① |
|---|---|---|---|

물가연동제를 실시하는 고용계약의 비중이 클수록 물가변화에 신축적 대응이 가능하기에 단기 필립스곡선은 더 가파른 기울기를 갖는다.

**오답피하기**

② 우하향의 단기 필립스곡선의 기울기는 수직선의 장기 필립스곡선의 기울기보다 완만하다.
③ 자연실업률이 증가하면 필립스곡선은 오른쪽(위쪽)으로 이동한다.
④ 예상물가상승률이 증가하면 단기 필립스곡선은 위쪽(오른쪽)으로 이동한다.

**출제POINT**

물가변화에 신축적 대응이 가능할수록 필립스곡선은 수직의 형태에 가까워진다.

| 09 | 국제 | $IS-LM-BP$분석 | 답 ④ |
|---|---|---|---|

$C$국(변동환율제도)이 $B$국(고정환율제도)보다 $A$국 경제불황의 영향을 더 작게 받을 것이다.

**오답피하기**

① 고정환율제도하, $B$국 중앙은행은 외환을 매각할 것이다.
② 변동환율제도하, $C$국의 환율은 상승할 것이다.
③ 수출감소로 $IS$곡선이 좌측이동하면, $B$국과 $C$국 모두 이자율 하락에 따른 자본유출을 경험한다.

**출제POINT**

변동환율제도하에서는 환율이 완충역할을 하기에 해외부분의 경제 충격을 어느 정도 완화시켜 준다.

- (고정환율제도하)수출감소로 $IS$곡선이 좌측이동하면, 국내금리가 국제금리보다 작아져 외국자본유출로 환율을 상승시키기에, 환율 유지를 위해 중앙은행은 외화를 매각하고 통화량은 감소한다. 따라서 $LM$곡선이 좌측이동한다. 고정환율제도에서는 환율 고정으로 $BP$곡선은 이동하지 않는다. 결국, 국민소득은 감소한다.
- (변동환율제도하)수출감소로 $IS$곡선이 좌측이동하면, 국내금리가 국제금리보다 작아져 외국자본유출로 환율을 상승시키기에, $IS$곡선이 우측이동한다. 변동환율제도에서는 환율 변동으로 $BP$곡선이 우측이동한다. 결국, 국민소득은 변동이 없다.

## 10 □□□

**자유무역 시 $A$국의 국내생산자는 80달러의 수입 원모를 투입하여 생산한 옷을 국내시장에서 한 벌당 100달러에 판매하고 있다. 만약 $A$국이 수입 옷 한 벌당 10%의 명목관세를 부과하는 정책으로 전환한다면, $A$국의 국내시장 옷 가격은 100달러에서 110달러로 상승하여 $A$국 국내생산자의 옷 한 벌 당 부가가치는 20달러에서 30달러로 증가한다. 이때 $A$국 국내생산자의 부가가치 변화율로 바라본 실효보호관세율 (effective rate of protection)은?**

① 40%  ② 50%
③ 60%  ④ 70%

## 11 □□□

**직접세와 간접세에 대한 설명으로 옳지 않은 것은?**

① 간접세는 조세의 전가가 이루어지지 않는다.
② 직접세는 누진세를 적용하기에 용이하다.
③ 직접세는 간접세에 비해 조세저항이 크다.
④ 간접세는 직접세에 비해 역진적이므로 조세의 형평성을 떨어뜨린다.

| 10 | 국제 | 실효보호관세율 | 답 ② |
|---|---|---|---|

실효보호관세율은 $\frac{30-20}{20}\times 100 = 50\%$이다.

**출제POINT**

'실효보호관세율 $= \frac{\text{부과 후 부가가치} - \text{부과 전 부가가치}}{\text{부과 전 부가가치}}$'이다.

| 11 | 미시 | 조세제도 | 답 ① |
|---|---|---|---|

간접세는 조세의 전가가 이루어져서 담세자와 납세자가 일치하지 않고, 물건 값을 지불한다는 의미가 강하기 때문에 조세에 대한 저항은 약하다.

오답피하기

② 과세대상금액에 대해 세율이 일정하면 비례세로 주로 간접세에 적용되고, 과세대상금액에 대해 세율이 증가하면 누진세로 주로 직접세에 적용된다.
③ 직접세는 조세의 전가가 이루어지지 않고 담세자와 납세자가 일치하기 때문에 고소득층일수록 조세에 대한 저항이 강하게 나타난다.
④ 직접세에 적용되는 누진세제는 고소득층일수록 세율이 증가하고, 저소득층일수록 세율이 감소하여 '소득재분배'가 이루어진다. 그러나 간접세는 주로 비례세제가 적용되기에 직접세에 비해 역진적이므로 조세의 형평성을 떨어뜨린다.

**출제POINT**

직접세는 담세자와 납세자가 일치하는 세제이며, 간접세는 담세자와 납세자가 일치하지 않는 세제이다.

## 12 □□□

**시중금리가 연 5%에서 연 6%로 상승하는 경우, 매년 300만 원씩 영원히 지급받을 수 있는 영구채의 현재가치의 변화는?**

① 30만 원 감소
② 60만 원 감소
③ 300만 원 감소
④ 1,000만 원 감소

| 12 | 거시 | 영구채권 | 답 ④ |
|---|---|---|---|

매년 300만 원의 이자를 받는 영구채권에서, 이자율이 5%일 때, 채권가격은 6,000만 원이고, 이자율이 6%일 때, 채권가격은 5,000만 원이기에, 채권가격은 1,000만 원 감소한다.

**출제POINT**

매년 $C$원씩 이자를 받는 영구채의 현재가치는

$PV = \frac{C}{(1+r)} + \frac{C}{(1+r)^2} + \frac{C}{(1+r)^3} + \cdots = \frac{C}{r}$이다.

## 13 □□□

**매년 40만 원을 정부로부터 지원받는 한 저소득층 가구에서 매년 100kg의 쌀을 소비하고 있었다. 그런데 정부가 현금 대신 매년 200kg의 쌀을 지원하기로 했다. 쌀의 시장가격은 kg당 2,000원이어서 지원되는 쌀의 가치는 40만 원이다. 쌀의 재판매가 금지되어 있다고 할 때, 다음 설명 중 옳지 않은 것은? (단, 이 가구의 무차별곡선은 원점에 대해 볼록하다)**

① 이 가구는 새로 도입된 현물급여보다 기존의 현금급여를 선호할 것이다.
② 현물급여를 받은 후 이 가구의 예산집합 면적은 현금급여의 경우와 차이가 없다.
③ 이 가구는 새로운 제도하에서 쌀 소비량을 늘릴 가능성이 크다.
④ 만약 쌀을 kg당 1,500원에 팔 수 있는 재판매 시장이 존재하면, 이 가구는 그 시장을 활용할 수도 있다.

| 13 | 미시 | 사회보장제도 | 답 ② |
|---|---|---|---|

쌀의 기존소비량이 100kg이고 지원받는 양이 200kg이기에 현금보조가 현물보조보다 더 유리하게 된다. 따라서 현물급여를 받은 후 이 가구의 예산집합 면적은 현금급여의 경우보다 작다.

오답피하기

① 따라서 새로 도입된 현물급여보다 기존의 현금급여를 선호할 것이다.
③ 새로운 제도하에서 쌀의 재판매가 금지되어 있기에 쌀 소비량을 늘릴 가능성이 크다.
④ 쌀의 기존소비량이 100kg이기에 재판매 시장을 활용할 수도 있다.

**출제POINT**

현금보조를 실시하면 예산선이 바깥쪽으로 평행이동하고, 현물보조를 실시하면 우측으로 평행이동한다.

현금보조로 예산선이 $AB$에서 $CD$로 변화하고, 현물보조로 예산선이 $AB$에서 $AED$로 변화하기에 예산집합 면적은 현물급여가 현금급여의 경우보다 작다.

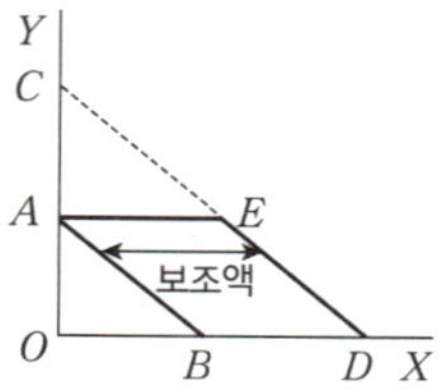

## 14 □□□

*A*시의 시내버스시스템이 적자상태에 있어 수입을 증대시킬 방안을 찾고 있다. *A*시의 대중교통과 직원은 버스요금 인상을 주장하는 데 반해, 시민단체는 버스요금 인하를 주장한다. 양측의 주장에 대한 설명으로 옳은 것은?

① 직원은 버스에 대한 수요가 가격탄력적이라고 생각하지만, 시민단체는 수요가 가격비탄력적이라 생각한다.

② 직원은 버스에 대한 수요가 가격비탄력적이라고 생각하지만, 시민단체는 수요가 가격탄력적이라 생각한다.

③ 직원과 시민단체 모두 버스에 대한 수요가 가격비탄력적이라 생각하지만, 시민단체의 경우가 더 비탄력적이라고 생각한다.

④ 직원과 시민단체 모두 버스에 대한 수요가 가격탄력적이라 생각하지만, 직원의 경우가 더 탄력적이라고 생각한다.

| 14 | 미시 | 탄력도 | 답 ② |
|---|---|---|---|

버스요금 인상을 주장하는 직원은 버스에 대한 수요가 가격비탄력적이라고 생각하지만, 버스요금 인하를 주장하는 시민단체는 수요가 가격탄력적이라 생각한다.

**출제POINT**

판매수입증대는 수요의 가격탄력도가 탄력적일 때는 가격하락, 비탄력적일 때는 가격상승을 통해 가능하다.

## 15 □□□

화폐수량설에 따르면, 화폐수량방정식은 $MV=PY$와 같다. 이에 대한 설명으로 옳은 것은? (단, $M$은 통화량, $V$는 화폐유통속도, $P$는 산출물의 가격, $Y$는 산출량이다)

① 화폐유통속도($V$)는 오랜 기간에 걸쳐 일반적으로 불안정적이라고 전제하고 있다.

② 중앙은행이 통화량($M$)을 증대시키면, 산출량의 명목가치($PY$)는 통화량과는 독립적으로 변화한다.

③ 산출량($Y$)은 통화량($M$)이 아니라, 생산요소의 공급량과 생산기술에 의해 결정된다.

④ 중앙은행이 통화량($M$)을 급격히 감소시키면, 인플레이션이 발생한다.

| 15 | 거시 | 화폐수량설 | 답 ③ |
|---|---|---|---|

산출량($Y$)은 통화량($M$)이 아니라, 생산요소의 공급량과 생산기술에 의해 결정된다.

**오답피하기**

① 화폐유통속도($V$)는 오랜 기간에 걸쳐 일반적으로 안정적이라고 전제하고 있다.

② 중앙은행이 통화량($M$)을 증대시키면, 산출량의 명목가치($PY$)는 통화량과 비례적으로 변화한다.

④ 중앙은행이 통화량($M$)을 급격히 증가시키면, 인플레이션이 발생한다.

**출제POINT**

$V$는 제도상 일정하고 $Y$는 고전학파의 경우 완전고용국민소득에서 일정하기에, 고전학파의 화폐수량설 $MV=PY$는 통화량과 물가가 정비례하다는 물가 이론으로 볼 수 있다.

## 16 □□□

화재가 발생하지 않는 경우 철수 집의 자산가치는 10,000이고, 화재가 발생하는 경우 철수 집의 자산가치는 2,500이다. 철수 집에 화재가 발생하지 않을 확률은 0.8이고, 화재가 발생할 확률은 0.2이다. 위험을 기피하는 철수의 효용함수는 $U(X) = X^{\frac{1}{2}}$이다. 화재의 위험에 대한 위험 프리미엄(risk premium)은? (단, $X$는 자산가치이다)

① 200
② 300
③ 400
④ 500

## 17 □□□

다음 표와 같은 조건하에서 $A$국과 $B$국은 옷과 쌀 2가지 상품을 생산하고 있다. 노동만이 두 상품의 유일한 생산요소이고 노동의 한계생산물은 불변인 리카르도모형을 고려하자. 이제 자유무역으로 국제시장에서 상대가격($P_{옷}/P_{쌀}$)은 1이 되었다고 가정하자. 무역 전후에 대한 설명으로 옳은 것은? (단, wage는 명목임금, $P$는 가격, $MP$는 노동의 한계생산물을 나타낸다)

| $A$국 | | $B$국 | |
|---|---|---|---|
| $wage = 12$ | | $wage^* = 6$ | |
| $MP_{옷} = 2$ | $MP_{쌀} =$ | $MP^*_{옷} =$ | $MP^*_{쌀} = 1$ |
| $P_{옷} =$ | $P_{쌀} = 4$ | $P^*_{옷} = 3$ | $P^*_{쌀} =$ |

① $A$국은 쌀을 수출할 것이다.
② 무역 이전에, 옷 생산의 경우 $B$국의 $MP^*_{옷}$이 $A$국의 $MP_{옷}$보다 높다.
③ 무역 이전에, 쌀 생산의 경우 $B$국의 $MP^*_{쌀}$이 $A$국의 $MP_{쌀}$보다 높다.
④ 무역이 발생하지 않을 것이다.

### 16 미시 기대효용이론 답 ③

0.8의 확률로 화재가 발생하지 않는 경우 철수 집의 자산가치는 10,000, 0.2의 확률로 화재가 발생하는 경우 철수 집의 자산가치는 2,500이 된다. 따라서 기대소득을 구해보면 $0.8\times10,000+0.2\times2,500=8,500$이다. 그리고 기대효용을 구해보면 $0.8\times\sqrt{10,000}+0.2\times\sqrt{2,500}=90$이다. 또한 확실성 등가를 구하면 $90=\sqrt{X}$이기에 $X=8,100$이다. 위험프리미엄은 불확실한 자산을 확실한 자산으로 바꾸기 위해 포기할 용의가 있는 금액이므로 기대소득 − 확실성등가$=8,500-8,100=400$이다.

**출제POINT**

불확실한 자산을 확실한 자산으로 교환하기 위하여 지불할 용의가 있는 금액을 위험프리미엄이라 하고, '위험프리미엄$(\pi)$ = 기대소득$(E(w))$ − 확실성등가$(CE)$'로 계산한다.

### 17 국제 무역이론 답 ①

| $A$국 | | $B$국 | |
|---|---|---|---|
| $wage = 12$ | | $wage^* = 6$ | |
| $MP_{옷}= 2$ | $MP_{쌀}= 3$ | $MP^*{}_{옷}=2$ | $MP^*{}_{쌀}=1$ |
| $P_{옷}= 6$ | $P_{쌀}= 4$ | $P^*{}_{옷}=3$ | $P^*{}_{쌀}= 6$ |

자유무역으로 국제시장에서 상대가격($P_{옷}/P_{쌀}$)이 1일 때, 옷의 상대가격($P_{옷}/P_{쌀}$)이 $A$국은 $\frac{6}{4}$이고 $B$국은 $\frac{3}{6}$으로 $B$국이 싸기에 $B$국은 옷을 수출하고 $A$국은 쌀을 수출할 것이다.

**오답피하기**

② 무역 이전에, 옷 생산의 경우 $B$국의 $MP^*{}_{옷}$이 2이고 $A$국의 $MP_{옷}$은 2로 같다.
③ 무역 이전에, 쌀 생산의 경우 $B$국의 $MP^*{}_{쌀}$이 1이고 $A$국의 $MP_{쌀}$은 3으로 $A$국이 높다.
④ $B$국은 옷을 수출하고 $A$국은 쌀을 수출할 것이다.

**출제POINT**

$VMP_L = P\times MP_L = W$에서 이윤은 극대화된다.

## 18 □□□

**기준금리가 제로금리 수준임에도 불구하고 경기가 회복되지 않는다면 중앙은행이 취할 수 있는 정책으로 옳은 것은?**

① 기준금리를 마이너스로 조정한다.
② 장기금리를 높인다.
③ 보유한 국공채를 매각한다.
④ 시중에 유동성을 공급한다.

## 19 □□□

**세계시장에서 대형항공기를 만드는 기업은 $A$국의 $X$사와 $B$국의 $Y$사만 있으며, 이 두 기업은 대형항공기를 생산할지 혹은 생산하지 않을지를 결정하는 전략적 상황에 직면해 있다. 두 기업이 대형항공기를 생산하거나 생산하지 않을 경우 다음과 같은 이윤을 얻게 된다고 가정하자. 즉, 두 기업 모두 생산을 하게 되면 적자를 보게 되지만, 한 기업만 생산을 하게 되면 독점이윤을 얻게 된다. 이제 $B$국은 $Y$사가 대형항공기 시장의 유일한 생산자가 되도록 $Y$사에 보조금을 지급하려고 한다. 이때 $B$국이 $Y$사에 지급해야할 최소한의 보조금은? (단, $X$사가 있는 $A$국은 별다른 정책을 사용하지 않는다고 가정한다)**

(단위: 백만 달러)

| 구분 | | $Y$사 | |
|---|---|---|---|
| | | 생산 | 생산 않음 |
| $X$사 | 생산 | (−1, −2) | (24, 0) |
| | 생산 않음 | (0, 20) | (0, 0) |

* 주: ( , ) 안의 숫자는 ($X$사의 보수, $Y$사의 보수)를 말한다.

① 1백만 달러 초과
② 20백만 달러 초과
③ 2백만 달러 초과
④ 24백만 달러 초과

**18** 거시 **양적 완화** 답 ④

중앙은행이 장기국채매입 등을 통해 시중에 유동성을 공급한다.

오답피하기

①, ②, ③ 중앙은행의 금리인하를 통한 경기부양 효과가 한계에 봉착했을 때 중앙은행이 장기국채매입 등을 통해 시중에 유동성을 공급하는 정책이 양적 완화이다.

**출제POINT**

양적 완화는 중앙은행의 금리인하를 통한 경기부양 효과가 한계에 봉착했을 때 중앙은행이 국채매입 등을 통해 유동성을 시중에 직접 푸는 정책을 뜻한다.

**19** 미시 **게임이론** 답 ③

$Y$사가 생산을 선택하면 $X$사는 생산 않음을, $Y$사가 생산 않음을 선택하면 $X$사는 생산 선택이 최선이다.
$X$사가 생산을 선택하면 $Y$사는 생산 않음을, $X$사가 생산 않음을 선택하면 $Y$사는 생산 선택이 최선이다.
따라서 2개의 내쉬균형을 얻게 된다. 이때 손해와 관계없이 $Y$사가 생산자가 되도록 하려면 2백만 달러 초과보조금을 지급하면 가능하다.

**출제POINT**

상대방의 전략을 주어진 것으로 보고 경기자는 자신에게 가장 유리한 전략을 선택하였을 때 도달하는 균형을 내쉬균형이라 한다.

## 20 □□□

**한국은행이 기준금리를 인하할 경우 경제 전반에 미치는 영향에 대한 설명으로 옳지 않은 것은?**

① 기준금리 인하로 채권수익률이 낮아지면 주식과 부동산에 대한 수요가 늘어나 자산가격이 상승하고 소비가 늘어난다.

② 기준금리 인하로 환율(원 / $) 상승을 가져와 경상수지가 개선되고 국내물가는 상승한다.

③ 기준금리 인하로 시중자금 가용량이 늘어나 금융기관의 대출여력이 증가하면서 투자와 소비가 늘어난다.

④ 기준금리 인하로 환율(원 / $)이 상승하여 국내기업의 달러표시 해외부채의 원화평가액은 감소한다.

| 20 | 거시 | 통화정책 | 답 ④ |
|---|---|---|---|

기준금리 인하로 환율(원 / $)이 상승하면 달러표시 원화가치는 하락하기에 국내기업의 달러표시 해외부채의 실질부담은 커져 그 원화평가액은 증가한다.

(오답피하기)

① 기준금리 인하로 비례관계인 채권수익률이 낮아지면 주식과 부동산에 대한 수요가 늘어나 자산가격이 상승하고 소비가 늘어난다.

② 기준금리 인하로 환율(원 / $) 상승을 가져와 수출가격은 하락하고 수입가격이 상승하면 순수출이 증가한다. 따라서 경상수지가 개선되고 국내물가는 상승한다.

③ 기준금리 인하로 시중자금 가용량이 늘어나 금융기관의 대출여력이 증가하면서 이자율이 하락하여 투자와 소비가 늘어난다.

**출제POINT**

기준금리 인하로 외국자본유출이 발생하면 환율(원 / $)이 상승한다.

# 8회 2017년 지방직

## 01 □□□

**미국 국적의 $A$는 2016년 1년 동안 한국에 거주하며 일했다. $A$는 한국 소재 기업에서 총 5,000만 원의 연봉을 받았으며, 한국 소재 어학원에 연 500만 원을 지불하고 한국어를 배웠다. 이 두 금액이 한국의 2016년 $GDP$와 $GNI$에 미친 영향의 차이는?**

① 5,500만 원
② 5,000만 원
③ 4,500만 원
④ 500만 원

## 02 □□□

**시장실패(market failure)에 대한 설명으로 옳은 것만을 모두 고른 것은?**

> ㄱ. 사회적으로 효율적인 자원배분이 이루어지지 않는 경우이다.
> ㄴ. 공공재와 달리 외부성은 비배제성과 비경합성의 문제로부터 발생하는 시장실패이다.
> ㄷ. 각 경제주체가 자신의 이익을 위해서만 행동한다면 시장실패는 사회전체의 후생을 감소시키지 않는다.

① ㄱ　　② ㄴ
③ ㄱ, ㄷ　　④ ㄴ, ㄷ

| 01 | 거시 | *GNP*와 *GDP* | 답 ② |
|---|---|---|---|

*GDP*는 미국 국적의 *A*에 의한 생산 5,000만 원과 한국 소재 어학원에서 (한국인에 의한) 생산 500만 원의 합인 5,500만 원으로 계산된다. *GNI*는 한국 소재 어학원에서 (한국인에 의한 생산) 500만 원으로 계산된다. 따라서 *GDP*와 *GNI*의 차이는 5,000만 원이다.

**출제POINT**
'일정기간 한 나라 안에서 새로이 생산된 모든 최종생산물의 시장가치'를 국내총생산(*GDP*)이라 하고, '일정기간 한 나라 국민이 새로이 생산한 모든 최종생산물의 시장가치'를 국민총생산(*GNP*)이라 한다.

| 02 | 미시 | 시장실패 | 답 ① |
|---|---|---|---|

ㄱ. 시장실패는 사회적으로 비효율적인 자원배분이 이루어지는 경우이다.

**오답피하기**
ㄴ. 비배제성과 비경합성의 공공재는 양(+)의 외부성에 의한 시장실패를 발생시키고, 비배제성과 경합성의 공유자원은 음(-)의 외부성에 의한 공유지 비극으로 시장실패를 발생시킨다.
ㄷ. 각 경제주체가 자신의 이익을 위해서만 행동해도 의도하지 않은 외부효과로 인한 시장실패는 사회전체의 후생을 감소시킬 수 있다.

**출제POINT**
시장의 가격기구가 효율적인 자원배분을 가져오지 못하는 것을 시장실패라 한다.

## 03 □□□

**원점에 대해 오목한 생산가능곡선에 대한 설명으로 옳지 않은 것은?**

① 기술진보가 이루어지면 생산가능곡선은 원점으로부터 바깥쪽으로 이동한다.

② 생산가능곡선이 원점에 대해 오목한 것은 재화 생산의 증가에 따른 기회비용이 체증하기 때문이다.

③ 원점에 대해 볼록한 사회무차별곡선이 주어진다면 생산가능곡선 선상의 한 점에서 최적의 생산수준이 결정된다.

④ 생산가능곡선의 외부에 위치하는 점은 비효율적인 생산점인 반면, 내부에 위치하는 점은 실현이 불가능한 생산점이다.

## 04 □□□

**어느 독점기업이 직면하는 시장수요함수는 $P=30-Q$이며, 한계비용은 생산량과 상관없이 20으로 일정하다. 이 독점기업이 이윤을 극대화할 때의 생산량과 이윤의 크기는? (단, $Q$는 생산량이다)**

| | 생산량 | 이윤 |
|---|---|---|
| ① | 5 | 10 |
| ② | 5 | 25 |
| ③ | 10 | 10 |
| ④ | 10 | 25 |

**03** 미시 생산가능곡선 답 ④

생산가능곡선의 내부에 위치하는 점은 비효율적인 생산점인 반면, 외부에 위치하는 점은 실현이 불가능한 생산점이다.

오답피하기

① 기술진보가 이루어지면 주어진 자원으로도 최대생산량이 늘 수 있어 생산가능곡선은 원점으로부터 바깥쪽으로 이동한다.

② 생산가능곡선이 원점에 대해 오목한 것은 재화 생산의 증가에 따른 한계변환율($MRT$)인 기회비용이 체증하기 때문이다.

③ 원점에 대해 볼록한 사회무차별곡선과 원점에 대해 오목인 생산가능곡선이 접하면 생산가능곡선 선상의 한 점에서 최적의 생산수준이 결정된다.

**출제POINT**

주어진 자원과 기술하, 두 재화의 최대 생산 조합 점들을 연결한 곡선을 생산가능곡선이라 한다.

**04** 미시 독점 답 ②

시장수요함수가 $P=30-Q$일 때 $MR$곡선은 $MR=30-2Q$이고, 한계비용은 $MC=20$이기에 이윤극대화 생산량은 $MR=MC$에 따라 $Q=5$이다.

$Q=5$일 때 가격은 $P=30-Q$에서 $P=25$이다. (고정비용이 없고) 한계비용이 생산량과 상관없이 20으로 일정하면 평균비용은 20이다. 따라서 이윤은 125(총수입 = 가격 × 생산량) − 100(총비용 = 평균비용 × 생산량) = 25이다.

**출제POINT**

고정비용이 없고 한계비용이 생산량과 상관없이 20으로 일정하면 평균비용은 20이다.

## 05 □□□

**수요함수가 우하향하는 직선의 형태일 때, 수요의 가격탄력성에 대한 설명으로 옳은 것은?**

① 필수재에 비해 사치재의 수요는 가격변화에 대해 보다 비탄력적이다.
② 수요의 가격탄력성이 1일 때 총지출은 최대가 된다.
③ 수요의 가격탄력성은 수요곡선의 어느 점에서 측정하더라도 같은 값을 가진다.
④ 수요곡선의 임의의 점에서 수요의 가격탄력성은 수요곡선 기울기의 역수로 계산된다.

## 06 □□□

**솔로우(Solow)성장모형에 대한 설명으로 옳지 않은 것은?**

① 기술진보 없이 지속적인 성장을 할 수 없다.
② 정상상태(steady state)에서 인구증가율의 변화는 1인당 경제성장률에 영향을 미치지 않는다.
③ 한계생산이 체감하는 생산함수와 외생적인 기술진보를 가정한다.
④ 자본축적만으로도 지속적인 성장이 가능하다.

| 05 | 미시 | 수요의 가격탄력성 | 답 ② |
|---|---|---|---|

수요의 가격탄력성이 1일 때 총지출, 즉 판매수입은 최대가 된다.

(오답피하기)

① 필수재에 비해 사치재의 수요는 가격변화에 대해 보다 탄력적이다.
③ 우하향의 수요직선에서 중점은 단위탄력적이고, 중점 위는 탄력적이며, 중점 아래는 비탄력적으로 모든 점의 수요의 가격탄력도가 다른 경우이다.
④ 수요곡선의 임의의 점에서 수요의 가격탄력성은 수요곡선 기울기의 역수와 원점에서 그 점으로 그은 직선의 기울기의 곱으로 계산된다.

**출제POINT**

우하향의 수요직선에서 탄력적 구간은 가격이 하락, 비탄력적 구간은 가격이 상승하면 판매수입이 증가하며, 중점에서 판매수입이 극대화된다.

| 06 | 거시 | 솔로우(Solow)성장모형 | 답 ④ |
|---|---|---|---|

자본축적만으로는 지속적인 성장이 불가능하다고 본다.

(오답피하기)

① 솔로우(Solow)성장모형은 지속적인 기술진보 없이 지속적인 성장을 할 수 없다고 본다.
② 정상상태(steady state)에서 1인당 경제성장률은 지속적인 기술진보가 없을 경우 0으로 인구증가율의 변화는 1인당 경제성장률에 영향을 미치지 않는다.
③ 솔로우(Solow)성장모형은 요소대체가 가능한 1차동차 생산함수로 한계생산이 체감하는 1차 $C-D$생산함수와 외생적인 기술진보를 가정한다.

**출제POINT**

솔로우(Solow)성장모형은 지속적인 경제성장은 지속적인 기술진보에 의해서만 가능하다고 본다.

## 07 □□□

**생산함수가 $Q(L, K) = \sqrt{LK}$이고 단기적으로 $K$가 1로 고정된 기업이 있다. 단위당 임금과 단위당 자본비용이 각각 1원 및 9원으로 주어져 있다. 단기적으로 이 기업에서 규모의 경제가 나타나는 생산량 $Q$의 범위는? (단, $Q$는 생산량, $L$은 노동투입량, $K$는 자본투입량이다)**

① $0 \leq Q \leq 3$
② $3 \leq Q \leq 4.5$
③ $4.5 \leq Q \leq 6$
④ $3 \leq Q \leq 6$

## 08 □□□

**실업률과 고용률에 대한 설명으로 옳지 않은 것은?**

① 18시간 이상 일한 무급가족종사자는 실업자에 포함된다.
② 실망실업자는 실업자에 포함되지 않는다.
③ 경제활동참가율과 실업률이 주어지면 고용률을 알 수 있다.
④ 경제활동참가율이 일정할 때 실업률이 높아지면 고용률이 낮아진다.

**07** 미시 **규모의 경제** 답 ①

$K$가 1로 고정이기에 $Q = \sqrt{LK} = \sqrt{L}$이다.
$K$가 1이고 단위당 임금과 단위당 자본비용이 각각 1원 및 9원으로 $C = wL + rK = L + 9$이다.

$Q = \sqrt{L}$에서 $L = Q^2$이고 $C = L + 9 = Q^2 + 9$이기에 $LAC = Q + \frac{9}{Q}$이다.

$LAC = Q + \frac{9}{Q}$가 우하향할 때, 즉 $LAC$를 미분한 값이 음수일 때 규모의 경제를 보인다. 따라서 $\frac{dLAC}{dQ} = 1 - \frac{9}{Q^2} < 0$에서 $-3 \leq Q \leq 3$이나 생산량은 음수일 수 없기에 $0 \leq Q \leq 3$에서 규모의 경제가 나타난다.

**출제POINT**
생산량을 증가시킬 때 장기평균비용이 낮아지는 것을 규모의 경제라 한다.

**08** 거시 **고용지표** 답 ①

18시간 이상 일한 무급가족종사자는 취업자에 포함된다.

오답피하기
② 실망실업자는 일할 의사가 없기에 실업자가 아닌 비경제활동인구에 포함된다.
③ '고용률 $\times 100 = (100 -$ 실업률$) \times$ 경제활동참가율'에서, 경제활동참가율과 실업률이 주어지면 고용률을 알 수 있다.
④ '고용률 $\times 100 = (100 -$ 실업률$) \times$ 경제활동참가율'에서, 경제활동참가율이 일정할 때 실업률이 높아지면 고용률이 낮아진다.

**출제POINT**
주당 18시간 이상 일한 무급가족종사자는 취업자이다.

## 09 □□□

**동일 제품을 생산하는 복점기업 $A$사와 $B$사가 직면한 시장 수요 $P=50-5Q$이다. $A$사와 $B$사의 비용함수는 각각 $C_A(Q_A)=20+10Q_A$ 및 $C_B(Q_B)=20+15Q_B$이다. 두 기업이 비협조적으로 행동하면서 이윤을 극대화하는 쿠르노 모형을 가정할 때, 두 기업의 균형생산량은? (단, $Q$는 $A$기업 생산량($Q_A$)과 $B$기업 생산량($Q_B$)의 합이다)**

| | $Q_A$ | $Q_B$ |
|---|---|---|
| ① | 2 | 2.5 |
| ② | 2.5 | 2 |
| ③ | 3 | 2 |
| ④ | 3 | 4 |

| 09 | 미시 | 꾸르노모형 | 답 ③ |
|---|---|---|---|

기업 $A$의 총수입은 $P=50-5Q$이고 $Q=Q_A+Q_B$일 때,
$TR_A=[50-5(Q_A+Q_B)]\times Q_A=50Q_A-5Q_A^2-5Q_AQ_B$이기에
$MR_A=50-10Q_A-5Q_B$이다. $C_A(Q_A)=20+10Q_A$이기에
$MC_A=10$이다.
따라서 기업 $A$의 균형생산량은 $MR_A=50-10Q_A-5Q_B$와 $MC_A=10$이 같을 때 결정된다.
기업 $B$의 총수입은 $P=50-5Q$이고 $Q=Q_A+Q_B$일 때,
$TR_B=[50-5(Q_A+Q_B)]\times Q_B=50Q_B-5Q_AQ_B-5Q_B^2$이기에
$MR_B=50-5Q_A-10Q_B$이다. $C_B(Q_B)=20+15Q_B$이기에
$MC_B=15$이다.
따라서 기업 $B$의 균형생산량은 $MR_B=50-5Q_A-10Q_B$와 $MC_B=15$가 같을 때 결정된다.
결국, $MR_A=50-10Q_A-5Q_B=MC_A=10$과
$MR_B=50-5Q_A-10Q_B=MC_B=15$에서 결정된다. 즉, 이를 연립하면 $Q_A=3$, $Q_B=2$이다.

**출제POINT**

동일 제품을 생산하는 복점기업 $A$와 $B$의 이윤을 극대화하는 균형생산량은 $MR_A=MC_A$, $MR_B=MC_B$에서 달성된다.

## 10 □□□

**2기간 소비선택모형에서 소비자의 효용함수는 $U(C_1,\ C_2)=C_1C_2$이고, 예산제약식은 $C_1+\frac{C_2}{1+r}=Y_1+\frac{Y_2}{1+r}$이다. 이 소비자의 최적소비행태에 대한 설명으로 옳지 않은 것은? (단, $C_1$은 1기의 소비, $C_2$는 2기의 소비, $Y_1$은 1기의 소득으로 100, $Y_2$는 2기의 소득으로 121, $r$은 이자율로 10%이다)**

① 한계대체율과 $(1+r)$이 일치할 때 최적소비가 발생한다.
② 1기보다 2기에 소비를 더 많이 한다.
③ 1기에 이 소비자는 저축을 한다.
④ 유동성제약이 발생하면 1기의 소비는 감소한다.

| 10 | 미시 | 2기간 소비선택모형 | 답 ③ |
|---|---|---|---|

$\frac{C_2}{C_1}=(1+r)$에서 $C_2=(1+r)C_1$과 $C_1+\frac{C_2}{1+r}=Y_1+\frac{Y_2}{1+r}$를 통해 $C_1+C_1=2C_1=Y_1+\frac{Y_2}{1+r}$이다. $Y_1$은 100, $Y_2$는 121, $r$은 10%로 $C_1=105$, $C_2=115.5$이다. 따라서 1기에 이 소비자는 차입을 한다.

**오답피하기**

① 효용함수 $U(C_1,\ C_2)=C_1C_2$에서 $MRS_{C_1C_2}=\frac{MU_{C_1}}{MU_{C_2}}=\frac{C_2}{C_1}$로 예산선의 기울기 $(1+r)$과 일치할 때 소비자균형점은 달성된다.
② $\frac{C_2}{C_1}=(1+r)$에서 $C_2=(1+r)C_1$이고 $r=10\%$이기에 1기보다 2기에 소비를 더 많이 한다.
④ 유동성제약이 발생하면, 즉 차입제약이 있으면 1기의 소비는 감소한다.

**출제POINT**

예산선의 기울기는 예산제약식 $C_1+\frac{C_2}{1+r}=Y_1+\frac{Y_2}{1+r}$에서 $-(1+r)$이고, 무차별곡선의 접선의 기울기는 효용함수 $U(C_1,\ C_2)=C_1C_2$에서 $MRS_{C_1C_2}=\frac{MU_{C_1}}{MU_{C_2}}=\frac{C_2}{C_1}$이기에 $(1+r)=\frac{C_2}{C_1}$일 때 소비자균형점은 달성된다.

## 11 □□□

$A$국 시중은행의 지급준비율이 $0.2$이며 본원통화는 $100$억 달러이다. $A$국의 통화승수와 통화량은 얼마인가? (단, 현금통화비율은 $0$이다)

| | 통화승수 | 통화량 |
|---|---|---|
| ① | 0.2 | 500억 달러 |
| ② | 5 | 500억 달러 |
| ③ | 0.2 | 100억 달러 |
| ④ | 5 | 100억 달러 |

## 12 □□□

어느 재화에 대한 수요곡선은 $Q=100-P$이다. 이 재화를 생산하여 이윤을 극대화하는 독점기업의 비용함수가 $C(Q)=20Q+10$일 때, 이 기업의 러너 지수(Lerner index) 값은?

① $\frac{1}{4}$  ② $\frac{1}{3}$

③ $\frac{2}{3}$  ④ $\frac{3}{4}$

**11** 거시 **통화량** 답 ②

현금통화비율이 0이고 지급준비율이 0.2이기에 통화승수는 $m=\frac{1}{c+z(1-c)}=\frac{1}{0.2}=5$이다. 본원통화는 100억 달러로 통화량은 $M^S=\frac{1}{c+z(1-c)}\times H=5\times100=500$억 달러이다.

**출제POINT**

$c$가 현금/통화량비율일 때 통화승수는 $m=\frac{1}{c+z(1-c)}$이고, $H$가 본원통화일 때 통화량은 $M^S=\frac{1}{c+z(1-c)}\times H$이다.

**12** 미시 **러너지수** 답 ③

수요곡선 $Q=100-P$에서 $P=100-Q$이고 $MR=100-2Q$이며, 비용함수 $C(Q)=20Q+10$에서 $MC=20$이다.
독점기업의 이윤극대화 가격은 $MR=MC$에서 $100-2Q=20$일 때 $Q=40$이고 수요곡선 $P=100-Q$에서 $P=60$이다.
따라서 러너 지수는 $dm=\frac{P-MC}{P}=\frac{60-20}{60}=\frac{2}{3}$이다.

**출제POINT**

가격과 한계비용의 차이가 클수록 후생손실이 증가한다는 점을 반영하여 도출된 $dm=\frac{P-MC}{P}$가 러너의 독점도이다.

## 13 □□□

**국내총생산($GDP$)의 측정방법으로 옳지 않은 것은?**

① 일정기간 동안 국내에서 새로이 생산된 최종생산물의 시장가치를 합한다.

② 일정기간 동안 국내 생산과정에서 새로이 창출된 부가가치를 합한다.

③ 일정기간 동안 국내 생산과정에 참여한 경제주체들이 받은 요소소득을 합한다.

④ 일정기간 동안 국내 생산과정에서 투입된 중간투입물의 시장가치를 합한다.

## 14 □□□

**다음은 개방경제의 국민소득결정 모형이다. 정부지출이 100에서 200으로 증가할 경우, 균형국민소득의 변화량은? (단, $Y$, $C$, $I$, $G$, $X$, $M$은 각각 국민소득, 소비, 투자, 정부지출, 수출, 수입이다)**

$Y = C + I + G + (X - M)$
$C = 200 + 0.5Y$
$I = 100$
$G = 100$
$X = 100$
$M = 50 + 0.3Y$

① 100 ② 125
③ 150 ④ 500

| 13 | 거시 | $GDP$ | 답 ④ |
|---|---|---|---|

$GDP$는 총생산물가치에서 중간투입물가치를 제거한 부가가치의 합이다.

**오답피하기**

①, ② 생산측면에서, 일정기간 동안 국내에서 새로이 생산된 최종생산물의 시장가치의 합이나 새로이 창출된 부가가치의 합으로 구한다.
③ 분배측면에서, 일정기간 동안 국내 생산과정에 참여한 경제주체들이 받은 요소소득을 합한다.

**출제POINT**
부가가치는 총생산물가치에서 중간투입물가치를 차감한 값이다.

| 14 | 거시 | 거시경제모형 | 답 ② |
|---|---|---|---|

$c = 0.5$, 정액세로 $t = 0$, 독립적 투자지출로 $i = 0$, $m = 0.3$일 때, 정부지출승수가 $\frac{1}{1-c(1-t)-i+m} = \frac{1}{1-0.5+0.3} = 1.25$이기에 정부지출이 100에서 200으로 100만큼 증가할 경우 균형국민소득의 변화량은 125이다.

**출제POINT**
총수요와 총소득이 일치하는 점에서 균형국민소득이 결정되기에, $Y = C$(민간소비지출)$+ I$(민간총투자)$+ G$(정부지출)$+ X - M$(순수출)에서, $c$는 한계소비성향, $t$는 세율, $i$는 유발투자계수, $m$은 한계수입성향일 때, 정부지출승수는 $\frac{1}{1-c(1-t)-i+m}$이다.

## 15 □□□

**어느 재화의 시장에서 가격수용자인 기업의 비용함수는 $C(Q) = 5Q + \frac{Q^2}{80}$이며, 이 재화의 판매가격은 85원이다. 이 기업이 이윤극대화를 할 때, 생산량과 생산자잉여의 크기는? (단, $Q$는 생산량이며, 회수가능한 고정비용은 없다고 가정한다)**

| | 생산량 | 생산자잉여 |
|---|---|---|
| ① | 3,000 | 128,000 |
| ② | 3,000 | 136,000 |
| ③ | 3,200 | 128,000 |
| ④ | 3,200 | 136,000 |

## 16 □□□

**레온티에프 역설(Leontief paradox)에 대한 설명으로 옳지 않은 것은?**

① 제품의 성숙단계, 인적자본, 천연자원 등을 고려하면 역설을 설명할 수 있다.

② 2차세계대전 직후 미국의 노동자 일인당 자본장비율은 다른 어느 국가보다 낮았다.

③ 미국에서 수출재의 자본집약도는 수입재의 자본집약도보다 낮은 것으로 나타났다.

④ 헥셔-올린정리에 따르면 미국은 상대적으로 자본집약적 재화를 수출할 것으로 예측되었다.

**15** 미시 생산자잉여 답 ③

총비용함수 $C(Q) = 5Q + \frac{Q^2}{80}$을 미분하면 한계비용은 $MC = 5 + \frac{Q}{40}$이다. 이윤극대화 생산량은 $P = MC$에서 $85 = 5 + \frac{Q}{40}$이기에 $Q$는 3,200이다. 총수입은 $P \times Q$로 $85 \times 3,200 = 272,000$이고, 총가변비용은 $Q = 0$일 때의 총고정비용이 영(0)이기에 $TVC = 5Q + \frac{Q^2}{80}$으로 $5 \times 3,200 + \frac{3,200^2}{80} = 144,000$이다. 생산자잉여는 총수입에서 총가변비용을 차감한 값으로 $272,000 - 144,000 = 128,000$이다.

**출제POINT**

생산자잉여는 총수입에서 총가변비용을 차감한 값이다.

**16** 국제 레온티에프 역설 답 ②

일인당 자본장비율은 일인당 노동장비로 2차세계대전 직후 미국의 노동자 일인당 자본장비율은 다른 어느 국가보다 높았다.

오답피하기

① 미국은 노동생산성이 높기에 제품의 성숙단계, 인적자본, 천연자원 등을 고려하면 노동이 풍부한 국가로 역설을 설명할 수 있다.
③ 미국에서 수출재인 노동집약재의 자본집약도는 수입재인 자본집약재의 자본집약도보다 낮은 것으로 나타났다.
④ 헥셔-올린정리에 따르면 미국은 자본풍부국으로 상대적으로 자본집약적 재화를 수출할 것으로 예측되었다.

**출제POINT**

자본풍부국으로 여겨지는 미국이 오히려 자본집약재를 수입하고, 노동집약재를 수출하는 현상을 레온티에프 역설이라 한다.

## 17 □□□

**시장이자율이 상승할 때 동일한 액면가(face value)를 갖는 채권의 가격변화에 대한 설명으로 옳지 않은 것은?**

① 무이표채(discount bond)는 만기가 일정할 때 채권가격이 하락한다.
② 이표채(coupon bond)는 만기가 일정할 때 채권가격이 하락한다.
③ 실효만기가 길수록 채권가격은 민감하게 변화한다.
④ 무이표채의 가격위험은 장기채보다 단기채가 더 크다.

## 18 □□□

**다음은 $A$국의 소득세제에 대한 특징이다. 이에 대한 설명으로 옳은 것은? (단, 최종소득은 소득에서 소득세를 뺀 값이다)**

- 소득이 5,000만 원 미만이면 소득세를 납부하지 않음
- 소득이 5,000만 원 이상이면 5,000만 원을 초과하는 소득의 20%를 소득세로 납부함

① 소득 대비 최종소득의 비중은 소득이 증가할수록 감소한다.
② 고소득자의 최종소득이 저소득자의 최종소득보다 작을 수 있다.
③ 소득 증가에 따른 최종소득 증가분은 소득이 증가할수록 작아진다.
④ 소득이 5,000만 원 이상인 납세자의 소득 대비 소득세 납부액 비중은 소득이 증가할수록 커진다.

**17** 거시 **채권** 답 ④

무이표채의 가격위험은 장기채가 시장이자율이 상승할 때 할인되는 값이 커지기에 가격위험은 더 커지게 된다.

오답피하기

① '채권가격(1+시장이자율)=(1+이표이자율)액면가'에서 무이표채는 이표이자율이 영(0)으로 시장이자율이 상승할 때 동일한 액면가의 채권가격이 하락한다.
② '채권가격(1+시장이자율)=(1+이표이자율)액면가'에서 이표채(coupon bond)는 이표이자율이 양(+)으로 시장이자율이 상승할 때 동일한 액면가의 채권가격이 하락한다.
③ $PV=\frac{C}{(1+r)}+\frac{C}{(1+r)^2}+\frac{C}{(1+r)^3}+\cdots+\frac{C}{(1+r)^n}+\frac{F}{(1+r)^n}$ 에서 시장이자율이 상승할 때 실효만기가 길수록 채권가격은 민감하게 변화한다.

**출제POINT**

이자지급과 원금상환을 보장하는 채권을 이표채권이라 한다. $C$원씩 이자를 받고 원금이 $F$인 이표채권의 현재가치는

$$PV=\frac{C}{(1+r)}+\frac{C}{(1+r)^2}+\frac{C}{(1+r)^3}+\cdots+\frac{C}{(1+r)^n}+\frac{F}{(1+r)^n}$$

이다.
만약 기간이 1년이고 '이자 $C=$ 원금 $F\times$ 이표이자율'이라면 이표채권의 현재가치는 $PV=\frac{C}{(1+r)}+\frac{F}{(1+r)}=\frac{F(\text{이표이자율}+1)}{(1+r)}$

이다.
$r$은 시장이자율로 수익률과 같고 원금을 액면가라 하면, '채권가격(1+시장이자율) = (1+이표이자율)액면가'로 표현가능하다.

**18** 미시 **소득세제** 답 ④

소득이 5,000만 원 이상인 소득 대비 소득세 납부액 비중은 소득이 증가할수록 커진다.

오답피하기

① 소득이 5,000만 원 미만이면 소득세를 납부하지 않기에 최종소득은 소득과 같고 소득 대비 최종소득의 비중은 1로 일정하다. 소득이 5,000만 원 이상이면 소득세를 납부하기에 소득 대비 최종소득의 비중은 감소한다.
② 고소득자의 최종소득이 저소득자의 최종소득보다 작을 수 없다.
③ 소득이 5,000만 원 미만이면 소득 증가에 따른 최종소득 증가분은 소득이 증가할수록 1,000으로 일정하고 소득이 5,000만 원 이상이면 800으로 일정하다.

**출제POINT**

$A$국의 소득세제는 $T=\max[0,\ 0.2(y-5{,}000)]$이다.

| 소득 | 조세 | 최종소득 | 최종소득/소득 | 조세/소득 |
|---|---|---|---|---|
| 3,000 | 0 | 3,000 | 1 | 0 |
| 4,000 | 0 | 4,000 | 1 | 0 |
| 5,000 | 0 | 5,000 | 1 | 0 |
| 6,000 | 200 | 5,800 | 0.97 | 0.03 |
| 7,000 | 400 | 6,600 | 0.94 | 0.06 |

## 19 □□□

**자본이동이 불완전하고 변동환율제도를 채택한 소규모 개방경제의 $IS-LM-BP$모형에서 균형점이 ($Y_0$, $i_0$)으로 나타났다. 이때, 확장적 재정정책에 따른 새로운 균형점에 대한 설명으로 옳은 것은? (단, $Y$는 총소득, $i$는 이자율이다)**

① 총소득은 $Y_0$보다 크고, 이자율은 $i_0$보다 높다.
② 총소득은 $Y_0$보다 크고, 이자율은 $i_0$보다 낮다.
③ 총소득은 $Y_0$보다 작고, 이자율은 $i_0$보다 높다.
④ 총소득은 $Y_0$보다 작고, 이자율은 $i_0$보다 낮다.

## 20 □□□

**어느 폐쇄경제에서 총생산함수가 $y=k^{\frac{1}{2}}$, 자본 축적식이 $\triangle k=sy-\delta k$, 국민소득계정 항등식이 $y=c+i$인 솔로우 모형에 대한 설명으로 옳지 않은 것은? (단, $y$는 1인당 산출, $k$는 1인당 자본량, $c$는 1인당 소비, $i$는 1인당 투자, $\delta$는 감가상각률이다. 이 경제는 현재 정상상태(steady state)에 놓여 있으며, 저축률 $\delta$는 40%로 가정한다)**

① 저축률이 50%로 상승하면 새로운 정상상태에서의 1인당 산출은 현재보다 크다.
② 저축률이 50%로 상승하면 새로운 정상상태에서의 1인당 소비는 현재보다 크다.
③ 저축률이 60%로 상승하면 새로운 정상상태에서의 1인당 산출은 현재보다 크다.
④ 저축률이 60%로 상승하면 새로운 정상상태에서의 1인당 소비는 현재보다 크다.

**19** 국제 $IS-LM-BP$ 모형 답 ①

자본이동이 불완전하고 변동환율제도하 정부지출증가로 총소득은 $Y_0$보다 크고, 이자율은 $i_0$보다 높다.

**출제POINT**

자본이동이 불완전하고 변동환율제도하 정부지출증가로 $IS$곡선이 우측이동하면, 국내금리가 국제금리보다 커져 외국자본유입으로 환율이 하락하기에 $IS$곡선이 좌측이동한다. 그리고 우상향하는 $BP$곡선이 좌측이동하면 이자율도 높아지고 총소득도 증가한다.

**20** 거시 황금률 답 ④

1인당 총생산함수 $y=k^{\frac{1}{2}}$에서 자본소득분배율이 50%로 황금률에서 저축률은 50%이다. 따라서 현재 정상상태의 저축률이 40%로 황금률인 50%로 상승하면 1인당 소비는 증가하나 60%로 상승하면 다시 감소한다.

**오답피하기**

① 저축률이 황금률인 50%로 상승하면 새로운 정상상태에서의 1인당 산출은 1인당 자본량의 증가로 현재보다 증가한다.
② 저축률이 황금률인 50%로 상승하면 새로운 정상상태에서의 1인당 소비는 황금률 상태이기에 현재보다 증가한다.
③ 저축률이 60%로 상승하면 새로운 정상상태에서의 1인당 산출은 1인당 자본량의 증가로 현재보다 증가한다.

**출제POINT**

1인당 소비가 극대화되는 상태를 자본축적의 황금률이라 하고 '자본소득 분배율 = 저축률'일 때 달성된다.

# 9회 2018년 지방직

## 01 □□□

**본원통화량이 불변인 경우, 통화량을 증가시키는 요인만을 모두 고르면? (단, 시중은행의 지급준비금은 요구불예금보다 적다)**

ㄱ. 시중은행의 요구불예금 대비 초과지급준비금이 낮아졌다.
ㄴ. 사람들이 지불수단으로 요구불예금보다 현금을 더 선호하게 되었다.
ㄷ. 시중은행이 준수해야 할 요구불예금 대비 법정지급준비금이 낮아졌다.

① ㄱ, ㄴ　② ㄱ, ㄷ
③ ㄴ, ㄷ　④ ㄱ, ㄴ, ㄷ

## 02 □□□

**직장인 $K$는 거주할 아파트를 결정할 때 직장까지 월별 통근시간의 기회비용과 아파트 월별 임대료만을 고려한다. 통근시간과 임대료가 다음과 같은 경우 $K$의 최적선택은? (단, $K$의 통근 1시간당 기회비용은 1만 원이다)**

| 거주 아파트 | 월별 통근시간 (단위: 시간) | 월별 임대료 (단위: 만 원) |
|---|---|---|
| $A$ | 10 | 150 |
| $B$ | 15 | 135 |
| $C$ | 20 | 125 |
| $D$ | 30 | 120 |

① $A$ 아파트　② $B$ 아파트
③ $C$ 아파트　④ $D$ 아파트

**01** 거시 **통화승수** 답 ②

ㄱ. 초과지급준비금이 낮아지면 대출이 늘어 통화량을 증가시킬 수 있다.
ㄷ. 법정지급준비금이 낮아지면 대출이 늘어 통화량을 증가시킬 수 있다.

(오답피하기)

ㄴ. 요구불예금보다 현금을 더 선호하게 되면 예금이 줄어 통화량을 감소시킬 수 있다.

**출제POINT**

본원통화량이 불변인 경우 현금보유비율이 작아지고, 지급준비율이 낮을수록 통화승수가 커지기에 통화량은 증가한다. 즉, 예금이 커지고 대출이 늘수록 통화량은 증가한다.

**02** 미시 **최적선택** 답 ③

월별 통근시간의 기회비용과 아파트 월별 임대료만을 고려하면 다음과 같다. 단, 통근 1시간당 기회비용은 1만 원이기에 총비용은 $A$ 아파트는 $10+150=160$만 원, $B$ 아파트는 $15+135=150$만 원, $C$ 아파트는 $20+125=145$만 원, $D$ 아파트는 $30+120=150$만 원이다. 따라서 최적선택은 $C$ 아파트이다.

**출제POINT**

최적선택은 비용최소화를 통해 달성될 수 있다.

## 03 □□□

**국내총생산(Gross Domestic Product)에 포함되지 않는 것은?**

① 자국기업이 해외 공장에서 생산하여 국내에 들여온 재화의 양
② 자국기업이 국내 공장에서 생산하여 외국 지사에 중간재로 보낸 재화의 양
③ 외국기업이 국내 공장에서 생산하여 제3국에 수출한 재화의 양
④ 외국기업이 국내 공장에서 생산하여 국내 소비자에게 판매한 재화의 양

| 03 | 거시 | *GDP* | 답 ① |
|---|---|---|---|

자국기업이라도 해외 공장에서 생산하면 *GDP*에 포함되지 않는다.

(오답피하기)
② 자국기업이 국내 공장에서 생산하여 외국 지사에 중간재로 보낸 경우, 국내에서는 최종생산물이기에 *GDP*에 포함된다.
③ 외국기업이라도 국내 공장에서 생산하면 *GDP*에 포함된다.
④ 외국기업이라도 국내 공장에서 생산하면 *GDP*에 포함된다.

**출제POINT**
'일정기간 한 나라 안에서 새로이 생산된 모든 최종생산물의 시장가치'를 국내총생산(*GDP*)이라 한다.

## 04 □□□

**완전경쟁시장에서 활동하는 $A$기업의 고정비용인 사무실 임대료가 작년보다 $30\%$ 상승했다. 단기균형에서 $A$기업이 제품을 계속 생산하기로 했다면 전년대비 올해의 생산량은? (단, 다른 조건은 불변이다)**

① $30\%$ 감축
② $30\%$보다 적게 감축
③ $30\%$보다 많이 감축
④ 전년과 동일

| 04 | 미시 | 이윤극대화 | 답 ④ |
|---|---|---|---|

고정비용인 사무실 임대료가 작년보다 30% 상승했어도 고정비용은 한계비용에 영향을 줄 수 없기에 이윤극대화 조건인 $P=MC$는 변함이 없다. 따라서 전년대비 올해의 생산량은 동일하다.

**출제POINT**
완전경쟁시장하 $P=MC$에서 이윤극대화가 달성된다.

## 05 □□□

**다음은 가계, 기업, 정부로 구성된 케인즈 모형이다. 이때 투자지출은 120으로, 정부지출은 220으로, 조세수입은 250으로 각각 증가할 경우 균형국민소득의 변화는?**

> • 소비함수: $C=0.75(Y-T)+200$
> • 투자지출: $I=100$
> • 정부지출: $G=200$
> • 조세수입: $T=200$

① 10 감소　　② 10 증가
③ 20 감소　　④ 20 증가

## 06 □□□

**갑과 을이 150만 원을 각각 $x$와 $y$로 나누어 가질 때, 갑의 효용함수는 $u(x)=\sqrt{x}$, 을의 효용함수는 $u(y)=2\sqrt{y}$이다. 이때 파레토효율적인 배분과 공리주의적 배분은? (단, 공리주의적 배분은 갑과 을의 효용의 단순 합을 극대화하는 배분이며 단위는 만 원이다)**

| | 파레토효율적인 배분 | 공리주의적 배분 |
|---|---|---|
| ① | $(x+y=150)$을 만족하는 모든 배분이다. | $(x=75,\ y=75)$ |
| ② | $(x=30,\ y=120)$의 배분이 유일하다. | $(x=75,\ y=75)$ |
| ③ | $(x=75,\ y=75)$의 배분이 유일하다. | $(x=30,\ y=120)$ |
| ④ | $(x+y=150)$을 만족하는 모든 배분이다. | $(x=30,\ y=120)$ |




**05** 거시 승수 답 ②

투자지출이 100에서 120으로 20만큼 증가하고 투자승수가 $4(=\frac{1}{1-c}=\frac{1}{1-0.75})$이기에 국민소득은 80만큼 증가한다.
정부지출이 200에서 220으로 20만큼 증가하고 정부지출승수가 $4(=\frac{1}{1-c}=\frac{1}{1-0.75})$이기에 국민소득은 80만큼 증가한다.
조세수입이 200에서 250으로 50만큼 증가하고 조세승수가 $-3(=\frac{-c}{1-c}=\frac{-0.75}{1-0.75})$이기에 국민소득은 150만큼 감소한다.
따라서 균형국민소득은 10만큼 증가한다.

**출제POINT**

투자/정부지출승수는 $\frac{1}{1-c}$이고, 조세승수는 $\frac{-c}{1-c}$이다.

**06** 미시 파레토효율과 공리주의 답 ④

$x+y=150$에서 $x$가 증가하면 반드시 $y$는 감소하기에 $x+y=150$을 만족하는 모든 배분이 파레토 효율적 배분이다.
$x+y=150$하, 갑의 효용함수 $u(x)=\sqrt{x}$에서 갑의 한계효용인 $\frac{1}{2\sqrt{x}}$과, 을의 효용함수 $u(y)=2\sqrt{y}$에서 을의 한계효용인 $\frac{1}{\sqrt{y}}$이 일치할 때, 즉 $\frac{1}{2\sqrt{x}}=\frac{1}{\sqrt{y}}$, $y=4x$로, $x+y=150$과 연립하면, $x+4x=150$에서 $x=30$, $y=120$이 공리주의적 배분이다.

**출제POINT**

파레토 효율적 배분은 어느 누구의 효용이 감소하지 않으면서 한 개인의 효용이 증가하는 것이 불가능한 배분상태이고, 공리주의적 배분은 각각의 한계효용이 일치할 때 달성된다.

## 07 □□□

**리카디안 등가(Ricardian Equivalence)는 정부가 부채를 통해 재원을 조달할 경우 조세삭감은 소비에 영향을 미치지 않는다는 것이다. 이에 대한 반론으로 옳은 것만을 모두 고르면?**

| |
|---|
| ㄱ. 소비자들은 합리적이지 못한 근시안적 단견을 갖고 있다.<br>ㄴ. 소비자들은 자금을 조달할 때 차용제약이 있다.<br>ㄷ. 소비자들은 미래에 부과되는 조세를 장래세대가 아닌 자기세대가 부담할 것으로 기대한다. |

① ㄱ, ㄴ  ② ㄱ, ㄷ
③ ㄴ, ㄷ  ④ ㄱ, ㄴ, ㄷ

## 08 □□□

**단기적으로 100개의 기업이 존재하는 완전경쟁시장이 있다. 모든 기업은 동일한 총비용함수 $TC(q)=q^2$을 가진다고 할 때, 시장공급함수($Q$)는? (단, $p$는 가격이고 $q$는 개별기업의 공급량이며, 생산요소의 가격은 불변이다)**

① $Q=\frac{p}{2}$  ② $Q=\frac{p}{200}$
③ $Q=50p$  ④ $Q=100p$

**07** 거시 **리카디안 등가정리** 답 ①

ㄱ. 소비자들이 근시안적인 소비행태를 보이면, 즉 소비자가 비합리적이면 국채가 발행되더라도 미래조세증가를 인식하지 못할 수 있다. 따라서 이 정리는 성립하지 않는다.
ㄴ. 소비자들은 자금을 조달할 때 차용제약, 즉 유동성제약이 존재하면 차입이 곤란하여 국채를 발행하고 조세를 감면하면 민간의 가처분 소득이 증가하기에 소비가 증가한다. 따라서 리카디안 등가정리가 성립하지 않는다.

오답피하기

ㄷ. 소비자들은 미래에 부과되는 조세를 자기세대가 부담할 것으로 기대하면, 저축을 증가시키기에 소비증가가 발생하지 않는다. 즉, 리카디안 등가정리가 성립한다.

**출제POINT**
정부지출재원을 국채를 통하든 조세를 통하든 소비가 전혀 증가하지 않는다는 것을 리카디안 등가정리라 한다.

**08** 미시 **시장공급함수** 답 ③

완전경쟁시장에서 개별공급함수는 한계비용으로 총비용함수 $TC(q)=q^2$에서 $MC=2q$이다. 완전경쟁시장에서 이윤극대화, 즉 $P=MC$에 따라 $P=2q$이다. $P=2q$에서 $q=\frac{1}{2}P$이고, 단기적으로 100개의 기업이 존재하기에 수평합에 따라 100을 곱하면 $Q=\frac{1}{2}P\times100=50P$이다.

**출제POINT**
시장공급함수는 개별공급함수의 수평합으로 구할 수 있다.

## 09 □□□

다음은 두 기간에 걸친 어느 소비자의 균형조건을 보여준다. 이 소비자의 소득 부존점은 $E$이고 효용극대화 균형점은 $A$이며, 이 경제의 실질이자율은 $r$이다. 이에 대한 설명으로 옳지 않은 것은? (단, 원점에 볼록한 곡선은 무차별곡선이다)

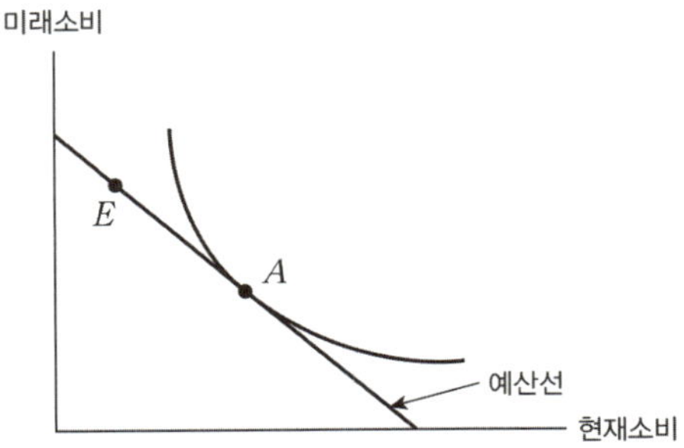


① 실질이자율이 하락하면, 이 소비자의 효용은 감소한다.
② 효용극대화를 추구하는 이 소비자는 차입자가 될 것이다.
③ 현재소비와 미래소비가 모두 정상재인 경우, 현재소득이 증가하면 소비평준화(Consumption smoothing) 현상이 나타난다.
④ 유동성 제약이 있다면, 이 소비자의 경우 한계대체율은 $1+r$보다 클 것이다.

| 09 | 미시 | 두 기간모형 | 답 ① |
|---|---|---|---|

두 기간모형에서, 예산선의 기울기는 $-(1+r)$이다. 실질이자율이 하락하면, 소득 부존점인 $E$를 지나는 예산선의 기울기가 완만해진다. 부존점 좌측은 약공리에 위반되기에 부존점 우측에서 소비하고 따라서 효용은 감소하지 않는다.

**오답피하기**

② 소득 부존점이 $E$이고 효용극대화 균형점은 $A$이기에 효용극대화를 추구하는 이 소비자는 차입자가 될 것이다.
③ 현재소득이 증가하면 예산선은 바깥쪽으로 평행이동한다. 그런데 현재소비는 현재소득증가분보다 덜 증가하기에 미래소비도 증가한다고 볼 수 있다. 즉, 소비평준화(Consumption smoothing) 현상이 나타난다.
④ 유동성 제약이 있다면, 소득 부존점인 $E$에서 소비해야 한다. 따라서 $E$에서 한계대체율은 예산선의 기울기인 $1+r$보다 클 것이다.

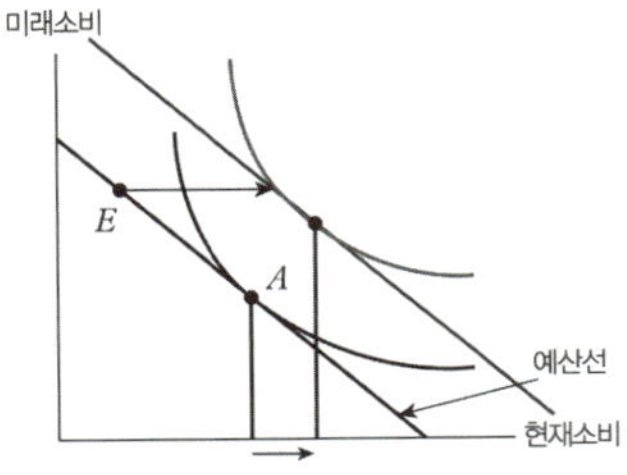


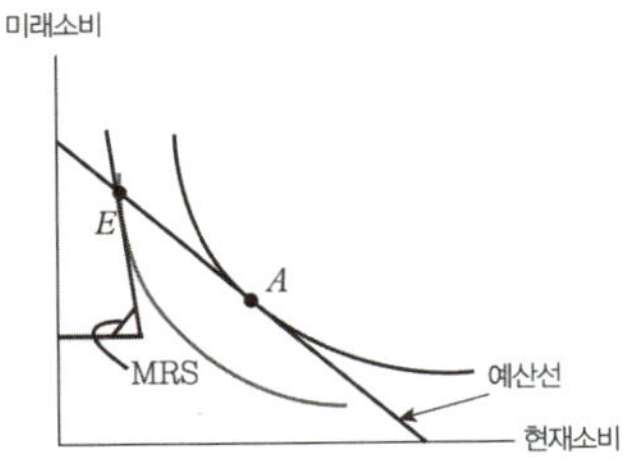


> **출제POINT**
> 한 기간의 소득을 생애 전 기간에 분산하여 소비하는 현상을 소비평준화(Consumption smoothing)라 한다.

## 10 □□□

중앙은행은 다음과 같은 테일러준칙(Taylor rule)에 따라서 명목이자율을 결정한다. 이에 대한 설명으로 옳은 것만을 〈보기〉에서 모두 고르면?

$$i_t = \pi_t + \rho + \alpha(\pi_t - \pi^*) + \beta(u_n - u_t)$$

(단, $i_t$는 $t$기의 명목이자율, $\pi_t$는 $t$기의 인플레이션율, $\rho$는 자연율 수준의 실질이자율, $\pi^*$는 목표인플레이션율, $u_n$은 자연실업률, $u_t$는 $t$기의 실업률이며, $\alpha$와 $\beta$는 1보다 작은 양의 상수라고 가정하자)

〈보기〉

ㄱ. $t$기의 인플레이션율이 1%p 증가하면, 중앙은행은 $t$기의 명목이자율을 $(1+\alpha)$%p 올려야 한다.
ㄴ. $t$기의 실업률이 1%p 증가하면, 중앙은행은 $t$기의 명목이자율을 1%p 낮춰야 한다.
ㄷ. $t$기의 인플레이션율이 목표인플레이션율과 같고 $t$기의 실업률이 자연실업률과 같으면, $t$기의 실질이자율은 $\rho$와 같다.

① ㄱ　　② ㄴ
③ ㄱ, ㄷ　　④ ㄴ, ㄷ

| 10 | 거시 | 테일러준칙 | 답 ③ |
|---|---|---|---|

ㄱ. $i_t = \pi_t + \rho + \alpha(\pi_t - \pi^*) + \beta(u_n - u_t)$에서, $t$기의 인플레이션율($\pi_t$)이 1%p 증가하면, 1%p와 $\alpha$ %p가 증가하기에 중앙은행은 $t$기의 명목이자율($i_t$)을 $(1+\alpha)$%p 올려야 한다.
ㄷ. $t$기의 인플레이션율($\pi_t$)이 목표인플레이션율($\pi^*$)과 같고 $t$기의 실업률($u_t$)이 자연실업률($u_n$)과 같으면, $t$기의 실질이자율은 $t$기의 명목이자율($i_t$)에서 $t$기의 인플레이션율($\pi_t$)을 차감한 $\rho$와 같다.

**오답피하기**

ㄴ. $t$기의 실업률($u_t$)이 1%p 증가하면, $\beta$%p가 감소하기에 중앙은행은 $t$기의 명목이자율($i_t$)을 $\beta$%p 낮춰야 한다.

> **출제POINT**
> $t$기의 실질이자율은 $t$기의 명목이자율($i_t$)에서 $t$기의 인플레이션율($\pi_t$)을 차감한다.

## 11 □□□

$A$국가의 생산가능인구는 1,600만 명이고 실업자가 100만 명일 때, 경제활동참가율이 75%라면 실업률은? (단, 소수점 둘째 자리까지만 계산한다)

① 6.25%
② 8.33%
③ 9.10%
④ 18.75%

| 11 | 거시 | 실업률 | 답 ② |
|---|---|---|---|

생산가능인구가 1,600만 명일 때, 경제활동참가율이 75%라면

경제활동참가율 $= \frac{\text{경제활동인구}}{\text{생산가능인구}} \times 100$에서 경제활동인구는 1,200만 명이다.

경제활동인구가 1,200만 명일 때, 실업자가 100만 명이면

실업률 $= \frac{\text{실업자}}{\text{경제활동인구}} \times 100$에서 실업률은 8.33%이다.

**출제POINT**

경제활동인구 중에서 실업자가 차지하는 비중을 실업률이라 하고, 생산가능인구 중에서 경제활동인구가 차지하는 비중을 경제활동참가율이라 한다.

## 12 □□□

자유무역을 하는 소규모 경제의 $A$국이 $X$재 수입품에 관세를 부과했다. 관세부과 이후의 균형에 대한 설명으로 옳은 것만을 모두 고르면? (단, 관세부과 이후에도 수입은 계속된다. 또한 $A$국의 $X$재에 대한 수요곡선과 공급곡선에는 각각 수요의 법칙과 공급의 법칙이 적용된다)

ㄱ. $A$국의 생산량은 증가하고 정부의 관세수입이 발생한다.
ㄴ. $A$국의 생산자 잉여는 감소하고, 소비자 잉여는 증가한다.
ㄷ. $A$국에서 경제적 순손실(Deadweight loss)이 발생한다.

① ㄱ, ㄴ
② ㄱ, ㄷ
③ ㄴ, ㄷ
④ ㄱ, ㄴ, ㄷ

| 12 | 국제 | 소국관세 | 답 ② |
|---|---|---|---|

ㄱ. (소국)관세가 부과되면, 국내가격상승으로 국내생산증가와 국내소비감소로 수입량이 감소하나 관세수입증가 효과가 발생한다.
ㄷ. 국내생산증가와 국내소비감소는 사회적 순후생손실과 관련된다.

오답피하기

ㄴ. 국내가격상승으로 국내생산증가는 생산자잉여증가, 국내소비감소는 소비자잉여감소로 이어진다.

**출제POINT**

(소국)관세가 부과되더라도 국제가격(수입가격)이 변하지 않아 교역조건은 불변이고 단위당 $T$원의 관세가 부과되면 국내가격이 $T$원만큼 상승한다.

## 13 □□□

**역선택 문제에 대한 대책으로 옳은 것은?**

① 교통사고 시 자동차 보험료 할증
② 피고용인의 급여에 성과급적 요소 도입
③ 감염병 예방주사 무료 접종
④ 의료보험 가입 시 신체검사를 통한 의료보험료 차등화

| 13 | 미시 | 역선택 | 답 ④ |
| --- | --- | --- | --- |

의료보험 가입 시 신체검사는 계약이전의 선택의 문제인 역선택 문제를 완화시킬 수 있다.

오답피하기

① 사고에 따른 자동차 보험료 할증은 계약이후의 행동의 문제인 도덕적 해이를 완화시킬 수 있다.
② 피고용인의 급여에 성과급적 요소 도입은 계약이후의 행동의 문제인 도덕적 해이를 완화시킬 수 있다.
③ 가난한 경우 부자인 경우보다 감염확률이 크다고 가정할 때 감염병 예방주사 무료 접종은 역선택을 어느 정도 완화시킬 수 있으나, 의무가 아니기에 그 정도는 크지 않다고 볼 수 있다.

**출제POINT**

감춰진 특성으로 계약이전의 선택의 문제가 역선택이고, 중고차 시장의 역선택은 신호발송, 보험 시장의 역선택은 선별, 금융 시장의 역선택은 신용할당으로 해결한다.

## 14 □□□

**경매이론(Auction theory)에 대한 설명으로 옳은 것은?**

① 비공개 차가 경매(Second price sealed bid auction)에서는 구매자가 자신이 평가하는 가치보다 낮게 입찰하는 것이 우월전략이다.
② 영국식 경매(English auction)의 입찰전략은 비공개 차가 경매의 입찰전략보다는 비공개 최고가 경매(First price sealed bidauction)의 입찰전략과 더 비슷하다.
③ 네덜란드식 경매(Dutch auction)는 입찰자가 경매를 멈출 때까지 가격을 높이는 공개 호가식 경매(Open outcry auction)이다.
④ 수입등가정리(Revenue equivalence theorem)는 일정한 가정하에서 영국식 경매, 네덜란드식 경매, 비공개 최고가 경매, 비공개 차가 경매의 판매자 기대수입이 모두 같을 수 있다는 것을 의미한다.

| 14 | 미시 | 경매이론 | 답 ④ |
| --- | --- | --- | --- |

수입등가정리(Revenue equivalence theorem)는 위험중립적 등 일정한 가정하에서 영국식 경매, 네덜란드식 경매, 비공개 최고가 경매, 비공개 차가 경매의 판매자 기대수입이 모두 같을 수 있다는 것을 의미한다.

오답피하기

① 비공개 차가 경매(Second price sealed bid auction)에서는 구매자가 솔직하게 입찰하는 것이 우월전략이다.
② 영국식 경매(English auction)의 입찰전략은 비공개 차가 경매와 비슷하다.
③ 네덜란드식 경매(Dutch auction)는 입찰자가 경매를 멈출 때까지 가격을 내리는 공개 호가식 경매(Open outcry auction)이다.

**출제POINT**

영국식 경매는 비공개 차가 경매와 유사하고, 네덜란드식 경매는 비공개 최고가 경매와 유사하다.

- 호가식 경매, 즉 공개경매에는 공개오름경매방식인 영국식 경매와 공개내림경매방식인 네덜란드식 경매가 있다.
- 입찰제 방식, 즉 비공개경매에는 낙찰은 최고가로 써낸 경우이고 최고가로 내도록 하는 비공개 최고가 경매와 낙찰은 최고가로 써낸 경우이나 두 번째로 높은 가격을 내도록 하는 비공개 차가 경매가 있다.

## 15 □□□

**다음 자료의 내용과 부합하는, $A$씨의 1년 후 예상 환율은?**

> $A$씨는 은행에서 운영 자금 100만 원을 1년간 빌리기로 했다. 원화로 대출받으면 1년 동안의 대출 금리가 21%인 반면, 동일한 금액을 엔화로 대출받으면 대출 금리는 10%이지만 대출금은 반드시 엔화로 상환해야 한다. 현재 원화와 엔화 사이의 환율은 100엔당 1,000원이고, $A$씨는 두 대출 조건이 같다고 생각한다.

① 1,000원/100엔
② 1,100원/100엔
③ 1,200원/100엔
④ 1,250원/100엔

## 16 □□□

**다음 제시문의 ㄱ~ㄷ에 들어갈 용어를 바르게 연결한 것은?**

> 구매력평가이론(Purchasing Power Parity theory)은 양국의 화폐 1단위의 구매력이 같도록 환율이 결정된다는 것이다. 구매력평가이론에 따르면 양국 통화의 ( ㄱ )은 양국의 ( ㄴ )에 따라 결정되며, 구매력평가이론이 성립하면 ( ㄷ )은 불변이다.

| | ㄱ | ㄴ | ㄷ |
|---|---|---|---|
| ① | 실질환율 | 경상수지 | 명목환율 |
| ② | 명목환율 | 경상수지 | 실질환율 |
| ③ | 명목환율 | 물가수준 | 실질환율 |
| ④ | 실질환율 | 물가수준 | 명목환율 |

**15 국제 환율 답 ②**

원화로 대출받으면 이자율이 21%이기에 1,000원을 원화로 빌리면 1년 뒤에 1,210원을 상환해야 한다. 엔화로 대출받으면 이자율이 10%이기에 100엔을 엔화로 빌리면 1년 뒤에 110엔을 상환해야 한다. 1년 뒤에 상환해야 하는 110엔의 원화환산 금액은 '110엔×1년 뒤의 100엔당 원화환율'이다.
두 대출조건이 같기에 110엔×1년 뒤의 110엔당 원화환율=1,210원이다.
따라서 1년 뒤의 100엔당 원화환율$=\frac{1,210원}{110엔}=\frac{11원}{1엔}=\frac{1,100원}{100엔}$이다.
한편, 대출조건이 동일하기에 이자율평가설이 성립한다고 볼 수 있다. 즉, 현재환율(1+국내이자율)=선도환율(1+해외이자율)에 따라 1,000원/100엔(1+0.21)=선도환율(1+0.1)에서 선도환율=1,100원/100엔을 구할 수 있다.

**출제POINT**
원화로 차입할 때와 엔화로 차입할 때의 대출조건이 동일하기에 1년 뒤에 상환하는 금액이 같아야 한다.

**16 거시 승수 답 ③**

구매력평가설에 의하면, $P=e\cdot P_f$에서 명목환율은 양국의 물가수준 $P$와 $P_f$에 의해 결정된다. 실질환율은 $\epsilon=\frac{e\times P_f}{P}=\frac{P}{P}=1$이고 불변이다.

**출제POINT**
일물일가의 법칙을 전제로, 양국의 구매력인 화폐가치가 같도록 환율이 결정되어야 한다는 이론이 구매력평가설로, $P=e\cdot P_f$이다.

## 17 □□□

큰 기업인 $A$와 다수의 작은 기업으로 구성된 시장이 있다. 작은 기업들의 공급함수를 모두 합하면 $S(p)=200+p$, 시장의 수요곡선은 $D(p)=400-p$, $A$의 비용함수는 $c(y)=20y$이다. 이때 $A$의 잔여수요함수$(D_A(p))$와 균형가격$(p)$은? (단, $y$는 $A$의 생산량이다)

| | 잔여수요함수 | 균형가격 |
|---|---|---|
| ① | $D_A(p)=400-2p$ | $p=50$ |
| ② | $D_A(p)=200-2p$ | $p=60$ |
| ③ | $D_A(p)=200-2p$ | $p=50$ |
| ④ | $D_A(p)=400-2p$ | $p=60$ |

## 18 □□□

어느 경제의 총생산함수는 $Y=AL^{\frac{1}{3}}K^{\frac{2}{3}}$이다. 실질 $GDP$증가율이 5%, 노동증가율이 3%, 자본증가율이 3%라면 솔로우 잔차(Solow residual)는? (단, $Y$는 실질 $GDP$, $A$는 기술수준, $L$은 노동, $K$는 자본이다)

① 2%
② 5%
③ 6%
④ 12%

**17** 미시 잔여수요함수 답 ②

시장수요 $D(p)=400-p$에서 군소기업들의 공급함수 $S(p)=200+p$를 차감하면 지배적 기업이 직면하는 수요곡선은 $D_A(p)=400-p-(200+p)=200-2p$이다. 즉, $Q=200-2p$이다. $Q=200-2p$를 변형하면 $P=100-\frac{1}{2}Q$이기에 $MR=100-Q$이고, $A$의 비용함수는 $c(y)=20y$이기에 $MC=20$이다. 따라서 지배적 기업의 이윤극대화 생산량은 $MR=MC$에 따라 $MR=100-Q=MC=20$에서 $Q=80$이다. 결국, 가격은 $Q=200-2P$에서 $P=60$이다.

**출제POINT**

지배적 기업과 군소기업들로 구성된 시장에서, 지배적 기업이 직면하는 수요곡선은 시장수요에서 군소기업들의 공급량을 차감하여 구할 수 있다.

**18** 거시 솔로우 잔차 답 ①

총생산함수 $Y=AL^{\frac{1}{3}}K^{\frac{2}{3}}$에서 실질 $GDP$증가율이 5%, 노동증가율이 3%, 자본증가율이 3%일 때, 솔로우 잔차는 $\frac{\Delta A}{A}=\frac{\Delta Y}{Y}-\alpha\frac{\Delta L}{L}-(1-\alpha)\frac{\Delta K}{K}=5-\frac{1}{3}\times3-\frac{2}{3}\times3=2\%$이다.

**출제POINT**

경제성장의 요인을 요인별로 분석해 보는 것을 성장회계라 하고, $\frac{\Delta Y}{Y}=\frac{\Delta A}{A}+\alpha\frac{\Delta L}{L}+(1-\alpha)\frac{\Delta K}{K}$로 나타낸다. 이때 $\frac{\Delta A}{A}$를 총요소생산성 증가율, 솔로우 잔차라 하고 총요소생산성은 기술수준 등에 의해 결정된다.

## 19 □□□

**$A$점에서 장기 균형을 이루고 있는 $AD-AS$ 모형이 있다. 오일쇼크와 같은 음(-)의 공급충격이 발생하여 단기 $AS$곡선이 이동한 경우에 대한 설명으로 옳지 않은 것은?**

① 단기균형점에서 물가수준은 $A$점보다 높다.
② $A$점으로 되돌아오는 방법 중 하나는 임금의 하락이다.
③ 통화량을 증가시키는 정책을 실시하면, $A$점의 총생산량 수준으로 되돌아올 수 있다.
④ 정부지출을 늘리면 $A$점의 물가수준으로 되돌아올 수 있다.

## 20 □□□

**$A$국가의 통화량이 5,000억 원, 명목 $GDP$가 10조 원, 실질 $GDP$가 5조 원이라면 화폐수량설이 성립하는 $A$국가의 화폐 유통속도는?**

① 10
② 15
③ 20
④ 25

| 19 | 거시 | 공급충격 | 답 ④ |
|---|---|---|---|

확장적인 재정정책을 실시하면 총수요곡선이 오른쪽으로 이동하기에 실질 $GDP$는 원래수준으로 되돌아올 수 있으나 물가는 더욱 상승한다.

(오답피하기)

① 총공급곡선이 왼쪽으로 이동하기에 단기균형점에서 물가수준은 $A$점보다 높다.
② 임금의 하락으로 총공급곡선이 오른쪽으로 이동하면 $A$점으로 되돌아올 수 있다.
③ 확장적인 통화정책을 실시하면 총수요곡선이 오른쪽으로 이동하기에 실질 $GDP$는 원래수준으로 되돌아올 수 있다.

**출제POINT**
오일쇼크와 같은 부정적인 공급충격이 발생하면 총공급곡선이 왼쪽으로 이동하기에 실질 $GDP$가 감소하고 물가가 상승한다.

| 20 | 거시 | 화폐유통속도 | 답 ③ |
|---|---|---|---|

통화량이 0.5조 원이고, 명목 $GDP$가 10조 원이기에 유통속도는 $MV=PY$에서 $V=20$이다.

**출제POINT**
$MV=PY$에서 $M$은 통화량, $V$는 유통속도, $PY$는 명목국민소득이다.

# 10회 2019년 지방직

## 01 □□□

**어떤 상품의 수요곡선과 공급곡선은 직선이며, 상품 1단위당 5,000원의 세금이 부과되었다고 하자. 세금의 부과는 상품에 대한 균형거래량을 200개에서 100개로 감소시켰으며, 소비자잉여를 450,000원 감소시키고, 생산자잉여는 300,000원 감소시켰다. 세금부과에 따른 자중손실은?**

① 250,000원
② 500,000원
③ 750,000원
④ 1,000,000원

## 02 □□□

**정부는 재정적자를 줄이기 위해 조세를 인상하고, 중앙은행은 기존의 통화량을 변함없이 유지한다면, 통상적인 기울기를 보이는 *IS*－*LM*모형에서 발생하는 효과는?**

① 소득은 증가하고 이자율은 감소한다.
② 소득은 감소하고 이자율은 증가한다.
③ 소득과 이자율 모두 감소한다.
④ 소득과 이자율 모두 증가한다.

**01** | 미시 | 자중손실 | 답 ①

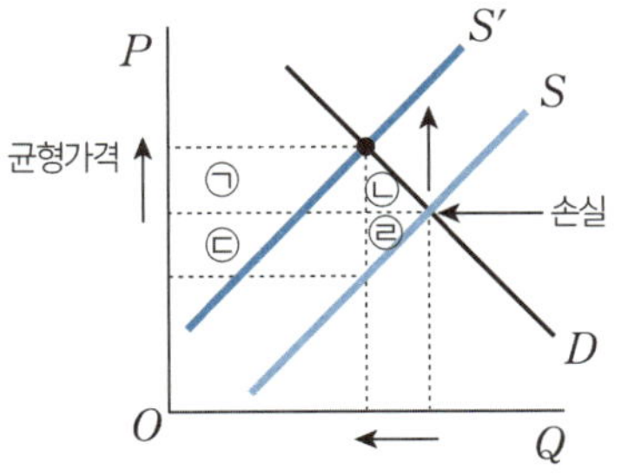


- 소비자 잉여는 ㉠+㉡만큼인 450,000원 감소한다.
- 생산자 잉여는 ㉢+㉣만큼인 300,000원 감소한다.
- 조세 총액은 ㉠+㉢만큼인 500,000원(=5,000원×100) 증가한다.
- 따라서 자중손실은 사회적 잉여감소분(㉠+㉡+㉢+㉣)−조세 총액(㉠+㉢)=450,000원+300,000원−500,000원=250,000원이다.

**출제POINT**

조세의 귀착 시 자중손실은 '사회적 잉여감소분 − 조세 총액'을 통해 알 수 있다.

**02** | 거시 | *IS*－*LM*모형 | 답 ③

*LM*곡선이 불변일 때 *IS*곡선이 좌측으로 이동하면, 소득과 이자율 모두 감소한다.

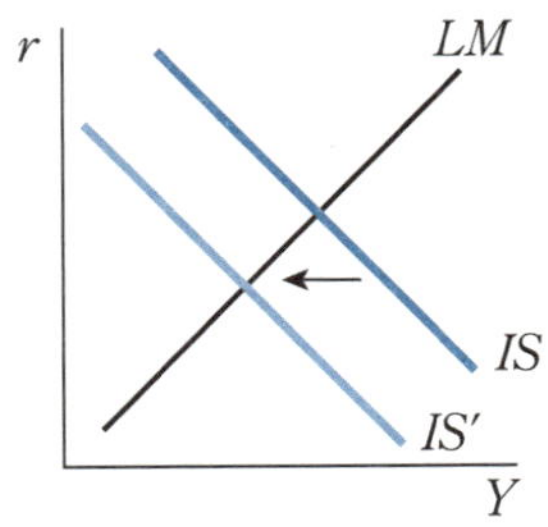

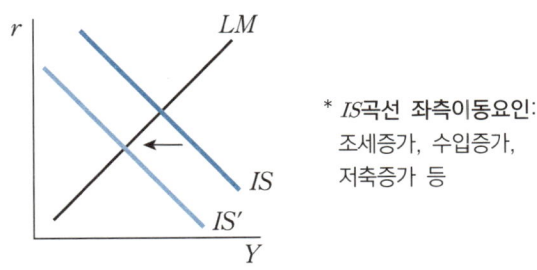

* *IS*곡선 좌측이동요인: 조세증가, 수입증가, 저축증가 등

**출제POINT**

조세를 인상하면 누출증가로 *IS*곡선은 좌측으로 이동한다. 기존의 통화량을 변함없이 유지한다면 *LM*곡선은 불변이다.

지방직

해커스공무원 局경제학 15개년 기출문제집

## 03 □□□

**중앙은행이 공개시장 매입정책을 실시하는 경우, 이자율은 (A)하고 투자지출이 (B)하여 총수요 곡선이 (C)으로 이동한다. (A)~(C)에 들어갈 내용을 옳게 짝 지은 것은?**

| | (A) | (B) | (C) |
|---|---|---|---|
| ① | 하락 | 감소 | 오른쪽 |
| ② | 상승 | 증가 | 왼쪽 |
| ③ | 하락 | 증가 | 오른쪽 |
| ④ | 상승 | 감소 | 왼쪽 |

## 04 □□□

**인플레이션이 경제에 미치는 영향으로 옳지 않은 것은?**

① 확실하게 예상되는 인플레이션은 노동자보다 기업에 더 큰 비용을 초래한다.
② 인플레이션이 확실하게 예상되는 경우, 예상 인플레이션율은 명목이자율과 실질이자율 간 차이와 같게 된다.
③ 인플레이션에 대한 예상이 어려우면 장기계약 체결이 어려워진다.
④ 예상되지 않은 인플레이션은 고정 연금 수령자에게 불리하다.

**03** 거시 **공개시장 매입정책** 답 ③

- 중앙은행이 공개시장 매입정책을 실시하면, 통화량이 증가하여 $LM$곡선이 우측으로 이동하여 이자율이 하락(A)한다.
- 이자율이 하락하면 투자가 증가(B)한다.
- 투자가 증가하면 $IS$곡선의 우측이동으로 총수요 곡선이 오른쪽(C)으로 이동한다.

**출제POINT**
중앙은행이 공개시장 매입정책을 실시하면, 본원통화의 증가로 통화량이 증가한다.

**04** 거시 **인플레이션** 답 ①

확실하게 예상되는 인플레이션 시, 가령 물가상승률이 3%로 확실하게 예상될 때, 노동자는 명목임금의 3%인상을 요구한다. 이에 기업은 이를 수용하고 가격의 3%인상을 단행한다. 따라서 양자 모두 비용발생은 미미하다.
또한 확실하게 예상 시, 기업입장에서는 메뉴비용이 발생하고, 노동자 입장에서는 구두창비용이 발생할 수 있기에 양자 간 비용 차이는 단정할 수 없다.

(오답피하기)
② 인플레이션이 확실하게 예상되는 경우, 피셔의 방정식에서 예상 인플레이션율은 명목이자율과 실질이자율 간 차이와 같다.
③ 인플레이션에 대한 예상이 어려우면 위험기피적인 경제주체 간 장기계약 체결이 어려워진다.
④ 예상되지 않은 인플레이션은 화폐가치의 하락으로 화폐로 받는 고정 연금 수령자는 불리해진다.

**출제POINT**
피셔의 방정식에 따르면, 실질이자율에 기대인플레이션율을 더한 값이 명목이자율이다.

## 05 □□□

**작년에 쌀 4가마니와 옷 2벌을 소비한 영희는 올해는 쌀 3가마니와 옷 6벌을 소비하였다. 작년에 쌀 1가마니의 가격은 10만 원, 옷 1벌의 가격은 5만 원이었는데 올해는 쌀 가격이 15만 원, 옷 가격이 10만 원으로 각각 상승하였다. 우리나라의 소비자물가지수 산정방식을 적용할 때, 작년을 기준으로 한 올해의 물가지수는?**

① 120　　② 160
③ 175　　④ 210

## 06 □□□

**다음은 영국과 스페인의 치즈와 빵 생산에 관련된 자료와 그에 대한 주장이다. 옳은 것으로만 묶은 것은?**

| 구분 | 1개 생산에 소요되는 시간 | | 40시간 일할 때 생산량 | |
|---|---|---|---|---|
| | 치즈 | 빵 | 치즈 | 빵 |
| 영국 | 1시간 | 2시간 | 40개 | 20개 |
| 스페인 | 2시간 | 8시간 | 20개 | 5개 |

ㄱ. 영국에서 생산하는 치즈 1개의 기회비용은 빵 2개이다.
ㄴ. 영국에서 생산하는 치즈 1개의 기회비용은 빵 1/2개이다.
ㄷ. 스페인에서 생산하는 치즈 1개의 기회비용은 빵 1/4개이다.
ㄹ. 영국에서 생산하는 빵 1개의 기회비용은 치즈 2개이다.
ㅁ. 영국에서 생산하는 빵 1개의 기회비용은 치즈 1/2개이다.
ㅂ. 영국은 빵 생산에 절대우위가 있고, 치즈 생산에는 비교우위가 있다.
ㅅ. 영국은 빵 생산에 비교우위가 있고, 스페인은 치즈 생산에 비교우위가 있다.

① ㄱ, ㄷ, ㄹ　　② ㄱ, ㅁ, ㅂ
③ ㄴ, ㄷ, ㅅ　　④ ㄴ, ㅂ, ㅅ

**05** 거시 **물가지수** 답 ②

| 구분 | 작년 | | 올해 | |
|---|---|---|---|---|
| | 가격 | 소비량 | 가격 | 소비량 |
| 쌀 | 10만 원 | 4가마니 | 15만 원 | 3가마니 |
| 옷 | 5만 원 | 2벌 | 10만 원 | 6벌 |

- 소비자물가지수는 라스파이레스 방식이다.
- 라스파이레스 물가지수는

$$L_P = \frac{P_t \cdot Q_0}{P_0 \cdot Q_0} \times 100 = \frac{15\times4+10\times2}{10\times4+5\times2} \times 100 = 160$$이다.

**출제POINT**

라스파이레스 물가지수는 $L_P = \frac{P_t \cdot Q_0}{P_0 \cdot Q_0}$이고, 소비자물가지수, 생산자물가지수 등이 있다.

**06** 국제 **무역이론** 답 ③

ㄴ. 영국에서 생산하는 치즈 1개의 기회비용은 빵 1/2개이다.
ㄷ. 스페인에서 생산하는 치즈 1개의 기회비용은 빵 1/4개이다.
ㄹ. 영국에서 생산하는 빵 1개의 기회비용은 치즈 2개이다.
ㅅ. 빵 1단위 생산 기회비용이 영국(치즈 2단위)이 스페인(치즈 4단위)보다 작기에 영국은 빵 생산에 비교우위가 있다. 치즈 1단위 생산 기회비용이 스페인(빵 1/4단위)이 영국(빵 1/2단위)보다 작기에 스페인은 치즈 생산에 비교우위가 있다.

(오답피하기)

ㄱ. 영국에서 생산하는 치즈 1개의 기회비용은 빵 1/2개이다.
ㅁ. 영국에서 생산하는 빵 1개의 기회비용은 치즈 2개이다.
ㅂ. 영국은 치즈와 빵 생산에 40시간 일할 때 생산량이 많기에 모두 절대우위를 가지고 있다. 영국은 빵 생산에 비교우위가 있다.

| 구분 | 1개 생산에 소요되는 시간 | |
|---|---|---|
| | 치즈 | 빵 |
| 영국 | 1시간 | 2시간 |
| 스페인 | 2시간 | 8시간 |

| 구분 | 기회비용 | |
|---|---|---|
| | 치즈 | 빵 |
| 영국 | 빵 1/2 | 치즈 2 |
| 스페인 | 빵 1/4 | 치즈 4 |

**출제POINT**

재화 1단위 생산의 기회비용이 작은 국가가 그 재화 생산에 비교우위가 있다.

## 07 □□□

**수요의 가격탄력성에 대한 설명으로 옳지 않은 것은?**

① 재화의 수요가 비탄력적일 때, 재화의 가격이 상승하면 그 재화를 생산하는 기업의 총수입은 증가한다.

② 재화에 대한 수요의 가격탄력성이 1일 때, 재화의 가격이 변하더라도 그 재화를 생산하는 기업의 총수입에는 변화가 없다.

③ 재화의 수요가 탄력적일 때, 재화의 가격이 하락하면 그 재화를 소비하는 소비자의 총지출은 증가한다.

④ 수요곡선이 우하향의 직선인 경우 수요의 가격탄력성은 임의의 모든 점에서 동일하다.

## 08 □□□

**실업에 대한 설명으로 옳지 않은 것은?**

① 실업보험제도가 강화될수록 자연실업률은 낮아진다.

② 생산가능연령인구는 5,000명, 비경제활동인구는 2,000명, 취업자는 2,880명이라면 실업률은 4%이다.

③ 구조적 실업의 주원인은 임금 경직성이며, 임금 경직성은 최저임금제, 노동조합, 효율적 임금 때문에 발생한다.

④ 구직활동을 포기하는 사람들이 증가하면 실업률은 낮아진다.

**07** 미시 **탄력성** 답 ④

수요곡선이 우하향의 직선인 경우, 중점은 단위탄력적이고, 중점 위는 탄력적이며, 중점 아래는 비탄력적으로 모든 점의 수요의 가격탄력도가 다른 경우이다.

(오답피하기)

① 우하향의 수요직선에서 비탄력적일 때 가격이 상승하면 총수입이 증가한다.

② 수요의 가격탄력성이 1일 때, 즉, 정액구매로 가격이 변하더라도 총수입은 불변이다.

③ 우하향의 수요직선에서 탄력적일 때 가격이 하락하면 소비자의 총지출은 증가한다.

**출제POINT**

우하향의 수요직선에서 탄력적 구간은 가격이 하락, 비탄력적 구간은 가격이 상승하면 판매수입이 증가하며, 중점에서 판매수입이 극대화된다.

**08** 거시 **실업** 답 ①

실업보험제도가 강화될수록 가령, 정부가 실업자에게 주는 수당을 인상하면 노동자들이 일자리를 찾을 노력을 덜하게 될 뿐 아니라 이직률도 높아져 자연실업률은 높아진다.

(오답피하기)

② 생산가능연령인구는 5,000명, 비경제활동인구는 2,000명, 취업자는 2,880명이라면 경제활동인구는 3,000명이고 실업자는 120명이기에 실업률은 4%이다.

③ 구조적 실업은 임금 경직성으로 주어진 임금에서 노동 공급량이 노동 수요량을 초과하기 때문에 발생하며, 임금 경직성은 최저임금제, 노동조합, 효율적 임금 때문에 발생한다.

④ 구직활동을 포기하는 사람들이 증가하면, 실망실업자의 증가로 실업자가 감소하고 비경제활동인구가 증가함으로써 실업률을 낮게 한다.

**출제POINT**

실업보험제도가 강화될수록 자연실업률은 낮아진다.

## 09 □□□

**다음은 유동성 함정에 처한 경우 통화신용정책에 대한 설명이다. (A)~(C)에 들어갈 내용을 옳게 짝지은 것은?**

> 한 국가가 유동성 함정에 처한 경우, 중앙은행이 통화량을 지속적으로 증가시키는 정책은 기대인플레이션의 (A)을 가져와서 실질이자율의 (B)을 유도할 수 있다. 그러면 $IS-LM$ 모형의 (C)곡선을 오른쪽으로 이동시켜 총수요를 증가시킬 수 있다.

| | (A) | (B) | (C) |
|---|---|---|---|
| ① | 상승 | 하락 | $IS$ |
| ② | 상승 | 하락 | $LM$ |
| ③ | 하락 | 상승 | $IS$ |
| ④ | 하락 | 상승 | $LM$ |

## 10 □□□

**현재 완전경쟁시장에서 사적 이윤극대화를 추구하고 있는 어떤 기업이 생산하는 재화의 가격은 350이며, 사적 한계비용은 $MC=50+10Q$이다. 한편 이 재화의 생산과정에서 환경오염이 발생하는데 이로 인해 사회가 입는 피해는 생산량 1단위당 100이라고 한다. 앞으로 이 기업이 사회적 최적생산량을 생산하기로 한다면 생산량의 변동은? (단, $Q$는 생산량이다)**

① 10단위 감소시킨다.
② 10단위 증가시킨다.
③ 20단위 감소시킨다.
④ 20단위 증가시킨다.

**09** 거시 **양적완화정책** 답 ①

- 중앙은행이 통화량을 지속적으로 증가시키는 양적완화정책을 시행하면, 유동성증가에 의한 기대인플레이션의 상승(A)을 초래한다.
- (유동성함정하)명목이자율이 주어진 상태에서 기대인플레이션이 상승하면 실질이자율이 하락(B)한다.
- 실질이자율의 하락(B)은 투자의 기회비용이 감소하는 것을 의미하므로, 투자가 증가하고 $IS$곡선(C)을 오른쪽으로 이동시켜 총수요를 증가시킬 수 있다.

**출제POINT**
양적완화정책으로 기대인플레이션의 상승을 가져와 실질이자율의 하락을 유도할 수 있다.

**10** 미시 **외부효과** 답 ①

- 재화의 가격은 $P=350$이다.
- 생산 측면에서 $PMC=50+10Q$이고, 외부한계비용이 생산량 1단위당 100만큼 발생하기에 $SMC=150+10Q$이다.
- $P=PMC$에서 $350=50+10Q$이기에 시장 균형산출량은 $Q=30$이다.
- $P=SMC$에서 $350=150+10Q$이기에 사회적최적산출량은 $Q=20$이다.
- 따라서 사회적최적산출량을 생산하기로 한다면 생산량은 10단위 감소한다.

**출제POINT**
$P=SMC$에서 사회적최적산출량이 달성되고 $P=PMC$에서 시장 균형산출량이 결정된다.

## 11 □□□

**그림은 독점기업의 단기균형을 나타낸다. 이에 대한 설명으로 옳은 것은? (단, $MR$은 한계수입곡선, $D$는 수요곡선, $MC$는 한계비용곡선, $AC$는 평균비용곡선이다)**

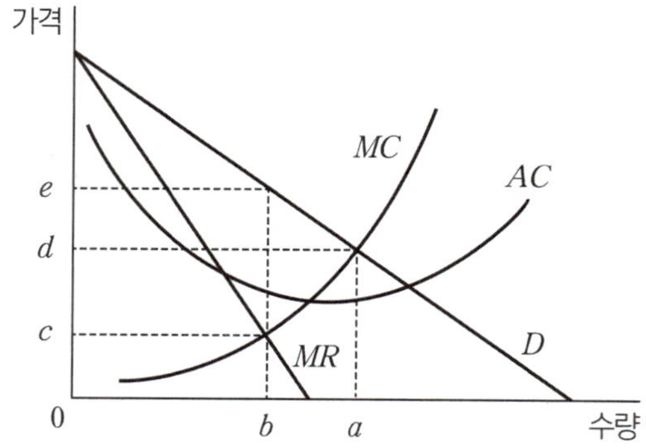


① 단기균형에서 이 기업의 생산량은 $a$이다.
② 단기균형에서 이 기업의 이윤은 $b \times (e-c)$이다.
③ $d$는 균형가격을 나타낸다.
④ 균형생산량 수준에서 평균비용이 한계비용보다 크다.

| 11 | 미시 | 독점기업 | 답 ④ |
|---|---|---|---|

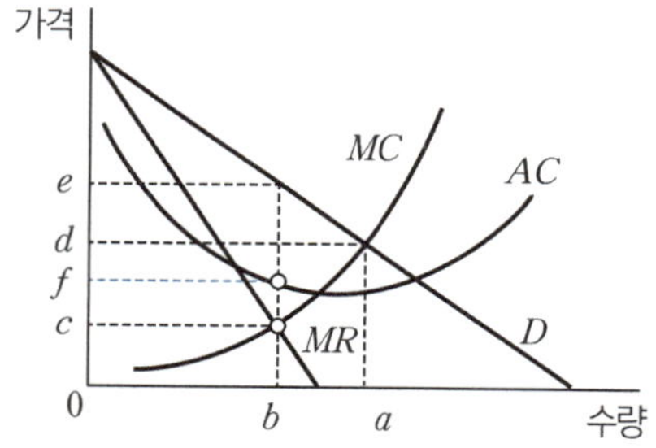


독점기업은 $MR = MC$에서 생산량을 결정하기에 이 기업의 생산량은 $b$이다. $b$에서 평균비용이 한계비용보다 크다.

(오답피하기)

①, ③ 독점기업은 $MR = MC$에서 생산량을 결정하기에 이 기업의 생산량은 $b$이다. 또한 $MR = MC$의 위에 있는 수요곡선상의 점에서 제품단위당 $e$로 판매할 것이다.
② 단기균형에서 이 기업의 이윤은
총수입$(be)$ − 총비용$(bf) = b \times (e-f)$이다.

**출제POINT**

독점기업은 $MR = MC$에서 생산량을 결정하고, $MR = MC$의 위에 있는 수요곡선상의 점에서 가격이 결정된다. 즉, $P = AR > MR = MC$이다.

## 12 □□□

**투자자들이 위험에 대하여 중립적인 경우, 현재 환율이 1달러당 1,000원이고, 1년 만기 채권의 이자율이 미국에서는 1%, 우리나라에서는 2%일 때, 국가 간 자금이 이동하지 않을 조건에 해당하는 것은?**

① 우리나라의 이자율이 1년 후 1%로 하락한다.
② 투자자가 1년 후 환율이 1달러당 1,010원이 될 것으로 예상한다.
③ 미국의 이자율이 1년 후 2%로 상승한다.
④ 투자자가 1년 후에도 환율이 1달러당 1,000원으로 유지될 것으로 예상한다.

| 12 | 국제 | 이자율평가설 | 답 ② |
|---|---|---|---|

- 이자율평가설, '환율변화율 = 국내이자율 − 해외이자율'에서 환율변화율 $= 2 - 1 = 1\%$이다.
- 환율이 1달러당 1,000원에서 1%상승하기에 1년 후 환율이 1달러당 1,010원이 될 것이다.

**출제POINT**

이자율평가설에서 환율변화율 = 국내이자율 − 해외이자율이다.

## 13 □□□

**경제주체들의 환율 예상이 정태적으로 형성되는 경우, 변동환율 제도를 채택한 소규모 개방경제 국가에서 중앙은행이 긴축적 통화정책을 실시할 때 나타나는 현상은? (단, 국가 간 자본이동이 완전하고, 다른 조건이 일정하다)**

① 실질소득은 감소하고 자국화폐는 평가절상된다.
② 자국화폐는 평가절하되고 실질소득은 증가한다.
③ 실질소득은 변화가 없고 자국화폐는 평가절상된다.
④ 환율은 변화가 없고 실질소득은 감소한다.

## 14 □□□

**헥셔 - 올린(Heckscher-Ohlin) 모형과 관련한 설명으로 옳지 않은 것은?**

① 자본이 노동에 비해 상대적으로 풍부한 국가는 자본집약적인 상품을 수출한다.
② 생산요소들은 국내에서는 자유롭게 이동할 수 있지만 국가 간 이동은 불가능하다고 가정한다.
③ 생산요소의 국가 간 이동이 불가능한 경우 상품의 국제무역이 발생해도 생산요소의 가격은 불변이다.
④ 교역 대상 상품들의 국가 간 생산기술의 차이는 없다고 가정한다.





**13** 국제 **변동환율제도** 답 ①

• 변동환율제도하 긴축적 통화정책을 실시할 때, $LM$곡선이 좌측이동하면, 외국자본유입으로 환율이 하락하여 자국화폐는 평가절상된다.
• 환율하락으로 $IS$곡선이 좌측이동하고 $BP$곡선이 좌측이동하여 이자율은 불변이나 국민소득은 크게 감소한다.

**출제POINT**

변동환율제도하 자본이동이 완전할 때, 화폐공급감소로 $LM$곡선이 좌측이동하면, 국내금리가 국제금리보다 높아져 외국자본유입으로 환율이 하락하기에 $IS$곡선이 좌측이동한다. $BP$곡선이 좌측이동하나 수평선이기에 이자율은 불변이나 국민소득은 크게 감소한다.

**14** 국제 **헥셔 - 올린모형** 답 ③

각국이 비교우위에 따라 교역한다면 생산요소가 국가간에 이동되지 않더라도 완전한 자유무역이 생산요소의 가격을 균등화시킨다는 것을 요소가격균등화 정리라 한다.
가령, 노동풍부국은 노동집약재 생산이 증가하여 임금이 상승하고, 자본집약재 생산이 감소하여 지본임대료가 하락한다. 따라서 노동풍부국은 $\frac{w}{r}$가 상승한다. 이와 반대로 자본풍부국은 $\frac{w}{r}$가 하락하여, 양국의 $\frac{w}{r}$가 같아진다. 즉, 생산요소의 국가 간 이동이 불가능해도 상품의 국제무역이 발생하면 생산요소의 가격은 변화하여 국가 간 균등화된다.

(오답피하기)
① 자본풍부국은 자본집약재 생산에 비교우위가 있기에 자본집약적인 상품을 수출한다.
② 요소가격균등화 정리는 생산요소가 국가 간에 이동되지 않더라도 상품무역에 의하여 생산요소의 상대가격이 국제 간에 균등화하는 경향이 있다는 것으로 헥셔 - 올린의 제2정리라 한다.
④ 양국간에 생산기술과 기호가 동일하다고 가정한다.

**출제POINT**

비교우위의 발생원인을 요소부존의 차이로 설명하는 헥셔 - 올린 정리는, 노동풍부국은 노동집약재 생산에, 자본풍부국은 자본집약재 생산에 비교우위가 있다고 설명한다.

## 15 □□□

**종량세(specific tax) 부과의 효과에 대한 설명으로 옳지 않은 것은?**

① 공급의 가격탄력성이 완전탄력적인 재화의 공급자에게 종량세를 부과할 경우 조세 부담은 모두 소비자에게 귀착된다.

② 종량세가 부과된 상품의 대체재가 많을수록 공급자에게 귀착되는 조세부담은 작아진다.

③ 수요와 공급의 가격탄력성이 큰 재화일수록 종량세 부과의 자중손실이 크다.

④ 종량세 부과가 균형거래량을 변동시키지 않는다면 종량세 부과는 자중손실을 발생시키지 않는다.

## 16 □□□

**인플레이션 조세(inflation tax)에 대한 설명으로 옳지 않은 것은?**

① 정부가 세금부과나 차입 등 통상적인 방법을 통해 필요한 재원을 조달할 수 없는 경우에 나타날 수 있다.

② 화폐발행권자는 통화량을 증가시킴으로써 주조차익(seigniorage)을 얻는다.

③ 인플레이션 조세의 실질적인 부담자는 화폐를 보유한 모든 경제주체이다.

④ 인플레이션 조세는 형평성 차원에서 경제전반에 나타나는 부익부 빈익빈 현상의 완화에 기여한다.

**15** 미시 **종량세** 답 ②

종량세가 부과된 상품의 대체재가 많을수록 수요의 가격탄력도가 크기에 소비자 부담은 적고 공급자에게 귀착되는 조세부담은 커진다.

오답피하기

① 공급의 가격탄력성이 완전탄력적이면 공급자 부담은 없고, 조세 부담은 모두 소비자에게 귀착된다.

③ 탄력적일수록 종량세 부과 시 거래를 빠르게 많이 줄이기에 자중손실이 크다.

④ 종량세 부과로 균형거래량 수준에서 이탈하는 경우 사중적손실이 발생하기에, 균형거래량을 변동시키지 않는다면 자중손실을 발생시키지 않는다.

**출제POINT**

조세 부과 시 분담 정도는 탄력성에 반비례하며, 이로 이한 후생손실인 초과부담 또는 사중적 손실은 탄력성에 비례한다.

**16** 거시 **인플레이션 조세** 답 ④

예상하지 못한 인플레이션은 금융자산 보유자로부터 실물자산 보유자에게 부를 재분배한다. 이를 통해 부익부 빈익빈 현상을 악화시킬 수 있다.

오답피하기

① 인플레이션 조세는 정부가 통화를 발행하여 재정수입을 조달할 때 나타날 수 있다.

② 정부가 화폐 공급량을 증가시켜 얻게 되는 추가적인 재정 수입을 화폐발행 이득, 주조차익(Seigniorage)이라고 한다. 화폐발행 이득은 화폐 공급량의 증가로 인해 생긴 인플레이션이 민간이 보유하는 명목자산의 실질가치를 떨어뜨리는 데서 나온다.

③ 인플레이션 조세(inflation tax)는 화폐를 보유한 모든 사람에 대해 부과되는 세금과 같다.

**출제POINT**

정부가 화폐 공급량을 늘리면 세금을 더 거둔 것과 같은 효과를 올릴 수 있다는 뜻에서 인플레이션 조세(Inflation Tax)라 한다.

## 17 □□□

$X$, $Y$ 두 종류의 재화가 있다. $X$재 수요의 가격탄력성은 0.7이고, $Y$재 가격이 1% 상승할 때 $Y$재 수요량은 1.4% 감소한다고 한다. 램지원칙에 따라 과세하는 경우 $Y$재 세율이 10%일 때, $X$재의 최적 세율은?

① 0.5%  ② 5%
③ 7%  ④ 20%

## 18 □□□

한 국가의 총생산함수는 $Y = AL^{\frac{2}{3}}K^{\frac{1}{3}}$이고, 1인당 자본량의 변동은 $\triangle k = (1-b)y - \delta k$라고 할 때, 생산물 시장의 균형조건이 $Y = C + I$이며, 소비함수는 $C = bY$, $0 < b < 1$인 솔로우 성장모형에서 황금률 수준의 소비율 $b$는? (단, $Y$는 총생산량, $L$은 인구(노동량), $K$는 자본량, $A$는 기술수준, $y$는 1인당 생산량, $k$는 1인당 자본량, $C$는 소비, $I$는 투자, $b$는 소비율, $\delta$는 감가상각률을 의미한다)

① $\frac{1}{9}$  ② $\frac{1}{3}$
③ $\frac{4}{9}$  ④ $\frac{2}{3}$

| 17 | 미시 | 램지원칙 | 답 ④ |
|---|---|---|---|

- $Y$재 세율이 10%일 때, $Y$재 수요의 가격탄력성 $= \frac{\text{수요량 변화율}}{\text{가격 변화율}} = \frac{\text{1.4\% 감소}}{\text{1\% 상승}} = \frac{14\%}{10\%}$이다.
- 램지원칙에 따라 각 재화 수요량의 감소 비율이 14%로 동일해야 하기에, $X$재 수요의 가격탄력성 $= 0.7 = \frac{\text{7\% 감소}}{\text{10\% 상승}} = \frac{\text{14\% 감소}}{\text{20\% 상승}}$이다.
- 따라서 $X$재의 최적 세율은 20%이다.
- 또는 역탄력성 원칙($\frac{t_X}{t_Y} = \frac{\varepsilon_Y}{\varepsilon_X}$)에 따라 풀면, $\frac{t_X}{t_Y(10\%)} = \frac{\varepsilon_Y(1.4)}{\varepsilon_X(0.7)}$에서 $X$재의 최적 세율은 20%이다.

> **출제POINT**
> 조세의 초과 부담을 최소화하고 정부의 효용을 극대화하기 위해서는, 조세 때문에 생기는 각 재화 수요량의 감소 비율이 동일하도록 세율 구조가 결정되어야 한다는 조세 이론을 램지원칙이라 한다.

| 18 | 거시 | 황금률 | 답 ④ |
|---|---|---|---|

- 총생산함수 $Y = AL^{\frac{2}{3}}K^{\frac{1}{3}}$에서 자본축적의 황금률하, $L$ 위의 지수 $\frac{2}{3}$는 노동소득분배율이자 소비율이고, $K$ 위의 지수 $\frac{1}{3}$은 자본소득분배율이자 저축률이다.
- 따라서 솔로우 성장모형에서 황금률 수준의 소비율 $b$는 $\frac{2}{3}$이다.

> **출제POINT**
> 1인당 소비가 극대화되는 상태를 자본축적의 황금률이라 하고 자본소득 분배율=저축률일 때 달성된다.

## 19 □□□

**내생적 성장이론의 다양한 시사점이 아닌 것은?**

① 이윤극대화를 추구하는 민간기업의 연구개발투자는 양(+)의 외부효과와 음(-)의 외부효과를 동시에 발생시킬 수 있다.

② 연구개발의 결과인 기술진보는 지식의 축적이므로 지대추구행위를 하는 경제주체들에 의하여 빠르게 진행될 수 있다.

③ 교육에 의하여 축적된 인적자본은 비경합성과 배제가능성을 가지고 있다.

④ 노동력 중 연구개발부문의 종사자는 기술진보를 통하여 간접적으로 생산량 증가에 기여한다.

## 20 □□□

**$A$국의 경제주체들은 화폐를 현금과 예금으로 절반씩 보유한다. 또한 상업은행의 지급준비율은 10%이다. $A$국의 중앙은행이 본원통화를 440만 원 증가시켰을 때 $A$국의 통화량 변동은?**

① 800만 원 증가

② 880만 원 증가

③ 1,100만 원 증가

④ 4,400만 원 증가

**19** 거시 **내생적 성장이론** 답 ③

교육에 의하여 축적된 인적자본은 경합성과 배제가능성을 가지고 있다.

**오답피하기**

① 이윤극대화를 추구하는 민간기업의 연구개발투자는 이윤극대화가 목적이기에 양(+)의 외부효과와 함께 환경 등에 부정적인 영향을 준다면 음(-)의 외부효과를 동시에 발생시킬 수 있다.

② R&D모형은 지식축적에 의한 기술진보를 통해 지속적인 경제성장을 설명하는 모형이다. 따라서 기술진보는 기존에 지식이 풍부한 경제주체들에 의하여 빠르게 진행될 수 있다고 본다.

④ R&D모형은 단순히 재화부문뿐만 아니라 기술을 개발하는 연구부문에 투입되는 노동과 자본에 의해 기술이 결정된다는 모형이다. 따라서 연구개발부문의 종사자는 기술진보를 통하여 간접적으로 생산량 증가에 기여한다고 본다.

**출제POINT**

지식은 연구 분야(연구개발(R&D)모형)뿐만 아니라 교육을 통해 노동자 자체에 축적(인적자본모형)될 수 있다.

**20** 거시 **통화승수** 답 ①

- 화폐(통화량)를 현금과 예금으로 절반씩 보유한다면, 통화량을 2로 두면 통화량(2) = 현금(1) + 예금(1)이다.
- '통화량(2) = 현금(1) + 예금(1)'에서 현금/통화량비율은 $c=0.5$이고, 현금/예금비율은 $k=1$이다. 또한 지급준비율은 $z=0.1$이다.
- 즉, 통화량은 800만 원 $[M^S=\frac{1}{c+z(1-c)}\times H=\frac{1}{0.5+0.1(1-0.5)}\times 440]$증가한다.
- 또는 $M^S=\left(\frac{k+1}{k+z}\right)\times H=\frac{1+1}{1+0.1}\times 440$에서도 800만 원 증가함을 알 수 있다.

**출제POINT**

$M^S=\frac{1}{c+z(1-c)}\times H$ 혹은 $M^S=\left(\frac{k+1}{k+z}\right)\times H$이다.

# 11회 2020년 지방직

## 01 □□□

**국민소득계정 항등식의 투자에 대한 설명으로 옳은 것은?**

① 생산에 사용될 소프트웨어 구매는 고정투자에 포함되지 않는다.
② 음(−)의 값을 갖는 재고투자는 해당 시기의 $GDP$를 감소시킨다.
③ 신축 주거용 아파트의 구매는 고정투자에서 제외되고 소비지출에 포함된다.
④ 재고투자는 유량(flow)이 아니라 저량(stock)이다.

## 02 □□□

**경기변동에 대한 설명으로 옳은 것은?**

① 케인즈는 경기변동의 원인으로 총수요의 변화를 가장 중요하게 생각하였다.
② $IS-LM$ 모형에 의하면 통화정책은 총수요에 영향을 미칠 수 없다.
③ 케인즈에 의하면 불황에 대한 대책으로 재정정책은 효과를 갖지 않는다.
④ 재정정책은 내부시차보다 외부시차가 길어서 효과가 나타날 때까지 시간이 오래 걸린다.





| 01 | 거시 | 투자 | 답 ② |
|---|---|---|---|

재고투자는 기업이 판매를 목적으로 보유 중인 제품과 생산에 투입하기 위해 보유하고 있는 원자재와 미완성 제품 등을 구매하는 것으로, 재고투자는 기업의 생산량의 증가분에 비례한다. 따라서 기업의 생산량이 감소하면 재고투자는 음(−)의 값으로 나타나기에, 음(−)의 값을 갖는 재고투자는 해당 시기의 $GDP$를 감소시킨다.

(오답피하기)

① 고정투자는 기업이 생산에 사용하기 위해 생산설비와 건물을 구입하는 것으로, 생산에 사용될 소프트웨어 구매는 고정투자에 포함된다.
③ 주택투자는 자신이 거주 또는 임대할 계획으로 신규로 건설된 주택을 구입하는 것을 의미하며, 기존의 주택을 거래하는 것은 주택투자가 아니다. 신축 주거용 아파트의 구매는 주택투자로 고정투자에 포함되며, 임대료는 소비지출에 해당한다.
④ 재고투자는 '기말재고−기초재고=재고증감'으로 유량(flow)이다.

**출제POINT**

총투자는 고정투자와 재고투자의 합이다.

| 02 | 거시 | 경기변동 | 답 ① |
|---|---|---|---|

케인즈는 불완전경쟁하 수요충격으로 경기변동이 발생한다고 본다.

(오답피하기)

② $IS-LM$모형에 의하면 통화정책은 이자율을 매개로 투자를 변동시켜 총수요에 영향을 미칠 수 있다.
③ 케인즈에 의하면 유동성함정 시 불황에 대한 대책으로 통화정책은 효과를 갖지 않는다.
④ 재정정책은 내부 시차가 길고 외부 시차는 짧다.

**출제POINT**

케인즈계열은 불완전경쟁하 수요충격으로 경기변동이 발생하나 가격변수가 비신축적으로 시장청산이 곤란하기에 안정화정책은 단기적으로 효과가 있다고 주장한다.

## 03 □□□

갑은 사업안 $A$와 $B$를 고려하고 있다. 두 안의 성공 및 실패에 따른 수익과 확률은 다음과 같다. 이에 대한 설명으로 옳은 것만을 모두 고르면? (단, 위험은 분산으로 측정한다)

| 사업안 \ 구분 | 성공 | | 실패 | |
|---|---|---|---|---|
| | 확률 | 수익(만 원) | 확률 | 수익(만 원) |
| $A$ | 0.9 | +100 | 0.1 | +50 |
| $B$ | 0.5 | +200 | 0.5 | −10 |

ㄱ. $A$안의 기대수익은 95만 원이다.
ㄴ. $B$안의 기대수익은 95만 원이다.
ㄷ. 갑이 위험을 회피하는(risk averse) 사람인 경우 $A$안을 선택할 가능성이 더 크다.
ㄹ. $A$안의 기대수익에 대한 위험은 $B$안의 기대수익에 대한 위험보다 더 크다.

① ㄱ, ㄴ, ㄷ　② ㄱ, ㄴ, ㄹ
③ ㄱ, ㄷ, ㄹ　④ ㄴ, ㄷ, ㄹ

## 04 □□□

미국산 연필은 1달러, 중국산 연필은 2위안, 미국과 중국의 화폐 교환비율은 1달러당 5위안이다. 이때 미국 연필당 중국 연필로 표시되는 실질환율은? (단, 미국산 연필과 중국산 연필은 완벽하게 동일하다)

① 0.1　② 0.4
③ 2.5　④ 10

**03** 미시 기대수익 답 ①

ㄱ, ㄴ. $A$안과 $B$안의 기대수익은 모두 95만 원이다.
ㄷ. 갑이 위험회피자인 경우, 실패 확률이 0.1로 작은 $A$안을 선택할 가능성이 더 크다.

**오답피하기**

ㄹ. $A$안의 분산은 $B$안의 분산보다 더 작다.
- $A$안의 분산은 $0.9\times(100-95)^2+0.1\times(50-95)^2=225$이다.
- $B$안의 분산은 $0.5\times(200-95)^2+0.5\times(-10-95)^2=11{,}025$이다.

**출제POINT**

기대수익은 수익능력을 평균적으로 계산한 기댓값이다.

| 사업안 \ 구분 | 성공 | | 실패 | |
|---|---|---|---|---|
| | 확률 | 수익(만 원) | 확률 | 수익(만 원) |
| $A$ | 0.9 | +100 | 0.1 | +50 |
| $B$ | 0.5 | +200 | 0.5 | −10 |

- $A$안의 기대수익은 $95(=0.9\times100+0.1\times50)$만 원이다.
- $B$안의 기대수익은 $95[=0.5\times200+0.5\times(-10)]$만 원이다.

**04** 국제 실질환율 답 ③

- 미국산 연필 1달러를 해외물가, 중국산 연필 2위안을 국내물가, 미국과 중국의 화폐 교환비율 1달러당 5위안을 명목환율로 보면,
- 미국 연필당 중국 연필로 표시되는 실질환율은, 다음과 같다.

$\epsilon=\frac{e\times P_f}{P}=\frac{5\times1}{2}=2.5$이다.

**출제POINT**

'실물단위'로 표시한 실질환율은 $\epsilon=\frac{e\times P_f}{P}$($\epsilon$: 실질환율, $e$: 명목환율, $P_f$: 해외물가, $P$: 국내물가)이다.

## 05 □□□

**커피에 대한 수요함수가 $Q^d = 2,400 - 2P$ 일 때, 가격 $P^*$ 에서 커피 수요에 대한 가격탄력성의 절댓값은 $1/2$이다. 이 때 가격 $P^*$는? (단, $Q^d$는 수요량, $P$는 가격이다)**

① 400　　② 600
③ 800　　④ 1,000

## 06 □□□

**제품 $A$는 완전경쟁시장에서 거래되며, 수요곡선은 $Q^d = 150 - 5P$ 이다. 이 시장에 참여하고 있는 갑 기업의 한계수입곡선은 $MR = -\frac{2}{5}Q + 30$, 한계비용은 20이다. 갑 기업이 제품 $A$에 대한 독점기업이 되면서, 한계비용은 22가 되었다. 독점에 의한 사회적 후생 손실은? (단, $Q^d$는 수요량, $P$는 가격이다)**

① 30　　② 60
③ 90　　④ 120

| 05 | 미시 | 탄력도 | 답 ① |
|---|---|---|---|

커피에 대한 수요함수 $Q^d = 2,400 - 2P$에서 $\frac{\Delta Q}{\Delta P} = -2$이고, 가격 $P^*$에서 수요량은 $Q = 2,400 - 2P^*$이다.

수요의 가격탄력성은 $-\frac{\Delta Q}{\Delta P} \cdot \frac{P}{Q} = -(-2) \times \frac{P^*}{2,400 - 2P^*} = \frac{1}{2}$으로 $P^*$는 400이다.

> **출제POINT**
>
> 수요의 가격탄력성은 $-\frac{\Delta Q}{\Delta P} \cdot \frac{P}{Q}$이다.

| 06 | 미시 | 독점 | 답 ③ |
|---|---|---|---|

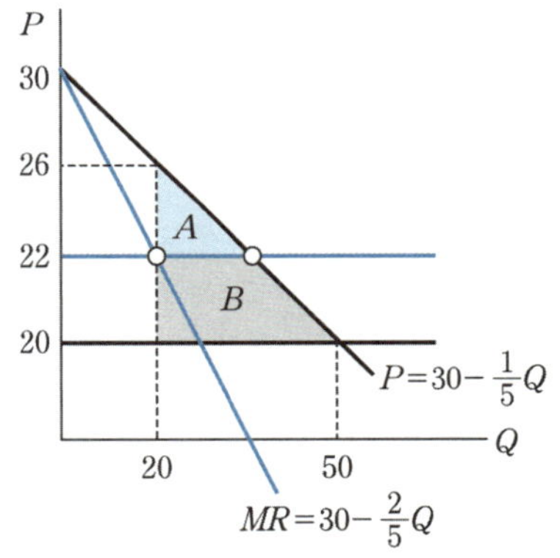


완전경쟁기업의 이윤극대화 생산량은 $P = MC$에서 $P = 30 - (1/5)Q$, $MC = 20$이기에 $Q = 50$, 이윤극대화 가격은 $P = MC$에서 $P = 20$이다.
독점기업이 되면서 $MC = 22$이다. 이윤극대화 생산량은 $MR = MC$에서 $MR = 30 - (2/5)Q$, $MC = 22$이기에 $Q = 20$, 이윤극대화 가격은 $MR = MC$의 위에 있는 수요곡선 상의 점에서 $P = 30 - (1/5)Q$에 $Q = 20$을 대입하면 $P = 26$이다.
따라서 경제적 순손실은 $A + B$면적으로 $(26 - 20) \times (50 - 20) \times 0.5 = 90$이다.

> **출제POINT**
>
> 독점기업은 $MR = MC$에서 생산량을 결정하고, $MR = MC$의 위에 있는 수요곡선 상의 점에서 가격이 결정된다.

## 07 □□□

**물가와 국민소득의 평면에 그린 단기 총공급곡선은 우상향한다. 이에 대한 설명으로 옳은 것만을 모두 고르면?**

> ㄱ. 소비 수요와 투자 수요가 이자율에 민감하지 않을수록, 물가와 국민소득의 평면에 그린 총수요곡선의 기울기는 작아진다.
> ㄴ. 소비 수요와 투자 수요가 이자율에 민감하지 않을수록, 유가 상승에 따른 물가 상승효과는 크다.
> ㄷ. 소비 수요와 투자 수요가 이자율에 민감하지 않을수록, 유가 상승으로 경기가 침체되면 경기 회복을 위해서는 재정정책이 통화정책보다 효과적이다.

① ㄱ, ㄴ
② ㄱ, ㄷ
③ ㄴ, ㄷ
④ ㄱ, ㄴ, ㄷ

## 08 □□□

**통화정책에 대한 설명으로 옳지 않은 것은?**

① 중앙은행이 법정지급준비율을 인하하면 총지급준비율이 작아져 통화승수는 커지고 통화량은 증가한다.
② 중앙은행이 재할인율을 콜금리보다 낮게 인하하면 통화량이 증가한다.
③ 중앙은행이 양적완화를 실시하면 본원통화가 증가하여 단기이자율은 상승한다.
④ 중앙은행이 공개시장조작으로 국채를 매입하면 통화량이 증가한다.

| 07 | 거시 | 정부정책 | 답 ③ |
|---|---|---|---|

ㄴ. 소비 수요와 투자 수요가 이자율에 민감하지 않을수록, $IS$곡선은 급경사이기에 총수요곡선의 기울기도 커진다. 따라서 유가 상승에 따라 우상향의 단기 총공급이 좌측이동하면 물가 상승효과는 크다.
ㄷ. 소비 수요와 투자 수요가 이자율에 민감하지 않을수록, $IS$곡선은 급경사이기에 경기 회복을 위해서는 재정정책이 통화정책보다 효과적이다.

**오답피하기**

ㄱ. 소비 수요와 투자 수요가 이자율에 민감하지 않을수록, $IS$곡선은 급경사이기에 총수요곡선의 기울기도 커진다.

**출제POINT**

소비 수요와 투자 수요가 이자율에 민감하지 않을수록, $IS$곡선은 급경사이고 재정정책이 효과적이다.

| 08 | 거시 | 통화정책 | 답 ③ |
|---|---|---|---|

중앙은행이 양적완화를 실시하면 본원통화가 증가하여 통화량이 증가하면 단기이자율은 하락한다.

**오답피하기**

① 중앙은행이 법정지급준비율을 인하하면 총지급준비율이 작아져 대출이 증가하여 통화승수는 커지고 통화량은 증가한다.
② 중앙은행이 재할인율을 콜금리보다 낮게 인하하면 일반은행의 중앙은행으로부터 대출이 증가하여 본원통화의 공급증가로 통화량이 증가한다.
④ 중앙은행이 공개시장조작으로 국채를 매입하면 본원통화의 공급증가로 통화량이 증가한다.

**출제POINT**

중앙은행이 양적완화를 실시하여 장기 국채 등을 매입하면 본원통화가 증가하여 통화량이 증가한다.

## 09 □□□

**통화정책의 테일러준칙(Taylor rule)과 인플레이션목표제(inflation targeting)에 대한 설명으로 옳지 않은 것은?**

① 테일러준칙을 따르는 정책당국은 경기가 호황일 때 이자율을 상승시키고, 경기가 불황일 때 이자율을 하락시켜 경기를 안정화시킨다.

② 테일러준칙에서 다른 변수들은 불변일 때 정책당국이 목표인플레이션율을 높이면 정책금리도 높여야 한다.

③ 인플레이션목표제는 미래 인플레이션의 예측치에 근거하며, 테일러준칙은 후향적(backward-looking)이어서 과거 인플레이션을 따른다.

④ 인플레이션목표제는 중앙은행의 목표를 구체적인 수치로 제시하므로 중앙은행의 책임감을 높일 수 있다.

## 10 □□□

**이자율의 기간구조에 대한 설명으로 옳지 않은 것은?**

① 만기가 서로 다른 채권들이 완전대체재일 경우 유동성 프리미엄이 0에 가까워지더라도 양(+)의 값을 갖는다.

② 기대이론에 따르면 현재와 미래의 단기이자율이 같을 것이라고 예상하는 경제주체들이 많을수록 수익률곡선은 평평해진다.

③ 유동성프리미엄이론에 따르면 유동성프리미엄은 항상 양(+)의 값을 갖고 만기가 길어질수록 커지는 경향을 보인다.

④ 미래에 단기이자율이 대폭 낮아질 것으로 예상되면 수익률곡선은 우하향한다.

| 09 | 거시 | 테일러준칙과 인플레이션목표제 | 답 ② |
|---|---|---|---|

$i_t = \pi_t + \rho + \alpha(\pi_t - \pi^*) + \beta(u_n - u_t)$에서 목표 인플레이션율($\pi^*$)을 높이면 정책금리($i_t$)는 낮추어야 한다.

(단, $i_t$는 $t$의 명목이자율, $\pi_t$는 $t$기의 인플레이션율, $\rho$는 자연율 수준의 실질이자율, $\pi^*$는 목표 인플레이션율, $u_n$은 자연실업률, $u_t$는 $t$기의 실업률이며, $\alpha$와 $\beta$는 1보다 작은 양의 상수라고 가정한다)

오답피하기

① 일반적으로 중앙은행은 경제가 침체되고 인플레이션 또는 기대인플레이션이 목표 수준보다 낮으면 이자율(금리)을 낮춰 경기를 진작시키고, 반대로 경기가 과열되고 인플레이션 또는 기대인플레이션이 높은 경우에는 이자율을 높여 과열된 경기를 진정시킨다.

③ 인플레이션목표제는 목표로 하는 미래 예상치에 근거하며, 테일러준칙은 준칙으로 하는 과거 인플레이션을 따른다.

④ 인플레이션목표제는 인플레이션의 목표를 설정하고 그 달성을 의무로 부과하여 중앙은행의 책임감을 높일 수 있다.

**출제POINT**

테일러준칙은 미국 경제학자 존 테일러교수가 제시한 통화정책으로, 중앙은행이 인플레이션과 경기를 감안해 적정 이자율을 추정할 때 사용하는 모델이다.

| 10 | 거시 | 이자율의 기간구조 | 답 ① |
|---|---|---|---|

만기가 서로 다른 채권들이 완전대체재일 경우 장기채권은 유동성프리미엄이 없기에 유동성프리미엄은 0의 값을 갖는다.

오답피하기

② 기대이론에 따르면 장기 이자율은 현재의 단기이자율과 미래 예상되는 단기이자율의 평균이기에, 현재와 미래의 단기이자율이 같을 것이라고 예상하는 경제주체들이 많을수록 수익률곡선은 평평해진다.

③ 유동성프리미엄이론에 따르면, 장기채권은 유동성프리미엄이 있기에 만기가 서로 다른 채권들이 불완전대체재 관계로 유동성 프리미엄은 항상 양(+)의 값을 갖고 만기가 길어질수록 커진다.

④ 미래에 단기이자율이 대폭 낮아질 것으로 예상되면 기대이론에 따르든 유동성프리미엄이론에 따르든 수익률곡선은 우하향한다.

**출제POINT**

이자율의 기간구조이론에 따르면, 동일한 채무불이행 위험, 유동성 등을 가지는 채권들은 만기가 다르기 때문에 서로 다른 이자율을 가질 수 있다.

- 기대이론에 의하면, 장기이자율은 현재의 단기이자율과 미래 예상되는 단기이자율의 평균이다. 또한 장기채권과 단기채권 간 완전대체재 관계로 본다.
- 유동성프리미엄이론에 의하면, 장기이자율은 현재의 단기이자율과 미래 예상되는 단기이자율의 평균에 위험프리미엄을 더해 결정한다. 또한 장기채권과 단기채권 간 불완전대체재 관계로 본다.

## 11 □□□

**이자율평가설(interest rate parity theory)에 대한 설명으로 옳은 것은? (단, 환율은 외국통화 1단위에 대한 자국통화의 교환비율이다)**

① 외국의 명목이자율과 기대환율이 고정되었을 때 자국의 명목이자율이 증가하면 환율은 상승한다.

② 외국의 명목이자율과 자국의 명목이자율이 고정되었을 때 기대환율이 증가하면 외국통화의 가치가 상승한다.

③ 양국의 생산물시장에서 동일한 상품을 동일한 가격에 구매할 수 있도록 환율이 결정된다.

④ 이자율평가설이 성립하면 실질이자율은 항상 1이다.

## 12 □□□

**재정정책에 대한 설명으로 옳은 것은?**

① 완전고용 재정적자(full-employment budget deficit) 또는 경기순환이 조정된 재정적자(cyclically adjusted budget deficit)는 자동안정화장치를 반영하므로 경기순환 상에서의 현재 위치를 파악하게 한다.

② 조세의 사회적 비용이 조세 크기에 따라 체증적으로 증가할 때는 균형예산을 준칙으로 하고 법제화하여야 한다.

③ 리카도 대등정리(Ricardian equivalence theorem)에 따르면 정부의 지출 흐름이 일정할 때 민간보유 국·공채는 민간부문의 순자산이 된다.

④ 소비자가 근시안적으로 소비수준을 설정하거나 자본시장이 불완전한 경우에는 리카도 대등정리가 성립하지 않는다.

| 11 | 국제 | 이자율평가설 | 답 ② |
|---|---|---|---|

'현재환율(1+국내이자율)=선도환율(1+해외이자율)'에서, 해외이자율과 국내이자율이 고정되었을 때 기대(=선도)환율이 증가하면 현재환율은 상승하기에 외국통화의 가치가 상승한다.

**오답피하기**

① '현재환율(1+국내이자율)=선도환율(1+해외이자율)'에서 해외이자율과 기대(=선도)환율이 고정되었을 때 국내이자율이 증가하면 환율은 하락한다.

③ 양국의 생산물시장에서 동일한 상품을 동일한 가격에 구매할 수 있도록 환율이 결정된다는 이론은 구매력평가설이다.

④ 구매력평가설이 성립하면 실질환율은 항상 1이다.

**출제POINT**

금융시장에서 일물일가의 법칙을 전제로, 국가간 완전자본이동이 보장될 때 국내투자수익률과 해외투자수익률이 동일해야 한다는 것이 이자율평가설이다. 이때, 해외투자수익률의 불확실성은 선물계약을 통해 제거할 수 있기에, 무위험이자율평가설은 현재환율(1+국내이자율)=선도환율(1+해외이자율)이다.

| 12 | 거시 | 재정정책 | 답 ④ |
|---|---|---|---|

소비자들이 근시안적인 소비행태를 보이면, 즉 소비자가 비합리적이면 국채가 발행되더라도 미래조세증가를 인식하지 못할 수 있다. 따라서 이 정리는 성립하지 않는다. 또한 자본시장이 불완전한 경우 즉, 차입제약이 존재하면 차입이 곤란하여 국채를 발행하고 조세를 감면하면 민간의 가처분소득이 증가하기에 소비가 증가한다. 따라서 리카르도 등가정리가 성립하지 않는다.

**오답피하기**

① *GDP*가 자연산출물 수준에 있을 때 존재하는 재정적자를 완전고용 재정적자(full-employment deficit)라고 부른다. 완전고용 재정적자는 자동안정화장치를 반영하지 않기에 경기순환 상에서의 현재 위치를 파악하는데 어려움이 있다.

② 조세의 사회적 비용이 조세 크기에 따라 체증적으로 증가할 때는 정부지출을 줄여 흑자예산이 바람직하다. 하지만, 극침체기라면 사회적 비용이 조세크기에 따라 체증적으로 증가하더라도 확장재정이 필요하기에 반드시 균형예산이 필요한 것은 아니다.

③ 리카도 대등정리(Ricardian equivalence theorem)에 따르면 정부의 지출 흐름이 일정할 때 민간보유 국·공채는 민간부문의 부채로 본다.

**출제POINT**

정부지출재원을 국채를 통하든 조세를 통하든 소비가 전혀 증가하지 않는다는 것을 리카도 등가정리라 한다.

## 13 □□□

**갑국의 중앙은행은 금융기관의 초과지급준비금에 대한 금리를 $-0.1\%$로 인하했다. 이 통화정책의 기대효과로 옳지 않은 것은?**

① 중앙은행에 하는 저축에 보관료가 발생할 것이다.
② 은행들은 가계나 기업에게 하는 대출을 확대할 것이다.
③ 기업들이 투자와 생산을 늘려서 고용을 증대시킬 것이다.
④ 기업의 투자자금이 되는 가계부문의 저축이 증가할 것이다.

| 13 | 거시 | 마이너스 금리 | 답 ④ |
|---|---|---|---|

마이너스 금리로 은행의 대출이 늘고 가계의 저축은 감소할 것이다.

오답피하기

① 마이너스 금리로 저축 시 보관료가 발생할 것이다.
②, ③ 은행들은 가계나 기업에게 하는 대출을 확대하여, 기업들이 투자와 생산을 늘려서 고용을 증대시킬 것이다.

**출제POINT**
마이너스 금리로 저축 시 보관료가 발생하기에 오히려 대출이 늘어 소비와 투자가 증가할 수 있다.

## 14 □□□

**공공사업 $A$에 투입할 100억 원의 자금 중에서 40억 원은 민간부문의 투자에 사용될 자금이었고, 60억 원은 민간부문의 소비에 사용될 자금이었다. 이 공공사업을 평가하기 위한 사회적 할인율(social discount rate)은? (단, 민간부문 투자의 세전 수익률과 세후 수익률은 각각 15.0%와 10.0%이다)**

① 11.5%
② 12.0%
③ 12.5%
④ 13.0%

| 14 | 거시 | 사회적 할인율 | 답 ② |
|---|---|---|---|

사회적 할인율=민간부문의 투자 × 세전 수익률 + 민간부문의 소비 × 세후 수익률에 따라 $(40\times15\%)+(60\times10\%)=12\%$이다.

**출제POINT**
사회적 할인율이란 경제전체 상황을 고려하여 결정된 할인율이다.

## 15 □□□

**교역재인 자동차와 비교역재인 돌봄서비스만을 생산하는 갑국과 을국의 생산량과 가격은 다음과 같다. 이에 대한 설명으로 옳지 않은 것은? (단, 교역재와 비교역재를 모두 포함한 표준적 소비바구니(consumption basket)는 자동차 1대와 돌봄서비스 10회로 구성된다)**

| 구분 \ 국가 | 자동차 | | 돌봄서비스 | |
|---|---|---|---|---|
| | 1인당 생산량(대) | 가격 | 1인당 생산량(대) | 가격 |
| 갑 | 10 | 10 | 100 | 2 |
| 을 | 1 | 10 | 10 | 1 |

① 교역재만을 대상으로 한 갑국 통화와 을국 통화의 교환비율은 1 : 1이다.

② 표준적 소비바구니를 대상으로 한 구매력평가(purchasing power parity) 반영 환율은 갑국 통화 3단위에 대해 을국 통화 2단위이다.

③ 교역재만을 대상으로 한 환율을 적용하면 을국 1인당 $GDP$는 갑국 1인당 $GDP$의 1/10이다.

④ 표준적 소비바구니를 대상으로 한 구매력평가 반영 환율을 적용하면 을국 1인당 $GDP$는 갑국 1인당 $GDP$의 1/10이다.

**15** 국제 **환율** 답 ③

- 교역재만을 대상으로 할 때, 자동차 1대당 갑국 통화 10단위와 을국 통화 10단위의 교환비율은 1 : 1이다(①).
- 을국 1인당 $GDP$는 20(=1×10+10×1)이다. 교역재만을 대상으로 한 환율, 즉 1:1을 적용하면, 을국 1인당 $GDP$ 20은 그대로 20이다. 갑국 1인당 $GDP$는 300(=10×10+100×2)이기에 을국 1인당 $GDP$는 갑국 1인당 $GDP$의 1/15이다(③).
- 표준적 소비바구니를 대상으로 한 구매력평가 반영 환율은, 자동차 1대당 10과 돌봄서비스 10회당 20의 합인 갑국 통화 30단위와 자동차 1대당 10과 돌봄서비스 10회당 10의 합인 을국 통화 20단위의 교환비율로 3 : 2이다. 즉, 갑국 통화 3단위에 대해 을국 통화 2단위이다(②).
- 을국 1인당 $GDP$는 20(=1×10+10×1)이다. 표준적 소비바구니를 대상으로 한 구매력평가 반영 환율, 즉 3 : 2, 또는 $\frac{3}{2}$:1을 적용하면, 을국 1인당 $GDP$ 20은 30$(=20\times\frac{3}{2})$이다. 갑국 1인당 $GDP$는 300(=10×10+100×2)이기에 을국 1인당 $GDP$는 갑국 1인당 $GDP$의 1/10이다(④).

**출제POINT**

갑국 1인당 $GDP$는 300(=10×10+100×2)이고, 을국 1인당 $GDP$는 20(=1×10+10×1)이다.

## 16 □□□

**상품 $A$의 수요함수를 추정하기 위해서 다음과 같은 모형을 구성했다. 분석 결과로 $\beta_2$가 $-0.0321$로 추정되었을 때 이에 대한 설명으로 옳은 것은? (단, $Q^d$는 수요량, $P$는 가격, $\epsilon$은 오차항이다)**

$$\ln Q^d = \beta_1 + \beta_2 \ln P + \epsilon$$

① 가격 $P$가 1% 상승하면, 수요량 $Q^d$가 3.21% 감소한다.

② 가격 $P$가 1% 상승하면, 수요량 $Q^d$가 0.0321% 감소한다.

③ 가격 $P$가 1% 포인트 상승하면, 수요량 $Q^d$가 3.21% 포인트 감소한다.

④ 가격 $P$가 1% 포인트 상승하면, 수요량 $Q^d$가 0.0321% 포인트 감소한다.

**16** 미시 **자연로그와 탄력도** 답 ②

자연로그 $\ln(Q)$의 변화량은 $Q$의 변화율: $\triangle \ln Q = \frac{\triangle Q}{Q}$

자연로그 $\ln(P)$의 변화량은 $P$의 변화율: $\triangle \ln P = \frac{\triangle P}{P}$

$\frac{\triangle \ln Q}{\triangle \ln P} = \frac{\frac{\triangle Q}{Q}}{\frac{\triangle P}{P}} = \frac{\triangle Q}{\triangle P} \times \frac{P}{Q}$=수요의 가격탄력도이다.

$\ln Q^d = \beta_1 + \beta_2 \ln P + \epsilon$에서, $\frac{\triangle \ln Q^d}{\triangle \ln P} = \beta_2 = -0.0321$이다.

따라서 $\beta_2 = -0.0321$이 수요의 가격탄력도이다.

결국, 가격 $P$가 1% 상승하면, 수요량 $Q^d$가 0.0321% 감소한다.

**출제POINT**

자연로그 $\ln(X)$의 변화량은 $X$의 변화율이다! 즉, $\frac{\triangle \ln X}{\triangle X} = \frac{1}{X}$, $\triangle \ln X = \frac{\triangle X}{X}$이다.

## 17 □□□

**주요 국제통화제도 또는 협정에 대한 설명으로 옳은 것은?**

① 1960년대 미국의 경상수지 흑자는 국제 유동성 공급을 줄여 브레튼우즈(Bretton Woods)체제를 무너뜨리는 요인이었다.

② 1970년대 초 금 태환을 정지시키고 동시에 미 달러화를 평가절상하면서 브레튼우즈(Bretton Woods)체제는 종식되었다.

③ 1970년대 중반 킹스턴(Kingston)체제는 통화로서 금의 역할을 다시 확대하여 고정환율체제로의 복귀를 시도하였다.

④ 1980년대 중반 플라자(Plaza)협정으로 미 달러화의 평가절하가 추진되었다.

## 18 □□□

**갑국의 생산함수는 $Y_{\text{갑}} = A_{\text{갑}} L_{\text{갑}}^{0.5} K_{\text{갑}}^{0.5}$, 을국의 생산함수는 $Y_{\text{을}} = A_{\text{을}} L_{\text{을}}^{0.3} K_{\text{을}}^{0.7}$이다. 두 국가 모두 노동증가율이 10%, 자본증가율이 20%일 때, 두 국가의 총생산증가율을 같게 하기 위한 설명으로 옳은 것은? (단, $Y$는 각국의 총생산량, $A$는 각국의 총요소생산성, $L$은 각국의 노동량, $K$는 각국의 자본량이다)**

① 갑국의 총요소생산성 증가율은 을국의 총요소생산성 증가율보다 2% 포인트 더 높아야 한다.

② 갑국의 총요소생산성 증가율은 을국의 총요소생산성 증가율보다 2% 포인트 더 낮아야 한다.

③ 갑국의 총요소생산성 증가율은 을국의 총요소생산성 증가율보다 4% 포인트 더 높아야 한다.

④ 갑국의 총요소생산성 증가율은 을국의 총요소생산성 증가율보다 4% 포인트 더 낮아야 한다.

| 17 | 국제 | 국제통화제도 | 답 ④ |
|---|---|---|---|

1985년 플라자협정의 결과로 달러화의 가치는 대폭 하락하고 엔화의 급속한 강세가 이루어졌다.

**오답피하기**

① 베트남전쟁 등 미국의 국제수지 적자는 달러에 대한 신뢰를 하락(닉슨쇼크)시켜 브레튼우즈(Bretton Woods)체제를 무너뜨리는 요인이었다.

② 금 태환을 유지하면서 달러화의 평가절하(스미소니언협정)로 브레튼우즈(Bretton Woods)체제는 종식되었다.

③ 킹스턴체제는 금의 역할을 폐지하고, 독자적 환율제도 선택권이 부여되며 특별인출권($SDR$)의 역할이 증대된 변동환율제도이다.

**출제POINT**

전형적인 고정환율제도인 금본위제도, 미국 달러화를 기축통화로 조정가능한 고정환율제도인 브레튼우즈(Bretton Woods)체제(1944년), 달러외 기축통화를 도입하여 조정가능범위가 확대된 고정환율제도인 스미소니언협정(1971년)이후 독자적 환율제도 선택권이 부여되고 특별인출권($SDR$)의 역할이 증대된 변동환율제도인 킹스턴체제(1976년)로 변천해 왔다.

| 18 | 거시 | 경제성장 | 답 ① |
|---|---|---|---|

- 갑국의 생산함수 $Y_{\text{갑}} = A_{\text{갑}} Y_{\text{갑}} = A_{\text{갑}} L_{\text{갑}}^{0.5} K_{\text{갑}}^{0.5}$에서 노동증가율이 10%, 자본증가율이 20%일 때,
  $Y_{\text{갑}}\text{증} = A_{\text{갑}}\text{증} + 0.5L_{\text{갑}}\text{증}(0.1) + 0.5K_{\text{갑}}\text{증}(0.2) = A_{\text{갑}}\text{증} + 0.15$이다.
- 을국의 생산함수 $Y_{\text{을}} = A_{\text{을}} L_{\text{을}}^{0.3} K_{\text{을}}^{0.7}$에서 노동증가율이 10%, 자본증가율이 20%일 때,
  $Y_{\text{을}}\text{증} = A_{\text{을}}\text{증} + 0.3L_{\text{을}}\text{증}(0.1) + 0.7K_{\text{갑}}\text{증}(0.2) = A_{\text{을}}\text{증} + 0.17$이다.
- 두 국가의 총생산증가율이 같을 때, $Y_{\text{갑}}\text{증} = A_{\text{갑}}\text{증} + 0.15$와 $Y_{\text{을}}\text{증} = A_{\text{을}}\text{증} + 0.17$가 같을 때, $A_{\text{갑}}\text{증} + 0.15 = A_{\text{을}}\text{증} + 0.17$이다.
- 따라서 갑국의 총요소생산성 증가율은 을국의 총요소생산성 증가율보다 2% 포인트 더 높아야 한다.

**출제POINT**

경제성장의 요인을 요인별로 분석해 보는 것을 성장회계라 하고, $\frac{\Delta Y}{Y} = \frac{\Delta A}{A} + \alpha\frac{\Delta L}{L} + (1-\alpha)\frac{\Delta K}{K}$로 나타낸다.

## 19 □□□

갑국의 생산함수는 $Y = [K(1-u)L]^{1/2}$이다. 자연실업률이 $4\%$, 저축률, 인구성장률, 자본의 감가상각률이 모두 $10\%$일 때, 솔로우(Solow) 모형의 균제상태(steady state)에서 1인당 생산량은? (단, $Y$는 총생산량, $L$은 노동량, $K$는 자본량, $u$는 자연실업률이다)

① 0.24　　② 0.48
③ 0.72　　④ 0.96

## 20 □□□

같은 집에 거주하는 갑과 을은 일주일마다 한 번씩 '청소하기'와 '쉬기' 중에서 하나를 선택할 수 있고, 선택에 따른 효용은 다음과 같다. '청소하기'를 선택할 때의 비용은 10이다. 갑과 을은 '보복'을 선택할 수 있다. '보복'은, 한 사람이 '청소하기'를 선택할 때 다른 사람이 일방적으로 '쉬기'를 선택하면 '청소하기'를 선택했던 사람은 그다음 주부터 몇 주의 '쉬기'를 선택하는 것이다. 보복기간이 종료되면, 둘은 다시 함께 청소하는 관계로 복귀한다. '쉬기'를 선택하는 유인을 줄이고 함께 청소하는 협력 관계를 지속하기 위한 보복 기간의 최솟값은? (단, 표의 괄호에서 앞의 숫자는 갑의 효용, 뒤의 숫자는 을의 효용이다)

| 갑 \ 을 | 청소하기 | 쉬기 |
|---|---|---|
| 청소하기 | (13, 13) | (11, 11) |
| 쉬기 | (11, 11) | (2, 2) |

① 7주　　② 8주
③ 9주　　④ 10주

---

**19** | 거시 | 균제상태 | 답 ②

- 갑국의 생산함수는 $Y = [K(1-u)L]^{1/2}$으로 1인당 생산함수는 $\frac{Y}{L} = \frac{\sqrt{K(1-u)L}}{\sqrt{L^2}} = \sqrt{\frac{K(1-u)}{L}}$, $y = \sqrt{k(1-u)}$ 이다.
- 실제투자액$[sf(k)]$과 1인당 필요투자액$((n+d)k)$이 일치할 때, 균제상태를 보인다. 즉, 다음과 같다.
- $sf(k) = (n+d)k$
  $0.1\sqrt{k(1-u)} = 0.2k$
  $\sqrt{k(1-u)} = 2k$
  $k(1-u) = 4k^2$
  $1-u = 4k$
  $k = 0.24$
- 자연실업률이 4%이고, 1인당 자본량 $k$가 0.24이기에 1인당 생산량은, $y = \sqrt{k(1-u)}$에서
  $y = \sqrt{k(1-u)} = \sqrt{0.24 \times 0.96} = \sqrt{\frac{24}{100} \times \frac{96}{100}} = 0.48$이다.

**출제POINT**

솔로우(Solow)의 경제성장모형 하에서 1인당 실제투자액$[sf(k)]$과 1인당 필요투자액$((n+d)k)$이 일치할 때 1인당 자본량이 불변으로 균제상태를 보인다.

**20** | 미시 | 게임이론 | 답 ③

- 갑이 청소하기를 선택할 때, 을이 청소하기 선택시 을의 효용은 13이고 비용이 10이기에 순편익은 3이다.
- 갑이 청소하기를 선택할 때, 을이 쉬기 선택시 을의 효용은 11이고 비용이 0이기에 순편익이 11이다.
- 따라서 갑이 청소하기를 선택할 때, 을은 쉬기를 선택할 것이다.
- 이후 갑은 $n$번째 쉬기를 선택함으로써 보복을 하면, 을이 쉬기 선택시 을의 효용은 $2n$이고 비용이 0이기에 순편익이 $2n$이다. 즉, 을이 처음과 $n$번째 쉬기를 선택하면, 총순편익은 $11+2n$(㉠)이다.
- 만약 갑과 을이 $n$번째 청소하기를 선택하면, 을은 순편익이 $3n$이다. 즉, 을이 처음과 $n$번째 청소하기를 선택하면, 총순편익은 $3+3n$(㉡)이다.
- ㉠과 ㉡이 같아지는 보복횟수는 $11+2n = 3+3n$에서 $n = 8$이다.
- 따라서 8회까지 총순편익이 같고, 9회째 보복시 을은 추가적으로 2의 순편익증가이나 만약 청소하기의 협력관계를 선택했다면 3의 순편익증가이기에 그 다음에는 청소하기로 복귀할 것이다. 결국, 최소 9주의 보복이 필요하다.

**출제POINT**

협력 시 순편익이 그렇지 않을 때 순편익보다 크면 협력이 유지될 수 있다.

# 12회 2021년 지방직

## 01 □□□

**국민총소득은 1,000조 원이고 정부지출은 200조 원, 조세수입은 150조 원, 투자는 250조 원인 폐쇄경제에서의 민간저축은?**

① 200조 원 ② 250조 원
③ 300조 원 ④ 450조 원

## 02 □□□

**甲국은 폐쇄경제로 $IS-LM$곡선이 만나는 균형상태에 있다. 甲국에서 이자율은 현 수준을 유지하면서 국민소득만 상승시키는 것이 가능한 정책 조합은? (단, $IS$곡선과 $LM$곡선은 각각 우하향, 우상향한다)**

① 정부지출을 늘리고, 통화량을 증가시킨다.
② 정부지출을 늘리고, 통화량을 감소시킨다.
③ 정부지출을 줄이고, 통화량을 증가시킨다.
④ 정부지출을 줄이고, 통화량을 감소시킨다.

| 01 | 거시 | 민간저축 | 답 ③ |
|---|---|---|---|

- 국민경제 항등식 $Y=C+I+G$에서 국민총소득 $Y=1{,}000$조 원, 투자 $I=250$조 원, 정부지출 $G=200$조 원이기에 소비 $C=550$조 원이다.
- 따라서 민간저축은 $S_P=Y-T-C=1{,}000$조 원$-150$조 원$-550$조 원$=300$조 원이다.

**출제POINT**
민간저축($S_P=Y-T-C$)과 정부저축($T-G$)의 합이 국민저축($S_P+T-G$)이다.

| 02 | 거시 | $IS-LM$모형 | 답 ① |
|---|---|---|---|

정부지출을 늘리고, 통화량을 증가시켜 $IS$곡선과 $LM$곡선을 같은 폭만큼 우측이동하면 이자율은 동일한 상태에서 소득만 증가시킬 수 있다.

**출제POINT**
소비증가, 투자증가, 정부지출증가, 수출증가, 수입감소, 조세감소로 $IS$곡선은 우측으로 이동하고, 통화량증가, 화폐수요감소로 $LM$곡선은 우측으로 이동한다.

## 03 □□□

어느 공장의 생산활동으로 지역 주민들이 대기오염 피해를 입는 외부불경제가 발생하였다. 공장의 사적한계비용함수는 $PMC=1+2Q$이고 사회적한계비용함수는 $SMC=4+2Q$이다. 수요곡선이 $Q_D=40-P$일 때 외부불경제로 인한 사회적 후생손실은? (단, $P$는 가격, $Q_D$는 수요량, $Q$는 생산량이다)

① 0.5
② 1.0
③ 1.5
④ 2.0

## 04 □□□

甲국에서 $X$재에 대한 국내 수요곡선과 국내 공급곡선은 다음과 같다.

- 국내 수요곡선: $Q_D=100-P$
- 국내 공급곡선: $Q_S=P$

甲국 정부가 $X$재의 최저가격을 $P=60$으로 설정하는 대신 $X$재를 구입하는 소비자에게 단위당 일정액의 보조금을 지급하려고 한다. 甲국 정부가 최저가격 설정 전의 거래량을 유지하고자 할 때 필요한 보조금의 총액은? (단, $Q_D$는 국내 수요량, $Q_S$는 국내 공급량, $P$는 $X$재 가격이다)

① 250
② 500
③ 750
④ 1,000

**03** 미시 외부불경제 답 ③

수요곡선이 $Q_D=40-P$일 때, $P=40-Q$이다.

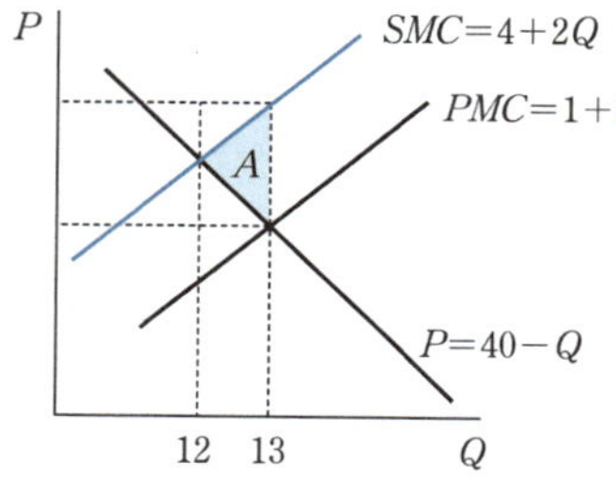


- 시장 균형거래량은 $P=PMC$에서 이루어지기에 $40-Q=1+2Q$, $Q=13$이다.
- 사회적 최적거래량은 $P=SMC$에서 이루어지기에 $40-Q=4+2Q$, $Q=12$이다.
- 시장 균형거래량에서 사회적 한계비용과 사적 한계비용의 차이는 $(4+2Q)-(1+2Q)=3$이다.
- 따라서 사회적 후생손실은 $A$면적으로 $3\times(13-12)\times\frac{1}{2}=1.5$이다.

**출제POINT**
생산의 외부불경제 시 사회적 후생손실은 시장 균형거래량에서 사회적 한계비용과 사적 한계비용의 차이와 시장 균형거래량과 사회적 최적거래량의 차이에서 계산할 수 있다.

**04** 미시 보조금 답 ②

- 甲국의 국내 균형생산량과 가격은 $Q_D=100-P=Q_S=P$, $Q=50$, $P=50$이지만 최저가격을 $P=60$으로 설정하면, 국내 생산량은 60, 국내 소비량은 40이기에 거래량은 40이다.
- 이때, 정부가 소비자에게 보조금을 지급하면 수요곡선은 $Q_D=100-[P-(+a)]$($a$: 단위당 보조금)로 상방이동한다.
- 보조금 지급으로 인해 상방이동한 수요곡선은 최저가격 $P=60$에서 최저가격 설정 전의 거래량인 $Q=50$에서 균형을 달성하기에 이를 대입하면, $50=100-60+a$, $a=10$이다.
단위당 보조금 $a=10$이고 거래량 $Q=50$이기에 보조금의 총액은 $10\times50=500$이다.

**출제POINT**
공급자 보호를 위해 균형가격보다 높게 설정하는 최저가격제로, 거래량이 줄고 사회적 잉여도 감소하고 소비자에게 보조금을 지급하면 수요곡선은 상방이동한다.

## 05 □□□

**甲국은 자본이동이 완전히 자유로운 소규모 개방경제로 $IS-LM$곡선이 만나는 거시경제 균형상태에 있다. 甲국이 고정환율제도를 포기하고 변동환율제도를 채택하였다고 가정할 때 정책 효과의 변화에 대한 설명으로 옳지 않은 것은? (단, $IS$곡선과 $LM$곡선은 각각 우하향, 우상향한다)**

① 정부지출의 증가는 자본 유입을 유발한다.
② 정부지출의 증가는 순수출을 악화시킨다.
③ 통화정책이 소득에 미치는 효과가 커진다.
④ 통화정책의 독립성을 상실한다.

## 06 □□□

**통화승수(본원 통화 대비 통화량의 비율)가 증가하는 원인으로 옳지 않은 것은?**

① 경제불안의 해소로 은행부도의 위험이 낮아졌다.
② 은행의 요구불 예금에 대한 이자율이 하락하였다.
③ 가계가 보유하는 화폐 중 현금보유 비중이 감소하였다.
④ 은행의 초과 지급준비금 보유가 감소하여 은행 대출이 증가하였다.

**05** 거시 **변동환율제도** 답 ④

불가능한 삼위일체는 자유로운 자본이동, 고정환율제도, 금융정책 세 가지의 정책이 동시에 이루어질 수 없다는 것을 의미하고 자본이동이 자유롭고 고정환율제도하에서는 독립적 금융정책을 실시할 수 없지만 변동환율제도로 변환하면 금융정책은 효과적이기에 금융정책은 독립성을 가진다.

오답피하기

① 정부지출이 증가하면, $IS$곡선의 우측이동으로 이자율이 상승하기에 자본이 유입된다.
② 정부지출이 증가하면 자본의 유입으로 달러 공급이 증가하기에 환율이 하락하여 순수출이 악화된다.
③ 자본이동이 완전히 자유로운 변동환율제도에서는 재정정책은 효과가 없지만 통화정책은 매우 효과적이다.

**출제POINT**

변동환율제도하 자본이동이 완전할 때, 화폐공급증가로 $LM$곡선이 우측이동하면, 국내금리가 국제금리보다 작아져 외국자본유출로 환율이 상승하기에 $IS$곡선이 우측이동한다. $BP$곡선이 우측이동하나 수평선이기에 이자율은 불변이나 국민소득은 크게 증가하여 금융정책은 매우 효과적이다.

**06** 거시 **통화승수** 답 ②

예금에 대한 이자율이 하락하면 예금이 감소하기에 통화승수는 감소한다.

오답피하기

① 은행부도의 위험이 낮아지면 예금이 증가하기에 통화승수는 증가한다.
③ 현금보유의 비중이 감소하면 통화승수가 증가한다.
④ 은행 대출이 증가하면 통화승수가 증가한다.

**출제POINT**

현금의 비중이 낮고 예금의 비중이 높을수록, 초과지급준비금이 작고 대출이 클수록 통화승수가 증가한다.

## 07 □□□

**완전경쟁시장에서 기업 $A$의 총비용함수는 $TC=10Q^2+4Q+10$이다. 기업 $A$가 생산하는 재화의 시장 가격이 64일 때 생산자잉여는? (단, $Q$는 생산량이다)**

① 54　　② 80
③ 90　　④ 128

## 08 □□□

**총생산함수 $Y=AK$를 가정하는 경제성장 이론에 대한 설명으로 옳지 않은 것은? (단, $Y$는 총산출량, $A$는 상수, $K$는 자본이다)**

① 경제성장률이 저축률에 의존하지 않는다.
② 자본은 인적자본과 지식자본을 포함하는 포괄적 개념이다.
③ 개별 기업 차원에서는 자본의 한계생산이 체감할 수 있다.
④ 외생적 기술진보가 없어도 지속적 성장이 가능하다.

**07** | 미시 | 생산자잉여 | 답 ③

- 총비용함수 $TC=10Q^2+4Q+10$을 $Q$에 대해 미분한 한계비용은 $MC=20Q+4$이고, 완전경쟁시장 균형 조건은 $P=MC$이기에 $64=20Q+4$, $Q=3$이다.
- $TVC$는 $10Q^2+4Q$이고, 생산자 잉여는 $TR-TVC$이기에, $P\times Q-(10Q^2+4Q)=64\times3-(10\times9+4\times3)=90$이다.

**출제POINT**
완전경쟁시장은 $P=MC$에서 균형이 달성되고 생산자잉여는 $TR-TVC$이다.

**08** | 거시 | AK모형 | 답 ①

내생적 성장이론은 지속적인 경제성장은 저축률상승으로도 가능하다고 보았기에 수준효과뿐만 아니라 성장효과도 있다고 보았다.

(오답피하기)
②, ③ 내생적 성장이론은 자본의 범위를 물적자본뿐만 아니라 인적자본과 지식자본까지 확장한 포괄적 개념으로 보았기에 개별 기업 차원에서 한계생산은 체감할 수 있고 전체 차원에서는 수확체감이 발생하지 않는다고 보았다.
④ 내생적 성장이론은 외생적 기술진보가 없어도 저축률상승으로 지속적 성장이 가능하다고 보았다.

**출제POINT**
내생적 성장이론은 기술진보를 내생화함으로써 지속적인 경제성장의 요인을 밝히고 있고 자본에는 물적자본뿐만 아니라 인적자본도 포함된다.

## 09 □□□

**$X$재를 공급하는 독점기업 $A$는 시장 1과 시장 2가 각기 다른 형태의 수요곡선을 갖고 있음을 알고 있다. 기업 $A$가 당면하는 시장 1과 시장 2에서의 역수요함수는 다음과 같다.**

- 시장 1: $P_1 = 12 - 2Q_1$
- 시장 2: $P_2 = 8 - 2Q_2$

**상품의 한계비용의 2일 때, 이윤을 극대화하는 독점기업 $A$에 대한 설명으로 옳은 것은? (단, $P_i$는 시장 $i$에서 $X$재의 가격, $Q_i$는 시장 $i$에서 $X$재의 수요량이다)**

① 시장 2에서의 판매량이 시장 1에서의 판매량보다 크다.
② 시장 2에서의 한계수입이 시장 1에서의 한계수입보다 크다.
③ 시장 1에서의 판매가격을 시장 2에서의 판매가격보다 높게 책정한다.
④ 두 시장에서 수요의 가격탄력성이 동일하므로 각 시장에서 같은 가격을 책정한다.

## 10 □□□

**소비이론에 대한 설명으로 옳지 않은 것은?**

① 생애주기 가설에 따르면 청장년기에 비해 노년기에 평균소비성향이 낮아진다.
② 항상소득가설에 따르면 단기에 소득이 증가함에 따라 평균소비성향이 낮아진다.
③ 케인즈(Keynes)에 따르면 소득이 증가함에 따라 평균소비성향이 낮아진다.
④ 상대소득가설에 따르면 현재 소득이 동일하더라도 과거의 최고소득 수준이 높을수록 평균소비성향이 높다.

| 09 | 미시 | 독점시장 | 답 ③ |
|---|---|---|---|

시장 1의 한계수입은 $MR = 12 - 4Q$이고 시장 2의 한계수입은 $MR = 8 - 4Q$이기에 한계비용이 2일 때, 시장 1의 생산량은 $MR = MC$, $12 - 4Q = 2$, $Q = 2.5$, $P = 7$이고 시장 2의 생산량은 $MR = MC$, $8 - 4Q = 2$, $Q = 1.5$, $P = 5$이다.

**오답피하기**

①, ② 시장 1의 생산량은 $MR = MC$, $12 - 4Q = 2$, $Q = 2.5$, $P = 7$이고 시장 2의 생산량은 $MR = MC$, $8 - 4Q = 2$, $Q = 1.5$, $P = 5$이기에 시장 1의 판매량이 시장 2보다 더 크고 독점기업은 $MR = MC$에서 생산량을 결정하기에 한계수입은 2로 동일하다.
④ 독점기업은 각 시장에서의 수요의 가격탄력성의 차이를 기준으로 가격차별을 하여 이윤극대화를 추구한다.

**출제POINT**

독점기업은 $MR = MC$에서 생산량을 결정하고, $MR = MC$의 위에 있는 수요곡선 상의 점에서 가격이 결정된다. 즉, $P = AR > MR = MC$이다.

| 10 | 거시 | 소비이론 | 답 ① |
|---|---|---|---|

생애주기가설에 따르면 소비곡선은 우상향의 완만한 직선이지만 소득곡선은 청장년기에 높고, 청소년기, 노년기에 낮은 위로 볼록한 형태이기에 노년기의 평균소비성향은 청장년기보다 높다.

**오답피하기**

② 항상소득가설에 따르면 장기의 평균소비성향은 일정하지만, 단기의 평균소비성향은 소득이 증가함에 따라 감소한다.
③ 케인즈의 절대소득가설은 개인의 소비는 자신의 소득에 의해서만 결정된다는 소비의 독립성과 소비지출이 소득수준에 따라 자유롭게 변한다는 소비의 가역성을 전제하기에 소득이 증가하면 평균소비성향은 낮아진다.
④ 상대소득가설은 개인의 소비는 자신의 소득 외 동류집단 소비행위의 영향을 받는다는 소비의 상호의존성과 소득증가로 소비가 일단 증가하면 소득이 감소해도 소비를 줄이기가 어렵다는 소비의 비가역성을 전제하기에 과거의 최고소득 수준이 높을수록 평균소비성향이 높다.

**출제POINT**

일생동안 소득의 변화는 불규칙하나 생애전체 소득의 현재가치를 감안하여 소비는 일정하게 유지한다는 가정아래 소비는 소득과 자산의 크기에 영향을 받는다는 것이 생애주기가설이다.

## 11 □□□

甲국의 중앙은행은 다음 해 실질경제성장률과 물가상승률 목표를 각각 $4\%$와 $3\%$로 두고 있다. 甲국의 화폐유통속도 증가율이 다음 해에도 $2\%$가 될 것으로 예상된다. 화폐수량설에 기초할 때 甲국의 다음해 적정 통화성장률은?

① $3\%$　　② $4\%$
③ $5\%$　　④ $6\%$

## 12 □□□

甲국에서 $X$재에 대한 국내 수요곡선과 국내 공급곡선은 다음과 같다.

- 국내 수요곡선: $Q_D = 16 - P$
- 국내 공급곡선: $Q_S = 2P - 8$

甲국 정부가 $X$재의 최고가격을 $P=7$로 설정하는 정책을 실시할 때 甲국의 사회후생의 변화는? (단, $Q_D$는 국내 수요량, $Q_S$는 국내 공급량, $P$는 $X$재 가격이다)

① 3만큼 증가　　② 3만큼 감소
③ 6만큼 증가　　④ 6만큼 감소

| 11 | 거시 | 화폐수량설 | 답 ③ |
|---|---|---|---|

화폐수량설에 따르면 '통화공급증가율 + 유통속도증가율 = 물가상승률 + 경제성장률'이기에 통화성장률$+2=3+4$, 통화성장률은 5%이다.

> **출제POINT**
> 일반적인 교환방정식 $MV=PY$를 변형하면, $\frac{\Delta M}{M}+\frac{\Delta V}{V}=\frac{\Delta P}{P}+\frac{\Delta Y}{Y}$이기에 통화공급증가율 + 유통속도증가율 = 물가상승률 + 경제성장률이다.

| 12 | 거시 | 최고가격제 | 답 ② |
|---|---|---|---|

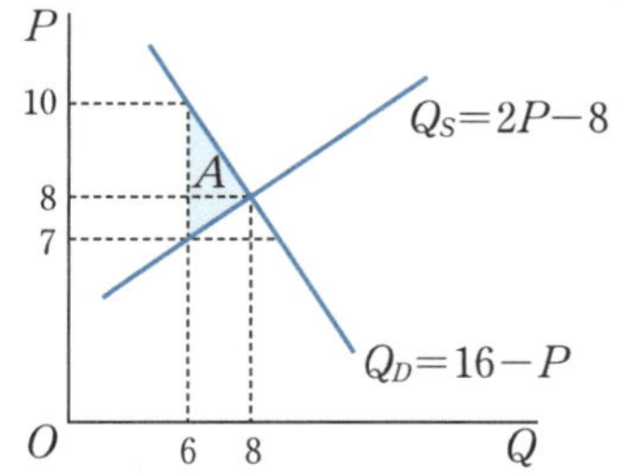


- 최고가격을 설정하기전 국내 균형생산량과 가격은 $16-P=2P-8$, $P=8$, $Q=8$이다.
- 최고가격 7을 공급곡선에 대입하면 거래량이 6으로 감소하고 이를 다시 수요곡선에 대입한 소비자의 지불의사금액은 10이다.
- 최고가격설정으로 인한 후생손실은 그림에서 $A$면적이기에 $(10-7)\times(8-6)\times\frac{1}{2}=3$이다.

> **출제POINT**
> 수요자 보호를 위해 균형가격보다 낮게 설정하는 최고가격제하, 초과수요로 인한 암시장이 발생할 수 있다. 최고가격제로 거래량이 줄고 사회적잉여도 감소한다.

## 13 □□□

**다음과 같은 단기 필립스곡선에 대한 설명으로 옳지 않은 것은? (단, $\pi$는 현재 인플레이션, $\pi^e$는 기대인플레이션, $u$는 현재 실업률, $u_N$은 자연실업률이다)**

$$\pi = \pi^e - \alpha(u - u_N), \quad \alpha > 0$$

① 임금과 가격이 신축적일수록 $\alpha$의 절댓값이 커진다.
② 기대인플레이션의 상승은 실제 인플레이션의 상승을 낳는다.
③ 합리적 기대하에서 예상된 통화정책은 단기적으로 실업률에 영향을 미친다.
④ 합리적 기대하에서 예상되지 못한 통화정책은 단기적으로 실업률에 영향을 미친다.

## 14 □□□

**어느 소비자가 재화 $A$를 $x_A$만큼 소비하고 재화 $B$를 $x_B$만큼 소비할 때 얻는 효용은 $x_A^{0.4}x_B^{0.6}$이다. 재화 $A$의 가격은 20이고 재화 $B$의 가격은 40, 그리고 이 소비자의 소득이 250일 때, 이 소비자의 효용과 최적 선택에 대한 설명으로 옳은 것은?**

① 재화 $A$의 최적 소비 단위는 4이다.
② 재화 $B$의 최적 소비 단위는 3.75이다.
③ 최적 선택 상태에서 한계대체율은 상대가격 비율보다 작다.
④ 두 재화의 소비를 동시에 2배 증가시킬 때, 효용은 2배보다 크게 증가한다.

**13** | 거시 | **필립스곡선** | 답 ③

합리적 기대를 가정하면 필립스곡선과 총공급곡선은 단기에도 자연실업률 수준에서 수직선이기에 예상된 통화정책은 실업률에 영향을 미치지 않는다.

**오답피하기**

① 임금과 가격이 신축적일수록 필립스곡선의 기울기는 증가하기에 $\alpha$의 절댓값은 커진다.
② $\pi = \pi^e - \alpha(u - u_N)$에서 기대인플레이션 $\pi^e$가 상승하면 실제인플레이션 $\pi$가 상승한다.
④ 합리적 기대를 가정하더라도 단기에 예상치 못한 통화정책은 실업률에 영향을 미친다.

**출제POINT**

물가변화에 신축적 대응이 가능할수록 필립스곡선은 수직의 형태에 가까워진다.

**14** | 미시 | **효용극대화** | 답 ②

효용함수가 1차 $C-D$형이기에 재화 $B$의 최적 소비 단위는

$B = \frac{\beta}{\alpha+\beta} \times \frac{M}{P_B} = \frac{0.6}{0.4+0.6} \times \frac{250}{40} = 3.75$이다.

**오답피하기**

① 효용함수가 1차 $C-D$형이기에 재화 $A$의 최적 소비 단위는

$A = \frac{\alpha}{\alpha+\beta} \times \frac{M}{P_A} = \frac{0.4}{0.4+0.6} \times \frac{250}{20} = 5$이다.

③ $MRS_{XY} = (-)\frac{\Delta Y}{\Delta X} = \frac{MU_X}{MU_Y} = (-)\frac{P_X}{P_Y}$에서 소비자의 효용극대화가 이루어지기에 한계대체율과 상대가격 비율은 같다.
④ 소비자의 효용함수가 1차 $C-D$형 함수로 수익불변이기에 두 재화의 소비를 동시에 2배 증가하면 효용은 2배만큼 증가한다.

**출제POINT**

$MRS_{XY} = (-)\frac{\Delta Y}{\Delta X} = \frac{MU_X}{MU_Y} = (-)\frac{P_X}{P_Y}$에서 소비자의 효용극대화가 이루어진다.

## 15 □□□

**기업 $A$는 노동만을 이용하여 재화 $X$를 생산한다. 기업 $A$의 생산함수는 $Q=\sqrt{L}$이며 $X$의 시장가격은 500이다. 기업 $A$는 노동에 대해 수요독점자이며, 노동시장에서 노동공급은 $w=L$이다. 기업 $A$가 선택할 임금률과 고용량을 바르게 연결한 것은? (단, $w$는 임금, $L$은 노동량, $Q$는 생산량이다)**

| | 임금률 | 고용량 |
|---|---|---|
| ① | 25 | 25 |
| ② | 25 | 50 |
| ③ | 50 | 25 |
| ④ | 50 | 50 |

## 16 □□□

**노동시장에 대한 설명으로 옳지 않은 것은?**

① 고용률과 실업률은 동반 상승할 수 있다.
② 경제활동참가율과 실업은 동반 상승할 수 있다.
③ 경제활동참가율과 고용률은 동반 상승할 수 있다.
④ 실업률은 일정한데 고용률이 상승했다면 경제활동참가율이 감소했기 때문이다.

**15** 미시 **노동시장균형** 답 ①

- 노동에 대해 수요독점시 고용량은 $VMP_L=MFC_L$에서 결정된다.
- 생산함수 $Q=\sqrt{L}$을 $L$에 대해 미분한 $MP_L$은 $\frac{1}{2\sqrt{L}}$이고, $MFC_L$은 노동공급곡선 $w=L$에서 절편은 같고 기울기가 2배로 $MFC_L=2L$이기에, $VMP_L=MFC_L$에서 $500\times\frac{1}{2\sqrt{L}}=2L$, $125=\sqrt{L}\times L$, $L=25$이다.
- 이때, 임금은 노동공급곡선 $w=L$에서 결정되기에 $L=25$를 노동공급곡선에 대입하면 임금 $w=25$이다.

**출제POINT**

노동에 대해 수요독점시 이윤극대화는 $VMP_L=MFC_L>w$로 고용량은 $VMP_L=MFC_L$에서 결정되지만 임금은 $VMP_L=MFC_L$보다 낮은 수준에서 결정된다.

**16** 거시 **실업률** 답 ④

'고용률×100 = (100 − 실업률) × 경제활동참가율'에서 실업률이 일정한데 고용률이 상승했다면, 경제활동참가율이 증가했기 때문이다.

**오답피하기**

①, ②, ③ '고용률×100 = (100 − 실업률) × 경제활동참가율'에서 실업률이 상승하여도 경제활동참가율이 그보다 더 많이 증가하면 고용률도 상승할 수 있다.

**출제POINT**

취업자와 실업자의 합을 경제활동인구라 하고, 경제활동인구와 비경제활동인구의 합을 생산가능인구라 하면, '고용률×100 = (100 − 실업률) × 경제활동참가율'이다.

## 17 □□□

**甲국에서 $X$재에 대한 국내 수요곡선과 국내 공급곡선은 다음과 같다.**

> • 국내 수요곡선: $Q_D = 700 - P$
> • 국내 공급곡선: $Q_S = 200 + 4P$

**소비자에게 $X$재 1개당 10의 세금이 부과될 때, 소비자가 지불하는 가격($P_B$)과 공급자가 받는 가격($P_S$)을 바르게 연결한 것은? (단, $Q_D$는 국내 수요량, $Q_S$는 국내 공급량, $P$는 $X$재 가격이다)**

| | $P_B$ | $P_S$ |
|---|---|---|
| ① | 98 | 108 |
| ② | 108 | 98 |
| ③ | 100 | 110 |
| ④ | 110 | 100 |

## 18 □□□

**독점적 경쟁시장에서 조업하고 있으며 평균비용곡선이 $U$자형인 기업의 장기균형에 대한 설명으로 옳지 않은 것은?**

① 경제적 이윤은 0이다.
② 규모의 경제가 발생한다.
③ 가격과 한계비용이 일치한다.
④ 균형 산출량이 평균비용이 극소화되는 산출량보다 작다.

**17** 미시 조세부과 답 ②

• 조세의 분담정도는 탄력성에 반비례하기에 기울기와 비례한다.
• 수요곡선의 기울기는 1, 공급곡선의 기울기는 $\frac{1}{4}$이기에 소비자와 생산자의 단위당 세금 분담 비율은 4 : 1이다.
• 조세부과 전 균형가격은 $Q_D = 700 - P = Q_S = 200 + 4P$에서 $P = 100$이다.
• $X$재 1개당 10의 세금이고 소비자는 8, 생산자는 2만큼의 조세를 부담하기에 소비자가 지불하는 가격은 108(=100+8), 생산자가 받는 가격은 98(=100−2)이다.

**출제POINT**

조세의 귀착 시 분담 정도와 조세 수입은 탄력성에 반비례하고 시장균형가격은 세금보다 덜 증가한다.

**18** 미시 독점적 경쟁시장 답 ③

독점적 경쟁시장은 장기에 $P > MC$인 구간에서 생산된다.

오답피하기

① 독점적 경쟁시장은 장기에 $P = LAC$에서 균형을 이루기에 경제적 이윤은 $TR - TC = P \times Q - LAC \times Q = 0$이다.
② 독점적 경쟁시장은 장기에 $P = LAC$로 $LAC$가 감소하는 구간에서 균형을 이루기에 규모의 경제가 발생한다.
④ 독점적 경쟁시장은 장기에 $LAC$극소화 지점보다 좌측에서 생산하기에 평균비용이 극소화되는 산출량보다 작다.

**출제POINT**

독점적 경쟁시장은 $P > MC$인 구간
($P = AR = SAC = LAC > MR = SMC = LMC$)에서 생산되기에 후생손실을 보인다. 또한 진입과 퇴거가 자유로와 정상이윤만을 획득하고 독점보다는 작지만 초과설비를 보유하여 생산이 비효율적으로 이루어진다.

## 19 □□□

**재정정책에 대한 설명으로 옳지 않은 것은?**

① 고전학파에 따르면 구축효과가 정부지출 증가의 효과를 완전히 상쇄할 만큼 크다.

② 리카도 동등성 정리에 따르면 정부공채는 민간부문의 자산이 아닐 수 있다.

③ 공급중시 경제학자에 따르면 소득세율 인하가 조세수입의 증가를 낳을 수 있다.

④ 케인즈 단순 모형에 따르면 정액세승수가 정부지출승수보다 절댓값이 더 크다.

**19** 거시 **승수이론** 답 ④

조세승수는 $\dfrac{-c}{1-c(1-t)-i+m}(0<c<1)$이고, 정부지출은 $\dfrac{1}{1-c(1-t)-i+m}$이기에 조세승수가 정부지출승수보다 절댓값이 더 작다.

(오답피하기)

① 고전학파는 $LM$곡선을 수직선으로 가정하고 정부지출 증가로 $IS$곡선이 우측이동하여도 이자율만 상승할 뿐 국민소득이 변함없다는 구축효과를 주장하였다.

② 리카르도는 정부의 부채발행을 국민이 미래의 지출로 인식하기에 민간저축만 늘릴 뿐 소비를 증가시키지 않는다고 비판하였다.

③ 공급중시 경제학에 따르면, 소득세율 인하가 근로의욕을 불러오기에 노동공급의 증가하여 조세수입의 증가를 낳을 수 있다고 주장하였다.

**출제POINT**

소비/투자/정부지출/수출승수는 $\dfrac{1}{1-c(1-t)-i+m}$이고, 조세승수는 $\dfrac{-c}{1-c(1-t)-i+m}$이다.

## 20 □□□

**甲국 경제는 기술 진보가 없는 솔로우 경제성장모형의 균제상태(steady state)에 있다. 현재의 1인당 자본량 $k^*$는 황금률(golden rule) 수준의 자본량 $k_G$보다 크다. 甲국은 저축률을 변화시켜 황금률 수준의 자본량을 달성하는 균제상태로 이동하고자 한다. 이에 대한 설명으로 옳은 것은?**

① 저축이 하락하면 황금률 수준의 자본량이 달성될 수 있다.

② 황금률 수준의 자본량을 달성하면 자본의 한계생산은 감소한다.

③ 황금률 수준의 자본량을 달성하면 일인당 소득이 상승한다.

④ $k^*$수준에서의 자본의 한계생산은 감가상각률과 인구증가율의 합보다 크다.

**20** 거시 **황금률** 답 ①

현재 1인당 자본량이 황금률 수준의 자본량 수준보다 크기에 현재 균제상태가 황금률 균제상태보다 우측에 위치하고, 저축률이 황금률 균제상태보다 크다는 것을 의미한다. 따라서 저축이 하락하면 황금률 수준의 자본량을 달성할 수 있다.

(오답피하기)

② 황금률 수준이 달성되면 균제상태는 우상향의 위로 볼록한 형태인 $y=f(k)$곡선상에서 좌하방으로 이동하기에 $y=f(k)$의 기울기인 자본의 한계생산인 $MP_K$는 증가한다.

③ 황금률 수준이 달성되면 균제상태는 우상향의 위로 볼록한 형태인 $y=f(k)$곡선상에서 좌하방으로 이동하기에 일인당 소득 $y$는 감소한다.

④ 황금률 수준에서 자본의 한계생산 $MP_K$는 감가상각률과 인구증가율의 합과 같고, 현재 $k_G$보다 큰 자본량 $k^*$수준의 균제상태에서는 $y=f(k)$의 기울기 $MP_K$가 황금률 수준의 $MP_K$보다 작기에 $k^*$ 수준에서의 자본의 한계생산은 감가상각률과 인구증가율의 합보다 작다.

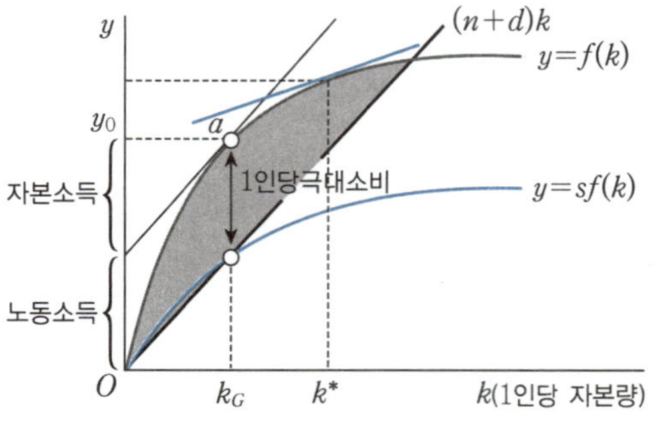


**출제POINT**

1인당 소비가 극대화되는 상태를 자본축적의 황금률이라 하고 $MP_K=n+d$에서 달성된다.

# 13회 2022년 지방직

## 01 □□□

**정부가 공급자에게 종량세를 부과할 때, 공급자의 세금 부담이 가장 큰 경우는? (단, 수요곡선은 우하향하며, 공급곡선은 우상향한다)**

① 공급의 가격탄력성이 작을수록, 수요의 가격탄력성이 클수록
② 공급의 가격탄력성이 작을수록, 수요의 가격탄력성이 작을수록
③ 공급의 가격탄력성이 클수록, 수요의 가격탄력성이 클수록
④ 공급의 가격탄력성이 클수록, 수요의 가격탄력성이 작을수록

| 01 | 미시 | 종량세 | 답 ① |
|---|---|---|---|

- 분담 정도와 조세 수입은 탄력성에 반비례 한다.
- 따라서 공급의 가격 탄력성이 작고 수요의 가격탄력성이 클수록 공급자의 세금 부담은 늘어날 것이다.

(오답피하기)

② 공급의 가격탄력성이 작고, 수요의 가격탄력성도 작은 경우 누구의 세금 부담이 큰지 알 수 없다.
③ 공급의 가격탄력성이 크고, 수요의 가격탄력성도 큰 경우 누구의 세금 부담이 큰지 알 수 없다.
④ 공급의 가격탄력성이 클수록, 수요의 가격탄력성이 작을수록 공급자의 세금 부담이 가장 작아진다.

**출제POINT**
생산자든 소비자든 어느 일방에게 조세를 부과해도 양자가 분담하게 되는 것을 조세의 귀착이라 한다. 분담 정도와 조세 수입은 탄력성에 반비례하며, 이로 인한 후생손실인 초과부담 또는 사중적 손실은 탄력성에 비례한다.

## 02 □□□

**어느 재화에 대한 시장 수요함수가 $Q^D = 40 - P$이고 시장 공급함수는 $Q^S = 2P - 10$으로 주어져 있다. 정부가 생산자에게 재화 단위당 5의 물품세를 부과할 때의 경제적 효과에 대한 설명으로 옳은 것은?**

① 균형 소비자 가격은 5만큼 상승한다.
② 조세부과 후 소비자 잉여는 증가한다.
③ 조세부과 후 실질적으로 생산자가 세금을 모두 부담한다.
④ 생산자가 아닌 소비자에게 물품세를 부과하더라도 조세 수입의 크기는 동일하다.

| 02 | 미시 | 조세의 귀착 | 답 ④ |
|---|---|---|---|

생산자가 아닌 소비자에게 물품세를 부과하더라도 조세 부과 후 거래량은 결과적으로 같기 때문에 조세수입의 크기는 동일하다.

(오답피하기)

① 균형 소비자 가격은 5보다 덜 상승한다.
② 조세 부과 후 소비자 잉여와 생산자 잉여 모두 감소한다.
③ 조세 부과 후 생산자와 소비자 모두가 세금을 부담한다.

**출제POINT**
생산자에게 부과될 때 생산자가 소비자로부터 받고자 하는 가격이 단위당 조세($T$원)만큼 상승하고, 소비자에게 부과될 때 소비자가 생산자에게 지불할 용의가 있는 금액이 단위당 조세($T$원)만큼 하락한다.

## 03 □□□

$X$재와 $Y$재를 소비하는 소비자의 효용함수가 $U(x, y) = 2x + y$이며, 두 재화의 상대가격이 $\frac{P_X}{P_Y} = \frac{1}{2}$인 상황에 대한 설명으로 옳은 것은? (단, $P_X$는 $X$재의 가격, $P_Y$는 $Y$재의 가격, $x$는 $X$재의 소비량, $y$는 $Y$재의 소비량이다)

① $X$재와 $Y$재는 완전보완재이다.
② 소비자가 효용을 극대화하기 위해서는 $Y$재를 소비하지 않아야 한다.
③ 한계대체율은 재화의 소비량에 따라 변화한다.
④ 소비자가 효용을 극대화하기 위해서는 소득 전체를 $Y$재에 지출해야 한다.

## 04 □□□

환율결정이론 중 하나인 구매력평가설에 대한 설명으로 옳지 않은 것은?

① 일물일가의 법칙에 기초한 환율결정이론이다.
② 명목환율은 양국 간의 물가 수준에 따라 결정된다.
③ 구매력평가설은 무역장벽이 존재하는 국가 간 환율 설명에 적합하다.
④ 구매력이 양국에 동일하다면, 국내 제품과 해외 제품의 상대가격은 일정하다.

**03** 미시 **효용극대화** 답 ②

선형 효용함수의 한계대체율은 2로 일정하고, 두 재화의 상대가격은 $\frac{P_X}{P_Y} = \frac{1}{2}$이기에 소비자는 무차별곡선이 $X$축과 접하는 점에서 소비를 할 것이다. 따라서 소비자는 효용을 극대화하기 위해 $Y$재를 소비하지 않을 것이다.

**오답피하기**

① 소비자의 효용함수가 선형함수이기에 두 재화는 완전대체재이다.
③ 선형함수의 한계대체율은 변하지 않는다.
④ 소비자가 효용을 극대화하기 위해서는 소득 전체를 $X$재에 지출해야 한다.

**출제POINT**

주어진 예산선 수준에서 총효용이 극대가 되는 것을 소비자균형이라 하고, 무차별곡선과 예산선이 접하는 점에서 한계효용균등의 법칙에 따라 달성된다.

**04** 거시 **구매력평가설** 답 ③

구매력평가설은 무역장벽이 존재하는 국가 간 환율 설명에 부적합하다.

**오답피하기**

① 구매력평가설은 일물일가의 법칙에 기초한 환율결정이론이다.
② $P = e \cdot P_f$ 에서 명목환율은 양국의 물가수준 $P$와 $P_f$에 의해 결정된다.
④ 구매력이 양국에 동일하다면, 일물일가가 성립하기에 국내 제품과 해외 제품의 상대가격은 일정하다.

**출제POINT**

일물일가의 법칙을 전제로, 양국의 구매력인 화폐가치가 같도록 환율이 결정되어야 한다는 이론이 구매력평가설로, $P = e \cdot P_f$이다. 이를 변형하면 환율상승률 = 국내물가상승률 − 해외물가상승률이다.

## 05 □□□

**요구불예금에 대한 법정지급준비율이 5%이고, 개인들은 발행된 화폐를 모두 은행에 요구불예금으로 저축한다. 은행이 법정지급준비금 이외의 모든 예금을 대출한다면, 10억 원의 현금이 발행될 때 총예금창조액의 크기는?**

① 180억 원
② 200억 원
③ 220억 원
④ 240억 원

## 06 □□□

**두 재화에 대한 소비자의 선호를 나타내는 무차별곡선에서 한 재화의 가격변화 효과는 소득효과와 대체효과로 나타난다. 이에 대한 설명으로 옳지 않은 것은? (단, 무차별곡선은 우하향하며, 원점에 대해 볼록하다)**

① 열등재와 기펜재의 가격효과는 모두 음(−)이다.
② 정상재의 가격변화에 대한 소득효과는 음(−)이다.
③ 정상재의 가격변화에 대한 대체효과는 음(−)이다.
④ 기펜재의 가격변화에 대한 대체효과는 음(−)이다.

| 05 | 거시 | 화폐공급이론 | 답 ② |
|---|---|---|---|

- 요구불예금에 대한 법정지급준비율이 5%이고, 개인들이 화폐를 모두 저축하며, 은행이 법정지급준비율 이외의 모든 예금을 대출하면 통화승수는 법정지급준비율의 역수로 20이다.
- 따라서 10억 원의 현금이 발행될 때 총예금창조액은 200억 원이다.

**출제POINT**

- 현금/통화량비율 시 $m = \frac{1}{c+z(1-c)}$
- 현금/예금비율 시 $m = \frac{k+1}{k+z}$

| 06 | 미시 | 가격효과 | 답 ① |
|---|---|---|---|

열등재의 가격효과는 음(−)이나, 기펜재는 수요의 법칙이 성립하지 않기 때문에 가격효과가 양(+)이다.

오답피하기

② 정상재의 가격변화에 대한 소득효과는 음(−)이고, 소득탄력성은 양(+)이다.
③ 모든 재화의 가격변화에 대한 대체효과는 음(−)이다.
④ 기펜재의 가격변화에 대한 대체효과도 음(−)이다.

**출제POINT**

재화의 가격변화에 따른 구입량의 변화를 가격효과라 하고 대체효과와 소득효과로 나누어진다. 동일한 실질소득 수준에서 상대가격의 변화에 따른 구입량의 변화를 대체효과라 하고 항상 음(−)이다. 동일한 상대가격 수준에서 실질소득의 변화에 따른 구입량의 변화를 소득효과라 하며, 정상재이면 음(−), 열등재이면 양(+)이다.

## 07 □□□

$X$재의 한계효용은 $y$이고 $Y$재의 한계효용은 $x$이며, 예산선은 $E = P_X \times x + P_Y \times y$로 주어져 있다. 이때 $X$재의 수요함수는? (단, $E$는 소득, $P_X$는 $X$재의 가격, $P_Y$는 $Y$재의 가격, $x$는 $X$재의 소비량, $y$는 $Y$재의 소비량이다)

① $x = \frac{E}{2P_X}$

② $x = \frac{E}{P_X}$

③ $x = E - P_X$

④ $x = \frac{E}{P_X + P_Y}$

## 08 □□□

甲국의 명목 $GDP$는 560, 실질 $GDP$는 140, 요구불예금은 200, 현금통화비율은 0.4일 때, 甲국 경제의 물가 수준과 화폐유통속도를 바르게 연결한 것은? (단, 물가 수준은 $GDP$ 디플레이터이고, 현금통화비율은 요구불예금 대비 현금 비중이다)

| | 물가 수준 | 화폐유통속도 |
|---|---|---|
| ① | 200 | 1 |
| ② | 200 | 2 |
| ③ | 400 | 1 |
| ④ | 400 | 2 |

**07** 미시 **수요함수** 답 ①

$X$재의 한계효용은 $y$이고, $Y$재의 한계효용은 $x$이기에 한계대체율은 $\frac{y}{x}$이다. 효용극대화는 무차별곡선과 예산선이 접하는 점에서 이루어지므로 $\frac{y}{x} = \frac{Px}{Py}$, $Px \times x = Py \times y$이다.

따라서 $E = 2Px \times x$, $x = \frac{E}{2P_X}$가 된다.

**출제POINT**

무차별곡선과 예선선이 접할 때 달성되는 효용극대화와 다시 예산선을 이용하여 수요함수를 도출할 수 있다.

**08** 거시 **화폐수요이론** 답 ④

- 甲국의 명목 $GDP$는 560, 실질 $GDP$는 140이기에 물가지수(= $GDP$ 디플레이터)는 $\frac{560}{140} \times 100 = 400$이다.
- 현금통화비율은 요구불예금 대비 현금 비중이므로 $0.4 = \frac{2}{5} = \frac{현금}{예금(200)}$에서 현금은 80이다.
- 통화량은 현금과 요구불예금의 합이기에 280이다.
- 따라서 $MV = PY$에서 $PY$(명목 $GDP$)는 560, $M$(통화량)은 280이기에 화폐유통속도는 2로 도출된다.

**출제POINT**

고전학파의 화폐수량설($MV = PY$)을 변형한 $M = \frac{1}{V}PY$에서 $PY$(명목국민소득)만큼의 거래를 위해 일정비율($\frac{1}{V}$)만큼의 화폐수요가 필요하다는 화폐수요로 해석할 수 있다.

## 09 □□□

**솔로우모형(Solow model)에서 경제가 황금률(golden rule) 수준보다 적은 자본을 갖고 시작하는 경우, 저축률을 황금률 수준의 저축률로 높인다면 시간이 지남에 따라 나타날 현상에 대한 설명으로 옳은 것은?**

① 소비는 즉각적으로 증가하지만, 점진적으로 원래의 안정상태 수준으로 복귀한다.

② 소비는 즉각적으로 감소하지만, 점진적으로 원래의 안정상태 수준보다 증가한 수준으로 수렴한다.

③ 투자는 즉각적으로 증가하지만, 점진적으로 하향 조정되어 원래의 안정상태 수준으로 복귀한다.

④ 투자는 즉각적으로 감소하지만, 점진적으로 원래의 안정상태 수준으로 복귀한다.

| 09 | 거시 | 솔로우모형 | 답 ② |
|---|---|---|---|

- 황금률보다 낮은 안정상태에서 저축률을 높이면, 소비는 즉각적으로 감소한다.
- 하지만 점진적으로 1인당 소비가 극대화되는 황금률 상태에 도달하면 소비는 원래의 안정상태 수준보다 증가한 수준으로 수렴한다.

**출제POINT**

1인당 소비가 극대화되는 상태를 자본축적의 황금률이라 하고 $MP_K = n+d+g$에서 달성된다.

## 10 □□□

**인플레이션에 대한 설명으로 옳은 것만을 모두 고르면?**

ㄱ. 현금보유를 줄이는 데 드는 비용을 인플레이션에 따른 구두창비용(shoeleather cost)이라고 한다.
ㄴ. 예상치 못한 인플레이션은 사람들의 능력과 무관하게 채권자에게 유리한 방식으로 부(wealth)를 재분배한다.
ㄷ. 인플레이션이 안정적이고 예측 가능한 경우 메뉴비용(menu cost)은 발생하지 않는다.
ㄹ. 중앙은행이 기준금리를 인상하면 인플레이션율을 낮출 수 있다.

① ㄱ, ㄴ ② ㄱ, ㄹ
③ ㄴ, ㄷ ④ ㄷ, ㄹ

| 10 | 거시 | 인플레이션 | 답 ② |
|---|---|---|---|

ㄱ. 인플레이션으로 화폐가치가 하락하면 현금보유를 줄인다. 따라서 물건을 구입할 때보다 많은 화폐를 인출해야하는 번거로움이 발생하고 이를 구두창비용이라 한다. 즉, 현금보유를 줄이는 데 드는 비용을 구두창비용(shoeleather cost)라고 한다.
ㄹ. 중앙은행이 기준금리를 인상하면 통화량이 감소하고, 인플레이션율은 낮아진다.

**오답피하기**

ㄴ. 예상치 못한 인플레이션은 채권자가 아닌 채무자에게 유리한 방식으로 부(wealth)를 재분배한다.
ㄷ. 인플레이션이 안정적이고 예측 가능한 경우라도 메뉴비용(menu cost)은 충분히 발생할 수 있다.

**출제POINT**

예상된 인플레이션의 경우, 부와 소득의 재분배는 불변이나, 구두창비용, 메뉴비용 등이 발생하고 조세부담이 증가하며, 경상수지가 악화된다. 예상치 못한 인플레이션의 경우, 채권자가 불리해지고 채무자는 유리해지는 부와 소득의 재분배가 이루어지고, 경제의 불확실성이 증대되므로 사람들의 후생수준이 감소하며, 일시적으로 생산과 고용이 증가한다.

## 11 □□□

**어느 재화의 시장 수요곡선은 $Q = 30 - P$로 주어져 있다. 이 재화를 생산하는 개별 기업이 완전경쟁시장, 독점시장, 복점시장(꾸르노모형)에서 이윤을 극대화할 때, 시장 공급량을 바르게 연결한 것은? (단, $Q$는 수요량이고, $P$는 가격이며, 개별 기업의 한계비용은 0으로 동일하다)**

| | 완전경쟁시장 | 독점시장 | 복점시장(꾸르노모형) |
|---|---|---|---|
| ① | 25 | 5 | 10 |
| ② | 25 | 5 | 20 |
| ③ | 30 | 15 | 10 |
| ④ | 30 | 15 | 20 |

## 12 □□□

**다음은 $X$재와 $Y$재를 소비하는 소비자의 무차별곡선을 나타낸 그림이다. 이에 대한 설명으로 옳지 않은 것은? (단, 소비자의 효용수준은 $U_1 < U_2 < U_3$이다)**

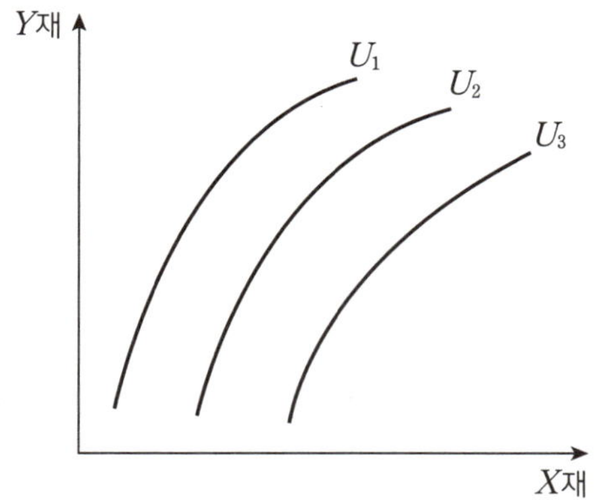


① $Y$재는 비재화이다.
② $Y$재의 한계효용은 음(−)의 값을 갖는다.
③ $Y$재의 대표적인 예로 소음공해를 들 수 있다.
④ 예산제약하의 효용 극대화 조건은 소득 전체를 $Y$재에 지출하는 것이다.

**11** 미시 독과점시장 답 ④

$Q = 30 - P$이므로 $P = 30 - Q$이다. 개별 기업의 한계비용은 0이므로 완전경쟁시장하 시장 공급량은 $30 - Q = 0$, $Q = 30$이다. 독점시장하에서의 시장 공급량은 완전경쟁시장의 $\frac{1}{2}$이므로 $Q = 15$이다. 꾸르노모형은 완전경쟁시장의 $\frac{2}{3}$을 생산하므로 시장 공급량은 20이다.

**출제POINT**

두 기업이 모두 추종자라고 가정하는 꾸르노모형은 완전경쟁의 $\frac{2}{3}$만큼 생산한다.

**12** 미시 무차별곡선 답 ④

무차별곡선이 우상향하기에 $X$재와 $Y$재 두 재화 중 하나는 비재화일 것이다. 소비자의 효용수준이 $U_1 < U_2 < U_3$이므로 이 소비자는 $Y$재를 덜 소비할수록 효용수준이 높아지는 것을 알 수 있다. 따라서 $Y$재가 비재화이며, 예산제약하의 효용 극대화 조건은 소득 전체를 $X$재에 지출하는 것이다.

**오답피하기**

① $Y$재는 비재화이다.
② $Y$재의 한계효용은 음(−)의 값을 갖는다.
③ $Y$재는 음의 한계효용을 가지는데, 음의 한계효용을 가지는 대표적인 재화가 바로 소음공해이다.

**출제POINT**

소비자에게 동일한 효용을 주는 두 재화의 조합을 나타낸 곡선이 무차별곡선이다. 무차별곡선은 우하향의 형태로, 원점에서 멀어질수록 효용이 커지고 교차하지 않으며 원점에 대하여 볼록하다.

## 13 □□□

올해의 실질이자율이 $3\%$이고 명목이자율이 $6\%$인 경우, 내년의 기대 인플레이션율은? (단, 기대 인플레이션율은 피셔방정식을 따른다)

① $0.5\%$
② $2.0\%$
③ $3.0\%$
④ $9.0\%$

## 14 □□□

낮은 실업률과 안정적인 물가를 선호하는 甲국 중앙은행의 $t$기 손실함수는 $L_t = u_t + 0.1\pi_t^2$이다. 중앙은행이 인플레이션율을 1로 예상했으나, 실현된 인플레이션율이 5일 때의 손실규모($L_t$)는? (단, 필립스 곡선은 $\pi_t = \pi_t^e - 4(u_t - 4)$, $\pi_t$는 $t$기 인플레이션율, $\pi_t^e$는 $t$기 예상 인플레이션율, $u_t$는 $t$기 실업률이다)

① 3.5
② 4.5
③ 5.5
④ 6.5

| 13 | 거시 | 피셔방정식 | 답 ③ |
|---|---|---|---|

실질이자율이 3%이고 명목이자율이 6%인 경우, 내년의 기대 인플레이션율은 $6-3=3\%$이다.

**출제POINT**
피셔의 방정식에 따르면, 실질이자율에 기대 인플레이션율을 더한 값이 명목이자율이다.

| 14 | 거시 | 손실함수 | 답 ③ |
|---|---|---|---|

- $\pi_t = \pi_t^e - 4(u_t - 4)$에서 예상된 인플레이션율이 1, 실현된 인플레이션율이 5일 때 $u_t$는 3이다.
- $L_t = u_t + 0.1\pi_t^2$에서 $u_t = 3$, $\pi_t = 5$이기에 $L_t = 3 + 2.5 = 5.5$이다.

**출제POINT**
필립스 곡선이 $\pi_t = \pi_t^e - 4(u_t - 4)$이고, 예상된 인플레이션율이 1, 실현된 인플레이션율이 5일 때 $u_t$는 3이다.

## 15 □□□

甲국과 乙국에서 $X$재를 독점 생산하는 기업이 있다. $X$재에 대한 수요의 가격탄력성은 甲국에서 2이고 乙국에서 3이다. 이 기업이 甲국에서 $X$재를 1200에 판매하고 있다면, 乙국에서의 판매가격은? (단, 국가 간 차익거래는 없다)

① 900
② 1000
③ 1100
④ 1200

## 16 □□□

어느 폐쇄경제 국가의 거시경제모형에서 완전고용 국민소득 수준은 6,800이다. 완전고용 국민소득을 달성시킬 수 있는 정부지출의 증가분은?

- 소비함수: $C=0.9(Y-T)+300$
- 투자지출: $I=200$
- 정부지출: $G=300$
- 조세수입: $T=300$

(단, $Y$는 국민소득이다)

① 50
② 100
③ 150
④ 200

| 15 | 미시 | 독점 | 답 ① |
|---|---|---|---|

- 甲국과 乙국에서 $X$재를 독점 생산하고 있는 독점기업은, 국가 간 차익거래가 없기에 가격차별을 통해 이윤을 극대화한다.
- $P_1(1-\frac{1}{\epsilon_1})=P_2(1-\frac{1}{\epsilon_2})$에서, 甲국 수요의 가격탄력성은 2, 乙국 수요의 가격탄력성은 3이기에 $1200(1-\frac{1}{2})=P_2(1-\frac{1}{3})$이다. 따라서 乙국에서의 판매가격은 900이다.

**출제POINT**

가격차별 독점기업의 이윤극대화 조건은 $MR_1=MR_2=MC$이다.

$$MR=\frac{dTR}{dQ}=P+\frac{QdP}{dQ}=P(1+\frac{Q}{P}\cdot\frac{dP}{dQ})=P(1-\frac{1}{\epsilon_d})$$

$MR_1=MR_2$에 따라

$P_1(1-\frac{1}{\epsilon_1})=P_2(1-\frac{1}{\epsilon_2})$이다.

| 16 | 거시 | 국민소득결정이론 | 답 ③ |
|---|---|---|---|

- $Y=C+I+G$, $Y=0.9(Y-300)+300+200+300$
  $Y=0.9Y+530$, $Y=5,300$이다.
- 이때 완전고용 국민소득이 6,800이기에 완전고용 국민소득을 달성시키기 위해서는 1,500의 추가 소득이 필요하다.
- 정부지출 승수는 $\frac{1}{1-0.9}=10$이므로 정부지출 150을 늘리면 완전고용 국민소득에 도달할 수 있게 된다.

**출제POINT**

총수요와 총공급이 일치할 때 균형국민소득이 결정된다.

## 17 □□□

**재고투자에 대한 설명으로 옳은 것만을 모두 고르면?**

> ㄱ. 중간생산물에 대한 재고투자는 해당연도 *GDP*에 포함된다.
> ㄴ. 생산 평탄화(Production Smoothing)이론은 재고투자를 설명하는 이론이다.
> ㄷ. 재고투자는 국내총자본형성에 포함된다.

① ㄱ
② ㄱ, ㄴ
③ ㄴ, ㄷ
④ ㄱ, ㄴ, ㄷ

## 18 □□□

***IS*− *LM* 모형에서 *IS*곡선과 *LM*곡선에 대한 설명으로 옳지 않은 것은? (단, *IS*곡선은 우하향하며, *LM*곡선은 우상향한다)**

① *IS*곡선의 기울기는 한계소비성향이 클수록 완만하다.
② *IS*곡선의 기울기는 폐쇄경제보다 개방경제에서 더 가파르다.
③ 투기적 화폐수요를 중시하는 케인즈학파는 *LM*곡선이 완만한 형태를 띤다고 주장하였다.
④ 화폐공급이 외생적으로 결정될 때보다 이자율에 대한 증가함수일 때, *LM*곡선의 기울기는 더 가파르다.

| 17 | 거시 | 재고투자 | 답 ④ |
|---|---|---|---|

ㄱ. 중간생산물은 해당연도 *GDP*에 포함되지 않지만, 중간생산물에 대한 재고투자는 해당연도 *GDP*에 포함된다.
ㄴ. 생산 평탄화(Production Smoothing)이론에 따르면, 수요량 변동이 크고, 한계비용이 체증할 때 한 번에 모두 생산하기보다 고르게 생산하는 것이 비용이 덜 든다. 즉, 경기회복기에는 재고를 소진하고, 경기후퇴기에는 재고를 축적하는 것이 필요하다. 따라서 생산 평탄화(Production Smoothing)이론은 재고투자를 설명하는 이론 중의 하나이다.
ㄷ. 국내총자본형성은 총투자로 총투자는 총고정투자와 재고투자의 합이기에 재고투자는 국내총자본형성에 포함된다.

> **출제POINT**
> "일정기간 한 나라 안에서 새로이 생산된 모든 최종생산물의 시장가치"를 국내총생산(*GDP*)이라 한다.

| 18 | 거시 | *IS*곡선과 *LM*곡선 | 답 ④ |
|---|---|---|---|

화폐공급이 외생적으로 결정될 때보다 이자율에 대한 증가함수일 때, 즉, 통화공급의 내생성하 *LM*곡선의 기울기는 더 완만해진다.

**오답피하기**

① *IS*곡선의 기울기는 한계소비성향이 클수록, 한계저축성향이 작을수록 완만하다.
② 해외부문이 존재하면, 수입이 증가하고 총수요감소로 이어져 국민소득이 감소하기에 보다 급경사 형태의 *IS*곡선이 도출된다.
③ 투기적 화폐수요를 중시하는 케인즈학파는 *LM*곡선이 완만한 형태를 보이고, 통화주의는 *IS*곡선이 완만한 형태를 보인다.

> **출제POINT**
> 통화공급의 내생성하 이자율 상승 시 통화공급량이 증가하여 통화공급곡선은 우상향으로, 국민소득이 증가하면 화폐수요가 증가하여 이자율이 상승하지만 그 정도는 통화공급의 외생성하보다 작기에 보다 완만한 우상향 형태의 *LM*곡선이 도출된다.

## 19 □□□

노동 $L$과 자본 $K$를 이용하여 재화를 생산하는 어느 기업의 생산함수는 $Q=\sqrt{LK}$로 주어져 있다. 노동과 자본의 단위당 가격은 각각 9와 1이다. 단기적으로 자본의 양이 9로 고정되어 있을 때, 규모의 경제가 나타나는 생산량($Q$)의 범위는?

① $Q<3$

② $1<Q<4$

③ $Q<9$

④ $4<Q<9$

## 20 □□□

어느 완전경쟁시장에서 $X$재에 대한 개별 기업의 총비용함수는 $TC=100+\frac{1}{4}q^2$으로 주어져 있다. 현재 이 시장에서 $X$재를 생산하는 50개의 기업은 모두 동일한 비용함수를 갖는다. 시장 수요곡선이 $Q^D=1800-20P$일 때, $X$재 시장에 대한 분석으로 옳은 것은? (단, $TC$는 총비용, $q$는 개별 기업의 생산량, $Q^D$는 시장 수요량, $P$는 $X$재의 가격이다)

① 개별 기업의 단기 공급곡선은 $q=4P$이다.

② 단기적으로 시장 균형가격은 10이다.

③ 단기적으로 신규 기업들이 $X$재 시장에 진입하려는 유인이 존재한다.

④ 기업들의 진입과 퇴출이 허용되는 장기에서 시장 균형가격은 15이다.

| 19 | 미시 | 규모의 경제 | 답 ① |
|---|---|---|---|

- 단기적으로 자본의 양이 9로 고정되어 있기에 $Q=3\sqrt{L}$이다.
- 노동과 자본의 단위당 가격이 9와 1이므로 $C=9L+9$, $C=Q^2+9$이다.
- 규모의 경제는 장기평균비용이 낮아질 때 나타나기에 $LAC=\frac{9}{Q}+9$에서 $LAC$의 기울기가 음수가 되어야 한다. 따라서 $LAC$를 $Q$로 다시 미분하면 $1-\frac{9}{Q^2}$이고, 이 기울기가 0보다 작은 구간에서 규모의 경제가 나타나므로 $1-\frac{9}{Q^2}<0$, $-3<Q<3$이다.
- $Q$는 음수일 수 없기에 $Q<3$이다.

**출제POINT**

생산량을 증가시킬 때 장기평균비용이 낮아지는 것을 규모의 경제라 한다.

| 20 | 미시 | 단기균형과 장기균형 | 답 ③ |
|---|---|---|---|

(1) 단기균형

- 개별 기업의 총비용함수는 $TC=100+\frac{1}{4}q^2$이기에 한계비용함수는 $MC=\frac{1}{2}q$이다. 완전경쟁시장이므로 $P=\frac{1}{2}q$, $q=2P$이다(①).
- 시장에 50개의 기업이 있기에 $Q=100P$이다. 따라서 시장수요곡선과 시장공급곡선이 만날 때, $1800-20P=100P$에서, $P=15$, $Q=1{,}500$이다. 개별 기업의 생산량은 30개이다(②).
- 개별 기업의 생산량이 30개이므로 각 기업의 평균비용은 $AC=\frac{100}{q}+\frac{q}{4}=\frac{100}{30}+\frac{30}{4}=\frac{65}{6}$이다. $P>AC$이기에 단기적으로 신규 기업들이 $X$재 시장에 진입하려는 유인이 존재한다(③).

(2) 장기균형

- 기업들의 진입과 퇴출이 허용되는 장기의 균형가격은 $LAC$의 최소점에서 구할 수 있다.
- $LAC=\frac{100}{Q}+\frac{Q}{4}$를 미분하면 $-\frac{100}{Q^2}+\frac{1}{4}=0$, $Q=20$, $LAC=10$이다. 따라서 장기시장 균형가격은 10이다(④).

### 출제POINT

- 완전경쟁시장의 단기균형가격은, $P = MC$에서 얻은 개별 기업의 단기공급곡선을 수평합으로 구한 시장의 단기공급곡선과 시장수요곡선이 일치할 때 구할 수 있다.
- 완전경쟁시장의 장기의 균형가격은 $LAC$의 최소점에서 구할 수 있다.
- 단기균형

> 고난도
>
> 1. 완전경쟁시장 개별기업 100개
> 단기총비용함수 $STC = 230 + 5q^2$ 동일
> 고정비용은 모두 매몰비용
> 시장수요 $Q^D = 1,200 - 2P$
>
> (1) 균형가격?
> (2) 균형거래량?
>
> 평균가변비용의 최저점이 생산중단점
> $AVC = 5q$의 최저점은 $q = 0$일 때이기에
> $MC = 10q$의 전 구간이 공급곡선
> $P = MC = 10q$에 따라 $q = (1/10)P$
> 100개 개별기업이 $q = (1/10)P$만큼 공급하기에
> 시장공급량은 $Q_s = 10P$이다.
> 시장수요 $Q_d = 1,200 - 2P$와 시장공급 $Q_s = 10P$에서
> 균형가격은 100이고, 균형거래량은 1,000이다.

- 장기균형

> 고난도
>
> 2. 완전경쟁시장 개별기업
> 장기총비용함수 $LTC = 25 + 20q + q^2$ 동일
> 시장수요 $Q^D = 10,000 - 200P$
>
> (1) 장기균형 이윤극대화 생산량?
> (2) 장기균형 기업의 수?
>
> 완전경쟁시장下 개별기업은
> '장기균형가격 = 장기평균비용의 최소점'에서
> 장기균형을 달성한다.
>
> $q = 5$에서 장기평균비용의 최소점은 30이다.
> 따라서 장기균형가격은 30이다.
>
> 각 기업의 생산량은 5이고 시장수요량이 4,000이기에
> 장기균형에서 기업의 수는 800개이다.

# 14회 2023년 지방직

## 01 □□□

**부정적 외부효과를 해결하기 위한 방안으로 옳지 않은 것은?**

① 산업 내 기업 간 경쟁 촉진
② 명령-통제 정책
③ 소유권 확립
④ 피구세 부과

## 02 □□□

**열등재에 대한 설명으로 옳지 않은 것은?**

① 수요의 소득탄력성은 음(−)의 값을 갖는다.
② 가격 상승 시 대체효과는 소비량을 감소시킨다.
③ 가격 하락 시 소득효과는 소비량을 증가시킨다.
④ 가격 변화 시 대체효과와 소득효과는 반대 방향으로 작용한다.

| 01 | 미시 | 시장실패론 | 답 ① |
|---|---|---|---|

기업 간 경쟁에도 의도하지 않았기에 피해발생에도 배상이 이루어지지 않아 부정적 외부효과가 발생할 수 있다. 따라서 산업 내 기업 간 경쟁 촉진은 부정적 외부효과를 해결할 수 있는 방안이 아니다.

(오답피하기)

② 명령-통제 정책이란 직접 규제를 의미한다. 정부가 직접 규제에 나서는 것은 부정적 외부효과 해결 방안이다.
③ 공유지의 비극 등 부정적 외부효과가 있을 때 소유권을 확립하는 것은 부정적 외부효과 해결 방안이다.
④ 피구세 부과는 대표적인 부정적 외부효과 해결 방안이다.

**출제POINT**

외부불경제가 발생하면 재화단위당 외부한계비용만큼 피구세를 부과하고 외부경제가 발생하면 외부한계편익만큼 피구적 보조금을 지급하는 방법이 있다. 한편, 정부가 직접 오염배출량을 규제하는 방법이 직접규제이다.

| 02 | 미시 | 무차별곡선이론 | 답 ③ |
|---|---|---|---|

가격 하락 시, 실질소득이 증가하는데, 열등재는 소득이 증가할수록 소비량이 감소하기에, 가격 하락 시 소득효과는 열등재의 소비량을 증가시키는 게 아니라 감소시킨다.

(오답피하기)

① 열등재 수요의 소득탄력성은 음(−)의 값을 가진다. 소득이 증가할수록 수요가 감소하기 때문이다.
② 대체효과는 재화의 종류의 관계없이 항상 음(−)의 값이다. 가격 상승 시 기회비용이 증가하기에, 열등재는 소비량이 감소하게 된다.
④ 열등재의 가격 변화 시 대체효과(−)와 소득효과(+)는 반대 방향으로 작용한다.

**출제POINT**

재화의 가격변화에 따른 구입량의 변화를 가격효과라 하고 대체효과와 소득효과로 나누어진다. 동일한 실질소득 수준에서 상대가격의 변화에 따른 구입량의 변화를 대체효과라 하고 항상 음(−)이다. 동일한 상대가격 수준에서 실질소득의 변화에 따른 구입량의 변화를 소득효과라 하며, 정상재이면 음(−), 열등재이면 양(+)이다.

## 03 □□□

$A$국의 경제활동인구는 400만 명이고 비경제활동인구는 100만 명이다. 실업자 수가 100만 명일 때, $A$국의 고용률은?

① 80%
② 75%
③ 60%
④ 55%

## 04 □□□

어느 기업의 생산함수가 $Q=2L^3K^2$으로 주어져 있다. 임금과 임대료가 각각 12 및 4일 때, 비용을 최소화하는 노동과 자본의 최적 투입 비율은? (단, $L$은 노동이고, $K$는 자본이다)

① 노동을 자본의 2배 투입
② 노동을 자본의 4배 투입
③ 자본을 노동의 2배 투입
④ 자본을 노동의 4배 투입

| 03 | 거시 | 실업이론 | 답 ③ |
|---|---|---|---|

- 15세이상인구, 즉, 생산가능인구는 경제활동인구와 비경제활동인구로 분류할 수 있다. 경제활동인구가 400만 명, 비경제활동인구가 100만 명이기에, 15세이상인구는 500만 명이다.
- 경제활동인구는 취업자와 실업자로 분류할 수 있다. 400만 명 중 100만 명이 실업자이기에, 300만 명이 취업자다.
- 고용률은 $\frac{\text{취업자수}}{\text{15세이상인구}}$로 나타낼 수 있기에, $\frac{\text{300만명}}{\text{500만명}}=60\%$이다.

**출제POINT**

15세이상인구 중에서 취업자가 차지하는 비중을 고용률이라 하여, 고용시장의 현실을 지표에 보다 잘 반영한다.

| 04 | 미시 | 생산이론 | 답 ③ |
|---|---|---|---|

- 투입할 노동량은 $L=\frac{3}{5}\times\frac{C}{12}=\frac{C}{20}$이다.
- 투입할 자본량은 $K=\frac{2}{5}\times\frac{C}{4}=\frac{C}{10}$이다.
- 노동량에 2배를 해야 자본량이 되기에, 자본을 노동의 2배 투입하는 것이 노동과 자본의 최적 투입이다.

**출제POINT**

$Q=AL^{\alpha}K^{\beta}$ 형태의 $C-D$ 함수에서 투입할 노동량과 자본량은 $L=\frac{\alpha}{\alpha+\beta}\times\frac{C}{w}$, $K=\frac{\beta}{\alpha+\beta}\times\frac{C}{r}$로 구할 수 있다.

## 05 □□□

정부가 $X$재에 대하여 종량세 부과 또는 보조금 지급을 고려하고 있다. (가), (나)에 들어갈 말을 바르게 연결한 것은? (단, 시장은 수요와 공급 법칙을 따른다)

- $X$재 수요의 가격탄력성이 작을수록 (가)의 세금부담이 커진다.
- $X$재 공급의 가격탄력성이 클수록 (나)의 보조금 혜택이 커진다.

| | (가) | (나) |
|---|---|---|
| ① | 소비자 | 소비자 |
| ② | 소비자 | 생산자 |
| ③ | 생산자 | 소비자 |
| ④ | 생산자 | 생산자 |

## 06 □□□

다음은 완전경쟁시장에서 어느 재화의 시장수요함수, 시장공급함수, 각 기업의 총비용함수이다. 현재 이윤을 극대화하고 있는 각 기업의 이윤과 기업의 수를 바르게 연결한 것은?

- 시장수요함수: $Q_D = 650 - 10P$
- 시장공급함수: $Q_S = 120P$
- 기업의 총비용함수: $C(q) = 100 + \frac{q^2}{20}$

(단, $P$는 가격이고, $q$는 각 기업의 생산량이다)

| | 이윤 | 기업의 수 |
|---|---|---|
| ① | 25 | 10 |
| ② | 25 | 12 |
| ③ | 50 | 10 |
| ④ | 50 | 12 |

**05** 미시 수요 · 공급이론의 응용 답 ①

- $X$재 수요의 가격탄력성이 작을수록 소비자가 종량세를 더 많이 부담하게 된다. 따라서 소비자 (가)의 세금부담이 커진다.
- $X$재 공급의 가격탄력성이 클수록 보조금 혜택을 덜 누리게 된다. 따라서 소비자 (나)의 보조금 혜택이 커진다.

**출제POINT**

생산자든 소비자든 어느 일방에게 보조금을 지급해도 양자가 나누어 받게 되는 것을 보조금의 귀착이라 한다. 혜택 정도는 탄력성에 반비례하며, 정부 보조금과 후생손실은 탄력성에 비례한다.

**06** 미시 완전경쟁시장 답 ②

- 시장수요함수와 시장공급함수를 일치시키면, $650 = 120P + 10P$로, 시장가격과 거래량은 각각 $P = 5$, $Q = 600$이다.
- 완전경쟁시장에서, 개별기업은 $P = MC$에서 이윤극대화 생산량이 결정된다. $C(q)$를 미분하면, $\frac{dC(q)}{dq} = \frac{1}{10}q$이다. $P = MC$에서 $5 = 0.1q$이기에, $q = 50$이다.
- 이는 한 기업이 50개씩 생산한다는 의미이고, 총 600개를 생산해야 하기에 기업은 총 12개가 있어야 한다.
- 이윤은 총수입에서 총비용을 빼서 구한다. 기업은 가격이 5인 재화를 50개씩 판매하기에 총수입은 250이다. 총비용함수 $q$에 50을 대입하면, $C = 225$이다. $250 - 225 = 25$이기에, 이윤은 25이다.

**출제POINT**

완전경쟁산업의 수요곡선과 공급곡선이 교차하는 점에서 가격과 거래량이 결정되고, 수요곡선(= $MR$곡선)과 $MC$곡선이 교차하는 점에서 완전경쟁기업의 생산량이 결정되는 단기균형을 보인다.

## 07 □□□

**고정비용이 존재하며 평균가변비용곡선이 $U$자형을 띠는 경우에 대한 설명으로 옳은 것은?**

① 평균총비용곡선이 $U$자형을 띠지 않을 수도 있다.
② 평균가변비용이 최저가 되는 점에서 평균총비용과 한계비용이 일치한다.
③ 평균총비용과 평균가변비용이 모두 감소하는 구간에서 한계비용은 증가한다.
④ 평균가변비용이 최저가 되는 생산량이 평균총비용이 최저가 되는 생산량보다 작다.

## 08 □□□

**독점적 경쟁시장에 대한 설명으로 옳은 것만을 모두 고르면?**

ㄱ. 장기균형 상태에서 기업들은 초과설비를 보유한다.
ㄴ. 기업들은 대체성이 높지만 차별화된 상품을 생산한다.
ㄷ. 기업들은 시장가격을 곧 자신의 한계수입으로 인식한다.
ㄹ. 기업들이 생산하는 재화 간의 이질성이 높아 진입장벽이 존재한다.

① ㄱ, ㄴ
② ㄱ, ㄹ
③ ㄴ, ㄷ
④ ㄷ, ㄹ

**07** 미시 비용이론 답 ④

• 평균총비용 그래프의 극점이 평균가변비용 그래프의 극점보다 우상방에 있기에, 평균가변비용이 최저가 되는 생산량이 평균총비용이 최저가 되는 생산량보다 작다.
• 고정비용이 존재하면 총비용곡선은 원점 위 $Y$절편에서 시작하고, 평균가변비용곡선이 $U$자형이기에 비용체증의 법칙이 적용된다.

**오답피하기**

① 평균총비용은 평균가변비용에 고정비용을 더해서 결정된다. 평균총비용은 평균가변비용곡선과 마찬가지로 $U$자형이다.
② 평균가변비용이 최저가 되는 점이 아니라 평균총비용이 최저가 되는 점에서 평균총비용과 한계비용이 일치한다.
③ 평균총비용과 평균가변비용이 모두 감소하는 구간에서 한계비용은 감소하다가 증가한다.

**출제POINT**

총가변비용에서 원점으로 그은 직선의 기울기로 측정되는 평균가변비용은 $U$자 형태이며, 단기총비용에서 원점으로 그은 직선의 기울기로 측정되는 평균비용곡선은 $U$자 형태이다.

**08** 미시 독점적 경쟁시장 답 ①

ㄱ. 독점적 경쟁시장의 장기균형 상태에서 기업들은 초과설비를 보유한다.
ㄴ. 기업들은 대체성이 높지만 이질적인, 차별화된 상품을 생산한다.

**오답피하기**

ㄷ. 기업들은 한계비용을 자신의 한계수입으로 인식한다. 가격을 한계수입으로 인식하는 것은 완전경쟁시장의 기업들이다.
ㄹ. 기업들이 생산하는 재화 간 이질성이 높지만, 기업들의 진입과 퇴출은 자유롭게 이루어진다.

**출제POINT**

제품차별화를 통한 어느 정도의 시장지배력을 갖고 비가격경쟁을 보이며, 다수의 기업이 존재하고, 진입과 퇴거가 대체로 자유로운 것 등은 독점적 경쟁의 특징이다.

## 09 □□□

**수요함수가 $Q=100-2P$로 주어져 있을 때, 가격에 대한 수요의 점탄력성이 비탄력적이기 위한 $P$의 구간은? (단, $P$는 가격이고, $Q$는 수량이다)**

① $0<P<25$
② $25<P<50$
③ $0<P<50$
④ $P>50$

## 10 □□□

**소비자물가지수($CPI$)가 생계비 변화의 추정치로 사용될 때의 문제점에 해당하는 것만을 모두 고르면?**

ㄱ. 상대가격 변화로 인한 대체효과가 반영되지 않는다.
ㄴ. 상품 품질의 변화가 생계비에 주는 영향이 반영되지 않는다.
ㄷ. 새로운 상품의 도입으로 인한 생계비 하락 효과가 반영되지 않는다.

① ㄱ
② ㄱ, ㄴ
③ ㄴ, ㄷ
④ ㄱ, ㄴ, ㄷ

**09 | 미시 | 수요와 공급의 탄력성 | 답 ①**

- 수요함수 $Q=100-2P$는 $P=50-\frac{1}{2}Q$로 변형할 수 있다.
- 우하향하는 수요함수 중점 아래 점은 비탄력적이고, 중점 위 점은 탄력적이다.
- $P=50-\frac{1}{2}Q$의 중점은 $Q=50$, $P=25$이다. 점탄력성이 비탄력적이기 위해서는, 점이 중점 아래에 있어야 하기에, $P$는 $0<P<25$ 구간 안에 있어야 한다.

**출제POINT**

우하향의 수요직선에서 중점은 단위탄력적이고, 중점 위는 탄력적이며, 중점 아래는 비탄력적으로 모든 점의 수요의 가격탄력도가 다른 경우이다.

**10 | 미시 | 인플레이션이론 | 답 ④**

ㄱ. 소비자물가지수는 고정된 수량($Q_0$)을 사용하기에, 대체효과가 반영되지 않는다는 문제점이 있다.
ㄴ. 소비자물가지수에는 상품 품질의 변화가 반영되지 않고, 따라서 그로 인해 생계비에 주는 영향도 반영되지 않는다.
ㄷ. 소비자물가지수는 새로운 상품의 도입을 반영할 수 없기에, 이로 인한 생계비 하락 효과도 반영할 수 없다.

**출제POINT**

라스파이레스 방식($LP$)은 기준연도 거래량을 가중치로 사용하여 계산$\left(L_P=\frac{P_t \cdot Q_0}{P_0 \cdot Q_0}\right)$하는 물가지수로 물가변화를 과대평가하고, 소비자물가지수, 생산자물가지수 등이 있다.

## 11 □□□

**경제안정화 정책에 대한 설명으로 옳지 않은 것은?**

① 통화정책은 재정정책보다 내부시차는 짧지만 외부시차는 길다.

② 자동안정화장치의 사례로 누진소득세나 실업보험을 들 수 있다.

③ 경제가 유동성함정에 빠진 경우 통화정책보다 재정정책이 효과적이다.

④ 최적정책의 동태적 비일관성에 의하면 재량적 정책이 준칙을 따르는 정책보다 바람직하다.

## 12 □□□

**총수요-총공급 모형에서 예상치 못한 화폐공급 증가의 결과로 옳지 않은 것은? (단, 화폐공급 증가 이전의 총생산량은 자연생산량이다)**

① 단기균형에서 총생산량은 증가한다.

② 단기균형에서 물가수준은 상승한다.

③ 장기균형에서 총생산량은 증가한다.

④ 장기균형에서 물가수준은 상승한다.

**11** 거시 새케인즈학파이론 답 ④

최적정책의 동태적 비일관성은 케인즈 학파의 재량적 정책을 비판하는 주장으로, 이에 따르면, 준칙을 따르는 정책이 재량적 정책보다 바람직하다.

오답피하기

① 통화정책은 재정정책보다 내부시차는 짧고 외부시차가 길다. 즉, 내부 결정 과정은 비교적 짧지만 정책효과가 나타나기까지의 시간이 비교적 길다.

② 자동안정화장치의 사례로는 경기가 과열되는 경우 자동으로 억제하는 누진소득세와 경기가 침체되는 경우 자동으로 완화하는 실업보험 등을 들 수 있다.

③ 경제가 유동성함정에 빠진 경우, 통화정책보다 재정정책이 효과적이다.

**출제POINT**

재량적인 최적정책은 장기적으로 일관성을 상실한다는 것이 최적정책의 동태적 비일관성이다.

**12** 거시 공급측면의 균형 답 ③

예상치 못한 화폐공급 증가로 $AD$곡선이 우측 이동하지만, 과열상태가 지속되어 임금이 상승하기에 $AS$곡선이 좌측이동하여 장기균형에서 총생산량은 불변하고, 물가만 상승한다.

오답피하기

①, ② 예상치 못한 화폐공급 증가로 $AD$곡선이 우측 이동하기에, 단기균형에서 총생산량과 물가수준이 상승한다.

**출제POINT**

일반적으로 단기에는 가격변수가 완전신축적이지 않으며 정보불완전성으로 총공급곡선($AS$)은 우상향으로 도출된다. 그러나 장기적으로는 총공급곡선($AS$)은 수직선으로 도출된다.

## 13 □□□

**항상소득가설(permanent income hypothesis)에 대한 설명으로 옳은 것만을 모두 고르면?**

> ㄱ. 소비는 항상소득에 의존한다.
> ㄴ. 로또(lotto) 당첨은 저축에 영향을 주지 않는다.
> ㄷ. 소비자의 실제소득은 항상소득과 일시소득의 합이다.
> ㄹ. 경기 호황기에 항상소득은 증가하고 일시소득은 감소한다.

① ㄱ, ㄴ
② ㄱ, ㄷ
③ ㄴ, ㄹ
④ ㄷ, ㄹ

## 14 □□□

**갑국의 총생산함수는 $Y = AK^{0.2}L^{0.8}$이다. 총요소생산성 증가율이 $1\%$, 자본증가율이 $5\%$, 노동증가율이 $4\%$일 때, 갑국의 경제성장률은? (단, $Y$는 총생산, $A$는 총요소생산성, $K$는 자본, $L$은 노동이다)**

① $4.2\%$
② $5.2\%$
③ $8.0\%$
④ $10.0\%$

**13** 거시 소비이론 답 ②

ㄱ. 항상소득가설에 의하면, 소비는 항상소득에 의존한다.
ㄷ. 소비자의 실제소득은 항상소득과 일시소득이 합쳐져 결정된다.

(오답피하기)

ㄴ. 로또 당첨은 일시소득이기에 소비에는 거의 영향을 미치지 않고, 대부분 저축으로 이어진다.
ㄹ. 경기 호황기에 보너스 등의 일시소득이 증가할 수 있다.

**출제POINT**

실제소득은 자신의 자산으로부터 매기 예상되는 평균수입인 항상소득과 일시적 소득인 임시소득으로 구성되는데 소비는 항상소득의 일정비율이라는 것이 프리드만의 항상소득가설이다. 단기에 $APC$가 $MPC$보다 크고 장기에 $APC$와 $MPC$가 같아진다는 설명이 가능하다. 항상소득과 임시소득의 구분이 어렵다.

**14** 거시 경제성장론 답 ②

경제성장률 $\frac{\Delta Y}{Y}$는 $\frac{\Delta Y}{Y} = 1\% + 0.2 \times 5\% + 0.8 \times 4\%$로, $1\% + 1\% + 3.2\%$이기에, 갑국의 경제성장률은 $5.2\%$이다.

**출제POINT**

성장회계는 $\frac{\Delta Y}{Y} = \frac{\Delta A}{A} + \alpha\frac{\Delta K}{K} + (1-\alpha)\frac{\Delta L}{L}$로 구할 수 있다.

## 15 □□□

**이자율 기간구조이론에 대한 설명으로 옳지 않은 것은?**

① 특정한 만기의 채권에 대한 선호도가 높을수록 그 이자율은 낮다.
② 시장분리이론은 만기가 다른 채권 간에 대체성이 없다고 가정한다.
③ 기대이론은 장기이자율과 단기이자율의 역전 현상을 설명하기 어렵다.
④ 유동성프리미엄이론에 의하면 장기채권일수록 유동성프리미엄이 증가한다.

## 16 □□□

**리카르도 등가정리(Ricardian equivalence theorem)에 대한 설명으로 옳지 않은 것은?**

① 정부지출은 동일하게 유지된다고 전제한다.
② 조세에 따른 왜곡이 발생하는 경우 성립하지 않는다.
③ 소비자들이 유동성 제약에 직면해 있는 경우 성립한다.
④ 국채발행을 통한 감세정책은 소비에 영향을 미치지 않는다.

| 15 | 거시 | 이자율의 기간구조 | 답 ③ |
|---|---|---|---|

역전 현상은 단기이자율이 장기이자율보다 높은 현상으로, 기대이론은 이를 설명할 수 있다. 즉, 기대이론에 따르면, 장기이자율이 현재단기이자율과 미래예상단기이자율의 평균으로 구할 수 있기에, 미래침체가 예상되면, 미래예상단기이자율이 하락하여 장기이자율이 현재단기이자율보다 낮아질 수 있다.

오답피하기

① 특정한 만기의 채권에 대한 선호도가 높을수록 그 이자율은 낮다. 선호도가 높다면 수익률, 즉 이자율이 낮아도 사람들이 구매할 것이기 때문이다.
② 시장분리이론은 단기시장과 장기시장을 별개로 보기에, 만기가 다른 채권 간 대체성이 없다고 가정한다.
④ 유동성프리미엄이론에 의하면 장기채권일수록 유동성프리미엄이 증가한다.

**출제POINT**

기대이론에 따르면, 현재단기이자율과 미래예상단기이자율의 평균으로 장기이자율을 구할 수 있다.

| 16 | 거시 | 재정정책 | 답 ③ |
|---|---|---|---|

소비자들이 유동성 제약에 직면해 있는 경우에는 리카르도 등가정리가 성립하지 않는다.

오답피하기

① 리카르도 등가정리는 정부지출은 동일하게 유지된다고 전제한다.
② 리카르도 등가정리는 정액세를 가정하기에 조세에 따른 왜곡이 발생한다면 리카르도 등가정리가 성립하지 않는다.
④ 국채발행을 통한 감세정책은 소비에 영향을 미치지 않는다는 것이 리카르도 등가정리의 주장이다.

**출제POINT**

정부지출재원을 국채를 통하든 조세를 통하든 국민소득은 전혀 증가하지 않는다는 것을 리카르도 등가정리라 한다.

## 17 □□□

**소국경제인 $A$국의 $X$재 시장에서 시장개방 전 균형가격은 200원이며 균형거래량은 500개였다. 시장개방 이후 $X$재 가격은 국제가격인 120원으로 하락하고, 생산량과 소비량은 각각 100개와 700개가 되었다. $A$국의 $X$재 시장개방 효과로 옳은 것은? (단, $A$국의 $X$재에 대한 시장수요곡선은 우하향하는 직선이며, 시장공급곡선은 우상향하는 직선이다)**

① 소비자잉여는 48,000원 증가한다.
② 생산자잉여는 24,000원 증가한다.
③ 총잉여는 12,000원 증가한다.
④ 소비자잉여와 생산자잉여 모두 증가한다.

## 18 □□□

**유위험이자율평가설(uncovered interest rate parity)이 성립할 때, 환율이 반드시 상승하는 경우는? (단, 환율은 외국통화 1단위에 대한 자국통화의 비율이다)**

① 외국이자율과 자국이자율이 고정된 상태에서, 예상환율 하락
② 외국이자율과 예상환율이 고정된 상태에서, 자국이자율 상승
③ 자국이자율이 고정된 상태에서, 외국이자율 하락과 예상환율 상승
④ 외국이자율이 고정된 상태에서, 자국이자율 하락과 예상환율 상승

| 17 | 국제 | 무역정책론 | 답 ① |
|---|---|---|---|

증가한 소비자잉여는 $A+B$의 사다리꼴이기에, $\frac{1}{2}\times 80\times(500+700)$으로, 48,000원만큼 증가한다.

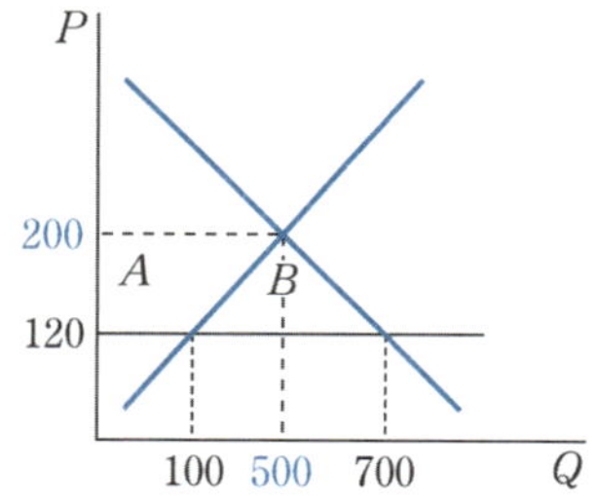


(오답피하기)

② 생산자잉여는 $A$의 사다리꼴만큼 감소한다. 즉, $\frac{1}{2}\times 80\times(100+500)$ $=24,000$원만큼 감소한다.
③ 소비자잉여가 기존보다 48,000원 증가하고, 생산자잉여가 기존보다 24,000원 감소하기에, 총잉여는 24,000원 증가한다.
④ 소비자잉여는 증가하고 생산자잉여는 감소한다.

**출제POINT**

개방 전 국내가격보다 더 낮은 국제가격으로 수입할 경우, 소비자잉여는 증가하고 생산자잉여는 감소한다.

| 18 | 국제 | 환율 | 답 ④ |
|---|---|---|---|

• 유위험평가설인 국내이자율-해외이자율=환율변화율을 무위험평가설로 변형하면, 현재환율(1+국내이자율)=선도환율(1+해외이자율)이다.
• 외국이자율이 고정된 상태에서, 자국이자율이 하락하고 예상환율이 상승한다면, 현재환율(1+국내이자율↓)=선도환율↑(1+해외이자율)에서 환율도 상승하게 된다.

(오답피하기)

① 외국이자율과 자국이자율이 고정된 상태에서, 예상환율이 하락하면 현재환율(1+국내이자율)=선도환율↓(1+해외이자율)에서 환율은 하락한다.
② 외국이자율과 예상환율이 고정된 상태에서, 자국이자율이 상승한다면 현재환율(1+국내이자율↑)=선도환율(1+해외이자율)환율은 하락한다.
③ 자국이자율이 고정된 상태에서, 외국이자율이 하락하고 예상환율이 상승하면 현재환율(1+국내이자율)=선도환율↑(1+해외이자율↓)에서 환율 변화는 알 수 없다.

**출제POINT**

금융시장에서 일물일가의 법칙을 전제로, 국가 간 완전자본이동이 보장될 때 국내투자수익률과 해외투자수익률이 동일해야 한다는 것이 이자율평가설로, 환율변화율=국내이자율-해외이자율이다.

## 19 □□□

**중앙은행이 통화량을 증가시키기 위해 공개시장 매입을 실시하였으나 통화량 증가의 효과가 기대에 미치지 못했다면, 그 이유로 옳지 않은 것은?**

① 통화승수가 감소하였다.
② 상업은행의 대출이 증가하였다.
③ 상업은행이 실제지급준비율을 높였다.
④ 가계와 기업의 현금보유성향이 증가하였다.

## 20 □□□

**다음 상황에서 정부가 기업으로 하여금 사회적으로 바람직한 수준까지만 공해를 배출하도록 규제할 때, 기업이 부담해야 하는 저감비용은? (단, 기업은 저감비용 이외의 다른 비용을 고려하지 않는다)**

> 어느 기업이 공해($E$)를 유발하는 재화를 생산하고 있다. 공해는 외부적인 피해비용을 발생시키며 공해의 한계피해비용함수는 $MDC=4E$이다. 한편 공해를 줄이려면 기업이 저감비용을 부담해야 하는데, 공해를 한 단위 줄이는 데 드는 비용인 한계저감비용함수는 $MAC=420-3E$이다. 현재는 공해 배출에 대한 규제가 없어, 이 기업은 공해를 저감하지 않으므로 저감비용을 지출하지 않고 있다.

① 7,200
② 9,600
③ 22,400
④ 32,000

| 19 | 거시 | 화폐공급이론 | 답 ② |
|---|---|---|---|

상업은행의 대출이 증가했다면, 예금 창조로 통화량 증가에 기여하게 된다. 따라서 통화량 증가의 효과가 기대에 미치지 못한 이유가 상업은행의 대출 증가는 아니다.

**오답피하기**

① 통화승수가 감소했다면 기대만큼 통화량 증가가 이루어지지 않았을 수 있다.
③ 상업은행이 실제지급준비율을 높였다면, 그만큼 대출이 덜 이루어지기에 기대만큼 통화량 증가가 이루어지지 않았을 수 있다.
④ 가계와 기업의 현금보유성향이 증가하면, 그만큼이 예금에서 대출로 전환되지 못하기에 기대만큼 통화량 증가가 이루어지지 않았을 수 있다.

**출제POINT**

은행의 지급준비율이 낮아질수록, 민간의 예금보유비율이 증가할수록, 통화승수가 증가해 통화량이 더 많이 증가한다.

| 20 | 미시 | 시장실패론 | 답 ② |
|---|---|---|---|

- 한계피해비용함수와 한계저감비용함수를 일치시키면, $4E=420-3E$로, $7E=420$는 $E=60$이기에, 사회적으로 바람직한 공해량은 60이고, 이때의 비용은 240이다.
- 현재 이 기업의 공해에 대한 규제가 없기에, 기업은 손실이 없는 선에서 모든 공해를 배출하고 있다. 따라서 현재 공해량은 $X$절편인 140이다.
- 공해량은 140에서 60까지 80만큼 저감해야 하고, 비용이 0에서 240까지 늘어나기에, 이때 기업이 부담해야 하는 저감비용은 $A$면적으로 $\frac{1}{2}\times 80\times 240=9,600$이다.

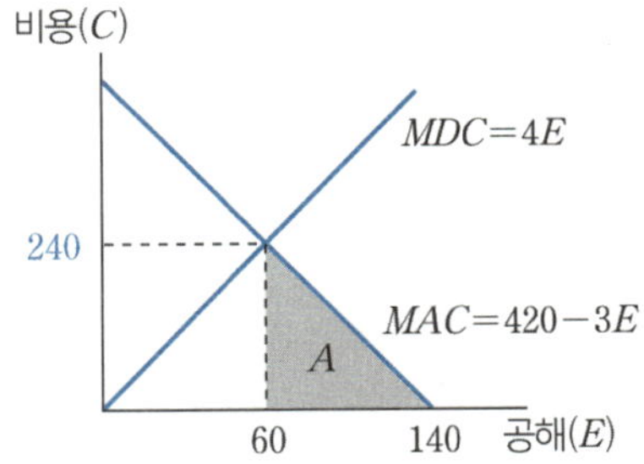


**출제POINT**

외부불경제(공해 배출)를 규제할 때, 기업이 부담해야 하는 저감비용은 $\frac{1}{2}\times$(줄여야 하는 공해분)$\times$(사회적 최적 공해 배출량에서의 비용)으로 구할 수 있다.

# 15회 2024년 지방직

## 01 □□□

**국내총생산($GDP$)에 포함되는 것은?**

① 빵의 재료로 사용된 밀가루의 가치
② 가정주부의 가사 노동에 대한 가치
③ 주택 소유주에게 지급되는 임대료
④ 지하경제에서 거래되는 재화의 판매액

## 02 □□□

**실업을 줄이기 위한 정책이 아닌 것은?**

① 고용 정보를 고시하는 홈페이지를 운영한다.
② 직업훈련학원에 보조금을 지급한다.
③ 실업자에게 실업급여를 지급한다.
④ 대규모 고용박람회를 개최한다.

| 01 | 거시 | 국민소득론 | 답 ③ |
|---|---|---|---|

귀속 임대료는 국내총생산에 포함된다.

오답피하기

① 빵의 재료로 사용된 밀가루는 최종생산물이 아닌 중간재이기에 국내총생산에 포함되지 않는다.
② 가정주부의 가사 노동은 시장에서 거래되지 않기에 국내총생산에 포함되지 않는다.
④ 지하경제에서 거래되는 재화의 경우 시장경제 내에 있지 않아 관측되지 않기에 국내총생산에 포함되지 않는다.

**출제POINT**

'일정기간 한 나라 안에서 새로이 생산된 모든 최종생산물의 시장가치'를 국내총생산($GDP$)이라 한다.

| 02 | 거시 | 실업이론 | 답 ③ |
|---|---|---|---|

실업급여는 실업자의 생활 보장을 위한 것으로, 실업 감소에는 효과가 거의 없다. 오히려 실업기간이 늘 수 있다.

오답피하기

①, ④ 고용 정보를 고시하는 홈페이지 운영 및 대규모 고용박람회의 개최는 실업자들에게 취업 정보를 제공함으로써 실업 감소에 기여한다.
② 직업훈련학원에 보조금을 지급할 경우 실업자에게의 직업훈련이 확대되어 실업이 감소할 것이다.

**출제POINT**

예상치 못한 인플레이션(제공임금상승), 실업보험의 축소(유보임금하락), 직업정보의 증대로 탐색기간이 줄고(제공임금좌측이동+유보임금좌측이동) 실업률이 하락한다. 노동자의 예상 인플레이션 상승(유보임금상승)으로 탐색기간이 길어지면 실업률이 상승한다.

## 03 □□□

**경기침체 상황에서 정부 또는 중앙은행이 경기를 회복시키기 위해 시행하는 정책이 아닌 것은?**

① 정부지출 증가
② 조세 감면
③ 공개시장에서 국채 매각
④ 지급준비율 인하

| 03 | 거시 | 재정정책 | 답 ③ |
|---|---|---|---|

공개시장에서 국채를 매각할 경우, 시중 통화량이 감소한다. 국채 매각은 경기 회복이 아닌 과열된 경기를 가라앉히기 위한 정책의 일환이다.

오답피하기

① 정부지출 증가는 재정정책 확대의 일환으로 경기 회복에 기여한다.
② 조세를 감면할 경우 소비자들의 가처분소득($Y-T$)이 증가하면서 소비를 유도해 경기를 회복시킬 수 있다.
④ 지급준비율을 인하할 경우 은행들이 더 많이 대출함으로써 시중 통화량이 증가하여 경기회복에 기여할 수 있다.

**출제POINT**

정부는 재정정책의 일환으로 정부지출이나 조세의 방향을 조작하거나 공개시장에서 공채를 매입 또는 매각할 수 있다.

## 04 □□□

**다음과 같은 상황에서 옳은 진술은?**

> 유일한 생산요소인 노동을 투입할 때, 甲국은 하루에 1인당 $X$재 3개 또는 $Y$재 6개를 만들 수 있으며, 乙국은 하루에 1인당 $X$재 3개 또는 $Y$재 8개를 만들 수 있다. (단, 양국의 노동 규모와 비용은 동일하다)

① 甲국은 $X$재 생산에 절대우위를 가지고 있다.
② 甲국은 $Y$재 생산에 비교우위를 가지고 있다.
③ 乙국은 $X$재 생산에 절대우위를 가지고 있다.
④ 乙국은 $Y$재 생산에 비교우위를 가지고 있다.

| 04 | 국제 | 비교우위론 | 답 ④ |
|---|---|---|---|

| 산출량 | 甲국 | 乙국 |
|---|---|---|
| $X$재 | 3 | 3 |
| $Y$재 | 6 | 8 |

| 기회비용 | 甲국 | 乙국 |
|---|---|---|
| $X$재 1단위 생산 | $Y$재 2 | $Y$재 $\frac{8}{3}$ |
| $Y$재 1단위 생산 | $X$재 $\frac{1}{2}$ | $X$재 $\frac{3}{8}$ |

- 甲국과 乙국은 모든 노동 규모를 동원했을 때 같은 양의 $X$재를 생산할 수 있기에 둘 중 어느 국가도 $X$재 생산의 절대우위는 없다(①, ③).
- $X$재 1단위 생산 시 기회비용은 甲국에서 $Y$재 2단위이고, 乙국에서는 $Y$재 $\frac{8}{3}$단위이다. 따라서 甲국은 $X$재 생산에 비교우위를 갖는다(②).
- $Y$재 1단위 생산 시 기회비용은 甲국에서 $X$재 $\frac{1}{2}$단위이도, 乙국에서는 $X$재 $\frac{3}{8}$단위이다. 따라서 乙국은 $Y$재 생산에 비교우위를 갖는다(④).

**출제POINT**

재화 1단위 생산의 기회비용이 작은 국가가 그 재화 생산에 비교우위가 있다.

## 05 □□□

**시장실패에 대한 설명으로 옳지 않은 것은?**

① 순수공공재는 소비에 있어서 경합성과 배제불가능성이 존재하여 시장실패의 원인이 될 수 있다.
② 시장실패가 발생하면 정부가 개입할 수 있다.
③ 시장실패의 원인 중 하나인 외부효과의 사례로 환경오염 문제를 들 수 있다.
④ 긍정적인 외부효과는 시장실패의 원인이 될 수 있다.

## 06 □□□

**공공사업의 비용편익분석에 대한 설명으로 옳지 않은 것은?**

① 편익 - 비용비율이 1보다 클 때, 해당 공공사업은 경제적 타당성을 확보한다.
② 내부수익률이 0보다 클 때, 해당 공공사업은 경제적 타당성을 확보한다.
③ 순편익의 현재가치가 0보다 클 때, 해당 공공사업은 경제적 타당성을 확보한다.
④ 공공사업의 편익은 직접 편익과 간접 편익으로 구분될 수 있다.

| 05 | 미시 | 시장실패론 | 답 ① |
|---|---|---|---|

순수공공재는 소비에 있어 비경합성과 배제불가능성이 존재한다.

(오답피하기)
② 시장실패가 발생하면 정부가 반드시 개입하는 것은 아니지만, 개입할 수 있다.
③ 시장실패의 사례 중 하나인 환경오염은 외부불경제의 대표적인 예시이다.
④ 긍정적인 외부효과 역시 재화 또는 서비스가 과소생산되어 시장실패의 원인으로 작용할 수 있다.

**출제POINT**

개인의 소비가 타인의 소비가능성을 감소시키지 않는 비경합성과 대가를 지불하지 않아도 소비할 수 있는 비배제성을 특성으로 하는 재화를 공공재라 한다. 국방, 치안, 공중파방송 등이 그 예이다.

| 06 | 미시 | 비용편익분석 | 답 ② |
|---|---|---|---|

내부수익률이 시장이자율보다 클 때 해당 공공사업은 경제적 타당성을 확보한다.

(오답피하기)
① 편익-비용 비율이 1보다 클 때 해당 공공사업은 경제적 타당성을 확보한다.
③ 순편익의 현재가치가 0보다 클 때 해당 공공사업은 경제적 타당성을 확보한다.
④ 공공사업의 편익은 직접 편익과 간접 편익으로 구분된다.

**출제POINT**

비용편익분석이란 경제성 평가의 한 방법으로, 여러 대안 가운데 가장 효과적인 대안을 찾기 위해 각 대안이 초래할 비용과 편익을 비교하고 분석하는 기법이다.

## 07 □□□

**거시경제변수를 유량변수와 저량변수로 구분할 때, 저량변수에 해당하는 것은?**

① 소득
② 실업자 수
③ 경상수지
④ 순수출

## 08 □□□

**재정의 자동안정화장치에 대한 설명으로 옳지 않은 것은?**

① 재정당국이 의도적으로 정책에 개입하지 않더라도 경기안정화에 기여한다.
② 자동안정화장치의 예로 소득세와 실업보험이 있다.
③ 정부의 재량지출은 자동안정화장치에 포함된다.
④ 소득증가에 따라 세율이 높아질수록 자동안정화장치는 더욱 강력하게 나타난다.





| 07 | 미시 | 유량과 저량 | 답 ② |
|---|---|---|---|

실업자 수는 누적치를 보지 않고 일정 시점에 측정하기에 저량변수에 해당한다.

오답피하기

①, ③, ④ 소득, 경상수지, 순수출은 대표적인 유량변수들이다.

**출제POINT**

일정기간에 걸쳐 측정되는 변수를 유량이라 하고, 일정시점에서 측정할 수 있는 변수를 저량이라 한다. 유량에는 수요량, 공급량, 소비량, 생산량, *GDP*, 국제수지, 수출액, 수입액 등이 있고, 저량에는 통화량, 노동량, 자본량, 국부, 외채, 외환보유고 등이 있다.

| 08 | 거시 | 자동안정화장치 | 답 ③ |
|---|---|---|---|

정부의 재량지출은 사전에 미리 정책으로 정해진 것이 아닌, 논의 후 가용한 자원을 지출하는 것으로 자동안정화장치의 일환으로 볼 수 없다.

오답피하기

① 재정당국이 의도적으로 정책에 개입하지 않더라도 경제상황이 사전에 정해둔 조건을 충족하면 자동적으로 시행되어 경기안정화에 기여한다.
② 자동안정화장치로 소득세 또는 실업보험을 들 수 있다.
④ 누진세 적용으로 소득증가에 따라 세율이 높아진다면, 경기과열을 억제하는 자동안정화장치는 더욱 강력하게 나타날 것이다.

**출제POINT**

경기변동에 따라 누진세, 실업보험 등의 제도를 통해 자동으로 조세수입 또는 정부지출이 변해 경기진폭을 완화해주는 제도를 자동안정화장치라 한다.

## 09 □□□

$X$재에 대한 수요함수는 $Q = 100 - P$이고, $X$재의 평균비용과 한계비용은 각각 40으로 동일하다. $X$재 시장이 독점일 경우, 독점 생산자의 가격($P$)과 생산량($Q$)을 바르게 연결한 것은?

| | 생산자 가격($P$) | 생산량($Q$) |
|---|---|---|
| ① | 30 | 70 |
| ② | 40 | 60 |
| ③ | 60 | 40 |
| ④ | 70 | 30 |

**09** 미시 **독점시장** 답 ④

- 수요함수를 $P$에 대해 다시 쓰면 $P = 100 - Q$로, 절편을 그대로 둔 채 기울기에 2배를 곱하면 $MR$을 구할 수 있다. 따라서 $MR = 100 - 2Q$이다.
- $MC = AC = 40$이고, 독점기업은 $MR = MC$에서 생산량을 결정하기에, $100 - 2Q = 40$, $60 = 2Q$, $30 = Q$이다. 따라서 적정 생산량은 30이다.
- 생산자 가격은 적정 생산량을 수요함수에 대입하여 구할 수 있다. $Q = 30$을 $P = 100 - Q$에 대입하면 $P = 100 - 30 = 70$으로 생산자 가격은 70임을 알 수 있다.

**출제POINT**

독점기업은 $MR = MC$에서 생산량을 결정하고, $MR = MC$의 위에 있는 수요곡선상의 점에서 가격이 결정된다.
즉, $P = AR > MR = MC$이다.

## 10 □□□

어느 독점기업은 $X$재를 생산하기 위해 공장 두 곳을 운영하고 있고, 제1공장과 제2공장의 한계비용함수는 각각 $MC_1 = 100 + 4Q_1$, $MC_2 = 180 + 2Q_2$이다. 이 기업이 두 공장에서 $X$재를 140단위 생산하고자 할 때, 제1공장과 제2공장의 생산량을 바르게 연결한 것은? (단, $Q_1$과 $Q_2$는 각각 제2공장과 제2공장의 $X$재 생산량이다)

| | 제1공장 생산량($Q_1$) | 제2공장 생산량($Q_2$) |
|---|---|---|
| ① | 60 | 80 |
| ② | 70 | 70 |
| ③ | 80 | 60 |
| ④ | 90 | 50 |

**10** 미시 **다공장독점** 답 ①

- 다공장독점하 이윤을 극대화하는 기업은 각 공장의 한계비용을 일치시킨다. 따라서 $100 + 4Q_1 = 180 + 2Q_2$로, $4Q_1 - 2Q_2 = 80$, $2Q_1 - Q_2 = 40$이다.
- 두 공장에서 $X$재를 140단위만큼 생산해야 하기에, $Q_1 + Q_2 = 140$이다.
- 위에서 도출한 두 식을 연립하면, $Q_1 = 60$, $Q_2 = 80$임을 알 수 있다.

**출제POINT**

독점기업이 여러 공장에서 동일한 재화를 생산하는 것을 다공장독점이라 하며, 과점시장에서 카르텔의 경우와 동일하다.

## 11 □□□

**모든 생산요소의 투입량이 두 배가 되었을 때, 생산량이 두 배보다 더 많아지는 경우를 설명하는 것은?**

① 규모에 대한 수익 증가
② 한계대체율(marginal rate of substitution)체감
③ 한계변환율(marginal rate of transformation)체증
④ 범위의 경제

## 12 □□□

**완전경쟁시장에서 어느 기업의 비용함수는 $TC = Q^2 + 100$이다. 이 기업의 장기균형에서의 가격과 생산량을 바르게 연결한 것은? (단, $Q$는 생산량을 의미한다)**

| | 장기균형에서의 가격 | 장기균형에서의 생산량 |
|---|---|---|
| ① | 10 | 10 |
| ② | 10 | 20 |
| ③ | 20 | 10 |
| ④ | 20 | 20 |




| 11 | 미시 | 생산이론 | 답 ① |
|---|---|---|---|

모든 생산요소의 투입량이 두 배가 되었을 때 생산량이 두 배보다 더 많아지는 경우는 규모에 대한 수익 증가라 한다.

오답피하기

② $Y$재를 $X$재로 대체해 감에 따라 한계대체율이 점점 감소하는 것을 한계대체율체감의 법칙이라 한다.
③ 생산가능곡선의 접선의 기울기를 한계변환율($MRT$)이라 하며, 이는 $X$재 생산의 기회비용이다.
④ 한 기업이 여러 가지 재화를 동시에 생산하는 것이 여러 기업이 각각 한 가지의 재화를 생산할 때보다 생산비용이 적게 소요되는 것을 범위의 경제라 한다.

**출제POINT**

모든 요소투입량이 $k$배 증가하면 생산량이 $k$배 증가하는 것을 규모에 대한 수익불변($CRS$)이라 하고 $LAC$는 수평선이다. 모든 요소투입량이 $k$배 증가하면 생산량이 $k$배보다 크게 증가하는 것을 규모에 대한 수익체증($IRS$)이라 하고 $LAC$는 우하향이다. 모든 요소투입량이 $k$배 증가하면 생산량이 $k$배 보다 작게 증가하는 것을 규모에 대한 수익체감($DRS$)이라 하고 $LAC$는 우상향이다.

| 12 | 미시 | 완전경쟁시장 | 답 ③ |
|---|---|---|---|

- 완전경쟁기업의 비용함수가 $TC = Q^2 + 100$으로, 평균비용함수는 $AC = Q + \frac{100}{Q}$이다.
- 함수의 최소점은 미분하여 0을 만드는 값으로 구할 수 있다. 위에서 구한 $AC$를 미분하면, $\frac{dAC}{dQ} = 1 - \frac{100}{Q^2}$으로, 이를 0으로 만드는 값은 $1 - \frac{100}{Q^2} = 0$, $Q^2 = 100$이기에 $Q = 10$이다.
- 완전경쟁시장에서 장기균형에서의 가격은 $P = AC(= Q + \frac{100}{Q})$에서 결정되기에 $Q = 10$일 때, $P = 20$이다.

**출제POINT**

완전경쟁시장의 기업은 장기평균비용곡선의 최소점에서 생산한다.

## 13 □□□

**환율상승으로 나타나는 $J$-커브효과에 대한 설명으로 옳지 않은 것은?**

① 경상수지가 단기에는 악화되며 시간이 지나면 호전되는 변화 양상을 의미한다.
② 마샬-러너(Marshall-Lerner) 조건과 무관하다.
③ 수출입 수량 변동 조정에 시간이 소요되는 것이 원인이 될 수 있다.
④ 환율변화 크기만큼 수입 및 수출 가격이 당장 변하지 않는 불완전한 환율전가가 원인이 될 수 있다.

| 13 | 국제 | $J$-커브효과 | 답 ② |
|---|---|---|---|

마샬-러너 조건은 평가절하 시 경상수지가 개선되기 위한 조건으로 (자국의 수입수요의 가격탄력성)+(외국의 수입수요의 가격탄력성)>1이다. 따라서 마샬-러너 조건은 $J$-커브효과 회피조건으로 볼 수 있다.

**오답피하기**

① $J$-커브효과는 경상수지가 단기에 악화되었다가 시간의 흐름에 따라 호전되는 변화 양상을 뜻한다.
③ $J$-커브는 가격이 즉각 변화하나 수출입 수량에 시간이 소요되어 발생한다.
④ 가격이 즉각 변하지 않았음에도 $J$-커브효과가 발생한다면 불완전한 환율전가를 원인으로 생각할 수 있다.

**출제POINT**
평가절하 시 수출품과 수입품의 가격은 즉각 변하나 수출입량의 조정은 서서히 이루어진다. 즉, 달러표시 수출품의 가격은 즉각 하락하나 수출량은 서서히 증가하기에 단기적으로 경상수지가 악화되었다가 시간이 지나면서 점차 개선되는 효과를 $J$-커브효과라 한다.

## 14 □□□

**솔로우(Solow) 성장모형의 황금률에 대한 설명으로 옳은 것은?**

① 1인당 생산을 가장 크게 만드는 균제상태를 말한다.
② 1인당 소비를 가장 크게 만드는 균제상태를 말한다.
③ 1인당 자본량을 가장 크게 만드는 균제상태를 말한다.
④ 1인당 자본량이 증가하는 균제상태를 말한다.

| 14 | 거시 | 경제성장론 | 답 ② |
|---|---|---|---|

황금률은 1인당 소비를 가장 크게 만드는 균제상태이다.

**오답피하기**

①, ③, ④ 황금률은 1인당 소비를 가장 크게 만드는 균제상태이다.

**출제POINT**
1인당 소비가 극대화되는 상태를 자본축적의 황금률이라 하고 $f'(k)=n+d$에서 달성된다.

## 15 □□□

**$IS$곡선상의 점에 대한 설명으로 옳지 않은 것은?**

① 계획된 지출과 실제 지출이 일치한다.
② 계획된 지출과 총소득이 일치한다.
③ 의도하지 않은 재고의 변화가 발생하지 않는다.
④ 실질화폐잔고에 대한 수요와 공급이 일치한다.

## 16 □□□

**동질적 재화를 생산하는 두 기업만 존재하는 복점시장의 역수요함수는 $P=60-2Q$이다. 두 기업의 한계비용이 $MC_1=MC_2=0$의 조건을 만족할 때, 꾸르노균형에서의 시장생산량과 완전담합에서의 시장생산량을 바르게 연결한 것은? (단, $Q$는 두 기업의 생산량의 합이고, $P$는 시장가격이다)**

| | 꾸르노균형($Q$) | 완전담합($Q$) |
|---|---|---|
| ① | 10 | 10 |
| ② | 10 | 20 |
| ③ | 20 | 10 |
| ④ | 20 | 20 |

**15** 거시 $IS$곡선 답 ④

실질화폐잔고에 대한 수요와 공급이 일치하는 점들의 궤적으로 이루어진 곡선은 $LM$곡선이다.

오답피하기

① $IS$곡선상 점들은 계획된 지출과 실제 지출이 일치한다.
② $IS$곡선상 점들은 계획된 지출과 총소득(=실제 지출)이 일치한다.
③ $IS$곡선상 점에서는 의도하지 않은 재고의 변화가 발생하지 않는다.

**출제POINT**

$IS$곡선상 점들은 계획된 지출($C+I+G$)과 실제 지출($Y$)이 일치한다.

**16** 미시 과점시장 답 ④

- 완전경쟁시장의 경우 $P=MC$가 성립하기에 $60-2Q=0$, $Q=30$으로 30만큼 생산할 것이다.
- 꾸르노모형은 완전경쟁의 $\frac{2}{3}$만큼 생산한다. 따라서 이 경우 $30\times\frac{2}{3}=20$만큼 생산한다.
- 완전담합의 경우 독점으로, $MR=MC$에서 생산되기에 $60-4Q=0$, $Q=15$만큼 생산할 것이다.

**출제POINT**

두 기업이 모두 추종자라고 가정하는 꾸르노모형은 완전경쟁의 $\frac{2}{3}$만큼 생산한다.

지방직

## 17 □□□

정상재인 $X$에 대한 수요함수는 $Q=1{,}200-4P$이다. $X$의 수요에 대한 가격탄력성이 $\frac{1}{2}$일 때의 가격은? (단, $Q$는 수요량이고, $P$는 가격이다)

① 100 ② 200
③ 400 ④ 600

## 18 □□□

화폐금융정책 운용체계에서 물가안정목표제에 대한 설명으로 옳지 않은 것은?

① 중앙은행이 일정 기간 동안 달성해야 할 물가상승률 목표치를 명목기준지표로 제시한다.
② 민간의 기대인플레이션 형성을 어렵게 한다.
③ 목표 달성 여부를 직접 확인할 수 있다.
④ 정책의 동태적 비일관성을 완화할 수 있다.

| 17 | 미시 | 수요와 공급의 탄력성 | 답 ① |
|---|---|---|---|

- $\frac{\Delta Q}{\Delta P}\times\frac{P}{Q}=\frac{1}{2}$이기에 $4\times\frac{P}{Q}=\frac{1}{2}$로, $4P=\frac{1}{2}Q$, $8P=Q$이다.
- 수요함수에 대입하면, $8P=1{,}200-4P$, $12P=1{,}200$, $P=100$으로 이때의 가격은 100임을 알 수 있다.

**출제POINT**

$A$점에서 수요의 가격탄력성은 기울기 역수$\left(\frac{1}{\frac{\Delta Y}{\Delta X}}\right)$와 $\frac{Y}{X}$의 곱으로 구할 수 있다.

| 18 | 거시 | 통화정책 | 답 ② |
|---|---|---|---|

물가안정목표제에서는 제시된 물가상승률 목표치를 통해, 민간의 기대인플레이션 형성이 용이해진다.

오답피하기

① 물가안정목표제는 중앙은행이 일정 기간 동안 달성해야 할 물가상승률 목표치를 명목기준지표로 제시한다.
③ 명시적 지표가 있기에 목표 달성 여부를 직접 확인할 수 있다.
④ 동태적 비일관성은 상황에 따라 경제 정책이 바뀌는 것으로, 물가안정목표제를 시행하면 이를 완화할 수 있다.

**출제POINT**

물가안정목표제(Inflation targeting)란 중앙은행이 명시적인 중간목표 없이 일정기간 동안 달성해야 할 물가목표치를 미리 제시하고 이에 맞추어 통화정책을 운영하는 방식이다.

## 19 □□□

**甲국이 다음과 같은 정책을 실시하였을 때 예상되는 상황이 아닌 것은?**

> 甲국(대국)과 교역 상대국 乙국(소국)이 모두 변동환율제와 자유로운 자본이동을 허용하는 상태에서, 최근 몇 년간 甲국이 경기회복을 목적으로 양적완화정책을 실시하였다.

① 甲국은 통화가치 하락을 통해 자국의 무역수지를 개선할 수 있다.
② 甲국은 대내적으로 통화량 증가를 통해 경기를 활성화할 수 있다.
③ 甲국은 자국의 총수요를 확대시킬 수 있다.
④ 甲국의 양적완화정책은 乙국의 무역수지 흑자를 가져온다.

## 20 □□□

**어느 소비자의 $X$재와 $Y$재에 대한 효용함수는 $U(x,y) = x^{0.5}y^{0.5}$이다. 이 소비자의 소득은 48이고, $X$재와 $Y$재의 가격은 각각 8과 2라고 할 때, 이 소비자의 $X$재와 $Y$재에 대한 최적의 소비량을 바르게 연결한 것은? (단, $x$와 $y$는 각각 $X$재와 $Y$재에 대한 소비량이고, 소득은 $X$재와 $Y$재에 모두 소비된다)**

| | $X$재 소비량 | $Y$재 소비량 |
|---|---|---|
| ① | 3 | 12 |
| ② | 4 | 8 |
| ③ | 5 | 4 |
| ④ | 6 | 0 |

**19** 국제 **환율** 답 ④

양적완화정책은 시중 통화량을 증가시킨다. 이로써 甲국의 통화가치가 하락하면서 환율이 상승한다. 이는 乙국의 무역수지 적자를 가져올 것이다.

**오답피하기**

① 통화가치 하락은 환율상승을 뜻한다. 환율상승을 통해 무역수지를 개선할 수 있다.
② 자유로운 자본이동이 이루어지는 경우, 변동환율제하 금융정책 확대(통화량 증가)를 통해 경기 활성화가 가능하다.
③ 갑국은 확대 금융정책을 통해 총수요를 확대시킬 수 있다.

**출제POINT**

환율상승은 자국 화폐가치 하락으로 원화의 평가 절하이고, 환율하락은 자국 화폐가치 상승으로 원화의 평가 절상이다.

**20** 미시 **효용극대화** 답 ①

- 효용함수에 따라 $MRS_{xy} = \frac{y}{x}$이다.
- 예산선의 기울기는 $\frac{P_x}{P_y} = 4$로, 한계대체율과 예산선의 기울기를 일치시켜 소비자의 효용을 극대화할 수 있다. 따라서 $\frac{y}{x} = 4, y = 4x$이다.
- 예산제약식은 $8x + 2y = 48$이기에, $y = 4x$를 대입하면, $16x = 48$, $x = 3$이고, $24 + 2y = 48, 2y = 24, y = 12$이다.

**출제POINT**

주어진 예산선 수준에서 총효용이 극대가 되는 것을 소비자균형이라 하고, 무차별곡선과 예산선이 접하는 점에서 한계효용균등의 법칙에 따라 달성된다.

# Part 3

# 서울시

# 1회 2013년 서울시

## 01 □□□

**소비자잉여에 대한 다음의 서술 중 옳은 것은?**

① 공급이 감소하여 가격이 상승한 경우 소비자잉여는 감소한다.
② 수요가 증가하여 가격이 상승한 경우 소비자잉여는 감소한다.
③ 수요의 탄력성이 클수록 소비자잉여도 크다.
④ 공급의 탄력성이 클수록 소비자잉여도 크다.
⑤ 소비자잉여를 늘리는 정책은 자원배분의 효율성도 제고한다.

**01** 미시 소비자잉여 답 ①

공급이 감소하여 가격이 상승하고 거래량이 준 경우 소비자잉여는 감소한다.

오답피하기

② 수요가 증가하여 가격이 상승하나 거래량이 증가하여 소비자잉여는 증가한다.
③ 수요의 탄력성이 클수록 소비자잉여는 작다.
④ 공급의 탄력성이 클수록 생산자잉여는 작다.
⑤ 최고가격제나 보조금 지급과 같은 소비자잉여를 늘리는 정책은 자원배분의 비효율성을 크게 한다.

**출제POINT**

소비자의 최대지불의사금액에서 실제지불금액을 차감한 것을 소비자잉여라 한다.

## 02 □□□

**미국 뉴욕 소재 해외 회계법인에 취직되어 있던 한국인 김씨는 회사의 인력감축계획에 따라 실직하고 귀국하였다. 김씨의 실직 귀국이 두 나라의 국민소득에 미치는 영향은?**

① 한국과 미국의 *GDP* 모두 감소
② 한국과 미국의 *GNI* 모두 감소
③ 한국 *GDP* 와 미국 *GNI* 감소
④ 한국 *GNI* 와 미국 *GDP* 감소
⑤ 한국 *GNI* 감소, 미국은 영향 없음

**02** 거시 *GDP* 와 *GNI* 답 ④

미국에서 일하던 한국인 김씨가 실직하고 귀국하면 미국 *GDP*가 감소하고, 한국 *GNI*도 감소한다.

**출제POINT**

*GDP*는 영토기준이고, *GNI*는 국적기준이다.

## 03 □□□

**수요의 여러 가지 탄력성 개념과 관련된 다음의 설명 중에서 옳은 것은?**

① 어느 재화의 가격이 상승하였을 때 그 재화에 대한 지출액이 변화하지 않았다면 그 재화에 대한 수요의 가격탄력성은 0이다.

② 어느 재화의 가격이 상승하였을 때 그 재화에 대한 수요량이 증가하였다면 그 재화는 열등재이다.

③ 소득이 5% 증가하였을 때 한 재화에 대한 수요가 10% 증가하였다면 그 재화는 필수재이다.

④ 재화 $X$의 가격이 증가하였을 때 재화 $Y$에 대한 수요의 교차탄력성이 음수라면 재화 $Y$는 재화 $X$의 대체재이다.

⑤ 기펜재는 열등재 중에서 가격변화로 인한 소득효과의 절댓값이 대체효과의 절댓값보다 작을 때 나타난다.

**03** 미시 **소득탄력성과 교차탄력성** 답 ②

어느 재화의 가격이 상승하였을 때 그 재화에 대한 수요량이 증가하였다면 그 재화는 기펜재인 열등재이다.

오답피하기

① 어느 재화의 가격이 상승하였을 때 그 재화에 대한 지출액이 변화하지 않았다면, 이는 정액구매로 그 재화에 대한 수요의 가격탄력성은 1이다.

③ 소득이 5% 증가하였을 때 한 재화에 대한 수요가 10% 증가하였다면, 수요의 소득탄력도가 1보다 큰 경우로, 그 재화는 사치재이다.

④ 재화 $X$의 가격이 증가하였을 때 재화 $Y$에 대한 수요의 교차탄력성이 음수라면 재화 $Y$는 재화 $X$의 보완재이다.

⑤ 기펜재는 열등재 중에서 가격변화로 인한 소득효과의 절댓값이 대체효과의 절댓값보다 클 때 나타난다.

**출제POINT**

소득이 1% 변화할 때 수요변화율이 소득탄력성으로, (+)일 때 정상재, (−)일 때 열등재이다.

## 04 □□□

**주어진 예산을 여러 재화의 소비에 나누어 지출하는 어떤 소비자가 합리적 선택을 한 경우에 대한 다음의 설명 중 옳은 것은?**

① 각 재화에 지출되는 금액 단위당 한계효용은 같아진다.

② 각 재화의 한계효용이 극대화된다.

③ 각 재화에 대한 수요의 가격탄력성이 1이 된다.

④ 가격이 낮은 재화일수록 소비량은 더 크다.

⑤ 각 재화에 대한 지출금액은 동일하다.

**04** 미시 **한계효용균등의 법칙** 답 ①

한계효용균등의 법칙에 따라 각 재화에 지출되는 금액 단위당 한계효용은 같아진다.

오답피하기

② 한계효용균등의 법칙에 따라 총효용이 극대화된다.

③ 각 재화에 대한 수요의 가격탄력성이 1인 경우는 정액구매의 사례이다.

④ 가격이 낮은 재화일수록 소비량이 더 큰 경우는 동일 재화에서 수요의 법칙이 적용되는 사례이다.

⑤ 한계효용균등의 법칙에 따라 소비하더라도 각 재화에 대한 지출금액이 동일하다는 보장은 없다.

**출제POINT**

두 재화 1원어치의 한계효용이 동일하여 더 이상의 총효용이 증가될 여지가 없어 총효용이 극대화되는 조건을 한계효용균등의 법칙이라 한다.

## 05 □□□

**완전경쟁시장에서 어느 기업의 비용구조가 다음과 같다고 할 때, 시장가격이 4,000원일 경우 이 기업의 장단기 행태는?**

| 생산량(단위) | 0 | 1 | 2 | 3 | 4 | 5 |
|---|---|---|---|---|---|---|
| 총비용(원) | 5,000 | 10,000 | 12,000 | 15,000 | 24,000 | 40,000 |

① 단기에 1단위 생산하고 장기에는 시장에서 퇴출한다.
② 단기에 2단위 생산하고 장기에는 시장에서 퇴출한다.
③ 단기에 3단위 생산하고 장기에는 시장에서 퇴출한다.
④ 단기에 4단위 생산하고 장기에는 시장에서 퇴출한다.
⑤ 단기에 공장을 닫고 장기에는 시장에서 퇴출한다.

| 05 | 미시 | 완전경쟁시장 | 답 ③ |
|---|---|---|---|

(단기적으로)총비용은 총고정비용과 총가변비용의 합이다. 생산량이 0일 때 총비용 5,000원은 총고정비용이다. 따라서 비용구조는 다음과 같다.

| 생산량 | 0 | 1 | 2 | 3 | 4 | 5 |
|---|---|---|---|---|---|---|
| 총비용 | 5,000 | 10,000 | 12,000 | 15,000 | 24,000 | 40,000 |
| 평균비용 | - | 10,000 | 6,000 | 5,000 | 6,000 | 8,000 |
| 총가변 | 0 | 5,000 | 7,000 | 10,000 | 19,000 | 35,000 |
| 평균가변 | - | 5,000 | 3,500 | 3,333 | 4,750 | 7,000 |
| 한계비용 | - | 5,000 | 2,000 | 3,000 | 9,000 | 16,000 |

'평균비용 > 가격 > 평균가변비용'이면 단기적으로는 생산을 지속하나 장기적으로는 생산을 중단한다. 따라서 2단위와 3단위가 해당된다. 그런데, 2단위에서 이윤은 −4,000원이고 3단위에서 이윤은 −3,000원이기에 단기에 3단위 생산하고 장기에는 시장에서 퇴출한다.

**출제POINT**

기업은 '평균비용 > 가격 > 평균가변비용'이면 단기적으로는 생산을 지속하나 장기적으로는 생산을 중단한다.

## 06 □□□

**소비지출 $C = 100 + 0.8Y$, 투자지출 $I = 500$, 정부지출 $G = 200$일 때 균형국민소득은?**

① 1,000
② 4,000
③ 5,000
④ 7,000
⑤ 10,000

| 06 | 거시 | 균형국민소득 | 답 ② |
|---|---|---|---|

$Y = C(100+0.8Y) + I(500) + G(200) = 100 + 0.8Y + 500 + 200$
$= 0.8Y + 800$에서 $0.2Y = 800$에서 $Y = 4,000$이다.

**출제POINT**

폐쇄경제하 국내총지출은 $C$(민간소비지출), $I$(민간총투자), $G$(정부지출)의 합과 같다.

## 07 □□□

**두 과점기업 $A$, $B$의 전략적 행동에 따라 달라지는 보수행렬이 아래와 같다고 할 때, 첫 번째 숫자는 기업 $A$의 이윤, 두 번째 숫자는 기업 $B$의 이윤을 가리킨다. 기업 $A$와 $B$의 우월전략은 각각 무엇인가?**

기업 $B$의 전략적 결정

| | 구분 | 전략 1 | 전략 2 |
|---|---|---|---|
| 기업 $A$의 전략적 결정 | 전략 1 | (300만 원, 600만 원) | (200만 원, 400만 원) |
| | 전략 2 | (50만 원, 300만 원) | (250만 원, 0원) |

① 기업 $A$: 전략 1, 기업 $B$: 전략 1
② 기업 $A$: 전략 1, 기업 $B$: 전략 2
③ 기업 $A$: 전략 2, 기업 $B$: 전략 1
④ 기업 $A$: 전략 2, 기업 $B$: 우월전략이 없다
⑤ 기업 $A$: 우월전략이 없다, 기업 $B$: 전략 1

**07** 미시 **게임이론** 답 ⑤

• 기업 $A$의 경우, 기업 $B$가 전략 1을 선택하면 기업 $A$는 전략 1을 선택하고, 기업 $B$가 전략 2를 선택하면 기업 $A$는 전략 2를 선택하기에 기업 $A$의 우월전략은 없다.
• 기업 $B$의 경우, 기업 $A$가 전략 1을 선택하면 기업 $B$는 전략 1을 선택하고, 기업 $A$가 전략 2를 선택하면 기업 $A$는 전략 1을 선택하기에 기업 $B$의 우월전략은 전략 1이다.

**출제POINT**
상대방의 전략에 관계없이 모든 경기자가 항상 자신의 보수를 가장 크게 하는 전략을 선택할 때 도달하는 균형을 우월전략균형이라 하고, 따라서 경쟁기업의 전략을 고려할 필요가 없다.

## 08 □□□

**독점기업의 행동에 대한 설명으로 옳지 않은 것은?**

① 독점기업은 수요가 비탄력적인 구간에서 생산한다.
② 독점기업은 한계수입과 한계비용이 일치하도록 생산한다.
③ 독점기업은 공급곡선을 갖지 않는다.
④ 독점기업에 대한 수요곡선은 우하향한다.
⑤ 독점기업은 완전경쟁에 비해 적은 양을 생산한다.

**08** 미시 **독점기업** 답 ①

독점기업은 완전경쟁과 달리 $P > MC$인 구간에서 생산되기에 후생손실을 보인다. 또한 탄력적인 구간에서 생산한다.

(오답피하기)
② 독점기업은 한계수입과 한계비용이 일치하도록 생산한다.
③, ④ 우하향의 수요곡선상에서 가장 유리한 생산점을 선택할 수 있으므로 독점기업의 공급곡선은 존재하지 않는다.
⑤ 독점기업은 완전경쟁에 비해 적은 양을 생산한다.

**출제POINT**
독점기업은 $MR = MC$에서 생산량을 결정하고, $MR = MC$의 위에 있는 수요곡선상의 점에서 가격이 결정된다. 즉, $P = AR > MR = MC$이다.

## 09 □□□

**조세법이 대부자금(loanable funds)의 공급을 증가시키는 방향으로 개정되었다고 가정할 때, 이러한 법 개정이 대부자금 균형거래량 수준에 가장 큰 영향을 미칠 수 있는 상황은?**

① 대부자금 수요곡선이 매우 탄력적이며, 대부자금 공급곡선이 매우 비탄력적인 경우
② 대부자금 수요곡선이 매우 비탄력적이며, 대부자금 공급곡선이 매우 탄력적인 경우
③ 대부자금 수요곡선과 공급곡선 모두 매우 탄력적인 경우
④ 대부자금 수요곡선과 공급곡선 모두 매우 비탄력적인 경우
⑤ 정답 없음

## 10 □□□

**아래의 총수요 - 총공급모형에 대한 설명 중에서 옳지 않은 것은?**

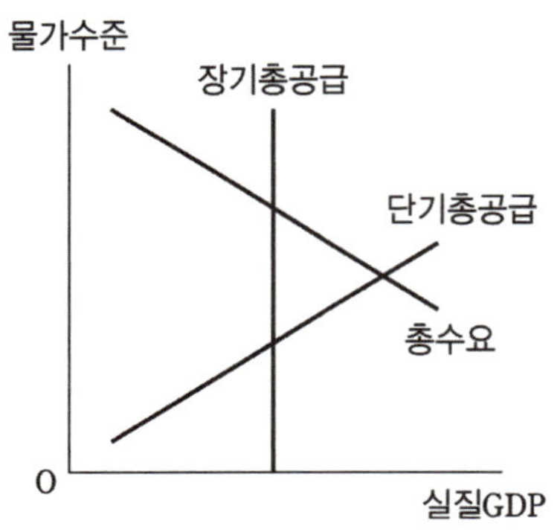


① 경기안정화를 위해 공개시장매도를 하는 통화정책이 필요하다.
② 경기안정화를 위해 정부지출을 감소시키는 재정정책이 필요하다.
③ 시간이 지남에 따라 단기 총공급곡선은 좌측으로 이동하여 장기균형에 도달한다.
④ 시간이 지남에 따라 총수요곡선은 좌측으로 이동하여 장기균형에 도달한다.
⑤ 시간이 지남에 따라 기대 물가수준은 높아진다.

| 09 | 거시 | 대부자금시장 | 답 ① |
|---|---|---|---|

대부자금 수요곡선이 매우 탄력적이며, 대부자금 공급곡선이 매우 비탄력적인 경우, 대부자금 균형거래량수준은 크게 증가한다.

**출제POINT**

공급곡선의 우측이동 시 거래량이 크게 증가하는 것은, 수요곡선은 완만하고 공급곡선은 가파른 경우이다.

| 10 | 거시 | 총수요 - 총공급모형 | 답 ④ |
|---|---|---|---|

시간이 지남에 따라 노동력 부족으로 임금이 상승하기에 총수요곡선이 아니라 단기 총공급곡선이 좌측으로 이동하여 장기균형에 도달한다.

(오답피하기)

① 경기과열 시 경기안정화를 위해 공개시장매도의 긴축통화정책이 필요하다.
② 경기과열 시 경기안정화를 위해 정부지출을 감소시키는 긴축재정정책이 필요하다.
③ 시간이 지남에 따라 노동력 부족으로 임금이 상승하기에 단기 총공급곡선은 좌측으로 이동하여 장기균형에 도달한다.
⑤ 따라서 시간이 지남에 따라 기대 물가수준은 높아진다. 총수요곡선과 단기 총공급곡선이 만나는 단기균형에서의 실제 *GDP*가 총수요곡선과 장기 총공급곡선이 만나는 장기균형에서의 잠재 *GDP*보다 크면 경기가 과열된 상태이다.

**출제POINT**

총수요곡선과 단기 총공급곡선이 만나는 단기균형에서의 실제 *GDP*가 총수요곡선과 장기 총공급곡선이 만나는 장기균형에서의 잠재 *GDP*보다 크면 경기가 과열된 상태이다.

## 11 □□□

**임금수준과 노동공급량에 대한 설명으로 가장 적절한 것은?**

① 임금이 상승하면 시장의 노동공급량은 항상 감소한다.
② 임금수준은 상승하고 근로시간은 줄었다면, 노동공급곡선은 항상 음(-)의 기울기를 갖는다.
③ 임금의 상승은 재화와 여가 모두의 소비를 늘리는 대체효과를 갖는다.
④ 임금의 상승은 재화의 소비를 줄이고 여가의 소비를 늘리는 소득효과를 갖는다.
⑤ 임금이 상승할 때 개인의 노동공급량은 대체효과와 소득효과의 크기에 따라 증가 또는 감소한다.

**11** 미시 **노동공급곡선** 답 ⑤

임금상승 시 노동자의 노동증감여부는 대체효과와 소득효과의 상대적 크기에 의하여 결정된다.

오답피하기

① 임금이 상승하면 시장의 노동공급량은 대체효과와 소득효과의 상대적 크기에 의하여 결정된다.
② 임금수준 상승과 근로시간 단축은, 노동공급곡선이 후방굴절할 때도 나타나지만, 노동공급곡선 자체의 좌측 이동으로도 나타날 수 있다. 따라서 노동공급곡선은 항상 음(-)의 기울기를 갖는다고 단정할 수 없다.
③ 임금상승의 대체효과란 임금상승으로 여가소비의 기회비용이 상승하여 여가소비를 줄이고 노동공급량을 늘리는 효과이다.
④ 임금상승의 소득효과란 임금상승으로 실질소득이 증가하여 여가소비를 늘리고 노동공급량을 줄이는 효과이다.

**출제POINT**

대체효과와 소득효과에 따라 우상향 또는 후방굴절하는 개별노동공급곡선을 수평으로 합하여 도출한 곡선이 완만한 우상향의 시장노동공급곡선이다. 임금상승 시 노동자의 노동증감여부는 대체효과(임금↑→ 여가소비의 기회비용↑→ 여가소비↓→ 노동공급↑)와 소득효과(임금↑→ 실질소득↑→ 여가소비↑→ 노동공급↓)의 상대적 크기에 의하여 결정된다. 일반적으로 임금이 낮을 때 대체효과 > 소득효과이기에 임금 상승 시 노동공급이 증가하여 노동공급곡선이 우상향이나, 임금이 매우 높을 때는 대체효과 < 소득효과이기에 임금상승 시 노동공급이 감소하여 노동공급곡선이 후방굴절하는 형태이다.

## 12 □□□

**$B$국가는 전세계 어느 국가와도 무역을 하지 않으며, 현재 $GDP$는 300억 달러라고 가정하자. 매년 $B$국가의 정부는 50억 달러 규모로 재화와 서비스를 구매하며, 세금수입은 70억 달러인 반면 가계로의 이전지출은 30억 달러이다. 민간저축이 50억 달러일 경우 민간소비와 투자는 각각 얼마인가?**

① 180억 달러, 50억 달러
② 210억 달러, 40억 달러
③ 130억 달러, 70억 달러
④ 150억 달러, 60억 달러
⑤ 추가 정보가 필요하다.

**12** 거시 **국민소득결정모형** 답 ②

$GDP$가 300억 달러이고 가계로의 이전지출이 30억 달러, 세금이 70억 달러일 때, 민간저축이 50억 달러이면, $S_P = Y + TR - T - C = 50 = (300 + 30) - 70 - C$ 이다. 따라서 민간소비는 $C = 210$억 달러이다. 정부지출이 50억 달러이고 총저축($S_P + T - G - TR$)은 총투자($I$)와 일치하기에, $50 + 70 - 50 - 30 = I$ 이다. 따라서 투자는 40억 달러이다.

**출제POINT**

폐쇄경제의 경우, 민간저축($S_P = Y + TR - T - C$)과 정부저축($T - G - TR$)의 합인 총저축($S_P + T - G - TR$)은 총투자($I$)와 일치한다.

## 13 □□□

**생산물시장과 노동시장이 완전경쟁적인 경우, 한 기업의 노동수요곡선을 의미하는 한계생산가치(Value of Marginal Product) 곡선이 우하향하는 이유는 노동투입을 점점 증가시킴에 따라 다음의 어느 것이 감소하기 때문인가?**

① 한계생산(Marginal Product)
② 한계요소비용(Marginal Factor Cost)
③ 한계비용(Marginal Cost)
④ 평균비용(Average Cost)
⑤ 임금(Wage)

## 14 □□□

**한국과 중국은 TV와 의류를 모두 생산하고 있다. 한국이 중국보다 두 재화 모두 더 싼 값으로 생산하고 있지만 특히 TV 생산에서 상대적인 생산성이 더 높다. 두 나라가 생산하는 재화의 품질이 동일하다고 할 때, 리카도의 비교우위설을 적용한다면 다음 중 옳게 설명하고 있는 것은?**

① 한국이 TV와 의류 모두 수출하는 것이 유리하다.
② 한국은 의류, 중국은 TV를 수출하는 것이 유리하다.
③ 두 나라 간의 자발적 교역은 이루어질 수 없다.
④ 교역이 일어나더라도 협상능력이 약한 국가는 교역으로 인해 손실을 본다.
⑤ 두 재화 간의 일정한 교환비율을 벗어날 경우 두 나라 간의 교역은 이루어지지 않는다.

| 13 | 미시 | 노동수요곡선 | 답 ① |
|---|---|---|---|

생산물시장이 완전경쟁이면 $P=MR$이기에 $MRP_L=MP_L\times MR=MP_L\times P=VMP_L$이고, 노동시장이 완전경쟁이면 개별기업은 주어진 임금으로 원하는 만큼 고용할 수 있기에 $MFC_L=w$이다. 즉, 노동의 한계생산물가치($VMP_L$)는 가격($P$)과 노동의 한계생산물($MP_L$)의 곱으로 정의되는데 노동의 한계생산물이 체감하기에 노동의 한계생산물가치곡선도 우하향한다.

**출제POINT**

생산물시장과 노동시장이 완전경쟁이면, 가격과 한계수입이 일치하기에 한계생산물가치($VMP_L$)곡선이 개별기업의 노동수요곡선이 되고, 개별기업 한계생산물가치($VMP_L$)곡선의 수평적 합으로 시장 전체의 노동수요곡선이 도출된다.

| 14 | 국제 | 리카도의 비교우위설 | 답 ⑤ |
|---|---|---|---|

교역조건이 양국의 국내상대가격비, 즉 기회비용 사잇값에서 성립하면, 양국이 이득을 볼 수 있다. 따라서 두 재화 간의 일정한 교환비율을 벗어날 경우 두 나라 간의 교역은 이루어지지 않는다.

**오답피하기**

①, ② 한국이 중국보다 두 재화 모두 더 싼 값으로 생산가능하기에 한국은 TV와 의류의 모든 생산에 절대우위가 있지만, 특히 TV생산에서 상대적인 생산성이 더 높아 TV생산에 비교우위가 있다.
③, ④ 양국의 국내상대가격비, 즉 기회비용 사잇값에서 교역조건이 성립하면, 양국이 이득을 볼 수 있다.

**출제POINT**

각국이 상대적으로 생산비가 낮은 재화생산에 특화하여 무역을 하면 두 나라가 모두 교역 이전보다 더 많은 재화를 소비할 수 있다는 것이 리카르도의 비교우위론이다.

## 15 □□□

**외부효과를 내부화하는 사례로 가장 거리가 먼 것은?**

① 독감예방주사를 맞는 사람에게 보조금을 지급한다.
② 배출허가권의 거래를 허용한다.
③ 환경기준을 어기는 생산자에게 벌금을 부과하는 법안을 제정한다.
④ 초·중등 교육에서 국어 및 국사 교육에 국정교과서 사용을 의무화한다.
⑤ 담배소비에 건강세를 부과한다.

## 16 □□□

**중앙은행이 은행의 법정지급준비율을 낮추었다고 할 때 다음 중 기대되는 효과로 옳은 것은?**

① 수입이 증가하여 무역적자가 감소할 것이다.
② 저축률이 증가할 것이다.
③ 기업의 투자가 증가할 것이다.
④ 실업률과 인플레이션율이 모두 상승할 것이다.
⑤ 정부의 재정적자가 증가할 것이다.

| 15 | 미시 | 외부효과 | 답 ④ |
|---|---|---|---|

초·중등 교육에서 국정교과서 사용 의무화는 내부화와 직접적인 관련이 없다.

(오답피하기)
① 소비의 외부경제(독감예방) 시 보조금을 지급하여 해결가능하다.
② 오염감축비용이 높은 기업은 오염배출권을 구입하고 오염감축비용이 낮은 기업은 오염배출권을 매각하여 상대적으로 적은 비용으로 오염을 감소시키는 방법이 오염배출권제도로, 이를 허용하여 해결가능하다.
③ 생산의 외부불경제(환경오염) 시 벌금을 부과하여 해결가능하다.
⑤ 소비의 외부불경제(담배소비) 시 조세(건강세)를 부과하여 해결가능하다.

**출제POINT**
시장의 가격기구를 통하지 않고 제3자에게 의도하지 않은 이득이나 손해를 주지만 대가를 받지도 지불하지도 않는 것을 (실질적)외부성이라 한다.

| 16 | 거시 | 지급준비율 | 답 ③ |
|---|---|---|---|

중앙은행이 은행의 법정지급준비율을 낮추면 통화량이 증가하여 이자율이 하락하기에 민간투자가 증가한다.

(오답피하기)
① 중앙은행이 법정지급준비율을 낮추면 이자율이 하락하여 자본유출로 환율이 상승하고, 환율이 상승하면 경상수지가 개선된다.
② 이자율이 하락하면 저축률이 감소한다.
④ 통화량이 증가하여 이자율이 하락하면 민간소비와 민간투자의 증가로 총수요곡선이 우측으로 이동하기에 국민소득은 증가하고 물가는 상승한다. 즉, 수요견인 인플레이션하 실업률은 감소하나 인플레이션율은 상승할 것이다.
⑤ 국민소득이 증가하면 조세수입 증가로 정부의 재정흑자가 발생할 수 있다.

**출제POINT**
$M^S=\frac{1}{c+z(1-c)}\times H$ 혹은 $M^S=\left(\frac{k+1}{k+z}\right)\times H$이다. 따라서 중앙은행이 은행의 법정지급준비율을 낮추면 통화량이 증가하여 이자율이 하락한다.

## 17 □□□

**광수는 소득에 대해 다음의 누진세율을 적용받고 있다고 가정하자. 처음 1,000만 원에 대해서는 면세이고, 다음 1,000만 원에 대해서는 10%, 그 다음 1,000만 원에 대해서는 15%, 그 다음 1,000만 원에 대해서는 25%, 그 이상 초과 소득에 대해서는 50%의 소득세율이 누진적으로 부과된다. 광수의 소득이 7,500만 원일 경우 광수의 평균세율은 얼마인가?**

① 20%
② 25%
③ 28%
④ 30%
⑤ 36.67%

## 18 □□□

**어떤 경제가 장기균형상태에 있다고 가정하자. 그런데 갑자기 주식시장이 폭락한 반면, 해외로부터 숙련노동자의 이민(유입)이 급격히 증가하였다. 이런 상황이 동시에 발생할 경우 현 상태에 비해 새로운 장단기균형의 결과는?**

① 단기적으로 실질 $GDP$는 증가하고 가격수준의 변화는 불확실하며, 장기적으로도 실질 $GDP$는 증가하고 가격수준의 변화 역시 불확실하다.
② 단기적으로 가격수준은 하락하고 실질 $GDP$의 변화는 불확실하나, 장기적으로는 실질 $GDP$와 가격수준에 영향은 없다.
③ 단기적으로 가격수준은 증가하고 실질 $GDP$의 변화는 불확실하나, 장기적으로는 실질 $GDP$는 증가하고 가격수준은 하락한다.
④ 단기적으로 가격수준은 하락하고 실질 $GDP$의 변화는 불확실하나, 장기적으로는 실질 $GDP$는 증가하고 가격수준은 하락한다.
⑤ 단기적으로 실질 $GDP$는 하락하고 가격수준의 변화는 불확실하며, 장기적으로도 실질 $GDP$는 하락하고 가격수준의 변화 역시 불확실하다.

| 17 | 미시 | 세율 | 답 ④ |
|---|---|---|---|

$$(\frac{1,000}{7,500}\times 0\%)+(\frac{1,000}{7,500}\times 10\%)+(\frac{1,000}{7,500}\times 15\%)+(\frac{1,000}{7,500}\times 25\%)+(\frac{3,500}{7,500}\times 50\%)=30\%$$

**출제POINT**

평균세율(average tax rate)은 세금총액을 소득총액으로 나눈 것이고, 한계세율(marginal tax rate)은 소득증가액에 대한 세금증가액의 비율을 말한다.

| 18 | 거시 | 생산물시장의 균형 | 답 ④ |
|---|---|---|---|

갑자기(단기) 주식시장이 폭락하면 자산가격의 하락으로 소비가 감소하기에 총수요곡선이 좌측으로 이동한다. 해외로부터 숙련노동자의 이민(유입)이 급격히(단기) 증가하면 노동공급이 증가하여 고용량이 증가하기에 (우상향)총공급곡선을 우측으로 이동시킨다. 따라서 단기적으로 총수요곡선이 좌측이동하고 (우상향)총공급곡선이 우측이동하면 물가수준은 반드시 하락하지만, 실질 $GDP$의 증감 여부는 불분명하다. 하지만 장기적으로 총수요곡선이 좌측이동하고 (수직)총공급곡선이 우측이동하면 물가수준은 하락하고 실질 $GDP$는 증가한다.

**출제POINT**

갑자기(단기) 주식시장이 폭락하면 총수요곡선이 좌측으로 이동한다. 해외로부터 숙련노동자의 이민(유입)이 급격히(단기) 증가하면 총공급곡선을 우측으로 이동시킨다.

## 19 □□□

**실업률과 인플레이션율 간의 관계에 대한 설명으로 가장 적절한 것은?**

① 단기적으로는 정(+)의 상관관계를 가진다.
② 장기적으로는 부(-)의 상관관계를 가진다.
③ 양자 간의 관계는 장기적으로도 안정적으로 유지된다.
④ 재정적자 확대로 실업률과 인플레이션율이 모두 하락하면서 양자 간의 관계가 발생한다.
⑤ 장기적으로 실업률은 자연실업률 수준에 머물지만 인플레이션율은 통화량증가율에 따라 높거나 낮을 수 있다.

| 19 | 거시 | 필립스곡선 | 답 ⑤ |
|---|---|---|---|

장기필립스곡선은 자연실업률수준에서 수직이므로 실업률은 자연실업률수준에서 머물지만 통화량의 증가율에 따라 인플레이션율의 크기는 달라진다. 통화량의 증가율이 높으면 인플레이션율도 높고, 통화량의 증가율이 낮으면 인플레이션율도 낮다.

오답피하기

① 단기필립스곡선은 우하향하기에 실업률과 인플레이션율 간의 음(-)의 상관관계가 존재한다.
②, ③ 장기필립스곡선은 자연실업률수준에서 수직이기에 실업률과 인플레이션율 간에 아무 관계가 존재하지 않는다.
④ 재정적자확대(정부지출증가)로 총수요가 증가하면 단기적으로 실업률은 하락하고 인플레이션율은 상승하지만, 장기적으로는 인플레이션율만 상승한다.

**출제POINT**

총수요곡선의 이동으로 인플레이션율과 실업률이 반비례[$\pi = -\alpha(U - U_N)$]인 필립스곡선을 도출할 수 있다.

## 20 □□□

**국제수지와 환율(달러의 원화표시 가격)에 대한 설명으로 옳은 것은?**

① 경상수지와 자본수지는 같은 방향으로 발생한다.
② 실질환율의 하락은 경상수지를 개선한다.
③ 인위적인 원화가치 부양은 외환보유고를 줄인다.
④ 국내 경제의 불확실성이 높아지면 환율이 하락한다.
⑤ 국내 이자율의 상승은 환율의 상승을 유발한다.

| 20 | 국제 | 국제수지와 환율 | 답 ③ |
|---|---|---|---|

인위적으로 원화가치를 상승시키면 환율이 하락하여 경상수지가 악화되기에 외환보유고를 감소시킨다.

오답피하기

① 경상수지와 자본 및 금융계정(+오차 및 누락)의 합은 항상 0이기에 일반적으로 경상수지와 자본 및 금융계정은 서로 다른 방향으로 발생한다.
② 실질환율이 하락하면 수출이 감소하고 수입이 증가하여 경상수지가 악화된다.
④ 국내경제의 불확실성이 커지면 해외자본의 유출이 증가하고 유입이 감소하기에 환율은 상승한다.
⑤ 국내이자율이 상승하면 해외자본의 유입이 증가하기에 환율이 하락한다.

**출제POINT**

중앙은행은 외화매각을 통한 환율하락으로 원화가치를 부양할 수 있다. 이는 준비자산의 감소와 외화보유고 감소를 초래한다.

# 2회 2014년 서울시

## 01 □□□

**$X$재는 열등재이며 수요, 공급의 법칙을 따른다. 최근 경기 불황으로 소비자들의 소득이 감소했다. 한편 원료비 하락으로 $X$재의 대체재인 $Y$재 가격이 내렸다. $X$재의 가격은 최종적으로 상승했다. 다음 중 옳은 설명은? (단, $X$재의 공급곡선에는 변화가 없었다)**

① $X$재의 거래량은 감소하였다.
② 변화 전후의 두 균형점은 동일한 수요곡선상에 있다.
③ $X$재의 판매수입이 증가하였다.
④ $Y$재가 $X$재의 보완재였다면 $X$재의 가격은 하락했을 것이다.
⑤ $X$재 생산자의 생산자잉여는 감소했다.

## 02 □□□

**어떤 경쟁적 기업의 단기생산함수가 $Q = 524L - 4L^2$이다. 생산물의 가격이 3만 원이고, 임금은 12만 원이다. 이윤극대화 고용량 $L$은 얼마인가?**

① 130 ② 65
③ 3 ④ 15
⑤ 20

**01 | 미시 | 수요와 공급 | 답 ③**

$X$재의 가격이 최종적으로 상승하였다는 것은, 소득감소로 인한 수요증가가 대체재 가격하락으로 인한 수요감소보다 크다는 것을 뜻한다. 즉, $X$재의 수요증가로 가격이 상승하였다. $X$재의 가격은 상승하고 거래량은 증가하여 $X$재의 판매수입은 증가했다.

**오답피하기**

① $X$재 수요가 증가했으므로 $X$재 거래량은 증가하였다.
② 변화 전후의 두 균형점은 동일한 공급곡선상에서 수요증가로 나타난다.
④ $Y$재가 $X$재의 보완재였다면 보완재의 가격하락은 $X$재의 수요증가요인이기에 $X$재의 가격은 더욱 상승했을 것이다.
⑤ 동일한 공급곡선상에서 $X$재 수요가 증가했기에 $X$재 생산자의 생산자잉여는 증가했다.

**출제POINT**

소득감소는 열등재인 $X$재의 수요증가요인이며, 대체재의 가격하락은 $X$재의 수요감소요인이다.

**02 | 미시 | 이윤극대화 | 답 ②**

$VMP_L = w$에서 $VMP_L = MP_L \times P$이기에 $MP_L \times P = w$이다. 따라서 $Q = 524L - 4L^2$에서 $MP_L$은 $524 - 8L$이고 $P$는 3만 원이며, $w$는 12만 원이기에 $L$은 65이다.

**출제POINT**

생산물시장이 완전경쟁이면 $P = MR$이기에 $MRP_L = MP_L \times MR = MP_L \times P = VMP_L$이고, 생산요소시장이 완전경쟁이면 개별기업은 주어진 임금으로 원하는 만큼 고용할 수 있기에 $MFC_L = w$이다. 따라서 $VMP_L = MRP_L = MFC_L = w$가 성립한다.

## 03 □□□

**수요의 탄력성들에 대한 다음의 지문 중 옳게 기술한 것은?**

① 수요곡선의 기울기가 $-2$인 직선일 경우 수요곡선의 위 어느 점에서나 가격탄력성이 동일하다.
② 수요의 가격탄력성이 탄력적이라면 가격인하는 총수입을 증가시키는 좋은 전략이 아니다.
③ $X$재의 가격이 5% 인상되자 $Y$재 수요가 10% 상승했다면 수요의 교차탄력성은 2이고 두 재화는 대체재이다.
④ 가격이 올랐을 때 시간이 경과될수록 적응이 되기 때문에 수요의 가격탄력성이 작아진다.
⑤ 수요의 소득탄력성이 비탄력적인 재화는 열등재이다.

## 04 □□□

**어떤 경쟁적 기업이 두 개의 공장을 가지고 있다. 각 공장의 비용함수는 $C_1 = 2Q + Q^2$, $C_2 = 3Q^2$이다. 생산물의 가격이 12일 때 이윤극대화 총생산량은 얼마인가?**

① 3
② 5
③ 7
④ 10
⑤ 12

**03** | 미시 | 수요의 가격탄력성 | 답 ③

$X$재의 가격이 5% 인상되자 $Y$재 수요가 10% 상승했다면 교차탄력성이 2로 0보다 크기에 두 재화는 대체재의 관계이다.

**오답피하기**

① 수요곡선의 기울기가 $-2$인 우하향의 직선일 경우 수요곡선상 모든 점에서 수요의 가격탄력성이 다르다.
② 탄력성이 1보다 크면 가격이 하락함에 따라 판매량이 크게 증가하기에 공급자의 총수입은 증가한다.
④ 가격이 올랐을 때 시간이 경과될수록 수요의 가격탄력성이 커진다.
⑤ 수요의 소득탄력성이 비탄력적인 재화는 정상재로서 필수재이다.

**출제POINT**

다른 재화의 가격이 1% 변화할 때, 본 재화의 수요(량)변화율이 수요의 교차탄력성으로, (+)일 때 대체재, (−)일 때 보완재이다.

**04** | 미시 | 이윤극대화 | 답 ③

두 개의 공장을 둔 경쟁적 기업의 이윤극대화 총생산량은 $P = MC$에 따라 구할 수 있다. 즉, 공장 1의 경우 $P(=12) = MC_1(=2+2Q)$에서 $Q=5$이고, 공장 2의 경우 $P(=12) = MC_2(=6Q)$에서 $Q=2$이다. 따라서 경쟁적 기업의 이윤극대화 총생산량은 7이다.

**출제POINT**

완전경쟁기업은 $P=MC$에서 이윤극대화를 달성한다.

## 05 □□□

**다음 중 불완전 경쟁이 일어나는 생산물시장에 대한 설명으로 타당하지 않은 것은?**

① 독점적 경쟁의 장기균형에서는 초과설비가 관측된다.
② 굴절수요곡선은 과점가격의 경직성을 설명한다.
③ 평균비용에 근거한 가격책정이 일반적이다.
④ 독점균형은 수요곡선의 가격탄력적인 곳에서 이루어진다.
⑤ 꾸르노(A. Cournot)모형과 베르뜨랑(J. Bertrand)모형은 모두 동질적인 상품의 판매를 전제로 한다.

## 06 □□□

**완전경쟁시장에서 조업하는 어떤 기업이 직면하고 있는 시장가격은 9이고, 이 기업의 평균비용곡선은 $AC(Q)=\frac{7}{Q}+1+Q(Q>0)$으로 주어져 있다. 이윤을 극대화하는 이 기업의 산출량 $Q$는?**

① 4　② 5
③ 6　④ 7
⑤ 8

| 05 | 미시 | 불완전 경쟁시장 | 답 ③ |
|---|---|---|---|

불완전 경쟁시장에서는 평균비용에 근거한 가격책정보다 $P>MC$인 구간, 즉 $MR=MC$에서 생산량을 결정하고, $MR=MC$의 위에 있는 수요곡선상에서 가격이 결정된다는 것이 일반적이다.

**오답피하기**

① 독점적 경쟁은 장기균형에서 평균비용곡선 최소점의 좌측에서 생산하기에 생산량수준이 최적수준에 미달하는 초과설비가 존재한다.
② 경쟁기업이 가격을 인상하면 가격을 인상하지 않고, 경쟁기업이 인하하면 자신도 가격을 인하하는 굴절수요곡선모형은 과점기업이 설정하는 가격이 경직점임을 시사한다.
④ 독점기업은 $MR=MC$에서 생산량을 결정하고, $MR=MC$의 위에 있는 수요곡선상의 탄력적인 구간에서 가격이 결정된다.
⑤ 각 기업이 상대방의 생산량을 주어진 것으로 보고 자신의 생산량을 결정하는 꾸르노모형과 각 기업이 상대방의 가격을 주어진 것으로 보고 자신의 가격을 결정하는 베르뜨랑모형은 모두 동질적인 상품의 공급을 전제로 한다.

**출제POINT**
불완전 경쟁시장에서는 $P>MC$인 구간에서 생산되기에 후생손실을 보인다.

| 06 | 미시 | 이윤극대화 | 답 ① |
|---|---|---|---|

$AC(Q)=\frac{7}{Q}+1+Q\,(Q>0)$이기에 $TC=7+Q+Q^2$이고 $MC=1+2Q$이다. 따라서 $P=MC$에서 $Q=4$이다.

**출제POINT**
총수입에서 총비용을 차감한 값인 이윤은 $MR=MC$, 그리고 $MR$ 기울기 $<$ $MC$기울기일 때 극대화된다. 특히 완전경쟁시장은 $P=MC$에서 극대화된다.

## 07 □□□

**그림은 $X$재 시장 및 $X$재 생산에 특화된 노동시장의 상황을 나타낸 것이다. 이에 대한 분석으로 옳은 것은?**

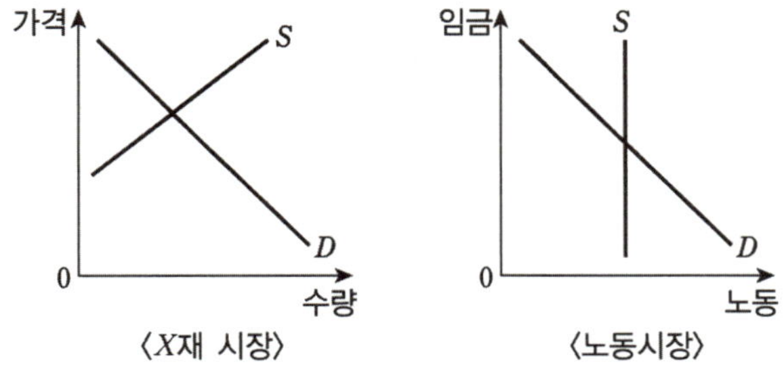


① $X$재에 대한 수요가 증가하면 고용량이 늘어난다.
② 노동공급이 증가하면 $X$재 가격이 상승한다.
③ $X$재에 대한 수요가 증가하면 임금이 증가한다.
④ $X$재 수요를 증가시키려면 노동수요를 증가시켜야 한다.
⑤ 노동공급이 감소하면 $X$재 수요곡선이 이동한다.

## 08 □□□

**어느 마을의 노동공급이 $L=2w-40$과 같이 주어져 있다. 여기서 $w$는 임금률, $L$은 노동량이다. 이 마을의 기업은 $A$사 하나밖에 없는데, $A$사의 노동수요는 $L=100-w$이다. 이 마을 사람들은 다른 곳에서는 일자리를 구할 수 없다. 이때 $A$사는 임금률로 얼마를 책정하겠는가?**

① 5
② 10
③ 20
④ 30
⑤ 40

| 07 | 미시 | 노동공급곡선 | 답 ③ |
|---|---|---|---|

$X$재에 대한 수요가 증가하면 거래량이 증가하여 노동에 대한 수요가 증가하기에 임금이 상승한다.

**오답피하기**

① $X$재에 대한 수요가 증가하면 거래량이 증가하여 노동에 대한 수요가 증가하나 노동에 대한 공급이 일정하기에 고용량은 변화가 없다.
② 노동공급이 증가하면 임금이 하락하여 생산비 감소로 $X$재에 대한 공급이 증가하기에 $X$재 가격이 하락한다.
④ 노동수요가 증가하면 임금이 상승하여 생산비 증가로 $X$재에 대한 공급이 감소한다.
⑤ 노동공급이 감소하면 임금이 상승하여 생산비 증가로 $X$재에 대한 공급이 감소한다.

**출제POINT**

노동시장에서 임금의 변동은 생산물시장에서 공급의 변동 요인이다.

| 08 | 미시 | 노동시장 | 답 ⑤ |
|---|---|---|---|

기업이 $A$사 하나밖에 없기에 노동시장은 불완전경쟁이다. 따라서 노동시장의 노동공급곡선이 우상향의 직선일 때 한계요소비용곡선은 노동공급곡선과 절편은 동일하고, 기울기는 2배이기에 $MFC_L=L+20$이다. $MRP_L=MFC_L$이기에 $-L+100=L+20$이면 $L=40$이다. 그리고 임금률은 독점적 지위를 이용하여 노동공급곡선인 $L=2w-40$에서 $L=40$일 때 $w=40$이다.

**출제POINT**

노동수요가 $L=100-w$이고, 노동공급이 $L=2w-40$일 때, 수요독점 시 이윤극대화는 $MRP_L=MFC_L$에서 결정된다.

## 09 □□□

**다음 중 역선택 문제를 완화하기 위해 고안된 장치와 거리가 먼 것은?**

① 중고차 판매 시 책임수리 제공
② 민간의료보험 가입 시 신체검사
③ 보험가입 의무화
④ 사고에 따른 자동차 보험료 할증
⑤ 은행의 대출 심사

## 10 □□□

**정부가 경기안정화 정책을 수행할 때 물가안정보다는 국민소득 안정화에만 정책목표를 두고 있고 중앙은행은 국민소득 안정화보다는 물가안정에만 정책목표를 두고 있다고 가정하자. 경기를 침체시키는 부(-)의 공급충격(negative supply shock)이 발생하였을 경우 아래의 설명 중 옳지 않은 것은?**

① 최종재화와 서비스에 대한 정부지출이 증가하게 된다.
② 중앙은행은 공개시장매입을 하게 된다.
③ 정부의 경기안정화 정책과 중앙은행의 통화정책이 물가수준에 미치는 효과는 서로 상충된다.
④ 정부의 경기안정화 정책과 중앙은행의 통화정책이 국민소득에 미치는 효과는 서로 상충된다.
⑤ 중앙은행은 이자율을 높이는 정책을 시행한다.

**09** 미시 **정보경제학** 답 ④

사고에 따른 자동차 보험료 할증은 계약이후의 행동의 문제인 도덕적해이를 완화시킬 수 있다.

(오답피하기)
① 중고차 판매 시 책임수리 제공은 계약이전의 선택의 문제인 역선택 문제를 완화시킬 수 있다.
② 민간의료보험 가입 시 신체검사는 계약이전의 선택의 문제인 역선택 문제를 완화시킬 수 있다.
③ 보험가입 의무화는 모두 가입하게 함으로써 계약이전의 선택의 문제인 역선택 문제를 완화시킬 수 있다.
⑤ 은행의 대출 심사는 계약이전의 선택의 문제인 역선택 문제를 완화시킬 수 있다.

**출제POINT**
비대칭 정보로 감춰진 특성에 의한 계약이전의 선택의 문제가 역선택이고, 감춰진 행동에 의한 계약이후의 행동의 문제가 도덕적 해이이다.

**10** 거시 **금융정책** 답 ②

중앙은행의 공개시장매입은 경기부양정책으로 국민소득 안정화를 목표로 한다.

(오답피하기)
① 최종재화와 서비스에 대한 정부지출 증가는 경기부양정책으로 국민소득 안정화를 목표로 한다.
③ 정부의 경기안정화 정책은 경기부양으로 물가상승을 초래하고, 중앙은행의 통화정책은 물가안정을 목표로 하기에, 양자의 물가수준에 미치는 효과는 상충된다.
④ 정부의 경기안정화 정책은 경기부양을, 중앙은행의 통화정책은 물가안정을 위한 경기안정을 목표로 하기에, 국민소득에 미치는 효과는 서로 상충된다.
⑤ 중앙은행의 이자율 인상은 통화량감소로 물가안정을 목표로 한다.

**출제POINT**
중앙은행의 공개시장매입은 통화량증가를 초래한다.

## 11 □□□

**균형국민소득($Y$)이 $4,000$이고, 소비는 $C=300+0.8(Y-T)$, 조세($T$)는 $500$, 정부지출($G$)은 $500$이다. 또 투자는 $I=1,000-100r$인데, $r$은 %단위로 표시된 이자율이다. 이때 균형이자율은 얼마인가?**

① 1%　　② 3%
③ 6%　　④ 8%
⑤ 10%

## 12 □□□

**근로자의 실업수당이 현재 $GDP$에 미치는 영향으로 올바른 것은?**

① 실업수당은 일종의 소득이기 때문에 $GDP$에 포함된다.
② 실업수당은 과거 소득의 일부이므로 $GDP$에 포함되지 않는다.
③ 실업수당은 부가가치를 발생하므로 $GDP$에 포함된다.
④ 실업수당은 정부지출이기 때문에 $GDP$에 포함된다.
⑤ 실업수당은 이전지출이기 때문에 $GDP$에 포함되지 않는다.

| 11 | 거시 | 국민소득결정모형 | 답 ③ |
|---|---|---|---|

총수요($C+I+G$)는 $300+0.8(Y-T)+1,000-100r+500$이고, 총공급($Y$)은 $4,000$이다. $T$는 $500$이고 $Y$는 $4,000$이기에, $300+0.8(Y-T)+1,000-100r+500=Y$에서 $r=6\%$이다.

**출제POINT**
생산물시장의 균형은 총수요($C+I+G$)와 총공급($Y$)이 일치하는 점에서 결정된다.

| 12 | 거시 | $GDP$ | 답 ⑤ |
|---|---|---|---|

실업수당은 소유권만 이전된 이전지출로, 지출 $GDP$를 계산할 때 정부지출에 포함되지 않기에 $GDP$에 포함되지 않는다.

**출제POINT**
정부의 이전지출은 실업수당이나 재해보상금, 사회보장기부금과 같이 정부가 당기의 생산활동과 무관한 사람에게 반대급부 없이 지급하는 것이다.

## 13 □□□

**2013년에 $A$국에서 생산되어 재고로 있던 제품을 2014년 초에 $B$국에서 수입해 자국에서 판매했다고 할 때 이것의 효과에 대한 설명으로 옳은 것은?**

① $A$국의 2014년 $GDP$와 $GNP$가 모두 증가한다.
② $A$국의 2014년 수출은 증가하고 $GDP$는 불변이다.
③ $B$국의 2014년 $GNP$는 증가하고 $GDP$는 불변이다.
④ $B$국의 2013년 $GDP$와 2014년 투자가 증가한다.
⑤ $B$국의 2013년 수입은 증가하고 2014년 수입은 불변이다.

## 14 □□□

**국회가 2014년 1월 1일에 연간 개인 소득에 대한 과세 표준 구간 중 8,800만 ~ 1억 5천만 원에 대해 종전에는 24%를 적용했던 세율을 항구적으로 35%로 상향 조정하고, 이를 2015년 1월 1일부터 시행한다고 발표했다고 하자. 밀튼 프리드만(Milton Friedman)의 항상소득가설에 의하면 이 소득 구간에 속하는 개인들의 소비 행태는 어떤 변화를 보일까? (단, 이 외의 다른 모든 사항에는 변화가 없다고 가정하라)**

① 소비는 즉각적으로 증가할 것이다.
② 소비는 즉각적으로 감소할 것이다.
③ 2014년에는 소비에 변화가 없고, 2015년 1월 1일부터는 감소할 것이다.
④ 2014년에는 소비가 감소하고 2015년 1월 1일부터는 변화가 없을 것이다.
⑤ 2014년이나 2015년 등의 시간에 상관없이 소비에는 변화가 없을 것이다.

| 13 | 거시 | $GDP$와 $GNP$ | 답 ② |
|---|---|---|---|

$A$국의 2014년 수출은 증가하나, $A$국의 2013년 $GDP$에 포함되어 있기에 2014년 $GDP$는 불변이다.

**오답피하기**

① $A$국의 2014년 $GDP$와 $GNP$는 모두 불변이다.
③ $B$국의 2014년 수입은 증가하나, $B$국의 2014년 $GNP$와 $GDP$는 불변이다.
④ $B$국의 2014년 수입은 증가하나, $B$국의 2013년 $GDP$와 2014년 투자는 모두 불변이다.
⑤ $B$국의 2013년 수입은 불변이고 2014년 수입은 증가한다.

**출제POINT**

2013년에 $A$국에서 생산되어 재고로 있던 제품은 $A$국의 2013년 $GDP$에 포함된다. 그리고 2014년 초에 $B$국에서 수입해 자국에서 판매했다면, $B$국의 2014년 수입은 증가한다.

| 14 | 거시 | 항상소득가설 | 답 ② |
|---|---|---|---|

종전에는 24%를 적용했던 세율을 항구적으로 35%로 상향 조정하면 항상소득은 감소하게 된다. 따라서 소비는 즉각적으로 감소할 것이다.

**출제POINT**

실제소득은 자신의 자산으로부터 매기 예상되는 평균수입인 항상소득과 일시적 소득인 임시소득으로 구성되는데 소비는 항상소득의 일정비율이라는 것이 프리드만의 항상소득가설이다.

## 15 □□□

갑은행이 300억 원의 예금과 255억 원의 대출을 가지고 있다. 만약 지불준비율이 10%라면, 동 은행의 초과지불준비금은 얼마인가?

① 35억 원 ② 30억 원
③ 25.5억 원 ④ 19.5억 원
⑤ 15억 원

## 16 □□□

현 경제상황이 장기균형에 있다고 가정하자. 최근 현금자동입출금기를 설치하고 운영하는 비용이 더욱 낮아지면서 통화수요가 하락하는 상황이 발생하였다. 이 상황은 장단기균형에 어떠한 영향을 미치는가?

① 단기에는 가격수준과 실질 $GDP$는 증가하지만, 장기에는 영향이 없다.
② 단기에는 가격수준과 실질 $GDP$는 증가하지만, 장기에는 가격수준만 상승할 뿐 실질 $GDP$에 대한 영향은 없다.
③ 단기에는 가격수준과 실질 $GDP$는 하락하지만, 장기에는 영향이 없다.
④ 단기에는 가격수준과 실질 $GDP$는 하락하지만, 장기에는 가격수준만 하락할 뿐 실질 $GDP$에 대한 영향은 없다.
⑤ 단기에는 가격수준과 실질 $GDP$는 증가하고, 장기에도 가격수준과 실질 $GDP$ 모두 증가한다.





**15** 거시 초과지불준비금 답 ⑤

300억 원의 예금과 255억 원의 대출이면 실제지급준비금은 45억 원이고, 실제지급준비율은 15%이다. 300억 원의 예금에 대한 (법정)지불준비율이 10%이기에 법정지급준비금은 30억 원이다. 따라서 초과지불준비금은 15억 원이고, 초과지불준비율은 5%이다.

**출제POINT**

'실제지급준비율 = 법정지급준비율 + 초과지급준비율'이다.

**16** 거시 $IS-LM$곡선 답 ②

단기에는 가격변수가 완전신축적이지 않으며 정보불완전성으로 단기총공급곡선($AS$)은 우상향으로 도출된다. 그리고 장기에는 물가($P$)가 예상물가($P^e$)와 일치하여 장기총공급곡선은 자연산출량($Y_N$) 수준에서 수직선이 된다. 따라서 화폐수요감소로 $LM$곡선이 우측으로 이동하여 $AD$곡선이 우측으로 이동하면, 단기에는 단기총공급곡선($AS$)이 우상향이기에 가격수준과 실질 $GDP$는 증가하지만, 장기에는 장기총공급곡선($AS$)이 자연산출량($Y_N$) 수준에서 수직선이기에 가격수준만 상승할 뿐 실질 $GDP$에 대한 영향은 없다.

**출제POINT**

소비증가, 투자증가, 정부지출증가, 수출증가, 수입감소, 조세감소로 $IS$곡선은 우측으로 이동하고, 통화량증가, 화폐수요감소로 $LM$곡선은 우측으로 이동하여 $AD$곡선은 우측으로 이동한다.

## 17 □□□

**대부분의 나라에서 구직 단념자는 비경제활동인구로 분류하고 있다. 만약 구직 단념자를 실업자로 간주한다면 경제활동참가율, 실업률, 고용률은 각각 어떻게 되겠는가?**

① 경제활동참가율 - 상승, 실업률 - 상승, 고용률 - 불변
② 경제활동참가율 - 상승, 실업률 - 하락, 고용률 - 상승
③ 경제활동참가율 - 불변, 실업률 - 상승, 고용률 - 상승
④ 경제활동참가율 - 불변, 실업률 - 하락, 고용률 - 하락
⑤ 경제활동참가율 - 상승, 실업률 - 불변, 고용률 - 상승

## 18 □□□

**소규모 개방경제에서 국내 생산자들을 보호하기 위해 $Y$재의 수입에 대하여 관세를 부과할 때 다음 중 옳은 것을 모두 고르면? (단, $Y$재에 대한 국내 수요곡선은 우하향하고 국내 공급곡선은 우상향한다)**

ㄱ. $Y$재의 국내생산이 감소한다.
ㄴ. 국내 소비자잉여가 감소한다.
ㄷ. 국내 생산자잉여가 증가한다.
ㄹ. $Y$재에 대한 수요와 공급의 가격탄력성이 낮을수록 관세부과로 인한 경제적 손실(deadweight loss)이 커진다.

① ㄱ, ㄹ
② ㄴ, ㄷ
③ ㄴ, ㄷ, ㄹ
④ ㄱ, ㄴ, ㄷ
⑤ ㄱ, ㄷ, ㄹ

**17** 거시 **실업이론** 답 ①

실업자가 20만 명, 취업자가 70만 명일 때 실업률은 대략 22%이다. 이 때 비경제활동인구 중 10만 명을 실업자로 분류하면, 실업률은 30%로 상승한다. 또한 비경제활동인구 중 10만 명을 실업자인 경제활동인구로 분류하면, 15세이상인구는 불변이나 비경제활동인구는 감소하고 경제활동인구는 증가한다. 따라서 경제활동참가율은 상승이다. 취업자는 불변이기에 고용률도 불변이다.

**출제POINT**

구직 활동을 포기하여 비경제활동인구로 분류되나 이들을 실업자로 분류한다면, '경제활동참가율 – 상승, 실업률 – 상승, 고용률 – 불변'일 것이다.

**18** 국제 **관세부과** 답 ②

(소국)관세가 부과되면, 국내생산증가, 국내소비감소, 국제수지개선 및 재정수입증가 효과가 발생한다.
ㄴ. 국내가격상승과 국내소비감소로 국내 소비자잉여는 감소한다.
ㄷ. 국내가격상승과 국내생산증가로 국내 생산자잉여는 증가한다.

오답피하기

ㄱ. $Y$재의 국내생산은 증가한다.
ㄹ. 분담정도와 조세수입은 탄력성에 반비례하며, 이로 인한 후생손실인 초과부담 또는 자중적 손실은 탄력성에 비례한다. 따라서 $Y$재에 대한 수요와 공급의 가격탄력성이 낮을수록 관세부과로 인한 경제적 손실(deadweight loss)이 작아진다.

**출제POINT**

(소국)관세가 부과되더라도 국제가격(수입가격)이 변하지 않아 교역조건은 불변이고 단위당 $T$원의 관세가 부과되면 국내가격이 $T$원만큼 상승한다.

## 19 □□□

**한 나라에서 자본도피가 일어나면 환율과 순수출은 어떻게 변하는가?**

① 환율은 평가절상되고 순수출은 증가한다.
② 환율은 평가절상되고 순수출은 감소한다.
③ 환율은 평가절하되고 순수출은 증가한다.
④ 환율은 평가절하되고 순수출은 감소한다.
⑤ 환율과 순수출 모두 변하지 않는다.

| 19 | 국제 | 환율변동 | 답 ③ |
|---|---|---|---|

자본도피로 외화에 대한 수요가 증가하면 환율이 상승한다. 환율상승은 원화의 평가절하이고, 수출증가와 수입감소로 순수출은 증가한다.

**출제POINT**

정치적 · 경제적 이유 따위로 한 나라의 화폐가치가 떨어질 우려가 있을 때에, 그 나라의 자본이 경제적 안정성이 높은 외국으로 옮겨 가는 현상을 자본도피라 한다.

## 20 □□□

**한 나라의 국내저축이 증가할 때, 국내투자에 변화가 없다면 다음 중 어떠한 변화가 발생하는가?**

① 순자본유출이 증가하여 순수출이 증가한다.
② 순자본유출이 증가하여 순수출이 감소한다.
③ 순자본유출이 감소하여 순수출이 증가한다.
④ 순자본유출이 감소하여 순수출이 감소한다.
⑤ 순자본유출이 일정하고 순수출도 일정하다.

| 20 | 국제 | 3면등가의 법칙 | 답 ① |
|---|---|---|---|

실질이자율이 하락하면 순자본유출이 증가한다. 순자본유출이 증가하면 환율이 상승하여 수출증가와 수입감소로 순수출은 증가한다.

- 국내저축 + 순자본유입 = 국내투자
- 국내저축 = 국내투자 + 순자본유출
  → 국내저축이 증가할 때, 국내투자에 변화가 없다면 순자본유출은 증가한다.
- 수입 + 자본유출 = 수출 + 자본유입
- 순자본유출 = 순수출
  → 순자본유출이 증가하면 순수출이 증가한다.

**출제POINT**

국내저축이 증가하면 저축곡선의 우측이동으로 실질이자율이 하락한다.

# 3회 2015년 서울시

## 01 □□□

**전직 프로골퍼인 어떤 농부가 있다. 이 농부는 골프 레슨으로 시간당 3만 원을 벌 수 있다. 어느 날 이 농부가 15만 원 어치 씨앗을 사서 10시간 파종하였는데 그 결과 30만 원의 수확을 올렸다면, 이 농부의 회계학적 이윤(또는 손실)과 경제적 이윤(또는 손실)은 각각 얼마인가?**

① 회계학적 이윤 30만 원, 경제적 이윤 30만 원
② 회계학적 이윤 15만 원, 경제적 손실 15만 원
③ 회계학적 손실 15만 원, 경제적 손실 15만 원
④ 회계학적 손실 15만 원, 경제적 이윤 15만 원

**01** | 미시 | 경제적 이윤 | 답 ②

수입은 30만 원이고 명시적 비용은 씨앗구입비 15만 원이다. 묵시적 비용은 골프 레슨으로 벌 수 있었던 $10 \times 3 = 30$만 원이다. 즉, 회계적 이윤$= 30 - 15 = 15$만 원, 경제적 이윤 $= 30 - (15 + 10 \times 3) = (-)15$만 원이다. 따라서 회계학적 이윤 15만 원, 경제적 손실 15만 원이다.

**출제POINT**

'회계적 이윤 = 총수입 − 명시적 비용'이고, '경제적 이윤 = 총수입 − (명시적 비용 + 암묵적 비용)'이다.

## 02 □□□

**수요곡선의 식이 $Q_d = \dfrac{21}{P}$일 때, 이 재화의 수요의 가격탄력성은?**

① 0
② 0.42
③ 1
④ 1.5

**02** | 미시 | 수요의 가격탄력성 | 답 ③

$Q_d = \dfrac{21}{P}$은 $Q_d \cdot P = 21$로 두 변수의 곱이 21로 일정한 직각쌍곡선이다. 따라서 수요의 가격탄력성은 1이다.

**출제POINT**

수요곡선이 직각쌍곡선일 때 수요의 가격탄력성은 1이다.

## 03 □□□

**두 재화를 소비하는 소비자가 효용을 극대화하는 최적 소비묶음을 찾는 과정에 대한 다음의 설명 중 옳은 것은?**

① 두 재화 간의 한계대체율과 두 재화의 상대가격비율이 일치하는 수준에서 효용을 극대화하는 최적 소비묶음이 결정된다.

② 한 재화의 소비로부터 얻는 소비자의 한계효용과 그 재화의 가격이 일치하는 수준에서 효용을 극대화하는 최적 소비 묶음이 결정된다.

③ 원점에 대해 볼록한 형태의 무차별곡선의 경우 한계대체율체증의 법칙이 성립하므로 예산제약선과 무차별곡선의 접점에서 최적 소비묶음이 결정된다.

④ 두 재화의 가격과 소비자의 소득이 모두 종전의 1.5배 수준으로 올랐다고 할 때, 예산제약선은 원점에서 더 멀어진 위치로 평행이동한다.

| 03 | 미시 | 효용극대화 | 답 ① |
|---|---|---|---|

두 재화 간의 한계대체율($MRS_{XY}$)과 두 재화의 상대가격비율$\left(\frac{P_X}{P_Y}\right)$이 일치하는 수준에서 효용극대화가 달성된다.

오답피하기

② 한계효용비율$\left(\frac{MU_X}{MU_Y}\right)$과 상대가격비율$\left(\frac{P_X}{P_Y}\right)$이 일치하는 수준에서 효용극대화가 달성된다.

③ 원점에 대해 볼록한 형태의 무차별곡선의 경우 한계대체율체감의 법칙이 성립한다.

④ 두 재화의 가격과 소비자의 소득이 동일 비율로 증가하면 예산제약선은 불변이다. 따라서 두 재화의 가격과 소비자의 소득이 모두 1.5배로 증가할 때, 예산제약선은 변하지 않는다.

**출제POINT**

$MRS_{XY} = (-)\frac{\Delta Y}{\Delta X} = \frac{MU_X}{MU_Y} = (-)\frac{P_X}{P_Y}$에서 소비자의 효용극대화가 이루어진다.

## 04 □□□

**철수는 서울은행에 저축을 하려고 한다. 저축예금의 이자율이 1년에 10%이고, 물가상승률은 1년에 5%이다. 이자소득에 대한 세율은 50%가 부과된다고 하자. 이때 피셔(Fisher)가설에 따를 경우 이 저축예금의 실질 세후(real after tax)이자율은?**

① 0% ② 2.5%

③ 5% ④ 15%

| 04 | 거시 | 피셔방정식 | 답 ① |
|---|---|---|---|

명목이자율이 10%이고 이자소득에 대한 세율이 50%이기에 세후 명목이자율은 $10-(10\times50\%)=5\%$이다. 인플레이션율이 5%이기에 세후 실질이자율 = 세후 명목이자율 − 인플레이션율 $=5-5=0\%$이다.

**출제POINT**

'실질이자율 + 기대인플레이션율 = 명목이자율'이다.

## 05 □□□

**다음 그래프는 완전경쟁시장에 놓여 있는 전형적 기업이며 오른쪽 그래프는 단기의 완전경쟁시장이다. 이 시장이 동일한 기업들로 이루어져 있다면 장기적으로 이 시장에는 몇 개의 기업이 조업하겠는가?**

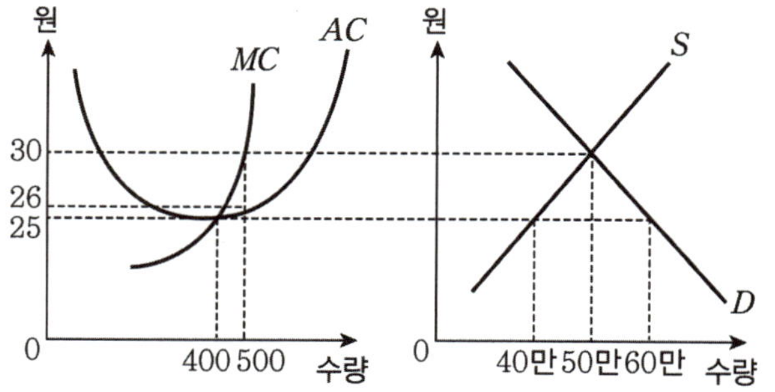


① 800개　　② 1,000개
③ 1,250개　　④ 1,500개

## 06 □□□

**원자재 가격상승충격이 발생할 경우 거시경제의 단기균형과 관련한 다음 분석 중 옳은 것은?**

① 물가가 상승하고 실업률이 하락한다.
② 정부가 산출량 안정을 도모하려면 총수요축소정책을 실시하여야 한다.
③ 정부가 재정정책을 통하여 물가안정과 산출량안정을 동시에 달성할 수 있다.
④ 중앙은행이 물가안정을 위하여 통화정책을 사용할 경우 실업률이 추가적으로 상승한다.

**05** 미시 **완전경쟁시장** 답 ④

단기의 완전경쟁시장하 $S$와 $D$가 만나는 균형점에서 가격은 30원이다. 단기의 완전경쟁기업은 $P=MC$인 점에서 가격이 평균비용보다 높아 초과이윤을 얻고 있다. 초과이윤을 얻기에 장기에 신규기업이 진입하고 시장의 공급곡선이 증가한다. 먼저, 신규기업의 진입은 기업의 초과이윤이 0이 될 때까지 이루어지기에 평균비용의 최소점에서 완전경쟁기업의 장기균형이 이루어진다. 즉, $P=AC$최저점에서 가격은 25원이고 생산량은 400이다. 또한 시장의 공급곡선의 증가는 가격이 25원이 될 때까지 계속되어 시장생산량은 $S$와 $D$가 새롭게 만나는 점에서 60만이 된다. 결국, 시장전체의 생산량이 60만이고 개별기업의 생산량이 400이기에 1,500개의 기업이 조업한다.

**출제POINT**
단기에 개별기업이 초과이윤을 얻으면 장기에 초과이윤이 0이 될 때까지 신규기업의 진입이 이루어진다.

**06** 거시 **인플레이션** 답 ④

중앙은행의 물가안정을 위한 긴축통화정책으로 $AD$곡선이 좌측으로 이동하면, 산출량이 더욱 감소한다. 따라서 실업률이 추가적으로 상승한다.

(오답피하기)
① $AS$곡선이 좌측으로 이동하면 물가는 상승하고 산출량이 감소하기에 실업률도 상승한다.
② 정부의 총수요축소정책으로 $AD$곡선이 좌측으로 이동하면, 산출량이 더욱 감소한다.
③ 정부의 재정정책은 총수요관리정책으로 물가안정과 산출량안정을 동시에 달성할 수 없다.

**출제POINT**
원자재 가격상승충격이 발생할 경우 $AS$곡선이 좌측으로 이동한다.

## 07 □□□

$A$국의 총수요는 200억 달러이며 장기생산량 수준은 300억 달러이다. $A$국 총수요 구성 항목 중 소비를 제외한 구성 항목은 독립 지출이다. 소비는 가처분 소득에 영향을 받으며 한계소비성향은 $\frac{1}{2}$이다. 아울러 물가수준은 고정되어 있다. 정부가 장기생산량 수준을 달성하고자 할 때, 증가시켜야 할 재정지출규모는? (단, 조세는 정액세로 가정한다)

① 25억 달러　　② 50억 달러
③ 100억 달러　　④ 200억 달러

## 08 □□□

어느 나라의 거시경제모형이 다음과 같다고 하자. 이 경제의 실질$GDP(Y)$가 5,000인 경우, 균형실질금리는 몇 %인가?

> $Y=C+I$
> $C=500+0.6Y$
> $I=2,000-100r$
> ($r$은 실질금리이며 %로 표시)

① 2%　　② 5%
③ 10%　　④ 20%

| 07 | 거시 | 승수효과 | 답 ② |
|---|---|---|---|

한계소비성향은 $\frac{1}{2}$이기에 정부지출승수=2이다. 따라서 재정지출증가분 × 정부지출승수=100이기에 재정지출증가분은 50억 달러이다.

**출제POINT**

총수요가 200억 달러이고 장기생산량 수준이 300억 달러이기에 장기생산량 수준을 달성하기 위한 총수요증가분은 100억 달러이다.

| 08 | 거시 | 국민소득결정모형 | 답 ② |
|---|---|---|---|

$Y=C+I$에서, $C=500+0.6Y$이고 $I=2,000-100r$이기에 $Y=500+0.6Y+2,000-100r$이다. 따라서 $0.4Y=2,500-100r$이다. 즉, $Y=6,250-250r$이다. $Y$가 5,000이기에 $r=5\%$이다.

**출제POINT**

총수요($C+I+G$)와 총공급($Y$), 또는 주입(투자)과 누출(저축)이 일치할 때 균형국민소득이 결정된다.

## 09 □□□

**다음 표는 각각 $A$국과 $B$국의 생산가능곡선상 점들의 조합을 나타낸 것이다. 이에 대한 설명으로 옳은 것은? (단, 재화는 $X$재와 $Y$재만 존재한다)**

<$A$국 생산가능곡선상의 조합>

| $X$재 | 0개 | 1개 | 2개 |
|---|---|---|---|
| $Y$재 | 14개 | 8개 | 0개 |

<$B$국 생산가능곡선상의 조합>

| $X$재 | 0개 | 1개 | 2개 |
|---|---|---|---|
| $Y$재 | 26개 | 16개 | 0개 |

① $X$재를 1개 생산함에 따라 발생하는 기회비용은 $A$국이 $B$국보다 작다.

② $A$국이 $X$재를 생산하지 않는다면 $A$국은 $Y$재를 최대 10개까지 생산할 수 있다.

③ $A$와 $B$국이 동일한 자원을 보유하고 있는 경우라면 $A$국의 생산기술이 $B$국보다 우수하다.

④ $B$국이 $X$재를 1개씩 추가적으로 생산함에 따라 발생하는 기회비용은 점차 감소한다.

## 10 □□□

**외부로부터 디플레이션 충격이 발생하여 국내 경제에 영향을 미치고 있을 때, 확장적 통화정책을 시행할 경우의 거시경제 균형에 대한 효과로 옳지 않은 것은?**

① 폐쇄경제모형에 따르면 이자율이 하락하여 투자가 증가한다.

② 자본시장이 완전히 자유로운 소규모 개방경제모형에서는 고정환율을 유지하려면 다른 충격에 대응하는 통화정책을 독립적으로 사용할 수 없다.

③ 변동환율제를 채택하고 자본시장이 완전히 자유로운 소규모 개방경제모형에서는 수출이 감소한다.

④ 교역상대국에서도 확장적 통화정책을 시행할 경우 자국 통화가치를 경쟁적으로 하락시키려는 환율전쟁 국면으로 접어든다.

### 09 | 미시 | 생산가능곡선 | 답 ①

$X$재 1개 생산의 기회비용은 $A$국이 $Y$재 6개, $Y$재 8개이고, $B$국이 $Y$재 10개, $Y$재 16개로 $A$국이 $B$국보다 작다.

**오답피하기**

② $A$국이 $X$재를 생산하지 않는다면 $A$국은 $Y$재를 최대 14개까지 생산할 수 있다.

③ $A$와 $B$국이 동일한 자원을 보유하고 있는 경우임에도 $X$재 생산량이 0개와 1개일 때, $Y$재 생산량이 $A$국보다 $B$국이 많다는 점에서 $A$국의 생산기술이 $B$국보다 우수하다고 볼 수 없다. 즉, $Y$재 생산기술은 $A$국보다 $B$국이 더 우수하다.

④ $B$국이 $X$재를 1개씩 추가적으로 생산함에 따라 발생하는 기회비용은 $Y$재 10개, $Y$재 16개로 점차 증가한다.

**출제POINT**

주어진 자원과 기술하, 두 재화의 최대생산조합 점들을 연결한 곡선을 생산가능곡선이라 한다.

### 10 | 국제 | 먼델 - 플레밍모형 | 답 ③

개방경제모형과 변동환율제도하, 확장적 통화정책으로 이자율이 하락하면 외국자본유출로 환율이 상승하기에 순수출이 증가한다.

**오답피하기**

① 폐쇄경제모형하, 확장적 통화정책으로 중앙은행이 화폐공급량을 증가시키면 $LM$곡선이 우측으로 이동하여 국민소득이 증가하고 이자율이 하락한다. 따라서 투자가 증가한다.

② 트릴레마(trilemma)에 따르면, 자본시장이 완전히 자유로운 경우, 고정환율을 유지하려면 독립적인 통화정책을 사용할 수 없다.

④ 개방경제모형과 변동환율제하, 확장적 통화정책으로 환율이 상승한다. 따라서 교역상대국에서도 확장적 통화정책을 시행하면 자국통화가치를 경쟁적으로 하락시키려는 환율전쟁 국면으로 접어든다.

**출제POINT**

트릴레마(trilemma) 또는 불가능한 삼위일체(impossible trinity)에 따르면, 자본시장의 완전한 자유, 고정환율제도 및 독립적인 통화정책 중에서 2가지만이 가능하고 3가지 모두를 가질 수 없다. 가령, 자본시장이 완전 개방되어 있을 때, 경기부양을 위해 국내금리를 낮추면 자본유출로 환율이 상승한다. 따라서 자본시장의 완전개방 시 환율을 고정시키기 위해서는 경기조절을 포기할 수밖에 없다.

## 11 □□□

통신시장에 하나의 기업만 존재하는 완전독점시장을 가정하자. 이 독점기업의 총비용($TC$) 함수는 $TC = 20 + 2Q$이고 시장의 수요는 $P = 10 - 0.5Q$이다. 만약, 이 기업이 이부가격(two part tariff) 설정을 통해 이윤을 극대화하고자 한다면, 고정요금(가입비)은 얼마로 설정해야 하는가?

① 16　　② 32
③ 64　　④ 128

## 12 □□□

다음과 같은 치킨게임(두 운전자가 마주보고 전속력으로 직진 운전하다가 한쪽이 겁을 먹고 회피하면 지는 게임)을 고려하자. 각 경우에 있어서의 보상(만족도)은 다음과 같다. (단, 보상테이블은 ($A$, $B$)의 쌍으로 표시된다)

| 구분 | | 운전자 $B$ 회피 | 운전자 $B$ 직진 |
|---|---|---|---|
| 운전자 $A$ | 회피 | (10, 10) | (20, 5) |
| | 직진 | (20, 5) | (0, 0) |

운전자 $A$의 우월전략(dominant strategy)에 관한 설명으로 옳은 것은?

① 우월전략이 없다.
② 운전자 $A$는 항상 회피를 해야 한다.
③ 운전자 $A$는 항상 직진을 해야 한다.
④ 운전자 $A$는 2개의 우월전략을 가지고 있다.

**11** 미시 이부가격제 답 ③

이부가격의 경우, $P = MC$에 따라 가격과 산출량을 설정하고 소비자잉여만큼의 가입비 부과가 가능하다. $P$는 $P = 10 - 0.5Q$이고, $MC$는 $TC = 20 + 2Q$에서 $MC = 2$이다. $P = MC$에 따라 $Q = 16$이고 $P = 2$이다. 소비자잉여는 $P = 10 - 0.5Q$에서 $Q = 16$일 때 최대지불의사금액에서 실제지불금액을 차감한 면적으로 $8 \times 16 \times \frac{1}{2} = 64$이다.

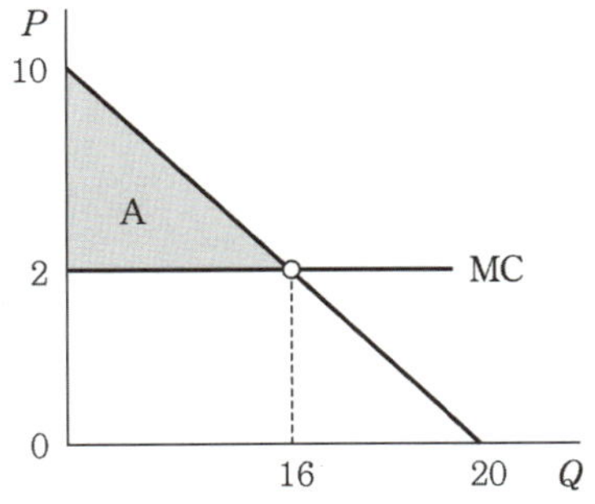


**출제POINT**
이부가격이란 재화를 구입할 권리에 대해 1차로 가격을 부과하고, 재화 구입량에 따라 2차로 다시 가격을 부과하는 가격체계로 가격차별의 한 유형이다.

**12** 미시 게임이론 답 ①

$B$가 회피를 선택하면 $A$는 직진을, $B$가 직진을 선택하면 $A$는 회피를 선택한다. 따라서 우월전략이 없다.

**출제POINT**
상대방의 전략에 관계없이 모든 경기자가 항상 자신의 보수를 가장 크게 하는 전략을 우월전략이라 한다.

## 13 □□□

**$X$재 수요곡선은 가격탄력성이 $0$인 직선이고 공급곡선은 원점을 통과하는 우상향하는 직선이다. 공급자에게 물품세가 부과될 경우 물품세가 부과되지 않은 경우와 비교하여 다음 설명 중 옳은 것은?**

① 시장거래량은 감소한다.
② 생산자 잉여는 변화 없다.
③ 소비자가 지불하는 가격은 변화 없다.
④ 공급자가 물품세를 납부하고 실제 받는 가격은 하락한다.

| 13 | 미시 | 조세의 귀착 | 답 ② |
|---|---|---|---|

수직선의 수요곡선과 원점을 통과하는 우상향하는 직선인 공급곡선에서 공급자에게 물품세가 부과될 경우 균형가격은 상승하나 거래량은 불변이다. 생산자잉여는 공급자가 실제 받는 가격과 거래량을 통해 파악할 수 있다. 거래량은 불변이고 균형가격은 상승하여 소비자가 지불하는 가격은 단위당 조세만큼 상승하나 공급자가 물품세를 납부하면 실제 받는 가격은 불변이다. 따라서 생산자잉여는 변화 없다.

(오답피하기)

① 시장거래량은 불변이다.
③ 소비자가 지불하는 가격은 단위당 조세만큼 상승한다.
④ 소비자가 지불하는 가격은 단위당 조세만큼 상승하나 공급자가 물품세를 납부하면 실제받는가격은 불변이다.

**출제POINT**

가격탄력성이 $0$인 수요곡선은 수직선이다.

## 14 □□□

**외부효과(또는 외부성)와 관련된 설명 중에서 옳지 않은 것은?**

① 부정적 외부효과가 존재할 때 정부의 정책은 시장의 자원배분 기능을 개선할 수 있다.
② 긍정적인 외부효과가 존재할 때 정부의 정책은 시장의 자원배분 기능을 개선할 수 있다.
③ 시장실패는 부정적 외부효과의 경우뿐만 아니라 긍정적 외부효과의 경우에도 발생한다.
④ 정부의 정책개입이 없다면 부정적 외부효과가 존재하는 재화는 사회적으로 바람직한 수준보다 과소공급된다.

| 14 | 미시 | 외부효과 | 답 ④ |
|---|---|---|---|

정부의 정책개입이 없다면 부정적 외부효과가 존재하는 재화는 사회적으로 바람직한 수준보다 과다공급된다.

(오답피하기)

① 부정적 외부효과가 존재할 때 조세부과 등을 통한 정부의 정책은 시장의 자원배분 기능을 개선할 수 있다.
② 긍정적인 외부효과가 존재할 때 보조금지급 등을 통한 정부의 정책은 시장의 자원배분 기능을 개선할 수 있다.
③ 부정적 외부효과의 경우 과다생산 또는 소비, 긍정적 외부효과의 경우 과소생산 또는 소비로 시장실패가 발생한다.

**출제POINT**

생산의 외부불경제 시 외부한계비용이 발생하여 사적 한계비용보다 사회적 한계비용이 크고, 시장균형거래량이 사회적 최적거래량보다 많다. 따라서 과다생산에 의한 시장실패가 발생한다.

## 15 □□□

**쌀과 자동차만 생산하는 어떤 나라의 상품가격과 생산량이 다음 표와 같다. 2010년을 기준년도로 할 때 2011년과 2012년의 *GDP* 디플레이터는 각각 얼마인가?**

| 연도 | 쌀 | | 자동차 | |
|---|---|---|---|---|
| | 가격 | 생산량 | 가격 | 생산량 |
| 2010년 | 20만 원/가마 | 100가마 | 1,000만 원/대 | 2대 |
| 2011년 | 24만 원/가마 | 100가마 | 1,200만 원/대 | 4대 |
| 2012년 | 30만 원/가마 | 200가마 | 1,500만 원/대 | 4대 |

| | 2011년 | 2012년 |
|---|---|---|
| ① | 83.33% | 66.67% |
| ② | 120% | 150% |
| ③ | 150% | 200% |
| ④ | 180% | 300% |

## 16 □□□

**통화정책의 단기효과에 대한 설명 중 옳은 것은?**

① 화폐수요의 이자율탄력성이 클수록 통화정책의 효과가 크다.
② 투자의 이자율탄력성이 클수록 통화정책의 효과가 크다.
③ 임금조정의 신축성이 클수록 통화정책의 효과가 크다.
④ 한계소비성향이 작을수록 통화정책의 효과가 크다.

**15** 거시 *GDP* 디플레이터 답 ②

11년의 명목 *GDP*는 24만 원×100가마+1,200만 원×4대 = 7,200만 원이고, 실질 *GDP*는 20만 원×100가마+1,000만 원×4대 = 6,000만 원이다. 따라서 11년의 *GDP*디플레이터는 (7,200만 원 / 6,000만 원)×100 = 120이다.
12년의 명목 *GDP*는 30만 원 ×200가마 +1,500만 원 ×4대 = 12,000만 원이고, 실질 *GDP*는 20만 원×200가마+1,000만 원 ×4대 = 8,000만 원이다. 따라서 12년의 *GDP*디플레이터는 (12,000만 원 / 8,000만 원) ×100 = 150이다.

**출제POINT**
'*GDP*디플레이터 = (명목 *GDP*/실질 *GDP*)×100'이다.

**16** 거시 통화정책 답 ②

*IS*곡선이 완만할수록 투자의 이자율탄력성이 커서 통화정책의 유효성은 커진다.

(오답피하기)
① *LM*곡선이 급경사일수록 화폐수요의 이자율탄력성이 작아 통화정책의 유효성은 커진다.
③ 임금조정의 신축성이 클수록 임금의 자동조절기능이 작용하기에 통화정책의 효과가 작다.
④ 한계소비성향($c$)이 클수록 *IS*곡선이 완만(탄력적)해진다. *IS*곡선이 완만할수록 투자의 이자율탄력성이 커서 통화정책의 유효성은 커진다.

**출제POINT**
투자의 이자율탄력성이 클수록, 화폐수요의 이자율탄력성이 작을수록 통화정책의 유효성은 커진다.

## 17 □□□

**리카르도 대등정리(Ricardian equivalence theorem)에 대한 설명으로 옳지 않은 것은?**

① 정부지출이 소비에 미치는 효과는 조세와 국채발행 간 차이가 없다.
② 유동성제약이 있으면 이 정리는 성립하지 않는다.
③ 소비자들이 근시안적인 소비행태를 보이면 이 정리는 성립하지 않는다.
④ 프리드만(M. Friedman)의 항상소득이론이 성립하면 이 정리는 성립하지 않는다.

| 17 | 거시 | 리카르도 대등정리 | 답 ④ |
|---|---|---|---|

통화주의인 프리드만(M. Friedman)의 항상소득이론이 성립할 때 정부의 재정정책이 효과가 없다는 리카르도 대등정리가 성립한다.

**오답피하기**

① 정부지출이 소비에 미치는 효과는 국채를 통하든 조세를 통하든 소비증가를 유발하지 않는다는 점에서 모두 같다.
② 유동성제약이 존재하면 차입이 곤란하여 국채를 발행하고 조세를 감면하면 민간의 가처분소득이 증가하기에 소비가 증가한다. 따라서 리카르도 대등정리가 성립하지 않는다.
③ 소비자들이 근시안적인 소비행태를 보이면, 즉 소비자가 비합리적이면 국채가 발행되더라도 미래조세증가를 인식하지 못할 수 있다. 따라서 이 정리는 성립하지 않는다.

**출제POINT**

정부지출재원을 국채를 통하든 조세를 통하든 소비증가를 유발하지 않는다는 것을 리카르도 대등정리라 한다.

## 18 □□□

**어느 한 국가의 생산함수가 $Y = K^{\frac{1}{2}}L^{\frac{1}{2}}$이며 $40,000$단위의 자본과 $10,000$단위의 노동을 보유하고 있다고 하자. 이 국가에서 자본의 감가상각률은 연 $10\%$라고 한다면, 솔로우(Solow) 모형에 따를 때 주어진 자본/노동 비율이 안정상태(steady state)에서의 자본/노동 비율이 되기 위해서는 저축률이 얼마가 되어야 하는가? (단, 인구변화 및 기술진보는 없다고 가정한다)**

① $20\%$　　② $30\%$
③ $40\%$　　④ $50\%$

| 18 | 거시 | 솔로우모형 | 답 ① |
|---|---|---|---|

1인당 국민소득 $y = \frac{Y}{L} = \frac{K^{\frac{1}{2}}L^{\frac{1}{2}}}{L} = (\frac{K}{L})^{\frac{1}{2}} = \sqrt{k}$이다.

$y = \frac{Y}{L} = \frac{K^{\frac{1}{2}}L^{\frac{1}{2}}}{L} = (\frac{K}{L})^{\frac{1}{2}} = (\frac{40,000}{10,000})^{\frac{1}{2}} = \sqrt{4}$이기에 $k = 4$이다.

따라서 $sf(k) = (n+d+g)k$에서, $f(k) = \sqrt{k}$, $k = 4$이고 $d = 10\%$, $n = g = 0$이기에 $s\sqrt{k} = 10k$에서 $s = 20\%$이다.

**출제POINT**

솔로우모형의 안정상태에서, 감가상각과 기술진보 시 $sf(k) = (n+d+g)k$, $\frac{sf(k)}{k} = (n+d+g)$이다.

## 19 □□□

**다음 중 경기변동 및 집계변수들 사이의 관계에 대한 용어 중 옳은 것은?**

① 잠재총생산과 실제총생산의 차이로부터 정의되는 총생산갭과 경기적실업 사이의 역의 관계는 피셔방정식으로 서술된다.
② 인플레이션율이 높은 시기에는 예상인플레이션율이 높아져 명목이자율도 높아지고, 인플레이션율이 낮은 시기에는 예상인플레이션율이 낮아져 명목이자율이 낮아진다는 관계를 나타낸 것은 필립스곡선이다.
③ 통화량의 변동이 실물변수들에는 영향을 주지 못하고 명목 변수만을 비례적으로 변화시킬 때 화폐의 중립성이 성립한다고 말한다.
④ 동일한 화폐금액이 어느 나라에 가든지 동일한 크기의 구매력을 가지도록 환율이 결정된다는 이론을 자동안정화 장치라고 부른다.

## 20 □□□

**$A$국에서는 $X$재 1단위 생산에 10의 비용이 필요하고 $Y$재 1단위 생산에 60의 비용이 필요하다. $B$국에서는 $X$재 1단위 생산에 15의 비용이 필요하고 $Y$재 1단위 생산에 100의 비용이 필요하다. 이 경우에 대한 서술로서 옳은 것은?**

① 두 국가 사이에서 $A$국은 $X$재 생산에 비교우위가 있고, $B$국은 $Y$재 생산에 비교우위가 있다.
② 두 국가 사이에서 $A$국은 $Y$재 생산에 비교우위가 있고, $B$국은 $X$재 생산에 비교우위가 있다.
③ 두 국가 사이에서 $A$국은 두 재화 모두의 생산에 비교우위가 있고, $B$국은 어느 재화의 생산에도 비교우위가 없다.
④ 두 국가 사이에서 $A$국은 어느 재화의 생산에도 비교우위가 없고, $B$국은 두 재화 모두의 생산에 비교우위가 있다.

| 19 | 거시 | 화폐중립성 | 답 ③ |
|---|---|---|---|

모든 실질변수가 통화량과 무관하게 실물부문에 의해 결정되기에 통화량변화에도 물가변화는 명목변수만 영향을 줄 뿐 실질변수는 불변인 것을 화폐의 중립성이라 한다.

**오답피하기**

① 실질이자율에 기대인플레이션율을 더한 값이 명목이자율($r+\pi^e=i$)이라는 것이 피셔의 방정식이다.
② 인플레이션율과 실업률이 반비례[$\pi=-\alpha(U-U_N)$]인 관계를 나타내는 곡선을 필립스곡선이라 한다.
④ 경기변동에 따라 누진세, 실업보험 등의 제도를 통해 자동으로 조세수입 또는 정부지출이 변해 경기진폭을 완화해주는 제도를 자동안정화 장치라 한다.

**출제POINT**

통화량변화에도 명목변수만 영향을 줄 뿐 실질변수는 불변인 화폐의 중립성으로, 금융정책효과는 전혀없다.

| 20 | 국제 | 비교우위 | 답 ② |
|---|---|---|---|

$Y$재 1단위 생산 기회비용이 $A$국($X$재 $\frac{6}{1}$단위)이 $B$국($X$재 $\frac{20}{3}$단위)보다 작기에 $A$국은 $Y$재 생산에 비교우위가 있다. $X$재 1단위 생산 기회비용이 $B$국($Y$재 $\frac{3}{20}$단위)이 $A$국($Y$재 $\frac{1}{6}$단위)보다 작기에 $B$국은 $X$재 생산에 비교우위가 있다.

| 생산비용 | $A$국 | $B$국 |
|---|---|---|
| $X$재 1단위 | 10 | 15 |
| $Y$재 1단위 | 60 | 100 |

| 기회비용 | $A$국 | $B$국 |
|---|---|---|
| $X$재 1단위 | $Y$재 $\frac{1}{6}$단위 | $Y$재 $\frac{3}{20}$단위 |
| $Y$재 1단위 | $X$재 $\frac{6}{1}$단위 | $X$재 $\frac{20}{3}$단위 |

**출제POINT**

재화 1단위 생산의 기회비용이 작은 국가가 그 재화 생산에 비교우위가 있다.

# 4회 2016년 서울시

## 01 □□□

어떤 소비자의 효용함수 $U = X^{0.5}$($X$는 자산금액)이다. 이 소비자는 현재 6,400만 원에 거래되는 귀금속 한 점을 보유하고 있다. 이 귀금속을 도난당할 확률은 0.5인데, 보험에 가입할 경우에는 도난당한 귀금속을 현재 가격으로 전액 보상해 준다고 한다. 보험에 가입하지 않은 상황에서 이 소비자의 기대효용과 이 소비자가 보험에 가입할 경우 낼 용의가 있는 최대보험료는 각각 얼마인가?

| | 기대효용 | 최대보험료 |
|---|---|---|
| ① | 40 | 2,800만 원 |
| ② | 40 | 4,800만 원 |
| ③ | 60 | 2,800만 원 |
| ④ | 60 | 4,800만 원 |

**01** 미시 **최대보험료** 답 ②

0.5의 확률로 귀금속을 도난당할 경우 귀금속의 자산가치는 0원, 0.5의 확률로 귀금속을 도난당하지 않을 경우 귀금속의 자산가치는 6,400만 원이 된다. 이에 따른 기대소득은 $0.5 \times 0 + 0.5 \times 6,400 = 3,200$만 원이다. 그리고 기대효용을 구해보면 $0.5 \times 0 + 0.5 \times \sqrt{64,000,000} = 4,000$원이다. 또한 확실성등가를 구하면 $4,000 = X^{0.5}$에서 1,600만 원이다. 최대한 보험료는 자산에서 확실성등가를 차감하여 $6,400 - 1,600 = 4,800$만 원이다. (* 기대효용 계산 시 단위가 만 원일 때, $0.5 \times 0 + 0.5 \times \sqrt{6,400} = 40$만 원으로 출제한 듯하나 정확히는 4,000원이다.)

**출제POINT**

공정한 보험료와 위험프리미엄의 합을 최대보험료라 하고 자산에서 확실성등가를 차감하여 구한다.

## 02 □□□

장기 총공급곡선이 이동하는 이유가 아닌 것은?

① 노동인구의 변동
② 자본량의 변동
③ 기술지식의 변동
④ 예상 물가수준의 변동

**02** 거시 **총공급곡선** 답 ④

$Y = Y_N + \alpha(P - P^e)$에서 예상 물가수준의 변동은 단기 총공급곡선에 영향을 줄 수 있다.

**오답피하기**

①, ②, ③ 장기 총공급곡선은 노동인구의 증가, 자본의 증가 그리고 기술진보에 의해 우측으로 이동한다.

**출제POINT**

인구증가, 생산성향상, 기술진보 등으로 장기 총공급곡선은 우측으로 이동한다.

## 03 □□□

**총비용함수가 $TC = 100 + 20 \times Q$이다. 이때, $TC$는 총비용이고 $Q$는 생산량이다. 다음 중 옳은 것을 모두 고르면?**

> ㄱ. 생산량이 1일 때, 총고정비용은 120이다.
> ㄴ. 생산량이 2일 때, 총가변비용은 40이다.
> ㄷ. 생산량이 3일 때, 평균가변비용은 20이다.
> ㄹ. 생산량이 4일 때, 한계비용은 20이다.

① ㄱ
② ㄴ, ㄷ
③ ㄴ, ㄹ
④ ㄴ, ㄷ, ㄹ

## 04 □□□

**재화 $X$의 가격이 상승할 때 나타나는 효과에 대한 서술로 가장 옳은 것은?**

① 재화 $X$와 대체관계에 있는 재화 $Y$의 가격은 하락한다.
② 재화 $X$와 보완관계에 있는 재화 $Y$의 수요량은 증가한다.
③ 재화 $X$가 정상재라면 수요량은 감소한다.
④ 재화 $X$가 열등재라면 수요량은 증가한다.

| 03 | 미시 | 비용함수 | 답 ④ |
|---|---|---|---|

$TC = 100 + 20Q$에서 $TFC = 100$, $TVC = 20Q$이고, $AVC = 20$, $MC = 20$이다.
ㄴ. 생산량이 2일 때, 총가변비용은 $TVC = 20Q$에서 40이다.
ㄷ. 생산량이 3일 때, 평균가변비용은 $AVC = 20$에서 20이다.
ㄹ. 생산량이 4일 때, $MC = 20$에서 한계비용은 20이다.

**오답피하기**

ㄱ. 생산량이 1일 때, 총고정비용은 $TFC = 100$에서 100이다.

> **출제POINT**
> 총비용함수에서 생산량이 영(0)일 때 비용이 총고정비용이다.

| 04 | 미시 | 재화의 종류 | 답 ③ |
|---|---|---|---|

재화 $X$가 정상재라면 수요법칙이 성립하기에 재화 $X$의 가격이 상승할 때 $X$의 수요량은 감소한다.

**오답피하기**

① 재화 $X$의 가격이 상승할 때 $X$의 수요량이 감소하고 재화 $X$와 대체관계에 있는 재화 $Y$의 수요는 증가하기에 $Y$의 가격은 상승한다.
② 재화 $X$의 가격이 상승할 때 $X$의 수요량이 감소하고 재화 $X$와 보완관계에 있는 재화 $Y$의 수요도 감소한다.
④ 재화 $X$가 열등재라면 기펜재 아닌 경우 수요법칙이 성립하고 기펜재인 경우 수요법칙이 성립하지 않기에 재화 $X$의 가격이 상승할 때 각각 수요량은 감소하고, 수요량은 증가한다.

> **출제POINT**
> 정상재와 기펜재 아닌 열등재의 경우 수요법칙이 성립하고 기펜재인 경우 수요법칙이 성립하지 않는다.

## 05 □□□

**확장적 통화정책의 효과에 대한 서술 중 가장 옳은 것은?**

① 경기회복을 위해서는 확장적 통화정책을 사용하여 이자율을 높이는 것이 효과적이다.
② 원화가치의 상승을 초래하여 수출에 부정적으로 작용할 수 있다.
③ 확장적 재정정책과 달리 정책의 집행에 긴 시간이 소요된다.
④ 이자율이 하락하여 민간지출이 증가함으로써 경기회복에 기여한다.

## 06 □□□

**솔로우의 경제성장모형에 대한 설명으로 가장 옳지 않은 것은?**

① 균제상태에서 자본량과 국민소득은 같은 속도로 증가한다.
② 기술수준이 높을수록 균제상태에서 일인당 국민소득의 증가율이 높다.
③ 균제상태에서 자본의 한계생산물은 일정하다.
④ 인구증가율이 낮아지면 균제상태에서 일인당 국민소득은 높아진다.

**05** 거시 **통화정책** 답 ④

통화량이 증가하면 이자율이 하락하여 민간지출이 증가함으로써 경기회복에 기여한다.

오답피하기

① 경기회복을 위해서는 확장적 통화정책을 사용하여 이자율을 낮추는 것이 효과적이다.
② 통화량이 증가하면 이자율이 하락하여 외자유출로 환율이 상승하기에 원화가치의 하락을 초래하여 수출에 긍정적으로 작용할 수 있다.
③ 확장적 통화정책과 달리 확장적 재정정책이 내부시차가 길어 정책의 집행에 긴 시간이 소요된다.

**출제POINT**

확장적 통화정책으로 통화량이 증가하면 $LM$곡선의 우측이동으로 이자율이 하락한다. 이자율이 하락하면 투자와 소비가 증가하여 국민소득이 증가한다.

**06** 거시 **솔로우의 경제성장모형** 답 ②

기술수준이 높다면 1인당 소득수준도 높다. 그러나 그대로 유지된다면 1인당 국민소득증가율은 0이다. 기술진보율이 높아야 1인당 국민소득증가율이 높다.

오답피하기

① 균제상태에서는 '경제성장률 = 인구증가율 = 자본증가율'이 이루어지기에 자본량과 국민소득은 같은 속도로 증가한다.
③ 균제상태하 1인당 자본량이 변하지 않기에 1인당 생산함수의 접선의 기울기인 자본의 한계생산물은 일정하다.
④ 인구증가율이 낮아지면 균제상태에서 1인당 자본량이 증가하기에 일인당 국민소득은 높아진다.

**출제POINT**

균제상태하 1인당 자본량이 변하지 않기에 1인당 국민소득도 일정하다. 따라서 경제성장률과 인구증가율이 일치하여 균제상태에서는 '경제성장률 = 인구증가율 = 자본증가율'이 이루어진다.

## 07 □□□

**실업에 대한 설명으로 옳은 것을 모두 고르면?**

ㄱ. 마찰적 실업이란 직업을 바꾸는 과정에서 발생하는 일시적인 실업이다.
ㄴ. 구조적 실업은 기술의 변화 등으로 직장에서 요구하는 기술이 부족한 노동자들이 경험할 수 있다.
ㄷ. 경기적 실업은 경기가 침체되면서 이윤감소 혹은 매출감소 등으로 노동자를 고용할 수 없을 경우 발생한다.
ㄹ. 자연실업률은 마찰적, 구조적, 경기적 실업률의 합으로 정의된다.
ㅁ. 자연실업률은 완전고용상태에서의 실업률이라고도 한다.

① ㄱ, ㄴ, ㄷ
② ㄱ, ㄷ, ㅁ
③ ㄱ, ㄴ, ㄷ, ㅁ
④ ㄱ, ㄷ, ㄹ, ㅁ

**07** 거시 **실업** 답 ③

ㄱ, ㄴ, ㄷ. 경기침체로 발생하는 실업을 경기적 실업, 산업구조변화로 발생하는 실업을 구조적 실업, 노동시장의 정보불완전성으로 이직 과정에서 발생하는 실업을 마찰적 실업이라 한다.
ㅁ. 마찰적 실업과 구조적 실업만 존재할 때의 실업률을 자연실업률이라 하고 완전고용상태에서의 실업률이라고도 한다.

**오답피하기**

ㄹ. 자연실업률은 마찰적, 구조적 실업률의 합으로 정의된다.

**출제POINT**

마찰적 실업과 구조적 실업만 존재할 때의 실업률을 자연실업률이라 한다.

## 08 □□□

**재정정책과 통화정책에 대한 설명으로 가장 옳은 것은?**

① 투자가 이자율 변화에 민감하면, 그렇지 않을 때보다 재정정책의 효과가 감소한다.
② 화폐수요가 이자율 변화에 민감하면, 그렇지 않을 때보다 재정정책의 효과가 감소한다.
③ 화폐수요가 이자율 변화에 둔감하면, 그렇지 않을 때보다 통화정책의 효과가 감소한다.
④ 투자가 이자율 변화에 둔감하면, 그렇지 않을 때보다 통화정책의 효과가 증가한다.

**08** 거시 **재정정책과 통화정책** 답 ①

투자가 이자율 변화에 민감하면, 투자의 이자율탄력성이 커서 *IS*곡선이 완만하기에 구축효과가 크고, 재정정책의 유효성은 작아진다.

**오답피하기**

② 화폐수요가 이자율 변화에 민감하면, 화폐수요의 이자율탄력성이 커서 *LM*곡선은 완만하기에 구축효과가 작고, 재정정책의 유효성은 커진다.
③ 화폐수요가 이자율 변화에 둔감하면, 화폐수요의 이자율탄력성이 작아서 *LM*곡선은 급경사이고, 금융정책의 유효성은 커진다.
④ 투자가 이자율 변화에 둔감하면, 투자의 이자율탄력성이 작아 *IS*곡선이 급경사이고, 금융정책의 유효성은 작아진다.

**출제POINT**

*IS*곡선이 급경사일수록 투자의 이자율탄력성이 작기에 이자율이 상승해도 민간투자가 적게 감소한다. 따라서 구축효과가 작고, 재정정책의 유효성은 커진다.

## 09 □□□

**어떤 독점기업의 생산물에 대한 수요곡선상에서 수요의 가격탄력성(절댓값)이 1이 되는 점이 있다고 하자. 이 점에 대한 설명으로 가장 옳은 것은?**

① 이윤이 극대화되는 점이다.

② 한계비용이 0이 되는 점이다.

③ 한계수입이 0이 되는 점이다.

④ 평균비용이 극소화되는 점이다.

## 10 □□□

**완전경쟁시장에서 수요곡선은 $Q^d = 120 - P$이고 공급곡선은 $Q^s = 2P$이다. 여기에 정부가 개당 30원의 종량세를 부과하였다면, 세금으로 인한 경제적 순손실(deadweight loss)은 얼마인가?**

① 300원 ② 400원

③ 500원 ④ 600원

| 09 | 미시 | 탄력도 | 답 ③ |
|---|---|---|---|

$MR = P\left(1 - \frac{1}{\epsilon_d}\right)$에서 수요의 가격탄력성(절댓값)이 1일 때 한계수입은 0이 된다.

오답피하기

①, ②, ④ 한계수입이 0이기에 총수입이 극대화된다.

**출제POINT**

$MR = \frac{dTR}{dQ} = P + \frac{QdP}{dQ}$로, $MR = P\left(1 - \frac{1}{\epsilon_d}\right)$이다.

| 10 | 미시 | 조세의 귀착 | 답 ① |
|---|---|---|---|

| | |
|---|---|
| 1. 조세부과 전 거래량 | $120 - P = 2P$<br>$P = 40,\ Q = 80$ |
| 2. 조세부과 후 곡선($P$로 도출) | 비법: 평행이동!<br>$Q^d = 120 - P$에서 $P$대신 $[P-(-30)]$을 대입하면,<br>$Q^d = 120 - (P+30)$으로<br>$Q^d = 90 - P$이다. |
| 3. 조세부과 후 거래량 | $90 - P = 2P$<br>$P = 30,\ Q = 60$ |
| 4. 거래량 감소분 × 단위당 조세 × $\frac{1}{2}$ | $(80-60) \times 30 \times \frac{1}{2} = 300$ |

**출제POINT**

조세의 귀착 시 후생손실은 '거래량 감소분 × 단위당 조세 × $\frac{1}{2}$'을 통해 알 수 있다.

## 11 □□□

**교역이 전혀 없던 두 국가 간에 완전한 자유무역이 개시된다고 하자. 다음 중 가장 옳은 것은?**

① 어느 한 개인이라도 이전보다 후생수준이 낮아지는 일은 없다.
② 산업간무역보다는 산업 내 무역이 더 많이 생길 것이다.
③ 무역의 확대로 양국에서의 실업이 감소한다.
④ 수출재 시장의 생산자잉여와 수입재 시장의 소비자잉여가 모두 증가한다.

## 12 □□□

**폐쇄경제하에서 소비($C$)는 감소하고 정부지출($G$)은 증가할 경우 민간저축과 정부저축에 대한 설명으로 가장 옳은 것은? (단, 국민소득과 세금은 고정되어 있다고 가정한다)**

① 민간저축과 정부저축 모두 증가한다.
② 민간저축과 정부저축 모두 감소한다.
③ 민간저축은 증가하고 정부저축은 감소한다.
④ 민간저축은 감소하고 정부저축은 증가한다.

| 11 | 국제 | 자유무역 | 답 ④ |
|---|---|---|---|

수출재 시장의 생산자잉여와 수입재 시장의 소비자잉여가 모두 증가한다.

**오답피하기**

① 수출재 시장의 소비자잉여와 수입재 시장의 생산자잉여가 모두 감소한다.
② 산업간무역은 비교우위에 의해 두 나라가 서로 다른 산업에서 생산되는 재화를 수출하지만, 산업 내 무역은 주로 규모의 경제와 독점적 경쟁에 의해 두 나라가 동일 산업에서 생산되는 재화를 수출한다. 따라서 산업간무역보다 산업내무역이 더 많이 생길지는 알 수 없다.
③ 무역의 확대로 수입재 시장에서 국내생산의 감소로 실업이 증가할 수 있다.

**출제POINT**

수출재 시장의 생산자잉여는 증가하고 소비자잉여는 감소한다. 수입재 시장의 소비자잉여는 증가하고 생산자잉여는 감소한다.

| 12 | 거시 | 민간저축과 정부저축 | 답 ③ |
|---|---|---|---|

민간저축 $= Y-T-C$, 정부저축 $= T-G$에서 소비($C$)가 감소하면 민간저축은 증가하고, 정부지출($G$)이 증가하면 정부저축은 감소한다.

**출제POINT**

$Y=C+I+G+X-M$에서 $Y-C-G=I+X-M$이고,
$Y-T-C$(민간저축)$+T-G$(정부저축)$=I+X-M$,
즉, $X-M=Y-T-C$(민간저축)$+T-G$(정부저축)$-I$이다.

## 13 □□□

**다음은 중앙은행의 통화정책수단들을 조합한 것이다. 이 중 가장 확장적인 기조의 정책조합은?**

① 공개시장 매각 - 법정지급준비율 인상 - 재할인율 인상
② 공개시장 매각 - 법정지급준비율 인하 - 재할인율 인상
③ 공개시장 매입 - 법정지급준비율 인상 - 재할인율 인하
④ 공개시장 매입 - 법정지급준비율 인하 - 재할인율 인하

| 13 | 거시 | 통화정책수단 | 답 ④ |
|---|---|---|---|

통화량 증가를 위한 확장통화정책은 중앙은행의 국공채 매입, 재할인율 하락, 지급준비율 하락 등을 통해 달성할 수 있다.

오답피하기

①, ②, ③ 확장통화정책은 중앙은행의 국공채 매입, 재할인율 하락, 지급준비율 하락 등이고, 긴축통화정책은 중앙은행의 국공채 매각, 재할인율 상승, 지급준비율 상승 등이다.

**출제POINT**

총수요가 감소하여 $GDP$가 감소함으로써 초래되는 불경기에는, 물가가 하락하는 디플레이션이 발생하여, 실업증가가 우려된다.

## 14 □□□

**작년에 비해 실질 $GDP$(Gross Domestic Product)가 상승하였다. 다음 중 가장 옳은 것은?**

① 작년에 비해 명목 $GDP$와 $GDP$ 디플레이터 모두 증가하였다.
② 작년에 비해 명목 $GDP$가 증가하였거나 $GDP$ 디플레이터가 감소하였다.
③ 작년에 비해 명목 $GDP$는 감소하였고 $GDP$ 디플레이터는 증가하였다.
④ 작년에 비해 명목 $GDP$와 $GDP$ 디플레이터 모두 감소하였다.

| 14 | 거시 | 실질 $GDP$ | 답 ② |
|---|---|---|---|

'$GDP$디플레이터 $= (\frac{\text{명목 } GDP}{\text{실질 } GDP}) \times 100$'에서 실질 $GDP$가 증가하였다면, 작년에 비해 명목 $GDP$가 증가하였거나 $GDP$디플레이터가 감소하였음을 뜻한다.

**출제POINT**

'$GDP$디플레이터 $= (\frac{\text{명목 } GDP}{\text{실질 } GDP}) \times 100$'이다.

## 15 □□□

**고급 한식에 대한 열풍으로 한식 가격이 상승하였다고 가정하자. 한식 가격의 상승이 한식 요리사들의 노동시장에 미치는 영향으로 가장 옳은 것은?**

① 노동수요곡선이 오른쪽으로 이동하여 임금이 상승한다.
② 노동수요곡선이 왼쪽으로 이동하여 임금이 하락한다.
③ 노동공급곡선이 오른쪽으로 이동하여 임금이 하락한다.
④ 노동공급곡선이 왼쪽으로 이동하여 임금이 상승한다.

| 15 | 미시 | 노동수요곡선 | 답 ① |
|---|---|---|---|

노동수요곡선이 $VMP_L = P \times MP_L$이기에 한식 가격의 상승은 노동수요곡선의 우측이동을 통해 임금상승을 초래한다.

**출제POINT**

생산물시장이 완전경쟁이고 생산요소시장이 완전경쟁이면 노동수요곡선인 $VMP_L$과 노동공급곡선인 $W$가 일치할 때 이윤극대화를 보인다.

## 16 □□□

**정부부문 및 대외부문이 존재하지 않는 경제의 소비함수와 투자함수가 다음과 같을 때, (가) 현재의 균형국민소득과 (나) 독립투자가 400조 원 증가할 경우의 균형국민소득의 증감분을 올바르게 짝지은 것은? (단, $C$, $I$, $Y$는 각각 소비, 투자, 국민소득을 의미한다)**

> 소비함수 $C = 600 + 0.6Y$
> 투자함수 $I = 2{,}400$

| | (가) | (나) |
|---|---|---|
| ① | 7,000조 원 | 1,000조 원 |
| ② | 7,000조 원 | 1,200조 원 |
| ③ | 7,500조 원 | 1,000조 원 |
| ④ | 7,500조 원 | 1,200조 원 |

| 16 | 거시 | 균형국민소득 | 답 ③ |
|---|---|---|---|

단순한 거시경제를 가정하여 $G$(정부지출)와 $X-M$(순수출)을 영(0)이라 하면 $Y = C + I$이다.
즉, $Y = 600 + 0.6Y + 2{,}400 = 3{,}000 + 0.6Y$이다. 따라서 $Y = 7{,}500$이다.
단위를 조 원이라 할 때 (가) 현재의 균형국민소득은 7,500조 원이다.
투자승수는 $\frac{1}{1-c} = \frac{1}{1-0.6} = 2.5$이기에 독립투자가 400조 원 증가할 경우 (나) 균형국민소득의 증감분은 $400 \times 2.5 = 1{,}000$조 원이다.

**출제POINT**

국내총지출($GDE$)은 $C$(민간소비지출), $I$(민간총투자), $G$(정부지출), $X-M$(순수출)의 합과 같다.

## 17 □□□

**다음 중 정보경제와 관련된 설명으로 가장 옳지 않은 것은?**

① 선별(screening)이란 사적정보를 가진 경제주체가 상대방의 정보를 더욱 얻어내기 위해 취하는 행동이다.
② 신호발생(signalling)이란 정보를 가진 경제주체가 자신에 관한 정보를 상대방에게 전달하려는 행동이다.
③ 탐색행위(search activities)란 상품의 가격에 대한 정보를 충분히 갖지 못한 수요자가 좀 더 낮은 가격을 부르는 곳을 찾으려고 하는 행위이다.
④ 역선택(adverse selection)이란 상대방의 감추어진 속성으로 인해 정보가 부족한 쪽에서 바람직하지 않은 선택을 하는 현상이다.

| 17 | 미시 | 정보경제학 | 답 ① |
|---|---|---|---|

선별이란 사적정보를 갖지 못한 또는 부족한 경제주체가 상대방의 정보를 더욱 얻어내기 위해 취하는 행동이다.

**오답피하기**

② 신호발송이란 정보가 풍부한 경제주체가 거래 상대방에게 자신이 가지고 있는 정보를 알리기 위해 행하는 행위를 말한다.
③ 탐색행위란 정보가 불완전한 상황에서 사람들이 여러 가지 방법으로 필요한 정보를 얻으려고 노력하는 행위를 말한다.
④ 역선택이란 감춰진 특성으로 정보수준이 낮은 측이 바람직하지 않은 상대방을 만날 가능성이 높아지는 현상을 말한다.

**출제POINT**

선별이란 정보가 불충분한 경제주체가 상대방의 특성을 파악하려는 노력을 뜻한다.

## 18 □□□

**새고전학파와 새케인즈학파의 정책효과에 대한 설명으로 가장 옳은 것은?**

① 새고전학파에 따르면 예상치 못한 정부지출의 증가는 장기적으로 국민소득을 증가시킨다.
② 새고전학파에 따르면 예상된 통화공급의 증가는 단기적으로만 국민소득을 증가시킨다.
③ 새케인즈학파에 따르면 예상치 못한 통화공급의 증가는 장기적으로 국민소득을 증가시킨다.
④ 새케인즈학파에 따르면 예상된 정부지출의 증가는 단기적으로 국민소득을 증가시킨다.

| 18 | 거시 | 새고전학파와 새케인즈학파 | 답 ④ |
|---|---|---|---|

새케인즈학파에 따르면 예상된 정부지출의 증가는 가격변수의 경직성으로 단기적으로 국민소득을 증가시킨다.

**오답피하기**

① 새고전학파에 따르면 예상치 못한 정부지출의 증가는 장기적으로는 국민소득을 증가시키지 못한다.
② 새고전학파에 따르면 예상된 통화공급의 증가는 단기적으로도 국민소득을 증가시키지 못한다.
③ 새케인즈학파에 따르면 예상치 못한 통화공급의 증가는 장기적으로는 국민소득을 증가시키지 못한다.

**출제POINT**

새케인즈학파는 새고전학파의 정책무력성 정리에 대해, 합리적 기대라도 가격변수의 경직성으로 단기에는 정책효과가 가능하다고 주장한다.

## 19 □□□

**어떤 나라의 경제활동인구가 $1,000$만 명으로 일정하다고 한다. 비경제활동인구는 존재하지 않으며 취업인구 중에서 매달 일자리를 잃는 노동자의 비율이 $2\%$이고 실업인구 중에서 매달 취업이 되는 노동자의 비율이 $14\%$라면, 이 나라의 자연실업률은?**

① 12%　　② 12.5%

③ 13%　　④ 13.5%

## 20 □□□

**외부효과에 대한 설명 중 옳은 것을 모두 고르면?**

> ㄱ. 외부효과는 시장실패의 전형적인 사례로 볼 수 있다.
> ㄴ. 외부효과가 발생하는 경우 한 기업의 생산 활동이 다른 경제주체의 후생을 변화시키며, 동시에 이에 대하여 적절한 보상이 이루어진다.
> ㄷ. 코즈(Coase)정리에 의하면 소유권이 명백하게 정의되고 협상에 비용이 들지 않는다면, 외부효과를 발생시키는 주체와 그 피해를 입는 주체 간의 협상을 통하여 자원의 효율적 배분이 이루어진다.

① ㄱ　　② ㄱ, ㄴ

③ ㄱ, ㄷ　　④ ㄱ, ㄴ, ㄷ





**19** 거시 **자연실업률** 답 ②

$s$가 2%이고, $f$가 14%이기에 자연실업률하, 즉 균제상태에서의 실업률은 12.5%이다.

**출제POINT**

자연실업률하에서 노동시장의 균형으로 취업자수와 실업자수가 변하지 않는다. 따라서 자연실업률은

$u_N = \frac{U}{U+E} = \frac{U}{U+\frac{f}{s}U} = \frac{s}{s+f}$ ($s$: 실직률, $f$: 구직률)이다.

**20** 미시 **외부효과** 답 ③

ㄱ. 시장실패의 전형적인 사례로 독과점, 외부성, 공공재 부족 등을 들 수 있다.
ㄷ. 코즈정리란 소유권이 잘 확립되고 거래비용이 없을 때 시장 참여자의 자발적인 협상을 통해 외부성의 문제가 해결될 수 있다는 이론이다.

(오답피하기)

ㄴ. 외부효과가 발생하는 경우 한 기업의 생산활동이 다른 경제주체의 후생을 변화시키나, 이에 대하여 적절한 보상이 이루어지지 않는다.

**출제POINT**

시장실패란 자유로운 경쟁에도 희소한 자원이 비효율적으로 과소 또는 과다하게 배분되는 현상으로, 독과점, 외부성, 공공재 부족 등에 의해 나타난다.

# 5회 2017년 서울시

## 01 □□□

**무차별곡선(indifference curve)에 대한 설명으로 가장 옳은 것은?**

① 선호체계에 있어서 이행성(transitivity)이 성립한다면, 무차별곡선은 서로 교차할 수 있다.
② 두 재화가 완전대체재일 경우의 무차별곡선은 원점에 대해서 오목하게 그려진다.
③ 무차별곡선이 원점에 대해서 볼록하게 생겼다는 것은 한계대체율체감의 법칙이 성립하고 있다는 것을 의미한다.
④ 두 재화 중 한 재화가 비재화(bads)일 경우에도 상품조합이 원점에서 멀리 떨어질수록 더 높은 효용수준을 나타낸다.

| 01 | 미시 | 무차별곡선 | 답 ③ |
|---|---|---|---|

무차별곡선이 원점에 대하여 볼록한 것은 한계대체율이 체감함을 의미한다.

(오답피하기)
① 선호체계에 있어서 이행성(transitivity)이 성립한다면, 무차별곡선은 교차할 수 없다.
② 두 재화가 완전대체재일 경우의 무차별곡선은 우하향의 직선 형태이다.
④ $X$축만 비재화(bads)일 경우 무차별곡선은 $X$축에 대해 볼록하며 우상향으로 $X$축에서 멀어질수록 더 높은 효용수준을 나타낸다.

**출제POINT**
$Y$재를 $X$재로 대체해 감에 따라 한계대체율이 점점 감소하는 것을 한계대체율체감의 법칙이라 한다.

## 02 □□□

**철수는 장롱 안에서 현금 100만 원을 발견하고 이를 $A$은행의 보통예금 계좌에 입금하였다. 이로 인한 본원통화와 협의통화($M1$)의 즉각적인 변화는?**

① 본원통화는 100만 원 증가하고, 협의통화는 100만 원 증가한다.
② 본원통화는 100만 원 감소하고, 협의통화는 100만 원 감소한다.
③ 본원통화는 변화가 없고, 협의통화는 100만 원 증가한다.
④ 본원통화와 협의통화 모두 변화가 없다.

| 02 | 거시 | 통화공급 | 답 ④ |
|---|---|---|---|

현금 100만 원의 예금으로 현금통화의 예금통화로의 전환이 있을 뿐 (협의)통화량은 불변이다. 또한 중앙은행으로부터 나온 추가적인 현금이 없기에 본원통화도 불변이다.

**출제POINT**
본원통화를 현금통화와 지급준비금의 합으로 정의한다면, (협의)통화량은 현금통화와 예금통화의 합으로 정의한다.

## 03 □□□

**효용가능경계(utility possibilities frontier)에 대한 설명으로 옳은 것을 모두 고르면?**

ㄱ. 효용가능경계 위의 점들에서는 사람들의 한계대체율이 동일하며, 이 한계대체율과 한계생산변환율이 일치한다.
ㄴ. 어느 경제에 주어진 경제적 자원이 모두 고용되면 이 경제는 효용가능경계 위에 있게 된다.
ㄷ. 생산가능곡선상의 한 점에서 생산된 상품의 조합을 사람들 사이에 적절히 배분함으로써 얻을 수 있는 최대 효용수준의 조합을 효용가능경계라고 한다.

① ㄱ
② ㄷ
③ ㄱ, ㄴ
④ ㄱ, ㄷ

| 03 | 미시 | 효용가능경계 | 답 ① |
|---|---|---|---|

ㄱ. 효용가능경계상의 모든 점들은 소비, 생산 및 종합적인 산출물구성의 파레토효율성을 동시에 충족한다. 따라서 효용가능경계 위의 점들에서는 사람들의 한계대체율이 동일(소비의 파레토효율성)하며, 이 한계대체율과 한계생산변환율이 일치(종합적인 산출물구성의 파레토효율성)한다.

(오답피하기)

ㄴ. 자원이 완전고용(생산의 효율성)되고 소비의 효율적 배분이 달성(소비의 효율성)되어야 효용가능경계상의 점을 얻을 수 있다.
ㄷ. 생산가능곡선상의 한 점에서 생산하고 그 점에서 에지워스 상자가 결정되어 소비의 계약곡선을 효용공간으로 옮기면 효용가능곡선이 도출된다. 따라서 생산가능곡선상의 한 점에서 생산된 상품의 조합을 사람들 사이에 적절히 배분함으로써 얻을 수 있는 최대 효용수준의 조합을 효용가능곡선이라고 한다.

**출제POINT**

효용가능곡선의 가장 외부 점들을 연결하면 효용가능경계가 도출된다. 즉, 효용가능경계는 효용가능곡선의 포락선으로 도출된다.

## 04 □□□

**내생적 성장이론에 대한 다음 설명 중 가장 옳지 않은 것은?**

① R&D모형에서 기술진보는 지식의 축적을 의미하며, 지식은 비경합성과 비배제성을 갖는다고 본다.
② R&D모형과 솔로우(Solow)모형은 한계수확체감의 법칙과 경제성장의 원동력으로서의 기술진보를 인정한다는 점에서는 동일하다.
③ 솔로우(Solow)모형과 달리 AK모형에서의 저축률 변화는 균제상태에서 수준효과뿐만 아니라 성장효과도 갖게 된다.
④ AK모형에서 인적자본은 경합성과 배제가능성을 모두 가지고 있다.

| 04 | 거시 | 내생적 성장이론 | 답 ① |
|---|---|---|---|

R&D모형에서 지식은 공유 시 비용이 들지 않는 비경합성과 재산권이나 특허권 등에 의해 배제성을 갖는다고 본다.

(오답피하기)

② R&D모형은 솔로우(Solow)모형처럼 한계수확체감의 법칙을 전제로 경제성장의 원동력으로서의 기술진보를 인정한다.
③ AK모형은 솔로우(Solow)모형과 달리 저축률상승으로도 지속적인 성장이 가능하다고 보아 수준효과뿐만 아니라 성장효과도 갖게 된다.
④ AK모형은 물적자본외 인적자본도 고려하여 한계수확체감의 법칙을 부인하였으며 이때 인적자본은 경합성과 배제가능성을 모두 가지고 있다고 본다.

**출제POINT**

연구개발(R&D)모형에서 기술진보란 동일한 노동과 자본을 투입하더라도 더 많은 산출량을 창출하도록 하는 지식의 축적을 의미한다.

## 05 □□□

**다음 중 코우즈정리(Coase theorem)에 따른 예측으로 가장 옳지 않은 것은? (단, 만족 수준 한 단위가 현금 1만 원과 동일한 수준의 효용이다)**

> 김 씨와 이 씨가 한집에 살고 있다. 평상시 두 사람의 만족 수준을 100이라고 하자. 김 씨는 집 안 전체에 음악을 틀고 있으면 만족 수준이 200이 된다. 반면, 이 씨는 음악이 틀어져 있는 공간에서는 만족 수준이 50에 그친다.

① 음악을 트는 것에 대한 권리가 누구에게 있든지 집 안 전체의 음악 재생여부는 동일하다.
② 음악을 트는 것에 대한 권리가 이 씨에게 있는 경우 둘 사이에 자금의 이전이 발생한다.
③ 음악을 트는 것에 대한 권리가 김 씨에게 있는 경우 그는 음악을 틀 것이다.
④ 음악을 트는 것에 대한 권리가 이 씨에게 있는 경우 집 안은 고요할 것이다.

## 06 □□□

**정부가 소비자 보호를 위해 쌀 시장에 가격상한제(price-ceiling)를 적용하고 있다고 하자. 이런 상황에서 쌀 농사에 유리한 기후 조건으로 쌀 공급이 소폭 증가했을 때 예상되는 현상으로 옳은 것은? (단, 시장 균형가격은 과거나 지금이나 가격상한선보다 높다)**

① 규제로 인한 자중후생손실(deadweight loss)이 감소한다.
② 시장에서의 거래 가격이 하락한다.
③ 공급자 잉여가 감소한다.
④ 소비자 잉여가 감소한다.

| 05 | 미시 | 코우즈정리 | 답 ④ |
|---|---|---|---|

음악을 트는 것에 대한 권리가 이 씨에게 있는 경우 이 씨의 최소요구금액이 50만 원, 김 씨의 최대지불의사금액이 100만 원이다. 따라서 50~100만 원 사이에서 협상이 이루어져 김 씨는 이 씨에게 보상금을 지급하고 음악을 틀 것이다.

**오답피하기**

① 음악을 트는 것에 대한 권리가 김 씨에게 있는 경우 ③번 해설처럼 권리자로서 음악을 틀 것이고, 이 씨에게 있는 경우 ④번 해설처럼 보상금을 지급하고 음악을 틀 것이다. 따라서 권리가 누구에게 있든지 집 안 전체의 음악은 틀 것이다.
② 음악을 트는 것에 대한 권리가 이 씨에게 있는 경우 김 씨는 이 씨에게 보상금을 지급하고 음악을 틀 것이다.
③ 음악을 트는 것에 대한 권리가 김 씨에게 있는 경우 김 씨의 최소요구금액이 100만 원, 이 씨의 최대지불의사금액이 50만 원이다. 따라서 협상이 이루어지지 못하고 김 씨는 음악을 트는 권리자로서 음악을 틀 것이다.

**출제POINT**

음악을 틀면 김 씨는 만족 수준이 올라(100만 원에서 200만 원으로) 가고 이 씨는 오히려 내려(100만 원에서 50만 원으로)갈 때 소비의 외부불경제가 발생한다.

| 06 | 미시 | 가격상한제 | 답 ① |
|---|---|---|---|

가격상한제 적용으로 쌀 거래량이 감소하여 후생손실($b$)이 발생하는 상황에서 쌀 공급 증가로 거래량이 증가하면서 규제로 인한 후생손실($e$)이 감소한다.

**오답피하기**

② 시장 균형가격은 쌀 공급이 소폭 증가해도 과거나 지금이나 가격상한선보다 높기에 가격상한선은 유효하고 시장에서의 거래 가격은 불변이다.
③ 쌀 공급 증가로 거래량이 증가하면서 공급자잉여는 증가($c$에서 $c+f$)하고, 소비자잉여도 증가($a$에서 $a+b+d$)한다.

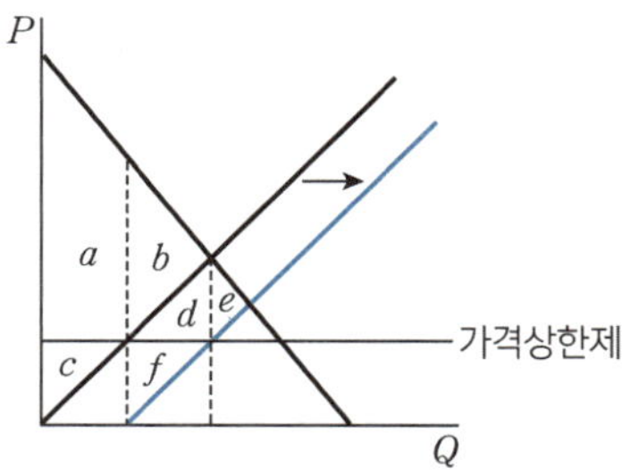


**출제POINT**

수요자 보호를 위해 균형가격보다 낮게 설정하는 가격상한제로 거래량이 줄고 사회적잉여도 감소한다.

## 07 □□□

**케인즈(J. M. Keynes)의 단순 국민소득 결정모형(소득-지출모형)에 대한 설명으로 가장 옳지 않은 것은?**

① 한계저축성향이 클수록 투자의 승수효과는 작아진다.

② 디플레이션갭(deflation gap)이 존재하면 일반적으로 실업이 유발된다.

③ 임의의 국민소득 수준에서 총수요가 총공급에 미치지 못할 때, 그 국민소득 수준에서 디플레이션갭이 존재한다고 한다.

④ 정부지출 증가액과 조세감면액이 동일하다면 정부지출 증가가 조세감면보다 국민소득 증가에 미치는 영향이 더 크다.

| 07 | 거시 | 케인즈 결정모형 | 답 ③ |
|---|---|---|---|

디플레이션갭이란 임의의 국민소득 수준이 아니라 완전고용국민소득 수준에서 총공급이 총수요를 초과할 때 발생하는 유효수요 부족분이다.

(오답피하기)

① 한계저축성향이 클수록 누출증가로 투자의 승수효과는 작아진다.

② 디플레이션갭(deflation gap)이 존재하면 산출량이 완전고용 수준에서 미달하여 일반적으로 실업이 유발된다.

④ 정부지출승수($\frac{1}{1-c}$)가 감세승수($\frac{c}{1-c}$)보다 크기에 정부지출 증가액과 조세감면액이 동일하다면 정부지출 증가가 조세감면보다 국민소득 증가에 미치는 영향이 더 크다.

**출제POINT**

디플레이션갭은 디플레이션을 탈피하기 위해 증가시켜야 하는 유효수요의 크기로 측정된다.

## 08 □□□

**$A$국, $B$국은 $X$재와 $Y$재만을 생산하고, 생산가능곡선은 각각 $X=2-0.2Y$, $X=2-0.05Y$이다. $A$국과 $B$국이 $X$재와 $Y$재의 거래에서 서로 합의할 수 있는 $X$재의 가격은?**

① $Y$재 4개

② $Y$재 11개

③ $Y$재 21개

④ 거래가 불가능하다.

| 08 | 국제 | 교역조건 | 답 ② |
|---|---|---|---|

$A$국 생산가능곡선은 $X=2-0.2Y$로 $Y=10-5X$이다. 따라서 기울기 5는 $A$국의 $X$재 1개 생산의 기회비용($Y$재 5개)이다. $B$국 생산가능곡선은 $X=2-0.05Y$로 $Y=40-20X$이다. 따라서 기울기 20은 $B$국의 $X$재 1개 생산의 기회비용($Y$재 20개)이다. 결국, 양국이 이득을 볼 수 있는 교역조건은 $Y$재 $5<X$재 $1<Y$재 20이다. $X$재 1개와 $Y$재 11개를 거래하면 양국이 이득을 볼 수 있다.

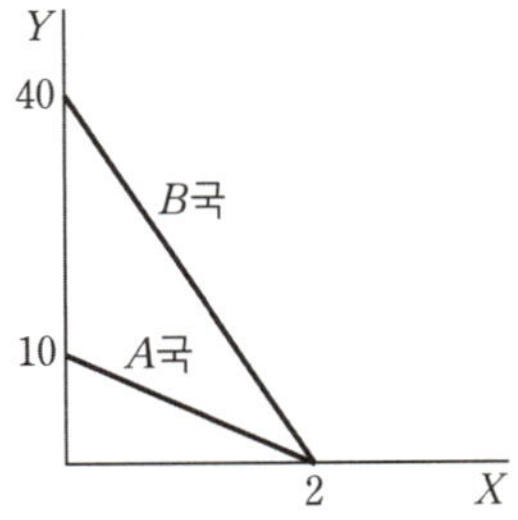


**출제POINT**

양국의 국내상대가격비, 즉 기회비용 사잇값에서 양국이 이득을 볼 수 있는 교역조건이 성립한다.

## 09 □□□

**다음은 먼델 - 플레밍모형을 이용하여 고정환율제도를 취하고 있는 국가의 정책 효과에 대해서 설명한 것이다. ㉠과 ㉡을 바르게 연결한 것은?**

> 정부가 재정지출을 ( ㉠ )하면 이자율이 상승하고 이로 인해 해외로부터 자본 유입이 발생한다. 외환 시장에서 외화의 공급이 증가하여 외화 가치가 하락하고 환율의 하락 압력이 발생한다. 하지만 고정환율제도를 가지고 있기 때문에 환율이 변할 수는 없다. 결국 환율을 유지하기 위해 중앙은행은 외화를 ( ㉡ )해야 한다.

| | ㉠ | ㉡ |
|---|---|---|
| ① | 확대 | 매입 |
| ② | 확대 | 매각 |
| ③ | 축소 | 매입 |
| ④ | 축소 | 매각 |

## 10 □□□

**아래의 그림은 기업 $A$와 $B$의 의사결정에 따른 이윤을 나타낸다. 두 기업은 모든 선택에 대한 이윤을 사전에 알고 있다. $A$사가 먼저 선택하고, $B$사가 $A$사의 결정을 확인하고 선택을 하게 된다. 두 회사 간의 신빙성 있는 약속이 없을 때 각 기업이 얻게 되는 이윤의 조합은? (단, 괄호 안은 $A$사가 얻는 이윤, $B$사가 얻는 이윤을 나타낸다)**

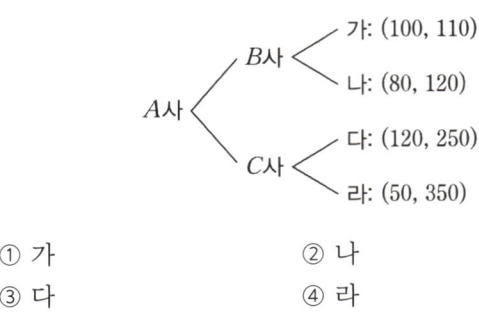

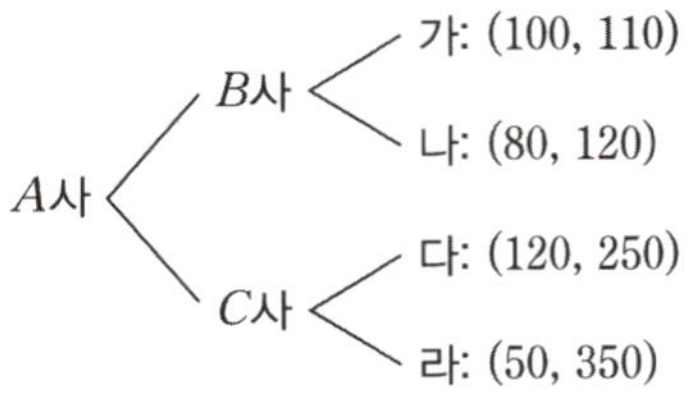


① 가　　② 나
③ 다　　④ 라

| 09 | 국제 | 먼델 - 플레밍모형 | 답 ① |
|---|---|---|---|

정부지출확대(㉠)로 $IS$곡선이 우측이동하면, 국내금리가 국제금리보다 커져 외국자본유입으로 환율을 하락시키기에, 환율 유지를 위해 중앙은행은 외화를 매입(㉡)하고 그 대가로 본원통화를 증가시켜 통화량이 증가하여 $LM$곡선이 우측이동한다. $BP$곡선이 불변이기에 재정정책은 매우 효과적이다.

**출제POINT**
(고정환율제도하)자본이동이 완전한 경우, $BP$곡선은 수평선으로, 재정정책은 매우 효과적이나 금융정책은 전혀 효과가 없다.

| 10 | 미시 | 게임이론 | 답 ② |
|---|---|---|---|

$B$사의 입장에서, $A$사가 '가' 또는 '나'를 선택할 경우 $B$사는 '나'를 선택하고, $A$사가 '다' 또는 '라'를 선택할 경우 $B$사는 '라'를 선택한다. $A$사의 입장에서, $B$사가 '나' 또는 '라'를 선택할 경우 $A$사는 '나'를 선택한다. 따라서 각 기업이 얻게 되는 이윤의 조합은 나(80, 120)가 된다.

**출제POINT**
$A$사가 먼저 선택하고, $B$사가 $A$사의 결정을 확인하고 선택을 하게 되는 게임에서, 역진귀납에 따라 $B$사의 입장을 먼저 고려하고, $A$사의 입장을 확인하여 푼다.

## 11 □□□

**자본이동이 완전한 소규모 개방경제가 있다. 정부재정이 균형 예산이고 상품수지(무역수지)가 균형일 때 $a$값은? (단, $Y$는 국민소득, $C$는 소비, $I$는 투자, $G$는 정부구매, $NX$는 순수출, $T$는 조세이다)**

- $Y = C + I + G + NX$
- $C = 250 + 0.75(Y - T)$, $T = aY$, $I = 750$, $Y = 5{,}000$

① 0.1　② 0.2　③ 0.3　④ 0.4

## 12 □□□

**비용에 대한 설명으로 가장 옳은 것은?**

① 조업을 중단하더라도 남아 있는 계약 기간 동안 지불해야 하는 임대료는 고정비용이지만 매몰비용은 아니다.
② 평균총비용곡선이 U자 모양일 때, 한계비용은 평균총비용의 최저점을 통과하지 않는다.
③ 한계수확체감 현상이 발생하고 있는 경우, 생산량이 증가함에 따라 한계비용은 감소한다.
④ 가변비용과 고정비용이 발생하고 있고 평균총비용곡선과 평균가변비용곡선이 모두 U자 모양일 때, 평균가변비용의 최저점은 평균총비용의 최저점보다 더 낮은 생산량 수준에서 발생한다.

**11** 거시 균형국민소득 답 ②

- $C = 250 + 0.75(Y - T)$, $T = aY$, $I = 750$이고, 균형예산으로 $G = T = aY$이고, 상품수지가 균형일 때 $NX = 0$이다.
- $Y = 250 + 0.75(Y - aY) + 750 + G + NX$
  $Y = 250 + 0.75(Y - aY) + 750 + aY$
  $Y = 1{,}000 + 0.75(1 - a)Y + aY$
  $0.25(1 - a)Y = 1{,}000$
  $(1 - a)Y = 4{,}000$
- $Y = 5{,}000$이기에 $a = 0.2$

**출제POINT**
정부재정이 균형예산이면 정부지출($G$)과 조세($T$)는 일치하고, 상품수지가 균형일 때 순수출($NX$)은 영(0)이다.

**12** 미시 비용 답 ④

평균총비용곡선과 평균가변비용곡선이 모두 U자 모양일 때, 평균가변비용의 최저점은 평균총비용의 최저점의 좌측에서 발생한다.

**오답피하기**
① 조업을 중단하더라도 남아 있는 계약 기간 동안 지불해야 하는 임대료는 고정비용이자 매몰비용이다.
② 평균총비용곡선이 U자 모양일 때, 한계비용은 평균총비용의 최저점을 통과한다.
③ 한계비용과 한계생산물은 역의 관계로 생산량이 증가함에 따라 한계수확체감 시, 한계비용은 증가한다.

**출제POINT**
한계비용과 한계생산물은 역의 관계로 한계생산물이 극대가 되는 생산량에서 한계비용은 극소가 된다.

## 13 □□□

2020년도에 어떤 나라의 밀 생산 농부들은 밀을 생산하여 그 중 반을 소비자에게 1,000억 원에 팔고, 나머지 반을 1,000억 원에 제분회사에 팔았다. 제분회사는 밀가루를 만들어 그 중 절반을 800억 원에 소비자에게 팔고 나머지를 제빵회사에 800억 원에 팔았다. 제빵회사는 빵을 만들어 3,200억 원에 소비자에게 모두 팔았다. 이 나라의 2020년도 $GDP$는? (단, 이 경제에서는 밀, 밀가루, 빵만을 생산한다)

① 1,600억 원　② 2,000억 원
③ 3,200억 원　④ 5,000억 원

## 14 □□□

형과 동생이 한집에 살고 있다. 형은 매일 5만 원의 소득이 있으나 동생은 현재 소득이 없다. 형은 소득 5만 원의 일부를 떼어 매일 동생의 용돈으로 나누어 주고자 한다. 각 소비 금액에 대한 형과 동생의 효용은 아래 표와 같다고 가정한다. 형이 소득의 분배에 있어서 단순 공리주의적 입장을 취한다고 할 때, 매일 동생에게 나누어 주는 금액은?

| 소비금액 | 0만 원 | 1만 원 | 2만 원 | 3만 원 | 4만 원 |
|---|---|---|---|---|---|
| 형의 효용 | 0 | 60 | 70 | 80 | 90 |
| 동생의 효용 | 0 | 10 | 20 | 30 | 50 |

① 1만 원　② 2만 원
③ 3만 원　④ 4만 원

**13** 거시 *GDP* 답 ④

모든 최종생산물, 즉 소비자에게 판매한 시장가치로 계산된다. 소비자에게 팔린 밀 1,000억 원, 밀가루 800억 원, 빵 3,200억 원의 합인 5,000억 원이다. 또한 부가가치의 합으로 계산하면 다음과 같다.

| 구분 | 밀 | 밀가루 | 빵 |
|---|---|---|---|
| 총생산물 | 2,000 | 1,600 | 3,200 |
| 중간생산물 | 0 | 1,000 | 800 |
| 부가가치 | 2,000 | 600 | 2,400 |

**출제POINT**

일정기간 한 나라 안에서 새로이 생산된 모든 최종생산물의 시장가치를 국내총생산($GDP$)이라 한다.

**14** 미시 공리주의 답 ④

공리주의적 관점에서 총소득 5만 원 중 형이 1만 원을 갖고, 4만 원을 동생에게 나누어 줄 때 사회후생은 110으로 극대화된다.

**출제POINT**

사회후생이 소득분배와 관계없이 각 개인의 효용의 합으로 결정된다는 것이 공리주의(최대다수 최대행복) 사회후생함수이다.
즉, $W = U^A + U^B$이다.

## 15 □□□

**$A$국의 명목이자율이 $6\%$이고 $B$국의 명목이자율이 $4\%$라고 하자. 양국의 실질이자율이 동일하고 구매력평가설이 적용된다고 할 때, 피셔방정식을 이용한 다음 설명 중 가장 옳은 것은?**

① $A$국의 기대인플레이션이 $B$국의 기대인플레이션보다 $2\%p$ 더 높고, $A$국의 통화가치는 $B$국의 통화에 비해 $2\%$ 떨어질 것으로 기대된다.

② $A$국의 기대인플레이션이 $B$국의 기대인플레이션보다 $2\%p$ 더 높고, $A$국의 통화가치는 $B$국의 통화에 비해 $2\%$ 올라갈 것으로 기대된다.

③ $A$국의 기대인플레이션이 $B$국의 기대인플레이션보다 $2\%p$ 더 낮고, $A$국의 통화가치는 $B$국의 통화에 비해 $2\%$ 올라갈 것으로 기대된다.

④ $A$국의 기대인플레이션이 $B$국의 기대인플레이션보다 $2\%p$ 더 낮고, $A$국의 통화가치는 $B$국의 통화에 비해 $2\%$ 떨어질 것으로 기대된다.

## 16 □□□

**어느 기업의 자본의 한계생산물($MP_K$)이 $50-0.1K$라고 하자. 자본재 가격은 단위당 $10,000$원, 감가상각률은 $5\%$로 일정하며, 생산물 가격은 단위당 $200$원으로 일정하다. 실질이자율이 초기 $10\%$에서 $5\%$로 하락하였을 때, 이 기업의 초기 자본량($K_0$)과 바람직한 투자수준($I$)은? (단, $K$는 자본량이다)**

① $K_0=375,\ I=25$

② $K_0=375,\ I=50$

③ $K_0=425,\ I=25$

④ $K_0=425,\ I=50$





**15** 국제 구매력평가설 답 ①

- 양국의 실질이자율이 동일하기에 '$A$국의 명목이자율(6) - $A$국의 기대인플레이션 = $B$국의 명목이자율(4) - $B$국의 기대인플레이션'이다. 이를 변형하면 '2 = $A$국의 기대인플레이션 - $B$국의 기대인플레이션'이다. 따라서 $A$국의 기대인플레이션이 $B$국의 기대인플레이션보다 $2\%p$ 더 높다.
- 구매력평가설에 따라 환율변화율 = 국내물가상승률 - 해외물가상승률이기에 환율은 $2\%$ 상승으로 $A$국의 통화가치는 $B$국의 통화에 비해 $2\%$ 떨어질 것으로 기대된다.
- 결국, $A$국의 기대인플레이션이 $2\%p$ 더 높고, $A$국의 통화가치는 $2\%$ 떨어질 것으로 기대된다.

**출제POINT**

일물일가의 법칙을 전제로, 구매력평가설에 따라 '환율상승률 = 국내물가상승률 - 해외물가상승률'이다.

**16** 거시 투자함수 답 ③

$VMP_K=(r+d)P_K$에 따라 $VMP_K=P\times MP_K$에서 $P=200$원, $MP_K=(50-0.1K)$이고, $(r+d)P_K$에서 $d=5\%$, $P_K=10,000$원으로 $VMP_K=(r+d)P_K$에 따라 $r=10\%$일 때,
$200\times(50-0.1K)=(0.15)\times10,000$에서 $K=425$
$r=5\%$일 때, $200\times(50-0.1K)=(0.1)\times10,000$에서 $K=450$
따라서 $K$는 425에서 450으로 투자는 25이다.

**출제POINT**

자본의 한계생산물가치($VMP_K$)와 자본의 사용자비용[$(r+d)P_K$]이 일치하는 수준에서 적정자본량이 결정되고 투자가 이루어진다는 이론이 신고전학파이론이다.

## 17 □□□

**실업과 인플레이션 및 이들의 관계를 나타내는 필립스곡선에 대한 다음 설명 중 가장 옳은 것은?**

① 총공급 측면에서의 충격은 실업과 인플레이션 사이의 상충 관계를 가져온다.

② 미래 인플레이션에 대한 합리적 기대하에서는 예상하지 못한 확장적 통화정책도 단기적으로 실제 실업률을 자연실업률보다 낮은 수준으로 하락시킬 수 없다.

③ 프리드만(M. Friedman)과 펠프스(E. Phelps)의 기대가 부가된 필립스곡선에서 인플레이션에 대한 예측은 적응적 기대 방식으로 이루어진다.

④ 총공급곡선이 우상향하는 경우 재정확대 정책은 필립스곡선을 좌측으로 이동시킨다.

## 18 □□□

**$A$국은 자동차 수입을 금하고 있다. 이 나라에서 자동차 한 대의 가격은 2억 원이고 판매량은 40만 대에 불과하다. 어느 날 새로 선출된 대통령이 자동차 시장을 전격 개방하기로 결정했다. 개방 이후 자동차 가격은 국제시세인 1억 원으로 하락하였고, 국내 시장에서의 자동차 판매량도 60만 대로 증가하였다. 이에 대한 설명으로 가장 옳은 것은? (단, 수요곡선과 공급곡선은 직선이며, 공급곡선은 원점을 지난다)**

① 국내 소비자잉여 증가분은 국내 생산자잉여 감소분의 2배 이상이다.

② 국내 사회적잉여 증가분은 국내 생산자잉여 감소분보다 크다.

③ 국내 소비자잉여는 예전보다 2배 이상 증가하였다.

④ 국내 사회적잉여 증가분은 국내 소비자잉여 증가분의 절반 이상이다.

---

**17** | 거시 | **필립스곡선** | 답 ③

프리드만(M. Friedman)과 펠프스(E. Phelps)의 기대부가 필립스곡선은 적응적 기대 방식으로 전제한다.

(오답피하기)

① 공급충격으로 총공급곡선이 좌측으로 이동하면 물가수준상승과 산출량감소로 인플레이션율과 실업률이 비례인 우상향의 필립스곡선을 도출할 수 있다.

② 예상되지 못한 통화량증가는 $AD$곡선우측이동이나, 예상물가수준을 변화시키지 않아 단기$AS$곡선이 불변이기에 산출량이 증가한다. 즉, 예상되지 못한 정책은 단기적으로 실제 실업률을 하락시킬 수 있다.

④ 총공급곡선이 우상향하는 경우 재정확대정책으로 $AD$곡선이 우측으로 이동하면 물가가 상승하고 실업이 감소한다. 따라서 필립스곡선을 따라 균형점이 좌상방으로 이동하게 된다.

**출제POINT**

통화주의의 경우, 예상오차를 부분적으로 수정하여 다음기의 물가를 예상하는 적응적 기대를 가정한다.

---

**18** | 국제 | **자유무역** | 답 ③

수입이후 국내 소비자잉여($a+b+c=3\times60\times\frac{1}{2}=90$)는 예전 ($a=2\times40\times\frac{1}{2}=40$)보다 2배 이상 증가하였다.

(오답피하기)

① 국내 소비자잉여 증가분은 ($b+c=$)50이고, 국내 생산자잉여 감소분은 ($b=$)30이다.

② 국내 사회적잉여 증가분($c=20$)은 국내 생산자잉여 감소분($b=30$)보다 작다.

④ 국내 사회적잉여 증가분은 ($c=$)20이고, 국내 소비자잉여 증가분은 ($b+c=$)50이다.

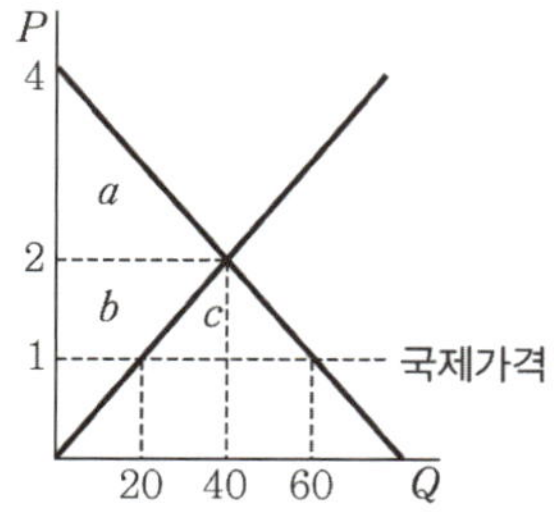


**출제POINT**

(그래프에서)공급곡선은 $P=\frac{1}{20}Q$, 수요곡선은 $P=4-\frac{1}{20}Q$이다.

## 19 □□□

$X$재의 생산자는 $A$와 $B$, 두 기업밖에 없다고 하자. $X$재의 시장수요함수는 $Q=32-0.5P$이고, 한계비용은 24로 일정하다. $A$와 $B$가 공모해서 독점 기업처럼 이윤극대화를 하고 생산량을 똑같이 나누기로 한다면, 기업 $A$가 얻는 이윤은? (단, 고정비용은 0이다)

① 20 ② 64
③ 88 ④ 100

**19** 미시 이윤극대화 답 ④

- $Q=32-0.5P$, $P=64-2Q$에 따라 $MR=64-4Q$, 그리고 $MC=24$이다. $MR=MC$에 따라 $Q=10$, $P=44$이다.
- 생산량을 똑같이 나누기로 하였기에 $A$의 생산량은 5이다. $MC=24$이고 고정비용이 0이기에 $C=24Q$이다. 따라서 $AC$는 24이다.
- 기업 $A$의 이윤은 $44\times5-24\times5=100$이다.

**출제POINT**

한계비용이 24로 일정하고 고정비용이 0일 때 $C=24Q$이다.

## 20 □□□

갑작스러운 국제 유가 상승으로 $A$국에서 총생산이 줄어들고 물가가 높아지는 스태그플레이션(stagflation)이 발생하였다. 〈보기〉는 이에 대한 대책으로 중앙은행 총재와 재무부 장관이 나눈 대화이다. 본 대화에 대한 논평으로 가장 옳지 않은 것은?

> 〈보기〉
> - 중앙은행 총재: 무엇보다도 서민 생활안정을 위해 이자율을 올려 물가를 안정시키는 일이 급선무입니다.
> - 재무부 장관: 물가안정도 중요하지만 경기침체 완화를 위해 재정을 확대하는 정책이 절실합니다.

① 이자율을 높이는 정책은 총수요를 감소시키는 결과를 가져오기 때문에 실업률을 보다 높일 수 있다.
② 재정확대 정책은 자연산출량(natural rate of output)을 증대할 수 있는 방안이다.
③ 재정확대 정책을 실시할 경우 현재보다 물가 수준이 더욱 높아질 것을 각오해야 한다.
④ 만약 아무 조치도 취하지 않는다면, 침체가 장기화될 수 있다.

**20** 거시 스태그플레이션 답 ②

스태그플레이션 발생 시 재정확대 정책은 총수요를 증가시키나 자연산출량에는 영향을 미칠 수 없다.

**오답피하기**

① 스태그플레이션 발생 시 이자율을 높이는 정책은 총수요를 감소시켜 산출량이 줄어 실업률을 보다 높일 수 있다.
③ 스태그플레이션 발생 시 재정확대 정책은 총수요를 증가시켜 물가가 올라 물가 수준이 더욱 높아질 것이다.
④ 스태그플레이션 발생 시 국민소득이 감소하고, 물가수준이 높아진다. 만약 아무 조치도 취하지 않는다면, 침체가 장기화될 수 있다.

**출제POINT**

총수요 관리정책은 자연산출량에 영향을 미칠 수 없다.

# 6회 2018년 서울시(3월 추가)

## 01 □□□

**최근 소득불평등에 대한 사회적 관심이 커지고 있다. 소득불평등 측정과 관련한 다음의 설명 중 가장 옳은 것은?**

① 10분위 분배율의 값이 커질수록 소득분배가 불평등하다는 것을 의미한다.

② 지니계수의 값이 클수록 소득분배는 평등하다는 것을 의미한다.

③ 완전 균등한 소득분배의 경우 앳킨슨 지수 값은 0이다.

④ 로렌츠 곡선이 대각선에 가까워질수록 소득분배는 불평등하다.

## 02 □□□

**시장에서 거래되는 재화에 물품세를 부과하였을 경우 조세전가가 발생하게 된다. 조세전가로 인한 소비자부담과 생산자부담에 대한 설명 중 가장 옳지 않은 것은?**

① 우상향하는 공급곡선의 경우 수요의 가격탄력도가 클수록 생산자부담이 커지게 된다.

② 우하향하는 수요곡선의 경우 공급의 가격탄력도가 작을수록 소비자부담은 작아지게 된다.

③ 소비자 또는 생산자 중 누구에게 부과하느냐에 따라 소비자부담과 생산자부담의 크기는 달라진다.

④ 수요가 가격변화에 대해 완전탄력적이면 조세는 생산자가 전적으로 부담하게 된다.

| 01 | 미시 | 소득불평등지표 | 답 ③ |
|---|---|---|---|

현재의 평균소득에서 (현재와 동일한 사회후생을 얻을 수 있는 완전히 균등한 소득분배상태에서의 평균소득인)균등분배대등소득을 차감한 값을 현재의 평균소득으로 나눈 값이 앳킨슨 지수로, 0과 1사이의 값이고 그 값이 작을수록 소득분배가 균등함을 의미한다.

**오답피하기**

① 최하위 40%의 소득점유율을 최상위 20%의 소득점유율로 나눈 값이 십분위분배율로, 0과 2사이의 값이고 그 값이 클수록 소득분배가 균등함을 의미한다.

② 대각선과 로렌츠 곡선이 이루는 면적을 대각선 아래의 삼각형 면적으로 나눈 값이 지니계수로, 로렌츠 곡선이 나타내는 소득분배상태를 하나의 숫자로 표현하여 0과 1사이의 값이고 그 값이 작을수록 소득분배가 균등함을 의미한다.

④ 인구의 누적점유율과 소득의 누적점유율 간의 관계를 보여주는 곡선이 로렌츠 곡선으로, 대각선일수록 소득분배가 균등함을 의미한다.

**출제POINT**

지니계수는 작을수록, 십분위분배율은 클수록, 앳킨슨 지수는 작을수록 소득분배가 균등함을 의미한다.

| 02 | 미시 | 조세의 귀착 | 답 ③ |
|---|---|---|---|

조세 부과 시 분담 정도는 탄력성에 반비례한다. 따라서 누구에게 부과하느냐가 아니라 탄력성의 크기에 따라 소비자부담과 생산자부담의 크기는 달라진다.

**오답피하기**

① 조세 부과 시 분담 정도는 탄력성에 반비례한다. 따라서 우상향하는 공급곡선의 경우 수요의 가격탄력도가 클수록 소비자부담은 작아지기에 생산자부담이 커지게 된다.

② 조세 부과 시 분담 정도는 탄력성에 반비례한다. 따라서 우하향하는 수요곡선의 경우 공급의 가격탄력도가 작을수록 생산자부담이 커지기에 소비자부담은 작아지게 된다.

④ 조세 부과 시 분담 정도는 탄력성에 반비례한다. 따라서 수요가 가격변화에 대해 완전탄력적이면 조세는 소비자가 아니라 생산자가 전적으로 부담하게 된다.

**출제POINT**

생산자든 소비자든 어느 일방에게 조세를 부과해도 양자가 분담하게 되는 것을 조세의 귀착이라 한다. 분담 정도와 조세 수입은 탄력성에 반비례하며, 이로 인한 후생손실인 초과부담 또는 자중적손실은 탄력성에 비례한다.

## 03 □□□

완전경쟁시장에서 조업하는 동질적인 기업들은 $Q^d = 50 - P$의 시장수요함수를 가지며, $Q^s = 5P - 10$인 시장공급함수를 가진다. 개별 기업들의 평균비용곡선은 $AC(Q) = Q + \frac{2}{Q} + 2$일 때 이윤극대화를 위한 개별 기업의 생산량은?

① 2　　② 3
③ 4　　④ 5

## 04 □□□

다음 표는 노동과 자본의 다양한 결합으로 얻을 수 있는 생산물의 양을 나타낸다(예를 들면 노동 1단위와 자본 1단위를 결합하여 생산물 100단위를 얻을 수 있다). 표에 나타난 생산함수에 대한 설명으로 가장 옳지 않은 것은?

| 자본량＼노동량 | 1 | 2 | 3 |
|---|---|---|---|
| 1 | 100 | 140 | 150 |
| 2 | 130 | 200 | 240 |
| 3 | 150 | 230 | 300 |

① 규모에 대한 수익불변(constant returns to scale)이 성립한다.
② 규모의 경제(economies of scale)가 성립한다.
③ 자본의 한계생산은 체감한다.
④ 노동의 한계생산은 체감한다.

**03** 미시 이윤극대화 답 ③

완전경쟁시장에서 시장수요함수 $Q^d = 50 - P$와 시장공급함수 $Q^s = 5P - 10$이 만나는 점에서 결정된 가격은 $P = 10$이다. $AC(Q) = Q + \frac{2}{Q} + 2$이기에 $TC = Q^2 + 2 + 2Q$이고 $MC = 2Q + 2$이다. 따라서 $P = MC$에서 $Q = 4$이다.

**출제POINT**

총수입에서 총비용을 차감한 값인 이윤은 $MR = MC$, 그리고 $MR$ 기울기 < $MC$ 기울기일 때 극대화된다. 특히 완전경쟁시장은 $P = MC$에서 극대화된다.

**04** 미시 생산함수 답 ②

생산량을 증가시킬 때 장기평균비용이 낮아지는 것을 규모의 경제라 하고, 규모에 대한 수익체증 시 규모의 경제가 성립한다.

오답피하기

① 노동량과 자본량이 각각 1, 2, 3으로 1배, 2배, 3배 증가할 때 생산량이 100, 200, 300으로 1배, 2배, 3배 증가하기에 규모에 대한 수익불변이 성립한다.
③ 노동량은 1로 일정하다고 가정하면, 자본량이 1일 때 생산량은 100이고, 자본량이 1단위 추가되어 2일 때 생산량은 30단위 추가되어 130이며, 다시 자본량이 1단위 추가되어 3일 때 생산량은 20단위 추가되어 150이기에 자본의 한계생산은 100, 30, 20으로 체감한다.
④ 자본량은 1로 일정하다고 가정하면, 노동량이 1일 때 생산량은 100이고, 노동량이 1단위 추가되어 2일 때 생산량은 40단위 추가되어 140이며, 다시 노동량이 1단위 추가되어 3일 때 생산량은 10단위 추가되어 150이기에 노동의 한계생산은 100, 40, 10으로 노동의 한계생산은 체감한다.

**출제POINT**

모든 요소투입량이 $k$배 증가하면 생산량이 $k$배 증가하는 것을 규모에 대한 수익불변(CRS)이라 한다.

## 05 □□□

**$IS-LM$모형에서, $IS$곡선이 $Y=1,200-60r$, 화폐수요곡선은 $\frac{M^d}{P}=Y-60r$, 통화량은 $800$, 물가는 $2$이다. 통화량이 $1,200$으로 상승하면, $Y$는 얼마나 증가하는가? (단, $Y$는 국민소득, $r$은 실질이자율, $P$는 물가이다)**

① 50
② 100
③ 150
④ 200

## 06 □□□

**영수는 자신의 노동력(시간)을 투입하여 산삼을 채취하고 그 산삼을 팔아서 소득을 얻으며, 쌀과 산삼, 그리고 여가시간을 소비한다. 만일 쌀 가격은 일정한데 산삼 가격이 상승한다면, 영수가 보일 행동에 관한 설명으로 가장 옳은 것은? (단, 쌀과 산삼, 여가는 모두 정상재이며, 산삼 채취량은 노동시간에 비례한다고 가정한다)**

① 노동시간은 늘리고 쌀의 소비는 줄일 것이다.
② 노동시간은 늘리고 산삼의 소비는 줄일 것이다.
③ 노동시간은 늘릴지 줄일지 알 수 없고, 산삼의 소비는 줄일 것이다.
④ 노동시간은 늘릴지 줄일지 알 수 없고, 산삼의 소비도 늘릴지 줄일지 알 수 없다.

**05** | 거시 | $IS$-$LM$모형 | 답 ②

$IS$곡선은 $Y=1,200-60r$이다. $LM$곡선은 화폐수요곡선 $\frac{M^d}{P}=Y-60r$과 화폐공급곡선 $\frac{M^S}{P}=\frac{M_0}{P_0}$이 일치할 때 결정된다.

$M_0=800$, $P=2$일 때 $LM$곡선은 $Y-60r=\frac{800}{2}$, $Y=400+60r$이다. 따라서 $IS$곡선 $Y=1,200-60r$과 $LM$곡선 $Y=400+60r$에서 $Y=800$이다.

$M_0=1,200$, $P=2$일 때 $LM$곡선은 $Y-60r=\frac{1,200}{2}$, $Y=600+60r$이다. 따라서 $IS$곡선 $Y=1,200-60r$과 $LM$곡선 $Y=600+60r$에서 $Y=900$이다. 따라서 $Y$는 100만큼 증가한다.

**출제POINT**

생산물시장의 균형은 총수요와 총공급이 일치하는 점에서 결정된다. 화폐시장의 균형은 화폐의 수요와 공급이 일치하는 점에서 결정된다.

**06** | 미시 | 대체효과와 소득효과 | 답 ④

산삼채취를 위한 노동공급증가이나 실질소득 증가 – (정상재)여가의 소비증가 – 노동공급감소로 노동시간은 늘릴지 줄일지 알 수 없다. 또한 대체효과(산삼의 상대가격 상승 – 산삼의 소비감소)와 소득효과[실질소득 증가 – (정상재)산삼의 소비증가]로 산삼의 소비를 늘릴지 줄일지 알 수 없다.

**출제POINT**

산삼 가격이 상승하면 여가의 상대가격이 상승하고, 산삼채취를 위한 노동공급증가로 실질소득이 증가한다.

## 07 □□□

**독점적 경쟁의 장기균형에 대한 설명으로 가장 옳지 않은 것은?**

① 개별기업이 직면하는 수요곡선은 우하향한다.
② 한계수입곡선은 수평선으로 그 자체가 시장가격을 의미한다.
③ 광고 및 애프터서비스 등을 통해 차별화 전략을 추진한다.
④ 진입과 퇴출이 자유로우며 초과설비가 존재한다.

## 08 □□□

**어느 한 국가의 기대를 반영한 필립스곡선이 〈보기〉와 같을 때 가장 옳은 것은? (단, $\pi$는 실제인플레이션율, $\pi^e$는 기대인플레이션율, $u$는 실업률이다)**

〈보기〉

$$\pi = \pi^e - 0.5u + 2.2$$

① 기대인플레이션율의 변화 없이 실제인플레이션율이 전기에 비하여 1%p 감소하면 실업률이 7.2%가 된다.
② 기대인플레이션율이 상승하면 장기 필립스곡선이 오른쪽으로 이동한다.
③ 잠재 $GDP$에 해당하는 실업률은 4.4%이다.
④ 실제실업률이 5%이면 실제인플레이션율은 기대인플레이션율보다 높다.





**07** 미시 **독점적 경쟁** 답 ②

한계수입곡선이 수평선으로 그 자체가 시장가격을 의미하는 것은 완전경쟁시장의 특징이다.

(오답피하기)

① 독점적 경쟁의 경우, 가격인상 시 판매량이 감소하기에 개별기업이 직면하는 수요곡선은 우하향한다.
③ 광고 및 애프터서비스 등의 제품차별화를 통한 어느 정도의 시장지배력을 갖고 비가격경쟁을 보인다.
④ 개별기업은 단기에는 초과이윤을 얻을 수 있지만, 장기에는 정상이윤을 얻는다. 장기에는 진입과 퇴거가 자유로워 정상이윤만을 획득하고 독점보다는 작지만 초과설비를 보유하여 생산이 비효율적으로 이루어진다.

**출제POINT**

독점적 경쟁은 상품차별화로 다양한 기호를 충족시키지만, 독점의 성격과 완전경쟁의 성격이 모두 나타난다.

**08** 거시 **필립스곡선** 답 ③

잠재 $GDP$에 해당하는 실업률은 자연실업률로 $\pi = \pi^e$일 때 $-0.5u + 2.2 = 0$에서 $u = 4.4\%$이다.

(오답피하기)

① 기대인플레이션율의 변화 없이 실제인플레이션율이 전기에 비하여 1%p 감소하면, $-0.5u + 2.2 = -1$이기에 실업률은 6.4%가 된다.
② 장기 필립스곡선은 $U = U_N$에서 수직선으로 기대인플레이션율이 상승해도 이동하지 않는다.
④ $\pi = \pi^e - 0.5u + 2.2$에서 실제실업률이 5%이면 $\pi = \pi^e - 0.3$이기에 실제인플레이션율은 기대인플레이션율보다 낮다.

**출제POINT**

필립스곡선 $\pi = \pi^e - \alpha(U - U_N)$에서 $\pi = \pi^e$일 때 실업률을 자연실업률이라 한다.

## 09 □□□

**경제성장모형에 대한 설명으로 가장 옳은 것을 〈보기〉에서 모두 고른 것은?**

〈보기〉

ㄱ. 해로드-도마(Harrod-Domar)성장모형은 자본과 노동의 대체불가능성을 가정하여 완전고용에서 균형성장이 가능하지만, 기본적으로 자본주의 경제의 성장경로가 불안하다는 모형이다.

ㄴ. 솔로우(Solow)성장모형은 장기적으로 생산요소 간의 기술적 대체가 가능함을 전제하여 자본주의 경제의 안정적 성장을 설명하는 모형이다.

ㄷ. 내생적(endogenous)성장이론은 각국의 지속적인 성장률 격차를 내생변수 간의 상호작용으로 설명하는 이론이다.

① ㄱ, ㄴ　　② ㄱ, ㄷ

③ ㄴ, ㄷ　　④ ㄱ, ㄴ, ㄷ

## 10 □□□

**유동성 함정(liquidity trap)에 대한 설명 중 가장 옳지 않은 것은?**

① 채권의 가격이 매우 높아서 더 이상 높아지지 않으리라 예상한다.

② 통화정책이 효과가 없다.

③ 화폐수요곡선이 우상향한다.

④ 추가되는 화폐공급이 모두 투기적 수요로 흡수된다.

**09** 거시 경제성장모형 답 ④

ㄱ. H-D모형은 레온티에프 생산함수($Q=\min\left[\frac{L}{a}, \frac{K}{b}\right]$)를 가정하고, 인구증가율, 자본계수, 저축률이 모두 외생적으로 결정되기 때문에 H-D모형의 기본방정식은 기본적으로 불안정적이다.

ㄴ. 요소대체가 가능한 1차동차 생산함수와 요소가격의 신축적 조정을 가정하는 솔로우모형은 경제의 안정적 성장을 설명하였다.

ㄷ. 내생적(endogenous)성장이론은 경제성장요인을 내생화시킴으로써 각국의 지속적인 성장률 격차를 내생변수 간의 상호작용으로 설명하는 이론이다.

**출제POINT**

내생적 성장이론은 기술진보는 경험을 통한 학습효과 등 경제 내에서 내생적으로 결정된다고 본다.

**10** 거시 유동성 함정 답 ③

유동성 함정 시 화폐수요의 이자율탄력성이 무한대로 $LM$곡선이 수평선이다.

오답피하기

① 유동성 함정 시 채권가격이 매우 높아 이후 이자율이 상승하고 채권 가격이 하락할 것으로 예상한다.

②, ④ 유동성 함정 시 이자율이 매우 낮은 상태에서 통화량을 증가시켜도 전부 투기적 화폐수요로 흡수되기에 더 이상 이자율이 하락하지 않는다. 따라서 금융정책은 효과가 없다.

**출제POINT**

이자율이 매우 낮고 채권가격이 매우 높아 이후 이자율이 상승하고 채권가격이 하락할 것으로 예상하여, 자산을 전부 화폐로 보유하고 있는 상태를 유동성 함정이라 한다.

## 11 □□□

**상품시장과 경쟁에 대한 설명으로 가장 옳지 않은 것은?**

① 최소효율규모(minimum efficient scale)란 평균비용곡선의 최저점이 나타나는 생산수준이다.

② 꾸르노경쟁(Cournot competition)에서는 각 기업이 상대방의 현재가격을 주어진 것으로 보고 자신의 가격을 결정하는 방식으로 경쟁한다.

③ 부당염매행위(predatory pricing)는 일시적 출혈을 감수하면서 가격을 낮춰 경쟁기업을 몰아내는 전략이다.

④ 자연독점(natural monopoly)은 규모의 경제가 현저해 두 개 이상의 기업이 살아남기 어려워 형성된 독점체계이다.

## 12 □□□

**독점기업이 당면하고 있는 시장수요곡선은 $P=12-\frac{1}{2}Q$이고, 한계비용은 항상 2로 일정하다. 이 시장에 정부가 개당 2의 종량세(quantity tax)를 부과할 때 추가적으로 발생하는 자중손실(deadweight loss)은?**

① 11　　② 12

③ 14　　④ 15

| 11 | 미시 | 꾸르노경쟁 | 답 ② |
|---|---|---|---|

꾸르노경쟁에서는 각 기업이 상대방의 생산량을 주어진 것으로 보고 자신의 생산량을 결정하는 방식으로 경쟁한다.

**오답피하기**

① 최소효율규모는 평균비용곡선상에서 평균비용이 가장 낮은 생산수준을 나타내는 점을 의미한다.

③ 부당염매행위는 자기 또는 계열회사의 경쟁사업자를 배제하기 위하여 자기가 공급하는 상품 또는 용역의 제조나 제공에 소요되는 비용보다 현저하게 낮은 대가로 계속하여 상품 또는 용역을 공급하는 행위를 말한다.

④ 자연독점은 상품의 특성상 여러 기업이 생산하는 비용보다 한 기업이 독점적으로 생산할 때 비용이 적게 들어 자연스럽게 생겨난 독점시장을 의미한다.

**출제POINT**

과점의 독자행동모형에는 생산량결정모형으로 꾸르노모형과 슈타켈버그모형이 있고, 가격결정모형으로 베르뜨랑모형과 굴절수요곡선모형이 있다.

| 12 | 미시 | 독점 | 답 ① |
|---|---|---|---|

독점기업의 이윤극대화 생산량은 $MR=MC$에서 $MR=12-Q$, $MC=2$이기에 $Q=10$, 이윤극대화 가격은 $MR=MC$의 위에 있는 수요곡선상의 점에서 $P=12-0.5Q$에 $Q=10$을 대입하면 $P=7$이다. 종량세 2가 부과되면 $MC=4$이다. 이윤극대화 생산량은 $MR=MC$에서 $MR=12-Q$, $MC=4$이기에 $Q=8$, 이윤극대화 가격은 $MR=MC$의 위에 있는 수요곡선상의 점에서 $P=12-0.5Q$에 $Q=8$을 대입하면 $P=8$이다. 따라서 경제적 순손실은 $abcd$면적으로 $(7-2)\times(10-8)+(8-7)\times(10-8)\times0.5=11$이다.

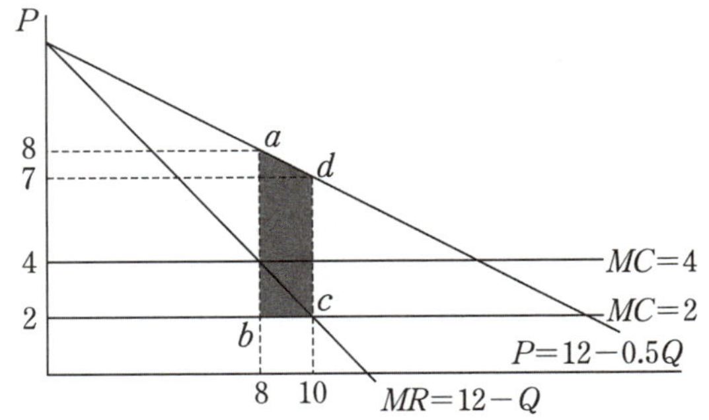


**출제POINT**

독점기업은 $MR=MC$에서 생산량을 결정하고, $MR=MC$의 위에 있는 수요곡선상의 점에서 가격이 결정된다.

## 13 □□□

**표의 경기자 갑은 $A$와 $B$, 경기자 을은 $C$와 $D$라는 전략을 가지고 있다. 각 전략 조합에서 첫 번째 숫자는 경기자 갑, 두 번째 숫자는 경기자 을의 보수이다. 이 게임에 대한 설명 가운데 가장 옳은 것은?**

| 갑 \ 을 | $C$ | $D$ |
|---|---|---|
| $A$ | (5, 15) | (10, 12) |
| $B$ | (−2, 10) | (8, 5) |

① 우월전략을 갖지 못한 경기자가 있지만, 내쉬균형은 1개 존재한다.
② 각 경기자 모두 우월전략을 가지므로 죄수의 딜레마 게임이다.
③ 다른 경기자의 선택을 미리 알 경우, 모르고 선택하는 경우와 다른 선택을 하는 경기자가 있다.
④ 내쉬균형은 파레토 효율적이다.

| 13 | 미시 | 내쉬균형 | 답 ④ |
|---|---|---|---|

을이 전략 $C$를 선택하면 갑은 전략 $A$ 선택이 최선이고 을이 전략 $D$를 선택하면 갑은 전략 $A$ 선택이 최선이다. 따라서 갑의 우월전략은 전략 $A$이다. 갑이 전략 $A$를 선택하면 을은 전략 $C$ 선택이 최선이고 갑이 전략 $B$를 선택하면 을은 전략 $C$ 선택이 최선이다. 따라서 을의 우월전략은 전략 $C$이다. 따라서 내쉬균형은 (5, 15)이다.
어느 누구의 효용이 감소해야 한 개인의 효용이 증가하는 것을 파레토 효율성이라 한다. 따라서 내쉬균형(5, 15)에서 한 개인의 효용이 증가하려면 반드시 다른 개인의 효용이 감소하기에 파레토 효율적이다.

**오답피하기**

① 모두 우월전략을 갖고, 내쉬균형은 1개 존재한다.
② 우월전략을 선택했을 때의 보수가 열위전략을 선택했을 때의 보수보다 작아지는 현상을 죄수의 딜레마라 한다. 내쉬균형에서 파레토 효율적을 보이기에 죄수의 딜레마는 발생하지 않는다.
③ 모두 우월전략을 갖기에 다른 경기자의 선택을 미리 알 경우, 모르고 선택하는 경우와 다른 선택을 하는 경기자는 없다.

**출제POINT**

상대방의 전략을 주어진 것으로 보고 경기자는 자신에게 가장 유리한 전략을 선택하였을 때 도달하는 균형을 내쉬균형이라 한다.

## 14 □□□

**$A$국가에 대한 $B$국가의 명목환율($A$국가의 통화 1단위와 교환되는 $B$국가의 통화량)이 매년 10%씩 상승한다고 하자. 만일 두 국가 사이에 구매력평가설(Purchasing Power Parity)이 성립한다면 다음 중 가장 옳은 것은?**

① $A$국가의 물가상승률이 $B$국가의 물가상승률보다 낮을 것이다.
② $A$국가의 물가상승률이 $B$국가의 물가상승률보다 높을 것이다.
③ $A$국가에 대한 $B$국가의 실질환율은 해마다 10%씩 상승할 것이다.
④ $A$국가에 대한 $B$국가의 실질환율은 해마다 10%씩 하락할 것이다.

| 14 | 국제 | 구매력평가설 | 답 ① |
|---|---|---|---|

명목환율을 $A$국가의 통화 1단위와 교환되는 $B$국가의 통화량으로 정의하기에 $A$국가를 미국, $B$국가를 한국으로 가정한다면, 구매력평가설에 따라
환율변화율 = 국내($B$국)물가상승률 − 해외($A$국)물가상승률
10% = 국내($B$국)물가상승률 − 해외($A$국)물가상승률
따라서 $A$국가의 물가상승률이 $B$국가의 물가상승률보다 낮을 것이다.

**출제POINT**

일물일가의 법칙을 전제로, 구매력평가설에 따라 환율상승률 = 국내물가상승률 − 해외물가상승률이다.

## 15 □□□

**경기침체에 대한 대응책으로 재정정책을 택했을 때, 이자율에 대한 투자수요와 화폐수요의 조합 중 재정정책의 효과가 가장 큰 경우는?**

① 투자수요는 비탄력적이고, 화폐수요는 탄력적인 경우
② 투자수요는 탄력적이고, 화폐수요는 비탄력적인 경우
③ 투자수요는 비탄력적이고, 화폐수요도 비탄력적인 경우
④ 투자수요는 탄력적이고, 화폐수요도 탄력적인 경우

## 16 □□□

**물가지수에 대한 설명으로 가장 옳은 것은?**

① *GDP* 디플레이터(deflator)는 파셰지수(Paasche index)의 일종이다.
② 파셰지수(Paasche index)는 고정된 가중치를 적용해 가격의 평균적 동향을 파악하는 방식으로 구한 물가지수이다.
③ *GDP* 디플레이터(deflator)는 어떤 한해 실질국내총생산을 명목국내총생산으로 나누어 얻은 값에 100을 곱하여 구한다.
④ 라스파이레스지수(Laspeyres index)는 해마다 다른 가중치를 적용해 가격의 평균적 동향을 파악하는 방식으로 구한 물가지수이다.

| 15 | 거시 | 재정정책 | 답 ① |
|---|---|---|---|

투자수요는 비탄력적이고, 화폐수요는 탄력적인 경우, *IS*곡선은 가파르게 되고 *LM*곡선은 완만하게 되어 재정정책의 효과는 강해진다.

**출제POINT**

*IS*-*LM* 분석 시 투자가 이자율에 비탄력적일수록, 화폐수요가 이자율에 탄력적일수록 재정정책의 효과는 강해진다.

| 16 | 거시 | 물가지수 | 답 ① |
|---|---|---|---|

라스파이레스(Laspeyres)지수인 소비자물가지수(*CPI*)는 생활비 인상을 과대평가하고, 파셰(Paasche)지수인 *GDP*디플레이터는 물가 상승률을 과소평가한다.

오답피하기

② 파셰지수(Paasche index)는 비교연도 가중치를 사용하기에 변화하는 가중치를 사용하여 도출된다.
③ *GDP*디플레이터(deflator)는 어떤 한해 명목국내총생산을 실질국내총생산으로 나누어 얻은 값에 100을 곱하여 구한다.
④ 라스파이레스지수(Laspeyres index)는 기준연도 가중치를 사용하기에 고정된 가중치를 사용하여 도출된다.

**출제POINT**

라스파이레스방식($L_P$)은 기준연도 거래량을 가중치로 사용하여 계산하는 물가지수로 물가변화를 과대평가하고, 소비자물가지수, 생산자물가지수 등이 있다. 파셰방식($P_P$)은 비교연도 거래량을 가중치로 사용하여 계산하는 물가지수로 물가변화를 과소평가하고, *GDP*디플레이터 등이 있다.

## 17 □□□

**외부효과(external effect)에 대한 설명으로 가장 옳지 않은 것은?**

① 학교 주변에 고가도로가 건설되어 학교 수업이 방해를 받으면 외부불경제이다.

② 노숙자들에 대한 자원봉사로 노숙자들의 상황이 좋아졌다면 외부경제이다.

③ 노후 경유차로 인하여 미세먼지가 증가하였다면 외부불경제이다.

④ 내가 만든 정원이 다른 사람에게 즐거움을 주면 외부경제이다.

**17** 미시 **외부효과** 답 ②

노숙자들에 대한 자원봉사로 노숙자들의 상황이 좋아졌다면 이는 자원봉사라는 의도적 행위의 결과로 외부효과가 아니다.

**오답피하기**

① 학교 주변에 고가도로가 건설되어 학교 수업이 방해를 받으면 의도하지 않은 손해를 주지만 대가를 지불하지 않는 것으로 외부불경제이다.

③ 노후 경유차로 인하여 미세먼지가 증가하였다면 의도하지 않은 손해를 주지만 대가를 지불하지 않는 것으로 외부불경제이다.

④ 내가 만든 정원이 다른 사람에게 즐거움을 주면 의도하지 않은 혜택을 주지만 대가를 받지 않는 것으로 외부경제이다.

**출제POINT**

시장의 가격기구를 통하지 않고 제3자에게 의도하지 않은 이득이나 손해를 주지만 대가를 받지도 지불하지도 않는 것을 외부성이라 한다.

## 18 □□□

**$A$는 하루에 6시간, $B$는 하루에 10시간 일해서 물고기와 커피를 생산할 수 있다. 다음 표는 각 사람이 하루에 생산할 수 있는 물고기와 커피의 양이다. 다음 설명 중 가장 옳은 것은? (단, 생산가능곡선은 가로축에 물고기, 세로축에 커피를 표시한다)**

| 구분 | 물고기(kg) | 커피(kg) |
|---|---|---|
| $A$ | 12 | 12 |
| $B$ | 15 | 30 |

① $B$가 물고기와 커피 모두 절대우위를 가지고 있다.

② $A$의 생산가능곡선의 기울기가 $B$의 생산가능곡선의 기울기보다 더 가파르다.

③ $A$와 $B$가 같이 생산할 때의 생산가능곡선은 원점에 대해서 볼록하다.

④ 물고기 1kg당 커피 1.5kg과 교환하면 $A$, $B$ 모두에게 이익이다.

**18** 국제 **무역이론** 답 ④

고기 1kg당 생산의 기회비용은 $A$는 커피 1kg이고 $B$는 커피 2kg이기에 물고기 1kg당 커피 1.5kg과 교환하면 $A$, $B$ 모두에게 이익이다.

| 시간당 생산량 | 물고기(kg) | 커피(kg) |
|---|---|---|
| $A$ | $12/6=2$ | $12/6=2$ |
| $B$ | $15/10=1.5$ | $30/10=3$ |

| 기회비용 | 물고기(kg) | 커피(kg) |
|---|---|---|
| $A$ | 커피 $2/2=1$ | 물고기 $2/2=1$ |
| $B$ | 커피 $3/1.5=2$ | 물고기 $1.5/3=0.5$ |

**오답피하기**

① 물고기는 $A$에, 커피는 $B$에 절대우위가 있다.

② 생산가능곡선에서 가로축에 물고기, 세로축에 커피를 표시하면, $A$는 2/2이고 $B$는 3/1.5이기에 $B$의 생산가능곡선의 기울기가 더 가파르다.

③ $A$와 $B$의 생산가능곡선은 좌측 아래와 같다. $A$와 $B$가 모두 커피만 생산하면 최대 5이고, 물고기만 생산하면 3.5이다. $A$와 $B$이 모두 커피만 생산하다, 물고기 생산을 시작하면 물고기 생산에 비교우위가 있는 $A$가 커피 2를 포기하고 물고기 2를 생산하기에 커피 3과 물고기 2를 생산한다. 커피만 생산(5), 커피와 물고기 생산(3, 2), 물고기만 생산(3.5)을 이어 보면 원점에 대해 오목의 생산가능곡선을 도출할 수 있다.

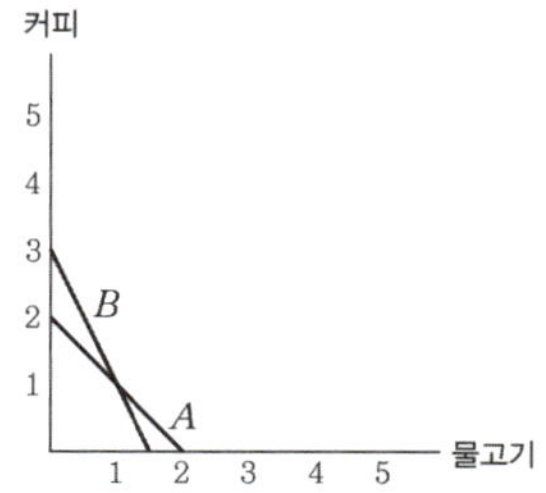


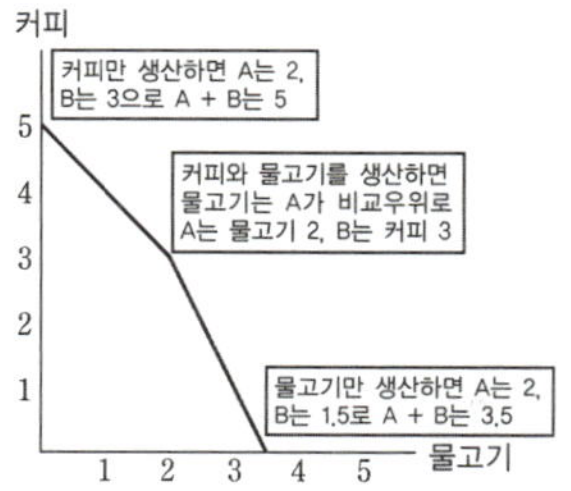


**출제POINT**

재화 1단위 생산의 기회비용이 작은 국가가 그 재화 생산에 비교우위가 있다.

## 19 □□□

**단순 케인지안모형에서 승수(multiplier)는 $\frac{1}{1-b}$이다. 그러나 현실 경제에서 승수는 이렇게 크지 않다. 그 이유로 가장 옳지 않은 것은? (단, $b$는 한계소비성향이다)**

① 조세가 소득의 증가함수이기 때문이다.
② 수입(import)이 소득의 증가함수이기 때문이다.
③ 화폐수요가 이자율의 감소함수이기 때문이다.
④ 투자가 소득의 증가함수이기 때문이다.

## 20 □□□

**어느 한 국가의 생산함수가 $Y=AK^{0.6}L^{0.4}$이다. 이때 $A$가 1%, $K$가 5%, $L$이 5% 증가하는 경우, 노동자 1인당 소득의 증가율은? (단, $A$는 총요소생산성, $K$는 자본투입량, $L$은 노동투입량이다)**

① 1%　　② 2%
③ 3%　　④ 4%

**19** 거시 승수 답 ④

승수효과는 주입의 증가함수이고, 투자(주입)가 소득의 증가함수이다. 따라서 소득증가 시 유발투자증가로 주입증가이기에 승수효과는 커진다.

**오답피하기**

① 승수효과는 누출의 감소함수이고, 조세(누출)가 소득의 증가함수이다. 따라서 소득증가 시 조세증가로 누출증가이기에 승수효과는 작아진다.
② 승수효과는 누출의 감소함수이고, 수입(누출)이 소득의 증가함수이다. 따라서 소득증가 시 수입증가로 누출증가이기에 승수효과는 작아진다.
③ (단순 케인즈모형, 즉 극침체기인 유동성함정하 $LM$곡선이 수평인 구간에 비해)화폐수요가 이자율의 감소함수이면, 소득증가 시 화폐수요증가로 인한 이자율상승으로 구축효과가 발생하기에 승수효과는 작아진다.

**출제POINT**

투자/정부지출/수출승수는 $\frac{1}{1-c(1-t)-i+m}$에서 승수는 한계소비성향($c$)의 증가함수, 세율($t$)의 감소함수, 유발투자계수($i$)의 증가함수, 한계수입성향($m$)의 감소함수이다.

**20** 거시 성장회계 답 ①

$\frac{\Delta Y}{Y}=\frac{\Delta A}{A}+\alpha\frac{\Delta K}{K}+(1-\alpha)\frac{\Delta L}{L}$에서 총요소생산성 증가율$\left(\frac{\Delta A}{A}\right)$이 1%, $\alpha$(자본소득분배율)$=0.6$, 자본증가율$\left(\frac{\Delta K}{K}\right)$이 5%, $1-\alpha$(노동소득분배율)$=0.4$, 노동증가율$\left(\frac{\Delta L}{L}\right)$이 5%이기에, 국민총생산 증가율$\left(\frac{\Delta Y}{Y}\right)=1+(0.6)\times5+(0.4)\times5=6\%$이다. 따라서 노동자 1인당 소득의 증가율은 $\frac{\Delta y}{y}=\frac{\Delta Y}{Y}-\frac{\Delta L}{L}=6-5$이기에 $\frac{\Delta y}{y}=1\%$이다.

**출제POINT**

경제성장의 요인을 요인별로 분석해 보는 것을 성장회계라 하고, $Y=AK^{\alpha}L^{1-\alpha}$에서 $\frac{\Delta Y}{Y}=\frac{\Delta A}{A}+\alpha\frac{\Delta K}{K}+(1-\alpha)\frac{\Delta L}{L}$로 나타낸다. 이때 $\frac{\Delta A}{A}$를 총요소생산성 증가율이라 한다. 또한 $Y$는 생산량, $L$은 노동인구일 때 노동자 1인당 생산량 $y$는 $y=\frac{Y}{L}$이다. 따라서 $y=\frac{Y}{L}$에서 $\frac{\Delta y}{y}=\frac{\Delta Y}{Y}-\frac{\Delta L}{L}$로 나타낸다.

# 7회 2018년 서울시(6월 시행)

## 01 □□□

**정상재(normal goods)의 수요곡선은 반드시 우하향한다. 그 이유로 가장 옳은 것은?**

① 소득효과와 대체효과는 같은 방향으로 움직이기 때문이다.
② 소득효과의 절대적 크기가 대체효과의 절대적 크기보다 크기 때문이다.
③ 소득효과의 절대적 크기가 대체효과의 절대적 크기보다 작기 때문이다.
④ 소득이 증가함에 따라 소비자는 재화의 소비를 줄이기 때문이다.

| 01 | 미시 | 수요곡선 | 답 ① |
|---|---|---|---|

정상재의 경우, 가격하락 시 대체효과는 (−)로 수요량은 증가하고 소득효과도 (−)로 수요량이 증가하기에 가격효과도 (−)로 수요량은 증가한다. 따라서 수요곡선은 반드시 우하향이다.

**오답피하기**

② 기펜재의 경우, 소득효과의 절대적 크기가 대체효과의 절대적 크기보다 크다.
③ 기팬재 아닌 열등재의 경우, 소득효과의 절대적 크기가 대체효과의 절대적 크기보다 작다.
④ 열등재의 경우, 소득이 증가함에 따라 소비자는 재화의 소비를 줄인다.

**출제POINT**
정상재의 경우, 대체효과와 소득효과가 모두 (-)로 가격효과도 (-)이기에 우하향의 수요곡선을 보여준다.

## 02 □□□

**어떤 상품의 시장은 수많은 기업들이 비슷하지만 차별화된 제품을 생산하는 시장구조를 가지고 있으며 장기적으로 이 시장으로의 진입과 탈퇴가 자유롭다. 장기균형에서 이 시장에 대한 설명으로 가장 옳은 것은?**

① 가격은 한계비용 및 평균비용보다 높다.
② 가격은 평균비용보다는 높지만 한계비용과는 동일하다.
③ 가격은 한계비용보다는 높지만 평균비용과는 동일하다.
④ 가격은 한계비용 및 평균비용보다 낮다.

| 02 | 미시 | 독점적 경쟁 | 답 ③ |
|---|---|---|---|

독점적 경쟁의 장기균형은 $P > LMC$로 비효율적이나, $P = LAC$로 정상이윤만을 획득한다. 따라서 가격은 한계비용보다는 높지만 평균비용과는 동일하다.

**출제POINT**
제품차별화를 통한 어느 정도의 시장지배력을 갖고 비가격경쟁을 보이며, 다수의 기업이 존재하고, 진입과 퇴거가 대체로 자유로운 것 등은 독점적 경쟁의 특징이다.

## 03 □□□

**$IS$-$LM$모형을 이용한 분석에서 $LM$곡선은 수평이고 소비함수는 $C=200+0.8Y$이다. 정부지출을 2,000억 원 증가시킬 때, 균형소득의 증가량은? (단, $C$는 소비, $Y$는 소득이다)**

① 8,000억 원
② 1조 원
③ 1조 2,000억 원
④ 유동성함정 상태이므로 소득증가는 발생하지 않는다.

## 04 □□□

**<보기>의 빈칸에 들어갈 것으로 가장 옳은 것은?**

<보기>
먼델-플레밍모형에서 정부가 수입규제를 시행할 경우, 변동환율제에서는 순수출이 ___㉠___, 고정환율제에서는 순수출이 ___㉡___.

| | ㉠ | ㉡ |
|---|---|---|
| ① | 증가하고 | 증가한다 |
| ② | 증가하고 | 불변이다 |
| ③ | 불변이고 | 불변이다 |
| ④ | 불변이고 | 증가한다 |

**03** 거시 승수효과 답 ②

정부지출승수는 $\frac{1}{1-c}=\frac{1}{1-0.8}=5$이다. 따라서 정부지출을 2,000억 원 증가시킬 때 소득은 $2,000\times5=1$조 원만큼 증가한다.

**출제POINT**
$LM$곡선이 수평일 때 정부지출의 변화에도 이자율의 변화가 없기에 구축효과는 없고 승수효과만 발생한다.

**04** 국제 먼델-플레밍모형 답 ④

정부가 수입규제를 시행할 경우, 순수출은 증가하고 $IS$곡선은 우측으로 이동한다.

- 변동환율제하, 국내금리가 국제금리보다 커져 외국자본유입으로 환율이 하락하기에 순수출은 감소한다. 따라서 수입규제를 시행할 경우 순수출은 증가하는데, 환율하락을 초래하여 순수출이 감소함으로써 상쇄되기에 결과적으로 순수출은 불변이다.
- 고정환율제하, 국내금리가 국제금리보다 커져 외국자본유입으로 환율하락우려 시, 환율 유지를 위해 중앙은행은 외화를 매입하고 통화량이 증가한다. 따라서 수입규제를 시행할 경우 순수출은 증가하는데, 환율유지로 그대로 유지되기에 결과적으로 순수출은 증가한다.

**출제POINT**
먼델-플레밍모형에서 (고정환율제도하)재정정책이 매우 효과적이나, (변동환율제도하)금융정책이 매우 효과적이다.
<완전한 자본이동성하 정책효과>
- (고정환율제도하)자본이동이 완전한 경우, $BP$곡선은 수평선으로, 재정정책은 매우 효과적이나 금융정책은 전혀 효과가 없다.
- (변동환율제도하)자본이동이 완전한 경우, $BP$곡선은 수평선으로, 재정정책은 전혀 효과가 없지만 금융정책은 매우 효과적이다.

## 05 □□□

**갑(甲)은 주유소에 갈 때마다 휘발유 가격에 상관없이 매번 일정 금액만큼 주유한다. 갑(甲)의 휘발유에 대한 수요의 가격탄력성과 수요곡선의 형태에 대한 설명으로 가장 옳은 것은? (단, 수요곡선의 가로축은 수량, 세로축은 가격이다)**

| | 수요의 가격탄력성 | 수요곡선 |
|---|---|---|
| ① | 단위탄력적 | 직각쌍곡선 |
| ② | 완전비탄력적 | 수직선 |
| ③ | 단위탄력적 | 수직선 |
| ④ | 완전비탄력적 | 직각쌍곡선 |

**05** 미시 정액구매 답 ①

일정 금액만큼 주유하는 경우, 정액구매로 수요의 가격탄력성은 단위탄력적이고, 수요곡선은 직각쌍곡선이다.

**출제POINT**
수요곡선이 수직선일 때는 가격변화율과 판매수입변화율이 같은 경우(정량구매)이고, 직각쌍곡선일 때는 가격변화에도 판매수입이 불변(정액구매)이다.

## 06 □□□

**<보기>의 빈칸에 들어갈 것으로 가장 옳은 것은?**

> <보기>
> 어느 재화에 대한 수요가 증가했지만 공급곡선은 변화하지 않을 경우, 소비자잉여는 __________.

① 감소한다
② 불변이다
③ 증가한다
④ 알 수 없다

**06** 미시 소비자잉여 답 ④

일반적인 우하향의 수요곡선과 우상향의 공급곡선에서, 수요가 증가했지만 공급곡선은 변화하지 않을 경우, 소비자잉여는 증가한다. 그러나 공급곡선이 수직선이면 소비자잉여는 불변이다. 따라서 일의적으로 단정할 수 없다.

**출제POINT**
소비자의 최대지불의사금액에서 실제지불금액을 차감한 것을 소비자잉여라 한다.

## 07 □□□

**금융시장과 금융상품에 관한 서술 중 옳은 것을 〈보기〉에서 모두 고른 것은?**

〈보기〉

ㄱ. 효율시장가설(efficient markets hypothesis)에 따르면 자산 가격에는 이미 공개되어 있는 모든 정보가 반영되어 있다.

ㄴ. 주가와 같이 예측 불가능한 자산 가격 변수가 시간이 흐름에 따라 나타나는 움직임을 임의보행(random walk)이라 한다.

ㄷ. 어떤 자산이 큰 손실 없이 재빨리 현금으로 전환될 수 있을 때 그 자산은 유동적이며, 그 반대의 경우는 비유동적이다.

ㄹ. 일정한 시점 혹은 기간 동안에 미리 정해진 가격으로 어떤 상품을 살 수 있는 권리를 풋옵션(put option)이라고 한다.

① ㄱ, ㄴ　　② ㄱ, ㄴ, ㄷ

③ ㄱ, ㄷ, ㄹ　　④ ㄱ, ㄴ, ㄷ, ㄹ

| 07 | 거시 | 금융시장 | 답 ② |
|---|---|---|---|

ㄱ. 효율적 시장가설(Efficient Market Hypothesis)이란, 시장은 효율적으로 모든 정보가 즉시 시장에 반영되어 주가는 무작위로 움직이기에 주가를 예측할 수 없다는 이론이다. 따라서 자본시장이 효율적이라면 금융자산의 가격에는 이미 공개된 모든 정보가 반영되어 있다.

ㄴ. 임의보행가설은 주가와 같은 자산가격은 예측할 수 없다는 것을 의미한다.

ㄷ. 유동성이란 현금화 정도를 의미한다.

**오답피하기**

ㄹ. 일정한 시점 혹은 기간 동안에 미리 정해진 가격으로 어떤 상품을 살 수 있는 권리를 콜옵션(call option)이라고 한다.

**출제POINT**

옵션이란 기초상품을 사거나(콜옵션) 팔 수(풋옵션) 있는 권리를 뜻한다.

## 08 □□□

**우리나라 고용통계에서 고용률이 높아지는 경우로 가장 옳은 것은?**

① 구직활동을 하던 실업자가 구직단념자가 되는 경우

② 부모님 농장에서 무급으로 주당 18시간 일하던 아들이 회사에 취직한 경우

③ 주당 10시간 일하던 비정규직 근로자가 정규직으로 전환된 경우

④ 전업 주부가 주당 10시간 마트에서 일하는 아르바이트를 시작한 경우

| 08 | 거시 | 고용률 | 답 ④ |
|---|---|---|---|

전업 주부가 주당 10시간 마트에서 일하는 아르바이트를 시작한 경우 비경제활동인구에서 취업자로의 변화로 15세 이상 인구의 불변 시 고용률은 증가한다.

**오답피하기**

① 구직활동을 하던 실업자가 구직단념자가 되는 경우, 실업자에서 비경제활동인구로의 변화로 15세 이상 인구의 불변 시 취업자도 불변이기에 고용률도 불변이다.

② 부모님 농장에서 무급으로 주당 18시간 일하던 아들이 회사에 취직한 경우, 취업자에서 취업자로의 변화로 15세 이상 인구의 불변 시 고용률은 불변이다.

③ 주당 10시간 일하던 비정규직 근로자가 정규직으로 전환된 경우, 취업자에서 취업자로의 변화로 15세 이상 인구의 불변 시 고용률은 불변이다.

**출제POINT**

고용률은 15세 이상 인구 중에서 취업자가 차지하는 비중이다.

## 09 □□□

〈보기〉의 빈칸에 들어갈 것으로 가장 옳은 것은?

> 〈보기〉
> 정부에 의한 가격통제가 효력을 발휘하기 위해서 가격상한(price ceiling)은 균형가격보다 ___㉠___하고 가격하한(price floor)은 ___㉡___한다.

| | ㉠ | ㉡ |
|---|---|---|
| ① | 낮아야 | 낮아야 |
| ② | 높아야 | 높아야 |
| ③ | 낮아야 | 높아야 |
| ④ | 높아야 | 낮아야 |

## 10 □□□

완전경쟁적인 노동시장에서 노동의 한계생산(marginal product of labor)을 증가시키는 기술진보와 함께 보다 많은 노동자들이 노동시장에 참여하는 변화가 발생하였다. 노동시장에서 일어나게 되는 변화에 대한 설명으로 가장 옳은 것은? (단, 다른 외부조건들은 일정하다)

① 균형노동고용량은 반드시 증가하지만 균형임금의 변화는 불명확하다.
② 균형임금은 반드시 상승하지만 균형노동고용량의 변화는 불명확하다.
③ 임금과 균형노동고용량 모두 반드시 증가한다.
④ 임금과 균형노동고용량의 변화는 모두 불명확하다.

**09** 미시 **가격규제** 답 ③

정부에 의한 가격통제가 효력을 발휘하기 위해서 가격상한(price ceiling)은 균형가격보다 ㉠ 낮아야 하고 가격하한(price floor)은 ㉡ 높아야 한다.

**출제POINT**

수요자 보호를 위해 균형가격보다 낮게 설정하는 최고가격제와 공급자 보호를 위해 균형가격보다 높게 설정하는 최저가격제로 거래량이 줄고 사회적잉여도 감소한다.

**10** 미시 **노동시장** 답 ①

노동수요곡선의 우측이동과 노동공급곡선의 우측이동으로 균형노동고용량은 반드시 증가하지만 곡선의 이동폭을 모르기에 균형임금의 변화는 불명확하다.

**출제POINT**

노동의 한계생산을 증가시키는 기술진보로 인해 노동수요곡선이 우측이동하게 되고, 많은 노동자들이 노동시장에 참여하게 되면 노동공급곡선도 우측으로 이동하게 된다.

## 11 □□□

**〈보기〉의 그래프는 어느 경제의 장단기 총공급곡선과 총수요곡선이다. 이 경제의 장기균형에 대한 설명으로 가장 옳은 것은?**

〈보기〉

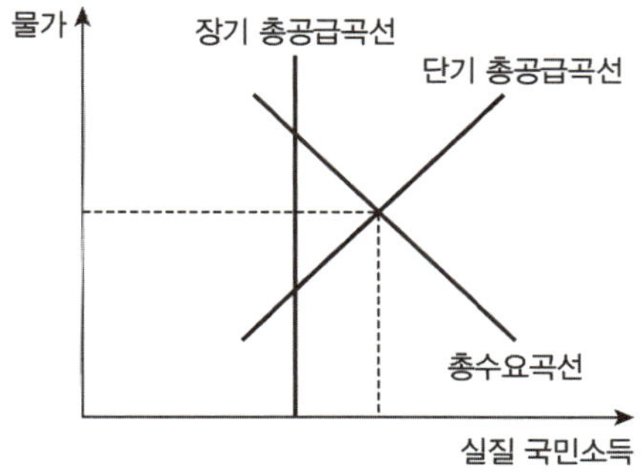


① 이 경제는 현재 장기균형 상태에 있다.
② 장기 총공급곡선이 오른쪽으로 움직이며 장기균형을 달성하게 된다.
③ 임금이 상승함에 따라 단기 총공급곡선이 왼쪽으로 움직이며 장기균형을 달성하게 된다.
④ 확장적 재정정책을 사용하지 않는다면 이 경제는 경기침체에 머무르게 된다.

## 12 □□□

**어떤 독점기업은 1,000개의 재화를 개당 5만 원에 판매하고 있다. 이 기업이 추가로 더 많은 재화를 시장에서 판매하게 된다면 이때의 한계수입(marginal revenue)은 5만 원보다 작다. 그 이유로 가장 옳은 것은?**

① 추가로 판매하게 되면 한계비용이 증가하기 때문이다.
② 추가로 판매하기 위해서는 가격을 내려야하기 때문이다.
③ 추가로 판매하게 되면 평균비용이 증가하기 때문이다.
④ 추가로 판매하게 되면 한계비용이 감소하기 때문이다.

**11** 거시 *AD*곡선과 *AS*곡선 답 ③

장기에는 경기과열로 물가가 상승하고 임금이 상승하여 단기총공급곡선이 상방으로 이동하여 장기균형을 달성하게 된다.

(오답피하기)
① 실제 *GDP*가 잠재 *GDP*보다 크기에 경기과열 상태로 장기균형 상태에 있지 않다.
② 단기 총공급곡선이 상방으로 움직이며 장기균형을 달성하게 된다.
④ 정부가 확장적 재정정책을 사용하지 않는다면 경기과열 상태에서 단기 총공급곡선이 상방으로 이동하여 장기균형 상태로 이동하게 된다.

**출제POINT**
단기 총공급곡선과 총수요곡선이 만나는 점에서 결정되는 실제 *GDP*가 장기 총공급곡선과 총수요곡선이 만나는 점에서 결정되는 잠재*GDP*보다 크기에 경기과열 상태이다.

**12** 미시 독점 답 ②

수요곡선이 우하향하기에 한계수입은 가격보다 작다.

**출제POINT**
독점기업의 한계수입곡선은 수요곡선과 절편이 동일하고, 기울기는 수요곡선의 2배이다.

## 13 □□□

**필립스곡선에 대한 설명으로 가장 옳지 않은 것은?**

① 예상인플레이션율의 상승은 단기 필립스곡선을 위쪽으로 이동시킨다.

② 부의 공급충격이 발생하면 단기 필립스곡선은 위쪽으로 이동하고 스태그플레이션이 발생한다.

③ 단기 필립스곡선의 기울기가 급할수록 인플레이션율 1% 포인트를 낮추기 위해 필요한 $GDP$의 %포인트 감소분으로 표시되는 희생비율이 높아진다.

④ 단기 필립스곡선의 기울기가 급할수록 총수요-총공급 모형에서의 단기 총공급곡선의 기울기도 급해진다.

## 14 □□□

**중앙은행이 국공채시장에서 국공채를 매입하는 공개시장 조작 정책을 수행하기로 결정하였다. 이 정책이 통화량, 국공채 가격 및 국공채 수익률에 미치는 영향으로 가장 옳은 것은?**

① 통화량증가, 국공채 가격상승, 국공채 수익률상승

② 통화량증가, 국공채 가격상승, 국공채 수익률하락

③ 통화량증가, 국공채 가격하락, 국공채 수익률상승

④ 통화량감소, 국공채 가격상승, 국공채 수익률상승

| 13 | 거시 | 필립스곡선 | 답 ③ |
|---|---|---|---|

인플레이션율 1%포인트를 낮추기 위해 필요한 $GDP$의 %포인트 감소분으로 표시되는 희생비율이 높아질수록 단기 필립스곡선의 기울기는 완만해진다.

**오답피하기**

① 기대부가 필립스곡선[$\pi = \pi^e - \alpha(U - U_N)$]에서 예상인플레이션율의 상승은 단기 필립스곡선을 위쪽으로 이동시킨다.

② 부의 공급충격이 발생하면 물가가 상승하고 $GDP$가 줄기에 물가상승률과 실업률이 모두 증가하여 단기 필립스곡선은 우상방으로 이동하고 스태그플레이션이 발생한다.

④ 단기 필립스곡선과 단기 총공급곡선은 대칭적으로, 단기 필립스곡선의 기울기가 급할수록 총수요-총공급 모형에서의 단기 총공급곡선의 기울기도 급해진다.

**출제POINT**

단기 필립스곡선의 기울기가 급할수록 인플레이션율 1%포인트를 낮추기 위해 필요한 $GDP$의 %포인트 감소분으로 표시되는 희생비율이 낮아진다.

| 14 | 거시 | 공개시장조작정책 | 답 ② |
|---|---|---|---|

국공채 매입으로 통화량은 증가하고, 통화량증가로 이자율은 하락하며, 이자율하락은 국공채 수익률의 하락을 의미한다. 또한 국공채 매입으로 국공채 수요가 증가하기에 국공채 가격상승으로 이어진다.

**출제POINT**

국공채 매입은 통화량증가를 초래한다.

## 15 □□□

어떤 독점기업이 동일한 상품을 수요의 가격탄력성이 다른 두 시장에서 판매한다. 가격차별을 통해 이윤을 극대화하려는 이 기업이 상품의 가격을 $A$시장에서 $1,500$원으로 책정한다면 $B$시장에서 책정해야 하는 가격은? (단, $A$시장에서 수요의 가격탄력성은 $3$이고, $B$시장에서는 $2$이다)

① 1,000원 ② 1,500원
③ 2,000원 ④ 2,500원

## 16 □□□

한 기업의 사적 생산비용 $TC = 0.5Q^2 + 10Q$이다. 그러나 이 기업은 생산과정에서 공해물질을 배출하고 있으며, 공해물질 배출에 따른 외부비경제를 비용으로 추산하면 추가로 $20Q$의 사회적 비용이 발생한다. 이 제품에 대한 시장수요가 $Q = 30 - 0.5P$일 때 사회적 관점에서 최적의 생산량은? (단, $Q$는 생산량, $P$는 가격이다)

① 7 ② 10
③ 17 ④ 20

| 15 | 미시 | 아모로소-로빈슨공식 | 답 ③ |
|---|---|---|---|

$P_A(1-\frac{1}{\epsilon_A}) = P_B(1-\frac{1}{\epsilon_B})$에서 $P_A = 1{,}500$이고, 시장 $A$와 시장 $B$에서 수요의 가격탄력성이 각각 3 및 2일 때, $P_B = 2{,}000$이다.

**출제POINT**

가격차별 독점기업의 이윤극대화 조건은 $MR_1 = MR_2 = MC$이다.

$$MR = \frac{dTR}{dQ} = P + \frac{QdP}{dQ} = P(1 + \frac{Q}{P} \cdot \frac{dP}{dQ}) = P(1 - \frac{1}{\epsilon_d})$$

$MR_1 = MR_2$에 따라 $P_1(1-\frac{1}{\epsilon_1}) = P_2(1-\frac{1}{\epsilon_2})$이다.

| 16 | 미시 | 외부효과 | 답 ② |
|---|---|---|---|

사적 생산비용 $TC = 0.5Q^2 + 10Q$에서 $PMC = Q + 10$이고, 외부비용 $20Q$에서 외부한계비용은 20이기에 $SMC = Q + 10 + 20 = Q + 30$이다. 시장수요 $Q = 30 - 0.5P$에서 $P = 60 - 2Q$이기에 $P = SMC$에서 사회적 최적산출량은 10이다.

**출제POINT**

$P = SMC$에서 사회적 최적산출량이 결정된다.

서울시

## 17 □□□

**한 나라의 쌀 시장에서 국내 생산자의 공급곡선은 $P=2Q$, 국내 소비자의 수요곡선은 $P=12-Q$이며, 국제시장의 쌀 공급곡선은 $P=4$이다. 만약 이 나라 정부가 수입 쌀에 대해 50%의 관세를 부과한다면 정부의 관세수입 규모는? (단, 이 나라는 소규모 경제이며 $Q$는 생산량, $P$는 가격이다)**

① 2　　② 3

③ 6　　④ 8

## 18 □□□

**프리드먼(M. Friedman)의 항상소득이론에 대한 설명으로 가장 옳지 않은 것은?**

① 소비는 미래소득의 영향을 받는다.

② 소비자들은 소비를 일정한 수준에서 유지하고자 한다.

③ 일시적 소득세 감면이 지속적인 감면보다 소비지출 증대 효과가 작다.

④ 불황기의 평균소비성향은 호황기에 비해 감소한다.

**17** 국제 관세 답 ③

국내 생산자의 공급곡선 $P=2Q$와, 국내 소비자의 수요곡선 $P=12-Q$에서 개방 전 국내가격은 8이며, 국제시장의 쌀 공급곡선 $P=4$에서 국제가격은 4이다. 정부가 수입 쌀에 대해 50%의 관세를 부과한다면, 단위당 관세는 국제가격 4의 50%인 2로 수입 쌀의 국내가격은 6이다. 관세부과 후 수요량은 국내 소비자의 수요곡선 $P=12-Q$에서 $P=6$일 때, $Q=6$이다. 관세부과 후 공급량은 국내 생산자의 공급곡선 $P=2Q$에서 $P=6$일 때, $Q=3$이다. 따라서 3만큼의 초과수요가 발생한다. 관세수입은 2(단위당 관세)×3(초과수요)=6이다.

**출제POINT**

관세수입은 '단위당 관세 × 초과수요'이다.

**18** 거시 항상소득이론 답 ④

임시소득이 음(-)이 되는 불황기(저소득층)의 평균소비성향은 임시소득이 양(+)이 되는 호황기(고소득층)의 평균소비성향보다 크다.

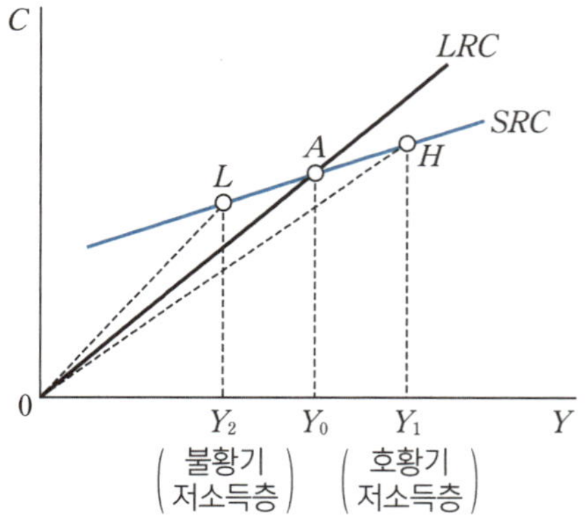


**오답피하기**

① 프리드만의 항상소득가설은 현재뿐만 아니라 미래의 예측가능한 소득의 가중치를 고려하기에 미래소득도 소비에 영향을 미친다.

② 효용극대화를 위해서 소비자들은 소비를 일정한 수준에서 유지하고자 한다.

③ 일시적 조세감면은 임시소득을 증가시킬 뿐, 항상소득에는 영향을 주지 못한다. 따라서 지속적인 감면보다 소비지출 증대 효과가 작다.

**출제POINT**

프리드먼(M. Friedman)의 항상소득이론에 따르면, 불황기에는 임시소득이 음(-)이 되고, 호황기에는 임시소득이 양(+)이 된다.

## 19 □□□

**솔로우(Solow) 성장모형이 〈보기〉와 같이 주어져 있을 때 균제상태(steady state)에서 일인당 자본량은? (단, 기술 진보는 없다)**

> 〈보기〉
> • 생산함수: $y=2k^{1/2}$
> (단, $y$는 일인당 생산량, $k$는 일인당 자본량이다)
> • 감가상각률 5%, 인구증가율 5%, 저축률 20%

① 2　　② 4
③ 8　　④ 16

## 20 □□□

**리카도의 대등정리(Ricardian equivalence theorem)에 대한 설명으로 가장 옳지 않은 것은?**

① 정부지출의 규모가 동일하게 유지되면서 조세감면이 이루어지면 합리적 경제주체들은 가처분소득의 증가분을 모두 저축하여 미래에 납부할 조세의 증가를 대비한다는 이론이다.
② 현실적으로 대부분의 소비자들이 유동성제약(liquidity constraint)에 직면하기 때문에 리카도의 대등정리는 현실설명력이 매우 큰 이론으로 평가된다.
③ 리카도의 대등정리에 따르면 재정적자는 장기뿐만 아니라 단기에서조차 아무런 경기팽창 효과를 내지 못한다.
④ 정부지출의 재원조달 방식이 조세든 국채든 상관없이 경제에 미치는 영향에 아무런 차이가 없다는 이론이다.

| 19 | 거시 | 솔로우(solow) 성장모형 | 답 ④ |
|---|---|---|---|

1인당 생산함수는 $y=2k^{1/2}$이고, 저축률은 20%이기에 1인당 실제투자액은 $sf(k)=0.2\times 2\sqrt{k}$이다. 인구증가율은 5%이고 감가상각률이 5%이기에 1인당 필요투자액은 $(n+d)k=(0.05+0.05)k$이다. 따라서 균제상태하 $sf(k)=0.2\times 2\sqrt{k}=0.4\sqrt{k}=(n+d)k=(0.05+0.05)k=0.1k$에서 $k=16$이다.

> **출제POINT**
> 솔로우(Solow)의 경제성장모형하에서 1인당 실제투자액[$sf(k)$]과 1인당 필요투자액[$(n+d)k$]이 일치할 때 1인당 자본량이 불변으로 균제상태를 보인다.

| 20 | 거시 | 공개시장조작정책 | 답 ② |
|---|---|---|---|

유동성제약이 존재하면 차입이 곤란하여 국채를 발행하고 조세를 감면하면 민간의 가처분소득이 증가하기에 소비가 증가한다. 따라서 리카르도 등가정리가 성립하지 않는다.

**오답피하기**

① 정부지출의 규모가 동일하게 유지되면서 조세감면이 이루어지면 합리적 경제주체들은 가처분소득의 증가분을 모두 저축하여 미래에 납부할 조세의 증가를 대비하기에 소비증가를 유발하지 못한다는 이론이다.
③ 리카도의 대등정리에 따르면 국채발행을 통한 조세감면으로 초래된 재정적자는 장기뿐만 아니라 단기에서조차 아무런 경기팽창 효과를 내지 못한다.
④ 정부지출이 소비에 미치는 효과는 국채를 통하든 조세를 통하든 소비증가를 유발하지 못한다는 점에서 모두 같다.

> **출제POINT**
> 정부지출재원을 국채를 통하든 조세를 통하든 국민소득은 전혀 증가하지 않는다는 것을 리카르도 등가정리라 한다.

# 8회 2019년 서울시(2월 추가)

## 01 □□□

**자산가격이 그 자산의 가치에 관한 모든 공개된 정보를 반영한다는 이론은?**

① 효율적 시장 가설
② 공개정보 가설
③ 자산시장 가설
④ 위험프리미엄 가설

**01** | 미시 | **효율적 시장 가설** | 답 ①

자산가격이 이용 가능한 모든 정보를 충분히 반영하고 있기에, 어떤 투자자도 이에 기초한 거래에 의해 초과수익을 얻을 수 없다.

| 구분 | 정보의 범위 |
|---|---|
| 약형 | 이용가능한 모든 과거 정보 |
| 준강형 | 모든 공개된 정보 |
| 강형 | 비공개 정보를 포함한 모든 정보 |

**출제POINT**

효율적 시장 가설이란 자본시장에서 자산가격이 이용가능한 모든 정보를 충분히 반영하고 있다는 가설이다.

## 02 □□□

**갑국과 을국 두 나라는 각각 $A$재와 $B$재를 생산하고 있다. 갑국은 1시간에 $A$재 16개 또는 $B$재 64개를 생산할 수 있다. 을국은 1시간에 $A$재 24개 또는 $B$재 48개를 생산할 수 있다. 두 나라 사이에서 교역이 이루어질 경우에 대한 설명으로 가장 옳은 것은?**

① 갑국은 $A$재 생산에 절대우위가 있다.
② 을국은 $B$재 생산에 절대우위가 있다.
③ 갑국은 $A$재 생산에 비교우위가 있다.
④ 양국 간 교역에서 교환비율이 $A$재 1개당 $B$재 3개일 경우, 갑국은 $B$재 수출국이 된다.

**02** | 국제 | **무역이론** | 답 ④

- $B$재 1단위 생산 기회비용이 갑국($A$재 $\frac{1}{4}$단위)이 을국($A$재 $\frac{1}{2}$)보다 작기에 갑국은 $B$재 생산에 비교우위가 있고, 갑국은 $B$재 수출국이 된다.
- $A$재 1단위 생산 기회비용이 을국($B$재 2단위)이 갑국($B$재 4단위)보다 작기에 을국은 $A$재 생산에 비교우위가 있고, 을국은 $A$재 수출국이 된다.

| 1시간 산출량 | 갑국 | 을국 |
|---|---|---|
| $A$재 | 16 | 24 |
| $B$재 | 64 | 48 |

| 기회비용 | 갑국 | 을국 |
|---|---|---|
| $A$재 | $B$재 4 | $B$재 2 |
| $B$재 | $A$재 $\frac{1}{4}$ | $A$재 $\frac{1}{2}$ |

- $A$재 1단위 생산 기회비용이 $B$재 2단위와 $B$재 4단위 사이에서 교역이 이루어지면 양국이 이득을 볼 수 있다.
- 따라서 양국 간 교역에서 교환비율이 $A$재 1개당 $B$재 3개일 경우, 양국 간 교역이 이루어지고 갑국은 $B$재 수출국이 된다.

오답피하기

① 갑국은 $B$재 1시간당 생산량이 많기에 $B$재 생산에 절대우위를 가지고 있다.
② 을국은 $A$재 1시간당 생산량이 많기에 $A$재 생산에 절대우위를 가지고 있다.
③ 갑국은 $B$재 생산에 비교우위가 있고, 을국은 $A$재 생산에 비교우위가 있다.

**출제POINT**

재화 1단위 생산의 기회비용이 작은 국가가 그 재화 생산에 비교우위가 있다.

## 03 □□□

**어느 소비자에게 $X$재와 $Y$재는 완전대체재이며 $X$재 2개를 늘리는 대신 $Y$재 1개를 줄이더라도 동일한 효용을 얻는다. $X$재의 시장가격은 2만 원이고 $Y$재의 시장가격은 6만 원이다. 소비자가 $X$재와 $Y$재에 쓰는 예산은 총 60만 원이다. 이 소비자가 주어진 예산에서 효용을 극대화할 때 소비하는 $X$재와 $Y$재의 양은?**

| | $X$재(개) | $Y$재(개) |
|---|---|---|
| ① | 0 | 10 |
| ② | 15 | 5 |
| ③ | 24 | 2 |
| ④ | 30 | 0 |

## 04 □□□

**사람들의 선호체계가 변화하여 막걸리 수요가 증가하고 가격이 상승했다고 하자. 이와 같은 막걸리 가격상승이 막걸리를 생산하는 인부의 균형고용량과 균형임금에 미치는 효과에 대한 설명으로 가장 옳은 것은? (단, 막걸리를 생산하는 인부의 노동시장은 완전경쟁적이다)**

① 노동의 한계생산가치는 증가하여 고용량은 증가하고 임금은 증가한다.

② 노동의 한계생산가치는 증가하여 고용량은 감소하고 임금은 증가한다.

③ 노동의 한계생산가치는 감소하여 고용량은 증가하고 임금은 감소한다.

④ 노동의 한계생산가치는 감소하여 고용량은 감소하고 임금은 감소한다.

**03** 미시 효용극대화 답 ④

- 예산은 총 60만 원이고, $X$재의 시장가격은 2만 원, $Y$재의 시장가격은 6만 원이기에 예산선은 $2X+6Y=60$이다. 따라서 예산선의 기울기는 $\frac{P_X}{P_Y}=\frac{1}{3}$이다.
- $X$재와 $Y$재는 완전대체재로 $X$재 2개를 늘리는 대신 $Y$재 1개를 줄이더라도 동일한 효용을 얻는다면 $MRS_{XY}=\frac{\Delta Y}{\Delta X}=\frac{1}{2}$이다.
- 따라서 $MRS_{XY}=\frac{1}{2}>\frac{P_X}{P_Y}=\frac{1}{3}$이기에 $X$재만 소비하게 된다. 즉, 60만 원으로 시장가격이 2만 원인 $X$재를 30개 소비하게 된다.

**출제POINT**

효용함수가 $U(x, y)=ax+by$이면 무차별곡선과 예산선이 불일치할 때 어느 한 재화만을 소비(코너해)하게 된다.

**04** 미시 노동시장 답 ①

막걸리 수요가 증가하고 가격이 상승하면, 노동수요곡선인 $VMP_L(=P\times MP_L)$이 우측으로 이동하여 고용량은 증가하고 임금은 상승한다.

**출제POINT**

생산물시장과 노동시장이 모두 완전경쟁일 때, 노동수요곡선은 $VMP_L(=P\times MP_L)$이다.

## 05 □□□

**어느 나라의 생산가능인구는 100명이다. 이들 중 70명은 취업자이고 비경제활동인구는 20명일 때, 이 나라의 실업자의 수는?**

① 30명
② 20명
③ 10명
④ 0명

| 05 | 거시 | 고용지표 | 답 ③ |
|---|---|---|---|

- 생산가능인구가 100명이고, 비경제활동인구가 20명이면, 경제활동인구는 80명이다.
- 경제활동인구가 80명이고, 취업자가 70명이면, 실업자는 10명이다.

**출제POINT**

취업자와 실업자의 합을 경제활동인구라 하고, 경제활동인구와 비경제활동인구의 합을 생산가능인구라 한다.

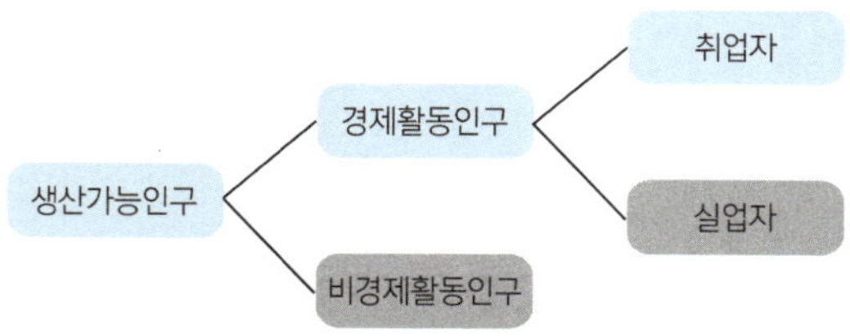


## 06 □□□

**외부불경제를 초래하는 독점기업을 고려하자. 외부불경제의 크기는 이 기업의 생산량 $Q$에 비례하는 $kQ$이다. 이 기업의 총비용은 $50+0.5Q^2$이고 이 시장의 수요량은 가격 $P$의 함수 $Q=200-2P$로 주어진다. 다음 중 가장 옳지 않은 것은?**

① 이 기업의 이윤극대화 산출량은 50이다.
② $k=20$일 때 사회적 후생 극대화를 위해서는 독점기업에 $kQ$의 조세를 부과하면 된다.
③ $k=25$일 때 시장의 거래량은 사회적 후생을 극대화하고 있다.
④ 이 기업은 이윤극대화를 위해 가격을 75로 설정할 것이다.

| 06 | 미시 | 외부효과 | 답 ② |
|---|---|---|---|

- 총비용 $50+0.5Q^2$에서 사적한계비용은 $PMC=Q$이고 외부불경제의 크기 $kQ$에서 외부한계비용은 $MEC=k$이기에 사회적한계비용은 $SMC=Q+k$이다.
- $Q=200-2P$이기에 $k=20$일 때,
  $P(=100-\frac{1}{2}Q)=SMC(Q+k)$에서 사회적최적산출량은
  $Q=\frac{(100-k)2}{3}=\frac{160}{3}$이다.
- 그런데 독점 시 $MR=100-Q$이기에 $MR(=100-Q)=PMC(=Q)$에서 이윤극대화 생산량은 $Q=50$이다.
- 독점기업이 사회적최적산출량을 달성하도록 하기 위해 단위당 보조금을 지급해야 한다. 즉, 단위당 $a$의 보조금을 독점기업에게 지급한다면, $PMC$곡선은 단위당 $a$만큼 하방으로 이동한다. $MR=100-Q$이고 $PMC=Q-a$이기에 $MR=PMC$에서 이윤극대화 생산량은 사회적최적산출량인 $Q=\frac{160}{3}$이어야 한다. 따라서 $a$는 $\frac{20}{3}$이다.

(오답피하기)

① 시장의 수요함수 $Q=200-2P$에서 $MR=100-Q$, 총비용 $50+0.5Q^2$에서 $PMC=Q$이다. 따라서 독점기업의 이윤극대화 산출량은 $MR(=100-Q)=PMC(=Q)$에서 $Q=50$이다.
③ $Q=200-2P$이기에 $k=25$일 때,
$P(=100-\frac{1}{2}Q)=SMC(Q+k)$에서 사회적최적산출량은
$Q=\frac{(100-k)2}{3}=50$이다.
그런데 독점 시 $MR=100-Q$이기에 $MR(=100-Q)=PMC(=Q)$에서 이윤극대화 생산량은 $Q=50$이다.
따라서 $k=25$일 때 시장의 거래량은 사회적후생을 극대화하고 있다.
④ 독점기업의 이윤극대화 산출량이 $Q=50$이기에 이윤극대화 가격은 시장의 수요함수 $Q=200-2P$에서 $P=75$이다.

**출제POINT**

$P=SMC$에서 사회적최적산출량이 달성되고 $P=PMC$에서 시장균형산출량이 결정된다.

## 07 □□□

**어느 경제에서 생산량과 기술 및 요소 투입 간에 $Y=AF(L,\ K)$의 관계가 성립하며, $F(L,\ K)$는 노동, 자본에 대하여 규모에 대한 수익불변(CRS)의 특징을 가지고 있다. 이에 대한 설명으로 가장 옳은 것은? (단, $Y$, $A$, $L$, $K$는 각각 생산량, 기술수준, 노동, 자본을 나타낸다)**

① 생산요소인 노동이 2배 증가하면 노동단위 1인당 생산량은 증가한다.

② 생산요소인 노동과 자본이 각각 2배 증가하면 노동 단위 1인당 생산량은 증가한다.

③ 생산요소인 노동과 자본이 각각 2배 증가하고 기술수준이 2배로 높아지면 노동단위 1인당 생산량은 2배 증가한다.

④ 생산요소인 자본이 2배 증가하고 기술수준이 2배로 높아지면 노동단위 1인당 생산량은 2배 증가한다.

## 08 □□□

**$A$는 현재 시가로 1,600만 원인 귀금속을 보유하고 있는데, 이를 도난당할 확률이 0.4라고 한다. $A$의 효용함수는 $U=2\sqrt{W}$ ($W$는 보유자산의 화폐가치)이며, 보험에 가입할 경우 도난당한 귀금속을 현재 시가로 전액 보상해준다고 한다. 보험 가입 전 $A$의 기대효용과 $A$가 보험에 가입할 경우 지불할 용의가 있는 최대 보험료는?**

| | 기대효용 | 최대보험료 |
|---|---|---|
| ① | 36 | 1,276만 원 |
| ② | 48 | 1,024만 원 |
| ③ | 36 | 1,024만 원 |
| ④ | 48 | 1,276만 원 |

### 07 미시 규모에 대한 수익불변 답 ③

생산요소인 노동과 자본이 각각 2배 증가하고 기술수준이 2배로 높아지면 $L$과 $K$ 및 $A$가 모두 2배 증가로, 노동단위 1인당 생산량 $AP_L=A(\frac{K}{L})^{1-\alpha}$은 2배 증가한다.

**오답피하기**

① 생산요소인 노동이 2배 증가하면 $L$이 2배 증가로, 노동단위 1인당 생산량 $AP_L=A(\frac{K}{L})^{1-\alpha}$은 감소한다.

② 생산요소인 노동과 자본이 각각 2배 증가하면 $L$과 $K$가 각각 2배 증가로, 노동 단위 1인당 생산량 $AP_L=A(\frac{K}{L})^{1-\alpha}$은 불변이다.

④ 생산요소인 자본이 2배 증가하고 기술수준이 2배로 높아지면 $K$와 $A$가 각각 2배 증가로, 노동단위 1인당 생산량 $AP_L=A(\frac{K}{L})^{1-\alpha}$은 2배보다 더 증가한다.

★★★ 먼저 읽기

**출제POINT**

1차 C-D생산함수 $Q=AL^{\alpha}K^{\beta}(\alpha+\beta=1)$는 규모에 대한 수익불변의 특징을 보여준다.
노동단위 1인당 생산량은
$AP_L=\frac{Q}{L}=AL^{\alpha-1}K^{\beta}=AL^{\alpha-1}K^{1-\alpha}=A(\frac{K}{L})^{1-\alpha}$이다.

### 08 미시 최대보험료 답 ②

- 0.4의 확률로 귀금속을 도난 당할 경우 귀금속의 자산가치는 0원, 0.6의 확률로 귀금속을 도난 당하지 않을 경우 귀금속의 자산가치는 1,600만 원이 된다.
- 기대효용을 구해보면 $0.4\times0+0.6\times2\sqrt{1,600}=48$만 원이다. 또한 확실성등가를 구하면 48만 원 $=2\sqrt{W}$에서 576만 원이다. 최대한 보험료는 자산에서 확실성등가를 차감하여 $1,600-576=1,024$만 원이다.

**출제POINT**

공정한 보험료와 위험프리미엄의 합을 최대한 보험료라 하고 자산에서 확실성등가를 차감하여 구한다.

## 09 □□□

**인플레이션은 사전에 예상된 부분과 예상하지 못한 부분으로 구분할 수 있다. 그리고 예상하지 못한 인플레이션은 여러 가지 경로로 사회에 부정적 영향을 미친다. 예상하지 못한 인플레이션으로 인한 부정적 영향에 대한 설명으로 가장 옳지 않은 것은?**

① 투기가 성행하게 된다.
② 소득재분배 효과가 발생한다.
③ 피셔(Fisher) 가설이 성립하게 된다.
④ 장기계약이 만들어지기 어렵게 된다.

## 10 □□□

**적극적인 경기 안정화 정책의 사용이 바람직한지에 대한 논쟁에서 정책의 동태적인 비일관성(또는 시간 비일관성)의 의미에 대한 서술로 가장 옳은 것은?**

① 정책의 집행과 효과 발생 과정에 시차가 존재하기 때문에 정책 효과가 의도한 대로 나타나지 않을 수 있다.
② 정책 당국은 시장의 암묵적 신뢰를 깨고 단기적인 정책목표를 추구할 인센티브를 가진다.
③ 정권마다 다른 정책의 방향을 가지므로 거시 경제 정책은 장기적으로 일관성을 가지기 어렵다.
④ 시장의 상황은 지속적으로 변화하므로 정책의 방향을 시의적절하게 선택하는 것이 바람직하다.

| 09 | 거시 | 인플레이션 | 답 ③ |
|---|---|---|---|

실질이자율에 기대인플레이션율을 더한 값이 명목이자율이라는 피셔의 방정식에서, 인플레이션이 발생하면 기대인플레이션율이 상승하여 명목이자율이 비례적으로 상승하는 효과를 뜻한다. 즉, 예상된 인플레이션시 피셔(Fisher) 가설이 성립하게 된다.

**오답피하기**

① 화폐보유자보다 실물보유자가 유리하기에 투기가 성행하게 된다.
② 채권자가 불리해지고 채무자는 유리해지는 부와 소득의 재분배가 발생한다.
④ 예상치 못한 인플레이션으로 미래가 불확실하기에 단기계약을 선호하고, 장기계약이 곤란하게 된다.

**출제POINT**

예상치 못한 인플레이션 시, 채권자가 불리해지고 채무자는 유리해지는 부와 소득의 재분배가 이루어지고, 경제의 불확실성이 증대되므로 사람들의 후생수준이 감소하며, 일시적으로 생산과 고용이 증가한다.

| 10 | 거시 | 정책의 동태적인 비일관성 | 답 ② |
|---|---|---|---|

한 시점의 재량적인 최적정책이 동태적, 즉 시간이 지남에 따라 시장의 암묵적 신뢰를 깨고 단기적인 정책목표를 추구할 인센티브를 가진다면 더 이상 최적정책이 되지 않는 비일관성을 보인다는 것이다.

**출제POINT**

재량적인 최적정책은 장기적으로 일관성을 상실한다는 것이 최적정책의 동태적 비일관성이다.

## 11 □□□

**노동시장의 수요와 공급에 대한 조사 결과가 다음 표와 같다고 하자.**

| 시간 당 임금(원) | 6 | 7 | 8 |
|---|---|---|---|
| 수요량(개) | 40 | 30 | 20 |
| 공급량(개) | 20 | 30 | 40 |

**시간당 최저임금을 8원으로 할 경우 발생하는 비자발적실업의 규모는 ㉠이고, 이때 실업을 완전히 없애기 위한 보조금으로 소요되는 필요 예산이 ㉡이다. ㉠과 ㉡을 순서대로 바르게 나열한 것은?**

① 10, 20
② 10, 40
③ 20, 40
④ 20, 80

## 12 □□□

**변동환율제도를 채택한 개방경제에서, 〈보기〉 중 이 경제의 통화가치를 하락시키는(환율 상승) 경우를 모두 고른 것은?**

〈보기〉
ㄱ. 원유 수입액의 감소
ㄴ. 반도체 수출액의 증가
ㄷ. 외국인의 국내주식 투자 위축
ㄹ. 자국 은행의 해외대출 증가

① ㄱ, ㄷ
② ㄱ, ㄹ
③ ㄴ, ㄷ
④ ㄷ, ㄹ

**11** 미시 최저임금 답 ④

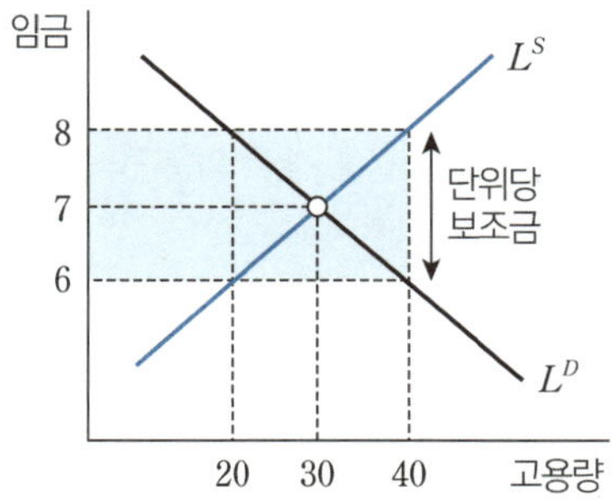


- 최저임금을 8원으로 할 경우, 노동공급량은 40이고 수요량은 20이기에 20(㉠)만큼의 비자발적실업이 발생한다.
- 최저임금 8원에서 노동공급량이 40일 때 실업을 완전히 없애려면 수요량도 40이 되어야 하고, 이를 위해 임금은 6원이어야 한다.
- 따라서 단위당 보조금은 $8-6=2$원이다.
- 결국, 실업을 완전히 없애기 위한 보조금으로 소요되는 필요 예산은 거래량 × 단위당 보조금 $=40\times2=80$원(㉡)이다.

**출제POINT**
최저임금시 노동 공급량과 수요량 간의 차이만큼 비자발적 실업이 발생한다.

**12** 국제 변동환율제도 답 ④

ㄷ. 외국인의 국내주식 투자 위축으로 외화공급이 감소하면 환율이 상승한다.
ㄹ. 자국 은행의 해외대출 증가로 외화수요가 증가하면 환율이 상승한다.

**오답피하기**
ㄱ. 원유 수입액의 감소로 외화수요가 감소하면 환율이 하락한다.
ㄴ. 반도체 수출액의 증가로 외화공급이 증가하면 환율이 하락한다.

**출제POINT**
외화의 국외 유출인 외화의 수요와 외화의 국내 유입인 외화의 공급에 의해 환율이 결정된다.

## 13 □□□

**어떤 독점기업이 시장을 $A$와 $B$로 나누어 이윤극대화를 위한 가격차별정책을 시행하고자 한다. $A$시장의 수요함수는 $Q_A = -2P_A + 60$이고 $B$시장의 수요함수는 $Q_B = -4P_B + 80$이라고 한다($Q_A$, $Q_B$는 각 시장에서 상품의 총수요량, $P_A$, $P_B$는 상품의 가격임). 이 기업의 한계비용이 생산량과 관계없이 2원으로 고정되어 있을 때, $A$시장과 $B$시장에 적용될 상품 가격은?**

| | A시장 | B시장 |
|---|---|---|
| ① | 14 | 10 |
| ② | 16 | 11 |
| ③ | 14 | 11 |
| ④ | 16 | 10 |

## 14 □□□

**중앙은행이 테일러준칙(Taylor rule)하에서 통화정책을 실행한다고 하자. 현재의 인플레이션율이 중앙은행의 인플레이션 목표치와 같고 현재의 생산량이 잠재생산량 수준과 같을 경우 중앙은행의 통화정책에 대한 설명으로 가장 옳은 것은?**

① 중앙은행은 기준금리를 낮추는 확장적 통화정책을 펼친다.
② 중앙은행은 기준금리를 높이는 긴축적 통화정책을 펼친다.
③ 중앙은행은 기준금리를 종전과 동일한 수준으로 유지하는 통화정책을 펼친다.
④ 중앙은행은 인플레이션 갭과 생산량 갭이 모두 양이라고 판단하고 이에 따른 통화정책을 펼친다.

| 13 | 미시 | 가격차별 | 답 ② |
|---|---|---|---|

- $A$시장의 수요함수 $Q_A = -2P_A + 60$에서 $MR_A = 30 - Q_A$이고 $MC = 2$이기에 $MR_A = MC$에 따라 $Q_A = 28$이다. 따라서 $Q_A = -2P_A + 60$에서 $P_A = 16$이다.
- $B$시장의 수요함수 $Q_B = -4P_B + 80$에서 $MR_B = 20 - \frac{1}{2}Q_B$이고 $MC = 2$이기에 $MR_B = MC$에 따라 $Q_B = 36$이다. 따라서 $Q_B = -4P_B + 80$에서 $P_B = 11$이다.

**출제POINT**

가격차별 독점기업의 이윤극대화 조건은 $MR_A = MR_B = MC$이다.

| 14 | 거시 | 테일러준칙 | 답 ③ |
|---|---|---|---|

현재의 인플레이션율이 중앙은행의 인플레이션 목표치와 같고 현재의 생산량이 잠재생산량 수준과 같을 경우, 기준금리를 종전과 동일한 수준으로 유지하는 통화정책을 펼친다.

**출제POINT**

테일러준칙은 인플레이션갭과 $GDP$갭을 고려하여 기준금리를 결정하는 방식이다.

$$i = r + \pi + \alpha(\pi - \pi^*) - \beta\left(\frac{Y^* - Y}{Y^*}\right)$$

(단, $i$는 명목이자율, $r$은 실질이자율 $\pi$는 인플레이션율, $\pi^*$는 목표 인플레이션율, $Y^*$는 잠재$GDP$, $Y$는 실제 $GDP$이며, $\alpha$와 $\beta$는 1보다 작은 양의 상수라고 가정한다)

## 15 □□□

**최근 $A$는 비상금으로 숨겨두었던 현금 5천만 원을 은행에 요구불예금으로 예치하였다고 한다. 현재 이 경제의 법정지급준비율은 20%라고 할 때, 예금 창조에 대한 〈보기〉의 설명 중 옳은 것을 모두 고르면?**

〈보기〉

ㄱ. $A$의 예금으로 인해 이 경제의 통화량은 최대 2억 5천만 원까지 증가할 수 있다.
ㄴ. 시중은행의 초과지급준비율이 낮을수록, $A$의 예금으로 인해 경제의 통화량이 더 많이 늘어날 수 있다.
ㄷ. 전체 통화량 가운데 민간이 현금으로 보유하는 비율이 낮을수록, $A$의 예금으로 인해 경제의 통화량이 더 많이 늘어날 수 있다.
ㄹ. 다른 조건이 일정한 상황에서 법정지급준비율이 25%로 인상되면, 인상 전보다 $A$의 예금으로 인해 경제의 통화량이 더 많이 늘어날 수 있다.

① ㄱ, ㄴ ② ㄴ, ㄷ
③ ㄱ, ㄴ, ㄷ ④ ㄱ, ㄴ, ㄷ, ㄹ

## 16 □□□

**어떤 경제의 완전고용국민소득이 400조 원이며, 중앙은행이 결정하는 이 경제의 총화폐공급은 현재 30조 원이다. 다음 표는 이 경제의 이자율에 따른 총화폐수요, 총투자, 실질국민소득의 변화를 나타낸 것이다. 이 경제에 대한 설명으로 가장 옳은 것은?**

| 이자율 (%) | 총화폐수요 (조 원) | 총투자 (조 원) | 실질국민소득 (조 원) |
|---|---|---|---|
| 1 | 70 | 120 | 440 |
| 2 | 60 | 110 | 420 |
| 3 | 50 | 100 | 400 |
| 4 | 40 | 80 | 360 |
| 5 | 30 | 50 | 320 |

① 실질국민소득이 완전고용수준과 같아지려면 중앙은행은 총화폐공급을 20조 원만큼 증가시켜야 한다.
② 현재 이 경제의 실질국민소득은 완전고용수준보다 40조 원만큼 작다.
③ 중앙은행이 총화폐공급을 지금보다 30조 원만큼 증가시키면 균형이자율은 1%가 된다.
④ 현재 이 경제의 균형이자율은 4%이다.

### 15 거시 통화승수 답 ③

ㄱ. 현금통화비율이 0%이고, 초과지급준비금을 전부 대출할 때, 은행시스템 전체를 통해 최대로 증가할 수 있는 통화승수는 법정지급준비율의 역수로 $\frac{1}{20}\% = 5$이다.
따라서 은행시스템 전체를 통해 최대로 증가할 수 있는 통화량의 크기는 5천만 원 ×5＝2억 5천만 원이다.
즉, 통화량은 최대 2억 5천만 원까지 증가할 수 있다.
ㄴ, ㄷ. 시중은행의 초과지급준비율이 낮을수록 대출이 늘고, 민간이 현금으로 보유하는 비율이 낮을수록 예금이 늘기에, 통화승수가 늘어 $A$의 예금으로 인해 경제의 통화량이 더 많이 늘어날 수 있다.

**오답피하기**

ㄹ. 법정지급준비율이 25%로 인상되면, 대출이 줄기에 통화승수가 감소한다.

**출제POINT**

본원통화량이 불변인 경우 현금보유비율이 작아지고, 지급준비율이 낮을수록 통화승수가 커지기에 통화량은 증가한다. 즉, 예금이 커지고 대출이 늘수록 통화량은 증가한다.

### 16 거시 총화폐공급 답 ①

실질국민소득이 완전고용수준인 400조 원과 같아지려면, 총화폐수요 50조 원과 총화폐공급이 일치할 때이기에 중앙은행은 총화폐공급을 30조 원에서 50조 원으로 20조 원만큼 증가시켜야 한다.

**오답피하기**

② 총화폐공급은 현재 30조 원으로 총화폐수요 30조 원과 일치할 때, 실질국민소득은 320조 원으로 완전고용수준인 400조 원보다 80조 원만큼 작다.
③ 중앙은행이 총화폐공급을 지금보다 30조 원만큼 증가시키면 60조 원으로 균형이자율은 2%가 된다.
④ 총화폐공급은 현재 30조 원으로 균형이자율은 5%이다.

**출제POINT**

총화폐수요와 총화폐공급이 일치할 때, 실질국민소득이 완전고용수준과 같아진다.

## 17 □□□

〈보기〉에서 임대료 규제의 효과로 옳은 것을 모두 고르면?

〈보기〉
ㄱ. 암시장의 발생 가능성 증가
ㄴ. 장기적으로 주택공급의 감소
ㄷ. 주택의 질적 수준의 하락
ㄹ. 비가격 방식의 임대방식으로 임대주택의 비효율성 발생

① ㄱ
② ㄱ, ㄴ
③ ㄱ, ㄷ
④ ㄱ, ㄴ, ㄷ, ㄹ

## 18 □□□

경기부양을 위해 재정정책과 통화정책의 사용을 고려한다고 하자. 이와 관련한 서술로 가장 옳지 않은 것은?

① 두 정책의 상대적 효과는 소비와 투자 등 민간지출의 이자율탄력성 크기와 관련이 있다.
② 두 정책이 이자율에 미치는 영향은 동일하다.
③ 이자율에 미치는 영향을 줄이고자 한다면 두 정책을 함께 사용할 수 있다.
④ 두 정책 간의 선택에는 재정적자의 누적이나 인플레이션 중 상대적으로 어느 것이 더 심각한 문제일지에 대한 고려가 필요하다.

**17** 미시 **임대료 규제** 답 ④

ㄱ. 임대료 규제로 초과수요로 인한 암시장의 발생 가능성이 증가한다.
ㄴ. 임대료 규제로 가격이 하락하면 장기적으로 주택공급의 감소를 초래한다.
ㄷ. 임대료 규제로 생산자잉여가 감소하면 주택의 질적 수준의 하락이 초래된다.
ㄹ. 선착순, 추첨 등의 비가격 방식으로 임대할 경우 비효율성이 발생한다.

**출제POINT**
수요자 보호를 위해 균형가격보다 낮게 설정하는 최고가격제하 초과수요로 인한 암시장이 발생할 수 있다.

**18** 거시 **정부정책** 답 ②

- 정부지출이 증가하면 총수요가 증가하여 국민소득이 증가하고, 화폐수요가 증가하여 이자율이 상승한다.
- 통화량이 증가하면 화폐시장의 초과공급으로 이자율이 하락한다.

(오답피하기)
① 소비와 투자 등 민간지출의 이자율탄력성이 클수록 금융정책의 유효성은 커지고, 재정정책의 유효성은 작아진다.
③ 가령, 확장재정정책으로 이자율이 상승하게 되어 구축효과가 발생할 때, 확장통화정책을 실시하게 되면 이자율이 하락하게 되어 이자율은 본래상태로 복귀할 수 있다.
④ 확장재정정책은 재정적자의 누적을 초래할 수 있고, 확장통화정책은 인플레이션을 심화시킬 수 있기에, 양자 간 어느 것이 더 심각한 문제일지에 대한 고려가 필요하다.

**출제POINT**
투자의 이자율탄력성이 클수록 금융정책의 유효성은 커지고, 재정정책의 유효성은 작아진다.

## 19 □□□

**어떤 마을에 오염 물질을 배출하는 기업이 총 3개 있다. 오염물 배출에 대한 규제가 도입되기 이전에 각 기업이 배출하는 오염배출량과 그 배출량을 한 단위 감축하는 데 소요되는 비용은 아래 표와 같다.**

| 기업 | 배출량(단위) | 배출량 단위당 감축비용(만 원) |
|---|---|---|
| $A$ | 50 | 20 |
| $B$ | 60 | 30 |
| $C$ | 70 | 40 |

**정부는 오염배출량을 150단위로 제한하고자 한다. 그래서 각 기업에게 50단위의 오염배출권을 부여하였다. 또한, 이 배출권을 기업들이 자유롭게 판매 · 구매할 수 있다. 다음 중 가장 옳은 것은? (단, 오염배출권 한 개당 배출 가능한 오염물의 양은 1단위이다.)**

① 기업 $A$가 기업 $B$와 기업 $C$에게 오염배출권을 각각 10단위와 20단위 판매하고, 이때 가격은 20만 원에서 30만 원 사이에 형성된다.

② 기업 $A$가 기업 $C$에게 20단위의 오염배출권을 판매하고, 이때 가격은 30만 원에서 40만 원 사이에서 형성된다.

③ 기업 $A$가 기업 $B$에게 10단위의 오염배출권을 판매하고, 기업 $B$는 기업 $C$에게 20단위의 오염배출권을 판매한다. 이때 가격은 20만 원에서 40만 원 사이에서 형성된다.

④ 기업 $B$가 기업 $C$에게 20단위의 오염배출권을 판매하고, 이때 가격은 30만 원에서 40만 원 사이에서 형성된다.

| 19 | 미시 | 오염배출권거래제도 | 답 ① |
|---|---|---|---|

- 각 기업에게 50단위의 오염배출권을 부여하면, $A$기업은 감축이 필요 없으나 $B$기업은 10단위, $C$기업은 20단위의 감축이 필요하다.
- 오염배출권가격이 20과 30사이라면 $A$기업은 단위당 감축비용이 낮아 배출권공급자이고, $B$기업과 $C$기업은 감축비용이 높아 배출권수요자이다.
- 오염배출권가격이 30과 40사이라면 $A$기업과 $B$기업은 단위당 감축비용이 낮아 배출권공급자이고, $C$기업은 감축비용이 높아 배출권수요자이다. 이 때 배출권공급자인 기업 $A$와 $B$간 경쟁으로 가격이 하락한다.
- 결국, 기업 $A$가 배출권공급자로 배출권수요자인 기업 $B$와 기업 $C$에게 오염배출권을 각각 10단위와 20단위 판매하고, 이때 가격은 20만 원에서 30만 원 사이에 형성된다.

**출제POINT**

오염저감비용이 오염배출권가격보다 낮으면 배출권공급자이고, 오염저감비용이 오염배출권가격보다 높으면 배출권수요자이다.

## 20 □□□

**어떤 사람이 소득 수준에 상관없이 소득의 절반을 식료품 구입에 사용한다. 〈보기〉 중 옳은 것을 모두 고르면?**

〈보기〉

ㄱ. 식료품의 소득탄력성의 절댓값은 1보다 작다.
ㄴ. 식료품의 소득탄력성의 절댓값은 1이다.
ㄷ. 식료품의 가격탄력성의 절댓값은 1보다 크다.
ㄹ. 식료품의 가격탄력성의 절댓값은 1이다.

① ㄱ, ㄷ
② ㄱ, ㄹ
③ ㄴ, ㄷ
④ ㄴ, ㄹ

| 20 | 미시 | 탄력도 | 답 ④ |
|---|---|---|---|

ㄴ. 수요함수 $Q=\frac{1}{2}M^1P^{-1}$에서 식료품의 소득탄력성의 절댓값은 1이다.

ㄹ. 수요함수 $Q=\frac{1}{2}M^1P^{-1}$에서 식료품의 가격탄력성의 절댓값은 1이다.

**출제POINT**

소득 수준에 상관없이 소득의 절반을 식료품 구입에 사용하면, 수요함수는 $P\times Q=\frac{1}{2}M$, $Q=\frac{1}{2}M^1P^{-1}$이다.

# 9회 2019년 서울시(10월 시행)

## 01 □□□

**주어진 소득으로 밥과 김치만을 소비하는 소비자가 있다. 동일한 소득에서 김치가격이 하락할 경우 나타날 현상에 대한 설명으로 가장 옳은 것은? (단, 밥은 열등재라고 가정한다)**

① 밥의 소비량 감소
② 김치의 소비량 감소
③ 밥의 소비량 변화 없음
④ 김치의 소비량 변화 없음

## 02 □□□

**탄력성에 대한 설명으로 가장 옳지 않은 것은?**

① 공급곡선이 원점을 지나는 직선일 때, 공급의 가격탄력성은 1이다.
② $X$재와 $Y$재 간 수요의 교차탄력성이 1보다 작을 때, 두 재화는 보완재이다.
③ 수요의 가격탄력성은 재화를 정의하는 범위와 탄력성 측정 기간에 영향을 받는다.
④ 기펜재(Giffen goods)에 대한 수요의 소득탄력성은 영(0)보다 작다.

**01** 미시 재화의 종류 답 ①

김치가격이 하락할 경우 대체효과에 의하면(a → b), 김치의 상대가격 하락으로 김치소비량은 증가하고 밥의 소비량은 감소한다. 김치가격이 하락할 경우 소득효과에 의하면(b → c), 실질소득이 증가하여 열등재인 밥의 소비량은 감소하기에 김치소비량은 증가한다.
따라서 밥의 소비량은 감소하고, 김치소비량은 증가한다.

**출제POINT**

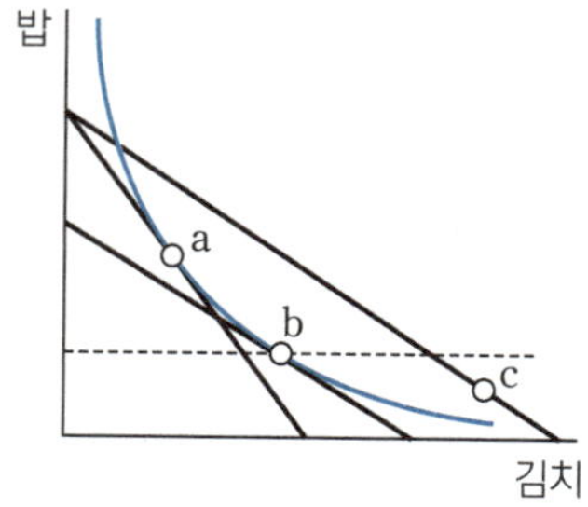


김치가격이 하락할 경우 실질소득이 증가하기에 열등재인 밥의 소비량은 감소한다.

**02** 미시 탄력성 답 ②

$X$재와 $Y$재 간 수요의 교차탄력성이 1보다 작더라도 0보다 크면 두 재화는 대체재이다.

(오답피하기)
① 원점을 지나는 공급직선은 기울기에 관계없이 모든 점의 공급의 가격탄력도는 단위탄력적으로 동일하다.
③ 수요의 가격탄력성은 재화의 분류범위가 좁을수록, 측정기간이 길수록 커진다.
④ 기펜재는 열등재로 수요의 소득탄력성은 영(0)보다 작다.

**출제POINT**

수요의 교차탄력도가 (+)일 때 소비 측면의 대체재, (-)일 때 보완재이다

## 03 □□□

〈보기〉의 경우에서 사회 전체적으로 가장 효율적인 세탁량은?

> 〈보기〉
> - 의류를 세탁하는 한계 편익($MB$)과 사적인 한계 비용($MC_P$)이 다음과 같이 주어져 있다.
>
> $$MB = 200 - Q \qquad MC_P = Q$$
>
> - 사적인 한계 비용과 더불어 세탁에 따른 외부 한계 비용이 세탁량($Q$)당 10원이 발생한다.

① 0
② 55
③ 95
④ 100

## 04 □□□

갑국은 두 재화 $X$, $Y$만을 생산할 수 있다. 갑국은 생산가능곡선이 직선이며, $X$재만 생산하면 40단위, $Y$재만 생산하면 20단위를 생산할 수 있다. 국제시장에서 $X$재와 $Y$재가 동일한 가격에 거래될 때, 갑국의 선택에 대한 설명으로 가장 옳은 것은? (단, 갑국은 두 재화 모두를 소비하는 것을 선호한다)

① $X$재만 생산하여 교역에 응한다.
② $Y$재만 생산하여 교역에 응한다.
③ $X$재, $Y$재를 모두 생산하여 교역에 응한다.
④ 교역에 응하지 않는다.

**03** | 미시 | 외부효과 | 답 ③

- 소비 측면에서는 외부효과가 발생하지 않기에 $MB$곡선은 $PMB = SMB$이다. 즉, $SMB = 200 - Q$이다.
- 생산 측면에서 $PMC = Q$이고, 외부한계비용이 세탁량($Q$)당 10원만큼 발생하기에 $SMC = Q + 10$이다.
- $SMB = SMC$에서, $200 - Q = Q + 10$이다. 따라서 사회적최적산출량은 $Q = 95$이다.

> **출제POINT**
> $SMB = SMC$에서 사회적 최적산출량이 달성된다.

**04** | 국제 | 무역이론 | 답 ①

- $X$재 1단위 생산의 기회비용 $= \frac{Q_Y}{Q_X} = \frac{P_X}{P_Y}$이다.
- 갑국의 $X$재 1단위 생산의 기회비용은 $Y\frac{1}{2}(\frac{Q_Y}{Q_X} = \frac{20}{40})$단위이다.
- 국제시장에서 $X$재와 $Y$재가 동일한 가격에 거래되기에 $X$재 1단위 생산의 기회비용은 $Y1(= \frac{P_X}{P_Y})$단위이다.
- 따라서 $X$재 1단위 생산의 기회비용은 갑국이 작기에 갑국은 $X$재에 비교우위가 있고, $X$재만 생산하여 교역에 응한다.

> **출제POINT**
> 재화 1단위 생산의 기회비용이 작은 국가가 그 재화 생산에 비교우위가 있다.

## 05 □□□

갑국의 생산함수는 $Y = AK^{0.3}L^{0.7}$이다. 노동량 증가율은 $2\%$, 자본량 증가율은 $9\%$이고, 총생산량은 $5\%$ 증가하였다면, 이때 총요소생산성 증가율은? (단, $Y$는 총생산량, $A$는 총요소생산성, $K$는 자본량, $L$은 노동량을 의미한다)

① 0.8% ② 0.9%
③ 1.0% ④ 2.0%

## 06 □□□

담배에 대한 수요함수는 $Q = 10 - P$로 주어졌다. 담배 가격이 4원인 경우 소비자잉여는?

① 36 ② 18
③ 9 ④ 0

**05** 거시 **총요소생산성 증가율** 답 ②

$\frac{\Delta A}{A} = \frac{\Delta Y}{Y} - \alpha\frac{\Delta K}{K} - (1-\alpha)\frac{\Delta L}{L}$에서 총생산증가율$\left(\frac{\Delta Y}{Y}\right)$이 5%, 노동증가율$\left(\frac{\Delta L}{L}\right)$이 2%, 자본증가율$\left(\frac{\Delta K}{K}\right)$이 9%이고, $\alpha = 0.3$, $1-\alpha = 0.7$이기에, $\frac{\Delta A}{A} = 5 - 0.3\times9 - 0.7\times2 = 0.9\%$이다.

**출제POINT**

경제성장의 요인을 요인별로 분석해 보는 것을 성장회계라 하고, $Y = AK^{\alpha}L^{1-\alpha}$에서 $\frac{\Delta Y}{Y} = \frac{\Delta A}{A} + \alpha\frac{\Delta K}{K} + (1-\alpha)\frac{\Delta L}{L}$로 나타낸다. 이때 $\frac{\Delta A}{A}$를 총요소생산성 증가율이라 한다.

**06** 미시 **소비자잉여** 답 ②

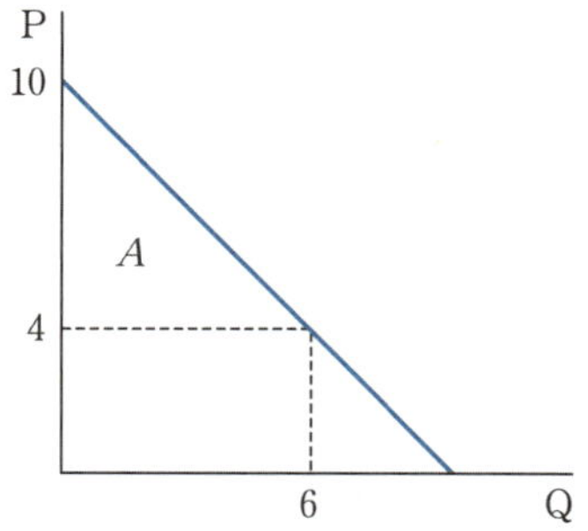


- 수요함수 $Q = 10 - P$ 즉, $P = 10 - Q$에서 담배 가격이 4원일 때, 담배 수요량은 6이다.
- 따라서 소비자잉여는 $A$면적으로 $(10-4)\times6\times\frac{1}{2} = 18$이다.

**출제POINT**

소비자의 최대지불의사금액에서 실제지불금액을 차감한 것을 소비자잉여라 한다.

## 07 □□□

**보몰 - 토빈(Baumol - Tobin)의 거래적 화폐수요이론에 대한 설명으로 가장 옳지 않은 것은?**

① 거래적 화폐수요는 이자율의 감소함수이다.
② 거래적 화폐수요는 소득의 증가함수이다.
③ 화폐를 인출할 때 발생하는 거래비용이 증가하면 거래적 화폐수요는 증가한다.
④ 거래적 화폐수요의 소득탄력성은 1이다.

## 08 □□□

**시장에 갑, 을 두 기업이 존재하며, 기업 갑, 을은 $S_1$, $S_2$ 전략 중 최선의 의사결정을 하려 한다. 〈보기〉의 표는 두 기업의 게임에 대한 보수를 나타낸 것이다. 이에 대한 설명으로 가장 옳지 않은 것은? (단, 괄호 안의 앞의 숫자는 기업 갑의 보수, 뒤의 숫자는 기업 을의 보수를 나타낸다)**

〈보기〉

| 갑 \ 을 | $S_1$ | $S_2$ |
|---|---|---|
| $S_1$ | (10, 10) | (5, 20) |
| $S_2$ | (20, 5) | (8, 8) |

① 갑, 을 모두에게 각각 우월전략이 존재한다.
② 균형에서 갑의 보수는 8이다.
③ 갑, 을 간 협조가 이루어질 수 있다면 파레토개선이 가능하다.
④ 위 게임의 균형은 우월전략균형일지는 몰라도 내쉬균형은 아니다.

**07** 거시 **보몰 - 토빈의 화폐수요이론** 답 ④

보몰 - 토빈의 화폐수요함수 $M^D = P\sqrt{\frac{bY}{2r}}$ ($b$: 거래비용)에서, 화폐수요의 소득탄력성은 $\frac{1}{2}$이다.

**오답피하기**

①, ②, ③ 거래적동기의 화폐수요는 이자율의 감소함수이고, 소득의 증가함수이며, 거래비용의 증가함수이다.

**출제POINT**

보몰 - 토빈의 화폐수요함수 $M^D = P\sqrt{\frac{bY}{2r}}$ ($b$: 거래비용)에서, 거래적동기의 화폐수요는 소득의 증가함수이고, 이자율의 감소함수이다.

**08** 미시 **내쉬균형** 답 ④

- 을국이 $S_1$을 선택하든, $S_2$를 선택하든 갑국은 $S_2$ 선택이 최선이다.
- 갑국이 $S_1$을 선택하든, $S_2$를 선택하든 을국은 $S_2$ 선택이 최선이다.
- 따라서 우월전략균형과 내쉬균형은 모두 (8, 8)이다.

**오답피하기**

① 갑, 을 모두에게 각각 우월전략은 $S_2$이다.
② 우월전략균형과 내쉬균형에서 갑의 보수는 8이다.
③ 갑, 을 간 협조가 이루어질 수 있다면 (10, 10)으로 변경되어 파레토개선이 가능하다.

**출제POINT**

상대방의 전략에 관계없이 모든 경기자가 항상 자신의 보수를 가장 크게 하는 전략을 선택할 때 도달하는 균형을 우월전략균형이라 하고, 상대방의 전략을 주어진 것으로 보고 경기자는 자신에게 가장 유리한 전략을 선택하였을 때 도달하는 균형을 내쉬균형이라 한다.

## 09 □□□

**소득분배의 상태를 평가하기 위한 척도로서 지니계수가 널리 사용되고 있다. 어떤 국가의 소득이 국민 절반에게만 집중되어 있고 그들 사이에서는 균등하게 분포되어 있다면 지니계수의 값은?**

① $\frac{1}{4}$　　② $\frac{1}{3}$

③ $\frac{1}{2}$　　④ 1

| 09 | 미시 | 지니계수 | 답 ③ |
|---|---|---|---|

어떤 국가의 소득이 국민 절반에게만 집중되어 있고 그들 사이에서는 균등하게 분포되어 있다면, 이는 국민의 50%는 소득을 균등하게 가지고 있고, 나머지 50%는 소득이 없기에 지니계수는 $A/(A+B)=0.5$이다. 이 때 $A$면적과 $B$면적은 같다.

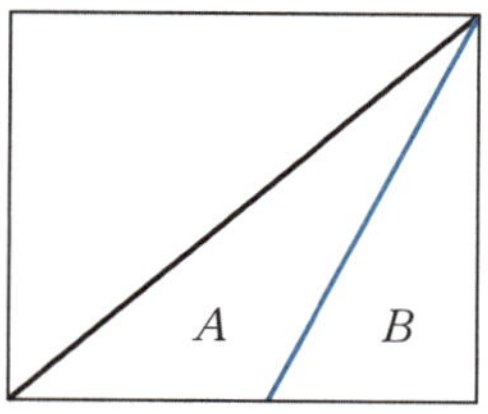


**출제POINT**

대각선과 로렌츠 곡선이 이루는 면적을 대각선 아래의 삼각형 면적으로 나눈 값이 지니계수이다.

## 10 □□□

**갑과 을 두 사람만 사는 어느 마을이 있다. 이 마을의 공공재($Z$)에 대한 갑의 수요는 $Z=20-P$이고 을의 수요는 $Z=32-2P$일 때, 사회적으로 바람직한 공공재의 수량은? (단, 공공재 생산의 한계비용($MC$)은 9이다)**

① 18　　② 19

③ 20　　④ 21

| 10 | 미시 | 공공재 | 답 ① |
|---|---|---|---|

주민이 두 사람뿐이고 갑의 수요는 $Z=20-P$ 즉, $P=20-Z$이고, 을의 수요는 $Z=32-2P$ 즉, $P=16-\frac{1}{2}Z$이다. 따라서 공공재의 시장수요곡선은 $P=36-\frac{3}{2}Z$이다.

한계비용은 9로 일정하다.

따라서 공공재의 적정공급조건은 시장수요곡선($P=36-\frac{3}{2}Z$)과 시장공급곡선($MC=9$)이 만나는 $Q=18$이다.

**출제POINT**

개별수요곡선을 수직으로 합하여 도출하는 공공재의 시장수요곡선 하에서 소비자들은 동일한 양을 서로 다른 편익으로 소비한다.

## 11 □□□

**갑국의 필립스곡선은 $\pi = \pi^e + 4.0 - 0.8u$로 추정되었다. 이에 따른 설명으로 가장 옳지 않은 것은? (단, $\pi$는 실제인플레이션율, $\pi^e$는 기대인플레이션율, $u$는 실제실업률이다)**

① 단기필립스곡선은 우하향하며 기대인플레이션율이 상승하면 위로 평행이동한다.
② 잠재 $GDP$에 해당하는 실업률은 5%이다.
③ 실제실업률이 자연실업률 수준보다 높으면 실제인플레이션율은 기대인플레이션율보다 높다.
④ 5%의 인플레이션율이 기대되는 상황에서 실제인플레이션율이 3%가 되기 위해서는 실제실업률은 7.5%가 되어야 한다.

## 12 □□□

**실물경기변동이론(Real Business Cycle theory)에 대한 설명으로 가장 옳지 않은 것은?**

① 임금은 신축적이나 상품가격은 경직적이라고 가정한다.
② 개별 경제주체들의 동태적 최적화 행태를 가정한다.
③ 경기변동은 시장청산의 결과이다.
④ 공급 측면에서의 생산성 충격이 경기변동의 주요한 원인이다.

| 11 | 거시 | 필립스곡선 | 답 ③ |
|---|---|---|---|

$\pi = \pi^e + 4.0 - 0.8u$에서 $\pi = \pi^e - 0.8(u-5)$이기에 실제실업률($u$)이 자연실업률(5%) 수준보다 높으면, 실제인플레이션율($\pi$)은 기대인플레이션율($\pi^e$)보다 낮다.

(오답피하기)

① 단기필립스곡선 $\pi = \pi^e + 4.0 - 0.8u$는 우하향하며 기대인플레이션율 $\pi^e$가 상승하면 위로 평행이동한다.
② 잠재 $GDP$에 해당하는 실업률은 자연실업률로 $\pi = \pi^e$일 때 $4.0 - 0.8u = 0$에서 $u = 5\%$이다.
④ 기대인플레이션율이 $\pi^e = 5\%$일 때 실제인플레이션율이 $\pi = 3\%$가 되기 위해서는 필립스곡선 $\pi = \pi^e + 4.0 - 0.8u$에서 $3 = 5 + 4.0 - 0.8u$ 이기에 실제실업률은 7.5%이다.

**출제POINT**

필립스곡선 $\pi = \pi^e - \alpha(U - U_N)$에서 $\pi = \pi^e$일 때 실업률을 자연실업률이라 한다.

| 12 | 거시 | 실물경기변동이론 | 답 ① |
|---|---|---|---|

합리적기대 속에 임금, 상품가격 등 가격변수가 매우 신축적으로 시장청산이 가능하다는 것이 새고전학파의 기본 가정이다.

(오답피하기)

② 개별 경제주체들의 동태적 최적화 결과로 사회적후생손실은 없다고 보기에, 경기변동은 시장의 자연스런 반응이다.
③ 합리적기대 속에 가격변수가 매우 신축적으로 시장청산이 가능하다는 것이 새고전학파의 기본 가정으로 경기변동은 시장청산의 결과로 본다.
④ 실물적 균형경기변동이론은 초기에는 주로 생산성충격(기술진보)에 주목했으나 이후 $IS$곡선에 영향을 미치는 충격도 인정한다.

**출제POINT**

외부충격에 의한 경제주체들의 최적화 결과로 경기변동이 발생한다는 것을 새고전학파의 경기변동론이라 한다.

## 13 □□□

〈보기〉 중 화폐수요를 증가시키는 요인은?

〈보기〉
ㄱ. 국민소득의 증가
ㄴ. 이자율의 상승
ㄷ. 물가수준의 상승
ㄹ. 기대물가상승률의 증가

① ㄱ
② ㄱ, ㄷ
③ ㄱ, ㄴ, ㄷ
④ ㄱ, ㄷ, ㄹ

## 14 □□□

노동만을 이용해 제품을 생산하는 기업이 있다. 생산량을 $Q$, 노동량을 $L$이라 할 때, 이 기업의 생산함수는 $Q=\sqrt{L}$이다. 이 기업이 생산하는 제품의 단위당 가격이 20이고 노동자 1인당 임금이 5일 때, 이 기업의 최적 노동 고용량은? (단, 생산물시장과 노동시장은 모두 완전경쟁적이라고 가정한다)

① 1
② 2
③ 4
④ 8

| 13 | 거시 | 화폐수요 | 답 ② |
|---|---|---|---|

ㄱ. 화폐수요는 소득의 증가함수이다.
ㄷ. 물가수준이 상승하면 명목화폐수요가 증가한다.

**오답피하기**

ㄴ. 이자율이 상승하면 화폐보유의 기회비용이 증가하기에 화폐수요가 감소한다.
ㄹ. 기대물가상승률이 증가하면 화폐가치가 하락하기에 화폐수요가 감소한다.

**출제POINT**

프리드만의 신화폐수량설 $\frac{M^D}{P}=\frac{1}{V(r,\pi^e)}\cdot Y_p$에서, 화폐수요는 항상소득의 증가함수이고, 유통속도($V$)가 이자율($r$)과 예상인플레이션율($\pi^e$)의 영향을 받지만 그 정도는 매우 미미하다.

| 14 | 미시 | 노동시장 | 답 ③ |
|---|---|---|---|

$VMP_L=w$에서 $VMP_L=MP_L\times P$이기에 $MP_L\times P=w$이다.

$Q=\sqrt{L}$에서 $MP_L$은 $\frac{1}{2\sqrt{L}}$이고 $P$는 20이며, $w$는 5이기에, $20\times\frac{1}{2\sqrt{L}}=5$이다. 따라서 $L$은 4이다.

**출제POINT**

생산물시장이 완전경쟁이면 $P=MR$이기에 $MRP_L=MP_L\times MR=MP_L\times P=VMP_L$이고, 생산요소시장이 완전경쟁이면 개별기업은 주어진 임금으로 원하는 만큼 고용할 수 있기에 $MFC_L=w$이다. 따라서 $VMP_L=MRP_L=MFC_L=w$가 성립한다.

## 15 □□□

**경제가 장기균형상태에 있다고 하자. 유가 충격으로 인해 석유가격이 크게 상승했다. 다음 설명 중 가장 옳지 않은 것은?**

① 단기 총공급곡선의 이동으로 인해 단기에는 스태그플레이션이 발생한다.

② 단기균형상태에서 정부지출을 증가시키면 실질 $GDP$가 증가하지만 물가수준의 상승을 피할 수 없다.

③ 단기균형상태에서 통화량을 감소시키면 물가수준이 하락하고 실질 $GDP$는 감소한다.

④ 생산요소 가격이 신축성을 가질 정도의 시간이 주어지면 장기 공급곡선이 이동하여 새로운 장기균형이 형성된다.

## 16 □□□

**총수요확장정책이 장기뿐 아니라 단기에서도 물가만 상승시킬 뿐 실업률 감소에는 기여하지 못한다는 정책무력성 명제와 가장 관계 깊은 이론은?**

① 합리적기대이론

② 화폐수량설

③ 내생적성장이론

④ 항상소득이론

| 15 | 거시 | 화폐수요 | 답 ④ |
|---|---|---|---|

공급충격을 받아 단기총공급곡선이 좌측으로 이동하면 물가가 상승하고 실업이 증가한다. 정부가 개입하지 않았다면 장기적으로는 임금이 하락하여 단기총공급곡선이 우측으로 이동함으로써 최초 균형으로 복귀한다.

(오답피하기)

① $AS$곡선이 좌측으로 이동하면 물가는 상승하고 산출량이 감소하기에 실업률도 상승하여 스태그플레이션이 발생한다.

② 정부지출을 증가시켜 $AD$곡선이 우측으로 이동하면, 실질 $GDP$가 증가하지만 물가수준이 더욱 상승한다.

③ 통화량을 감소시켜 $AD$곡선이 좌측으로 이동하면, 물가수준이 하락하지만 실질 $GDP$는 더욱 감소한다.

**출제POINT**

공급충격을 받으면 장기적으로는 최초균형으로 복귀한다.

| 16 | 거시 | 정책무력성정리 | 답 ① |
|---|---|---|---|

새고전학파는 합리적인 기대하 단기에도 예상이 정확하기에, 예상된 정책의 경우 단기에도 실업률에는 아무런 영향을 미칠 수 없으며, 물가상승만 초래한다.

(오답피하기)

② $MV=PY$($Y$ 실질국민소득)에서 $V$는 제도상 일정하고 $Y$는 고전학파의 경우 완전고용국민소득에서 일정하기에, 고전학파의 화폐수량설 $MV=PY$는 통화량과 물가가 정비례하다는 물가이론으로 볼 수 있다.

③ 기술진보를 내생적으로 규명하고, 국가 간 격차심화를 설명하며, 경제성장에 관한 정부의 역할을 규명하기 위해 내생적 성장이론이 등장하였다.

④ 실제소득은 자신의 자산으로부터 매기 예상되는 평균수입인 항상소득과 일시적 소득인 임시소득으로 구성되는데 소비는 항상소득의 일정비율이라는 것이 프리드만의 항상소득가설이다.

**출제POINT**

예상된 정책의 경우 단기에도 실업률에는 아무런 영향을 미칠 수 없으며, 물가상승만 초래한다. 이를 정책무력성정리라 한다.

## 17 □□□

**자연독점에 대한 설명으로 가장 옳지 않은 것은?**

① 규모의 경제가 있을 때 발생할 수 있다.
② 평균비용이 한계비용보다 크다.
③ 생산량 증가에 따라 한계비용이 반드시 하락한다.
④ 가격을 한계비용과 같게 설정하면 손실이 발생할 수 있다.

## 18 □□□

**미국 달러화 대비 갑, 을, 병국 화폐의 가치 변동률이 각각 $-2\%$, $3\%$, $4\%$일 때 가장 옳은 것은?**

① 갑국 화폐의 가치가 상대적으로 가장 크게 상승했다.
② 을국 제품의 달러 표시 가격이 상승했다.
③ 1달러당 병국 화폐 환율이 상승했다.
④ 병국 화폐 1단위당 을국 화폐 환율이 하락했다.

| 17 | 미시 | 자연독점 | 답 ③ |
|---|---|---|---|

한계비용이 상승해도 평균비용보다 작다면 평균비용이 감소한다.

(오답피하기)

① 규모의 경제 시 장기평균이용이 감소하기에 자연독점이 발생할 수 있다.
② 평균비용이 한계비용보다 클 때, 평균비용이 감소하기에 자연독점이 발생할 수 있다.
④ 한계비용가격설정하 $P=MC$로 독점가격을 규제하면 생산은 효율적이나 적자가 발생한다.

**출제POINT**

철도, 전기 등 초기 막대한 고정비용이 소요되나 추가 생산에 따른 한계비용이 작아 생산 증가에 따라 평균비용이 감소할 때 발생한다.

| 18 | 국제 | 환율 | 답 ② |
|---|---|---|---|

미국 달러화 대비 을국의 화폐가치가 상승했기에 을국 제품의 달러 표시 가격은 상승했다.

(오답피하기)

① 병국 화폐의 가치가 상대적으로 가장 크게 상승했다.
③ 미국 달러화 대비 병국의 화폐가치가 상승했기에 1달러당 병국 화폐 환율은 하락했다.
④ 미국 달러화 대비 을국보다 병국의 화폐가치가 더 상승했기에, 병국 화폐 1단위당 을국 화폐 환율은 상승했다.

**출제POINT**

미국 달러화 대비 갑, 을, 병국 화폐의 가치 변동률이 각각 $-2\%$, $3\%$, $4\%$일 때, 미국 달러화 대비 갑국의 화폐가치는 하락이고, 을국과 병국의 화폐가치는 상승이다.

## 19 □□□

한 국가의 무역수지가 흑자인 경우, 〈보기〉에서 옳은 것을 모두 고른 것은?

〈보기〉

ㄱ. $Y > C+I+G$(단, $Y$는 국민소득, $C$는 소비, $I$는 투자, $G$는 정부지출을 의미한다)

ㄴ. 국내 투자 > 국민저축

ㄷ. 순자본유출 > 0

① ㄱ, ㄴ
② ㄱ, ㄷ
③ ㄴ, ㄷ
④ ㄱ, ㄴ, ㄷ

## 20 □□□

폐쇄경제하의 국민소득결정에 관한 $IS-LM$모형이 〈보기〉와 같다. 생산물시장과 화폐시장이 동시에 균형을 이룰 때 균형이자율과 균형국민소득은?

〈보기〉

| | |
|---|---|
| 소비함수 | $C=200+0.8(Y-T)$ |
| 투자함수 | $I=260-20R$ |
| 정부지출 | $G=140$ |
| 조　　세 | $T=0.375Y$ |
| 물가수준 | $P=100$ |
| 화폐공급 | $M^s=20,000$ |
| 화폐수요 | $\frac{M^d}{P}=100+0.2Y-20R$ |

(단, $Y$는 국민소득, $R$은 이자율을 나타낸다)

| | 균형이자율 | 균형국민소득 |
|---|---|---|
| ① | 4 | 900 |
| ② | 5 | 900 |
| ③ | 4 | 1,000 |
| ④ | 5 | 1,000 |

**19** 국제 **국제수지** 답 ②

ㄱ. 국민소득이 국내총지출보다 크면, 즉 $Y > C+I+G$이면, $X-M>0$이다. 따라서 경상수지는 흑자이다.

ㄷ. 순자본유출이 정(+)이면 순수출, 즉 경상수지는 흑자이다.

**오답피하기**

ㄴ. 국민저축이 국내투자보다 작으면, 즉 $Y-T-C+T-G<I$이면, $X-M<0$이다. 따라서 경상수지는 적자이다.

**출제POINT**

'$X-M=$ 순수출 $=$ 순자본유출'이다. 즉, 수출을 통해 얻은 1달러로 미국의 주식 등을 구입한다면 순자본유출이 발생한다. 따라서 순수출 1달러는 순자본유출 1달러로 전환된다.

**20** 거시 **$IS-LM$모형** 답 ④

- 총수요($C+I+G$)와 총공급($Y$)에서, $C+I+G=200+0.8(Y-0.375Y)+260-20R+140=Y$이다.
- $200+0.5Y+260-20R+140=Y$이기에 $0.5Y=600-20R$이다. 즉, $Y=1,200-40R$이다.
- 화폐수요($\frac{M^d}{P}$)와 화폐공급($\frac{M^S}{P}$)에서, $100+0.2Y-20R=\frac{20,000}{100}$이다.
- $100+0.2Y-20R=\frac{20,000}{100}$이기에 $0.2Y=100+20R$이다. 즉, $Y=500+100R$이다.
- 따라서 $IS$곡선인 $Y=1,200-40R$과 $LM$곡선인 $Y=500+100R$에서 균형이자율과 균형국민소득은 각각 $R=5$, $Y=1,000$이다.

**출제POINT**

생산물시장의 균형은 총수요($C+I+G$)와 총공급($Y$)이 일치하는 점에서 결정된다. 화폐시장의 균형은 화폐의 수요($L$)와 공급($M$)이 일치하는 점에서 결정된다.

# Part 4

# 국회직

# 1회 2010년 국회직

## 01 □□□

**다음 설명 중 옳지 않은 것은?**

① 열등재의 가격이 상승하는 경우, 소득효과로 인하여 소비자들은 그 재화를 덜 소비하게 될 것이다.
② 모든 기펜재(Giffen goods)는 열등재이다.
③ 재화의 가격이 하락하는 경우, 대체효과는 가격변화 전보다는 그 재화를 더 많이 소비하게 한다.
④ 정상재의 가격이 하락하는 경우, 소득효과로 인하여 소비자들은 그 재화를 더 많이 소비하게 될 것이다.
⑤ 재화는 정상재인 경우 엥겔곡선(Engel curve)은 우상향한다.

## 02 □□□

**완전경쟁시장에서 수요와 공급이 〈보기〉와 같다고 하자.**

〈보기〉
수요: $Q^d = 300 - 5P$
공급: $Q^s = 10P$
($Q^d$: 수요량, $Q^s$: 공급량, $P$: 가격)

**만약 정부가 가격상한을 15원으로 정한다면 초과수요와 가격 상한으로 인한 후생손실(deadweight loss)은 각각 얼마인가?**

① 50, 2250
② 50, 375
③ 75, 375
④ 75, 2250
⑤ 100, 750

| 01 | 미시 | 가격효과 | 답 ① |
|---|---|---|---|

열등재의 가격이 상승하는 경우, 소득효과는 양(+)이기에 소비자들은 그 재화를 더 소비하게 될 것이다.

**오답피하기**

② (광의의)열등재는 기펜재와 (협의의)열등재로 이루어지며, 따라서 모든 기펜재(Giffen goods)는 열등재에 해당한다.
③ 재화의 가격이 하락하는 경우, 대체효과는 항상 음(-)이기에 가격변화 전보다는 그 재화를 더 많이 소비하게 한다.
④ 정상재의 가격이 하락하는 경우, 소득효과는 음(-)이기에 소비자들은 그 재화를 더 많이 소비하게 될 것이다.
⑤ 재화는 정상재인 경우 엥겔곡선(Engel curve)은 우상향한다. 사치재는 완만한 형태이고 필수재는 가파른 형태이며 소득 탄력도가 1일 때 원점을 지나는 직선으로 우상향한다.

**출제POINT**
동일한 실질소득 수준에서 상대가격의 변화에 따른 구입량의 변화를 대체효과라 하고 항상 음(-)이다. 동일한 상대가격 수준에서 실질소득의 변화에 따른 구입량의 변화를 소득효과라 하며, 정상재이면 음(-), 열등재이면 양(+)이다.

| 02 | 미시 | 가격상한 | 답 ③ |
|---|---|---|---|

수요와 공급이 각각 $Q^d = 300 - 5P$, $Q^s = 10P$일 때, 균형가격과 균형거래량이 각각 20과 200이다. 따라서 가격상한을 15원으로 정한다면, 수요량이 225이고 공급량이 150이기에 초과수요는 75이다. 옆의 그림에서 가격상한으로 인한 후생손실은 $A$와 $B$의 합으로 $(200-150)\times(30-15)\times\frac{1}{2}=375$이다.

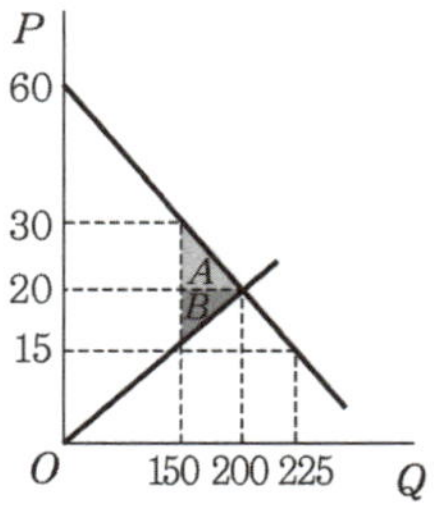


**출제POINT**
수요자 보호를 위해 균형가격보다 낮게 설정하는 최고가격제하 초과수요로 인한 암시장이 발생할 수 있다. 최고가격제로 거래량이 줄고 사회적잉여도 감소한다.

## 03 □□□

**어떤 소비자가 주어진 예산 범위 내에서 $A$, $B$ 두 재화를 구매하였다. $A$재화의 가격이 단위당 10원, $B$재화의 가격이 단위당 20원이고 현재 한계대체율($A$재화의 한계효용 / $B$재화의 한계효용)은 3이다. 다음 서술 중 옳은 것은? (단, 모서리해(corner soulution)는 없다고 가정한다)**

① 현재 상태에서 소비자의 효용은 극대화되고 있다.
② $A$재화의 소비를 늘리고 $B$재화의 소비를 줄여야 효용이 극대화된다.
③ $A$재화의 소비를 줄이고 $B$재화의 소비를 늘려야 효용이 극대화된다.
④ 각 재화에 지출한 돈의 마지막 1원어치의 한계효용은 $A$재화가 $B$재화에 비해 작다.
⑤ 현재 소비점에서 무차별곡선의 기울기와 예산선의 기울기는 일치한다.

## 04 □□□

**다음 그래프는 생산자 보조금 지급과 사회후생의 변화에 관한 것이다. 아래의 설명 중 옳지 않은 것은? (단, $S_1$: 원래의 공급곡선, $S_2$: 보조금 지급 이후의 공급 곡선, $D$: 수요곡선, $E_1$: 원래의 균형점, $E_2$: 보조금 지급 이후의 균형점, $P$: 가격, $Q$: 수량)**

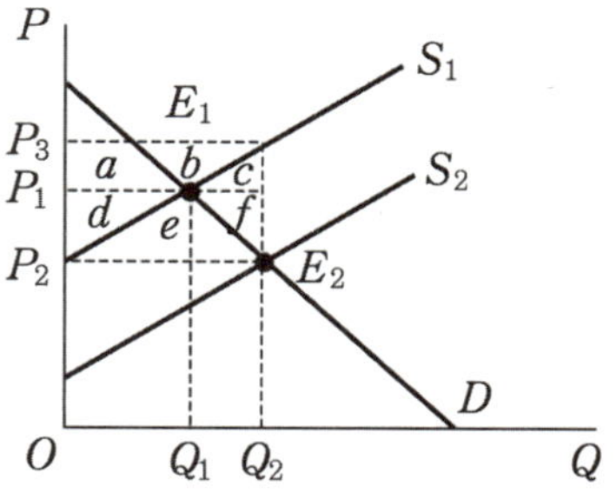


① 보조금 지급 후 생산자가 최종적으로 수확하는 가격은 $P_3$이다.
② 보조금 지급으로 인한 생산자 잉여 증가분은 $a+b$이다.
③ 낭비된 보조금의 크기는 $c+f$이다.
④ 보조금의 크기는 $a+b+c+d+e+f$이다.
⑤ 보조금 지급으로 인한 소비자 잉여의 증가분은 $d+e+f$이다.

| 03 | 미시 | 효용극대화 | 답 ② |
|---|---|---|---|

$MRS_{AB}=\dfrac{MU_A}{MU_B}(=3)>\dfrac{P_A}{P_B}(=\dfrac{1}{2})$이다. 따라서 $\dfrac{MU_A}{P_A}>\dfrac{MU_B}{P_B}$이다. 즉, $A$재의 1원당 한계효용은 $B$재의 1원당 한계효용보다 크다. 그러므로 $A$재 구입을 늘리고 $B$재 구입을 감소시켜 효용증대가 가능하다.

**오답피하기**

①, ③ $A$재화의 소비를 늘리고 $B$재화의 소비를 줄여야 효용이 극대화된다.
④ $A$재의 1원당 한계효용은 $B$재의 1원당 한계효용보다 크다.
⑤ $MRS_{AB}=\dfrac{MU_A}{MU_B}(=3)>\dfrac{P_A}{P_B}(=\dfrac{1}{2})$이다. 따라서 현재 소비점에서 무차별곡선의 기울기가 예산선의 기울기보다 크다.

**출제POINT**

$\dfrac{MU_A}{P_A}>\dfrac{MU_B}{P_B}$이면, $A$재의 1원당 한계효용은 $B$재의 1원당 한계효용보다 크다. 그러므로 $A$재 구입을 늘리고 $B$재 구입을 감소시켜 효용증대가 가능하다.

| 04 | 미시 | 보조금 지급 | 답 ⑤ |
|---|---|---|---|

보조금 지급 전 균형가격이자 소비자가 실제내는가격은 $P_1$이고 거래량은 $Q_1$이다. 보조금 지급 후 균형가격이자 소비자가 실제내는가격은 $P_2$이고 거래량은 $Q_2$이기에 보조금 지급 전에 비해 보조금 지급 후 소비자잉여는 $(d+e)$만큼 증가한다.

**오답피하기**

① 보조금 지급 후 균형가격은 $P_2$이나 생산자가 최종적으로 수확하는 가격은 단위당 보조금을 더한 $P_3$이다.
②, ③, ④ 생산자에게 보조금을 지급하면 소비자잉여는 증가$(d+e)$, 생산자잉여도 증가$(a+b)$하나 증가분의 합$(a+b+d+e)$이 보조금$(a+b+c+d+e+f)$에 미달하기에 총사회후생은 감소$(c+f)$한다.

**출제POINT**

생산자에게 보조금을 지급하면 소비자잉여와 생산자잉여 모두 증가하나 증가분의 합이 보조금에 미달하기에 총사회후생은 감소한다.

## 05 □□□

**담배에 대한 수요곡선과 공급곡선이 모두 직선이고, 담배소비세가 없었을 때의 균형 거래량은 월 1,000갑이라고 하자. 담배 1갑당 500원의 담배소비세가 부과됨에 따라 소비자가 실제로 부담해야 하는 담배가격은 2,500원에서 2,900원으로 올랐고, 생산자가 받는 실제담배가격은 2,500원에서 2,400원으로 하락하였다. 정부가 담배소비세부과를 통해 얻는 세수가 40만 원이라고 할 때 다음 설명 중 옳은 것은?**

① 담배소비세부과 후 균형거래량은 월 900갑이다.
② 담배소비세로 인한 소비자잉여의 감소는 32만 원이다.
③ 담배수요의 가격탄력성은 공급의 가격탄력성보다 크다.
④ 담배소비세로 인한 후생손실(deadweight loss)은 5만 원이다.
⑤ 위의 설명은 모두 옳지 않다.

| 05 | 미시 | 조세의 귀착 | 답 ④ |
|---|---|---|---|

정부가 담배 1갑당 500원의 담배소비세부과를 통해 얻는 세수가 40만 원이기에 조세부과로 변화된 거래량은 800갑이다. 담배소비세가 없었을 때의 균형거래량은 1,000갑으로 조세로 인한 거래량 감소분은 200갑이다. 따라서 후생손실은 거래량 감소분 × 단위당 조세 $\times \frac{1}{2} = 200 \times 500 \times \frac{1}{2} =$ 5만 원이다.

**오답피하기**

① 정부가 담배 1갑당 500원의 담배소비세부과를 통해 얻는 세수가 40만 원이기에 조세부과로 변화된 거래량은 800갑이다.
② 소비자잉여 감소는 그림에서 $A$와 $B$의 합으로 $A+B=(400\times800)+(400\times200\div2)=360,000$원이다.
따라서 담배소비세로 인한 소비자잉여의 감소는 36만 원이다.
③ 소비자가 실제로 부담해야 하는 담배가격은 2,500원에서 2,900원으로 소비자부담은 400원이다. 생산자가 받는 실제담배가격은 2,500원에서 2,400원으로 생산자부담은 100원이다. 분담정도는 탄력성에 반비례하기에 담배수요의 가격탄력성은 공급의 가격탄력성보다 작다.

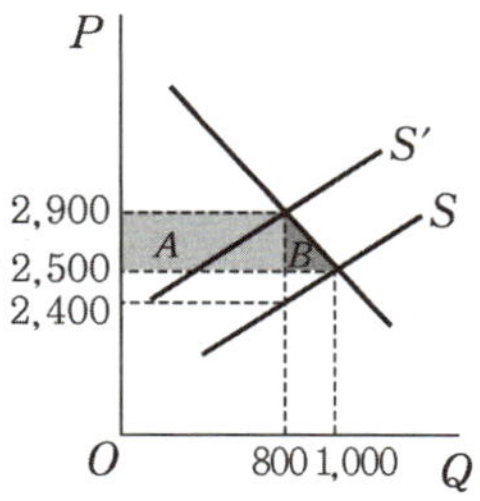


⑤ ①, ②, ③번은 옳지 않고, ④번은 옳다.

**출제POINT**

조세의 귀착 시 후생손실은 '거래량 감소분 × 단위당 조세 $\times \frac{1}{2}$'을 통해 알 수 있다.

## 06 □□□

**기대를 반영한 필립스곡선이 아래와 같을 때 이에 대한 〈보기〉의 설명 중 옳지 않은 것을 모두 고르면?**

$$\pi = \pi^e - 0.4(u-4)$$

($\pi$: 실제인플레이션, $\pi^e$: 기대인플레이션, $u$: 실제실업률)

〈보기〉

가. 실제인플레이션이 기대인플레이션과 동일하면 실제실업률은 4%이다.
나. 기대인플레이션이 상승하면 필립스곡선은 위로 평행이동한다.
다. 잠재 $GDP$에 해당하는 실업률은 4%이다.
라. 실제실업률이 4%보다 크면 실제인플레이션은 기대인플레이션보다 높다.
마. 기대인플레이션이 전기의 실제인플레이션과 동일하다고 할 때, 실제인플레이션이 전기에 비해 2%p 감소하기 위해서는 실제실업률은 8%가 되어야 한다.

① 가, 나
② 나, 라
③ 라
④ 마
⑤ 라, 마

| 06 | 거시 | 필립스곡선 | 답 ⑤ |
|---|---|---|---|

라. $\pi = \pi^e - 0.4(u-4)$에서, 실제실업률이 4%보다 크면 $-0.4(u-4)$가 (−)값이기에 실제인플레이션($\pi$)은 기대인플레이션($\pi^e$)보다 낮다.
마. 기대인플레이션이 전기의 실제인플레이션과 동일하다고 할 때, 실제인플레이션이 전기, 즉 기대인플레이션에 비해 2%p 감소하기 위해서는 $0.4(u-4)$가 2이면 된다. 따라서 실제실업률 $u$는 9%이다.

**오답피하기**

가. $\pi = \pi^e - 0.4(u-4)$에서, 실제인플레이션이 기대인플레이션과 동일하면 $\pi = \pi^e$이기에 실제실업률은 4%이다.
나. 기대인플레이션이 상승하면 실제인플레이션도 같은 폭만큼 상승하기에 필립스곡선은 위로 평행이동한다.
다. 잠재 $GDP$에 해당하는 실업률은 자연실업률로, 필립스곡선이 $\pi = \pi^e$로 $u=4$에서 수직선일 때 실업률이다. 따라서 4%이다.

**출제POINT**

$\pi = \pi^e - 0.4(u-4)$에서 잠재 $GDP$에 해당하는 실업률은 4%이다.

## 07 □□□

**$A$국과 $B$국은 다음과 같은 생산가능곡선을 가지고 있다. 〈보기〉에서 옳은 것을 모두 고르면? (단, $X$는 냉장고의 생산량, $Y$는 자동차의 생산량이다)**

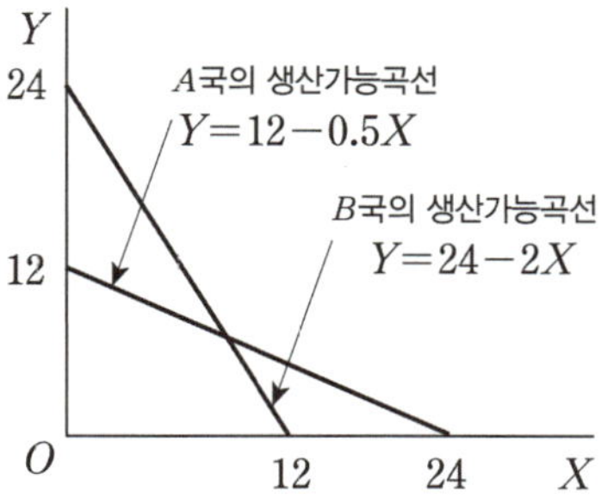


〈보기〉

가. $A$국의 자동차생산의 상대가격은 $B$국보다 크다.
나. 두 나라가 자유롭게 교역할 때, 냉장고 1대는 자동차 3대와 교환될 수 있다.
다. 교역이 발생할 때, $B$국은 자동차를 자국이 소비하는 양보다 더 많이 생산한다.
라. 두 나라의 생산가능곡선이 교차하는 곳에서 각 국이 소비하고 있다면 교역은 발생하지 않는다.

① 가, 나　② 가, 다　③ 나, 다
④ 가, 라　⑤ 다, 라

**07** 국제 **무역이론** 답 ②

가. $A$국의 자동차생산의 상대가격은 $\frac{24}{12}=2$이고 $B$국의 자동차생산의 상대가격은 $\frac{12}{24}=\frac{1}{2}$로 $A$국이 $B$국보다 크다.
다. $A$국의 냉장고생산의 기회비용은 $\frac{12}{24}=\frac{1}{2}$이고 $B$국의 냉장고생산의 기회비용은 $\frac{24}{12}=2$로, 냉장고생산은 기회비용이 작은 $A$국에 비교우위가 있고, 자동차생산은 $B$국에 비교우위가 있다. 따라서 교역이 발생할 때, $B$국은 자동차를 특화 생산하여 수출하기에 자국이 소비하는 양보다 더 많이 생산한다.

(오답피하기)

나. 기회비용 사잇값에서 양국이 이득을 볼 수 있는 교역조건이 성립한다. 따라서 냉장고생산의 기회비용이 $A$국은 $\frac{12}{24}=\frac{1}{2}$, $B$국은 $\frac{24}{12}=2$로, 두 나라가 자유롭게 교역할 때, 냉장고 1대는 자동차 $\frac{1}{2}$대와 2대 사이에서 교환될 수 있다.
라. 두 나라의 생산가능곡선이 교차하는 곳에서 각 국이 소비하고 있더라도 비교우위에 따라 특화하여 교역조건에 따라 교역하면 교역은 발생할 수 있다.

**출제POINT**

생산가능곡선의 기울기는 $X$재의 상대가격이고 $X$재 생산의 기회비용이다.

## 08 □□□

**〈보기〉에서 계산된 실질환율은 얼마인가?**

〈보기〉

외국과 국내에서 컴퓨터가 재화와 서비스의 평균적인 가격을 대표한다. 컴퓨터의 국내가격은 192만 원이고 외국에서의 가격은 800달러이다. 명목환율은 1달러에 1,200원이다. (실질환율은 평균적인 외국의 재화와 서비스로 표시한 평균적인 국내재화와 서비스의 상대적 가격이다)

① 1　② $\frac{1}{2}$
③ 2　④ $\frac{1}{4}$
⑤ 4

**08** 국제 **실질환율** 답 ③

실질환율 $\epsilon$은 $\frac{P}{e \times P_f}=\frac{1{,}920{,}000}{1{,}200 \times 800}=2$이다.

**출제POINT**

외국상품 1단위와 교환되는 자국상품 간 교환비율로 정의되는 실질환율은 $\epsilon=\frac{e \times P_f}{P}$($\epsilon$: 실질환율, $e$: 명목환율, $P_f$: 해외물가, $P$: 국내물가)이다. 그러나 실질환율을 외국상품으로 표시한 자국상품의 상대적 가격으로 정의하면, $\epsilon=\frac{P}{e \times P_f}$이다.

## 09 □□□

**다음 〈모형〉을 통해서 경제분석을 실시한다고 할 때, 〈보기〉에서 옳은 것을 모두 고르면?**

> 〈모형〉
>
> 이 경제에서는 정부지출과 조세 및 대외거래가 없고 중앙은행이 통화를 외생적으로 공급하며, 물가는 일정하다고 한다. (단, $Y$는 소득, $C$는 소비, $I$는 투자, $r$은 이자율, $L$은 화폐수요, $M$은 화폐공급이다. $a$, $b$, $c$, $d$, $e$, $f$는 상수이다. $0 < b < 1$, $d < 0$, $e > 0$, $f < 0$)
>
> 소비: $C = a + bY$
> 투자: $I = c + dr$
> 화폐수요: $L = eY + fr$
> 균형식: $Y = C + I$, $L = M$

> 〈보기〉
>
> 가. $b$가 클수록 독립투자($c$)의 소득증대효과가 더 커진다.
> 나. $d$가 0이면 독립투자가 증가하여도 소득에는 변함이 없다.
> 다. $f$의 절대값이 클수록 통화정책의 효과가 커진다.
> 라. $e$가 작을수록 재정정책의 효과가 커진다.

① 가, 나 ② 가, 다
③ 가, 라 ④ 다, 라
⑤ 나, 라

## 10 □□□

**$A$국의 은행들은 $100M$의 필요지급준비금과 $25M$의 초과지급준비금을 보유하고 있고, $250M$을 국채로 보유하고 있으며, 고객예금 $1{,}000M$을 보유하고 있다. $A$국 국민들은 현금을 보유하지 않고 모든 현금을 은행의 예금 형태로 보유하고 있다고 가정하자. 또한 은행들은 예금에 대한 초과지급준비율을 같은 수준으로 계속 유지하고자 한다고 가정하자. ㉠ 지급준비율은 얼마인가? ㉡ 이제 중앙은행이 $A$국 은행들에 $5M$을 대출해준다고 하자. 예금에 대한 필요지급준비율과 초과지급준비율은 예전과 같다고 가정할 때, $A$국의 화폐공급은 얼마나 증가하겠는가? (단, $A$국가의 통화정책은 $A$국 중앙은행에 의해 결정되며, 화폐단위는 $M$이라고 한다)**

| | ㉠ | ㉡ |
|---|---|---|
| ① | 8% | $60M$ |
| ② | 10% | $50M$ |
| ③ | 12.5% | $50M$ |
| ④ | 10% | $40M$ |
| ⑤ | 12.5% | $40M$ |

**09 거시 승수효과 답 ③**

가. $b$는 한계소비성향으로 $b$가 클수록 투자승수$\left(\frac{1}{1-b}\right)$가 커지기에 독립투자($c$)의 소득증대효과가 더 커진다.
라. $e$는 화폐수요의 소득탄력성으로 $e$가 작을수록 $LM$곡선이 완만해지기에 재정정책의 효과가 커진다.

(오답피하기)

나. $d$는 투자의 이자율탄력성으로 $d$가 0이면 $IS$곡선이 수직선이기에 재정정책의 효과는 커진다.
다. $f$는 화폐수요의 이자율탄력성으로 $f$의 절대값이 클수록 $LM$곡선이 완만해지기에 통화정책의 효과가 작아진다.

> **출제POINT**
> 승수효과는 정부지출이나 독립투자 등과 같이 국민소득이나 이자율과 관계없이 이루어지는 지출인 독립지출이 조금만 증가해도 소득증가 → 소비증가 → 소득증가 → 소비증가 … 로 이어져 국민소득이 훨씬 크게 증가하는 효과이다.

**10 거시 통화량증가분 답 ⑤**

현금/예금비율($k$)이 0이고, 고객예금 $1{,}000M$ 중에서 $100M$의 필요지급준비금과 $25M$의 초과지급준비금을 보유하고 있기에 실제지급준비율($z$)은 0.125, 즉 ㉠ 12.5%이다. 따라서 통화승수는 $\frac{1}{0.125} = 8$이다. 결국, 중앙은행이 $A$국 은행들에 $5M$을 대출해준다면, 통화량은 ㉡ $40M$만큼 증가한다.

> **출제POINT**
> 현금/예금비율 시 $m = \frac{k+1}{k+z}$이다.

## 11 □□□

**다음의 〈모형〉을 통해서 경제성장을 분석한다고 할 때, 〈보기〉에서 옳은 것을 모두 고르면?**

〈모형〉

생산함수 $Y_t = A_t K_t^{0.5} L_t^{0.5}$(단, 아래첨자 $t$는 시간을 의미하고, $Y_t$는 $t$기에서의 생산량, $A_t$는 $t$기에서의 기술수준, $K_t$는 $t$기에서의 자본량, $L_t$는 $t$기에서의 노동량임)이며, 기술수준은 $A_t = (1+a)^t A_0$에 의해서 결정되고, 노동량은 $L_t = (1+n)^t L_0$에 의해서 결정된다. (단, $A_0$는 초기기술수준, $L_0$는 초기노동량, $a$는 기술증가율, $n$은 인구증가율임) 자본량은 $t$기에서의 투자 $I_t$와 감가상각율이 $\delta$로 주어졌을 때 $K_{t+1} = (1-\delta)K_t + I_t$와 같이 결정된다. 그리고 매기마다 투자는 $I_t = sY_t$(단, $s$는 저축률임)에 의해서 결정된다. $t$기에서 노동 1단위당 자본량은 $(K_t/L_t)$으로 정의된다.

〈보기〉

가. 정상상태(stationary state 또는 steady state)에서의 노동 1단위당 자본량은 $s$가 증가하면 지속적으로 증가할 수 있다.
나. 정상상태에서의 노동 1단위당 자본량은 $n$의 변화와 무관하다.
다. 정상상태에서의 노동 1단위당 자본량은 $\delta$가 증가하면 감소한다.
라. 정상상태에서의 노동 1단위당 자본량은 초기 기술수준인 $A_0$가 증가하면 증가한다.

① 가, 나 ② 가, 다 ③ 가, 라
④ 나, 라 ⑤ 다, 라

**11** 거시 **경제성장모형** 답 ⑤

다. 정상상태에서의 노동 1단위당 자본량은 감가상각률인 $\delta$가 증가하면 감소한다.
라. 기술진보로 생산함수의 상방이동이 이루어지면 정상상태에서의 노동 1단위당 자본량은 증가한다.

**오답피하기**

가. 정상상태(stationary state 또는 steady state)에서의 노동 1단위당 자본량은 저축률인 $s$가 증가하면 일시적으로 증가하나 새로운 정상상태에 도달하면 변하지 않는다.
나. 정상상태에서의 노동 1단위당 자본량은 인구증가율인 $n$이 증가하면 감소한다.

**출제POINT**

기술진보에 의한 생산함수의 상방이동 또는 저축함수의 상방이동이 이루어지면 정상상태에서의 노동 1단위당 자본량은 증가한다.

## 12 □□□

**케인즈의 단순폐쇄경제모형에서 가처분소득의 함수인 민간소비는 가처분소득이 0일 때 160, 한계소비성향이 0.6, 독립투자가 400, 정부지출이 200, 조세는 정액세만 존재하고 정부재정은 균형상태라고 가정할 때 균형국민소득은?**

① 1,600 ② 1,700
③ 1,800 ④ 1,900
⑤ 2,000

**12** 거시 **균형국민소득** 답 ①

소비함수는 $C = 160 + 0.6(Y-T)$이고, 투자는 $I = 400$이며, 정부지출은 200이다. 따라서 생산물시장 균형은 $Y = 160 + 0.6(Y-T) + 400 + 200$에서 달성된다. 조세는 정액세만 존재하고 정부재정은 균형상태이기에 $T = G = 200$이다. 따라서 $Y = 160 + 0.6(Y-200) + 400 + 200$에서 $Y = 1,600$이다.

**출제POINT**

생산물시장의 균형은 총수요($C+I+G$)와 총공급($Y$)이 일치하는 점에서 결정된다.

## 13 □□□

**아래의 표는 가상 경제의 2008~2010년 간 생산 활동을 정리한 것이다. 표를 보고 알 수 있는 사실 중 옳지 않은 것은? (단, 국민소득 통계의 기준연도는 2008년이다)**

| 연도 | 쌀 | | 자동차 | | 컴퓨터 | |
|---|---|---|---|---|---|---|
| | 수량 (kg) | 가격 (천 원) | 수량 (대) | 가격 (천 원) | 수량 (대) | 가격 (천 원) |
| 2008 | 100 | 2 | 3,000 | 20,000 | 1,400 | 1,000 |
| 2009 | 120 | 4 | 2,800 | 25,000 | 1,500 | 1,050 |
| 2010 | 130 | 5 | 3,200 | 24,000 | 1,600 | 1,000 |

① 2008년의 명목 $GDP$는 61,400,200천 원이다.
② 2009년의 명목 $GDP$는 2008년에 비해 약 16.6% 증가하였다.
③ 2009년의 $GDP$디플레이터는 약 124.5이다.
④ 2009년의 실질 $GDP$는 전년에 비해 증가하였다.
⑤ 2010년에는 전년에 비해 실질 $GDP$가 14% 이상 증가하였다.

## 14 □□□

**자연실업률에 관한 설명으로 가장 옳지 않은 것은?**

① 인터넷의 발달은 자연실업률을 낮추는 역할을 한다.
② 최저임금제나 효율성임금, 노조 등은 마찰적 실업을 증가시켜 자연실업률을 높이는 요인으로 작용한다.
③ 새케인즈학파의 이력현상에 의하면 실제 실업률이 자연실업률을 초과하게 되면 자연실업률 수준도 높아지게 된다.
④ 일자리를 찾는 데 걸리는 시간 때문에 발생하는 실업은 자연실업률의 일부이다.
⑤ 산업 간 또는 지역 간의 노동수요구성의 변화는 자연실업률에 영향을 미칠 수 있다.

**13** 거시 $GDP$디플레이터 답 ④

2008년의 실질 $GDP$는
$100 \times 2 + 3,000 \times 20,000 + 1,400 \times 1,000 = 61,400,200$천 원이다.
2009년의 실질 $GDP$는
$120 \times 2 + 2,800 \times 20,000 + 1,500 \times 1,000 = 57,500,240$천 원이다.
따라서 2009년의 실질 $GDP$는 전년에 비해 감소하였다.

**오답피하기**

① 2008년의 명목 $GDP$는
$100 \times 2 + 3,000 \times 20,000 + 1,400 \times 1,000 = 61,400,200$천 원이다.
② 2009년의 명목 $GDP$는
$120 \times 4 + 2,800 \times 25,000 + 1,500 \times 1,050 = 71,575,480$천 원이다.
따라서 2009년의 명목 $GDP$는 2008년에 비해 약 16.6% 증가하였다.
③ 2009년의 명목 $GDP$는 71,575,480천 원이고, 실질 $GDP$는 57,500,240천 원이다. 따라서 2009년의 $GDP$디플레이터는 약 124.5이다.
⑤ 2010년의 실질 $GDP$는
$130 \times 2 + 3,200 \times 20,000 + 1,600 \times 1,000 = 65,600,260$천 원이다.
따라서 2010년에는 전년에 비해 실질 $GDP$가 14% 이상 증가하였다.

**출제POINT**
명목 $GDP$를 실질 $GDP$로 나눈 값을 $GDP$디플레이터[= (명목 $GDP$/실질 $GDP$) × 100]라 하고, 이는 대표적인 물가지수의 역할을 한다.

**14** 거시 자연실업률 답 ②

최저임금제나 효율성임금, 노조 등은 구조적 실업을 증가시켜 자연실업률을 높이는 요인으로 작용하나, 마찰적 실업을 증가시키는 요인으로는 보기 곤란하다.

**오답피하기**

① 인터넷의 발달로 일자리 정보를 쉽게 찾을 수 있게 되면 마찰적 실업이 감소하기에 자연실업률을 낮추는 역할을 한다.
③ 경기침체로 실업률증가 후 일정기간 유지 시 노동자의 숙련도 상실과 근로에 대한 태도 변화로 자연실업률 자체가 높아지는 현상을 실업률의 이력현상 또는 기억효과라 한다. 따라서 이력현상에 의하면 실제 실업률이 자연실업률을 초과하게 되면 자연실업률 수준도 높아지게 된다.
④ 일자리를 찾는 데 걸리는 시간 때문에 발생하는 실업은 마찰적 실업으로 자연실업률의 일부이다.
⑤ 산업 간 또는 지역 간의 노동수요구성의 변화로 발생하는 실업은 구조적 실업으로 자연실업률에 영향을 미칠 수 있다.

**출제POINT**
마찰적 실업과 구조적 실업만 존재할 때의 실업률을 자연실업률이라 한다.

## 15 □□□

**현재의 가격수준(또는 임금수준)에서 초과공급이 발생하였다. 이러한 상황을 만들어 낼 수 있는 요인들을 〈보기〉에서 모두 고르면?**

〈보기〉

가. 정부가 시장균형가격보다 높은 가격수준에서 가격하한제를 실시하였다.
나. 정부가 정한 최저임금이 시장균형임금보다 낮게 설정되었다.
다. 노동자들이 단결하여 일정수준 이하의 임금에서는 노동력을 제공하지 않기로 하였다. 이때 결정된 임금수준이 시장 균형임금수준보다 높았다.
라. 한 단위 더 만들어 팔 때마다 판매자들의 유보가격(reservation price)이 증가하였다.

① 가, 나
② 가, 다
③ 나, 다
④ 다, 라
⑤ 가, 다, 라

## 16 □□□

**다음 표는 가방만을 생산하는 어떤 기업의 노동자 수에 따른 주당 가방 생산량을 나타내고 있다. 만약, 완전경쟁시장에서 가방의 개당 가격이 20,000원이라면 가방을 생산하는 이 기업은 이윤극대화를 위하여 몇 명의 노동자를 고용하겠는가? (단, 노동자 1명의 주당 임금은 1,000,000원이며, 노동자에게 지급하는 임금 외에 다른 비용은 없다)**

<노동자의 수에 따른 주당 가방 생산량>

| 노동자의 수(명) | 가방 생산량(개) |
|---|---|
| 0 | 0 |
| 1 | 60 |
| 2 | 160 |
| 3 | 240 |
| 4 | 280 |
| 5 | 300 |

① 1명
② 2명
③ 3명
④ 4명
⑤ 5명

| 15 | 미시 | 초과공급 | 답 ② |
|---|---|---|---|

가. 정부가 정한 가격하한선이 시장균형가격보다 높게 설정되면 생산물의 초과공급이 발생한다.
다. 노조에서 결정된 임금수준이 시장균형임금보다 높다면 노동의 초과공급이 발생한다.

**오답피하기**

나. 정부가 정한 최저임금이 시장균형임금보다 높게 설정되면 노동의 초과공급이 발생한다.
라. 한 단위 더 만들어 팔 때마다 판매자들의 최소요구가격인 유보가격(reservation price)이 증가하면 공급곡선이 우상향으로 도출된다.

**출제POINT**

판매자들이 받고자 하는 최소요구가격을 유보가격(reservation price)이라 한다.

| 16 | 미시 | 생산요소시장 이윤극대화 | 답 ③ |
|---|---|---|---|

노동자 1명의 주당 임금은 1,000,000원으로 3명 고용 시 한계생산물가치가 1,600,000원이나, 4명 고용 시 한계생산물가치가 800,000원이기에 기업은 3명을 고용하는 것이 합리적이다.

| 노동자의 수(명) | 가방생산량(개) | $MP_L$ | $VMP_L$ |
|---|---|---|---|
| 0 | 0 | 0 | 0 |
| 1 | 60 | 60 | 1,200,000 |
| 2 | 160 | 100 | 2,000,000 |
| 3 | 240 | 80 | 1,600,000 |
| 4 | 280 | 40 | 800,000 |
| 5 | 300 | 20 | 400,000 |

**출제POINT**

$VMP_L = MP_L \times P = W$에서 이윤은 극대화된다.

## 17 □□□

**다음 〈보기〉 중 준화폐(near money)와 관련 있는 것을 모두 고르면?**

〈보기〉

가. 준화폐란 주식, 채권 등과 같이 어느 정도의 유동성을 가지고 있는 비화폐자산이다.

나. 준화폐의 존재는 통화수요를 불안정하게 만들지만 유통속도는 안정시킨다.

다. 준화폐의 존재는 중앙은행의 통화량 통제 능력을 제한한다.

라. 통화당국의 정책목표가 이자율로 전환된 것과 관련 있다.

① 가, 나 ② 가, 다
③ 가, 라 ④ 다, 라
⑤ 가, 다, 라

## 18 □□□

**$A$라는 사람의 2001년 연봉은 6천만 원이었고, 2010년에는 8천만 원의 연봉을 받았다. 소비자물가지수는 2001년에는 177이었고, 2010년에는 221.25였다고 하자. $A$의 2010년 연봉을 2001년 가치로 계산했을 때 다음 설명 중 옳은 것은?**

① 연봉은 4천 5백만 원이며, 2001년과 2010년 동안 $A$의 구매력은 감소했다.
② 연봉은 6천만 원이며, 2001년과 2010년 동안 $A$의 구매력에는 아무 변화가 없다.
③ 연봉은 6천 4백만 원이며, 2001년과 2010년 동안 $A$의 구매력은 증가했다.
④ 연봉은 7천만 원이며, 2001년과 2010년 동안 $A$의 구매력은 증가했다.
⑤ 연봉은 7천 5백만 원이며, 2001년과 2010년 동안 $A$의 구매력은 증가했다.

### 17 | 거시 | 준화폐 | 답 ⑤

가. 준화폐란 화폐와 밀접한 대체성이 있는 금융자산으로 주식, 채권 등과 같이 어느 정도의 유동성을 가지고 있는 비화폐자산이다.

다, 라. 준화폐의 존재로 유통속도가 불안해지기에 중앙은행의 통화량 통제 능력을 제한한다. 따라서 90년대 이후 통화당국의 정책목표가 이자율로 전환된 것과 관련 있다.

**오답피하기**

나. 준화폐의 존재는 통화수요를 불안정(화폐와 준화폐 간 자금이동이 빈번하면 통화수요의 불안정 초래)하게 하기에 유통속도도 불안해진다.

**출제POINT**

준화폐란 교환 수단으로 기능하지 않지만 가치 저장수단으로 화폐와 거의 다르지 않은 자산으로서 유동적인(쉽게 화폐로 전환할 수 있는) 자산을 말한다.

### 18 | 거시 | 소비자물가지수 | 답 ③

소비자물가지수가 2001년에는 177이었고, 2010년에는 221.25였기에 물가상승률은 25%이다. 2010년 연봉을 2001년 가치로 계산하면, $\frac{8,000}{125} \times 100 = 6,400$만 원이다. 2001년 연봉은 6천만 원이었고, 2010년에는 8천만 원의 연봉으로 명목소득증가율은 $\frac{8,000-6,000}{6,000} \times 100 = 33.3\%$이다. 따라서 명목소득증가율(33.3%)이 물가상승률(25%)보다 크기에 실질소득증가율은 (+)로 $A$의 구매력은 증가했다.

**출제POINT**

소비자물가지수가 2001년에는 177이었고, 2010년에는 221.25였다고 할 때, 2010년 8천만 원의 연봉을 2001년 가치로 계산했을 때, 연봉은 $8,000 \times \frac{177}{221.25} = 6,400$만 원이다.

## 19 □□□

보몰(Baumol)은 다음과 같은 〈모형〉을 가지고 화폐수요를 분석하였다. 주어진 모형으로 판단할 때, 〈보기〉에서 옳은 것을 모두 고르면?

〈모형〉

일정 기간 동안의 화폐수요를 분석하기 위해서 다음과 같은 가정을 한다. 주어진 총거래금액은 매시간 동일 액수만큼 거래되며, 이들 거래는 보유한 화폐에 의해서 매개된다. $k$는 일정 기간 동안의 화폐를 은행에서 인출하는 거래횟수이며, 거래 시마다 $c$만큼 비용이 든다. 동 기간 총거래금액이 $Y$로 주어진다면, 평균적인 화폐보유량은 $\frac{1}{2}\frac{Y}{k}$이다.

〈보기〉

가. 최적 거래횟수는 은행인출비용을 최소화하는 거래횟수이다.
나. $c$가 증가할수록 최적 화폐보유량은 증가한다.
다. 이자율이 증가할수록 최적 화폐보유량은 증가한다.
라. $Y$가 증가할수록 최적 화폐보유량은 증가한다.

① 나　② 가, 나
③ 가, 라　④ 나, 라
⑤ 나, 다, 라

## 20 □□□

노동시장에서 교육의 신호이론(signaling theory)에 관한 다음 〈보기〉의 설명 중 옳은 것은?

〈보기〉

가. 교육은 한계생산성이 낮은 노동자의 생산성을 향상시킨다.
나. 교육은 그 사람의 사회적 위치에 대한 신호이다.
다. 천부적인 능력에 따라 한계생산성이 결정된다.
라. 높은 학력은 높은 한계 생산성을 가진 사람이 보내는 신호이다.

① 가, 나　② 다, 라
③ 가, 라　④ 나, 다
⑤ 가, 다, 라

**19** 거시 **보몰의 화폐수요함수** 답 ④

나. $c$가 증가할수록 한 번에 많은 금액을 인출하기에 최적 화폐보유량은 증가한다.
라. $Y$가 증가할수록 거래 시 더 많은 화폐가 필요하기에 최적 화폐보유량은 증가한다.

**오답피하기**

가. 최적 거래횟수는 화폐보유의 기회비용(이자손실액)과 거래비용(은행인출비용)을 합한 총비용이 최소화되는 거래횟수이다.
다. 이자율이 증가할수록 화폐보유의 기회비용이 증가하기에 최적 화폐보유량은 감소한다.

**출제POINT**

거래적 동기의 화폐수요는 소득의 증가함수이고, 이자율의 감소함수이기에 보몰의 화폐수요함수는 $M^D = P\sqrt{\frac{cY}{2r}}$ ($c$: 거래비용)이다.

**20** 미시 **교육의 신호이론** 답 ②

다. 한계생산성은 천부적인 능력에 따라 결정된다.
라. '생산성 높은 노동자에 대한 교육비용 < 임금', '임금 < 생산성 낮은 노동자에 대한 교육비용'에 따라 임금을 설정하면 생산성 높은 노동자만 교육을 받기에 자신의 생산성이 높다는 것을 알리려 한다. 따라서 교육은 그 사람의 사회적 위치가 아니라 생산성에 대한 신호이다. 즉, 높은 학력은 높은 한계 생산성을 가진 사람이 보내는 신호이다.

**오답피하기**

가. 일반적으로 교육은 생산성을 높이지만, 신호이론에 따르면 노동의 생산성은 타고난 재능에 의해서만 결정된다.
나. 교육은 그 사람의 사회적 위치가 아니라 생산성에 대한 신호이다.

**출제POINT**

교육의 신호이론(signaling theory)에 따르면, 노동의 생산성은 교육수준과 관계없이 타고난 재능에 의해서만 결정된다. 따라서 교육은 그 사람의 생산성에 대한 신호이다.

## 21 □□□

**가격차별과 관련된 다음 설명 중 옳지 않은 것은?**

① 제2급 가격차별은 정보의 비대칭성과 무관하다.
② 소비자를 수요의 가격탄력성 등 특성에 따라 집단별로 구분하지 못하면 가격차별을 할 수 없다.
③ $A$, $B$ 두 시장에서 가격차별로 이윤극대화를 하려면 $MR_A = MR_B = MC$의 조건이 만족되어야 한다. ($MR_A$: $A$시장에서의 한계수입, $MR_B$: $B$시장에서의 한계수입, $MC$: 한계비용)
④ 제1급 가격차별하에서 소비자잉여는 전혀 존재하지 않는다.
⑤ 가격차별이 반드시 나쁜 것은 아니고 경우에 따라서는 가격차별로 인해 사회후생이 증대될 수도 있다.

## 22 □□□

**환율결정이론에 대한 〈보기〉의 설명 중 옳지 않은 것을 모두 고르면? (단, 〈보기〉의 모든 지문에서 환율은 국내통화/외국통화의 비율을 의미한다)**

〈보기〉

가. 상대적 구매력평가설은 일물일가의 법칙을 전제하지 않더라도 성립할 수 있다.
나. 구매력평가설에 따르면 외국의 물가가 상승하면 균형환율은 하락한다.
다. 구매력평가설에서 실제환율이 균형환율보다 높으면 수입은 늘어나고 수출은 줄어들게 된다.
라. 구매력평가설이 경상수지를 중요시하는 이론이라면, 이자율평가설은 자본수지에 초점을 맞춘 이론이라고 할 수 있다.
마. 인플레이션율이 0이라고 가정할 때, 이자율평가설에 따르면 국내 명목이자율이 외국의 명목이자율보다 클 경우 환율은 하락한다.

① 가, 나 ② 가, 다
③ 다, 라 ④ 다, 마
⑤ 나, 마

| 21 | 미시 | 가격차별 | 답 ① |
|---|---|---|---|

제2급 가격차별은 재화구입량에 따라 각각 다른 가격을 설정하는 것으로, 판매자가 소비자의 특성을 구별하지 못할 때 여러 가격을 제시하여 소비자들이 스스로 자신을 드러내게 하는 '선별'의 일종이다. 따라서 제2급 가격차별은 정보의 비대칭성하 이윤극대화 추구 방법의 일종이다.

**오답피하기**

② 제3급 가격차별의 경우, 비탄력적인 시장에서는 높은 가격으로 판매하고 탄력적인 시장에서는 낮은 가격으로 판매하여 이윤극대화를 추구한다. 따라서 소비자를 수요의 가격탄력성 등 특성에 따라 집단별로 구분하지 못하면 가격차별을 할 수 없다.
③ 가격차별 독점기업의 이윤극대화 조건은 $MR_A = MR_B = MC$이다.
④ 제1급 가격차별은 각 단위의 재화에 대하여 소비자들이 지불할 용의가 있는 최대금액을 설정하는 것으로 소비자잉여가 모두 독점이윤으로 전환된다. 따라서 소비자잉여는 전혀 존재하지 않는다.
⑤ 가격차별로 생산량이 증가하여 사회후생이 증대될 수 있다.

**출제POINT**

시장을 몇 개로 분할하여 각 시장에서 서로 다른 가격을 설정하는 것이 제3급 가격차별로 일반적인 가격차별이다.

| 22 | 국제 | 환율 | 답 ④ |
|---|---|---|---|

다. 구매력평가설에서 실제환율이 균형환율보다 높으면 균형환율(가령, 1달러 = 1,000원)로 수출품 수출 후 달러를 실제환율(가령, 1달러 = 2,000원)로 교환하면 이득을 보기에 수입은 줄고 수출이 늘어 순수출은 증가한다.
마. 인플레이션율이 0이라고 가정할 때, 이자율평가설에 따르면 '환율변화율 = 국내이자율 − 해외이자율'이기에 국내 명목이자율이 외국의 명목이자율보다 클 경우 환율은 상승한다.

**오답피하기**

가. 상대적 구매력평가설은 절대적 구매력평가설을 변화율의 형태로 표시하여 '환율변화율 = 국내물가상승률 − 해외물가상승률'이다. 따라서 일물일가의 법칙을 전제하지 않아 절대적 구매력평가설이 성립하지 않더라도 상대적 구매력평가설은 성립할 수 있다.
나. 구매력평가설에 따르면, $P = e \cdot P_f$이든 '환율변화율 = 국내물가상승률 − 해외물가상승률'이든 외국의 물가가 상승하면 균형환율은 하락한다.
라. 구매력평가설이 상품거래인 경상수지를 중요시하는 이론이라면, 이자율평가설은 자본거래인 자본수지에 초점을 맞춘 이론이라고 할 수 있다.

**출제POINT**

일물일가의 법칙을 전제로, 양국의 구매력인 화폐가치가 같도록 환율이 결정되어야 한다는 이론이 절대구매력평가설로, $P = e \cdot P_f$이다.

## 23 □□□

**인플레이션에 대한 다음 설명 중 옳지 않은 것은?**

① 인플레이션이 예상될 때, 채권자로부터 채무자에게로 부와 소득이 재분배된다.
② 인플레이션이 예상될 때, 메뉴비용이 발생된다.
③ 인플레이션이 예상될 때, 명목이자율이 상승한다.
④ 인플레이션이 예상될 때, 실질화폐잔고를 줄임으로써 은행에 자주 가야 하는 불편이 발생한다.
⑤ 적절한 수준의 인플레이션은 명목임금의 하방경직성으로 인하여 발생하는 노동시장의 불균형을 개선하는 데 도움이 된다.

## 24 □□□

**최근 한국은행의 금융통화위원회에서 16개월간 동결되었던 정책금리를 인상하였다. 이에 따라 예상되는 결과로 옳지 않은 것은?**

① 채권가격의 하락
② 총수요의 감소로 인한 경제 성장 둔화
③ 실질 $GDP$ 감소와 물가 하락
④ 원화가치의 하락
⑤ 통화증가율의 감소

| 23 | 거시 | 인플레이션 | 답 ① |
|---|---|---|---|

인플레이션이 예상될 때, 채권자는 이를 감안하여 그 만큼의 명목이자율을 요구하기에 실질이자율이 불변이고 결국, 채권자로부터 채무자에게로의 소득재분배는 발생하지 않는다.

**오답피하기**

② 인플레이션이 예상될 때, 구두창비용, 메뉴비용 등이 발생하고 조세부담이 증가하며, 경상수지가 악화된다.
③ 인플레이션이 예상될 때, 이를 감안하여 그 만큼의 명목이자율이 상승한다.
④ 인플레이션이 예상될 때, 실질화폐잔고$\left(\frac{M}{P}\right)$를 줄임으로써 은행에 자주 가야 하는 불편이 발생한다.
⑤ 적절한 수준의 인플레이션은 노동수요($VMP_L$)증가를 통해 명목임금의 하방경직성으로 인하여 발생하는 노동시장의 불균형인 실업을 개선하는 데 도움이 된다.

**출제POINT**
예상된 인플레이션의 경우, 부와 소득의 재분배는 발생하지 않는다.

| 24 | 거시 | 국내금리인상 | 답 ④ |
|---|---|---|---|

기준금리인상에 의한 이자율 상승은 외자유입으로 이어져 환율하락을 초래하고 이는 원화가치의 상승을 의미한다.

**오답피하기**

① 기준금리인상에 의한 이자율 상승은 채권가격의 하락을 초래한다.
②, ③ 기준금리인상에 의한 이자율 상승은 소비와 투자의 감소와, 환율 하락에 의한 순수출의 감소로 총수요가 감소한다. 따라서 실질 $GDP$ 감소와 물가하락을 초래한다.
⑤ 기준금리인상은 본원통화의 감소로 통화증가율의 감소를 뜻한다.

**출제POINT**
한국은행은 본원통화의 감소를 통해 기준금리를 인상시킨다.

## 25 □□□

**甲 국장은 다음과 같은 〈상황〉에서 10억 원의 예산을 경제학적 원리에 따라 지출하여 순편익(총편익 - 총비용)을 극대화하고자 한다. 〈보기〉에서 옳은 것을 모두 고르면?**

〈상황〉

- 신규 프로젝트인 $A$프로젝트의 총비용은 10억 원이며 총편익은 25억 원이다.
- $B$프로젝트에는 이미 20억 원이 투자되었으며, 프로젝트를 완성하기 위해서는 추가적으로 10억 원의 예산이 필요하다. 더 이상 예산을 투자하지 않으면 10억 원의 금액을 회수할 수 있다. 프로젝트가 완성되면 30억 원의 총편익이 발생한다.
- 모든 비용과 편익은 현재가치로 환산한 액수이며, 다른 상황은 전혀 고려하지 않는다.

〈보기〉

가. 10억 원을 $A$프로젝트에 투자할 때의 기회비용은 15억 원이다.
나. 추가로 10억 원을 $B$프로젝트에 투자할 때의 기회비용은 25억 원이다.
다. $B$프로젝트의 매몰비용은 10억 원이다.
라. 甲국장은 $B$프로젝트에 예산 10억 원을 투자한다.

① 가, 나　　② 가, 다
③ 나, 다　　④ 나, 라
⑤ 다, 라

**25 | 미시 | 합리적 선택 | 답 ③**

#1. $B$프로젝트 선택 시, $B$프로젝트 포기 시 회수금인 10억 원을 못 받기에 차감해서 $B$프로젝트 시 총편익을 20억 원으로 하면,
　1. $B$프로젝트
　　명시: 10, 묵시: 25−10, 기회비용: 25, 총편익: 20
　　기회비용 > 총편익으로 비합리적 선택
　2. $A$프로젝트
　　명시: 10, 묵시: 20−10, 기회비용: 20, 총편익: 25
　　기회비용 < 총편익으로 합리적 선택

#2. $A$프로젝트 선택 시, $B$프로젝트 포기 시 회수금인 10억 원을 더해서 $A$프로젝트 시 총편익을 35억 원으로 하면,
　1. $B$프로젝트
　　명시: 10, 묵시: 35−10, 기회비용: 35, 총편익: 30
　　기회비용 > 총편익으로 비합리적 선택
　2. $A$프로젝트
　　명시: 10, 묵시: 30−10, 기회비용: 30, 총편익: 35
　　기회비용 < 총편익으로 합리적 선택

나. 추가로 10억 원을 $B$프로젝트에 투자할 때의 기회비용은 #1에 의해 25억 원이다.
다. $B$프로젝트에 투자된 20억 원 중 회수불가능한 10억 원은 매몰비용이다.

**오답피하기**

가. 10억 원을 $A$프로젝트에 투자할 때의 기회비용은 #1에 의해 20억 원이다.
라. 甲국장은 $A$프로젝트에 예산 10억 원을 투자한다.

**출제POINT**
합리적 선택은 편익이 기회비용보다 커야 한다.

# 2회 2011년 국회직

## 01 □□□

재산이 100만 원인 철수는 75만 원의 손실을 볼 확률이 $\frac{1}{5}$, 손실을 보지 않을 확률이 $\frac{4}{5}$이다. 보험회사는 철수가 일정 금액을 보험료로 지불하면 손실발생 시 손실 전액을 보전해주는 상품을 팔고 있다. 철수의 효용함수가 $u(x)=\sqrt{x}$이고 기대효용을 극대화한다고 할 때, 철수가 보험료로 지불할 용의가 있는 최대 금액은 얼마인가?

① 15만 원
② 19만 원
③ 25만 원
④ 29만 원
⑤ 35만 원

## 02 □□□

등량선이 아래의 그림과 같이 우하향하는 직선의 형태 ($Q=\alpha L+\beta K$)를 취하는 경우, 한계기술대체율과 생산요소의 대체탄력성에 대한 설명으로 옳은 것을 〈보기〉에서 모두 고르면?

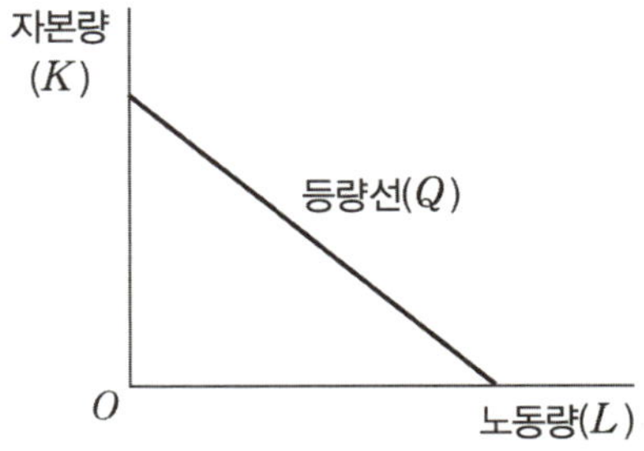


〈보기〉

ㄱ. 한계기술대체율이 0이다.
ㄴ. 한계기술대체율이 0보다 크며, 일정하다.
ㄷ. 한계기술대체율이 체감한다.
ㄹ. 생산요소 간 대체탄력성이 0이다.
ㅁ. 생산요소 간 대체탄력성이 ∞이다.

① ㄱ, ㄴ
② ㄴ, ㄹ
③ ㄴ, ㅁ
④ ㄷ, ㄹ
⑤ ㄷ, ㅁ

**01** 미시 **최대보험료** 답 ②

재산이 100만 원인 철수가 75만 원의 손실을 보면 남은 재산은 25만 원이다. 기대소득을 구해보면 $\frac{1}{5}\times 25+\frac{4}{5}\times 100=85$만 원이다. 그리고 기대효용을 구해보면 $\frac{1}{5}\times\sqrt{25}+\frac{4}{5}\times\sqrt{100}=9$이다. 또한 확실성등가를 구하면 $9=\sqrt{x}$이고 $x=81$만 원이다.
최대한 보험료는 '최초재산 - 확실성등가' $=100-81=19$만 원으로 계산한다.

**출제POINT**
최대한 보험료는 공정한 보험료와 위험프리미엄의 합으로 '최초재산 – 확실성등가'로 계산한다.

**02** 미시 **선형생산함수** 답 ③

ㄴ. 등량곡선이 직선의 형태이면 (절댓값으로 표현된)접선의 기울기인 한계기술대체율은 0보다 크며, 일정하다.
ㅁ. 대체탄력성은 한계기술대체율의 변화율(%)에 대한 요소집약도의 변화율(%)이다. 따라서 한계기술대체율의 변화율이 0이기에 생산요소 간 대체탄력성은 무한대이다.

**오답피하기**
ㄱ, ㄷ. 등량곡선이 직선의 형태이면 접선의 기울기인 한계기술대체율은 0보다 크며, 일정하다.
ㄹ. 등량곡선이 직선의 형태이면 한계기술대체율의 변화율이 0이기에 생산요소 간 대체탄력성은 무한대이다.

**출제POINT**
선형생산함수는 등량선이 우하향하는 직선의 형태($Q=\alpha L+\beta K$)로 1차동차함수이다.

## 03 □□□

완전경쟁기업의 총비용이 $TC = Q^3 - 6Q^2 + 12Q + 32$와 같을 때, 기업이 단기적으로 손실을 감수하면서도 생산을 계속하는 시장가격의 구간은?

① 2 ~ 6
② 2 ~ 8
③ 3 ~ 10
④ 3 ~ 8
⑤ 3 ~ 12

## 04 □□□

3D TV시장은 기업 $A$가 독점하고 있다. 그러나 신규기업 $B$가 3D TV시장으로의 진입 여부를 검토하고 있다. $B$의 선택은 진입, 포기의 두 가지가 있으며, $B$의 진입 여부에 따라 $A$의 선택은 가격 인하($B$ 진입 보복), 현 가격 유지($B$ 진입 수용) 두 가지가 있다. 각 경우의 보수가 아래 표와 같을 때 내쉬균형은 무엇인가? (단, 앞의 숫자는 $B$의 보수이고 뒤의 숫자는 $A$의 보수이다)

기업 $A$

| | 구분 | 가격인하 | 현 가격유지 |
|---|---|---|---|
| 기업 $B$ | 진입 | (−3, 2) | (3, 3) |
| | 포기 | (0, 4) | (0, 6) |

① (−3, 2)
② (3, 3)
③ (0, 4)
④ (0, 6)
⑤ (3, 3), (0, 4)

**03** 미시 조업중단점 답 ⑤

(단기적으로)총비용은 총고정비용과 총가변비용의 합이다.
총비용 $TC = Q^3 - 6Q^2 + 12Q + 32$에서 $Q = 0$일 때 32가 총고정비용이다. 따라서 총가변비용은 $TVC = Q^3 - 6Q^2 + 12Q$으로 평균가변비용은 $AVC = Q^2 - 6Q + 12$이다. $AVC = Q^2 - 6Q + 12$에서 $Q = 3$일 때 $AVC = 3$으로 평균가변비용의 최소점인 조업중단점이 결정된다. 평균비용 $AC = Q^2 - 6Q + 12 + \frac{32}{Q}$에서 $Q = 4$일 때 $AC = 12$으로 평균비용의 최소점인 손익분기점이 결정된다. 결론적으로 시장 가격이 3~12 구간에 있을 때 기업은 단기적으로 손실을 감수하면서도 생산을 계속한다.

**출제POINT**

기업은 '평균비용 > 가격 > 평균가변비용'이면 단기적으로는 생산을 지속하나 장기적으로는 생산을 중단한다. 즉, 조업중단점과 손익분기점 사이에 가격이 결정될 때 기업은 단기적으로 손실을 감수하면서도 생산을 계속한다.

**04** 미시 내쉬균형 답 ②

- 기업 $A$가 가격인하를 선택하면 기업 $B$는 포기 선택이 최선이고, 기업 $A$가 현 가격유지를 선택하면 기업 $B$는 진입 선택이 최선이다.
- 기업 $B$가 진입을 선택하면 기업 $A$는 현 가격유지가 최선이고, 기업 $B$가 포기를 선택하면 기업 $A$는 현 가격유지가 최선이다.
- 따라서 내쉬균형은 (3, 3)이다.

**출제POINT**

상대방의 전략을 주어진 것으로 보고 경기자가 자신에게 가장 유리한 전략을 선택하였을 때 도달하는 균형을 내쉬균형이라 한다.

## 05 □□□

**철수는 용돈으로 $X$, $Y$만 소비한다. 용돈이 100원이고 $X$, $Y$의 가격이 각각 1원일 때 철수 $(x,\ y)=(50,\ 50)$을 소비했다. 그런데 $X$의 가격은 그대로인데 $Y$의 가격이 두 배로 오르자 어머니가 원래 소비하던 상품 묶음을 구매할 수 있는 수준으로 용돈을 인상해 주었다. 다음 중 옳지 않은 것은?**

① 철수의 용돈은 50원만큼 인상되었다.
② 새로운 예산집합의 면적이 이전보다 크다.
③ $X$의 기회비용이 전보다 감소하였다.
④ 철수의 효용은 변화 전의 효용 이상이다.
⑤ 철수는 $Y$를 50개보다 많이 구매할 것이다.

## 06 □□□

**신용카드 사기의 여파로 현금거래가 증가하였다고 한다. 이러한 현상이 경제에 미치는 영향에 대한 설명으로 옳은 것을 고르면?**

① 현금거래 증가로 인해 화폐공급이 증가하고 이자율이 하락한다.
② $LM$곡선이 좌측으로 이동하여 이자율이 상승하고 소득이 감소한다.
③ 이자율하락으로 $IS$곡선이 우측으로 이동하고 소득이 증가한다.
④ 이자율상승으로 $IS$곡선이 좌측으로 이동하고 소득이 감소한다.
⑤ 현금거래 증가로 화폐의 초과 수요가 발생하여 화폐수요곡선이 좌측으로 이동한다.

| 05 | 미시 | 약공리 | 답 ⑤ |
|---|---|---|---|

$Y$의 가격이 올라도 최초의 구입점을 구매할 수 있다면 약공리에 따라 철수는 $Y$를 50개보다 많이 구매할 수 없다. 즉, 약공리 충족 구간에서 구매하기에 효용은 증가하나 $Y$재 구매량은 감소한다.

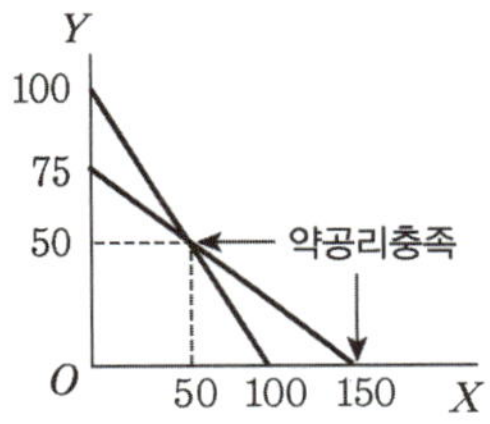


오답피하기

① 철수의 용돈은 100원에서 150원으로 50원만큼 인상되었다.
② 용돈이 100원이고 $X$, $Y$의 가격이 각각 1원일 때 $X$만 구입하면 최대 100개, $Y$만 구입한다면 최대 100개를 구입가능하기에 예산집합의 면적은 $100\times100\times\frac{1}{2}=5{,}000$이다. 인상된 용돈 150원으로 $X$, $Y$의 가격이 각각 1원과 2원일 때 $X$만 구입하면 최대 150개, $Y$만 구입한다면 최대 75개를 구입가능하기에 예산집합의 면적은 $150\times75\times\frac{1}{2}=5{,}625$이다. 따라서 새로운 예산집합의 면적이 이전보다 크다.
③ $X$의 기회비용은 상대가격 $\frac{P_X}{P_Y}$로 이전에는 $\frac{1원}{1원}=1$이었으나 $\frac{1원}{2원}=\frac{1}{2}$로 감소하였다.
④ 약공리 충족 구간에서 구매하기에 철수의 효용은 변화 전의 효용보다 증가한다.

**출제POINT**

$X$의 가격은 그대로 1원이나 $Y$의 가격이 두 배로 올라 2원임에도 본래 소비하던 $(x,\ y)=(50,\ 50)$을 구매한다면 용돈은 150원으로 인상되었을 것이다.

| 06 | 거시 | $LM$곡선의 이동 | 답 ② |
|---|---|---|---|

신용카드 사기의 여파로 현금거래가 증가하면 거래비용이 높아져 화폐수요가 증가하기에 $LM$곡선은 좌측으로 이동한다. 따라서 이자율이 상승하고 소득이 감소한다.

오답피하기

① 현금거래 증가로 현금보유비율이 증가하면 통화승수가 감소하여 화폐공급이 감소하고 이자율이 상승한다.
③, ④ $LM$곡선이 좌측으로 이동하여 이자율이 상승하고 소득이 감소한다.
⑤ 현금거래가 증가하면 거래비용이 높아져 화폐수요가 증가하기에 화폐수요곡선이 우측으로 이동한다.

**출제POINT**

$r=\frac{k}{h}Y-\frac{1}{h}\cdot\frac{M_0}{P_0}$의 $LM$곡선에서, 통화량증가, 신용카드 활성화로 $LM$곡선은 우측으로 이동하고, 물가상승, (거래적 동기)화폐수요증가로 $LM$곡선은 좌측으로 이동한다.

## 07 □□□

돈 1만 원을 갑, 을 두 명이 나눠 가져야 한다. 갑의 몫을 $x$, 을의 몫을 $y$라 한다면 갑과 을의 효용함수는 각각 $u(x) = \sqrt{x}$, $v(y) = 2\sqrt{y}$이다. 이때 공리주의적 가치판단에 의한 최적 배분으로 옳은 것은?

① $x = \frac{1}{5}$만 원, $y = \frac{4}{5}$만 원

② $x = \frac{4}{5}$만 원, $y = \frac{1}{5}$만 원

③ $x = 0$원, $y = 1$만 원

④ $x = y = \frac{1}{2}$만 원

⑤ $x = 1$만 원, $y = 0$원

## 08 □□□

현재 우리나라는 ⅰ) 물건이 잘 팔리지 않아 재고가 늘어나고, ⅱ) 시중에는 돈이 많이 풀려 유동성이 넘치고, ⅲ) 수출의 호조와 외국인 증권투자자금의 유입으로 국제수지가 흑자를 보이고 있다고 하자. 그렇다면 우리 경제는 아래의 $IS-LM-BP$ 모형에서 어느 국면에 위치하고 있는가?

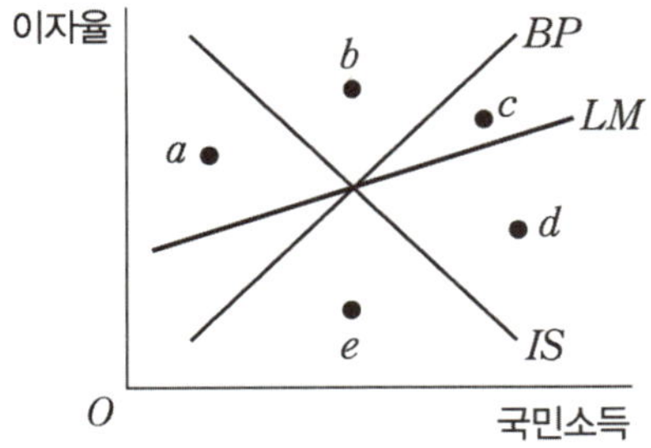


① $a$　　② $b$

③ $c$　　④ $d$

⑤ $e$

| 07 | 미시 | 공리주의 사회후생함수 | 답 ① |
|---|---|---|---|

사회후생함수가 $W = U^A + U^B$이면, 사회후생은 $U^A + U^B$이 가장 클 때 극대화된다. $x+y=1$만 원과 $W = U^A + U^B = \sqrt{x} + 2\sqrt{y}$에서, 사회후생극대화는 $\sqrt{x}+2\sqrt{y} = \sqrt{x}+2\sqrt{1-x}$를 미분하여 0이 될 때 달성된다. 즉, $\sqrt{x}+2\sqrt{1-x}$를 미분한 $\frac{1}{2\sqrt{x}}+2\times(-1)\frac{1}{2\sqrt{1-x}}$이 0일 때, $x = \frac{1}{5}$만 원, $y = \frac{4}{5}$만 원에서 $W = U^A + U^B = \sqrt{x}+2\sqrt{y} = \sqrt{2,000}+2\sqrt{8,000} = 20\sqrt{5}+80\sqrt{5} = 100\sqrt{5}$이다. 따라서 사회후생은 $x = \frac{1}{5}$만 원, $y = \frac{4}{5}$만 원에서 극대화된다.

(오답피하기)

② $x = \frac{4}{5}$만 원, $y = \frac{1}{5}$만 원일 때, $W = U^A + U^B = \sqrt{x}+2\sqrt{y} = \sqrt{8,000}+2\sqrt{2,000} = 40\sqrt{5}+40\sqrt{5} = 80\sqrt{5}$이다.

③ $x = 0$원, $y = 1$만 원일 때, $W = U^A + U^B = \sqrt{x}+2\sqrt{y} = \sqrt{0}+2\sqrt{10,000} = 200$이다.

④ $x = y = \frac{1}{2}$만 원일 때, $W = U^A + U^B = \sqrt{x}+2\sqrt{y} = \sqrt{5,000}+2\sqrt{5,000} = 3\sqrt{5,000} = 150\sqrt{2}$이다.

⑤ $x = 1$만 원, $y = 0$원일 때, $W = U^A + U^B = \sqrt{x}+2\sqrt{y} = \sqrt{10,000}+2\sqrt{0} = 100$이다.

**출제POINT**

사회후생이 소득분배와 관계없이 각 개인의 효용의 합으로 결정된다는 것이 공리주의(최대다수 최대행복) 사회후생함수이다.
즉, $W = U^A + U^B$이다.

| 08 | 국제 | $IS-LM-BP$곡선 | 답 ② |
|---|---|---|---|

ⅰ) 물건이 잘 팔리지 않아 재고가 늘어나면 생산물시장이 초과공급으로 $IS$곡선 상방이고, ⅱ) 시중에는 돈이 많이 풀려 유동성이 넘치면 화폐시장이 초과공급으로 $LM$곡선 상방이며, ⅲ) 수출의 호조와 외국인 증권투자자금의 유입으로 국제수지가 흑자로 $BP$곡선 상방이다. 따라서 $b$이다.

**출제POINT**

$IS$곡선의 상방은 생산물시장이 초과공급상태이고, $IS$곡선의 하방은 초과수요상태이다. $LM$곡선의 상방은 화폐시장이 초과공급상태이고, $LM$곡선의 하방은 초과수요상태이다. $BP$곡선의 상방은 국제수지흑자이고, $BP$곡선의 하방은 국제수지적자이다.

## 09 □□□

**소득의 전부를 오직 사과와 배를 구입하는 데 지출하는 가상의 도시가 있다고 가정하자. 2009년 사과와 배의 가격은 각각 1,000원과 2,000원이었고 사과를 10개, 배를 5개 구입하였다. 반면에 2010년에는 사과 가격이 1,200원으로 상승하였고 사과를 10개, 배를 10개 구입하였다. 2009년을 기준연도로 하여 2010년도의 소비자물가지수(라스파이레스 방식)로 계산한 물가상승률이 10%였다면 2010년도의 배 가격은 얼마인가?**

① 2,000원 ② 2,100원
③ 1,900원 ④ 2,200원
⑤ 1,800원

## 10 □□□

**<보기>에서 화폐수요에 대한 설명으로 옳은 것을 모두 고르면?**

<보기>

ㄱ. 케인즈(Keynes)에 따르면 화폐수요는 이자율에 반비례한다.
ㄴ. 화폐수요가 이자율에 극단적으로 민감할 경우 통화정책은 명목 $GDP$에 아무런 영향을 주지 못한다.
ㄷ. 프리드만(Friedman)은 이자율이 화폐수요에 큰 영향을 미치지 못하며, 화폐수요는 기타자산, 화폐의 상대적 기대수익률, 항상소득의 함수라고 주장한다.
ㄹ. 보몰-토빈(Baumol-Tobin)은 이자율이 올라가면 거래목적의 현금 보유도 줄어들기 때문에 화폐유통속도는 증가한다고 주장한다.
ㅁ. 토빈의 포트폴리오 이론(Tobin's portfolio theory)에 의하면 이자율상승 시 소득효과는 화폐수요를 감소시킨다.
ㅂ. 보몰-토빈(Baumol-Tobin)에 따르면 거래적 화폐수요에는 범위의 경제가 존재한다.

① ㄱ, ㄴ, ㄷ ② ㄴ, ㄷ, ㄹ, ㅁ
③ ㄱ, ㄴ, ㄷ, ㄹ, ㅁ ④ ㄱ, ㄴ, ㄷ, ㄹ
⑤ ㄱ, ㄴ, ㄷ, ㄹ, ㅁ, ㅂ

### 09 거시 라스파이레스 방식 물가지수 답 ①

2009년 사과와 배의 가격은 각각 1,000원과 2,000원이고, 2010년 사과의 가격이 1,200원, 배의 가격이 $P_{배}$이며, 2010년 사과를 10개, 배를 10개 구입했을 때 소비자물가지수(라스파이레스 방식)로 계산한 물가상승률이 10%였다면, 소비자물가지수는 라스파이레스 물가지수로 다음과 같다.

$L_P = \frac{P_t \cdot Q_0}{P_0 \cdot Q_0} \times 100 = \frac{1,200 \times 10 + P_{배} \times 5}{1,000 \times 10 + 2,000 \times 5} \times 100 = 110$이다.

따라서 $P_{배} = 2,000$원이다.

**출제POINT**

라스파이레스 물가지수는 기준연도 수량으로 평가한 비교연도 구입액과 기준연도 구입액을 비교하는 지수이다.

### 10 거시 화폐수요 답 ④

ㄱ. 케인즈(Keynes)에 따르면 거래적 동기와 예비적 동기의 화폐수요는 소득의 증가함수이고, 투기적 동기의 화폐수요는 이자율의 감소함수이다.
ㄴ. 화폐수요가 이자율에 극단적으로 민감할 경우 유동성함정으로 통화정책은 명목 $GDP$에 아무런 영향을 주지 못한다.
ㄷ. 프리드만의 신화폐수량설에 따르면, 화폐수요는 주로 항상소득의 증가함수이고, 유통속도($V$)가 이자율($r$)과 예상인플레이션율($\pi^e$)의 영향을 받지만 그 정도는 매우 미미하다고 본다.
ㄹ. 보몰-토빈(Baumol-Tobin)에 따르면 거래적 동기의 화폐수요는 소득의 증가함수이고, 이자율의 감소함수이다. 따라서 이자율이 올라가면 거래목적의 현금 보유도 줄어들기 때문에 회전횟수인 화폐유통속도는 증가한다.

**오답피하기**

ㅁ. 토빈의 포트폴리오 이론(Tobin's portfolio theory)에 의하면 이자율 상승 시 소득효과는, '이자율상승 → 실질소득증가 → 화폐보유증가 → 채권보유감소'로 화폐수요를 증가시킨다.
ㅂ. 보몰의 화폐수요함수는 $M^D = P\sqrt{\frac{bY}{2r}}$ ($b$: 거래비용)이다. 다른 조건이 일정할 때 소득이 2배 증가하면 화폐수요는 2배보다 더 적게 증가한다. 즉, 거래적 화폐수요에는 규모의 경제가 존재한다.

**출제POINT**

보몰의 화폐수요함수는 $M^D = P\sqrt{\frac{bY}{2r}}$ ($b$: 거래비용)이다.

## 11 □□□

**어떤 경제의 2008년, 2009년, 2010년의 연간 물가상승률이 각각 1%, 2%, 4%였고, 같은 기간 동안 연초 명목이자율은 각각 5%, 5%, 6%였다고 하자. 또한 사람들의 예상물가상승률은 전년도의 물가상승률과 같다고 하자(즉, 사람들은 전년도 물가상승률이 올해에 그대로 실현될 것이라고 예상한다). 만약 피셔 방정식(Fisher equation)이 성립한다면 다음 중 옳은 것은?**

① 2009년 초에 1년짜리 예금에 가입할 당시의 예상실질이자율은 4%였을 것이다.
② 2009년 초에 예금에 가입하여 1년 뒤 실제로 실현된 실질 이자율은 4%였을 것이다.
③ 2010년 초에 1년짜리 예금에 가입할 당시의 예상실질이자율은 2%였을 것이다.
④ 2009년 초에 예상실질이자율에 기초하여 돈을 빌려준 사람은 1년 뒤 예상보다 이익을 보았을 것이다.
⑤ 2010년 초에 예상실질이자율에 기초하여 돈을 빌려준 사람은 1년 뒤 예상보다 이익을 보았을 것이다.

| 11 | 거시 | 피셔 방정식 | 답 ① |
|---|---|---|---|

2009년 초에 1년짜리 예금에 가입할 당시의 예상실질이자율은 2009년의 연초 명목이자율(5%)에서 2009년 초의 기대인플레이션율을 뺀 값이다. 2009년 초의 기대인플레이션율은 전년도의 물가상승률과 같기에 1%이다. 따라서 2009년 초 예상실질이자율은 $5-1=4\%$이다.

**오답피하기**

② 2009년 초에 예금에 가입하여 1년 뒤 실제로 실현된 실질이자율은 2009년의 연초 명목이자율(5%)에서 2009년의 연간 물가상승률(2%)을 뺀 값이다. 따라서 2009년에 실현된 실질이자율은 $5-2=3\%$였을 것이다.
③ 2010년 초에 1년짜리 예금에 가입할 당시의 예상실질이자율은 2010년의 연초 명목이자율(6%)에서 2010년 초의 기대인플레이션율을 뺀 값이다. 2010년 초의 기대인플레이션율은 전년도의 물가상승률과 같기에 2%이다. 따라서 2010년 초 예상실질이자율은 $6-2=4\%$이다.
④ 2009년 초 예상실질이자율은 $5-1=4\%$이나, 2009년에 실현된 실질 이자율은 $5-2=3\%$였을 것이기에 2009년 초에 예상실질이자율에 기초하여 돈을 빌려준 사람은 1년 뒤 예상보다 손해를 보았을 것이다.
⑤ 2010년 초 예상실질이자율은 $6-2=4\%$이나, 2010년에 실현된 실질이자율은 $6-4=2\%$였을 것이기에 2010년 초에 예상실질이자율에 기초하여 돈을 빌려준 사람은 1년 뒤 예상보다 손해를 보았을 것이다.

**출제POINT**

실질이자율에 기대인플레이션율을 더한 값이 명목이자율이라는 것이 피셔의 방정식이다.

## 12 □□□

**현재 현물환율($E$)이 1,000원/달러이고 선물환율($F$)은 1,100원/달러, 한국의 이자율은 5%, 미국의 이자율은 3%라고 가정할 때 다음 중 옳지 않은 것은? (단, 외환시장에는 이자재정거래자만이 존재하고 두 국가 간 자본 이동은 완전하다고 가정한다)**

① 한국의 이자율은 상승할 것이다.
② 미국의 이자율은 하락할 것이다.
③ $E$는 상승할 것이다.
④ $F$는 하락할 것이다.
⑤ 한국에 투자하는 것이 유리하다.

| 12 | 국제 | 무위험이자율평가설 | 답 ⑤ |
|---|---|---|---|

1원을 국내에 투자할 때 한국의 이자율이 5%이기에 원리금은 1.05원이다. 1원을 현물환율($E$)인 1,000원/달러에 따라 $\frac{1}{1,000}$달러로 환전하여 미국에 투자할 때 미국의 이자율이 3%이기에 원리금은 $\frac{1}{1,000}\times 1.03$달러이고 이를 선물환율($F$)인 1,100원/달러에 따라 원화로 환전하면 $\frac{1,100}{1,000}\times 1.03$원이다. 따라서 1.05원 $<\frac{1,100}{1,000}\times 1.03 \fallingdotseq 1.13$원으로 국내투자수익률보다 미국투자수익률이 크다. 결국, 미국에 투자하는 것이 유리하다.

**오답피하기**

①, ③ 두 국가 간 자본 이동이 완전하기에 미국으로의 자본유출로 현물환율($E$)은 상승하여 국내투자수익률과 미국투자수익률은 같아지게 된다. 다른 조건이 일정할 때 한국의 이자율이 상승해도 국내투자수익률과 미국투자수익률은 같아지게 된다.
②, ④ 다른 조건이 일정할 때 미국의 이자율이 하락해도 국내투자수익률과 미국투자수익률은 같아지게 된다. 또한 선물환율($F$)이 하락해도 국내투자수익률과 미국투자수익률은 같아지게 된다.

**출제POINT**

금융시장에서 일물일가의 법칙을 전제로, 국가 간 완전자본이동이 보장될 때 국내투자수익률과 해외투자수익률이 동일해야 한다는 것이 이자율평가설이다. 이때, 해외투자수익률의 불확실성은 선물계약을 통해 제거할 수 있기에, 무위험이자율평가설은 '현재환율(1+국내이자율) = 선물환율(1+해외이자율)'이다.

## 13 □□□

아래 표의 $x$, $y$, $z$, $w$는 각각 재화 $X$, $Y$, $Z$, $W$의 수요곡선상의 점이다. 자료에 따르면 각 점에서 가격이 10원 상승할 때 각 재화의 수요량은 모두 10단위 감소했다고 한다. 각 점에서의 가격탄력성을 $e_x$, $e_y$, $e_z$, $e_w$라고 할 때 대소 관계를 바르게 나타낸 것은?

| 구분 | $x$ | $y$ | $z$ | $w$ |
|---|---|---|---|---|
| 가격(원) | 1,000 | 1,000 | 500 | 500 |
| 수량(개) | 500 | 1,000 | 500 | 1,000 |

① $e_x > e_y = e_z > e_w$

② $e_y > e_x = e_w > e_z$

③ $e_x > e_y > e_z > e_w$

④ $e_w > e_y > e_z > e_x$

⑤ $e_w > e_y = e_z > e_x$

**13** 미시 수요의 가격탄력성 답 ①

$-\frac{\Delta Q}{\Delta P} = -\frac{-10}{10} = 1$이다. $\frac{P}{Q}$은 $x$는 2, $y$는 1, $z$는 1, $w$는 $\frac{1}{2}$이다. 따라서 수요의 가격탄력성은 $e_x > e_y = e_z > e_w$ 순이다.

**출제POINT**

수요의 가격탄력성은 $-\frac{\Delta Q}{\Delta P} \cdot \frac{P}{Q}$이다.

## 14 □□□

〈보기〉는 이표채(coupon bond)의 채권가격과 만기수익률에 대한 설명이다. 〈보기〉에서 옳은 것을 모두 고르면?

〈보기〉

ㄱ. 채권가격이 액면가와 같은 경우 만기수익률(yield to maturity)은 표면이자율(coupon rate)과 같다.

ㄴ. 채권가격과 만기수익률은 서로 음(－)의 관계를 갖는다.

ㄷ. 채권가격이 액면가 이하일 때는 만기수익률이 표면이자율보다 작아진다.

* 이표채란 액면가로 채권을 발행하고 이자를 일정기간마다 지불하며 만기에 원금을 상환하는 가장 보편적인 채권의 형태이다.

① ㄱ, ㄴ, ㄷ ② ㄱ, ㄴ

③ ㄱ, ㄷ ④ ㄴ, ㄷ

⑤ ㄴ

**14** 거시 이표채권 답 ②

ㄱ. '채권가격(1 + 수익률) = (1 + 이표이자율)액면가'로 채권가격이 액면가와 같은 경우 수익률은 이표이자율과 같다.

ㄴ. '채권가격(1 + 수익률) = (1 + 이표이자율)액면가'로 채권가격의 상승은 수익률의 하락을 의미한다. 따라서 채권가격과 만기수익률은 서로 음(－)의 관계를 갖는다.

(오답피하기)

ㄷ. 채권가격(1 + 수익률) = (1 + 이표이자율)액면가'로 채권가격이 액면가 이하일 때는 수익률이 이표이자율보다 커진다.

- 수익률 = 시장이자율
- 수익률 = $\frac{\text{원리금} - \text{채권가격}}{\text{채권가격}}$

$$= \frac{\text{원리금} - \frac{\text{원리금}}{(1+\text{시장이자율})}}{\frac{\text{원리금}}{(1+\text{시장이자율})}}$$

= 시장이자율

**출제POINT**

이자지급과 원금상환을 보장하는 채권을 이표채권이라 한다. $C$원씩 이자를 받고 원금이 $F$인 이표채권의 현재가치는

$$PV = \frac{C}{(1+r)} + \frac{C}{(1+r)^2} + \frac{C}{(1+r)^3} + \cdots + \frac{C}{(1+r)^n} + \frac{F}{(1+r)^n}$$ 이다. 만약 기간이 1년이고 '이자 $C$= 원금 $F\times$ 이표이자율'이라면 이표채권의 현재가치는 $PV = \frac{C}{(1+r)} + \frac{F}{(1+r)} = \frac{F(\text{이표이자율}+1)}{(1+r)}$ 이다. $r$은 시장이자율로 수익률과 같고 원금을 액면가라 하면, '채권의 현재가치(1 + 시장이자율) = (1 + 이표이자율)원금'이고 '채권가격(1 + 수익률) = (1 + 이표이자율)액면가'로 표현가능하다.

## 15 □□□

**토빈의 $q$ (Tobin's q)에 대한 설명으로 옳지 않은 것은?**

① 기업의 수익성, 경제정책 등 미래에 대한 기대가 투자에 큰 영향을 미친다는 것을 강조한다.

② 자본조정비용을 고려할 경우 감가상각률이 증가하면 투자는 감소한다.

③ 토빈의 $q$가 증가하면 투자유인도 증가한다.

④ 전통적 투자모형인 신고전학파 투자모형과는 무관한 모형이다.

⑤ 주가변화와 투자변화 간에는 밀접한 관계가 있음을 강조한다.

## 16 □□□

**경제성장에 관한 해로드-도마모형(Harrod-Domar model)과 솔로우모형(Solow model)의 공통점에 대한 설명으로 옳은 것을 <보기>에서 모두 고르면?**

〈보기〉

ㄱ. 생산요소 간 대체가 가능하고 규모에 대한 보수가 불변인 콥-더글러스(Cobb-Douglas) 1차 동차 생산함수를 가정한다.

ㄴ. 매 기당 인구증가율과 자본증가율은 외생적으로 일정하게 주어진다.

ㄷ. 저축률은 일정한 반면 사전적 투자수요와 사후적 투자지출이 같아서 매 기당 균형이 유지된다.

ㄹ. 완전 고용균형성장은 경제성장률, 자본증가율, 노동증가율이 같을 때 이루어진다.

① ㄱ, ㄴ  ② ㄱ, ㄷ

③ ㄴ, ㄷ  ④ ㄴ, ㄹ

⑤ ㄷ, ㄹ

**15** 거시 토빈의 $q$이론 답 ④

자본의 한계생산성이 증가하면 신고전학파 투자모형에 의하면 적정자본량증가로 투자가 증가한다. 토빈의 $q$이론에 의하면 수익성증가로 주가가 상승하여 $q$값이 증가하여 투자가 증가한다. 따라서 두 이론은 같은 원리에 입각하고 있다고 볼 수 있다.

오답피하기

① $q$값은 미래설비투자의 기대이윤을 설비자금의 조달비로 나눈 것으로 미래에 대한 기대가 투자에 큰 영향을 미친다는 것을 강조한다.

② 자본조정비용을 고려할 경우 감가상각률이 증가하면 실물자본의 대체비용이 증가하여 $q$값이 감소하기에 투자는 감소한다.

③ $q$값의 증가는 주가상승이나 대체비용감소로 투자유인도 증가한다.

⑤ 주가가 상승하면 $q$값이 증가하여 투자가 증가한다. 즉, 주가변화와 투자변화 간에 밀접한 관계가 있음을 강조한다.

**출제POINT**

$q = \dfrac{\text{주식시장에서 평가된 기업의 시장가치}}{\text{실물자본의 대체비용}}$ 로 $q$값이 1보다 크면 투자가 증가하고, 1보다 작으면 투자가 감소한다.

**16** 거시 경제성장 답 ⑤

ㄷ. 솔로우모형과 해로드-도마모형은 모두 저축률은 일정한 반면 사전적 투자수요와 사후적 투자지출이 같아서 매 기당 균형이 유지된다고 본다.

ㄹ. 해로드-도마모형과 솔로우모형은 모두 완전고용균형성장은 경제성장률, 자본증가율, 인구증가율이 같을 때 이루어진다고 주장한다.

오답피하기

ㄱ. 해로드-도마모형은 생산요소 간 대체가 불가능하고 규모에 대한 보수가 불변인 레온티에프 1차 동차 생산함수를 가정한다. 솔로우모형은 요소대체가 가능한 1차 동차 생산함수와 요소가격의 신축적 조정을 가정한다.

ㄴ. 해로드-도마모형은 자본증가율이 외생적으로 일정하게 주어진다고 가정하나, 솔로우모형은 자본증가율이 1인당 자본량의 변화에 따라 변할 수 있다고 본다.

**출제POINT**

자본주의의 불안정성을 전제한 해로드-도마모형과 달리, 솔로우모형은 경제의 안정적 성장을 설명하였다.

## 17 □□□

〈보기〉에서 독점적 경쟁에 관한 설명으로 옳은 것을 모두 고르면?

〈보기〉

ㄱ. 독점적 경쟁기업은 장기에는 정상이윤만 얻는다.
ㄴ. 시장 진입과 퇴거가 자유롭다.
ㄷ. 수요곡선이 한계비용곡선에 접할 때 장기균형점에 도달한다.
ㄹ. 각 기업이 생산하는 재화의 이질성이 높을수록 초과설비 규모가 커진다.
ㅁ. 상품에 대한 수요는 순수독점기업일 때보다는 덜 탄력적이고 완전경쟁기업일 때보다는 더 탄력적이다.
ㅂ. 독점적 경쟁기업이 생산하는 재화는 서로 대체성이 높으므로 각 기업이 생산하는 재화 간의 교차 탄력성은 0보다 크다.

① ㄴ, ㄹ
② ㄱ, ㄷ, ㅁ, ㅂ
③ ㄱ, ㄴ, ㄷ, ㄹ, ㅁ
④ ㄱ, ㄴ, ㄹ, ㅂ
⑤ ㄱ, ㄴ, ㄷ, ㄹ, ㅂ

## 18 □□□

아래의 그림은 가계의 노동소득과 여가 사이의 관계를 나타낸 것이다. 가로축($L$)은 여가, 세로축($C$)은 노동소득이며, 총가용시간(하루 24시간)에서 여가를 제외한 나머지 시간은 노동으로 사용한다. 아래 그림에서 가계의 노동소득과 여가 사이의 관계가 $A$에서 $B$로 변화할 경우 이에 관한 설명으로 옳지 않은 것은?

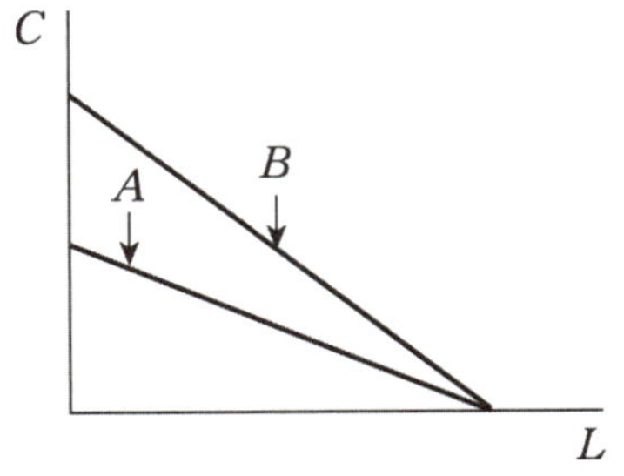


① $A$보다 $B$의 경우에 시장임금률이 더 높다.
② $A$에서 $B$로 변화할 경우 가계의 효용이 최소한 같거나 더 높아진다.
③ $A$보다 $B$의 경우에 가계의 노동소득이 더 높아진다.
④ $A$에서 $B$로 변화할 경우 여가와 노동소득이 동시에 증가할 수도 있다.
⑤ $A$에서 $B$로 변화할 경우 노동시간은 더 줄어들 수도 있다.

**17** 미시 독점적 경쟁시장 답 ④

ㄱ. 독점적 경쟁기업은 장기에는 $P=LAC$에서 생산되기에 정상이윤만 얻는다.
ㄴ. 제품차별화를 통한 어느 정도의 시장지배력을 갖고 비가격경쟁을 보이며, 다수의 기업이 존재하고, 진입과 퇴거가 대체로 자유로운 것 등은 독점적 경쟁의 특징이다.
ㄹ. 각 기업이 생산하는 재화의 이질성이 높아 독점력이 커질수록 초과설비 규모가 커진다.
ㅂ. 교차탄력성이 양(+)일 때 대체재 관계를 보인다. 독점적 경쟁기업이 생산하는 재화는 서로 대체성이 높으므로 각 기업이 생산하는 재화 간의 교차탄력성은 0보다 크다.

**오답피하기**

ㄷ. 수요곡선이 평균비용곡선 최소점의 좌측에서 접할 때 장기균형점에 도달한다.
ㅁ. 상품에 대한 수요는 순수독점기업일 때보다는 더 탄력적이고 완전경쟁기업일 때보다는 덜 탄력적이다.

**출제POINT**

독점적 경쟁은 평균비용곡선 최소점의 좌측에서 생산하기에 생산량 수준이 최적 수준에 미달하는 초과설비가 존재한다.

**18** 미시 여가와 소득 간 효용극대화 답 ③

$A$보다 $B$의 경우에 최초균형점 $E$에 비해 갑과 을의 영역에서는 노동소득이 증가하나, 병의 영역에서는 노동소득이 감소한다.

**오답피하기**

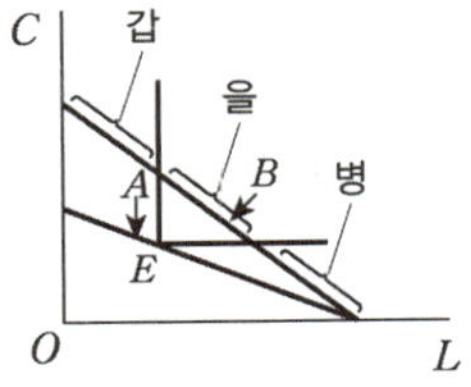


① 여가($L$)와 소득($C$) 간 효용극대화에서 예산선의 기울기는 시장임금률로, $A$보다 $B$의 경우에 시장임금률이 더 높다.
② $A$에서 $B$로 변화할 경우 선택가능영역의 확대로 가계의 효용이 최소한 같거나 더 높아진다.
④ $A$에서 $B$로 변화할 경우 을의 영역에서는 여가와 노동소득이 동시에 증가한다.
⑤ $A$에서 $B$로 변화할 경우 을과 병의 영역에서는 노동시간이 감소한다.

**출제POINT**

여가($L$)와 소득($C$) 간 효용 극대화는 $MRS_{LC}=-w$에서 이루어진다.

## 19 □□□

어느 섬나라에는 기업 $A$, $B$, $C$만 존재한다. 아래의 표는 기업 $A$, $B$, $C$의 오염배출량과 오염저감비용을 나타낸 것이다. 정부가 각 기업에 오염배출권 30장씩을 무료로 배부하고, 오염배출권을 가진 한도 내에서만 오염을 배출할 수 있도록 하였다. 〈보기〉에서 옳은 것을 모두 고르면? (단, 오염 배출권 1장당 오염을 1톤씩 배출한다)

| 기업 | 오염배출량(톤) | 오염저감비용(만 원/톤) |
|---|---|---|
| $A$ | 70 | 20 |
| $B$ | 60 | 25 |
| $C$ | 50 | 10 |

〈보기〉

ㄱ. 오염배출권의 자유로운 거래가 허용된다면 오염배출권의 가격은 톤당 20만 원으로 결정될 것이다.
ㄴ. 오염배출권제도가 실시되었을 때 균형 상태에서 기업 $A$는 30톤의 오염을 배출할 것이다.
ㄷ. 오염배출권제도하에서의 사회적인 총비용은 각 기업의 오염배출량을 30톤으로 직접 규제할 때보다 450만 원 절감될 것이다.
ㄹ. 오염배출권제도하에서 오염을 줄이는 데 드는 사회적인 총비용은 1,200만 원이다.
ㅁ. 기업 $B$는 오염배출권제도보다 각 기업이 오염배출량을 30톤으로 줄이도록 하는 직접 규제를 더 선호할 것이다.

① ㄱ, ㄴ
② ㄴ, ㄷ
③ ㄱ, ㄴ, ㄷ
④ ㄷ, ㄹ, ㅁ
⑤ ㄱ, ㄴ, ㅁ

**19** 미시 오염배출권거래제도 답 ③

ㄱ, ㄴ. 오염배출권가격이 10만 원과 20만 원 사이라면 배출권수요자인 기업 $A$와 $B$ 간 경쟁으로 가격은 상승한다. 20만 원과 25만 원 사이라면 배출권공급자인 기업 $A$와 $C$ 간 경쟁으로 가격은 하락한다. 결국, 오염배출권의 가격은 톤당 20만 원으로 결정될 것이다. 따라서 이때 기업 $A$는 거래에 참여하지 않기에 배부받은 오염배출권으로 30톤의 오염을 배출할 것이다.

ㄷ. 30톤으로 직접 규제 시 사회적인 총비용은 1,750(= $A$는 $40\times20+$ $B$는 $30\times25+$ $C$는 $20\times10$)만 원이다. 오염배출권제도하에서 20만 원의 가격하 수요자는 $B$ 기업이고, 공급자는 $C$ 기업이다. 이때 오염저감비용은 1,300($A$는 $40\times20+$ $B$는 없으며, $C$는 $50\times10$)만 원이다. 단, 기업 $B$는 30장×20만 원 = 600만 원의 비용 발생이나 기업 $C$는 600만 원의 수입 발생으로 오염배출권제도하에서의 사회적인 총비용은 1,300만 원이다.

**오답피하기**

ㄹ. 오염배출권제도하에서의 사회적인 총비용은 1,300만 원이다.
ㅁ. 오염배출권제도하에서 20만 원의 가격하 수요자는 $B$ 기업으로 30장×20만 원 = 600만 원의 비용이 발생한다. 각 기업이 오염배출량을 30톤으로 줄이도록 하는 직접 규제로 30×25만 원 = 750만 원의 비용 발생으로 오염배출권제도를 더 선호할 것이다.

**출제POINT**

오염저감비용이 오염배출권가격보다 낮으면 배출권공급자이고, 오염저감비용이 오염배출권가격보다 높으면 배출권수요자이다.

## 20 □□□

**아래의 그림은 어느 기업의 평균수입과 평균비용을 나타낸 것이다. 이에 대한 설명으로 옳은 것은?**

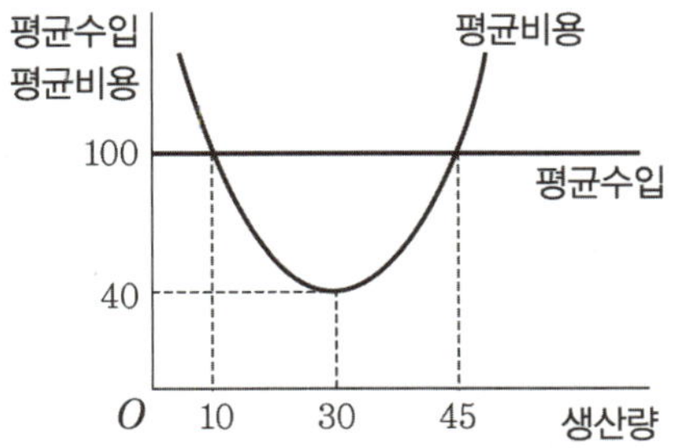


① 생산량이 증가함에 따라 가격은 떨어진다.
② 평균비용이 감소하는 구간에서는 생산량을 늘릴수록 이윤이 증가한다.
③ 최대이윤은 1,800이다.
④ 생산량을 44에서 45로 늘리면 이윤은 증가한다.
⑤ 생산량이 30일 때 한계비용은 한계수입보다 크다.

## 21 □□□

**재화시장과 화폐시장에서 정상적인 균형관계가 성립할 때, 고정환율제도하에서 확장적 통화정책의 효과에 대한 설명으로 옳지 않은 것은? (단, 확장적 통화정책은 국공채매입을 통해 실시하고 국내 및 외국물가수준은 고정이며, 자본이동이 불완전할 경우 중앙은행 완전중화정책을 실시하지만 자본이동이 완전할 경우에는 실시하지 않는다고 가정한다)**

① 자본이동이 불완전한 경우에 확장적 통화정책은 금리를 하락시킨다.
② 자본이동이 불완전한 경우에 확장적 통화정책은 실질국민소득을 향상시킨다.
③ 자본이동이 불완전한 경우에 확장적 통화정책은 자본의 이동성 정도와는 상관없이 국제수지를 악화시킨다.
④ 자본이동이 완전한 경우에 확장적 통화정책은 금리에는 영향을 주지 못하지만 실질국민소득은 향상시킨다.
⑤ 자본이동이 완전한 경우에 확장적 통화정책은 국제수지에 영향을 미치지 못한다.

---

**20** 미시 **이윤극대화** 답 ②

생산량이 10일 때 이윤은 $100 \times 10 - 100 \times 10 = 0$이고 생산량이 30일 때 이윤은 $100 \times 30 - 40 \times 30 = 1{,}800$이다. 즉, 이윤은 '(평균수입 − 평균비용) × 생산량'으로 평균수입이 일정할 때 평균비용이 감소하는 구간에서는 생산량을 늘릴수록 이윤이 증가한다.

**오답피하기**

① 평균수입곡선이 수평선일 때 $P = AR = MR$이기에 생산량이 증가해도 가격은 일정하다.

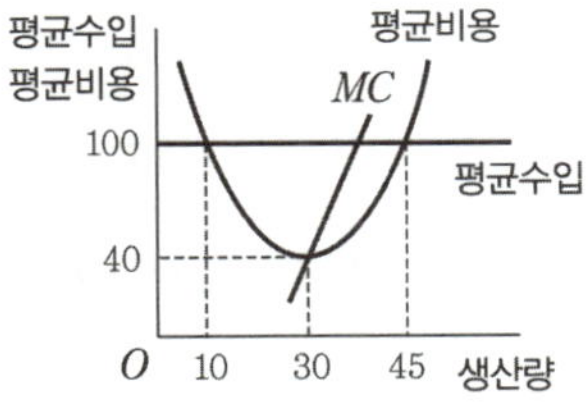


③ 평균수입곡선이 수평선일 때 $P = AR = MR$이고 평균비용의 최소점을 $MC$곡선이 지나기에 $MR$과 $MC$가 만나는 점인 이윤극대화 생산량은 30보다 크고 45보다 작다. 이윤극대화 생산량보다 적은 생산량인 30에서 이윤은 $100 \times 30 - 40 \times 30 = 1{,}800$이기에 최대 이윤은 1,800보다 크다.
④ 생산량이 44일 때 이윤은 $100 \times 44 -$ 평균비용 $\times 44$으로 평균비용은 평균수입인 100보다 작기에 그 값은 (+)이고, 생산량이 45일 때 이윤은 $100 \times 45 - 100 \times 45 = 0$이다. 따라서 생산량을 44에서 45로 늘리면 이윤은 감소한다.
⑤ 평균비용의 최소점을 $MC$곡선이 지나기에 생산량이 30일 때 평균비용이 최소로 이때 한계비용도 같다. 따라서 생산량이 30일 때 한계비용은 한계수입보다 작다.

> **출제POINT**
> 총수입에서 총비용을 차감한 값인 이윤은 $MR = MC$일 때 극대화된다.

---

**21** 국제 **$IS-LM-BP$곡선** 답 ④

화폐공급증가로 $LM$곡선이 우측이동하면, 국내금리가 국제금리보다 작아져 외국자본유출로 환율상승이 우려된다. 고정환율제도하 환율을 유지하기 위한 외화매각이 통화량을 감소시키지만 불태화정책을 실시하지 않기에 $LM$곡선이 좌측이동한다. $BP$곡선이 불변이기에 금융정책은 전혀 효과가 없다. 즉, 자본이동이 완전한 경우에 확장적 통화정책은 금리와 실질국민소득에 영향을 주지 못한다.

**오답피하기**

①, ② 화폐공급증가로 $LM$곡선이 우측이동하면, 국내금리가 국제금리보다 작아져 외국자본유출로 환율상승이 우려된다. 고정환율제도하 환율을 유지하기 위한 외화매각이 통화량을 감소시키지만 불태화정책을 실시하기에 통화량변화는 발생하지 않는다. 따라서 자본이동이 불완전한 경우에 확장적 통화정책은 금리를 하락시키고 실질국민소득을 향상시킨다.
③ 자본이동이 불완전한 경우에 확장적 통화정책은 금리를 하락시키고 실질국민소득을 향상시키기에 자본의 이동성 정도와는 상관없이 국제수지를 악화시킨다.
⑤ 자본이동이 완전한 경우에 확장적 통화정책은 금리와 실질국민소득에 영향을 주지 못하기에 국제수지에 영향을 미치지 못한다.

> **출제POINT**
> 중화정책 또는 불태화정책이란 국제수지 불균형에 따른 통화량증감을 상쇄하는 정책으로 국제수지 적자에 따른 통화량감소를 상쇄하는 확장통화정책이 그 사례이다.

## 22 □□□

$Y = AK^{0.3}L^{0.7}$인 콥-더글라스(Cobb-Douglas) 생산함수에 대한 설명으로 옳은 것을 〈보기〉에서 모두 고르면? ($Y$=생산량, $K$=자본량, $L$=노동량)

〈보기〉

ㄱ. 자본가에서는 전체 소득의 30%, 노동자에게는 전체 소득의 70%가 분배된다.
ㄴ. 만약 이민으로 노동력만 10% 증가하였다면 총생산량과 자본의 임대가격은 상승하나 실질임금은 하락한다.
ㄷ. 만약 노동력과 자본 모두가 10%씩 증가하였다면 총생산량, 자본의 임대가격, 실질 임금 모두 10%씩 증가한다.
ㄹ. $A$는 기술수준을 나타내는 매개변수로 $A$가 상승하면 총생산량은 증가하나 자본의 임대가격과 실질임금은 변화하지 않는다.

① ㄱ, ㄷ, ㄹ
② ㄱ, ㄴ
③ ㄱ, ㄴ, ㄹ
④ ㄱ, ㄴ, ㄷ
⑤ ㄱ, ㄷ

| 22 | 거시 | $C-D$생산함수 | 답 ② |
|---|---|---|---|

ㄱ. 0.3은 자본소득분배율을 나타내기에 자본가에게는 전체 소득의 30%, 0.7은 노동소득분배율을 나타내기에 노동자에게는 전체 소득의 70%가 분배된다.
ㄴ. 0.7은 생산의 노동탄력성을 나타내기에 이민으로 노동력만 10% 증가하였다면 총생산량은 7%증가한다. 또한 $\frac{r}{P} = MP_K$, $\frac{w}{P} = MP_L$이다. $MP_K = 0.3A\left(\frac{L}{K}\right)^{0.7}$, $MP_L = 0.7A\left(\frac{K}{L}\right)^{0.3}$에서 이민으로 노동력만 10% 증가하였다면 $MP_K$증가와 $MP_L$감소로 자본의 (실질) 임대가격은 상승하고 실질임금은 하락한다.

**오답피하기**

ㄷ. 0.7은 생산의 노동탄력성, 0.3은 생산의 자본탄력성을 나타내기에 노동력과 자본 모두가 10%씩 증가하였다면 총생산량은 각각 7%와 3%로 10% 증가한다. $MP_K = 0.3A\left(\frac{L}{K}\right)^{0.7}$, $MP_L = 0.7A\left(\frac{K}{L}\right)^{0.3}$에서 노동력과 자본 모두가 10%씩 증가하였다면 $MP_K$와 $MP_L$은 불변으로 자본의 (실질)임대가격과 실질임금 모두 불변이다.
ㄹ. $Y = AK^{0.3}L^{0.7}$에서 $A$가 상승하면 총생산량은 증가하고, $MP_K = 0.3A\left(\frac{L}{K}\right)^{0.7}$, $MP_L = 0.7A\left(\frac{K}{L}\right)^{0.3}$에서 $A$가 상승하면 $MP_K$와 $MP_L$도 증가하기에 자본의 (실질)임대가격과 실질임금 모두 상승한다.

**출제POINT**

생산함수가 $Y = AL^{\alpha}K^{1-\alpha}$인 경우, $L$위의 지수값은 생산의 노동탄력성과 노동소득분배율, $K$위의 지수값은 생산의 자본탄력성과 자본소득분배율을 나타낸다.

## 23 □□□

어느 국가의 개방거시경제모형을 단순 케인지안의 측면에서 설정하기 위해 필요한 정보를 수집하였더니 〈보기〉와 같았다고 하자. 이 경우 완전고용을 달성하고자 한다면 정부지출을 얼마나 더 늘려야 하는가?

〈보기〉

- 독립적 소비지출: 50조 원
- 독립적 투자지출: 100조 원
- 독립적 정부지출: 200조 원
- 조세수입(정액세): 200조 원
- 독립적 수출: 140조 원
- 독립적 수입: 40조 원
- 한계소비성향: 0.8
- 한계수입성향: 0.05
- 완전고용 국민소득수준: 1,300조 원

① 10조 원
② 20조 원
③ 25조 원
④ 50조 원
⑤ 100조 원

| 23 | 거시 | 거시경제모형 | 답 없음 |
|---|---|---|---|

$Y = \frac{1}{1-c(1-t)-i+m}(C_0 - cT_0 + I_0 + G_0 + X_0 - M_0)$에서,
$c=0.8$, 정액세로 $t=0$, 독립적 투자지출로 $i=0$, $m=0.05$이기에
$Y = \frac{1}{1-0.8+0.05}(50-0.8\times200+100+200+140-40) = 1160$조 원
이다. 완전고용 국민소득수준이 1,300조 원으로 140조 원이 부족하고 정부지출승수가 $Y = \frac{1}{1-0.8+0.05} = 4$이기에, 정부지출의 증가분은 35조 원이다.

**출제POINT**

총수요와 총소득이 일치하는 점에서 균형국민소득이 결정되기에, $Y = C$(민간소비지출)$+I$(민간총투자)$+G$(정부지출)$+X-M$(순수출)에서, $c$는 한계소비성향, $t$는 세율, $i$는 유발투자계수, $m$은 한계수입성향일 때,
$Y = \frac{1}{1-c(1-t)-i+m}(C_0 - cT_0 + I_0 + G_0 + X_0 - M_0)$이다.
정부지출승수는 $\frac{1}{1-c(1-t)-i+m}$이다.

## 24 □□□

**아래의 그림은 자유무역하에서 어느 국가의 생산점($P$)과 소비점($C$)을 생산가능곡선과 사회무차별곡선을 사용하여 나타낸 것이다. 다음 중 헥셔-올린 무역이론의 입장에서 볼 때 옳지 않은 것은? (단, $X$재는 노동집약적재화, $Y$재는 자본집약적재화이다)**

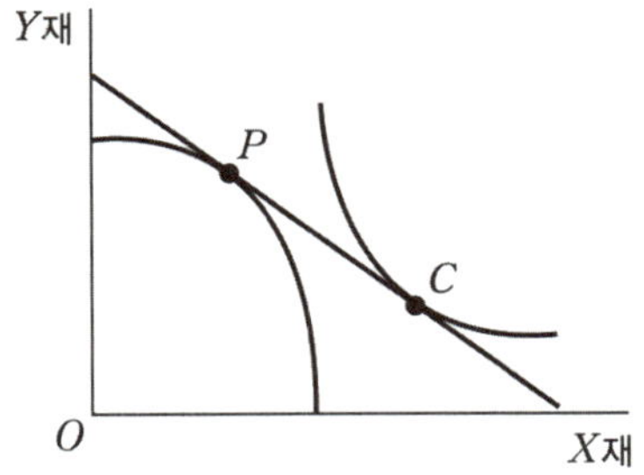


① 이 국가는 상대적으로 자본이 풍부한 국가이다.
② 교역 후 이 국가에서는 $Y$재의 상대가격이 상승하였다.
③ 교역 후 이 국가에서는 자본의 상대가격과 실질소득이 상승하였다.
④ 교역 후 이 국가에서는 $Y$재 생산의 자본집약도가 상승하였다.
⑤ 이 국가의 무역수지는 균형을 이루고 있다.

| 24 | 국제 | 자유무역 | 답 ④ |
|---|---|---|---|

갑국은 $P$점에서 생산하고 $Y$재수출과 $X$재수입으로 $C$점에서 소비하기에 자본집약재인 $Y$재생산에 비교우위가 있음을 알 수 있다. 따라서 $Y$재생산을 늘리면 자본수요증가로 자본의 상대가격이 상승한다. 이에 노동집약적인 생산방법을 모색함으로써 교역 후 갑국에서는 $Y$재생산의 자본집약도($\frac{K}{L}$)가 낮아진다.

**오답피하기**

① 갑국은 자본집약재인 $Y$재생산에 비교우위가 있기에 자본이 풍부한 국가이다.
② 갑국은 $Y$재생산에 비교우위가 있기에 $Y$재생산에 특화하여 교역하면 교역 전 $P'$점보다 교역 후 $P$점에서 $Y$재의 상대가격이 상승한다.
③ 갑국은 자본집약재인 $Y$재생산에 특화하여 생산을 늘리면 자본수요증가로 교역 후 자본의 상대가격이 상승하고 실질소득이 증가한다.
⑤ $P$점에서 생산하고 무역($Y$재수출과 $X$재수입)을 통해 $C$점에서 소비하면 주어진 국제가격비에서 수출액과 수입액이 동일하기에 이 국가의 무역수지는 균형을 이루게 된다.

**출제POINT**

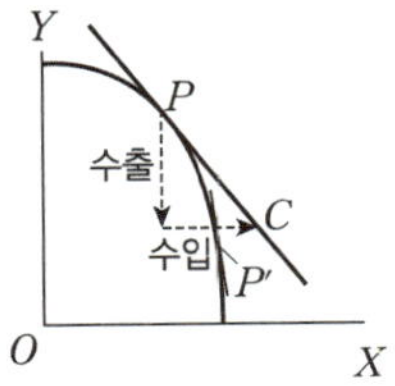


무역 이전 $P'$점에서 생산·소비하다 $Y$재의 국내상대가격비가 작기에 $Y$재생산에 비교우위가 있어 $P$점에서 생산하고 무역($Y$재수출과 $X$재수입)을 통해 $C$점에서 소비하면 후생수준이 증가한다.

## 25 □□□

**환율과 관련된 설명으로 옳은 것은?**

① 외환딜러가 ISO ticker 방식에 따라 환율을 EUR/USD 1.3025 − 1.3030으로 고시하였다면, 외환딜러는 미화 1달러를 1.3025유로에 매입하고 1.3030유로에 매도하겠다는 것을 말한다.
② 고정환율제도하에서 환율의 변경 없이는 국제수지가 조정될 수 없다.
③ 국가 간 이동이 용이하지 않은 재화가 많더라도 구매력평가설은 성립한다.
④ 이자율평가설은 환율이 주로 경상수지에 의해 결정된다고 강조한다.
⑤ 국내 예상인플레이션율이 3.0%/년, 해외 예상인플레이션율이 2.0%/년인 경우 구매력평가설에 따르면 향후 1년간 자국통화의 대외가치가 1% 절하될 것으로 예상된다.

| 25 | 국제 | 구매력평가설 | 답 ⑤ |
|---|---|---|---|

국내 예상인플레이션율이 3.0%이고, 해외 예상인플레이션율이 2.0%이기에 환율상승률 = 국내물가상승률 − 해외물가상승률 = 3 − 2 = 1%이다. 따라서 환율상승으로 자국통화의 대외가치가 1% 절하될 것으로 예상된다.

**오답피하기**

① 외환딜러가 ISO ticker방식에 따라 환율을 EUR/USD 1.3025 − 1.3030으로 고시하였다면, 외환딜러는 1유로를 1.3025달러에 매입하고 1.3030달러에 매도하겠다는 것을 말한다.
② 고정환율제도하에서도 국제수지가 불균형이면 자본의 유출입으로 이에 따른 통화량 변화를 통해 국제수지 불균형이 조정될 수 있다.
③ 국가 간 이동이 용이하지 않은 재화가 많다면 국제적으로 일물일가의 법칙이 성립하지 않아 구매력평가설은 성립하기 곤란하다.
④ 이자율평가설은 환율이 주로 자본 및 금융계정에 의해 결정된다고 강조한다.

**출제POINT**

일물일가의 법칙을 전제로, 양국의 구매력인 화폐가치가 같도록 환율이 결정되어야 한다는 이론이 구매력평가설로, $P = e \cdot P_f$이다. 이를 변형하면 '환율상승률 = 국내물가상승률 − 해외물가상승률'이다.

# 3회 2012년 국회직

## 01 □□□

쌀에 대한 시장수요함수는 다음과 같다.

$$Q^D = 100 - P$$

이때 $P$는 쌀의 가격이고 $Q^D$는 쌀의 수요량이다. 〈보기〉에서 옳은 것을 모두 고른 것은?

〈보기〉
가. 쌀의 수요탄력성은 가격의 증가함수이다.
나. 쌀의 수요는 비탄력적이다.
다. 쌀 판매로부터 얻는 수입은 가격의 증가함수이다.
라. 쌀의 수요량이 75이면 쌀의 수요탄력성은 1이다.

① 가
② 다
③ 가, 다
④ 나, 다
⑤ 나, 라

## 02 □□□

어떤 완전경쟁시장에서 수요와 공급은 각각 다음과 같다.

수요: $Q^D = 300 - 5P$ 공급: $Q^S = 10P$
($Q^D$: 수요량, $Q^S$: 공급량, $P$: 가격)

만약 정부가 공급자에게 생산물 1단위당 3만큼의 물품세를 부과한다면 이 시장에서 정부의 조세 수입(A)과 조세 부과에 따른 후생손실(deadweight loss)(B) 그리고 전체 조세 수입 중 소비자가 부담하는 부분(C)은 각각 얼마인가?

| | A | B | C |
|---|---|---|---|
| ① | 570 | 15 | 380 |
| ② | 570 | 15 | 390 |
| ③ | 570 | 30 | 285 |
| ④ | 630 | 15 | 380 |
| ⑤ | 630 | 30 | 190 |

**01** 미시 우하향의 수요직선 답 ①

가. 쌀에 대한 시장수요함수($Q^D = 100 - P$)가 우하향의 수요직선으로 가격이 상승함에 따라 쌀의 수요탄력성이 증가한다.

(오답피하기)

나. 쌀에 대한 시장수요함수($Q^D = 100 - P$)가 우하향의 수요직선이기에 모든 점에서 수요의 가격탄력도가 상이하다.

다. 쌀에 대한 시장수요함수($Q^D = 100 - P$)가 우하향의 수요직선으로 쌀 판매로부터 얻는 수입은 비탄력적 영역에서는 가격의 증가함수이나, 단위탄력적인 점에서 극대화된 이후 탄력적 영역에서는 가격의 감소함수이다.

라. 수요의 가격탄력성은 $-\frac{\Delta Q}{\Delta P} \cdot \frac{P}{Q}$이다. 쌀에 대한 시장수요함수($Q^D = 100 - P$)에서 $\frac{\Delta Q}{\Delta P} = -1$이고, $\frac{P}{Q} = \frac{1}{3}$이다. 따라서 쌀의 수요량이 75이면 쌀의 수요탄력성은 $\frac{1}{3}$이다.

**출제POINT**
우하향의 수요직선은 모든 점에서 수요의 가격탄력도가 상이하다.

**02** 미시 조세의 귀착 답 ①

조세부과에 따른 후생손실(deadweight loss)(B)은 다음과 같다.

| | |
|---|---|
| 1. 조세부과 전 거래량 | $300 - 5P = 10P$<br>$P = 20,\ Q = 200$ |
| 2. 조세부과 후 곡선($P$로 도출) | 비법: 평행이동!<br>$Q^s = 10P$에서 $P$대신 $[P - (+3)]$을 대입하면,<br>$Q^s = 10(P-3)$으로<br>$Q^s = 10P - 30$이다. |
| 3. 조세부과 후 거래량 | $10P - 30 = 300 - 5P$<br>$P = 22,\ Q = 190$ |
| 4. 거래량 감소분 × 단위당 조세 × $\frac{1}{2}$ | $(200 - 190) \times 3 \times \frac{1}{2} = 15$ |

정부의 조세수입(A)은 단위당 조세 × 조세부과 후 거래량 $= 3 \times 190 = 570$이다. 조세부담은 탄력성에 반비례하고 기울기에 비례하기에 수요의 기울기는 $\frac{1}{5}$이고 공급의 기울기는 $\frac{1}{10}$일 때, 소비자부담과 생산자부담은 $2:1$이다. 따라서 소비자가 부담하는 부분(C)은 570 중에서 380이다.

**출제POINT**
조세의 귀착 시 후생손실은 '거래량 감소분 × 단위당 조세 × $\frac{1}{2}$'을 통해 알 수 있다.

## 03 □□□

어떤 기업의 고정비용(fixed cost)은 50이고 평균가변비용(average variable cost)은 100이다. 〈보기〉에서 이 기업의 단기생산비용에 대한 설명으로 옳은 것을 모두 고른 것은?

〈보기〉

가. 총가변비용곡선은 원점을 통과하는 직선이다.
나. 평균고정비용곡선은 기울기가 음(−)이다.
다. 한계비용곡선은 기울기가 양(+)이다.
라. 총비용곡선은 기울기가 양(+)이다.

① 가, 다 ② 가, 라
③ 나, 다 ④ 가, 나, 다
⑤ 가, 나, 라

## 04 □□□

수지는 액면금액(face value)이 100만 원인 2년 만기 채권을 보유하고 있다. 이표이자율(coupon rate)은 4.5%이고 보유기간 1년이 경과하여 4만 5천 원의 이자를 지급받았으며 만기까지 남은 기간이 1년이라고 한다. 채권시장의 불완전성은 존재하지 않고 시장이자율이 연 10%일 때, 수지가 보유하고 있는 채권의 가격은 얼마인가?

① 90만 원 ② 95만 원
③ 100만 원 ④ 105만 원
⑤ 110만 원

| 03 | 미시 | 한계비용 | 답 ⑤ |
|---|---|---|---|

가. 평균가변비용이 100으로 일정하면 총가변비용은 원점에서 기울기가 100인 직선이다.

나. 고정비용이 50으로 평균고정비용은 직각쌍곡선인 $\frac{50}{Q}$이다. 따라서 평균고정비용곡선은 기울기가 음(−)이다.

라. 고정비용이 50이기에 총비용은 총가변비용곡선을 상방으로 50만큼 평행이동시켜 구할 수 있다. 즉, 총비용곡선은 절편이 50이고 기울기가 100인 직선이다. 따라서 총비용곡선은 기울기가 양(+)이다.

**오답피하기**

다. 한계비용은 총비용곡선의 접선의 기울기로 총가변비용곡선의 접선의 기울기인 100과 동일하다. 즉, 한계비용은 100으로 일정한 수평선이다. 따라서 한계비용곡선은 기울기가 영(0)이다.

**출제POINT**

한계비용은 총비용곡선의 접선의 기울기이다.

| 04 | 거시 | 채권가격 | 답 ② |
|---|---|---|---|

시장이자율이 10%일 때, 1년 뒤 받는 원금 100만 원과 이자 4만 5천 원의 현재가치, 즉 채권가격은 95만 원$\left(\frac{1,045,000}{1+10\%}=950,000\right)$이다.

**출제POINT**

채권가격은 원금과 이자의 현재가치와 일치한다.

## 05 □□□

**$X$재와 $Y$재를 소비하는 어느 소비자의 효용함수가 $U(X,\ Y)=3X+4Y$이고 $X$재 가격은 3원, $Y$재 가격은 1원이다. 〈보기〉에서 옳은 것을 모두 고른 것은?**

〈보기〉

가. 이 소비자는 주어진 소득으로 전부 $Y$재만을 소비하는 것이 최적이다.

나. 다른 조건은 불변인 채 $X$재 가격이 1로 하락하면 이 소비자는 $X$재만 소비한다.

다. $Y$재의 엥겔곡선(engel curve)은 기울기가 $\frac{1}{P_Y}$인 직선이다.

라. 소득소비곡선은 원점을 통과하는 직선이다.

마. $X$재 수요의 소득탄력성은 1보다 작고, $Y$재 수요의 소득탄력성은 1보다 크다.

① 가, 다　　② 가, 마
③ 가, 나, 라　　④ 가, 다, 라
⑤ 다, 라, 마

## 06 □□□

**$IS$곡선에 대한 설명으로 〈보기〉에서 옳은 것을 모두 고른 것은?**

〈보기〉

가. $IS$곡선 하방의 한 점은 생산물시장이 초과수요 상태임을 나타낸다.

나. 한계저축성향이 클수록 $IS$곡선은 평평해진다.

다. 정부지출과 조세가 동액만큼 증가하더라도 $IS$곡선은 우측으로 이동한다.

라. 피구(Pigou)효과를 고려하게 되면 $IS$곡선의 기울기는 보다 가팔라진다.

마. $M$(수입)은 소득의 증가함수이므로 개방경제하의 $IS$곡선은 폐쇄경제하의 $IS$곡선보다 가파르다.

① 가, 나　　② 가, 다, 라
③ 가, 다, 마　　④ 가, 라, 마
⑤ 나, 다, 마

**05** 미시 소득소비곡선 답 ④

가, 라. 예산선의 기울기$(-3)$절대값이 무차별곡선의 기울기$\left(-\frac{3}{4}\right)$절대값보다 크기에 소비자균형은 $Y$축에서 이루어진다. 따라서 소비자는 주어진 소득으로 전부 $Y$재만을 소비하는 것이 최적이다. 또한 소득이 변해도 소비자균형은 늘 $Y$축에서 달성되기에 소득소비곡선은 $Y$축과 일치한다. 따라서 소득소비곡선은 원점을 통과하는 직선이다.

다. 주어진 소득으로 전부 $Y$재만을 소비하기에 $P_Y \cdot Y=M$이 성립한다. 세로축이 $Y$, 가로축이 $M$일 때 엥겔곡선은 $Y=\frac{1}{P_Y}\cdot M$이기에 기울기가 $\frac{1}{P_Y}$인 직선이다.

오답피하기

나. 다른 조건은 불변인 채 $X$재 가격이 1로 하락해도 예산선의 기울기$(-1)$절대값이 무차별곡선의 기울기$\left(-\frac{3}{4}\right)$절대값보다 크기에 소비자는 $Y$재만 소비한다.

마. $Y=\frac{1}{P_Y}\cdot M$에서 소득이 변해도 $X$재 수요는 불변이기에 $X$재 수요의 소득탄력성은 0이고, 소득이 변하면 $Y$재 수요는 비례적으로 늘기에 $Y$재 수요의 소득탄력성은 1이다.

**출제POINT**
소득변화에 따른 소비자균형점을 연결한 곡선이 소득소비곡선이다.

**06** 거시 $IS$곡선 답 ③

가. $IS$곡선의 하방은 균형보다 이자율이 낮기에 투자과다로 생산물시장이 초과수요상태이다.

다. 정부지출과 조세가 동액만큼 증가할 때의 승수를 균형재정승수라 하고, 정액세의 경우 1이지만, 비례세의 경우 1보다 작다. 하지만 그 값이 0보다 크기에 정부지출과 조세가 동액만큼 증가하더라도 $IS$곡선은 우측으로 이동한다.

마. 해외부문이 존재하면, 수입이 증가하고 총수요감소로 이어져 국민소득이 감소하기에 보다 급경사 형태의 $IS$곡선이 도출된다. 따라서 개방경제하의 $IS$곡선은 폐쇄경제하의 $IS$곡선보다 가파르다.

오답피하기

나. 한계소비성향이 클수록, 한계저축성향이 작을수록 $IS$곡선은 완만해진다.

라. 물가하락이 화폐구매력증가를 가져와 실질부증가에 의한 소비증가를 초래하여 총수요(국민소득)를 증가시키는데, 이를 실질잔고효과, 피구효과 또는 부의 효과라 한다. 따라서 피구(Pigou)효과를 고려하면 $IS$곡선은 우측으로 이동한다.

**출제POINT**
생산물시장의 균형이 이루어지는 이자율과 국민소득의 조합을 $IS$곡선이라 한다.

## 07 □□□

**아래의 그림은 어떤 소규모 개방경제의 국내 저축과 국내 투자를 나타낸다. 세계이자율이 $r_0$에서 $r_1$으로 하락할 경우 이 경제에 발생할 변화에 대한 다음 설명 중 옳은 것은?**

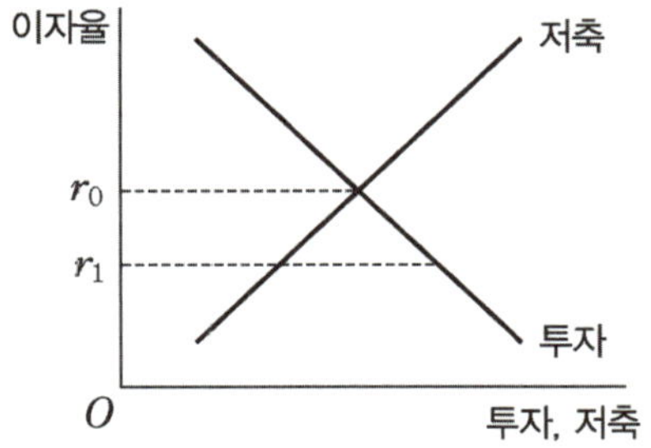


① 순수출은 증가한다.
② 순자본유출은 감소한다.
③ 실질환율(외국물가 × 명목환율/자국물가)은 상승한다.
④ 달러화 대비 명목환율은 상승한다.
⑤ 1인당 자본스톡은 감소한다.

## 08 □□□

**통화량($M$)을 물가($P$)로 나눈 값을 실질화폐잔고라고 한다. 어떤 경제의 실질화폐잔고에 대한 수요는 $\frac{M}{P}=0.5\times Y-i$ ($Y$는 실질소득, $i$는 명목이자율)이고, 현재 $M$의 값은 100, $P$의 값은 2로 주어져 있다. 중앙은행이 $M$을 100에서 110으로 증가시켰을 때, $LM$곡선의 이동에 대한 다음 설명 중 옳은 것은?**

① 오른쪽으로 10만큼 이동한다.
② 왼쪽으로 10만큼 이동한다.
③ 오른쪽으로 5만큼 이동한다.
④ 왼쪽으로 5만큼 이동한다.
⑤ 이동하지 않는다.

| 07 | 국제 | 세계이자율하락 | 답 ② |
|---|---|---|---|

외자유입으로 순자본유입은 증가하고 순자본유출은 감소한다.

(오답피하기)

①, ③, ④ 외자유입에 의해 명목환율 하락에 의한 실질환율 하락으로 순수출은 감소한다.
⑤ 국내이자율도 하락하여 투자가 증가하면 1인당 자본스톡은 증가한다.

**출제POINT**

세계이자율이 $r_0$에서 $r_1$으로 하락하면 외자유입으로 국내이자율도 $r_0$에서 $r_1$으로 하락한다.

| 08 | 거시 | $LM$곡선의 이동 | 답 ① |
|---|---|---|---|

$M$을 100에서 110으로 증가시켰을 때, 실질화폐잔고에 대한 수요는 $\frac{M}{P}=0.5\times Y-i$에서 $Y=110+2i$이다. 따라서 이자율이 동일할 때 소득은 10만큼 증가하기에 $LM$곡선은 오른쪽으로 10만큼 이동한다.

★★★ 먼저 읽기

**출제POINT**

$M$의 값이 100, $P$의 값이 2일 때, 실질화폐잔고에 대한 수요는 $\frac{M}{P}=0.5\times Y-i$에서 $Y=100+2i$이다.

## 09 □□□

**아래의 그림은 어떤 복점시장의 수요곡선과 각 기업이 직면하고 있는 한계비용곡선을 나타낸다. 〈보기〉에서 옳은 것을 모두 고른 것은?**

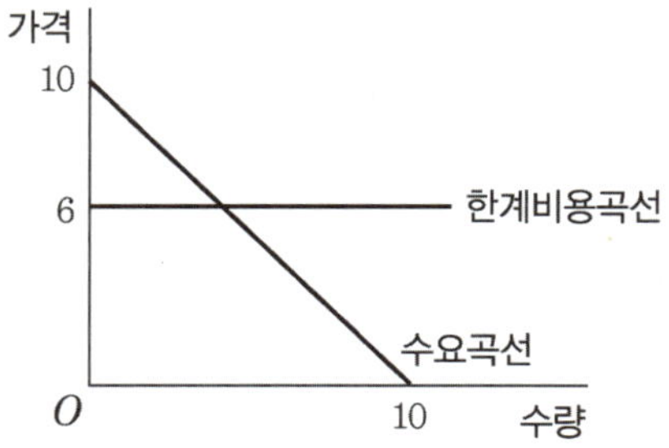


〈보기〉

가. 이 시장의 총산출량은 2이다.
나. 이 시장의 총산출량은 4보다 작다.
다. 시장가격은 6이다.
라. 각 기업의 총수입은 16보다 크다.

① 가 ② 나
③ 가, 라 ④ 나, 다
⑤ 나, 라

## 10 □□□

**현수의 효용함수는 $\sqrt{C}$($C$는 소비)이다. 현수의 소비가 100일 확률이 0.5이고 196일 확률이 0.5일 때, 소비 변동에 따른 불확실성으로 인하여 현수가 소비의 평균값을 항상 소비하지 못해 발생하는 후생비용을 소비로 나타내면 얼마인가?**

① 4 ② 6
③ 8 ④ 10
⑤ 12

| 09 | 미시 | 복점시장 | 답 ② |
|---|---|---|---|

수요곡선 $P=10-Q$이고 $MC=6$으로 완전경쟁기업은 $P=MC$인 $P=6$, $Q=4$에서 이윤극대화를 이룬다.
독점기업은 $MR(=10-2Q)=MC(=6)$하 $Q=2$와 $P=10-Q$하 $P=8$에서 이윤극대화를 달성한다. 복점의 가격은 독점(8)과 완전경쟁(6)의 사이이고, 산출량도 독점(2)과 완전경쟁(4)의 사이이며, 복점의 총수입은 독점(16)과 완전경쟁(24)의 사이이다. 따라서 복점의 각 기업의 총수입은 8과 12의 사이이다.
나. 복점시장의 총산출량은 독점(2)과 완전경쟁(4)의 사이이다.

**오답피하기**

가. 복점시장의 총산출량은 독점(2)과 완전경쟁(4)의 사이이다.
다. 복점의 가격은 독점(8)과 완전경쟁(6)의 사이이다.
라. 복점의 각 기업의 총수입은 8과 12의 사이이다.

**출제POINT**

완전경쟁기업은 $P=MC$에서 이윤극대화를 이루고, 독점기업은 $MR=MC$에서 이윤극대화를 달성한다.

| 10 | 미시 | 위험프리미엄 | 답 ① |
|---|---|---|---|

기대소비 $=\frac{1}{2}\times100+\frac{1}{2}\times196=148$이고,

기대효용 $=\frac{1}{2}\times\sqrt{100}+\frac{1}{2}\times\sqrt{196}=12$이다.

$U=\sqrt{C}$에서 $C$가 144일 때도 $U$는 12가 된다. 확실성등가가 144원이므로 소비의 평균값을 항상 소비하지 못해 발생하는 후생비용, 즉 위험프리미엄은 4원임을 알 수 있다.

**출제POINT**

불확실한 자산을 확실한 자산으로 교환하기 위하여 지불할 용의가 있는 금액을 위험프리미엄이라 한다.

## 11 □□□

**소비자물가지수가 생계비의 변화를 과대평가한다는 주장이 있다. 〈보기〉에서 이와 같은 주장의 근거로 옳은 것을 모두 고른 것은?**

〈보기〉
가. 소비자물가지수의 가중치는 고정되어 있다.
나. 수입재화의 가중치는 0이다.
다. 가격보다 품질이 빠르게 향상되는 재화를 고려하지 않는다.
라. 소비자의 재화대체가능성을 무시한다.
마. 소비자물가지수를 파셰 방식으로 계산한다.

① 가, 나, 다
② 가, 다, 라
③ 가, 나, 다, 라
④ 가, 다, 라, 마
⑤ 나, 다, 라, 마

## 12 □□□

**두 기간이 존재한다고 할 때 소득의 흐름이 $(Y_1, Y_2)$로 주어져 있다. 이자율이 상승하였다고 할 때 다음 설명 중 옳지 않은 것은?**

① 이자율이 상승하기 이전 1기 대여자의 효용은 항상 증가한다.
② 이자율이 상승하기 이전 1기 차입자의 효용은 항상 감소한다.
③ 이자율이 상승하기 이전 1기 차입자의 차입은 항상 감소한다.
④ 이자율이 상승하기 이전 1기 대여자의 저축은 증가할 수도 있고 감소할 수도 있다.
⑤ 이자율이 상승하기 이전 1기 차입자는 대여자로 바뀔 수도 있다.

**11** | 거시 | **소비자물가지수** | 답 ②

가. 소비자물가지수는 라스파이레스 방식으로 기준연도 거래량을 가중치로 사용하기에 소비자물가지수의 가중치는 고정되어 있다.
다, 라. 소비자물가지수는 라스파이레스 방식으로 기준연도 거래량을 가중치로 사용하기에 소비자의 재화 대체가능성을 무시하고, 품질이 빠르게 향상되는 재화를 고려하지 않음으로써 가격하락효과를 미반영하기에 물가변화를 과대평가한다.

**오답피하기**

나. 소비자물가지수에는 국내생산품가격과 함께 수입품가격도 포함된다.
마. 소비자물가지수는 라스파이레스 방식으로 계산한다.

**출제POINT**

라스파이레스 물가지수는 기준연도 거래량을 가중치로 사용하여 계산하는 물가지수로 물가변화를 과대평가하고, 소비자물가지수, 생산자물가지수 등이 있다.

**12** | 미시 | **두 기간 모형** | 답 ②

이자율이 상승하면 1기 차입자가 계속 차입자이면 효용은 감소하나, 대여자로 전환되면 효용이 증가, 불변, 감소할 수 있다.

**오답피하기**

① 이자율이 상승하면 1기 대여자는 계속 대여자가 되기에 효용은 항상 증가한다.
③ 이자율이 상승하면 차입자의 저축은 대체효과와 소득효과에 따라 증가하기에 차입은 항상 감소한다.
④ 이자율이 상승하면 1기 대여자의 저축은 대체효과가 소득효과보다 크면 증가하고, 소득효과가 대체효과보다 크면 감소한다.
⑤ 이자율이 상승하면 1기 차입자는 대여자로 바뀔 수도 있다.

**출제POINT**

이자율이 상승하면 1기 차입자는 계속 차입자이거나, 대여자로 전환될 수 있다.

## 13 □□□

**두 재화($X$재, $Y$재)를 소비하는 $A$의 효용함수는 $U_A = XY$이고, $B$의 효용함수는 $U_B = XY + X^2Y^2$이다. $A$, $B$의 소비활동에 대한 다음 설명 중 옳은 것은?**

① $A$는 $B$보다 항상 효용이 더 높다.
② $A$는 $B$보다 항상 효용이 더 낮다.
③ $P_X$($X$재 가격) > $P_Y$($Y$재 가격)이면 $A$가 $B$보다 $X$재를 더 많이 소비한다.
④ $P_X$($X$재 가격) < $P_Y$($Y$재 가격)이면 $B$가 $A$보다 $X$재를 더 많이 소비한다.
⑤ $A$와 $B$가 똑같은 예산으로 $X$, $Y$재를 소비하면 두 사람의 $X$, $Y$재의 소비량은 같다.

## 14 □□□

**아래의 표는 $A$국의 $GDP$에 관한 자료이다. (단, 기준연도는 2008년이다)**

| 연도 | 명목 $GDP$ | $GDP$디플레이터 |
|---|---|---|
| 2008 | $2,000 | 100 |
| 2009 | $3,000 | 120 |
| 2010 | $3,750 | 150 |
| 2011 | $6,000 | 200 |

**다음 설명 중 옳지 않은 것은?**

① 2008년에서 2009년 사이의 인플레이션율은 20%이다.
② 2010년에서 2011년 사이의 인플레이션율은 33.3%이다.
③ 2008년에서 2009년 사이에 경제성장을 경험했다.
④ 2009년에서 2010년 사이에 경제성장을 경험했다.
⑤ 2010년에서 2011년 사이에 경제성장을 경험했다.

**13** 미시 효용함수 답 ⑤

$A$와 $B$의 한계대체율이 동일하기에 무차별곡선의 형태가 동일하고, 똑같은 예산으로 $X$, $Y$재를 소비하기에 예산선이 같다. 따라서 $A$와 $B$는 $X$, $Y$재의 소비량이 같다.

**오답피하기**

①, ② $A$는 $B$와 무차별곡선의 형태가 동일하고 예산선이 같아 $X$, $Y$재의 소비량이 같다. 그러나 효용은 $U_A(=XY)$, $U_B(=XY+X^2Y^2)$으로 $X$와 $Y$ 중 한 재화의 소비량이 영(0)이라면 $A$는 $B$와 효용이 같고, 모두 양(+)이라면 $A$는 $B$보다 효용이 더 낮다. 따라서 $A$는 $B$보다 효용이 더 낮거나 같다.

③ $MRS^A_{XY} = \frac{Y}{X} = \frac{P_X}{P_Y}$, $MRS^B_{XY} = \frac{Y}{X} = \frac{P_X}{P_Y}$에서 $P_X > P_Y$이면 모두 $Y$재를 더 많이 소비한다.

④ $MRS^A_{XY} = \frac{Y}{X} = \frac{P_X}{P_Y}$, $MRS^B_{XY} = \frac{Y}{X} = \frac{P_X}{P_Y}$에서 $P_X < P_Y$이면 모두 $X$재를 더 많이 소비한다.

**출제POINT**

$A$의 효용함수가 $U_A = XY$이고, $B$의 효용함수가 $U_B = XY + X^2Y^2$일 때, 각각의 한계대체율은 $MRS^A_{XY} = \frac{MU_X}{MU_Y} = \frac{Y}{X}$, $MRS^B_{XY} = \frac{MU_X}{MU_Y} = \frac{Y+2XY^2}{X+2X^2Y} = \frac{Y}{X}$이다.

**14** 거시 $GDP$디플레이터 답 ④

경제성장은 실질 $GDP$ 증감으로 파악할 수 있기에 실질 $GDP$는 2009년의 $2,500에서 2010년의 $2,500로 경제성장을 경험하지 못했다.

| 연도 | 명목 $GDP$ | $GDP$디플레이터 | 실질 $GDP$ |
|---|---|---|---|
| 2008 | $2,000 | 100 | $2,000 |
| 2009 | $3,000 | 120 | $2,500 |
| 2010 | $3,750 | 150 | $2,500 |
| 2011 | $6,000 | 200 | $3,000 |

**오답피하기**

① $GDP$디플레이터가 물가지수이기에 2008년의 100에서 2009년의 120으로 인플레이션율은 20%이다.
② $GDP$디플레이터가 물가지수이기에 2010년의 150에서 2011년의 200으로 인플레이션율은 33.3%이다.
③ 경제성장은 실질 $GDP$ 증감으로 파악할 수 있기에 실질 $GDP$는 2008년의 $2,000에서 2009년의 $2,500로 경제성장을 경험했다.
⑤ 경제성장은 실질 $GDP$ 증감으로 파악할 수 있기에 실질 $GDP$는 2010년의 $2,500에서 2011년의 $3,000로 경제성장을 경험했다.

**출제POINT**

명목 $GDP$를 실질 $GDP$로 나눈 값을 $GDP$디플레이터[=(명목 $GDP$/실질 $GDP$) × 100]라 하고, 이는 대표적인 물가지수의 역할을 한다.

## 15 □□□

**단기와 장기의 비용곡선 간 관계를 설명한 것이다. 다음 설명 중 옳지 않은 것은?**

① 단기총비용곡선은 장기총비용곡선과 한 점에서만 접한다.
② 단기평균비용곡선의 최저점은 장기평균비용곡선의 최저점과 항상 일치하지는 않는다.
③ 단기와 장기의 총비용곡선이 서로 접하는 산출량 크기에서 단기와 장기의 한계비용곡선도 서로 접한다.
④ 단기와 장기의 총비용곡선이 서로 접하면 단기와 장기의 평균비용곡선도 서로 접한다.
⑤ 단기평균비용곡선도 장기평균비용곡선과 한 점에서만 접한다.

## 16 □□□

**이윤극대화를 추구하는 어떤 독점기업이 자신의 생산물 1단위당 16원의 가격을 책정하였다. 이 기업의 한계생산비용과 한계수입이 같아지는 생산량의 수준은 10개이며, 평균생산비용은 8원일 경우, 다음 설명 중 옳은 것은?**

① 이 기업의 총이윤은 80원보다 클 것이다.
② 이 기업의 한계생산비용은 16원이다.
③ 이 기업의 한계생산비용은 8원보다 작을 것이다.
④ 이 기업의 최적생산량은 10이다.
⑤ 이 기업의 최적생산량은 10보다 작을 것이다.

| 15 | 미시 | 비용곡선 | 답 ③ |
|---|---|---|---|

단기와 장기의 총비용곡선이 서로 접하는 점에서 단기와 장기의 한계비용곡선은 교차하기에 장기한계비용곡선은 단기한계비용곡선의 포락선이 아니다.

**오답피하기**

① 단기에는 설비규모가 고정되어 있으나 장기에는 설비규모를 원하는 수준으로 조정가능하기에 자본량이 고정된 상태하 일정량을 생산할 때 총비용은 단기와 장기가 같으나 그 이상을 생산하려면 단기보다 장기에 총비용이 낮아진다. 따라서 단기총비용곡선은 장기총비용곡선과 한 점에서만 접한다.
② 최적시설규모에 의한 최적산출량 수준에서만 단기평균비용곡선의 최저점과 장기평균비용곡선의 최저점이 일치한다.
④ 단기와 장기의 총비용곡선이 서로 접하는 점에서 단기와 장기의 평균비용곡선도 서로 접하기에 장기평균비용곡선은 단기평균비용곡선의 포락선이다.
⑤ 단기와 장기의 총비용곡선이 서로 접하는 점에서 단기와 장기의 평균비용곡선도 서로 접하기에 단기평균비용곡선은 장기평균비용곡선과 한 점에서만 접한다.

**출제POINT**

단기와 장기의 총비용곡선이 서로 접하는 점에서 단기와 장기의 평균비용곡선도 서로 접하지만, 단기와 장기의 한계비용곡선은 교차한다.

| 16 | 미시 | 이윤극대화 | 답 ④ |
|---|---|---|---|

이윤극대화 생산량은 $MR = MC$인 10에서 결정된다.

**오답피하기**

① 총수입은 가격과 생산량의 곱으로 $16 \times 10 = 160$원이고, 총비용은 평균비용과 생산량의 곱으로 $8 \times 10 = 80$원이기에 이윤은 80원이다.
②, ③ 한계생산비용은 평균생산비용인 8원보다 클 수도, 작을 수도 그리고 같을 수도 있다.
⑤ 최적생산량은 10이다.

**출제POINT**

총수입에서 총비용을 차감한 값인 이윤은 $MR = MC$, 그리고 $MR$기울기 $< MC$기울기일 때 극대화된다.

## 17 □□□

**인구증가율, 감가상각률, 기술진보율이 각각 $n$, $\delta$, $g$라고 할 때 〈보기〉에서 황금률(golden rule)에 대한 설명으로 옳은 것을 모두 고른 것은?**

〈보기〉

가. 황금률은 정상상태(균제상태)의 소비를 극대화하는 저축률과 자본량을 말한다.
나. 황금률은 저축률이 자본소득분배율과 같을 때 달성된다.
다. 황금률은 자본의 한계생산이 $g$와 같을 때 달성된다.
라. 황금률은 자본의 한계생산이 $\delta+g$와 같을 때 달성된다.
마. 황금률상태에서는 1인당 소비의 크기가 노동소득과 일치한다.

① 가, 나, 라
② 가, 나, 마
③ 가, 라, 마
④ 나, 다, 마
⑤ 가, 나, 라, 마

## 18 □□□

**아래의 그림은 소규모 개방경제의 어떤 기업이 국내시장에서 독점력을 행사함을 나타낸다. 다음 설명 중 옳은 것은? (단, $MR$은 한계수입, $D$는 수요곡선, $MC$는 한계비용이다)**

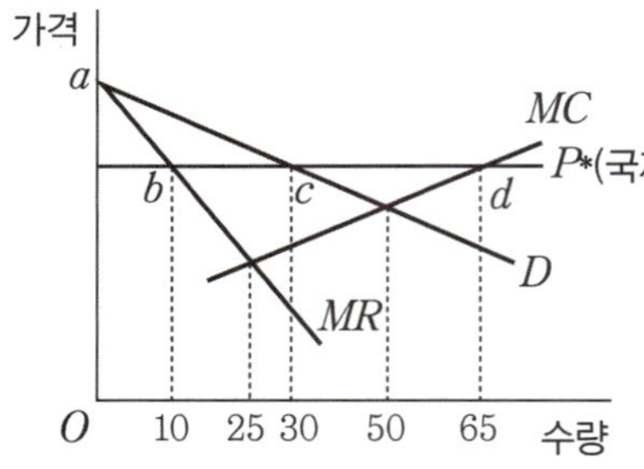


① 국내가격은 국제가격과 동일하다.
② 총생산량은 50이다.
③ 수출량은 40이다.
④ 이 기업의 실효$MR$은 점 $a$, $b$, $c$, $d$를 잇는 선이다.
⑤ 독점이윤을 최대화하는 국내 소비량은 25이다.

**17** 거시 황금률 답 ②

가. 황금률은 1인당 소비가 극대화되는 정상상태(균제상태)로 $\frac{MP_K \cdot k}{f(k)}=s$에서의 저축률과 자본량을 말한다.

나. $MP_K \cdot k = sf(k)$로 $\frac{MP_K \cdot k}{f(k)}=s$이기에 자본축적의 황금률에서는 자본소득분배율과 저축률이 같다.

마. 황금률상태에서는 1인당 노동소득과 1인당 소비가 일치하고, 1인당 자본소득과 1인당 저축이 일치한다.

오답피하기

다, 라. 인구증가율, 감가상각률, 기술진보율을 고려하면 황금률은 자본의 한계생산이 $n+\delta+g$와 같을 때 달성된다.

**출제POINT**

1인당 소비가 극대화되는 상태를 자본축적의 황금률이라 하고 $MP_K=n+\delta+g$에서 달성된다.

**18** 국제 독점 답 ④

$MR$이 국제가격보다 클 때는 국내에서도 판매가능하나 작을 때는 국내에서는 판매되지 않는다. 따라서 $MR$곡선은 $abcd$를 잇는 선이다. 이윤극대화는 $MR=MC$에 따라 $d$에서 결정되고 총생산량은 65이다.

오답피하기

① $MR$이 국제가격보다 클 때는 국내에서도 판매가능하기에 $b$에서 국내판매량은 10으로 결정된다. 그러나 국내가격은 국내시장에서 독점적 지위를 이용하여 수요곡선상의 점에서 결정된다. 따라서 국내가격은 국제가격보다 높다.
② 총생산량은 65이다.
③ 총생산량은 65 중 국내판매량은 10으로 수출량은 55이다.
⑤ 독점이윤을 최대화하는 국내 소비량은 10이다.

**출제POINT**

독점의 이윤극대화조건은 $MR=MC$이다.

## 19 □□□

**정부가 독점기업에 대한 세금을 부과하여 독점이윤을 환수하려고 할 때 나타날 수 있는 현상에 대한 다음 설명 중 옳은 것은?**

① 독점이윤에 대해 30%의 세금을 부과하면 생산량이 줄고 가격이 올라간다.

② 생산량 1단위당 100원씩의 세금을 부과하면 생산량과 가격은 변하지 않는다.

③ 독점기업의 매출액에 10%의 세금을 부과하면 생산량과 가격은 변하지 않는다.

④ 독점이윤에 10%의 세금을 부과하면 독점기업은 세금 부담을 모두 소비자에게 떠넘긴다.

⑤ 독점기업에 정해진 일정 금액을 세금(lump sum tax)으로 부과해도 생산량과 가격은 변하지 않는다.

## 20 □□□

**$A$, $B$ 두 기업이 존재하는 어떤 과점시장의 시장수요곡선은 $P=a-b(q_A+q_B)$이다. 여기서 $a$, $b$는 상수이고 $P$는 가격, $q_A$는 $A$ 기업의 생산량, $q_B$는 $B$ 기업의 생산량이다. 이 시장이 꾸르노(Cournot)모형에서 달성되는 균형상태일 때 나타날 수 있는 현상에 대한 다음 설명 중 옳은 것은? (단, 각 기업의 생산비는 0이라고 가정한다)**

① 시장가격은 $\frac{2a}{3}$이다.

② 시장거래량은 $\frac{2}{3b}$이다.

③ 각 기업의 생산량은 $\frac{a}{3b}$이다.

④ $A$ 기업의 생산량은 $\frac{a}{3}$이다.

⑤ $B$ 기업의 생산량은 $\frac{b}{3}$이다.

| 19 | 미시 | 독점규제 | 답 ⑤ |
|---|---|---|---|

정액세의 경우는 평균비용만 상승하고 한계비용은 변하지 않기에 생산량과 가격이 변하지 않는다.

**오답피하기**

①, ④ 이윤세의 경우는 평균비용만 상승하고 한계비용은 변하지 않기에 생산량과 가격이 변하지 않는다. 따라서 전혀 소비자에게 전가되지 않는다.

②, ③ 종량세와 매출액에 일정비율세금을 부과하는 경우는 평균비용과 한계비용 모두 상승하기에 생산량이 감소하고 가격이 상승한다.

**출제POINT**

종량세와 매출액에 일정비율세금을 부과하는 경우는 일부가 소비자에게 전가되나 정액세와 이윤세의 경우는 전혀 소비자에게 전가되지 않는다.

| 20 | 미시 | 꾸르노모형 | 답 ③ |
|---|---|---|---|

시장수요곡선은 $P=a-bQ$이고 $MC=0$이다. 완전경쟁생산량은 $P=MC$에서 결정된다. 따라서 $P=a-bQ=MC=0$에서 $Q=\frac{a}{b}$이다. 꾸르노모형은 완전경쟁의 $\frac{2}{3}$만큼 생산하기에 시장거래량은 $\frac{2a}{3b}$이다. 따라서 시장가격은 $P=a-bQ$에서 시장거래량이 $\frac{2a}{3b}$일 때 $\frac{a}{3}$이다. 각 기업의 생산량은 $\frac{a}{3b}$이다.

**오답피하기**

①, ② 시장가격은 $\frac{a}{3}$이고, 시장거래량은 $\frac{2a}{3b}$이다.

④, ⑤ $A$ 기업과 $B$ 기업의 생산량은 각각 $\frac{a}{3b}$이다.

**출제POINT**

두 기업이 모두 추종자라고 가정하는 꾸르노모형은 완전경쟁의 $\frac{2}{3}$만큼 생산한다.

## 21 □□□

솔로우(R. M. Solow)의 경제성장모형에서는 저축률, 감가상각률, 인구증가율, 기술진보가 중요한 역할을 한다. 솔로우 모형에 대한 설명으로 〈보기〉에서 옳은 것을 모두 고른 것은?

〈보기〉

가. 인구증가율이 상승하면 장기적으로 1인당 소득증가율이 감소한다.
나. 저축률이 상승하면 단기적으로 1인당 소득과 경제성장률이 모두 높아진다.
다. 장기 일인당 소득은 감가상각률에 영향을 받지 않는다.
라. 장기 일인당 소득은 인구증가율에 영향을 받지 않는다.
마. 장기 일인당 소득증가율은 저축률에 영향을 받지 않는다.

① 가, 나
② 가, 라
③ 나, 다
④ 나, 마
⑤ 다, 마

## 22 □□□

아래의 그림은 완전경쟁시장에서 어떤 개별 기업의 한계비용(marginal cost)과 평균비용(average cost)을 나타낸다. 현재 시장가격이 $P_0$라고 할 때 〈보기〉에서 옳은 것을 모두 고른 것은?

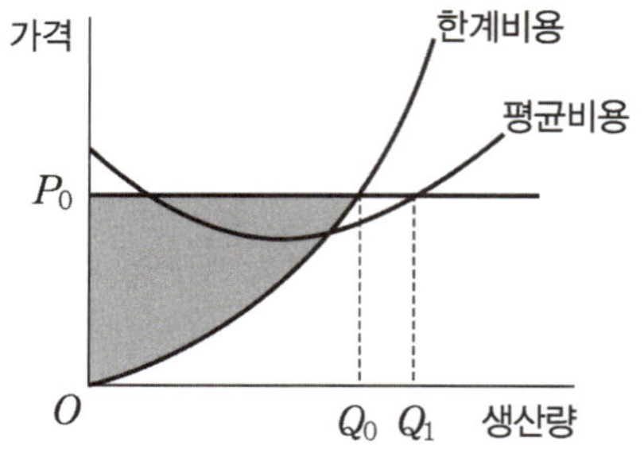


〈보기〉

가. 장기적으로 이 시장에서의 총공급량은 지금보다 증가한다.
나. 장기적으로 이 시장에서의 개별 기업의 공급량은 지금보다 증가한다.
다. 이 시장의 현재 총수요량은 $Q_1$이다.
라. 이 기업의 이윤은 위의 색칠한 부분과 같다.

① 가
② 가, 다
③ 가, 라
④ 나, 라
⑤ 가, 다, 라

### 21 거시 솔로우 성장모형 답 ④

나. 저축률이 상승하면 단기적으로 1인당 자본량 증가에 의해 1인당 소득이 증가하여 1인당 경제성장률 >0이기에 인구증가율이 일정할 때 경제성장률은 증가한다.

마. 저축률이 상승해도 최초 균제상태와 마찬가지로 새 균제상태에서 1인당 소득증가율은 영(0)으로 변하지 않는다. 따라서 장기 일인당 소득증가율은 저축률에 영향을 받지 않는다.

**오답피하기**

가. 인구증가율이 상승해도 최초 균제상태와 마찬가지로 새 균제상태에서 1인당 소득증가율은 영(0)으로 변하지 않는다.

다, 라. 감가상각률과 인구증가율이 상승하면 1인당 소득이 감소하기에 장기 일인당 소득은 감가상각률과 인구증가율에 영향을 받는다.

**출제POINT**

저축률이 상승(저축함수의 상방이동)하면 단기적으로 경제성장률이 증가하나 장기적으로 경제성장률은 본래수준으로 복귀하기에 수준효과만 있을 뿐 성장효과를 갖지 못한다.

### 22 미시 완전경쟁시장 답 ①

가. 완전경쟁시장하 $P = MC$에 따라 $P_0$, $Q_0$일 때 이윤극대화를 보인다. $Q_0$일 때 가격이 평균비용보다 높아 초과이윤을 보이기에 신규기업의 진입으로 장기적으로 이 시장에서의 총공급량은 지금보다 증가한다.

**오답피하기**

나. 완전경쟁시장하 장기적으로 $P = LAC$최소점에서 균형이 이루어지나 $LAC$를 알 수 없어 개별기업 공급량의 증감유무는 알 수 없다.

다. 총수요량은 개별소비자의 수요곡선을 수평으로 합하여 구할 수 있기에 $Q_1$보다 크다.

라. $P_0$, $Q_0$일 때 한계비용곡선의 아래 면적은 총가변비용으로 색칠한 부분은 총수입에서 총가변비용을 차감한 생산자잉여이다.

**출제POINT**

생산자잉여는 총수입에서 총가변비용을 차감한 것이고, 이윤은 총수입에서 총비용(총가변비용 + 총고정비용)을 차감한 것이다.

## 23 □□□

**실물적 경기변동론(real business cycle)에 대한 다음 설명 중 옳지 않은 것은?**

① 기술진보와 같은 실물적 충격에 의해 야기된 실업과 같은 불균형상태가 균형상태로 수렴하는 과정에서 경기변동이 발생하게 된다.
② 정부의 경제개입은 최소화되어야 한다.
③ 경기의 동태성은 거시경제일반균형의 변동현상이다.
④ 경기변동은 실질변수가 동태적으로 변동하는 현상이다.
⑤ 예상된 화폐공급량 변화는 상대가격의 변화를 유발하지 못하므로 실물경제에 영향을 미치지 않는다.

## 24 □□□

**자본이동이 자유로운 어느 소규모 개방경제가 변동환율제도를 채택하고 있다고 할 때, 다음 설명 중 옳은 것은?**

① 이자율이 세계이자율에 의하여 고정되고 총수요곡선이 $IS$곡선으로 결정되므로 재정정책은 유효하고 통화정책은 무력하다.
② 이자율이 세계이자율에 의하여 고정되고 총수요곡선이 $IS$곡선으로 결정되므로 무역정책은 유효하고 재정정책은 무력하다.
③ 이자율이 세계이자율에 의하여 고정되고 총수요곡선이 $LM$곡선으로 결정되므로 외국의 팽창적인 재정정책은 무력하다.
④ 이자율이 세계이자율에 의하여 고정되고 총수요곡선이 $LM$곡선으로 결정되므로 무역정책은 유효하고 통화정책은 무력하다.
⑤ 이자율이 세계이자율에 의하여 고정되고 총수요곡선이 $LM$곡선으로 결정되므로 통화정책은 유효하고 재정정책은 무력하다.

**23** | 거시 | **실물적 경기변동론** | 답 ①

실물적 경기변동론은 불균형상태가 균형상태로 수렴하는 과정이 아니라 새로운 균형상태로 균형자체가 변동하는 현상으로 본다.

(오답피하기)
② 외부충격에 의한 경제주체들의 최적화 결과로 사회적 후생손실은 없다고 보기에, 경기변동을 기본적으로 균형현상으로 파악한다. 따라서 정부개입은 불필요하다고 본다.
③ 경기의 동태성은 새로운 균형 상태로 균형 자체가 변동하는 거시경제일반균형의 변동현상이다.
④ 경기변동은 생산성 변화(기술진보) 등 공급측면의 충격과 정부지출 변화 등 실질변수가 동태적으로 변동하는 현상이다.
⑤ 실물적 균형경기변동이론($RBC$)은 화폐의 중립성을 가정하기에 $LM$곡선에 영향을 미치는 충격은 경기변동의 요인이 되기 어렵다고 본다.

**출제POINT**

생산성 변화(기술진보) 등 공급측면의 충격과 정부지출 변화 등에 의해 경기변동이 발생한다는 것이 키들랜드와 프레스콧 등의 실물적 균형경기변동이론이다.

**24** | 국제 | **$IS-LM-BP$분석** | 답 ⑤

자본이동이 완전히 자유로운 경우 (국내)이자율과 세계이자율의 불일치 시 즉각적인 자본의 유출입으로 항상 (국내)이자율이 세계이자율에 의하여 고정된다. (변동환율제도하)자본이동이 완전한 경우, 재정정책은 전혀 효과가 없지만 금융정책은 매우 효과적이다. 따라서 총수요곡선이 $LM$곡선으로 결정된다.

(오답피하기)
①, ②, ④ 이자율이 세계이자율에 의하여 고정되고 총수요곡선이 $LM$곡선으로 결정되므로 통화정책은 유효하고 재정정책은 무력하다. 수출증가를 위한 무역정책도 무력하다.
③ 외국의 팽창적인 재정정책으로 해외이자율이 상승하면 국내이자율이 상승할 때까지 즉각적인 외자유출로 환율이 상승한다. 국내이자율이 상승하기에 $BP$곡선은 상방으로 이동하고, 환율상승은 순수출 증가로 $IS$곡선이 우측이동한다. 따라서 국민소득이 증가한다.

**출제POINT**

(변동환율제도하)자본이동이 완전한 경우, $BP$곡선은 수평선으로, 재정정책은 전혀 효과가 없지만 금융정책은 매우 효과적이다.

## 25 □□□

**카르텔에 대한 다음 설명 중 옳지 않은 것은?**

① 일회적인 용의자의 딜레마 게임 상황과 같이 기본적으로 카르텔은 붕괴할 위험이 존재한다.
② 유한반복게임의 상황을 도입하더라도 여전히 카르텔의 불안정성은 제거되지 않는다.
③ 카르텔의 시장균형조건은 한계수입과 각 기업의 한계비용의 합이 같다는 것이며 이 조건하에서 총산출량과 시장가격이 결정된다.
④ 카르텔의 시장균형조건하에서 각 기업의 산출량은 시장점유율에 비례해서 할당되어야 한다.
⑤ 카르텔의 이윤극대화조건은 독점에서의 다공장 독점의 이윤극대 조건과 동일하다.

| 25 | 미시 | 카르텔 | 답 ③ |
|---|---|---|---|

카르텔이론은 과점기업들이 담합을 통해 다공장 독점기업처럼 $MR = MC_1 = MC_2$에서 이윤극대화를 추구한다는 것이다.

**오답피하기**

① 일회적인 용의자의 딜레마는, 카르텔을 위반하면 더 큰 이득이 될 수 있기에 처음부터 비협조적 행동을 하는 상황, 즉 카르텔의 불안정적 상황을 보여준다.
② 게임이 1회가 아니라 무한반복할 수 있다면 상대방이 자신에게 불리한 선택 시 보복이 가능하기에 상대방의 비협조적 전략선택을 억제할 수 있다. 그러나 유한반복게임의 상황을 도입하더라도 여전히 카르텔의 불안정성은 제거되지 않는다.
④ 카르텔의 시장균형조건하에서 각 기업의 산출량은 시장점유율에 비례해서 할당되어야 한다.
⑤ 카르텔의 이윤극대화조건은 $MR = MC_1 = MC_2$으로 독점에서의 다공장 독점의 이윤극대화 조건과 동일하다.

**출제POINT**

동일산업에 속하는 기업들이 명시적으로 합의하여 가격이나 생산량을 정하는 카르텔이론은 다공장 독점과 유사하다.

# 4회 2013년 국회직

## 01 □□□

**어떤 재화의 수요곡선과 공급곡선이 각각 다음과 같이 주어져 있다고 하자.**

$$Q_s = 100 + 3P \qquad Q_d = 400 - 2P$$

($Q_s$: 공급량, $Q_d$: 수요량, $P$: 재화의 가격)

**정부가 이 재화의 수요자들에게 단위당 15의 조세를 부과할 경우 생산자가 부담하는 세금(A)과 수요자가 부담하는 세금(B)은 각각 얼마인가? 그리고 조세부과로 인한 경제적 순손실(C)은 얼마인가?**

| | A | B | C |
|---|---|---|---|
| ① | 5 | 10 | 270 |
| ② | 6 | 9 | 135 |
| ③ | 6 | 9 | 270 |
| ④ | 9 | 6 | 135 |
| ⑤ | 9 | 6 | 270 |

**01** 미시 조세의 귀착 답 ②

조세부담은 탄력성에 반비례하고 기울기에 비례하기에 공급의 기울기는 $\frac{1}{3}$이고 수요의 기울기는 $\frac{1}{2}$일 때, 생산자부담과 소비자부담은 2 : 3이다. 따라서 생산자부담(A)은 15 중에서 6이고, 소비자부담(B)은 9이다. 조세부과로 인한 경제적 순손실(C)은 다음과 같다.

| | |
|---|---|
| 조세부과 전 거래량 | $400-2P=100+3P$<br>$P=60,\ Q=280$ |
| 조세부과 후 곡선($P$로 도출) | 비법: 평행이동!<br>$Q_d=400-2P$에서 $P$대신 $[P-(-15)]$를 대입하면,<br>$Q^d=400-2(P+15)$으로<br>$Q^d=370-2P$이다. |
| 조세부과 후 거래량 | $370-2P=100+3P$<br>$P=54,\ Q=262$ |
| 거래량 감소분 × 단위당 조세 × $\frac{1}{2}$ | $(280-262)\times15\times\frac{1}{2}=135$ |

**출제POINT**

조세의 귀착 시 후생손실은 '거래량 감소분 × 단위당 조세 × $\frac{1}{2}$'을 통해 알 수 있다.

## 02 □□□

**$A$국가와 $B$국가는 디지털TV와 의복을 생산하고 있다. 두 상품의 생산에는 다음 표에 제시한 바와 같은 노동시간이 투입된다고 하자. 두 국가 사이의 무역에 대한 설명 중 옳지 않은 것은?**

| 구분 | 디지털TV | 의복 |
|---|---|---|
| $A$국가 | 10시간 | 4시간 |
| $B$국가 | 20시간 | 5시간 |

① $A$국가에서 디지털TV 1단위 생산의 기회비용은 의복 2.5단위이다.

② $A$국가는 디지털TV와 의복 생산에서 절대우위를 갖고 있다.

③ $B$국가에서 의복 1단위 생산의 기회비용은 디지털TV 0.4단위이다.

④ $B$국가는 의복 생산에서 비교우위를 갖고 있다.

⑤ 디지털TV 1단위와 의복 3단위를 교환하는 조건이면 양국은 무역에 참여할 것이다.

**02** 국제 교역조건 답 ③

$B$국의 경우, 의복 1단위 생산을 위해 5시간의 투입이 필요한데, 만약 이를 1단위 생산에 20시간 투입이 필요한 디지털TV 생산에 투입했다면 생산했을 의복은 $\frac{5}{20}=0.25$단위로, 이것이 의복 1단위 생산의 기회비용이다.

**오답피하기**

① $A$국의 경우, 디지털TV 1단위 생산을 위해 10시간의 투입이 필요한데, 만약 이를 1단위 생산에 4시간 투입이 필요한 의복 생산에 투입했다면 생산했을 의복은 $\frac{10}{4}=2.5$단위로, 이것이 디지털TV 1단위 생산의 기회비용이다.

② $A$국가는 디지털TV와 의복 생산에서 $B$국보다 투입시간이 적기에 절대우위를 갖고 있다.

④ 디지털TV 1단위 생산의 기회비용은 $A$국가는 의복 2.5단위이고, $B$국가는 의복 4단위이다. 따라서 $A$국가는 디지털TV 생산에서 비교우위를 갖고, $B$국가는 의복 생산에서 비교우위를 갖고 있다.

⑤ 디지털TV 1단위 생산의 기회비용은 $A$국가는 의복 2.5단위이고, $B$국가는 의복 4단위이다. 따라서 양국이 이득을 볼 수 있는 교역조건은 '의복 2.5단위 < 디지털TV 1단위 < 의복 4단위'이다. 따라서 디지털TV 1단위와 의복 3단위를 교환하는 조건이면 양국은 무역에 참여할 것이다.

**출제POINT**

기회비용 사잇값에서 양국이 이득을 볼 수 있는 교역조건이 성립한다.

## 03 □□□

**통화량의 증가를 가져오지 않는 것을 〈보기〉에서 모두 고르면?**

〈보기〉

ㄱ. 재할인율의 인상
ㄴ. 중앙은행의 공채 매입
ㄷ. 중앙은행의 외환보유고 증가
ㄹ. 법정지불준비율의 인하
ㅁ. 신용카드 사용으로 인한 민간의 현금보유비율 감소

① ㄱ ② ㄱ, ㄴ
③ ㄴ, ㄷ, ㄹ ④ ㄱ, ㄴ, ㄷ, ㄹ
⑤ ㄴ, ㄷ, ㄹ, ㅁ

## 04 □□□

**다음 〈보기〉 중 국내총생산이 증가되는 경우를 모두 고르면?**

〈보기〉

ㄱ. 국내 $A$사의 자동차 재고 증가
ㄴ. 중고자동차 거래량증가
ㄷ. 은행들의 주가상승
ㄹ. 주택임대료 상승
ㅁ. 맞벌이 부부 자녀의 놀이방 위탁 증가

① ㄱ, ㄴ, ㄷ ② ㄱ, ㄷ, ㄹ
③ ㄱ, ㄹ, ㅁ ④ ㄴ, ㄷ, ㄹ
⑤ ㄷ, ㄹ, ㅁ

**03** 거시 **통화량** 답 ①

ㄱ. 재할인율의 인상은 일반은행의 중앙은행으로부터의 차입을 줄임으로써 통화량이 감소한다.

(오답피하기)

ㄴ. 중앙은행의 공채매입은 통화량을 증가시키는 공개시장조작정책이다.
ㄷ. 환율관리를 위해 달러를 매입하면 매입대금이 방출되기에 통화량이 증가한다.
ㄹ. 중앙은행의 법정지급준비율 인하는 통화승수를 증가시켜 통화량의 증가를 가져온다.
ㅁ. 민간의 현금보유비율 감소는 통화승수를 증가시켜 통화량의 증가를 가져온다.

**출제POINT**

통화량증가는 중앙은행의 국공채 매입을 통해 시중에 통화량을 제공함으로써 달성 가능하다. 바로 공개시장조작정책이다.

**04** 거시 *GDP* 답 ③

ㄱ. 재고증가분은 재고투자를 통한 투자증가로 국내총생산($GDP$)의 추계에 포함된다.
ㄹ. 주택임대료상승분은 임대서비스 증가에 대한 대가로 국내총생산($GDP$)의 추계에 포함된다.
ㅁ. 맞벌이 부부 자녀의 놀이방 위탁 증가는 위탁 서비스증가로 국내총생산($GDP$)의 추계에 포함된다.

(오답피하기)

ㄴ. 중고자동차 거래량증가는 새로이 생산된 것이 없기에 국내총생산($GDP$)의 추계에 포함되지 않는다.
ㄷ. 주가상승은 생산액증가와 관련없기에 국내총생산($GDP$)의 추계에 포함되지 않는다.

**출제POINT**

'일정기간 한 나라 안에서 새로이 생산된 모든 최종생산물의 시장가치'를 국내총생산($GDP$)이라 하고, 부가가치의 합으로 계산할 수 있다.

## 05 □□□

**환율결정이론에 대한 다음 설명 중 옳지 않은 것은?**

① 절대구매력평가설이 성립한다면 실질환율은 1이다.
② 경제통합의 정도가 커질수록 구매력평가설의 설명력은 높아진다.
③ 구매력평가설에 따르면 자국의 물가가 5% 오르고 외국의 물가가 7% 오를 경우, 국내통화는 2% 평가절상된다.
④ 이자율평가설에 따르면 미래의 예상환율 변화는 현재의 환율에 영향을 주지 않는다.
⑤ 구매력평가설은 경상수지에 초점을 맞추는 반면, 이자율평가설은 자본수지에 초점을 맞추어 균형환율을 설명한다.

## 06 □□□

**적응적기대(adaptive expectations)이론과 합리적기대(rational expectations)이론에 대한 다음 설명 중 옳은 것을 〈보기〉에서 모두 고르면?**

〈보기〉
ㄱ. 적응적기대이론에서는 경제변수에 대한 예측에 있어 체계적 오류를 인정한다.
ㄴ. 적응적기대이론에 따르면 통화량 증가는 장기균형에서의 실질국민소득에는 영향을 미치지 않는다.
ㄷ. 합리적기대이론에 따르면 예측오차는 발생하지 않는다.
ㄹ. 합리적기대이론에 따르면 예측된 정부정책의 변화는 실질변수에 영향을 미치지 않는다.

① ㄱ, ㄴ ② ㄱ, ㄷ
③ ㄴ, ㄹ ④ ㄱ, ㄴ, ㄹ
⑤ ㄱ, ㄷ, ㄹ

| 05 | 국제 | 구매력평가설 | 답 ④ |
|---|---|---|---|

해외투자수익률의 불확실성은 선물계약을 통해 제거할 수 있기에, 무위험이자율평가설은 '현재환율(1+국내이자율) = 선도환율(1+해외이자율)'이다. 따라서 이자율평가설에 따르면 미래의 예상환율변화는 현재의 환율에 영향을 줄 수 있다.

**오답피하기**

① 절대구매력평가설에 의하면, $P=e\cdot P_f$에서 명목환율은 양국의 물가수준 $P$와 $P_f$에 의해 결정된다.
따라서 실질환율은 $\epsilon=\frac{e\times P_f}{P}=\frac{P}{P}=1$이다.
② 구매력평가설은 일물일가의 법칙을 전제로 하기에 경제통합의 정도가 커질수록 설명력은 높아진다.
③ 상대구매력평가설에 따르면 환율변화율은 두 나라의 물가상승률차이이기에 자국의 물가가 5% 오르고 외국의 물가가 7% 오를 경우, 환율변화율은 5%−7%로 −2%이다. 따라서 환율하락으로 국내통화는 2% 평가절상된다.
⑤ 상대구매력평가설에 의하면 환율변화율은 두 나라의 물가상승률차이로 경상수지에 초점을 맞추는 반면, 이자율평가설에 의하면 환율변화율은 두 나라의 이자율차이로 자본수지에 초점을 맞추어 균형환율을 설명한다.

**출제POINT**
금융시장에서 일물일가의 법칙을 전제로, 국가 간 완전자본이동이 보장될 때 국내투자수익률과 해외투자수익률이 동일해야 한다는 것이 이자율평가설이다.

| 06 | 거시 | 기대 | 답 ④ |
|---|---|---|---|

ㄱ. 적응적기대이론에서는 단기에는 예상이 틀릴 가능성이 높아 경제변수에 대한 예측에 있어 체계적 오류를 인정한다.
ㄴ. 적응적기대이론에 따르면 장기에는 물가예상이 정확하기에 통화량 증가는 장기균형에서의 실질국민소득에는 영향을 미치지 않는다고 본다.
ㄹ. 합리적기대이론에 따르면 현재 시점에서 이용가능한 모든 정보를 이용하기에 예측된 정부정책의 변화는 실질변수에 영향을 미치지 않는다.

**오답피하기**

ㄷ. 정보의 불완전성이 존재하는 상황에서는 합리적기대이론도 예측오차는 발생한다.

**출제POINT**
적응적기대에 따르면 단기에는 예상이 틀릴 가능성이 높지만 장기에는 물가예상이 정확하다. 합리적기대에 의하면 체계적 오류는 없지만 확률적 오류는 있다.

## 07 □□□

**소규모 폐쇄경제인 $A$국가의 $X$재에 대한 수요곡선과 공급곡선은 다음과 같고, 국제가격이 400이다. $A$국가가 경제를 개방할 때 발생하는 현상 중 옳은 것은?**

| |
|---|
| $Q_X^D = 500 - P_X \qquad Q_X^S = -100 + P_X$<br>(단, $Q_X^D$: $X$재의 수요량, $Q_X^S$: $X$재의 국내 공급량, $P_X$: $X$재의 가격이다) |

① $A$국가는 $X$재를 수입하게 된다.
② 소비자잉여는 10,000이 된다.
③ $X$재의 국내 거래량은 증가한다.
④ $X$재의 공급량은 감소한다.
⑤ 사회적 총잉여는 개방 전보다 10,000만큼 증가한다.

## 08 □□□

**독점시장에 존재하는 어떤 회사의 한계비용은 500이며, 이 시장의 소비자는 모두 $P = 1,000 - Q_d$라는 수요함수를 갖고 있다. 이 회사가 두 단계 가격(two part tariff)을 설정하여 이윤을 극대화하기 위한 고정요금(가입비)은 얼마인가? (단, $P$는 가격, $Q_d$는 수요량을 나타낸다)**

① 500,000 ② 250,000
③ 125,000 ④ 100,000
⑤ 50,000

**07** 국제 개방경제 답 ⑤

$Q_X^D = 500 - P_X$, $Q_X^S = -100 + P_X$에서 균형가격은 300이다. 국제가격이 400으로 $A$국은 수출을 하게 된다. 400일 때 공급량은 300이고 수요량은 100이기에 초과공급인 200만큼을 수출하게 된다. 따라서 $200 \times (400 - 300) \times \frac{1}{2} = 10,000$만큼의 사회적잉여의 증가를 초래한다.

**오답피하기**

① $A$국가는 $X$재를 수출하게 된다.
② 수출 후 국내가격은 400이고 수요량은 100으로 소비자잉여는 $(500 - 400) \times 100 \times \frac{1}{2} = 5,000$이 된다.
③ 수출 전 균형가격은 300이고 균형거래량은 200이다. 수출 후 수요량이 100으로 줄기에 $X$재의 국내거래량도 감소한다.
④ 수출 전 균형가격은 300이고 균형거래량은 200이다. 수출 후 공급량이 300으로 증가한다.

**출제POINT**
균형가격보다 국제가격이 높다면 수출국이다.

**08** 미시 이부가격제 답 ③

이부가격의 경우, $P = MC$에 따라 가격과 산출량을 설정하고 소비자잉여만큼의 가입비 부과가 가능하다. $P$는 $P = 1,000 - Q$이고, $MC$는 500이다. $P = MC$에 따라 $Q = 500$이고 $P = 500$이다. 소비자잉여는 $P = 1,000 - Q$에서 $Q = 500$일 때 최대지불의사금액에서 실제지불금액을 차감한 면적으로 $500 \times 500 \times \frac{1}{2} = 125,000$이다.

**출제POINT**
이부가격이란 재화를 구입할 권리에 대해 1차로 가격을 부과하고, 재화 구입량에 따라 2차로 다시 가격을 부과하는 가격체계로 가격차별의 한 유형이다.

## 09 □□□

**고용통계에 대한 설명으로 옳지 않은 것을 〈보기〉에서 모두 고르면?**

〈보기〉

ㄱ. 구직 단념자가 많아지면 실업률이 하락한다.
ㄴ. 실업률은 경제활동인구에서 실업자가 차지하는 비율이다.
ㄷ. 경제활동참가율이 높아지면 실업률이 높아진다.
ㄹ. 구직 단념자가 많아져도 고용률은 변하지 않는다.
ㅁ. 고용률이 증가하면 실업률은 하락한다.

① ㄱ, ㄹ
② ㄱ, ㅁ
③ ㄴ, ㄷ
④ ㄴ, ㄹ
⑤ ㄷ, ㅁ

## 10 □□□

**후생경제학에 대한 설명으로 옳은 것을 〈보기〉에서 모두 고르면?**

〈보기〉

ㄱ. 생산가능곡선(production possibilities curve)상에 있는 어느 한 점에서도 모든 재화와 서비스의 한계기술대체율이 동일하다.
ㄴ. 모든 사람들의 한계대체율이 동일할 때 생산의 파레토 효율이 달성된다.
ㄷ. 주어진 상품 조합을 두 사람 사이에서 배분할 때, 두 사람이 얻을 수 있는 최대 효용수준의 조합을 효용가능곡선(utility possibilities curve)이라고 한다.
ㄹ. 주어진 경제적 자원이 모두 고용되더라도 효용가능곡선(utility possibilities curve)상에 있지 않을 수도 있다.
ㅁ. 효용가능곡선(utility possibilities curve)상에 있는 점에서는 항상 사회후생이 극대화된다.

① ㄱ, ㄴ, ㄷ
② ㄱ, ㄷ, ㄹ
③ ㄱ, ㄷ, ㅁ
④ ㄴ, ㄹ, ㅁ
⑤ ㄷ, ㄹ, ㅁ

**09** 거시 **고용지표** 답 ⑤

ㄷ. '고용률 ×100 = (100 − 실업률) × 경제활동참가율'에서, 고용률을 모르기에 경제활동참가율의 변화만으로 실업률의 변화는 알 수 없다.
ㅁ. '고용률 ×100 = (100 − 실업률) × 경제활동참가율'에서, 경제활동참가율을 모르기에 고용률의 변화만으로 실업률의 변화는 알 수 없다.

**오답피하기**

ㄱ. 구직 단념자가 많아지면 실업자수가 감소하고 비경제활동인구수가 증가한다. 따라서 '실업률 $= \frac{\text{실업자수}}{\text{실업자수} + \text{취업자수}} \times 100$'에서 실업률이 하락한다.
ㄴ. '실업률 $= \frac{\text{실업자수}}{\text{실업자수} + \text{취업자수}} \times 100$'으로, 실업률은 경제활동인구에서 실업자가 차지하는 비율이다.
ㄹ. 구직 단념자가 많아지면 실업자수가 감소하고 비경제활동인구수가 증가한다. 하지만 취업자수나 15세이상인구는 변함이 없다. 따라서 '고용률 $= \frac{\text{취업자수}}{\text{15세이상인구}} \times 100$'에서 고용률은 변하지 않는다.

**출제POINT**
'고용률 ×100 = (100 − 실업률) × 경제활동참가율'에서 실업률을 측정할 수 있다.

**10** 미시 **후생경제학** 답 ②

ㄱ. 생산가능곡선(production possibilities curve)상에 있는 어느 한 점에서도 모든 재화와 서비스의 한계기술대체율($MRTS_{LK}$)이 동일하다.
ㄷ. 소비의 계약곡선을 효용공간으로 옮겨놓은 것이 효용가능곡선으로 주어진 상품 조합을 두 사람 사이에서 배분할 때, 두 사람이 얻을 수 있는 최대 효용수준의 조합을 나타낸다.
ㄹ. 효용가능곡선상의 모든 점은 소비가 파레토효율적으로 이루어지는 점들이다. 따라서 주어진 경제적 자원이 모두 고용되더라도 파레토효율적이지 못하다면 효용가능곡선상에 있지 않다.

**오답피하기**

ㄴ. 모든 사람들의 한계대체율이 동일할 때 소비의 파레토효율이 달성된다.
ㅁ. 효용가능경계와 사회무차별곡선이 접하는 점에서 사회후생극대화가 달성된다.

**출제POINT**
생산의 계약곡선을 재화공간으로 옮겨놓은 것이 생산가능곡선이다. 생산가능곡선상의 모든 점은 생산이 파레토효율적으로 이루어지는 점들이다. 생산측면은 두 등량곡선이 접하는 $MRTS^X_{LK} = MRTS^Y_{LK}$에서 파레토효율성이 충족된다.

## 11 □□□

**실업률과 총생산에 관한 설명 중 옳은 것을 〈보기〉에서 모두 고르면?**

〈보기〉

ㄱ. 오쿤(Okun)의 법칙은 자연실업률과 잠재 $GDP$의 관계를 실증분석한 경험법칙이다.
ㄴ. 고용의 유연성이 증가하면 경기변동에 따른 실업률의 변화가 심해진다.
ㄷ. 단기적으로 경기적 실업이 증가하면 실제 $GDP$가 잠재 $GDP$ 이하로 하락한다.
ㄹ. 오쿤(Okun)에 따르면 경기적 실업이 증가하면 총생산 갭(침체갭)은 증가한다.

① ㄱ, ㄷ
② ㄴ, ㄹ
③ ㄱ, ㄴ, ㄷ
④ ㄴ, ㄷ, ㄹ
⑤ ㄱ, ㄴ, ㄷ, ㄹ

## 12 □□□

**소규모 기업인 $A$ 기업의 생산함수가 $Y = L^2$로 주어져 있다고 하자. 이에 대한 설명으로 옳지 않은 것은? (단, $L$은 노동, $Y$는 생산량을 나타낸다)**

① 규모의 경제가 나타난다.
② 노동투입이 증가함에 따라서 노동의 한계생산은 증가한다.
③ 생산요소시장이 완전경쟁적일 때, 평균비용은 우하향한다.
④ 생산요소시장이 완전경쟁적일 때, 한계비용은 우하향한다.
⑤ 한계비용이 평균비용을 통과하는 점에서 효율적 생산량이 존재한다.

| 11 | 거시 | 오쿤(Okun)의 법칙 | 답 ④ |
|---|---|---|---|

ㄴ. 고용의 유연성이 증가하면 호경기 때 고용량이 대폭으로 증가하고 불경기때 고용량이 대폭 감소하여 경기변동에 따른 실업률의 변화가 심해진다.
ㄷ. 단기적으로 경기적 실업이 증가하면 실제 $GDP$의 감소로 실제 $GDP$가 잠재 $GDP$ 이하로 하락한다.
ㄹ. 오쿤(Okun)의 법칙은 $GDP$갭과 실업률 사이의 (+)의 상관관계로 경기적 실업이 증가하면 총생산갭(침체갭)은 증가한다.

오답피하기

ㄱ. 오쿤(Okun)의 법칙은 $GDP$갭과 실업률 사이의 (+)의 상관관계를 나타낸다.

**출제POINT**

$GDP$ 갭과 실업률 사이의 상관관계를 나타내는 법칙을 오쿤의 법칙[$\frac{Y_P - Y}{Y_P} = \alpha(u - u_N)$, 단, $Y_P$: 잠재 $GDP$, $Y$: 실제 $GDP$, $\alpha$: 상수, $u$: 실제실업률, $u_N$: 자연실업률이다]이라 하고, 이를 통해 실업에 따른 산출량 손실을 계산할 수 있다.

| 12 | 미시 | 평균비용과 한계비용 | 답 ⑤ |
|---|---|---|---|

$Y = L^2$에서 규모의 경제가 나타나고, 평균비용이 우하향할 때 한계비용도 평균비용 하방에서 우하향하기에 한계비용곡선과 평균비용곡선은 교차하지 않는다.

- $Y = L^2$에서 $AP_L = L$로 노동투입량이 증가하면 평균생산물은 증가한다. 생산요소시장은 완전경쟁적이고, 고정요소가 존재하지 않기에 평균가변비용, 즉 평균비용은 우하향한다.
- $Y = L^2$에서 $MP_L = 2L$로 노동투입량이 증가하면 한계생산물은 증가한다. 따라서 한계비용은 우하향한다.
- $Y = L^2$에서 2차 동차함수로 규모수익체증을 보이기에 규모의 경제가 나타난다.

오답피하기

① $Y = L^2$에서 규모의 경제가 나타난다.
②, ④ $Y = L^2$에서 $MP_L = 2L$로 노동투입량이 증가하면 한계생산물은 증가한다. 따라서 한계비용은 우하향한다.
③ $Y = L^2$에서 평균비용은 우하향한다.

**출제POINT**

생산함수가 $Y = L^2$일 때 고정요소가 존재하지 않기에 평균비용과 평균가변비용은 일치한다.

## 13 □□□

**다음 설명 중 옳지 않은 것은?**

① 확장적 통화정책을 쓰게 되면 이자율이 하락하고 투자가 증가하여 총수요곡선은 우측으로 이동하므로 경기침체의 해결 방안으로 고려될 수 있다.

② 물가가 하락하게 되면 자국화폐로 표시된 실질환율이 상승하여 총수요곡선이 우측으로 이동하므로 경기침체의 해결 방안으로 고려될 수 있다.

③ 투자세액공제를 확대하게 되면 총수요를 증가시키게 되므로 경기침체의 해결 방안으로 고려될 수 있다.

④ 향후 물가가 상승할 것이라고 예상하게 되면 총수요 증가가 나타나므로 경기침체의 해결 방안으로 고려될 수 있다.

⑤ 기술진보는 장기총공급곡선을 우측으로 이동시키므로 경제성장에 도움이 되는 방안이라 할 수 있다.

| 13 | 거시 | 총수요와 총공급 | 답 ② |
|---|---|---|---|

물가가 하락하게 되면 자국화폐로 표시된 실질환율이 상승하여 순수출이 증가함으로써 국민소득이 증가한다. 따라서 총수요곡선상에서 우하방으로 이동한다.

**오답피하기**

① 확장적 통화정책을 쓰게 되면 이자율이 하락하고 투자가 증가하여 총수요곡선은 우측으로 이동한다.

③ 투자세액공제를 확대하게 되면 투자가 증가하여 총수요곡선은 우측으로 이동한다.

④ 향후 물가가 상승할 것이라고 예상하게 되면 현재의 총수요는 증가한다.

⑤ 인구증가, 생산성향상, 기술진보 등으로 장기총공급곡선은 우측으로 이동한다.

**출제POINT**

물가변화는 총수요곡선상 점의 이동으로 나타난다.

## 14 □□□

**인플레이션의 비용에 대한 설명으로 옳지 않은 것은?**

① 예상과 다른 인플레이션이 발생하면 채무자가 느끼는 부채에 대한 실질적 부담이 감소하여 효율성이 증가한다.

② 인플레이션으로 인해 현금 보유를 줄이고 은행 예금이 증가하는 현상으로 인해 거래비용이 증가한다.

③ 인플레이션으로 인한 명목비용 상승이 즉각적으로 가격에 반영되지 못함으로써 상대가격의 왜곡이 발생한다.

④ 누진소득세 체제에서는 인플레이션으로 인해 기존과 동일한 실질 소득을 얻더라도 세후 실질소득이 하락할 수 있다.

⑤ 화폐의 중립성이 성립하면 인플레이션으로 인한 실질적인 구매력의 변화는 발생하지 않는다.

| 14 | 거시 | 인플레이션 비용 | 답 ① |
|---|---|---|---|

예상보다 높은 인플레이션이 발생하면 실질이자율이 하락하여 채무자가 느끼는 부채에 대한 실질적 부담이 감소한다. 또한 예상보다 낮은 인플레이션이 발생하면 실질이자율이 상승하여 부채에 대한 실질적 부담이 증가한다. 그러나 인플레이션 발생 시 상대가격변화로 자원배분의 왜곡이 발생하기에 효율성은 감소한다.

**오답피하기**

② 인플레이션으로 인해 실질통화량이 감소하여 이자율이 상승하기에 현금 보유를 줄이고 은행 예금이 증가하는 현상으로 인해 거래비용이 증가한다.

③ 인플레이션으로 인한 명목비용 상승이 즉각적으로 가격에 반영되지 못하므로 상대가격의 왜곡이 발생하여 효율성은 감소한다.

④ 다음의 표의 사례처럼 누진소득세 체제에서는 인플레이션으로 인해 기존과 동일한 실질소득을 얻더라도 세후 실질소득이 하락할 수 있다.

| 실질이자율 + 인플레이션율 = 명목이자율 | 경제 $A$ | 경제 $B$ |
|---|---|---|
| 실질이자율 | 4% | 4% |
| 인플레이션율 | 0% | 8% |
| 명목이자율 | 4% | 12% |
| 25% 세금에 따른 명목이자율 | 1% | 3% |
| 세후명목이자율 | 3% | 9% |
| 세후실질이자율 | 3% | 1% |

⑤ 화폐의 중립성이 성립하면 인플레이션으로 인한 실질적인 구매력인 실질이자율의 변화는 발생하지 않는다.

**출제POINT**

누진소득세 체제에서는 인플레이션으로 인해 기존과 동일한 실질소득을 얻더라도 세후 실질소득이 하락할 수 있다.

## 15 □□□

**현재 경제상황은 아래와 같다.**

$$\frac{M^d}{p} = 1{,}000 - 1{,}000i$$

$$M^s = 1{,}700 \quad P = 2, \quad \pi^e = 0.05$$

($M^d$: 명목화폐수요, $i$: 명목이자율, $M^s$: 명목화폐공급, $P$: 물가, $\pi^e$: 기대물가상승률)

**이때 다음 두 가지 질문의 답으로 옳은 것은?**

(Ⅰ) 현재 균형실질이자율은 얼마인가?
(Ⅱ) 다른 조건들이 모두 동일할 때 화폐공급이 50만큼 늘어나고 기대물가상승률이 10%로 상승하는 경우 새로운 균형실질이자율은 얼마인가?

| | Ⅰ | Ⅱ |
|---|---|---|
| ① | 10% | 2.5% |
| ② | 10% | 5% |
| ③ | 15% | 2.5% |
| ④ | 15% | 5% |
| ⑤ | 15% | 7.5% |

## 16 □□□

**어느 경제의 거시경제모형이 아래와 같이 주어져 있다면 균형이자율과 균형국민소득은 각각 얼마인가?**

$Y = C + I + G$
$C = 100 + 0.8(Y - T)$
$I = 150 - 600r$
$G = 200$
$T = 0.5Y$
$M^d = M^s$
$\frac{M^d}{P} = 2Y - 8{,}000(r + \pi^e)$
$M^s = 1{,}000$
$P = 1$
$\pi^e = 0$
($Y$: 소득, $C$: 소비, $I$: 투자, $r$: 실질이자율, $T$: 세입, $G$: 정부지출, $P$: 물가, $\pi^e$: 기대물가상승률, $M^d$: 명목화폐수요, $M^s$: 명목화폐공급)

| | 균형이자율 | 균형국민소득 |
|---|---|---|
| ① | 5% | 700 |
| ② | 5% | 800 |
| ③ | 6% | 700 |
| ④ | 6% | 800 |
| ⑤ | 7% | 1,000 |

**15** 거시 **실질이자율** 답 ①

$\frac{M^d}{P} = \frac{M^s}{P}$에서 $1{,}000 - 1{,}000i = 850$이다. 즉, 명목이자율은 $i = 0.15$로 15%이다. 그리고 기대물가상승률은 $\pi^e = 0.05$로 5%이다. '실질이자율 + 기대인플레이션율 = 명목이자율'에서 실질이자율은 명목이자율 − 기대인플레이션율 $= 15\% - 5\% = 10\%$이다. 그런데 화폐공급이 50만큼 늘어나고 기대물가상승률이 10%로 상승하는 경우, $\frac{M^d}{P} = \frac{M^s}{P}$에서 $1{,}000 - 1{,}000i = 875$이며, 따라서 명목이자율은 $i = 0.125$로 12.5%이다. 그리고 기대물가상승률이 10%로 '실질이자율 + 기대인플레이션율 = 명목이자율'에서 실질이자율은 명목이자율 − 기대인플레이션율 $= 12.5\% - 10\% = 2.5\%$이다.

**출제POINT**
실질이자율에 기대인플레이션율을 더한 값이 명목이자율이라는 것이 피셔의 방정식이다.

**16** 거시 **균형국민소득** 답 ①

소비함수는 $C = 100 + 0.8(Y - T)$이고, 투자는 $I = 150 - 600r$이며, 정부 지출은 200이다.
따라서 생산물시장 균형은 $Y = 100 + 0.8(Y - T) + 150 - 600r + 200$에서 달성된다. $T$가 $0.5Y$이기에 $Y = 750 - 1{,}000r$이다. 실질화폐수요가 $2Y - 8{,}000(r + \pi^e)$이고, 실질화폐공급이 1,000이다.
따라서 화폐시장 균형은 $2Y - 8{,}000(r + \pi^e) = 1{,}000$에서 달성된다. 기대물가상승률이 0이기에 $Y = 500 + 4{,}000r$이다. 결국, 균형이자율과 균형국민소득은 각각 0.05(5%)이고 700이다.

**출제POINT**
생산물시장의 균형은 총수요($C + I + G$)와 총공급($Y$)이 일치하는 점에서 결정된다. 화폐시장의 균형은 화폐의 수요($L$)와 공급($M$)이 일치하는 점에서 결정된다.

## 17 □□□

어떤 소비자가 이동통신회사의 요금 제도를 비교하여 어느 통신회사를 선택할지 고민하고 있다고 하자. $A$사는 통화시간에 관계없이 월 12만 원을 받는다. $B$사는 월정액 없이 1분에 1,000원을 받는다. 소비자의 이동전화 통화수요는 $Q_d = 150 - \frac{P}{20}$라고 하자. 여기서 $Q_d$는 분으로 표시한 통화시간을 나타내고, $P$는 분당 전화 요금을 나타낸다. 이 소비자가 $A$, $B$사로부터 얻게 되는 소비자잉여는 각각 (Ⅰ), (Ⅱ)라고 한다. (Ⅰ), (Ⅱ)를 옳게 고르면?

| | Ⅰ | Ⅱ |
|---|---|---|
| ① | 100,000 | 225,000 |
| ② | 105,000 | 100,000 |
| ③ | 105,000 | 120,000 |
| ④ | 225,000 | 120,000 |
| ⑤ | 225,000 | 100,000 |

## 18 □□□

주요 공공교통수단인 시내버스와 지하철의 요금은 지방정부의 통제를 받는다. 지하철 회사가 지하철 수요의 탄력성을 조사해 본 결과, 지하철 수요의 가격탄력성은 1.2, 지하철 수요의 소득탄력성은 0.2, 지하철 수요의 시내버스 요금에 대한 교차탄력성은 0.4인 것으로 나타났다. 앞으로 지하철 이용자의 소득이 10% 상승할 것으로 예상하여, 지하철 회사는 지방정부에 지하철 요금을 5% 인상해 줄 것을 건의하였다. 그런데, 이 건의에는 시내버스의 요금 인상도 포함되어 있었다. 즉, 지하철 수요가 요금 인상 전과 동일한 수준으로 유지되도록 시내버스 요금의 인상을 함께 건의한 것이다. 이때 지하철 요금 인상과 함께 건의한 시내버스 요금의 인상 폭은 얼마인가?

① 3%
② 5%
③ 8%
④ 10%
⑤ 15%

| 17 | 미시 | 소비자잉여 | 답 ② |
|---|---|---|---|

$A$사의 경우, 월 12만 원을 내면 통화시간에 관계없이, 즉 이용요금 없이 이용할 수 있기에 통화시간은 150분이다. 따라서 150분일 때 그림에서 최대지불의사금액은 수요곡선하방의 면적이고 실제지불금액은 고정요금 12만 원이기에 소비자잉여는 $3,000 \times 150 \times \frac{1}{2} - 120,000 = 105,000$원이다.

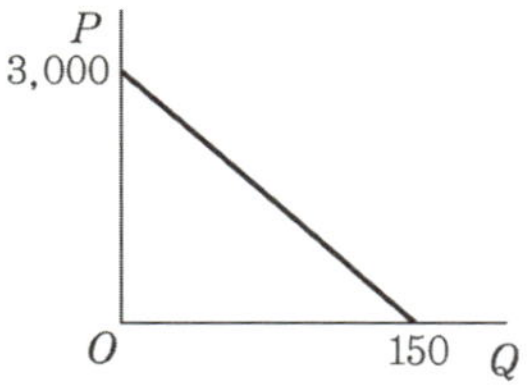


$B$사의 경우, 월정액 없이 1분에 1,000원을 내야 하기에 통화시간은 $Q_d = 150 - \frac{P}{20}$에서 $P = 1,000$원일 때 $Q_d = 100$분이다. 따라서 100분일 때 그림에서 최대지불의사금액은 $a + b$이고 실제지불금액은 $b$이기에 소비자 잉여는 $a$로 $(3,000 - 1,000) \times 100 \times \frac{1}{2} = 100,000$원이다.

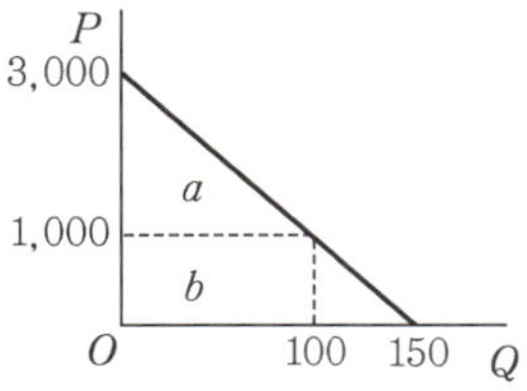


**출제POINT**

소비자의 최대지불의사금액에서 실제지불금액을 차감한 것을 소비자 잉여라 한다.

| 18 | 미시 | 소득탄력성과 교차탄력성 | 답 ④ |
|---|---|---|---|

지하철 수요의 가격탄력성은 1.2로 지하철 요금을 5% 인상하면 지하철 수요량은 6% 감소한다.
지하철 수요의 소득탄력성은 0.2로 지하철 이용자의 소득이 10% 증가하면 지하철 수요량은 2% 증가한다. 지하철 요금이 5% 인상되고 지하철 이용자의 소득이 10% 증가하면 지하철 수요량은 4% 감소한다.
그런데, 지하철 수요의 시내버스 요금에 대한 교차탄력성은 0.4로 시내버스 요금을 10% 인상하면 지하철 수요는 4% 증가한다. 따라서 지하철 수요가 요금 인상 전과 동일한 수준으로 유지되도록 하기 위해 시내버스 요금의 10% 인상을 건의할 것이다.

**출제POINT**

$X$재 수요의 소득탄력성은 $\frac{\Delta Q_X}{\Delta M} \cdot \frac{M}{Q_X}$이다. $X$재의 $Y$재에 대한 교차탄력성은 $\frac{\Delta Q_X}{\Delta P_Y} \cdot \frac{P_Y}{Q_X}$이다.

## 19 □□□

다음 표는 양의 외부효과(positive externality effect)가 발생하는 시장의 사적한계효용, 사적한계비용, 그리고 사회적 한계효용을 제시해주고 있다. 사회적최적거래량을 (Ⅰ)이라 하고, 시장의 균형거래수준이 사회적최적수준과 같아지도록 하기 위한 세금 혹은 보조금을 (Ⅱ)라고 하자. (Ⅰ)과 (Ⅱ)를 옳게 고르면?

(단위: 개, 원)

| 거래량 | 사적한계효용 | 사적한계비용 | 사회적한계효용 |
|---|---|---|---|
| 1 | 2,700 | 600 | 3,400 |
| 2 | 2,400 | 1,000 | 3,100 |
| 3 | 2,100 | 1,400 | 2,800 |
| 4 | 1,800 | 1,800 | 2,500 |
| 5 | 1,500 | 2,200 | 2,200 |
| 6 | 1,200 | 2,600 | 1,900 |

| | Ⅰ | Ⅱ |
|---|---|---|
| ① | 5개 | 300원의 보조금이 필요 |
| ② | 5개 | 700원의 보조금이 필요 |
| ③ | 4개 | 300원의 세금이 필요 |
| ④ | 4개 | 300원의 보조금이 필요 |
| ⑤ | 4개 | 700원의 세금이 필요 |

**19** 미시 외부효과 답 ②

시장균형거래량은 사적한계효용과 사적한계비용이 1,800원일 때 4로 결정된다. 소비의 외부경제 시 사적한계비용과 사회적한계비용이 일치하기에 사회적최적거래량은 사회적한계효용과 사적한계비용(= 사회적한계비용)이 2,200원일 때 5로 결정된다. 따라서 거래량이 5일 때 사적한계효용(1,500원)이 사회적한계효용(2,200원)과 일치하도록 700원의 보조금이 필요하다.

**출제POINT**

외부성이 발생하는 경우, 사적한계편익과 사적한계비용이 일치할 때 시장균형거래량이 결정되고, 사회적한계편익과 사회적한계비용이 일치할 때 사회적최적거래량이 결정된다.

## 20 □□□

연기자를 고용하는 방송국이 하나만 존재하는 경우를 가정하자. 연기자 시장에서 발생하는 현상에 대한 설명 중 옳지 않은 것은?

① 연기자의 임금 수준은 방송국이 여러 개일 때보다 낮다.
② 연기자의 임금은 한계요소비용보다 낮다.
③ 연기자의 임금은 한계수입생산보다 낮다.
④ 연기자가 노동조합을 결성하여 단체 교섭을 하면 임금은 높일 수 있으나 고용 인원은 줄어들 수밖에 없다.
⑤ 방송국과 연기자 노동조합의 공동이익을 최대화하는 고용 인원은 한계비용과 한계수입생산이 일치하는 수준에서 결정된다.

**20** 미시 수요독점 답 ④

연기자가 노동조합을 결성하여 단체 교섭을 하면 최저임금제 실시와 같은 효과가 발생한다. 생산요소시장에서 수요독점의 경우, 최저임금제가 실시되면 고용량이 불변이거나 증가할 수 있고, 최저임금이 $MRP_L$곡선과 $MFC_L$곡선이 교차하는 점보다 높은 수준에서 결정되면 고용량이 감소한다.

오답피하기

① 생산요소시장이 완전경쟁($MRP_L = MFC_L = w$)일 때보다 수요독점($MRP_L = MFC_L > w$)일 때 연기자의 임금 수준은 낮다.
②, ③ 수요독점 시 이윤극대화는 $MRP_L = MFC_L > w$로 연기자의 임금은 한계수입생산과 한계요소비용보다 낮다.
⑤ 방송국과 연기자 노동조합이 고용량극대화를 추구한다면 노동수요($MRP_L$)와 노동공급($MC_L$)이 교차하는 점에서 노동공급량을 결정한다.

**출제POINT**

연기자를 고용하는 방송국이 하나만 존재하는 경우 연기자 시장은 수요독점이다. 수요독점 시 이윤극대화는 $MRP_L = MFC_L > w$로 고용량은 $MRP_L = MFC_L$에서 결정되지만 임금은 $MRP_L = MFC_L$보다 낮은 수준에서 결정된다.

## 21 □□□

**컴퓨터시장은 완전경쟁시장이며 각 생산업체의 장기평균비용 함수는 $AC(q_i)=40-6q_i+\frac{1}{3}q_i^2$으로 동일하다고 가정하자. 컴퓨터에 대한 시장수요가 $Q^d=2,200-100P$일 때, 다음 두 가지 질문의 답으로 옳은 것은? (단, $q_i$는 개별기업의 생산량, $Q^d$는 시장수요량을 나타낸다)**

> (Ⅰ) 컴퓨터시장에서 장기균형가격은 얼마인가?
> (Ⅱ) 수요곡선이 변화하여 $Q^d=A-100P$가 되었다고 하자. 새로운 장기균형의 컴퓨터 생산업체 수가 최초 장기균형의 컴퓨터 생산업체 수의 두 배가 되려면 $A$는 얼마가 되어야 하는가?

| | Ⅰ | Ⅱ |
|---|---|---|
| ① | 13 | 2,800 |
| ② | 16 | 2,800 |
| ③ | 13 | 3,100 |
| ④ | 16 | 3,100 |
| ⑤ | 13 | 3,400 |

**21** 미시 **장기균형** 답 ③

$AC(q_i)=40-6q_i+\frac{1}{3}q_i^2$은 $q_i=9$에서 장기평균비용의 최소점은 13이다. 따라서 장기균형가격은 13이다. 스마트폰에 대한 시장수요 $Q^d=2,200-100P$에서 $P=13$이기에 $Q^d=900$이다. 장기에서 각 기업의 생산량이 9이고 시장수요량이 900이기에 장기균형에서 기업의 수는 100개이다. 그런데 수요곡선이 변화하여 $Q^d=A-100P$가 되었을 때 기업의 수가 2배인 200개가 되려면 시장수요량은 1,800이다. 따라서 $A$는 $1,800+100\times13=3,100$이다.

**출제POINT**
완전경쟁시장하 개별기업은 '장기균형가격 = 장기평균비용의 최소점'에서 장기균형을 달성한다.

## 22 □□□

**7명의 사냥꾼이 동시에 사냥에 나섰다. 각 사냥꾼은 사슴을 쫓을 수도 있고, 토끼를 쫓을 수도 있다. 사슴을 쫓을 경우에는 7명의 사냥꾼 중 3명 이상이 동시에 사슴을 쫓을 때에만 사슴사냥에 성공하여 1마리의 사슴을 포획하게 되고, 사냥꾼들은 사슴을 동일하게 나누어 갖는다. 만약 3명 미만이 동시에 사슴을 쫓으면 사슴을 쫓던 사냥꾼은 아무것도 얻지 못하게 된다. 반면 토끼를 쫓을 때에는 혼자서 쫓더라도 언제나 성공하며 각자 1마리의 토끼를 포획하게 된다. 모든 사냥꾼들은 사슴 $\frac{1}{4}$마리를 토끼 1마리보다 선호하고, 사슴이 $\frac{1}{4}$마리보다 적으면 토끼 1마리를 선호한다. 이 게임에서 내쉬균형을 〈보기〉에서 모두 고르면? (단, 사냥터에서 사냥할 수 있는 사슴과 토끼는 각각 1마리, 7마리이다)**

> 〈보기〉
> ㄱ. 모든 사냥꾼이 토끼를 쫓는다.
> ㄴ. 모든 사냥꾼이 사슴을 쫓는다.
> ㄷ. 3명의 사냥꾼은 사슴을, 4명의 사냥꾼은 토끼를 쫓는다.
> ㄹ. 4명의 사냥꾼은 사슴을, 3명의 사냥꾼은 토끼를 쫓는다.

① ㄱ　② ㄱ, ㄷ　③ ㄱ, ㄹ
④ ㄴ, ㄹ　⑤ ㄱ, ㄷ, ㄹ

**22** 미시 **내쉬균형** 답 ③

ㄱ. 모든 사냥꾼이 토끼를 쫓으면 사냥꾼 1명의 보수는 토끼 1이나 사슴을 쫓는 것으로 전략을 바꾸면 아무것도 얻지 못하기에 보수가 감소한다. 따라서 더 이상 자신의 전략을 바꿀 유인이 없기에 내쉬균형이다.
ㄹ. 4명의 사냥꾼은 사슴을, 3명의 사냥꾼은 토끼를 쫓는 경우 사슴을 쫓는 사냥꾼 1명의 보수는 사슴 $\frac{1}{4}$이나 토끼를 쫓는 것으로 전략을 바꾸면 토끼 1로 보수가 감소한다. 또한 토끼를 쫓는 사냥꾼 1명의 보수는 토끼 1이나 사슴을 쫓는 것으로 전략을 바꾸면 사슴 $\frac{1}{5}$로 보수가 감소한다. 따라서 더 이상 자신의 전략을 바꿀 유인이 없기에 내쉬균형이다.

**오답피하기**
ㄴ. 모든 사냥꾼이 사슴을 쫓으면 사냥꾼 1명의 보수는 사슴 $\frac{1}{7}$이나 토끼를 쫓는 것으로 전략을 바꾸면 토끼 1로 보수가 증가한다. 따라서 내쉬균형이 아니다.
ㄷ. 3명의 사냥꾼은 사슴을, 4명의 사냥꾼은 토끼를 쫓는 경우, 토끼를 쫓는 사냥꾼 1명의 보수는 토끼 1이나 사슴을 쫓는 것으로 전략을 바꾸면 사슴 $\frac{1}{4}$로 보수가 증가한다. 따라서 내쉬균형이 아니다.

**출제POINT**
상대방의 전략을 주어진 것으로 보고 경기자는 자신에게 가장 유리한 전략을 선택하였을 때 도달하는 균형을 내쉬균형이라 하고, 더 이상 자신의 전략을 바꿀 유인이 없기에 안정적 모습을 보인다.

## 23 □□□

**아래 표와 같이 완전경쟁기업의 비용구조가 주어졌다.**

| 생산량 | 0 | 1 | 2 | 3 | 4 | 5 | 6 | 7 | 8 | 9 | 10 |
|---|---|---|---|---|---|---|---|---|---|---|---|
| 총비용 | 100 | 130 | 150 | 160 | 172 | 185 | 210 | 240 | 280 | 330 | 390 |

**이 기업의 고정비용은 100이다. 이때 다음 두 가지 질문의 답으로 옳은 것은?**

> (Ⅰ) 현재 생산품의 시장가격은 30이다. 이윤극대화를 달성할 때의 기업의 이윤은?
> (Ⅱ) 이 기업이 조업을 중단하게 되는 시장가격은?

| | Ⅰ | Ⅱ |
|---|---|---|
| ① | −40 | 17 |
| ② | −30 | 17 |
| ③ | 0 | 17 |
| ④ | −40 | 13 |
| ⑤ | −30 | 13 |

## 24 □□□

**어떤 도시의 택시 수는 1만 대이다. 택시 1대가 하루동안 운행하면 500원의 공해비용이 발생한다고 가정하자. 다음 설명 중 옳지 않은 것은?**

① 지금 이 도시에서 사회적으로 바람직한 수준의 택시 운행대수는 1만 대 미만이다.
② 일부 택시의 운행을 강제로 제한하면 사회후생이 증가할 수 있다.
③ 택시 1대에 500원의 조세를 부과하면 사회후생이 증가한다.
④ 택시 운행의 사회적 비용이 사적 비용을 초과하고 있다.
⑤ 택시 수요곡선이 가격에 대해 비탄력적일수록 조세 부과 후 운행대수가 크게 감소한다.

**23 | 미시 | 조업중단점 | 답 ②**

완전경쟁기업은 $P=MC$에서 이윤이 극대화되기에 시장가격이 30일 때 생산량이 7에서 한계비용도 30이 된다.
따라서 이윤은 $30\times7-240=-30$이다. 또한 생산량이 5일 때 평균가변비용은 17로 최소이기에 조업을 중단하게 되는 시장가격은 17이다.

| 생산량 | 0 | 1 | 2 | 3 | 4 | 5 | 6 | 7 | 8 | 9 | 10 |
|---|---|---|---|---|---|---|---|---|---|---|---|
| 총비용 | 100 | 130 | 150 | 160 | 172 | 185 | 210 | 240 | 280 | 330 | 390 |
| 한계비용 | 0 | 30 | 20 | 10 | 12 | 13 | 25 | 30 | 40 | 50 | 60 |
| 총고정 | 100 | 100 | 100 | 100 | 100 | 100 | 100 | 100 | 100 | 100 | 100 |
| 총가변 | 0 | 30 | 50 | 60 | 72 | 85 | 110 | 140 | 180 | 230 | 290 |
| 평균가변비용 | 0 | 30 | 25 | 20 | 18 | 17 | 18.3 | 20 | 22.5 | 25.6 | 29 |

**출제POINT**
$AVC$곡선의 최저점은 생산하는 것과 생산을 하지 않는 것이 동일한 조업중단점이다.

**24 | 미시 | 외부효과 | 답 ⑤**

택시 수요곡선이 가격에 대해 비탄력적일수록 조세부과 후 가격상승으로 인한 운행대수가 적게 감소한다.

**오답피하기**
① 생산의 외부불경제 시 과다생산되기에 사회적으로 바람직한 수준의 택시 운행 대수는 1만 대 미만이다.
② 생산의 외부불경제 시 과다생산되기에 일부 택시의 운행을 강제로 제한하면 사회후생이 증가할 수 있다.
③ 생산의 외부불경제 시 과다생산되기에 조세를 부과하여 이를 해결함으로써 사회후생이 증가한다.
④ 생산의 외부불경제 시 사적비용이 사회적비용보다 작기에 택시운행의 사회적비용이 사적비용을 초과하고 있다.

**출제POINT**
재화의 생산과정에서 제3자에게 의도하지 않은 피해를 주지만 대가를 지불하지 않아 사적비용이 사회적비용보다 작아서 과다생산이 되는 것을 생산의 외부불경제라 한다.

## 25 □□□

**$X$재와 $Y$재의 가격이 각각 $P_X = 4$, $P_Y = 3$에서 $P_X = 3$, $P_Y = 4$로 바뀌었다고 가정하자. 현시선호이론과 관련된 다음 설명 중 옳은 것은? (단, $X$재와 $Y$재에 대한 소비조합을 $(X, Y)$로 표현한다)**

① 가격변화 후에 소득이 증가하고 $X$재에 대한 소비가 감소하면 약공리에 위배된다.

② 소비자의 소득이 두 기간에 동일하며, 가격변화 후에 $X$재에 대한 소비가 감소하였더라도 약공리에 위배되지 않을 수 있다.

③ 소비조합이 가격변화 전 (3, 3)에서 가격변화 후 (4, 2)로 바뀐 경우 약공리에 위배되지 않는다.

④ 약공리는 소비자의 선호체계가 이행성을 만족시킨다는 것을 달리 표현한 것으로 볼 수 있다.

⑤ 현시선호이론은 한계효용체감의 법칙을 전제로 한다.

| 25 | 미시 | 현시선호이론 | 답 ②, ③ |
|---|---|---|---|

② 소비자의 소득이 두 기간에 동일하며, 가격변화 후에 $X$재에 대한 소비가 감소하여 최초 $E$점에서 $F$점으로 이동 시 약공리에 위배되지 않는다.

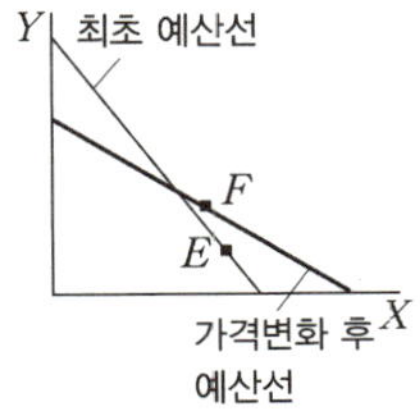


| 구분 | $P_X = 4$, $P_Y = 3$ | $P_X = 3$, $P_Y = 4$ |
|---|---|---|
| (3, 3) | 21 | 21 |
| (4, 2) | 22 | 20 |
| 위치 | 최초 가격기준 시 증가로 (3, 3)보다 (4, 2)는 오른쪽 | 바뀐 가격기준 시 감소로 (3, 3)보다 (4, 2)는 아래쪽 |

③ 소비조합이 가격변화 전 (3, 3)에서 가격변화 후 (4, 2)로 바뀐 경우 최초 $A$점에서 $B$점으로 이동으로 약공리에 위배되지 않는다.

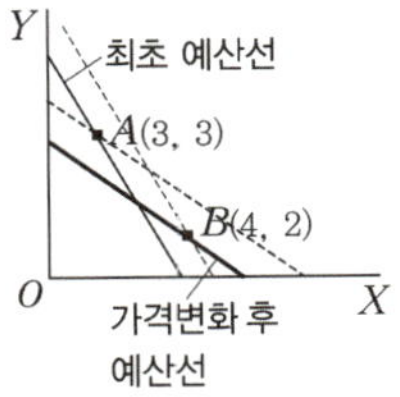


**오답피하기**

① 가격변화 후에 소득이 증가하고 $X$재에 대한 소비가 감소하여 최초 $E$점에서 $G$점으로 이동 시 약공리에 위배되지 않는다.

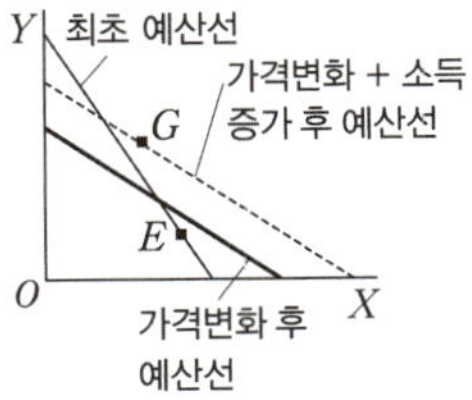


④ 재화묶음 $Q_0$가 $Q_2$보다 간접현시선호되면 $Q_2$가 $Q_0$보다 간접현시선호될 수 없다는 것이 강공리로 이행성의 공리로 볼 수 있다.

⑤ 현시선호이론은 효용개념을 사용하지 않기에 한계효용체감의 법칙을 전제하지 않는다.

**출제POINT**

현시선호이론에서 예산선의 기울기는 $\frac{P_X}{P_Y}$로 $P_X = 4$, $P_Y = 3$에서 $P_X = 3$, $P_Y = 4$로 바뀌었다면 기울기는 완만해진다.

# 5회 2014년 국회직

## 01 □□□

**세계에서 두 나라($A$국, $B$국)만 있다. 이 세계경제에는 사과와 바나나 두 재화만 있다. 폐쇄경제일 때 사과가격을 바나나가격으로 나눈 상대가격이 $A$국에서는 2이고, $B$국에서는 5이다. 개방경제하에서 교역가능조건이 아닌 것은?**

① $A$국의 수출업자는 사과 150개를 수출하는데 그 대가로 바나나 650개를 받는다.
② $A$국의 수입업자는 바나나 100개를 수입하는데 그 대가로 사과 20개를 준다.
③ $A$국의 수입업자는 바나나 100개를 수입하는데 그 대가로 사과 30개를 준다.
④ $B$국의 수출업자는 바나나를 200개를 수출하는데 그 대가로 사과 100개를 받는다.
⑤ $B$국의 수입업자는 사과 100개를 수입하는데 그 대가로 바나나 150개를 준다.

## 02 □□□

**환율에 대한 설명으로 〈보기〉에서 옳은 것을 모두 고르면?**

〈보기〉
ㄱ. 정부가 외환시장에서 달러를 매각하면 환율이 상승한다.
ㄴ. 세계 주요 외환시장에서 달러화 약세가 계속되면 환율이 하락한다.
ㄷ. 국가 간 자본이동이 어려우면, 예상되는 평가절하는 두 국가 간의 이자율 차이만큼 나타난다.

① ㄱ
② ㄴ
③ ㄱ, ㄴ
④ ㄴ, ㄷ
⑤ ㄱ, ㄴ, ㄷ

| 01 | 국제 | 교역조건 | 답 ⑤ |
|---|---|---|---|

사과가격을 바나나가격으로 나눈 상대가격이 $A$국에서는 2이고, $B$국에서는 5이기에 양국이 이득을 볼 수 있는 교역조건은 사과 1개의 기회비용인 바나나 2개와 5개 사이에서 결정된다. $B$국의 수입업자는 사과 100개를 수입하는데 그 대가로 바나나 150개를 준다면 사과 1개의 기회비용은 바나나 1.5개이다. 따라서 양국이 모두 이득을 볼 수는 없다.

**오답피하기**

① $A$국의 수출업자는 사과 150개를 수출하는데 그 대가로 바나나 650개를 받는다면 사과 1개의 기회비용은 바나나 대략 4.3개이다.
② $A$국의 수입업자는 바나나 100개를 수입하는데 그 대가로 사과 20개를 준다면 사과 1개의 기회비용은 바나나 5개이다. 단, 이 경우 $B$국은 교역전과 비교할 때 손해를 보지 않기에 교역은 가능하다고 볼 수 있다.
③ $A$국의 수입업자는 바나나 100개를 수입하는데 그 대가로 사과 30개를 준다면 사과 1개의 기회비용은 바나나 대략 3.3개이다.
④ $B$국의 수출업자는 바나나를 200개를 수출하는데 그 대가로 사과 100개를 받는다면 사과 1개의 기회비용은 바나나 2개이다. 단, 이 경우 $A$국은 교역 전과 비교할 때 손해를 보지 않기에 교역은 가능하다고 볼 수 있다.

**출제POINT**

기회비용 사잇값에서 양국이 이득을 볼 수 있는 교역조건이 성립한다.

| 02 | 국제 | 환율 | 답 ② |
|---|---|---|---|

ㄴ. 세계 주요 외환시장에서 달러화 약세가 계속되면 국내에서 달러매각으로 달러공급증가에 의해 환율이 하락한다.

**오답피하기**

ㄱ. 정부가 외환시장에서 달러를 매각하면 달러공급증가로 환율이 하락한다.
ㄷ. 국가 간 자본이동이 완전히 자유로우면, 이자율평가설에 따라 예상되는 환율변화는 두 국가 간 이자율 차이만큼 나타난다. 따라서 국가 간 자본이동이 어려우면, 예상되는 평가절하는 두 국가 간의 이자율 차이보다 작게 나타날 것이다.

**출제POINT**

금융시장에서 일물일가의 법칙을 전제로, 국가 간 완전자본이동이 보장될 때 국내투자수익률과 해외투자수익률이 동일해야 한다는 것이 이자율평가설로, '환율변화율 = 국내이자율 − 해외이자율'이다.

## 03 □□□

**다음 중 $BP$(Balance of Payments)곡선(가로축: 소득, 세로축: 이자율)의 우하향 이동에 영향을 주는 외생변수의 변화에 관한 설명 중 옳지 않은 것은?**

① 외국소득의 증가
② 외국상품가격의 상승
③ 국내 통화의 평가절상예상
④ 외국이자율의 상승
⑤ 국내기업수익률의 상승예상

## 04 □□□

**다음 〈보기〉 중 $GDP$가 증가하는 경우는 모두 몇 개인가?**

〈보기〉

ㄱ. 국세청이 세무조사를 강화함에 따라 탈세규모가 줄어들었다.
ㄴ. 도시에 거주하는 사람에 대한 농지매입규제가 폐지됨에 따라 농지가격이 상승하였다.
ㄷ. 자가보유주택의 귀속임대료가 상승하였다.
ㄹ. 금융구조조정이 성공적으로 마무리되어 은행들의 주가가 급등하였다.
ㅁ. 자동차 제조기업에서 판매되지 않은 재고증가분이 발생하였다.

① 1개
② 2개
③ 3개
④ 4개
⑤ 5개

| 03 | 국제 | $BP$곡선 | 답 ④ |
|---|---|---|---|

외국이자율의 상승으로 자본유출이 이루어져 국제수지는 적자가 된다. 따라서 국제수지가 균형을 회복하기 위해 이자율은 상승하기에 $BP$곡선은 좌측(상방)이동한다.

오답피하기

①, ②, ③, ⑤ 외국소득의 증가나 외국상품가격의 상승으로 순수출이 증가하여 국제수지가 흑자가 된다. 또한 국내통화의 평가절상예상이나 국내기업수익률의 상승예상으로 자본유입이 이루어져 국제수지는 흑자가 된다. 따라서 국제수지가 균형을 회복하기 위해 이자율은 하락하기에 $BP$곡선은 우측(하방)이동한다.

**출제POINT**

국제수지가 흑자이면 $BP$곡선은 우측(하방)이동하고, 국제수지가 적자이면 $BP$곡선은 좌측(상방)이동한다.

| 04 | 거시 | $GDP$ | 답 ③ |
|---|---|---|---|

ㄱ. 과거에 국내총생산($GDP$)의 추계에 포함되지 않았던 부분이 탈세규모의 축소로 국내총생산($GDP$)의 추계에 포함된다.
ㄷ. 자가주택에 거주하면서 얻는 편익인 귀속임대료의 상승분은 국내총생산($GDP$)의 추계에 포함된다.
ㅁ. 재고증가분은 재고투자를 통한 투자증가로 국내총생산($GDP$)의 추계에 포함된다.

오답피하기

ㄴ. 농지가격상승은 생산액증가와 관련없기에 국내총생산($GDP$)의 추계에 포함되지 않는다.
ㄹ. 주가급등은 생산액증가와 관련없기에 국내총생산($GDP$)의 추계에 포함되지 않는다.

**출제POINT**

'일정기간 한 나라 안에서 새로이 생산된 모든 최종생산물의 시장가치'를 국내총생산($GDP$)이라 하고, 부가가치의 합으로 계산할 수 있다.

## 05 □□□

**다음 〈보기〉 중 경제학에서 사용하는 '한계(marginal)'와 관련된 설명으로 옳은 것은 모두 몇 개인가?**

〈보기〉

ㄱ. 한계대체율은 동일한 효용수준을 유지하면서 한 재화 소비량을 한 단위 증가시키기 위하여 감소시켜야 하는 다른 재화의 수량을 의미한다.
ㄴ. 한계개념은 수학의 도함수 개념을 응용한 것이다.
ㄷ. 한계요소비용은 평균요소비용곡선의 기울기로 측정된다.
ㄹ. 한계비용은 생산을 한 단위 더 할 때의 비용의 변화액이다.
ㅁ. 한계생산은 생산요소를 한 단위 더 투입할 때의 생산의 변화량이다.

① 1개
② 2개
③ 3개
④ 4개
⑤ 5개

## 06 □□□

**케인즈학파 경제학자들이 경기침체기에 금융정책이 효과를 나타내지 못한다고 생각하는 이유로 가장 옳은 것은?**

① 화폐수요와 투자수요가 모두 이자율에 대해 상당히 탄력적이다.
② 화폐수요는 이자율에 대해 상대적으로 탄력적이며 투자수요는 이자율에 대해 상대적으로 비탄력적이다.
③ 화폐수요, 투자수요 모두 이자율에 대해 완전 비탄력적이다.
④ 화폐수요는 이자율에 대해 상대적으로 비탄력적이며 투자수요는 이자율에 대해 상대적으로 탄력적이다.
⑤ 화폐수요와 투자수요 모두 이자율에 대해 상당히 비탄력적이다.

**05** 미시 **한계** 답 ④

ㄱ. 동일한 효용 수준을 유지하면서 한 재화 소비량을 한 단위 추가 소비 시 감소하는 다른 재화의 변화량을 한계대체율이라 하고, 무차별곡선상 접선의 기울기로 구한다.
ㄴ. 경제학의 한계개념은 수학의 도함수 개념을 응용한 것으로 수학의 미분개념이다.
ㄹ. 생산량을 한 단위 추가 시 총비용의 증가분을 한계비용이라 하고, 총비용을 미분한 값으로 총비용 곡선상 접선의 기울기로 구한다.
ㅁ. 가변요소를 한 단위 추가 투입 시 총생산물의 증가분을 한계생산물이라 하고, 총생산물을 미분한 값으로 총생산물 곡선상 접선의 기울기로 구한다.

**오답피하기**

ㄷ. 한계요소비용은 총요소비용곡선의 접선의 기울기로 측정된다.

**출제POINT**

한계개념은 접선기울기를 의미한다.

**06** 거시 **케인즈학파의 금융정책** 답 ②

*LM*곡선이 완만하고 *IS*곡선이 급경사일 때 확장금융정책의 효과는 작다.

**출제POINT**

투자의 이자율탄력성이 작아 *IS*곡선이 급경사이고, 화폐수요의 이자율탄력성이 커서 *LM*곡선이 완만할 때, 금융정책의 유효성은 작아진다.

## 07 □□□

**다음은 케인즈의 국민소득결정모형이다. 완전고용국민소득 수준이 $Y_3$이라면 다음 설명 중 옳지 않은 것은? (단, $Y$: 소득, $AE$: 총지출, $C$: 소비, $C_0$: 기초소비, $c$: 한계소비성향, $I$: 투자, $I_0$: 독립투자)**

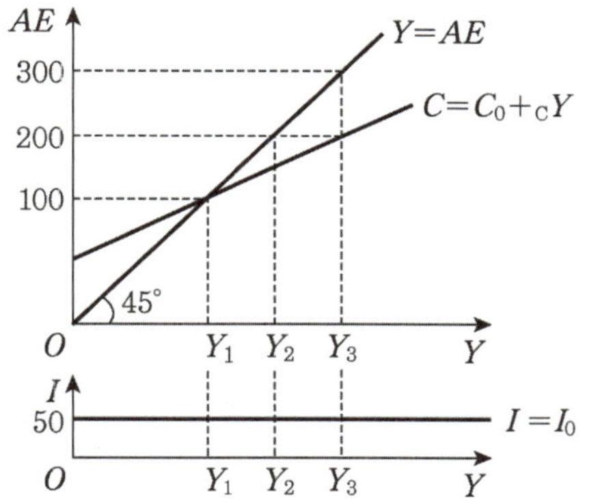


① $OY_3$ 수준에서 총수요는 250이다.
② 완전고용에 필요한 총수요는 300이다.
③ 위 그래프는 유발투자를 고려하고 있지 않다.
④ 디플레이션 갭이 100이다.
⑤ $OY_3$ 수준에서 소비와 투자의 차이는 150이다.

## 08 □□□

**다음을 참조할 때 ㄱ, ㄴ에 대한 답으로 옳은 것은?**

> 어느 독점기업이 생산과정에서 오염물질을 배출함으로써 외부불경제를 유발하고 있다. 독점기업의 수요함수는 $P=90-Q$이고, 독점기업의 한계비용은 $MC=Q$이며 생산 1단위당 외부비용은 6이다.
> ($P$: 가격, $Q$: 수요량, $MC$: 한계비용)

> ㄱ. 사회적으로 최적인 생산량 수준은 얼마인가?
> ㄴ. 사회적으로 최적인 생산량 수준을 달성하도록 하기 위해서는 정부가 독점기업에 생산 1단위당 조세(또는 보조금)를 얼마를 부과(또는 지불)해야 하는가?

| | ㄱ | ㄴ |
|---|---|---|
| ① | 42 | 보조금 36 |
| ② | 29 | 조세 6 |
| ③ | 42 | 보조금 42 |
| ④ | 42 | 조세 36 |
| ⑤ | 29 | 조세 12 |

**07** 거시 **인플레이션갭, 디플레이션갭** 답 ④

완전고용국민소득수준이 $Y_3$일 때, 총공급은 300이고 총수요는 소비(=200)와 투자(=50)의 합인 250으로 50만큼의 디플레이션갭이 발생한다.

**오답피하기**

① $OY_3$ 수준에서 총수요는 소비(=200)와 투자(=50)의 합인 250이다.
② 완전고용국민소득수준이 $Y_3$일 때 총공급이 300이기에 완전고용에 필요한 총수요는 300이다.
③ 위 그래프는 독립투자(=50)로 유발투자를 고려하고 있지 않다.
⑤ $OY_3$ 수준에서 소비(=200)와 투자(=50)의 차이는 150이다.

> **출제POINT**
> 완전고용국민소득수준에서 총공급이 총수요를 초과할 때 발생하는 디플레이션갭은 디플레이션을 탈피하기 위해 증가시켜야 하는 유효수요의 크기로 측정된다.

**08** 미시 **외부효과** 답 ①

$PMC=Q$이고 $SMC=Q+6$이다. $P=90-Q$이기에 $P=SMC$에서 사회적최적산출량은 (ㄱ)42이다. 그런데 독점 시 $MR=90-2Q$이기에 $MR=PMC$에서 이윤극대화 생산량은 30이다. 따라서 독점기업이 사회적최적산출량을 달성하도록 하기 위해 단위당 보조금을 지급해야 한다. 즉, 단위당 $a$의 보조금을 독점기업에게 지급한다면, $MC$곡선은 단위당 $a$만큼 하방으로 이동한다. $MR=90-2Q$이고 $PMC=Q-a$이기에 $MR=PMC$에서 이윤극대화 생산량은 사회적최적산출량인 42이어야 한다. 따라서 $a$는 (ㄴ)보조금 36이다.

> **출제POINT**
> $P=SMC$에서 사회적최적산출량이 달성되고 $P=PMC$에서 시장균형산출량이 결정된다.

## 09 □□□

**어느 경제의 국민소득균형모형이 아래와 같이 주어져 있다면 ㄱ ~ ㄷ의 값은 각각 얼마인가?**

> $C = 50 + 0.85Y_d$
> $T = 0.2Y$
> $I = 110$
> $G = 208$
> $X = 82$
> $M = 10 + 0.08Y$
> (단, $Y$: 소득, $Y_d$: 가처분소득, $C$: 소비, $T$: 조세, $I$: 투자, $G$: 정부지출, $X$: 수출, $M$: 수입이다)

> ㄱ. 균형국민소득은 얼마인가?
> ㄴ. 균형국민소득에서 경상수지적자의 규모는 얼마인가?
> ㄷ. 균형국민소득에서 평균소비성향은 얼마인가?
> (단, 소수점 넷째자리에서 반올림하시오)

| | ㄱ | ㄴ | ㄷ |
|---|---|---|---|
| ① | 1,023 | 10 | 0.729 |
| ② | 1,100 | 16 | 0.725 |
| ③ | 1,100 | 10 | 0.725 |
| ④ | 1,200 | 24 | 0.722 |
| ⑤ | 1,100 | 10 | 0.729 |

**09 | 거시 | 거시경제모형 | 답 ②**

ㄱ. $Y = C + I + G + X - M = 50 + 0.85Yd + 110 + 208 + 82 - (10 + 0.08Y)$에서 $T = 0.2Y$, $Yd = Y - T = Y - 0.2Y = 0.8Y$이기에 $Y = 50 + 0.85(0.8Y) + 110 + 208 + 82 - (10 + 0.08Y) = 440 + 0.6Y$이다. 즉, $Y = 1,100$이다.

ㄴ. 경상수지 $= X - M = 82 - (10 + 0.08Y) = 82 - (10 + 0.08 \times 1,100) = -16$이다. 따라서 경상수지적자는 16이다.

ㄷ. $Y = 1,100$일 때, $C = 50 + 0.85Y_d = 50 + 0.85 \times (1,100 - 0.2 \times 1,100) = 798$이기에 평균소비성향은 $\frac{C}{Y} \fallingdotseq 0.725$이다.

**출제POINT**

총수요와 총소득이 일치하는 점에서 균형국민소득이 결정되기에, $Y = C$(민간소비지출)$+ I$(민간총투자)$+ G$(정부지출)$+ X - M$(순수출)이다.

## 10 □□□

**다음 〈보기〉중 실업과 인플레이션에 대한 설명으로 *옳은* 것은 모두 몇 개인가?**

> 〈보기〉
> ㄱ. 정(+)의 실업률하에서 실질 $GDP$는 잠재적 $GDP$에 미치지 못한다.
> ㄴ. 예상하지 못한 인플레이션이 발생할 경우 명목환율이 불변이면 실질 순수출은 증가한다.
> ㄷ. 장기 필립스곡선은 자연실업률에서 수직이다.
> ㄹ. 비경제활동인구에는 전업학생, 전업주부, 은퇴자 등이 포함된다.
> ㅁ. 경제활동인구는 생산가능연령인구 중 경제활동에 참가하고 있는 인구를 말한다.

① 1개
② 2개
③ 3개
④ 4개
⑤ 5개

**10 | 거시 | 실업률과 인플레이션 | 답 ③**

ㄷ. 인플레이션을 정확하게 예상하는 장기에 기대인플레이션율이 상승하면, 단기 필립스곡선이 상방으로 이동해도 실제실업률이 자연실업률과 일치하기에 장기 필립스곡선은 수직선으로 도출된다.

ㄹ. 비경제활동인구는 일할 의사나 능력이 없는 경우로 전업학생, 전업주부, 은퇴자 등이 포함된다.

ㅁ. 경제활동인구는 생산가능연령, 즉 15세이상인구 중 경제활동에 참가하고 있는 인구를 말한다.

**오답피하기**

ㄱ. '$0 <$ 실제실업률 $<$ 자연실업률'하에서 '실질 $GDP >$ 잠재적 $GDP$'이고, '$0 <$ 자연실업률 $<$ 실제실업률'하에서 '잠재적 $GDP >$ 실질 $GDP$'이다. 따라서 정(+)의 (실제)실업률하에서도 실질 $GDP$는 잠재적 $GDP$를 초과할 수 있다.

ㄴ. 실물단위로 표시한 실질환율인 $\epsilon = \frac{e \times P_f}{P}$($\epsilon$: 실질환율, $e$: 명목환율, $P_f$: 해외물가, $P$: 국내물가)에서, 예상하지 못한 인플레이션이 발생할 경우 명목환율이 불변이면 실질환율이 하락하여 실질 순수출은 감소한다.

**출제POINT**

'$0 <$ 실제실업률 $<$ 자연실업률'하에서 '실질 $GDP >$ 잠재적 $GDP$'이고, '$0 <$ 자연실업률 $<$ 실제실업률'하에서 '잠재적 $GDP >$ 실질 $GDP$'이다.

## 11 □□□

**국민소득계정과 산업연관표의 관계에 대한 설명 중 옳지 않은 것은?**

① 중간수요 + 최종수요 − 수입 = 총산출
② 중간투입 + 부가가치 = 총투입
③ 최종수요 − 수입 = 총투입
④ 총산출 = 총투입
⑤ 총산출 − 중간투입 = 부가가치

| 11 | 거시 | 국민소득계정과 산업연관표 | 답 ③ |
|---|---|---|---|

'중간투입 + 부가가치 = 총투입', '중간수요 + 최종수요 − 수입 = 총산출'에서 '총산출 = 총투입', '중간수요 = 중간투입'일 때, '최종수요 − 수입 = 부가가치'이다.

<산업연관표와 국민소득통계와의 관계>

| 구분 | 중간수요 | 최종수요 | 수입(−) | 총산출 |
|---|---|---|---|---|
| 중간투입 | $A$<br>(산업 간 순환) | $F-M$<br>(지출국민소득) | | $X$ |
| 부가가치 | $V$<br>(생산국민소득<br>또는<br>분배국민소득) | − | | |
| 총투입 | $X$ | | | |

**오답피하기**

① '중간수요 + 최종수요 − 수입 = 총산출'이다.
② '중간투입 + 부가가치 = 총투입'이다.
④ '총산출 = 총투입'이다.
⑤ '중간투입 + 부가가치 = 총투입'에서 '총산출 = 총투입'일 때, '총산출 − 중간투입 = 부가가치'이다.

**출제POINT**

'총산출 = 총투입', '중간수요 = 중간투입'일 때, '최종수요 − 수입 = 부가가치'이다.

## 12 □□□

**세계대부자금시장에서 대부자금에 대한 수요가 증가하는 경우 단기에 자본이동이 자유롭고 변동환율제를 채택하고 있는 소규모개방경제의 순수출, 투자, 소득에 미치는 효과로서 옳은 것은? (단, 먼델-플레밍(Mundell-Fleming)모형을 가정한다)**

| | 순수출 | 투자 | 소득 |
|---|---|---|---|
| ① | 증가 | 감소 | 증가 |
| ② | 증가 | 증가 | 증가 |
| ③ | 증가 | 감소 | 감소 |
| ④ | 감소 | 증가 | 감소 |
| ⑤ | 감소 | 감소 | 감소 |

| 12 | 국제 | 세계이자율상승 | 답 ① |
|---|---|---|---|

세계이자율이 상승하면 외자유출로 국내대부자금시장에서 대부자금에 대한 공급이 감소하여 국내이자율도 상승한다. 즉, $BP$곡선은 상방으로 이동한다. 따라서 투자는 감소한다. 외자유출에 의해 명목환율 상승에 의한 실질환율 상승으로 순수출은 증가한다. 환율상승으로 $IS$곡선이 우측으로 이동하면 국민소득은 증가한다.

**출제POINT**

세계대부자금시장에서 대부자금에 대한 수요가 증가하면 세계이자율은 상승한다.

## 13 □□□

$A$시의 70세 이상 노인들에 대한 다음 설명 중 옳은 것은?

> $A$시의 시민은 대중교통($X$재)과 그 밖의 재화($Y$재)를 소비하여 효용을 얻는다. 현재 $A$시의 70세 이상 노인은 $X$재를 반값에 이용하고 있다. 이제 $A$시에서 70세 이상 노인에게 $X$재 요금을 할인해 주지 않는 대신, 이전에 할인받던 만큼을 현금으로 지원해 주기로 했다.(이하 현금지원정책)

① 현금지원정책 시 예산선의 기울기가 대중교통요금 할인 시 예산선의 기울기와 같다.
② $X$재 소비가 현금지원정책 실시 전에 비해 증가한다.
③ $Y$재 소비가 현금지원정책 실시 전에 비해 감소한다.
④ 소득으로 구매할 수 있는 $X$재의 최대량이 현금지원정책 실시 이전보다 증가한다.
⑤ 효용이 현금지원정책 실시 전에 비해 감소하지 않는다.

## 14 □□□

다음의 시장 상황에 대한 설명으로 옳은 것은?

> 시장수요곡선이 $P=100-Q_d$인 시장에서 독점적으로 생산을 하는 기업이 있다. 이 기업은 고정비용이 100이고 한계비용이 40이다. 이 기업이 생산하는 재화는 단위당 30만큼의 사회적비용을 발생시킨다. ($P$: 가격, $Q_d$: 수요량)

① 이 기업의 이윤극대화 생산량은 60이다.
② 이윤이 양(+)인 경우에 한해 이 기업의 생산량은 고정비용에 영향을 받지 않는다.
③ 사적비용이 사회적비용보다 크다.
④ 최적생산량에서 수요의 가격탄력성은 1보다 작다.
⑤ 이 독점기업의 생산량은 사회적으로 최적이다.

### 13 | 미시 | 사회보장제도 | 답 ⑤

가격보조 전 최초균형점이 $E$이고, $X$재 가격을 할인해 주는 가격보조로 균형점이 $A$일 때, 보조금의 크기를 가격이 불변인 $Y$재 수량으로 표시하면 $AB$의 길이이다. 따라서 이전에 할인받던 만큼을 현금으로 지원해 주기로 했다면 $AB$만큼의 현금보조를 해주는 것과 같고 그만큼 바깥으로 평행이동하여 균형점이 $C$로 바뀔 수 있다.

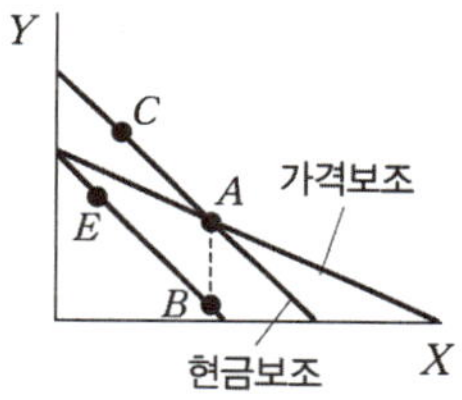


⑤ $C$점에서의 효용이 $A$점에서보다 크기에 효용이 현금지원정책 실시 전에 비해 감소하지 않는다.

**오답피하기**

① 위의 그래프를 통해, 현금지원정책 시 예산선(현금보조 시 예산선)의 기울기가 대중교통요금 할인 시 예산선(가격보조 시 예산선)의 기울기보다 크다.
②, ③ 가격보조 시 $A$에서 현금보조 시 $C$로 이동하기에 $X$재 소비는 현금지원정책 실시 전에 비해 감소하고, $Y$재 소비는 현금지원정책 실시 전에 비해 증가한다.
④ 현금지원정책 실시로 예산선의 기울기가 커지기에 $X$재의 최대량이 이전보다 감소한다.

> **출제POINT**
> 현금보조를 실시하면 예산선이 바깥쪽으로 평행이동하고, 구입가격의 일정비율을 보조하면 예산선이 회전이동한다.

### 14 | 미시 | 외부효과 | 답 ⑤

이 독점기업의 생산량은 30(아래 ① 설명)이고, 사회적최적생산량인 30(아래 ④ 설명)과 같다.

**오답피하기**

① $MR=100-2Q_d$, $MC=40$이고, 이윤극대화 생산량은 $MR=MC$이기에 $MR=100-2Q_d=MC=40$에 따라 $Q=30$이다.
② 고정비용은 생산량과 무관하기에 한계비용에 영향을 미치지 않고, $MR=MC$에서 이루어지는 이윤에도 영향을 주지 못한다. 따라서 이윤이 양(+)이든 음(−)이든 고정비용은 기업의 생산량에 영향을 주지 못한다.
③ 사적(한계)비용은 40이고 외부(한계)비용이 30이기에 사회적(한계)비용은 70이다. 따라서 사적비용이 사회적비용보다 작다.
④ $P=100-Q_d$, $SMC=70$이고, 최적생산량은 $P=SMC$이기에 $P=100-Q_d=SMC=70$에 따라 $Q=30$이다. 최적가격은 $P=100-Q_d$에서 $Q=30$에 따라 $P=70$이다. 따라서 최적생산량에서 수요의 가격탄력성은 $-\frac{\Delta Q}{\Delta P}\cdot\frac{P}{Q}=-(-1)\cdot\frac{70}{30}=\frac{7}{3}$으로 1보다 크다.

> **출제POINT**
> 외부성이 발생하는 경우, 사적한계편익과 사적한계비용이 일치할 때 시장균형거래량이 결정되고, 사회적한계편익과 사회적한계비용이 일치할 때 사회적최적거래량이 결정된다.

## 15 □□□

**다음은 규모에 대한 수익과 비용곡선에 관한 설명이다. 〈보기〉 중 옳지 않은 것은 모두 몇 개인가?**

〈보기〉

ㄱ. 규모에 대한 수익불변의 경우 모든 생산요소가격이 일정하게 유지된다면 생산요소투입량이 3배로 증가할 때 총비용도 3배로 증가한다.
ㄴ. 생산기술이 규모에 대한 수익불변이면 규모의 불경제가 발생할 수 없다.
ㄷ. 장기 한계비용곡선은 단기 한계비용곡선의 포락선이다.
ㄹ. 규모에 대한 수익불변의 경우 모든 생산요소가격이 일정하게 유지된다면 생산량과 총비용이 정비례하므로 장기 평균비용곡선이 수직선이다.
ㅁ. 생산량의 증가로 요소 수요가 증가할 때 생산요소가격이 상승한다면 단위당 생산비용이 상승하게 되므로 장기 평균비용곡선은 우상향의 형태가 된다.

① 1개 ② 2개
③ 3개 ④ 4개
⑤ 5개

**15** 미시 **규모수익과 비용곡선** 답 ③

ㄴ. 생산기술이 규모에 대한 수익불변이라도 생산량의 증가로 요소 수요가 증가할 때 생산요소가격이 상승한다면 단위당 생산비용이 상승하게 되기에 장기 평균비용곡선은 우상향의 형태가 된다. 따라서 생산기술이 규모에 대한 수익불변이라도 규모의 불경제가 발생할 수 있다.
ㄷ. 단기와 장기의 총비용곡선이 서로 접하는 점에서 단기와 장기의 한계비용곡선은 교차하기에 장기 한계비용곡선은 단기 한계비용곡선의 포락선이 아니다.
ㄹ. 규모에 대한 수익불변의 경우 모든 생산요소가격이 일정하게 유지된다면 $LTC$곡선은 원점을 통과하는 직선이다. 따라서 장기 평균비용곡선은 수평선이다.

**오답피하기**

ㄱ. 규모에 대한 수익불변의 경우 모든 생산요소가격이 일정하게 유지된다면 $LTC$곡선은 원점을 통과하는 직선이다. 따라서 생산요소투입량이 3배로 증가할 때 총비용도 3배로 증가한다.
ㅁ. 생산량의 증가로 요소 수요가 증가할 때 생산요소가격이 상승한다면 단위당 생산비용이 상승하게 된다. 따라서 장기 평균비용곡선은 우상향의 형태가 된다.

**출제POINT**
단기와 장기의 총비용곡선이 서로 접하는 점에서 단기와 장기의 평균비용곡선도 서로 접하지만, 단기와 장기의 한계비용곡선은 교차한다.

## 16 □□□

**다음을 참조할 때 $A$ 기업은 총수익의 몇 %를 광고비로 지출하겠는가?**

이윤극대화를 추구하는 $A$ 기업이 광고를 하려고 한다. 이 기업은 정보의 제약하에 놓여 있어 총수익 대비 광고비지출액을 결정하려고 한다. 이 기업은 판매하는 재화에 대한 수요의 가격탄력성은 $-5$이고 광고비를 1% 증가시키면 재화의 수요량이 1% 증가한다는 정보만을 가지고 있다.

① 5% ② 10%
③ 15% ④ 20%
⑤ 25%

**16** 미시 **총수익 대비 광고비지출액** 답 ④

이윤극대화를 위한 총수익 대비 광고비지출액은 수요의 가격탄력성이 $-5$이고, 수요의 광고탄력도가 1이기에, $\frac{\text{수요의 광고탄력도}}{\text{수요의 가격탄력도}} = \frac{1}{5} = 20\%$이다.

**출제POINT**
이윤극대화를 위한 총수익 대비 광고비지출액은 $\frac{\text{수요의 광고탄력도}}{\text{수요의 가격탄력도}}$이다.

## 17 □□□

**다음을 참조할 때 $A$가 선호하는 지원방식을 순서대로 나열한 것은?**

> $A$는 월 60만 원의 소득을 음식($F$)과 의복($C$)을 소비하는 데 모두 지출하며 그의 효용함수는 $U=2FC$이고, 음식의 가격은 2만 원, 의복의 가격은 1만 원이다. 정부에서 $A$의 음식 소비를 지원하기 위해 다음 3가지 방안을 고려하고 있다. (단, $U$는 효용을 나타내고, $a>b$는 $a$를 $b$보다 선호하고, $a \sim b$는 $a$와 $b$에 대한 선호가 무차별함을 의미한다)

> ㄱ. 음식 1단위당 5천 원의 보조
> ㄴ. 10만 원의 정액보조
> ㄷ. 음식 5단위를 구입할 수 있는 음식바우처(음식만 구입 가능)

① ㄱ > ㄴ > ㄷ　　② ㄱ ~ ㄴ ~ ㄷ
③ ㄴ > ㄱ > ㄷ　　④ ㄴ ~ ㄷ > ㄱ
⑤ ㄴ > ㄷ > ㄱ

**17 | 미시 | 사회보장제도 | 답 ④**

$U=2FC$에서 $\alpha=1$, $\beta=1$이기에 정부지원 전 $F$구입량은 $F=\frac{1}{2}\cdot\frac{60}{2}=15$이고, $C$구입량은 $C=\frac{1}{2}\cdot\frac{60}{1}=30$이다.

ㄱ. 음식 1단위당 5천 원의 보조를 받으면 음식의 가격은 1.5만 원, 의복의 가격은 1만 원으로 소비하는 것과 같다. 따라서 60만 원의 소득으로 1.5만 원인 음식과 1만 원인 의복을 소비할 때 $F$구입량은 $F=\frac{1}{2}\cdot\frac{60}{1.5}=20$이고, $C$ 구입량은 $C=\frac{1}{2}\cdot\frac{60}{1}=30$이다. 이때 효용은 $U=2FC=2\times20\times30=1,200$이다.

ㄴ. 10만 원의 정액보조를 받으면 70만 원의 소득으로 소비하는 것과 같다. 따라서 70만 원의 소득으로 소비할 때 $F$구입량은 $F=\frac{1}{2}\cdot\frac{70}{2}=17.5$이고, $C$구입량은 $C=\frac{1}{2}\cdot\frac{70}{1}=35$이다. 이때 효용은 $U=2FC=2\times17.5\times35=1,225$이다.

ㄷ. 정부지원 전 $F$구입량이 15단위로 음식 5단위를 구입할 수 있는 음식바우처를 지원받으면 음식 5단위만큼의 정액보조, 즉 10만 원을 받는 것과 같다. 따라서 70만 원의 소득으로 소비할 때 $F$구입량은 $F=\frac{1}{2}\cdot\frac{70}{2}=17.5$이고, $C$구입량은 $C=\frac{1}{2}\cdot\frac{70}{1}=35$이다. 이때 효용은 $U=2FC=2\times17.5\times35=1,225$이다.

따라서 $A$가 선호하는 지원방식은 ㄴ ~ ㄷ > ㄱ의 순이다.

> **출제POINT**
> C-D형 효용함수인 $U=AX^{\alpha}Y^{\beta}$에서 $X=\frac{\alpha}{\alpha+\beta}\cdot\frac{M}{P_X}$이고, $Y=\frac{\beta}{\alpha+\beta}\cdot\frac{M}{P_Y}$이다.

## 18 □□□

**다음의 경제에서 재화의 가격은 얼마에 설정되는가?**

> 어느 재화에 대한 시장수요함수가 $P=60-2Q$이다. 이 재화를 생산하는 지배적 기업이 하나 있고 나머지 군소기업들은 지배적 기업이 결정한 가격을 따른다. 지배적 기업을 제외한 군소기업들의 재화의 공급함수는 $P=2Q_F$이고 지배적 기업의 한계비용함수는 $MC=Q_D$이다.
> (단, $Q_D$는 지배적 기업의 생산량, $Q_F$는 나머지 군소기업들의 생산량, $P$는 가격, $MC$는 한계비용, $Q$는 시장산출량($Q_D+Q_F$)이다.)

① 10　　② 20
③ 24　　④ 30
⑤ 36

**18 | 미시 | 지배적 기업 | 답 ②**

시장수요 $P=60-2Q$에서 $Q=30-\frac{1}{2}P$이고, 군소기업들의 공급함수 $P=2Q_F$에서 $Q_F=\frac{1}{2}P$이기에 지배적 기업이 직면하는 수요곡선은 $Q=30-P$이다. 따라서 $MR=30-2Q$이고 $MC=Q$이기에 지배적 기업의 이윤극대화 생산량은 $MR=MC$에 따라 $MR=30-2Q=MC=Q$에서 $Q=10$이다. 결국, 가격은 $Q=30-P$에서 $P=20$이다.

> **출제POINT**
> 지배적 기업과 군소기업들로 구성된 시장에서 군소기업들이 지배적 기업이 결정한 가격을 따른다면, 지배적 기업이 직면하는 수요곡선은 시장수요에서 군소기업들의 공급량을 차감하여 구할 수 있다.

## 19 □□□

**다음을 참조할 때 〈보기〉에서 옳은 것을 모두 고르면?**

> 어느 기획사에 소속된 가수 $A$는 음반판매실적과는 관계없이 고정급으로 월 1,000만 원을 받고 있다. 이때, 기획사에서 $A$에게 음반판매실적이 10만 장 이상인 경우에는 월 4,000만 원을 지급하고, 판매실적이 10만 장 미만인 경우에는 월 160만 원을 지급하는 새 계약을 제시했다고 하자. $A$의 효용함수는 $U=\sqrt{10I}$이다. ($U$: 효용, $I$: 급여)

〈보기〉

ㄱ. 음반판매실적이 10만 장 이상일 확률이 50%이면 새로운 계약을 회피하기 위해 지불할 최대금액인 위험프리미엄은 650만 원보다 크다.

ㄴ. 음반판매실적이 10만 장 이상일 확률이 25%이면 $A$는 고정급 계약을 고수한다.

ㄷ. 음반판매실적이 10만 장 이상일 확률이 35%이면 $A$는 고정급 계약 대신 새 계약을 체결한다.

① ㄱ ② ㄴ ③ ㄷ
④ ㄴ, ㄷ ⑤ ㄱ, ㄴ, ㄷ

**19 | 미시 | 위험프리미엄 | 답 ②**

ㄴ. 월 1,000만 원의 고정급일 때 효용은 $U=\sqrt{10I}=\sqrt{10\times1{,}000}=100$이다. 음반판매실적이 10만 장 이상일 확률이 25%일 때 월 4,000만 원을 지급하고, 10만 장 미만인 경우에는 월 160만 원을 지급한다면, 기대효용은 $0.25\times\sqrt{10\times4{,}000}+0.75\times\sqrt{10\times160}=80$이다. 즉, 변동급일 때 기대효용은 80이다. 따라서 $A$는 고정급 계약을 고수한다.

**오답피하기**

ㄱ. 음반판매실적이 10만 장 이상일 확률이 50%일 때 월 4,000만 원을 지급하고, 10만 장 미만인 경우에는 월 160만 원을 지급한다면, 기대소득은 $0.5\times4{,}000+0.5\times160=2{,}080$만 원이고, 기대효용은 $0.5\times\sqrt{10\times4{,}000}+0.5\times\sqrt{10\times160}=120$이다. 즉, 변동급일 때 기대소득은 2,080만 원이고 기대효용은 120이다. 이때 기대효용과 동일한 효용을 주는 확실한 현금의 크기인 확실성 등가는 $U=\sqrt{10I}$에서 1,440만 원이다. 따라서 위험프리미엄 = 기대소득 − 확실성등가 = $2{,}080-1{,}440=640$만 원이다.

ㄷ. 음반판매실적이 10만 장 이상일 확률이 35%일 때 월 4,000만 원을 지급하고, 10만 장 미만인 경우에는 월 160만 원을 지급한다면, 기대효용은 $0.35\times\sqrt{10\times4{,}000}+0.65\times\sqrt{10\times160}=96$이다. 즉, 변동급일 때 기대효용은 96이다. 따라서 $A$는 고정급 계약을 고수한다.

**출제POINT**

불확실한 자산을 확실한 자산으로 교환하기 위하여 지불할 용의가 있는 금액을 위험프리미엄이라 하고, '위험프리미엄 = 기대소득 − 확실성등가'로 계산한다.

## 20 □□□

**다음 〈보기〉 중 국제경제에 대한 설명으로 옳은 것은 모두 몇 개인가?**

〈보기〉

ㄱ. 재정흑자와 경상수지적자의 합은 0이다.

ㄴ. 경상수지적자의 경우 자본수지적자가 발생한다.

ㄷ. 규모에 대한 수확이 체증하는 경우 이종산업간(inter-industry)교역이 활발하게 되는 경향이 있다.

ㄹ. 중간재가 존재할 경우 요소집약도가 변하지 않더라도 요소가격 균등화가 이루어지지 않는다.

ㅁ. 만약 일국의 국민소득이 목표치를 넘을 경우 지출축소 정책은 타국과 정책마찰을 유발한다.

① 1개 ② 2개
③ 3개 ④ 4개
⑤ 5개

**20 | 국제 | 국제경제 | 답 ②**

ㄹ. 각국의 생산기술이 다르거나 중간재가 존재할 경우 요소집약도가 변하지 않더라도 요소가격 균등화가 이루어지지 않는다.

ㅁ. 지출축소정책은 수입감소로 타국과 정책마찰을 유발할 수 있다.

**오답피하기**

ㄱ. $X-M=(S_P-I)+(T-G)$이다. 따라서 $(S_P-I)=0$일 때만 재정흑자와 경상수지적자의 합은 0이다.

ㄴ. 경상수지적자의 경우 자본수지흑자가 발생한다.

ㄷ. 규모에 대한 수확이 체증하는 경우 규모의 경제가 발생하여 동종산업 내 교역이 활발하게 되는 경향이 있다.

**출제POINT**

중간재가 존재할 경우 요소집약도가 변하지 않더라도 요소가격 균등화가 이루어지지 않는다.

## 21 □□□

**한국경제가 현재 단기필립스곡선 $SP_1$상의 $a$점에 있다고 가정하자. 중동지역정세의 불안정으로 인해 에너지가격이 폭등할 경우 단기에서 장기까지 한국 경제의 예상이동경로로 옳은 것은? (단, $U_n$은 자연실업률수준을 나타낸다)**

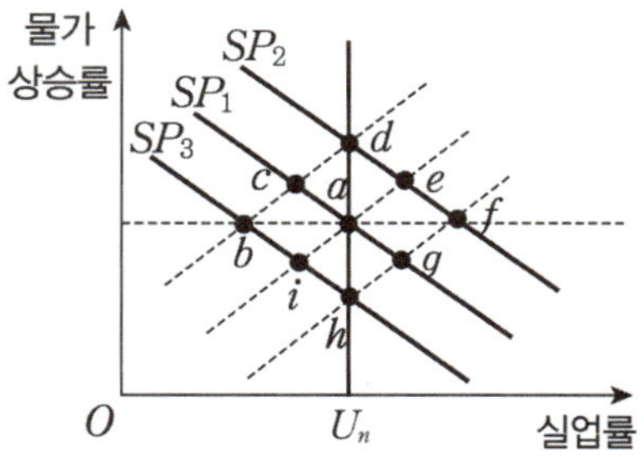


① $a \to c \to d$

② $a \to e \to d$

③ $a \to g \to h$

④ $a \to i \to h$

⑤ $a \to e \to a$

## 22 □□□

**립진스키(Rybczynski)정리에 대한 다음 설명 중 교역당사국의 입장에서 가장 옳은 것은?**

① 교역조건이 일정할 때 풍부한 생산요소의 증가는 모든 재화의 생산 증가를 가져온다.

② 풍부한 생산요소가 증가되면 오퍼곡선은 아래축(수입량) 방향으로 수축된다.

③ 일반적으로 희소한 생산요소가 증가되면 교역조건에 크게 영향을 주지 않는다.

④ 일반적으로 풍부한 생산요소가 증가되면 수입수요는 증가한다.

⑤ 생산요소의 변화는 오퍼곡선에 별 영향을 주지 않는다.

| 21 | 국제 | 필립스곡선 | 답 ⑤ |
|---|---|---|---|

공급충격을 받아 단기 총공급곡선이 좌측으로 이동하면 물가가 상승하고 실업이 증가한다. 이는 필립스곡선의 우상방이동($SP_1 \to SP_2$)으로 단기적으로 균형점은 $a$점에서 $e$점으로 이동한다. $e$점은 실제실업률이 자연실업률보다 높기에 정부가 개입하지 않았다면 장기적으로는 물가가 하락하고 임금이 하락하여 단기 총공급곡선이 우측으로 이동하므로 필립스곡선의 좌하방이동($SP_2 \to SP_1$)으로 최초균형으로 복귀한다. 결론적으로, $a \to e \to a$로 이동한다.

**출제POINT**

공급충격을 받아 단기 총공급곡선이 좌측으로 이동하면 물가가 상승하고 실업이 증가한다. 정부가 개입하지 않았다면 장기적으로는 물가가 하락하고 임금이 하락하여 단기 총공급곡선이 우측으로 이동하므로 최초균형으로 복귀한다.

| 22 | 국제 | 립진스키정리 | 답 ④ |
|---|---|---|---|

일반적으로 풍부한 생산요소가 증가되면 이를 집약적으로 사용하는 재화인 수출재의 생산이 증가하여 오퍼곡선은 오른쪽으로 이동한다. 따라서 수출량과 수입량이 모두 증가한다.

**오답피하기**

① 교역조건이 일정할 때 풍부한 생산요소의 증가는 그 요소를 집약적으로 사용하는 재화의 생산은 증가하나 다른 재화의 생산은 감소한다.

② 풍부한 생산요소가 증가되면 이를 집약적으로 사용하는 재화인 수출재의 생산이 증가하여 오퍼곡선은 오른쪽, 즉 수출량방향으로 확장된다.

③ 일반적으로 희소한 생산요소가 증가되면 이를 집약적으로 사용하는 재화인 수입재의 생산이 증가하여 교역조건이 개선된다.

⑤ 풍부한 생산요소가 증가되면 이를 집약적으로 사용하는 재화인 수출재의 생산이 증가하여 오퍼곡선은 오른쪽으로 이동하는 등 생산요소의 변화는 오퍼곡선에 영향을 준다.

**출제POINT**

어떤 생산요소 부존량이 증가하면 그 요소를 집약적으로 사용하는 재화 생산량은 증가하고 다른 재화 생산량은 감소한다는 것을 립진스키정리라 한다.

## 23 □□□

**완전경쟁경제하에 있는 $A$국의 생산함수는 $Y=AL^{0.6}K^{0.4}$이다. 자본($K$)의 감가상각률이 1%, 인구($L$)의 증가율이 3%, 기술진보율이 4%이다. 이 국가의 경제가 황금률(Golden Rule)의 자본 수준에 있다고 할 때 〈보기〉에서 옳은 것을 모두 고르면?**

〈보기〉
ㄱ. 총소득($Y$)의 성장률은 8%이다.
ㄴ. 자본은 소득의 5배이다.
ㄷ. 저축률은 40%이다.
ㄹ. 1인당 소득($Y/L$)의 성장률은 4%이다.
ㅁ. 자본의 실질임대가격의 성장률은 1%이다.

① ㄱ, ㄴ, ㄷ
② ㄴ, ㄷ, ㄹ
③ ㄴ, ㄷ, ㅁ
④ ㄴ, ㄹ, ㅁ
⑤ ㄷ, ㄹ, ㅁ

## 24 □□□

**다음 게임에 대한 설명으로 옳지 않은 것은?**

잠재적 진입기업 $A$는 기존기업 B가 독점하고 있는 시장으로 진입할지 여부를 고려하고 있다. $A$가 진입하지 않으면 $A$와 $B$의 보수는 각각 0과 2이다. $A$가 진입을 하면 B는 반격을 하거나 공생을 할 수 있다. $B$가 반격을 할 경우 $A$와 $B$의 보수는 각각 −1과 0이다. 반면 공생을 할 경우 두 기업이 시장을 나눠 가져 각각 1의 보수를 얻는다.

① 이 게임의 순수전략 내쉬균형은 하나이다.
② $A$가 진입하지 않으면 $B$는 어떤 전략을 택하든 무차별하다.
③ 부분게임완전균형에서 $A$는 진입을 한다.
④ $A$가 진입하는 경우 $B$는 공생하는 것이 최선의 대응이다.
⑤ $A$가 진입하면 반격하겠다는 $B$의 전략은 신빙성이 없다.

| 23 | 거시 | 황금률 | 답 ② |
|---|---|---|---|

ㄴ. $A$국의 생산함수는 $Y=AL^{0.6}K^{0.4}$에서 $MP_K=0.4AL^{0.6}K^{-0.6}$이다. $n+d+g=0.08$이다. 따라서 $MP_K=n+d+g$에서 $MP_K=0.4AL^{0.6}K^{-0.6}=n+d+g=0.08$이다. 양변에 $K$를 곱하면 $0.4Y=0.08K$이다. 따라서 $K=5Y$로 자본은 소득의 5배이다.
ㄷ. 생산함수 $Y=AL^{0.6}K^{0.4}$에서 $K$의 지수인 0.4는 자본소득의 분배율로 자본축적의 황금률에서 저축률과 같기에 저축률은 40%이다.
ㄹ. 기술진보를 가정한 솔로우모형의 균제상태에서 '1인당 경제성장률=기술진보율'이다. 따라서 1인당 소득 성장률(1인당 경제성장률)은 기술진보율 = 4%이다.

**오답피하기**
ㄱ. 기술진보를 가정한 솔로우모형의 균제상태에서 '경제성장률 = 인구증가율 + 기술진보율'이다. 따라서 총소득증가율(경제성장률)은 인구증가율(3%) + 기술진보율(4%) = 7%이다.
ㅁ. 황금률도 균제상태로 $MP_K\left(=\frac{r}{P}\right)$가 일정하기에 자본의 실질임대가격도 일정하게 유지된다.

**출제POINT**
1인당 소비가 극대화되는 상태를 자본축적의 황금률이라 하고 $MP_K=n+d+g$에서 달성된다.

| 24 | 미시 | 완전균형 | 답 ① |
|---|---|---|---|

| 구분 | | 기업 $B$: 공생 | 기업 $B$: 반격 |
|---|---|---|---|
| 기업 $A$ | 진입포기 | (0, 2) | (0, 2) |
| | 진입 | (1, 1) | (−1, 0) |

내쉬균형은 (진입포기, 반격), (진입, 공생)의 두 개다.

**오답피하기**
② $A$가 진입하지 않으면 공생이든 반격이든 $B$의 보수는 2로 무차별하다.
③ 내쉬균형 조합 중에서 신빙성이 없는 위협이 포함된 내쉬균형을 제외하고 찾아낸 조합이 (부분게임)완전균형이다. 즉, 신규기업은 진입하고 기존기업은 공생을 선택하는 조합인 (1, 1)이 (부분게임)완전균형이다.
④ $A$가 진입하는 경우 $B$의 보수는 공생(1)이 반격(0)보다 크다.
⑤ $A$가 진입하면 $B$는 실제로는 공생을 선택하기에 반격하겠다는 $B$의 전략은 신빙성이 없다.

**출제POINT**
신빙성이 없는 위협이 포함된 내쉬균형을 제외하고 찾아낸 조합이 (부분게임)완전균형이다.

## 25 □□□

**다음을 참조하여 〈보기〉에서 옳은 것을 모두 고르면?**

> 효용극대화를 추구하는 어느 소비자의 $X$재와 $Y$재에 대한 효용함수가 $U(X,\ Y)$로 주어져 있고, 예산제약식이 $P_XX+P_YY=I$이다. 이 때, $P_X=5$, $P_Y=50$, $I=10{,}000$이며, 이 예산제약선상의 어느 한 점에서 $X$재의 한계효용 $MU_X$가 120, $Y$재의 한계효용 $MU_Y$가 60이다.
> (단, $P_X$는 $X$재의 가격, $P_Y$는 $Y$재의 가격, $I$는 소득이며, $X$재와 $Y$재의 한계효용은 체감한다)

〈보기〉

ㄱ. 예산제약선을 따라 $X$재의 소비를 늘리고, $Y$재의 소비를 줄이면 총효용이 증가한다.

ㄴ. 소득 $I$가 12,000으로 증가하면 $MU_X$는 반드시 감소하고, $MU_Y$는 반드시 증가한다.

ㄷ. 소득 $I$가 12,000으로 증가하면 $MU_X$는 반드시 증가하고, $MU_Y$는 반드시 감소한다.

① ㄱ  ② ㄴ
③ ㄷ  ④ ㄱ, ㄴ
⑤ ㄱ, ㄷ

**25 | 미시 | 효용극대화 | 답 ①**

ㄱ. $MRS_{XY}=\frac{MU_X}{MU_Y}(=2)>\frac{P_X}{P_Y}\left(=\frac{1}{10}\right)$이다. 따라서 $\frac{MU_X}{P_X}>\frac{MU_Y}{P_Y}$이다. 즉, $X$재의 1원당 한계효용은 $Y$재의 1원당 한계효용보다 크다. 그러므로 $X$재 구입을 늘리고 $Y$재 구입을 감소시켜 효용증대가 가능하다.

**오답피하기**

ㄴ, ㄷ. 소득 $I$가 12,000으로 증가하면, $X$재와 $Y$재의 구입은 증가하게 된다. $X$재와 $Y$재의 한계효용은 체감하기에 $MU_X$와 $MU_Y$는 반드시 감소한다.

> **출제POINT**
> $\frac{MU_X}{P_X}>\frac{MU_Y}{P_Y}$이면, $X$재의 1원당 한계효용은 $Y$재의 1원당 한계효용보다 크다. 그러므로 $X$재 구입을 늘리고 $Y$재 구입을 감소시켜 효용증대가 가능하다.

# 6회 2015년 국회직

## 01 □□□

졸업식장에서 사용되는 꽃다발에 대한 수요는 $P = 100 - 2Q$, 공급은 $P = 50 + 3Q$라 한다. 빈곤층을 돕기 위해 시당국은 꽃 한 다발당 20원을 소비세로 부과하기로 하였다. 이때 소비자잉여 감소분과 생산자잉여 감소분은 각각 얼마인가? (단, $P$는 꽃다발의 시장가격, $Q$는 꽃다발의 수를 나타낸다)

① (48, 72)
② (72, 48)
③ (64, 96)
④ (96, 64)
⑤ (88, 68)

## 02 □□□

해외부문이 존재하지 않는 폐쇄경제의 균형에서 총투자는 국민저축(national saving)과 같고, 국민저축은 민간저축(private saving)과 정부저축(public saving)으로 구성되어 있다. 국민소득이 480이고 소비지출이 350, 정부지출이 100, 조세가 80일 때 사적저축은?

① 30
② 50
③ 80
④ 100
⑤ 130

| 01 | 미시 | 소비자잉여와 생산자잉여 | 답 ③ |
|---|---|---|---|

수요함수가 $P=100-2Q$이고 공급함수가 $P=50+3Q$일 때, 균형거래량은 10이고 균형가격은 80이다. 생산자에게 다발당 20원을 소비세로 부과하면, 수요함수는 $P=100-2Q$이고 공급함수는 $P-(+20)=50+3Q$로 $P=70+3Q$이기에 균형거래량은 6이고 균형가격은 88이다. 따라서 소비자잉여는 그림의 $A+B$ 면적인 $(20\times10\div2)-(12\times6\div2)=64$만큼 감소한다. 그리고 생산자잉여는 그림의 $C+D$ 면적인 $(30\times10\div2)-(18\times6\div2)=96$만큼 감소한다.

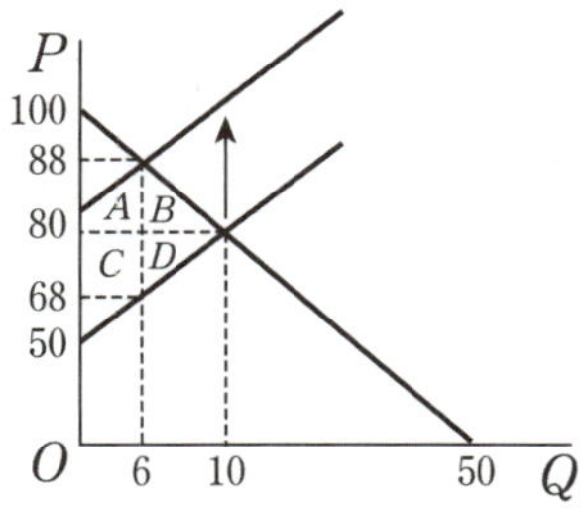


**출제POINT**
소비자의 최대지불의사금액에서 실제지불금액을 차감한 것을 소비자잉여라 하고, 실제받은금액에서 생산자의 최소요구금액을 뺀 값을 생산자잉여라 한다.

| 02 | 거시 | 저축과 투자 | 답 ② |
|---|---|---|---|

민간저축($S_P = Y - T - C$)은 $480-80-350=50$이다.

**출제POINT**
민간저축($S_P = Y - T - C$)과 정부저축($T - G$)의 합은 총저축($S_P + T - G$)이다.

## 03 □□□

**당첨될 경우 16, 그렇지 못할 경우 0의 상금을 얻을 수 있는 복권이 있다. 이 복권에 당첨될 확률과 그렇지 못할 확률은 동일하다. 이 복권을 구입한 효미의 효용함수는 $u(W) = \sqrt{W}$ 라고 한다. 이 경우 확실성등가(certainty equivalence)와 위험프리미엄(risk premium)은 각각 얼마인가? (단, $u$는 효미의 효용, $W$는 상금 규모이다)**

① (2, 2)
② (3, 4)
③ (4, 4)
④ (4, 2)
⑤ (8, 8)

## 04 □□□

**소비자이론에 관한 다음 설명 중 옳지 않은 것은?**

① 무차별곡선이 $L$자형이면 가격효과와 소득효과는 동일하다.
② 기펜재는 열등재이지만 모든 열등재가 기펜재는 아니다.
③ 재화의 가격이 변하더라도 무차별곡선지도는 변하지 않는다.
④ 열등재의 가격이 하락할 때 수요량이 늘어난다면 이는 대체효과가 소득효과보다 작기 때문이다.
⑤ 소득소비곡선($ICC$)이 우상향하는 직선이면 두 재화 모두 정상재이다.

**03 | 미시 | 위험프리미엄 — 답 ③**

당첨될 확률과 그렇지 못할 확률은 동일하고 당첨될 경우 16, 그렇지 못할 경우 0의 상금을 얻을 수 있는 복권이 있을 때, 기대소득을 구해보면 $0.5 \times 16 + 0.5 \times 0 = 8$이다. 그리고 기대효용을 구해보면 $0.5 \times \sqrt{16} + 0.5 \times \sqrt{0} = 2$이다. 또한 확실성등가를 구하면 $2 = \sqrt{W}$이고 $W = 4$이다. 위험프리미엄은 불확실한 자산을 확실한 자산으로 바꾸기 위해 포기할 용의가 있는 금액이므로 기대소득 − 확실성등가 $= 8 - 4 = 4$이다.

**출제POINT**

불확실한 자산을 확실한 자산으로 교환하기 위하여 지불할 용의가 있는 금액을 위험프리미엄이라 하고, '위험프리미엄($\pi$)=기대소득($E(w)$)− 확실성등가($CE$)'로 계산한다.

**04 | 미시 | 열등재 — 답 ④**

열등재의 가격이 하락할 때 수요량이 늘어난다면 이는 기펜재 아닌 열등재로 대체효과가 소득효과보다 크기 때문이다.

**오답피하기**

① 무차별곡선이 $L$자형이면 완전보완재 성격으로, 대체효과가 영(0)이기에 가격효과는 소득효과와 동일하다.
② 열등재는 기펜재와 기펜재 아닌 열등재로, 기펜재는 열등재이지만 모든 열등재가 기펜재는 아니다.
③ 재화의 가격이 변하더라도 소비자에게 동일한 효용을 주는 두 재화의 조합인 무차별곡선들을 모아 놓은 무차별곡선지도는 변하지 않는다.
⑤ 소득소비곡선($ICC$)이 우상향하는 직선이면 두 재화 모두 정상재이다. 한 재화가 열등재이면 좌상향의 형태이다.

**출제POINT**

열등재는 기펜재와 기펜재 아닌 열등재로 나눌 수 있고, 기펜재는 기펜재 아닌 열등재와 달리 수요의 법칙이 성립하지 않는다.

## 05 □□□

**중앙은행이 정한 법정지급준비율이 12%이고, 시중은행의 초과지급준비율이 3%이다. 또한 민간은 통화의 일부를 현금으로 보유하며, 그 비율은 일정하다. 만약 중앙은행이 60억 원 상당의 공채를 매입한다면, 시중의 통화량은 얼마나 증가하겠는가?**

① 60억 원
② 400억 원
③ 500억 원
④ 60억 원 초과 400억 원 미만
⑤ 400억 원 초과 500억 원 미만

## 06 □□□

**완전경쟁기업의 총비용함수가 $TC(Q) = Q - \frac{1}{2}Q^2 + \frac{1}{3}Q^3 + 40$이다. 이 기업은 이윤이 어느 수준 미만이면 단기에 생산을 중단하겠는가?**

① −50
② −40
③ 0
④ 40
⑤ 50

**05** 거시 **통화량** 답 ④

법정지급준비율이 12%이고, 시중은행의 초과지급준비율이 3%이기에 실제지급준비율은 15%이다. 현금통화비율 $c=1$이면 통화승수 $m=1$이기에 중앙은행이 60억 원 상당의 공채를 매입한다면 통화량은 60억 원 증가한다. 현금통화비율 $c=0$이면 통화승수 $m=\frac{1}{z}=\frac{1}{0.15}=\frac{20}{3}$이기에 중앙은행이 60억 원 상당의 공채를 매입한다면 통화량은 400억 원 증가한다. 따라서 민간은 통화의 일부를 현금으로 보유하기에 통화량은 60억 원 초과 400억 원 미만 증가한다.

**출제POINT**

통화승수는 현금/통화량비율 시 $m=\frac{1}{c+z(1-c)}$이다.

**06** 미시 **생산중단점** 답 ②

생산중단점은 '총수입 = 총가변비용'이기에, '이윤 = 총수입 − 총가변비용 − 총고정비용'에서 '이윤 = −총고정비용'이다. 총수입이 총가변비용에 미달하면 단기에도 조업을 중단한다. 따라서 '이윤 < −총고정비용'이면 단기에도 조업을 중단한다. 총비용함수가 $TC(Q)=Q-\frac{1}{2}Q^2+\frac{1}{3}Q^3+40$에서 $Q=0$일 때, 총고정비용은 40으로 이윤이 −40보다 작으면 단기에도 조업을 중단한다.

**출제POINT**

$AVC$곡선의 최저점은 생산하는 것과 생산을 하지 않는 것이 동일한 생산중단점이다.

## 07 □□□

**완전경쟁시장에서 대표적 기업의 생산함수가 $f(L, K) = L^{\frac{1}{2}}K^{\frac{1}{2}}$이다. 노동 1단위당 임금은 4이고, 자본 1단위당 임대료는 2이다. 이 산업에 1만 개의 기업이 존재하고, 모든 기업의 생산함수는 대표적 기업과 동일하다. 단기에 모든 기업의 자본투입량($K$)은 16으로 고정되어 있다. 이 경우 단기 시장공급곡선으로 옳은 것은? (단, $L$은 노동투입량, $P$는 시장가격, $Q$는 시장공급량이다)**

① $P = 10{,}000Q$

② $P = 20{,}000Q$

③ $P = \frac{Q}{10{,}000}$

④ $P = \frac{Q}{20{,}000}$

⑤ 위의 어느 것도 옳지 않다.

## 08 □□□

**해외부문이 존재하지 않는 폐쇄경제에서 소비함수는 $C = 100 + 0.8(1-t)Y$, 민간투자는 180, 정부지출은 180이다. 정부가 정부지출을 200으로 늘린다고 할 때, 다음 설명 중 옳은 것은? (단, $C$는 소비, $t$는 조세율, $Y$는 국민소득이다)**

① 조세율이 0이면 국민소득은 변하지 않는다.

② 조세율이 0이면 국민소득은 20만큼 증가한다.

③ 조세율이 0이면 국민소득은 50만큼 증가한다.

④ 조세율이 0.25이면 국민소득은 40만큼 증가한다.

⑤ 조세율이 0.25이면 국민소득은 50만큼 증가한다.

| 07 | 거시 | $AS$곡선 | 답 ④ |
|---|---|---|---|

생산함수가 $f(L, K) = L^{\frac{1}{2}}K^{\frac{1}{2}}$이고 자본투입량($K$)이 16일 때, 생산함수는 $Q = 4\sqrt{L}$이다. $W$가 4이고, $MP_L$은 생산함수 $Q = 4\sqrt{L}$을 미분한 $MP_L = \frac{2}{\sqrt{L}}$이다. $L$은 $MP_L \times P = W$에서 $\frac{2}{\sqrt{L}} \times P = 4$를 통해 $L = \frac{P^2}{4}$이다. 이를 생산함수 $Q = 4\sqrt{L}$에 대입하면 $Q = 2P$의 $AS$곡선을 구할 수 있다. 1만 개의 기업이 존재하기에 단기 시장공급곡선은 개별공급곡선을 수평합으로 구한 $Q = 20{,}000P$이다. 따라서 $P = \frac{Q}{20{,}000}$이다.

**출제POINT**

노동시장의 균형은 $VMP_L = P \times MP_L = W$이다.

| 08 | 거시 | 승수 | 답 ⑤ |
|---|---|---|---|

조세율이 0.25일 때, 정부지출승수는 $\frac{1}{1-c(1-t)} = \frac{1}{1-0.8(1-0.25)} = 2.5$이다. 따라서 정부지출을 180에서 200으로 20만큼 증가시키면 국민소득은 50만큼 증가한다.

**오답피하기**

①, ②, ③ 조세율이 0일 때, 정부지출승수는 $\frac{1}{1-c(1-t)} = \frac{1}{1-0.8(1-0)} = 5$이다. 따라서 정부지출을 180에서 200으로 20만큼 증가시키면 국민소득은 100만큼 증가한다.

④ 조세율이 0.25이면 국민소득은 50만큼 증가한다.

**출제POINT**

정부지출승수는 $\frac{1}{1-c(1-t)}$이다.

## 09 □□□

**어느 독점기업의 수요함수가 $P(Q)=25-\frac{1}{2}Q$이며, 총비용함수는 $TC(Q)=5Q$이다. 이 독점기업의 이윤을 극대화하는 가격($P$)과 마크업(mark-up)은 각각 얼마인가? (단, $Q$는 생산량, $TC$는 총비용을 나타내며 '마크업 = 가격/한계비용'으로 정의된다)**

① (15, 3)
② (20, 3)
③ (15, 2)
④ (20, 2)
⑤ (10, 2)

## 10 □□□

**완전경쟁기업과 독점기업에 대한 설명으로 옳은 것을 〈보기〉에서 모두 고르면? (단, 기업의 한계비용곡선은 우상향한다고 가정한다)**

〈보기〉

ㄱ. 완전경쟁기업은 한계수입이 평균총비용보다 작은 경우 손실을 보게 된다.
ㄴ. 한계비용과 평균수입이 일치하는 생산량을 생산할 때 완전경쟁기업의 이윤은 극대화된다.
ㄷ. 한계비용과 한계수입이 일치하는 생산량을 생산할 때 독점기업의 이윤은 극대화된다.
ㄹ. 독점기업이 정상적인 이윤만을 얻도록 하기 위해서는 정부가 독점가격을 한계비용과 같도록 규제해야 한다.

① ㄴ
② ㄱ, ㄴ
③ ㄷ, ㄹ
④ ㄱ, ㄴ, ㄷ
⑤ ㄱ, ㄴ, ㄷ, ㄹ

| 09 | 미시 | 독점 | 답 ① |
|---|---|---|---|

독점기업은 $MR=MC$에서 생산량을 결정하고, $MR=MC$의 위에 있는 수요곡선상의 점에서 가격이 결정된다. 즉, $MR=25-Q$이고, $MC=5$이기에 $MR=MC$에서 이윤극대화 생산량은 20이다. 따라서 가격은 수요곡선 $P(Q)=25-\frac{1}{2}Q$에서 15이다. 마크업은 가격/한계비용$=\frac{15}{5}=3$이다.

**출제POINT**

'마크업 = 가격/한계비용'으로 정의한다.

| 10 | 미시 | 시장 | 답 ④ |
|---|---|---|---|

ㄱ. 완전경쟁기업은 '가격 = 평균수입 = 한계수입'이기에 한계수입이 평균총비용보다 작은 경우 손실을 보게 된다.
ㄴ. 완전경쟁기업은 '가격 = 평균수입 = 한계수입'이기에 한계비용과 평균수입이 일치하는 생산량을 생산할 때 완전경쟁기업의 이윤은 극대화된다.
ㄷ. 독점기업은 한계비용과 한계수입이 일치하는 생산량을 생산할 때 이윤이 극대화된다.

**오답피하기**

ㄹ. 한계비용가격설정하, $P=MC$로 독점가격을 규제하면, 생산은 효율적이나 적자가 발생한다. 평균비용가격설정하, $P=AC$로 독점가격을 규제하면, 적자는 아니나 생산이 비효율적이다.

**출제POINT**

완전경쟁에서 $P$가 고정된 상수이기에 $TR(=PQ)$은 원점을 지나는 직선이고,
$AR\left(=\frac{TR}{Q}=\frac{PQ}{Q}=P\right)$과 $MR\left(=\frac{\Delta TR}{\Delta Q}=\frac{P\Delta Q}{\Delta Q}=P\right)$은 수평선이다. 즉, $P$(고정된 상수) $=AR=MR$이다.

## 11 □□□

어느 복점시장에서 두 기업 $A$, $B$가 경쟁하고 있다. 불황 기간 중에 각 기업은 생산량감소와 생산량유지 중 하나의 전략을 선택해야 한다. 각 기업이 자신의 이윤을 극대화하고자 할 때 다음 설명 중 옳은 것은? (단, 괄호 안의 첫 번째 숫자는 기업 $A$의 이윤을, 두 번째 숫자는 기업 $B$의 이윤을 나타낸다)

| 기업 $A$의 전략 \ 기업 $B$의 전략 | 생산량감소 | 생산량유지 |
|---|---|---|
| 생산량감소 | (100, 100) | (50, 80) |
| 생산량유지 | (80, 50) | (70, 70) |

① 두 기업 모두 생산량을 유지하는 전략조합이 파레토 효율적(Pareto efficient)이다.

② 내쉬균형(Nash equilibrium)에서 두 기업은 동일한 전략을 선택한다.

③ 기업 $B$의 전략과 상관없이 기업 $A$는 생산량을 유지하는 것이 우월전략이다.

④ 우월전략균형은 1개가 존재한다.

⑤ 내쉬균형은 1개가 존재한다.

## 12 □□□

노동수요곡선에 대한 설명으로 옳은 것을 <보기>에서 모두 고르면?

<보기>

ㄱ. 노동의 한계생산물이 빠르게 체감할수록 노동수요는 임금탄력적이 된다.

ㄴ. 생산물에 대한 수요가 증가하면 노동수요곡선이 우측으로 이동한다.

ㄷ. 노동 1단위당 자본량이 증가하면 노동수요곡선이 좌측으로 이동한다.

① ㄱ

② ㄴ

③ ㄱ, ㄴ

④ ㄴ, ㄷ

⑤ ㄱ, ㄴ, ㄷ

**11** 미시 **내쉬균형** 답 ②

- 기업 $B$가 생산량감소를 선택하면 기업 $A$는 생산량감소가 최선이고, 기업 $B$가 생산량유지를 선택하면 기업 $A$는 생산량유지가 최선이다.
- 기업 $A$가 생산량감소를 선택하면 기업 $B$는 생산량감소가 최선이고, 기업 $A$가 생산량유지를 선택하면 기업 $B$는 생산량유지가 최선이다.
- 따라서 내쉬균형은 (생산량감소, 생산량감소), (생산량유지, 생산량유지)이다. 즉, 내쉬균형(Nash equilibrium)에서 두 기업은 동일한 전략을 선택한다.

**오답피하기**

① (생산량감소, 생산량감소)가 (생산량유지, 생산량유지)보다 이윤이 더 크기에 두 기업 모두 생산량을 유지하는 전략조합은 파레토 효율적(Pareto efficient)이 아니다.

③, ④ 기업 $A$와 기업 $B$는 우월전략이 없기에 우월전략균형도 존재하지 않는다.

⑤ 내쉬균형은 2개가 존재한다.

**출제POINT**

상대방의 전략을 주어진 것으로 보고 경기자는 자신에게 가장 유리한 전략을 선택하였을 때 도달하는 균형을 내쉬균형이라 한다.

**12** 미시 **노동수요곡선** 답 ②

ㄴ. 생산물에 대한 수요가 증가하면 가격상승으로 노동수요곡선인 한계생산물가치($VMP_L$)곡선이 우측으로 이동한다.

**오답피하기**

ㄱ. 노동의 한계생산물이 빠르게 체감할수록 한계생산물가치($VMP_L$)곡선이 급경사가 되기에 노동수요는 임금비탄력적이 된다.

ㄷ. 노동 1단위당 자본량이 증가하면 $\frac{K}{L}$가 증가하여 $Q=AL^{\alpha}K^{\beta}$하, $MP_L=\alpha AL^{\alpha-1}K^{\beta}=\alpha AL^{\alpha}\frac{K}{L}K^{\beta-1}$에서 $MP_L$증가로 노동수요곡선이 우측으로 이동한다.

**출제POINT**

생산물시장이 완전경쟁이면, 가격과 한계수입이 일치하기에 한계생산물가치($VMP_L$)곡선이 개별기업의 노동수요곡선이다.

## 13 □□□

**알루미늄 시장의 사적한계비용곡선($PMC$)과 사회적한계비용곡선($SMC$), 수요곡선($D$)이 다음과 같다. 이 시장이 완전경쟁시장일 때, 다음 중 옳지 않은 것은? (단, $P$는 알루미늄 가격, $Q$는 알루미늄 생산량이다)**

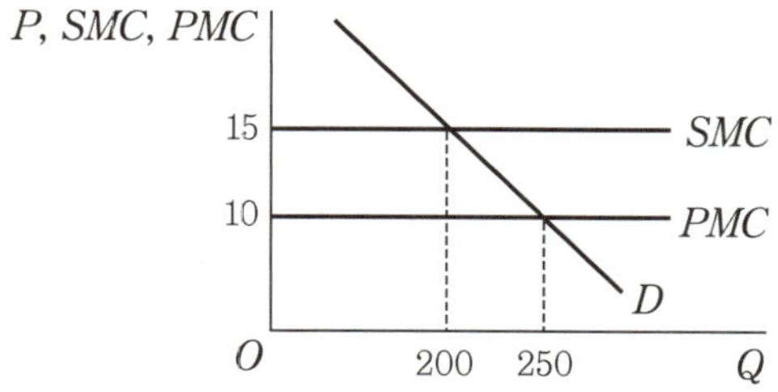


① 사회적최적생산량은 200이다.
② 정부개입이 없는 경우 균형에서의 총외부비용은 1,250이다.
③ 정부개입이 없는 경우 균형생산량은 250이다.
④ 1단위당 5의 조세를 부과하면 생산량은 200이 된다.
⑤ 1단위당 5의 조세를 부과하면 생산자잉여는 감소한다.

## 14 □□□

**소비이론에 대한 설명으로 옳은 것을 〈보기〉에서 모두 고르면?**

〈보기〉

ㄱ. 절대소득가설에 따르면, 가처분소득이 증가할 때 소비지출이 증가하므로 소비함수곡선이 상방으로 이동한다.
ㄴ. 쿠즈네츠(Kuznets)의 실증분석에 따르면, 장기에는 평균소비성향이 한계소비성향보다 크다.
ㄷ. 상대소득가설은 소비의 가역성과 소비의 상호의존성을 가정한다.
ㄹ. 항상소득가설에 따르면, 현재소득이 일시적으로 항상소득 이상으로 증가할 때, 평균소비성향은 일시적으로 상승한다.

① ㄱ
② ㄷ
③ ㄱ, ㄹ
④ ㄴ, ㄷ
⑤ 모두 옳지 않다.

| 13 | 미시 | 외부효과 | 답 ⑤ |
|---|---|---|---|

1단위당 5의 조세부과 전후 사적한계비용곡선은 모두 수평선으로 생산자 잉여는 0으로 같다.

**오답피하기**

① 사회적최적생산량은 사회적한계편익(수요곡선)과 사회적한계비용(공급곡선)이 일치할 때 200으로 결정된다.
② 사회적한계비용은 15이고 사적한계비용이 10이기에 외부한계비용은 5이다. 사적한계편익(수요곡선)과 사적한계비용(공급곡선)이 일치할 때 시장균형생산량은 250이기에 정부개입이 없는 경우 시장균형에서의 총외부비용은 1,250이다.
③ 정부개입이 없는 경우 시장균형생산량은 사적한계편익(수요곡선)과 사적한계비용(공급곡선)이 일치할 때 250으로 결정된다.
④ 1단위당 5의 조세를 부과하면 사회적한계비용과 사적한계비용이 일치하기에 생산량은 200이 된다.

**출제POINT**

외부성이 발생하는 경우, 사적한계편익과 사적한계비용이 일치할 때 시장균형거래량이 결정되고, 사회적한계편익과 사회적한계비용이 일치할 때 사회적최적거래량이 결정된다.

| 14 | 거시 | 소비이론 | 답 ⑤ |
|---|---|---|---|

모두 옳지 않다.

ㄱ. 절대소득가설에 따르면, 가처분소득이 증가할 때 소비지출이 증가하므로 소비함수곡선상 우상방으로 이동한다.
ㄴ. 쿠즈네츠(Kuznets)의 실증분석에 따르면, 단기에는 $APC$가 $MPC$보다 크고 장기에는 $APC$와 $MPC$가 같다.
ㄷ. 상대소득가설은 소비의 비가역성과 소비의 상호의존성을 가정한다.
ㄹ. 항상소득가설에 따르면, 소비는 항상소득의 일정비율이다. 따라서 임시소득이 증가하여 현재소득이 일시적으로 항상소득 이상으로 증가할 때, 소비는 그 영향이 미미하기에 평균소비성향은 일시적으로 감소한다.

**출제POINT**

항상소득가설에 따르면, 소비는 항상소득의 일정비율이다.

## 15 □□□

**현재의 균제상태(steady state)에서 자본의 한계생산성이 0.05이고, 인구증가율이 0.01, 감가상각률이 0.01, 기술진보율은 0.02, 저축률은 0.1이라고 하자. 솔로우(Solow) 모형을 이용한 분석에 대한 설명 중 옳지 않은 것은?**

① 황금률(Golden Rule)이 성립하지 않는다.
② 1인당 자본량을 증가시키면 1인당 소비를 증가시킬 수 있다.
③ 저축률을 높이면 장기적으로 1인당 소비를 증가시킬 수 있다.
④ 1인당 소득증가율은 0이다.
⑤ 총소득증가율은 0.03이다.

| 15 | 거시 | 솔로우모형 | 답 ④ |
|---|---|---|---|

1인당 소득증가율은 기술진보율 = 0.02이다.

**오답피하기**

① 자본축적의 황금률은 $MP_K = n + d + g$에서 달성된다. 따라서 $MP_K = 0.05 > n + d + g = 0.04$이기에 황금률(Golden Rule)이 성립하지 않는다.
② $MP_K > n + d + g$이기에 1인당 자본량은 자본축적의 황금률상태보다 좌측에 있다. 따라서 1인당 자본량을 증가시키면 1인당 소비를 증가시킬 수 있다.
③ 저축률을 높이면 1인당 자본량이 증가하여 장기적으로 1인당 소비를 증가시킬 수 있다.
⑤ 총소득증가율(경제성장률)은 인구증가율 + 기술진보율 = 0.03이다.

**출제POINT**

기술진보를 가정한 솔로우모형의 균제상태에서, '1인당 경제성장률 = 기술진보율'이고, '경제성장률 = 인구증가율 + 기술진보율'이다.

## 16 □□□

**서희와 문희가 옥수수 1단위를 생산하는 데 필요한 시간과 고기 1단위를 생산하는 데 필요한 시간은 다음 표와 같다.**

(단위: 시간)

| 구분 | 옥수수 | 고기 |
|---|---|---|
| 서희 | 18 | 10 |
| 문희 | 16 | 12 |

**서희는 하루에 6시간, 문희는 하루에 8시간을 일할 수 있으며, 두 재화 생산에 필요한 생산요소는 노동뿐이다. 두 사람이 모두 이득을 볼 수 있는 교환비율은 얼마인가?**

① 고기 1단위당 옥수수 $\frac{5}{9} \sim \frac{3}{4}$단위
② 고기 1단위당 옥수수 $\frac{4}{3} \sim \frac{9}{5}$단위
③ 고기 1단위당 옥수수 $\frac{8}{9} \sim \frac{6}{5}$단위
④ 고기 1단위당 옥수수 $\frac{5}{6} \sim \frac{9}{8}$단위
⑤ 고기 1단위당 옥수수 $\frac{5}{8} \sim \frac{2}{3}$단위

| 16 | 국제 | 무역이론 | 답 ① |
|---|---|---|---|

고기 1단위 생산 기회비용은 서희의 경우 옥수수 $\frac{10}{18}$이고 문희의 경우 $\frac{12}{16}$이다. 따라서 두 사람이 이익을 얻을 수 있는 교역조건은 옥수수 $\frac{10}{18}\left(=\frac{5}{9}\right) <$ 고기 1단위 $<$ 옥수수 $\frac{12}{16}\left(=\frac{3}{4}\right)$이다. 따라서 고기 1단위당 옥수수 $\frac{5}{9} \sim \frac{3}{4}$단위이면 두 사람이 모두 이득을 볼 수 있다.

**출제POINT**

양국의 국내상대가격비, 즉 기회비용 사잇값에서 양국이 이득을 볼 수 있는 교역조건이 성립한다.

## 17 □□□

휴대폰을 생산하는 기업 $A$의 시장수요곡선은 $P=15,000-Q$이다. 기업 $A$는 휴대폰 액정화면을 생산하는 액정부문과 휴대폰을 조립하는 조립부문으로 이루어져 있다고 하자. 액정부문의 비용함수는 $C_L=2.5Q_L^2$이며, 조립부문의 비용함수는 $C_H=1,000Q_H$이다. 액정부문은 기업 $A$가 정하는 내부거래가격으로 액정화면을 조립부문에 공급하며, 자신의 이윤이 극대화되도록 액정화면 생산량($Q_L$)을 결정한다. 기업 $A$의 액정화면 최적 내부거래가격은? (단, $P$는 휴대폰 가격, $Q$는 휴대폰 생산량, $C_L$은 액정화면 생산비용, $C_H$는 조립비용, $Q_H$는 휴대폰 조립량으로서, $Q=Q_L=Q_H$이다)

① 2,000
② 4,000
③ 6,000
④ 8,000
⑤ 10,000

## 18 □□□

두 기업 $A$와 $B$만이 존재하는 $X$재 시장에서 기업 $A$의 비용함수는 $TC^A(Q^A)=20Q^A$이며, 기업 $B$의 비용함수는 $TC^B(Q^B)=20Q^B$이다. 또한, $X$재 시장의 시장수요함수는 $P(Q)=80-Q$이다. 두 기업이 카르텔(cartel)을 형성하여 시장수요량을 반씩 나누어 갖기로 했다. 카르텔이 성공적으로 운영되었을 때 기업 $A$의 최적 생산량과 이윤은 각각 얼마인가? (단, $TC^A$는 기업 $A$의 총비용, $TC^B$는 기업 $B$의 총비용, $Q^A$는 기업 $A$의 $X$재 생산량, $Q^B$는 기업 $B$의 $X$재 생산량, $P$는 $X$재 가격, $Q=Q^A+Q^B$이다)

① (15, 450)
② (30, 900)
③ (15, 900)
④ (30, 450)
⑤ (30, 50)

**17** 미시 이윤극대화 답 ⑤

- 기업 $A$의 이윤극대화 생산량은 다음과 같다.
  총수입은 $PQ=(15,000-Q)Q=15,000Q-Q^2$이기에 $MR$은 $MR=15,000-2Q$이다.
  총비용은 $C=C_L(=2.5Q_L^2)+C_H(=1000Q_H)$이기에 $MC$는 $Q=Q_L=Q_H$일 때 $MC=5Q+1000$이다. 따라서 이윤극대화는 $MR=MC$에 따라 $15,000-2Q=5Q+1000$에서 $Q=2,000$이다.
- 액정화면 이윤극대화 내부거래가격은 다음과 같다.
  총수입은 $PQ=(P_L)(Q_L)$이기에 $MR$은 $Q=Q_L=Q_H$일 때 $MR=P_L$이다.
  총비용은 $C=C_L(=2.5Q_L^2)$이기에 $MC$는 $Q=Q_L=Q_H$일 때 $MC=5Q$이다. 따라서 이윤극대화는 $MR=MC$에 따라 $P_L=5Q$에서 $Q=2,000$일 때 $P_L=10,000$이다.

**출제POINT**

총수입에서 총비용을 차감한 값인 이윤은 $MR=MC$, 그리고 $MR$ 기울기 < $MC$기울기일 때 극대화된다.

**18** 미시 카르텔 답 ①

다공장 독점기업의 이윤극대화 조건은 $MR=MC_A=MC_B$이다. $MR=80-2Q$이고, $MC_A=MC_B=20$이기에 생산량은 $Q=30$이다. 따라서 이윤극대화 가격은 시장수요함수 $P(Q)=80-Q$에서 $P=50$이다. 두 기업이 카르텔(cartel)을 형성하여 시장수요량을 반씩 나누어 갖기로 했기에 기업 $A$의 최적 생산량은 15이다. 가격은 50이기에 기업 $A$의 이윤 $=P(50)\times Q^A(15)-20\times Q^A(15)=450$이다.

**출제POINT**

동일산업에 속하는 기업들이 명시적으로 합의하여 가격이나 생산량을 정하는 카르텔이론은 다공장 독점과 유사하다.

## 19 □□□

**어느 국민경제의 단기 총공급곡선과 총수요곡선은 각각 $Y=\overline{Y}+\alpha(P-P^e)$와 $Y=\dfrac{2M}{P}$이다. 경제주체들은 이용 가능한 모든 정보를 활용하여 합리적으로 기대를 형성한다. 이 국민경제에 대한 설명 중 옳지 않은 것은? (단, $Y$는 산출량, $\overline{Y}$는 자연산출량, $P$는 물가수준, $P^e$는 기대물가수준, $M$은 통화량이며 $\alpha>0$가 성립한다)**

① 단기 총공급곡선의 기울기는 $\dfrac{1}{\alpha}$이다.
② 예상된 물가수준의 상승은 산출량을 증가시키지 못한다.
③ 물가예상착오(price misconception)가 커질수록 공급곡선의 기울기는 가팔라질 것이다.
④ 예상된 정부지출증가는 물가수준을 높일 것이다.
⑤ 예상된 통화량증가는 물가수준을 높일 것이다.

## 20 □□□

**어떤 국가에서 정부가 신용카드 수수료에 대한 세금을 인상하였다고 한다. 이 정책이 국민경제에 미치는 파급효과에 대한 설명 중 옳지 않은 것은? (단, 장기공급곡선을 제외하고는 수직이거나 수평이지 않은 일반적인 $IS$, $LM$, $AS$, $AD$곡선을 가진 경제를 가정한다)**

① 민간의 현금보유비율은 증가한다.
② 통화량은 감소한다.
③ 단기에 이자율은 상승하고 산출은 감소한다.
④ 화폐수량설과 피셔효과(Fisher effect)에 따르면 장기적으로 물가는 하락한다.
⑤ 화폐수량설과 피셔효과에 따르면 장기적으로 실질이자율은 하락한다.

| 19 | 거시 | 합리적기대 | 답 ③ |
|---|---|---|---|

물가예상착오가 없다면 $P=P^e$이기에 총공급곡선은 수직선이 된다. 따라서 물가예상착오가 커질수록 공급곡선의 기울기는 완만해진다.

**오답피하기**

① 단기 총공급곡선 $Y=\overline{Y}+\alpha(P-P^e)$에서 $P$로 정리하면 기울기는 $\dfrac{1}{\alpha}$이다.
② 합리적기대하 물가수준의 상승이 예상되면 $P=P^e$이기에 총공급곡선은 수직선이 된다. 따라서 예상된 물가수준의 상승은 산출량을 증가시키지 못한다.
④, ⑤ 합리적기대하 정부지출증가가 예상되거나 통화량증가가 예상되면 $P=P^e$이기에 총공급곡선은 수직선이 된다. 정부지출증가나 통화량증가는 총수요곡선의 우측이동을 초래하여 물가수준을 높일 것이다. (단, 주어진 발문의 조건에 따르면 $Y=\dfrac{2M}{P}$에서 정부지출 $G$가 포함되지 않기에 정부지출증가에도 총수요곡선은 이동하지 않아 물가수준은 불변이다. 따라서 ④번도 옳지 않다)

**출제POINT**

합리적기대하 정책이 예상되면 $P=P^e$이기에 총공급곡선은 수직선이 된다.

| 20 | 거시 | 화폐수량설과 피셔효과 | 답 ⑤ |
|---|---|---|---|

신용카드 수수료에 대한 세금인상정책으로 민간의 현금보유비율이 증가하면 통화승수가 감소하여 통화량은 감소한다. 통화량감소에 의한 $LM$곡선의 좌측이동은 $AD$곡선의 좌측이동을 초래한다. 이에 따라 물가가 하락하고 $LM$곡선은 일부 우측이동한다. 단기적으로 이자율은 상승하나 물가는 하락하고 산출은 감소한다. $AD$곡선의 좌측이동으로 실업이 발생하면 장기적으로 임금하락에 의한 단기 총공급곡선의 우측이동을 초래한다. 물가의 추가하락으로 $LM$곡선은 다시 우측이동한다. 따라서 화폐수량설과 피셔효과에 따르면 장기적으로 실질이자율은 본래 수준으로 복귀한다.

**오답피하기**

①, ②, ③ 신용카드 수수료에 대한 세금인상정책으로 민간의 현금보유비율은 증가하고 통화량은 감소하며 단기에 이자율은 상승하고 산출은 감소한다.
④ 화폐수량설과 피셔효과(Fisher effect)에 따르면 장기적으로 실질이자율은 본래 수준으로 복귀하고 물가는 하락한다.

**출제POINT**

신용카드 수수료에 대한 세금인상정책으로 신용카드 대신 현금사용이 늘기에 민간의 현금보유비율은 증가한다.

## 21 □□□

장기 총공급곡선이 $Y=2,000$에서 수직이고, 단기 총공급곡선은 $P=1$에서 수평이다. 총수요곡선은 $Y=\frac{2M}{P}$이고 $M=1,000$이다. 최초에 장기균형상태였던 국민경제가 일시적 공급충격을 받아 단기 총공급곡선이 $P=2$로 이동하였을 때, 〈보기〉에서 옳은 것을 모두 고르면? (단, $Y$는 국민소득, $P$는 물가, $M$은 통화량을 나타낸다)

〈보기〉

ㄱ. 국민경제의 최초장기균형은 $(P:Y)=(1:2,000)$이다.
ㄴ. 공급충격으로 단기균형은 $(P:Y)=(2:1,000)$으로 이동한다.
ㄷ. 공급충격이 발생한 후 중앙은행이 새로운 단기균형에서의 국민소득을 장기균형 수준으로 유지하려면 통화량은 $M=1,000$이 되어야 한다.
ㄹ. 총수요곡선과 장기 총공급곡선이 변하지 않았다면 공급충격 후에 장기균형은 $(P:Y)=(1:2,000)$이다.

① ㄱ, ㄴ ② ㄱ, ㄷ
③ ㄴ, ㄷ ④ ㄱ, ㄴ, ㄹ
⑤ ㄴ, ㄷ, ㄹ

## 22 □□□

정부가 경기부양을 위하여 확장금융정책을 시행하면서 동시에 건전한 재정을 위하여 재정적자 폭을 줄이는 긴축재정정책을 시행할 때, 소규모개방경제인 이 나라에서 나타날 것으로 기대되는 현상을 〈보기〉에서 모두 고르면?

〈보기〉

ㄱ. 국내채권가격이 상승한다.
ㄴ. 이자율평가설(interest rate parity)에 따르면, 국내 통화의 가치가 하락한다.
ㄷ. 국제수지 중에서 무역수지보다 자본수지의 개선을 가져온다.

① ㄱ ② ㄷ
③ ㄱ, ㄴ ④ ㄴ, ㄷ
⑤ ㄱ, ㄴ, ㄷ

**21** 거시 총수요와 총공급 답 ④

ㄱ. 장기 총공급곡선이 $Y=2,000$에서 수직이고, 단기 총공급곡선은 $P=1$에서 수평이다. 총수요곡선은 $Y=\frac{2M}{P}$이고 $M=1,000$이기에 최초균형은 $(P:Y)=(1:2,000)$이다.
ㄴ. 공급충격을 받아 단기 총공급곡선이 $P=2$로 이동하면 국민소득은 $Y=\frac{2M}{P}$에서 $P=2$, $M=1,000$일 때 $Y=1,000$으로 잠재 $GDP$인 2,000에 미달한다. 즉, 총수요가 잠재 $GDP$에 미달한다. 따라서 공급충격으로 단기균형은 $(P:Y)=(2:1,000)$으로 이동한다.
ㄹ. 공급충격을 받아 총수요가 잠재 $GDP$에 미달하기에 총수요곡선과 장기 총공급곡선이 변하지 않았다면 물가가 하락하고 임금이 하락하여 단기 총공급곡선이 하방으로 이동함으로써 장기적으로는 최초균형인 $(P:Y)=(1:2,000)$으로 복귀한다.

**오답피하기**

ㄷ. 공급충격으로 단기균형은 $(P:Y)=(2:1,000)$으로 이동하기에 $P=2$일 때, 국민소득을 장기균형 수준인 2,000으로 유지하려면 총수요곡선인 $Y=\frac{2M}{P}$에서 $P=2$로 통화량은 $M=2,000$이 되어야 한다.

**출제POINT**
공급충격을 받으면 장기적으로는 최초균형으로 복귀한다.

**22** 거시 확장금융과 긴축재정 답 ③

ㄱ. 국내이자율이 하락하기에 반비례 관계인 국내채권가격은 상승한다.
ㄴ. 국내이자율이 하락하면 외자유출로 환율이 상승하기에 국내통화의 가치가 하락한다.

**오답피하기**

ㄷ. 국내이자율이 하락하면 외자유출로 자본수지의 악화를 가져온다.

**출제POINT**
확장금융정책에 의한 $LM$곡선의 우측이동과 긴축재정정책에 의한 $IS$곡선의 좌측이동으로 국내이자율은 하락한다.

## 23 □□□

**중앙은행이 실질이자율을 3%로 유지하는 실질이자율 타게팅(targeting) 규칙을 엄격하게 따른다. 이 실질이자율 수준에서 국민경제는 장기와 단기균형상태에 있었다고 하자. 장기공급곡선을 제외하고는 수직이거나 수평이지 않은 일반적인 *IS*, *LM*, *AS*, *AD*곡선을 가진 국민경제를 가정하였을 때 다음 중 옳지 않은 것은?**

① 화폐수요증가충격을 받는 경우, *LM*곡선은 변하지 않는다.
② 화폐수요증가충격을 받는 경우, 단기에서 산출은 변하지 않는다.
③ 소비증가충격을 받는 경우, *LM*곡선은 우측으로 이동한다.
④ 소비증가충격을 받는 경우, 단기에서 산출은 증가한다.
⑤ 단기 총공급감소충격을 받는 경우, *LM*곡선은 좌측으로 이동한다.

## 24 □□□

***A*국의 6개월 만기 정기예금 이자율이 2%이고, *B*국의 6개월 만기 정기예금 이자율이 5%라고 하자. 현재 *A*국과 *B*국 통화의 현물시장(spot exchange rate) 환율이 1,000이다. 무위험이자율평가설(covered interest rate parity)에 따른다면 6개월 만기 선물시장(forward exchange rate)의 환율로서 가장 가까운 것은? (단, 환율은 *B*국 화폐 1단위와 교환되는 *A*국 화폐액으로 정의된다)**

① 950
② 970
③ 1,020
④ 1,030
⑤ 1,050

| 23 | 거시 | 실질이자율 타게팅(targeting) 규칙 | 답 ⑤ |
|---|---|---|---|

단기 총공급감소충격을 받는 경우, *AS*곡선이 좌측으로 이동하여 물가가 상승한다. 물가가 상승하면 *LM*곡선은 좌측으로 이동하여 이자율이 상승하나, 실질이자율 타게팅(targeting) 규칙으로 통화량을 증가시켜 *LM*곡선은 우측으로 이동하여 본래위치로 돌아오기에 *LM*곡선은 변하지 않는다.

**오답피하기**

①, ② 화폐수요증가충격을 받는 경우, *LM*곡선은 좌측으로 이동하여 이자율이 상승하나, 실질이자율 타게팅(targeting) 규칙으로 통화량을 증가시켜 *LM*곡선은 우측으로 이동하여 본래위치로 돌아오기에 *LM*곡선은 변하지 않는다. 따라서 화폐수요증가충격을 받는 경우, 단기에서 산출은 변하지 않는다.
③, ④ 소비증가충격을 받는 경우, *IS*곡선이 우측으로 이동하여 이자율이 상승하나, 실질이자율 타게팅(targeting) 규칙으로 통화량을 증가시켜 *LM*곡선은 우측으로 이동하기에 이자율은 불변이나 산출은 증가한다.

**출제POINT**

이자율이 상승할 때, 실질이자율 타게팅(targeting) 규칙으로 통화량을 증가시켜 이자율은 본래수준으로 복귀한다.

| 24 | 국제 | 무위험평가설 | 답 ② |
|---|---|---|---|

*A*국이 한국, *B*국이 미국이라면, 한국과 미국의 6개월 만기 이자율이 각각 2%와 5%이고, 현재 환율이 1,000원/달러이기에 '현재환율(1+국내이자율) = 선도환율(1+해외이자율)'에서, 1,000(1+0.02) = 선도환율(1+0.05)이다. 따라서 선도환율은 대략 970원/달러이다.

**출제POINT**

금융시장에서 일물일가의 법칙을 전제로, 국가 간 완전자본이동이 보장될 때 국내투자수익률과 해외투자수익률이 동일해야 한다는 것이 이자율평가설이다. 이때 해외투자수익률의 불확실성은 선물계약을 통해 제거할 수 있기에, 무위험이자율평가설은 '현재환율(1+국내이자율) = 선도환율(1+해외이자율)'이다.

## 25 □□□

**인플레이션에 대한 설명 중 옳지 않은 것은?**

① 먼델 - 토빈(Mundell-Tobin) 효과에 따르면 기대인플레이션율이 상승하면 투자가 감소한다.

② 공급충격이 발생한 경우 인플레이션 타게팅(targeting) 정책은 산출을 불안정하게 한다.

③ 디스인플레이션(disinflation) 정책이 실업률에 미치는 영향은 해당 정책이 기대되었는가에 의존한다.

④ 합리적기대가설에 따르면 예상인플레이션율이 상승하면 실제인플레이션율이 높아진다.

⑤ 명목임금이 하방경직적일 때, 디플레이션이 발생하면 실질임금은 상승한다.

| 25 | 거시 | 인플레이션 | 답 ① |
|---|---|---|---|

먼델 - 토빈(Mundell-Tobin) 효과에 따르면 기대인플레이션율이 상승하면 실질이자율이 하락하여 투자가 증가한다.

(오답피하기)

② 공급충격이 발생한 경우 물가가 상승하기에 인플레이션율을 일정하게 유지하려는 인플레이션 타게팅(targeting) 정책으로 긴축정책을 취하면 산출량이 더 감소하여 산출을 불안정하게 한다.

③ 디스인플레이션(disinflation) 정책을 경제주체들이 예상했다면 예상인플레이션이 낮아져 단기 필립스곡선이 하방으로 이동하기에 실업률의 변화가 미미하나, 그렇지 못하면 단기 필립스곡선을 따라 우하방으로 이동하기에 실업률은 크게 증가할 수 있다. 따라서 실업률에 미치는 영향은 해당 정책이 기대되었는가에 의존한다.

④ 합리적기대가설에 따르면 예상인플레이션율이 상승하면 단기 필립스곡선이 상방으로 이동하기에 실제인플레이션율도 같은 폭으로 높아진다.

⑤ 명목임금이 하방경직적일 때, 디플레이션이 발생하면 명목임금($W$)이 일정할 때, 물가($P$)하락 시 실질임금$\left(\frac{W}{P}\right)$은 상승한다.

**출제POINT**

기대인플레이션율 상승분이 모두 명목이자율 상승으로 반영되지 못하여 실질이자율이 하락하는 효과를 먼델-토빈 효과라 하고, 먼델-토빈 효과로 실질이자율이 하락하면 소비와 투자가 증가하므로 총수요가 증가하게 된다.

# 7회 2016년 국회직

## 01 □□□

다음 중 옳은 것을 〈보기〉에서 모두 고르면?

〈보기〉

ㄱ. 가격소비곡선이 우하향하는 경우 수요곡선은 우하향할 수 있다.
ㄴ. 동일한 수요곡선상에 있는 서로 다른 재화묶음을 소비하더라도 소비자가 느끼는 만족감은 동일하다.
ㄷ. 우상향하는 엥겔곡선은 해당 재화가 열등재임을 의미한다.
ㄹ. 소득소비곡선과 엥겔곡선의 기울기는 수요의 소득탄력성의 부호에 의해 결정된다.
ㅁ. 수요곡선은 대체효과의 절대값이 소득효과의 절대값보다 클 경우에 우하향한다.

① ㄱ, ㄴ, ㄷ
② ㄱ, ㄷ, ㄹ
③ ㄱ, ㄹ, ㅁ
④ ㄴ, ㄹ, ㅁ
⑤ ㄷ, ㄹ, ㅁ

**01** 미시 **열등재** 답 ③

ㄱ. 가격소비곡선이 우하향하는 경우 가격하락 시 구입량증가로 수요곡선은 우하향으로 도출된다.
ㄹ. 수요의 소득탄력성의 부호가 (+)이면 정상재로 소득소비곡선과 엥겔곡선은 우상향이고, 수요의 소득탄력성의 부호가 (-)이면 열등재로 좌상향의 형태이다.
ㅁ. 기펜재는 대체효과가 (-)이고, 소득효과가 (+)이나 대체효과보다 소득효과가 더 커서 가격효과는 (+)이다. 협의의 열등재는 대체효과가 (-)이고, 소득효과가 (+)이나 대체효과가 소득효과보다 더 커서 가격효과는 (-)이다. 따라서 대체효과의 절댓값이 소득효과의 절댓값보다 클 경우는 협의의 열등재로 수요곡선은 우하향한다.

**오답피하기**

ㄴ. 가격소비곡선에서 가격하락 시 예산선은 완만해지고 소비자의 효용은 증가한다. 따라서 동일한 수요곡선상에 있는 서로 다른 재화묶음을 소비하더라도 우하방의 점일수록 소비자가 느끼는 만족감은 커진다.
ㄷ. 엥겔곡선의 형태는 소득소비곡선처럼 소득탄력도에 따라 결정되는데 정상재는 우상향, 열등재는 좌상향의 형태이다.

**출제POINT**

대체효과의 절댓값이 소득효과의 절댓값보다 클 경우는 협의의 열등재로 수요곡선은 우하향한다.

## 02 □□□

다음의 설명 중 옳지 않은 것은?

① 국민총소득(Gross National Income, *GNI*)은 한 나라 국민이 일정 기간 동안 벌어들인 임금 · 이자 · 지대 등의 요소소득을 모두 합한 것이다.
② 국내총생산(Gross Domestic Product, *GDP*)이 한 나라의 생산활동을 나타내는 생산지표임에 비하여, 국민총소득(Gross National Income, *GNI*)은 국민의 생활수준을 측정하기 위한 소득지표이다.
③ 국민소득(National Income, NI)은 국민순소득(Net National Income, *NNI*)에서 간접세를 빼고 정부의 기업보조금을 합한 것이다.
④ 소비자물가지수(Consumer Price Index, *CPI*)는 가계소비지출에서 차지하는 비중이 높은 품목의 가격을 가중평균하여 작성한다.
⑤ 생산자물가지수(Producer Price Index, *PPI*)는 파셰(Paasche) 방식을 이용하여 작성한다.

**02** 거시 **물가지수** 답 ⑤

생산자물가지수(Producer Price Index, *PPI*)는 라스파이레스 방식을 이용하여 작성한다.

**오답피하기**

①, ② 국민총소득은 한 나라 국민이 일정 기간 동안 벌어들인 임금 · 이자 · 지대 등의 요소소득을 모두 합한 것으로 국민의 생활수준을 측정하기 위한 소득지표이다. 국내총생산은 일정기간 한 나라 안에서 새로이 생산된 모든 최종생산물의 시장가치로 한 나라의 생산활동을 나타내는 생산지표이다.
③ '국민소득(*NI*) = 국민순소득(*NNI*) − 간접세 + 정부의 기업보조금'이다.
④ 소비자물가지수는 가계소비지출에서 차지하는 비중이 0.01% 이상인 품목의 가격을 가중평균하여 작성한다.

**출제POINT**

라스파이레스 방식($L_p$)은 기준연도 거래량을 가중치로 사용하여 계산$\left(L_P = \frac{P_t \cdot Q_0}{P_0 \cdot Q_0}\right)$하는 물가지수로 물가변화를 과대평가하고, 소비자물가지수, 생산자물가지수 등이 있다.

## 03 □□□

**변동환율제를 채택하고 있는 어떤 소규모 개방경제에서 현재의 국내 실질이자율이 국제 실질이자율보다 낮다. 국제자본이동성이 완전한 경우의 먼델-플레밍모형(Mundell-Fleming model)에 의할 때 국내경제상황의 변화로 옳은 것을 〈보기〉에서 모두 고르면?**

〈보기〉

ㄱ. 순자본유입이 발생할 것이다.
ㄴ. 순수출이 더 증가할 것이다.
ㄷ. 실질이자율이 더 상승할 것이다.
ㄹ. 외환시장에서 초과공급이 발생할 것이다.

① ㄱ, ㄴ
② ㄱ, ㄷ
③ ㄴ, ㄷ
④ ㄴ, ㄹ
⑤ ㄷ, ㄹ

| 03 | 국제 | 먼델 - 플레밍모형 | 답 ③ |
|---|---|---|---|

ㄴ. 외자유출에 의해 외화수요가 증가하면 환율상승으로 순수출은 증가한다.
ㄷ. 외자유출로 국내대부자금시장에서 대부자금에 대한 공급이 감소하여 국내 실질이자율도 상승한다.

**오답피하기**

ㄱ. 외자유출로 순자본유출이 발생할 것이다.
ㄹ. 외자유출에 의해 외화수요가 증가하면 환율상승으로 외환시장은 균형상태를 보인다.

**출제POINT**

국내 실질이자율이 국제 실질이자율보다 낮다면 외자유출이 발생한다.

## 04 □□□

**$A$국은 기준금리를 유지하였는데 $B$국은 기준금리를 인상하였을 때 $A$국 경제에 미치는 단기적 영향 중 가장 적절하지 않은 것은? (단, $A$국 경제는 자본이동이 자유롭고 변동환율 제도를 채택하고 있다)**

① 자본 유출 발생
② 환율의 상승(국내통화의 평가절하)
③ 무역수지의 개선
④ 자본수지의 악화
⑤ 고용의 감소

| 04 | 국제 | 세계이자율상승 | 답 ⑤ |
|---|---|---|---|

외자유출에 의해 $B$국의 화폐수요가 증가하면 $A$국의 환율상승으로 $A$국의 순수출은 증가하기에 $A$국의 총수요는 증가한다. 총수요증가는 물가상승과 국민소득증가를 초래하고 국민소득증가로 고용도 증가한다.

**오답피하기**

①, ④ $A$국에서 $B$국으로의 외자유출이 발생하고 따라서 $A$국의 자본수지는 악화된다.
②, ③ 외자유출에 의해 $B$국의 화폐수요가 증가하면 $A$국의 환율상승($A$국통화의 평가절하)으로 $A$국의 순수출은 증가하고 따라서 $A$국의 무역수지는 개선된다.

**출제POINT**

$A$국 기준금리는 일정하나 $B$국 기준금리가 높아졌다면 $B$국으로의 외자유출이 발생한다.

## 05 □□□

**탄력성에 대한 설명으로 옳지 않은 것을 〈보기〉에서 모두 고르면?**

〈보기〉

ㄱ. 수요의 가격탄력성이 비탄력적일 경우 가격을 올리면 기업의 매출액은 감소한다.
ㄴ. 수요의 가격탄력성이 탄력적인 재화의 판매자에게 세금이 부과되면 재화의 균형거래량은 줄어든다.
ㄷ. 어떤 재화의 구매자에게 종량세가 부과되더라도 결과적으로는 구매자와 판매자가 공동으로 절반씩 부담한다.
ㄹ. 대체재가 적은 재화일수록 수요의 가격탄력성이 낮다.
ㅁ. 매달 10kg의 사과를 구매하는 소비자의 수요의 가격탄력성은 완전 비탄력적이다.

① ㄱ, ㄴ
② ㄱ, ㄷ
③ ㄱ, ㄹ
④ ㄱ, ㄹ, ㅁ
⑤ ㄴ, ㄷ, ㅁ

**05** 미시 **탄력성** 답 ②

ㄱ. 수요의 가격탄력성이 비탄력적일 경우 가격을 올리면 판매량감소가 미미하기에 기업의 매출액은 증가한다.
ㄷ. 종량세부과 시 분담정도는 탄력성에 반비례하기에 구매자와 판매자의 분담 정도는 수요와 공급의 가격탄력도에 따라 결정된다.

오답피하기

ㄴ. 조세부과 시 탄력적일수록 분담정도가 적고, 거래량감소가 크기에 조세총액은 더 감소하고 후생손실도 더 커진다.
ㄹ. 사치재의 성격이 강할수록, 대체재가 많을수록, 소비에서 차지하는 비중이 클수록, 재화의 분류범위가 좁을수록, 측정기간이 길수록 탄력적이다.
ㅁ. 매달 10kg의 사과를 구매하는 경우는 정량구매로 수요의 가격탄력성은 완전 비탄력적이다.

**출제POINT**

조세부과 시 분담정도와 조세수입은 탄력성에 반비례하며, 이로 인한 후생손실인 초과부담 또는 손실은 탄력성에 비례한다.

## 06 □□□

**화폐수량방정식에 따른 화폐수량설에 대한 설명으로 옳지 않은 것은?**

① 산출량은 생산요소의 공급량과 생산기술에 의해 결정된다.
② 중앙은행이 통화량을 증가시키면 산출량의 명목가치는 비례적으로 증가한다.
③ 통화량의 증가는 산출량에 영향을 미치지 않는다.
④ 통화량이 증가하면 화폐의 유통속도는 증가한다.
⑤ 통화량을 급속히 증가시키면 인플레이션율은 높아진다.

**06** 거시 **화폐수량설** 답 ④

통화량이 증가하면 화폐의 유통속도는 제도상 일정하고 국민소득은 완전고용수준에서 일정하기에, 물가만 비례적으로 상승한다.

오답피하기

① 산출량은 통화량이 아니라 생산요소의 공급량과 생산기술에 의해 결정된다.
② 중앙은행이 통화량을 증가시키면 화폐의 유통속도는 제도상 일정하기에 산출량의 명목가치($PY$)는 비례적으로 증가한다.
③ 통화량의 증가는 물가만 비례적으로 상승시킬 뿐 산출량에 영향을 미치지 않는다.
⑤ $MV = PY$를 변형하면 '통화량증가율 + 유통속도증가율 = 물가상승률 + 경제성장률'이기에 통화량을 급속히 증가시키면 통화량증가율이 커지고 인플레이션율도 높아진다.

**출제POINT**

피셔의 교환방정식($MV = PT$, $M$: 통화량, $V$: 유통속도, $P$: 물가, $T$: 거래량)을 변형한 $MV = PY$($Y$: 실질국민소득)에서 $V$는 제도상 일정하고 $Y$는 고전학파의 경우 완전고용국민소득에서 일정하기에, 고전학파의 화폐수량설 $MV = PY$는 통화량과 물가가 정비례하다는 물가이론으로 볼 수 있다.

## 07 □□□

**다음 〈보기〉와 같은 상황에서 2015년의 연금지급액이 200 이었다면 2016년에 대한 설명으로 옳은 것은?**

〈보기〉

- $X$와 $Y$ 두 재화만을 소비하는 연금수령자가 2015년 현재 $P_x = P_y = 1$에서 $X$와 $Y$를 각각 100단위씩 소비하고 있다.
- 연금수령자의 효용함수는 $U(X, Y) = \sqrt{XY}$이며 연금수령자는 매기 효용을 극대화 한다.
- 2016년에는 $P_y$는 그대로인데 $P_x = 1.1$로 상승함에 따라 정부가 연금지급액을 조정한다.

① 연금수령자가 이전과 동일한 소비량을 유지하기 위해서는 연금지급액이 220으로 증가해야 한다.
② 연금수령액이 200에서 213으로 증가할 경우 연금수령자는 이전과 동일한 소비량을 선택할 것이다.
③ 연금수령액이 200에서 220으로 증가할 경우 연금수령자는 이전과 동일한 소비량을 선택할 것이다.
④ 연금수령자에 대한 소비자물가지수($CPI$)는 2015년을 기준연도로 할 때 2016년에는 107이 된다.
⑤ 연금수령자가 이전과 동일한 효용을 유지하기 위해서는 연금지급액이 200과 210 사이의 값으로 증가해야 한다.

| 07 | 미시 | 효용극대화 | 답 ⑤ |
|---|---|---|---|

- 효용함수가 $U(X, Y) = \sqrt{XY}$이면 $X$재 수요함수는 $X = \frac{M}{2P_x}$이고, $Y$재 수요함수는 $Y = \frac{M}{2P_y}$이다.
- 연금지급액이 $M = 200$이고, $P_x = P_y = 1$에서 $X$와 $Y$를 각각 100단위씩 소비하고 있다면 효용은 $U(X, Y) = \sqrt{XY} = 100$이다.
- $P_x = 1.1$로 상승하고 연금지급액이 200이면,
  $X = \frac{M}{2P_x} = \frac{200}{2 \times 1.1} = 90.9$이고, $Y = \frac{M}{2P_y} = \frac{200}{2 \times 1} = 100$이다. 따라서 효용은 $U(X, Y) = \sqrt{90.9 \times 100} < 100$이다.
- $P_x = 1.1$로 상승하고 연금지급액이 210으로 증가하면,
  $X = \frac{M}{2P_x} = \frac{210}{2 \times 1.1} = 95.5$이고, $Y = \frac{M}{2P_y} = \frac{210}{2 \times 1} = 105$이다. 따라서 효용은 $U(X, Y) = \sqrt{95.5 \times 105} > 100$이다.
- 결국, 2016년 $P_y = 1$이나 $P_x = 1.1$로 상승할 때 이전과 동일한 효용을 유지하기 위해서는 연금지급액이 200과 210사이의 값으로 증가해야 한다.
- 2015년을 기준연도로 할 때 ④번 설명에서의 소비자물가지수($CPI$)는 105이다. 즉, 2015년에 비해 물가가 5% 상승하나 소비자물가지수($CPI$)는 과대평가되기에 연금은 5%보다 적게 증가해도 동일한 효용을 유지할 수 있다. 따라서 200에서 5% 증가인 210보다 적게 증가해도 유지가능하다.

**오답피하기**

①, ③ $P_x = 1.1$로 상승하고 연금지급액이 220으로 증가하면,
$X = \frac{M}{2P_X} = \frac{220}{2 \times 1.1} = 100$이고, $Y = \frac{M}{2P_Y} = \frac{220}{2 \times 1} = 110$이다.

② $P_x = 1.1$로 상승하고 연금지급액이 213으로 증가하면,
$X = \frac{M}{2P_X} = \frac{213}{2 \times 1.1} = 96.8$이고, $Y = \frac{M}{2P_Y} = \frac{213}{2 \times 1} = 106.5$이다.

④ 2015년 $P_x = P_y = 1$에서 $X$와 $Y$를 각각 100단위씩 소비하였으나, 2016년 $P_y = 1$이나 $P_x = 1.1$로 상승할 때, 2015년을 기준연도로 하면 2016년의 소비자물가지수($CPI$)는 다음과 같다. 소비자물가지수($CPI$)는 라스파이레스 물가지수로 계산가능하기에
$L_P = \frac{P_t \cdot Q_0}{P_0 \cdot Q_0} \times 100 = \frac{1.1 \times 100 + 1 \times 100}{1 \times 100 + 1 \times 100} \times 100 = 105$이다.

**출제POINT**

효용함수가 $U(X, Y) = \sqrt{XY}$이면 $X$재 수요함수는 $X = \frac{M}{2P_x}$이고, $Y$재 수요함수는 $Y = \frac{M}{2P_y}$이다.

국회직

해커스공무원 局경제학 15개년 기출문제집

## 08 □□□

〈보기〉와 같은 노동시장에서 합리적기대(rational expectations) 균형이 성립하고 기업이 위험중립적이라고 할 때 $p$의 값은?

〈보기〉
- 노동시장에 두 가지 유형 $A$와 $B$의 노동자들이 각각 $p$와 $1-p$의 비율로 존재한다.
- 기업은 유형 $A$에 대해서는 15의 임금을, 유형 $B$에 대해서는 5의 임금을 지불할 용의가 있다.
- 기업은 노동자의 유형을 알지 못한 채 모든 노동자를 동일한 임금을 지급하여 고용한다.
- $p=\frac{w}{20}-\frac{1}{10}$ (단, $w$는 임금)

① 0.1 ② 0.3
③ 0.5 ④ 0.6
⑤ 1

## 09 □□□

〈보기〉와 같은 상황에서 정부지출이 100만큼 증가하는 경우 $IS-LM$균형에 의해 변하는 $GDP$ 값 중 가능한 값은? (단, 승수효과 > 구축효과 > 0이다)

〈보기〉
- 폐쇄경제를 가정한다.
- $IS$곡선은 우하향하고 $LM$곡선은 우상향하는 일반적인 형태를 가진다.
- 가계의 한계소비성향이 0.5이고 소득세는 존재하지 않는다.

① 0 ② 100
③ 200 ④ 250
⑤ 300

| 08 | 미시 | 기대수익 | 답 ② |
|---|---|---|---|

$w=15\times p+5\times(1-p)=10p+5$이다. 즉, $p=\frac{w}{10}-\frac{1}{2}$이다. 주어진 $p=\frac{w}{20}-\frac{1}{10}$과 연립하면 $w=8$이고 $p=0.3$이다.

**출제POINT**
'기대 임금 = 유형 $A$ 임금 × 유형 $A$ 비율 + 유형 $B$ 임금 × 유형 $B$ 비율'이다.

| 09 | 거시 | $IS$ 곡선과 $LM$ 곡선의 이동 | 답 ② |
|---|---|---|---|

한계소비성향이 $c$일 때, 소득세가 존재하지 않기에 정부지출승수는 $\frac{1}{1-c}$이다. 한계소비성향은 0.5로 정부지출승수 = 2이다. 따라서 정부지출을 100만큼 늘리면, $IS$곡선은 200만큼 우측이동한다. 그런데 $LM$곡선은 우상향하기에 균형국민소득은 200보다 적게 증가한다.

**출제POINT**
$IS$곡선 이동폭은 '독립지출변화분 × 승수'이다.

## 10 □□□

**자본재 가격이 일정할 때 소비재 가격이 상승하면? (단, 할인율은 일정하다)**

① 자본의 한계효율곡선이 우측으로 이동한다.
② 자본의 한계효율곡선이 좌측으로 이동한다.
③ 자본의 한계효율곡선의 기울기의 절대값이 작아진다.
④ 자본의 한계효율곡선의 기울기의 절대값이 커진다.
⑤ 자본의 한계효율곡선은 변하지 않는다.

## 11 □□□

**페인트 산업은 생산과정에서 다량의 오염물질을 발생시켜 인근 하천의 수질을 악화시킨다. 〈보기〉와 같은 조건에서 페인트 산업이 사회적으로 바람직한 수준의 페인트 생산을 하도록 하기 위해 페인트 한 통당 부과하는 피구세는 얼마인가?**

〈보기〉
- 페인트 산업은 완전경쟁시장이다.
- 페인트 산업의 한계비용은 $MC=10Q+10{,}000$이다.
- 페인트 산업의 한계피해액은 $SMD=10Q$이다.
- 주어진 가격에 대한 페인트 산업의 시장수요는 $Q=-0.1P+4{,}000$이다.

① 5,000
② 7,000
③ 10,000
④ 20,000
⑤ 30,000

국회직

해커스공무원 局경제학 15개년 기출문제집

**10** 거시 **자본의 한계효율** 답 ①

자본재 가격이 일정할 때 소비재 가격이 상승하면 기대수익이 증가하기에 내부수익률인 투자(자본)의 한계효율($m$)이 증가한다. 따라서 자본의 한계효율곡선이 우측으로 이동한다.

**출제POINT**

투자로부터 얻는 수입의 현재가치($PV$)와 투자비용($C$)이 같아지는 내부수익률을 투자(자본)의 한계효율($m$)이라 한다.

**11** 미시 **외부효과** 답 ③

$PMC=10Q+10{,}000$이고 외부한계비용이 $10Q$이기에 $SMC=20Q+10{,}000$이다. 시장수요는 $Q=-0.1P+4{,}000$으로 $P=-10Q+40{,}000$이기에 $P=SMC$에서 사회적 최적산출량은 1,000이다. 그런데 완전경쟁 시 $P=PMC$에서 시장 균형생산량은 1,500이다. 따라서 페인트 한 통당 부과하는 피구세는 사회적 최적산출량 1,000에서 $SMC$와 $PMC$의 차이, 즉 $(20Q+10{,}000)-(10Q+10{,}000)=10{,}000$이다.

**출제POINT**

$P=SMC$에서 사회적 최적산출량이 달성되고 $P=PMC$에서 시장 균형산출량이 결정된다.

## 12 □□□

케인즈학파의 입장을 〈보기〉에서 모두 고르면?

〈보기〉

ㄱ. 세이의 법칙(Say's law)이 성립한다.
ㄴ. 생산된 것이 모두 판매되기 때문에 수요부족 상태가 장기적으로 지속될 가능성은 없다.
ㄷ. 가격이 경직적이고 충분한 정도의 유휴설비가 존재하는 경우 경제 전체 생산량은 유효수요에 의해 결정된다.
ㄹ. 모든 개인이 절약을 하여 저축을 증가시키면 총수요가 감소하여 국민소득이 감소하게 된다.
ㅁ. 정부는 시장에 개입하지 않는 것이 바람직하다.
ㅂ. 이자율은 화폐시장에서 결정된다.
ㅅ. 임금의 하방경직성, 화폐환상(money illusion)의 부재를 주장한다.

① ㄱ, ㄴ, ㄷ
② ㄴ, ㅁ, ㅂ
③ ㄷ, ㄹ, ㅁ
④ ㄷ, ㄹ, ㅂ
⑤ ㄹ, ㅂ, ㅅ

## 13 □□□

폐쇄경제하에서 정액세만 있는 경우 균형재정승수의 값과 그 이유에 대한 설명으로 옳은 것을 〈보기〉에서 고르면?

〈보기〉

ㄱ. 정부지출의 증가가 조세의 증가에 의해 완전 상쇄되므로 국민생산에 미치는 영향은 전혀 없기 때문이다.
ㄴ. 정부지출의 증가는 그 자체가 즉각적으로 유효수요를 증가시키고 조세의 증가 또한 유효수요를 증가시켜 총체적으로 국민생산이 증가하기 때문이다.
ㄷ. 정부지출의 증가는 일반적으로 그 자체가 즉각적으로 유효수요를 증가시키는 반면 조세의 증가는 소비지출의 감소를 통해서만 유효수요에 영향을 미치기 때문이다.
ㄹ. 정부지출의 증가는 그 자체가 즉각적으로 유효수요를 증가시키지만 조세는 정부가 이를 거두어들이는 기간이 상황마다 다르기 때문이다.
ㅁ. 정부지출 증가에 따라 조세가 2배로 증가하여 국민생산이 감소하기 때문이다.

| | 균형재정승수 | 이유 |
|---|---|---|
| ① | 0 | ㄱ |
| ② | 1 | ㄴ |
| ③ | 1 | ㄷ |
| ④ | −1 | ㄹ |
| ⑤ | −1 | ㅁ |

**12** 거시 **학파비교** 답 ④

ㄷ, ㄹ, ㅂ. 케인즈학파는 공급능력은 충분하나 유효수요가 부족하다고 보아 수요측면을 중시한다. 모든 개인이 저축을 증가시키면 총수요 감소로 국민소득이 감소하여 저축이 증가하지 않거나 오히려 감소하는 절약의 역설을 주장한다. 또한 화폐부문에서 화폐의 수요와 공급에 의해 이자율이 결정된다는 유동성선호설에 따라 이자율은 유동성 희생에 대한 대가로 본다.

**오답피하기**

ㄱ, ㄴ, ㅁ. 고전학파는 세이의 법칙 전제 아래, 공급은 스스로 수요를 창출하기에 수요부족에 따른 초과공급은 발생하지 않는다. 또한 자본주의 경제는 근본적으로 안정적이기에 일시적 불경기 시 시장가격의 자동조절기능으로 해결할 수 있고 정부개입이 불필요하다는 비개입주의를 배경으로 한다.
ㅅ. 케인즈학파는 임금의 하방경직성, 화폐환상(money illusion) 등을 주장한다.

**출제POINT**

고전학파는 세이의 법칙을 주장하고, 케인즈학파는 절약의 역설을 강조한다.

**13** 거시 **균형재정승수** 답 ③

ㄷ. 정부지출의 증가는 일반적으로 그 자체가 즉각적으로 유효수요를 증가시키기에 $A$만큼의 정부지출증가는 $\frac{1}{1-c}\cdot A$($c$: 한계소비성향)만큼의 국민소득을 증가시킨다. 이에 비해 조세증가는 소비지출의 감소를 통해서만 유효수요에 영향을 미치기에 $A$만큼의 조세증가는 $\frac{-c}{1-c}\cdot A$만큼의 국민소득을 증가시킨다. 따라서 $A$만큼의 정부지출증가와 조세증가는 $A$만큼의 국민소득을 증가시키기에 균형재정승수는 1이다.

**출제POINT**

균형재정승수는 정부지출과 조세가 동액만큼 증가할 때의 승수로 정부지출승수와 조세승수의 합으로 계산된다. 정액세의 경우는 1이다.

## 14 □□□

**총수요($AD$) - 총공급($AS$)모형에 대한 설명으로 옳은 것을 〈보기〉에서 모두 고르면?**

〈보기〉

ㄱ. $AD-AS$곡선은 모든 상품의 개별적인 수요 - 공급을 수평으로 합하여 얻어진다.
ㄴ. 실제물가와 예상물가 수준이 같으면 총공급곡선은 자연실업률하의 국민소득수준에서 수직이다.
ㄷ. 물가수준이 상승하면 생산량이 늘어나므로 총공급곡선이 오른쪽으로 이동한다.
ㄹ. 노동공급의 결정에 있어 여가가 정상재인 경우에 임금 변화에 따른 소득효과와 대체효과가 항상 상쇄된다면 총공급곡선은 우상향한다.
ㅁ. 투자수요의 이자율 탄력성이 클수록 $IS$곡선이 가파르고 총수요곡선이 가파르다.
ㅂ. 정부가 재정지출을 확대하는 경우 총수요곡선은 우측으로 이동한다.

① ㄱ, ㄴ　　② ㄱ, ㄷ
③ ㄴ, ㄹ　　④ ㄴ, ㅂ
⑤ ㅁ, ㅂ

## 15 □□□

**방앗간에서 밀 3톤을 총 3만 달러에 수입한 뒤, 밀 2톤은 소비자들에게 팔아 총 3만 달러의 매상을 올리고, 나머지 1톤은 밀가루로 만들어 2만 달러를 받고 제과점에 팔고, 제과점에서는 이 밀가루로 빵을 만들어 3만 달러를 받고 소비자에게 팔았다. 이때 국내에서 창출된 총 부가가치는 얼마인가?**

① 2만 달러　　② 3만 달러
③ 6만 달러　　④ 8만 달러
⑤ 9만 달러

**14** 거시 **총수요와 총공급** 답 ④

ㄴ. 실제물가와 예상물가 수준이 같으면, 즉 $P=P^e$이면 총공급곡선은 자연실업률하의 국민소득수준에서 수직이다.
ㅂ. 정부가 재정지출을 확대하는 경우 $IS$곡선이 우측으로 이동하기에 총수요곡선은 우측으로 이동한다.

**오답피하기**

ㄱ. $AD$곡선은 이자율효과, 실질잔고효과, 경상수지효과 등에 의해 도출된다. $AS$곡선은 노동시장의 균형과 총생산함수를 통해 도출된다.
ㄷ. 물가수준의 상승은 총공급곡선을 따라 우상방으로 이동한다.
ㄹ. 노동공급의 결정에 있어 여가가 정상재인 경우에 임금 변화에 따른 소득효과와 대체효과가 항상 상쇄된다면 노동공급곡선은 수직선으로 도출된다. 노동공급곡선이 수직선이면 물가상승 시 노동수요가 증가해도 고용량은 불변이고 생산량도 불변이기에 총공급곡선은 수직선이다.
ㅁ. 투자수요의 이자율 탄력성이 클수록 $IS$곡선이 완만하고 총수요곡선이 완만하다.

**출제POINT**

단기 총공급곡선($AS$)은 $Y=Y_N+\alpha(P-P^e)$으로, 물가예상이 정확하면 단기 총공급곡선이 수직선이고, 물가예상이 부정확하면 단기 총공급곡선이 우상향이다.

**15** 거시 ***GDP*** 답 ②

| | |
|---|---|
| 밀 3톤을 총 3만 달러에 수입 | ㉠ 밀 2톤(2만 달러) - 소비자(3만 달러)<br>: 부가가치 1만 달러 발생 |
| | ㉡ 밀 1톤(1만 달러) - 제과점(2만 달러)<br>: 부가가치 1만 달러 발생<br>㉢ 제과점(2만 달러) - 소비자(3만 달러)<br>: 부가가치 1만 달러 발생 |

따라서 ㉠ + ㉡ + ㉢ = 3만 달러의 총부가가치가 발생한다.

**출제POINT**

$GDP$는 일정기간 동안 한 나라 안에서 새로이 생산된 최종생산물의 시장가치의 합이다.

## 16 □□□

**개방경제하에서 단순 케인지안 거시경제모형의 설정에 필요한 정보를 수집하였더니 〈보기〉와 같았다. 〈보기〉에 나타난 거시경제정책이 균형국민소득과 경상수지에 미치는 영향으로 옳은 것은?**

〈보기〉

- 독립적 소비지출: 20조 원
- 독립적 정부지출: 200조 원
- 독립적 수출: 160조 원
- 한계소비성향: 0.8
- 독립적 투자지출: 150조 원
- 조세수입: 200조 원
- 독립적 수입: 30조 원
- 한계수입성향: 0.2
- 정부는 재정지출을 30조 원 늘리기로 하였다.
- 확장적 재정정책 이후 독립적 수출은 175조 원으로 증가하였다.
- 소득세는 존재하지 않고 정액세만 존재한다.

| | 균형국민소득 | 경상수지 |
|---|---|---|
| ① | 100.5조 원 증가 | 5.5조 원 악화 |
| ② | 112.5조 원 증가 | 변동 없음 |
| ③ | 110.5조 원 증가 | 변동 없음 |
| ④ | 112.5조 원 증가 | 7.5조 원 악화 |
| ⑤ | 110.5조 원 증가 | 3.75조 원 악화 |

## 17 □□□

**보몰(W. Boumol)의 거래적 화폐수요이론에 대한 설명으로 옳지 않은 것을 〈보기〉에서 모두 고르면?**

〈보기〉

ㄱ. 거래적 화폐수요는 이자율의 감소함수이다.
ㄴ. 한 번에 인출하는 금액이 커지면 거래비용이 증가한다.
ㄷ. 화폐수요에 있어서 규모의 불경제가 존재한다.
ㄹ. 거래비용이 증가하면 화폐수요는 증가한다.
ㅁ. 한 번에 인출하는 금액이 커지면 화폐수요도 커진다.

① ㄱ, ㄴ
② ㄴ, ㄷ
③ ㄴ, ㄹ
④ ㄹ, ㅁ
⑤ ㄴ, ㄷ, ㅁ

---

**16** 거시 **거시경제모형** 답 ④

$Y = \frac{1}{1-c(1-t)-i+m}(C_0 - cT_0 + I_0 + G_0 + X_0 - M_0)$에서, $c=0.8$, 정액세로 $t=0$, 독립적 투자지출로 $i=0$, $m=0.2$이기에 정부지출/수출승수는 $\frac{1}{1-0.8+0.2}=2.5$이다. 재정지출을 30조 원만큼 늘리고 독립적 수출이 175조 원으로 15조 원만큼 증가하면 각각 $30\times2.5=75$조 원, $15\times2.5=37.5$조 원이 늘어 균형국민소득은 112.5조 원 증가한다. 따라서 수입은 소득증가분 112.5조 원 중 한계수입성향 0.2인 22.5조 원만큼 증가한다. 독립적 수출이 15조 원만큼 증가하기에 경상수지는 $15-22.5=-7.5$이다. 즉, 7.5조 원 악화된다.

**출제POINT**

총수요와 총소득이 일치하는 점에서 균형국민소득이 결정되기에, $Y = C$(민간소비지출)$+I$(민간총투자)$+G$(정부지출)$+X-M$(순수출)에서, $c$는 한계소비성향, $t$는 세율, $i$는 유발투자계수, $m$은 한계수입성향일 때,

$Y = \frac{1}{1-c(1-t)-i+m}(C_0 - cT_0 + I_0 + G_0 + X_0 - M_0)$이다.

정부지출/수출승수는 $\frac{1}{1-c(1-t)-i+m}$이다.

**17** 거시 **화폐수요** 답 ②

ㄴ. 거래비용은 은행인출비용으로 '거래횟수 × 1회 거래 시 소요비용'이다. 한 번에 인출하는 금액이 커지면 거래횟수가 적어지기에 거래비용이 감소한다.
ㄷ. 보몰의 화폐수요함수에서 다른 조건이 일정할 때 소득이 2배 증가하면 화폐수요는 2배보다 더 적게 증가한다. 즉, 거래적 화폐수요에는 규모의 경제가 존재한다.

**오답피하기**

ㄱ. 보몰-토빈(Baumol-Tobin)에 따르면 거래적 동기의 화폐수요는 소득의 증가함수이고, 이자율의 감소함수이다.
ㄹ, ㅁ. 거래비용이 증가하면 한 번에 많은 금액을 인출하기에 화폐수요는 증가한다.

**출제POINT**

보몰의 화폐수요함수는 $M^D = P\sqrt{\frac{bY}{2r}}$ ($b$: 거래비용)이다.

## 18 □□□

〈보기〉와 같은 경제환경하에서 개인저축과 균형이자율($r^*$)은?

〈보기〉

- $Y = C + I + G$
- $Y = 6{,}000$
- $G = 3{,}000$
- $T = 1{,}500$
- $C = 200 + 0.5(Y - T)$
- $I = 1{,}000 - 40r$

(단, $Y$는 국민소득, $C$는 소비지출, $T$는 조세, $I$는 투자지출, $r$은 이자율, $G$는 정부지출이다. 이때 $r$의 균형값인 균형이자율은 $r^*$로 표시한다)

| | 개인저축 | 균형이자율 ($r^*$) |
|---|---|---|
| ① | 2,050 | 11.25 |
| ② | 2,000 | 11.25 |
| ③ | 2,050 | 11.50 |
| ④ | 2,000 | 11.50 |
| ⑤ | 2,050 | 12.25 |

## 19 □□□

점수투표제란 투표자가 각 대안에 대해 자신의 선호 정도를 점수로 표시하여 투표하고 가장 많은 점수를 획득한 대안이 최종적으로 선택되는 방식을 의미한다. 〈보기〉의 표는 각 투표자가 10점을 후보 $A$, $B$, $C$에 대한 선호에 따라 나누어 배분하는 방식으로 표시하였다. 〈보기〉와 같은 상황에서 당선되는 후보는?

〈보기〉

- 투표자1 ~ 투표자5는 진실하게 자신의 선호를 표시하여 투표에 임한다.
- 투표자6은 다른 투표자들의 점수 배점에 대한 정보를 보유하고 있다.
- 투표자6은 자신에게 유리한 결과를 이끌고자 전략적 행동을 취하여 투표에 임한다.

| 구분 | 투표자 1 | 투표자 2 | 투표자 3 | 투표자 4 | 투표자 5 | 투표자 6 |
|---|---|---|---|---|---|---|
| 후보 $A$ | 3 | 3 | 3 | 1 | 7 | 2 |
| 후보 $B$ | 6 | 4 | 5 | 7 | 0 | 1 |
| 후보 $C$ | 1 | 3 | 2 | 2 | 3 | 7 |

① 후보 $A$
② 후보 $B$
③ 후보 $C$
④ 후보 $A$와 후보 $C$ 모두 가능
⑤ 세 후보 모두 가능

**18** 거시 **균형국민소득** 답 ①

소비함수는 $C = 200 + 0.5(Y - T)$이고, 투자는 $I = 1{,}000 - 40r$이며, 정부지출은 3,000이다. 따라서 생산물시장균형은 $Y = 200 + 0.5(Y - T) + 1{,}000 - 40r + 3{,}000$에서 달성된다. $T$가 1,500이고 $Y = 6{,}000$이기에 $r = 11.25$이다. 개인저축은 $Y - T - C = 6{,}000 - 1{,}500 - [200 + 0.5(6{,}000 - 1{,}500)] = 2{,}050$이다.

**출제POINT**

생산물시장의 균형은 총수요($C + I + G$)와 총공급($Y$)이 일치하는 점에서 결정된다. 화폐시장의 균형은 화폐의 수요($L$)와 공급($M$)이 일치하는 점에서 결정된다.

**19** 미시 **점수투표제** 답 ①

투표자1~5의 투표점수를 합산하면 후보 $A$는 17점, $B$는 22점, $C$는 11점이다. 투표자6이 진실하게 자신의 선호를 표시하면 후보 $A$는 19점, $B$는 23점, $C$는 18점을 얻어 후보 $B$가 당선된다. 그런데 후보 $B$는 투표자6이 가장 싫어하는 후보이기에 전략적 행동을 취하게 된다. 만약 가장 좋아하는 후보 $C$에게 10점을 모두 준다면 후보 $A$는 17점, $B$는 22점, $C$는 21점으로 여전히 후보 $B$가 당선된다. 그런데 덜 싫어하는 후보 $A$에게 10점을 모두 준다면 후보 $A$는 27점, $B$는 22점, $C$는 11점으로 후보 $A$가 당선된다.

**출제POINT**

점수투표제는 전략적 행위(어떤 투표자가 다른 투표자의 투표성향을 미리 예측하고 자신의 행동을 이에 맞춰 변화시킴으로써 자기가 원하는 결과를 얻으려 하는 태도)에 취약하다는 문제점이 있다.

## 20 □□□

**다음 중 옳은 것을 〈보기〉에서 모두 고르면?**

〈보기〉

ㄱ. 완전경쟁시장에서 개별기업의 비용함수가 $C(Q)=Q^3-6Q^2+19Q$이고, 현재 시장에는 15개의 기업이 생산 중에 있다. 시장수요곡선은 $Q=70-P$라고 할 때 장기에 이 시장에는 4개 기업이 추가로 진입한다.

ㄴ. 수요곡선은 $P=-3Q+80$, 평균비용곡선은 $AC=-Q+60$인 자연독점기업이 이윤극대화를 추구할 때 얻을 수 있는 이윤의 크기는 50이다.

ㄷ. 꾸르노모형(Cournot model)에서 각 기업은 상대방의 가격을 고정된 것으로 보고 자신의 가격을 결정한다.

ㄹ. 혼합전략을 허용하면 비협조적 게임에 있어 내쉬균형(Nash equilibrium)이 항상 존재한다.

① ㄱ, ㄴ　② ㄱ, ㄷ
③ ㄱ, ㄹ　④ ㄴ, ㄹ
⑤ ㄷ, ㄹ

## 21 □□□

**한 경제에 부유한 계층과 가난한 계층이 존재하고 부유한 계층의 한계소비성향은 가난한 계층의 한계소비성향보다 작다. 정부가 경기부양을 위해 조세를 감면하려고 할 때 다음 중 가장 적절하지 않은 것은?**

① 가난한 계층의 조세 감면을 크게 할수록 경기부양효과가 크다.
② 조세감면총액이 커지면 경기부양효과가 커진다.
③ 소득분포가 경기부양효과의 크기에 영향을 미친다.
④ 가난한 계층의 비율이 높을수록 경기부양효과가 커진다.
⑤ 부유한 계층과 가난한 계층의 한계소비성향의 차이가 작을수록 경기부양효과가 커진다.

| 20 | 미시 | 이윤극대화 | 답 ④ |
|---|---|---|---|

ㄴ. 자연독점기업의 이윤극대화는 $MR=MC$에서 이루어지기에 수요곡선인 $P=-3Q+80$에서 $MR=-6Q+80$과, 총비용곡선인 $TC=Q\times AC(=-Q+60)=-Q^2+60Q$에서 $MC=-2Q+60$이 일치할 때 $Q=5$이다. 따라서 자연독점기업은 $TR=(-3Q+80)\times Q=325$이고 $TC=-Q^2+60Q=275$이기에 이윤은 50에서 극대화된다.

ㄹ. 혼합전략을 허용하면 모든 게임에 있어 내쉬균형(Nash equilibrium)이 항상 존재한다.

**오답피하기**

ㄱ. 완전경쟁기업의 생산은 장기 평균비용곡선의 최소점에서 이루어진다. $C(Q)=Q^3-6Q^2+19Q$에서 장기평균비용은 $LAC=Q^2-6Q+19$이다. 이때 최소점은 장기 평균비용을 미분하여 0이 되는 $Q=3$일 때 $LAC=10$이다. 따라서 장기균형가격은 10이다. 시장수요곡선 $Q=70-P$에서 $P=10$일 때 $Q=60$이다. 완전경쟁기업의 장기 생산량은 3이기에 장기에는 20개의 동질적인 기업이 존재할 것이다. 현재 시장에는 15개의 기업이 생산 중이기에 5개 기업이 추가로 진입한다.

ㄷ. 꾸르노모형(Cournot model)에서 각 기업은 상대방의 생산량을 고정된 것으로 보고 자신의 생산량을 결정한다.

**출제POINT**

총수입에서 총비용을 차감한 값인 이윤은 $MR=MC$, 그리고 $MR$ 기울기 < $MC$기울기일 때 극대화된다.

| 21 | 거시 | 조세감면효과 | 답 ⑤ |
|---|---|---|---|

부유한 계층과 가난한 계층의 한계소비성향의 차이가 커서 가난한 계층의 한계소비성향이 더욱 커진다면 경기부양효과가 커진다.

**오답피하기**

① 가난한 계층의 한계소비성향이 더 크기에 승수$\left(=\frac{c}{1-c}\right)$가 더 크다. 따라서 가난한 계층의 조세감면을 크게 할수록 경기부양효과가 크다.

② 동일한 승수라도 조세감면총액이 커지면 소비증가가 커지기에 경기부양효과가 커진다.

③, ④ 가난한 계층의 한계소비성향이 더 크기에 승수$\left(=\frac{c}{1-c}\right)$가 더 크다. 따라서 가난한 계층의 비율이 높을수록 경기부양효과가 커진다. 결국, 소득분포가 경기부양효과의 크기에 영향을 미친다고 볼 수 있다.

**출제POINT**

정액조세감면 시 승수는 $\frac{c}{1-c}$이다.

## 22 □□□

**아래 〈그림〉은 이윤극대화를 추구하는 어떤 기업의 단기에서의 한계수입($MR$), 한계비용($MC$) 및 평균비용($AC$)을 표시한 그래프이다. 다음 중 각각의 생산량 수준인 점 $a$, $b$, $c$, $d$에 대한 설명으로 옳은 것을 〈보기〉에서 모두 고르면?**

〈그림〉

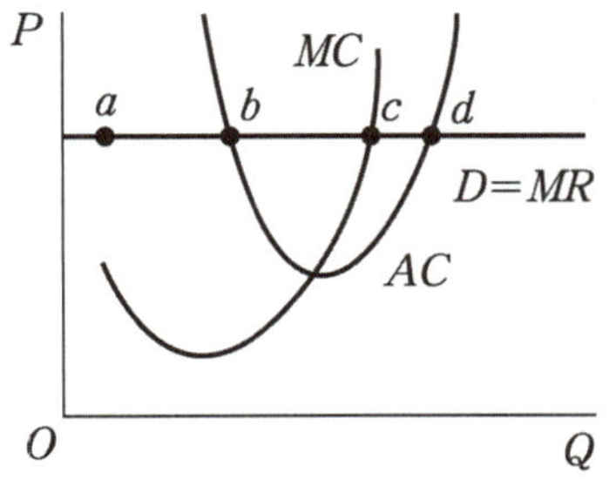


재화의 판매가격이 일정하여 한계수입곡선은 수평으로 표시된다.

〈보기〉

ㄱ. 해당 기업은 손익분기점인 점 $c$의 생산량을 선택할 것이다.
ㄴ. 점 $c$에서 이윤이 최대가 된다.
ㄷ. 점 $d$에서 초과이윤이 발생한다.
ㄹ. 점 $a$, $b$, $c$, $d$ 중에서 점 $b$의 순수익이 가장 크다.
ㅁ. 점 $a$, $b$, $c$, $d$ 중에서 점 $a$의 순수익이 가장 적다.

① ㄱ, ㄴ
② ㄴ, ㄷ
③ ㄴ, ㅁ
④ ㄱ, ㄴ, ㅁ
⑤ ㄴ, ㄹ, ㅁ

## 23 □□□

**〈보기〉와 같은 경제상황에서 어떤 보험회사가 개인 $A$에게 100% 확률로 일정한 소비수준을 보장해 준다고 한다면 개인 $A$가 동의할 수 있는 소비수준의 최저값이 존재한다. 이때 경제 내에 개인 $A$와 같은 개인들이 무수히 많다면 보험회사가 받을 수 있는 개인당 보험료 수입의 최고값은?**

〈보기〉

- 개인 $A$의 소비는 50%의 확률로 1, 나머지 50%의 확률로 4의 값을 가진다.
- 개인 $A$의 효용함수는 $U(C)=\sqrt{C}$이다. (단, $U$는 효용, $C$는 소비)
- 모든 개인은 기대효용을 극대화하며, 각 개인들의 소비는 서로 독립적으로 실현된다.

① $\frac{1}{4}$
② $\frac{1}{2}$
③ $\frac{\sqrt{2}}{2}$
④ $\frac{3}{2}$
⑤ $\frac{7}{4}$

**22** 미시 **이윤극대화** 답 ③

ㄴ. 점 $c$에서 $MR=MC$이기에 이윤이 최대가 된다.
ㅁ. 점 $c$에서 이윤이 최대가 되고, 점 $b$와 $d$에서 $P=AC$이기에 정상이윤만 발생한다. 점 $a$에서 $P<AC$이기에 손실이 발생한다. 따라서 점 $a$의 순수익이 가장 적다.

(오답피하기)
ㄱ. 손익분기점은 $AC$곡선의 최저점으로 점 $c$는 손익분기점이 아니다.
ㄷ. 점 $d$에서 $P=AC$이기에 정상이윤만 발생한다.
ㄹ. 점 $c$에서 이윤이 최대가 되고, 점 $b$와 $d$에서 정상이윤만 발생하며, 점 $a$에서 손실이 발생한다.

**출제POINT**
총수입에서 총비용을 차감한 값인 이윤은 $MR=MC$, 그리고 $MR$ 기울기 $<MC$기울기일 때 극대화된다.

**23** 미시 **최대보험료** 답 ⑤

기대소비$=\frac{1}{2}\times 1+\frac{1}{2}\times 4=2.5$,

기대효용$=\frac{1}{2}\times\sqrt{1}+\frac{1}{2}\times\sqrt{4}=1.5$이다.

또한 확실성등가를 구하면 $1.5=\sqrt{C}$에서 2.25이다. 최대한 보험료는 자산에서 확실성등가를 차감하여 $4-2.25=1.75=\frac{7}{4}$이다.

**출제POINT**
공정한 보험료와 위험프리미엄의 합을 최대한 보험료라 하고 자산에서 확실성등가를 차감하여 구한다.

## 24 □□□

**노동시장에서 노동공급곡선과 노동수요곡선의 기울기의 절대값이 〈보기〉의 그래프와 같이 서로 동일하다. 근로자와 고용주에게 4대 보험료를 반반씩 나누어 부담시킬 때, 노동시장에서의 균형 급여수준과 근로자들이 수령하는 실질임금수령액을 모두 적절히 표시한 것은?**

〈보기〉

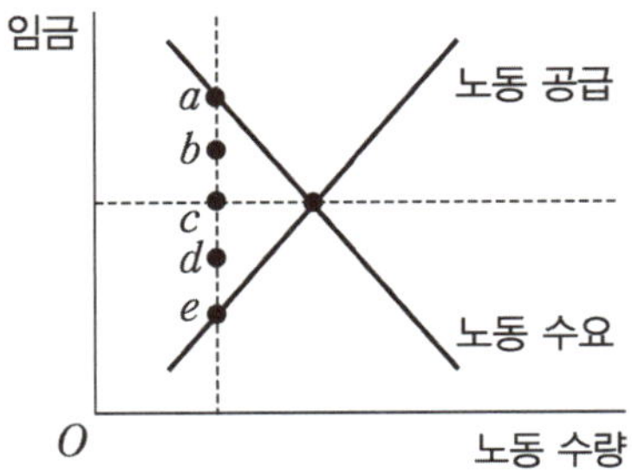


4대 보험료의 크기는 점 $a$와 점 $e$의 간격에 해당하고 점$a$와 점 $b$, 점 $b$와 점 $c$, 점 $c$와 점 $d$, 점 $d$와 점 $e$의 간격은 모두 같다.

① 균형 급여수준: $a$, 실질임금수령액: $c$
② 균형 급여수준: $c$, 실질임금수령액: $c$
③ 균형 급여수준: $c$, 실질임금수령액: $e$
④ 균형 급여수준: $d$, 실질임금수령액: $e$
⑤ 균형 급여수준: $e$, 실질임금수령액: $e$

| 24 | 미시 | 조세의 귀착 | 답 ③ |
|---|---|---|---|

노동공급곡선과 노동수요곡선의 기울기의 절대값이 동일하기에 균형점에서 탄력도는 같다. 따라서 근로자(노동공급자)와 고용주(노동수요자)에게 4대 보험료를 반반씩 나누어 부담시킬 때, 부담분도 동일하여 반반씩 부담한다. 즉, 4대 보험료는 점 $a$와 점 $e$의 간격으로 이를 4라고 하면 이 중 반인 2를 근로자에게 부담시키면 근로자와 고용주는 각각 1씩 부담한다. 다시 나머지 반인 2를 고용주에게 부담시키면 근로자와 고용주는 각각 1씩 부담한다. 결국, 근로자와 고용주는 각각 2씩, 즉 4대 보험료의 반씩을 부담한다. 따라서 근로자는 균형임금(점 $c$)보다 4대 보험료의 반(점 $c$와 점 $e$의 간격)을 차감한 점 $e$를 수령하고, 고용주는 균형임금(점 $c$)보다 4대 보험료의 반(점 $c$와 점 $a$의 간격)을 더한 점 $a$를 지급한다. 즉, 근로자에게 4대 보험료(점 $a$와 점 $e$의 간격)의 반(점 $c$와 점 $e$의 간격)을 부담시키면 노동공급곡선은 점 $c$와 점 $e$의 간격만큼 상방으로 이동하고, 고용주에게 4대 보험료(점 $a$와 점 $e$의 간격)의 반(점 $a$와 점 $c$의 간격)을 부담시키면 노동수요곡선은 점 $a$와 점 $c$의 간격만큼 하방으로 이동한다. 따라서 균형은 점 $c$이다. 이제 근로자는 4대 보험료의 반(점 $c$와 점 $e$의 간격)을 부담하면 실질수령액은 점 $e$이다. 고용주는 4대 보험료의 반(점 $a$와 점 $c$의 간격)을 부담하면 실질지급액은 점 $a$이다.

**출제POINT**
생산자든 소비자든 어느 일방에게 조세를 부과해도 양자가 분담하게 되는 것을 조세의 귀착이라 하고, 분담 정도는 탄력성에 반비례한다.

## 25 □□□

**$A$, $B$, $C$ 3인으로 구성된 경제상황에서 가능한 자원배분상태와 각 상태에서의 3인의 효용이 다음과 같다. 다음 중 각 자원배분 상태를 비교했을 때 파레토효율적이지 않은 자원배분상태를 모두 고르면?**

| 구분 | $A$의 효용 | $B$의 효용 | $C$의 효용 |
|---|---|---|---|
| 가 | 3 | 10 | 7 |
| 나 | 6 | 12 | 6 |
| 다 | 13 | 10 | 3 |
| 라 | 5 | 12 | 8 |

① 가
② 나, 다
③ 가, 다, 라
④ 나, 다, 라
⑤ 가, 나, 다, 라

| 25 | 미시 | 파레토효율성 | 답 ① |
|---|---|---|---|

자원배분상태가 '가'에서 '라'로 변경되면 3인의 효용은 모두 개선된다. 따라서 '가'는 파레토효율적 자원배분상태가 아니다.

오답피하기

②, ③, ④, ⑤ 나머지는 모두 다른 자원배분상태로 변경되면 한 명 이상의 효용이 감소하기에 파레토효율적 자원배분상태이다.

**출제POINT**
어느 누구의 효용도 감소하지 않으면서 한 개인의 효용이 증가하는 것을 파레토개선이라 하고, 더 이상 파레토개선이 불가능한 배분상태, 즉 자원배분이 가장 효율적인 상태를 파레토효율성이라 한다.

# 8회 2017년 국회직

## 01 □□□

**다음 중 이자율이 소비에 미치는 영향에 대한 설명으로 옳지 않은 것은?**

① 이자율이 상승하면 현재소비의 기회비용은 증가한다.
② 이자율이 상승하면 정상재의 경우 소득효과에 의해 현재소비가 증가한다.
③ 이자율이 상승하면 대체효과에 의해 현재소비가 감소한다.
④ 이자율이 상승하면 대체효과에 의해 미래소비가 증가한다.
⑤ 이자율이 상승하면 현재소비는 증가하지만 미래소비는 증가하거나 감소할 수 있다.

## 02 □□□

**의류 판매업자인 $A$씨는 아래와 같은 최대지불용의금액을 갖고 있는 두 명의 고객에게 수영복, 수영모자, 샌들을 판매한다. 판매전략으로 묶어팔기(Bundling)를 하는 경우, 수영복과 묶어 팔 때가 따로 팔 때보다 이득이 더 생기는 품목과 해당상품을 수영복과 묶어 팔 때 얻을 수 있는 최대 수입은?**

| 구분 | 최대지불용의금액 | | |
|---|---|---|---|
| | 수영복 | 수영모자 | 샌들 |
| 고객 (ㄱ) | 400 | 250 | 150 |
| 고객 (ㄴ) | 600 | 300 | 100 |

① 수영모자, 1300　② 수영모자, 1400
③ 샌들, 1000　④ 샌들, 1100
⑤ 샌들, 1200

---

**01** 미시 두기간모형 답 ⑤

저축자이고 현재소비와 미래소비가 정상재의 경우, 대체효과와 소득효과의 상대적 크기에 의해 이자율이 상승하면 현재소비는 감소하거나 증가할 수 있고, 미래소비는 반드시 증가한다.

(오답피하기)

① 이자율이 상승하면 현재소비의 기회비용인 이자가 증가하기에 현재소비의 기회비용은 증가한다.
② 저축자의 경우, 이자율이 상승하면 이자수입이 증가한다. 정상재의 경우 실질소득이 증가하기에 현재소비는 증가한다. 따라서 소득효과에 의한 현재소비는 증가한다.
③, ④ 이자율이 상승하면 현재소비의 기회비용은 증가한다. 따라서 대체효과에 의해 현재소비는 감소하고 미래소비는 증가한다.

**출제POINT**

저축자이고 현재소비와 미래소비가 정상재의 경우, 이자율 상승시 저축자의 저축 증감여부는 대체효과(이자율↑→ 현재소비의 기회비용↑→ 현재소비↓, 미래소비↑→ 저축↑)와 소득효과(이자율↑→ 실질소득↑→ 현재소비↑, 미래소비↑→ 저축↓)의 상대적 크기에 의하여 결정된다.

**02** 미시 묶어팔기 답 ④

#1. 수영복과 샌들을 묶어 파는 경우

| 구분 | 최대지불용의금액 | | |
|---|---|---|---|
| | 수영복 | 샌들 | 묶어팔기 |
| 고객 (ㄱ) | 400 | 150 | 550 |
| 고객 (ㄴ) | 600 | 100 | 700 |

- 따로팔기 시 수영복을 따로 팔아 $400\times2=800$의 수입과 샌들을 따로 팔아 $100\times2=200$의 수입으로 총수입은 1,000이다.
- 묶어팔기 시 수영복과 샌들을 함께 팔아 $550\times2=1,100$의 총수입이다.

* 수영복과 수영모자를 묶어 파는 경우

| 구분 | 최대지불용의금액 | | |
|---|---|---|---|
| | 수영복 | 수영모자 | 묶어팔기 |
| 고객 (ㄱ) | 400 | 250 | 650 |
| 고객 (ㄴ) | 600 | 300 | 900 |

- 따로팔기 시 수영복을 따로 팔아 $400\times2=800$의 수입과 수영모자를 따로 팔아 $250\times2=500$의 수입으로 총수입은 1,300이다.
- 묶어팔기 시 수영복과 수영모자를 함께 팔아 $650\times2=1,300$의 총수입이다.

따라서 수영복과 묶어 팔 때가 따로 팔 때보다 이득이 더 생기는 품목은 샌들이고, 수영복과 묶어 팔 때 얻을 수 있는 최대 수입은 1,100이다.

**출제POINT**

묶어팔기는 소비자들이 서로 다른 수요를 갖고 있으나 가격차별이 곤란할 때 이윤극대화를 위한 전략이다.

## 03 □□□

**어떤 제약회사의 신약은 특허 기간 중에는 독점적으로 공급되지만, 특허 소멸 후 다른 제약회사들의 복제약과 함께 경쟁적으로 공급된다. 이 약의 시장수요는 $P=20-Q$로 주어지고, 총생산비용은 $TC(Q)=4Q$라고 한다. 이 약의 특허 기간 중 생산량과 특허 소멸 후 생산량은 각각 얼마인가?**

| | 특허 기간 중 생산량 | 특허 소멸 후 생산량 |
|---|---|---|
| ① | 6 | 10 |
| ② | 6 | 12 |
| ③ | 8 | 14 |
| ④ | 8 | 16 |
| ⑤ | 10 | 18 |

## 04 □□□

**반도체 시장은 완전경쟁시장이며 개별 기업의 장기평균비용 곡선은 $AC(q_i)=40-q_i+\frac{1}{100}q_i^2$으로 동일하다고 가정하자(단, $q_i$는 개별 기업의 생산량임). 반도체 시장수요는 $Q=25{,}000-1{,}000P$이다(단, $Q$는 시장수요량, $P$는 시장가격이다). 반도체 시장에서 장기균형 가격과 장기균형하에서의 기업의 수는 얼마인가?**

| | 장기균형 가격 | 기업의 수 |
|---|---|---|
| ① | 5 | 200 |
| ② | 10 | 150 |
| ③ | 10 | 300 |
| ④ | 15 | 100 |
| ⑤ | 15 | 200 |

**03** 미시 **독점** 답 ④

특허 기간 중 생산량은 독점기업 이윤극대화조건에서, 특허 소멸 후 생산량은 완전경쟁기업 이윤극대화조건에서 구할 수 있다. 수요곡선이 우하향의 직선일 때 $MR$은 수요곡선과 $y$절편은 같고 기울기는 2배이다. 따라서 수요곡선이 $P=20-Q$일 때 $MR$곡선은 $MR=20-2Q$이다. 비용곡선은 $TC=4Q$일 때 $MC$곡선은 $MC=4$이다. 독점기업의 이윤극대화 생산량은 $MR=MC$이기에 $20-2Q=4$에서 $Q=8$이다. 완전경쟁기업의 이윤극대화 생산량은 $P=MC$이기에 $20-Q=4$에서 $Q=16$이다.

**출제POINT**

독점기업은 $MR=MC$에서, 완전경쟁기업은 $P=MC$에서 이윤극대화를 달성한다.

**04** 미시 **완전경쟁 장기균형** 답 ⑤

개별기업의 장기평균비용함수인 $AC(q_i)=40-q_i+\frac{1}{100}q_i^2$의 최소점, 즉 $LAC$를 미분하여 0일 때 $q=50$, $LAC=15$에서 개별기업은 생산이 이루어진다. 완전경쟁시장의 장기균형에서 $P$(가격)$=LAC$(장기평균비용)로 가격은 15이다. 가격이 15일 때 시장수요함수인 $Q=25{,}000-1{,}000P$에서 시장 수요량은 10,000이다. 따라서 시장 수요량인 10,000을 위해 동질적인 개별기업이 각각 50을 생산하기에 완전경쟁시장의 장기균형에서 존재할 수 있는 기업의 수는 200개이다.

**출제POINT**

완전경쟁시장의 장기균형에서 개별기업은 장기평균비용의 최소점에서 생산이 이루어진다.

## 05 □□□

**효용함수가 $U(X, Y) = \sqrt{XY}$인 소비자의 소비 선택에 대한 설명으로 옳은 것을 〈보기〉에서 모두 고르면?**

〈보기〉

ㄱ. 전체 소득에서 $X$재에 대한 지출이 차지하는 비율은 항상 일정하다.
ㄴ. $X$재 가격변화는 $Y$재 소비에 영향을 주지 않는다.
ㄷ. $X$재는 정상재이다.
ㄹ. $Y$재는 수요의 법칙을 따른다.

① ㄱ, ㄴ
② ㄴ, ㄷ
③ ㄱ, ㄷ, ㄹ
④ ㄴ, ㄷ, ㄹ
⑤ ㄱ, ㄴ, ㄷ, ㄹ

**05 | 미시 | 효용함수 | 답 ⑤**

$U(X, Y) = \sqrt{XY} = X^{\frac{1}{2}} Y^{\frac{1}{2}}$이기에 $P_X X = \frac{\alpha}{\alpha+\beta} M = \frac{1}{2}M$이고,

$U(X, Y) = \sqrt{XY} = X^{\frac{1}{2}} Y^{\frac{1}{2}}$이기에 $P_Y Y = \frac{\beta}{\alpha+\beta} M = \frac{1}{2}M$이다.

ㄱ. $\frac{P_X X}{M} = \frac{1}{2}$이기에 전체 소득에서 $X$재에 대한 지출이 차지하는 비율은 $\frac{1}{2}$로 항상 일정하다.

ㄴ. $Y = \frac{\beta}{\alpha+\beta} \cdot \frac{M}{P_Y}$이기에 $X$재 가격변화는 $Y$재 소비에 영향을 주지 않는다.

ㄷ. $X = \frac{\alpha}{\alpha+\beta} \cdot \frac{M}{P_X}$이기에 $X$재 수요의 소득 탄력도는 1이다. 따라서 $X$재는 정상재이다.

ㄹ. $Y = \frac{\beta}{\alpha+\beta} \cdot \frac{M}{P_Y}$이기에 $Y$재는 수요의 법칙을 따른다.

**출제POINT**

효용함수 $U = AX^{\alpha} Y^{\beta}$에서 $X$에 대한 수요함수는 $P_X X = \frac{\alpha}{\alpha+\beta} M$이다.

## 06 □□□

**다음 표와 같이 복점시장에서 기업 $A$와 기업 $B$가 서로 경쟁한다. 각 기업은 자신의 이윤을 극대화하기 위해서 생산량 $Q=2$ 또는 $Q=3$을 결정해야 한다. 다음 표에서 괄호 안에 앞의 숫자는 기업 $A$의 이윤을, 뒤의 숫자는 기업 $B$의 이윤을 나타낸다. 다음 〈보기〉 중 옳은 것을 모두 고르면?**

| 구분 | | 기업 $B$ | |
|---|---|---|---|
| | | $Q=2$ | $Q=3$ |
| 기업 $A$ | $Q=2$ | (10, 12) | (8, 10) |
| | $Q=3$ | (12, 8) | (6, 6) |

〈보기〉

ㄱ. 기업 $A$의 우월전략은 $Q=3$이다.
ㄴ. 기업 $B$의 우월전략은 $Q=2$이다.
ㄷ. 내쉬균형은 기업 $A$는 $Q=3$을, 기업 $B$는 $Q=2$를 선택하는 것이다.
ㄹ. 기업 $A$와 기업 $B$ 모두가 우월전략을 가지지 않기 때문에 내쉬균형은 존재하지 않는다.

① ㄱ, ㄷ
② ㄱ, ㄹ
③ ㄴ, ㄷ
④ ㄴ, ㄹ
⑤ ㄱ, ㄴ, ㄷ

**06 | 미시 | 내쉬균형 | 답 ③**

#1. 기업 $A$가 $Q=2$를 선택하면 기업 $B$는 $Q=2$를, 기업 $A$가 $Q=3$을 선택하면 기업 $B$는 $Q=2$ 선택이 최선이다.
#2. 기업 $B$가 $Q=2$를 선택하면 기업 $A$는 $Q=3$을, 기업 $B$가 $Q=3$을 선택하면 기업 $A$는 $Q=2$ 선택이 최선이다.
ㄴ. #1에 따라 기업 $B$의 우월전략은 $Q=2$이다.
ㄷ. #1과 #2에 따라 내쉬균형은 기업 $A$는 $Q=3$을, 기업 $B$는 $Q=2$를 선택하는 것이다.

오답피하기

ㄱ. #1에 따라 기업 $A$의 우월전략은 존재하지 않는다.
ㄹ. #1과 #2에 따라 내쉬균형은 존재한다.

**출제POINT**

상대방의 전략을 주어진 것으로 보고 경기자는 자신에게 가장 유리한 전략을 선택하였을 때 도달하는 균형을 내쉬균형이라 한다.

## 07 □□□

두 기업이 슈타켈버그(Stackelberg) 모형에 따라 행동할 때, 시장수요곡선이 $P=50-Q_1-Q_2$, 개별 기업의 한계비용이 0으로 동일하다고 가정하자(단, $P$는 시장가격, $Q_1$은 기업 1의 산출량, $Q_2$는 기업 2의 산출량). 기업 1은 선도자로, 기업 2는 추종자로 행동하는 경우 달성되는 슈타켈버그 균형 상태에 있을 때, 〈보기〉의 설명 중에서 옳은 것을 모두 고르면?

〈보기〉

ㄱ. 기업 1의 생산량은 기업 2의 생산량의 2배이다.
ㄴ. 시장가격은 12.5이다.
ㄷ. 시장거래량은 25보다 크다.
ㄹ. 기업 1의 이윤은 기업 2의 이윤의 1.5배이다.

① ㄱ, ㄷ
② ㄴ, ㄷ
③ ㄱ, ㄴ, ㄷ
④ ㄱ, ㄴ, ㄹ
⑤ ㄱ, ㄷ, ㄹ

## 08 □□□

살충제 시장의 수요곡선은 $P=150-\frac{5}{2}Q_d$이고, 공급곡선은 $P=\frac{5}{2}Q_s$이다. 사회적 한계비용($SMC$)은 사적한계비용($PMC$)의 2배가 된다. 호수에 대한 소유권이 어느 누구에게도 없을 때, (ㄱ) 생산되는 살충제의 양과 (ㄴ) 사회적으로 바람직한 살충제 생산량은 각각 얼마인가?

| | (ㄱ) | (ㄴ) |
|---|---|---|
| ① | 20 | 10 |
| ② | 20 | 20 |
| ③ | 30 | 10 |
| ④ | 30 | 20 |
| ⑤ | 40 | 20 |

**07** 미시 슈타켈버그모형 답 ③

시장수요곡선이 $P=50-Q_1-Q_2$이고, 개별 기업의 한계비용이 0일 때 완전경쟁의 균형생산량은 $P=MC$에 따라 $P=50-Q_1-Q_2=MC=0$에서 구할 수 있다. $Q_1+Q_2=Q$이기에 $P=50-Q=MC=0$에서 $Q=50$이다.

ㄱ. 선도기업 1의 균형생산량은 (완전경쟁의 $\frac{1}{2}$)로 25이고, 추종기업 2의 균형생산량은 (완전경쟁의 $\frac{1}{4}$)로 12.5이다. 따라서 기업 1의 생산량은 기업 2의 생산량의 2배이다.
ㄴ. 시장전체의 균형생산량은 37.5이고 균형가격은 $P=50-Q_1-Q_2$에서 12.5이다.
ㄷ. 선도기업 1의 균형생산량은 25이고, 추종기업 2의 균형생산량은 12.5로 시장거래량은 37.5이기에 25보다 크다.

오답피하기

ㄹ. 균형생산량은 기업 1이 25, 기업 2가 12.5이고 균형가격은 12.5로 동일하기에 이윤은 기업 1이 기업 2의 2배이다.

**출제POINT**

한 기업은 선도기업이고, 한 기업은 추종기업일 때의 슈타켈버그모형은 선도기업의 생산량은 (완전경쟁의 $\frac{1}{2}$)이고, 추종기업의 생산량은 (완전경쟁의 $\frac{1}{4}$)이다.

**08** 미시 외부효과 답 ④

$PMC=\frac{5}{2}Q_s$이고 $SMC$는 $PMC$의 2배로 $SMC=5Q_s$이다.

$P=150-\frac{5}{2}Q_d$이기에 $P=PMC$에서 호수에 대한 소유권이 어느 누구에게도 없을 때, 시장 균형산출량(ㄱ)은 30이고, $P=SMC$에서 사회적 최적산출량(ㄴ)은 20이다.

**출제POINT**

$P=PMC$에서 시장 균형산출량이 결정되고 $P=SMC$에서 사회적 최적산출량이 달성된다.

## 09 □□□

**고용주는 채용된 근로자가 얼마나 열심히 일을 하는지에 대해 완벽하게 관찰하는 것이 불가능하여 고용주와 근로자 간에 비대칭 정보가 존재한다고 하자. 이 상황에서 발생되는 문제와 그 해결방법에 대한 〈보기〉의 설명 중 옳은 것을 모두 고르면?**

〈보기〉

ㄱ. 이 상황에서 생산성이 낮은 근로자가 고용되는 역선택(adverse selection)이 발생한다.
ㄴ. 이 상황에서 근로자의 도덕적 해이(moral hazard)가 발생한다.
ㄷ. 고용주가 근로자에게 효율임금(efficiency wage)을 지급한다면 이 상황을 해결할 수 있다.
ㄹ. 고용주가 근로자의 보수 지급을 연기한다면 이 상황을 해결할 수 있다.
ㅁ. 근로자가 고용주에게 자신의 높은 교육수준을 통해 자신의 생산성이 높다는 것을 신호보내기(signaling)한다면 이 상황을 해결할 수 있다.

① ㄱ, ㄷ　② ㄱ, ㅁ
③ ㄴ, ㄹ　④ ㄱ, ㄷ, ㅁ
⑤ ㄴ, ㄷ, ㄹ

| 09 | 미시 | 정보비대칭성 | 답 ⑤ |
|---|---|---|---|

ㄴ. 고용주 입장에서 채용된 근로자의 행동을 완벽하게 관찰하는 것이 불가능한 상황에서 근로자의 도덕적 해이가 발생한다.
ㄷ. 도덕적 해이 발생 시 고용주가 근로자에게 균형보다 높은 효율임금을 지급한다면 도덕적 해이를 해결할 수 있다.
ㄹ. 도덕적 해이 발생 시 고용주가 근로자의 보수 지급을 연기한다면 도덕적 해이를 해결할 수 있다.

**오답피하기**

ㄱ. 채용된 근로자의 감춰진 행동으로 도덕적 해이가 발생한다.
ㅁ. 신호발송이란 정보가 풍부한 경제주체(근로자)가 거래 상대방(고용주)에게 자신이 가지고 있는 정보를 알리기 위해 행하는 행위로 역선택 해결방안이다.

**출제POINT**

상대방의 특성(거래되는 재화의 품질)에 대한 당사자들 간 정보수준이 다른 상황을 감춰진 특성이라 하고, 이는 계약 이전의 선택의 문제로 역선택을 초래한다. 일방의 행동을 상대방이 관찰할 수 없거나 통제할 수 없는 상황을 감춰진 행동이라 하고, 이는 계약 이후의 행동의 문제로 도덕적 해이를 초래한다.

## 10 □□□

**최근 정부는 경유차의 구매수요를 현재보다 20% 줄이고 대기 정화를 위한 재원을 확보하기 위해 유류가격을 인상하려고 한다. 경유자동차 구매수요의 경유가격 탄력성은 3, 경유자동차 구매수요의 휘발유가격 탄력성은 2이다. 경유가격을 10% 인상하였다면 위 목표를 달성하기 위해서는 휘발유가격을 얼마나 인상하여야 하는가?**

① 5%　② 7.5%
③ 10%　④ 12.5%
⑤ 15%

| 10 | 미시 | 탄력성 | 답 ① |
|---|---|---|---|

경유자동차 구매수요의 경유가격 탄력성은 $\frac{\text{경유자동차수요 변화율}}{\text{경유가격 변화율}}=3$이기에 경유가격을 10% 인상하면 경유자동차 구매수요는 30% 감소한다.
경유자동차 구매수요의 휘발유가격 탄력성은 $\frac{\text{경유자동차수요 변화율}}{\text{휘발유가격 변화율}}=2$이기에 휘발유가격을 5% 인상하면 경유자동차 구매수요는 10% 증가한다.
경유가격의 10% 인상 시 경유자동차 구매수요는 30% 감소하기에 휘발유가격을 5% 인상하면 경유자동차 구매수요는 10% 증가하여 경유차의 구매 수요를 현재보다 20% 줄일 수 있다.

**출제POINT**

경유자동차 구매수요의 경유가격 탄력성은 $\frac{\text{경유자동차수요 변화율}}{\text{경유가격 변화율}}$이다.

경유자동차 구매수요의 휘발유가격 탄력성은 $\frac{\text{경유자동차수요 변화율}}{\text{휘발유가격 변화율}}$이다.

## 11 □□□

어떤 생산물시장의 수요곡선이 $Q_d = -\frac{1}{2}P + \frac{65}{2}$로, 공급곡선이 $Q_s = \frac{1}{3}P - 5$로 주어졌다. 정부가 가격을 통제하기 위해서 가격상한 또는 가격하한을 55로 설정할 때 총잉여(사회적 잉여)는 각각 얼마인가?

| | 가격상한 시 총잉여 | 가격하한 시 총잉여 |
|---|---|---|
| ① | 125 | 125 |
| ② | 125 | 187.5 |
| ③ | 187.5 | 250 |
| ④ | 250 | 187.5 |
| ⑤ | 250 | 250 |

**11** 미시 **가격규제** 답 ④

수요곡선 $Q_d = -\frac{1}{2}P + \frac{65}{2}$와 공급곡선 $Q_s = \frac{1}{3}P - 5$가 만나는 점에서 균형가격은 $P = 45$이고 균형거래량은 $Q = 10$이다. 따라서 가격상한을 55로 설정하면 실효성이 없고, 가격하한을 55로 설정하면 실효성이 있다.

- 가격상한을 55로 설정하면 실효성이 없기에 균형점에서의 총잉여로 계산한다.
- 따라서 가격상한 시 총잉여는 $(65-15) \times 10 \times \frac{1}{2} = 250$이다.

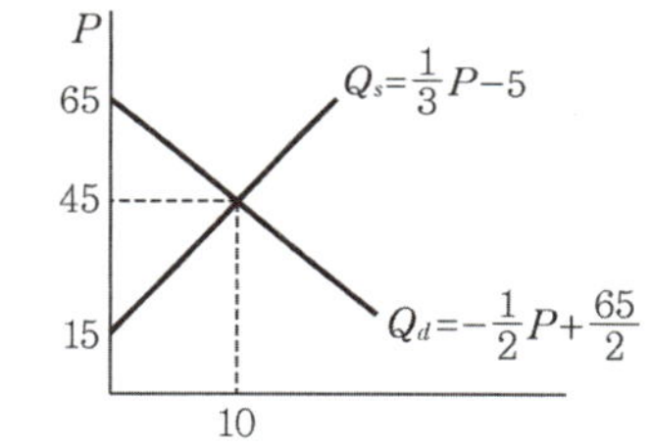


- 가격하한을 55로 설정하면 실효성이 있기에 가격규제 전 균형점에서의 총잉여에서 $a+b$를 뺀 값으로 계산한다.
- (ㄴ)은 가격하한 55를 수요곡선 $Q_d = -\frac{1}{2}P + \frac{65}{2}$에 대입하면 5이다. (ㄱ)은 (ㄴ)인 5를 공급곡선 $Q_s = \frac{1}{3}P - 5$에 대입하면 30이다.

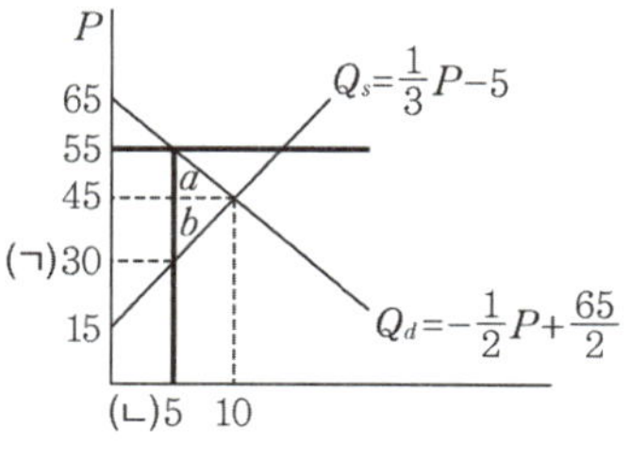


- 따라서 가격하한 시 총잉여는 $\left[(65-15) \times 10 \times \frac{1}{2}\right] - \left[(55-30) \times (10-5) \times \frac{1}{2}\right] = 187.5$이다.

**출제POINT**
수요자 보호를 위한 최고가격제는 균형가격보다 낮게 설정할 때 실효성이 있고, 공급자 보호를 위한 최저가격제는 균형가격보다 높게 설정할 때 실효성이 있다.

## 12 □□□

다음 〈보기〉에서 옳은 것을 모두 고르면?

〈보기〉

ㄱ. 원유의 가격은 크게 하락하였으나 거래량은 가격 하락폭에 비해 상대적으로 하락폭이 적었다. 이는 원유의 수요와 공급이 비탄력적인 경우에 나타나는 현상이라 할 수 있다.

ㄴ. $A$는 항상 매달 소득의 $\frac{1}{5}$을 일정하게 뮤지컬 혹은 영화 티켓 구입에 사용한다. 이 경우, 뮤지컬 혹은 영화티켓의 가격이 10% 상승하면 $A$의 뮤지컬 혹은 영화티켓 수요량은 10% 감소한다.

ㄷ. $B$ 기업이 판매하고 있는 $C$ 상품의 수요의 가격탄력성은 1.2이다. $B$ 기업은 최근 $C$ 상품의 가격을 인상하기로 결정했고 이로 인해 총수입이 증가할 것으로 예상하고 있다.

ㄹ. 다른 모든 요인이 일정 불변할 때, 담배세 인상 이후 정부의 담배 세수입이 증가했다. 이는 담배 수요가 가격에 대해 탄력적임을 의미한다.

① ㄱ, ㄴ
② ㄱ, ㄷ
③ ㄴ, ㄷ
④ ㄱ, ㄴ, ㄹ
⑤ ㄴ, ㄷ, ㄹ

**12** 미시 **탄력성** 답 ①

ㄱ. 가격 하락폭보다 거래량 하락폭이 적기에 수요와 공급이 비탄력적이다.

ㄴ. 소득의 $\frac{1}{5}$을 일정하게 구입하면 $Q = \frac{1}{5} \times M \times P^{-1}$으로 수요의 가격탄력도는 1이기에 가격이 10% 상승하면 수요량은 10% 감소한다.

오답피하기

ㄷ. 수요의 가격탄력성이 1.2로 탄력적일 때 가격 인상으로 총수입은 감소한다.

ㄹ. 담배세 인상으로 담배 세수입이 증가했다면 담배 수요가 가격에 대해 비탄력적임을 의미한다.

**출제POINT**
소득의 일정비율로 구매하면, $Q = \frac{1}{5} \times M \times P^{-1}$로 수요의 가격탄력도는 1이다.

## 13 □□□

수요와 공급곡선이 다음과 같이 주어져 있다.

$$Q_d = 400 - 2P \qquad Q_s = 100 + 3P$$

단위당 $T$만큼의 조세를 소비자에게 부과하는 경우, 사회적 후생손실이 135라면 단위당 조세의 크기는 얼마인가?

① 6　② 9
③ 10　④ 15
⑤ 30

## 14 □□□

$K$국에서 농산물의 국내 수요곡선은 $Q_d = 100 - P$, 국내 공급곡선은 $Q_s = P$이고, 농산물의 국제가격은 20이다. 만약 $K$국 정부가 국내생산자를 보호하기 위해 단위당 10의 관세를 부과한다면, 국내 생산자잉여 변화량과 사회적 후생손실은?

| | 국내 생산자잉여 변화량 | 사회적 후생손실 |
|---|---|---|
| ① | 250 증가 | 500 |
| ② | 250 증가 | 100 |
| ③ | 250 증가 | 500 |
| ④ | 250 감소 | 100 |
| ⑤ | 450 증가 | 100 |

**13** 미시 조세의 귀착 답 ④

| | |
|---|---|
| 1. 조세부과 전 거래량 | $400 - 2P = 100 + 3P$<br>$P = 60$, $Q = 280$ |
| 2. 조세부과 후 곡선<br>($P$로 도출) | 비법: 평행이동!<br>$Q^d = 400 - 2P$에서 $P$대신<br>$[P-(-T)]$를 대입하면,<br>$Q^d = 400 - 2(P+T)$으로<br>$Q^d = 400 - 2T - 2P$이다. |
| 3. 조세부과 후 거래량 | $400 - 2T - 2P = 100 + 3P$<br>$P = 60 - \frac{2}{5}T$, $Q = 280 - \frac{6}{5}T$ |
| 4. 거래량 감소분 × 단위당 조세 × $\frac{1}{2}$ | $\left[280 - \left(280 - \frac{6}{5}T\right)\right] \times T \times \frac{1}{2} = 135$<br>$T = 15$ |

**출제POINT**

조세의 귀착 시 후생손실은 거래량 감소분 × 단위당 조세 × $\frac{1}{2}$을 통해 알 수 있다.

**14** 국제 관세 답 ②

국제가격이 20일 때 국내수요량은 국내 수요곡선 $Q_d = 100 - P$에서 80이나 국내생산량은 국내 공급곡선 $Q_s = P$에서 20으로 60만큼 수입한다. 10의 관세부과 시 관세포함 국내가격은 30으로, 국내수요량은 70이나 국내생산량은 30으로 40만큼 수입한다. 국내수요량이 80에서 70으로 10만큼 줄고 국내생산량은 20에서 30으로 10만큼 증가한다. 아래 그래프에 따르면, 국내 생산자잉여증가는 $A$로, $A$와 $B$의 합에서 $B$를 뺀 $10 \times 30 - \left[10 \times (30-20) \times \frac{1}{2}\right] = 250$이다.

반면, 사회적후생손실은 $B$와 $D$의 합으로 $10 \times (30-20) \times \frac{1}{2} + 10 \times (80-70) \times \frac{1}{2}$ $(80-70) \times \frac{1}{2} = 100$이다.

**출제POINT**

(소국)관세부과로 소비자잉여는 감소, 생산자잉여는 증가, 재정수입은 증가하나 사회적후생손실이 발생한다.

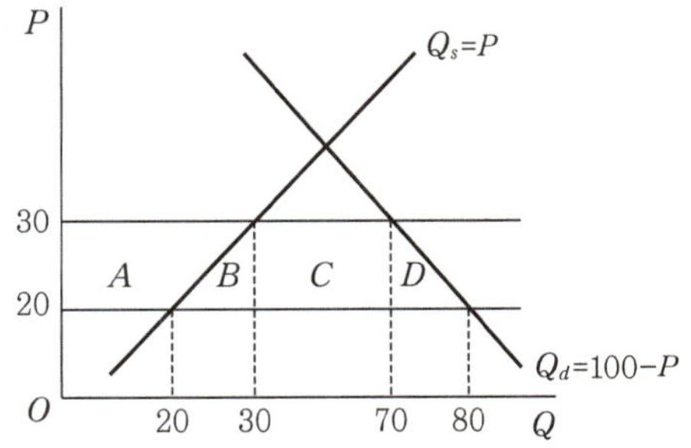


| | |
|---|---|
| 소비자잉여 | $-(A+B+C+D)$ |
| 생산자잉여 | $A$ |
| 재정수입 | $C$ |
| 총잉여 | $-(B+D)$ |

## 15 □□□

**어떤 거시경제가 〈보기〉와 같은 조건을 만족하고, 최초에 장기 균형 상태에 있다고 할 때, 다음 중 옳지 않은 것은? (단, $Y$는 생산량, $P$는 물가수준이다)**

> • 장기 총공급곡선은 $Y=1,000$에서 수직인 직선이다.
> • 단기 총공급곡선은 $P=3$에서 수평인 직선이다.
> • 총수요곡선은 수직이거나 수평이 아닌 우하향 곡선이다.

① 불리한 수요충격을 받을 경우 단기균형에서 $Y<1,000$, $P=3$이다.
② 불리한 수요충격을 받을 경우 장기균형에서 $Y=1,000$, $P<3$이다.
③ 불리한 공급충격을 받을 경우 단기균형에서 $Y<1,000$, $P>3$이다.
④ 불리한 공급충격을 받을 경우 장기균형에서 $Y=1,000$, $P=3$이다.
⑤ 불리한 공급충격을 중앙은행이 통화량을 증가시켜 전부 수용할 경우 단기균형에서 $Y=1,000$, $P>3$이며 장기균형에서 $Y=1,000$, $P=3$이다.

| 15 | 거시 | 총공급곡선 | 답 ⑤ |
|---|---|---|---|

장기 총공급곡선이 $Y=1,000$에서 수직이고, 단기 총공급곡선은 $P=3$에서 수평이다. 총수요곡선은 우하향의 곡선이기에 최초 균형은 $Y=1,000$, $P=3$이다. 불리한 공급충격을 받을 경우 단기 총공급곡선이 $P=3$보다 상방으로 이동하나 중앙은행이 통화량을 증가시켜 전부 수용할 경우 총수요곡선은 우측으로 이동한다. 따라서 불리한 공급충격을 받을 경우 이를 전부 수용하는 통화정책 시 단기균형과 장기균형에서 $Y=1,000$, $P>3$이다.

오답피하기

① 불리한 수요충격을 받을 경우 우하향의 총수요곡선이 좌측으로 이동하면 단기균형에서 $Y<1,000$, $P=3$이다.
② 불리한 수요충격을 받을 경우 총수요가 잠재 $GDP$에 미달하기에 총수요곡선과 장기 총공급곡선이 변하지 않았다면 물가가 하락하고 임금이 하락하여 단기 총공급곡선이 하방으로 이동함으로써 장기균형에서 $Y=1,000$, $P<3$이다.
③ 불리한 공급충격을 받을 경우 단기 총공급곡선이 $P=3$보다 상방으로 이동하면 단기균형에서 $Y<1,000$, $P>3$이다.
④ 불리한 공급충격을 받을 경우 총수요가 잠재 $GDP$에 미달하기에 총수요곡선과 장기 총공급곡선이 변하지 않았다면 물가가 하락하고 임금이 하락하여 단기 총공급곡선이 하방으로 이동함으로써 장기적으로는 최초 균형인 $Y=1,000$, $P=3$으로 복귀한다.

> **출제POINT**
> 불리한 공급충격을 받을 경우 이를 전부 수용하는 통화정책 시 단기균형과 장기균형에서 실질 $GDP$는 최초와 같아지나 물가만 상승한다.

## 16 □□□

**정부가 재정지출은 $\triangle G$만큼 늘리는 동시에 조세를 $\triangle G$만큼 증가시키고, 화폐공급량을 $\triangle G$만큼 줄인 경우 (ㄱ) $IS$곡선이 이동과 (ㄴ) $LM$곡선의 이동에 대한 설명 중 옳은 것은? (단, 한계소비성향은 0.75이다)**

| | (ㄱ) | (ㄴ) |
|---|---|---|
| ① | 이동하지 않음 | 좌측이동 |
| ② | 우측이동 | 우측이동 |
| ③ | 우측이동 | 좌측이동 |
| ④ | 좌측이동 | 좌측이동 |
| ⑤ | 좌측이동 | 우측이동 |

| 16 | 거시 | $IS$곡선과 $LM$곡선 | 답 ③ |
|---|---|---|---|

한계소비성향이 $c$일 때, 정부지출승수는 $\frac{1}{1-c}$이고, 조세승수는 $\frac{-c}{1-c}$이다. 한계소비성향은 0.75이기에 정부지출승수 = 4, 조세승수 = −3이다. 따라서 재정지출을 $\triangle G$만큼 늘리면, $IS$곡선은 $4\triangle G$만큼 우측이동이고, 조세를 $\triangle G$만큼 늘리면 $IS$곡선은 $-3\triangle G$만큼 좌측이동이기에 결국, $IS$곡선은 $\triangle G$만큼 (ㄱ)우측이동이다. 화폐공급량을 $\triangle G$만큼 줄인 경우 $LM$곡선은 (ㄴ)좌측이동이다.

> **출제POINT**
> $IS$곡선 이동폭은 '독립지출변화분 × 승수'이다.

## 17 □□□

**어떤 국가의 거시경제가 다음과 같다. 이 국가의 현재 경기상황은 어떠하며, 이를 안정시키기 위한 정부의 조세정책으로서 한계조세율은 어떻게 조정되어야 하는가?**

> $Y = C + I + G$
> $C = 50 + 0.75(Y - T)$
> $I = 150$
> $G = 250$
> $T = 200 + 0.25Y$
> $\overline{Y} = 750$
> ($Y$: 소득, $C$: 소비, $I$: 투자, $G$: 정부구매, $T$: 조세, $\overline{Y}$: 자연생산량)

| | 경기상황 | 한계조세율 조정 |
|---|---|---|
| ① | 경기침체 | 2.5%$p$ 감소 |
| ② | 경기침체 | 5%$p$ 감소 |
| ③ | 경기침체 | 7%$p$ 감소 |
| ④ | 경기과열 | 2.5%$p$ 증가 |
| ⑤ | 경기과열 | 5%$p$ 증가 |

## 18 □□□

**내생적 성장이론에 대한 다음의 설명 중 옳지 않은 것은?**

① R&D모형에 따르면 연구인력의 고용이 늘어나면 장기 경제성장률을 높일 수 있다.
② AK모형은 자본을 폭넓게 정의하여 물적자본뿐만 아니라 인적자본도 자본에 포함된다.
③ AK모형에서는 기술진보가 이루어지지 않으면 성장할 수 없다.
④ R&D모형에 따르면, 지식은 비경합적이므로 지식자본의 축적이 지속적인 성장을 가능하게 한다.
⑤ AK모형에서는 자본에 대해 수확체감이 나타나지 않는다.

**17** 거시 **한계조세율** 답 ②

- $Y = C + I + G = 50 + 0.75(Y - T) + 150 + 250$에서 $T = 200 + 0.25Y$이기에, $Y = C + I + G = 50 + 0.75[Y - (200 + 0.25Y)] + 150 + 250$이다. 따라서 $Y = 300 + \frac{9}{16}Y$에서 $Y$는 대략 686이다. 즉, 국민소득은 $Y = 686$이고 자연생산량은 $\overline{Y} = 750$이기에 현재 경기상황은 침체이다.
- 현재 경기상황을 안정시키기 위한 조세정책으로서 한계조세율을 $t$라 하면, 조세는 $T = 200 + tY$이다. $Y = C + I + G = 50 + 0.75(Y - T) + 150 + 250$에서 $T = 200 + tY$이기에, $Y = C + I + G = 50 + 0.75[Y - (200 + tY)] + 150 + 250$이다. 즉, $Y = 300 + 0.75(1 - t)Y$이다. 국민소득과 자연생산량이 같을 때 현재 경기상황을 안정시킬 수 있기에 국민소득 $Y$는 자연생산량 $\overline{Y}$인 750이다. 따라서 $Y = 300 + 0.75(1 - t)Y$에서 $Y = 750$일 때 $t = 0.2$이다. 즉, 한계조세율은 0.25에서 0.2로 5%$p$ 감소한다.

**출제POINT**
국민소득과 자연생산량이 같을 때 현재 경기상황을 안정시킬 수 있다.

**18** 거시 **내생적 성장이론** 답 ③

AK모형에서는 저축률상승으로도 지속적인 성장이 가능하다.

**오답피하기**

① R&D모형에서 기술진보란 동일한 노동과 자본을 투입하더라도 더 많은 산출량을 창출하도록 하는 지식의 축적으로 연구인력의 고용이 늘어나면 장기 경제성장률을 높일 수 있다고 본다.
②, ⑤ AK모형은 물적자본외 인적자본도 고려하여 한계수확체감의 법칙을 부인하였으며 이때 인적자본은 경합성과 배제가능성을 모두 가지고 있다고 본다.
④ R&D모형에서 지식은 공유 시 비용이 들지 않는 비경합성과 재산권이나 특허권 등에 의해 배제성을 갖는다고 본다.

**출제POINT**
AK모형은 솔로우(Solow) 모형과 달리 저축률상승으로도 지속적인 성장이 가능하다고 보아 수준효과뿐만 아니라 성장효과도 갖게 된다.

## 19 □□□

**투자수요함수가 $I = \overline{I} - dr$, 실질화폐수요함수 $\frac{M}{P} = kY - hr$ 일 때 금융정책이 총수요에 미치는 영향으로 옳은 것은?**

① $d$가 작을수록 $h$가 작을수록 금융정책이 상대적으로 강력해진다.
② $d$가 클수록 $h$가 작을수록 금융정책이 상대적으로 강력해진다.
③ $d$가 작을수록 $h$가 클수록 금융정책이 상대적으로 강력해진다.
④ $d$가 클수록 $h$가 클수록 금융정책이 상대적으로 강력해진다.
⑤ $d$와 $h$는 영향을 미치지 못한다.

## 20 □□□

**총수요곡선 및 총공급곡선에 대한 설명으로 옳은 것을 〈보기〉에서 모두 고르면?**

〈보기〉
ㄱ. IT 기술의 발전은 장기 총공급곡선을 우측으로 이동시킨다.
ㄴ. 기업들이 향후 물가가 하락하여 실질임금이 상승할 것으로 예상하는 경우 총공급곡선이 우측으로 이동한다.
ㄷ. 주식가격의 상승은 총수요곡선을 우측으로 이동시킨다.
ㄹ. 물가의 하락은 총수요곡선을 좌측으로 이동시킨다.

① ㄱ, ㄴ
② ㄷ, ㄹ
③ ㄱ, ㄴ, ㄷ
④ ㄱ, ㄴ, ㄹ
⑤ ㄴ, ㄷ, ㄹ

| 19 | 거시 | 금융정책 | 답 ② |
|---|---|---|---|

투자수요함수가 $I = \overline{I} - dr$일 때 투자의 이자율 탄력성인 $d$가 클수록, 실질화폐수요함수가 $\frac{M}{P} = kY - hr$일 때 화폐수요의 이자율 탄력성인 $h$가 작을수록 금융정책의 유효성은 커진다.

**출제POINT**
투자의 이자율 탄력성이 클수록, 화폐수요의 이자율 탄력성이 작을수록 금융정책의 유효성은 커진다.

| 20 | 거시 | 총수요곡선과 총공급곡선 | 답 ③ |
|---|---|---|---|

ㄱ. IT 기술의 발전 등 신기술개발로 장기 총공급곡선은 우측으로 이동한다.
ㄴ. 향후 실질임금상승이 예상되는 경우 기업은 현재 노동수요증가로 노동고용량증가이기에 총공급곡선은 우측으로 이동한다.
ㄷ. 주식가격의 상승은 실질자산가치의 증가로 소비가 증가하여 $IS$곡선이 우측으로 이동하여 $AD$곡선이 우측으로 이동한다.

오답피하기
ㄹ. 물가변화로 총수요곡선상 점이 이동한다.

**출제POINT**
인구증가, 생산성 향상, 기술진보 등으로 $AS$곡선은 우측으로 이동한다.

## 21 □□□

**변동환율제도를 도입하고 있으며 자본이동이 완전히 자유로운 소규모 개방경제에서, 최근 경기침체에 대응하여 정부가 재정지출을 확대하는 경우 나타날 수 있는 현상으로 옳은 것을 〈보기〉에서 모두 고르면?**

| 〈보기〉 |
|---|
| ㄱ. 균형이자율과 균형국민소득은 변화가 없다.<br>ㄴ. 국내통화가 평가절상되고 자본수지가 개선된다.<br>ㄷ. 수출이 감소하고 경상수지가 악화된다.<br>ㄹ. 균형이자율과 균형국민소득 모두 증가한다. |

① ㄱ, ㄴ
② ㄱ, ㄷ
③ ㄷ, ㄹ
④ ㄱ, ㄴ, ㄷ
⑤ ㄴ, ㄷ, ㄹ

## 22 □□□

**만성적인 국제수지적자를 기록하고 있는 나라에서는 확대재정정책이 확대금융정책보다 더 효과적일 수 있다. 그 이유로 옳은 것은?**

① 확대재정정책과 확대금융정책은 수입을 증가시킬 우려가 있다.
② 확대금융정책의 실시로 단기자본이 유출될 가능성이 있다.
③ 확대금융정책은 이자율을 상승시키고, 투자와 생산성을 위축시킨다.
④ 확대재정정책은 자국통화의 평가절하를 가져오고 이로 인해 수출이 감소한다.
⑤ 금융정책은 필립스곡선에 의해 제약되나 재정정책은 그렇지 않다.

### 21 국제 변동환율제도하 재정정책 답 ④

ㄱ. 변동환율제도하 자본이동이 완전할 때, 재정지출 확대로 균형이자율과 균형국민소득은 변화가 없으며 재정정책은 전혀 효과가 없다.
ㄴ. 변동환율제도하 자본이동이 완전할 때, 재정지출확대로 국내금리가 국제금리보다 커져 외국자본유입으로 환율이 하락하고 자본수지가 개선된다.
ㄷ. 변동환율제도하 자본이동이 완전할 때, 재정지출 확대로 환율이 하락하면 수출이 감소하고 경상수지가 악화된다.

**오답피하기**

ㄹ. 변동환율제도하 자본이동이 완전할 때, 재정지출확대로 균형이자율과 균형국민소득은 변화가 없다.

**출제POINT**

변동환율제도하 자본이동이 완전할 때, 정부지출증가로 *IS*곡선이 우측이동하면, 국내금리가 국제금리보다 커져 외국자본유입으로 환율이 하락하기에 *IS*곡선이 좌측이동한다. *BP*곡선이 좌측이동하나 수평선이기에 재정정책은 전혀 효과가 없다.

### 22 국제 국제수지적자 시 정부정책 답 ②

만성적인 국제수지적자 시 확대금융정책은 자본유출로 적자를 심화시키나, 확대재정정책은 자본유입으로 적자를 줄일 수 있다. 따라서 만성적인 국제수지적자를 기록하고 있는 나라에서는 확대재정정책이 확대금융정책보다 더 효과적이다.

**오답피하기**

① 확대금융정책과 달리 확대재정정책은 *IS*곡선이 우측이동하여 이자율이 상승하면 자본유입이 이루어져 환율이 하락하고 수입을 증가시킬 우려가 있다.
③ 확대금융정책은 *LM*곡선이 우측이동하여 이자율을 하락시킨다.
④ 확대재정정책은 *IS*곡선이 우측이동하여 이자율이 상승하면 자본유입이 이루어져 환율하락으로 자국통화의 평가절상을 가져오고 이로 인해 수출이 감소한다.
⑤ 단기필립스곡선에 의하면 확장적 정부정책은 효과가 있다.

**출제POINT**

확대금융정책으로 *LM*곡선이 우측이동하여 이자율이 하락하면 자본유출이 이루어지고, 확대재정정책으로 *IS*곡선이 우측이동하여 이자율이 상승하면 자본유입이 이루어진다.

## 23 □□□

**다음 설명 중 옳은 것은?**

① 화폐수요의 이자율 탄력성이 음의 무한대(-∞)일 때 금융정책은 효과가 없다.
② 소비에 실질잔고효과(혹은 피구효과)가 도입되면 물가가 하락할 때 $LM$곡선이 우측으로 이동한다.
③ 고전학파의 화폐수량설이 성립할 때 $LM$곡선은 수평의 형태를 보인다.
④ 유동성함정에서 사람들은 채권의 예상수익률이 정상적인 수준보다 높다고 생각한다.
⑤ 케인지안은 투자수요의 이자율 탄력도가 크고 화폐수요의 이자율 탄력도가 작다고 보는 반면, 통화주의자는 투자수요의 이자율 탄력도는 작고 화폐수요의 이자율 탄력도는 크다고 본다.

| 23 | 거시 | 금융정책 | 답 ① |
|---|---|---|---|

유동성함정은 투기적 화폐수요의 이자율 탄력성이 무한대에 가깝기에, 이자율이 매우 낮은 상태에서 통화량을 증가시켜도 전부 투기적 화폐수요로 흡수되어 $LM$곡선이 수평이 되는 영역을 뜻한다. 따라서 유동성함정 시 금융정책은 효과가 없다.

(오답피하기)

② 소비에 실질잔고효과(혹은 피구효과)가 도입되면 물가가 하락할 때 실질자산이 증가하고, 이는 소비의 증가를 통해 $IS$곡선이 우측으로 이동한다.
③ 고전학파의 화폐수량설이 성립할 때 화폐수요의 이자율 탄력성이 0으로 $LM$곡선이 수직선이다.
④ 유동성함정에서 사람들은 채권의 예상수익률이 정상적인 수준보다 낮다고 생각하기에 자산을 전부 화폐로 보유하려 한다.
⑤ 케인지안은 투자수요의 이자율 탄력도가 작고 화폐수요의 이자율 탄력도가 크다고 보는 반면, 통화주의자는 투자수요의 이자율 탄력도는 크고 화폐수요의 이자율 탄력도는 작다고 본다.

**출제POINT**

이자율이 매우 낮고 채권가격이 매우 높아 이후 이자율이 상승하고 채권가격이 하락할 것으로 예상하여, 자산을 전부 화폐로 보유하고 있는 상태를 유동성함정이라 한다.

## 24 □□□

**$GDP$에 대한 설명으로 옳은 것을 〈보기〉에서 모두 고르면?**

〈보기〉

ㄱ. 정부가 출산장려금으로 자국민에게 지급하는 금액은 $GDP$에 포함된다.
ㄴ. $A$사가 생산한 자동차의 재고 증가는 $GDP$증가에 영향을 주지 못하지만, 중고자동차의 거래량 증가는 $GDP$를 증가시킨다.
ㄷ. 중국인의 한국 내 생산활동은 한국의 $GDP$산출에 포함된다.
ㄹ. 아파트 옥상에서 상추를 재배한 전업주부가 이 생산물을 가족들의 저녁식사에 이용한 경우 이는 $GDP$에 포함되지 않는다.
ㅁ. 한국의 의류회사가 베트남에서 생산하여 한국으로 수입 판매한 의류의 가치는 한국의 $GDP$에 포함되지 않는다.

① ㄱ, ㄴ, ㄷ  ② ㄱ, ㄴ, ㅁ
③ ㄱ, ㄷ, ㅁ  ④ ㄴ, ㄷ, ㄹ
⑤ ㄷ, ㄹ, ㅁ

| 24 | 거시 | $GDP$ | 답 ⑤ |
|---|---|---|---|

ㄷ. 외국인의 한국 내 생산활동은 한국의 $GDP$에 포함된다.
ㄹ. 전업주부의 자가소비를 위한 상추재배는 $GDP$에 포함되지 않는다.
ㅁ. 베트남에서 생산된 의류의 가치는 베트남의 $GDP$에 포함된다.

(오답피하기)

ㄱ. 정부의 출산장려금 지급은 이전지출로 $GDP$에 포함되지 않는다.
ㄴ. 재고 증가는 재고투자증가로 $GDP$ 증가에 영향을 주지만, 중고자동차의 거래량증가는 $GDP$를 증가시키지 못한다.

**출제POINT**

'일정기간 한 나라 안에서 새로이 생산된 모든 최종생산물의 시장가치'를 국내총생산($GDP$)이라 한다.

## 25 □□□

**거시경제의 물가수준을 측정하기 위해 사용되는 물가지수에 대한 다음 〈보기〉 중 옳은 것을 모두 고르면?**

〈보기〉

ㄱ. 소비자물가지수는 매년 변화하는 재화 바스켓에 기초하여 계산된 지수이다.

ㄴ. 소비자물가지수는 대용품 간의 대체성이 배제되어 생활비의 인상을 과대평가하는 경향이 있다.

ㄷ. *GDP*디플레이터에 수입물품은 반영되지 않는다.

ㄹ. *GDP*디플레이터는 새로운 상품의 도입에 따른 물가수준을 반영한다.

ㅁ. 소비자물가지수와 생산자물가지수는 라스파이레스 방식이 아니라 파셰 방식으로 계산한다.

① ㄱ, ㄴ, ㄷ
② ㄱ, ㄷ, ㄹ
③ ㄴ, ㄷ, ㄹ
④ ㄴ, ㄷ, ㅁ
⑤ ㄷ, ㄹ, ㅁ

**25** 거시 **물가지수** 답 ③

ㄴ. 소비자물가지수(*CPI*)는 라스파이레스 방식으로 기준연도 가중치를 사용하여 고정된 가중치를 사용하기에 신상품 도입이나 품질 향상을 반영하지 못하고 대체성이 배제되어 인플레이션을 과장함으로써 생활비의 인상을 과대평가하는 경향이 있다.

ㄷ. *GDP*디플레이터는 국내 생산물을 대상으로 하기에 수입물품의 가격 상승은 *GDP*디플레이터에 반영되지 않는다.

ㄹ. *GDP*디플레이터는 파셰 방식($P_P$)으로 비교연도 거래량을 가중치로 사용하여 새로운 상품의 도입에 따른 물가수준을 반영한다.

**오답피하기**

ㄱ. 소비자물가지수(*CPI*)는 라스파이레스 방식으로 기준연도 가중치를 사용하여 고정된 가중치로 계산한다.

ㅁ. 소비자물가지수와 생산자물가지수는 파셰 방식이 아니라 라스파이레스 방식으로 계산한다.

**출제POINT**

라스파이레스 방식($L_P$)은 기준연도 거래량을 가중치로 사용하여 계산($L_P = \dfrac{P_t \cdot Q_0}{P_0 \cdot Q_0}$)하는 물가지수로 물가변화를 과대평가하고, 소비자물가지수, 생산자물가지수 등이 있다. 파셰 방식($P_P$)은 비교연도 거래량을 가중치로 사용하여 계산($P_P = \dfrac{P_t \cdot Q_t}{P_0 \cdot Q_t}$)하는 물가지수로 물가변화를 과소평가하고, *GDP*디플레이터 등이 있다.

# 9회 2018년 국회직

## 01 □□□

**정보의 비대칭성에 대한 설명으로 옳은 것은?**

① 정보의 비대칭성이 존재하면 항상 역선택과 도덕적 해이의 문제가 발생한다.
② 통신사가 서로 다른 유형의 이용자들로 하여금 자신이 원하는 요금제도를 선택하도록 하는 것은 선별(screening)의 한 예이다.
③ 공동균형(pooling equilibrium)에서도 서로 다른 선호체계를 갖고 있는 경제주체들은 다른 선택을 할 수 있다.
④ 사고가 날 확률이 높은 사람일수록 이 사고에 대한 보험에 가입할 가능성이 큰 것은 도덕적 해이의 한 예이다.
⑤ 신호(signaling)는 정보를 보유하지 못한 측이 역선택 문제를 해결하기 위해 사용할 수 있는 수단 중 하나이다.

## 02 □□□

**커피와 크루아상은 서로 보완재이고, 커피와 밀크티는 서로 대체재이다. 커피 원두값이 급등하여 커피 가격이 인상될 경우, 각 시장의 변화로 옳은 것을 〈보기〉에서 모두 고르면? (단, 커피, 크루아상, 밀크티의 수요 및 공급곡선은 모두 정상적인 형태이다)**

〈보기〉
ㄱ. 커피의 공급곡선은 왼쪽으로 이동한다.
ㄴ. 크루아상 시장의 생산자잉여는 감소한다.
ㄷ. 크루아상의 거래량은 증가한다.
ㄹ. 밀크티 시장의 총잉여는 감소한다.
ㅁ. 밀크티의 판매수입은 증가한다.

① ㄱ, ㄴ, ㄷ
② ㄱ, ㄴ, ㅁ
③ ㄴ, ㄷ, ㄹ
④ ㄴ, ㄷ, ㅁ
⑤ ㄷ, ㄹ, ㅁ

**01 | 미시 | 정보의 비대칭성 | 답 ②**

통신사가 이용자들로 하여금 요금제도를 선택하도록 하는 것은 정보가 불충분한 경제주체의 선별(screening) 사례이다.

(오답피하기)
① 정보의 비대칭성이 존재하더라도 항상 역선택과 도덕적 해이의 문제가 발생한다고 볼 수 없다.
③ 감춰진 속성의 문제로 정보가 불충분한 쪽에서 해결방안을 제시해 성립하는 선별균형에는 공동균형과 분리균형이 있다. 공동균형은 상이한 특성의 경제주체들에 의해 함께 선택되는 균형이다.
④ 사고가 날 확률이 높은 사람일수록 이 사고에 대한 보험에 가입할 가능성이 큰 것은 역선택의 한 예이다.
⑤ 신호(signaling)는 정보를 보유한 측이 역선택 문제를 해결하기 위해 사용할 수 있는 수단 중 하나이다.

**출제POINT**
신호발송이란 정보가 풍부한 경제주체가 거래 상대방에게 자신이 가지고 있는 정보를 알리기 위해 행하는 행위를 말한다. 선별이란 정보가 불충분한 경제주체가 상대방의 특성을 파악하려는 노력을 뜻한다.

**02 | 미시 | 보완재와 대체재 | 답 ②**

ㄱ. 커피 원두값이 급등하면 생산비 상승으로 커피의 공급은 감소하기에 공급곡선은 왼쪽으로 이동한다.
ㄴ. 보완재인 크루아상의 수요가 감소하면 가격과 거래량이 모두 감소하여 크루아상 시장의 생산자잉여는 감소한다.
ㅁ. 대체재인 밀크티의 수요가 증가하면 가격과 거래량이 모두 증가하여 밀크티의 판매수입은 증가한다.

(오답피하기)
ㄷ. 보완재인 크루아상의 수요가 감소하면 크루아상의 거래량은 감소한다.
ㄹ. 대체재인 밀크티의 수요가 증가하면 밀크티 시장의 총잉여는 증가한다.

**출제POINT**
커피 원두값이 급등하여 커피 가격이 인상되면 보완재인 크루아상의 수요는 감소하고, 대체재인 밀크티의 수요는 증가한다.

## 03 □□□

완전경쟁시장에서 어떤 재화가 거래되고 있다. 이 시장에는 총 100개의 기업이 참여하고 있으며 각 기업의 장기비용함수는 $c(q) = 2q^2 + 10$으로 동일하다. 이 재화의 장기균형가격과 시장 전체의 공급량은? (단, $q$는 개별기업의 생산량이다)

| | 장기균형가격 | 시장 전체의 공급량 |
|---|---|---|
| ① | $\sqrt{40}$ | $25\sqrt{80}$ |
| ② | $\sqrt{40}$ | $100\sqrt{80}$ |
| ③ | $\sqrt{80}$ | $\sqrt{80}/4$ |
| ④ | $\sqrt{80}$ | $25\sqrt{80}$ |
| ⑤ | $\sqrt{80}$ | $100\sqrt{80}$ |

## 04 □□□

한 국가의 명목 $GDP$는 1,650조원이고, 통화량은 2,500조원이라고 하자. 이 국가의 물가 수준은 2% 상승하고, 실질 $GDP$는 3% 증가할 경우에 적정 통화공급증가율은 얼마인가? (단, 유통속도 변화 $\triangle V = 0.0033$이다)

① 2.5%
② 3.0%
③ 3.5%
④ 4.0%
⑤ 4.5%

**03** 미시 **완전경쟁의 장기균형** 답 ④

완전경쟁하 개별기업의 장기비용함수 $c(q) = 2q^2 + 10$에서 장기평균비용은 $LAC = 2q + \frac{10}{q}$이다.

$LAC = 2q + \frac{10}{q}$에서 최소점은 $\frac{dLAC}{dq} = 2 - \frac{10}{q^2} = 0$, $q = \sqrt{5}$일 때, $LAC = 2q + \frac{10}{q} = 4\sqrt{5} = \sqrt{80}$이다.

따라서 $P = LAC$ 최소점에서 장기균형을 보이기에 장기균형가격은 $P = \sqrt{80}$이다.

장기비용함수가 동일한 100개의 기업이 참여하고 있기에 시장 전체의 공급량은 개별기업의 공급량인 $q = \sqrt{5}$의 100배인 $100\sqrt{5} = 25\sqrt{80}$이다.

> **출제POINT**
> 완전경쟁은 $P = LAC$최소점에서 장기균형을 보인다.

**04** 거시 **화폐수량설** 답 ⑤

- 통화량은 $M = 2{,}500$조원, 명목 $GDP$는 $PY = 1{,}650$조원이기에, $MV = PY$에서 $2{,}500 \times V = 1{,}650$, $V = \frac{1{,}650}{2{,}500} = 0.66$이다.
- $\triangle V = 0.0033$이고 $V = 0.66$이기에 유통속도증가율$= \frac{\triangle V}{V} = \frac{0.0033}{0.66}$이다.
- 물가 수준은 2% 상승하고, 실질 $GDP$는 3% 증가하기에 '통화공급증가율+유통속도증가율 = 물가상승률+경제성장률'에서 통화공급증가율$+\left[\frac{0.0033}{0.66} \times 100\right] = 2 + 3$이다.
- 따라서 통화공급증가율은 4.5%이다.

> **출제POINT**
> 일반적인 교환방정식 $MV = PY$를 변형하면, $\frac{\triangle M}{M} + \frac{\triangle V}{V} = \frac{\triangle P}{P} + \frac{\triangle Y}{Y}$이기에 '통화공급증가율 + 유통속도증가율 = 물가상승률 + 경제성장률'이다.

## 05 □□□

**자본이동이 완전히 자유로운 소규모 개방경제의 *IS-LM-BP*모형에서 화폐수요가 감소할 경우 고정환율제도와 변동환율제도하에서 발생하는 변화에 대한 설명으로 옳지 않은 것을 〈보기〉에서 모두 고르면?**

〈보기〉

ㄱ. 변동환율제도하에서 화폐수요가 감소하면 *LM*곡선이 오른쪽으로 이동한다.
ㄴ. 변동환율제도하에서 이자율 하락으로 인한 자본유출로 외환수요가 증가하면 환율이 상승한다.
ㄷ. 변동환율제도하에서 평가절하가 이루어지면 순수출이 증가하고 *LM*곡선이 우측으로 이동하여 국민소득은 감소하게 된다.
ㄹ. 고정환율제도하에서 외환에 대한 수요증가로 환율상승 압력이 발생하면 중앙은행은 외환을 매각한다.
ㅁ. 고정환율제도하에서 화폐수요가 감소하여 *LM*곡선이 오른쪽으로 이동하더라도 최초의 위치로는 복귀하지 않는다.

① ㄱ, ㄴ ② ㄴ, ㄷ
③ ㄷ, ㄹ ④ ㄷ, ㅁ
⑤ ㄹ, ㅁ

**05** 국제 *IS－LM－BP*모형 답 ④

ㄷ. 변동환율제도하에서 화폐수요감소로 *LM*곡선이 우측으로 이동하여 환율이 상승, 즉 평가절하가 이루어지면 순수출이 증가하고 *IS*곡선이 우측으로 이동하여 국민소득은 증가하게 된다.
ㅁ. 고정환율제도하에서 화폐수요감소로 *LM*곡선이 우측이동하면, 환율상승우려 시 중앙은행의 외환매각으로 통화량이 감소하기에 *LM*곡선이 좌측이동한다. *BP*곡선이 불변이기에 새로운 균형은 최초의 균형점이다.

(오답피하기)

ㄱ. 변동환율제도하에서 화폐수요가 감소하면 *LM*곡선이 우측이동한다.
ㄴ. 변동환율제도하에서 화폐수요감소로 *LM*곡선이 우측이동하면, 국내금리가 국제금리보다 작아져 외국자본유출로 환율이 상승한다.
ㄹ. 고정환율제도하에서 화폐수요감소로 환율상승우려 시 중앙은행의 외환매각으로 통화량이 감소한다.

**출제POINT**

- (고정환율제도하)자본이동이 완전한 경우, 화폐수요감소로 *LM*곡선이 우측이동하면, 국내금리가 국제금리보다 작아져 외국자본유출로 환율상승우려 시 중앙은행의 외환매각으로 통화량이 감소하기에 *LM*곡선이 좌측이동한다. *BP*곡선이 불변이기에 새로운 균형은 최초의 균형점이다.
- (변동환율제도하)자본이동이 완전한 경우, 화폐수요감소로 *LM*곡선이 우측이동하면, 국내금리가 국제금리보다 작아져 외국자본유출로 환율이 상승하기에 *IS*곡선이 우측이동한다. *BP*곡선이 우측이동하나 수평선이기에 국민소득은 증가하게 된다.

## 06 □□□

***IS-LM*모형에 대한 설명으로 옳은 것을 〈보기〉에서 모두 고르면?**

〈보기〉

ㄱ. 투자의 이자율 탄력성이 클수록 *IS*곡선과 총수요곡선은 완만한 기울기를 갖는다.
ㄴ. 소비자들의 저축성향 감소는 *IS*곡선을 왼쪽으로 이동시키며, 총수요곡선도 왼쪽으로 이동시킨다.
ㄷ. 화폐수요의 이자율 탄력성이 클수록 *LM*곡선과 총수요곡선은 완만한 기울기를 갖는다.
ㄹ. 물가수준의 상승은 *LM*곡선을 왼쪽으로 이동시키지만 총수요곡선을 이동시키지는 못한다.
ㅁ. 통화량의 증가는 *LM*곡선을 오른쪽으로 이동시키며 총수요곡선도 오른쪽으로 이동시킨다.

① ㄱ, ㄷ, ㄹ ② ㄱ, ㄹ, ㅁ
③ ㄴ, ㄷ, ㅁ ④ ㄴ, ㄹ, ㅁ
⑤ ㄱ, ㄴ, ㄷ, ㅁ

**06** 거시 *IS－LM*모형 답 ②

ㄱ. 투자의 이자율에 대한 탄력성이 커지면 *IS*곡선은 완만해지고 총수요곡선도 완만해진다.
ㄹ. 물가수준의 상승은 *LM*곡선을 왼쪽으로 이동시키지만 총수요곡선은 곡선상 이동으로 곡선자체를 이동시키지는 못한다.
ㅁ. 통화량의 증가는 *LM*곡선의 우측이동과 총수요곡선의 우측이동을 초래한다.

(오답피하기)

ㄴ. 소비자들의 저축성향 감소는 소비성향 증가로 *IS*곡선은 완만해지고 총수요곡선도 완만해진다.
ㄷ. 화폐수요의 이자율 탄력성이 클수록 *LM*곡선은 완만해지나 총수요곡선은 가팔라진다.

**출제POINT**

물가수준의 변동은 *LM*곡선은 곡선자체이동이나 총수요곡선은 곡선상이동을 초래한다.

## 07 □□□

**수요와 공급의 가격탄력성에 대한 설명으로 옳은 것을 〈보기〉에서 모두 고르면?**

〈보기〉

ㄱ. 어떤 재화에 대한 소비자의 수요가 비탄력적이라면, 가격이 상승할 경우 그 재화에 대한 지출액은 증가한다.
ㄴ. 수요와 공급의 가격탄력성이 클수록 단위당 일정한 생산보조금 지급에 따른 자중손실(deadweight loss)은 커진다.
ㄷ. 독점력이 강한 기업일수록 공급의 가격탄력성이 작아진다.
ㄹ. 최저임금이 인상되었을 때, 최저임금이 적용되는 노동자들의 총임금은 노동의 수요보다는 공급의 가격탄력성에 따라 결정된다.

① ㄱ, ㄴ ② ㄱ, ㄷ
③ ㄴ, ㄹ ④ ㄱ, ㄴ, ㄷ
⑤ ㄱ, ㄴ, ㄷ, ㄹ

## 08 □□□

**현시선호이론에 대한 설명으로 옳은 것을 〈보기〉에서 모두 고르면?**

〈보기〉

ㄱ. 소비자의 선호체계에 이행성이 있다는 것을 전제로 한다.
ㄴ. 어떤 소비자의 선택행위가 현시선호이론의 공리를 만족시킨다면, 이 소비자의 무차별곡선은 우하향하게 된다.
ㄷ. $P_0Q_0 \geq P_0Q_1$일 때, 상품묶음 $Q_0$가 선택되었다면, $Q_0$가 $Q_1$보다 현시선호 되었다고 말한다. (단, $P_0$는 가격벡터를 나타낸다)
ㄹ. 강공리가 만족된다면 언제나 약공리는 만족된다.

① ㄱ, ㄴ ② ㄴ, ㄷ
③ ㄴ, ㄹ ④ ㄱ, ㄴ, ㄷ
⑤ ㄴ, ㄷ, ㄹ

| 07 | 미시 | 가격탄력성 | 답 ① |
|---|---|---|---|

ㄱ. 수요가 비탄력적인 구간은 가격이 상승하면 지출액은 증가한다.
ㄴ. 수요와 공급의 가격탄력성이 클수록 생산보조금 지급 시 자중손실(deadweight loss)은 커진다.

(오답피하기)

ㄷ. 독점력이 강한 기업일수록 수요의 가격탄력성이 작아진다.
ㄹ. 최저임금인상 시 최저임금이 적용되는 노동자들의 총임금은 노동의 공급보다는 수요의 가격탄력성에 따라 결정된다.

**출제POINT**

우하향의 수요직선에서 탄력적 구간은 가격이 하락, 비탄력적 구간은 가격이 상승하면 판매수입이 증가하며, 중점에서 판매수입이 극대화된다.

| 08 | 미시 | 현시선호이론 | 답 ⑤ |
|---|---|---|---|

ㄴ. 현시선호이론을 통해서도 원점에 대해 볼록한 우하향의 무차별곡선을 도출할 수 있다.
ㄷ. $P_0Q_0 \geq P_0Q_1$일 때, 상품묶음 $Q_0$가 선택되었다면, $Q_0$가 $Q_1$보다 직접 현시선호 되었기에 $Q_1$이 $Q_0$보다 직접 현시선호 될 수 없다.
ㄹ. 강공리가 성립하면 약공리는 자동적으로 성립한다.

(오답피하기)

ㄱ. 전통적인 소비자이론이 소비자의 선호체계에 대한 가정이 필요하다.

**출제POINT**

전통적인 소비자이론은 관찰불가능한 선호체계, 효용 등의 개념을 이용하나, 현시선호이론은 효용측정이 불가능하다는 전제하에 소비자의 객관적 구매행위, 즉 관찰된 소비행위인 현시선호를 통해 우하향의 수요곡선을 도출하는 이론이다.

## 09 □□□

**어떤 기업의 생산함수는 $Q=\frac{1}{2000}KL^{\frac{1}{2}}$ 이고 임금은 10, 자본임대료는 20이다. 이 기업이 자본 2,000단위를 사용한다고 가정했을 때, 이 기업의 단기비용함수는? (단, $K$는 자본투입량, $L$은 노동투입량이다)**

① $10Q^2+20,000$ ② $10Q^2+40,000$
③ $20Q^2+10,000$ ④ $20Q^2+20,000$
⑤ $20Q^2+40,000$

## 10 □□□

**어떤 기업에 대하여 〈보기〉의 상황을 가정할 때, 이 기업의 가치에 대한 설명으로 옳지 않은 것은?**

〈보기〉
- 이 기업의 초기 이윤은 $\pi_0=100$이다.
- 이 기업의 이윤은 매년 $g=5\%$씩 성장할 것으로 기대된다.
- 이 기업이 자금을 차입할 경우, 금융시장에서는 $i=10\%$의 이자율을 적용한다.

① 이 기업의 가치는 $PV=\pi_0\frac{1+g}{i-g}$로 계산된다.
② 이 기업의 가치는 2,200이다.
③ 이 기업의 가치는 $i$가 상승하면 감소한다.
④ 이 기업의 가치는 $g$가 커지면 증가한다.
⑤ 초기 이윤을 모두 배당으로 지급하면 이 기업의 가치는 2,100이 된다.

| 09 | 미시 | 단기비용함수 | 답 ② |
|---|---|---|---|

단기비용함수 $C=wL+rK$에서 임금은 10, 자본임대료는 20이기에 $C=wL+rK=10L+20K$이다.

생산함수 $Q=\frac{1}{2000}KL^{\frac{1}{2}}$에서 자본이 2,000단위이기에

$Q=\frac{1}{2000}KL^{\frac{1}{2}}=L^{\frac{1}{2}}$이다. 즉, $L=Q^2$이다.

따라서 단기비용함수 $C=10L+20K$에서 자본이 2,000단위이고 $L=Q^2$이기에 $C=10Q^2+40,000$이다.

**출제POINT**

단기비용함수는 $C=wL+rK$이다.

| 10 | 미시 | 기업의 가치 | 답 ① |
|---|---|---|---|

초기 이윤이 $\pi_0$이고 매년 $g$씩 성장하기에 이윤은 $\pi_0$, $\pi_0(1+g)$, $\pi_0(1+g)^2$, …이다. 이윤 흐름의 현재가치 합은

$\pi_0+\pi_0\frac{1+g}{1+i}+\pi_0\frac{(1+g)^2}{(1+i)^2}\cdots=\frac{\pi_0}{1-\frac{1+g}{1+i}}=\pi_0\frac{1+i}{i-g}$이다.

**오답피하기**

② 이 기업의 가치는 $\pi_0=100$, $g=5\%$, $i=10\%$이기에 $\pi_0\frac{1+i}{i-g}=100\times\frac{1+0.1}{0.1-0.05}=2,200$이다.

③ 이 기업의 가치는 $\pi_0+\pi_0\frac{1+g}{1+i}+\pi_0\frac{(1+g)^2}{(1+i)^2}$ …이기에 $i$가 상승하면 감소한다.

④ 이 기업의 가치는 $\pi_0+\pi_0\frac{1+g}{1+i}+\pi_0\frac{(1+g)^2}{(1+i)^2}$ …이기에 $g$가 커지면 증가한다.

⑤ 초기 이윤 100을 모두 배당으로 지급하면 이 기업의 가치는 2,200에서 100을 차감한 2,100이 된다.

**출제POINT**

기업의 가치는 이윤 흐름의 현재가치 합으로 계산한다.

## 11 □□□

**어떤 경제의 총수요곡선은 $P_t = -Y_t + 2$, 총공급곡선은 $P_t = P_t^e + (Y_t - 1)$이다. 이 경제가 현재 $P = \frac{3}{2}$, $Y = \frac{1}{2}$에서 균형을 이루고 있다고 할 때, 다음 중 옳은 것은? (단, $P_t^e$는 예상물가이다)**

① 이 경제는 장기균형 상태에 있다.
② 현재 상태에서 $P_t^e$는 $1/2$이다.
③ 현재 상태에서 $P_t^e$는 $3/2$이다.
④ 개인들이 합리적기대를 한다면 $P_t^e$는 1이다.
⑤ 개인들이 합리적기대를 한다면 $P_t^e$는 2이다.

## 12 □□□

**어떤 경제를 다음과 같은 필립스(Phillips)모형으로 표현할 수 있다고 할 때, 다음 설명 중 옳은 것은?**

$$\pi_t = \pi_t^e - \alpha(u_t - \bar{u})$$
$$\pi_t^e = 0.7\pi_{t-1} + 0.2\pi_{t-2} + 0.1\pi_{t-3}$$

(단, $\pi_t$는 $t$기의 인플레이션율, $\pi_t^e$는 $t$기의 기대인플레이션율, $\alpha$는 양의 상수, $u_t$는 $t$기의 실업률, $\bar{u}$는 자연실업률이다)

① 기대 형성에 있어서 체계적 오류 가능성은 없다.
② 경제주체들은 기대를 형성하면서 모든 이용가능한 정보를 활용한다.
③ 가격이 신축적일수록 $\alpha$값이 커진다.
④ $\alpha$값이 클수록 희생률이 커진다.
⑤ $t$기의 실업률이 높아질수록 $t$기의 기대인플레이션율이 낮아진다.

| 11 | 거시 | 합리적기대 | 답 ④ |
|---|---|---|---|

개인들이 합리적기대를 한다면 $P_t = P_t^e$로 총공급곡선은 $Y_t = 1$이고, 총수요곡선은 $P_t = -Y_t + 2$이기에 $P_t = 1$, $P_t^e = 1$이다.

**오답피하기**

① 장기균형에서 $P_t = P_t^e$로 총공급곡선은 $Y_t = 1$이고, 총수요곡선은 $P_t = -Y_t + 2$으로 $P_t = 1$이기에 이 경제는 장기균형 상태에 있지 않다.
②, ③ $P_t = P_t^e + (Y_t - 1)$에서 $P = \frac{3}{2}$, $Y = \frac{1}{2}$이기에 $P_t^e$는 2이다.
⑤ 개인들이 합리적기대를 한다면 $P_t = P_t^e$로 $P_t^e = 1$이다.

**출제POINT**

개인들이 합리적기대를 한다면 $P_t = P_t^e$이다.

| 12 | 거시 | 필립스(Phillips)모형 | 답 ③ |
|---|---|---|---|

가격이 신축적일수록 필립스(Phillips)모형은 수직선에 가깝게 된다. 따라서 기울기인 $\alpha$값이 커진다.

**오답피하기**

① 적응적기대는 기대 형성에 있어서 체계적 오류 가능성이 있다.
② 현재 시점에서 이용가능한 모든 정보를 이용하여 다음기의 물가를 예상하는 것은 합리적기대이다.
④ $\alpha$값이 클수록 필립스(Phillips)모형은 수직선에 가깝게 된다. 따라서 희생률이 작아진다.
⑤ $\pi_t^e = 0.7\pi_{t-1} + 0.2\pi_{t-2} + 0.1\pi_{t-3}$에서 $t$기의 기대인플레이션율은 전기의 인플레이션율에 의해 결정된다.

**출제POINT**

적응적기대는 과거 정보를 통해 예상오차를 부분적으로 수정하여 다음기의 물가를 예상한다.

## 13 □□□

**어떤 국가의 인구가 매년 1%씩 증가하고 있고, 국민들의 연평균 저축률은 20%로 유지되고 있으며, 자본의 감가상각률은 10%로 일정할 경우, 솔로우(Solow)모형에 따른 이 경제의 장기균형의 변화에 대한 설명으로 옳은 것은?**

① 기술이 매년 진보하는 상황에서 이 국가의 1인당 자본량은 일정하게 유지된다.
② 이 국가의 기술이 매년 2%씩 진보한다면, 이 국가의 전체 자본량은 매년 2%씩 증가한다.
③ 인구증가율의 상승은 1인당 산출량의 증가율에 영향을 미치지 못한다.
④ 저축률이 높아지면 1인당 자본량의 증가율이 상승한다.
⑤ 감가상각률이 높아지면 1인당 자본량의 증가율이 상승한다.

## 14 □□□

**어떤 기업의 비용함수가 $C(Q)=100+2Q^2$이다. 이 기업이 완전경쟁시장에서 제품을 판매하며 시장가격은 20일 때, 다음 설명 중 옳지 않은 것은? (단, $Q$는 생산량이다)**

① 이 기업이 직면하는 수요곡선은 수평선이다.
② 이 기업의 고정비용은 100이다.
③ 이윤극대화 또는 손실최소화를 위한 최적산출량은 5이다.
④ 이 기업의 최적산출량 수준에서 $P \geq AVC$를 만족한다. (단, $P$는 시장가격이고, $AVC$는 평균가변비용이다)
⑤ 최적산출량 수준에서 이 기업의 손실은 100이다.

| 13 | 거시 | 솔로우(Solow)모형 | 답 ③ |
|---|---|---|---|

'1인당 경제성장률 =기술진보율'이기에 인구증가율의 상승은 1인당 경제성장률, 즉 1인당 산출량의 증가율에 영향을 미치지 못한다.

오답피하기

① 기술이 매년 진보하는 상황에서 이 국가의 1인당 자본량은 계속 증가한다.
② '자본증가율 = 인구증가율 + 기술진보율'이기에 자본증가율은 인구증가율(1%)+기술진보율(2%) = 3%이다.
④ '1인당 자본증가율 = 기술진보율'이기에 저축률이 높아져도 1인당 자본증가율에 영향을 미치지 못한다.
⑤ '1인당 자본증가율 = 기술진보율'이기에 감가상각률이 높아져도 1인당 자본증가율에 영향을 미치지 못한다.

**출제POINT**

기술진보를 가정한 솔로우(Slolow)모형의 균제상태에서 경제성장률은 다음과 같다.

- 1인당 경제성장률(자본증가율) = 기술진보율
- 경제성장률(자본증가율) = 인구증가율 + 기술진보율

| 14 | 미시 | 비용함수 | 답 ⑤ |
|---|---|---|---|

최적산출량 수준은 $Q=5$로, $P=20$, 총수입은 $PQ=100$, 총비용은 $C(Q)=100+2\times5^2=150$에서 이 기업의 손실은 50이다.

오답피하기

① 이 기업이 직면하는 수요곡선은 $P=20$으로 수평선이다.
② 고정비용은 $TFC=100$이다.
③ 완전경쟁시장에서 이윤극대화 또는 손실최소화를 위한 최적산출량은 $P=MC$에서 $20=4Q$, $Q=5$이다.
④ 이 기업의 최적산출량 수준은 $Q=5$로, $P=20$, $AVC=10$이기에 $P \geq AVC$를 만족한다.

**출제POINT**

비용함수가 $C(Q)=100+2Q^2$이기에 $TFC=100$, $TVC=2Q^2$이다.

- $MC=4Q$
- $AVC=2Q$

## 15 □□□

**투자이론에 대한 다음 설명 중 옳지 않은 것은?**

① 투자는 토빈(Tobin) $q$의 증가함수이다.
② 자본의 한계생산이 증가하면 토빈(Tobin) $q$값이 커진다.
③ 투자옵션모형에 따르면, 상품가격이 정상이윤을 얻을 수 있는 수준으로 상승하더라도 기업이 바로 시장에 진입하여 투자하지 못하는 이유는 실물부문의 투자가 비가역성을 갖고 있기 때문이다.
④ 재고투자모형은 수요량 변화에 따른 불확실성의 증가가 재고투자를 증가시킬 수도 있다는 점을 설명한다.
⑤ 신고전학파에 따르면 실질이자율 하락은 자본의 한계편익을 증가시켜 투자의 증가를 가져온다.

## 16 □□□

**균형경기변동이론(Equilibrium Business Cycle Theory)에 대한 설명으로 옳은 것을 〈보기〉에서 모두 고르면?**

〈보기〉

ㄱ. 흉작이나 획기적 발명품의 개발은 영구적 기술충격이다.
ㄴ. 기술충격이 일시적일 때 소비의 기간 간 대체효과는 크다.
ㄷ. 기술충격이 일시적일 때 실질이자율은 경기순행적이다.
ㄹ. 실질임금은 경기역행적이다.
ㅁ. 노동생산성은 경기와 무관하다.

① ㄱ, ㄴ
② ㄱ, ㄹ
③ ㄴ, ㄷ
④ ㄷ, ㄹ
⑤ ㄹ, ㅁ

| 15 | 거시 | 투자이론 | 답 ⑤ |
|---|---|---|---|

신고전학파에 따르면 실질이자율 하락은 자본의 사용자비용을 감소시켜 투자의 증가를 가져온다.

**오답피하기**

① $q$값이 1보다 크면 투자가 증가하고, 1보다 작으면 투자가 감소하기에 투자는 토빈(Tobin) $q$의 증가함수이다.
② 자본의 한계생산이 증가하면 수익성증가로 주가가 상승하여 $q$값은 증가한다.
③ 투자옵션모형에 따르면, 투자의 비가역성 때문에 투자의 진입가격은 정상이윤수준보다 높게 나타난다. 따라서 불확실성의 존재는 투자시기를 지연시킨다.
④ 재고투자모형은 생산의 평준화, 재고고갈의 회피 등으로 불확실성의 증가가 재고투자를 증가시킬 수도 있다고 주장한다.

**출제POINT**

자본의 한계생산물가치( $VMP_K$)와 자본의 사용자비용[ $(r+d)P_K$] 이 일치하는 수준에서 적정자본량이 결정되고 투자가 이루어진다는 이론이 신고전학파이론이다.

| 16 | 거시 | 균형경기변동이론 | 답 ③ |
|---|---|---|---|

ㄴ. 실물적 경기변동이론에 따르면, 기술충격이 일시적일 때, 미래임금이 불변하 현재임금만 상승한다면 소비의 기간 간 대체효과는 커진다.
ㄷ. 기술충격이 일시적일 때 실질이자율의 상승으로 현재의 상대임금이 상승하여 현재 호경기를 보여주기에, 실질이자율은 경기순행적이다.

**오답피하기**

ㄱ. 흉작은 일시적 기술충격이다.
ㄹ. 경기가 좋아지면 노동수요증가로 실질임금이 상승하기에 실질임금은 경기순행적이다.
ㅁ. 노동생산성이 향상되면 노동수요증가이고, 이는 경기가 좋아지고 있는 모습으로 노동생산성은 경기순행적이다.

**출제POINT**

노동자들이 상대적으로 실질임금이 높은 기간에는 노동공급을 증가시키고, 실질임금이 낮은 기간에는 노동공급을 감소시키는 것을 노동의 기간 간 대체라 한다. 생산성 충격이나 유리한 수요충격으로 현재의 상대임금[$\frac{(1+r)w_1}{w_2}$]이 상승하면 노동자들은 현재의 노동공급을 증가시키고 미래의 노동공급을 줄이는 노동의 기간 간 대체가 발생한다.

## 17 □□□

**다음 그림은 국내 통화의 실질 절하(real depreciation)가 $t_0$에 발생한 이후의 무역수지 추이를 보여준다. 이에 대한 설명 중 옳지 않은 것은? (단, 초기 무역수지는 균형으로 0이다)**

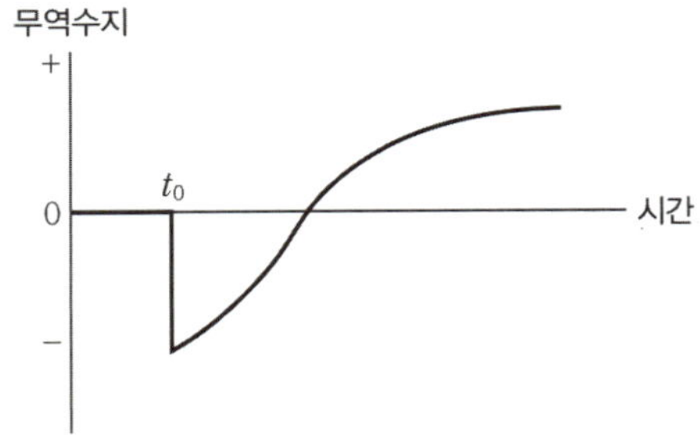


① 그림과 같은 무역수지의 조정과정을 J-곡선(J-curve)이라 한다.

② 실질 절하 초기에 수출과 수입이 모두 즉각 변화하지 않아 무역수지가 악화된다.

③ 실질 절하 후 시간이 흐름에 따라 수출과 수입이 모두 변화하므로 무역수지가 개선된다.

④ 수출수요탄력성과 수입수요탄력성의 합이 1보다 작다면 장기적으로 실질 절하는 무역수지를 개선한다.

⑤ 마샬-러너 조건(Marshall-Lerner condition)이 만족되면 장기적으로 실질 절하는 무역수지를 개선한다.

## 18 □□□

**어떤 소비자의 효용함수는 $U(x, y) = 20x - 2x^2 + 4y$이고, 그의 소득은 24이다. 가격이 $P_X = P_Y = 2$에서 $P_X = 6$, $P_Y = 2$로 변화했다면 가격변화 이전과 이후의 $X$재와 $Y$재의 최적 소비량은? (단, $x$, $y$는 각각 $X$재와 $Y$재의 소비량이다)**

| | 가격변화 이전 | 가격변화 이후 |
|---|---|---|
| ① | $(x = 2,\ y = 6)$ | $(x = 2,\ y = 8)$ |
| ② | $(x = 2,\ y = 6)$ | $(x = 4,\ y = 8)$ |
| ③ | $(x = 4,\ y = 8)$ | $(x = 2,\ y = 6)$ |
| ④ | $(x = 4,\ y = 8)$ | $(x = 4,\ y = 6)$ |
| ⑤ | $(x = 4,\ y = 8)$ | $(x = 6,\ y = 2)$ |

**17** 국제 마샬-러너 조건 답 ④

평가절하 시 경상수지가 개선되기 위해서는 양국의 수입수요의 가격탄력성의 합(= 수입수요의 가격탄력성과 수출공급의 가격탄력성의 합)이 1보다 커야 한다는 것을 마샬-러너 조건(Marshall-Lerner condition)이라 한다.

(오답피하기)

①, ②, ③ 평가절하 시 수출품과 수입품의 가격은 즉각 변하나 수출입량의 조정은 서서히 이루어진다. 즉, 달러표시 수출품의 가격은 즉각 하락하나 수출량은 서서히 증가하기에 단기적으로 경상수지가 악화되었다가 시간이 지나면서 점차 개선되는 효과를 J-커브효과라 한다.

⑤ 마샬-러너 조건(Marshall-Lerner condition)이 만족되면 장기적으로 평가절하 시 경상수지가 개선된다.

**출제POINT**

마샬-러너 조건은 '(자국의 수입수요의 가격탄력성)+(외국의 수입수요의 가격탄력성) > 1'이다.

**18** 미시 효용극대화 답 ③

- 가격이 $P_X = P_Y = 2$인 경우 $U(x, y) = 20x - 2x^2 + 4y$에서 $MU_X = 20 - 4X$, $MU_Y = 4$이기에 $\frac{MU_X}{P_X}(= \frac{20-4X}{2}) = \frac{MU_Y}{P_Y}(= \frac{4}{2})$이다. 따라서 $X = 4$이다. 예산선 $P_X \cdot X + P_Y \cdot Y = M$에서 소득은 $M = 24$이기에 $P_X \cdot X(= 2 \times 4) + P_Y \cdot Y(= 2 \times Y) = M(= 24)$이다. 따라서 $Y = 8$이다.
- 가격이 $P_X = 6$, $P_Y = 2$로 변화한 경우 $U(x, y) = 20x - 2x^2 + 4y$에서 $MU_X = 20 - 4X$, $MU_Y = 4$이기에 $\frac{MU_X}{P_X}(= \frac{20-4X}{6}) = \frac{MU_Y}{P_Y}(= \frac{4}{2})$이다. 따라서 $X = 2$이다. 예산선 $P_X \cdot X + P_Y \cdot Y = M$에서 소득은 $M = 24$이기에 $P_X \cdot X(= 6 \times 2) + P_Y \cdot Y(= 2 \times Y) = M(= 24)$이다. 따라서 $Y = 6$이다.

**출제POINT**

한계효용균등의 법칙에 따라 $\frac{MU_X}{P_X} = \frac{MU_Y}{P_Y}$에서 효용극대화가 이루어진다.

## 19 □□□

**완전경쟁시장에서 물품세가 부과될 때 시장에서 나타나는 현상들에 대한 설명으로 옳은 것을 〈보기〉에서 모두 고르면?**

〈보기〉

ㄱ. 소비자에게 종가세가 부과되면 시장수요곡선은 아래로 평행이동한다.

ㄴ. 수요곡선이 수평선으로 주어져 있는 경우 물품세의 조세부담은 모두 공급자에게 귀착된다.

ㄷ. 소비자에게 귀착되는 물품세 부담의 크기는 공급의 가격탄력성이 클수록 증가한다.

ㄹ. 소비자와 공급자에게 귀착되는 물품세의 부담은 물품세가 소비자와 공급자 중 누구에게 부과되는가와 상관없이 결정된다.

ㅁ. 물품세 부과에 따라 감소하는 사회후생의 크기는 세율에 비례하여 증가한다.

① ㄴ, ㄷ
② ㄱ, ㄴ, ㄹ
③ ㄱ, ㄷ, ㅁ
④ ㄴ, ㄷ, ㄹ
⑤ ㄷ, ㄹ, ㅁ

| 19 | 미시 | 조세의 귀착 | 답 ④ |
|---|---|---|---|

ㄴ. 수요곡선이 수평선으로 주어져 있는 경우, 수요의 가격탄력도가 완전 탄력적으로 물품세의 조세부담은 모두 공급자에게 귀착된다.

ㄷ. 조세부과 시 분담 정도는 탄력성에 반비례하기에 공급의 가격탄력성이 클수록 공급자에게 귀착되는 물품세 부담의 크기는 감소하고 소비자에게 귀착되는 물품세 부담의 크기는 증가한다.

ㄹ. 소비자와 공급자에게 귀착되는 물품세의 부담은 탄력성에 반비례하기에 물품세가 누구에게 부과되는가와 상관없이 결정된다.

**오답피하기**

ㄱ. 소비자에게 종가세가 부과되면 시장수요곡선은 아래로 회전이동한다.

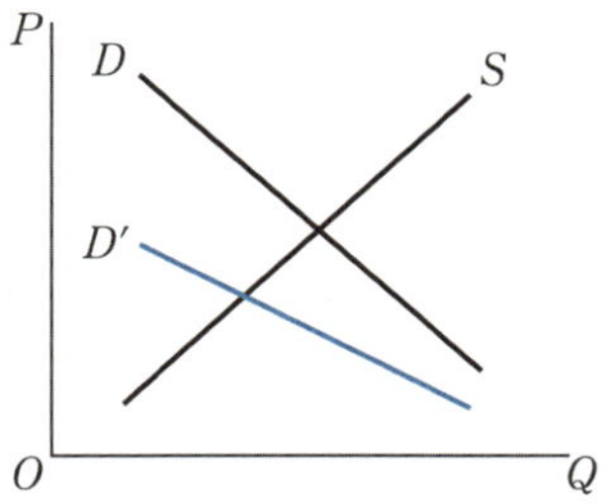


ㅁ. 물품세 부과에 따라 감소하는 사회후생의 크기는 세율의 제곱에 비례하여 증가한다.

**출제POINT**

생산자든 소비자든 어느 일방에게 조세를 부과해도 양자가 분담하게 되는 것을 조세의 귀착이라 한다. 분담 정도와 조세 수입은 탄력성에 반비례하며, 이로 인한 후생손실인 초과부담 또는 자중적손실은 탄력성에 비례한다.

## 20 □□□

**절약의 역설(paradox of thrift)에 대한 설명 중 옳은 것을 〈보기〉에서 모두 고르면?**

〈보기〉

ㄱ. 경기침체가 심한 상황에서는 절약의 역설이 발생하지 않는다.

ㄴ. 투자가 이자율 변동의 영향을 적게 받을수록 절약의 역설이 발생할 가능성이 크다.

ㄷ. 고전학파 경제학에서 주장하는 내용이다.

ㄹ. 임금이 경직적이면 절약의 역설이 발생하지 않는다.

① ㄱ
② ㄴ
③ ㄱ, ㄷ
④ ㄴ, ㄹ
⑤ ㄴ, ㄷ, ㄹ

| 20 | 거시 | 절약의 역설 | 답 ② |
|---|---|---|---|

ㄴ. 절약의 역설은 주로 경기침체가 심한 상황에서 발생하기에 투자가 이자율 변동의 영향을 적게 받을수록 침체기가 심화되고 따라서 절약의 역설이 발생할 가능성이 크다.

**오답피하기**

ㄱ. 주로 경기침체가 심한 상황에서 절약의 역설이 발생한다.

ㄷ. 케인즈 경제학에서 주장하는 내용이다.

ㄹ. 임금의 경직성을 가정하는 케인즈 경제학에서 절약의 역설이 발생한다.

**출제POINT**

모든 개인이 저축을 증가시키면 총수요감소로 국민소득이 감소하여 저축이 증가하지 않거나 오히려 감소하는 현상을 절약의 역설이라 한다.

## 21 □□□

**꾸르노(Cournot) 복점기업 1과 2의 수요함수가 $P=10-(Q_1+Q_2)$이고 생산비용은 0일 때, 다음 설명 중 옳지 않은 것은? (단, $P$는 시장가격, $Q_1$은 기업 1의 산출량, $Q_2$는 기업 2의 산출량이다)**

① 기업 1의 한계수입곡선은 $MR_1=10-2Q_1-Q_2$이다.

② 기업 1의 반응함수는 $Q_1=5-\frac{1}{2}Q_2$이다.

③ 기업 1의 꾸르노 균형산출량은 $Q_1=\frac{10}{3}$이다.

④ 산업 전체의 산출량은 $Q=\frac{20}{3}$이다.

⑤ 꾸르노 균형산출량에서 균형가격은 $P=\frac{20}{3}$이다.

## 22 □□□

**노동시장에서 현재 고용상태인 개인이 다음기에도 고용될 확률을 $P_{11}$, 현재 실업상태인 개인이 다음기에 고용될 확률을 $P_{21}$이라고 하자. 이 확률이 모든 기간에 항상 동일하다고 할 때, 이 노동시장에서의 균형실업률은?**

① $\frac{P_{21}}{1-P_{21}}$

② $\frac{P_{21}}{P_{11}}$

③ $\frac{1-P_{11}}{1-P_{11}+P_{21}}$

④ $\frac{1-P_{11}}{P_{11}+P_{21}}$

⑤ $\frac{1-P_{11}}{1-P_{21}}$

| 21 | 미시 | 꾸르노모형 | 답 ⑤ |
|---|---|---|---|

꾸르노 균형산출량에서 균형가격은 $P=\frac{10}{3}$이다.

- 기업 1의 총수입은 $P=10-(Q_1+Q_2)$이고 $Q_1$일 때, $TR_1=[10-(Q_1+Q_2)]\times Q_1=10Q_1-Q_1^2-Q_1Q_2$이기에 $MR_1=10-2Q_1-Q_2$(①)이다. 생산비용이 0이기에 $MC_1=0$이다. 따라서 기업 1의 균형생산량은 $MR_1=10-2Q_1-Q_2$와 $MC_1=0$이 같을 때 결정된다. 즉, 기업 1의 반응함수는 $Q_1=5-\frac{1}{2}Q_2$(②)이다.
- 기업 2의 총수입은 $P=10-(Q_1+Q_2)$이고 $Q_2$일 때, $TR_2=[10-(Q_1+Q_2)]\times Q_2=10Q_2-Q_1Q_2-Q_2^2$이기에 $MR_2=10-Q_1-2Q_2$이다. 생산비용이 0이기에 $MC_2=0$이다. 따라서 기업 2의 균형생산량은 $MR_2=10-Q_1-2Q_2$와 $MC_2=0$이 같을 때 결정된다. 즉, 기업 2의 반응함수는 $Q_2=5-\frac{1}{2}Q_1$이다.

결국, $Q_1=5-\frac{1}{2}Q_2$과 $Q_2=5-\frac{1}{2}Q_1$에서 이를 연립하면 $Q_1=\frac{10}{3}$, $Q_2=\frac{10}{3}$(③)이다. 즉, 산업 전체의 산출량은 $Q=\frac{20}{3}$(④)이다. $P=10-(Q_1+Q_2)$이고, $Q=(Q_1+Q_2)$에서 $Q=\frac{20}{3}$일 때, 꾸르노 균형산출량에서 균형가격은 $P=\frac{10}{3}$(⑤)이다.

> **출제POINT**
> 동일 제품을 생산하는 복점기업 1과 2의 이윤을 극대화하는 균형생산량은 $MR_1=MC_1, MR_2=MC_2$에서 달성된다.

| 22 | 거시 | 자연실업률 | 답 ③ |
|---|---|---|---|

- 현재 고용상태인 개인이 다음기에도 고용될 확률이 $P_{11}$이기에 실직률은 $s=1-P_{11}$이다.
- 현재 실업상태인 개인이 다음기에 고용될 확률이 $P_{21}$이기에 구직률은 $f=P_{21}$이다.
- 따라서 자연실업률은 $u_N=\frac{s}{s+f}=\frac{1-P_{11}}{(1-P_{11})+(P_{21})}$이다.

> **출제POINT**
> 자연실업률하에서 노동시장이 균형으로 취업자수와 실업자수가 변하지 않는다. 따라서 자연실업률은 $u_N=\frac{U}{U+E}=\frac{U}{U+\frac{f}{s}U}=\frac{s}{s+f}$ ($s$: 실직률, $f$: 구직률)이다.

## 23 □□□

**어떤 국가의 통신시장은 2개의 기업($A$와 $B$)이 복점의 형태로 수량경쟁을 하며 공급을 담당하고 있다. 기업 $A$의 한계비용은 $MC_A = 2$, 기업 $B$의 한계비용은 $MC_B = 4$이고, 시장수요곡선은 $P = 36 - 2Q$이다. 다음 설명 중 옳은 것을 〈보기〉에서 모두 고르면? (단, $P$는 시장가격, $Q$는 시장의 총공급량이다)**

〈보기〉

ㄱ. 균형 상태에서 기업 $A$의 생산량은 6이고 기업 $B$의 생산량은 4이다.
ㄴ. 균형가격은 14이다.
ㄷ. 균형 상태에서 이 시장의 사회후생은 243이다.
ㄹ. 균형 상태에서 이 시장의 소비자잉여는 100이다.
ㅁ. 균형 상태에서 이 시장의 생산자잉여는 122이다.

① ㄱ, ㄹ ② ㄴ, ㄷ ③ ㄱ, ㄹ, ㅁ
④ ㄴ, ㄷ, ㅁ ⑤ ㄴ, ㄹ, ㅁ

**23** 미시 **복점** 답 ④

- 기업 $A$의 총수입은 $P = 36 - 2Q$이고 $Q = Q_A + Q_B$일 때,
  $TR_A = [36 - 2(Q_A + Q_B)] \times Q_A = 36Q_A - 2Q_A^2 - 2Q_A Q_B$이기에
  $MR_A = 36 - 4Q_A - 2Q_B$이다. $MC_A = 2$이다.
  따라서 기업 $A$의 균형생산량은 $MR_A = 36 - 4Q_A - 2Q_B$와 $MC_A = 2$가 같을 때 결정된다.
- 기업 $B$의 총수입은 $P = 36 - 2Q$이고 $Q = Q_A + Q_B$일 때,
  $TR_B = [36 - 2(Q_A + Q_B)] \times Q_B = 36Q_B - 2Q_A Q_B - 2Q_B^2$ 이기에
  $MR_B = 36 - 2Q_A - 4Q_B$이다. $MC_B = 4$이다.
  따라서 기업 $B$의 균형생산량은 $MR_B = 36 - 2Q_A - 4Q_B$와 $MC_B = 4$가 같을 때 결정된다.

결국, $MR_A = 36 - 4Q_A - 2Q_B = MC_A = 2$와 $MR_B = 36 - 2Q_A - 4Q_B = MC_B = 4$에서 결정된다. 즉, 이를 연립하면 $Q_A = 6, Q_B = 5$이다.
즉, 전체 생산량은 $Q = 11$이다.

ㄴ. 균형가격은 $Q = 11$일 때, $P = 36 - 2Q$에서 $P = 14$이다.

ㄷ. 소비자잉여는 $a[(36-14) \times 11 \times \frac{1}{2}]$면적으로 121이다. 생산자잉여는 $b[(14-4) \times 11 + (4-2) \times 6]$ 면적으로 122이다.
사회후생은 $a+b$로 243이다.

ㅁ. 생산자잉여는 122이다.

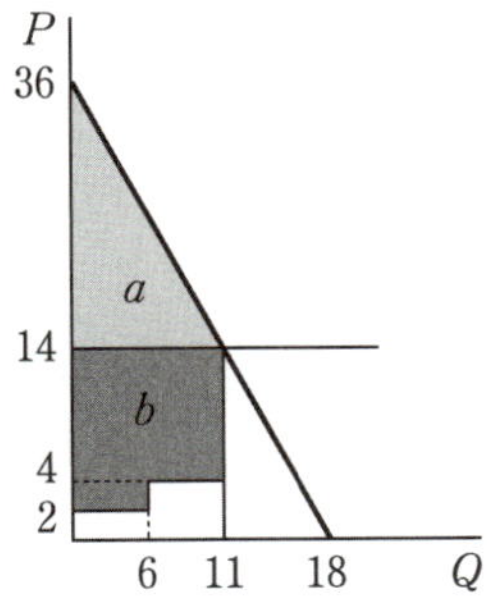


오답피하기

ㄱ. 균형 상태에서 기업 $A$의 생산량은 6이고 기업 $B$의 생산량은 5이다.
ㄹ. 소비자잉여는 121이다.

**출제POINT**

복점기업 $A$와 $B$의 이윤을 극대화하는 균형생산량은 $MR_A = MC_A$, $MR_B = MC_B$에서 달성된다.

## 24 □□□

**어떤 마을에 총 10개 가구가 살고 있다. 각 가구는 가로등에 대해 동일한 수요함수 $p_i = 10 - Q(i = 1, \cdots, 10)$를 가지며, 가로등 하나를 설치하는 데 소요되는 비용은 20이다. 사회적으로 효율적인 가로등 설치에 대한 설명으로 옳지 않은 것은?**

① 어느 가구도 단독으로 가로등을 설치하려 하지 않을 것이다.
② 가로등에 대한 총수요는 $P = 100 - 10Q$이다.
③ 이 마을의 사회적으로 효율적인 가로등 수량은 9개이다.
④ 사회적으로 효율적인 가로등 수량을 확보하려면 각 가구는 가로등 1개당 2의 비용을 지불해야한다.
⑤ 가구 수가 증가하는 경우, 사회적으로 효율적인 가로등 수량은 증가한다.

**24** 미시 **공공재** 답 ③

한계비용이 $MC = 20$이고 총수요가 $P = 100 - 10Q$이기에(②) 마을의 사회적으로 효율적인 가로등 수량은 $P = MC$에서 $Q = 8$개이다.

오답피하기

① 가로등과 같은 공공재는 비경합성과 무임승차심리로 인한 비배제성으로 어느 가구도 단독으로 설치하려 하지 않을 것이다.
② 가로등과 같은 공공재의 시장수요곡선은 개별수요곡선을 수직으로 합하여 도출하기에, $p_i = 10 - Q(i = 1, \cdots, 10)$에서 수직합으로 도출된 총 10개 가구의 가로등에 대한 시장수요는 $P = 100 - 10Q$이다.
④ 총 10개 가구이고 가로등 하나를 설치하는 데 소요되는 비용은 20이기에 각 가구는 가로등 1개당 2의 비용을 지불해야한다.
⑤ 가구 수가 증가하는 경우, 가령 총 20개 가구라면, 한계비용이 $MC = 20$이고 수직합으로 도출된 가로등에 대한 시장수요는 $P = 200 - 20Q$이기에 사회적으로 효율적인 가로등 수량은 $Q = 9$로 증가한다.

**출제POINT**

공공재의 소비자들은 동일한 양을 서로 다른 편익으로 소비하기에 공공재의 적정공급조건은 $MB_A + MB_B = MC$이다.

## 25 □□□

**두 폐쇄경제 $A$국과 $B$국의 총생산함수는 모두 $Y=EK^{0.5}L^{0.5}$와 같은 형태로 나타낼 수 있다고 하자. $A$국은 상대적으로 $K$가 풍부하고 $B$국은 상대적으로 $L$이 풍부하며, $A$국은 기술수준이 높지만 $B$국은 기술수준이 낮다. 만약 현재 상태에서 두 경제가 통합된다면 $B$국의 실질 임금률과 실질 이자율은 통합 이전에 비하여 어떻게 변화하는가? (단, $Y$, $K$, $L$은 각각 총생산, 총자본, 총노동을 나타내며 $E$는 기술수준을 나타낸다)**

① 임금률은 상승하고 이자율은 하락할 것이다.
② 임금률은 상승하고 이자율은 상승할 것이다.
③ 임금률과 이자율 모두 상승할 것이다.
④ 임금률은 상승하지만 이자율의 변화는 알 수 없다.
⑤ 이자율은 상승하지만 임금률의 변화는 알 수 없다.

| 25 | 국제 | 스톨퍼 - 사무엘슨정리 | 답 ① |
|---|---|---|---|

두 경제가 통합된다면 자유무역이 이루어진다고 볼 수 있다.
$A$국은 상대적으로 $K$가 풍부하고 $B$국은 상대적으로 $L$이 풍부한 나라다. 따라서 자유무역이 이루어지면 노동풍부국인 $B$국에서는 노동집약재의 상대가격이 상승하기에 임금률은 상승하고 이자율은 하락할 것이다.

**출제POINT**

어떤 재화의 상대가격이 상승하면 그 재화에 집약적으로 사용되는 생산요소 소득이 증가하고 다른 생산요소 소득은 감소한다는 것을 스톨퍼-사무엘슨 정리라 한다.

# 10회 2019년 국회직

## 01 □□□

**기업의 단기 한계비용곡선이 통과하는 점으로 옳은 것만을 〈보기〉에서 모두 고르면?**

〈보기〉

ㄱ. 단기 총비용곡선의 최저점
ㄴ. 단기 평균고정비용곡선의 최저점
ㄷ. 단기 평균가변곡선의 최저점
ㄹ. 단기 평균총비용곡선의 최저점

① ㄱ, ㄴ
② ㄴ, ㄷ
③ ㄷ, ㄹ
④ ㄱ, ㄴ, ㄷ
⑤ ㄴ, ㄷ, ㄹ

## 02 □□□

**$A$국은 콩과 쌀을 국내에서 생산하고, 밀은 수입한다. $GDP$ 디플레이터의 관점에서 $A$국의 물가수준 변화로 옳은 것은? (단, $A$국에는 콩, 쌀, 밀 세 가지 상품만 존재한다)**

(단위: kg, 천 원)

| 상품 | 기준연도 | | 비교연도 | |
|---|---|---|---|---|
| | 수량 | 가격 | 수량 | 가격 |
| 콩 | 2 | 10 | 3 | 15 |
| 쌀 | 3 | 20 | 4 | 20 |
| 밀 | 4 | 30 | 5 | 20 |

① 비교연도의 물가가 13.6% 상승하였다.
② 비교연도의 물가가 12.5% 상승하였다.
③ 비교연도의 물가가 13.6% 하락하였다.
④ 비교연도의 물가가 12.5% 하락하였다.
⑤ 물가수준에 변동이 없다.

**01** 미시 비용곡선 답 ③

- $AVC$가 극소가 되는 점에서 $MC$와 $AVC$가 일치한다.
- $AC$가 극소가 되는 점에서 $MC$와 $AC$가 일치한다.

**출제POINT**

단기 한계비용곡선은 단기 평균가변비용곡선의 최저점과 단기 평균총비용곡선의 최저점을 통과한다.

**02** 거시 $GDP$디플레이터 답 ①

- $GDP$디플레이터에 수입품은 포함시키지 않기에, 콩과 쌀만 고려한다.
- $GDP$디플레이터$=\frac{3\times15+4\times20}{3\times10+4\times20}\times100=113.6\%$이다.
- 따라서 비교연도의 물가가 기준연도에 비해 13.6% 상승하였다.

**출제POINT**

명목 $GDP$를 실질 $GDP$로 나눈 값을 $GDP$디플레이터[=(명목 $GDP$/실질 $GDP$)×100]라 하고, 이는 대표적인 물가지수의 역할을 한다. 따라서 '$GDP$디플레이터/100=(명목 $GDP$/실질 $GDP$)'으로 변형할 수 있다.

## 03 □□□

에지워스 박스를 사용한 일반균형분석에 대한 설명으로 옳지 않은 것만을 〈보기〉에서 모두 고르면? (단, 이 경제에는 $A$와 $B$ 두 사람, $X$와 $Y$ 두 재화만 존재하며 재화의 총량은 $\overline{X}$와 $\overline{Y}$로 결정되어 있다)

〈보기〉

ㄱ. 재화 $X$, $Y$의 가격이 변동할 때 계약곡선은 이동한다.
ㄴ. 계약곡선은 분배적 형평성을 실현했음을 의미한다.
ㄷ. 두 사람의 한계대체율이 서로 같게 되는 모든 점은 파레토효율점을 의미한다.
ㄹ. 만약 $X_A + X_B < \overline{X_A} + \overline{X_B}$라면, $X$재의 가격이 상승하여야 일반균형이 달성된다. (단, $X_A$, $X_B$는 각각 $A$와 $B$의 $X$재화 수요량을, $\overline{X_A}$, $\overline{X_B}$는 각각 $A$와 $B$의 $X$재화 초기 소유량을 의미한다)

① ㄴ　　② ㄱ, ㄷ
③ ㄴ, ㄹ　　④ ㄱ, ㄴ, ㄹ
⑤ ㄱ, ㄴ, ㄷ, ㄹ

## 04 □□□

다음 글에 따를 때 이 경제의 민간저축(private saving)으로 옳은 것은?

- 이 경제는 폐쇄경제이다.
- $Y = C + I + G + NX$가 성립한다 (단, $Y$는 국민소득, $C$는 소비, $I$는 투자, $G$는 정부지출, $NX$는 순수출을 의미한다)
- 국민저축(national saving)은 500, 조세는 200, 정부지출은 300이다.

① 300　　② 400
③ 600　　④ 800
⑤ 1,000

**03 | 미시 | 일반균형과 파레토효율성 | 답 ④**

ㄱ. 두 무차별곡선이 접하는 점들을 연결한 곡선을 소비의 계약곡선이라 한다. 따라서 재화 $X$, $Y$의 가격이 변동해도 계약곡선은 이동하지 않는다.
ㄴ. 계약곡선은 자원배분의 효율성을 실현했음을 의미한다.
ㄹ. 모든 생산물시장과 생산요소시장이 동시에 균형을 이루는 상태를 일반균형이라 한다. 따라서 만약 $X_A + X_B < \overline{X_A} + \overline{X_B}$라면, $A$와 $B$의 $X$재화 수요량이 $A$와 $B$의 $X$재화 초기 소유량보다 적기에 $X$재의 가격이 하락하여야 일반균형이 달성된다.

(오답피하기)

ㄷ. 두 무차별곡선이 접하는 점에서 두 사람의 한계대체율이 서로 같게 되고, 이러한 모든 점은 소비측면에서 파레토효율점을 의미한다.

**출제POINT**

두 무차별곡선이 접하는 점에서 충족되는 소비측면의 파레토효율성은 무수히 많이 존재하고, 이를 연결한 곡선을 소비의 계약곡선이라 한다.

**04 | 거시 | 민간저축 | 답 ③**

국민저축(500) = 민간저축($S_P = Y - T - C$) + 정부저축($T - G = 200 - 300 = -100$)이다. 따라서 민간저축은 600이다.

**출제POINT**

민간저축($S_P = Y - T - C$)과 정부저축($T - G$)의 합이 국민저축($S_P + T - G$)이다.

## 05 □□□

**A국은 글로벌 과잉유동성에 따른 대규모 투기 자본 유입에 대응하기 위해 A국의 주식 및 채권에 대한 외국인 투자자금에 2%의 금융거래세를 부과하고자 한다. A국의 금융거래세 도입 정책에 대한 설명으로 옳지 않은 것은?**

① A국 통화의 절하 요인이다.
② A국 자본수지의 흑자 요인이다.
③ A국 증권시장의 변동성을 줄이는 요인이다.
④ A국으로의 외환 유입을 줄이는 요인이다.
⑤ A국 기업의 외자조달 비용을 높이는 요인이다.

## 06 □□□

**거시경제의 총수요·총공급 모형에 대한 설명으로 옳은 것만을 〈보기〉에서 모두 고르면?**

〈보기〉

ㄱ. 단기 총공급곡선이 우상향하는 이유는 임금과 가격이 경직적이기 때문이다.
ㄴ. 예상 물가수준이 상승하면 단기 총공급곡선이 오른쪽으로 이동한다.
ㄷ. 총수요곡선이 우하향하는 이유는 물가수준이 하락하면 이자율이 하락하고 자산의 실질가치가 상승하기 때문이다.
ㄹ. 자국화폐의 가치하락에 따른 순수출의 증가는 총수요곡선을 오른쪽으로 이동시킨다.

① ㄱ, ㄷ
② ㄴ, ㄷ
③ ㄱ, ㄴ, ㄹ
④ ㄱ, ㄷ, ㄹ
⑤ ㄴ, ㄷ, ㄹ

| 05 | 국제 | 민간저축 | 답 ② |
|---|---|---|---|

- 외국인 투자자금에 대해 금융거래세를 부과하면 A국 기업의 외자조달 비용을 높이는 요인으로 작용(⑤)하여 A국으로의 외환 유입을 줄이게(④) 된다.
- 외환 유입의 감소는 A국 자본수지의 적자 요인(②)으로, 환율 상승을 초래하여 A국 통화는 절하된다(①).
- 하지만, 대규모 투기 자본 유입을 막아 A국 증권시장의 변동성을 줄이는(③) 요인이 될 수 있다.

**출제POINT**
금융거래세는 급격한 자본 유입·유출 방지와 세수 확대를 목적으로 주식·채권·파생상품에 부과된다.

| 06 | 거시 | 총수요·총공급 모형 | 답 ④ |
|---|---|---|---|

ㄱ. 단기에는 가격변수가 완전신축적이지 않으며 정보불완전성으로 총공급곡선(AS)은 우상향으로 도출된다.
ㄷ. 총수요곡선이 우하향하는 이유는 물가수준이 하락하면 실질통화량 증가를 가져와 이자율이 하락하고 자산의 실질가치가 상승하여 총수요(국민소득)를 증가시키기 때문이다.
ㄹ. 환율상승에 따른 순수출의 증가는 IS곡선을 우측으로 이동시켜 총수요곡선을 오른쪽으로 이동시킨다.

**오답피하기**
ㄴ. 예상 물가수준이 상승하면 단기 총공급곡선이 좌상방으로 이동한다.

**출제POINT**
루카스 단기 총공급곡선인 $Y=Y_N+\alpha(P-P^e)$에서 예상 물가수준이 상승하면 빼는 값인 $P^e$가 증가하여 Y가 감소함으로써 단기 총공급곡선이 좌상방으로 이동한다.

## 07 □□□

**다음 글에 따를 때 $A$국에서 균제상태의 효율적 노동 1단위당 자본을 변화시켜 황금률 수준의 효율적 노동 1단위당 자본을 달성하기 위하여 필요한 조건으로 옳은 것은?**

> • $A$국의 총생산함수는 $Y=K^{\alpha}(E\times L)^{1-\alpha}$이다. (단, $K$는 총자본, $L$은 총노동, $E$는 노동효율성, $Y$는 총생산, $\alpha$는 자본의 비중을 의미한다)
> • $\alpha=0.5$, $s=0.5$, $\delta=0.1$, $n=0.05$, $g=0.03$(단, $s$는 저축률, $\delta$는 감가상각률, $n$은 인구증가율, $g$는 노동효율성 증가율을 의미한다)

① 균제상태에서 효율적 노동 1단위당 자본이 황금률수준의 효율적 노동 1단위당 자본보다 많아서 저축률을 증가시켜야 한다.
② 균제상태에서 효율적 노동 1단위당 자본이 황금률수준의 효율적 노동 1단위당 자본보다 적어서 저축률을 증가시켜야 한다.
③ 균제상태에서 효율적 노동 1단위당 자본이 황금률수준의 효율적 노동 1단위당 자본보다 많아서 저축률을 감소시켜야 한다.
④ 균제상태에서 효율적 노동 1단위당 자본이 황금률수준의 효율적 노동 1단위당 자본보다 적어서 저축률을 감소시켜야 한다.
⑤ 균제상태에서 효율적 노동 1단위당 자본을 황금률수준의 효율적 노동 1단위당 자본으로 변화시키기 위한 추가 조건은 없다.

## 08 □□□

**구매력평가설에 대한 설명으로 옳지 않은 것만을 〈보기〉에서 모두 고르면?**

> 〈보기〉
> ㄱ. 구매력평가설은 일물일가의 법칙에 근거한다.
> ㄴ. 구매력평가설에 따르면 두 나라 화폐의 실질환율은 두 나라 물가수준의 차이를 반영해야 한다.
> ㄷ. 구매력평가설에 따르면 실질환율은 항상 일정해야 한다.

① ㄱ　② ㄴ
③ ㄷ　④ ㄴ, ㄷ
⑤ ㄱ, ㄴ, ㄷ

### 07 거시 균제상태 답 ⑤

• 균제상태에서 $sf(k)=(n+\delta+g)k$로 $sk^{\alpha-1}=(n+\delta+g)$이다.
• 효율노동 1인당 생산함수에서 $MP_K=\alpha k^{\alpha-1}$이다.
• 황금률에서 $MP_K=n+\delta+g$로 $\alpha k^{\alpha-1}=(n+\delta+g)$이다.
• 따라서 $s=\alpha$이면 균제상태이자 황금률이다. 즉, $s=\alpha=0.5$로 추가 조건은 필요 없다.

**출제POINT**

주어진 생산함수를 효율노동 $EL$로 나누면

$\frac{Y}{EL}=\frac{K^{\alpha}(EL)^{1-\alpha}}{EL}=\left(\frac{K}{EL}\right)^{\alpha}$이다. 효율노동 1단위당 생산량 $y=\frac{Y}{EL}$, 효율노동 1단위당 자본량 $k=\frac{K}{EL}$로 두면 1인당 생산함수는 $y=k^{\alpha}$가 된다.

### 08 국제 구매력평가설 답 ②

ㄴ. 구매력평가설에 따르면 두 나라 화폐의 실질환율이 아니라 명목환율이 두 나라 물가수준의 차이를 반영해야 한다.

**오답피하기**

ㄱ. 구매력평가설은 일물일가의 법칙을 전제한다.
ㄷ. 구매력평가설이 성립하면, $P=e\cdot P_f$이기에 실질환율은

$\epsilon=\frac{e\times P_f}{P}$($\epsilon$: 실질환율, $e$: 명목환율, $P_f$: 해외물가, $P$: 국내물가)
= 1로 일정하다.

**출제POINT**

일물일가의 법칙을 전제로, 양국의 구매력인 화폐가치가 같도록 환율이 결정되어야 한다는 이론이 구매력평가설로, $P=e\cdot P_f$이다.

## 09 □□□

$A$ 기업의 생산함수는 $Q = K^{0.5}L^{0.5}$이고 단기에 자본투입량은 1로 고정되어 있다. 임금이 10, 생산품 가격이 100이라면 이 기업의 단기균형에 대한 설명으로 옳은 것만을 〈보기〉에서 모두 고르면? (단, $Q$는 산출량, $K$는 자본투입량, $L$은 노동투입량을 의미한다)

〈보기〉

ㄱ. 단기의 이윤극대화 노동투입량은 10이다.
ㄴ. 단기의 이윤극대화 생산량은 5이다.
ㄷ. 최대 이윤은 400이다.
ㄹ. 자본재 가격이 100을 넘으면 이윤이 음의 값을 가진다.

① ㄴ　② ㄱ, ㄷ
③ ㄴ, ㄷ　④ ㄷ, ㄹ
⑤ ㄴ, ㄷ, ㄹ

## 10 □□□

노동시장에 대한 설명으로 옳은 것만을 〈보기〉에서 모두 고르면?

〈보기〉

ㄱ. 노동이 유일한 변동생산요소일 경우, 기업의 노동에 대한 수요곡선은 노동의 한계생산물수입곡선이다.
ㄴ. 생산물시장이 독점일 경우, 경쟁시장일 경우보다 노동고용량이 늘어난다.
ㄷ. 기업이 노동시장에서 수요독점력을 가질 경우, 경쟁시장일 경우보다 노동고용량이 감소하며 임금이 낮아진다.

① ㄱ　② ㄱ, ㄴ
③ ㄱ, ㄷ　④ ㄴ, ㄷ
⑤ ㄱ, ㄴ, ㄷ

| 09 | 미시 | 이윤극대화 | 답 ① |
|---|---|---|---|

생산함수가 $Q = K^{0.5}L^{0.5}$이고 단기에 자본투입량이 1로 고정되어 있기에 $Q = \sqrt{L}$이다. 즉, $Q^2 = L$이다.

$Q = \sqrt{L}$에서 $MP_L = \frac{1}{2\sqrt{L}}$이고, 임금은 10, 생산품 가격은 100이다.

ㄱ. 이윤극대화는 $VMP_L = P \times MP_L = W$에서 $100 \times \frac{1}{2\sqrt{L}} = 10$이기에 노동투입량은 $L = 25$이다.
ㄴ. 이윤극대화 생산량은 $Q = \sqrt{L}$에서 $L = 25$일 때 5이다.
ㄷ. 최대 이윤은 $\pi = P \times Q(= P \times \sqrt{L}) - TC(= wL + rK)$에서 $\pi = P \times Q(= 100 \times \sqrt{25}) - TC(= 10 \times 25 + r) = 250 - r$일 때 250이다.
ㄹ. 이윤이 $\pi = 250 - r$일 때 자본재 가격이 250을 넘으면 이윤이 음의 값을 가진다.

**출제POINT**

$VMP_L = P \times MP_L = W$에서 이윤은 극대화된다.

| 10 | 미시 | 노동시장 | 답 ③ |
|---|---|---|---|

ㄱ. 노동시장이 완전경쟁시장일 경우, 기업의 노동에 대한 수요곡선은 노동의 한계수입생산($MRP_L$)곡선이다.
ㄷ. 노동시장이 수요독점일 경우, 경쟁시장일 경우보다 노동고용량이 감소하며 임금이 낮아진다.

**오답피하기**

ㄴ. 생산물시장이 독점일 경우, 경쟁시장일 경우보다 노동수요곡선이 아래에 있기에 노동고용량이 감소한다.

**출제POINT**

생산물시장이 완전경쟁이면, 한계생산물가치($VMP_L$)곡선이 개별기업의 노동수요곡선이 되고, 생산물시장이 불완전경쟁이면, 한계수입생산($MRP_L$)곡선이 개별기업의 노동수요곡선이 된다.

## 11 □□□

**다음 글에 따를 때 이 경제의 2010년 화폐의 유통속도와 2019년 통화량으로 옳은 것은?**

> • 이 경제는 폐쇄경제이며 화폐수량설을 따른다.
> • 이 경제는 단일 재화인 빵을 생산한다.
> • 2010년 빵의 가격은 개당 1, 생산량은 100이며 통화량은 5이다.
> • 2019년 빵의 생산량은 2010년 대비 50% 증가하였고 화폐의 유통속도는 절반으로 줄어들었으며 빵의 가격은 변함이 없다.

① 10, 10　② 10, 30
③ 15, 15　④ 20, 15
⑤ 20, 30

**11 | 거시 | 화폐의 유통속도 | 답 ④**

2010년, 빵의 가격은 개당 1, 생산량은 100이며 통화량은 5이기에, $MV=PY$에서 $V=20$이다.
2019년, 빵의 생산량은 2010년 대비 50% 증가하여 150이고, 화폐의 유통속도는 절반으로 줄어 10이며, 빵의 가격은 변함이 없기에 개당 1이다. 따라서 $MV=PY$에서 $M=15$이다.

> **출제POINT**
> 고전학파의 화폐수량설 $MV=PY$에서 $M$은 통화량이고, $V$는 유통속도이다.

## 12 □□□

**어떤 상품시장의 수요함수는 $Q^d=1,000-2P$, 공급함수는 $Q^s=-200+2P$이다. 이 상품시장에 대한 설명으로 옳은 것만을 〈보기〉에서 모두 고르면?**

> 〈보기〉
> ㄱ. 현재 상품시장의 생산자잉여는 40,000이다.
> ㄴ. 최고가격이 150으로 설정되는 경우, 초과수요량은 500이 된다.
> ㄷ. 최고가격이 150으로 설정되는 경우, 암시장가격은 450이 된다.
> ㄹ. 최고가격이 150으로 설정되는 경우, 사회적후생손실은 40,000이 된다.

① ㄱ, ㄴ　② ㄱ, ㄷ
③ ㄴ, ㄷ　④ ㄱ, ㄴ, ㄷ
⑤ ㄴ, ㄷ, ㄹ

**12 | 미시 | 최고가격제 | 답 ②**

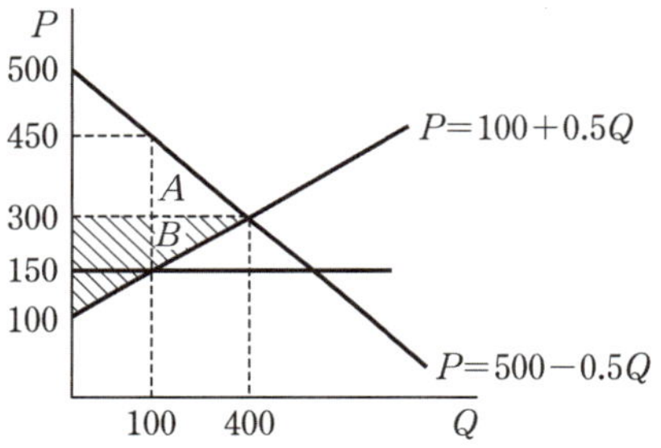


수요함수 $Q^d=1,000-2P$, 공급함수 $Q^s=-200+2P$에서 균형가격은 300이고, 균형거래량은 400이다.
ㄱ. 현재 상품시장의 생산자잉여는 빗금친 면적으로
$(300-100)\times 400\times\frac{1}{2}=40,000$이다.
ㄷ. 최고가격이 150으로 설정되는 경우, 거래량은 100으로 수요곡선상에서 최대 450까지 가격설정이 가능하기에 암시장가격은 450이 된다.

**오답피하기**
ㄴ. 최고가격이 150으로 설정되는 경우, 수요량은 700이고 공급량은 100이기에 초과수요량은 600이 된다.
ㄹ. 최고가격이 150으로 설정되는 경우, 사회적 후생손실은 $A$와 $B$의 합으로 $(450-150)\times(400-100)\times\frac{1}{2}=45,000$이 된다.

> **출제POINT**
> 수요자 보호를 위해 균형가격보다 낮게 설정하는 최고가격제하 초과수요로 인한 암시장이 발생할 수 있다. 최고가격제로 거래량이 줄고 사회적잉여도 감소한다.

## 13 □□□

**다음 글에 따를 때 슈타켈버그 경쟁의 결과로 옳은 것은?**

> • 시장에는 $A$, $B$ 두 기업만 존재한다.
> • 시장수요곡선: $Q=30-P$ (단, $Q=Q_A+Q_B$이고 $Q_A$, $Q_B$는 각각 $A$기업과 $B$기업의 생산량을 의미한다)
> • 한계비용: $MC_A=MC_B=0$
> • $B$기업은 $A$기업의 반응곡선을 알고, $A$기업은 $B$기업의 반응곡선을 모른다.

| | $Q_A$ | $Q_B$ |
|---|---|---|
| ① | 6 | 12 |
| ② | 6.5 | 13 |
| ③ | 7 | 14 |
| ④ | 7.5 | 15 |
| ⑤ | 8 | 16 |

**13** | 미시 | **슈타켈버그모형** | 답 ④

슈타켈버그모형은 선도기업의 생산량이 독점일 때와 동일(완전경쟁의 $\frac{1}{2}$)하고, 추종기업의 생산량은 선도기업의 절반(완전경쟁의 $\frac{1}{4}$)이다.

완전경쟁시장하 이윤극대화는 $P=30-Q$, $MC=0$이기에 $P=MC$에서 $Q=30$이다.

따라서 반응곡선을 알고 있는 $B$기업이 선도자이기에 완전경쟁의 $\frac{1}{2}$인 15만큼 생산하고, 추종자인 $A$기업은 완전경쟁의 $\frac{1}{4}$인 7.5만큼 생산한다.

**출제POINT**

선도자란 자신이 임의의 생산량을 선택하였을 때 추종자가 어떤 반응을 보일지 미리 예상하고 자신에게 가장 유리한 생산량을 선택하는 기업이다.

## 14 □□□

**다음 그림에 따를 때 휘발유 가격이 리터당 3,000원인 경우 휘발유 시장 수요량으로 옳은 것은? (단, 이 경제에는 갑과 을이라는 두 명의 소비자만 존재한다) (단위: 리터)**

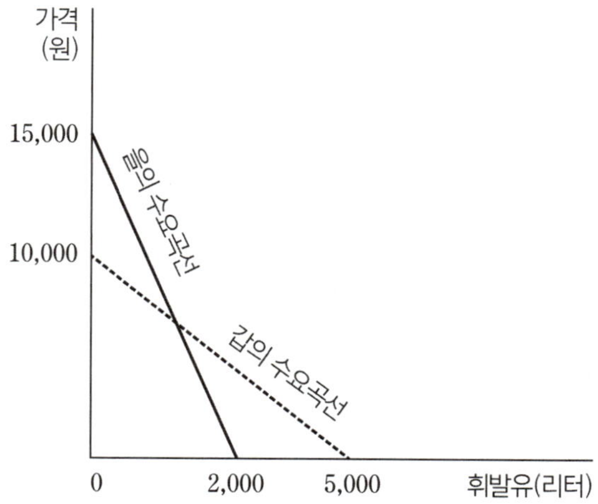


① 5,100 ② 5,200
③ 5,300 ④ 5,400
⑤ 5,500

**14** | 미시 | **시장수요량** | 답 ①

• 갑의 수요곡선은 $P=10{,}000-2Q$로, 휘발유 가격이 리터당 3,000원일 때, $3{,}000=10{,}000-2Q$에서 $Q=3{,}500$이다.
• 을의 수요곡선은 $P=15{,}000-7.5Q$로, 휘발유 가격이 리터당 3,000원일 때, $3{,}000=15{,}000-7.5Q$에서 $Q=1{,}600$이다.

따라서 시장 수요량은 $3{,}500+1{,}600=5{,}100$이다.

**출제POINT**

시장수요곡선은 개별수요곡선의 수평적 합으로 도출된다.

## 15 □□□

**총수요-총공급 분석에서 부정적 수요충격과 일시적인 부정적 공급충격이 발생할 경우 장기적인 현상에 대한 설명으로 옳은 것은?**

① 물가수준과 총생산은 초기 균형수준으로 돌아간다.
② 물가수준은 영구적으로 상승하는 반면, 총생산은 잠재생산량 수준으로 돌아간다.
③ 총생산은 잠재생산량 수준으로 돌아가나, 물가수준은 초기대비 상승할 수도 있고 하락할 수도 있다.
④ 물가수준은 영구적으로 하락하는 반면, 총생산은 잠재생산량 수준으로 돌아간다.
⑤ 물가수준은 영구적으로 하락하고, 총생산도 감소한다.

| 15 | 거시 | 총수요-총공급 | 답 ④ |
|---|---|---|---|

총수요곡선과 장기 총공급곡선이 변하지 않았다면 실업이 발생하고 임금이 하락하여 단기 총공급곡선이 하방으로 이동함으로써 장기적으로는 물가는 하락하고 총생산은 잠재생산량 수준으로 돌아간다.

★★★ 먼저 읽기

**출제POINT**
부정적 수요충격과 일시적인 부정적 공급충격이 발생할 경우 총수요가 잠재 *GDP*에 미달로 침체를 보인다.

## 16 □□□

**중앙은행이 긴축적 통화정책을 시행할 때 나타나는 현상에 대한 설명으로 옳은 것만을 〈보기〉에서 모두 고르면?**

〈보기〉
ㄱ. 이자율이 상승한다.
ㄴ. 외환에 대한 수요가 증가한다.
ㄷ. 국내 통화가치가 상승한다.
ㄹ. 수입가격의 하락으로 무역수지가 개선된다.

① ㄱ, ㄴ
② ㄱ, ㄷ
③ ㄴ, ㄷ
④ ㄴ, ㄹ
⑤ ㄷ, ㄹ

| 16 | 국제 | 긴축통화정책 | 답 ② |
|---|---|---|---|

ㄱ. 통화공급이 감소하여 이자율이 상승한다.
ㄷ. 외자유입증가로 환율이 하락하여 국내 통화가치가 상승한다.

오답피하기
ㄴ. 외자유입증가로 외환에 대한 공급이 증가한다.
ㄹ. 수입가격의 하락으로 수입이 증가하고, 수출가격이 상승하여 수출이 감소한다.

★★★ 먼저 읽기

**출제POINT**
긴축적 통화정책으로 통화공급이 감소하여 이자율이 상승하고, 외자유입증가로 환율이 하락하며, 수입가격의 하락으로 수입이 증가한다.

## 17 □□□

**시간당 임금이 상승할 때 노동공급이 줄어든다면 다음 중 옳은 것은?**

① 대체효과와 소득효과가 동일하다.
② 노동공급곡선이 후방굴절하지 않는다.
③ 노동공급곡선이 우상향한다.
④ 소득효과가 대체효과보다 작다.
⑤ 대체효과가 소득효과보다 작다.

## 18 □□□

**다음 그림에 따를 때 $A$국과 $B$국 사이에서 특화를 통한 무역이 가능하게 되는 컴퓨터 가격의 범위로 옳은 것은?**

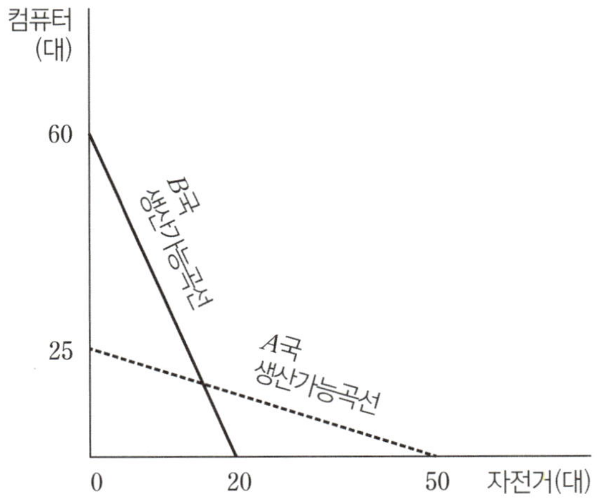


① $(P_{최저}, P_{최고})$= (자전거 $\frac{1}{2}$대, 자전거 2대)
② $(P_{최저}, P_{최고})$= (자전거 $\frac{1}{2}$대, 자전거 3대)
③ $(P_{최저}, P_{최고})$= (자전거 $\frac{1}{3}$대, 자전거 2대)
④ $(P_{최저}, P_{최고})$= (자전거 $\frac{1}{3}$대, 자전거 3대)
⑤ $(P_{최저}, P_{최고})$= (자전거 2대, 자전거 3대)

| 17 | 미시 | 노동공급 | 답 ⑤ |
|---|---|---|---|

(여가를 정상재로 가정)대체효과로 노동공급은 증가하고, 소득효과로 노동공급은 감소하기에, 대체효과가 소득효과보다 작다면, 노동공급은 감소한다.

**오답피하기**

① 대체효과로 노동공급은 증가하고, 소득효과로 노동공급은 감소하기에, 대체효과와 소득효과가 동일하다면 노동공급은 불변이다.
② 대체효과가 소득효과보다 작다면, 노동공급은 감소하기에 노동공급곡선은 후방굴절한다.
③ 소득효과가 대체효과보다 작다면, 노동공급은 증가하기에 노동공급곡선은 우상향한다.
④ 대체효과로 노동공급은 증가하고, 소득효과로 노동공급은 감소하기에, 소득효과가 대체효과보다 작다면, 노동공급은 증가한다.

**출제POINT**

시간당 임금이 상승할 때, 대체효과에 의하면 여가의 기회비용상승으로 여가소비는 줄고 노동공급은 증가한다. 소득효과에 의하면 실질소득증가로 여가가 정상재일 때 여가소비는 늘고 노동공급은 감소한다.

| 18 | 국제 | 교역조건 | 답 ③ |
|---|---|---|---|

컴퓨터 가격의 범위로 표시한 교역조건은 컴퓨터의 기회비용으로 표시할 수 있다. 즉, 컴퓨터의 기회비용 사잇값에서 교역조건이 성립한다. 컴퓨터의 기회비용은 생산가능곡선의 $Y$축 기울기로 $A$국 기회비용은 자전거 $(\frac{50}{25}=)2$대이고, $B$국 기회비용은 자전거 $(\frac{20}{60}=)\frac{1}{3}$대이다.

따라서 최저는 자전거 $\frac{1}{3}$대이고, 최고는 자전거 2대이다.

**출제POINT**

양국의 국내상대가격비, 즉 기회비용 사잇값에서 양국이 이득을 볼 수 있는 교역조건이 성립한다.

## 19 □□□

$A$국 경제 성장의 급격한 둔화로 $A$국으로 유입되었던 자금이 $B$국으로 이동할 때, $B$국의 상품수지와 이자율의 변화로 옳은 것은?

① 상품수지 악화, 이자율하락
② 상품수지 악화, 이자율상승
③ 상품수지 개선, 이자율하락
④ 상품수지 개선, 이자율상승
⑤ 상품수지 변화 없음, 이자율하락

| 19 | 국제 | 상품수지 | 답 ① |
|---|---|---|---|

외자유입으로 환율이 하락하면 순수출이 감소하여 상품수지는 악화된다. 외자유입으로 통화량이 증가하면 이자율은 하락한다.

**출제POINT**
외자유입으로 환율은 하락한다.

## 20 □□□

다음 표는 수정과와 떡 두 가지 재화만을 소비하는 어떤 소비자의 한계효용을 나타낸 것이다. 이 소비자가 14,000원의 소득으로 효용극대화를 달성하였을 때 소비자잉여의 크기로 옳은 것은? (단, 수정과의 가격은 개당 1,000원이고 떡의 가격은 개당 3,000원이다)

(단위: 개, 원)

| 수량 | 한계효용 | |
|---|---|---|
| | 수정과 | 떡 |
| 1 | 10,000 | 18,000 |
| 2 | 8,000 | 12,000 |
| 3 | 6,000 | 6,000 |
| 4 | 4,000 | 3,000 |
| 5 | 2,000 | 1,000 |
| 6 | 1,000 | 600 |

① 24,000
② 32,000
③ 38,000
④ 46,000
⑤ 52,000

| 20 | 미시 | 효용극대화 | 답 ⑤ |
|---|---|---|---|

(단위: 개, 원)

| 수량 | 원당한계효용 | | | |
|---|---|---|---|---|
| | 수정과(개당 1,000원) | | 떡(개당 3,000원) | |
| 1 | 10,000 | 10 | 18,000 | 6 |
| 2 | 8,000 | 8 | 12,000 | 4 |
| 3 | 6,000 | 6 | 6,000 | 2 |
| 4 | 4,000 | 4 | 3,000 | 1 |
| 5 | 2,000 | 2 | 1,000 | $\frac{1}{3}$ |
| 6 | 1,000 | 1 | 600 | $\frac{1}{5}$ |

14,000원의 소득으로 수정과는 5개(=5,000원), 떡은 3개(=9,000원) 소비시 원당한계효용균등의 법칙에 따라 효용극대화가 달성된다.
소비자의 최대지불의사금액에서 실제지불금액을 차감한 값이 소비자잉여이다.
소비자의 최대지불의사금액은 총효용으로 구할 수 있다.
수정과(10,000+8,000+6,000+4,000+2,000=30,000원)+떡(18,000+12,000+6,000=36,000원)=66,000원이다. 실제지불금액은 수정과는 5,000원, 떡은 9,000원으로 14,000원이다. 따라서 소비자잉여는 66,000−14,000=52,000원이다.

**출제POINT**
한계효용균등의 법칙에 따라 효용극대화를 추구한다.

## 21 □□□

**케인즈 단순모형에서 총소득은 100, 민간소비는 80, 소비승수는 2라고 가정할 때 총소득이 110으로 변화한다면 민간소비로 옳은 것은? (단, 정부지출, 조세 및 순수출은 각각 0이다)**

① 80 ② 85
③ 90 ④ 95
⑤ 100

| 21 | 거시 | 소비승수 | 답 ② |
|---|---|---|---|

소비승수가 $\frac{1}{1-c}=2$이기에 한계소비성향은 0.5이다.
총소득이 100에서 110으로 10만큼 증가했기에 민간소비는 $10\times0.5=5$만큼 증가했다.
따라서 민간소비는 80에서 5만큼 증가하여 85이다.

**출제POINT**

소비/투자/정부지출/수출승수는 $\frac{1}{1-c}$이다.

## 22 □□□

**$X$재와 $Y$재 두 가지 재화만을 소비하는 어떤 소비자의 효용함수는 $U(X, Y)=X+Y$이다. 이 소비자의 효용함수와 최적 소비량에 대한 다음 설명으로 옳은 것은? (단, $X$와 $Y$는 각각 $X$재와 $Y$재의 소비량을 의미하며 수평축에 $X$재의 수량을, 수직축에 $Y$재의 수량을 표시한다)**

① 효용함수의 한계대체율($MRS_{XY}$)을 정의할 수 없다.
② 만약 $\frac{P_X}{P_Y}<MRS_{XY}$라면, $Y$재만을 소비한다.
③ $MRS_{XY}=\frac{Y}{X}$이다.
④ 이 소비자의 효용함수는 선형함수와 비선형함수의 합으로 이루어져 있다.
⑤ 만약 $X$재의 가격이 $Y$재의 가격보다 낮다면, 소득이 증가해도 $X$재만을 소비한다.

| 22 | 미시 | 최적소비량 | 답 ⑤ |
|---|---|---|---|

$X$재의 가격이 $Y$재의 가격보다 낮다면, 예산선의 기울기 $\frac{P_X}{P_Y}(<1)$가 한계대체율($MRS_{XY}=1$)보다 작기에 $X$재만을 구입한다. 따라서 소득이 증가해도 $X$재만을 소비한다.

오답피하기

① 효용함수의 한계대체율($MRS_{XY}$)은 1이다.
② 만약 $\frac{P_X}{P_Y}<MRS_{XY}$라면, $X$재만을 소비한다.
③ $MRS_{XY}=\frac{MU_X}{MU_Y}=1$이다.
④ 이 소비자의 효용함수는 선형함수만 있다.

**출제POINT**

선형 효용함수 $U(X, Y)=X+Y$의 한계대체율 $MRS_{XY}=1$이다.

## 23 □□□

**시장형태에 따른 특징을 설명한 것으로 옳은 것만을 〈보기〉에서 모두 고르면?**

〈보기〉

ㄱ. 완전경쟁시장에서 각 개별 공급자가 직면하는 수요곡선은 서로 다르다.

ㄴ. 완전경쟁시장에서 새로운 기업이 진입할 경우 생산요소의 비용이 상승하면 장기 시장공급곡선은 우상향으로 나타난다.

ㄷ. 시장수요곡선이 우하향의 직선인 경우 독점기업은 수요의 가격탄력성이 비탄력적인 구간에서 생산한다.

ㄹ. 독점적 경쟁기업이 직면하는 수요곡선이 탄력적일수록 이윤이 커질 가능성이 높다. 따라서 독점적 경쟁기업은 비가격전략을 사용하여 제품을 차별화한다.

ㅁ. 자연독점의 경우 큰 고정비용으로 평균비용이 높기 때문에 정부가 한계비용가격설정을 하면 공급이 이루어지지 않을 수 있다.

① ㄱ, ㄴ
② ㄴ, ㄹ
③ ㄴ, ㅁ
④ ㄱ, ㄷ, ㅁ
⑤ ㄴ, ㄹ, ㅁ

## 24 □□□

**완전경쟁시장에서 $A$기업의 총비용함수는 $TC(q)=10,000+100q+10q^2$이고 현재 시장가격은 제품 단위당 900원일 때, 이 기업의 이윤극대화 수준에서 생산자잉여와 기업의 이윤으로 옳은 것은?**

| | 생산자잉여 | 기업의 이윤 |
|---|---|---|
| ① | 16,000 | 6,000 |
| ② | 16,000 | 12,000 |
| ③ | 24,000 | 6,000 |
| ④ | 24,000 | 12,000 |
| ⑤ | 32,000 | 6,000 |

**23 | 미시 | 시장 | 답 ③**

ㄴ. 완전경쟁산업의 장기 공급곡선은 비용불변산업 시 수평선이고, 비용증가산업 시 우상향이며, 비용감소산업 시 우하향이다.

ㅁ. 자연독점의 경우 정부가 한계비용가격설정을 하면 생산은 효율적이나 적자가 발생하기에 공급이 이루어지지 않을 수 있다.

(오답피하기)

ㄱ. 완전경쟁시장에서 각 개별 공급자가 직면하는 수요곡선은 수평선으로 같다.

ㄷ. 시장수요곡선이 우하향의 직선인 경우 독점기업은 수요의 가격탄력성이 탄력적인 구간에서 생산한다. 비탄력적인 구간에서 생산량을 늘리면 총수입이 감소한다.

ㄹ. 차별화된 제품을 공급하여 제품의 이질성이 커질수록 수요는 비탄력적이다. 독점적 경쟁기업이 직면하는 수요곡선이 비탄력적일수록 이윤이 커질 가능성이 높다. 따라서 독점적 경쟁기업은 비가격전략을 사용하여 제품을 차별화한다.

**출제POINT**

완전경쟁산업의 장기공급곡선은 비용증가산업 시 우상향이다.

**24 | 미시 | 생산자잉여와 이윤 | 답 ①**

완전경쟁시장의 이윤극대화인 $P=MC$에 따라 $P=900=MC=100+20q$에서 $q=40$이다.

이윤은 $\pi=TR-TC$에 따라 $(900\times40)-(10,000+100\times40+10\times40\times40)=6,000$이다.

생산자잉여는 $TR-TVC=(900\times40)-(100\times40+10\times40\times40)=16,000$이다.

**출제POINT**

생산자잉여는 총수입에서 총가변비용을 차감한 것이고, 이윤은 총수입에서 (총가변비용 + 총고정비용)을 차감한 것이다.

## 25 □□□

**다음 글에 따를 때 살충제 시장의 생산자가 외부효과를 고려하지 않았을 경우의 살충제 생산량과 사회적으로 바람직한 살충제 생산량으로 옳은 것은?**

> • 살충제 시장은 완전경쟁시장이다.
> • 살충제 생산은 환경오염을 초래한다.
> • 환경오염으로 인한 한계외부비용의 크기는 살충제 생산의 한계사적비용의 크기와 동일하다.
> • 살충제의 시장공급곡선은 $Q^s = \frac{2}{5}P$이고, 시장수요곡선은 $Q^d = 60 - \frac{2}{5}P$이다.

① 20, 10
② 20, 15
③ 30, 10
④ 30, 15
⑤ 30, 20

| 25 | 미시 | 외부효과 | 답 ⑤ |
|---|---|---|---|

살충제의 시장공급곡선 $Q^s = \frac{2}{5}P$에서 $PMC = 2.5Q$이고, 외부한계비용도 동일한 $2.5Q$이기에 $SMC = 2.5Q + 2.5Q = 5Q$이다.
시장수요곡선 $Q^d = 60 - \frac{2}{5}P$에서 $P = 150 - 2.5Q$이다.
외부효과를 고려하지 않았을 경우의 시장균형산출량은 $P = PMC$에 따라 $P = 150 - 2.5Q = PMC = 2.5Q$에서 $Q = 30$이다.
사회적으로 바람직한 사회적최적산출량은 $P = SMC$에 따라 $P = 150 - 2.5Q = SMC = 5Q$에서 $Q = 20$이다.

**출제POINT**
$P = SMC$에서 사회적최적산출량이 달성되고 $P = PMC$에서 시장균형산출량이 결정된다.

# 11회 2020년 국회직

## 01 □□□

**시장수요가 $Q=120-2P$이며 총비용이 $C=0.5Q^2+50$인 독점기업이 현재 규제에 의해 가격과 한계비용이 일치하도록 가격을 설정하고 있다. 로비에 의해 이런 규제를 없앨 수 있다고 할 때, 이 기업이 로비를 위해 지불할 용의가 있는 최대 금액으로 옳은 것은?**

① 50 ② 75
③ 100 ④ 125
⑤ 150

**01** 미시 독점규제 답 ③

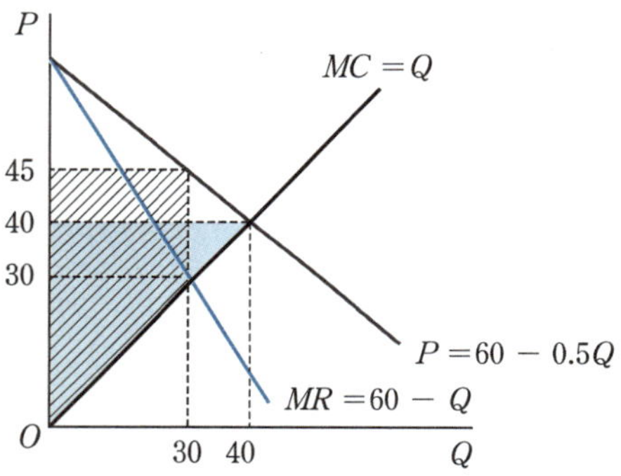


- 결국, 규제철폐를 위해 독점기업이 로비로 지불할 용의가 있는 최대 금액은 규제철폐 후 생산자 잉여(900)와 규제 시 생산자잉여(800) 간 차이인 100이다.
- 규제철폐 후 생산자잉여: 수요곡선 $P=60-0.5Q$에서 구한 한계수입곡선 $MR=60-Q$와 총비용곡선 $C=0.5Q^2+50$에서 구한 한계비용곡선 $MC=Q$가 만나는 점에서 이윤극대화 생산량 $Q=30$과 $P=45$를 구할 수 있다. 따라서 빗금친 면적으로 구한 생산자잉여는 $45\times30-30\times30\times0.5=900$이다.
- 규제 시 생산자잉여: 가격과 한계비용이 일치하도록 가격을 설정하면, $P=60-0.5Q$와 $MC=Q$가 만나는 점에서 생산량 $Q=40$과 $P=40$을 구할 수 있다. 따라서 색칠한 면적으로 구한 생산자잉여는 $40\times40\times0.5=800$이다.

**출제POINT**
규제철폐를 위해 독점기업이 로비로 지불할 용의가 있는 최대 금액은 규제철폐 후 생산자잉여와 규제 시 생산자잉여 간 차이로 구할 수 있다.

## 02 □□□

***IS*곡선에 대한 설명으로 〈보기〉에서 옳은 것만을 모두 고르면?**

〈보기〉
ㄱ. 한계소비성향이 클수록 *IS*곡선의 기울기가 커진다.
ㄴ. *IS*곡선 상방의 한 점은 생산물시장의 초과수요상태이다.
ㄷ. 투자의 이자율탄력성이 작을수록 재정정책의 효과가 작아진다.
ㄹ. 정부지출과 조세를 같은 규모만큼 증가시키면 *IS*곡선이 우측으로 이동한다.
ㅁ. 유발투자가 존재하면 *IS*곡선은 보다 완만한 형태로 도출된다.

① ㄱ, ㄴ ② ㄱ, ㄹ
③ ㄴ, ㄷ ④ ㄷ, ㅁ
⑤ ㄹ, ㅁ

**02** 거시 *IS*곡선 답 ⑤

ㄹ. 정부지출과 조세를 같은 규모만큼 증가시키면 정부지출증가분×균형재정승수만큼 *IS*곡선이 우측으로 이동한다.
ㅁ. 유발투자가 존재하면, 다시 투자가 증가하고 국민소득도 또다시 증가하기에 보다 완만한 *IS*곡선이 도출된다.

**오답피하기**
ㄱ. 한계소비성향이 클수록 소득증가가 크기에 *IS*곡선이 완만해진다.
ㄴ. *IS*곡선 상방의 한 점은 균형보다 이자율이 높기에 투자과소로 생산물시장의 초과공급상태이다.
ㄷ. 투자의 이자율탄력성이 작을수록 *IS*곡선이 가팔라지기에 재정정책의 효과가 커진다.

**출제POINT**
정부지출과 조세가 동액만큼 증가할 때의 승수를 균형재정승수라 하고, 정액세의 경우 1이지만, 비례세의 경우 1보다 작다.

## 03 □□□

**도덕적 해이에 관한 예시로 옳지 않은 것은?**

① 정부의 은행예금보험으로 인해 은행들이 위험한 대출을 더 많이 한다.
② 경영자가 자신의 위신을 높이기 위해 회사의 돈을 과도하게 지출한다.
③ 정부부처가 예산낭비가 심한 대형국제사업을 강행한다.
④ 정부가 신용불량자에 대한 구제책을 내놓자 채무자들이 빚을 갚지 않고 버틴다.
⑤ 은행이 대출이자율을 높이면 위험한 사업에 투자하려는 기업들이 자금 차입을 하는 경우가 늘어난다.

## 04 □□□

**위험선호자에 대한 설명으로 옳은 것만을 〈보기〉에서 모두 고르면?**

〈보기〉
ㄱ. 확실성등가가 복권의 기대수익 이상이다.
ㄴ. 효용함수가 원점에 대해 볼록하다.
ㄷ. 소득에 대한 한계효용이 체감한다.
ㄹ. 위험 프리미엄이 양수이다.

① ㄱ, ㄴ
② ㄱ, ㄷ
③ ㄴ, ㄷ
④ ㄴ, ㄹ
⑤ ㄷ, ㄹ

| 03 | 미시 | 도덕적 해이 | 답 ⑤ |
|---|---|---|---|

은행이 대출이자율을 높이면 안전한 사업에 투자하려는 기업들은 대출을 줄이고, 위험한 사업에 투자하려는 기업들이 자금 차입을 하는 경우가 늘어난다면 이는 역선택이다.

오답피하기
① 정부의 은행예금보험으로 인해 이를 믿고 은행들이 위험한 대출을 더 많이 한다면 이는 바람직하지 않은 행동으로 도덕적 해이이다.
② 경영자가 자신의 위신을 높이기 위해 회사의 돈을 과도하게 지출한다면 이는 바람직하지 않은 행동으로 도덕적 해이이다.
③ 정부부처가 예산낭비가 심한 대형국제사업을 강행한다면 이는 바람직하지 않은 행동으로 도덕적 해이이다.
④ 정부가 신용불량자에 대한 구제책을 내놓자 이를 믿고 채무자들이 빚을 갚지 않고 버틴다면 이는 바람직하지 않은 행동으로 도덕적 해이이다.

**출제POINT**
감춰진 행동으로 거래이후에 정보가 부족한 측이 볼 때 상대방이 바람직하지 않은 행동을 하는 현상을 도덕적 해이라 한다.

| 04 | 미시 | 기대효용이론 | 답 없음 |
|---|---|---|---|

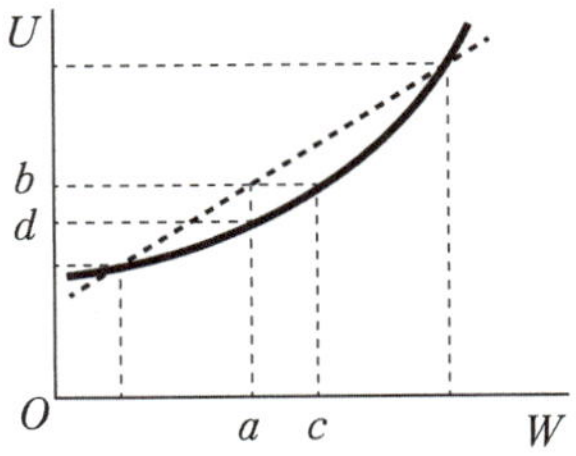


$a$는 기대치, $b$는 기대효용, $c$는 확실성등가, $d$는 기대치의 효용이다.
ㄱ. 위험선호자의 경우 확실성등가가 기대치보다 크기에, 확실성등가가 복권의 기대수익 이상이다.
ㄴ. 위험선호자의 경우 기대효용이 기대치의 효용보다 더 크기에 효용함수가 원점이 아니라 아래로 볼록하다.
ㄷ. 소득에 대한 한계효용은 접선기울기로 체증한다.
ㄹ. 위험선호자의 경우 확실성등가가 기대치보다 크기에 위험프리미엄은 $a-c$로 $(-)$이다.
따라서 ㄱ은 옳은 설명이고 ㄴ, ㄷ, ㄹ은 옳지 않은 설명이다.

**출제POINT**
불확실성이 내포된 자산을 동일 액수의 확실한 자산보다 더 선호하는 사람을 위험선호자라 한다.

## 05 □□□

**빵과 옷만을 소비하는 $A$씨의 선호체계는 완비성, 이행성, 연속성, 단조성을 모두 만족시킨다. $A$씨가 주어진 예산제약 아래 빵과 옷 두 재화만을 소비하여 효용을 극대화할 때 $A$씨의 빵과 옷의 소비에 대한 설명으로 옳은 것은?**

① $A$씨는 항상 빵과 옷을 모두 소비한다.
② $A$씨는 항상 자신의 예산을 모두 사용한다.
③ 예산제약 아래 $A$씨가 가장 선호하는 빵과 옷에 대한 소비량은 항상 유일하다.
④ 빵의 가격이 상승하면 $A$씨의 빵에 대한 소비량은 감소한다.
⑤ $A$씨의 소득이 증가할 때 $A$씨의 빵과 옷에 대한 소비량은 모두 증가한다.

| 05 | 미시 | 효용극대화 | 답 ② |
|---|---|---|---|

효용극대화는 항상 자신의 예산을 모두 사용한다는 전제하에 이루어진다.

오답피하기

① $A$씨는 빵이나 옷 중에서 하나만을 소비해도 효용극대화를 달성할 수 있다.
③ 예산제약 아래 무차별곡선의 형태가 바뀐다면 $A$씨가 가장 선호하는 빵과 옷에 대한 소비량은 변경될 수 있다.
④ $A$씨에게 빵이 기펜재라면, 빵의 가격이 상승할 때 $A$씨의 빵에 대한 소비량은 증가한다.
⑤ $A$씨에게 빵이나 옷 중에서 하나가 열등재라면, $A$씨의 소득이 증가할 때 열등재의 소비는 감소한다.

**출제POINT**

주어진 예산선 수준에서 총효용이 극대가 되는 것을 소비자균형이라 하고, 무차별곡선과 예산선이 접하는 점에서 한계효용균등의 법칙에 따라 달성된다.

## 06 □□□

**$A$사는 노동($L$)과 자본($K$)을 사용하여 자동차를 생산하고 있으며, $A$사의 생산기술은 $Q = K\sqrt{L}$로 주어져 있다. 단기에서 $A$사의 자본량은 $K = 4$로 고정되어 있고, 자동차의 가격 $p$는 0보다 크다. 노동의 가격은 $W = 2$로 주어져 있으며 자본의 가격은 $r = 1$로 주어져 있다. 〈보기〉에서 옳은 것만을 모두 고르면?**

〈보기〉

ㄱ. 단기에서 $A$사는 이윤극대화를 달성할 수 있다.
ㄴ. 단기에서 $A$사는 자동차의 가격이 너무 낮으면 생산을 하지 않을 것이다.
ㄷ. 장기에서 $A$사는 이윤극대화를 달성할 수 있다.

① ㄱ ② ㄴ
③ ㄱ, ㄴ ④ ㄱ, ㄷ
⑤ ㄱ, ㄴ, ㄷ

| 06 | 미시 | 이윤극대화 | 답 ① |
|---|---|---|---|

ㄱ. $Q=K\sqrt{L}$에서 $K=4$일 때 $MP_L = \frac{4}{2\sqrt{L}} = \frac{2}{\sqrt{L}}$이다. $W=2$이기에, $VMP_L(=P \cdot \frac{2}{\sqrt{L}}) = W(=2)$, $P = \sqrt{L} = \frac{Q}{4}$에서 $A$사는 단기 이윤극대화를 달성할 수 있다.

오답피하기

ㄴ. 자동차의 가격은 0보다 크기에, 단기에서 $A$사는 자동차의 가격이 너무 낮더라도 $P = \frac{Q}{4}$에서 생산을 할 것이다.
ㄷ. 단기에서 $A$사의 자본량은 $K=4$로 고정되어 있지만, 장기는 알 수 없기에 장기에서 $A$사가 이윤극대화를 달성할 수 있는지는 알 수 없다.

**출제POINT**

생산물시장과 생산요소시장이 모두 완전경쟁일 때, $VMP_L = W$에서 단기 이윤극대화가 달성된다.

## 07 □□□

**두 재화 $X$와 $Y$만을 소비하는 어느 소비자의 효용함수가 $U(X, Y)=2\sqrt{X}+Y$이다. $X$재와 $Y$재의 가격이 모두 1일 때, 이 소비자에 대한 설명으로 옳은 것만을 〈보기〉에서 모두 고르면?**

〈보기〉

ㄱ. 이 소비자에게 $X$재는 정상재이다.
ㄴ. 소득이 1보다 작으면 $Y$재만 소비한다.
ㄷ. 소득이 1보다 클 때 소득소비곡선은 직선이다.
ㄹ. 한계대체율이 $Y$재 소비량에 영향을 받지 않는다.

① ㄱ, ㄴ
② ㄱ, ㄷ
③ ㄴ, ㄷ
④ ㄴ, ㄹ
⑤ ㄷ, ㄹ

## 08 □□□

**통화정책에 대한 설명으로 옳은 것만을 〈보기〉에서 모두 고르면?**

〈보기〉

ㄱ. 재할인율을 높이면 시중의 통화량은 감소한다.
ㄴ. 시중은행의 법정지급준비율을 높이면 통화량은 감소한다.
ㄷ. 중앙은행이 공개시장에서 국채를 매입하면 통화량은 감소한다.
ㄹ. 중앙은행이 화폐를 추가로 발행하면 통화승수가 커진다.

① ㄱ, ㄴ
② ㄱ, ㄹ
③ ㄴ, ㄷ
④ ㄴ, ㄹ
⑤ ㄷ, ㄹ

### 07 미시 효용함수 답 ⑤

- 효용함수 $U(X, Y)=2\sqrt{X}+Y$에서 무차별곡선은 $Y=-2\sqrt{X}+\overline{U}$이다.
- $X$재와 $Y$재의 가격이 모두 1일 때, 예산선은 $X+Y=M$이다.
- 효용극대화는 무차별곡선의 접선의 기울기인 $MRS_{XY}=\frac{MU_X}{MU_Y}=\frac{\frac{1}{\sqrt{X}}}{1}=\frac{1}{\sqrt{X}}$과 예산선의 기울기인 $\frac{P_X}{P_Y}=\frac{1}{1}=1$이 일치할 때, 즉, $X=1$에서 달성된다.

ㄷ. 소득이 1보다 클 때 소득소비곡선은 $X=1$로 직선이다.
ㄹ. 한계대체율이 $MRS_{XY}=\frac{1}{\sqrt{X}}$이기에 $Y$재 소비량에 영향을 받지 않는다.

**오답피하기**

ㄱ. $X=1$이기에 $X=1\cdot M^0\cdot P^0$이다. 따라서 소득탄력도가 0으로 이 소비자에게 $X$재는 정상재도 열등재도 아니다.
ㄴ. $X=1$에서 효용극대화를 달성하기에 $X$재의 가격이 1일 때 소득은 1보다 작을 수 없다. 만약 소득이 1보다 작으면 $X$만 1보다 적게 구입할 것이기에 소득소비곡선은 수평선이다.

**출제POINT**
무차별곡선과 예산선이 접하는 점에서 효용극대화가 달성된다.

### 08 거시 통화정책 답 ①

ㄱ. 재할인율을 높이면 시중은행의 중앙은행으로부터의 차입이 줄어 시중의 통화량은 감소한다.
ㄴ. 시중은행의 법정지급준비율을 높이면 시중은행의 대출이 줄어 통화량은 감소한다.

**오답피하기**

ㄷ. 중앙은행이 공개시장에서 국채를 매입하면 본원통화의 공급으로 통화량은 증가한다.
ㄹ. 중앙은행이 화폐를 추가로 발행해도 통화승수와는 직접적 관련이 없다.

**출제POINT**
중앙은행이 국채를 매입하면 통화량은 증가하고, 국채를 매각하면 통화량은 감소한다.

## 09 □□□

**소비이론에 대한 설명으로 옳은 것만을 〈보기〉에서 모두 고르면?**

〈보기〉

ㄱ. 케인즈(J. M. Keynes)의 절대소득가설은 사람들의 장기소비 행태를 설명할 수 있다.
ㄴ. 프리드만(M. Friedman)의 항상소득가설에 따르면 임시소득의 비중이 높을수록 평균소비성향이 감소한다.
ㄷ. 안도(A. Ando)와 모딜리아니(F. Modigliani)의 생애주기가설에 따르면 사람들의 평균소비성향은 유·소년기와 노년기에는 높고 청·장년기에는 낮다.

① ㄱ ② ㄱ, ㄴ
③ ㄱ, ㄷ ④ ㄴ, ㄷ
⑤ ㄱ, ㄴ, ㄷ

## 10 □□□

**$A$국의 $GDP$에 포함되는 사항만을 〈보기〉에서 모두 고르면?**

〈보기〉

ㄱ. $B$국 국적자인 김씨가 $A$국 방송에 출연하여 받은 금액
ㄴ. $A$국에서 생산된 자동차에 들어갈 부품을 납품한 뒤 받은 대가
ㄷ. $A$국의 중고차 딜러가 서비스를 제공한 뒤 받은 대가
ㄹ. $A$국 소재 주택에서 발생한 임대료
(단, ㄱ~ㄹ은 모두 $A$국 내에서 발생하였다)

① ㄱ, ㄴ ② ㄴ, ㄷ
③ ㄱ, ㄷ, ㄹ ④ ㄴ, ㄷ, ㄹ
⑤ ㄱ, ㄴ, ㄷ, ㄹ

**09** 거시 소비이론 답 ④

ㄴ. 프리드만(M. Friedman)의 항상소득가설에 따르면, 소비는 항상소득의 일정비율이기에, 평균소비성향 $APC=\frac{C}{Y}=\frac{kY_P}{Y_P+Y_T}$($C$: 소비, $Y$: 소득, $k$: 상수, $Y_P$: 항상소득, $Y_T$: 임시소득)에서 임시소득의 비중이 높을수록 평균소비성향은 감소한다.
ㄷ. 안도(A. Ando)와 모딜리아니(F. Modigliani)의 생애주기가설에 따르면 사람들의 평균소비성향은 유소년기와 노년기에는 소득보다 소비가 크기에 1보다 높고, 청장년기에는 소득보다 소비가 작기에 1보다 낮다.

(오답피하기)

ㄱ. 케인즈(J. M. Keynes)의 절대소득가설은 사람들의 단기소비 행태를 설명할 수 있으나 장기소비 행태를 설명하는 데는 한계가 있다.

**출제POINT**

소비는 항상소득의 일정비율이라는 것이 프리드만(M. Friedman)의 항상소득가설이다.

**10** 거시 $GDP$ 답 ③

ㄱ. $B$국 국적자인 김씨가 $A$국 방송에 출연하여 받은 금액은 $A$국에서 생산된 것으로 $A$국의 $GDP$에 포함된다.
ㄷ. $A$국의 중고차 딜러가 서비스를 제공한 뒤 받은 대가는 새로이 생산된 서비스 제공대가로 $GDP$에 포함된다.
ㄹ. $A$국 소재 주택에서 발생한 임대료는 임대서비스 제공대가로 $GDP$에 포함된다.

(오답피하기)

ㄴ. $A$국에서 생산된 자동차에 들어갈 부품을 납품한 뒤 받은 대가는 최종생산물이 아니기에 $GDP$에 포함되지 않는다.

**출제POINT**

$GDP$는 '한 나라 안에서' 생산된 것으로 해외에서 생산된 것은 포함되지 않고, '일정기간 새로이 생산된' 것으로 중고품이나 재고품 판매는 포함되지 않으며, '모든 최종생산물의 시장가치'로 원재료나 반제품은 포함되지 않는다.

## 11 □□□

**우리나라의 물가수준을 $P$(원)이라 하고 미국의 물가수준을 $P^f$(달러)라 하자. 또한, 우리나라의 실질이자율을 $r$이라 하고 미국의 실질이자율을 $r^f$라 하자. 우리나라와 미국 사이의 환율결정과 관련된 논의들 중 옳은 것만을 〈보기〉에서 모두 고르면? (단, 여기서 환율은 원/달러 환율을 의미한다)**

〈보기〉

ㄱ. 구매력평가설에 따르면 환율은 $e = P/P^f$로 결정된다.
ㄴ. 구매력평가설에 따르면 국내 물가상승률이 미국의 물가상승률보다 클 경우 환율은 하락한다.
ㄷ. 이자율평가설에 따르면 $r < r^f$일 경우 다른 조건이 일정할 때 미래환율은 상승할 것으로 예상된다.
ㄹ. 이자율평가설에 따르면 $r$이 상승하면 다른 조건이 일정할 때 미래환율은 상승할 것으로 예상된다.

① ㄱ, ㄷ
② ㄱ, ㄹ
③ ㄴ, ㄷ
④ ㄴ, ㄹ
⑤ ㄴ, ㄷ, ㄹ

## 12 □□□

**〈보기〉에서 원화의 가치가 하락하는 경우는 모두 몇 개인가? (단, 우리나라는 변동환율제도를 채택하고 있다고 가정한다)**

〈보기〉

ㄱ. 우리나라 기업들의 해외공장 설립이 늘어날 때
ㄴ. 우리나라에서 확장적인 통화정책이 시행될 때
ㄷ. 국내 항공사들의 미국산 항공기에 대한 수요가 증가할 때
ㄹ. 국내 물가수준이 상승할 때
ㅁ. 해외 투자의 예상 수익률이 상승할 때

① 1개
② 2개
③ 3개
④ 4개
⑤ 5개

**11** 국제 **환율** 답 ②

ㄱ. 구매력평가설에 따르면 환율은 양국의 물가수준의 비율, 즉, $e = P/P^f$로 결정된다.
ㄹ. 무위험이자율평가설에 따르면, 현재환율$(1+r)$ =선도환율$(1+r^f)$에서, $r$이 상승하면 다른 조건이 일정할 때 미래환율, 즉 선도환율은 상승할 것으로 예상된다.

**오답피하기**

ㄴ. 구매력평가설에 따르면, '환율상승률=국내물가상승률−해외물가상승률'에서, 국내 물가상승률이 미국의 물가상승률보다 클 경우 환율은 상승한다.
ㄷ. 유위험이자율평가설에 따르면, '환율변화율=국내이자율−해외이자율'에서, $r < r^f$일 경우 다른 조건이 일정할 때 환율변화율이 (−)로 미래환율은 하락할 것으로 예상된다.

**출제POINT**

일물일가의 법칙을 전제로, 양국의 구매력인 화폐가치가 같도록 환율이 결정되어야 한다는 이론이 구매력평가설로, $P = e \cdot P^f$이다.

**12** 국제 **환율** 답 ⑤

ㄱ. 우리나라 기업들의 해외공장 설립이 늘어나면 외화수요가 증가한다.
ㄴ. 우리나라에서 확장적인 통화정책이 시행되면 이자율이 하락하여 외자유출이 증가함으로써 외화수요가 증가한다.
ㄷ. 국내 항공사들의 미국산 항공기에 대한 수요가 증가하면 외화수요가 증가한다.
ㄹ. 국내 물가수준이 상승하면 수입증가로 외화수요가 증가한다.
ㅁ. 해외 투자의 예상 수익률이 상승하면 외자유출이 증가함으로써 외화수요가 증가한다.

**출제POINT**

외화수요가 증가하거나 외화공급이 감소할 때 환율이 상승하여 원화가치가 하락한다.

## 13 □□□

**두 재화 $X$와 $Y$만을 소비하는 사람이 있다. 기준연도 $t=0$에서의 가격은 $P^0=(P_X^0,\ P_Y^0)=(12,\ 25)$이고 소비는 $(X^0,\ Y^0)=(20,\ 10)$이었다. 비교연도 $t=1$에서의 가격은 $P^1=(P_X^1,\ P_Y^1)=(15,\ 15)$이고 소비는 $(X^1,\ Y^1)=(15,\ 12)$이었다면 이 사람의 후생은 어떻게 평가할 수 있는가?**

① 비합리적인 소비행동을 보여주고 있다.
② 비교연도에 비해 기준연도의 후생수준이 높았다.
③ 기준연도에 비해 비교연도의 후생수준이 높았다.
④ 기준연도와 비교연도의 후생수준을 비교할 수 없다.
⑤ 기준연도와 비교연도의 후생수준에는 아무런 차이가 없다.

## 14 □□□

**100명이 편익을 얻는 공공재가 있다. 100명 중 40명의 공공재에 대한 수요함수는 $Q=50-\frac{1}{3}P$로 표현되고 나머지 60명의 공공재에 대한 수요함수는 $Q=100-\frac{1}{2}P$로 표현된다. 공공재의 생산비용이 $C=3{,}000Q+1{,}000$일 때, 사회적으로 바람직한 이 공공재의 생산량은?**

① 55
② 57.5
③ 60
④ 62.5
⑤ 65

| 13 | 미시 | 후생수준평가 | 답 ② |
|---|---|---|---|

- 기준연도 $P_X=12,\ P_Y=25$일 때 비교연도 선택점($X=15,\ Y=12$)은 480의 소득이 필요하다. 따라서 비교연도 선택점은 최초에도 구입 가능하다.
- 비교연도 $P_X=15,\ P_Y=15$일 때 최초 선택점 ($X=20,\ Y=10$)은 450의 소득이 필요하다. 따라서 최초 선택점은 비교연도에 구입불가능하다.
- 결국, 소비조합 ($X=20,\ Y=10$)은 소비조합 ($X=15,\ Y=12$)보다 현시선호되었다.
- 따라서 비교연도에 비해 기준연도의 후생수준이 높았다.

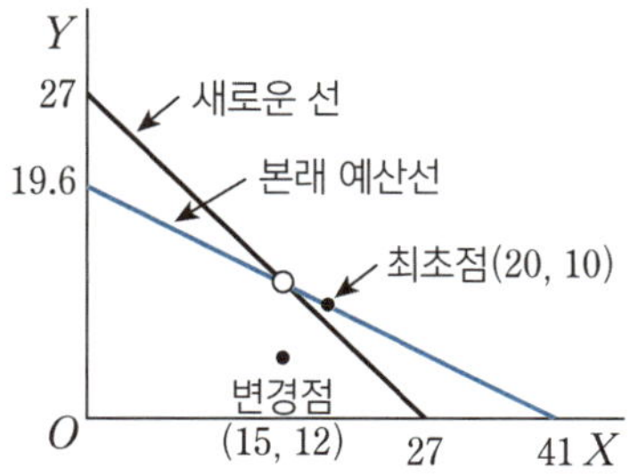


**출제POINT**

기준연도에서 $P_X=12,\ P_Y=25$일 때 ($X=20,\ Y=10$)을 선택하였기에 소득은 490으로 $X$재 최대구입량은 대략 41이고 $Y$재 최대구입량은 19.6이다. 비교연도에서 $P_X=15,\ P_Y=15$일 때 ($X=15,\ Y=12$)를 구입하였기에 소득은 405로 $X$재 최대구입량과 $Y$재 최대구입량은 모두 27이다.

| 14 | 미시 | 공공재 | 답 없음 |
|---|---|---|---|

공공재의 시장수요곡선은 개별수요곡선을 수직으로 합하여 도출한다.

- 100명 중 40명의 공공재에 대한 수요함수는 $Q=50-\frac{1}{3}P$로 $P=150-3Q$이다. 이를 수직합으로 구하면 $P=150-3Q$를 40배하여 $P=6{,}000-120Q$이다.
- 100명 중 60명의 공공재에 대한 수요함수는 $Q=100-\frac{1}{2}P$로 $P=200-2Q$이다. 이를 수직합으로 구하면 $P=200-2Q$를 60배하여 $P=12{,}000-120Q$이다.
- 40명의 시장수요곡선 $P=6{,}000-120Q$의 Q절편 50을 60명의 시장수요곡선 $P=12{,}000-120Q$에 대입하여 꺾이는 점을 구하면 꺾이는 점은 $P=6{,}000$이기에, 한계비용 3,000보다 높아, $Q=50-\frac{1}{3}P$의 개별수요곡선을 가진 40명의 소비자들은 시장에서 이탈하게 된다.
- 결국, 시장에는 $Q=100-\frac{1}{2}P$의 개별수요곡선을 가진 60명의 소비자들만이 남기에 공공재의 적정공급조건은 $Q=100-\frac{1}{2}P$를 수직합으로 구한 시장수요곡선 $P=12{,}000-120Q$과 한계비용 3,000이 만나는 $Q=75$이다.

**출제POINT**

개별수요곡선을 수직으로 합하여 도출하는 공공재의 시장수요곡선 하에서 소비자들은 동일한 양을 서로 다른 편익으로 소비한다.

## 15 □□□

**다음 식으로 나타낼 수 있는 경제를 가정할 경우, 개인저축과 균형이자율은?**

| | |
|---|---|
| $Y=C+I+G$ | $Y=5{,}000$ |
| $T=800$ | $G=1{,}200$ |
| $C=250+0.75(Y-T)$ | $I=1{,}100-50r$ |

($Y$: 국민소득, $G$: 정부지출, $T$: 세금, $C$: 소비, $I$: 투자, $r$: 이자율)

| | 개인저축 | 균형이자율 |
|---|---|---|
| ① | 600 | 6 |
| ② | 600 | 14 |
| ③ | 800 | 6 |
| ④ | 800 | 14 |
| ⑤ | 800 | 20 |

## 16 □□□

**$X$재 시장에 두 소비자 $A$와 $B$만이 존재한다. 두 소비자 $A$와 $B$의 수요곡선이 각각 〈보기〉와 같고 $X$재의 가격이 $P=2$일 때, $X$재에 대한 시장수요의 가격탄력성은?**

〈보기〉

$P=5-\frac{1}{2}Q_A$ (단, $Q_A$는 소비자 $A$의 수요량)

$P=15-\frac{1}{3}Q_B$ (단, $Q_B$는 소비자 $B$의 수요량)

① $\frac{25}{144}$　② $\frac{1}{5}$　③ $\frac{2}{9}$　④ $\frac{1}{4}$　⑤ $\frac{1}{2}$

**15** 거시 **균형이자율** 답 ④

- $Y=C+I+G=250+0.75(Y-T)+1{,}100-50r+1{,}200$에서, $Y=5{,}000$, $T=800$이기에 $r=14$이다.
- 개인저축은 $Y-T-C=5{,}000-800-[250+0.75(5{,}000-800)]=800$이다.

**출제POINT**

총수요($C+I+G$)와 총공급($Y$)이 일치할 때 균형국민소득이 결정된다.

**16** 미시 **수요의 가격탄력성** 답 ③

- 개별수요곡선을 수평으로 합하여 도출하는 사용재의 시장수요곡선하에서 소비자들은 동일한 가격으로 서로 다른 양을 소비한다.
- 소비자 $A$의 수요함수 $P=5-\frac{1}{2}Q_A$, 즉 $Q_A=10-2P$와 소비자 $B$의 수요함수 $P=15-\frac{1}{3}Q_B$, 즉 $Q_B=45-3P$를 수평합으로 구하면, 시장수요곡선은 $Q=55-5P$이다.
- 시장수요곡선 $Q=55-5P$에서 $P=2$일 때 $Q=45$이고, $\frac{\Delta Q}{\Delta P}=-5$로, 시장수요의 가격탄력성은 $-\frac{\Delta Q}{\Delta P}\times\frac{P}{Q}=-(-5)\times\frac{2}{45}=\frac{2}{9}$이다.

**출제POINT**

수요의 가격탄력성은 $-\frac{\Delta Q}{\Delta P}\times\frac{P}{Q}$이다.

## 17 □□□

**정상재에 대한 설명으로 옳은 것만을 〈보기〉에서 모두 고르면?**

〈보기〉

ㄱ. 소득과 소비량 간에 정(+)의 관계가 존재한다.
ㄴ. 가격 상승 시 대체효과는 소비량을 증가시킨다.
ㄷ. 가격 하락 시 소득효과는 소비량을 증가시킨다.
ㄹ. 가격 변화 시 소득효과와 대체효과가 반대 방향으로 작용한다.

① ㄱ, ㄴ
② ㄱ, ㄷ
③ ㄴ, ㄷ
④ ㄱ, ㄴ, ㄹ
⑤ ㄱ, ㄷ, ㄹ

## 18 □□□

**물가수준이 하락할 때의 설명으로 옳은 것만을 〈보기〉에서 모두 고르면?**

〈보기〉

ㄱ. *IS*−*LM*모형에서 실질화폐공급이 증가하여 실질이자율이 하락하고 투자가 증가한다.
ㄴ. 실질환율이 하락하여 순수출이 감소한다.
ㄷ. 가계의 실질자산가치가 상승하여 소비가 증가한다.

① ㄱ
② ㄴ
③ ㄱ, ㄷ
④ ㄴ, ㄷ
⑤ ㄱ, ㄴ, ㄷ

**17** 미시 **정상재** 답 ②

ㄱ. 정상재의 소득탄력성은 (+)이기에, 소득과 소비량 간에 정(+)의 관계가 존재한다.
ㄷ. 정상재의 소득효과는 (−)이기에, 가격 하락 시 실질소득의 증가로 소득효과는 소비량을 증가시킨다.

(오답피하기)

ㄴ. 정상재의 대체효과는 (−)이기에, 가격 상승 시 상대가격의 상승으로 대체효과는 소비량을 감소시킨다.
ㄹ. 정상재의 소득효과는 (−)이고, 대체효과는 (−)이기에, 가격 변화 시 소득효과와 대체효과가 같은 방향으로 작용한다.

**출제POINT**

소득이 1% 변화할 때 수요량 변화율(%)이 소득탄력성으로, (+)일 때 정상재, (−)일 때 열등재이다.

**18** 거시 **물가수준의 하락** 답 ③

ㄱ. 물가수준이 하락하면, *IS*−*LM*모형에서 실질화폐공급이 증가하여 *LM*곡선이 우측으로 이동함으로써 실질이자율이 하락하고 투자가 증가한다.
ㄷ. 물가수준이 하락하면, 가계의 실질자산가치가 상승하여 소비가 증가한다.

(오답피하기)

ㄴ. 물가수준이 하락하면, $\epsilon = \frac{e \times P_f}{P}$에서 실질환율이 상승하여 순수출이 증가한다.

**출제POINT**

실질환율은 $\epsilon = \frac{e \times P_f}{P}$($\epsilon$: 실질환율, $e$: 명목환율, $P_f$: 해외물가, $P$: 국내물가)이다.

## 19 □□□

**가격수용자인 기업의 단기평균비용곡선이 $AC(Q) = \frac{300}{Q} + 12 + 3Q$이다. 다음 〈보기〉의 설명 중 옳은 것만을 모두 고르면? (단, $Q$는 생산량이다)**

〈보기〉

ㄱ. 생산물의 가격이 132인 경우 이 기업의 이윤은 450이다.
ㄴ. 생산물의 가격이 132에서 66으로 하락하는 경우 이 기업은 계속하여 제품을 생산하는 것이 유리하다.
ㄷ. 생산물의 가격이 12 이하인 경우 이 기업은 조업을 중단한다.

① ㄱ　② ㄴ
③ ㄱ, ㄷ　④ ㄴ, ㄷ
⑤ ㄱ, ㄴ, ㄷ

## 20 □□□

**아래의 그래프는 사탕수수의 생산을 장려하기 위해 생산자에게 보조금을 $S$만큼 지급하기 전($S_1$)과 후($S_2$)의 수요공급 곡선이다. 〈보기〉에서 이에 대한 설명으로 옳은 것만을 모두 고르면?**

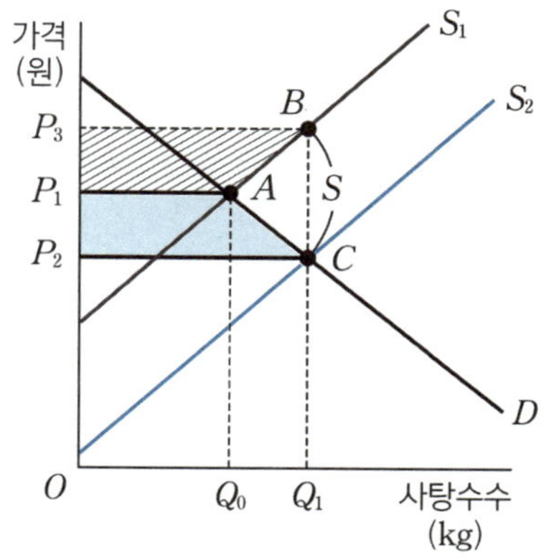


〈보기〉

ㄱ. 소비자잉여의 증가분은 $\square P_1ABP_3$이다.
ㄴ. 생산자잉여의 증가분은 $\square P_1ABP_3$이다.
ㄷ. 이 보조금을 지불하기 위해 필요한 세금의 양은 $\square P_2CBP_3$이다.
ㄹ. 이 보조금 정책의 시행으로 사회적 후생이 증가했다.

① ㄱ, ㄴ　② ㄴ, ㄷ
③ ㄱ, ㄷ, ㄹ　④ ㄴ, ㄷ, ㄹ
⑤ ㄱ, ㄴ, ㄷ, ㄹ

### 19 거시 물가수준의 하락 답 ④

- 단기평균비용곡선 $AC(Q) = \frac{300}{Q} + 12 + 3Q$에서 $TC(Q) = 300 + 12Q + 3Q^2$ 이다. 따라서 $MC = 12 + 6Q$이다.
- $TC(Q) = 300 + 12Q + 3Q^2$ 에서 $AC(Q) = \frac{300}{Q} + 12 + 3Q$이고, $AVC(Q) = 12 + 3Q$이다.
- $AC$최소점은 $AC$를 미분하여 $0\left(-\frac{300}{Q^2} + 3 = 0\right)$일 때 생산량인 10을 대입하여 72이다.
- $AVC$최소점은 $AVC = 12 + 3Q$에서 생산량이 0일 때 12이다.

ㄴ. 생산물의 가격이 132에서 66으로 하락하는 경우 $AVC$최소점, 즉 조업중단점이 12이기에 이 기업은 계속하여 제품을 생산하는 것이 유리하다.
ㄷ. $AVC$최소점, 즉 조업중단점이 12로 생산물의 가격이 12 이하인 경우 이 기업은 조업을 중단한다.

**오답피하기**

ㄱ. 이윤은 총수입($TR$)−총비용($TC$)이다. 생산물의 가격이 132인 경우, $P = MC$에 따라 $132 = 12 + 6Q$에서 $Q = 20$이다. 따라서 이윤은 $TR - TC = 132 \times Q - (300 + 12Q + 3Q^2)$에서 $Q = 20$일 때, 900이다.

**출제POINT**

가격수용자이기에 $P = MC$에서 이윤극대화를 추구한다.

### 20 미시 보조금 답 ②

ㄴ. 생산자에게 보조금을 지급한 이후 생산자실제수취가격 $P_3$와 거래량 $Q_1$에서 생산자잉여의 증가분은 $\square P_1ABP_3$이다.
ㄷ. 이 보조금을 지불하기 위해 필요한 세금의 양은 단위당 보조금 S와 생산자에게 보조금을 지급한 이후 거래량 $Q_1$의 곱인 $\square P_2CBP_3$이다.

**오답피하기**

ㄱ. 생산자에게 보조금을 지급한 이후 소비자실제지불가격 $P_2$와 거래량 $Q_1$에서 소비자잉여의 증가분은 $\square P_1ACP_2$이다.
ㄹ. 이 보조금 정책의 시행으로 필요한 세금의 양은 $\square P_2CBP_3$이지만, 생산자 잉여의 증가분은 $\square P_1ABP_3$이고 소비자잉여의 증가분은 $\square P_1ACP_2$로 양자의 증가분은 $\square P_2CABP_3P_1$이다. 따라서 필요한 세금보다 잉여 증가분의 합이 적기에 사회적 후생은 감소했다.

**출제POINT**

보조금 지급 시 사회적후생은 감소한다.

## 21 □□□

**균형국민소득과 균형물가에 대한 설명들 중 〈보기〉에서 옳은 것만을 모두 고르면?**

〈보기〉

ㄱ. 균형국민소득이 완전고용국민소득보다 더 크면 인플레이션갭이 존재한다.
ㄴ. 인플레이션갭이 존재하는 경우 장기균형으로 수렴하는 과정에서 물가가 상승한다.
ㄷ. 경기침체갭이 존재하면 장기 조정과정에서 임금이 하락한다.
ㄹ. 발생한 경기침체갭이 해소되는 과정에서 총공급이 감소한다.

① ㄱ, ㄴ, ㄷ　② ㄱ, ㄴ, ㄹ
③ ㄱ, ㄷ, ㄹ　④ ㄴ, ㄷ, ㄹ
⑤ ㄱ, ㄴ, ㄷ, ㄹ

## 22 □□□

**다음 중 솔로우(R. Solow)의 경제성장모형에 대한 설명으로 옳지 않은 것은?**

① 인구증가율이 상승하면 1인당 자본축적량이 감소한다.
② 기술진보는 균제상태에서의 경제성장률을 증가시킨다.
③ 저축률이 증가하면 균제상태에서의 1인당 소비가 감소한다.
④ 저축률이 증가하면 균제상태에서의 1인당 자본축적량이 상승한다.
⑤ 인구증가율이 상승하면 균제상태에서의 1인당 소득증가율은 변화하지 않는다.

**21** 거시 **균형국민소득** 답 ①

ㄱ. 균형국민소득이 완전고용국민소득보다 더 크면 경기과열로 인플레이션갭이 존재한다.
ㄴ. 인플레이션갭이 존재하는 경우 노동공급부족으로 임금이 상승하여 총공급이 감소함으로써 장기균형으로 수렴하는 과정에서 물가가 상승한다.
ㄷ. 균형국민소득이 완전고용국민소득보다 더 작으면 경기침체갭이 존재하여 실업이 발생하고 장기 조정과정에서 임금이 하락한다.

(오답피하기)

ㄹ. 경기침체갭이 존재하여 실업이 발생하여 임금이 하락하면, 발생한 경기침체갭이 해소되는 과정에서 총공급이 증가한다.

**출제POINT**

인플레이션갭이 존재하는 경우 임금이 상승하고, 경기침체갭이 존재하는 경우 임금이 하락한다.

**22** 거시 **솔로우성장모형** 답 ③

황금률 이전의 균제상태에서 저축률이 증가하면 균제상태에서의 1인당 소비가 증가한다.

(오답피하기)

① 인구증가율이 상승하면 1인당 필요투자액이 증가하여 1인당 자본축적량이 감소한다.
② 지속적 기술진보 시 균제상태에서의 경제성장률은 인구증가율+기술진보율이기에, 기술진보는 균제상태에서의 경제성장률을 증가시킨다.
④ 저축률이 증가하면 1인당 실제투자액이 증가하여 균제상태에서의 1인당 자본축적량이 상승한다.
⑤ 지속적 기술진보 시 균제상태에서의 1인당 경제성장률은 기술진보율이기에, 인구증가율이 상승해도 균제상태에서의 1인당 소득증가율, 즉 1인당 경제성장률은 변화하지 않는다.

**출제POINT**

지속적 기술진보 시 균제상태에서의 경제성장률은 인구증가율+기술진보율이고, 1인당 경제성장률은 기술진보율이다.

## 23 □□□

**어떤 나라의 국민소득을 $Y$라 할 때, 이 나라의 경제는 다음과 같이 표현된다고 한다.**

| | |
|---|---|
| $Y = C + I + G + EX - IM$ | $C = 120 + 0.8Y_d$ |
| $T = 100 + 0.25Y$ | $TR = 200$ |
| $I = 80 + 0.2Y$ | $G = 120$ |
| $EX = 160$ | $IM = 60 + 0.2Y$ |

($Y$: 소득, $Y_d$: 가처분소득, $C$: 소비, $T$: 조세, $I$: 투자, $G$: 정부지출, $TR$: 정부이전지출, $EX$: 수출, $IM$: 수입)

**이 나라의 정부는 정부이전지출을 50만큼 증가시키고 이에 대한 재원 마련을 위해 정부지출을 50만큼 감소시키기로 했다. 이러한 정책의 장기적 효과로 옳은 것만을 〈보기〉에서 모두 고르면?**

〈보기〉

ㄱ. 국민소득이 변화하지 않는다.
ㄴ. 가처분소득이 감소한다.
ㄷ. 소비가 감소한다.
ㄹ. 정부의 조세수입이 증가한다.
ㅁ. 순수출이 감소한다.

① ㄱ
② ㄴ, ㄷ
③ ㄹ, ㅁ
④ ㄱ, ㄴ, ㄷ
⑤ ㄱ, ㄹ, ㅁ

**23** 거시 | 승수 | 답 ②

- 이전지출승수

: $\frac{c}{1-c(1-t)-i+m} = \frac{0.8}{1-0.8(1-0.25)-0.2+0.2} = 2$

- 정부지출승수

: $\frac{1}{1-c(1-t)-i+m} = \frac{1}{1-0.8(1-0.25)-0.2+0.2} = 2.5$

- 정부이전지출을 50만큼 증가시키면 이전지출승수인 2배만큼 증가하여 국민소득은 100만큼 증가한다. 정부지출을 50만큼 감소시키면 정부지출승수인 2.5배만큼 감소하여 국민소득은 125만큼 감소하여 전체적으로 국민소득은 25만큼 감소한다.

ㄴ. 가처분소득은 $Y - T = Y - (100 + 0.25Y) = 0.75Y - 100$이다. 국민소득이 감소하기에 가처분소득도 감소한다.

ㄷ. 소비는 $C = 120 + 0.8Y_d$이기에 가처분소득의 감소로 소비도 감소한다.

**오답피하기**

ㄱ. 전체적으로 국민소득은 25만큼 감소한다.

ㄹ. 정부의 조세수입은 $T = 100 + 0.25Y$로 국민소득이 감소하기에 정부의 조세수입도 감소한다.

ㅁ. 순수출은 $X - M = 160 - (60 + 0.2Y) = 100 - 0.2Y$이다. 국민소득이 감소하기에 순수출은 증가한다.

**출제POINT**

정부지출승수는 $\frac{1}{1-c(1-t)-i+m}$이고, 이전지출승수는 $\frac{c}{1-c(1-t)-i+m}$이다.

## 24 □□□

**A국과 B국의 주민들은 다음과 같이 노동을 통해 쌀과 옷을 생산하여 생활한다.**

- A국의 주민들은 쌀 1kg의 생산에 2시간의 노동을 투입하며 옷 1벌의 생산에 3시간의 노동을 투입한다.
- B국의 주민들은 쌀 1kg의 생산에 3시간의 노동을 투입하며 옷 1벌의 생산에 4시간의 노동을 투입한다.
- A국의 주민들은 주어진 기간 동안 1,400시간의 노동을 할 수 있으며, B국의 주민들은 주어진 기간 동안 1,200시간의 노동을 할 수 있다.

**이러한 상황에서 A국과 B국 사이에 무역이 이루어지는 경우 〈보기〉에서 옳은 것만을 모두 고르면? (단, A국과 B국 간 거래비용은 존재하지 않는다)**

〈보기〉

ㄱ. 무역이 이루어지기 전에 A국의 쌀 1kg은 옷 2/3벌과 교환된다.
ㄴ. 무역이 이루어지기 전에 B국의 옷 1벌은 쌀 3/4kg과 교환된다.
ㄷ. 두 국가 사이에 무역이 이루어지면 A국이 생산하는 쌀의 양은 700kg이다.
ㄹ. 두 국가 사이에 무역이 이루어지면 쌀 1kg은 최대 옷 2/3벌과 교환될 수 있다.

① ㄱ, ㄷ
② ㄴ, ㄹ
③ ㄱ, ㄷ, ㄹ
④ ㄴ, ㄷ, ㄹ
⑤ ㄱ, ㄴ, ㄷ, ㄹ

**24** 국제 무역 답 ①

| 노동투입량 | A국 | B국 |
|---|---|---|
| 쌀 | 2시간 | 3시간 |
| 옷 | 3시간 | 4시간 |
| 기회비용 | A국 | B국 |
| 쌀 | 옷 2/3벌 | 옷 3/4벌 |
| 옷 | 쌀 3/2kg | 쌀 4/3kg |

쌀 1단위 생산 기회비용이 A국(옷 2/3단위)이 B국(옷 3/4단위)보다 작기에 A국은 쌀 생산에 비교우위가 있다. 옷 1단위 생산 기회비용이 B국(쌀 4/3단위)이 A국(쌀 3/2단위)보다 작기에 B국은 옷 생산에 비교우위가 있다.

ㄱ. 무역이 이루어지기 전에 A국은 시간당 쌀 1/2kg을 생산하고, 옷 1/3벌을 생산가능하다. 따라서 쌀 1kg은 옷 2/3벌과 교환된다.
ㄷ. 두 국가 사이에 무역이 이루어지면 A국은 쌀 생산에 비교우위가 있기에, 시간당 쌀 1/2kg을 생산하는 A국은 1,400시간의 노동을 통해 생산하는 쌀의 양은 700kg이다,

**오답피하기**

ㄴ. 무역이 이루어지기 전에 B국은 시간당 쌀 1/3kg을 생산하고, 옷 1/4벌을 생산가능하다. 따라서 옷 1벌은 쌀 4/3kg과 교환된다.
ㄹ. 기회비용 사잇값, 즉, 옷 2/3벌 ≤ 쌀 1kg ≤ 옷 3/4벌에서 두 국가 사이에 무역이 이루어지기에, 쌀 1kg은 최대 옷 3/4벌과 교환될 수 있다.

**출제POINT**

재화 1단위 생산의 기회비용이 작은 국가가 그 재화 생산에 비교우위가 있다.

## 25 □□□

**수요가 $Q = 200 - 2P$인 독점기업이 있다. 이 기업의 한계비용은 $MC = 2Q + 10$이다. 이 기업이 생산하는 재화는 단위당 40의 공해비용이 발생한다. 이윤을 극대화하는 이 독점기업의 생산량과 사회적최적생산량 간 차이는?**

① 0
② 5
③ 10
④ 15
⑤ 20

| 25 | 미시 | 외부효과 | 답 ③ |
|---|---|---|---|

- 이윤을 극대화하는 독점기업의 생산량은 $MR = PMC$에서 결정된다. 즉, 수요함수인 $Q = 200 - 2P$에서 $P = 100 - 0.5Q$, $MR = 100 - Q$와 (사적)한계비용인 $PMC = 2Q + 10$이 일치할 때 생산량은 $Q = 30$이다.
- 사회적최적생산량은 $P = SMC$에서 달성된다. 즉, 수요함수인 $Q = 200 - 2P$에서 $P = 100 - 0.5Q$와 외부한계비용인 40과 (사적)한계비용인 $PMC = 2Q + 10$의 합인 (사회적)한계비용인 $SMC = 2Q + 50$이 일치할 때 생산량은 $Q = 20$이다.
- 따라서 이윤을 극대화하는 이 독점기업의 생산량(30)과 사회적 최적 생산량(20) 간 차이는 10이다.

**출제POINT**

$P = SMC$에서 사회적최적산출량이 달성되고 $MR = PMC$에서 독점시장의 균형산출량이 결정된다.

# 12회 2021년 국회직

## 01 □□□

**현재의 균형국민소득은 완전고용국민소득보다 1,750억 원이 작다. 조세와 국제무역이 존재하지 않는 가장 단순한 모형에서 한계소비성향이 0.6이라면 완전고용국민소득을 달성하기 위하여 증가시켜야 하는 정부지출액은?**

① 500억 원
② 550억 원
③ 600억 원
④ 650억 원
⑤ 700억 원

## 02 □□□

**$X$재와 $Y$재만 소비하는 소비자 $A$의 효용함수는 $U=\min\{2X, Y\}$이다. $A$의 효용함수와 최적의 소비 선택에 대한 설명으로 옳은 것은?**

① $X$재와 $Y$재를 2 : 1 비율로 소비한다.
② 어느 한 상품의 소비 증가만으로 효용이 높아진다.
③ $X$재 가격이 $Y$재 가격보다 낮으면 $X$재를 상대적으로 많이 소비하게 된다.
④ 한계대체율은 무차별곡선상의 모든 점에서 일정하다.
⑤ $X$재와 $Y$재의 상대가격은 최적의 소비 선택에 영향을 미치지 않는다.

| 01 | 거시 | 정부지출승수 | 답 ⑤ |
|---|---|---|---|

한계소비성향이 0.6이기에 정부지출승수는 $\frac{1}{1-0.6}=2.5$이다. 따라서 정부지출증가분×정부지출승수=1,750에서 정부지출증가분은 700억 원이다.

**출제POINT**

현재의 균형국민소득이 완전고용국민소득보다 1,750억 원이 작기에 완전고용국민소득수준을 달성하기 위해 정부지출증가분×정부지출승수=1,750억 원이 성립한다.

| 02 | 미시 | 레온티에프형 효용함수 | 답 ⑤ |
|---|---|---|---|

레온티에프형 효용함수가 $U(x, y)=\min(ax, by)$이면 예산선 기울기에 관계없이 $ax=by$에서 효용이 극대화된다.

**오답피하기**

① 효용함수 $U=\min\{2X, Y\}$는 레온티에프형으로 $X$재와 $Y$재를 1 : 2 비율로 소비한다.
② 레온티에프형 효용함수는 완전보완재의 성격을 보이기에 어느 한 상품의 소비 증가만으로 효용이 높아지지 않는다.
③ $X$재 가격이 $Y$재 가격보다 낮더라도 $X$재와 $Y$재를 1 : 2 비율로 소비한다.
④ 레온티에프형 효용함수는 무차별곡선이 $L$자형으로 수평구간에서는 0이고 수직구간에서는 무한대이며 꺾이는 점에서는 정의할 수 없다.

**출제POINT**

효용함수가 $U(x, y)=\min(ax, by)$이면 $ax=by$에서 효용이 극대화된다.

## 03 □□□

**소득과 이자율이 주어졌을 때 효용($U$)을 극대화하는 소비자 $A$와 $B$의 효용함수는 다음과 같다. 각 소비자는 2기간(현재와 미래)에만 생존하고, $A$의 소득은 현재에만 발생하며, $B$의 소득은 현재와 미래에 동일하다. 이자율 상승의 효과에 대한 설명으로 옳은 것은?**

> $U(C_1, C_2) = \sqrt{C_1 C_2}$
> (단, $C_1$과 $C_2$는 각각 현재와 미래의 소비를 나타낸다)

① 소비자 $A$의 $C_1$은 반드시 증가한다.
② 소비자 $A$의 $C_2$는 반드시 증가한다.
③ 대체효과는 소비자 $A$의 $C_1$을 증가시킨다.
④ 소득효과는 소비자 $B$의 $C_2$를 증가시킨다.
⑤ 소비자 $B$의 $C_2$는 반드시 증가한다.

| 03 | 미시 | 2기간 소비선택모형 | 답 ② |
|---|---|---|---|

소비자 $A$의 미래소비는 $C_2 = (1+r)\frac{1}{2}Y_1$에서 이자율상승 시 반드시 증가한다.

소비자 $B$의 미래소비는 $C_2 = \frac{(2+r)Y}{2}$에서 이자율상승 시 $C_2$는 반드시 증가한다. 따라서 ⑤번도 옳은 설명이나 ②번만 정답으로 발표했다.

**오답피하기**

① 소비자 $A$의 현재소비는 $C_1 = \frac{1}{2}Y_1$에서 이자율과 무관하다.

③ 이자율상승 시 대체효과는 이자율↑→ 현재소비의 기회비용↑→ 현재소비↓이기에 소비자 $A$의 $C_1$을 감소시킨다.

④ 소비자 $B$의 소득효과는 다음과 같다.

- $C_1 = \frac{(2+r)Y}{2(1+r)}$ ($Y > C_1 = \frac{(2+r)Y}{2(1+r)}$, $Y - \frac{(2+r)Y}{2(1+r)} > 0$, $\frac{r}{1+r} > 0$)에서, $r > 0$, $r < -1$일 때 저축자로 이자율상승 시 소득효과에 의하면 현재소비와 미래소비가 정상재인 경우, 현재소비증가, 미래소비증가이다.
- 현재소비와 미래소비가 열등재인 경우 소득효과에 의하면 현재소비감소, 미래소비감소이다.
- $C_1 = \frac{(2+r)Y}{2(1+r)}$ ($Y < C_1 = \frac{(2+r)Y}{2(1+r)}$, $Y - \frac{(2+r)Y}{2(1+r)} < 0$, $\frac{r}{1+r} < 0$)에서 $-1 < r < 0$일 때 차입자로 이자율 상승 시 소득효과에 의하면 현재소비와 미래소비가 정상재인 경우, 현재소비감소, 미래소비감소이다.
- 현재소비와 미래소비가 열등재인 경우 소득효과에 의하면 현재소비증가, 미래소비증가이다.

**출제POINT**

저축자이고 현재소비와 미래소비가 정상재의 경우, 이자율 상승시 저축자의 저축 증감여부는 대체효과(이자율↑ → 현재소비의 기회비용↑ → 현재소비↓, 미래소비↑ → 저축↑)와 소득효과(이자율↑ → 실질소득↑ → 현재소비↑, 미래소비↑ → 저축↓)의 상대적 크기에 의하여 결정된다.

- 효용함수가 $U(C_1, C_2) = C_1^{\frac{1}{2}} C_2^{\frac{1}{2}}$이기에 $MRS_{C_1C_2} = \frac{C_2}{C_1}$이다.
- $A$의 예산선은, $A$의 소득이 현재($Y_1$)에만 발생하기에 $C_1 + \frac{C_2}{1+r} = Y_1$에서 $C_2 = -(1+r)C_1 + (1+r)Y_1$이다.
- 소비자균형에서 $\frac{C_2}{C_1} = (1+r)$이다. 따라서 소비자균형에서는 $C_2 = (1+r)C_1$의 관계가 성립한다.
- $C_2 = (1+r)C_1$을 예산제약식에 대입하면 $2C_1 = Y_1$, $C_1 = \frac{1}{2}Y_1$이고, $C_2 = (1+r)\frac{1}{2}Y_1$이다.
- $B$의 예산선은, $B$의 소득이 현재($Y$)와 미래($Y$)에 동일하기에 $C_1 + \frac{C_2}{1+r} = Y + \frac{Y}{1+r}$에서 $C_2 = -(1+r)C_1 + (2+r)Y$이다.
- 소비자균형에서 $\frac{C_2}{C_1} = (1+r)$이다. 따라서 소비자균형에서는 $C_2 = (1+r)C_1$의 관계가 성립한다.
- $C_2 = (1+r)C_1$을 예산제약식에 대입하면 $C_1 = \frac{(2+r)Y}{2(1+r)}$이고, $C_2 = \frac{(2+r)Y}{2}$이다.

## 04 □□□

**$X$재와 $Y$재만 소비하는 소비자 $A$의 $X$재에 대한 수요함수는 $Q_X = \dfrac{I}{3P_X}$이다. 이에 대한 설명으로 옳지 않은 것은? (단, $Q_X$와 $P_X$는 각각 $X$재에 대한 소비량과 가격을, 그리고 $I$는 소득을 나타낸다)**

① $A$의 $Y$재 소비액은 $X$재 소비액보다 항상 크다.
② $A$의 $X$재 수요는 가격에 대해 단위탄력적이다.
③ $A$의 $Y$재 수요의 소득탄력성은 1/3이다.
④ $A$의 $Y$재 수요의 교차탄력성은 0이다.
⑤ $A$에게 두 재화는 모두 정상재이다.

| 04 | 미시 | 탄력도 | 답 ③ |
|---|---|---|---|

- $P_XQ_X + P_YQ_Y = I$에서, $Q_X = \dfrac{I}{3P_X}$ 일 때 $3P_XQ_X = I$, $P_XQ_X = \dfrac{I}{3}$ 이기에 $P_YQ_Y = \dfrac{2I}{3}$이다.
  따라서 $A$의 $Y$재 소비액($P_YQ_Y = \dfrac{2I}{3}$)은 $X$재 소비액($P_XQ_X = \dfrac{I}{3}$)보다 항상 크다(①).
- 수요함수가 $Q_X = \dfrac{I}{3P_X} = \dfrac{1}{3}IP_X^{-1}$일 때, $X$재 수요의 가격탄력성은 1이다(②).
- $P_YQ_Y = \dfrac{2I}{3}$에서 $Q_Y = \dfrac{2}{3}IP_Y^{-1}$이기에 $A$의 $Y$재 수요의 소득탄력성은 1이다(③).
- $P_YQ_Y = \dfrac{2I}{3}$에서 $Q_Y = \dfrac{2}{3}IP_Y^{-1}P_X^0$이기에 $A$의 $Y$재 수요의 교차탄력성은 0이다(④).
- $Q_X = \dfrac{1}{3}IP_X^{-1}$과 $Q_Y = \dfrac{2}{3}IP_Y^{-1}$에서 두 재화의 소득탄력성이 1이기에 모두 정상재이다(⑤).

**출제POINT**
수요함수가 $Q = AP^{-\alpha}$($A$: 상수)일 때 수요의 가격탄력성은 $\alpha$이다.

## 05 □□□

**기업 $A$는 노동에 대한 수요를 독점하고 있다. $A$의 노동의 한계수입생산은 $MRP_L = 8,000 - 10L$이며, 노동공급곡선은 $W = 2,000 + 5L$이다. 이때 정부가 최저임금제를 도입하여 최저임금을 4,500으로 설정한 경우에 대한 설명으로 옳은 것은? (단, $L$은 노동량, $W$는 단위임금이다)**

① 최저임금 도입 이전의 균형에서 고용량은 450이다.
② 최저임금 도입 이전의 균형에서 한계수입 생산과 임금은 동일하다.
③ 최저임금 도입으로 고용량이 감소한다.
④ 최저임금 도입 이후에 균형에서의 한계수입생산은 최저임금 도입 이전보다 감소한다.
⑤ 최저임금 도입 이후에 실업은 감소한다.

| 05 | 미시 | 수요독점하 최저임금제 | 답 ④ |
|---|---|---|---|

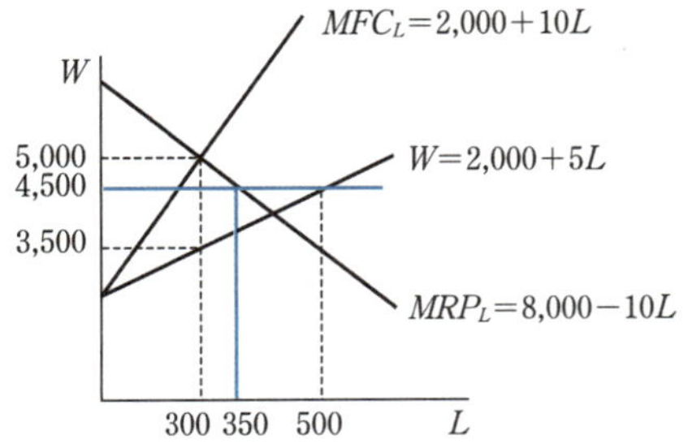


- 수요독점은 $MRP_L = MFC_L$에서 이윤극대화가 달성된다. $MFC_L$은 노동공급곡선과 절편이 동일하고, 기울기는 노동공급곡선의 2배이기에 $MFC_L = 2,000 + 10L$이다. 따라서 최저임금 도입 이전의 균형고용량은 $MRP_L = 8,000 - 10L = MFC_L = 2,000 + 10L$에서 300이다(①).
- 최저임금 도입 이전의 균형에서 한계수입생산은 $L = 300$일 때, $MRP_L = 8,000 - 10L = 8,000 - 10 \times 300 = 5,000$이고, 임금은 $W = 2,000 + 5L = 2,000 + 5 \times 300 = 3,500$이다(②).
- 최저임금 도입으로 고용량은 $MRP_L = 8,000 - 10L = 4,500$에서 $L = 350$이기에 고용량은 300에서 350으로 증가한다(③).
- 최저임금 도입 이후에 균형에서의 한계수입생산은 5,000에서 최저임금인 4,500으로 감소한다(④).
- 최저임금 도입 이후에 노동공급량은 $W = 4,500$일 때, $W = 2,000 + 5L = 4,500$에서 $L = 500$이고, 고용량은 $MRP_L = 8,000 - 10L = 4,500$에서 $L = 350$이기에 150만큼 실업이 발생한다(⑤).

**출제POINT**
생산요소시장에서 수요독점의 경우, 최저임금제가 실시되면 고용량이 불변이거나 증가할 수 있고, 최저임금이 $MRP_L$곡선과 $MFC_L$곡선이 교차하는 점보다 높은 수준에서 결정되면 고용량이 감소한다.

## 06 □□□

**어느 산업에 동질적 재화를 생산하는 200개의 기업이 있다. 각 기업의 고정비용은 1,000원이고 평균가변비용은 다음 표와 같다. 시장 가격이 1,000원일 경우에 대한 설명으로 옳은 것은?**

| 생산량 | 평균가변비용 |
|---|---|
| 1 | 300원 |
| 2 | 400원 |
| 3 | 500원 |
| 4 | 600원 |
| 5 | 700원 |
| 6 | 800원 |

① 각 기업은 4개를 생산하고, 전체 생산량은 800개이다. 장기적으로 동일한 비용 구조를 가진 기업들이 이 시장에 진입하거나 이 시장에서 퇴출할 수 있다면, 이 시장에는 진입이 발생한다.

② 각 기업은 3개를 생산하고, 전체 생산량은 600개이다. 장기적으로 동일한 비용 구조를 가진 기업들이 이 시장에 진입하거나 이 시장에서 퇴출할 수 있다면, 이 시장에는 진입이 발생한다.

③ 각 기업은 4개를 생산하고, 전체 생산량은 800개이다. 장기적으로 동일한 비용 구조를 가진 기업들이 이 시장에 진입하거나 이 시장에서 퇴출할 수 있다면, 이 시장에는 퇴출이 발생한다.

④ 각 기업은 3개를 생산하고, 전체 생산량은 600개이다. 장기적으로 동일한 비용 구조를 가진 기업들이 이 시장에 진입하거나 이 시장에서 퇴출할 수 있다면, 이 시장에는 퇴출이 발생한다.

⑤ 각 기업은 4개를 생산하고, 진입도 퇴출도 발생하지 않는다.

**06** 미시 **완전경쟁시장** 답 ①

• 총가변비용과 한계비용은 다음과 같다.

| 생산량 | 평균가변비용 | 총가변비용 | 한계비용 |
|---|---|---|---|
| 1 | 300원 | 300 | 300 |
| 2 | 400원 | 800 | 500 |
| 3 | 500원 | 1,500 | 700 |
| 4 | 600원 | 2,400 | 900 |
| 5 | 700원 | 3,500 | 1,100 |
| 6 | 800원 | 4,800 | 1,300 |

• 완전경쟁기업은 $P=MC$에서 이윤극대화를 추구하기에, 가격이 1,000일 때 생산량은 한계비용이 900과 1,100사이에서 결정될 것이다.

• 한계비용이 900일 때 이윤은 총수입 $P(=1,000)\times Q(=4)$에서 총비용 $TFC(=1,000)+TVC(=2,400)$을 뺀 600이다.

• 한계비용이 1,100일 때 이윤은 총수입 $P(1,000)\times Q(=5)$에서 총비용 $TFC(=1,000)+TVC(=3,500)$을 뺀 500이다.

• 따라서 각 기업은 4개를 생산하고, 200개의 기업이 있기에 전체 생산량은 800개이다. 또한 초과이윤을 보이기에 장기적으로 이 시장에는 진입이 발생한다.

**출제POINT**

동질적 재화를 생산하는 완전경쟁시장에서 각 기업은 $P=MC$에서 이윤극대화를 추구한다.

## 07 □□□

**다음과 같이 주어진 정보에 따를 때 전기자동차 배터리 생산이 정부의 개입 없이 시장에서 자율적으로 결정될 경우 사회적후생의 감소분은?**

- 전기자동차 배터리 시장은 완전경쟁시장이다.
- 전기자동차 배터리 생산은 지하수를 오염시켜 공장 주변의 주민 건강에 심각한 위협을 초래한다.
- 전기자동차 배터리에 대한 수요곡선은 $P=40-0.5Q$이다.
- 전기자동차 배터리에 대한 공급곡선은 $P=10+2Q$이다.
- 전기자동차 배터리 생산 시 발생하는 오염물질로 인한 주민들의 의료 비용곡선은 $C=0.5Q$이다.

(단, $P$, $Q$, $C$는 각각 전기자동차 배터리에 대한 가격, 수량, 전기자동차 배터리 생산 시 발생하는 오염물질로 인한 주민들의 의료 비용이다)

① 5 ② 6 ③ 7
④ 8 ⑤ 9

## 08 □□□

**솔로(R. Solow)의 경제성장모형에 대한 설명으로 옳지 않은 것만을 〈보기〉에서 모두 고르면?**

〈보기〉

ㄱ. 균형성장경로에서 완전고용성장이 이루어진다.
ㄴ. 황금률 자본량은 1인당 산출이 극대화되는 자본량 수준을 의미한다.
ㄷ. 균제상태에서 1인당 소득증가율은 0%이다.
ㄹ. 인구증가율이 감소하면 균제상태에서 1인당 산출도 감소한다.

① ㄱ, ㄴ ② ㄱ, ㄷ
③ ㄴ, ㄷ ④ ㄴ, ㄹ
⑤ ㄷ, ㄹ

**07** 미시 외부효과 답 ②

- 공급곡선이 $P=10+2Q$이기에 $PMC=10+2Q$이다.
- 배터리 생산 시 발생하는 오염물질로 인한 외부한계비용은 $EMC=0.5Q$이기에 $SMC=10+2.5Q$이다.

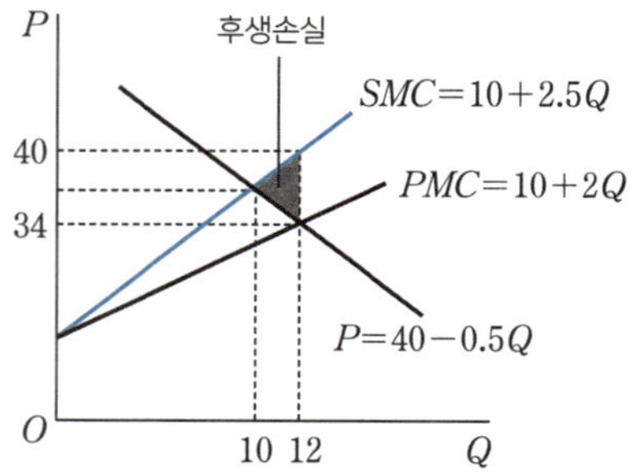


시장균형거래량은 $P=PMC$에 따라 $40-0.5Q=10+2Q$에서 $Q=12$이다.
사회적최적거래량은 $P=SMC$에 따라 $40-0.5Q=10+2.5Q$에서 $Q=10$이다.
시장균형거래량인 $Q=12$에서 $SMC-PMC=0.5Q=6$이다.
따라서, 사회적후생손실은 빗금친 면적으로 $(12-10)\times 6\times\frac{1}{2}=6$이다.

**출제POINT**
생산의 외부불경제 시 시장균형거래량에서 '사회적후생손실=비용증가분−편익증가분'이다.

**08** 거시 솔로우성장모형 답 ④

ㄴ. 황금률하에서 균제상태(steady state)의 1인당 소비가 극대화된다.
ㄹ. 인구증가율이 감소하면 균제상태에서 1인당 산출은 증가한다.

**오답피하기**
ㄱ. 균형성장경로에서 자본과 노동이 완전고용되면서 경제가 성장한다.
ㄷ. 균제상태에서 지속적인 기술진보가 없을 때, 1인당 소득증가율은 0%이다.

**출제POINT**
1인당 소비가 극대화되는 상태를 자본축적의 황금률이라 하고 $f'(k)=n+d+g$에서 달성된다.

## 09 □□□

**$A$는 두 종류의 일자리를 제안받았고, 다음과 같은 상황에 처해있다. $A$가 두 번째 일자리를 선택하기 위한 연간보수 $X$의 최솟값은?**

> • $A$의 효용함수: $U=2\sqrt{Y}$(단, $Y$는 연간보수)
> • 첫 번째 일자리에는 일시해고가 없으며, 연간보수는 4,900만 원이다.
> • 두 번째 일자리에는 일시해고에 대한 불확실성이 존재한다.
> • 두 번째 일자리에서 전체의 1/4에 해당하는 연도는 경기가 좋아 일시해고가 되지 않으며, 이때의 연간보수는 $X$이다.
> • 두 번째 일자리에서 전체의 3/4에 해당하는 연도는 경기가 좋지 않아 일시해고가 되며, 이때의 연간보수는 3,600만 원이다.

① 1억 원　② 1억 2,100만 원
③ 1억 4,400만 원　④ 1억 6,900만 원
⑤ 1억 9,600만 원

## 10 □□□

**경제지표에 대한 설명으로 옳은 것만을 〈보기〉에서 모두 고르면?**

> 〈보기〉
> ㄱ. 전업 학생이 졸업하여 바로 취업하면 경제활동참가율은 상승한다.
> ㄴ. 전업 학생이 졸업하여 바로 취업하더라도 실업률은 변하지 않는다.
> ㄷ. 전업 학생이 졸업하여 바로 취업하면 고용률은 상승한다.
> ㄹ. 통화공급은 동전, 지폐, 예금, 신용카드 사용 한도 등을 포함한다.
> ㅁ. 이자율이 오르면 이미 발행된 채권가격은 하락한다.

① ㄱ, ㄴ, ㄹ　② ㄱ, ㄷ, ㅁ
③ ㄱ, ㄴ, ㄷ, ㅁ　④ ㄱ, ㄷ, ㄹ, ㅁ
⑤ ㄴ, ㄷ, ㄹ, ㅁ

**09** 미시 **기대효용이론** 답 ①

• 첫 번째 일자리에서 연간보수는 4,900만 원으로 이에 따른 효용은 $U=2\sqrt{Y}=2\sqrt{49,000,000}=14,000$이다.
• 두 번째 일자리에는 일시해고에 대한 불확실성이 존재하기에, 이에 따른 효용은 기대효용으로 구한다. 즉, 1/4은 일시해고가 되지 않으며 연간보수는 $X$이고, 3/4은 일시해고가 되며 연간보수는 3,600만 원이다. 따라서 기대효용은 $U=\frac{1}{4}\times2\sqrt{X}+\frac{3}{4}\times2\sqrt{36,000,000}$이다.
• $\frac{1}{4}\times2\sqrt{X}+\frac{3}{4}\times2\sqrt{36,000,000}\geq2\sqrt{49,000,000}$일 때, 두 번째 일자리를 선택한다. 따라서 $X$의 최솟값은 1억 원이다.

**출제POINT**
불확실성하에서 기대 효용을 극대화하는 이론을 기대효용이론이라 한다.

**10** 거시 **경제지표** 답 ②

ㄱ, ㄷ. 전업 학생이 졸업하여 바로 취업하면 비경제활동인구가 줄고 취업자가 증가하기에, 15세이상인구는 일정하고 취업자만 증가한다. 따라서 경제활동참가율은 증가하고, 고용률도 증가한다.
ㅁ. 이자율과 채권가격은 반비례로, 이자율이 오르면 채권가격은 하락한다.

**오답피하기**
ㄴ. 전업 학생이 졸업하여 바로 취업하면, 취업자와 실업자의 합인 경제활동인구 중에서 실업자가 차지하는 비중인 실업률은 감소한다.
ㄹ. 통화공급은 동전, 지폐, 예금 등을 포함하나, 신용카드 사용 한도 등은 포함되지 않는다.

**출제POINT**
15세이상인구 중에서 경제활동인구가 차지하는 비중을 경제활동참가율이라 하고, 15세이상인구 중에서 취업자가 차지하는 비중을 고용률이라 한다.

## 11 □□□

**9명의 개별 경기자가 존재하는 어느 경제에서 공공재 공급에 필요한 기금을 모으기 위해 기여금을 낼지의 여부를 동시에 비협조적으로 결정하는 게임을 한다. 9명 중 5명 이상이 기여금을 내면 공공재 공급이 이루어지며, 5명 미만이면 공공재 공급이 이루어지지 않는다. 납부한 기여금은 공공재 공급이 이루어지지 않더라도 돌려받지 못한다. 모든 경기자의 선호체계가 다음과 같을 때, 게임의 결과에 대한 설명으로 옳은 것은?**

- 1순위: 공공재 공급이 이루어지고 자신은 기여금을 내지 않은 상황
- 2순위: 공공재 공급이 이루어지고 자신은 기여금을 낸 상황
- 3순위: 공공재 공급이 이루어지지 않고 자신은 기여금을 내지 않은 상황
- 4순위: 공공재 공급이 이루어지지 않고 자신은 기여금을 낸 상황

① 순수전략 내쉬균형은 하나만 존재한다.
② 모든 순수전략 내쉬균형에서 공공재 공급은 이루어진다.
③ 9명 모두 기여금을 내는 것도 순수전략 내쉬균형에 해당한다.
④ 9명 모두 기여금을 내지 않는 것도 순수전략 내쉬균형에 해당한다.
⑤ 순수전략 내쉬균형에서 1순위의 선호를 얻는 경기자는 존재하지 않는다.

| 11 | 미시 | 내쉬균형 | 답 ④ |
|---|---|---|---|

- 1순위인 공공재 공급이 이루어지고 자신은 기여금을 내지 않은 상황은 더 이상 자신의 전략을 바꿀 유인이 없기에 안정적 모습을 보인다. 따라서 내쉬균형으로 볼 수 있다(⑤).
- 3순위인 공공재 공급이 이루어지지 않고 자신은 기여금을 내지 않은 상황 중에서, 9명 모두 기여금을 내지 않는 것도 자신의 전략을 바꿀 유인이 없기에 순수전략 내쉬균형에 해당한다(①, ②, ④).
- 9명 모두 기여금을 내는 것은 2순위의 선호를 보이지만, 자신은 기여금을 내지 않은 상황으로 변경하면 1순위의 선호를 보이기에 전략을 바꿀 유인이 있다. 따라서 순수전략 내쉬균형에 해당하지 않는다(③).

**출제POINT**
상대방의 전략을 주어진 것으로 보고 경기자는 자신에게 가장 유리한 전략을 선택하였을 때 도달하는 균형을 내쉬균형이라 하고, 내쉬균형은 더 이상 자신의 전략을 바꿀 유인이 없기에 안정적 모습을 보인다.

## 12 □□□

**재정정책에 대한 설명으로 옳은 것만을 〈보기〉에서 모두 고르면?**

〈보기〉
ㄱ. 경제가 유동성 함정에 빠진 경우 확장적 재정정책의 구축효과는 없다.
ㄴ. 최적조세와 같은 재정정책에서도 경제정책의 동태적 비일관성 문제가 발생할 수 있다.
ㄷ. 재정의 자동안정화장치가 강화되면 승수효과는 커진다.
ㄹ. 재정의 자동안정화장치는 정책의 외부시차가 없어 경기안정화효과가 즉각적이다.

① ㄱ　② ㄱ, ㄴ
③ ㄴ, ㄷ　④ ㄱ, ㄴ, ㄷ
⑤ ㄴ, ㄷ, ㄹ

| 12 | 거시 | 재정정책 | 답 ② |
|---|---|---|---|

ㄱ. 경제가 유동성 함정에 빠진 경우, $LM$곡선이 수평으로 확장적 재정정책으로 $IS$곡선이 우측으로 이동해도 이자율이 불변이기에 구축효과는 없다.
ㄴ. $T$시점에서는 최적조세이나 $T+1$시점에서는 최적조세가 아닐 수 있다. 가령, $T$시점에서 투자촉진을 위해 자본소득에 비과세가 최적이나, $T+1$시점에서는 재정수입증가를 위해 이미 형성된 자본에 과세를 하는 것이 최적일 수 있다. 따라서 재정정책에서도 경제정책의 동태적 비일관성 문제가 발생할 수 있다.

오답피하기
ㄷ. 재정의 자동안정화장치가 강화되어 누진세가 도입되면 승수는 $\frac{1}{1-c(c: \text{한계소비성향})}$에서 $\frac{1}{1-c(1-t)(t: \text{세율})}=\frac{1}{1-c+ct}$로 바뀌어 분모값이 커짐으로써 승수효과는 작아진다.
ㄹ. 재정의 자동안정화장치는 제도를 통해 자동으로 경기진폭을 완화해 주는 장치로, 내부시차가 없다.

**출제POINT**
최적조세와 같은 재정정책에서도 경제정책의 동태적 비일관성 문제가 발생할 수 있다.

## 13 □□□

**국내에서 $X$재의 생산은 기업 $A$가 독점하며, $X$재의 수입은 금지되어 있었는데, 다음과 같이 주어진 정보에 따라 정부가 수입쿼터제를 도입하여 수입쿼터를 40으로 정하였다. 다음 설명 중 옳은 것은?**

> • $C = 50Q + Q^2$
> • $Q_d = 450 - P$
> • $X$재의 국제 거래가격은 250이다.
> (단, $Q$, $Q_d$, $P$, $C$는 각각 기업 $A$의 생산량, 국내 수요량, 국내 가격, 생산비용을 의미하며, 수입에 따른 관세나 운송비용은 0으로 가정한다)

① $X$재 수입이 금지되어 있는 경우 균형에서 기업 $A$의 한계수입은 350이다.
② 쿼터제 도입으로 국내 수요량은 40만큼 증가한다.
③ 쿼터제 도입으로 국내 가격은 40만큼 감소한다.
④ 쿼터제 도입 후 균형에서 기업 $A$의 한계비용은 감소한다.
⑤ 국제 거래가격이 230으로 하락하면 쿼터제하에서 기업 $A$의 생산량은 감소한다.

**13** 거시 **수입쿼터** 답 ④

$Q_d = 450 - P$에서 $P = 450 - Q$이기에 $MR = 450 - 2Q$이고, $C = 50Q + Q^2$에서 $MC = 50 + 2Q$이다.

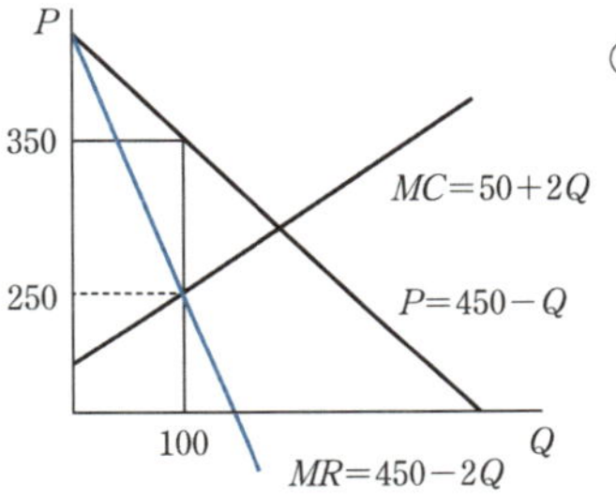


① $X$재 수입이 금지되어 있는 경우, 독점기업 $A$는 $MR = MC$에서, $450 - 2Q = 50 + 2Q$에 따라 이윤극대화 수량은 $Q = 100$이고 가격은 $P = 350$이다. 따라서 기업 $A$의 한계수입은 $MR = 450 - 2Q$에서 250이다.

수입금지국에 수량을 할당하는 수입쿼터는 수입을 증가시키는 것으로 국내독점기업 직면수요곡선을 수입쿼터만큼 감소시킨다. 즉, $P = 450 - Q$에서 $P = 450 - [Q - (-40)] = 410 - Q$로 이동한다. 독점기업 $A$는 $MR = MC$에서, $410 - 2Q = 50 + 2Q$에 따라 이윤극대화 수량은 $Q = 90$이고 가격은 $P = 320$이다.

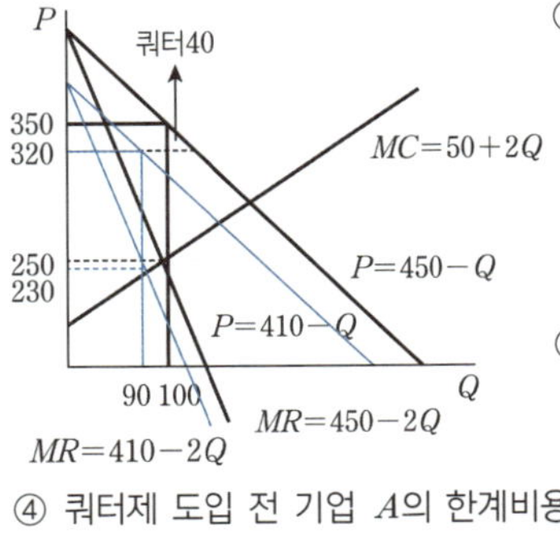


② 쿼터제 도입으로 국내독점기업 직면수요량은 90이고 수입할당이 40으로 국내 수요량은 130이다. 따라서 국내수요량은 100에서 130으로 30만큼 증가한다.
③ 쿼터제 도입으로 국내 가격은 350에서 320으로 30만큼 감소한다.
④ 쿼터제 도입 전 기업 $A$의 한계비용은 $MC = 50 + 2Q$에서 $Q = 100$일 때 250이다. 도입 후 한계비용은 $MC = 50 + 2Q$에서 $Q = 90$일 때 230이다. 따라서 한계비용은 감소한다.
⑤ 쿼터제하에서 국내기업의 생산량은 국제가격과 무관하기에 국제 거래가격이 230으로 하락해도 기업 $A$의 생산량은 감소하지 않는다.

> **출제POINT**
> 수입국에 수입수량을 할당하는 수입쿼터는 수입을 제한하는 것으로 국내생산자에게 유리하지만, 수입금지국에 수량을 할당하는 수입쿼터는 수입을 증가시키는 것으로 국내생산자에게 불리하다.

## 14 □□□

**한계소비성향이 0.5이고 소득세율이 20%인 경우, 소득이 30만 원 증가할 때 소비지출액의 증가분은?**

① 12만 원
② 15만 원
③ 19만 원
④ 21만 원
⑤ 24만 원

| 14 | 거시 | 소비지출 | 답 ① |
|---|---|---|---|

- 소득이 30만 원 증가할 때, 소득세율이 20%이면 가처분소득은 $30-30\times0.2=24$만 원 증가한다.
- 가처분소득이 24만 원 증가할 때, 한계소비성향이 0.5이면 소비지출액은 $24\times0.5=12$만 원 증가한다.

**출제POINT**

소비는 가처분소득의 증가함수이다.

## 15 □□□

**두 재화($X$재와 $Y$재)와 두 사람($A$와 $B$)만 존재하는 경제에서 $A$의 효용함수는 $U_A=2X+Y$이며, $B$의 효용함수는 $U_B=XY^2$이다. $A$는 $X$재 8단위와 $Y$재 4단위를 가지고 있으며 $B$는 $X$재 10단위와 $Y$재 20단위를 가지고 있다. 두 사람이 자발적 교환에 참여한다고 할 때 다음 설명 중 옳은 것은? (단, 교환에 수반되는 거래비용은 없다)**

① 교환이 이루어지기 전에 $A$와 $B$의 두 재화에 대한 한계대체율은 동일하다.
② 교환에서 $B$에게 모든 협상력이 있다면 $B$는 $A$에게 $X$재 2단위를 주고 $Y$재 4단위를 받는다.
③ 교환 후 $A$와 $B$의 한계대체율은 모두 변한다.
④ 교환 후 $A$의 $Y$재에 대한 한계효용은 증가한다.
⑤ 교환 후 $B$의 $X$재에 대한 한계효용은 감소한다.

| 15 | 미시 | 소비지출 | 답 ② |
|---|---|---|---|

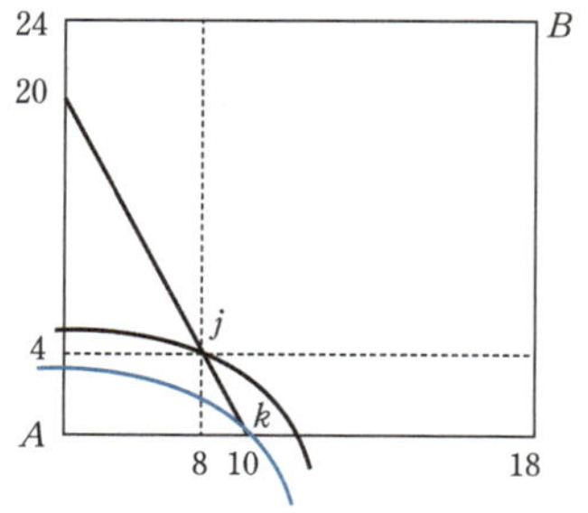


- $A$의 무차별곡선은 효용함수 $U_A=2X+Y$에서 $Y=-2X+\overline{U}$으로 도출된다. $A$는 $X$재 8단위와 $Y$재 4단위를 가지고 있기에 효용은 $U_A=2\times8+4=20$이다. 따라서 $y$축 절편은 $X$가 0일 때 20이고, $X$축 절편은 $Y$가 0일 때 10이다.
- $B$의 무차별곡선은 효용함수 $U_B=XY^2$에서 직각쌍곡선으로 도출된다.
- 최초에 $A$($X$재 8단위, $Y$재 4단위)와 $B$($X$재 10단위, $Y$재 20단위)의 무차별곡선이 교차하는 $J$점에 있다고 하자.
- 이제, $B$에게 모든 협상력이 있다면, $B$는 바깥 쪽으로 효용을 더 증가시키기 위해 $K$점($X$재 10단위, $Y$재 0단위)으로 이동함으로써, $A$에게 $X$재 2단위를 주고 $Y$재 4단위를 받아 효용을 증가시킬 것이다.

오답피하기

① $MRS^A_{XY}=\frac{MU_X}{MU_Y}=\frac{2}{1}>MRS^B_{XY}=\frac{MU_X}{MU_Y}=\frac{Y}{2X}=\frac{20}{2\times10}=1$이다.
③ $A$의 한계대체율은 2로 변함이 없다.
④ $A$의 $Y$재에 대한 한계효용은 1로 일정하다.
⑤ 교환 후 $B$의 $X$재에 대한 한계효용은 $Y^2$으로 $X$를 주고 $Y$를 받기에 증가한다.

**출제POINT**

$MRS^A_{XY}>MRS^B_{XY}$ : 상대적으로 $A$는 $X$를 더 선호하고 $B$는 $Y$를 더 선호하기에 $A$가 $X$를 받고 $Y$를 주는 교환을 하면 효용이 증가한다.

## 16 □□□

**소비자 $A$, $B$, $C$, $D$가 라면 한 그릇에 대해 지불할 용의가 있는 가격은 각각 10, 20, 30, 40이고, 판매자 $E$, $F$, $G$, $H$가 라면 한 그릇에 대해 수용할 용의가 있는 가격은 각각 40, 30, 20, 15이다. 이에 대한 설명으로 옳은 것만을 〈보기〉에서 모두 고르면? (단, 각 소비자는 라면 한 그릇만 소비할 수 있고, 각 판매자는 라면 한 그릇만 판매할 수 있다)**

〈보기〉

ㄱ. 총잉여를 극대화하기 위한 균형 거래량은 2그릇이다.
ㄴ. 총잉여를 극대화하기 위한 균형 가격은 40이다.
ㄷ. 극대화된 총잉여는 35이다.
ㄹ. 판매자 중 $E$만 판매하지 않는 것이 총잉여를 극대화하는 방법이다.
ㅁ. 소비자 중 $A$와 $B$만 소비하지 않는 것이 총잉여를 극대화하는 방법이다.

① ㄴ　② ㄱ, ㄷ　③ ㄴ, ㄷ
④ ㄴ, ㄹ　⑤ ㄱ, ㄷ, ㅁ

**16 | 미시 | 사회적잉여 | 답 ⑤**

- 소비자 $A$, $B$, $C$, $D$의 최대지불의사금액과 판매자 $E$, $F$, $G$, $H$의 최소요구금액을 표시하면 아래와 같다.

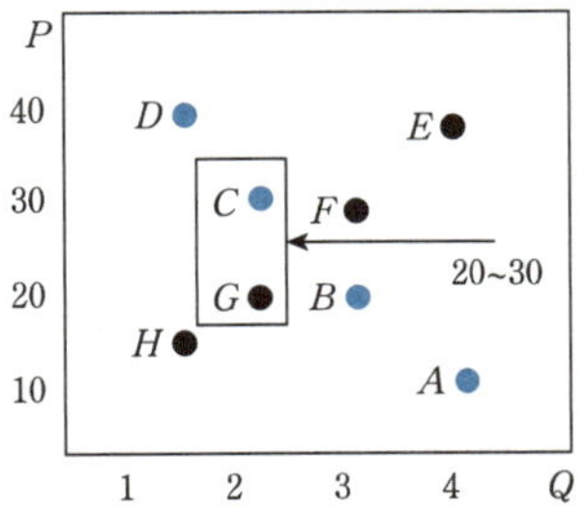


- 처음 한 그릇에 대해 판매자 $H$가 최소 15(한계비용)를 요구하고 소비자 $D$가 최대 40(한계편익)을 지불할 때 순편익은 25이다.
- 두 번째 한 그릇에 대해 판매자 $G$가 최소 20(한계비용)를 요구하고 소비자 $C$가 최대 30(한계편익)을 지불할 때 순편익은 10이다.
- 이 때 균형 거래량은 2그릇이고 가격은 30과 20사이에서 결정될 때, 사회적잉여는 25와 10의 합인 35로 극대화된다(ㄱ, ㄴ, ㄷ).
- 세 번째 한 그릇에 대해 판매자 $F$가 최소 30(한계비용)를 요구하고 소비자 $B$가 최대 20(한계편익)을 지불할 때 순편익은 −10이다.
- 네 번째 한 그릇에 대해 판매자 $E$가 최소 40(한계비용)를 요구하고 소비자 $A$가 최대 10(한계편익)을 지불할 때 순편익은 −30이다.
- 따라서 소비자 $A$와 $B$ 그리고 판매자 $E$와 $F$가 거래하지 않으면 총잉여는 극대화된다(ㄹ, ㅁ).

**출제POINT**

소비자의 최대지불의사금액을 반영한 한계편익곡선이 수요곡선이고, 생산자의 최소요구금액을 반영한 한계비용곡선이 공급곡선으로, 두 곡선이 만날 때 사회적잉여, 즉 총잉여가 극대화된다.

## 17 □□□

**표준적인 $U$자형의 장단기 평균비용곡선을 가지는 생산관계에 대한 설명으로 옳은 것만을 〈보기〉에서 모두 고르면?**

〈보기〉

ㄱ. 단기 평균비용곡선이 상승할 때 단기 한계비용곡선은 단기 평균비용곡선보다 위에 있다.
ㄴ. 장기 평균비용곡선이 하락할 때 장기 한계비용곡선은 장기 평균비용곡선보다 아래에 있다.
ㄷ. 특정 규모의 단기 한계비용곡선이 장기 한계비용곡선과 교차할 때 단기 평균비용은 장기 평균비용보다 크다.
ㄹ. 장기 평균비용곡선의 최소점에서 해당 규모의 단기 한계비용곡선과 장기 한계비용곡선은 교차한다.

① ㄱ, ㄴ　② ㄱ, ㄴ, ㄷ
③ ㄱ, ㄴ, ㄹ　④ ㄱ, ㄷ, ㄹ
⑤ ㄴ, ㄷ, ㄹ

**17 | 미시 | 비용곡선 | 답 ③**

ㄱ. 단기 한계비용이 단기 평균비용보다 크면 단기 평균비용은 증가한다.
ㄴ. 장기 한계비용이 장기 평균비용보다 작으면 장기 평균비용은 감소한다.
ㄹ. 장기 평균비용곡선의 최소점에서 해당 규모의 장기 평균비용곡선과 단기 평균비용곡선은 접하고, 단기 한계비용곡선과 장기 한계비용곡선은 교차한다.

오답피하기

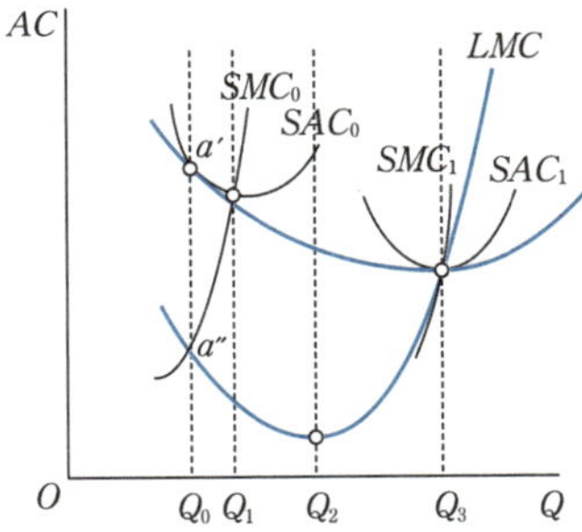


ㄷ. 특정 규모의 단기 한계비용곡선이 장기 한계비용곡선과 교차($a''$)할 때 단기 평균비용은 장기 평균비용보다 같다($a'$).

**출제POINT**

한계비용이 평균비용보다 크면 평균비용은 증가하고, 한계비용이 평균비용보다 작으면 평균비용은 감소한다.

## 18 □□□

**다음과 같이 주어진 정보에 따를 때 $A$, $B$, $C$ 세 사람이 공동으로 소비하는 공공재 $X$의 사회적으로 최적인 산출수준은?**

> • $Q_A = -2P + 24$
> • $Q_B = -3P + 51$
> • $Q_C = -P + 34$
> • 공공재 $X$를 생산하는 데 드는 한계비용은 30이다.
> (단, $Q_A$, $Q_B$, $Q_C$는 각각 $A$, $B$, $C$의 공공재 $X$에 대한 수요량을 의미하며, $P$는 공공재 $X$의 가격을 의미한다)

① 9　　② 14
③ 18　　④ 23
⑤ 28

## 19 □□□

**자본이동이 완전히 자유로우며 자유변동환율제도를 채택하고 있는 소규모 개방경제가 국공채를 매입하였다고 할 때, $IS-LM-BP$모형에 따른 설명으로 옳은 것은? (단, $IS$곡선은 우하향하며, $LM$곡선은 우상향한다)**

① $LM$곡선이 우측으로 이동하였다가 원위치로 돌아온다.
② $IS$곡선은 좌측으로 이동한다.
③ 새로운 균형에서 국내 이자율은 하락한다.
④ 새로운 균형에서 순수출은 증가한다.
⑤ 자본이동이 불가능한 경우에 비해 소득 증가 폭이 작다.

| 18 | 미시 | 공공재 | 답 ③ |
|---|---|---|---|

• $Q_A = -2P + 24$, $Q_B = -3P + 51$, $Q_C = -P + 34$를 $P$에 대해 정리하면 $P = 12 - \frac{1}{2}Q_A$, $P = 17 - \frac{1}{3}Q_B$, $P = 34 - Q_C$이다.
• 공공재의 시장수요곡선은 개별수요곡선을 수직으로 합하여 도출하기에, 공공재의 시장수요곡선은 $P = 63 - \frac{11}{6}Q$이다. 그리고 한계비용은 30이다.
• 공공재의 적정공급조건은 $P = MC$에 따라 $P = 63 - \frac{11}{6}Q$와 한계비용 30이 만나는 $Q = 18$이다.

**출제POINT**
개별수요곡선을 수직으로 합하여 도출하는 공공재의 시장수요곡선 하에서 소비자들은 동일한 양을 서로 다른 편익으로 소비한다.

| 19 | 국제 | $IS-LM-BP$모형 | 답 ④ |
|---|---|---|---|

• 중앙은행의 국공채매입은 확장통화정책이다.
• 변동환율제하에서 확장통화정책으로 $LM$곡선이 우측이동(①)하면, 국내금리가 국제금리보다 작아져 외국자본유출로 환율이 상승하여 순수출이 증가(④)하기에 $IS$곡선이 우측이동(②)한다.
• $BP$곡선이 우측이동하나 수평선이기에 이자율은 원위치로 돌아오지만(③), 소득은 크게 증가한다.
• 또한 아래 그림에서 보듯, 자본이동이 완전히 자유로운 경우(a), 자본이동이 불가능한 경우(b)에 비해 소득 증가 폭이 크다.

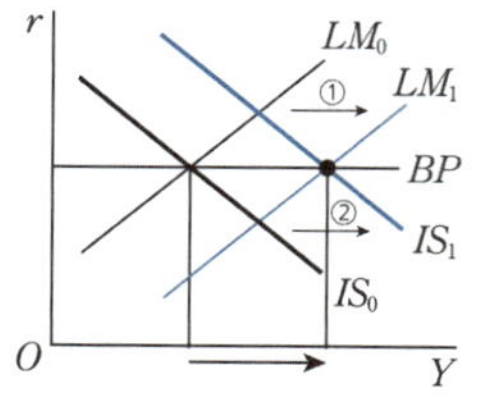

(a)

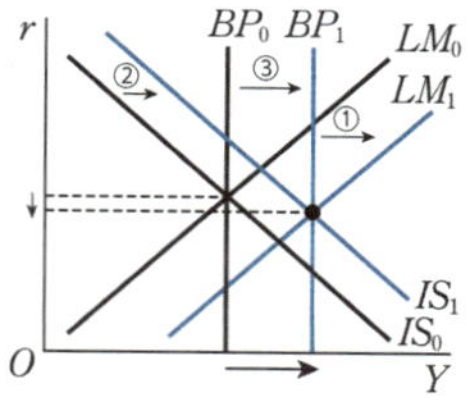

(b)

**출제POINT**
(변동환율제도하)자본이동이 완전한 경우, 재정정책은 전혀 효과가 없지만 금융정책은 매우 효과적이다.

## 20 □□□

**어느 경제의 필립스곡선과 중앙은행의 손실함수가 다음과 같다고 하자. 필립스곡선은 중앙은행에게 제약조건으로 작용하며, 중앙은행은 손실함수가 최소화되도록 인플레이션율($\pi$)을 선택한다. 장기균형에서의 인플레이션율($\pi$)은?**

> • 필립스곡선: $u = u_n - (\pi - \pi^e)$
> • 손실함수: $L = 4(u - 0.02)^2 + 6(\pi - 0.01)^2$
> (단, $u$는 실제실업률, $u_n$은 자연실업률로 0.05(5%), $\pi^e$는 기대인플레이션율이다)

① 0% ② 1%
③ 2% ④ 3%
⑤ 5%

## 21 □□□

**은행권 전체가 보유하는 지급준비금 총액이 100이다. 요구불 예금에 대한 법정지급준비율이 5%이고, 은행은 초과지급준비금을 보유하지 않으며, 가계는 현금을 보유하지 않는다. 이러한 상황에서 중앙은행이 법정 지급준비율을 10%로 인상한다고 할 때, 이전과 비교한 예금통화승수와 화폐공급량의 변화에 대한 설명으로 옳은 것은?**

① 예금통화승수는 10만큼 하락하고, 화폐공급량은 1,000만큼 감소한다.
② 예금통화승수는 10만큼 상승하고, 화폐공급량은 1,000만큼 증가한다.
③ 예금통화승수는 10만큼 하락하고, 화폐공급량은 2,000만큼 감소한다.
④ 예금통화승수는 20만큼 상승하고, 화폐공급량은 2,000만큼 증가한다.
⑤ 예금통화승수는 20만큼 하락하고, 화폐공급량은 2,000만큼 감소한다.

**20** 거시 **필립스곡선** 답 ④

• 필립스곡선 즉, $u = u_n - (\pi - \pi^e)$를 손실함수에 대입하면, $L = 4(u_n - \pi + \pi^e - 0.02)^2 + 6(\pi - 0.01)^2$이 된다.
• 손실함수를 $\pi$에 대해 미분한 뒤 0으로 두면,
$\frac{d4(U_n - \pi + \pi^e - 0.02)^2 + 6(\pi - 0.01)^2}{d\pi} = 0$에서, $\pi = 3$이다.
• 즉, $\frac{d4(U_n - \pi + \pi^e - 0.02)^2 + 6(\pi - 0.01)^2}{d\pi} = 0$
$U_n = 0.05$일 때
$8(-\pi + \pi^e + 0.03) \times (-1) + 12(\pi - 0.01) \times (1) = 0$
장기균형에서 $\pi = \pi^e$이기에
$-0.24 + 12\pi - 0.12 = 0$, $\pi = 0.03$이다. 즉, 3%이다.

> **출제POINT**
> 중앙은행이 손실을 최소화하는 인플레이션율은, 필립스곡선을 손실함수에 대입하여 손실함수를 π에 대해 미분한 뒤 0으로 두면 구할 수 있다.

**21** 거시 **신용승수** 답 ①

• 은행은 초과지급준비금을 보유하지 않으며, 가계는 현금을 보유하지 않기에, 통화승수는 최댓값인 신용승수로 $\frac{1}{z_l(\text{법정지급준비율})}$이다.
• 즉, 신용승수는 법정지급준비율이 5%일 때 $\frac{1}{5\%} = 20$에서 법정지급준비율이 10%로 인상되면 $\frac{1}{10\%} = 10$으로 10만큼 하락한다.
• 은행권 전체의 지급준비금이 100이고, 가계는 현금을 보유하지 않기에, 본원통화는 100이다. 법정지급준비율이 5% 때 신용승수는 20으로 화폐공급량은 $100 \times 20 = 2{,}000$이다.
• 법정지급준비율이 10%로 인상되면 신용승수는 10으로 하락하기에 화폐공급량은 $100 \times 10 = 1{,}000$으로 1,000만큼 감소한다.

> **출제POINT**
> 본원통화는 현금통화와 지급준비금의 합으로 정의하고, 신용승수는 $\frac{1}{z_l(\text{법정지급준비율})}$이다.

## 22 □□□

다음은 $A$국의 연도별 명목 $GDP$, 실질 $GDP$, $GDP$디플레이터에 대한 자료이다. (ㄱ)~(ㄹ)에 들어갈 수치를 바르게 연결한 것은?

| 연도 | 명목 $GDP$ | 실질 $GDP$ (2020년 기준) | $GDP$ 디플레이터 |
|---|---|---|---|
| 2000 | (ㄱ) | 5,000 | 60 |
| 2010 | 6,000 | (ㄴ) | 100 |
| 2020 | 8,000 | (ㄷ) | (ㄹ) |

| | (ㄱ) | (ㄴ) | (ㄷ) | (ㄹ) |
|---|---|---|---|---|
| ① | 5,000×0.6 | 8,000 | 8,000 | 100 |
| ② | 5,000/0.6 | 8,000 | 6,000 | (100/60)×100 |
| ③ | 5,000×0.6 | 6,000 | 8,000 | 100 |
| ④ | 5,000/0.6 | 6,000 | 8,000 | 100 |
| ⑤ | 5,000×0.6 | 6,000 | 6,000 | (100/60)×100 |

## 23 □□□

국가 간 거래에 있어 정부의 개입에 대한 설명으로 옳은 것만을 〈보기〉에서 모두 고르면? (단, 소규모 개방경제를 가정한다)

〈보기〉

ㄱ. 수입국이 부과하는 수입관세와 수입쿼터는 모두 수입가격을 상승시키는 효과가 있다.
ㄴ. 수입관세의 부과는 관세수입과 생산자잉여를 모두 증가시킨다.
ㄷ. 수입쿼터의 부과로 인한 생산자잉여의 증가분은 소비자잉여의 감소분보다 크다.
ㄹ. 수입관세의 부과로 인한 수입국의 순국내손실이 수입쿼터의 부과로 인한 순국내손실보다 크다.

① ㄱ, ㄴ　② ㄱ, ㄷ
③ ㄴ, ㄷ　④ ㄱ, ㄴ, ㄹ
⑤ ㄴ, ㄷ, ㄹ

| 22 | 거시 | $GDP$디플레이터 | 답 ③ |
|---|---|---|---|

(ㄱ) 명목 $GDP = GDP$ 디플레이터×실질 $GDP$÷100
$= 60 \times 5{,}000 \div 100$
$= 5{,}000 \times 0.6$

(ㄴ) 실질 $GDP =$ 명목 $GDP$÷ $GDP$디플레이터×100
$= 6{,}000 \div 100 \times 100$
$= 6{,}000$

(ㄷ) 2020년이 기준이기에 실질 $GDP$는 명목 $GDP$와 같다.
따라서 실질 $GDP$는 8,000이다.

(ㄹ) 2020년이 기준이기에 실질 $GDP$는 명목 $GDP$와 같다.
따라서 $GDP$디플레이터는 100이다.

**출제POINT**

$GDP$디플레이터=(명목 $GDP$/실질 $GDP$)×100이다.

| 23 | 국제 | 수입관세와 수입쿼터 | 답 ① |
|---|---|---|---|

(소국)관세

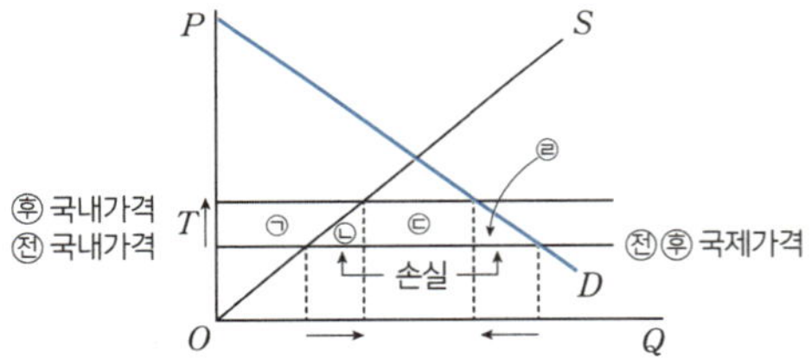


소비자잉여: ㉠+㉡+㉢+㉣↓　생산자잉여: ㉠↑
관세수입: ㉢↑　사회적잉여: ㉡+㉣↓

ㄱ. (소국)관세가 부과되더라도 국제가격이 변하지 않아 교역조건은 불변이고 단위당 $T$원의 관세가 부과되면 수입품의 국내가격이 $T$원만큼 상승한다. 수입쿼터도 관세부과와 마찬가지로 상승시키는 효과가 있다.
ㄴ. 수입관세의 부과는 관세수입(㉢)발생과 국내생산증가로 생산자잉여를 증가(㉠)시킨다.

오답피하기

ㄷ. 수입쿼터의 부과로 인한 생산자잉여의 증가분(㉠)은 소비자잉여의 감소분(㉠+㉡+㉢+㉣)보다 작다.
ㄹ. 수입관세의 부과로 인한 수입국의 순국내손실(㉡+㉣)은 수입쿼터의 부과로 인한 순국내손실과 같다.

**출제POINT**

관세와 수량할당(수입쿼터)의 경제적 효과는 동일하고, 관세수입이 수량할당시 수입업자의 초과이윤으로 귀속된다는 차이점이 있다.

## 24 □□□

**차별화된 재화를 생산하는 기업 $A$와 기업 $B$가 직면한 수요 함수는 각각 $q_A = 25 - p_A + 0.5p_B$, $q_B = 35 - p_B + p_A$ 이다. $A$와 $B$의 한계생산비용은 생산량과 관계없이 5로 동일하다. 두 기업이 동시에 비협조적으로 가격을 결정하는 게임을 한다고 할 때 내쉬균형에서의 기업 $A$의 가격은? (단, $q_i$와 $p_i$는 각각 기업 $i(i = A,\ B)$의 생산량과 가격을 나타낸다)**

① $\frac{50}{3}$　　② $\frac{160}{7}$

③ $\frac{70}{3}$　　④ $\frac{92}{3}$

⑤ $\frac{220}{7}$

## 25 □□□

**생산량이 자연율 수준에 있는 국가에서 중앙은행이 통화량을 증가시키고, 이에 대해 사람들이 인플레이션율이 상승할 것으로 기대하고 있다. 장기적으로 이 국가에서 발생할 현상에 대한 설명으로 옳은 것은?**

① 생산량 수준은 장기적으로 증가한다.
② 물가 수준이 상승하지만 실질화폐잔고는 일정하다.
③ 총공급곡선이 우상향하므로 총수요곡선의 이동은 물가와 총생산에 영향을 준다.
④ 통화공급에 의한 총수요 증가 효과는 기대인플레이션에 의한 단기 총공급 증가로 인해 사라진다.
⑤ 인플레이션율은 상승하지만 실업률은 변하지 않는다.

| 24 | 미시 | 차별적 베르뜨랑모형 | 답 ② |
|---|---|---|---|

- $A$와 $B$의 한계생산비용은 생산량과 관계없이 5로 동일하고, 고정비용은 없다고 가정하면, 총비용은 각각 $5q_A$, $5q_B$이다.
- 기업$A$의 이윤극대화는 다음과 같다.

$$\pi = TR_A - TC_A$$
$$= q_A \times P_A - 5q_A = (P_A - 5) \times q_A = (P_A - 5) \times (25 - P_A + 0.5P_B)$$
$$\pi = 25P_A - P_A^2 + 0.5P_AP_B - 125 + 5P_A - 2.5P_B$$
$$\frac{d\pi}{dP_A} = 30 - 2P_A + 0.5P_B = 0$$

- 기업$B$의 이윤극대화는 다음과 같다.

$$\pi = TR_B - TC_B$$
$$= q_B \times P_B - 5q_B = (P_B - 5) \times q_B = (P_B - 5) \times (35 - P_B + P_A)$$
$$\pi = 35P_B - P_B^2 + P_AP_B - 175 + 5P_B - 5P_A$$
$$\frac{d\pi}{dP_B} = 40 - 2P_B + P_A = 0$$

- 기업$A$와 $B$의 내쉬균형에서의 가격은, 각각 $P_A = \frac{160}{7}$, $P_B = \frac{220}{7}$이다.

**출제POINT**

베르뜨랑모형은 각 기업이 상대방의 가격을 주어진 것으로 보고 자신의 가격을 결정하는 과점모형이다.

| 25 | 거시 | 장기균형 | 답 ⑤ |
|---|---|---|---|

확장통화정책으로 $AD$곡선이 우측으로 이동하면 총수요가 잠재$GDP$를 초과하기에 기대인플레이션율의 상승으로 단기$AS$곡선이 좌측(상방)으로 이동함으로써 장기적으로 생산량은 최초수준으로 복귀한다. 따라서 인플레이션율은 상승하지만 실업률은 변하지 않는다.

**오답피하기**

① 확장통화정책으로 $AD$곡선이 우측으로 이동하지만, 기대인플레이션율의 상승으로 장기적으로 생산량은 최초수준으로 복귀한다.

② $\frac{M^S}{P} = L(Y, R)$에서 실질화폐수요는 소득의 증가함수이고, (명목)이자율의 감소함수이다. 또한, $R$(명목이자율)$= r$(실질이자율)$+ \pi^e$이다.
그런데, $M^S\uparrow - \pi^e\uparrow - R\uparrow - L\downarrow$(투기적 동기는 명목이자율의 감소함수)$- \frac{M^S}{P}\downarrow$($M^S$증가이나 $P$상승이 더 크기에 실질화폐잔고는 감소)이다.

③ 총공급곡선은 장기에 수직으로 총수요곡선의 이동으로 물가만 상승한다.

④ 확장통화정책에 의한 총수요 증가 효과는 기대인플레이션에 의한 단기 총공급 감소로 인해 사라진다.

**출제POINT**

장기균형에서 확장통화정책에 의해 $AD$곡선이 우측으로 이동하나 기대인플레이션율의 상승에 의한 단기$AS$곡선의 좌측이동으로 장기적으로 생산량은 최초수준으로 복귀한다.

# 13회 2022년 국회직

## 01 □□□

**$GDP$ 디플레이터와 $CPI$(소비자물가지수)에 대한 설명으로 옳지 않은 것은?**

① 기업 또는 정부에 의해 구입된 물품가격 상승은 $GDP$ 디플레이터에 반영되나 $CPI$에는 반영되지 않는다.

② 해외에서 생산되어 우리나라에서 판매되는 자동차 가격의 인상은 $CPI$에 영향을 미치나 $GDP$ 디플레이터에는 영향을 미치지 않는다.

③ $GDP$ 디플레이터와 $CPI$는 재화가격에 고정된 가중치를 사용하여 도출된다.

④ $GDP$ 디플레이터는 생산된 모든 재화 및 용역의 가격을 측정한다.

⑤ $CPI$는 라스파이레스 지수(Laspeyres Index)이므로 농산물 가격의 급등으로 인해 소비자가 입은 충격을 과대평가한다.

| 01 | 거시 | 물가지수 | 답 ③ |
|---|---|---|---|

소비자물가지수($CPI$)는 라스파이레스 방식으로 기준연도의 고정된 가중치로 계산하고, $GDP$디플레이터는 파셰 방식으로 비교연도의 변화하는 가중치로 도출된다.

**오답피하기**

① $GDP$디플레이터는 $GDP$에 포함되는 모든 재화와 서비스를 대상으로 하기에 기업 또는 정부에 의해 구입된 물품가격 상승은 반영되나, 소비재를 대상으로 하는 소비자물가지수($CPI$)에는 반영되지 않는다.

② 수입물품의 가격 상승은 소비자물가지수($CPI$)에는 영향을 미치나, $GDP$디플레이터는 국내 생산물을 대상으로 하기에 수입물품의 가격 상승은 $GDP$디플레이터에 반영되지 않는다.

④ $GDP$디플레이터는 $GDP$에 포함되는 모든 재화와 서비스를 대상으로 하기에 국내에서 생산된 모든 재화 및 용역의 가격을 측정한다. 따라서 ④도 "생산된 모든 재화 및 용역의 가격"이 아니라 "국내에서 생산된 모든 재화 및 용역의 가격"이기에 옳지 않은 설명이다.

⑤ 소비자물가지수($CPI$)는 라스파이레스 방식으로 기준연도의 고정된 가중치를 사용하기에 가격급등으로 인한 충격을 과대평가한다.

**출제POINT**

- 라스파이레스 방식은 기준연도 거래량을 가중치로 사용하여 계산($L_P = \frac{P_t \cdot Q_0}{P_0 \cdot Q_0}$)하는 물가지수로 물가변화를 과대평가하고, 소비자물가지수, 생산자물가지수 등이 있다.
- 파셰 방식은 비교연도 거래량을 가중치로 사용하여 계산($P_P = \frac{P_t \cdot Q_t}{P_0 \cdot Q_t}$)하는 물가지수로 물가변화를 과소평가하고, $GDP$디플레이터 등이 있다.

## 02 □□□

**어떤 재화의 공급곡선은 $Q=-4+P$이고 수요곡선은 $Q=20-P$이다. 한편 이 재화를 생산하는 데 따른 환경오염의 사회적 비용은 $C=2Q$이다. 이에 대한 설명으로 옳은 것은? (단, $P$, $Q$는 각각 이 재화의 가격, 수량이다)**

① 정부의 개입이 없을 경우 균형 생산량은 7이다.

② 정부의 개입이 없을 경우 균형 가격은 10이다.

③ 환경오염 비용까지 고려한 사회적 최적 생산량은 6이다.

④ 환경오염 비용까지 고려한 사회적 최적 가격은 13이다.

⑤ 정부의 개입이 없을 경우 사회적 후생의 순손실의 크기는 0.5이다.

| 02 | 미시 | 외부효과 | 답 ④ |
|---|---|---|---|

- 공급곡선이 $Q=-4+P$, $P=4+Q$이기에 $PMC=4+Q$이다.
- 이 재화를 생산하는 데 따른 환경오염의 사회적 비용 $C=2Q$에서 외부한계비용은 $EMC=2$이기에 $SMC=6+Q$이다.

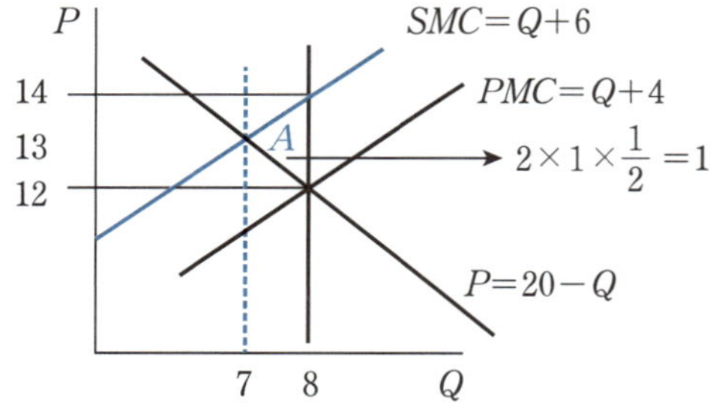


- 정부의 개입이 없을 경우, 시장균형거래량은 $P=PMC$에 따라 $20-Q=4+Q$에서 $Q=8$이다(①). 이를 $PMC$곡선 $PMC=4+Q$에 대입하면 시장균형가격은 $P=12$이다(②).
- 사회적 최적거래량은 $P=SMC$에 따라 $20-Q=6+Q$에서 $Q=7$이다(③). 이를 $SMC$곡선 $SMC=6+Q$에 대입하면 사회적 최적가격은 $P=13$이다(④).
- 시장균형거래량인 $Q=8$에서 $SMC-PMC=2$이다.
- 따라서, 사회적 후생손실은 $A$ 면적으로 $2\times(8-7)\times1/2=1$이다(⑤).

**출제POINT**

생산의 외부불경제 시 시장균형거래량에서 "사회적 후생손실 = 비용증가분 − 편익증가분"이다.

## 03 □□□

**어떤 나라의 커피 시장의 수요곡선은 우하향하고 공급곡선은 우상향한다고 한다. 다음 중 이 나라의 정부가 커피에 대해 조세를 부과할 때 나타날 수 있는 현상으로 옳지 않은 것은?**

① 단위당 $T$원의 종량세를 공급자에게 부과했을 때의 커피 거래량과 소비자에게 부과했을 때의 커피 거래량은 동일하다.

② 커피 가격의 $t$%의 세율로 종가세를 공급자에게 부과했을 때의 커피 거래량과 소비자에게 부과했을 때의 커피 거래량은 동일하다.

③ 종량세를 소비자에게 부과하면 수요곡선은 아래로 평행이동한다.

④ 종가세를 소비자에게 부과하면 수요곡선의 기울기는 완만해진다.

⑤ 종가세를 공급자에게 부과하면 공급곡선의 기울기는 가팔라진다.

| 03 | 미시 | 종량세와 종가세 | 답 ② |
|---|---|---|---|

종가세부과 시 비율로 회전이동하기에 공급자부과와 소비자부과 시 거래량은 동일하지 않다.

**오답피하기**

① 종량세부과 시 공급자부과든 소비자부과든 동일한 폭으로 평행이동하기에 거래량은 동일하다.

③ 종량세를 소비자에게 부과하면 수요곡선은 하방으로 평행이동한다.

④ 종가세를 소비자에게 부과하면 수요곡선은 하방으로 회전이동하기에 수요곡선의 기울기는 완만해진다.

⑤ 종가세를 공급자에게 부과하면 공급곡선은 상방으로 회전이동하기에 공급곡선의 기울기는 가팔라진다.

### 출제POINT

종량세부과로 곡선은 평행이동하고, 종가세부과로 곡선은 회전이동한다.

- 종량세: 생산자에게 부과될 때 생산자가 소비자로부터 받고자 하는 가격이 단위당 조세($T$원)만큼 상승하고, 소비자에게 부과될 때 소비자가 생산자에게 지불할 용의가 있는 금액이 단위당 조세($T$원)만큼 하락한다.
- 종가세: 생산자에게 부과될 때 생산자가 소비자로부터 받고자 하는 가격이 세율($t$%)만큼 상승하고, 소비자에게 부과될 때 소비자가 생산자에게 지불할 용의가 있는 금액이 세율($t$%)만큼 하락한다.

1) 생산자에게 종량제 부과 시 공급곡선이 상방으로 평행이동하고, 소비자에게 종량제 부과 시 수요곡선이 하방으로 평행이동한다.

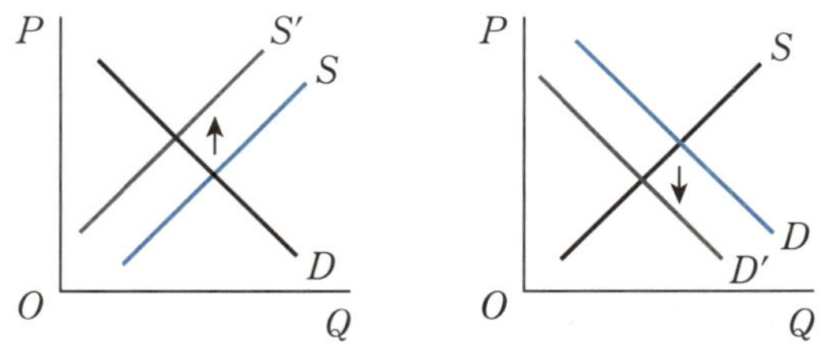


생산자에게 종량세 부과 시 / 소비자에게 종량세 부과 시

2) 생산자에게 종가세 부과 시 공급곡선이 회전하면서 상방으로 이동하고, 소비자에게 종가세 부과 시 수요곡선이 회전하면서 하방으로 이동한다.

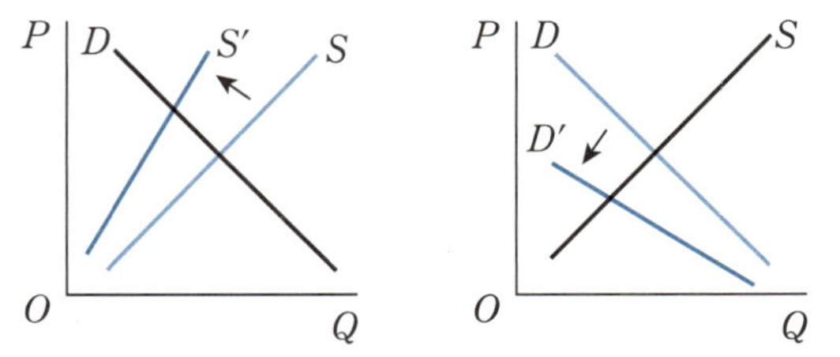


생산자에게 종가세 부과 시 / 소비자에게 종가세 부과 시

국회직

해커스공무원 局경제학 15개년 기출문제집

## 04 □□□

**자동차를 생산하는 어느 기업의 생산함수는 $Q = L^{\frac{3}{4}}K^{\frac{1}{2}}$로 나타낼 수 있다. 이 기업에 대한 설명으로 옳지 않은 것은? (단, $L$, $K$는 각각 노동, 자본이다)**

① 자동차의 가격과 한계비용이 일치하는 곳에서 자동차의 생산량을 결정한다.
② 노동의 가격과 자본의 가격이 같다면 노동을 더 많이 투입한다.
③ 확장경로는 원점을 지나는 직선으로 나타난다.
④ 이 기업의 생산기술은 규모수익체증의 특성을 가진다.
⑤ 생산요소 간 대체탄력성은 항상 일정하다.

## 05 □□□

**생산량이 자연율 수준에 있는 장기균형의 경제를 가정하자. 한국은행이 통화공급을 증대시킬 경우 나타나는 변화에 대한 설명으로 옳지 않은 것은?**

① $IS-LM$모형에서 단기적으로 이자율은 낮아지고 생산량은 증가한다.
② $IS-LM$모형에서 실질이자율이나 생산량 수준에서 장기적인 변화는 없다.
③ $AD-AS$모형에서 장기적으로 생산량은 자연율 수준으로 되돌아가고 물가수준은 상승한다.
④ 생산량이 자연율 수준 이하로 감소함에 따라 필립스곡선에서 실업률은 자연율 아래로 감소한다.
⑤ 장기적으로는 기대인플레이션이 상승하여 단기 필립스곡선이 위쪽으로 이동한다.

**04 | 미시 | 생산함수 | 답 ①**

생산함수 $Q=L^{3/4}K^{1/2}$은 5/4차 동차함수로 규모수익체증이기에 규모의 경제를 초래하여 독과점이 된다면, 완전경쟁시장처럼 가격과 한계비용이 일치하는 곳에서 생산량을 결정한다고 할 수 없다.

**오답피하기**

②, ③ 생산함수 $Q=L^{3/4}K^{1/2}$은 $C-D$형 생산함수로 확장경로는 원점을 지나는 직선으로 나타난다. 즉, 생산함수 $Q=L^{3/4}K^{1/2}$의 등량곡선의 접선의 기울기는 $MRTS_{LK}=\dfrac{\frac{3}{4}K}{\frac{1}{2}L}=\dfrac{3K}{2L}$이고 등비용선 기울기가 $\dfrac{w}{r}$일 때, 생산자균형에서 $\dfrac{3K}{2L}=\dfrac{w}{r}$이기에 확장경로는 $K=\dfrac{2w}{3r}L$로 원점을 지나는 직선이다. 확장경로 $K=\dfrac{2w}{3r}L$에서, 노동의 가격과 자본의 가격이 같다면 $K=\dfrac{2}{3}L$이기에 노동을 더 많이 투입한다.
④ 생산함수 $Q=L^{3/4}K^{1/2}$은 5/4차 동차함수로 규모수익체증의 특성을 가진다.
⑤ 생산함수 $Q=L^{3/4}K^{1/2}$은 $C-D$형 생산함수로 생산요소 간 대체탄력성은 1로 일정하다.

**출제POINT**

$C-D$ 생산함수 $Q=AL^{\alpha}K^{\beta}$는 1차 동차함수 여부와 관계없이 대체탄력성은 1이다.

**05 | 거시 | 통화정책 | 답 ④**

- $IS-LM$모형에서 통화량이 증가하면 $LM$곡선의 우측이동으로 이자율은 낮아지고 생산량은 증가한다.
- $AD-AS$모형에서 $LM$곡선의 우측이동으로 $AD$곡선이 우측이동하면 물가가 상승하고 국민소득은 증가한다.
- $IS-LM$모형에서 $P$상승으로 $LM$곡선이 일부 좌측이동하면 단기적으로 최초 균형점에 비해 이자율은 하락하고 생산량은 증가한다(①).
- 단기적으로 최초 균형점에 비해 생산량이 증가하여 자연율 수준보다 크면 과열로 임금이 상승하기에 $AD-AS$모형에서 단기 총공급곡선이 좌측 이동하기에 장기적으로 물가는 상승하고 생산량은 자연율 수준으로 복귀한다(③).
- $IS-LM$모형에서 $P$상승으로 $LM$곡선이 좌측이동하면 최초 균형점으로 복귀하기에 실질이자율이나 생산량 수준에서 장기적인 변화는 없다(②).
- 단기적으로 생산량이 자연율 수준 이상으로 증가함에 따라 필립스곡선에서 실업률은 자연율 아래로 감소한다(④).
- 단기적으로 과열로 임금이 상승하기에 장기적으로는 기대인플레이션이 상승하여 단기 필립스곡선이 상방으로 이동한다(⑤).

**출제POINT**

확장적 통화정책으로 통화량이 증가하면 $LM$곡선의 우측이동으로 이자율이 하락한다. 이자율이 하락하면 투자와 소비가 증가하여 국민소득이 증가한다.

## 06 □□□

**$A$제품의 우리나라 가격은 $2,600$원, 미국 가격은 $2$달러, 그리고 원화의 달러 대비 명목환율은 $1,200$원/달러이다. 이에 대한 설명으로 옳은 것은?**

① 거래비용이 없다면 현재 재정거래(Arbitrage)의 기회는 존재하지 않는다.
② 실질환율에 의하면 국내의 $A$제품 1단위는 미국의 $A$제품 13/12단위와 교환될 것이다.
③ 구매력평가설에 따른 원화가치는 저평가되어있다.
④ 구매력평가설에 따른 명목환율은 1,200원/달러이다.
⑤ 구매력평가설에 따른 명목환율과 실제 명목환율의 차이에 의하면 우리나라의 무역수지는 적자일 것이다.

## 07 □□□

**2기간을 사는 어떤 소비자의 효용함수가 $U=C_1^{\alpha}C_2^{1-\alpha}$로 주어진다고 하자. 한편 이 소비자의 1기 소득은 Y, 2기 소득은 0이며, 이자율은 $r$로 주어진다. 이 소비자의 효용극대화를 달성하는 소비 및 저축에 대한 설명으로 옳은 것은? (단, $C_1$, $C_2$는 각각 1기 소비와 2기 소비를 나타내며, $0<\alpha<1$, $0<r<1$이다)**

① 1기의 저축률은 $\alpha$이다.
② 1기의 소비는 $(1-\alpha)Y$이다.
③ 2기의 소비는 $(1-\alpha)Y$이다.
④ 1기 소비의 크기는 이자율과 무관하다.
⑤ 2기 소비의 크기는 이자율과 무관하다.

**06** | 국제 | 구매력평가설 | 답 ②

실질환율을 국내제품 1단위와 미국제품 간 교환비율로 정의하면,
$\epsilon=\dfrac{P}{e\times P_f}=\dfrac{2,600}{1,200\times 2}=\dfrac{13}{12}$ 단위이다.

(오답피하기)

① 2,400원으로 2달러를 교환하여 미국에서 $A$제품을 구입하여 한국에서 2,600원에 판매하면, 거래비용이 없다고 전제할 때 1개당 200원의 수익을 얻을 수 있다. 이와 같은 차익거래를 재정거래라 한다.
③, ④ (구매력평가설) 명목환율$=\dfrac{P}{P_f}=\dfrac{2,600}{2}=1,300$원/달러이고, 실제 명목환율은 1,200원/달러이기에 구매력평가설에 따른 원화가치는 고평가되어 있다.
⑤ 무역수지가 흑자일 때, 달러공급증가로 환율이 하락하기에 구매력평가설에 따른 명목환율(1,300원/달러)보다 실제 명목환율(1,200원/달러)이 낮다.

**출제POINT**

실질환율을 국내제품 1단위와 미국제품 간 교환비율로 정의하면, $\epsilon=\dfrac{P}{e\times P_f}$이다.

**07** | 미시 | 두 기간모형 | 답 ④

- 소비자균형 조건$\left[\dfrac{\alpha C_2}{(1-\alpha)C_1}=1+r\right]$과 예산선$\left(C_1+\dfrac{C_2}{1+r}=Y\right)$을 이용하여 계산하면, 다음과 같다.
- $\dfrac{\alpha C_2}{(1-\alpha)C_1}=1+r,\ C_1+\dfrac{C_2}{1+r}=Y$에서
  $C_1+\dfrac{\frac{1-\alpha}{\alpha}C_1(1+r)}{1+r}=Y$이기에
  $C_1\left(\dfrac{1}{\alpha}\right)=Y,\ C_1=\alpha Y$이고
  $C_2=(1-\alpha)(1+r)Y$이다.
  또한 $S_1=Y-C_1=(1-\alpha)Y$이다.
- 따라서 1기 소비는 $C_1=\alpha Y$이기에 이자율과 무관하다.

(오답피하기)

① 1기의 저축률은 $S_1=(1-\alpha)Y$이기에 $1-\alpha$이다.
② 1기의 소비는 $C_1=\alpha Y$이다.
③ 2기의 소비는 $C_2=(1-\alpha)(1+r)Y$이다.
⑤ 2기 소비는 $C_2=(1-\alpha)(1+r)Y$이기에 이자율에 비례적이다.

**출제POINT**

예산선의 기울기는 예산제약식 $C_1+\dfrac{C_2}{1+r}=Y$에서 $(1+r)$이고, 무차별곡선의 접선의 기울기는 효용함수 $U=C_1^{\alpha}C_2^{1-\alpha}$에서 $MRS_{C_1C_2}=\dfrac{\alpha C_2}{(1-\alpha)C_1}$이기에 $\dfrac{\alpha C_2}{(1-\alpha)C_1}=1+r$일 때 소비자균형점은 달성된다.

## 08 □□□

**보몰(W. Boumol)의 거래적 화폐수요이론에 대한 설명으로 옳지 않은 것만을 <보기>에서 모두 고르면?**

〈보기〉

ㄱ. 화폐수요의 소득탄력성은 1/2이다.
ㄴ. 물가가 상승하면 실질화폐수요는 감소한다.
ㄷ. 이자율이 상승하면 기회비용이 증가하므로 화폐수요가 감소한다.
ㄹ. 사회 내의 총소득이 일정할 때 소득분배가 균등해지면 화폐수요가 감소한다.
ㅁ. 거래적 화폐수요에는 규모의 경제가 존재한다.

① ㄱ, ㄷ
② ㄴ, ㄹ
③ ㄴ, ㅁ
④ ㄷ, ㄹ
⑤ ㄷ, ㅁ

## 09 □□□

**다음 글에 따를 때 기업이 설정하는 단일가격제도하에서의 단일요금, 이부가격제도하에서의 회원권 가격과 회원전용요금으로 옳은 것은?**

어느 지역에서 콘도를 독점하고 있는 기업이 있다. 이 독점기업의 총비용함수는 $TC(Q)=20Q$이다. 이 콘도를 이용하는 사람들의 수요함수는 $Q=250-(1/2)P$로 동일하다. 이 기업은 현재 1박당 일정액의 요금만 부과하는 단일가격제도를 시행하고 있는데, 회원권 판매와 1박당 회원전용요금을 부과하는 형태의 이부가격제도로 변경하고자 한다. 독점기업이 이부가격제도를 시행하는 경우 회원권을 소지한 회원만 숙박서비스를 이용할 수 있다. (단, $Q$, $P$는 각각 숙박일수, 1박당 가격이다)

| | 단일요금 | 회원권 가격 | 회원전용 요금 |
|---|---|---|---|
| ① | 20 | 28,800 | 260 |
| ② | 130 | 28,800 | 130 |
| ③ | 260 | 57,600 | 260 |
| ④ | 260 | 28,800 | 20 |
| ⑤ | 260 | 57,600 | 20 |

### 08 거시 화폐수요 답 ②

ㄴ. 보몰의 화폐수요함수에서, $M^D=P\sqrt{\frac{bY}{2r}}$, $\frac{M^D}{P}=\sqrt{\frac{bY}{2r}}$로 실질화폐수요함수는 소득과 이자율 및 거래비용의 함수이기에 물가가 상승해도 실질화폐수요는 불변이다.

ㄹ. 보몰의 화폐수요함수에서 소득이 증가하는 것만큼 화폐수요가 증가하지는 않기에 소득분배가 균등해지면 화폐수요가 증가한다. 즉, 완전불평등하여 1인만 거래한다고 할 때 화폐수요보다 완전평등하여 모두 거래할 때의 화폐수요가 더 크다. 따라서 사회 내의 총소득이 일정할 때 소득분배가 균등해지면 화폐수요가 증가한다.

**오답피하기**

ㄱ. 지수함수에서 지수는 탄력성이다. 따라서 보몰의 화폐수요함수 $M^D=P\sqrt{\frac{bY}{2r}}$에서 화폐수요의 소득탄력성은 1/2이다.

ㄷ. 보몰의 화폐수요함수에서 이자율이 상승하면 기회비용이 증가하기에 화폐수요가 감소한다. 즉, 거래적 화폐수요는 이자율의 감소함수이다.

ㅁ. 보몰의 화폐수요함수에서 다른 조건이 일정할 때 소득이 2배 증가하면 화폐수요는 2배보다 더 적게 증가한다. 즉, 거래적 화폐수요에는 규모의 경제가 존재한다.

**출제POINT**

보몰의 화폐수요함수는 $M^D=P\sqrt{\frac{bY}{2r}}$ ($b$-거래비용)이다.

### 09 미시 이부가격 답 ⑤

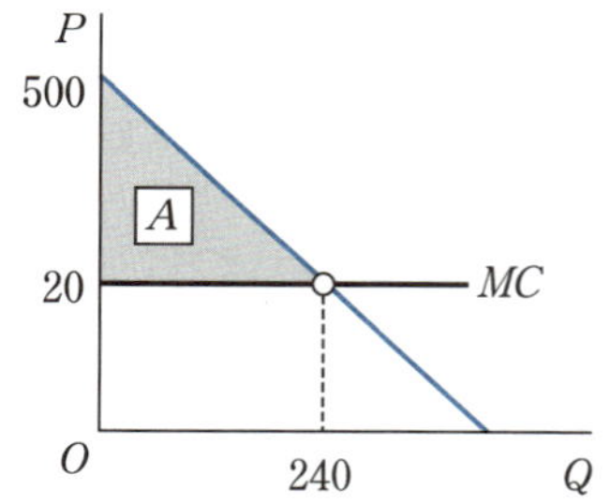


• 수요함수 $Q=250-(1/2)P$에서 $P=500-2Q$이기에 $MR=500-4Q$이다. 총비용함수 $TC(Q)=20Q$에서 $MC=20$이다. 독점하, 단일요금은 $MR=MC$에서 구할 수 있다. 즉, $500-4Q=20$에서 $Q=120$이고, 이를 수요함수에 대입하면 $P=260$이다. 따라서 단일요금은 260이다.

• 이부가격의 경우, $P=MC$에 따라 가격과 산출량을 설정하고 소비자잉여만큼의 회원권 가격 부과가 가능하다. $P=500-2Q$이고, $MC=20$이다. $P=MC$에 따라 $Q=240$이고 $P=20$이다. 소비자잉여는 $P=500-2Q$에서 $Q=240$일 때 최대지불의사금액에서 실제지불금액을 차감한 $A$ 면적으로 $480\times240\times1/2=57,600$이다.

**출제POINT**

이부가격이란 재화를 구입할 권리에 대해 1차로 가격을 부과하고, 재화 구입량에 따라 2차로 다시 가격을 부과하는 가격체계로 가격차별의 한 유형이다.

## 10 □□□

**어떤 도시의 시민들은 대형마트와 골목시장에서 생활용품을 구매하고 있다. 정부는 골목시장을 활성화하기 위해 골목시장에서 제품을 구매하는 경우 구매가격의 10%를 할인해주는 보조정책을 시행하였다. <보기>에서 이러한 정책이 시행된 이후 나타나는 효과로 옳은 것만을 모두 고르면? (단, 생활용품에 대한 수요는 탄력적이다)**

〈보기〉

ㄱ. 골목시장의 매출이 증가한다.
ㄴ. 골목시장의 이윤증가가 대형마트의 이윤감소보다 크다.
ㄷ. 소비자들의 생활용품에 대한 전체 지출이 증가한다.
ㄹ. 정부의 보조금 지출보다 소비자들과 대형마트 및 골목시장의 후생증가가 더 크다.

① ㄱ, ㄴ　② ㄱ, ㄷ
③ ㄴ, ㄷ　④ ㄴ, ㄹ
⑤ ㄷ, ㄹ

## 11 □□□

**소득 100으로 단골 상점에서 두 재화 $X$, $Y$만을 구입하는 소비자가 있다. 단위당 가격은 $X$가 10, $Y$가 5이다. 어느 날 그 상점에서 $X$를 5단위보다 많이 구입하면 5단위 초과분에 대해 가격을 절반으로 할인해주는 행사를 실시하였다. 이 행사에 따른 소비자의 예산집합 면적의 증가율은?**

① 10%　② 15%
③ 20%　④ 25%
⑤ 30%

### 10 미시 수요의 가격탄력성과 판매수입 답 ②

ㄱ. 골목시장에서 제품구매 시 구매가격의 10%를 할인해주면 생활용품에 대한 수요는 탄력적이기에 골목시장의 매출이 증가한다.
ㄷ. 골목시장에서의 할인행사를 대형마트와 골목시장 전체에서의 가격하락으로 볼 수 있고, 생활용품에 대한 수요가 탄력적이기에 소비자들의 생활용품에 대한 전체 지출은 증가한다.

오답피하기

ㄴ. 골목시장에서의 할인행사로 골목시장은 이윤이 증가하고 대형마트는 이윤이 감소하지만, 비용조건을 알 수 없기에 그 폭을 알 수 없다. 따라서 골목시장의 이윤증가가 대형마트의 이윤감소보다 크다고 단정할 수 없다.
ㄹ. 수요곡선과 공급곡선을 알 수 없기에 주어진 조건으로는 소비자잉여나 생산자잉여를 알 수 없다.

**출제POINT**
우하향의 수요직선에서 탄력적 구간은 가격이 하락, 비탄력적 구간은 가격이 상승하면 판매수입이 증가하며, 중점에서 판매수입이 극대화된다.

### 11 미시 예산선 답 ④

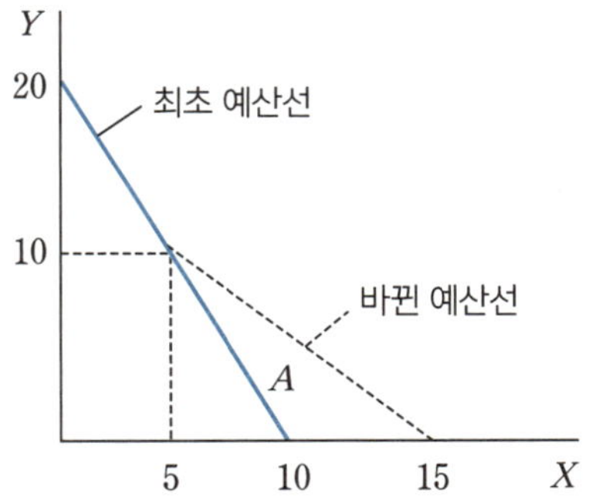


- 최초 예산선은 소득 100으로 단위당 가격이 10인 $X$는 최대 10단위, 단위당 가격이 5인 $Y$는 최대 20단위 구입가능하다.
- 따라서 최초 예산선의 예산집합 면적은 $(20\times10\times0.5=)100$이다.
- $X$를 5단위 구입하면 소득 100에서 남은 50으로 $X$를 추가로 구입하면 절반으로 할인한 5로 구입가능하기에 최대 10단위를 추가구입할 수 있다. 즉, $X$만 구입한다면 최대 15단위까지 구입가능하다.
- 따라서 증가된 예산선의 예산집합 면적은 $A$로 $(5\times10\times0.5=)25$이다. 결국, 예산집합 면적의 증가율은 25%이다.

**출제POINT**
주어진 소득으로 구입가능한 두 재화의 조합을 나타낸 직선이 예산선이다.

## 12 □□□

**$A$국가와 $B$국가 사이에 무역이 이루어지기 전에 두 국가의 자동차 시장에서 다음과 같은 상황이 관찰되었다고 한다. 두 국가 사이에 무역이 이루어졌을 때 각 나라들의 자동차 시장에서 나타날 수 있는 현상으로 옳은 것은?**

> • 두 국가 모두 수요곡선은 우하향하고 공급곡선은 우상향한다.
> • $A$국가의 자동차 가격이 $B$국가의 자동차 가격보다 높다.
> • $B$국가의 자동차 소비량이 $A$국가의 자동차 소비량보다 많다.

① $A$국가의 소비자잉여는 감소한다.
② $B$국가의 생산자잉여는 감소한다.
③ $A$국가의 사회후생이 무역 전보다 감소하는 경우가 나타날 수 있다.
④ $A$국가의 무역 후의 자동차 가격이 무역 전보다 높게 형성될 수 있다.
⑤ $A$국가의 자동차 소비량이 $B$국가의 자동차 소비량보다 많아질 수 있다.

**12** 국제 **무역** 답 ⑤

$A$국가는 수입국이기에 무역 전보다 소비량이 증가하고, $B$국가는 수출국이기에 무역 전보다 소비량이 감소하여, $A$국가의 자동차 소비량이 $B$국가의 자동차 소비량보다 많아질 수 있다.

**오답피하기**

① $A$국가는 수입국이기에 가격하락으로 소비자잉여는 $a+b$만큼 증가한다.
② $B$국가는 수출국이기에 가격상승으로 생산자잉여는 $c+d$만큼 증가한다.
③ $A$국가는 수입국이기에 가격하락으로 소비자잉여는 $a+b$만큼 증가하고, 생산자 잉여는 $a$만큼 감소하여 사회적 잉여는 $b$만큼 증가한다.
④ $A$국가는 수입국이기에 가격하락으로 $A$국가의 무역 후의 자동차 가격이 무역 전보다 높게 형성될 수 없다.

**출제POINT**

가격이 $P1$에서 $P0$으로 하락함으로써 $A$국의 소비자 잉여는 $a+b$만큼 증가하고, 생산자 잉여는 $a$만큼 감소한다. 가격이 $P2$에서 $P0$으로 상승함으로써 $B$국의 생산자 잉여는 $c+d$만큼 증가하고, 소비자 잉여는 $c$만큼 감소한다.

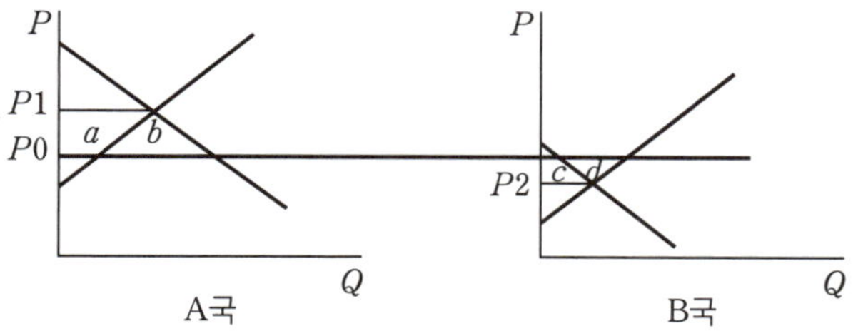


• $A$국가의 자동차 가격이 $B$국가의 자동차 가격보다 높다.
• $B$국가의 자동차 소비량이 $A$국가의 자동차 소비량보다 많다.
• $P1 > P0 > P2$이기에 가격이 비싼 $A$국은 수입국이고 가격이 싼 $B$국은 수출국이다.

## 13 □□□

**소비이론에 대한 설명으로 옳지 않은 것은?**

① 항상소득가설에 따르면 항상소득과 관련된 한계소비성향이 일시소득과 관련된 한계소비성향보다 더 작다.
② 생애주기가설에 따르면 소비자는 일생 동안의 소득을 염두에 두고 적절한 소비수준을 선택한다.
③ 절대소득가설에 따르면 처분가능소득의 절대적 크기가 소비수준을 결정하는 가장 중요한 요인이다.
④ 항상소득가설에 따르면 경기 호황기에는 일시소득의 증가로 저축률이 상승한다.
⑤ 생애주기가설에 따르면 똑같은 처분가능소득을 가지고 있는 사람들이라도 나이에 따라 서로 다른 한계소비성향을 보인다.

## 14 □□□

**생산함수가 $F(L, K)=\sqrt{LK}$인 기업이 있다. 이 기업은 노동의 가격이 $w=4$, 자본의 가격이 $r=4$일 때 최소의 비용으로 10단위를 생산한다. 노동의 가격이 $w=1$로 하락하고 생산량을 2배로 늘리는 경우 이 기업의 비용 변화로 옳은 것은? (단, $L$, $K$는 각각 노동, 자본이다)**

① 20 감소한다.
② 10 감소한다.
③ 변하지 않는다.
④ 10 증가한다.
⑤ 20 증가한다.

| 13 | 거시 | 소비함수 | 답 ① |
|---|---|---|---|

항상소득가설에 따르면 항상소득이 증가하면 소비가 크게 증가하나 일시소득이 증가해도 소비가 거의 증가하지 않기에, 항상소득의 한계소비성향은 일시소득의 한계소비성향보다 높다.

**오답피하기**

② 일생 동안 소득의 변화는 불규칙하나 생애전체 소득의 현재가치를 감안하여 소비는 일정하게 유지한다는 가정아래 소비는 소득과 자산의 크기에 영향을 받는다는 것이 생애주기가설이다.
③ 소비는 현재의 가처분소득에 의해 결정($C=C_0+cY$)된다고 보는 케인즈의 절대소득가설에 따르면, 가처분소득의 절대적 크기가 소비수준을 결정하는 가장 중요한 요인이다.
④ 소비는 항상소득의 일정비율이라는 프리드만의 항상소득가설에 따르면, 호황기 일시소득의 증가는 소비가 아니라 저축의 증가를 초래하기에 저축률이 상승한다.
⑤ 동일한 수준의 가처분소득을 갖고 있는 사람들이라도 생애전체 소득의 현재가치는 나이에 따라 다를 수 있기에 서로 다른 한계소비성향을 보인다.

**출제POINT**

한계소비성향은 소비함수의 기울기로 측정되고, 평균소비성향은 소비함수상의 각 점에서 원점으로 연결한 직선의 기울기로 측정된다. 케인즈의 절대소득가설에 따르면 소비함수는 소비축(세로축)을 통과하기에 항상 소비함수 기울기보다 소비함수상의 각 점에서 원점으로 연결한 직선의 기울기가 더 크다. 즉, 평균소비성향이 한계소비성향보다 크다.

| 14 | 미시 | 비용최소화 | 답 ③ |
|---|---|---|---|

- $MRTS_{LK}=\frac{K}{L}=\frac{w}{r}$에서 $K=\frac{w}{r}L$, $L=\frac{r}{w}K$이다.
- $Q=\sqrt{LK}=\sqrt{L\cdot\frac{w}{r}L}=L\sqrt{\frac{w}{r}}$에서 $L=\sqrt{\frac{r}{w}}Q$이고,

  $Q=\sqrt{LK}=\sqrt{\frac{r}{w}K\cdot K}=\sqrt{\frac{r}{w}}K$에서 $K=\sqrt{\frac{w}{r}}Q$이다.
- $C=wL+rK=2\sqrt{wr}Q$이기에,
  $w=4$, $r=4$일 때, $C=8Q$이고,
  $w=1$, 생산량이 2배이면 $C=8Q$이다.
  따라서 비용은 변함이 없다.

**출제POINT**

생산자균형은 등량곡선과 등비용선이 접하는 점에서 등량곡선의 기울기인 한계기술대체율과 등비용선의 기울기가 일치함으로써 달성된다.

## 15 □□□

$IS$곡선은 우하향하고 이자율은 중앙은행에 의해 외생적으로 결정되는 폐쇄경제에서 다른 항목은 변화 없이 정부지출이 100조 증가한다고 하자, 소비자는 소득 $Y$의 20%를 소득세로 납부하며, 한계소비성향은 0.75이다. 이때 가격이 고정된 단기에 발생한 결과로 옳은 것은?

① 소득 $Y$는 400조만큼 증가할 것이다.
② 민간소비는 240조만큼 증가할 것이다.
③ 민간저축은 60조만큼 증가할 것이다.
④ 정부의 소득세 수입은 50조만큼 증가할 것이다.
⑤ 정부저축은 변화하지 않을 것이다.

## 16 □□□

어떤 개인이 2가지 재화 $X$와 $Y$를 각각 $Q_X$, $Q_Y$만큼 생산하고 있다고 하자. 가격수용자인 이 개인은 $X$와 $Y$를 시장가격에 판매 혹은 구매함으로써 $X$와 $Y$를 $C_X$, $C_Y$만큼 소비하는 소비자이기도 하다. $Q_X$, $Q_Y$가 주어진 상태에서 $X$의 가격이 상승할 때 이 개인에게 발생할 변화로 옳은 것만을 모두 고르면? (단, $X$와 $Y$의 소비에 대한 무차별곡선은 일반적인 형태를 가지며 불확실성은 없다)

ㄱ. 가격 상승 전에 $C_X < Q_X$이었다면 가격 상승 이후 이 소비자의 효용은 증가한다.
ㄴ. 가격 상승 전에 $C_X = Q_X$이었다면 가격 상승 이후 이 소비자의 효용은 증가한다.
ㄷ. 가격 상승 전에 $C_X = Q_X$이었다면 가격 상승 이후에는 $C_X < Q_X$가 선택된다.
ㄹ. 가격 상승 전에 $C_X > Q_X$이었다면 가격 상승 이후에는 $C_X > Q_X$가 선택된다.

① ㄱ, ㄴ
② ㄱ, ㄴ, ㄷ
③ ㄱ, ㄴ, ㄹ
④ ㄱ, ㄷ, ㄹ
⑤ ㄴ, ㄷ, ㄹ

| 15 | 거시 | 승수 | 답 ④ |
|---|---|---|---|

- 세율이 20%, 한계소비성향이 0.75일 때, $\frac{1}{1-c(1-t)} = \frac{1}{1-0.75(1-0.2)} = 2.5$이다.
- 정부지출이 100조 증가하면 100×2.5에 따라 소득은 250조 증가한다(①).
- 소득이 250조 증가하면 250×0.2에 따라 조세는 50조 증가한다(④). 따라서 가처분소득은 200조 증가한다.
- 200×0.75에 따라 소비는 150조 증가하며(②), 200×0.25에 따라 민간저축은 50조 증가한다(③).
- 정부저축은 정부지출이 100조 증가하고 조세가 50조 증가하므로 50조 감소한다(⑤).

**출제POINT**

정부지출승수는 $\frac{1}{1-c(1-t)}$이다.

| 16 | 미시 | 저축자와 차입자 | 답 ② |
|---|---|---|---|

ㄱ. 가격 상승 전에 $C_X < Q_X$이었다면, $X$재 생산량보다 $X$재 소비량이 적기에 이는 $X$재 판매자이고 $Y$재 구매자이다. 따라서 $X$재 가격 상승 이후 이 소비자의 효용은 증가한다.
ㄴ, ㄷ. 가격 상승 전에 $C_X = Q_X$이었다면, $X$재 가격 상승 이후 $X$재 소비를 줄이고 $Y$재 소비를 늘림으로써 이 소비자의 효용은 증가한다. 즉, $C_X < Q_X$가 선택된다.

**오답피하기**

ㄹ. 가격 상승 전에 $C_X > Q_X$이었다면, $X$재 생산량보다 $X$재 소비량이 많기에 이는 $X$재 구매자이고 $Y$재 판매자이다. 따라서 $X$재 가격 상승 이후 $X$재 판매자가 될 수 있기에 $C_X > Q_X$가 선택된다고 단정할 수 없다.

**출제POINT**

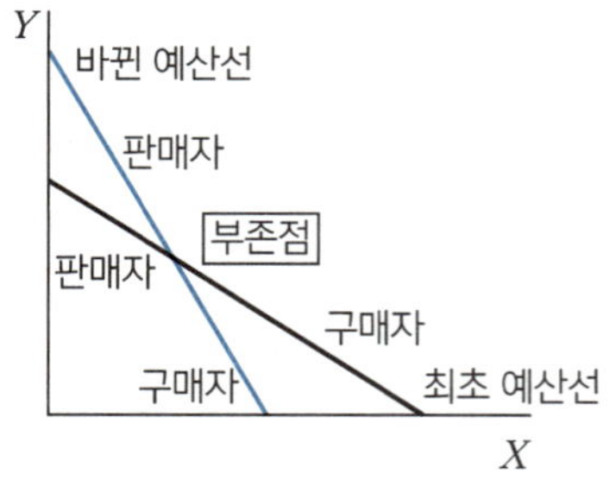


부존점 좌측은 $X$재 판매자($Y$재 구매자)이고, 부존점 우측은 $X$재 구매자($Y$재 판매자)이다.

## 17 □□□

어느 기업의 평균비용함수가 $AC(Q) = Q^2 - 20Q + 150$ 이다. 이 기업의 비용에 대한 설명으로 옳은 것만을 <보기> 에서 모두 고르면?

〈보기〉

ㄱ. 고정비용이 존재한다.
ㄴ. 한계비용이 최저가 되는 생산량은 7이다.
ㄷ. 한계비용이 증가하는 구간 전체에서 규모의 불경제가 발생한다.
ㄹ. 한계비용과 평균비용이 일치하는 생산량에서 총비용은 500이다.

① ㄱ
② ㄴ
③ ㄹ
④ ㄱ, ㄴ
⑤ ㄷ, ㄹ

## 18 □□□

인구가 일정하고 기술진보가 없는 솔로우(R. M. Solow)의 경제성장모형을 고려하자. $A$국의 생산함수는 $Y = L^{1/3}K^{2/3}$, 저축률은 60%, 자본의 감가상각률은 연 10%이다. 균제상태(steady state)에서의 1인당 자본량($k^*$)과 황금률(golden rule) 균제상태에서의 1인당 자본량($k_g$)은? (단, $L$, $K$는 각각 노동, 자본이다)

| | $k^*$ | $k_g$ |
|---|---|---|
| ① | 36 | $\left(\frac{3}{20}\right)^3$ |
| ② | 36 | $\left(\frac{20}{3}\right)^3$ |
| ③ | 216 | $\left(\frac{3}{20}\right)^3$ |
| ④ | 216 | $\left(\frac{20}{3}\right)^3$ |
| ⑤ | 216 | $\left(\frac{10}{3}\right)^3$ |

**17** 미시 **비용함수** 답 ③

ㄹ. 한계비용 $MC(Q) = 3Q^2 - 40Q + 150$과 평균비용 $AC(Q) = Q^2 - 20Q + 150$이 일치하면, $2Q^2 - 20Q = 0$에서 생산량은 $Q = 10$이다. 따라서 총비용은 $TC(Q) = Q^3 - 20Q^2 + 150Q$에서 $TC = 500$이다.

**오답피하기**

ㄱ. 총비용함수 $TC(Q) = Q^3 - 20Q^2 + 150Q$에서, 고정비용은 존재하지 않는다.
ㄴ. 한계비용은 $TC(Q) = Q^3 - 20Q^2 + 150Q$에서 $MC(Q) = 3Q^2 - 40Q + 150$이다. 따라서 $MC$를 미분하여 0일 때 생산량은 $6Q - 40 = 0$에서 $Q = \frac{20}{3}$이다.
ㄷ. 한계비용의 최소값은 $Q = \frac{20}{3}$일 때이다. 평균비용 $AC(Q) = Q^2 - 20Q + 150$에서 $AC$를 미분하여 0일 때 생산량은 $2Q - 20 = 0$에서 $Q = 10$이다. $\frac{20}{3} < Q < 10$에서는 $MC$가 증가하나 $AC$는 감소하기에 한계비용이 증가하는 구간 전체에서 규모의 불경제가 발생한다고 볼 수 없다.

**출제POINT**

평균비용함수 $AC(Q) = Q^2 - 20Q + 150$에서 총비용함수는 $TC(Q) = Q^3 - 20Q^2 + 150Q$이다. 따라서 한계비용함수는 $MC(Q) = 3Q^2 - 40Q + 150$이다.

**18** 거시 **황금률** 답 ④

- 생산함수 $Y = L^{1/3}K^{2/3}$에서 1인당 생산함수는 $y = k^{2/3}$이다. $MP_K$는 1인당 생산함수를 미분하여 구할 수 있기에 $MP_K = \frac{2}{3}k^{-\frac{1}{3}}$이다.
- 균제상태는 다음과 같다. 즉, $sf(k) = (n+d+g)k$

$0.6k^{\frac{2}{3}} = 0.1k$

$k = 216$

- 황금률은 다음과 같다. 즉, $MP_K = (n+d+g)$

$\frac{2}{3}k^{-\frac{1}{3}} = 0.1$

$k = (\frac{20}{3})^3$

**출제POINT**

- 1인당 실제투자액과 1인당 실제필요액이 일치할 때, 즉 $sf(k) = (n+d+g)k$에서 균제상태가 달성된다.
- 1인당 소비가 극대화되는 상태를 자본축적의 황금률이라 하고 $MP_K = n+d+g$에서 달성된다.

## 19 □□□

**인플레이션에 대한 설명으로 옳지 않은 것은?**

① 인플레이션 반영 비율의 차이에서 오는 상대가격의 변화로 자원배분의 왜곡을 초래할 수 있다.

② 실제물가상승률이 예상된 물가상승률보다 더 큰 경우, 채무자는 이득을 보고 채권자는 손해를 본다.

③ 프리드만(M. Friedman)에 따르면 인플레이션은 언제나 화폐적 현상이다.

④ 수요견인 인플레이션은 총수요의 증가가 인플레이션의 주요한 원인이 되는 경우이다.

⑤ 먼델-토빈효과(Mundell-Tobin effect)가 나타나면 기대인플레이션이 상승할 때 민간투자가 감소한다.

## 20 □□□

**다음은 갑과 을의 전략 선택에 따라 결정되는 보수 구조이다. 갑이 전략 $A$를 선택할 확률을 $p$, 을이 전략 $C$를 선택할 확률을 $q$라고 하자. 혼합전략 내쉬균형하에서의 $p$, $q$로 옳은 것은? (단, 보수 행렬의 괄호 안 첫 번째는 갑의 보수, 두 번째는 을의 보수를 나타낸다)**

| | | 을 | |
|---|---|---|---|
| | | $C$ | $D$ |
| 갑 | $A$ | (50, 50) | (80, 20) |
| | $B$ | (90, 10) | (20, 80) |

| | $p$ | $q$ |
|---|---|---|
| ① | 0.7 | 0.6 |
| ② | 0.6 | 0.7 |
| ③ | 0.4 | 0.3 |
| ④ | 0.5 | 0.5 |
| ⑤ | 0.3 | 0.4 |

**19** 거시 **인플레이션** 답 ⑤

먼델-토빈효과로 기대인플레이션이 상승할 때 실질이자율이 하락하기에 민간투자가 증가한다.

(오답피하기)

① 인플레이션 시 상대가격의 변화로 인한 대체효과에 의해 자원배분의 왜곡을 초래할 수 있다.

② 실제물가상승률이 예상된 물가상승률보다 더 큰 경우, 경기는 과열로 인플레이션이 발생한다. 따라서 화폐가치 하락으로 채무자에게는 부채 감소 효과가 발생하기에 채무자는 이득을 보고 채권자는 손해를 본다.

③ 프리드만(M. Friedman)은 인플레이션은 언제나 어디서나 화폐적 현상이라 주장한다.

④ 총수요증가에 의한 물가상승을 수요견인 인플레이션이라 하고, 호경기 때 나타난다.

**출제POINT**

기대인플레이션율 상승분이 모두 명목이자율 상승으로 반영되지 못하여 실질이자율이 하락하는 효과를 멘델-토빈효과라 한다.

**20** 미시 **혼합전략** 답 ①

• 상대방이 어떤 전략을 선택해도 기대보수가 동일하도록 확률을 결정하면 상대방은 더 이상 변경유인이 없기에 내쉬균형이 달성된다.

• 갑이 $A$를 선택할 확률을 $p$, 을이 $C$를 선택할 확률을 $q$라 하면, 갑의 기대보수는 $A$의 기대보수$[50q+80(1-q)]$ = $B$의 기대보수$[90q+20(1-q)]$일 때, $q=0.6$에서 같아진다.

• 을의 기대보수는 $C$의 기대보수$[50p+10(1-p)]=D$의 기대보수$[20p+80(1-p)]$일 때, $p=0.7$에서 같아진다. 따라서 $p=0.7$, $q=0.6$에서 혼합전략 내쉬균형이 달성된다.

**출제POINT**

경기자가 하나의 전략을 선택하고 그것을 유지하는 전략을 순수전략이라 하고, 경기자가 2가지 이상의 순수전략 중 미리 선택된 확률에 의해 무작위로 선택하는 전략을 혼합전략이라 한다.

## 21 □□□

**A국에서는 한 단위의 노동으로 하루에 쌀 4kg을 생산하거나 옷 4벌을 생산할 수 있고, B국은 한 단위의 노동으로 하루에 쌀 3kg을 생산하거나 옷 1벌을 생산할 수 있다. 두 국가의 부존 노동량은 동일하다고 할 때, 이에 대한 설명으로 옳지 않은 것만을 <보기>에서 모두 고르면?**

〈보기〉

ㄱ. A국은 쌀과 옷 생산에 절대우위를 가지고 있다.
ㄴ. A국은 쌀에 B국은 옷에 비교우위를 가지고 있다.
ㄷ. A국의 쌀 1kg 생산의 기회비용은 옷 1벌이다.
ㄹ. 두 국가 사이에 교역이 발생하면 A국이 쌀과 옷 모두를 B국에 수출한다.
ㅁ. A국과 B국 모두 교역을 통해 이득을 얻을 수 있다.

① ㄱ, ㄹ
② ㄴ, ㄹ
③ ㄴ, ㅁ
④ ㄱ, ㄴ, ㄷ
⑤ ㄷ, ㄹ, ㅁ

## 22 □□□

**리카도의 등가정리(Ricardian Equivalence Theorem)가 성립한다고 가정하자. 이 경우 정부가 국채를 발행하여 조세부담을 경감시킬 때 나타나는 결과로 옳은 것은?**

① 자원배분에 영향이 없다.
② 이자율이 상승한다.
③ 이자율이 하락한다.
④ 총수요가 증가한다.
⑤ 통화량이 증가한다.

### 21 국제 무역이론 답 ②

ㄴ. 옷 1단위 생산 기회비용이 A국(쌀 1단위)이 B국(쌀 3단위)보다 작기에 A국은 옷 생산에 비교우위가 있다. 쌀 1단위 생산 기회비용이 B국(옷 1/3단위)이 A국(옷 1단위)보다 작기에 B국은 쌀 생산에 비교우위가 있다.
ㄹ. 두 국가 사이에 교역이 발생하면 A국이 옷을 수출하고 B국이 쌀을 수출한다.

**오답피하기**

ㄱ. A국은 쌀과 옷 생산에 노동 1단위당 생산량이 많기에 모두 절대우위를 가지고 있다.
ㄷ. A국의 쌀 1kg 생산의 기회비용은 옷 1벌이다.
ㅁ. A국과 B국은 일정 교역조건하 교역을 통해 모두 이득을 얻을 수 있다.

| 노동1단위 산출량 | A국 | B국 |
|---|---|---|
| 쌀 | 4 | 3 |
| 옷 | 4 | 1 |

| 기회비용 | A국 | B국 |
|---|---|---|
| 쌀 | 옷 1단위 | 옷 1/3단위 |
| 옷 | 쌀 1단위 | 쌀 3단위 |

**출제POINT**

재화 1단위 생산의 기회비용이 작은 국가가 그 재화 생산에 비교우위가 있다.

### 22 거시 리카도의 등가정리 답 ①

- 리카도의 등가정리가 성립하면, 민간저축만 증가할 뿐 소비증가는 없다. 따라서 총수요도 불변이다.
- 정부지출이 일정할 때, 조세삭감으로 정부저축은 감소한다.
- 따라서 국민저축은 불변이고 이자율도 불변이다.

**출제POINT**

정부지출의 규모가 동일하게 유지되면서 조세감면이 이루어지면 합리적 경제주체들은 가처분소득의 증가분을 모두 저축하여 미래에 납부할 조세의 증가를 대비하기에 소비증가를 유발하지 못한다는 이론이다.

## 23 □□□

**어떤 복점시장의 수요함수와 두 기업의 비용함수가 아래와 같이 주어진다고 하자. 다음 중 이 시장에서 꾸르노 복점의 내쉬균형에 대한 설명으로 옳은 것은?**

> • 수요함수 $P=a-Q$
> • 기업 1의 비용함수 $C_1=c_1\times Q_1$
> • 기업 2의 비용함수 $C_2=c_2\times Q_2$
> • $Q_1+Q_2=Q$
> • $c_1<c_2$
> (단, 여기서 $P$, $Q_1$, $Q_2$, $C_1$, $C_2$는 각각 가격, 기업 1의 생산량, 기업 2의 생산량, 기업 1의 생산비용, 기업 2의 생산비용을 나타내며, $a$, $c_1$, $c_2$는 각각 0보다 큰 상수이다)

① 기업 1이 생산량 $Q_1$을 1만큼 늘린다면 기업 2는 $Q_2$를 1만큼 줄일 것이다.
② 기업 2가 생산량 $Q_2$를 1만큼 늘린다면 기업 1은 $Q_1$을 1보다 더 큰 폭으로 줄일 것이다.
③ $c_1$이 하락하면 $Q_1$과 $Q_2$ 모두 증가한다.
④ 내쉬균형을 만족하는 ($Q_1$, $Q_2$)의 조합은 두 개다.
⑤ 내쉬균형에서 $Q_1$ > $Q_2$가 된다.

**23** 미시 **꾸르노 균형** 답 ⑤

• $\pi_1=P_1\times Q_1-c_1\times Q_1$
$=(a-Q_1-Q_2)Q_1-c_1Q_1$
$=(a-c_1)Q_1-Q_1^2-Q_1Q_2$

• $\dfrac{d\pi_1}{dQ_1}=(a-c_1)-2Q_1-Q_2=0,\ Q_1=\dfrac{(a-c_1)}{2}-\dfrac{Q_2}{2}$

• $\pi_2=P_2\times Q_2-c_2\times Q_2$
$=(a-Q_1-Q_2)Q_2-c_2Q_2$
$=(a-c_2)Q_2-Q_2^2-Q_1Q_2$

• $\dfrac{d\pi_2}{dQ_2}=(a-c_2)-2Q_2-Q_1=0,\ Q_2=\dfrac{(a-c_2)}{2}-\dfrac{Q_1}{2}$

• $Q_1=\dfrac{(a+c_2-2c_1)}{3},\ Q_2=\dfrac{(a+c_1-2c_2)}{3}$

① $Q_2=\dfrac{(a-c_2)}{2}-\dfrac{Q_1}{2}$에서, 기업 1이 생산량 $Q_1$을 1만큼 늘린다면 기업 2는 $Q_2$를 1/2만큼 줄일 것이다.

② $Q_1=\dfrac{(a-c_1)}{2}-\dfrac{Q_2}{2}$에서, 기업 2가 생산량 $Q_2$를 1만큼 늘린다면 기업 1은 $Q_1$을 1/2만큼 줄일 것이다.

③ $c_1$이 하락하면 $Q_1=\dfrac{(a+c_2-2c_1)}{3}$에서, $Q_1$은 증가하나, $Q_2=\dfrac{(a+c_1-2c_2)}{3}$에서, $Q_2$는 감소한다.

④ 내쉬균형을 만족하는 ($Q_1$, $Q_2$)의 조합은 $Q_1=\dfrac{(a+c_2-2c_1)}{3}$, $Q_2=\dfrac{(a+c_1-2c_2)}{3}$로 한 개다.

⑤ $c_1<c_2$일 때, 내쉬균형[$Q_1=\dfrac{(a+c_2-2c_1)}{3}$, $Q_2=\dfrac{(a+c_1-2c_2)}{3}$]에서 $Q_1>Q_2$가 된다.

**출제POINT**
동일 제품을 생산하는 복점기업 1과 2의 이윤을 극대화하는 균형 생산량은 $MR_1=MC_1$, $MR_1=MC_1$에서 달성된다.

## 24 □□□

고품질과 저품질, 두 가지 유형의 TV가 거래되는 중고 TV 시장이 있다. 판매자는 자신이 파는 중고 TV의 품질을 알고 있으나 구매자는 중고 TV의 품질을 구매 전에는 알지 못한다. 판매자의 수용용의 금액과 구매자의 최대지불용의 금액은 아래의 표와 같고, 구매자는 위험중립적이다. 이러한 사실들은 판매자와 구매자에게 모두 알려져 있다. 전체 중고 TV 시장에서 고품질의 중고 TV가 차지하는 비중을 $p$라고 할 때, 고품질과 저품질의 중고 TV가 모두 시장에서 거래되기 위한 $p$의 최솟값은?

(단위: 만 원)

| | 고품질 TV | 저품질 TV |
|---|---|---|
| 구매자의 최대지불용의 금액 | 160 | 60 |
| 판매자의 수용용의 금액 | 125 | 30 |

① 50%
② 55%
③ 65%
④ 70%
⑤ 75%

## 25 □□□

어떤 완전경쟁시장에서 모든 개별 기업의 장기평균비용($LTAC$)과 장기 한계비용($LTMC$)은 아래와 같이 생산량($q$)의 함수로 동일하다. 또한 가격($P$)과 총수요량($Q$)의 관계는 아래와 같은 함수로 주어진다. 이에 대한 설명으로 옳지 않은 것은?

- $LTAC=q^2-10q+40$
- $LTMC=3q^2-20q+40$
- $P=25-0.1Q$

① 장기균형에서 개별 기업의 이윤이 극대화되는 생산량은 5이다.
② 장기균형에서 가격은 15이다.
③ 장기균형에서 한계비용은 15이다.
④ 장기균형에서 시장에 남아 있는 기업의 수는 10개이다.
⑤ 장기균형에서 개별 기업의 판매수입은 75이다.

| 24 | 미시 | 정보 비대칭성 | 답 ③ |
|---|---|---|---|

- 고품질 TV 차지비중이 $p$이고, 저품질 TV 차지비중이 $1-p$일 때 구매자의 최대지불용의 금액은 기댓값으로 구할 수 있다.
- 즉, $160\times p+60\times(1-p)=100p+60$이다.
- 판매자의 수용용의 금액은 고품질은 최소 125, 저품질은 최소 30이기에 $100p+60\geq 125$에서 $p$의 최솟값은 65%이다.

**출제POINT**

중고 TV의 성능에 관한 정보를 매도자는 알고 있지만 구매자는 알지 못하기에 중고 TV 시장에서 정보의 비대칭성이 존재한다.

| 25 | 미시 | 완전경쟁시장 | 답 ④ |
|---|---|---|---|

$LTAC=LTMC$에서 장기균형을 보인다. 즉, $LTAC=q^2-10q+40=LTMC=3q^2-20q+40$에서, $q=5$, $p=15$이다.
$P=25-0.1Q$에서 $p=15$일 때, $Q=100$이다.
① 장기균형에서 개별 기업의 이윤이 극대화되는 생산량은 $q=5$이다.
② 장기균형에서 가격은 $p=15$이다.
③ 장기균형에서 한계비용은 $LTMC=3q^2-20q+40$에서 $q=5$일 때, $MC=15$이다.
④ 장기균형에서 개별 기업의 생산량이 5이고, 시장거래량이 100이기에 시장에 남아 있는 기업의 수는 20개이다.
⑤ 장기균형에서 개별 기업의 판매수입은 $p\times q=15\times 5=75$이다.

**출제POINT**

완전경쟁시장의 장기균형에서 개별기업은 장기평균비용의 최소점에서 생산이 이루어진다.
즉, $P=AR=MR=SMC=SAC=LMC=LAC$에서 장기균형을 보인다.

# 14회 2023년 국회직

## 01 □□□

**마스크 시장과 생산요소시장은 완전경쟁시장이다. 장기균형 상태에서 코로나 종식으로 마스크에 대한 수요가 크게 감소했다. 이로 인해 장기에 나타날 수 있는 현상으로 옳지 않은 것은?**

① 마스크 가격의 하락
② 마스크 생산 기업의 이윤 유지
③ 마스크 생산 기업 수의 감소
④ 마스크 시장의 공급 감소
⑤ 마스크 생산 기업의 생산요소에 대한 수요 감소

## 02 □□□

**다음은 어떤 경제에 대한 조사결과의 일부이다. 옳은 것만을 <보기>에서 모두 고르면?**

- 생산가능인구: 300명
- 비경제활동인구: 60명
- 취업인구: 180명

〈보기〉

ㄱ. 취업률은 75%이다.
ㄴ. 고용률은 60%이다.
ㄷ. 경제활동참가율은 80%이다.

① ㄱ
② ㄱ, ㄴ
③ ㄱ, ㄷ
④ ㄴ, ㄷ
⑤ ㄱ, ㄴ, ㄷ

**01** 미시 수요 · 공급이론 답 ①

- 완전경쟁시장은 장기균형상태에서 정상이윤만을 얻는다.
- 마스크에 대한 수요가 크게 감소하면 단기에는 수요곡선이 좌측이동하여 가격과 거래량이 모두 감소하고 손실이 발생한다. 또한 생산요소에 대한 수요도 감소한다(⑤).
- 진입과 탈퇴가 자유로운 장기에는 기존 기업의 탈퇴로 기업 수가 감소하고(③), 공급이 줄어 더 이상 손실을 보이지 않을 때까지 마스크 시장의 공급곡선은 좌측으로 이동한다(④).
- 따라서 마스크 가격은 처음 가격과 동일하게 된다(①).
- 결국, 마스크 생산 기업들은 단기에는 수요곡선이 좌측이동하여 손실을 볼 수 있으나, 장기에는 공급곡선 또한 좌측이동하기에 생산 기업의 이윤은 유지된다. 즉, 장기에는 $P=LAC$ 최소점에서 정상이윤만을 보인다(②).

**출제POINT**

완전경쟁시장은 $P=LAC$ 최소점에서 장기균형을 이루기에 정상이윤만을 얻는다.

**02** 국제 국제무역론 답 ⑤

ㄱ. 생산가능인구 300명 중 비경제활동인구 60명을 제외한 240명이 경제활동인구이다. 경제활동인구 240명 중 취업인구 180명이 차지하는 비중은 $\frac{180}{240}$이기에, 취업률은 75%가 된다.

ㄴ. 생산가능인구 300명 중 취업인구 180명이 차지하는 비중은 $\frac{180}{300}$이기에, 고용률은 60%가 된다.

ㄷ. 생산가능인구 300명 중 경제활동인구는 240명이 차지하는 비중은 $\frac{240}{300}$이기에, 경제활동참가율은 80%이다.

**출제POINT**

각국이 상대적으로 생산비가 낮은 재화생산에 특화하여 무역을 하면 두 나라가 모두 교역 이전보다 더 많은 재화를 소비할 수 있다는 것이 비교우위론이다.

## 03 □□□

고전학파 거시모형에서 생산함수는 $Y = 50\sqrt{L}$, 노동공급함수는 $\frac{W}{P} = \sqrt{L}\,(P > 0)$, 통화량은 100, 화폐의 유통속도는 10이다. 저축함수는 $S(r) = -10 + 1{,}000r$이고, 투자함수는 $I(r) = 50 - 200r$이다. 다음 중 옳지 않은 것은? (단, $Y$, $L$, $W$, $P$, $r$은 각각 산출량, 노동, 명목임금, 물가, 이자율임)

① $W = 40$

② $L = 25$

③ $Y = 250$

④ $P = 4$

⑤ $r = 0.05$

| 03 | 거시 | 거시경제의 일반균형 | 답 ① |
|---|---|---|---|

노동공급함수에서, $\frac{W}{P} = \sqrt{L}$이기에, $\frac{W}{4} = \sqrt{25}$, $W = 20$이다.

(오답피하기)

② 노동시장균형에서, $VMP_L = W$이고, $MP_L = \frac{W}{P}$이다.

$MP_L = \frac{25}{\sqrt{L}}$이고 $\frac{W}{P} = \sqrt{L}$이기에, $MP_L = \frac{W}{P}$에서 $L = 25$이다.

③ 총생산함수에서, $Y = 50\sqrt{L} = 50 \times 5 = 250$이다.

④ 화폐수량설에서, $MV(=1{,}000) = P \times 250$이기에 $P = 4$이다.

⑤ 대부자금설에서, $S = I$이다.
$S(r) = -10 + 1{,}000r$이고, $I(r) = 50 - 200r$ 이기에
$60 = 1{,}200r$, $r = 0.05$이다.

**출제POINT**

총생산함수와 노동시장에서 균형을 보이는 상태를 공급측면의 균형이라 하고 $AS$곡선으로 나타낸다.

## 04 □□□

재화 $X$를 생산할 때, 사적 한계비용은 $PMC = Q$이고, 사회적 한계비용은 $SMC = Q + 10$이다. 이 재화로 인한 사적 한계편익은 $PMB = 20 - Q$, 사회적 한계편익은 $SMB = 18 - Q$이다. 사회적 최적 산출량을 달성하기 위해 기업에게 피구세(Pigouvian tax)를 부과하려고 한다. $X$재 한 단위당 부가해야 할 피구세로 옳은 것은?

① 6

② 8

③ 10

④ 12

⑤ 14

| 04 | 미시 | 시장실패론 | 답 ④ |
|---|---|---|---|

- 사회적 최적 생산량은 $SMC$와 $SMB$를 일치시켜 구할 수 있다.
- $SMC = Q + 10$, $SMB = 18 - Q$이기에 $Q = 4$이다.
- $PMC = Q$, $SMC = Q + 10$이기에 $PMC$와 $SMC$의 차이는 10이고, $PMB = 20 - Q$, $SMB = 18 - Q$이기에 $PMB$와 $SMB$의 차이는 2이다.
- 따라서 이 둘을 더한 단위당 피구세는 12이다.

**출제POINT**

$X$재 한 단위당 부가해야 할 피구세는 사회적 최적 거래량 수준에서 $SMC$와 $PMC$의 차이와 $SMB$와 $PMB$의 차이를 더해서 구한다.

## 05 □□□

**환율을 상승시키는 요인으로 옳은 것만을 <보기>에서 모두 고르면? (단, 환율은 외국통화 1단위에 대한 자국통화의 교환비율을 의미함)**

〈보기〉
ㄱ. 외국 물가의 하락
ㄴ. 자국 이자율의 하락
ㄷ. 외국의 경기호황
ㄹ. 자국의 확장적 통화정책

① ㄱ, ㄴ
② ㄴ, ㄹ
③ ㄱ, ㄴ, ㄷ
④ ㄱ, ㄴ, ㄹ
⑤ ㄱ, ㄷ, ㄹ

## 06 □□□

**어떤 생산자는 노동($L$)과 자본($K$)만을 투입하여 생산한다. 이 생산자의 생산함수는 $Q=LK$이고, 투입요소 $L$의 단위당 가격은 $w$, $K$의 단위당 가격은 $r$이라 한다. 다음 설명 중 옳지 않은 것은? (단, 완전경쟁시장을 가정함)**

① $K=\frac{w}{r}L$은 이 생산자의 등량곡선과 등비용선이 한 점에서 접하는 조건을 표현한 것이다.
② 이 생산함수는 규모수익체증에 해당한다.
③ 이 생산자의 비용최소화 조건은 $L=\frac{r}{w}K$를 만족한다.
④ 이 생산자의 비용($C$)은 $C=2rK$를 만족한다.
⑤ 만약 $w=1$, $r=25$이고 현재 생산량($Q$)이 25라면, 이 생산자의 최저생산비용은 100이다.

**05 | 국제 | 환율 | 답 ④**

ㄱ. 외국 물가가 하락하면 외국의 수입이 감소하여 자국의 수출이 감소하게 된다. 자국 수출이 감소하면 $IS$곡선이 좌측이동하여 이자율이 하락하게 된다. 결국 외자가 유출되어 환율이 상승하게 된다.
ㄴ. 자국 이자율이 하락하면 외자가 유출되어 환율이 상승하게 된다.
ㄹ. 자국이 확장적 통화정책을 사용하면 $LM$곡선이 우측이동하여 이자율이 하락하게 된다. 결국, 외자가 유출되어 환율이 상승하게 된다.

**오답피하기**

ㄷ. 외국의 경기가 호황이면 외국의 수입이 증가하여 자국의 수출이 증가하게 된다. 자국 수출이 증가하면 $IS$곡선이 우측이동하여 이자율이 상승하게 된다. 결국 외자가 유입되어 환율이 하락하게 된다.

**출제POINT**
환율상승은 자국 화폐가치 하락으로 원화의 평가 절하이고, 환율상승 시 달러 가치 상승으로 '환율은 달러 가치'라고 볼 수 있고, 환율상승 시 원화표시 수입가격의 상승으로 '환율은 수입 가격'이라고 볼 수 있다.

**06 | 미시 | 생산이론 | 답 ⑤**

$w=1$, $r=25$, $Q=25$라면, $C=2rK$이고 $C=2wL$에서

$L=\frac{1}{2}\cdot\frac{C}{w(=1)}=\frac{C}{2}$, $K=\frac{1}{2}\cdot\frac{C}{r(=25)}=\frac{C}{50}$이다.

$Q(=25)=LK=\frac{1}{100}C^2$에서 $C=50$이다.

**오답피하기**

①, ③ 생산자균형에서, $MRTS_{LK}=\frac{w}{r}$이다.

$MRTS_{LK}=\frac{K}{L}$이고, 등비용선기울기$=\frac{w}{r}$이기에,

$\frac{K}{L}=\frac{w}{r}$, $wL=rK$, $K=\frac{w}{r}L$, $L=\frac{r}{w}K$이다.

② 생산함수는 $Q=LK$로 $C-D$형의 2차 동차함수이기에, 규모수익체증에 해당된다.
④ 등비용선에서, $C=wL+rK$이고, $wL=rK$이기에 $C=2rK$이다.

**출제POINT**
주어진 등비용선 수준에서 총생산물이 극대가 되는 것을 생산자균형이라 하고, 등량곡선과 등비용선이 접하는 점에서 달성된다.

## 07 □□□

**실물적 경기변동(Real Business Cycle)에 대한 설명으로 옳은 것만을 <보기>에서 모두 고르면?**

〈보기〉

ㄱ. 실질이자율의 변동은 현재 및 미래소비에 영향을 미친다.
ㄴ. 통화량이 증가하면 산출량도 동일한 비율로 증가한다.
ㄷ. 불완전경쟁하에서 호황과 불황은 비대칭적으로 발생한다.
ㄹ. 기술충격으로 인해 경기변동이 발생한다.
ㅁ. 가격경직성으로 인해 경기변동이 발생한다.

① ㄱ, ㄷ
② ㄱ, ㄹ
③ ㄴ, ㄹ
④ ㄴ, ㅁ
⑤ ㄷ, ㄹ

## 08 □□□

**중앙은행의 기준금리 결정 과정인 테일러 준칙에 대한 설명으로 옳지 않은 것은?**

① 기준금리는 인플레이션 갭과 산출 갭에 영향을 받는다.
② 코로나 사태나 금융위기와 같은 충격으로 경기침체가 발생하는 경우 중앙은행은 기준금리를 인하한다.
③ 현재 인플레이션율이 목표치보다 지나치게 높거나 경기가 과열되는 경우 중앙은행은 기준금리를 인상한다.
④ 지나친 경기침체나 경기과열이 발생하는 경우 중앙은행은 재량대로 통화량을 조절한다.
⑤ 중앙은행은 선제적으로 대응하기 위해 기대인플레이션율을 고려한다.

**07** 거시 **경기변동론** 답 ②

ㄱ. 실질이자율이 상승하면 현재소비의 기회비용이 상승하여 현재소비를 줄이고 미래소비의 기회비용이 하락하여 미래소비를 늘리기에 현재 및 미래소비에 영향을 미친다.
ㄹ. 실물적 경기변동론자들은 기술충격 등으로 인한 공급충격과 정부지출 변화 등으로 인한 *IS*충격을 인정한다.

**오답피하기**

ㄴ. 실물적 경기변동론자들은 화폐중립성을 가정한다.
ㄷ. 실물적 경기변동론자들은 완전경쟁을 가정한다.
ㅁ. 가격 경직성을 주장하는 학파는 새케인즈학파이다.

**출제POINT**

생산성 변화 등 공급측면의 충격과 정부지출 변화 등 *IS*곡선에 영향을 미치는 충격으로 경기변동이 발생한다는 것이 실물적 균형경기변동이론이다.

**08** 거시 **인플레이션이론** 답 ④

테일러 준칙은 중앙은행이 인플레이션과 경기를 감안해 적정 이자율을 추정할 때 사용하는 모델로, 재량정책이 아니다.

**오답피하기**

① 기준금리는 인플레이션 갭($\pi-\pi^*$)과 산출 갭$\left(\frac{y-y_p}{y_p}\right)$에 영향을 받는다.
② 코로나 사태나 금융위기와 같은 충격으로 경기 침체가 발생하는 경우 중앙은행은 기준금리를 인하시켜 경기를 확장하려 한다.
③ 목표 인플레이션율이 실제 인플레이션율보다 높을 경우 또는 경기과열 시 중앙은행은 기준금리를 인상시켜 물가 상승에 대비한다.
⑤ 중앙은행은 기대인플레이션율을 고려하여 앞으로 목표치 이상으로 오를 것으로 예상하면 선제적으로 조치를 취한다.

**출제POINT**

테일러 준칙은 $i=\pi+r+\alpha(\pi-\pi^*)+\beta\left(\frac{y-y_p}{y_p}\right)$이다.

## 09 □□□

$A$, $B$, $C$ 3명으로 구성된 사회에서 공공재를 공급하려고 한다. 공공재에 대한 수요함수는 각각 $P_A = 10 - Q$, $P_B = 20 - 2Q$, $P_C = 7 - Q$이고 공공재를 생산하는 비용함수는 $C(Q) = 3 + 9Q$이다. 이때 공공재의 사회적 최적공급량으로 옳은 것은?

① $\frac{34}{13}$
② 7
③ 8
④ 9
⑤ 28

## 10 □□□

추석이나 설 같은 명절 직전에는 화폐수요가 크게 증가한다. 이 때 화폐수요의 증가를 상쇄하기 위해 한국은행은 공개시장 (A)을 통해 통화량을 변동시켜 이자율이 (B) 것을 억제하고자 한다. (A)와 (B)에 들어갈 내용으로 옳은 것은?

| | (A) | (B) |
|---|---|---|
| ① | 매각 | 하락하는 |
| ② | 매입 | 하락하는 |
| ③ | 매각 | 유지되는 |
| ④ | 매입 | 상승하는 |
| ⑤ | 매각 | 상승하는 |

**09** 미시 공공재 답 ②

• 공공재 생산은 수직합으로 푼다. $P_A = 10 - Q$, $P_B = 20 - 2Q$, $P_C = 7 - Q$이기에 $P = 37 - 4Q$이다.
• 비용함수를 미분하여 $MC$를 구하면 $MC(Q) = 9$이기에 이를 수요함수와 일치시키면 $4Q = 28$, $Q = 7$이다.

**출제POINT**
공공재의 소비자들은 동일한 양을 서로 다른 편익으로 소비하기에 공공재의 적정공급조건은 $MB_A + MB_B = MC$ 혹은 $MRS^A_{XY} + MRS^B_{XY} = MRT_{XY}$이다.

**10** 거시 금융정책 답 ④

화폐수요가 크게 증가하면 화폐수요곡선이 많이 우측이동하여, 이자율이 크게 상승한다. 중앙은행은 이를 상쇄하기 위해 공개시장 매입 정책을 통해 통화량을 증가시킨다. 따라서 화폐공급곡선이 우측이동하기에 이자율이 상승하는 것을 억제할 수 있다.

**출제POINT**
통화량이 증가하면 화폐시장의 초과공급으로 이자율이 하락한다.

## 11 □□□

**독점적 경쟁시장에 대한 설명으로 옳지 않은 것만을 <보기>에서 모두 고르면?**

〈보기〉

ㄱ. 독점적 경쟁기업의 장기균형에서의 생산량은 장기평균비용이 최소가 되는 점에서의 생산량보다 적다.
ㄴ. 독점적 경쟁기업은 상대방의 반응을 보고 전략적으로 행동한다.
ㄷ. 독점적 경쟁기업은 장기균형에서 독점기업처럼 행동하기 때문에 이윤은 0보다 크다.
ㄹ. 독점적 경쟁기업의 단기균형가격은 한계비용보다 높다.

① ㄱ, ㄴ
② ㄱ, ㄷ
③ ㄴ, ㄷ
④ ㄴ, ㄹ
⑤ ㄷ, ㄹ

| 11 | 미시 | 독점적 경쟁시장 | 답 ③ |
|---|---|---|---|

ㄴ. 상대방의 반응을 보고 전략적으로 행동하는 것은 과점시장의 특징이다.
ㄷ. 독점적 경쟁기업의 장기에는 완전경쟁의 성격이 크기에 정상이윤만을 보인다.

**오답피하기**

ㄱ. 독점적 경쟁기업의 장기에는 $P = LAC$ 최소점 좌측에서 생산한다.
ㄹ. 독점적 경쟁기업의 단기에는 독점의 성격이 크기에 $P > MC$인 구간에서 생산한다.

**출제POINT**

제품차별화를 통한 어느 정도의 시장지배력을 갖고 비가격경쟁을 보이며, 다수의 기업이 존재하고, 진입과 퇴거가 대체로 자유로운 것 등은 독점적 경쟁의 특징이다.

## 12 □□□

**외생적 기술진보를 가정한 솔로우(R. Solow)의 경제성장모형에 대한 설명으로 옳은 것은? (단, 생산함수는 1차 동차함수를 가정함)**

① 균제상태에서 1인당 자본량과 1인당 소득은 기술진보율만큼 증가한다.
② 황금률 자본량은 모든 균제상태의 자본량을 말한다.
③ 기술이나 생산성은 균제상태의 1인당 소득을 변화시키지 않는다.
④ 투자율이 증가하면 균제상태의 경제성장률이 증가하는 성장효과가 있다.
⑤ 저축률이 증가해도 균제상태의 1인당 소득은 변하지 않는다.

| 12 | 거시 | 경제성장론 | 답 ① |
|---|---|---|---|

균제상태에서 1인당 자본증가율과 1인당 경제성장률은 기술진보가 있을 시에는 기술진보율과 같다.

**오답피하기**

② 황금률 상태는 1인당 소비가 극대화되는 균제상태를 말한다. 모든 균제상태가 아니다.
③ 기술진보나 생산성향상은 균제상태의 1인당 소득을 증가시킨다.
④ 균제상태에서 경제성장률은 인구증가율과 기술진보율의 합과 같기에, 투자율 증가와는 관련이 없다.
⑤ 저축률이 증가하면, 단기적으로 균제상태의 1인당 소득은 증가한다.

**출제POINT**

Solow모형하 균제상태에서, 감가상각 시 $sf(k) = (n+d)k$이고, 기술진보 시 $sf(k) = (n+g)k$이다.

## 13 □□□

$A$와 $B$ 두 사람은 고기와 과일을 생산할 수 있다. 두 재화의 생산량은 모두 시간에 비례한다. 두 사람의 시간당 생산량은 아래 표와 같다. 다음 설명 중 옳은 것은?

| 구분 | 고기(kg) | 과일(kg) |
|---|---|---|
| A | 2 | 4 |
| B | 1 | 3 |

① $B$는 과일 생산에만 절대우위를 가지고 있다.
② $A$는 과일 생산에만 절대우위를 가지고 있다.
③ $B$는 과일 생산에 비교우위를 가지고 있다.
④ $A$는 고기와 과일 생산 모두에 비교우위를 가지고 있다.
⑤ 고기 1kg을 과일 1kg과 교환하는 조건이면 두 사람 사이에 거래가 발생한다.

## 14 □□□

수요의 가격탄력성에 대한 설명으로 옳은 것만을 <보기>에서 모두 고르면?

〈보기〉

ㄱ. 기울기가 음(−)인 선형수요곡선의 가격탄력성은 측정 위치에 따라 0에서 ∞까지의 값을 갖는다.
ㄴ. 직각쌍곡선인 수요곡선상 모든 점의 가격탄력성은 동일하다.
ㄷ. 수요의 가격탄력성은 수량 변화가 원인변수이고 가격 변화가 결과변수인 개념이며, 수량과 가격 변화를 백분율로 환산한 비율로 계산된다.

① ㄱ
② ㄱ, ㄴ
③ ㄱ, ㄷ
④ ㄴ, ㄷ
⑤ ㄱ, ㄴ, ㄷ

### 13 국제 국제무역론 답 ③

$A$의 고기 1kg 생산의 기회비용은 과일 2kg, $B$의 고기 1kg 생산의 기회비용은 과일 3kg이기에 $A$는 고기 생산에, $B$는 과일 생산에 비교우위가 있다.

**오답피하기**

①, ② 고기와 과일에 대한 $A$와 $B$의 생산량(산출유형)을 나타낸 표이기에 값이 큰 사람이 절대우위를 가진다. 따라서 고기와 과일의 생산 모두 $A$에게 절대우위가 있다.
⑤ $A$의 고기 1kg 생산의 기회비용은 과일 2kg, $B$의 고기 1kg 생산의 기회비용은 과일 3kg으로, 과일 2kg < 고기 1kg < 과일 3kg에서 교환해야 두 사람 모두 이득을 보기에 고기 1kg을 과일 1kg과 교환하는 조건이면, 거래가 발생하지 않는다.

**출제POINT**

각국이 절대적으로 생산비가 낮은 재화생산에 특화하여 무역을 하면 두 나라가 모두 교역 이전보다 더 많은 재화를 소비할 수 있다는 것이 아담 스미스의 절대우위론이고, 상대적으로 생산비가 낮은 재화생산에 특화하여 무역을 하면 두 나라가 모두 교역 이전보다 더 많은 재화를 소비할 수 있다는 것이 리카르도의 비교우위론이다.

### 14 미시 수요 · 공급이론 답 ②

ㄱ. 기울기가 음(−)인 선형수요곡선의 가격탄력성은 중점인 1을 기준으로 위쪽은 탄력적인 영역, 아래쪽은 비탄력적인 영역이기에 측정 위치에 따라 0에서 ∞까지의 값을 갖는다.
ㄴ. 직각쌍곡선인 수요곡선상 모든 점의 가격탄력성은 1로 동일하다.

**오답피하기**

ㄷ. 수요의 가격탄력성은 가격의 변화율(%)에 대한 수요량의 변화율(%)로, 가격이 1% 변화할 때 수요량의 변화율로 나타낼 수 있다. 따라서 가격 변화가 원인변수이고 수량 변화가 결과변수인 개념이다.

**출제POINT**

수요의 가격탄력성은 가격의 변화율(%)에 대한 수요량의 변화율(%)로, 가격이 1% 변화할 때 수요량의 변화율로 나타낼 수 있다. 따라서 가격이 1% 변화할 때, 수요량의 변화율이 수요의 가격탄력성이다.

## 15 □□□

**미국이 금리 인상을 계속할 때 한국 경제가 받는 영향을 분석한 결과로 옳지 않은 것은? (단, 한국은 자유변동환율제를 채택하고 있으며 자본유출입이 자유로운 소국임)**

① 자본유출 발생
② 원화가치 절하
③ 국내금리 상승
④ 국내생산 증가
⑤ 무역수지 악화

## 16 □□□

**게임상황에 있는 경기자 $X$, $Y$가 선택할 수 있는 전략과 전략선택에 따른 보수가 다음 전략 게임으로 표현된다. 각 전략조합에서 괄호 안의 첫 번째 숫자는 경기자 $X$의 보수, 두 번째 숫자는 경기자 $Y$의 보수이다. 다음 설명 중 옳은 것은?**

| $X$ \ $Y$ | 전략 $c$ | 전략 $d$ |
|---|---|---|
| 전략 $a$ | (6, 7) | (2, 3) |
| 전략 $b$ | (12, 4) | (4, 6) |

① 경기자 $Y$는 유일한 우월전략을 가진다.
② 이 게임의 내쉬균형은 1개이며, 파레토 효율적이다.
③ 이 게임은 죄수의 딜레마와 동일한 구조를 갖는 게임이다.
④ 내쉬균형에서 경기자 $Y$는 전략 $c$를 선택한다.
⑤ 경기자 $Y$가 먼저 전략을 선택하는 순차게임의 결과와 내쉬균형의 결과는 동일하다.

**15** 국제 **환율** 답 ⑤

- 미국이 금리 인상을 계속한다면 한국에서 미국으로 외자가 유출된다(①).
- 외자가 유출되면 환율이 상승하기에, 원화가치는 평가절하된다(②).
- 외자유출로 국내대부자금공급이 감소하면 국내금리도 상승(③)하기에 $BP$곡선은 상방으로 이동한다.
- 환율이 상승하면 순수출이 증가하여 무역수지가 흑자가 되고(⑤) $IS$곡선과 $BP$곡선은 우측이동하게 된다.
- 따라서 국내이자율이 상승하고 국내생산도 증가하게 된다(④).

**출제POINT**

외화의 수요와 공급에 의해 결정되는 변동환율제도는 국제수지 불균형 시 환율변동에 의해 자동적으로 조정된다.

**16** 미시 **게임이론** 답 ⑤

- 경기자 $Y$가 전략 $c$를 선택하면 경기자 $X$는 전략 $b$ 선택이 최선이고 경기자 $Y$가 전략 $d$를 선택하면 경기자 $X$는 전략 $b$ 선택이 최선이다.
- 경기자 $X$가 전략 $a$를 선택하면 경기자 $Y$는 전략 $c$ 선택이 최선이고 경기자 $X$가 전략 $b$를 선택하면 경기자 $Y$는 전략 $d$ 선택이 최선이다.
- 따라서 내쉬균형은 (4, 6)이다.
- 경기자 $Y$의 전략에 상관없이 경기자 $X$는 전략 $b$를 우월전략으로 선택하기에 경기자 $Y$가 먼저 전략을 선택하는 순차게임의 결과와 내쉬균형의 결과는 동일하다.

**오답피하기**

① $X$가 전략 $a$를 선택하면 $Y$는 전략 $c$를 선택하고, $X$가 전략 $b$를 선택하면 $Y$는 전략 $d$를 선택하기 때문에 $Y$의 우월전략은 존재하지 않는다.
② 이 게임의 내쉬균형은(4, 6)으로 1개이지만, (6, 7)이라는 유인동기가 있어 파레토 효율성을 만족하지 않는다.
③ 죄수의 딜레마와 달리 이 게임은 우월전략균형이 존재하지 않는다.
④ 내쉬균형에서 경기자 $Y$는 전략 $d$를 선택한다.

**출제POINT**

상대방의 전략을 주어진 것으로 보고 경기자는 자신에게 가장 유리한 전략을 선택하였을 때 도달하는 균형을 내쉬균형이라 하고, 우월전략균형은 내쉬균형에 포함된다.

## 17 □□□

**가격소비곡선($PCC$)에 대한 설명으로 옳은 것만을 <보기>에서 모두 고르면?**

〈보기〉

ㄱ. $PCC$는 한 재화의 가격변화에 따른 소비자의 최적소비조합을 나타내는 곡선이다.

ㄴ. 수평축에 표시한 $X$재 수요의 가격탄력성이 1이면 $PCC$는 수평선으로 나타난다.

ㄷ. 수평축에 표시한 $X$재 수요의 가격탄력성이 1보다 크면 $PCC$는 우상향한다.

① ㄱ
② ㄴ
③ ㄱ, ㄴ
④ ㄱ, ㄷ
⑤ ㄱ, ㄴ, ㄷ

| 17 | 미시 | 무차별곡선이론 | 답 ③ |
|---|---|---|---|

ㄱ. 가격변화에 따른 소비자균형점을 연결한 곡선을 가격소비곡선이라고 한다.

ㄴ. 수요의 가격탄력도가 1일 때 가격소비곡선은 수평선으로 나타난다.

오답피하기

ㄷ. 가격소비곡선은 수요의 가격탄력도가 1보다 큰 탄력적 영역에서는 우하향의 형태로 나타난다.

**출제POINT**

가격변화에 따른 소비자 균형점을 연결한 곡선이 가격소비곡선으로 그 형태는 수요의 가격탄력도에 따라 다르다. 즉, 탄력적일수록 우하향 형태이고 비탄력적일수록 우상향 형태이며 가격탄력도가 1일 때 수평이다. 수요곡선은 가격소비곡선에서 도출된다.

## 18 □□□

**단기총공급곡선($SRAS$)은 수평, 장기총공급곡선($LRAS$)은 수직, 총수요곡선($AD$)은 우하향한다. 총수요 확대정책의 결과 현재 실제 산출량이 잠재 산출량을 초과하는 상태에 있다면 나타날 수 있는 현상으로 옳은 것은?**

① $LRAS$ 곡선과 $SRAS$ 곡선은 실제 산출량이 잠재 산출량과 같아질 때까지 오른쪽으로 이동한다.
② $SRAS$ 곡선은 실제 산출량이 잠재 산출량과 같아질 때까지 위로 이동한다.
③ $LRAS$ 곡선은 실제 산출량이 잠재 산출량과 같아질 때까지 위로 이동한다.
④ $SRAS$ 곡선은 실제 산출량이 잠재 산출량과 같아질 때까지 오른쪽으로 이동한다.
⑤ $LRAS$ 곡선은 실제 산출량이 잠재 산출량과 같아질 때까지 왼쪽으로 이동한다.

| 18 | 거시 | 공급측면의 균형 | 답 ② |
|---|---|---|---|

단기총공급곡선이 수평선의 형태이고, 장기총공급곡선이 수직선인 형태에서 총수요곡선이 우하향일 때, 총수요 확대 정책으로 현재 실재 산출량이 잠재 산출량보다 크면, 과열상태로 임금이 상승하여 단기총공급곡선이 실재 산출량과 잠재 산출량이 같아지는 지점까지 상방이동하게 된다.

**출제POINT**

단기에는 유휴설비가 존재하여 주어진 물가수준에서 원하는 만큼 생산이 가능하기에 총공급곡선은 수평선이 된다. 장기에는 가격변수가 신축적이기에 총공급곡선은 자연 산출량 수준에서 수직선이 된다.

## 19 □□□

**소비자 $A$는 $X$재와 $Y$재의 소비를 통해 효용을 얻으며, $A$의 무차별곡선은 원점에 대해 볼록하다. $A$의 효용을 극대화하는 예산선 위의 최적소비점에서 $X$재의 한계효용은 2, $X$재의 가격은 $\frac{1}{3}$, $Y$재의 가격은 $\frac{1}{2}$이다. 옳은 것만을 <보기>에서 모두 고르면? (단, $X$재와 $Y$재의 한계효용은 체감함)**

〈보기〉

ㄱ. 예산선 위의 소비조합에서 $Y$의 한계효용이 4라면 소비자 $A$는 효용극대화를 위해 $X$재 소비량을 감소시키고 $Y$재 소비량을 증가시켜야 한다.

ㄴ. 예산선 위의 소비조합에서 $Y$의 한계효용이 3이라면 소비자 $A$는 효용극대화를 위해 $X$재 소비량을 증가시키고 $Y$재 소비량을 감소시켜야 한다.

ㄷ. 예산선 위의 소비조합에서 $Y$의 한계효용이 2라면 소비자 $A$는 효용극대화를 위해 $X$재 소비량을 증가시키고 $Y$재 소비량을 감소시켜야 한다.

① ㄱ　② ㄴ
③ ㄱ, ㄴ　④ ㄱ, ㄷ
⑤ ㄴ, ㄷ

## 20 □□□

**어떤 재화의 수요와 공급함수는 아래와 같다. 정부가 공급자에게 생산량 1단위당 30씩의 보조금을 지급할 때, 정부의 보조금 지출총액($A$)과 보조금으로 인한 후생손실($B$)의 비율($A$ : $B$)로 옳은 것은?**

- 수요함수: $P = 100 - \frac{1}{2}Q_D$
- 공급함수: $P = 40 + \frac{1}{4}Q_S$

① 2 : 1　② 3 : 1
③ 4 : 1　④ 5 : 1
⑤ 6 : 1

**19** 미시 한계효용이론 답 ④

ㄱ. $Y$의 한계효용이 4라면 $\frac{MU_X(2)}{P_X\left(\frac{1}{3}\right)} = 6 < \frac{MU_Y(4)}{P_Y\left(\frac{1}{2}\right)} = 8$이기에 $A$는 $X$재 소비량을 감소시키고 $Y$재 소비량을 증가시켜야 한다.

ㄷ. $Y$의 한계효용이 2라면 $\frac{MU_X(2)}{P_X\left(\frac{1}{3}\right)} = 6 > \frac{MU_Y(2)}{P_Y\left(\frac{1}{2}\right)} = 4$이기에 $A$는 $X$재 소비량을 증가시키고 $Y$재 소비량을 감소시켜야 한다.

오답피하기

ㄴ. $Y$의 한계효용이 3이라면 $\frac{MU_X(2)}{P_X\left(\frac{1}{3}\right)} = 6 = \frac{MU_Y(3)}{P_Y\left(\frac{1}{2}\right)} = 6$이기에 $A$의 총효용은 극대화된 상태이다.

**출제POINT**

$\frac{MU_X}{P_X} = \frac{MU_Y}{P_Y}$로, 두 재화 1원어치의 한계효용이 동일하여 더 이상의 총효용이 증가될 여지가 없어 총효용이 극대화되는 조건을 한계효용균등의 법칙이라 한다.

**20** 미시 수요 · 공급이론의 응용 답 ⑤

- 수요함수가 $P = 100 - \frac{1}{2}Q_D$이고, 공급함수가 $P = 40 + \frac{1}{4}Q_S$이기에 수요와 공급을 일치시켜 균형가격과 균형거래량을 구하면 $P = 60$, $Q = 80$이다.
- 정부가 공급자에게 생산량 1단위당 30의 보조금을 지급하면, 공급함수가 $P-(-30) = 40 + \frac{1}{4}Q_S = P = 10 + \frac{1}{4}Q_S$이기에 이를 다시 수요곡선과 일치시키면 $P = 40$, $Q = 120$이다.
- 보조금 지출총액은 단위당 보조금×바뀐 거래량이기에 $30 \times 120 = 3{,}600$이고, 후생손실은 단위당 보조금×(바뀐 거래량-최초거래량)×$\frac{1}{2}$이기에 $30 \times 40 \times \frac{1}{2} = 600$이다.
- 결국, 보조금 지출총액과 보조금으로 인한 후생손실의 비율은 3,600 : 600 = 6 : 1이다.

**출제POINT**

보조금 지출총액은 단위당 보조금×바뀐 거래량이고, 후생손실은 단위당 보조금×(바뀐 거래량−최초거래량)×$\frac{1}{2}$이다.

## 21 □□□

**다음은 한계효용이 체감하는 $X$재의 보상수요곡선과 보통수요곡선에 대한 설명이다. 옳은 것만을 <보기>에서 모두 고르면?**

〈보기〉

ㄱ. $X$재가 정상재라면 보통수요곡선의 기울기가 보상수요곡선의 기울기보다 더 가파르다.
ㄴ. $X$재가 기펜재가 아닌 열등재라면 보통수요곡선은 우하향하고, 보상수요곡선은 우상향한다.
ㄷ. $X$재가 기펜재가 아닌 열등재라면 보통수요곡선의 기울기가 보상수요곡선의 기울기보다 더 가파르다.
ㄹ. $X$재가 기펜재라면 보상수요곡선은 우하향하고, 보통수요곡선은 우상향한다.

① ㄱ, ㄴ
② ㄱ, ㄷ
③ ㄴ, ㄷ
④ ㄴ, ㄹ
⑤ ㄷ, ㄹ

## 22 □□□

**단기필립스곡선이 수평일 때 나타날 수 있는 현상으로 옳지 않은 것은?**

① 확장적 통화정책을 사용해도 인플레이션이 발생하지 않는다.
② 총수요가 감소하면 실업이 크게 증가한다.
③ 자연실업률이 하락한다.
④ 금리인상 정책으로 인플레이션율을 낮추기 어렵다.
⑤ 가격이 경직적이다.

**21** 미시 **무차별곡선이론** 답 ⑤

ㄷ. 기펜재 아닌 열등재는 통상수요곡선이 보상수요곡선보다 급경사이다.
ㄹ. 기펜재는 통상수요곡선이 우상향한다.

오답피하기

ㄱ. 정상재는 통상수요곡선이 보상수요곡선 기울기보다 완만하다.
ㄴ. 대체효과만을 반영한 보상수요곡선은 재화종류와 관계없이 우하향한다.

**출제POINT**

대체효과만을 고려한 수요곡선을 보상수요곡선이라 한다. 정상재는 통상수요곡선이 보상수요곡선보다 완만하고, 열등재는 통상수요곡선이 보상수요곡선보다 급경사이며, 기펜재는 통상수요곡선이 우상향한다.

**22** 거시 **필립스곡선** 답 ③

- 단기총공급곡선이 수평일 때, 총수요곡선이 좌측으로 이동하면 물가는 불변이고, 산출량만 감소하기에 물가상승률이 일정한 수평선의 단기필립스곡선을 도출할 수 있다.
- 수평선의 필립스곡선은 총공급곡선이 수평선일 때 가능하기에 자연실업률의 하락과는 관련이 없다.

오답피하기

① 확장적 통화정책으로 인해 총수요곡선이 우측으로 이동하여도 총공급곡선이 수평선이기에 인플레이션이 발생하지 않는다.
② 총수요가 감소하여 총수요곡선이 좌측으로 이동하면 산출량이 크게 줄어 실업이 크게 증가한다.
④ 금리인상으로 투자가 줄어 총수요곡선이 좌측이동 하더라도 총공급곡선이 수평선이어서 물가가 불변이기에 인플레이션율을 낮추기 어렵다.
⑤ 총공급곡선이 수평선으로 물가가 불변이기에 가격이 경직적이다.

**출제POINT**

명목임금상승률과 실업률의 관계를 나타내는 곡선을 필립스곡선이라 한다. 현재는 명목임금상승률 대신 인플레이션율로 수정하여, 총수요곡선의 이동으로 인플레이션율과 실업률이 반비례인 필립스곡선을 도출할 수 있다.

## 23 □□□

**$A$국의 정책변화 전 경제상황은 아래와 같다. $A$국 정부는 총수요를 확대하기 위해 <보기> ㄱ~ㄹ의 정책수단들을 고려하고 있다. 다음 중 총수요 증가 효과의 크기가 같은 정책수단만을 <보기>에서 모두 고르면? (단, $Y$, $C$, $I$, $G$, $T$, $NX$는 각각 총수요, 소비, 투자, 정부지출, 세금, 순수출을 의미함, ㄱ~ㄹ의 정책변화는 독립적임)**

- $Y = C + I + G + NX$
- $C = 100 + 0.7(Y - T)$
- $I = 0$
- $G = 0$
- $T = 100$
- $NX = 0$

〈보기〉

ㄱ. 정부지출을 60으로 증가시킨다.
ㄴ. 세금을 100에서 10으로 감소시킨다.
ㄷ. 수출장려 정책으로 순수출을 60으로 증가시킨다.
ㄹ. 소비촉진 정책으로 한계소비성향을 0.9로 증가시킨다.

① ㄱ, ㄴ
② ㄱ, ㄷ
③ ㄴ, ㄷ
④ ㄴ, ㄹ
⑤ ㄷ, ㄹ

## 24 □□□

**기업 1과 2가 차별화된 재화시장에서 가격 경쟁을 하고 있다. 기업 1이 생산하는 재화의 수요곡선은 $q_1 = 4 - p_1 + p_2$이고, 기업 2가 생산하는 재화의 수요곡선은 $q_2 = 4 - p_2 + p_1$이다. 두 기업 모두 생산비용은 0이다. 다음 설명 중 옳지 않은 것은?**

① 두 기업이 동시에 가격을 결정하는 모형의 내쉬균형에서 두 기업은 동일하게 가격을 4로 결정한다.
② 두 기업이 동시에 가격을 결정하는 모형보다, 순차적으로 결정하는 모형에서 두 기업은 더 높은 가격을 책정한다.
③ 두 기업이 동시에 가격을 결정하는 모형보다, 순차적으로 결정하는 모형에서 두 기업의 이윤은 더 크다.
④ 두 기업이 순차적으로 가격을 결정하는 모형에서 선도자(leader)의 이윤이 추종자(follower)의 이윤보다 더 크다.
⑤ 두 기업이 순차적으로 가격을 결정하는 모형에서 선도자(leader)는 추종자(follower)보다 더 높은 가격을 책정한다.

| 23 | 거시 | 케인즈의 국민소득결정이론 | 답 ② |
|---|---|---|---|

ㄱ. 한계소비성향이 0.7이기에 정부지출승수는 $\frac{1}{1-0.7} = \frac{10}{3}$이고 정부지출 증가분이 60이기에 총수요 증가분은 200이다.
ㄴ. 감세승수는 $\frac{0.7}{1-0.7} = \frac{7}{3}$이고 세금 감소분이 90이기에 총수요 증가분은 210이다.
ㄷ. 순수출승수는 $\frac{1}{1-0.7} = \frac{10}{3}$이고 순추출 증가분은 60이기에 총수요 증가분은 200이다.
ㄹ. 한계소비성향을 증가시키는 것만으로는 총수요의 변화분을 정확히 알 수 없다.

**출제POINT**

$\frac{dY}{dG} = \frac{1}{1-c(1-t)-i+m}$에서 한계소비성향($c$), 유발투자계수($i$)가 클수록, 한계저축성향($s$), 세율($t$), 한계수입성향($m$)이 작을수록 승수는 커진다.

| 24 | 미시 | 과점시장 | 답 ④ |
|---|---|---|---|

- 기업 1의 수요곡선은 $q_1 = 4 - p_1 + p_2$이고, 기업 2의 수요곡선은 $q_2 = 4 - p_2 + p_1$이다. 또한 두 기업 모두 생산비용은 0이기에 $TC_1 = 0$, $TC_2 = 0$이다.
- 두 기업이 동시에 가격을 결정한다면 이윤함수는
  $\Pi_1 = TR_1 - TC_1 = p_1(4 - p_1 + p_2) - 0 = 4p_1 - p_1^2 + p_1 p_2$이고,
  $\Pi_2 = TR_2 - TC_2 = p_2(4 - p_2 + p_1) - 0 = 4p_2 - p_2^2 + p_1 p_2$이기에,
- 이를 각각 $p_1$과 $p_2$로 미분하여 0으로 두면, 반응곡선은 각각 다음과 같다.
  즉, $\frac{d\pi}{dp_1} = 4 - 2p_1 + p_2 = 0$, $\frac{d\pi_2}{dp_2} = 4 - 2p_2 + p_1 = 0$이기에 이를 연립하면, $p_1 = 4$, $p_2 = 4$이다(①).
- 두 기업이 순차적으로 가격을 결정할 때 만약 기업 1이 선도자라면, 기업 2의 반응곡선 $4 - 2p_2 + p_1 = 0 p_2 = 2 + \frac{1}{2}p_1$을 기업 1의 수요함수에 대입하면, $q_1 = 4 - p_1 + 2 + \frac{1}{2}p_1 = 6 - \frac{1}{2}p_1$이고,
  $\Pi_1 = TR_1 - TC_1 = (6 - \frac{1}{2}p_1)p_1 - 0 = 6p_1 - \frac{1}{2}p_1^2$이기에
  이를 $p_1$으로 미분하여 0으로 두면, $p_1 = 6$이고,
  이를 기업 2의 반응곡선에 대입하면 $p_2$식에 대입하면 $p_2 = 5$이다(⑤).
- 재화의 가격은 동시에 결정하는 모형에서는 $p_1 = 4$, $p_2 = 4$이고,
  순차적으로 결정하는 모형에서는 $p_1 = 6$, $p_2 = 5$이기에,
  동시에 가격을 결정하는 모형보다 순차적으로 결정하는 모형에서 더 높은 가격을 책정한다(②).
- 이윤은 동시에 결정하는 모형에서는 $\Pi_1 = 16$, $\Pi_2 = 16$이고,
  순차적으로 결정하는 모형에서는 $\Pi_1 = 18$, $\Pi_2 = 25$이기에,
  동시에 가격을 결정하는 모형보다 순차적으로 결정하는 모형에서 이윤이 더 크다(③).
- 순차적으로 가격을 결정하는 모형에서 가격이 $p_1 = 6$, $p_2 = 5$이기에 이를 이윤함수에 대입하면 $\Pi_1 = 18$, $\Pi_2 = 25$이다. 따라서 선도자(leader)의 이윤이 추종자(follower)의 이윤보다 더 작다(④).

**출제POINT**

각 기업이 상대방의 가격을 주어진 것으로 보고 자신의 가격을 결정하는 베르뜨랑모형은 치열한 가격경쟁으로 균형상태에서 가격과 한계비용이 일치한다.

## 25 □□□

**구축효과(Crowding-out effect)에 대한 설명으로 옳은 것만을 <보기>에서 모두 고르면?**

〈보기〉

ㄱ. 확장적 재정지출 정책이 경기부양에 실효성이 있을 때 발견되는 현상이며, 구축효과가 크면 경기부양 효과도 커짐을 의미한다.
ㄴ. 다른 조건이 동일할 때, 투자의 이자율탄력성이 커질수록 구축효과의 크기는 증가한다.
ㄷ. 고전학파는 재정지출의 확대가 대부자금에 대한 수요를 증가시켜 발생하는 현상으로 본다.

① ㄱ
② ㄴ
③ ㄱ, ㄴ
④ ㄴ, ㄷ
⑤ ㄱ, ㄴ, ㄷ

| 25 | 거시 | 재정정책 | 답 ② |
|---|---|---|---|

ㄴ. 투자의 이자율탄력성이 클수록, 화폐수요의 이자율탄력성이 작을수록 구축효과는 커진다.

**오답피하기**

ㄱ. 확장적 재정지출 정책 시, 정부지출증가가 이자율을 상승시켜 투자를 감소시키기에, 구축효과가 크면 경기부양 효과는 작아진다.
ㄷ. 재정지출을 확대하면, 정부저축의 감소로 대부자금의 공급을 줄여 이자율을 상승시킴으로써 발생한다.

**출제POINT**

정부지출증가가 이자율을 상승시켜 민간투자를 감소시키는 효과를 구축효과라 하고, 투자의 이자율탄력성이 클수록, 화폐수요의 이자율탄력성이 작을수록 구축효과는 커진다.

# 15회 2024년 국회직

## 01 □□□

**채권시장에 대한 설명으로 옳은 것만을 <보기>에서 모두 고르면?**

〈보기〉

ㄱ. 채권에 대한 수요는 채권시장에서 자금을 공급하려고 하는 경제 주체에 의해 결정된다.
ㄴ. 통상적으로 장기채의 금리는 단기채의 금리보다 낮다.
ㄷ. 채권가격의 하락은 채권이자율의 상승을 의미한다.
ㄹ. 예상물가상승률이 높아지면 채권의 수요곡선은 좌측, 공급곡선은 우측으로 이동한다.

① ㄱ, ㄴ
② ㄴ, ㄷ
③ ㄱ, ㄴ, ㄷ
④ ㄱ, ㄷ, ㄹ
⑤ ㄴ, ㄷ, ㄹ

## 02 □□□

**고용 관련 통계에 대한 설명으로 옳은 것만을 <보기>에서 고르면 모두 몇 개인가?**

〈보기〉

ㄱ. 취업자와 실업자를 합하면 경제활동인구가 된다.
ㄴ. 실업률은 15세 이상 인구 중 실업자의 비율을 나타낸다.
ㄷ. 실업자의 일부가 일자리 찾는 것을 포기하고 비경제활동인구로 이동하면 고용률은 증가한다.
ㄹ. 경제활동참가율과 고용률 통계만 있으면 실업률을 계산할 수 있다.

① 0개
② 1개
③ 2개
④ 3개
⑤ 4개

**01** 거시 **채권** 답 ④

ㄱ. 채권 수요는 채권시장에서 자금을 공급하려 하는 경제 주체, 즉 채권을 구매하는 주체에 의해 결정된다.
ㄷ. 채권가격은 채권이자율과 상충관계이기에, 채권가격의 하락은 채권이자율 상승을 의미한다.
ㄹ. 예상물가상승률이 높아지면 이자율의 상승이 예상되기에, 당장의 채권수요는 감소하고, 채권공급은 증가한다.

**오답피하기**

ㄴ. 통상적으로 장기채의 금리는 단기채의 금리보다 높다.

**출제POINT**

통상적으로 장기가 단기보다 리스크가 크기에, 장기 채권은 프리미엄을 붙여 리스크에 보상한다.

**02** 거시 **실업이론** 답 ③

ㄱ. 경제활동인구는 취업자와 실업자의 합이다.
ㄹ. 경제활동참가율은 $\frac{\text{경제활동인구}}{\text{15세 이상 인구}}$이고, 고용률은 $\frac{\text{취업자}}{\text{15세 이상 인구}}$이다. 고용률을 경제활동참가율로 나누면 취업률을 구할 수 있는데, 취업률과 실업률을 합치면 100%이기에, 두 통계만으로 실업률을 계산할 수 있다.

**오답피하기**

ㄴ. 실업률은 경제활동인구 중 실업자의 비율을 나타낸 것이다.
ㄷ. 고용률은 $\frac{\text{취업자}}{\text{15세 이상 인구}}$인데, 실업자의 일부가 실망실업자로 이동해도 취업자 수와 15세 이상 인구수는 불변이다. 따라서 고용률은 변하지 않는다.

**출제POINT**

실망실업자를 비경제활동인구로 분류하는 것은 공식 실업률을 체감실업률보다 낮게 만드는 문제점이 있기에, 이를 보완하기 위해 고용률을 사용할 수 있다.

## 03 □□□

**중앙은행이 테일러(Taylor)준칙에 따라 기준금리를 결정한다고 할 때, 옳은 것만을 <보기>에서 모두 고르면? (단, *는 목표 또는 장기균형 수준을 나타낸다)**

| |
|---|
| 테일러준칙: $r-r^*=m(\pi-\pi^*)+n(Y-Y^*)$<br>(단, $r$ =기준금리, $\pi$ =인플레이션율, $Y$ =산출량이다) |

〈보기〉

ㄱ. $m>0$이고 $n=0$이면, 중앙은행이 물가안정목표제를 실시한다는 것을 의미한다.

ㄴ. 중앙은행의 독립성이 낮을수록 $m$과 $n$이 경제상황의 영향을 받게 된다.

ㄷ. 다른 조건이 일정할 때 $n>0$이면, 중앙은행은 경기침체에 대응해 기준금리를 인상한다.

ㄹ. $m>0$, $n>0$이고 $m$과 $n$이 경기상황과 상관없이 고정되어 있다면, 이는 재량적 정책이다.

① ㄴ ② ㄱ, ㄴ
③ ㄱ, ㄷ ④ ㄱ, ㄴ, ㄹ
⑤ ㄴ, ㄷ, ㄹ

## 04 □□□

**$A$국의 $X$재 국내 수요곡선은 $Q=120-P$, 국내 공급곡선은 $Q=P$이다. $X$재의 국제 가격은 $P=20$에서 거래되고 있다. 소국인 $A$국 정부가 $X$재의 수입을 결정하여 수입량이 20이 되도록 관세를 부과하려고 할 때, $X$재 수입 1단위당 부과해야 하는 관세는? (단, $P$는 가격, $Q$는 수량이며 국제가격은 일정하고 무제한 수입할 수 있다)**

① 10 ② 15
③ 20 ④ 25
⑤ 30

**03** 거시 **테일러준칙** 답 ②

ㄱ. $GDP$갭의 계수 $n$이 0일 때, 인플레이션갭의 계수 $m$이 양의 값을 갖는다는 것은 산출량변동은 고려하지 않고 물가만을 고려하는 물가안정목표제를 실시한다는 것을 의미한다.

ㄴ. 중앙은행의 독립성이 낮을수록, 인플레이션갭의 계수 $m$과 $GDP$갭의 계수 $n$은 경제상황의 영향을 받는다.

오답피하기

ㄷ. 다른 조건이 일정할 때, $GDP$갭의 계수가 양(+)의 값을 가지는 경우, 경기침체 때 $GDP$갭($Y-Y^*$)이 음(−)의 값이 되기에 중앙은행은 경기침체에 대응해 기준금리를 인하한다.

ㄹ. $m$과 $n$이 경기상황과 상관없이 고정되어 있다면, 이는 재량적 정책이라고 볼 수 없다.

**출제POINT**

테일러준칙에 따라 기준금리를 결정하더라도, 중앙은행의 독립성이 낮을수록 인플레이션갭과 $GDP$갭의 계수는 경제상황의 영향을 크게 받는다.

**04** 국제 **무역정책론** 답 ⑤

- 기존에 $A$국은 $120-P=P$에서, 균형가격 60, 균형거래량 60에서 균형을 이뤘다.
- 국제가격이 20이기 때문에, $A$국이 시장 개방을 결정할 때 수요는 $120-20=100$, 공급은 20으로, $100-20=80$만큼 수입한다.
- 소국인 $A$국이 관세 $t$를 부과하면, 관세 부과 후 $A$국에서의 $X$재 가격은 $20+t$가 된다. 이때의 수요는 $120-(20+t)$, 공급은 $(20+t)$로, $120-20-t-20-t=80-2t$만큼 수입한다.
- $A$국 정부는 수입량을 20으로 제한하려고 하기에, $80-2t=20$으로, $X$재 수입 한 단위당 부과해야 하는 관세는 30이다.

**출제POINT**

관세가 부과되더라도 국제가격(수입가격)이 변하지 않아 교역조건은 불변이고 단위당 $T$원의 관세가 부과되면 국내가격이 $T$원만큼 상승한다. 따라서 국내생산증가, 국내소비감소, 국제수지개선, 및 재정수입증가 효과가 발생한다. 그리고 소비자잉여감소, 생산자잉여증가, 재정수입증가이나 사회적 후생손실이 발생한다.

## 05 □□□

**솔로우(Solow) 성장모형에서 $A$국의 생산함수는 $Y=20\sqrt{LK}$, 저축률은 40%, 자본감가상각률은 연 4%, 인구증가율은 연 2%이고 2024년 초 $A$국의 1인당 자본량은 900이라 할 때, 다음 중 옳은 것은? (단, $L$은 노동, $K$는 자본이며 기술진보는 없다)**

① 2024년 초 $A$국의 1인당 산출량은 900이다.
② 2024년 초 $A$국의 1인당 산출량은 1,800이다.
③ 2024년 $A$국의 연간 1인당 자본의 증가량은 126이다.
④ 2024년 $A$국의 연간 1인당 자본의 증가량은 168이다.
⑤ 2024년 $A$국의 연간 1인당 자본의 증가량은 186이다.

## 06 □□□

**화폐수요이론에 대한 설명으로 옳은 것은?**

① 피셔(L. Fisher)의 거래수량설에 따르면, 거래에는 판매자와 구매자가 있으며 판매된 재화의 가치와 화폐수취액과의 관계는 불확실하다.
② 프리드먼(M. Friedman)의 신화폐수량설에 따르면, 개인 화폐수요는 미시적 자산선택의 결과로 개인의 평생 부와 화폐를 포함한 여러 자산 수익률의 함수로 결정된다.
③ 케인즈(J. M. Keynes)의 유동성선호설에 따르면, 거래적 동기와 예비적 동기의 화폐수요는 소득과 양(+)의 관계가 있고 투기적 동기의 화폐수요는 소득과 음(-)의 관계가 있다.
④ 보몰(W. Baumol)의 거래적 화폐수요이론에 따르면, 이자율이 높을수록 화폐보유에 따른 기회비용이 증가하므로 거래적 화폐수요는 증가한다.
⑤ 토빈(J. Tobin)의 포토폴리오이론에 따르면, 이자율 상승 시 소득효과는 화폐수요를 감소시킨다.

| 05 | 거시 | 경제성장론 | 답 ⑤ |
|---|---|---|---|

1인당 실제투자액은 $sf(k)=0.4\times20\sqrt{900}=240$이고, 1인당 필요투자액은 $(n+d)k=0.06\times900=54$이기에 균제상태를 이루기 위해 연간 1인당 자본의 증가량은 $186(=240-54)$이다.

(오답피하기)

①, ② 2024년 초 $A$국의 1인당 산출량이 아닌, 1인당 자본량이 900이다. 1인당 산출량은 $y=20\sqrt{k}=20\sqrt{900}=20\times30=600$이다.

**출제POINT**

자본증가율[$\frac{sf(k)}{k}$]과 인구증가율($n$)이 동일할 때, $\frac{sf(k)}{k}=n$에서 자본과 노동이 모두 완전고용되면서 경제성장이 이루어진다. 이를 Solow모형의 기본방정식이라 한다. 이 때 자본증가율이 가변적이기에 균형은 자동적으로 충족되고 모형은 안정적이다.

| 06 | 거시 | 화폐수요이론 | 답 ② |
|---|---|---|---|

프리드먼의 신화폐수량설에 따르면, 개인 화폐수요는 미시적 자산선택의 결과이고, 개인이 가진 여러 자산 수익률의 함수로 결정된다.

(오답피하기)

① 피셔의 거래수량설에 따르면, 판매된 재화의 가치는 화폐수취액과 일치하는 관계를 갖는다.
③ 케인즈의 유동성선호설에 따르면, 투기적 동기의 화폐수요는 소득이 아닌 이자율과 음(-)의 관계를 갖는다.
④ 보몰의 거래적 화폐수요이론에 따르면, 이자율이 높을수록 화폐보유에 따른 기회비용이 증가하여, 거래적 화폐수요가 감소한다.
⑤ 토빈의 포트폴리오이론에 따르면, 이자율 상승 시 소득효과는 화폐수요를 증가시킨다.

**출제POINT**

거래적 동기와 예비적 동기의 화폐수요는 소득의 증가함수이고, 투기적 동기의 화폐수요는 이자율의 감소함수이기에 케인즈의 화폐수요함수는 $\frac{M^D}{P}=kY-hr$($k$: 거래적 동기, $h$: 투기적 동기)이다.

## 07 □□□

**정부가 국공채를 발행하여 정부지출을 증가시켰을 때, <보기>에서 옳은 것(○)과 옳지 않은 것(×)을 올바르게 조합한 것은?**

〈보기〉

ㄱ. 유동성함정 구간에서는 재정정책의 효과가 크게 나타난다.
ㄴ. 구축효과는 재정정책의 효과를 감소시킨다.
ㄷ. 구축효과는 $IS$곡선의 기울기가 클수록 작아진다.
ㄹ. 구축효과는 $LM$곡선의 기울기가 클수록 커진다.
ㅁ. 다른 조건이 일정할 경우, 투자의 이자율탄력성이 클수록 구축효과는 작아진다.

| | ㄱ | ㄴ | ㄷ | ㄹ | ㅁ |
|---|---|---|---|---|---|
| ① | ○ | ○ | ○ | × | ○ |
| ② | ○ | ○ | ○ | ○ | ○ |
| ③ | ○ | × | × | ○ | × |
| ④ | × | × | ○ | × | × |
| ⑤ | ○ | ○ | ○ | ○ | × |

## 08 □□□

**생산과 연구개발 부문으로 이루어진 다음 2-부문 성장모형에 대한 설명으로 옳은 것은?**

- 재화(goods) 생산함수: $Y_t = A_t L_{yt}$
- 아이디어(idea) 생산함수: $\triangle A_{t+1} = \eta A_t L_{at} \, (\eta > 0)$
- 총노동투입량: $L_{yt} + L_{at} = \overline{L}$

(단, $L_{at} = \ell \overline{L}$: 아이디어 생산에 투입되는 노동의 양 $(0 < \ell < 1)$, $L_{yt}$: 재화생산에 투입되는 노동의 양, $\triangle A_t$: 아이디어 스톡의 변화이다)

① 이 성장모형은 국가 간 성장률의 차이를 설명할 수 없다.
② 총노동투입량 $\overline{L}$가 증가하면 정상상태(steady state)로 수렴되는 과정에서 성장률이 증가하지만, 정상상태에 가까워짐에 따라 성장률이 둔화되어 이전 수준으로 수렴한다.
③ 연구개발에 투입되는 노동의 비중 $\ell$이 증가하면 재화생산은 일시적으로 감소하지만 1인당 생산 증가율은 이전 수준보다 증가한다.
④ $\eta$가 증가하면 기술진보율은 일시적으로 증가하지만 정상상태로 수렴하면서 이전 수준으로 되돌아간다.
⑤ 아이디어 스톡이 증가할수록 새로운 아이디어 생산이 점점 어려워진다.

**07** 거시 **재정정책** 답 ⑤

ㄱ. 유동성함정 구간에서는 $LM$곡선이 완전탄력적으로, 구축효과가 없어지기에, 재정정책의 효과가 크게 나타난다.
ㄴ. 구축효과는 재정정책의 효과를 감소시킨다.
ㄷ. 구축효과는 $IS$곡선의 기울기가 작을수록 커진다.
ㄹ. 구축효과는 $LM$곡선의 기울기가 클수록 커진다.

(오답피하기)

ㅁ. 투자의 이자율탄력성이 클수록 $IS$의 기울기가 완만해지기에 구축효과는 커진다.

**출제POINT**

현재 이자율이 매우 낮고 채권가격이 매우 높아 이후 이자율이 상승하고 채권가격이 하락할 것으로 예상하여, 자산을 전부 화폐로 보유하고 있는 상태를 유동성함정이라 한다. 유동성함정하 화폐수요의 이자율탄력성이 무한대로 재정정책의 효과가 극대화된다.

**08** 거시 **경제성장론** 답 ③

연구개발에 투입되는 노동의 비중이 증가하면, 총노동투입량은 일정하기에, 재화 생산에 투입되는 노동이 줄어 재화생산이 일시적으로 감소하지만, 아이디어 스톡이 늘어나기에 1인당 생산 증가율은 이전보다 증가하게 된다.

(오답피하기)

① 재화 생산함수를 증가율형태로 변형하면, 아이디어스톡증가율과 재화생산투입 노동증가율의 합으로, 국가 간 성장률의 차이를 설명할 수 있다.
②, ④ 재화(goods) 생산함수가 $Y_t = A_t L_{yt}$이기에 성장률이 체감하여 다시 균제점으로 수렴하지 않는다.
⑤ 아이디어 스톡이 증가하면 할수록 새로운 아이디어 생산이 점점 용이해진다.

**출제POINT**

수확체감의 법칙이 적용되지 않는 $Y=AK$라는 생산함수를 가정할 때, $AK$모형은 정부의 감세정책 등으로 저축률이 높아지면 지속적인 경제성장이 가능함을 보여준다.

## 09 □□□

**정책무력성정리(policy ineffectiveness proposition)에 대한 설명으로 옳지 않은 것은?**

① 경제주체들이 변동하는 물가를 평균적으로 정확하게 예측하고, 예측오차가 발생하더라도 양의 오차와 음의 오차가 상쇄되어 평균적으로는 예측오차가 0이 된다.
② 시장에 참여하는 독과점기업들이 차림표비용(menu cost)으로 인해 가격을 신축적으로 바꾸지 않는다면 확대 통화정책은 단기적으로도 효과가 없다.
③ 시장에 참여하는 독과점기업들이 노동자들과 장기임금계약을 체결한다면 확대 통화정책은 단기적으로 유효할 수 있다.
④ 확대 통화정책이 경제주체들의 기대 이상으로 물가를 올리는 깜짝 정책이라면 단기적으로 유효할 수 있다.
⑤ 노동시장에서 명목임금과 실질임금이 완전신축적이라면 정책무력성정리가 성립할 수 있다.

| 09 | 거시 | 새고전학파이론 | 답 ② |
|---|---|---|---|

시장에 참여하는 독과점기업들이 메뉴비용으로 인해 가격변수가 경직적이 되는 상황은 새케인즈학파의 가정으로, 확대 통화정책이라도 단기적으로는 효과가 있다.

**오답피하기**

① 정책무력성정리에서의 예측오차는 양의 예측오차와 음의 예측오차가 서로 상쇄되어 평균적으로 예측오차가 0이 된다.
③ 시장에 참여하는 독과점기업들이 노동자들과 장기임금계약을 체결한다면 실질임금이 경직적이 되기에, 이는 새케인즈학파의 가정으로, 확대 통화정책이라도 단기적으로는 유효할 수 있다.
④ 확대 통화정책이 예상치 못한 깜짝 정책처럼 집행된다면 단기적으로 유효하다.
⑤ 노동시장에서 명목임금과 실질임금이 완전신축적이라면 가격변수가 완전신축적으로, 시장청산이 곧바로 가능하여 정책무력성정리가 성립할 수 있다.

**출제POINT**

예상된 정책의 경우 단기에도 실업률에는 아무런 영향을 미칠 수 없으며, 물가상승만 초래한다. 이를 정책무력성정리라 한다.

## 10 □□□

**통화승수에 대한 설명으로 옳은 것만을 <보기>에서 고르면 모두 몇 개인가?**

〈보기〉
ㄱ. 통화승수란 통화량을 본원통화로 나눈 값을 말하며, 화폐승수라고도 한다.
ㄴ. 통화승수는 현금예금비율이 낮을수록 작아진다.
ㄷ. 지하경제 규모가 커지면 통화승수는 커진다.
ㄹ. 통화승수는 지급준비율이 낮을수록 작아진다.
ㅁ. 화폐의 유통속도가 상승하면 통화승수는 작아진다.

① 1개 ② 2개
③ 3개 ④ 4개
⑤ 5개

| 10 | 거시 | 화폐공급이론 | 답 ① |
|---|---|---|---|

ㄱ. 통화승수는 통화량을 본원통화로 나눈 값으로($m=\frac{M}{H}$), 화폐승수라고도 한다.

**오답피하기**

ㄴ. 현금예금비율은 $k$로, 통화승수는 $m=\frac{k+1}{k+z}$과 같이 표시할 수 있기에, 현금예금비율이 낮을수록 커진다.
ㄷ. 지하경제 규모가 커지면 개인들의 현금보유비율이 커지기에 통화승수는 작아진다.
ㄹ. 통화승수는 $m=\frac{k+1}{k+z}$과 같이 쓸 수 있다. 따라서 지급준비율($z$)이 낮을수록 커진다.
ㅁ. 화폐의 유통속도($V=\frac{PY}{M}$)는 화폐 한 단위의 회전횟수로 통화승수와 직접적인 관련이 없다.

**출제POINT**

본원통화가 1단위 공급되었을 때 통화량이 얼마나 증가하였는지를 보여주는 배수를 통화승수라 하고, $m=\frac{\text{통화량}}{\text{본원통화}}$이다.

## 11 □□□

**개방경제하에서 확대 통화정책의 효과에 대한 설명으로 옳은 것만을 <보기>에서 모두 고르면? (단, $IS$곡선은 우하향, $LM$ 곡선은 우상향하며 자본의 완전이동을 가정한다)**

〈보기〉

ㄱ. 고정환율제하에서는 확대 통화정책이 확대 재정정책에 비해 생산증가효과가 크다.
ㄴ. 고정환율제하에서는 확대 통화정책으로 이자율이 하락하고 자본이 유출되어 환율상승의 압력이 발생한다.
ㄷ. 변동환율제하에서는 확대 통화정책이 $LM$곡선을 우측으로 이동시켜 환율이 상승하고 $IS$곡선을 우측으로 이동시킨다.
ㄹ. 변동환율제하에서는 확대 통화정책으로 이자율이 하락하고 환율이 상승하여 수출이 증가한다.
ㅁ. 변동환율제하에서는 확대 통화정책이 확대 재정정책에 비해 생산증가효과가 크다.

① ㄱ, ㄴ, ㄷ ② ㄴ, ㄹ, ㅁ
③ ㄴ, ㄷ, ㄹ ④ ㄱ, ㄷ, ㄹ, ㅁ
⑤ ㄴ, ㄷ, ㄹ, ㅁ

## 12 □□□

**미국의 1달러는 우리나라 1,300원과 교환되고, 사과 하나당 가격이 우리나라에서는 2,000원, 미국에서는 2달러일 때, 미국에 대한 우리나라의 실질환율로 옳은 것은?**

① 1,300 ② 1,000
③ 1.3 ④ 1.0
⑤ $\frac{1}{1.3}$

**11** 거시 **화폐공급이론** 답 ⑤

ㄴ. 고정환율제하에서는 확대 통화정책으로 이자율이 하락하고 자본이 유출되어 환율상승의 압력이 발생한다. 따라서 $LM$곡선이 원 자리에 복귀하게 되기에 통화정책은 효과가 없다.
ㄷ. 변동환율제하에서는 확대 통화정책이 $LM$곡선을 우측으로 이동시키기에 환율이 상승하고, 그로 인해 순수출이 증가하기에 $IS$곡선도 우측으로 이동한다.
ㄹ. 변동환율제하에서는 확대 통화정책으로 이자율이 하락하고 환율이 상승하여 수출이 증가하고, 그로 인해 $IS$도 우측 이동하면서 국민소득이 크게 증가한다.
ㅁ. 변동환율제하에서는 확대 통화정책이 확대 재정정책에 비해 생산증가효과가 크다.

**오답피하기**

ㄱ. 고정환율제하에서는 확대 재정정책이 확대 통화정책에 비해 생산증가효과가 크다.

**출제POINT**

(고정환율제도하)자본이동이 완전한 경우, $BP$곡선은 수평선으로, 재정정책은 매우 효과적이나 금융정책은 전혀 효과가 없다. (변동환율제도하)자본이동이 완전한 경우, $BP$곡선은 수평선으로, 재정정책은 전혀 효과가 없지만 금융정책은 매우 효과적이다.

**12** 국제 **환율** 답 ③

해외에 대한 국내 실질환율은 $\epsilon = \frac{e \times P_f}{P}$로, $\epsilon = \frac{1,300 \times 2}{2,000}$이기에 1.3이다.

**출제POINT**

'화폐단위'로 표시하여, 미국 화폐 1달러와 자국 화폐 간 교환 비율을 명목환율이라 하고, 통상 환율을 의미한다. '실물단위'로 표시한 실질환율은 $\epsilon = \frac{e \times P_f}{P}$($\epsilon$: 실질환율, $e$: 명목환율, $P_f$: 해외물가, $P$: 국내물가)이기에, 이를 변형하면 실질환율변화율=명목환율변화율+해외물가상승률−국내물가상승률이다.

## 13 □□□

**어떤 소비자가 다음과 같은 화재보험상품 가입을 고려하고 있을 때, 옳은 것은? (단, 모든 금액은 현재가치로 환산한 것이다)**

- 화재가 발생할 확률은 30%이다.
- 화재보험의 대상이 되는 자산의 가치는 10억 원이고, 화재가 발생할 경우 재산상 손실은 10억 원 전부이다.
- 화재가 발생할 경우 재산상 손실을 완전히 보상받기 위해서는 총 3억 원의 보험료를 납부하여야 한다.

① 이 소비자가 위험기피적이라면 반드시 보험에 가입하지 않는다.
② 이 소비자가 위험중립적이라면 반드시 보험에 가입한다.
③ 이 소비자가 위험선호적이라면 반드시 보험에 가입한다.
④ 이 소비자가 위험기피적이라면 보험에 가입할 경우의 효용은 보험에 가입하지 않을 경우의 기대효용보다 크다.
⑤ 이 보험은 공정한 보험이 아니다.

**13** | 미시 | 기대효용이론 | 답 ④

이 보험은 공정한 보험이기에 위험기피적인 소비자는 보험에 가입한다. 따라서 보험 가입의 효용이 보험에 가입하지 않을 경우의 기대효용보다 크다.

(오답피하기)

① 위험기피적이라면, 공정한 보험이기에 반드시 화재보험에 가입한다.
② 위험중립적이라면 가입 시 효용과 미가입 시 기대효용은 같다.
③ 위험선호적이라면 가입은 불분명하다.
⑤ 어떤 위험기피자가 $w_0$의 재산을 가지고 있으며, 화재발생확률이 $p$이고, 화재 시 손실액이 $l$원이라 가정하면, 기대손실액인 $pl$이 공정한 보험료이다. 발문에서 화재발생확률이 0.3이고, 화재 시 손실액이 10억 원이기에, 공정한 보험료는 3억으로, 이 보험은 공정한 보험이다.

**출제POINT**

불확실성이 내포된 자산보다 동일 액수의 확실한 자산을 더 선호하는 사람을 위험기피자라 하고, 불확실성이 내포된 자산을 동일 액수의 확실한 자산보다 더 선호하는 사람을 위험선호자라 한다.

- 위험선호자는 불리한 복권일 경우에만 의사가 불분명, 그 밖에는 모두 구매
- 위험기피자는 유리한 복권이라 할지라도 살지에 대한 의사가 불분명
- 위험기피자는 불리한 보험일 경우에만 의사가 불분명, 그 밖에는 모두 구매
- 위험선호자는 유리한 보험이라 할지라도 살지에 대한 의사가 불분명

## 14 □□□

**$X$재의 수요곡선은 $Q = 10 - P$이고 공급곡선은 $Q = -2 + P$이다. $X$재를 생산하는 기업들의 매출액 증대를 위해 정부가 가격하한제 실시 또는 보조금 지급 정책을 고려하고 있다고 하자. 이러한 정책이 기업의 매출액에 미치는 효과로 옳은 것만을 <보기>에서 모두 고르면? (단, $P$는 가격, $Q$는 수량이다)**

〈보기〉

ㄱ. 정책 실시 전 기업의 매출액은 24이다.
ㄴ. $P = 8$인 가격하한제를 실시하면 기업의 매출액은 증가한다.
ㄷ. 소비자에게 $X$재 한 단위당 1만큼의 보조금을 지급하면 기업의 매출액은 증가한다.
ㄹ. 위의 ㄴ정책과 ㄷ정책이 기업의 매출액에 미치는 효과는 같다.

① ㄱ, ㄴ
② ㄱ, ㄷ
③ ㄴ, ㄷ
④ ㄱ, ㄴ, ㄷ
⑤ ㄴ, ㄷ, ㄹ

**14** | 미시 | 수요·공급이론의 응용 | 답 ②

ㄱ. 정책 실시 전 수요곡선과 공급곡선을 일치시키면 $10 - P = -2 + P$로, $12 = 2P$이기에 균형가격은 6, 균형거래량은 4이다. 기업의 매출액은 가격과 거래량을 곱해 구할 수 있기에 24이다.
ㄷ. 소비자에게 $X$재에 대한 보조금을 지급하면 수요가 증가하기에, 가격과 거래량이 증가하여 기업의 매출액은 증가한다.

(오답피하기)

ㄴ. $P = 8$인 가격하한제를 실시하면 수요량이 2이기에, 거래량이 2에서 결정된다. 따라서 가격하한제하에서 기업의 매출액은 16이다. 따라서 기업의 매출액은 24에서 16으로 감소하는 것이다.
ㄹ. ㄴ정책(가격하한제)은 기업의 매출액을 감소시키는 반면, ㄷ정책(보조금)은 기업의 매출액을 증가시키기에 각 정책은 기업의 매출액에 미치는 효과가 상이하다.

**출제POINT**

공급자 보호를 위해 균형가격보다 높게 설정하는 최저가격제하, 초과공급으로 인한 암시장이 발생할 수 있다. 최저가격제로 거래량이 줄고 사회적 잉여도 감소한다.

## 15 □□□

두 정상재 $X$와 $Y$만을 소비하여 효용을 극대화하는 소비자 $A$의 효용함수는 $U(X,\ Y)=3XY^2$이다. $X$재의 가격은 10이고 $Y$재의 가격은 5이며, 소비자 $A$의 소득은 90이다. 주어진 예산제약하에서 소비자 $A$의 효용을 극대화하기 위한 $X$재와 $Y$재의 소비량의 합으로 옳은 것은?

① 15 ② 16
③ 17 ④ 18
⑤ 19

## 16 □□□

$X$재의 수요함수가 $Q=200-4P$일 때, 옳은 것만을 <보기>에서 고르면 모두 몇 개인가? (단, $P$는 가격, $Q$는 수량이다)

〈보기〉
ㄱ. $X$재의 가격이 10이면 수요의 가격탄력성 절댓값은 0.25이다.
ㄴ. $X$재의 가격이 10에서 11로 오르면 $X$재에 대한 소비자 지출은 늘어나고 수요량은 줄어든다.
ㄷ. $X$재의 가격이 50이면 수요의 가격탄력성은 완전비탄력적이다.
ㄹ. 1개의 가격이 높아질수록 수요의 가격탄력성은 커진다.

① 0개 ② 1개
③ 2개 ④ 3개
⑤ 4개

**15 | 미시 | 효용함수 답 ①**

• $U=AX^{\alpha}Y^{\beta}$의 형태를 갖는 $C-D$ 함수에서 소비자의 효용을 극대화하는 $X$재의 양은 $X=\frac{\alpha}{\alpha+\beta}\times\frac{M}{P_X}$, $Y$재의 양은 $Y=\frac{\beta}{\alpha+\beta}\times\frac{M}{P_Y}$로 구할 수 있다.

• 위 공식에 발문에서 주어진 수를 대입하면 $X=\frac{1}{3}\times\frac{90}{10}=3$이고, $Y=\frac{2}{3}\times\frac{90}{5}=12$로, $X$재와 $Y$재의 소비량의 합은 $15(=3+12)$이다.

**출제POINT**

$U=AX^{\alpha}Y^{\beta}$의 형태를 갖는 $C-D$ 함수에서 소비자의 효용을 극대화하는 $X$재의 양은 $X=\frac{\alpha}{\alpha+\beta}\times\frac{M}{P_X}$, $Y$재의 양은 $Y=\frac{\beta}{\alpha+\beta}\times\frac{M}{P_Y}$로 구할 수 있다.

**16 | 미시 | 수요와 공급의 탄력성 답 ④**

ㄱ. $P_X=10$이면 $(P,\ Q)=(10,\ 160)$이고, 한 점의 가격탄력성은 $-(\frac{\Delta Q}{\Delta P}\times\frac{P}{Q})$로 구할 수 있기에, $-4\times\frac{10}{160}=-0.25$로 수요의 가격탄력성 절댓값은 0.25이다.
ㄴ. 주어진 수요곡선은 우하향하는 직선 형태로, 중점은 $M(Q=100,\ P=25)$로 $X$재의 가격이 10이면 중점 하방에 위치하기에 비탄력적 구간이다. 따라서 이때 가격을 인상하면 $X$재에 대한 소비자 지출은 늘어나고(1,600에서 1,716) 수요량이 소량 감소한다.
ㄹ. 재화의 가격이 높아질수록 수요의 가격탄력성은 커진다.

**오답피하기**

ㄷ. $X$재의 가격이 50이면 수요의 가격탄력성은 완전 탄력적이고, $X$재의 가격이 0이 되면 수요의 가격탄력성은 완전 비탄력적이 된다.

**출제POINT**

우하향의 수요직선에서 중점은 단위탄력적이고, 중점 위는 탄력적이며, 중점 아래는 비탄력적으로 모든 점의 수요의 가격탄력도가 다른 경우이다.

## 17 □□□

**노동만을 사용하여 생산하고 있는 수요독점기업이 직면한 노동 공급곡선이 $w = 20 + L$이고 노동의 한계수입생산은 $MRP_L = 100 - 2L$ 일 때, 옳은 것만을 <보기>에서 모두 고르면? (단, $w$는 단위임금, $L$은 고용량이다)**

〈보기〉
ㄱ. 노동의 한계요소비용은 $20 + 2L$이다.
ㄴ. 이 기업의 이윤극대화 고용량은 20이다.
ㄷ. 수요독점기업이 지급하려는 임금은 60이다.
ㄹ. 정부가 최저임금을 50으로 설정하면 최저임금을 설정하기 이전보다 고용량이 늘어난다.

① ㄱ, ㄴ
② ㄴ, ㄷ
③ ㄱ, ㄴ, ㄷ
④ ㄱ, ㄴ, ㄹ
⑤ ㄱ, ㄷ, ㄹ

## 18 □□□

**효용극대화를 추구하는 어떤 소비자의 효용함수가 $U(x, y) = \min(x, y)$일 때, 옳지 않은 것은?**

① 가격소비곡선은 우상향한다.
② 소득소비곡선은 수평선이다.
③ 두 재화 중 적게 소비하는 재화가 증가하는 경우에만 효용수준이 증가한다.
④ 무차별곡선의 수평선 부분에서 한계대체율은 0이고, 수직선 부분에서 한계대체율은 무한대이다.
⑤ 이 소비자의 효용함수는 1차동차함수의 형태를 띤다.

**17** 미시 **가변생산요소시장** 답 ④

ㄱ. 노동의 한계요소비용 $MFC_L$은 $w$에서 절편은 같고 기울기를 두 배한 수식으로 구할 수 있다. 따라서 노동의 한계요소비용은 $20+2L$이다.
ㄴ. 수요독점기업은 $MRP_L = MFC_L$에서 이윤을 극대화하기에, $20+2L = 100-2L$, $4L = 80$으로 이윤극대화 고용량은 20이다.
ㄹ. 정부가 최저임금을 50으로 설정하면, $50 = 100-2L$로, $L = 25$이기에 기존 고용량 20보다 고용량이 더 늘어난다.

오답피하기
ㄷ. 수요독점기업의 임금은 이윤극대화 고용량을 $w$ 함수에 대입하여 구할 수 있다. 이윤극대화 고용량이 20이기에, $w$에 대입하면, $20+20 = 40$으로 수요독점이 지급하려는 임금은 40이다.

**출제POINT**
생산요소시장에서 수요독점의 경우, 최저임금제가 실시되면 고용량이 불변이거나 증가할 수 있고, 최저임금이 $MRP_L$곡선과 $MFC_L$곡선이 교차하는 점보다 높은 수준에서 결정되면 고용량이 감소한다.

**18** 미시 **사회후생이론** 답 ②

효용함수가 $U(x, y) = \min(x, y)$인 경우, 소득소비곡선은 원점에서 나오는 우상향의 직선이다.

오답피하기
① 효용함수가 $U(x, y) = \min(x, y)$인 경우, 가격소비곡선은 원점에서 나오는 우상향의 직선이다.
③ 완전보완관계이기에 두 재화 중 적게 소비하는 재화가 증가하는 경우에만 효용수준이 증가한다.
④ 레온티에프 무차별곡선의 수평선 부분에서 한계대체율은 0이고, 수직선 부분에서 한계대체율은 무한대이다.
⑤ 레온티에프 함수는 1차동차함수이다.

**출제POINT**
사회후생이 가장 가난한 계층의 후생에 의해 결정된다는 것이 롤스(최소극대화) 사회후생함수이다. 즉, $W = \min[U^A, U^B]$이다. 롤스 사회후생함수($W = \min[U^A, U^B]$)의 사회무차별곡선은 L자 형태로 도출된다.

## 19 □□□

**완전경쟁상태에 있는 $X$재의 수요곡선이 $P=75-3Q$이고 공급곡선이 $P=25+2Q$이다. $X$재를 생산하는 기업 $A$의 장기 비용함수는 $C(Q)=25Q+5Q^2$이라고 할 때, 이 기업의 이윤극대화 생산량으로 옳은 것은? (단, $P$는 가격, $Q$는 수량이다)**

① 2 ② 5
③ 10 ④ 45
⑤ 125

## 20 □□□

**노동공급의 임금탄력성에 대한 설명으로 옳은 것만을 <보기>에서 모두 고르면? (단, 여가는 정상재이다)**

〈보기〉
ㄱ. 노동공급의 임금탄력성은 임금이 1% 변화할 때 노동공급이 몇 % 변화하는지를 측정한다.
ㄴ. 노동공급곡선이 후방굴절(backward bending)하는 구간에서는 노동공급의 임금탄력성이 음의 값을 갖는다.
ㄷ. 임금상승으로 인한 대체효과가 소득효과보다 크면 노동공급의 임금탄력성은 음의 값을 갖는다.
ㄹ. 시간당 임금이 10일 때 1,900시간을 일하던 근로자가 시간당 임금이 20으로 올라 2,090시간 일했다고 하면 노동공급의 임금탄력성은 0.1이다.

① ㄱ, ㄴ ② ㄴ, ㄷ
③ ㄱ, ㄴ, ㄷ ④ ㄱ, ㄴ, ㄹ
⑤ ㄴ, ㄷ, ㄹ

| 19 | 미시 | 완전경쟁시장 | 답 ① |
|---|---|---|---|

- 완전경쟁시장의 기업은 $P=MC$에서 이윤을 극대화한다.
- 주어진 수요곡선과 공급곡선을 일치시키면 $75-3Q=25+2Q$로, $50=5Q$이기에 $Q=10$이고, $P=45$이다.
- 장기 비용함수가 주어져 있기에, 이를 미분하면, $\frac{\Delta C(Q)}{\Delta Q}=10Q+25$이다.
- 따라서 $P=MC$를 일치시키면, $25+10Q=45$이고, $10Q=20$이기에 $Q=2$이다. 즉, 이윤극대화 생산량은 2이다.

**출제POINT**
완전경쟁시장에서는 총수입에서 총비용을 차감한 값인 이윤은 $MR=MC$, 그리고 $MR$기울기$<MC$기울기일 때 극대화된다.

| 20 | 미시 | 수요와 공급의 탄력성 | 답 ④ |
|---|---|---|---|

ㄱ. 노동공급의 임금탄력성은 임금이 1% 변화할 때 노동공급이 몇 % 변화하는지를 측정하는 수치이다.
ㄴ. 노동공급곡선이 후방굴절하는 구간에서는 소득효과가 대체효과를 압도하고, 임금이 오를수록 노동공급이 감소하기에 노동공급의 임금탄력성이 음의 값을 갖게 된다.
ㄹ. 노동공급의 임금탄력성이 $\epsilon_w=\frac{\Delta L}{\Delta w}\times\frac{w}{L}$로, 상황에서 주어진 값을 대입하면, $\frac{(2,090-1,900)}{(20-10)}\times\frac{10}{1,900}=0.1$이다.

오답피하기
ㄷ. 여가가 정상재인데 임금상승으로 인한 대체효과가 소득효과보다 크면 근로자는 시간당 임금이 상승했을 때 여가를 줄이고 노동을 늘린다. 따라서 노동공급곡선은 우상향하고, 노동공급의 임금탄력성은 양의 값을 갖는다.

**출제POINT**
수요의 가격탄력성은 가격의 변화율(%)에 대한 수요량의 변화율(%)로, 가격이 1% 변화할 때 수요량의 변화율로 나타낼 수 있다. 따라서 가격이 1% 변화할 때, 수요량의 변화율이 수요의 가격탄력성이다.

## 21 □□□

*A*국의 인구 100명 중 절반은 전혀 소득이 없고 나머지 절반은 소득을 균등하게 가지고 있는 경우, *A*국의 지니계수와 10분위분배율로 옳은 것은?

| | 지니계수 | 10분위분배율 |
|---|---|---|
| ① | 0.25 | 0 |
| ② | 0.25 | 1 |
| ③ | 0.50 | 0 |
| ④ | 0.50 | 1 |
| ⑤ | 0.50 | 2 |

## 22 □□□

*X*재의 [수요량 변화율]÷[가격 변화율]= 2이다. 이에 대한 설명으로 옳은 것만을 <보기>에서 모두 고르면? (단, *X*재는 수요와 공급 법칙을 따른다)

〈보기〉

ㄱ. *X*재는 수요의 가격탄력성이 비탄력적이다.
ㄴ. *X*재의 공급이 감소하면 소비자의 총지출이 감소한다.
ㄷ. *X*의 공급이 증가하면 공급자의 총수입이 증가한다.

① ㄱ
② ㄴ
③ ㄷ
④ ㄴ, ㄷ
⑤ ㄱ, ㄴ, ㄷ

**21** 미시 **소득분배이론** 답 ③

• 발문에서 주어진 상황의 로렌츠 곡선을 그리면 아래와 같다.

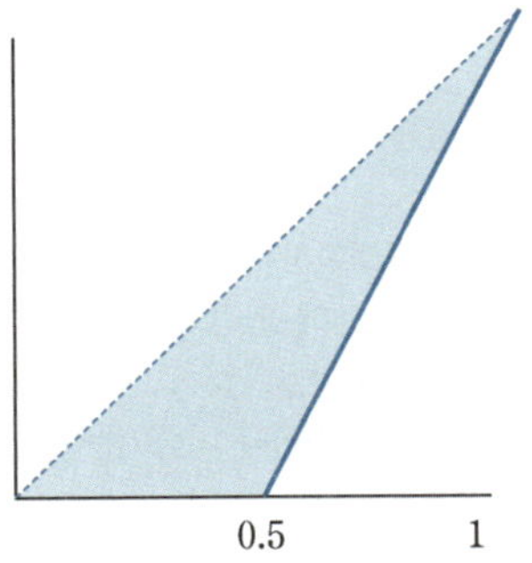


• 10분위분배율은 $\frac{\text{최하위 } 40\% \text{ 소득점유율}}{\text{최하위 } 20\% \text{ 소득점유율}}$의 값인데, 현재 최하위 50%는 소득이 전혀 없는 상황이기에, 최하위 40% 소득점유율이 0%이다. 따라서 10분위분배율은 0이다. 따라서 지니계수는 $\frac{1\times\frac{1}{2}\times\frac{1}{2}}{1\times1\times\frac{1}{2}}$로, 0.5이다.

**출제POINT**

최하위 40%의 소득점유율을 최상위 20%의 소득점유율로 나눈 값이 십분위분배율로, 0과 2 사이의 값이고 그 값이 클수록 소득분배가 균등함을 의미한다.

**22** 미시 **수요와 공급의 탄력성** 답 ④

$\frac{\text{수요량 변화율}}{\text{가격 변화율}}$=수요의 가격탄력성이기에, $\epsilon_d$ =2이다.

ㄴ. *X*재의 공급이 감소하면 가격이 상승하는데, 재화가 탄력적인 상황에서 가격이 인상되면 소비자의 총지출이 감소한다.
ㄷ. *X*의 공급이 증가하면 가격이 하락하는데, 재화가 탄력적인 상황에서 가격을 인하하면 소비자의 총지출이 증가한다.

**오답피하기**

ㄱ. 수요의 가격탄력성이 2이기에 *X*재는 수요의 가격탄력성이 탄력적이다.

**출제POINT**

우하향의 수요직선에서 탄력적 구간은 가격이 하락, 비탄력적 구간은 가격이 상승하면 판매수입이 증가하며, 중점에서 판매수입이 극대화된다.

## 23 □□□

다음 보수행렬(payoff matrix)을 갖는 게임에 대해 옳은 것만을 <보기>에서 모두 고르면? (단, 각 용의자의 전략은 부인과 자백이며, 괄호 안의 첫 번째 보수는 초범 용의자의 형량을, 두 번째 보수는 재범 용의자의 형량을 나타낸다)

| 구분 | | 용의자2 (재범) | |
|---|---|---|---|
| | | 부인 | 자백 |
| 용의자1 (초범) | 부인 | (1년, 1년) | (4년, 3년) |
| | 자백 | (4년, 3년) | (2년, 3년) |

<보기>

ㄱ. 담합이 유지될 수 있는 가능성을 보여준다.
ㄴ. 다수의 내쉬균형이 존재한다.
ㄷ. 우월전략균형이 존재한다.
ㄹ. 일회성 게임에서 파레토효율성이 보장된다.

① ㄱ, ㄴ ② ㄱ, ㄹ
③ ㄴ, ㄷ ④ ㄴ, ㄹ
⑤ ㄷ, ㄹ

## 24 □□□

완전경쟁시장의 단기 비용함수에 대한 설명으로 옳은 것만을 <보기>에서 모두 고르면?

〈보기〉

ㄱ. 단기총비용곡선은 단기총생산물곡선과 쌍대관계에 있다.
ㄴ. 평균총비용곡선은 $U$자 모양을 가지며 처음에는 생산량이 증가함에 따라 평균고정비용이 감소하고 나중에는 생산량이 증가함에 따라 평균가변비용이 증가한다.
ㄷ. 손익분기점은 평균총비용곡선과 한계비용곡선이 만나는 점이다.
ㄹ. 조업중단점은 평균가변비용곡선과 한계비용곡선이 만나는 점이다.
ㅁ. 공급곡선은 평균총비용곡선과 한계비용곡선이 만나는 점에서부터 우상향하는 한계비용곡선이다.

① ㄱ, ㄷ, ㄹ ② ㄱ, ㄹ, ㅁ
③ ㄱ, ㄴ, ㄷ, ㄹ ④ ㄱ, ㄷ, ㄹ, ㅁ
⑤ ㄴ, ㄷ, ㄹ, ㅁ

**23** 미시 **게임이론** 답 ①

| 구분 | | 용의자2 (재범) | |
|---|---|---|---|
| | | 부인 | 자백 |
| 용의자1 (초범) | 부인 | (★1, 1★) | (4, 3) |
| | 자백 | (2, 5) | (★2, 3★) |

ㄱ. 내쉬균형이 (부인, 부인)이라면 파레토효율적으로 담합이 유지될 수 있는 가능성을 보여준다.
ㄴ. 내쉬균형이 (부인, 부인), (자백, 자백)으로 2개(다수 개) 존재한다.

(오답피하기)

ㄷ. 우월전략균형은 존재하지 않는다.
ㄹ. 일회성 게임에서는 죄수의 딜레마 때문에 파레토효율성이 보장되지 않는다.

**출제POINT**
경기자가 우월전략을 선택했을 때의 보수가 열위전략을 선택했을 때의 보수보다 작아지는 현상을 죄수의 딜레마라 하고, 개인적 합리성이 집단적 합리성을 보장하지 못함을 시사한다.

**24** 미시 **완전경쟁시장** 답 ③

ㄱ. 최소비용으로 효용을 극대화하는 반대관계의 단기총비용곡선과 단기총생산물곡선을 쌍대관계에 있다고 표현한다.
ㄴ. 평균총비용곡선은 $U$자 모양을 가지고, 처음에는 생산량이 증가함에 따라 평균고정비용이 감소하나 나중에는 생산량 증가에 따라 평균가변비용이 증가한다.
ㄷ. 평균총비용곡선과 한계비용곡선이 만나는 점을 손익분기점이라 한다.
ㄹ. 평균가변비용곡선과 한계비용곡선이 만나는 점을 조업중단점이라 한다.

(오답피하기)

ㅁ. 완전경쟁시장의 공급곡선은 평균가변비용곡선과 한계비용곡선이 만나는 점에서부터 우상향하는 한계비용곡선이다.

**출제POINT**
완전경쟁기업은 $P=MC$인 점에서 생산을 하기에 $AVC$곡선의 최저점을 상회하는 $MC$곡선이 완전경쟁기업의 단기공급곡선이다.

## 25 □□□

**일반균형이론 관점에서 에지워스상자(Edgeworth box)에 대한 설명으로 옳지 않은 것은?**

① 에지워스상자 안의 모든 점은 실현가능한 배분이다.
② 직각쌍곡선 형태를 띠는 두 무차별곡선이 접하는 모든 점은 파레토효율적이다.
③ 일반경쟁균형에서 생산자(생산함수는 콥-더글라스 함수를 따른다)의 두 상품 생산의 한계기술대체율이 일치한다.
④ 일반경쟁균형에서 소비자의 두 상품 간 한계대체율과 시장가격비율, 생산자의 두 상품 간 한계생산변화율이 모두 일치한다.
⑤ 두 등량곡선이 접하는 모든 점에서 상품교환의 효율성이 달성된다.

| 25 | 미시 | 일반균형이론 | 답 ⑤ |
|---|---|---|---|

등량곡선이 아닌 두 무차별곡선이 접하는 점에서 상품교환의 효율성이 달성된다.

**오답피하기**

① 에지워스상자는 실현가능한 배분점들을 나타낸다.
② 직각쌍곡선 형태를 띠는 두 무차별곡선이 접하는 모든 점은 파레토효율적이다.
③ 에지워스상자에서 일반경쟁균형 생산자의 두 재화 생산의 한계기술대체율이 일치한다.
④ 에지워스상자의 일반경쟁균형에서 소비자의 두 상품 간 한계대체율, 시장가격비율, 한계생산변화율이 모두 일치하여 파레토효율을 이룬다.

**출제POINT**

소비 측면은 두 무차별곡선이 접하는 $MRS_{XY}^{A}=MRS_{XY}^{B}$, 생산 측면은 두 등량곡선이 접하는 $MRTS_{LK}^{X}=MRTS_{LK}^{Y}$, 경제전체 측면은 무차별곡선의 기울기와 생산가능곡선의 기울기가 일치하는 $MRS_{XY}=MRT_{XY}$에서 파레토효율성이 충족된다.

# Part 5

# 계산문제

# 1회 계산문제 54제 1차

## 01 □□□

**그래프는 갑국과 을국의 생산가능곡선이다. 점 $A$, $B$, $C$에서 $Y$재로 표시한 $X$재 1단위 생산의 기회비용의 크기를 비교한 것으로 옳은 것은?**

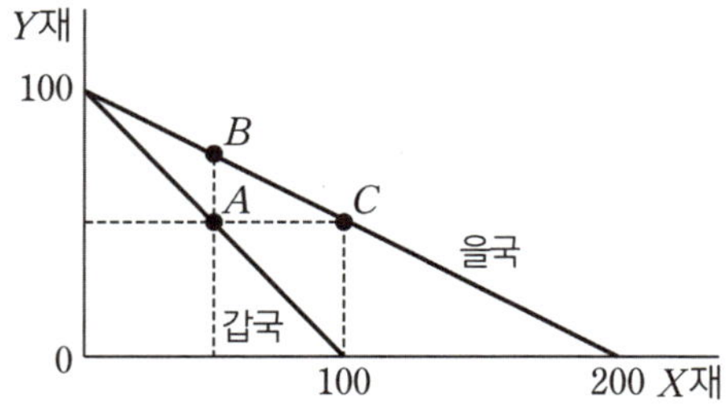


① $A=B=C$
② $A=B>C$
③ $A>B=C$
④ $A>B>C$

## 02 □□□

**$D=70{,}000-5{,}000P$, $S=40{,}000+2{,}500P$의 시장수요와 시장공급이 $D=100{,}000-5{,}000P$, $S=70{,}000+2{,}500P$로 변한다고 생각하자. 각 기업체가 동일한 생산규모와 생산비를 가지며 기업의 최적조업도가 500의 산출량이었고 시장수요가 변하기 전에는 800이었다. 수요와 공급의 변동 결과 기업체의 수는 얼마나 증가 또는 감소하였는가?**

① −20
② 30
③ 97.5
④ −50

| 01 | 미시 | 생산가능곡선 | 답 ③ |
|---|---|---|---|

$X$재 1단위 생산의 기회비용은 $A$점이 $Y$재 1단위이고, $B$점은 $Y$재 $\frac{1}{2}$단위이다. 그리고 $C$점도 $Y$재 $\frac{1}{2}$단위이다. 따라서 $A>B=C$이다.

**출제POINT**
생산가능곡선이 우하향의 직선일 때 기회비용은 일정하다.

| 02 | 미시 | 기업체수 | 답 ③ |
|---|---|---|---|

변화 후 균형가격은 4원이고 균형산출량은 80,000단위이다. 변화 후 최적조업도가 500이기에 기업체수($n$)는 $n=\frac{80{,}000}{500}=160$이다. 따라서 기업체수($n$)는 62.5에서 160으로 97.5개 증가하였다.

★★★ 먼저 읽기

**출제POINT**
변화 전 균형가격은 4원이고 균형산출량은 50,000단위이다. 변화 전 최적조업도가 800이기에 기업체수는 $n=\frac{50{,}000}{800}=62.5$이다.

## 03 □□□

아래와 같이 $Y$재의 가격이 상대적으로 상승하여 $X$재의 수요량이 증가하는 경우 수요의 교차탄력성의 값으로 옳은 것은?

| 구분 | 변화 전 | | 변화 후 | |
|---|---|---|---|---|
| | 가격 | 수요량 | 가격 | 수요량 |
| $X$재 | 200 | 10단위 | 200 | 12단위 |
| $Y$재 | 300 | 8단위 | 400 | 6단위 |

① $\frac{1}{5}$
② $\frac{2}{5}$
③ $\frac{3}{5}$
④ $\frac{4}{5}$

## 04 □□□

$P$를 시장가격으로 하는 산업전체에 대한 수요곡선 및 공급곡선이 $D=3-2P$, $S=4P-3$으로 주어질 때 소비자잉여와 생산자잉여는? (단, 공급의 고정비용은 0으로 한다)

① 0.25, 0.125
② 0.25, 0.25
③ 0.5, 0.125
④ 0.5, 0.25

**03** 미시 **교차탄력성** 답 ③

$Q_X=10$, $\Delta Q_X=2$, $P_Y=300$, $\Delta P_Y=100$이므로 교차탄력성은 $\frac{\Delta Q_X}{\Delta P_Y}\cdot\frac{P_Y}{Q_X}=\frac{2}{100}\times\frac{300}{10}=\frac{3}{5}$이 된다.

**출제POINT**

$X$재의 $Y$재에 대한 교차탄력성은 $\frac{\Delta Q_X}{\Delta P_Y}\cdot\frac{P_Y}{Q_X}$이다.

**04** 미시 **소비자잉여와 생산자잉여** 답 ①

수요함수, 공급함수 $D=3-2P$, $S=4P-3$으로부터 시장균형을 구하면 $P=1$, $X=1$이다. 그러므로 소비자잉여는 $a$로 0.25이고, 생산자잉여는 $b$로 0.125이다.

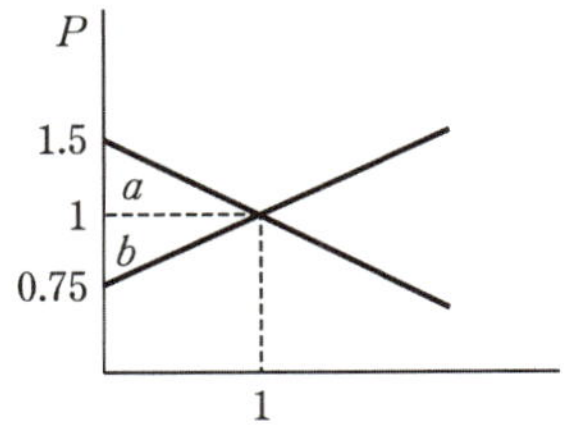


**출제POINT**

소비자의 최대지불의사금액에서 실제지불금액을 차감한 것을 소비자잉여라 하고, 실제받은금액에서 생산자의 최소요구금액을 뺀 값을 생산자잉여라 한다.

## 05 □□□

효용함수가 $U=X^{\alpha}Y^{\beta}$($\alpha$, $\beta$: 양의 정수)일 때 $X$재와 $Y$재의 가격이 같은 경우 효용극대화수준에서 $X$재의 지출금액에 대한 $Y$재의 지출금액 비율은?

① $\frac{\alpha}{\beta}$

② $\frac{\alpha+\beta}{\beta}$

③ $\frac{\beta}{\alpha}$

④ $\frac{\alpha+\beta}{\alpha}$

## 06 □□□

소비자 갑이 노트 8권과 책 1권을 교환해도 효용수준에 변화가 없다고 할 때, 소비자 갑의 효용증대 행위로 옳은 것은? (단, 노트의 시장가격은 1,000원이고, 책의 시장가격은 10,000원이다)

① 책 1권을 주고 노트 5권을 받는다.
② 노트 5권을 주고 책 1권을 받는다.
③ 책 1권을 주고 노트 10권을 받는다.
④ 노트 10권을 주고 책 1권을 받는다.

| 05 | 미시 | 효용함수 | 답 ③ |
|---|---|---|---|

$X$재의 지출금액에 대한 $Y$재의 지출금액 비율은

$$\frac{P_y y}{P_x x}=\frac{\frac{\beta}{\alpha+\beta}M}{\frac{\alpha}{\alpha+\beta}M}=\frac{\beta}{\alpha}\text{이다.}$$

**출제POINT**

효용함수 $U=Ax^{\alpha}y^{\beta}$에서 $X$에 대한 수요함수는 $P_x x=\frac{\alpha}{\alpha+\beta}M$이고, $y$에 대한 수요함수는 $P_y y=\frac{\beta}{\alpha+\beta}M$이다.

| 06 | 미시 | 효용극대화 | 답 ③ |
|---|---|---|---|

책을 $X$재, 노트를 $Y$재라 하면,

$MRS_{XY}=\frac{\Delta Y}{\Delta X}=\frac{8}{1}=8<\frac{P_X}{P_Y}=\frac{10{,}000}{1{,}000}=10$이다. 따라서 $X$재를 줄이고 $Y$재를 늘리면 효용이 증가한다. 즉, $\frac{P_X}{P_Y}=10$이기에 $MRS_{XY}=10=\frac{\Delta Y}{\Delta X}=\frac{10}{1}$이어야 한다. 결국, $X$재를 1 주고 $Y$재를 10 받으면 된다.

**출제POINT**

$MRS_{XY}<\frac{P_X}{P_Y}$: $X$구입 감소 + $Y$구입 증가 = 효용 증가

## 07 □□□

**자신의 소득을 두 재화 $X$와 $Y$에 모두 지출하는 소비자가 있는데, 이 소비자의 소득은 10,000원이고, $X$재와 $Y$재의 가격이 각각 1,000원과 500원일 때 $X$재 7개와 $Y$재 6개를 구입했다. 소득은 그대로 10,000원인데 $X$재와 $Y$재 가격이 각각 500원과 1,000원으로 바뀌었을 때의 선택 중 현시선호이론의 약공리를 위반하는 경우는?**

① $X$재 6개와 $Y$재 7개를 구입
② $X$재 8개와 $Y$재 6개를 구입
③ $X$재 10개와 $Y$재 5개를 구입
④ $X$재 12개와 $Y$재 4개를 구입

## 08 □□□

**베짱이는 잠자는 8시간을 제외한 하루 16시간을 노래 부르기와 진딧물사냥으로 보낸다. 베짱이는 시간 당 30마리의 진딧물을 사냥할 수 있다. 또한 매일 아침 개미가 베짱이에게 진딧물 60마리를 공짜로 제공한다. 베짱이는 노래 부르기와 진딧물 소비로 $u(s, b) = s^{\frac{2}{3}}b^{\frac{1}{3}}$의 효용을 얻는다(단, $s$는 노래 부르는 시간, $b$는 소비한 진딧물의 숫자를 의미한다). 효용을 극대화하는 베짱이의 노래 부르는 시간과 진딧물 소비량은?**

| | 노래 부르는 시간($s$) | 진딧물 소비량($b$) |
|---|---|---|
| ① | 8 | 300 |
| ② | 8 | 240 |
| ③ | 12 | 180 |
| ④ | 12 | 120 |

| 07 | 미시 | 현시선호이론 | 답 ① |
|---|---|---|---|

$X$재 6개와 $Y$재 7개를 구입하는 것은 최초의 예산선에서도 구입가능하였다. 그럼에도 $X$재 7개와 $Y$재 6개를 구입한 것은 후자를 더 선호하였음을 의미한다. 그런데 바뀐 예산선에서 모두 구입가능함에도 전자를 구입한다면 소비행위에 일관성이 없다. 따라서 약공리에 위배된다.

**오답피하기**

② $X$재 8개와 $Y$재 6개를 구입하는 것은 최초의 예산선에서 구입불가능하다. 하지만 바뀐 예산선에서 구입가능하다. 따라서 $X$재 8개와 $Y$재 6개 구입은 약공리에 위배되지 않는다.
③ $X$재 10개와 $Y$재 5개를 구입하는 것은 최초의 예산선에서 구입불가능하다. 하지만 바뀐 예산선에서 구입가능하다. 따라서 $X$재 10개와 $Y$재 5개 구입은 약공리에 위배되지 않는다.
④ $X$재 12개와 $Y$재 4개를 구입하는 것은 최초의 예산선에서 구입불가능하다. 하지만 바뀐 예산선에서 구입가능하다. 따라서 $X$재 12개와 $Y$재 4개 구입은 약공리에 위배되지 않는다.

**출제POINT**

최초구입점이 구입가능하면 새로운 예산선 중에서 교점을 포함하여 본래의 예산선 내부에 포함되는 구간에서 약공리는 위배된다.

| 08 | 미시 | 소득과 여가 모형 | 답 ③ |
|---|---|---|---|

• 베짱이의 효용함수가 $u(s, b) = s^{\frac{2}{3}}b^{\frac{1}{3}}$이므로 한계대체율

$$MRS_{sb} = \frac{MU_s}{MU_b} = \frac{\frac{2}{3}s^{-\frac{1}{3}}b^{\frac{1}{3}}}{\frac{1}{3}s^{\frac{2}{3}}b^{-\frac{2}{3}}} = \frac{2b}{s}$$ 이다.

• 베짱이는 시간당 30마리의 진딧물을 사냥할 수 있고 노래 부르는 시간($s$)을 제외한 시간은 진딧물($b$) 사냥에 사용하며, 매일 개미로부터 60마리의 진딧물을 공짜로 받기에 베짱이의 예산선은 $30(16-s)+60=b$, 즉 $b=540-30s$이다. 따라서 예산선의 기울기(절댓값)는 30이다.

• 소비자균형에서 $\frac{2b}{s}=30$, 즉 $b=15s$이다. 이를 예산선에 대입하면 $s=12$, $b=180$으로 계산된다.

**출제POINT**

소비자균형은 무차별곡선과 예산선이 접하는 점에서 이루어진다.

## 09 □□□

1,000만 원의 자산을 보유한 개인이 전 자산을 위험이 따르는 사업에 투자하여 사업이 성공하면 그의 자산은 $X$원으로 되고 실패하면 모든 자산을 잃는다고 한다. 개인이 사업에 성공할 확률은 4%이고 개인의 사업에 관한 효용함수가 $U=Y^2$($U$: 효용수준, $Y$: 자산액)이라고 할 때 개인이 성공하여 얻은 자산액 $X$가 얼마 이상이면 그 사업에 투자할까? (단, 개인은 기대효용의 극대화를 꾀하는 것으로 한다)

① 2,000만 원
② 5,000만 원
③ 1억 원
④ 2억 원

## 10 □□□

생산함수가 $Y=f(L,\ K)=25L^{\frac{1}{3}}\cdot K^{\frac{2}{3}}$일 때 요소시장이 완전경쟁적이라면 총임금이 전체 생산에서 차지하는 비율은?

① 33.3%
② 66%
③ 70%
④ 100%

| 09 | 미시 | 기대효용함수 | 답 ② |
|---|---|---|---|

- 사업에 투자하는 경우 확률 4%로 자산이 $X$원이 되고 확률 96%로 전 자산을 잃는다면 이 경우의 기대효용은 $E(U)=0.04X^2$이다.
- 사업에 투자하지 않는 경우 자산은 0.1억 원이 되고 이 경우의 기대효용은 $E(U)=0.01$이다.
- 사업에 투자하는 것은 $0.04X^2\geq 0.01$, $X\geq 0.5$이다. 따라서 사업이 성공했을 때 5,000만 원 이상이 되면 사업에 투자한다.

**출제POINT**

사업에 투자하는 경우의 기대효용이 사업에 투자하지 않는 경우의 기대효용보다 클 때 사업에 투자한다.

| 10 | 미시 | 생산함수 | 답 ① |
|---|---|---|---|

$Y=f(L,\ K)=25L^{\frac{1}{3}}\cdot K^{\frac{2}{3}}$에서 총임금이 전체 생산에서 차지하는 비율, 즉 노동소득분배율은 $\frac{1}{3}$이다. 따라서 33.3%이다.

**출제POINT**

$Y=AL^{\alpha}\cdot K^{1-\alpha}$에서 노동소득분배율은 $\frac{MP_L\cdot L}{Y}=\alpha$이다.

## 11 □□□

총비용함수가 $C=50+Y+2Y^2$으로 주어졌다. 다음에서 틀린 것은?

① $Y=5$일 때, 총비용은 105
② $Y=10$일 때, 한계비용은 41
③ $Y=5$일 때, 평균비용은 21
④ $Y=10$일 때, 평균고정비용은 50

## 12 □□□

완전경쟁시장에서 기업의 총비용곡선이 $C=X^3-6X^2+10X+32$($C$: 비용, $X$: 생산량)인 경우 이 기업의 손익분기점과 조업중단점에서의 가격의 조합으로 옳은 것은?

| | 손익분기가격 | 조업중단가격 |
|---|---|---|
| ① | 10 | 1 |
| ② | 6 | 2 |
| ③ | 4 | 3 |
| ④ | 3 | 4 |

| 11 | 미시 | 비용함수 | 답 ④ |
|---|---|---|---|

$Y=10$일 때, 평균고정비용은 $AFC=\frac{50}{Y}$에서 5이다.

(오답피하기)

① $Y=5$일 때, 총비용은 $C=50+Y+2Y^2$에서 105이다.
② $Y=10$일 때, 한계비용은 $MC=1+4Y$에서 41이다.
③ $Y=5$일 때, 평균비용은 $AC=\frac{50}{Y}+1+2Y$에서 21이다.

**출제POINT**

총비용함수 $C=50+Y+2Y^2$에서 평균고정비용은 $AFC=\frac{50}{Y}$이다.

| 12 | 미시 | 손익분기점과 조업중단점 | 답 ① |
|---|---|---|---|

• 손익분기점은 $MC=AC$이므로 $3X^2-12X+10=X^2-6X+10+\frac{32}{X}$에서 $X^3-3X^2-16=0$이다. 따라서 $X=4$이다. $X=4$를 $MC$에 대입하여 $3\times4^2-12\times4+10=10$이 손익분기가격이다.
• 조업중단점은 $MC=AVC$이므로 $3X^2-12X+10=X^2-6X+10$에서 $2X^2-6X=0$이다. $X$는 0이 아니기에 $X=3$이다. $X=3$을 $MC$에 대입하여 $3\times3^2-12\times3+10=1$이 조업중단가격이다.

**출제POINT**

$AC$곡선의 최저점은 $MC=AC$로 초과이윤도 없고 손실도 없는 손익분기점이고, $AVC$곡선의 최저점은 $MC=AVC$로 생산하는 것과 생산을 하지 않는 것이 동일한 생산중단점이다.

## 13 □□□

독점기업 $A$는 $P=60-2X$의 수요곡선을 갖는다. $A$의 생산비는 고정비용이 60, 1단위당 생산임금과 재료비는 각각 10, 20이다. 임금이 20%, 재료비가 10% 상승하면 이윤극대화조건하에서 산출량은 몇 단위 감소하는가?

① 1
② 2
③ 3
④ 4

## 14 □□□

재화의 수요함수가 $X=22-P$로 나타난다고 한다. 시장에는 기업 1, 2만이 존재하고 기업 $i$의 총비용은 $C_i$, 산출량을 $X_i=(i=1,\ 2)$로 했을 때 $C_1=5+X_1^2$, $C_2=10+\frac{1}{2}X_2^2$로 나타난다고 한다. 꾸르노균형에 있어서 양기업의 산출량의 조합은?

① 3, 7
② 4, 6
③ 5, 5
④ 6, 4

**13** 미시 독점 답 ①

- 수요곡선이 $P=60-2X$이므로 $MR=60-4X$이고, $TC$는 조건에 의해 $(10+20)X+60=30X+60$이므로 $MC=30$이기에 $MR=MC$에 따라 $X=\frac{15}{2}$이다.
- $TC$가 $(12+22)X+60=34X+60$으로 변화했으므로 $MC=34$이기에 $MR=MC$에 따라 $X=\frac{13}{2}$이다.
- 따라서 $\frac{15}{2}-\frac{13}{2}=1$단위 감소한다.

**출제POINT**
독점기업은 $MR=MC$에서 생산량을 결정하고, $MR=MC$의 위에 있는 수요곡선상의 점에서 가격이 결정된다.

**14** 미시 과점 답 ②

- 수요곡선은 $X=X_1+X_2$일 때, $P=22-(X_1+X_2)$이다.
- 기업 1의 총수입은 $PX_1=22X_1-(X_1+X_2)\cdot X_1$으로 $MR_1=22-2X_1-X_2$이고, 기업 1의 총비용은 $C_1=5+X_1^2$으로 $MC_1=2X_1$이다. 따라서 이윤극대화조건 $MR_1=MC_1$에 따라 기업 1의 반응곡선은 $4X_1+X_2=22$이다.
- 기업 2의 총수입은 $PX_2=22X_2-(X_1+X_2)\cdot X_2$로 $MR_2=22-X_1-2X_2$이고, 기업 1의 총비용은 $C_2=10+\frac{1}{2}X_2^2$으로 $MC_2=X_2$이다. 따라서 이윤극대화조건 $MR_2=MC_2$에 따라 기업 2의 반응곡선은 $X_1+3X_2=22$이다.
- 기업 1과 2의 반응곡선을 연립하면, $X_1=4, X_2=6$이다.

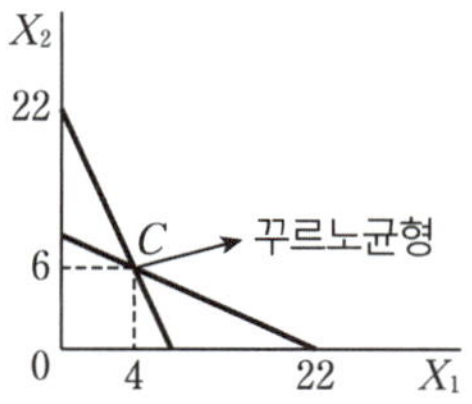


**출제POINT**
두 기업의 반응곡선이 교차하는 점에서 꾸르노균형이 달성된다.

## 15 □□□

甲의 Payoff-Matrix가 다음 표와 같다면 Pure-Strategy Game의 안장점(Saddle-Point)은?

| 乙 \ 甲 | | 乙의 전략 | | |
|---|---|---|---|---|
| | | $x$ | $y$ | 횡극소 |
| 甲의 전략 | $a$ | 2 | 1 | 1 |
| | $b$ | 4 | 3 | 3 |
| | 종극대 | 4 | 3 | 3 |

① 1　　② 2
③ 3　　④ 4

| 15 | 미시 | 게임이론 | 답 ③ |
|---|---|---|---|

甲이 MiniMax 전략을 쓰면 乙은 MaxMini 전략으로 반응하게 되어 甲이 橫極小中 극대치(적은 이윤 중 많은 이윤), 縱極大中 극소치(많은 이윤 중 적은 이윤)를 취하여 장기적 안정성을 구한다면 결국 1, 3과 4, 3 중에서 공통된 3이 균형점이 된다.

**출제POINT**
원칙적으로 가벼운 Mini를 행에서, 무거운 Max를 열에서 뽑아내어 그 공통된 수를 찾으면 그것이 곧 Saddle Point이다.

## 16 □□□

장기균형하의 독점적 경쟁기업의 수요곡선이 $P = 51 - 2Y$로 주어지고 평균비용곡선의 방정식이 $LAC = Y^2 - 16Y + 100$으로 주어질 때 장기균형가격과 산출량은?

① $P = 37,\ Y = 7$
② $P = 35,\ Y = 8$
③ $P = 33,\ Y = 9$
④ $P = 31,\ Y = 8$

| 16 | 미시 | 독점적 경쟁 | 답 ① |
|---|---|---|---|

$P = LAC$에서 장기균형이므로 $51 - 2Y = Y^2 - 16Y + 100$에서, $Y^2 - 14Y + 49 = 0$이다. 즉, $Y = 7$이다. 따라서 $Y = 7$을 수요곡선 $P = 51 - 2Y$에 대입하면 $P = 37$이다.

**출제POINT**
독점적 경쟁시장의 장기균형에서는 $P = LAC$가 충족된다.

## 17 □□□

**물류회사 甲은 $A$지역 내에서 근로자에 대한 수요독점자이다. 다음과 같은 식이 주어졌을 때 이윤극대화를 추구하는 甲이 책정하는 임금은? (단, 노동공급은 완전경쟁적이며, $w$는 임금, $L$은 노동량이다)**

- $A$지역의 노동공급곡선: $w = 800 + 10L$
- 노동의 한계수입생산: $MRP_L = 2{,}000 - 10L$

① 800
② 1,000
③ 1,200
④ 1,400

## 18 □□□

**착취(Exploitation)란 투입요소에 대한 지급액이 그 요소의 한계생산물가치보다 낮은 것으로 정의된다. 수요독점자는 노동의 한계요소비용($MFC_L$)과 한계수입생산물($MRP_L$)이 교차하는 $E$점에서 노동의 고용량을 결정할 때 이윤극대화가 이루어진다는 것을 알고 있다. 생산요소수요독점자 착취액으로 옳은 것은?**

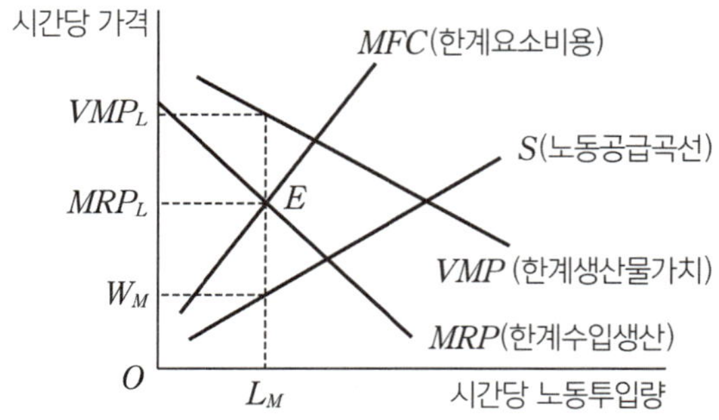


① 0
② $VMP_L - W_M$
③ $VMP_L - MRP_L$
④ $MRP_L - W_M$

| 17 | 미시 | 수요독점 | 답 ③ |
|---|---|---|---|

총요소비용 $TFC_L = w \cdot L = 800L + 10L^2$이므로 이를 $L$에 대해 미분하면 한계요소비용 $MFC_L = 800 + 20L$이다. 이윤극대화 요소고용량을 구하기 위해 $MRP_L = MFC_L$로 두면 $2{,}000 - 10L = 800 + 20L$에서 $30L = 1{,}200$이므로 $L = 40$이다. $L = 40$을 노동공급곡선 식에 대입하면 $w = 1{,}200$으로 계산된다.

**출제POINT**
수요독점이면, $MRP_L = MFC_L$에 따라 고용량이 결정되고 임금은 독점적 지위를 이용하여 노동공급곡선상에서 결정된다.

| 18 | 미시 | 수요독점착취 | 답 ④ |
|---|---|---|---|

- 생산물공급독점자 착취액은 $VMP_L - MRP_L$이고,
- 생산요소수요독점자 착취액은 $MRP_L - W_M$으로
- 총착취액은 $VMP_L - W_M$이다.

**출제POINT**
생산요소시장이 불완전경쟁이고 생산물시장도 불완전경쟁이면, 고용량은 $MRP_L = MFC_L$에서 결정되고 임금은 독점적 지위를 이용하여 노동공급곡선상에서 결정된다. 이때 임금차이를 수요독점적 착취라 한다.

## 19 □□□

**물류회사 피아니스트는 세 가지 일에 대한 제의를 받는다. 1년에 200,000원을 받고 세계를 돌면서 관현악단원으로 연주하고, 1년에 20,000원을 받고 피아노를 가르치고, 1년에 5,000원을 받고 잔디를 깎는 것이다. 그는 항상 적은 보수보다는 많은 보수를 좋아한다. 그가 콘서트여행 제의를 수락한다면 경제적 지대는?**

① 120,000원
② 180,000원
③ 195,000원
④ 200,000원

## 20 □□□

**다음 그림에 대한 설명 중 옳은 것은?**

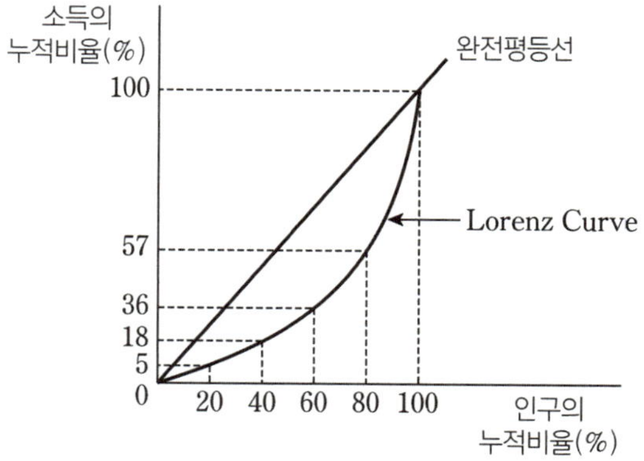


① 최빈층 20%가 총소득 15% 점유
② 최빈층 40%가 총소득 13% 점유
③ 최부위층 40%가 총소득 64% 점유
④ 최부위층 20%가 총소득 57% 점유

**19** 미시 **경제적 지대** 답 ②

- 어떤 생산요소가 다른 용도로 이전되지 않고 현재의 용도에 사용되도록 하기 위해 지급해야 되는 최소한의 금액을 이전수입이라 하고, 요소공급곡선 하방의 면적으로 측정되며 요소공급에 따른 기회비용을 의미한다. 따라서 20,000원이다.
- 경제적 지대란 피아니스트가 현재 또는 총보수에서 이전수입을 뺀 것을 말하므로 200,000 − 20,000 = 180,000원이다.

**출제POINT**

요소공급자의 소득 중 이전수입을 초과하는 부분을 경제적 지대라 한다.

**20** 미시 **로렌츠곡선** 답 ③

최부위층 40%가 총소득 64%를 점유하고 있다.

**오답피하기**

① 최빈층 20%가 총소득 5%를 점유하고 있다.
② 최빈층 40%가 총소득 18%를 점유하고 있다.
④ 최부위층 20%가 총소득 43%를 점유하고 있다.

**출제POINT**

인구의 누적점유율과 소득의 누적점유율 간의 관계를 보여주는 곡선이 로렌츠곡선으로, 대각선일수록 소득분배가 균등함을 의미한다.

## 21 □□□

**완전경쟁시장에서 생산물구성의 최적조건인 $MRT_{XY} = MRS_{XY}$가 성립된다면 다음 중 충족되는 조건은?**

① $\frac{P_X}{P_Y} = \frac{MC_X}{MC_Y}$

② $\frac{MU_X}{MU_Y} = 0$

③ $\frac{MC_X}{MC_Y} = -1$

④ $\frac{P_X}{P_Y} = 1$

| 21 | 미시 | 파레토효율성 | 답 ① |
|---|---|---|---|

두 재화의 시장이 완전경쟁시장이라면 $MRS_{XY} = \frac{P_X}{P_Y}$이며 $MC_X = P_X$, $MC_Y = P_Y$이므로 $MRT_{XY} = \frac{MC_X}{MC_Y} = \frac{P_X}{P_Y} = MRS_{XY}$가 되어 최적조건이 자동만족된다.

**출제POINT**

종합적인 생산물구성의 파레토효율성은 $MRT_{XY} = MRS_{XY}$에서 달성된다.

## 22 □□□

**다음 그림에서 $VV$는 생산가능곡선이고 $PP$는 사회적 제약을 나타낸다. 차선이론에 의하면 자원의 최적분배상태를 나타내는 점은?**

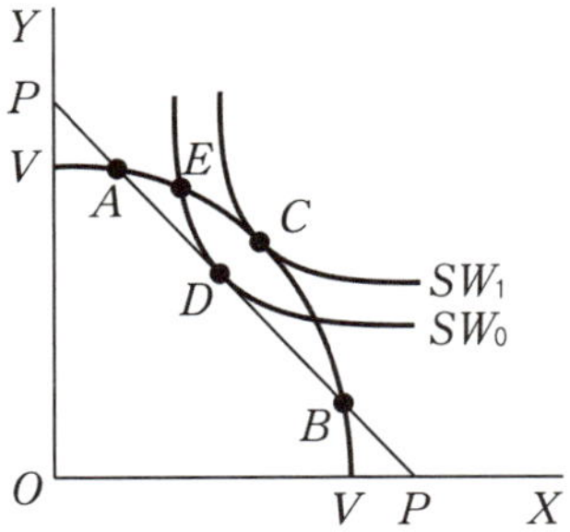


① $A$

② $B$

③ $C$

④ $D$

| 22 | 미시 | 차선이론 | 답 ④ |
|---|---|---|---|

사회적 제약선이 $PP$이므로 $C$, $E$는 불가능하고 $A$, $B$는 사회적 효용수준이 $SW_0$수준에 미치지 못하므로 $D$가 차선책이다.

**출제POINT**

모든 파레토효율성 조건이 충족되지 않는 상태에서 그 중 더 많은 효율성 조건을 충족한다 해서 사회적으로 더 바람직한 상태가 되는 것은 아니라는 것이 차선이론이다.

## 23 □□□

**어느 독점기업이 생산과정에서 오염물질을 배출함으로써 외부불경제를 유발하고 있다. 독점기업의 수요함수는 $P=90-Q$이고, 독점기업의 한계비용은 $MC=Q$이며 생산 1단위당 외부비용은 6이다. 사회적으로 최적인 생산량 수준을 달성하도록 하기 위해서는 정부가 독점기업에 생산 1단위당 조세(또는 보조금)를 얼마나 부과(또는 지불)해야 하는가? (단, $P$는 가격, $Q$는 수요량, $MC$는 한계비용이다)**

① 보조금 36
② 조세 36
③ 보조금 42
④ 조세 42

| 23 | 미시 | 외부효과 | 답 ① |
|---|---|---|---|

$PMC=Q$이고 $SMC=Q+6$이다. $P=90-Q$이기에 $P=SMC$에서 사회적 최적산출량은 42이다. 그런데 독점 시 $MR=90-2Q$이기에 $MR=PMC$에서 이윤극대화 생산량은 30이다. 따라서 독점기업이 사회적 최적산출량을 달성하도록 하기 위해 단위당 보조금을 지급해야 한다. 즉, 단위당 $a$의 보조금을 독점기업에게 지급한다면, $MC$곡선은 단위당 $a$만큼 하방으로 이동한다. $MR=90-2Q$이고 $PMC=Q-a$이기에 $MR=PMC$에서 이윤극대화 생산량은 사회적 최적산출량인 42이어야 한다. 따라서 $a$는 36이다.

**출제POINT**
$P=SMC$에서 사회적 최적산출량이 달성되고 $P=PMC$에서 시장 균형산출량이 결정된다.

## 24 □□□

**어느 공공재에 대한 두 소비자 $A$와 $B$의 수요함수는 $p=250-\frac{1}{2}q$로 동일하다. 이 공공재의 한계비용은 200원으로 일정하다. 사회적으로 효율적인 공공재 공급량의 수준은?**

① 100
② 200
③ 300
④ 400

| 24 | 미시 | 공공재 | 답 ③ |
|---|---|---|---|

두 소비자 $A$와 $B$의 수요함수는 $p=250-\frac{1}{2}q$로 동일하기에 공공재의 시장수요곡선은 $P=500-Q$이다. 그리고 한계비용은 200원이다. 공공재의 적정공급조건은 $P=MC$에 따라 $P=500-Q$와 한계비용 200이 만나는 $Q=300$이다.

**출제POINT**
공공재의 시장수요곡선은 개별수요곡선을 수직으로 합하여 도출한다.

## 25 □□□

**성능 좋은 중고차 100대와 성능 나쁜 중고차 100대를 팔려고 한다. 파는 사람은 좋은 차는 600만 원 이상, 나쁜 차는 400만 원 이상을 받으려고 한다. 중고차를 사려고 하는 사람 역시 200명인데, 이들은 좋은 차일 경우 650만 원 이하, 나쁜 차일 경우 450만 원 이하를 내려고 한다. 이때 팔려고 하는 사람은 차의 성능을 알지만, 사려고 하는 사람은 차의 성능을 모른다. 그러나 차의 성능을 제외한 모든 정보는 서로 공유하고 있다. 중고차 시장의 균형가격과 균형거래량에 대한 설명 중 옳은 것은?**

① 균형가격은 600만 원과 650만 원 사이, 균형거래량은 200대이다.
② 균형가격은 600만 원과 650만 원 사이, 균형거래량은 100대이다.
③ 균형가격은 400만 원과 450만 원 사이, 균형거래량은 200대이다.
④ 균형가격은 400만 원과 450만 원 사이, 균형거래량은 100대이다.

## 26 □□□

**폐쇄경제인 $A$국의 국민소득($Y$)이 5,000이고 정부지출($G$)이 1,000이며 소비($C$)와 투자($I$)가 각각 $C = 3,000 - 50r$, $I = 2,000 - 150r$과 같이 이자율($r$)의 함수로 주어진다고 할 때, 균형 상태에서의 총저축은? (단, 총저축은 민간저축과 정부저축의 합이다)**

① 1,000
② 1,250
③ 1,500
④ 2,250

| 25 | 미시 | 정보의 비대칭성 | 답 ④ |
|---|---|---|---|

- 중고차 시장에 좋은 차와 나쁜 차가 모두 100대씩 있는 경우 구매자의 임의의 차에 대해 지불할 용의가 있는 금액은 $0.5 \times 650 + 0.5 \times 450 =$ 550만 원이다.
- 좋은 차를 가진 판매자는 최소한 600만 원 이상 받으려 하기에, 구매자가 임의의 차에 대해 550만 원을 지불하고자 하면 좋은 차는 모두 중고차 시장에서 사라지게 될 것이다.
- 결국 중고차 시장에는 성능이 나쁜 차 100대만 남게 된다. 그러므로 균형가격은 400만 원과 450만 원 사이에서 결정될 것이고, 균형거래량은 100대가 된다.

**출제POINT**

중고차의 성능에 관한 정보를 매도자는 알고 있지만 구매자는 알지 못하기에 중고차 시장에서 정보의 비대칭성이 존재한다.

| 26 | 거시 | 총저축 | 답 ② |
|---|---|---|---|

- 총수요와 총공급이 일치할 때 $Y = C + I + G$,
  즉 $5,000 = (3,000 - 50r) + (2,000 - 150r) + 1,000$에서 $r = 5$이다.
- $r = 5$를 투자함수 $I = 2,000 - 150r$에 대입하면 $I = 1,250$이다.
- 총저축과 총투자가 일치하기에 총저축도 1,250이다.

**출제POINT**

민간저축($S_P = Y - T - C$)과 정부저축($T - G$)의 합인 총저축($S_P + T - G$)은 총투자와 일치한다.

## 27 □□□

다음 자료는 2016년 $A$국과 $B$국의 경제 활동을 나타낸 것이다. 2016년 $A$국의 $GDP$와 $B$국의 $GNP$로 옳은 것은? (단, 모든 수치는 명목 기준이다)

> $A$국은 $B$국이 생산한 농산물을 10,000달러에 수입하여 이 중 4,000달러어치는 소비하였고 나머지는 전량 가공하여 $B$국에 11,000달러에 수출하였다. $A$국과 $B$국의 경제 활동은 각각 자국 국민에 의해 2016년에 이루어졌으며 다른 경제 활동은 없었다.

| | $A$국의 $GDP$ | $B$국의 $GNP$ |
|---|---|---|
| ① | 5,000달러 | −1,000달러 |
| ② | 5,000달러 | 10,000달러 |
| ③ | 11,000달러 | −1,000달러 |
| ④ | 11,000달러 | 10,000달러 |

## 28 □□□

폐쇄경제하에서 정부부문은 존재하지 않으며 소비함수 $C = 100 + 0.75Y$이고 독립투자가 100이라고 하자. 완전고용수준의 국민소득이 900이라면 디플레이션갭은?

① 25
② 50
③ 100
④ 125

**27** 거시 $GDP$ 답 ②

- $A$국은 6,000달러어치의 수입 농산물을 가공하여 11,000달러어치의 제품을 만들었다. 5,000달러어치의 부가가치를 창출하였다. 따라서 $A$국의 $GDP$는 5,000달러이다.
- $B$국은 10,000달러어치의 농산물을 만들었다. $B$국의 $GDP$는 10,000달러이다.
- $A$국과 $B$국의 경제 활동은 모두 자국 국민에 의해 이루어졌으므로, $GDP$와 $GNP$는 일치한다.

**출제POINT**
'일정기간 한 나라 안에서 새로이 생산된 모든 최종생산물의 시장가치'를 국내총생산($GDP$)이라 하고, 부가가치의 합으로 계산할 수 있다.

**28** 거시 디플레이션갭 답 ①

$Y = C + I + G$, 즉 $Y = (100 + 0.75Y) + 100$에서 균형국민소득은 800이기에 완전고용국민소득인 900과의 격차는 100이다.

따라서 $100 = \frac{1}{1-0.75} \times$ 디플레이션갭에서 디플레이션갭은 25이다.

**출제POINT**
완전고용국민소득수준에서 총공급이 총수요를 초과할 때 발생하는 디플레이션갭은 디플레이션을 탈피하기 위해 증가시켜야 하는 유효수요의 크기로 측정된다. 즉, '$GDP$갭 = 승수 × 디플레이션갭'이다.

## 29 □□□

**한계소비성향이 $0.9$이고 투자, 정부지출, 수출이 독립적일 때 수입함수가 $M = M_0 + 0.1Y$로 주어졌다면 정부지출승수는? (단, $M_0$는 절대수입, $Y$는 국민소득이다)**

① 2
② 3
③ 4
④ 5

| 29 | 거시 | 정부지출승수 | 답 ④ |
|---|---|---|---|

한계소비성향이 0.9이고 한계수입성향이 0.1이기에 정부지출승수는 $\frac{dY}{dG} = \frac{1}{1-c(1-t)-i+m} = \frac{1}{1-0.9+0.1} = 5$이다.

**출제POINT**

$\frac{dY}{dG} = \frac{1}{1-c(1-t)-i+m}$에서 한계소비성향($c$), 유발투자계수($i$)가 클수록, 한계저축성향($s$), 세율($t$), 한계수입성향($m$)이 작을수록 승수는 커진다.

## 30 □□□

**소비함수가 $C = 0.8Y_d + 0.1W$로 주어지고 $Y_d$가 400, 실질부(Real Wealth) $W$가 400이라고 할 때 실질부에는 변화가 없고 가처분소득이 600으로 증가하면 $APC$의 변화는?**

① 하락
② 상승
③ 불변
④ $MPC$보다 크다.

| 30 | 거시 | 한계소비성향 | 답 ① |
|---|---|---|---|

- $Y_d = 400$, $W = 400$이면 소비는 360, $APC$는 0.9가 된다.
- $Y_d = 600$, $W = 400$이면 소비는 520, $APC$는 0.87이 되므로 $APC$는 하락한다.

**출제POINT**

처분가능소득에서 소비가 차지하는 비중을 평균소비성향($APC$)이라 한다.

## 31 □□□

금기 투자는 전기 소득의 증가분에 의존한다. 제1기에는 국민소득이 120, 자본량이 480, 제2기에는 국민소득이 150, 자본량이 600, 제3기에는 국민소득이 170, 자본량이 850이다. 제3기의 투자는 대략 얼마나 되는가?

① 100
② 120
③ 150
④ 170

## 32 □□□

투자자는 장기채권 혹은 화폐를 금융자산으로 보유하고 있다. 화폐는 이자수익이 없는 반면 채권을 구입했을 때는 $r$의 시장수익을 얻으며 장기채권의 자본이득은 $g$이다. 그리고 $A$는 장기채권에 투자한 포트폴리오의 비율이다. 만일 $A=0.90$, $r=0.06$, $g=0.02$인 경우 포트폴리오의 기대수익은?

① 0.072
② 0.98
③ 0.08
④ 0.074

**31** 거시 **가속도원리** 답 ④

$Y_1=120$, $Y_2=150$, $Y_3=170$, $K_1=480$, $K_2=600$, $K_3=850$이다.

$t=2$라면 $I_2=\nu(Y_2-Y_1)$, $I_2=K_3-K_2$로부터 $\nu=\frac{25}{3}$가 된다.

$t=3$이라면 $I_3=\frac{25}{3}(Y_3-Y_2)=\frac{500}{3}\fallingdotseq 170$이 된다.

**출제POINT**

금기투자 $I_t$는 금기소득 $Y_t$와 전기소득 $Y_{t-1}$의 차이이므로 $Y_t-Y_{t-1}$으로 나타난다. 가속도계수를 $\nu$라 하면 금기투자 $I_t$는 $I_t=\nu(Y_t-Y_{t-1})$으로 쓸 수 있다. 금기투자는 금기 자본량 $K_t$와 다음기 자본량 $K_{t+1}$의 차로서 $I_t=K_{t+1}-K_t$로 나타난다.

**32** 거시 **포트폴리오의 기대수익률** 답 ①

채권수익률은 $r+g=0.06+0.02=0.08$이고 화폐수익률은 0이기에 화폐와 채권 보유에 따른 기대수익률은 $(0.08)(0.9)+(0)(0.1)=0.072$이다.

**출제POINT**

채권수익률은 시장이자율과 자본이득률의 합이다.

## 33 □□□

**$M$ 은행이 준비금으로 2백만 원, 다른 자산으로 850만 원을 가지고 있고 요구불예금은 현재 6백만 원이고 다른 채무의 순가치는 총 450만 원이다. $M$ 은행은 대부를 늘리기를 원한다. 법정지불준비율이 10%라면 이 은행의 대출최고한도는?**

① 1,040만 원
② 140만 원
③ 120만 원
④ 60만 원

## 34 □□□

**한계소비성향이 0.8이면 10단위의 정부지출증가가 $IS$ 곡선을 우측으로 얼마나 이동시키는가?**

① 5단위
② 8단위
③ 10단위
④ 50단위

| 33 | 거시 | 포트폴리오의 기대수익률 | 답 ② |
|---|---|---|---|

요구불예금이 6백만 원이고 법정지불준비율이 10%라면 법정지급준비금은 60만 원이다. 따라서 지급준비금이 2백만 원이면 초과지급준비금은 140만 원이다.

**출제POINT**

추가적인 대부를 늘리기 위한 은행의 대출최고한도는 초과지급준비금이다.

| 34 | 거시 | $IS$ 곡선 이동 | 답 ④ |
|---|---|---|---|

정부지출승수는 $\frac{1}{1-0.8}=5$이고 정부지출변화분은 10이다. 따라서 $IS$ 곡선 이동폭은 정부지출변화분 × 승수 $=5\times10=50$이다.

**출제POINT**

$IS$ 곡선 이동폭은 '독립지출변화분 × 승수'이다.

## 35 □□□

**거래적-예비적 화폐수요 $L_r = 0.25Y$일 때 $LM$곡선에 대한 설명 중 옳은 것은?**

① 화폐공급이 20만큼 증가하면 $LM$곡선은 우측으로 20만큼 이동한다.

② 화폐공급이 20만큼 증가하면 $LM$곡선은 좌측으로 20만큼 이동한다.

③ 화폐공급이 5만큼 증가하면 $LM$곡선은 우측으로 20만큼 이동한다.

④ 화폐공급이 5만큼 증가하면 $LM$곡선은 좌측으로 20만큼 이동한다.

## 36 □□□

**경제모형이 $Y = C + I$, $C = 30 + 0.7Y$, $I = 60 - 6r$, $\frac{M}{P} = L = 0.3Y + (150 - 10r)$, $M = 800$으로 나타날 때 총수요함수는? (단, $Y$는 실질국민소득, $C$는 실질소비, $I$는 실질투자, $r$은 이자율, $L$은 실질화폐수요, $M$은 명목화폐공급, $P$는 물가수준이다)**

① $P = \frac{1}{1,000}Y$

② $P = \frac{1,000}{Y}$

③ $P = 1,000 - Y$

④ $P = 100r - Y$

| 35 | 거시 | $LM$곡선 이동 | 답 ③ |
|---|---|---|---|

$k = 0.25$일 때 $\frac{1}{k} = \frac{1}{0.25} = 4$이고 통화량변화분이 5이다. 따라서 $LM$곡선 이동폭은 통화량변화분 $\times \frac{1}{k} = 5 \times 4 = 20$이다.

**출제POINT**

$LM$곡선 이동폭은 '통화량변화분 $\times \frac{1}{k}$'이다.

| 36 | 거시 | $AD$곡선 | 답 ② |
|---|---|---|---|

- 산출물시장의 균형조건 $Y = C + I$에서 $IS$곡선은 $Y + 20r = 300$이다.
- 화폐시장의 균형조건 $L = \frac{M}{P}$에서 $LM$곡선은 $0.3Y + (150 - 10r) = \frac{800}{P}$, 즉 $3Y - 100r = \frac{8,000}{P} - 1,500$이다.
- $IS$곡선에서 $r$을 구해 $LM$곡선에 대입하면 $P = \frac{1,000}{Y}$으로 이것이 $AD$곡선이 된다.

**출제POINT**

생산물시장과 화폐시장 등 수요측면을 고려한, $IS-LM$곡선으로부터 물가와 국민소득 간 우하향 형태의 $AD$곡선이 도출된다.

## 37 □□□

**생산함수** $Y = L^{\frac{1}{2}}K^{\frac{1}{2}} + 2,000(K = 100)$, **노동수요함수** $L_d = 25(\frac{W}{P})^{-2}$**에서** $AS$**곡선은? (단, 명목임금은 1이다)**

① $Y = 40P + 8,000$
② $Y = 40P - 8,000$
③ $Y = 50P + 2,000$
④ $Y = 50P - 2,000$

## 38 □□□

**아래의 자료를 활용하여 어느 국가의 개방거시경제모형을 단순 케인지안의 측면에서 고찰할 때, 완전고용을 달성하고자 한다면 정부지출의 증가분으로 옳은 것은?**

- 독립적 소비지출: 50조 원
- 독립적 투자지출: 100조 원
- 독립적 정부지출: 200조 원
- 조세수입(정액세): 200조 원
- 독립적 수출: 140조 원
- 독립적 수입: 40조 원
- 한계소비성향: 0.8
- 한계수입성향: 0.05
- 완전고용 국민소득수준: 1,300조 원

① 15조 원
② 25조 원
③ 35조 원
④ 45조 원

**37** 거시 $AS$곡선 답 ③

- 생산함수가 $Y = L^{\frac{1}{2}}K^{\frac{1}{2}} + 2,000$이고 자본투입량($K$)이 100일 때, 생산함수는 $Y = 10\sqrt{L} + 2,000$이다. $W$가 1이고, $MP_L$은 생산함수 $Y = 10\sqrt{L} + 2,000$을 미분한 $MP_L = \frac{5}{\sqrt{L}}$이다. $L$은 $MP_L \times P = W$에서 $\frac{5}{\sqrt{L}} \times P = 1$을 통해 $L = 25P^2$이다. 이를 생산함수 $Y = 10\sqrt{L} + 2,000$에 대입하면 $Y = 50P + 2,000$의 $AS$곡선을 구할 수 있다.
- 또는 노동수요함수를 생산함수에 대입하면 $Y = 50\left(\frac{P}{W}\right) + 2,000$이고 명목임금이 1로 경직적이므로 $AS$곡선식은 $Y = 50P + 2,000$이다.

**출제POINT**

노동시장의 균형은 $VMP_L = MP_L \times P = W$이다.

**38** 거시 거시경제모형 답 ③

$Y = \frac{1}{1 - c(1-t) - i + m}(C_0 - cT_0 + I_0 + G_0 + X_0 - M_0)$에서, $c = 0.8$, 정액세로 $t = 0$, 독립적 투자지출로 $i = 0$, $m = 0.05$이기에 $Y = \frac{1}{1 - 0.8 + 0.05}(50 - 0.8 \times 200 + 100 + 200 + 140 - 40) = 1,160$조 원이다. 완전고용 국민소득수준이 1,300조 원으로 140조 원이 부족하고 정부지출승수가 $Y = \frac{1}{1 - 0.8 + 0.05} = 4$이기에, 정부지출의 증가분은 35조 원이다.

**출제POINT**

총수요와 총소득이 일치하는 점에서 균형국민소득이 결정되기에, $Y = C$(민간소비지출)$+ I$(민간총투자)$+ G$(정부지출)$+ X - M$(순수출)에서, $c$는 한계소비성향, $t$는 세율, $i$는 유발투자계수, $m$은 한계수입성향일 때,

$Y = \frac{1}{1 - c(1-t) - i + m}(C_0 - cT_0 + I_0 + G_0 + X_0 - M_0)$이다.

정부지출승수는 $\frac{1}{1 - c(1-t) - i + m}$이다.

## 39 □□□

**소비가 $0.7Y+30$, 수입이 $0.2Y+2$, 정부지출과 투자의 합계가 32, 수출이 40이다. 완전고용국민소득이 220인 경우 국민소득에 관한 다음 기술 중 옳은 것은?**

① 디플레갭이 존재하고 경상수지는 적자이다.
② 디플레갭이 존재하고 경상수지는 흑자이다.
③ 인플레갭이 존재하고 경상수지는 적자이다.
④ 인플레갭이 존재하고 경상수지는 흑자이다.

**39** 거시 개방경제 답 ①

• 균형조건 $Y=C+I+G+X-M$에서 $C=0,\ 7Y+30,\ I+G=32,\ X=40,\ M=0.2Y+2$를 대입하면 균형국민소득 $Y^*=200$이 된다.
• 완전고용국민소득 $Y_f=220$이므로 디플레갭이 생기고 경상수지는 $X-M=40-(0.2\times200+2)=-2<0$으로 적자이다.

**출제POINT**
개방경제 균형조건은 $Y=C+I+G+X-M$이다.

## 40 □□□

**다음의 $(A)$, $(B)$, $(C)$, $(D)$는 $IS$곡선을, $(E)$, $(F)$, $(G)$, $(H)$는 $LM$곡선을 나타낸다. 재정정책의 효과가 가장 크게 나타나는 조합은?**

| | |
|---|---|
| $(A)$ $Y=500-0.2r$ | $(E)$ $Y=100+0.8r$ |
| $(B)$ $Y=300-0.3r$ | $(F)$ $Y=200+0.6r$ |
| $(C)$ $Y=400-0.4r$ | $(G)$ $Y=300+0.3r$ |
| $(D)$ $Y=500-0.1r$ | $(H)$ $Y=500+0.1r$ |

① $(A)$, $(E)$
② $(D)$, $(E)$
③ $(A)$, $(G)$
④ $(C)$, $(F)$

**40** 거시 재정정책 답 ②

재정정책은 $IS$가 가파를수록, 즉 기울기가 클수록 효과가 확실하고,
→ $(D)$ $Y=500-0.1r$에서 기울기가 $\frac{1}{0.1}$로 가장 크다.
$LM$이 완만할수록, 즉 기울기가 작을수록 효과가 확실하다.
→ $(E)$ $Y=100+0.8r$에서 기울기가 $\frac{1}{0.8}$로 가장 작다.

**출제POINT**
투자의 이자율탄력성이 작아 $IS$곡선이 급경사이고, 화폐수요의 이자율탄력성이 커서 $LM$곡선이 완만하기에 재정정책의 유효성은 커진다.

## 41 □□□

**다음의 ($A$), ($B$), ($C$), ($D$)는 $IS$곡선을, ($E$), ($F$), ($G$), ($H$)는 $LM$곡선을 나타낸다. 금융정책의 효과가 가장 크게 나타나는 조합은?**

| | |
|---|---|
| ($A$) $Y=500-0.2r$ | ($E$) $Y=100+0.8r$ |
| ($B$) $Y=300-0.3r$ | ($F$) $Y=200+0.6r$ |
| ($C$) $Y=400-0.4r$ | ($G$) $Y=300+0.3r$ |
| ($D$) $Y=500-0.1r$ | ($H$) $Y=500+0.1r$ |

① ($D$), ($E$)
② ($A$), ($G$)
③ ($C$), ($H$)
④ ($D$), ($F$)

## 42 □□□

**경제활동참가율이 60%이고 실업률이 10%일 때, 고용률은?**

① 45%
② 54%
③ 66%
④ 75%

**41** 거시 금융정책 답 ③

금융정책은 $IS$가 완만할수록, 즉 기울기가 작을수록 효과가 크고,

→ ($C$) $Y=400-0.4r$에서 기울기가 $\frac{1}{0.4}$로 가장 작다.

$LM$이 가파를수록, 즉 기울기가 클수록 효과가 확실하다.

→ ($H$) $Y=500+0.1r$에서 기울기가 $\frac{1}{0.1}$로 가장 크다.

> **출제POINT**
> 투자의 이자율탄력성이 커서 $IS$곡선이 완만하고, 화폐수요의 이자율탄력성이 작아 $LM$곡선이 급경사이기에 금융정책의 유효성은 커진다.

**42** 거시 금융정책 답 ②

'고용률 $\times 100=(100-$실업률$)\times$ 경제활동참가율'에서 경제활동참가율이 60%이고 실업률이 10%일 때, '고용률 $\times 100=(100-10)\times 60$'이기에 고용률은 54%이다.

> **출제POINT**
> '고용률 $\times 100=(100-$실업률$)\times$ 경제활동참가율'이다.

## 43 □□□

**정부가 인플레세(Inflation Tax)를 통해 재정수입을 증대시키려 시도할 때 소득수준의 증가가 없는 경우를 가정하면 수입의 극대화는?**

① 인플레이션율에 대한 화폐수요의 탄력성이 1일 때 이루어진다.

② 인플레이션율에 대한 화폐수요의 탄력성이 1보다 클 때 이루어진다.

③ 인플레이션율에 대한 화폐수요의 탄력성이 0일 때 이루어진다.

④ 인플레이션율에 대한 화폐수요의 탄력성이 0과 1 사이의 값일 때 이루어진다.

**43** 거시 **인플레세** 답 ①

정부가 정부지출을 위한 재원을 화폐발행을 통해서 조달하면 실질정부수입(GR) $= \frac{M_t - M_{t-1}}{P_t}$ 이고 통화량 증가율이 일정할 때 $M_t = (1+\mu)M_{t-1}$ 이며 이를 대입하면 GR $= \mu \cdot \frac{M_{t-1}}{P_t} = \theta \frac{M_{t-1}}{P_t}$ (단, $\theta$은 인플레이션율)이다. 이는 정부가 인플레이션을 통해 조세를 거둬들이는 것과 같은 효과이기 때문에 $\theta$를 인플레이션세율이라 한다.

**출제POINT**

프리드만(M. Friedman)은 인플레이션에 대한 화폐수요의 탄력성이 1인 경우 정부수입이 극대화된다고 주장하였다.

## 44 □□□

**어느 나라의 단기 필립스곡선은 $\pi = n - u + \pi_e$ 이다. 5%의 물가상승을 예상하여 실업률을 3%로 낮추었더니 실제적으로 7.5%의 물가상승이 일어났다. 이 나라의 자연실업률은 얼마인가? (단, $\pi$는 실제물가상승률, $n$은 正의 상수, $u$는 실업률, $\pi_e$는 예상물가상승률, 단위는 %이다)**

① 3.5%

② 4.5%

③ 5.5%

④ 6.5%

**44** 거시 **필립스곡선** 답 ③

'실제물가상승률($\pi$) = 자연실업률($n$) − 실제실업률($u$) + 예상물가상승률($\pi_e$)'이다. $7.5\% = n - 3\% + 5\%$에서 $n = 5.5\%$이다.

**출제POINT**

단기 필립스곡선은 $\pi = n - u + \pi_e$, $\pi = \pi_e - (u - n)$이다.

## 45 □□□

$\dot{P}_t = \dot{P}_t^e + h(U_t - U_n)$의 식에서 합리적 기대하 $\dot{P}_t$가 $6\%$이고 $t$기의 실업률이 $5\%$일 때 자연실업률은?

① $3\%$
② $5\%$
③ $6\%$
④ $4\%$

## 46 □□□

$\dot{P}_t = \dot{P}_t^e + h(U_t - U_n)$의 식에서 $t$기의 실제물가가 $5\%$, 실제실업률이 $7\%$이고 필립스곡선의 기울기가 $1$일 때 $t$기의 예상물가상승률은? (단, 자연실업률은 $4\%$이다)

① $1\%$
② $2\%$
③ $3\%$
④ $4\%$

| 45 | 거시 | 자연실업률 | 답 ② |
|---|---|---|---|

$\dot{P}_t = \dot{P}_t^e + h(U_t - U_n)$에서 $\dot{P}_t = 6\%$이면 기대가 합리적이기에 $\dot{P}_t^e = 6\%$이다. 따라서 $h(5 - U_n) = 0$에서 $U_n = 5\%$이다.

**출제POINT**

$\dot{P}_t = \dot{P}_t^e + h(U_t - U_n)$에서 합리적 기대이면 $\dot{P}_t = \dot{P}_t^e$이다.

| 46 | 거시 | 예상물가상승률 | 답 ② |
|---|---|---|---|

$\dot{P}_t = \dot{P}_t^e + h(U_t - U_n)$에서 $\dot{P}_t = 5\%$, $U_t = 7\%$, $U_n = 4\%$, 필립스곡선의 기울기($h$)가 1일 때 $5 = \dot{P}_t^e + (7-4)$이다. 따라서 $\dot{P}_t^e = 2\%$이다.

**출제POINT**

$\dot{P}_t = \dot{P}_t^e + h(U_t - U_n)$에서 필립스곡선의 기울기가 1일 때 $h = 1$이다.

## 47 □□□

**오쿤의 법칙(Okun's Law)에 따라 실업률이 $1\%$포인트 증가하면 실질 $GDP$는 약 $2\%$포인트 감소한다고 가정하자. 만약, 중앙은행이 화폐공급 증가율을 낮추어 인플레이션율은 $10\%$에서 $8\%$로 하락하였으나 실업률은 $4\%$에서 $8\%$로 증가하였을 경우, 희생비율(sacrifice ratio)은?**

① 약 2
② 약 4
③ 약 6
④ 약 8

## 48 □□□

**다음은 경기순환모델이다.**

$$Y_t = a_t + G_t + (b+v)\,Y_{t-1} - v\,Y_{t-2}$$

(단, $a_t$는 기초소비, $G_t$은 정부지출, $b$는 한계소비성향, $v$는 가속도계수이다)

**만일 $Y_1 = 10$, $Y_2 = 12$, $Y_3 = 16$, $a_t = 0$, $G_t = 4$, $v = 0.8$이라고 할 때 한계소비성향은?**

① 0.65
② 0.76
③ 0.87
④ 0.98

| 47 | 거시 | 오쿤의 법칙 | 답 ② |
|---|---|---|---|

실업률이 1% 포인트 증가하면 실질 $GDP$는 연 2% 포인트 감소하기에 실업률이 4%에서 8%로 증가하면 실질 $GDP$는 연 8% 포인트 감소한다. 인플레이션율이 10%에서 8%로 2% 포인트 하락하기에

$$\text{희생비율} = \frac{\text{실질 } GDP \text{ 감소율}}{\text{인플레이션율 하락율}} = \frac{8}{2} = 4\text{이다.}$$

**출제POINT**

$GDP$갭과 실업률 사이의 상관관계를 나타내는 법칙을 오쿤의 법칙이라 한다.

$\frac{Y_P - Y}{Y_P} = \alpha(u - u_N)$, ($Y_P$: 잠재$GDP$, $Y$: 실제$GDP$, $\alpha$: 상수, $u$: 실제실업률, $u_N$: 자연실업률)

| 48 | 거시 | 경기순환 | 답 ③ |
|---|---|---|---|

- $T=3$인 경우, $Y_1 = 10$, $Y_2 = 12$, $Y_3 = 16$, $a_t = 0$, $G_t = 4$, $v = 0.8$이기에 $Y_3 = 0 + 4 + (b+0.8)Y_2 - 0.8Y_1$이다.
- $Y_1$, $Y_2$, $Y_3$을 각각 대입하면 $16 = 0 + 4 + 12b + 9.6 - 8$로 $12b = 10.4$이기에 $b \fallingdotseq 0.87$이다.

**출제POINT**

총체적인 경제활동수준이 주기적으로 상승과 하강을 반복하는 현상을 경기순환이라 한다.

## 49 □□□

저축률을 $S$, 자본소득 분배율, 즉 이윤소득비율$(\frac{P}{Y})$을 $Q$라고 할 때 E. S. Phelps가 말하는 극대소비의 조건 또는 저축의 황금률이란? (단, $P$는 이윤, $Y$는 소득이다)

① $S \geq Q$
② $S = Q$
③ $S \leq Q$
④ $S < Q$

## 50 □□□

다음 표는 $A$국의 경제지표 변화를 나타낸 것이다. 2013년 대비 2014년의 경제지표 변화에 대한 설명으로 가장 적절한 것은?

(단위: %)

| 구분 | 2013년 | 2014년 |
|---|---|---|
| 경제성장률 | 3.6 | 3.1 |
| 물가상승률 | 6.9 | 3.3 |
| 실업률 | 5.2 | 5.8 |
| 인구증가율 | 4.5 | 2.7 |

① 총수요는 감소했다.
② 화폐가치가 높아졌다.
③ 실업자수가 증가했다.
④ 1인당 실질 $GDP$가 증가했다.

**49** 거시 **황금률** 답 ②

황금률은 저축률($S$)과 자본소득분배율($Q$)이 일치할 때 달성된다.

**출제POINT**

황금률(Golden Rule)이란 균형성장과정하에서 1인당 소비를 극대화하는 성장률을 말한다.

**50** 거시 **1인당 경제성장률** 답 ④

'1인당 경제성장률은 경제성장률 - 인구증가율'이다.

| 구분 | 2013년 | 2014년 |
|---|---|---|
| 경제성장률 | 3.6 | 3.1 |
| 인구증가율 | 4.5 | 2.7 |
| 1인당 경제성장률 | −0.9 | 0.4 |

따라서 2014년의 1인당 경제성장률이 (+)이기에 1인당 실질 $GDP$가 증가했다.

(오답피하기)

① 2014년의 경제성장률은 (+)로 실질 $GDP$는 증가했다. 2014년의 물가상승률은 (+)로 물가수준도 상승했다. 따라서 총수요가 감소했다고 볼 수 없다.
② 2014년의 물가상승률은 (+)로 물가수준이 상승했기에 화폐가치가 낮아졌다.
③ 실업률만으로 실업자수를 비교할 수 없다.

**출제POINT**

'1인당 경제성장률 = 경제성장률 − 인구증가율'이다.

## 51 □□□

다음 표는 甲기업과 乙기업이 동일한 생산요소로 최대한 생산할 수 있는 각 재화의 양을 나타낸다. 甲기업과 乙기업이 독자적으로 생산하여 시장에서 판매할 수 있는 상품은 각각 최대 몇 단위인가? (단, 甲기업과 乙기업이 생산하는 제품은 동질적이며 시장에서 상품 1단위를 판매하기 위해서는 스마트폰 1대에 스마트폰 전용 이어폰 1개가 함께 포장되어야 한다. 甲기업과 乙기업의 생산가능곡선은 직선이라 가정한다)

(단위: 개)

| 구분 | 스마트폰 | 스마트폰 전용 이어폰 |
|---|---|---|
| 甲기업 | 100 | 300 |
| 乙기업 | 10 | 100 |

| | 甲기업 | 乙기업 |
|---|---|---|
| ① | 75단위 | 10단위 |
| ② | 75단위 | $9\frac{1}{11}$단위 |
| ③ | 100단위 | 10단위 |
| ④ | 100단위 | $9\frac{1}{11}$단위 |

## 52 □□□

어떤 재화를 생산하는 데 중간재 비중이 70%, 부가가치계수가 30%이다. $A$국이 중간재에 대해 15%, 최종재에 대해 20%의 관세를 부과하면 실효보호관세율은?

① 21.6%
② 26.5%
③ 31.6%
④ 36.5%

계산문제

해커스공무원 **局경제학** 15개년 기출문제집

**51** 국제 생산가능곡선 답 ②

스마트폰과 스마트폰 전용 이어폰의 개수가 같아야 하기에 $x=y$이다. 따라서 甲기업은 $y=-\frac{1}{3}x+100$과 연립하면 75단위, 乙기업은 $y=-\frac{1}{10}x+10$과 연립하면 $9\frac{1}{11}$단위를 독자적으로 최대생산가능하다.

**출제POINT**

스마트폰을 $y$라 하고 스마트폰 전용 이어폰을 $x$라 하면 甲기업과 乙기업의 생산가능곡선은 각각 $y=-\frac{1}{3}x+100$, $y=-\frac{1}{10}x+10$이다.

**52** 국제 실효보호관세율 답 ③

$T$는 최종재 관세율로 0.2, $t$는 중간재 관세율로 0.15, $\alpha$는 중간재 투입계수로 0.7, $1-\alpha$는 부가가치계수로 0.3이다.

따라서 $q=\frac{T-\alpha t}{1-\alpha}=\frac{0.2-0.7\times0.15}{0.3}=0.316$으로 대략 31.6%이다.

**출제POINT**

관세부과로 특정산업이 보호받는 정도를 실효보호관세율이라 하고, 관세부과에 따른 부가가치 증가율,

즉 $q=\frac{\text{부과 후 부가가치}-\text{부과 전 부가가치}}{\text{부과 전 부가가치}}=\frac{T-\alpha t}{1-\alpha}$($T$: 최종재 관세율, $t$: 중간재 관세율, $\alpha$: 중간재 투입계수)로 측정된다.

## 53 □□□

**구매력평가이론(Purchasing Power Parity Theory)에 의할 때 미국 물가가 20% 오르고 일본의 물가가 15% 오르면 장기적으로 어떻게 된다고 보는가?**

① 달러화가 엔화에 대하여 35% 평가절하된다.
② 달러화가 엔화에 대하여 5% 평가절상된다.
③ 달러화가 엔화에 대하여 35% 평가절상된다.
④ 달러화가 엔화에 대하여 5% 평가절하된다.

| 53 | 국제 | 구매력평가이론 | 답 ④ |
|---|---|---|---|

'엔/달러환율상승률 = 국내(일본)물가상승률 − 해외(미국)물가상승률'이라 하면, $15-20=-5\%$이다. 따라서 5%만큼 엔/달러환율하락이고 달러화가 엔화에 대하여 5% 평가절하된다.

**출제POINT**

일물일가의 법칙을 전제로, 양국의 구매력인 화폐가치가 같도록 환율이 결정되어야 한다는 이론이 구매력평가설로, $P=e\cdot P_f$이다. 이를 변형하면 '환율상승률 = 국내물가상승률 − 해외물가상승률'이다

## 54 □□□

**$A$국 민간저축이 400억 달러이나 총저축은 330억 달러이다. 민간소비지출이 800억 달러, 조세수입이 50억, 당해 연도 순해외자산이 50억 달러 감소하였다면 $A$국의 $GDP$는?**

① 950억 달러
② 1,050억 달러
③ 1,150억 달러
④ 1,250억 달러

| 54 | 국제 | 구매력평가이론 | 답 ④ |
|---|---|---|---|

- 민간저축이 400억 달러이나 총저축은 330억 달러이기에 정부저축 $T-G=-70$억 달러이다.
- 조세수입 $T$가 50억 달러로 $T-G=-70$억 달러에서 정부지출은 120억 달러이다.
- 순해외자산이 50억 달러 감소하였다면 경상수지가 적자로 $X-M=-50$억 달러이다.
- $S_P+S_G=I+X-M$에서 총저축이 330억 달러이고 경상수지는 −50억 달러이기에 총투자는 $330+50=380$억 달러이다. 민간소비지출은 800억 달러이다.
- 따라서 $Y=C+I+G+X-M=800+380+120-50=1,250$억 달러이다.

**출제POINT**

$Y=C+I+G+X-M$에서 $Y-C-G=I+X-M$이고,
$Y-T-C$(민간저축)$+T-G$(정부저축)$=I+X-M$,
즉, $S_P+S_G=I+X-M$이다.
따라서 $X-M=S_P+S_G-I=S_N-I$이다.

# 2회 계산문제 54제 2차

## 01 □□□

**다음 글에서 밑줄 친 내용으로 옳은 것은? (단, $X$축은 $B$재화, $Y$축은 $A$재화라고 가정한다)**

> 일반적인 생산가능곡선에서 우하방의 점으로 이동할수록 ______________________.

① $MC_A$는 증가한다.
② $MC_B$는 감소한다.
③ $MRT_{BA}$는 증가한다.
④ $MRT_{BA}$는 감소한다.

## 02 □□□

**공급함수 $S_1 = -5 + P_X$가 기술진보로 $S_2 = -3 + P_X$로 변할 때 가격이 10이면 공급량의 증가분은?**

① 1
② 2
③ 5
④ 7

| 01 | 미시 | $MRT$ | 답 ③ |
|---|---|---|---|

$MRT_{BA} = -\frac{\Delta A}{\Delta B} = \frac{MC_B}{MC_A}$이다. 생산가능곡선에서 우하방의 점으로 이동할수록 $MRT_{BA}$가 증가하기에 $B$재 생산의 한계비용이 커지고 $A$재 생산의 한계비용이 작아진다.

오답피하기

①, ②, ④ 생산가능곡선에서 우하방의 점으로 이동할수록 $MRT_{BA}$가 증가하기에, $MC_A$는 감소하고, $MC_B$는 증가한다.

**출제POINT**

$MRT_{XY} = -\frac{\Delta Y}{\Delta X} = \frac{MC_X}{MC_Y}$이다. 생산가능곡선에서 우하방의 점으로 이동할수록 $MRT_{XY}$가 증가하기에 $X$재 생산의 한계비용이 커지고 $Y$재 생산의 한계비용이 작아진다.

| 02 | 미시 | 공급함수 | 답 ② |
|---|---|---|---|

기술진보 후 공급함수는 $S_2 = -3 + P_X$로 가격이 10이면 공급량은 7이다. 따라서 기술진보로 공급량은 5에서 7로 2단위 증가한다.

★★★ 먼저 읽기

**출제POINT**

기술진보 전 공급함수는 $S_1 = -5 + P_X$로 가격이 10이면 공급량은 5이다.

## 03 □□□

**두 소비자 $A$와 $B$의 개별수요곡선이 각각 다음과 같다. $Q_A = 10 - 2P$이고, $Q_B = 15 - 3P$이다. $P = 2$일 때 시장수요의 가격탄력성은 얼마인가?**

① 0.33
② 0.67
③ 0.96
④ 1.00

## 04 □□□

**수요함수가 $Q = 10 - \frac{P}{2}$인 시장에서 정부의 새로운 조세정책으로 균형가격이 10에서 12로 상승했을 때 소비자잉여의 변화분은?**

① 7만큼 감소
② 7만큼 증가
③ 9만큼 감소
④ 9만큼 증가

| 03 | 미시 | 가격탄력도 | 답 ② |
|---|---|---|---|

시장수요곡선이 $Q = 25 - 5P$에서 $P = 2$일 때 $Q = 15$이고, $\frac{\Delta Q}{\Delta P} = -5$이다. 따라서 시장수요의 가격탄력성은 $-\frac{\Delta Q}{\Delta P} \cdot \frac{P}{Q} = -(-5) \times \frac{2}{15}$로 대략 0.67이 된다.

★★★ 먼저 읽기

**출제POINT**
개별수요곡선이 각각 $Q_A = 10 - 2P$, $Q_B = 15 - 3P$일 때 시장수요곡선은 수평합으로 $Q = 25 - 5P$이다.

| 04 | 미시 | 소비자잉여 | 답 ③ |
|---|---|---|---|

수요함수가 $Q = 10 - \frac{P}{2}$인 시장에서 균형가격이 10이면 균형거래량은 5이다. 균형가격이 12이면 균형거래량은 4이다. 따라서 소비자잉여는 그림의 빗금 친 면적인 $(10 \times 5 \div 2) - (8 \times 4 \div 2) = 9$만큼 감소한다.

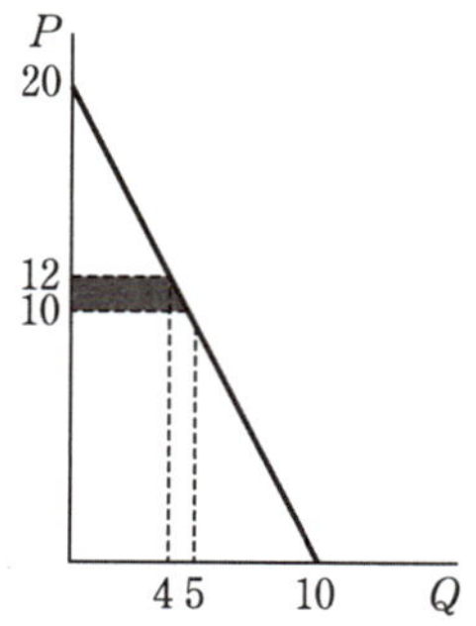


**출제POINT**
소비자의 최대지불의사금액에서 실제지불금액을 차감한 것을 소비자잉여라 한다.

## 05 □□□

**효용함수가 $U(X,\ Y)=X^{0.2}Y^{0.8}$인 소비자가 효용극대화를 실현하는 $X$재, $Y$재의 구매량은? (단, 명목소득은 10만 원, $X$가격은 1만 원, $Y$가격은 5천 원이다)**

① $X=1,\ Y=18$
② $X=2,\ Y=16$
③ $X=3,\ Y=14$
④ $X=4,\ Y=12$

## 06 □□□

**갑은 10,000원의 용돈으로 $X$재와 $Y$재를 아래의 표와 같이 소비하고 있다. 효용극대화를 추구하는 갑의 선택으로 옳은 것은?**

| 구분 | 가격 | 구입량 | 총효용 | 한계효용 |
|---|---|---|---|---|
| $X$재 | 1,000원 | 7 | 500 | 30 |
| $Y$재 | 500원 | 6 | 1,000 | 20 |

① $X$재를 덜 소비하고 $Y$재를 더 소비해야 한다.
② $X$재를 더 소비하고 $Y$재를 덜 소비해야 한다.
③ $X$재를 현재와 같이 소비하고 $Y$재를 더 소비해야 한다.
④ $X$재를 더 소비하고 $Y$재를 현재와 같이 소비해야 한다.

**05** 미시 효용극대화 답 ②

$$X=\frac{\alpha M}{P_X}=\frac{0.2\times10}{1}=2,\quad Y=\frac{(1-\alpha)M}{P_Y}=\frac{0.8\times10}{0.5}=16$$

**출제POINT**

효용함수가 $U=X^{\alpha}Y^{1-\alpha}$일 때, $X=\frac{\alpha M}{P_X}$, $Y=\frac{(1-\alpha)M}{P_Y}$에서 효용극대화가 이루어진다.

**06** 미시 효용극대화 답 ①

$MRS_{XY}=\frac{MU_X}{MU_Y}=\frac{30}{20}=1.5<\frac{P_X}{P_Y}=\frac{1,000}{500}=2$이다. 따라서 $X$재를 줄이고 $Y$재를 늘리면 효용이 증가한다. 즉, $X$재를 덜 소비하고 $Y$재를 더 소비해야 한다.

**출제POINT**

$MRS_{XY}<\frac{P_X}{P_Y}$: $X$구입감소 + $Y$구입증가 = 효용증가

## 07 □□□

자신의 소득을 두 재화 $X$와 $Y$에 모두 지출하는 소비자가 있는데, 이 소비자의 소득은 600원이고, $X$재와 $Y$재의 가격이 각각 50원과 20원일 때 $E$점($X$재 8개와 $Y$재 10개)에서 구입했다. 소득은 그대로 600원인데 $X$재와 $Y$재 가격이 모두 30원으로 바뀌었을 때의 선택 중 현시선호이론의 약공리를 충족하는 경우로 옳은 것은?

① $A$점($X$재 2개와 $Y$재 18개)에서 구입
② $B$점($X$재 4개와 $Y$재 20개)에서 구입
③ $C$점($X$재 6개와 $Y$재 15개)에서 구입
④ $D$점($X$재 15개와 $Y$재 5개)에서 구입

## 08 □□□

한 소비자가 다음과 같은 소비행위를 보였다고 가정할 경우 다음 중 맞는 설명은? (단, 아래 세 가지 상품 이외의 상품 소비량은 변하지 않았다고 가정한다)

| 구분 | 2000년 | | 2010년 | |
|---|---|---|---|---|
| | 소비량 | 가격 | 소비량 | 가격 |
| 쌀 | 15 | 10 | 10 | 15 |
| 빵 | 5 | 12 | 10 | 10 |
| 라면 | 10 | 5 | 7 | 8 |

① 이 소비자의 생활수준은 변화하지 않았다.
② 2000년에 비해 2010년의 생활수준이 향상되었다.
③ 2000년에 비해 2010년의 생활수준이 악화되었다.
④ 이 자료만으로는 생활수준의 향상 여부를 알 수 없다.

**07** 미시 약공리 답 ④

$D$점은 $50 \times 15 + 20 \times 5 = 850$이기에 구예산선에서 구입불가능하고, $30 \times 15 + 30 \times 5 = 600$이다. 즉, $X$재 15개와 $Y$재 5개를 구입하는 것은 바뀐 예산선에서 구입가능하다. 따라서 $D$점에서 구입은 약공리를 충족한다.

**오답피하기**

① $A$점은 $50 \times 2 + 20 \times 18 = 460$이기에 구예산선 내부점이고, $30 \times 2 + 30 \times 18 = 600$이다. 즉, $X$재 2개와 $Y$재 18개를 구입하는 것은 바뀐 예산선에서 구입가능하다. 따라서 $A$점에서 구입은 약공리를 위배한다.
② $B$점은 $50 \times 4 + 20 \times 20 = 600$이기에 구예산선상 점이고, $30 \times 4 + 30 \times 20 = 720$이다. 즉, $X$재 4개와 $Y$재 20개를 구입하는 것은 바뀐 예산선에서 구입불가능하다.
③ $C$점은 $50 \times 6 + 20 \times 15 = 600$이기에 구예산선상 점이고, $30 \times 6 + 30 \times 15 = 630$이다. 즉, $X$재 6개와 $Y$재 15개를 구입하는 것은 바뀐 예산선에서 구입불가능하다.

**출제POINT**

최초구입점이 구입가능하면 새로운 예산선 중 본래의 예산선 내부에 포함되는 구간을 제외한 구간에서 약공리는 충족된다.
$E$점에서 $30 \times 8 + 30 \times 10 = 540$이다. 즉, $X$재 8개와 $Y$재 10개는 바뀐 예산선에서 구입가능하다. 따라서 새로운 예산선 중 본래의 예산선 내부에 포함되는 구간을 제외한 구간에서 약공리는 충족된다.

**08** 미시 수량지수 답 ③

라스파이레스 수량지수는 1보다 작다. 따라서 2010년은 2000년에 비하여 생활수준이 악화되었다.

$$L_Q = \frac{P_0 \cdot Q_t}{P_0 \cdot Q_0} = \frac{(10 \times 10) + (12 \times 10) + (5 \times 7)}{(10 \times 15) + (12 \times 5) + (5 \times 10)} < 1$$

**출제POINT**

$P_Q \geq 1$이면 생활수준 개선이고, $L_Q \leq 1$이면 생활수준 악화이며, $L_Q > 1$, $P_Q < 1$이면 개선여부는 불분명하다.

## 09 □□□

효용을 $U$, 소득을 $Y$라 할 때 서연의 선호체계를 나타내는 폰노이만-모겐스턴 효용함수는 $U=\sqrt{Y}$이다. 현재 서연의 소득은 $Y=0$이며, 동전을 던져 앞면이 나오면 900원의 상금을 받고 뒷면이 나오면 상금이 없는 게임을 할 수 있는 티켓을 소유하고 있다. 서연은 최소 얼마를 받아야 이 티켓을 판매할 것인가?

① 15원
② 225원
③ 300원
④ 450원

## 10 □□□

두 생산요소 자본 $K$와 노동 $L$을 투입하는 $A$기업의 생산함수가 $Q=(\min\{L,\ 3K\})^{0.5}$로 주어져 있다. 산출물의 가격은 $p$, 노동의 가격은 $w=4$, 자본의 가격은 $r=6$인 경우, 이윤을 극대화하는 $A$기업의 공급($Q_S$)곡선은? (단, 생산물시장과 생산요소시장은 완전경쟁적이다)

① $Q_S=p\times\min\{w,3r\}$
② $Q_S=\dfrac{p}{12}$
③ $Q_S=p\times\max\{w,3r\}$
④ $Q_S=6p$

| 09 | 미시 | 기대효용이론 | 답 ② |
|---|---|---|---|

서연의 기대효용 $EU=0.5\times\sqrt{900}+0.5\sqrt{0}=15$이다. 서연의 확실성등가는 $15^2=225$이다.

> **출제POINT**
> 기대효용이론은 기대효용기준으로 선택한다는 것으로, '최소 받아야 되는 금액'은 그 게임과 동일한 효용을 얻을 수 있는 현금, 즉 확실성등가를 의미한다.

| 10 | 미시 | 생산함수 | 답 ② |
|---|---|---|---|

생산함수의 양변을 제곱하면 $Q^2=\min[L,\ 3K]$이기에 $Q^2=L=3K$의 관계가 성립하고, 이 기업의 비용함수는 $C(Q)=wL+rK=(4\times Q^2)+(6\times\frac{1}{3}Q^2)=6Q^2$이다. 이를 통해 한계비용은 $MC=12Q$이다. 완전경쟁시장에서는 항상 가격과 한계비용이 일치하기에 $P=MC$로 두면 $P=12Q$이다. 따라서 이 기업의 공급함수는 $Q=\frac{1}{12}P$가 된다.

> **출제POINT**
> 완전경쟁시장에서 $P=MC$를 통해 공급함수를 도출할 수 있다.

## 11 □□□

**기업의 생산과정은 규모에 대한 수익불변을 나타낸다. 기업이 총비용 $2,500$으로 $5,000$개의 과자를 생산할 수 있다면 $1,000$개의 과자를 생산할 경우 평균비용은?**

① 5,000
② 500
③ 2
④ 0.5

## 12 □□□

**경쟁적 기업이 생산하는 재화의 총비용함수와 가격은 다음 식으로 나타난다. $TC = \frac{1}{3}X^3 - \frac{13}{2}X^2 + 51X + 265$, $P = 65$ 이때 기업이 이윤극대화를 도모할 경우 산출량 $X$는?**

① 11
② 12
③ 13
④ 14

| 11 | 미시 | 규모수익 | 답 ④ |
|---|---|---|---|

규모에 대한 수익불변에서는 평균비용은 어느 산출량에서나 같다.
즉, $\frac{2,500}{5,000} = 0.5$이다.

> **출제POINT**
> 규모에 대한 수익불변(CRS) 시 총비용곡선은 원점을 통과하는 직선이고, 평균비용곡선은 수평선이다.

| 12 | 미시 | 완전경쟁 | 답 ④ |
|---|---|---|---|

- $TC = \frac{1}{3}X^3 - \frac{13}{2}X^2 + 51X + 265$에서
  $MC = \frac{dTC}{dX} = X^2 - 13X + 51$이고, $P = 65$이다.
- $P = MC$에서
  $65 = X^2 - 13X + 51 \Rightarrow X^2 - 13X - 14 = 0 \Rightarrow (X-14)(X+1) = 0$에 따라 $X = -1, 14$이고, $X > 0$이기에 14가 정답이다.

> **출제POINT**
> 완전경쟁시장에서는 $P = MC$에서 이윤극대화를 달성한다.

## 13 □□□

**어느 재화에 대한 수요곡선은 $Q=100-P$이다. 이 재화를 생산하여 이윤을 극대화하는 독점기업의 비용함수가 $C(Q)=20Q+10$일 때, 이 기업의 러너지수(Lerner index) 값은?**

① $\frac{1}{4}$

② $\frac{1}{3}$

③ $\frac{2}{3}$

④ $\frac{3}{4}$

## 14 □□□

**동일 제품을 생산하는 복점기업 $A$사와 $B$사가 직면한 시장 수요는 $P=50-5Q$이다. $A$사와 $B$사의 비용함수는 각각 $C_A(Q_A)=20+10Q_A$ 및 $C_B(Q_B)=20+15Q_B$이다. 두 기업이 비협조적으로 행동하면서 이윤을 극대화하는 쿠르노 모형을 가정할 때, 두 기업의 균형생산량은? (단, $Q$는 $A$기업 생산량($Q_A$)과 $B$기업 생산량($Q_B$)의 합이다)**

| | $Q_A$ | $Q_B$ |
|---|---|---|
| ① | 2 | 2.5 |
| ② | 2.5 | 2 |
| ③ | 3 | 2 |
| ④ | 3 | 4 |

**13** 미시 **러너지수** 답 ③

- 수요곡선 $Q=100-P$에서 $P=100-Q$이고 $MR=100-2Q$이며, 비용함수 $C(Q)=20Q+10$에서 $MC=20$이다.
- 독점기업의 이윤극대화 가격은 $MR=MC$에서 $100-2Q=20$일 때 $Q=40$이고 수요곡선 $P=100-Q$에서 $P=60$이다.
- 따라서 러너지수는 $dm=\frac{P-MC}{P}=\frac{60-20}{60}=\frac{2}{3}$이다.

**출제POINT**

가격과 한계비용의 차이가 클수록 후생손실이 증가한다는 점을 반영하여 도출된 $dm=\frac{P-MC}{P}$가 러너의 독점도이다.

**14** 미시 **꾸르노모형** 답 ③

- 기업 $A$의 총수입은 $P=50-5Q$이고 $Q=Q_A+Q_B$일 때, $TR_A=[50-5(Q_A+Q_B)]\times Q_A=50Q_A-5Q_A^2-5Q_AQ_B$이기에 $MR_A=50-10Q_A-5Q_B$이다. $C_A(Q_A)=20+10Q_A$이기에 $MC_A=10$이다.
- 따라서 기업 $A$의 균형생산량은 $MR_A=50-10Q_A-5Q_B$와 $MC_A=10$이 같을 때 결정된다.
- 기업 $B$의 총수입은 $P=50-5Q$이고 $Q=Q_A+Q_B$일 때, $TR_B=[50-5(Q_A+Q_B)]\times Q_B=50Q_B-5Q_AQ_B-5Q_B^2$이기에 $MR_B=50-5Q_A-10Q_B$이다. $C_B(Q_B)=20+15Q_B$이기에 $MC_B=15$이다.
- 따라서 기업 $B$의 균형생산량은 $MR_B=50-5Q_A-10Q_B$와 $MC_B=15$가 같을 때 결정된다.
- 결국, $MR_A=50-10Q_A-5Q_B=MC_A=10$과 $MR_B=50-5Q_A-10Q_B=MC_B=15$에서 결정된다. 즉, 이를 연립하면 $Q_A=3$, $Q_B=2$이다.

**출제POINT**

동일 제품을 생산하는 복점기업 $A$와 $B$의 이윤을 극대화하는 균형생산량은 $MR_A=MC_A$, $MR_B=MC_B$에서 달성된다.

## 15 □□□

아래 표는 기업 $A$와 기업 $B$가 각각 $A_1$, $A_2$, $A_3$ 및 $B_1$, $B_2$, $B_3$, $B_4$를 이용할 때 기업 $A$가 획득하는 시장점유율을 나타내고 있다(기업 $B$는 나머지의 점유율을 갖는 것이 된다). 기업 $A$와 $B$가 게임이론의 원칙에 의해 활동할 때 기업 $A$, $B$가 취하는 전략의 조합은 어떻게 되는가?

| 구분 | $B_1$ | $B_2$ | $B_3$ | $B_4$ |
|---|---|---|---|---|
| $A_1$ | 50 | 95 | 15 | 25 |
| $A_2$ | 30 | 3 | 7 | 99 |
| $A_3$ | 60 | 40 | 5 | 35 |

① $A_1$, $B_3$
② $A_2$, $B_2$
③ $A_2$, $B_4$
④ $A_3$, $B_1$

## 16 □□□

기업의 제품수요곡선은 $Q=-2P+4\sqrt{a}$($P$: 가격, $a$: 광고비)이다. 이 기업의 비용함수가 $C=3Q+a$일 때 이윤이 최대로 되는 광고비는?

① 3
② 4
③ 6
④ 9

**15** 미시 게임이론 답 ①

- 기업 $A$는 각 전략 중 점유율이 가장 작은 $(A_1, A_2, A_3)=(15, 3, 5)$ 중에서 최대의 전략은 $A_1=15$이다.
- 기업 $B$는 각 전략 중 점유율이 가장 작은 $(B_1, B_2, B_3, B_4)=(40, 5, 85, 1)$ 중에서 최대의 전략은 $B_3=85$이다.

**출제POINT**
기업 $A$, $B$는 Mini-Max 원칙이라는 안전제일주의 행동을 취한다(표는 기업 $A$의 시장점유율로 기업 $B$는 나머지의 점유율을 갖는다).

**16** 미시 광고 답 ④

- $Q=-2P+4\sqrt{a}$에서 $P=2\sqrt{a}-\frac{1}{2}Q$이다.
- 이윤함수는 $\pi=P\cdot Q-C=(2\sqrt{a}-\frac{1}{2}Q)Q-3Q-a$이기에 이를 $Q$와 $a$로 미분하여 영이 되는 점에서 이윤극대화를 구한다.
- 즉, $\frac{\partial\pi}{\partial Q}=2\sqrt{a}-Q-3=0$, $\frac{\partial\pi}{\partial a}=\frac{Q}{\sqrt{a}}-1=0$이다.
- 따라서 이윤극대화 광고비는 $Q=3$일 때 $a=9$이다.

**출제POINT**
이윤함수를 미분하여 영이 되는 점에서 이윤극대화를 달성한다.

## 17 □□□

甲기업은 생산요소시장은 완전경쟁이나 생산물시장은 독점인 기업이다. 甲기업이 고용한 노동의 한계생산물은 4이고, 이 기업은 생산된 재화를 2,000원의 가격으로 판매하고 있다. 임금이 6,000원이라면 이 기업이 판매하는 재화수요의 가격탄력성은?

① 1

② 2

③ 3

④ 4

## 18 □□□

어떤 생산요소 10단위를 구입할 때는 단위당 600원의 가격을 지불해야 하나, 11단위의 생산요소를 구입할 때는 단위당 700원의 가격을 지불해야 한다면 11번째 단위의 생산요소를 구입할 때의 한계요소비용은?

① 1,300

② 1,700

③ 6,000

④ 7,700

**17** 미시 **생산요소시장** 답 ④

- $w = MRP_L (= MR \times MP_L)$에서 $w = 6,000$이고, $MP_L = 4$이기에 $6,000 = MR \times 4$이다. 따라서 $MR = 1,500$이다.
- 아모로소-로빈슨 방정식 $MR = P(1 - \frac{1}{\epsilon})$에서 $MR = 1,500$이고, $P = 2,000$이기에 수요의 가격탄력성은 4이다.

**출제POINT**

생산물시장이 불완전경쟁이고 생산요소시장이 완전경쟁이면, $w = MRP_L (= MR \times MP_L)$에서 이윤극대화를 보인다.

**18** 미시 **한계요소비용** 답 ②

- 생산요소 10단위를 구입할 때 총요소비용은 $TFC_L = AFC_L \times L = 600 \times 10 = 6,000$원이다.
- 생산요소 11단위를 구입할 때 총요소비용은 $TFC_L = AFC_L \times L = 700 \times 11 = 7,700$원이다.
- 따라서 11번째 단위의 생산요소를 구입할 때의 한계요소비용은 1,700원이다.

**출제POINT**

$AFC_L (= \frac{TFC_L}{L} = \frac{wL}{L} = w)$에서 $TFC_L = AFC_L \times L$이다.

## 19 □□□

**프로야구선수인 갑은 연봉이 10억 원이지만, 갑이 프로야구를 그만두고 일반직장에 다닐 때 받을 수 있는 연봉은 3천만 원이라면 갑의 경제적 지대는?**

① 10억 원
② 3천만 원
③ 9억 7천만 원
④ 10억 3천만 원

## 20 □□□

**$K$국은 $A$와 $B$의 두 사람으로 구성되어 있으며 사회후생함수는 $W = U^A \cdot U^B$이다. $A$의 효용이 1이고 $B$의 효용이 9라면 $K$국의 애킨슨지수는?**

① 0
② 0.4
③ 0.8
④ 1

| 19 | 미시 | 경제적 지대 | 답 ③ |
|---|---|---|---|

경제적 지대란 갑의 현재 연봉에서 이전수입을 뺀 것을 말하므로 10억 원 −3천만 원=9억 7천만 원이다.

**출제POINT**
요소공급자의 소득 중 이전수입을 초과하는 부분을 경제적 지대라 한다.

| 20 | 미시 | 애킨슨지수 | 답 ② |
|---|---|---|---|

효용을 소득으로 가정하면 현재의 평균소득은 1과 9의 평균인 5이다. 현재와 동일한 사회후생을 얻을 수 있는 완전히 균등한 소득분배상태에서의 평균소득인 균등분배대등소득은 평등주의함수에서는 1과 9의 곱의 제곱근인 3이다. 따라서 애킨슨지수는 $1-\frac{Y_e}{Y}=1-\frac{3}{5}=0.4$이다.

**출제POINT**
현재의 평균소득($Y$)에서 균등분배대등소득($Y_e$)을 차감한 값을 현재의 평균소득으로 나눈 값이 애킨슨지수로 $1-\frac{Y_e}{Y}$로 계산할 수 있다.

## 21 □□□

$X$재와 $Y$재의 부존량이 모두 10개일 때, 갑의 효용함수는 $U(X, Y) = X^2Y^2$이고, 을의 효용함수는 $U(X, Y) = X^{\frac{1}{2}}Y^{\frac{1}{2}}$이다. 갑이 재화묶음 $(X, Y)$를 선택하면 나머지 재화는 모두 을이 소비한다고 가정하면, 소비의 파레토효율성이 충족되는 것은?

① (1, 2)
② (2, 4)
③ (3, 5)
④ (9, 9)

## 22 □□□

甲과 乙 두 사람이 사는 사회에서 甲의 소득을 $X$, 乙의 소득을 $Y$라 표시하고, 이들의 소득 분포는 $(X, Y)$의 형태로 표시한다. 소득 분포 상태를 평가하는 세 가지 원칙은 아래와 같다. 다음 설명으로 옳지 않은 것은?

- A: 사회에서 가장 가난한 사람의 소득이 높을수록 바람직하다.
- B: 모든 사회 구성원들의 소득의 총합이 클수록 바람직하다.
- C: 모든 사회 구성원들의 소득이 균등하게 분포될수록 바람직하다.

① 소득분포 (3, 2)와 (5, 1)을 비교할 때, 원칙 $A$에 따르면 (3, 2)가 더 바람직하다.
② 소득분포 (3, 2)와 (4, 2)를 비교할 때 원칙 $B$에 따르면 (4, 2)가 더 바람직하다.
③ 소득분포 (1, 1)과 (4, 1)을 비교할 때 원칙 $C$에 따르면 (1, 1)이 더 바람직하다.
④ 소득분포 (2, 3)과 (7, 3)을 비교할 때 위 세 가지 원칙 중 (7, 3)이 명백히 더 바람직하다고 판단하는 원칙은 $B$뿐이다.





| 21 | 미시 | 파레토효율성 | 답 ④ |
|---|---|---|---|

- 갑의 효용함수 $U(X, Y) = X^2Y^2$에서 $MRS_{XY}^{갑} = \frac{2XY^2}{2X^2Y} = \frac{Y}{X}$이다.
- 을의 효용함수 $U(X, Y) = X^{\frac{1}{2}}Y^{\frac{1}{2}}$에서 $MRS_{XY}^{을} = \frac{\frac{1}{2}X^{-\frac{1}{2}}Y^{\frac{1}{2}}}{\frac{1}{2}X^{\frac{1}{2}}Y^{-\frac{1}{2}}} = \frac{Y}{X}$ 이다.
- 두 사람의 $X$재와 $Y$재의 소비량 비율이 동일하면 두 사람의 한계대체율이 일치하여 소비의 파레토효율성이 충족된다. 따라서 갑이 (9, 9)이고 을이 (1, 1)이면 한계대체율이 일치한다.

**출제POINT**

소비 측면은 두 무차별곡선이 접하는 $MRS_{XY}^A = MRS_{XY}^B$에서 파레토효율성이 충족된다.

| 22 | 미시 | 사회후생함수 | 답 ④ |
|---|---|---|---|

소득분포 (2, 3)과 (7, 3)을 비교할 때, 원칙 $A$에 따르면 가장 가난한 사람의 소득이 각각 2와 3으로 (7, 3)이 더 바람직하다. 그리고 원칙 $B$에 따르면 소득의 총합이 각각 5와 10으로 (7, 3)이 더 바람직하다. 따라서 $A$와 $B$원칙은 (2, 3)보다는 (7, 3)을 더 바람직하다고 판단한다.

**오답피하기**

① 소득분포 (3, 2)와 (5, 1)을 비교할 때, 원칙 $A$에 따르면 가장 가난한 사람의 소득이 각각 2와 1로 (3, 2)가 더 바람직하다.
② 소득분포 (3, 2)와 (4, 2)를 비교할 때, 원칙 $B$에 따르면 소득의 총합이 각각 5와 6으로 (4, 2)가 더 바람직하다.
③ 소득분포 (1, 1)과 (4, 1)을 비교할 때, 원칙 $C$에 따르면 소득이 균등하게 분포됐다는 점에서 (1, 1)이 더 바람직하다.

**출제POINT**

A는 롤스, B는 공리주의, C는 평등주의 사회후생함수를 의미한다.

## 23 □□□

한 기업의 사적 생산비용 $TC=0.5Q^2+10Q$이다. 그러나 이 기업은 생산과정에서 공해물질을 배출하고 있으며, 공해물질 배출에 따른 외부비경제를 비용으로 추산하면 추가로 $20Q$의 사회적 비용이 발생한다. 이 제품에 대한 시장수요가 $Q=30-0.5P$일 때 사회적 관점에서 최적의 생산량은? (단, $Q$는 생산량, $P$는 가격이다)

① 7
② 10
③ 17
④ 20

## 24 □□□

2인으로 구성된 사회에서, 공공재에 대한 한계효용곡선과 공급곡선이 $P_1=a-bD_1$, $P_2=c-dD_2$, $P=eS$이다. 공공재의 양은? (단, $P_1$은 개인 1의 공공재에 대한 금액표시의 한계효용, $P_2$는 개인 2의 공공재에 대한 금액표시의 한계효용, $D_1$은 개인 1의 공공재수요량, $D_2$는 개인 2의 공공재수요량, $P$는 공공재생산에 필요한 한계비용, $S$는 공공재공급량이고, $a$, $b$, $c$, $d$, $e$는 (+)의 정수이다)

① $\dfrac{a+b}{c+d+e}$

② $\dfrac{a+c}{b+d+e}$

③ $\dfrac{b+e}{a+c+d}$

④ $\dfrac{c+d}{a+b+e}$

| 23 | 미시 | 외부효과 | 답 ② |
|---|---|---|---|

사적 생산비용 $TC=0.5Q^2+10Q$에서 $PMC=Q+10$이고, 외부비용 $20Q$에서 외부한계비용은 20이기에 $SMC=Q+10+20=Q+30$이다. 시장수요 $Q=30-0.5P$에서 $P=60-2Q$이기에 $P=SMC$에서 사회적 최적산출량은 10이다.

**출제POINT**

$P=SMC$에서 사회적 최적산출량이 결정된다.

| 24 | 미시 | 공공재 | 답 ② |
|---|---|---|---|

$D_1$, $D_2$, $S$는 거래량이기에 $Q$로 두면,

- 시장수요곡선은 개별수요곡선의 수직 합으로 $P_1=a-bD_1$, $P_2=c-dD_2$의 수직 합인 $P=P_1(=a-bD_1)+P_2(=c-dD_2)=(a+c)-(b+d)Q$이다.
- 공공재에 대한 공급곡선은 $P=eS=eQ$이다.
- 공공재의 적정공급 조건은 $P=(a+c)-(b+d)Q$와 $P=eQ$가 일치할 때, $(a+c)-(b+d)Q=eQ$에서 $Q=\dfrac{a+c}{b+d+e}$이다.

**출제POINT**

공공재는 비경합성과 비배제성을 특성으로 하는 재화이기에 공공재의 소비자들은 동일한 양을 서로 다른 편익으로 소비한다. 따라서 시장수요곡선은 개별수요곡선의 수직 합으로 구하고 공공재의 적정공급 조건은 $MB_A+MB_B=MC$이다.

## 25 □□□

**중고 노트북 컴퓨터 시장에 고품질과 저품질의 두 가지 유형이 있다. 전체 중고 노트북 중 고품질과 저품질의 비율은 8 : 2이고 판매자는 중고 노트북의 품질을 알고 있다. 판매자의 최소요구금액과 구매자의 최대지불용의금액은 다음 표와 같고, 구매자는 위험 중립적이다. 이러한 사실은 판매자와 구매자에게 알려져 있다. 다음 설명 중 옳지 않은 것은?**

| 유형 | 판매자의 최소요구금액 | 구매자의 최대지불용의금액 |
|---|---|---|
| 고품질 | 50만 원 | 60만 원 |
| 저품질 | 20만 원 | 10만 원 |

① 구매자도 품질을 아는 경우, 고품질만 거래된다.
② 구매자가 품질을 모르는 경우, 두 유형이 모두 거래될 수 있다.
③ 구매자가 품질을 모르는 경우, 고품질에 대한 구매자의 최대지불용의금액이 60만 원보다 크다면 두 유형이 모두 거래된다.
④ 구매자가 품질을 모르는 경우, 고품질에 대한 판매자의 최소요구금액이 50만 원보다 크다면 저품질만 거래된다.

**25** 미시 **정보의 비대칭성** 답 ④

구매자가 품질을 모르는 경우 구매자가 노트북에 대해 지불할 용의가 있는 금액은 50만 원[=(0.8×60만 원)+(0.2×10만 원)]인데, 고품질을 가진 판매자의 최소요구금액이 50만 원보다 높다면 고품질을 가진 판매자는 시장에서 사라지게 될 것이다. 이 경우에는 저품질의 노트북만 시장에 남게 된다. 이러한 사실을 판매자와 구매자가 모두 알고 있기에, 저품질의 노트북만 남게 될 경우 구매자의 최대지불용의금액은 10만 원인 데 비해, 판매자의 최소요구금액은 20만 원이므로 거래가 이루어질 수 없다.

**오답피하기**

① 고품질의 노트북에 대해 구매자가 지불할 용의가 있는 최대금액이 60만 원, 판매자의 최소요구금액이 50만 원이기에 구매자도 품질을 아는 경우 고품질의 노트북은 50만 원에서 60만 원 사이에서 거래될 것이다. 그런데 저품질의 노트북의 경우, 판매자의 최소요구금액은 20만 원이나 구매자의 최대지불용의금액은 10만 원에 불과하기에 구매자도 품질을 안다면 저품질의 노트북은 거래되지 않을 것이다. 즉, 구매자도 품질을 아는 경우, 고품질만 거래된다.
② 구매자가 품질을 모르는 경우 구매자가 노트북에 대해 지불할 용의가 있는 금액은 50만 원[=(0.8×60만 원)+(0.2×10만 원)]이다. 구매자가 50만 원을 제시하면 고품질의 노트북을 가진 판매자와 저품질의 노트북을 가진 판매자는 모두 팔려고 할 것이기에 두 유형이 모두 거래될 수 있다.
③ 구매자가 품질을 모르는 경우, 고품질에 대한 구매자의 최대지불용의금액이 60만 원보다 크다면 구매자가 노트북에 대해 지불할 용의가 있는 금액은 50만 원[=(0.8×60만 원)+(0.2×10만 원)]보다 크다. 따라서 구매자가 50만 원보다 큰 금액을 제시하면 고품질의 노트북을 가진 판매자와 저품질의 노트북을 가진 판매자는 모두 팔려고 할 것이기에 두 유형이 모두 거래될 수 있다.

**출제POINT**
구매자가 품질을 모르는 경우 구매자가 노트북에 대해 지불할 용의가 있는 금액은 50만 원[=(0.8×60만 원)+(0.2×10만 원)]이다.

## 26 □□□

**폐쇄경제하에서 소비( $C$ )는 감소하고 정부지출( $G$ )은 증가할 경우 민간저축과 정부저축에 대한 설명으로 가장 옳은 것은? (단, 국민소득과 세금은 고정되어 있다고 가정한다)**

① 민간저축과 정부저축 모두 증가한다.
② 민간저축과 정부저축 모두 감소한다.
③ 민간저축은 증가하고 정부저축은 감소한다.
④ 민간저축은 감소하고 정부저축은 증가한다.

| 26 | 거시 | 민간저축과 정부저축 | 답 ③ |
|---|---|---|---|

민간저축$= Y-T-C$, 정부저축 $= T-G$에서 소비($C$)가 감소하면 민간저축은 증가하고, 정부지출($G$)이 증가하면 정부저축은 감소한다.

**출제POINT**

$Y=C+I+G$에서 $Y-C-G=I$이고,
$Y-T-C$(민간저축)$+T-G$(정부저축)$=I$이다.

## 27 □□□

**다음 ㉠~㉢에서 연간 $GDP$ 계산에 포함되는 금액으로 옳은 것은?**

> ㉠ 수입 회사 사장인 甲은 연간 30억 원어치의 커피 원두를 수입한 후 가공해 35억 원에 커피 체인점에 공급했다.
> ㉡ 국수가게를 하는 乙은 올해 생산된 700만 원 상당의 밀가루를 구입해 10%는 가족 식생활에 사용하고, 나머지를 가지고 연 4,330만 원의 매출을 올렸다.
> ㉢ 이발소를 운영하는 丙은 매년 3,000원짜리 샴푸를 100통, 1,000원짜리 비누를 100개 구입하여 사용하는데, 손님이 연평균 3,600명이다. 이발요금은 1만 원이다.

① 35억 9,340만 원
② 35억 740만 원
③ 5억 8,000만 원
④ 5억 7,860만 원

| 27 | 거시 | $GDP$ | 답 ③ |
|---|---|---|---|

㉠ 연간 30억 원어치의 커피 원두를 수입한 후 가공해 35억 원에 커피 체인점에 공급했다면 최종생산물인 커피 35억 원에서 수입 커피 원두 30억 원을 제외한 5억 원이 $GDP$에 포함된다.
㉡ $GDP$는 최종생산물의 시장가치의 합으로 700만 원 상당의 밀가루 중 10%를 가족 식생활에 사용했기에 70만 원 상당의 밀가루가 최종생산물이다. 나머지를 가지고 연 4,330만 원의 매출을 올렸다면 국수가 최종생산물이다. 따라서 4,400만 원이 $GDP$에 포함된다.
㉢ 매년 3,000원짜리 샴푸를 100통, 1,000원짜리 비누를 100개 구입하여 이발요금이 1만 원인 이발을 연평균 3,600명에게 했다면 이발 서비스가 최종생산물이다. 따라서 3,600만 원이 $GDP$에 포함된다.

결국, 5억 원 +4,400만 원 +3,600만 원 =5억 8,000만 원이 $GDP$에 포함된다.

**출제POINT**

$GDP$는 일정기간 동안 한 나라 안에서 새로이 생산된 최종생산물의 시장가치의 합이다.

## 28 □□□

**$A$국의 경제는 $C=0.7(Y-T)+25$, $I=32$, $T=tY+10$으로 표현된다. 완전고용 시의 국민소득은 300이며, 재정지출은 모두 조세로 충당할 때, 완전고용과 재정지출의 균형을 동시에 달성하는 $t$는? (단, $Y$는 국민소득, $C$는 소비, $I$는 투자, $G$는 정부지출, $T$는 조세, $t$는 소득세율을 나타낸다)**

① 1/5
② 1/4
③ 1/3
④ 1/2

| 28 | 거시 | 균형국민소득 | 답 ③ |
|---|---|---|---|

$Y=C+I+G$에서, $C=0.7(Y-T)+25$, $I=32$, $T=tY+10$이고, 재정지출은 모두 조세로 충당할 때 $G=T$이기에 $Y=0.7[Y-(tY+10)]+25+32+tY+10$이다.
따라서 $(0.3-0.3t)Y=-7+57+10$이다. 즉, $(0.3-0.3t)Y=60$이다. $Y$가 300이기에 $t=1/3$이다.

**출제POINT**
총수요($C+I+G$)와 총공급($Y$), 또는 주입(투자)과 누출(저축)이 일치할 때 균형국민소득이 결정된다.

## 29 □□□

**다른 조건이 불변이고 $C=100+0.8Y$, $I=50+0.1Y$일 때 투자승수는? (단, $C$는 소비, $Y$는 소득, $I$는 투자이다)**

① 2
② 3
③ 5
④ 10

| 29 | 거시 | 승수 | 답 ④ |
|---|---|---|---|

$C=100+0.8Y$에서 $c$는 0.8, $I=50+0.1Y$에서 $i$는 0.1이다. 따라서 $\frac{dY}{dI}=\frac{1}{1-c(1-t)-i+m}=\frac{1}{1-0.8-0.1}=10$이다.

**출제POINT**
$c$는 한계소비성향, $i$는 유발투자계수, $t$는 세율, $m$은 한계수입성향일 때, 투자승수는 $\frac{1}{1-c(1-t)-i+m}$이다.

## 30 □□□

**소비함수가 $C = 0.75\,Y_d + 0.2\,W$이고 $Y_d$가 500일 때, $APC$가 0.9이려면 $W$는?**

① 370
② 372
③ 374
④ 375

## 31 □□□

**매년 240만 원을 영원히 받는 금융채권이 있다고 하자. 현재 이자율이 연 6%에서 8%로 올라갔다고 한다면 이 금융채권의 가치는?**

① 480만 원 증가한다.
② 480만 원 감소한다.
③ 1,000만 원 증가한다.
④ 1,000만 원 감소한다.

| 30 | 거시 | *APC* | 답 ④ |
|---|---|---|---|

$APC = \frac{C}{Y_d} = \frac{0.75 \times 500 + 0.2 \times W}{500} = 0.9$이다. 따라서 $W = 375$이다.

**출제POINT**

평균소비성향은 $APC = \frac{C}{Y_d}$이다.

| 31 | 거시 | 영구채권 | 답 ④ |
|---|---|---|---|

이자율이 6%일 때, 채권가격은 4,000만 원이고, 이자율이 8%일 때, 채권가격은 3,000만 원이기에, 채권가격은 1,000만 원 감소한다.

**출제POINT**

매년 $C$원씩 이자를 받는 영구채의 현재가치는

$PV = \frac{C}{(1+r)} + \frac{C}{(1+r)^2} + \frac{C}{(1+r)^3} + \cdots = \frac{C}{r}$이다.

## 32 □□□

**화폐의 소득유통속도가 5이면 총소득 중 화폐로 보유하려는 비율은?**

① 0.1
② 0.2
③ 0.5
④ 0.8

## 33 □□□

**통화량에 대한 현금통화의 비율이 0, 법정지급준비율이 0.15, 초과지급준비율이 0.1일 때 통화량을 2억 원 증가시키기 위해서 본원통화의 공급을 얼마나 증가시켜야 하는가?**

① 2천만 원
② 3천만 원
③ 4천만 원
④ 5천만 원

| 32 | 거시 | 화폐유통속도 | 답 ② |
|---|---|---|---|

총소득 중 화폐로 보유하려는 비율은 화폐의 소득유통속도의 역수이기에 $\frac{1}{5}=0.2$이다.

**출제POINT**

고전학파의 화폐수량설($MV=PY$)을 변형한 $M=\frac{1}{V}PY$에서 $PY$(명목국민소득)만큼의 거래를 위해 일정비율($\frac{1}{V}$)만큼의 화폐수요가 필요하다는 화폐수요로 해석할 수 있다.

| 33 | 거시 | 통화승수 | 답 ④ |
|---|---|---|---|

현금통화의 비율이 0이고, 법정지급준비율이 0.15, 초과지급준비율이 0.1일 때 통화승수는 $m=\frac{1}{\text{법정지급준비율}(0.15)+\text{초과지급준비율}(0.1)}=\frac{1}{0.25}=4$이다. 따라서 통화량을 2억 원 증가시키기 위해서 본원통화는 $H\times4=2$억 원에서 5천만 원만큼 늘려야 한다.

**출제POINT**

현금/통화량비율이 $c$일 때, 통화승수는 $m=\frac{1}{c+z(1-c)}$이다.

## 34 □□□

**〈보기〉와 같은 상황에서 정부지출이 100만큼 증가하고 조세가 100만큼 증가하는 경우 $IS$-$LM$ 균형에 의해 변하는 $GDP$값 중 가능한 값은? (단, 승수효과 > 구축효과 > 0이다)**

〈보기〉
- 폐쇄경제를 가정한다.
- $IS$곡선은 우하향하고 $LM$곡선은 우상향하는 일반적인 형태를 가진다.
- 가계의 한계소비성향이 0.5이고 소득세는 존재하지 않는다.

① 0
② 50
③ 100
④ 200

## 35 □□□

**화폐공급이 $M_S = 200$이고, 거래적-예비적 화폐수요가 $L_T = 0.25Y$이며, 투기적 화폐수요가 $L_S = 40 - 500r$일 때 $LM$곡선은?**

① $Y = 600 - 2{,}000r$
② $Y = 600 + 2{,}000r$
③ $Y = 640 - 2{,}000r$
④ $Y = 640 + 2{,}000r$

**34** 거시 $IS$곡선 답 ②

- 한계소비성향이 $c$일 때, 소득세가 존재하지 않기에 정부지출승수는 $\frac{1}{1-c}$이고, 조세승수는 $\frac{-c}{1-c}$이다. 한계소비성향은 0.5이기에 정부지출승수 = 2, 조세승수 = −1이다.
- 따라서 정부지출을 100만큼 늘리면, $IS$곡선은 200만큼 우측이동하고, 조세를 100만큼 늘리면 $IS$곡선은 100만큼 좌측이동하기에 결국, $IS$곡선은 100만큼 우측이동한다.
- 그런데 $LM$곡선은 우상향하기에 균형국민소득은 100보다 적게 증가한다.

**출제POINT**
$IS$곡선의 이동폭은 독립지출변화분 × 승수이다.

**35** 거시 $LM$곡선 답 ④

$M_S = L_T + L_S$에서 $200 = 0.25Y + 40 - 500r$이기에 $LM$곡선은 $Y = 640 + 2{,}000r$이다.

**출제POINT**
화폐의 수요($\frac{M^D}{P} = kY - hr$)와 공급($\frac{M^S}{P} = \frac{M_0}{P_0}$)이 일치할 때, $r = \frac{k}{h}Y - \frac{1}{h} \cdot \frac{M_0}{P_0}$의 $LM$곡선을 도출할 수 있다.

## 36 □□□

$IS$곡선이 $r=-\frac{1}{500}Y+20$이고, $LM$곡선이 $r=\frac{1}{500}Y+(2-\frac{10}{P})$이라면, $AD$곡선은?

① $Y=4,500-\frac{2,500}{P}$

② $Y=4,500+\frac{2,500}{P}$

③ $Y=1,500-\frac{3,500}{P}$

④ $Y=1,500+\frac{3,500}{P}$

## 37 □□□

$W$가 10이고 생산함수가 $f(L,\ K)=L^{1/2}K^{1/2}$일 때, 케인지언 단기 폐쇄경제 모형에서 $AS$곡선은? (단, 자본투입량($K$)은 4로 고정이다)

① $P=5Y$

② $P=10Y$

③ $P=\frac{5}{2}Y$

④ $P=\frac{5}{4}Y$

| 36 | 거시 | $AD$곡선 | 답 ② |
|---|---|---|---|

- $IS$곡선이 $r=-\frac{1}{500}Y+20$이고, $LM$곡선이 $r=\frac{1}{500}Y+(2-\frac{10}{P})$이라면, 생산물시장과 화폐시장에서 동시에 균형을 보이는 수요측면 균형은 $r=-\frac{1}{500}Y+20=r=\frac{1}{500}Y+(2-\frac{10}{P})$이다.
- 따라서 $AD$곡선은 $Y=4,500+\frac{2,500}{P}$이다.

**출제POINT**

생산물시장과 화폐시장 등 수요측면을 고려한, $IS$-$LM$곡선으로부터, 물가가 하락하면 $LM$곡선이 우측으로 이동하여 국민소득이 증가하기에 물가와 국민소득 간 우하향 형태의 $AD$곡선이 도출된다.

| 37 | 거시 | $AS$곡선 | 답 ① |
|---|---|---|---|

- 생산함수가 $f(L,K)=L^{\frac{1}{2}}K^{\frac{1}{2}}$이고 자본투입량($K$)이 4일 때, 생산함수는 $Y=2\sqrt{L}$이다.
- $W$가 10이고, $MP_L$은 생산함수 $Y=2\sqrt{L}$을 미분한 $MP_L=\frac{1}{\sqrt{L}}$이다.
- $L$은 $MP_L\times P=W$에서 $\frac{1}{\sqrt{L}}\times P=10$을 통해 $L=\frac{P^2}{100}$이다.
- 이를 생산함수 $Y=2\sqrt{L}$에 대입하면 $P=5Y$의 $AS$곡선을 구할 수 있다.

**출제POINT**

노동시장의 균형은 $(VMP_L=)MP_L\times P=W$이다.

## 38 □□□

**아래의 폐쇄경제모형에서 균형국민소득은?**

> $C=100+0.8(Y-T)$, $I=150-600r$, $G=200$,
> $T=0.5Y$
> $M^d=M^s$
> $\frac{M^d}{P}=2Y-8{,}000(r+\pi^e)$
> $M^s=1{,}000$
> $P=1$, $\pi^e=0$
> ($Y$: 소득, $C$: 소비, $I$: 투자, $r$: 실질이자율, $T$: 세입, $G$: 정부지출, $P$: 물가, $\pi^e$: 기대물가상승률, $M^d$: 명목화폐수요, $M^s$: 명목화폐공급)

① 600
② 700
③ 800
④ 900

## 39 □□□

**아래의 자료를 활용하여 어느 국가의 개방거시경제모형을 단순 케인지안의 측면에서 고찰할 때, 완전고용을 달성하고자 한다면 정부지출의 증가분으로 옳은 것은?**

> • 독립적 소비지출: 50조 원
> • 독립적 투자지출: 100조 원
> • 독립적 정부지출: 200조 원
> • 조세수입(정액세): 200조 원
> • 독립적 수출: 140조 원
> • 독립적 수입: 40조 원
> • 한계소비성향: 0.8
> • 한계수입성향: 0.05
> • 완전고용 국민소득수준: 1,300조 원

① 15조 원
② 25조 원
③ 35조 원
④ 45조 원

**38 | 거시 | 균형국민소득** 답 ②

- 소비함수는 $C=100+0.8(Y-T)$이고, 투자는 $I=150-600r$이며, 정부 지출은 200이다.
- 따라서 생산물시장 균형은 $Y=100+0.8(Y-T)+150-600r+200$에서 달성된다. $T$가 $0.5Y$이기에 $Y=750-1{,}000r$이다.
- 실질화폐수요가 $2Y-8{,}000(r+\pi^e)$이고, 실질화폐공급이 1,000이다.
- 따라서 화폐시장 균형은 $2Y-8{,}000(r+\pi^e)=1{,}000$에서 달성된다. 기대물가상승률이 0이기에 $Y=500+4{,}000r$이다.
- 결국, $Y=750-1{,}000r$과 $Y=500+4{,}000r$에서, 균형이자율과 균형국민소득은 각각 0.05이고 700이다.

> **출제POINT**
> 생산물시장의 균형은 총수요($C+I+G$)와 총공급($Y$)이 일치하는 점에서 결정된다. 화폐시장의 균형은 화폐의 수요($L$)와 공급($M$)이 일치하는 점에서 결정된다.

**39 | 거시 | 거시경제모형** 답 ③

- $Y=\frac{1}{1-c(1-t)-i+m}(C_0-cT_0+I_0+G_0+X_0-M_0)$에서, $c=0.8$, 정액세로 $t=0$, 독립적 투자지출로 $i=0$, $m=0.05$이기에 $Y=\frac{1}{1-0.8+0.05}(50-0.8\times200+100+200+140-40)=1{,}160$조 원이다.
- 완전고용 국민소득수준이 1,300조 원으로 140조 원이 부족하고 정부지출승수가 $Y=\frac{1}{1-0.8+0.05}=4$이기에, 정부지출의 증가분은 35조 원이다.

> **출제POINT**
> 총수요와 총소득이 일치하는 점에서 균형국민소득이 결정되기에, $Y=C$(민간소비지출)$+I$(민간총투자)$+G$(정부지출)$+X-M$(순수출)에서, $c$는 한계소비성향, $t$는 세율, $i$는 유발투자계수, $m$은 한계수입성향일 때,
> $Y=\frac{1}{1-c(1-t)-i+m}(C_0-cT_0+I_0+G_0+X_0-M_0)$이다.
> 즉, 정부지출승수는 $\frac{1}{1-c(1-t)-i+m}$이다.

## 40 □□□

**소비함수 $C=100+0.6(Y-T)$, 투자함수 $I=160-20r$, 정부지출 $G=100$, 조세 $T=100$일 때, 확장재정정책으로 정부지출이 100만큼 증가한다면 $IS$곡선의 이동폭은? (단, 이자율은 5%로 일정하다)**

① 250
② 500
③ 750
④ 1,000

## 41 □□□

**통화량($M$)을 물가($P$)로 나눈 값을 실질화폐잔고라고 한다. 어떤 경제의 실질화폐잔고에 대한 수요는 $\frac{M}{P}=0.5\times Y-i$ ($Y$: 실질소득, $i$: 명목이자율)이고, 현재 $M$의 값은 1,000, $P$의 값은 20으로 주어져 있다. 중앙은행이 $M$을 1,000에서 1,100으로 증가시켰을 때, $LM$곡선의 이동에 대한 다음 설명 중 옳은 것은?**

① 오른쪽으로 10만큼 이동한다.
② 왼쪽으로 10만큼 이동한다.
③ 오른쪽으로 5만큼 이동한다.
④ 왼쪽으로 5만큼 이동한다.

| 40 | 거시 | $IS$곡선의 이동 | 답 ① |
|---|---|---|---|

정부지출승수는 $\frac{1}{1-c}=\frac{1}{1-0.6}=\frac{5}{2}$이다. 정부지출변화가 100이기에 이동폭은 250이다.

- 최초 $IS$곡선은
  $Y=C+I+G=100+0.6(Y-100)+160-20r+100$,
  $0.4Y=300-20r$, $Y=750-50r$이다.
- 변경된 $IS$곡선은
  $Y=C+I+G=100+0.6(Y-100)+160-20r+200$,
  $0.4Y=400-20r$, $Y=1{,}000-50r$이다.

**출제POINT**

정부지출승수 × 정부지출변화 = 이동폭이다.

| 41 | 거시 | $LM$곡선의 이동 | 답 ① |
|---|---|---|---|

$M$을 1,000에서 1,100으로 증가시켰을 때, 실질화폐잔고에 대한 수요는 $\frac{M}{P}=0.5\times Y-i$에서 $Y=110+2i$이다. 따라서 이자율이 동일할 때 소득은 10만큼 증가하기에 $LM$곡선은 오른쪽으로 10만큼 이동한다.

★★★ 먼저 읽기

**출제POINT**

$M$의 값이 1,000, $P$의 값이 20일 때, 실질화폐잔고에 대한 수요는 $\frac{M}{P}=0.5\times Y-i$에서 $Y=100+2i$이다.

## 42 □□□

**다음 표는 $A$국의 고용 상황 변화를 나타낸 것이다. 전년 대비 2013년의 취업자 수와 실업자 수에 대한 분석으로 옳은 것은? (단, 15세 이상 인구는 변함이 없다)**

| 구분 \ 연도 | 2012년 | 2013년 |
|---|---|---|
| 고용률(%) | 65.7 | 62.3 |
| 실업률(%) | 5.2 | 5.2 |

| | 취업자 수 | 실업자 수 |
|---|---|---|
| ① | 증가 | 증가 |
| ② | 감소 | 감소 |
| ③ | 증가 | 감소 |
| ④ | 감소 | 증가 |

## 43 □□□

**$A$근로자의 연봉이 올해 1,500만 원에서 1,650만 원으로 150만 원 인상되었다. 이 기간에 인플레이션율이 12%일 때, $A$근로자의 임금변동에 관한 설명으로 옳은 것은?**

① 2% 명목임금 증가
② 2% 명목임금 감소
③ 2% 실질임금 증가
④ 2% 실질임금 감소

**42** 거시 **고용지표** 답 ②

- 15세 이상 인구가 변함이 없을 때, 고용률이 감소하면 취업자 수는 감소한다.
- 실업률이 일정하면 취업률도 불변이고, 15세 이상 인구가 변함이 없을 때, 고용률이 감소하면 취업자 수는 감소한다. 즉, 취업자 수가 감소하는데 취업률이 일정하기에 실업자 수는 감소한다.

**출제POINT**
실업률이 일정하면 취업률도 불변이고, 15세 이상 인구가 변함이 없을 때, 고용률이 감소하면 취업자 수는 감소한다.

**43** 거시 **명목과 실질** 답 ④

연봉(명목임금)이 10% 인상되더라도 물가가 12% 상승하면 실질임금 상승률은 −2%가 된다.

**출제POINT**
실질임금상승률 = 명목임금상승률 − 물가상승률이다.

## 44 □□□

**어느 한 국가의 기대를 반영한 필립스곡선이 $\pi = \pi^e - 0.5u + 2.2$이다. 잠재 $GDP$에 해당하는 실업률은?**

① 4.1%
② 4.2%
③ 4.3%
④ 4.4%

| 44 | 거시 | 필립스곡선 | 답 ④ |
|---|---|---|---|

잠재 $GDP$에 해당하는 실업률은 자연실업률로 $\pi = \pi^e$일 때 $-0.5u + 2.2 = 0$에서 $u = 4.4\%$이다.

**출제POINT**

필립스곡선 $\pi = \pi^e - \alpha(U - U_N)$에서 $\pi = \pi^e$일 때 실업률을 자연실업률이라 한다.

## 45 □□□

**갑국의 단기필립스곡선이 $\pi = u_N - u + \pi^e$이다. 5%의 물가상승을 예상하여 실업률을 2%로 낮추었더니 실제로는 7.5%의 물가상승이 발생했다면 갑국의 자연실업률은?**

① 3.5%
② 4.5%
③ 5.5%
④ 6.5%

| 45 | 거시 | 자연실업률 | 답 ② |
|---|---|---|---|

$\pi = u_N - u + \pi^e$에서 $\pi^e = 5\%$, $u = 2\%$, $\pi = 7.5\%$일 때 $u_N = 4.5\%$이다.

**출제POINT**

전통적인 필립스곡선에 기대인플레이션율을 부가하여 통화주의(프리드만과 펠프스)가 제시한 것이 기대부가 필립스곡선 $\pi = \pi^e - \alpha(U - U_N)$이다.

## 46 □□□

**아래에 열거된 $A$국의 통계치를 이용하여 $A$국의 고통지수(misery index)를 구하고, $A$국 정부가 인플레이션율을 $4.0\%$에서 $2.0\%$로 떨어뜨리려는 정책이 성공한다면 연간 $GDP$는 얼마나 감소하겠는가? (단, 다른 조건들이 일정하다고 가정한다)**

- 실업율 8.5%
- 인플레이션율 4.0%
- 희생비율 3
- $GDP$ 1,000조 원
- 청년실업율 10.5%
- 예상인플레이션율 3.0%

① 14.5, 60조
② 12.5, 60조
③ 14.5, 30조
④ 12.5, 30조

## 47 □□□

**중앙은행은 다음과 같은 테일러 준칙(Taylor rule)에 따라서 명목이자율을 결정한다. 이에 대한 설명으로 옳은 것을 〈보기〉에서 모두 고르면?**

$$i_t = \pi_t + \rho + \alpha(\pi_t - \pi^*) + \beta(u_n - u_t)$$

(단, $i_t$는 $t$기의 명목이자율, $\pi_t$는 $t$기의 인플레이션율, $\rho$는 자연율 수준의 실질이자율, $\pi^*$는 목표 인플레이션율, $u_n$은 자연실업률, $u_t$는 $t$기의 실업률이며, $\alpha$와 $\beta$는 1보다 작은 양의 상수라고 가정한다)

〈보기〉

ㄱ. $t$기의 인플레이션율이 $1\%p$ 증가하면, 중앙은행은 $t$기의 명목이자율을 $(1+\alpha)\%p$ 올려야 한다.
ㄴ. $t$기의 실업률이 $1\%p$ 증가하면, 중앙은행은 $t$기의 명목이자율을 $1\%p$ 낮춰야 한다.
ㄷ. $t$기의 인플레이션율이 목표인플레이션율과 같고 $t$기의 실업률이 자연실업률과 같으면, $t$기의 실질이자율은 $\rho$와 같다.

① ㄱ　　② ㄴ
③ ㄱ, ㄷ　　④ ㄴ, ㄷ

**46** 거시 **고통지수** 답 ②

실업율이 8.5%이고 인플레이션율이 4.0%이기에 고통지수는 12.5%이다. 인플레이션율을 1%포인트 낮추기 위해 감수해야 하는 $GDP$감소분을 나타내는 희생비율이 3이기에 인플레이션율을 2%포인트 낮추기 위해 긴축정책을 시행하면 6%의 $GDP$감소가 발생한다. $GDP$가 1,000조 원으로 긴축정책에 따른 $GDP$감소분은 60조 원이다.

**출제POINT**

실업률 + 인플레이션율 = 고통지수이다.

**47** 거시 **테일러준칙** 답 ③

ㄱ. $i_t = \pi_t + \rho + \alpha(\pi_t - \pi^*) + \beta(u_n - u_t)$
$i_t = \pi_t + \rho + \alpha(\pi_t - \pi^*) + \beta(u_n - u_t)$에서, $t$기의 인플레이션율($\pi_t$)이 $1\%p$ 증가하면, $1\%p$와 $\alpha\%p$가 증가하기에 중앙은행은 $t$기의 명목이자율($i_t$)을 $(1+\alpha)\%p$ 올려야 한다.

ㄷ. $t$기의 인플레이션율($\pi_t$)이 목표인플레이션율($\pi^*$)과 같고 $t$기의 실업률($u_t$)이 자연실업률($u_n$)과 같으면, $t$기의 실질이자율은 $t$기의 명목이자율($i_t$)에서 $t$기의 인플레이션율($\pi_t$)을 차감한 $\rho$와 같다.

(오답피하기)

ㄴ. $t$기의 실업률($u_t$)이 $1\%p$ 증가하면, $\beta\%p$가 감소하기에 중앙은행은 $t$기의 명목이자율($i_t$)을 $\beta\%p$ 낮춰야 한다.

**출제POINT**

$t$기의 실질이자율은 $t$기의 명목이자율($i_t$)에서 $t$기의 인플레이션율($\pi_t$)을 차감한다.

## 48 □□□

**2010년 9월 현재 미국의 3개월 만기 단기국채금리는 5.11%이며 10년 만기 장기국채금리는 4.76%라고 할 때, 향후 미국경기에 대한 시사점으로 가장 적절한 것은?**

① 미국경기는 침체될 가능성이 높다.
② 미국경기는 호전될 가능성이 높다.
③ 미국경기는 호전되다가 다시 침체할 가능성이 높다.
④ 미국경기는 침체되다가 다시 호전될 가능성이 높다.

| 48 | 거시 | 경기변동 | 답 ① |
|---|---|---|---|

장기금리가 단기금리보다 낮아졌다면 미래전망이 부정적임을 시사한다.

**출제POINT**
만기가 길어질수록 금리가 높아지는 것이 일반적이다.

## 49 □□□

**솔로우(Solow)의 경제성장모형하에서 $A$국의 생산함수는 $Y=10\sqrt{LK}$ 이다. 저축률은 30%, 인구증가율은 9%일 때, 2017년의 $A$국의 1인당 자본량이 100일 경우 2018년의 경제성장률은? (단, $L$은 노동, $K$는 자본을 나타낸다)**

① 9
② 10
③ 19
④ 21

| 49 | 거시 | 솔로우모형 | 답 ③ |
|---|---|---|---|

- $A$국의 생산함수는 $Y=10\sqrt{LK}$으로 1인당 생산량은
$\frac{Y}{L}=\frac{10\sqrt{LK}}{L}=\frac{10\sqrt{LK}}{\sqrt{L^2}}=\frac{10\sqrt{K}}{\sqrt{L}}=10\sqrt{k}$이다.
- 1인당 실제투자액$[sf(k)]$과 1인당 필요투자액$(nk)$의 차이가 1인당 자본의 변화분이다. 이때 $f(k)$는 1인당 생산함수로 $10\sqrt{k}$이다.
- 2017년의 $A$국의 1인당 자본량이 $k=100$일 때, 1인당 자본의 변화분은 $[sf(k)]-[(n)k]=0.3\times10\sqrt{100}-(0.09)\times100=21$이기에, 2018년의 1인당 자본량은 $100+21=121$이다.
- 2017년의 $A$국의 1인당 자본량이 $k=100$일 때, 1인당 생산량은 $10\sqrt{k}=100$이고, 2018년의 1인당 자본량이 $k=121$일 때, 1인당 생산량은 $10\sqrt{k}=110$이다.
- 결국, 1인당 경제성장률은 10%이다. 인구증가율이 9%로 경제성장률은 $10+9=19$%이다.

**출제POINT**
'1인당 경제성장률 =경제성장률 − 인구증가율'에서 '경제성장률 = 1인당 경제성장률 + 인구증가율'이다.

## 50 □□□

**어느 한 국가의 생산함수가 $Y=AK^{0.6}L^{0.4}$ 이다. 이때, $A$가 1%, $K$가 5%, $L$이 5% 증가하는 경우, 노동자 1인당 소득의 증가율은? (단, $A$는 총요소생산성, $K$는 자본투입량, $L$은 노동투입량이다)**

① 1%
② 2%
③ 3%
④ 4%

## 51 □□□

**$A$국, $B$국은 $X$재와 $Y$재만을 생산하고, 생산가능곡선은 각각 $X=2-0.2Y$, $X=2-0.05Y$이다. $A$국과 $B$국이 $X$재와 $Y$재의 거래에서 서로 합의할 수 있는 $X$재의 가격은?**

① $Y$재 4개
② $Y$재 11개
③ $Y$재 21개
④ 거래가 불가능하다.

| 50 | 거시 | 1인당 경제성장률 | 답 ① |
|---|---|---|---|

$\frac{\Delta Y}{Y}=\frac{\Delta A}{A}+\alpha\frac{\Delta K}{K}+(1-\alpha)\frac{\Delta L}{L}$에서 총요소생산성 증가율$\left(\frac{\Delta A}{A}\right)$이 1%, α(자본소득분배율)$=0.6$, 자본증가율($\frac{\Delta K}{K}$)이 5%, $1-\alpha$(노동소득분배율)$=0.4$, 노동증가율$\left(\frac{\Delta L}{L}\right)$이 5%이기에, 국민총생산 증가율$\left(\frac{\Delta Y}{Y}\right)=1+(0.6)\times5+(0.4)\times5=6\%$이다. 따라서 노동자 1인당 소득의 증가율은 $\frac{\Delta y}{y}=\frac{\Delta Y}{Y}-\frac{\Delta L}{L}=6-5$이기에 $\frac{\Delta y}{y}=1\%$이다.

**출제POINT**
경제성장의 요인을 요인별로 분석해 보는 것을 성장회계라 하고, $Y=AK^{\alpha}L^{1-\alpha}$ 에서 $\frac{\Delta Y}{Y}=\frac{\Delta A}{A}+\alpha\frac{\Delta K}{K}+(1-\alpha)\frac{\Delta L}{L}$로 나타낸다. 이때 $\frac{\Delta A}{A}$를 총요소생산성 증가율이라 한다. 또한 $Y$는 생산량, $L$은 노동인구일 때 노동자 1인당 생산량 $y$는 $y=\frac{Y}{L}$이다. 따라서 $y=\frac{Y}{L}$에서 $\frac{\Delta y}{y}=\frac{\Delta Y}{Y}-\frac{\Delta L}{L}$로 나타낸다.

| 51 | 국제 | 교역조건 | 답 ② |
|---|---|---|---|

$A$국 생산가능곡선은 $X=2-0.2Y$로 $Y=10-5X$이다. 따라서 기울기 5는 $A$국의 $X$재 1개 생산의 기회비용($Y$재 5개)이다. $B$국 생산가능곡선은 $X=2-0.05Y$로 $Y=40-20X$이다. 따라서 기울기 20은 $B$국의 $X$재 1개 생산의 기회비용($Y$재 20개)이다. 결국, 양국이 이득을 볼 수 있는 교역조건은 $Y$재 $5<X$재 $1<Y$재 20이다. $X$재 1개와 $Y$재 11개를 거래하면 양국이 이득을 볼 수 있다.

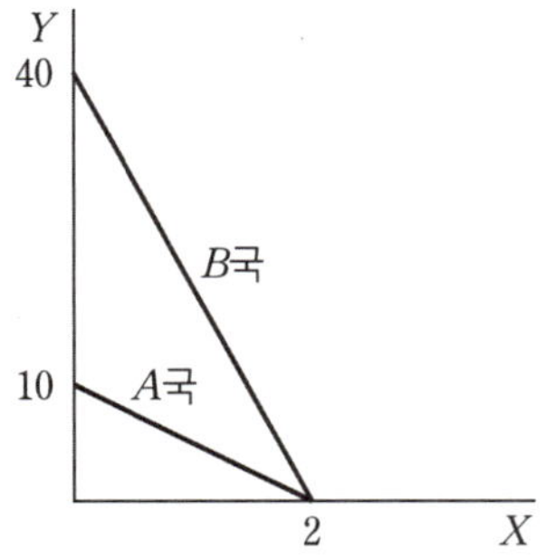


$Y$재 5 < $X$재 1 < $Y$재 20

**출제POINT**
양국의 국내상대가격비, 즉 기회비용 사잇값에서 양국이 이득을 볼 수 있는 교역조건이 성립한다.

## 52 □□□

**한 나라의 쌀 시장에서 국내 생산자의 공급곡선은 $P=2Q$, 국내 소비자의 수요곡선은 $P=12-Q$이며, 국제 시장의 쌀 공급곡선은 $P=4$이다. 만약 이 나라 정부가 수입 쌀에 대해 $50\%$의 관세를 부과한다면 정부의 관세수입 규모는? (단, 이 나라는 소규모 경제이며, $Q$는 생산량, $P$는 가격이다)**

① 2
② 3
③ 6
④ 8

## 53 □□□

**다음 자료의 내용과 부합하는, $A$씨의 1년 후 예상 환율은?**

> $A$씨는 은행에서 운영 자금 100만 원을 1년간 빌리기로 했다. 원화로 대출받으면 1년 동안의 대출 금리가 21%인 반면, 동일한 금액을 엔화로 대출받으면 대출 금리는 10%이지만 대출금은 반드시 엔화로 상환해야 한다. 현재 원화와 엔화 사이의 환율은 100엔당 1,000원이고, $A$씨는 두 대출조건이 같다고 생각한다.

① 1,000원/100엔
② 1,100원/100엔
③ 1,200원/100엔
④ 1,250원/100엔

**52** 국제 관세 답 ③

- 국내 생산자의 공급곡선 $P=2Q$와, 국내 소비자의 수요곡선 $P=12-Q$에서 개방 전 국내가격은 8이며, 국제시장의 쌀 공급곡선 $P=4$에서 국제가격은 4이다.
- 정부가 수입 쌀에 대해 50%의 관세를 부과한다면, 단위당 관세는 국제가격 4의 50%인 2로 수입쌀의 국내가격은 6이다.
- 관세부과 후 수요량은 국내 소비자의 수요곡선 $P=12-Q$에서 $P=6$일 때, $Q=6$이다. 관세부과 후 공급량은 국내 생산자의 공급곡선 $P=2Q$에서 $P=6$일 때, $Q=3$이다. 따라서 3만큼의 초과수요가 발생한다.
- 관세수입은 단위당 관세$(=2)\times$초과수요$(=3)=6$이다.

**출제POINT**
관세수입은 '단위당 관세 × 초과수요'이다.

**53** 국제 환율 답 ②

- 원화로 대출받으면 이자율이 21%이기에 1,000원을 원화로 빌리면 1년 뒤에 1,210원을 상환해야 한다.
- 엔화로 대출받으면 이자율이 10%이기에 100엔을 엔화로 빌리면 1년 뒤에 110엔을 상환해야 한다.
- 1년 뒤에 상환해야 하는 110엔의 원화환산 금액은 '110엔×1년 뒤의 100엔당 원화환율'이다.
- 두 대출조건이 같기에 110엔×1년 뒤의 100엔당 원화환율 = 1,210원이다.
- 따라서 1년 뒤의 100엔당 원화환율 $= \frac{1,210원}{110엔} = \frac{11원}{1엔} = \frac{1,100원}{100엔}$이다.
  한편, 대출조건이 동일하기에 이자율평가설이 성립한다고 볼 수 있다. 즉, 현재환율(1+국내이자율) = 선도환율(1+해외이자율)에 따라 1,000원/100엔(1+0.21) = 선도환율(1+0.1)에서 선도환율 = 1,100원/100엔을 구할 수도 있다.

**출제POINT**
원화로 차입할 때와 엔화로 차입할 때의 대출조건이 동일하기에 1년 뒤에 상환하는 금액이 같아야 한다.

## 54 □□□

**변동환율제하에서의 국제수지표에 대한 설명으로 옳은 것을 모두 고르면? (단, 국제수지표에서 본원소득수지, 이전소득수지, 오차와 누락은 모두 0과 같다)**

| |
|---|
| ㄱ. 국민소득이 국내총지출보다 크면 경상수지는 적자이다.<br>ㄴ. 국민저축이 국내투자보다 작으면 경상수지는 적자이다.<br>ㄷ. 순자본유출이 정(+)이면 경상수지는 흑자이다. |

① ㄱ

② ㄴ

③ ㄱ, ㄷ

④ ㄴ, ㄷ

**54** 국제 **국제수지** 답 ④

ㄴ. 국민저축이 국내투자보다 작으면, 즉 $Y-T-C+T-G<I$이면, $X-M<0$이다. 따라서 경상수지는 적자이다.

ㄷ. 순자본유출이 정(+)이면 순수출, 즉 경상수지는 흑자이다.

(오답피하기)

ㄱ. 국민소득이 국내총지출보다 크면, 즉 $Y>C+I+G$이면, $X-M>0$이다. 따라서 경상수지는 흑자이다.

**출제POINT**

'$X-M=$ 순수출 = 순자본유출'이다. 즉, 수출을 통해 얻은 1달러로 미국의 주식 등을 구입한다면 순자본유출이 발생한다. 따라서 순수출 1달러는 순자본유출 1달러로 전환된다.

2025 최신개정판

# 해커스공무원 局경제학 15개년 기출문제집

개정 9판 1쇄 발행 2025년 1월 2일

| | |
|---|---|
| 지은이 | 김종국 편저 |
| 펴낸곳 | 해커스패스 |
| 펴낸이 | 해커스공무원 출판팀 |

| | |
|---|---|
| 주소 | 서울특별시 강남구 강남대로 428 해커스공무원 |
| 고객센터 | 1588-4055 |
| 교재 관련 문의 | gosi@hackerspass.com<br>해커스공무원 사이트(gosi.Hackers.com) 교재 Q&A 게시판<br>카카오톡 플러스 친구 [해커스공무원 노량진캠퍼스] |
| 학원 강의 및 동영상강의 | gosi.Hackers.com |

| | |
|---|---|
| ISBN | 979-11-7244-705-2 (13320) |
| Serial Number | 09-01-01 |

2025 최신개정판

해커스공무원

# 局경제학

15개년 기출문제집

실전에 더욱 강해지는!

# 기출변형문제

해커스공무원

해커스공무원

# 局경제학

15개년 기출문제집

실전에 더욱 강해지는!

# 기출변형문제

해커스

## 김종국

**약력**

연세대학교 경제학과 졸업

현 | 해커스공무원 경제학 강의
현 | 해커스 경영아카데미 경제학 교수
현 | 해커스 법아카데미 경제학원론 · 노동경제학 강의
전 | EBS 강사

**저서**

해커스공무원 局경제학 15개년 기출문제집
해커스 局경제학 기본서
해커스공무원 局경제학 핵심 기출 OX 1592
해커스 공감보노 기출로 보는 局경제학 하프모의고사 Season 1
해커스 공감보노 기출로 보는 局경제학 하프모의고사 Season 2
해커스공무원 실전동형모의고사 局경제학
해커스공무원 局경제학 FINAL 합격 봉투모의고사
거꾸로 경제학, EBS
경제 만점의 정석과 비법, EBS
경제 수능기출 특강, EBS

# 공무원 시험의 해답
# 경제학 시험 합격을 위한 필독서

방대한 공무원 경제학의 효율적인 학습을 위해 누적된 기출문제를 분석·분류하여, 학습의 범위와 방향을 명확히 하고 문제해결 능력을 기를 수 있는 기출문제집을 만들었습니다.

경제학 학습에 기본이 되는 기출문제를 효과적으로 학습할 수 있도록 다음과 같은 특징을 가지고 있습니다.

**첫째,** 정확하게 문제를 이해할 수 있도록 상세하고 꼼꼼한 해설을 수록하였습니다.

**둘째,** 기출문제뿐만 아니라 계산문제와 기출변형문제를 수록하였습니다.

**셋째,** 다회독을 위한 다양한 장치를 수록하였습니다.

최소한의 시간으로 최대한의 학습 효과를 낼 수 있는 다음의 학습 방법을 추천합니다.

**첫째,** 기본서와의 연계학습을 통해 각 단원에 맞는 기본 이론을 확인하고 쉽게 암기할 수 있습니다.

**둘째,** 정답이 아닌 선택지까지 모두 학습함으로써 다채로운 문제 유형에 대처할 수 있는 능력을 기를 수 있습니다.

**셋째,** 반복 회독학습을 통해 출제유형에 익숙해지고, 자주 출제되는 개념을 스스로 확인할 수 있습니다.

더불어, 공무원 시험 전문 사이트인 해커스공무원(gosi.Hackers.com)에서 교재 학습 중 궁금한 점을 나누고 다양한 무료 학습 자료를 함께 이용하여 학습 효과를 극대화할 수 있습니다.

부디 <해커스공무원 局경제학 15개년 기출문제집>과 함께 공무원 경제학 시험의 고득점을 달성하고 합격을 향해 한걸음 더 나아가시기를 바랍니다.

**김종국**

# 기출변형문제

# 1회 국가직 변형

정답 · 해설 p.126

## 2010년

**01** **신성장이론에서 가정하는 AK모형에 대한 설명으로 옳지 않은 것은?**

① 수렴가설이 성립하지 않는다.
② 수확체감의 법칙이 적용되지 않는 생산함수를 가정한다.
③ 정부정책으로 인한 지속적 경제성장이 가능하다고 본다.
④ 솔로우모형과 달리 지속적인 기술진보가 지속적인 경제성장을 결정한다고 본다.

**02** **일반적인 재화의 무차별곡선에 대한 설명으로 옳지 않은 것은?**

① 원점에서 멀어질수록 효용이 커진다.
② 완전보완재의 경우 우하향의 직선 형태이다.
③ 서수적 효용개념을 그래프로 나타낸 것이다.
④ 원점에 대해 볼록한 것은 다양한 소비를 선호한다고 가정하기 때문이다.

**03** **$A$국에서는 쌀 1톤을 생산하기 위하여 노동 10단위가 필요하고 공작기계 1대를 생산하기 위하여 노동 20단위가 필요하다. $B$국에서는 쌀 1톤을 생산하기 위하여 노동 30단위가 필요하고 공작기계 1대를 생산하기 위하여 노동 40단위가 필요하다. 비교우위론적 관점에서 옳지 않은 것은?**

① $A$국은 쌀 생산에서 비교우위를 가진다.
② $B$국은 공작기계 생산에서 비교우위를 가진다.
③ $A$국에서 쌀 1톤을 생산하는 데 발생하는 기회비용은 공작기계 $\frac{1}{2}$대이다.
④ $B$국에서 공작기계 1대를 생산하는 데 발생하는 기회비용은 쌀 $\frac{3}{4}$톤이다.

**04** **다음 중 총수요곡선을 오른쪽으로 이동시키는 요인은?**

① 물가상승
② 통화량증가
③ 정부지출감소
④ 원자재가격하락

**05** **경기침체 시, 중앙은행이나 정부가 취할 조치로 옳지 않은 것은?**

① 국채를 매입한다.
② 재할인율을 낮춘다.
③ 지급준비율을 낮춘다.
④ 흑자재정을 편성한다.

## 2011년

**06 무역이론에 대한 설명으로 옳지 않은 것은?**

① 자유무역 이후에는 특화재 소비의 기회비용이 작아진다.
② 리카르도의 비교우위론은 무역발생의 근본적인 원인을 설명하지 못한다.
③ 헥셔-오린정리에 따르면, 무역 이후에는 무역 이전에 비해 국가 간 산업구조 차이가 커진다.
④ 립진스키정리는 무역 이후의 산업구조 변화를 설명하는 이론이다.

**07 구매력평가설과 이자율평가설이 성립한다고 가정할 때, 다음 설명 중 옳지 않은 것은?**

① 실질환율변화율은 1이다.
② 국내이자율은 해외이자율과 환율변화율의 합이다.
③ 명목환율변화율은 국내물가상승률과 해외물가상승률 간 차이이다.
④ 국내물가상승률과 해외물가상승률이 동일하면 환율은 변하지 않는다.

**08 탄력성에 대한 설명으로 옳지 않은 것은?**

① 측정기간이 길수록 수요의 가격탄력성이 커진다.
② 두 재화가 대체재인 경우, 교차탄력성이 (+)이다.
③ 수요의 가격탄력성은 가격의 변화분에 대한 수요량의 변화분이다.
④ 공급곡선이 원점을 지나는 직선일 경우에는 모든 점의 공급의 가격탄력도가 같다.

**09 필립스곡선에 대한 설명으로 옳지 않은 것은?**

① 합리적인 기대로 단기에도 필립스곡선은 수직선이 될 수 있다.
② 전통적인 필립스곡선은 물가안정과 고용안정을 동시에 달성할 수 없음을 뜻한다.
③ 정책무력성정리에 따르면, 예상된 정책의 경우 단기에도 실업률에는 아무런 영향을 미칠 수 없다.
④ 총공급곡선의 이동으로 인플레이션율과 실업율이 반비례인 우하향의 필립스곡선을 도출할 수 있다.

**10 사회적잉여에 대한 설명으로 옳지 않은 것은?**

① 탄력적인 경제주체일수록 조세부과로 인한 부담이 줄어든다.
② 수요와 공급이 만나는 균형점에서 사회적잉여는 극대화된다.
③ 소비자에게 보조금을 지급하는 경우 사회적잉여는 감소한다.
④ 최저임금제가 실시되면 노동수요자의 잉여는 줄어들지만 사회적잉여는 증가한다.

## 2012년

**11** **시장구조에 대한 설명으로 옳지 않은 것은?**

① 독점기업은 수요의 가격탄력성이 탄력적인 구간에서 생산한다.

② 베르뜨랑모형에서 시장거래량은 완전경쟁시장에서의 균형거래량과 같다.

③ 이부가격 설정 시, 시장거래량은 완전경쟁시장에서의 균형거래량과 같다.

④ 독점기업에 종량세를 부과하는 경우, 소비자에게는 부담이 전가되지 않는다.

**12** **정부정책의 효과에 대한 설명으로 옳지 않은 것은?**

① 투자의 이자율탄력성이 작을수록 재정정책이 효과적이다.

② 소비함수에 실질자산이 도입되면 재정정책이 효과적이다.

③ 화폐수요의 이자율탄력성이 클수록 재정정책이 효과적이다.

④ 화폐공급이 이자율의 증가함수이면 재정정책이 효과적이다.

**13** **재화의 성질과 무차별곡선에 대한 설명으로 옳지 않은 것은?**

① 정상재는 대체효과와 가격효과의 부호가 같다.

② 사치재의 소득소비곡선은 가파른 형태의 곡선이다.

③ 두 재화가 완전보완재인 경우 무차별곡선은 $L$자형이다.

④ 기펜재는 소득효과의 절댓값이 대체효과의 절댓값보다 크다.

**14** **정보재(information goods)의 특징에 대한 설명으로 옳지 않은 것은?**

① 전환비용(switching cost): 잠김효과가 강할수록 전환비용이 더 작아진다.

② 경험재(experience goods): 새 프로그램이 개발되었을 때 무료로 체험판을 배포한다.

③ 잠김효과(lock-in effect): 늘 쓰던 화장품을 바꾸지 않는 것도 잠김효과로 설명할 수 있다.

④ 네트워크효과(network effect): 많은 사람들이 쓰고 있는 것을 선택하지 않는 데서 오는 불이익이 크다.

**15** **생산자이론 및 비용이론에 대한 설명으로 옳은 것은?**

① 완전대체재의 대체탄력성은 ∞이다.

② 평균생산물이 극대일 때 평균비용은 극소이다.

③ $LMC$는 $SMC$의 포락선이나 $LAC$는 $SAC$의 포락선이 아니다.

④ 노동과 자본이 각각 2배씩 증가하였을 때, 생산량이 4배 증가하면 규모에 대한 수익불변이다.

## 2013년

**16** **$GDP$ 디플레이터가 100에서 120으로 증가할 때, 실질 $GDP$는 50으로 변화가 없었다. 명목 $GDP$는 어떻게 변화하였는가?**

① 50 → 60
② 50 → 70
③ 60 → 72
④ 60 → 80

**17** **실업에 대한 설명으로 옳지 않은 것은?**

① 자연실업률을 계산할 때는 경기적실업이 제외된다.
② 실망실업자가 증가하면 공식적인 실업률은 낮아진다.
③ 고용률이 72%이고 경제활동참가율이 90%인 사회의 취업률은 80%이다.
④ 전업주부인 $A$가 공무원시험을 준비하는 수험생이 되면 경제활동참가율이 높아진다.

**18** **다음 설명 중 옳지 않은 것은?**

① 독점기업이라도 단기에는 손실을 볼 수 있다.
② 이윤극대화 1계조건과 2계조건은 독점시장에는 적용되지 않는다.
③ 수요곡선의 탄력도는 독점적 경쟁시장의 기업이 독점기업보다 크다.
④ 완전경쟁시장에서 시장전체의 생산량이 60이라면 두 기업이 존재하는 꾸르노모형에서 시장전체의 생산량은 40이다.

**19** **도덕적해이에 관한 설명으로 옳지 않은 것은?**

① 주인 - 대리인 문제는 도덕적해이의 일종이다.
② 비대칭정보로 인해 거래 이후에 생기는 문제이다.
③ 효율성임금은 노동시장에서의 도덕적해이를 해결할 수 있다.
④ 보험시장에서의 도덕적해이는 계약 시, 피보험자에게 건강진단서를 요구하는 선별로 해결한다.

**20** **$A$국이 수입 물품에 단위당 일정액의 관세를 부과하는 정책을 실시하였을 때, 국제무역에 미치는 영향으로 옳지 않은 것은? (단, 다른 조건은 일정하다)**

① $A$국 내에서 후생이 증가하는 집단이 나타난다.
② $A$국이 소국이라면 사회적후생이 증가할 수도 있다.
③ $A$국이 소국이라면 관세부과 시, 교역조건에 변화가 없다.
④ $A$국이 대국이라면 관세부과 시, 국제시장에 초과공급이 발생한다.

## 2014년

**21 공급곡선의 이동에 대한 설명으로 옳지 않은 것은?**

① 생산기업의 수가 증가하면 공급곡선이 우측으로 이동한다.
② 재화의 가격상승이 예상되면 공급곡선이 좌측으로 이동한다.
③ 수입차 수입이 증가하면 국내자동차시장의 공급곡선이 우측으로 이동한다.
④ 시장의 불확실성이 커지면 미래의 위험에 대비하기 위해 생산량이 늘어나고 공급곡선이 우측으로 이동한다.

**22 재화 $X$는 대체효과와 소득효과의 부호가 같은 재화이다. 재화 $X$에 대한 설명으로 옳은 것은?**

① 재화 $X$는 열등재이다.
② 재화 $X$의 수요의 소득탄력성은 0보다 크다.
③ 재화 $X$는 보상수요곡선이 통상수요곡선보다 완만하다.
④ 재화 $X$는 소득효과 절댓값의 크기가 대체효과 절댓값의 크기보다 크다.

**23 솔로우(Solow)성장모형에 대한 설명으로 옳은 것은?**

① 자본주의의 불안정성을 전제한다.
② 저축률을 높이는 정책은 항상 바람직하다.
③ 저축률이 낮을수록 균제상태의 일인당 자본량과 일인당 생산량이 많아진다.
④ 자본증가율과 인구증가율이 같을 때 완전고용이 이루어진다는 점은 $H-D$모형과 공통점이다.

**24 매년 이자를 지급하는 일반이표채권(straight coupon bond)의 액면가는 100만 원이고, 이표이자율은 20%이다. 현재 상황에 대한 설명으로 옳지 않은 것은?**

① 채권의 수익률과 시장이자율은 같다.
② 채권가격과 수익률은 반비례관계이다.
③ 이표이자액은 매년 20만 원으로 동일하게 지급된다.
④ 수익률이 20%보다 낮아진다면 채권의 가격도 100만 원보다 낮아진다.

**25 개방경제체제하에 있는 소국 $A$는 세계시장에서 의류 한 벌을 10달러에 수입할 수 있다고 한다. $A$국 내 의류의 공급곡선($S$)은 $S=50+5P$이고, 수요곡선($D$)은 $D=450-15P$이다. 의류 한 벌당 5달러의 관세를 부과할 때, $A$국의 의류 수입량과 관세수입으로 옳은 것은? (단, $P$는 가격, 단위는 달러이다)**

| | 의류수입량 | 관세수입 |
|---|---|---|
| ① | 100 | 500 |
| ② | 125 | 1,000 |
| ③ | 125 | 500 |
| ④ | 225 | 1,000 |

## 2015년

**26 물가안정을 위한 정책으로 옳지 않은 것은?**

① 외화 매각
② 지급준비율 인상
③ 국공채 매각
④ 수출보조금 지급

**27 지급준비율(reserve-deposit ratio)은 $0.2$, 통화승수는 $3$일 때 현금/예금비율(currency deposit ratio)은?**

① 0.1
② 0.2
③ 0.3
④ 0.4

**28 비용에 대한 설명으로 옳지 않은 것은?**

① 한계변화율($MRT_{XY}$)은 $X$재 생산의 기회비용을 나타낸다.
② 생산요소시장이 수요독점이면 임금은 평균요소비용과 일치한다.
③ 모든 생산량 수준에서 $LMC$의 기울기가 $SMC$의 기울기보다 더 크다.
④ 완전경쟁기업의 경우, 단기에 평균가변비용이 최저가 되는 생산량이 생산중단점이 된다.

**29 $A$국 정부는 확장재정정책을 실시하더라도 경기부양 효과가 없을 것이라고 판단하였다. 판단의 근거가 될 수 없는 것은?**

① 투자의 이자율탄력성이 크다.
② 화폐수요가 이자율에 영향을 받지 않는다.
③ $A$국 경제가 유동성함정에 빠져있는 상황이다.
④ $A$국의 총수요함수가 화폐수량설을 변형한 식을 따른다.

**30 재화에 대한 설명으로 옳지 않은 것은?**

① $X$재 가격이 상승할 때, $Y$재 수요가 증가한다면 두 재화는 (소비측면)대체재 관계이다.
② 소비자의 효용함수가 $U=aX+bY$라면, 두 재화는 완전대체재 관계이다.
③ 임금상승 시, 노동시간이 줄어들고 여가시간이 늘어났다면 여가는 정상재이다.
④ $X$재 가격이 상승할 때, $Y$재 공급이 증가한다면 두 재화는 (생산측면)대체재 관계이다.

## 2016년

**31** 재화 $A$에 대한 수요곡선과 공급곡선은 각각 $Q_d = 20 - \frac{1}{2}P$ 및 $Q_s = \frac{1}{2}P$로 표현된다. 이 재화에 개당 $X$원의 보조금을 생산자에게 부과했더니, 시장균형생산량이 11이고 소비자잉여는 $Y$원이었다. $X$, $Y$ 값으로 옳은 것은? (단, $Q_d$는 수요량, $Q_s$는 공급량, $P$는 가격이다)

| | $X$ | $Y$ |
|---|---|---|
| ① | 2원 | 99원 |
| ② | 2원 | 121원 |
| ③ | 4원 | 99원 |
| ④ | 4원 | 121원 |

**32** 명목이자율이 20%이고 인플레이션율은 4%이다. 세후 실질이자율이 11%라면 이자소득세의 세율은 몇 %인가?

① 15%
② 20%
③ 25%
④ 50%

**33** 소비이론에 대한 설명으로 옳지 않은 것은?

① 절대소득가설에 따르면 평균소비성향이 한계소비성향보다 크다.
② 생애주기가설에 따르면 일시적인 조세정책은 효과가 미약하다.
③ 랜덤워크가설에 따르면 예상된 정책은 소비에 아무런 영향을 미치지 못한다.
④ 톱니효과는 개인의 소비가 동류집단의 소비행위의 영향을 받는다는 소비의 비가역성을 전제로 한다.

**34** 비용에 대한 설명으로 옳은 것은?

① 독점시장에서 가격을 평균비용으로 규제하면 생산은 효율적이나 적자가 발생한다.
② 독점적경쟁시장에서는 장기에 한계비용이 가격보다 낮기 때문에 후생손실이 발생한다.
③ 완전경쟁시장과 독점적경쟁시장을 제외하면 나머지 시장에서 기업의 공급곡선은 존재하지 않는다.
④ 완전경쟁기업의 한계비용곡선을 수평으로 합하여 도출한 곡선이 완전경쟁산업의 장기공급곡선이다.

**35** 총수요 - 총공급($AD - AS$)모형에 대한 설명으로 옳지 않은 것은?

① $LM$곡선이 완만할수록 구축효과가 크다.
② 인구증가는 총공급곡선의 우측이동요인이다.
③ 완전자본이동을 전제로 했을 때, 고정환율제도에서는 금융정책의 효과가 미미하다.
④ 중앙은행이 물가안정을 위한 정책을 실시하면 총수요곡선이 좌측으로 이동한다.

## 2017년(8월 시행)

**36** $GDP$(Gross Domestic Product)에 대한 설명으로 옳은 것은?

① 국세청이 세무조사를 강화하면 국내총생산이 줄어든다.
② 맞벌이 부부가 증가하여 놀이방에 자녀를 맡기게 되면 국내총생산이 증가한다.
③ 주가가 상승하면 개인의 자산이 증가하므로 주가 상승은 $GDP$ 증가 요인이다.
④ 공해가 발생하면 국민들의 삶의 질이 감소하기 때문에 국내총생산이 감소한다.

**37** 다음 중 개념에 대한 설명이 옳지 않은 것은?

① 규모의 경제: 생산량을 증가시킬 때 장기평균비용이 낮아지는 것
② 비배제성: 대가를 치르지 않는 사람을 소비에서 배제할 수 없다는 것
③ 규모에 대한 수익체감: 요소투입량이 $k$배 증가하면 생산량이 $k$배만큼 줄어드는 것
④ 범위의 경제: 한 기업이 여러 가지 재화를 동시에 생산하는 것이 여러 기업이 각각 한 가지의 재화를 생산할 때보다 생산비용이 적게 소요되는 것

**38** 지급준비율과 관련하여 옳지 않은 것은?

① 중앙은행이 법정지급준비율을 인하하면 통화량이 증가한다.
② 지급준비율은 법정지급준비율과 초과지급준비율을 더한 값이다.
③ 재할인율 상승과 지급준비율 상승은 동일한 효과를 가져온다.
④ 신용카드 사용 증가는 지급준비율 상승과 동일한 효과를 가져온다.

**39** $A$국에서는 고전학파의 이론인 화폐수량설이 성립한다. 현재 $A$국의 실질$GDP$는 20,000, 물가수준은 30, 그리고 통화량은 600,000일 때, 옳지 않은 것은?

① $A$국에서 $AS$곡선은 수직선으로 도출된다.
② $A$국의 $AD$곡선의 형태는 정량구매 시 수요곡선의 형태와 동일하다.
③ $A$국에서는 통화량을 아무리 증가시켜도 실질$GDP$가 증가하지 않는다.
④ $A$국 중앙은행이 통화량을 10% 증가시켰을 때, 명목$GDP$는 10% 증가한다.

**40** 그림은 최근 3년 간 $A$국의 명목$GDP$와 실질$GDP$의 추이를 나타낸다. 다음 자료에 대한 설명으로 옳은 것은? (단, 물가지수는 $GDP$디플레이터로 측정한다)

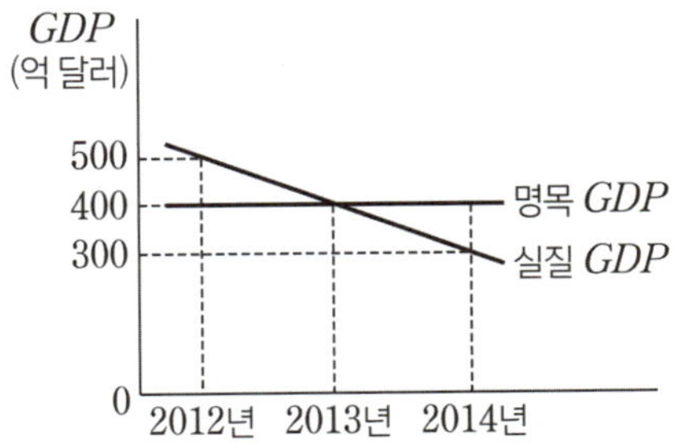


① 2012년의 물가지수는 125이다.
② 2013년의 물가는 전년도와 같다.
③ 2014년의 물가는 전년도보다 높아졌다.
④ 2013년과 2014년의 물가 상승률은 같다.

## 2017년(10월 추가)

**41** **다음은 소득에 관한 이론들이다. 이에 대한 설명으로 가장 옳은 것은?**

① 유동성제약 시 항상소득가설의 설명력이 높아진다.
② 상대소득가설은 소비의 가역성과 소비의 상호의존성을 가정한다.
③ 랜덤워크가설은 예상된 정부정책이 소비에 아무런 영향을 미칠 수 없음을 설명한다.
④ 절대소득가설에 따르면, 가처분소득이 증가할 때 소비지출이 증가하므로 소비함수곡선이 상방으로 이동한다.

**42** **환율에 대한 설명으로 옳은 것은?**

① 구매력평가설이 성립한다면, 명목환율이 1이다.
② 정부가 외환시장에서 달러를 매각하면 환율이 하락한다.
③ 구매력평가설에 의하면, 환율변화율 = 국내이자율 - 해외이자율이다.
④ 외국인의 국내관광, 국내유학, 수입, 차관 도입은 외화의 공급 요인이다.

**43** **솔로우성장모형에 대한 설명으로 옳지 않은 것은?**

① 황금률 상태에서는 1인당 소비의 크기가 노동소득과 일치한다.
② 솔로우성장모형에서 장기적으로 1인당 소득증가율은 저축률에 영향을 받지 않는다.
③ 솔로우성장모형에서 저축률이 상승하면 단기적으로 1인당 소득과 경제성장률이 높아진다.
④ 솔로우성장모형에서 완전 고용균형성장은 경제성장률, 자본증가율, 인구증가율이 같을 때 이루어진다고 보는데, 이것이 $H-D$모형과 차이점이다.

**44** **다음은 $A$국과 $B$국이 노트북과 전기차를 생산하기 위한 단위당 노동소요량(재화 한 단위 생산을 위한 노동투입시간)을 나타낸다. 이에 대한 설명으로 옳은 것은?**

| 구분 | 노트북 | 전기차 |
|---|---|---|
| $A$국 | 10 | 120 |
| $B$국 | 20 | 400 |

① 노트북 1대의 기회비용은 $A$국이 $B$국보다 크다.
② $B$국은 노트북과 전기차 두 재화 생산에 절대우위가 있다.
③ $A$국은 노트북 생산에, $B$국은 전기차 생산에 비교우위를 가진다.
④ 위 표의 수치가 노동 1단위 투입 대비 산출량을 의미한다면, $A$국은 전기차 생산에, $B$국은 노트북 생산에 비교우위를 가진다.

**45** **경제의 여러 측면을 측정하는 지표들에 대한 설명이다. 다음 설명 중 가장 옳은 것은?**

① 생산자물가지수는 라스파이레스방식을 이용하여 작성하며, 이는 $GDP$측정 방식과 동일하다.
② 마찰적실업만 존재할 때의 실업률을 자연실업률이라 한다.
③ 소비자물가지수를 측정할 때는 수입품가격, 주택임대료, 주택가격 등이 포함된다.
④ 비정규직 근로자를 취업자로 분류하면 공식실업률이 체감실업률보다 낮다.

## 2018년

**46** $A$국에서 어느 재화의 수요곡선은 $Q_d = 280 - 3P$이고, 공급곡선은 $Q_s = 10 + 7P$이다. $A$국 정부는 이 재화의 가격상한을 $a$원으로 설정하였고, 이 재화의 생산자에게 보조금을 지급하여 공급량을 수요량에 맞추고자 한다. 이 조치에 따른 단위당 보조금이 10원일 때 가격상한 $a$는? (단, $P$는 이 재화의 단위당 가격이다)

① 20원　② 30원
③ 40원　④ 50원

**47** 다음은 $A$국 중앙은행이 따르는 테일러준칙이다. 현재 인플레이션율이 4%이고 $GDP$갭이 1%일 때, 목표 이자율은? (단, $r$은 중앙은행의 목표 이자율, $\pi$는 인플레이션율, $Y^*$는 잠재$GDP$, $Y$는 실제$GDP$이다)

$$r = 0.03 + \frac{1}{4}(\pi - 0.02) - \frac{3}{4}\frac{Y^* - Y}{Y^*}$$

① 2.75%　② 3.25%
③ 3.75%　④ 4.25%

**48** 완전경쟁기업, 독점적경쟁기업, 독점기업에 대한 설명으로 옳은 것은?

① 단기균형하에서, 완전경쟁기업이 생산한 제품의 가격은 한계수입이나 한계비용보다 큰 반면, 독점적경쟁기업과 독점기업이 생산한 제품의 가격은 한계수입이나 한계비용과 동일하다.
② 완전경쟁기업이 직면하는 수요곡선은 우하향인 반면, 독점적경쟁기업과 독점 기업이 직면하는 수요곡선은 수평선이다.
③ 장기균형하에서, 완전경쟁기업과 독점적경쟁기업이 존재하는 시장에는 진입장벽이 존재하지 않는 반면, 독점기업이 존재하는 시장에는 진입장벽이 존재한다.
④ 장기균형하에서, 완전경쟁기업의 이윤은 0인 반면, 독점적경쟁기업과 독점기업의 이윤은 0보다 크다.

**49** 어느 재화의 가격이 5천 원에서 1% 상승하면 판매 수입은 0.1% 감소한다. 가격이 5천 원에서 1% 상승 시, 수요량의 변화는? (단, 수요곡선은 수요의 법칙이 적용된다)

① 0.1% 감소　② 1.1% 감소
③ 0.2% 감소　④ 1.2% 감소

**50** 어느 재화를 생산하는 기업이 직면하는 수요곡선은 $Q_d = 200 - P$이고, 공급곡선 $Q_s$는 $P = 100$에서 수평선으로 주어져 있다. 정부가 이 재화의 소비자에게 단위당 $a$원의 물품세를 부과할 때, 초과부담을 조세수입으로 나눈 비효율성계수(coefficient of inefficiency)가 $\frac{1}{8}$이면 단위당 물품세 $a$로 옳은 것은? (단, $P$는 가격이다)

① 10　② 20
③ 30　④ 40

## 2019년

**51** 갑국과 을국은 $X$, $Y$ 재만을 생산하며, 교역 시 비교우위가 있는 재화 생산에 완전특화한다. 양국의 생산가능곡선이 다음과 같을 때 양국이 이득을 볼 수 있는 교역조건은? (단, 양국의 생산요소 양은 같고 교역은 양국 간에만 이루어진다)

> • 갑국: $4X+Y=40$
> • 을국: $2X+3Y=60$

① $X:Y=1:1$
② $X:Y=1:5$
③ $X:Y=1:9$
④ $X:Y=1:13$

**52** 완전경쟁시장에서 거래되는 어느 재화의 수요곡선과 공급곡선이 다음과 같다. 정부가 균형가격을 시장가격으로 설정하고 시장거래량을 1로 제한할 때, 소비자잉여와 생산자잉여의 합은? (단, $Q_D$는 수요량, $Q_S$는 공급량, $P$는 가격이다)

> • 수요곡선: $Q_D=10-2P$
> • 공급곡선: $Q_S=-2+2P$

① 1.5　② 2.5
③ 3.5　④ 4.5

**53** 우리나라에서 최근 몇 달간 발생한 국제거래가 다음과 같다고 가정했을 때, 우리나라의 국제수지에 대한 설명으로 옳은 것은?

> • 독일로부터 차관 5억 달러를 도입하였다.
> • 미국에 휴대폰 10억 달러어치를 수출하였다.
> • 칠레로부터 과일 2억 달러어치를 수입하였다.
> • 영국에 4억 달러를 투자하여 자동차 공장을 지었다.
> • 외국인 관광객 수입이 3억 달러에 달하였다.

① 상품수지는 8억 달러 적자이다.
② 금융계정은 3억 달러 적자이다.
③ 경상수지는 11억 달러 흑자이다.
④ 이전소득수지는 3억 달러 흑자이다.

**54** 베짱이는 잠자는 8시간을 제외한 하루 16시간을 노래 부르기와 진딧물사냥으로 보낸다. 베짱이는 시간 당 30마리의 진딧물을 사냥할 수 있다. 또한 매일 아침 개미가 베짱이에게 진딧물 60마리를 공짜로 제공한다. 베짱이는 노래 부르기와 진딧물 소비로 $u(s, b)=s^{\frac{2}{3}}b^{\frac{1}{3}}$의 효용을 얻는다($s$: 노래 부르는 시간, $b$: 소비한 진딧물의 숫자). 효용을 극대화하는 베짱이의 노래 부르는 시간과 진딧물 소비량은?

| | 노래 부르는 시간($s$) | 진딧물 소비량($b$) |
|---|---|---|
| ① | 8 | 300 |
| ② | 8 | 240 |
| ③ | 12 | 180 |
| ④ | 12 | 120 |

**55** 인구수 1,000만 명인 국가 $A$에서 국민의 절반은 개인소득이 100달러이고, 나머지 절반은 개인소득이 200달러이다. 이 국가의 10분위분배율은?

① 0.25　② 0.50
③ 1.00　④ 2.00

## 2020년

**56** $IS-LM$모형에서 확장적 재정정책에 대한 설명이다. ㉠, ㉡에 들어갈 내용으로 옳은 것은? (단, $IS$곡선은 우하향, $LM$곡선은 우상향한다)

> • $IS$곡선의 기울기가 완만할수록 확장적 재정정책으로 인한 국민소득의 증가폭이 ( ㉠ ).
> • $LM$곡선의 기울기가 완만할수록 확장적 재정정책으로 인한 국민소득의 증가폭이 ( ㉡ ).

| | ㉠ | ㉡ |
|---|---|---|
| ① | 커진다 | 커진다 |
| ② | 커진다 | 작아진다 |
| ③ | 작아진다 | 커진다 |
| ④ | 작아진다 | 작아진다 |

**57** 현재 시점에서 $A$국 경제의 채권시장에 1년 만기, 2년 만기, 3년 만기 국채만 존재하고 각각의 이자율이 6%, 10%, 12%이다. 현재 시점으로부터 2년 이후에 성립하리라 기대되는 1년 만기 국채의 이자율 예상치에 가장 가까운 값은? (단, 이자율의 기간구조에 대한 기대이론이 성립한다)

① 8%
② 12%
③ 16%
④ 20%

**58** 중앙은행이 공개시장조작정책을 시행하여 국채를 매입하는 경우, 예상되는 경제현상으로 옳지 않은 것은? (단, 총수요곡선은 우하향한다)

① 유동성선호이론에 의하면, 국채매입은 화폐시장에 과공급을 유발하여 이자율을 상승시킨다.
② 단기적으로 총수요 증가를 통해 산출량은 증가하고 물가도 상승한다.
③ 장기적으로 경제는 자연산출량 수준으로 회귀한다.
④ 새고전학파에 따르면, 경제주체의 정책 예상이 완벽한 경우 단기에도 산출량은 불변이고 물가만 상승한다.

**59** 단기적으로 대미 환율(₩/$)을 가장 크게 상승시킬 가능성이 있는 우리나라 정부와 중앙은행의 정책 조합으로 옳은 것은? (단, 우리나라는 자본이동이 완전히 자유롭고, 변동환율제도를 채택하고 있는 소규모 개방경제 국가이다. $IS$곡선과 $LM$곡선은 각각 우하향, 우상향하며, 경제주체들의 환율 예상은 정태적이다)

① 확장적 재정정책, 확장적 통화정책
② 확장적 재정정책, 긴축적 통화정책
③ 긴축적 재정정책, 확장적 통화정책
④ 긴축적 재정정책, 긴축적 통화정책

**60** $A$국과 $B$국은 노동만을 사용하여 $X$재와 $Y$재만을 생산한다. 재화 한 단위를 생산하기 위한 노동시간이 다음 표와 같을 때, 양국이 교역 시 이득을 볼 수 있는 교역조건으로 옳은 것은? (단, 양국은 비교우위에 따라 교역을 하고, 교역에 따른 비용은 없다)

(단위: 시간)

| 국가 \ 재화 | $X$ | $Y$ |
|---|---|---|
| $A$ | 3 | 6 |
| $B$ | 3 | 7 |

① $X$ 1단위 = $Y$ 0.40
② $X$ 1단위 = $Y$ 0.48
③ $X$ 1단위 = $Y$ 0.56
④ $X$ 1단위 = $Y$ 0.64

## 2021년

**61** **물가변동이 없는 단기 거시균형에서 다음의 재정정책과 통화정책의 조합 중 실질이자율을 낮추는 것은? (단, 실질이자율에 미치는 각각의 정책적 효과의 크기는 동일하다고 가정한다)**

① 통화정책과 재정정책을 확장적으로 운영한다.
② 통화정책은 확장적으로 재정정책은 긴축적으로 운영한다.
③ 통화정책은 긴축적으로 재정정책은 확장적으로 운영한다.
④ 통화정책과 재정정책을 긴축적으로 운영한다.

**62** **이종 산업 간에서 나타나는 무역을 산업간무역이라고 한다. 이러한 형태의 무역이 발생하는 원인으로 옳은 것을 모두 고르면?**

| |
|---|
| ㄱ. 비교우위 |
| ㄴ. 규모의 경제 |
| ㄷ. 제품 차별화 |
| ㄹ. 상이한 부존자원 |

① ㄱ, ㄴ ② ㄱ, ㄷ
③ ㄴ, ㄷ ④ ㄱ, ㄹ

**63** **통화승수(본원 통화 대비 통화량의 비율)가 증가하는 원인으로 옳지 않은 것은?**

① 경제불안의 해소로 은행부도의 위험이 낮아졌다.
② 은행의 요구불 예금에 대한 이자율이 하락하였다.
③ 가계가 보유하는 화폐 중 현금보유 비중이 감소하였다.
④ 은행의 초과지급준비금 보유가 감소하여 은행 대출이 증가하였다.

**64** **총비용함수가 $TC = 100 + 20 \times Q$이다. 이때, $TC$는 총비용이고 $Q$는 생산량이다. 다음 중 옳은 것을 모두 고르면?**

| |
|---|
| ㄱ. 생산량이 1일 때, 총고정비용은 120이다. |
| ㄴ. 생산량이 2일 때, 총가변비용은 40이다. |
| ㄷ. 생산량이 3일 때, 평균가변비용은 20이다. |
| ㄹ. 생산량이 4일 때, 한계비용은 20이다. |

① ㄱ ② ㄴ, ㄷ
③ ㄴ, ㄹ ④ ㄴ, ㄷ, ㄹ

**65** **甲국은 $A$와 $B$의 두 사람으로 구성되어 있으며 사회후생함수는 $W = U^A \cdot U^B$이다. $A$의 효용이 1이고 $B$의 효용이 9라면 $K$국의 애킨슨지수는?**

① 0 ② 0.4
③ 0.8 ④ 1

## 2022년

**66** $X$재에 대한 시장수요함수는 $P=1,500-30Q$이다. 수요곡선상에서 수요의 가격탄력성이 1인 $A$점의 수요량과 가격을 바르게 연결한 것은? (단, $P$는 가격, $Q$는 수량이다)

| | 수요량 | 가격 |
|---|---|---|
| ① | 15 | 250 |
| ② | 20 | 500 |
| ③ | 25 | 750 |
| ④ | 50 | 1,000 |

**67** 甲의 소득은 2,500만 원이지만, 사고가 발생하면 1,600만 원의 비용을 지출해야 한다. 甲의 효용함수는 $U(I)=\sqrt{I}$이고, 사고를 당할 확률은 30%이다. 甲이 완전한 보험(full insurance)에 가입하는 경우, 보험회사가 받을 수 있는 최대 보험료는? (단, $I$는 甲의 소득이다)

① 564만 원 ② 570만 원
③ 576만 원 ④ 582만 원

**68** 효용을 극대화하는 소비자의 효용함수는 $U(x_1, x_2)=2\sqrt{x_1}+3\sqrt{x_2}$이다. 재화 $x_1$과 $x_2$의 가격은 각각 4, 1이고, 예산은 220이다. 다른 조건이 일정하고, 정부가 $x_2$에 단위당 2의 종량세를 부과할 때, 얻게 되는 조세수입은? (단, $x_i$는 정상재 $i$의 소비량이고, $i=1$, 2이다)

① 100 ② 110
③ 120 ④ 130

**69** 甲국과 乙국은 경쟁시장에서 $X$재와 $Y$재를 모두 생산하고, 비교우위에 따라 교역을 하며, 이에 따른 비용은 없다. $X$재의 개당 가격은 甲국 21, 乙국 12이며, $Y$재의 경우 甲국 70, 乙국 30일 때, 모두 이득을 볼 수 있는 교역조건($\frac{P_X}{P_Y}$)은? (단, $P_X$는 $X$재 가격, $P_Y$는 $Y$재 가격이고, 甲국과 乙국만 존재하며, $X$재와 $Y$재만 생산한다)

① 0.25 ② 0.35
③ 0.45 ④ 0.55

**70** 다음 폐쇄경제에서 정부지출이 150에서 200으로, 물가가 2에서 5로 상승하는 경우, 균형소득과 균형이자율의 변화량을 바르게 연결한 것은? (단, $Y$는 소득, $r$은 이자율이다)

- 소비함수: $C=300+0.8(Y-T)$
- 투자함수: $I=200-10r$
- 정부지출: $G=150$
- 조세: $T=100$
- 화폐수요함수: $\frac{M^d}{P}=Y-50r$
- 화폐공급: $M^s=1,000$
- 물가: $P=2$

| | 균형소득 변화량 | 균형이자율 변화량 |
|---|---|---|
| ① | −25 | +5.5 |
| ② | −50 | +5.5 |
| ③ | −25 | +11 |
| ④ | −50 | +11 |

## 2023년

**71** 다음은 $A$와 $B$ 두 사람만 존재하는 경제에서 공공재에 대한 $A$와 $B$의 수요함수를 나타낸다. 공공재 생산의 한계비용이 15로 일정할 때, 사회적 최적 생산량은?

> · $A$의 수요함수: $Q=50-P_A$
> · $B$의 수요함수: $Q=30-2P_B$
> (단, $Q$는 수량, $P_A$와 $P_B$는 각각 $A$와 $B$의 한계편익이다)

① $\frac{100}{3}$　　② 35
③ $\frac{130}{3}$　　④ 40

**72** 소비이론에 대한 설명으로 옳은 것은?

① 케인즈(Keynes)의 소비함수에서는 현재가처분소득이 증가하면 평균소비성향이 감소한다.
② 항상소득가설은 일시적인 소득 증가는 저축에 영향을 미치지 않는다고 가정한다.
③ 생애주기가설에 의하면 소비자는 각 시기의 수입에 따라 각기 다른 소비 정도를 결정한다.
④ 홀(Hall)에 의하면 소비가 합리적 기대하 임의보행(random walk)을 따를 경우, 단기적으로 예상치 못한 충격이 있더라도 소비에 아무런 영향을 끼치지 못한다.

**73** $X$재 시장의 수요함수와 공급함수는 각각 $Q^D=5{,}000-10P$, $Q^S=-2{,}000+10P$이다. 정부가 생산자에게 보조금을 지급하여 거래량을 2,000으로 늘리기 위해서 필요한 총 보조금 액수는? (단, $Q^D$는 수요량, $Q^S$는 공급량, $P$는 가격이다)

① 100,000　　② 150,000
③ 200,000　　④ 250,000

**74** 甲국이 국내시장을 개방하기 전 $X$재의 수요함수와 공급함수는 다음과 같다. 시장이 개방되어 국제시장 가격 20으로 $X$재를 수입하고 있다. 정부가 국내 생산자를 보호하기 위해 $X$재에 단위당 10의 관세를 부과하자 국제시장 가격이 15로 하락하였다. 이 경우, 이로 인한 사회적 잉여의 변화는? (단, 甲국은 대국이고, $X$재 시장은 완전경쟁시장이다)

> · 국내 $X$재 수요함수: $P=50-\frac{1}{2}Q$
> · 국내 $X$재 공급함수: $P=5+Q$
> (단, $P$는 가격, $Q$는 수량이다)

① 손실이 $\frac{175}{2}$만큼 증가한다.
② 손실이 $\frac{225}{2}$만큼 증가한다.
③ 효용이 $\frac{175}{2}$만큼 증가한다.
④ 효용이 $\frac{225}{2}$만큼 증가한다.

**75** 기업의 생산기술이 진보하는 경우에 대한 설명으로 옳은 것만을 모두 고르면?

> ㄱ. 자본절약적 기술진보는 평균비용을 감소시킨다.
> ㄴ. 자본절약적 기술진보는 노동절약적 기술진보를 한 경우보다 한계기술대체율이 낮아진다.
> ㄷ. 노동절약적 기술진보는 등량곡선을 원점으로 이동시킨다.
> ㄹ. 노동절약적 기술진보는 노동 투입량을 비교적 크게 하여 자본을 절약한다.

① ㄱ, ㄴ　　② ㄷ, ㄹ
③ ㄱ, ㄴ, ㄷ　　④ ㄴ, ㄷ, ㄹ

## 2024년

**76** **투자에 관한 토빈(Tobin)의 $q$이론에 대한 설명으로 옳지 않은 것은?**

① 토빈의 $q$는 자본의 시장가치를 자본의 대체비용으로 나누어 계산할 수 있다.
② 토빈의 $q$가 0보다 큰 기업은 투자를 늘릴 유인이 있다.
③ 기업의 이윤이 증가하면 토빈의 $q$가 상승할 것이다.
④ 실질이자율이 하락하면 토빈의 $q$가 상승할 것이다.

**77** **노동과 자본의 한계생산이 각각 15와 60인 상태에서 재화를 생산하고 있는 어떤 기업 이 현재 생산량 수준을 유지하면서 장기적으로 비용을 최소화하기 위한 선택으로 옳은 것은? (단, 노동과 자본의 가격이 각각 10과 20이며, 등량곡선은 원점에 대해 볼록하다)**

① 노동 투입량을 늘리고 자본 투입량을 줄여야 한다.
② 노동 투입량을 줄이고 자본 투입량을 늘려야 한다.
③ 노동과 자본 투입량을 모두 늘려야 한다.
④ 노동과 자본의 투입량을 현 상태로 유지해야 한다.

**78** **정상재인 어떤 재화의 단기 시장균형 변화에 관한 설명 중 균형가격이 확정적으로 하락하는 조합으로 옳은 것은? (단, 수요곡선은 우하향하며, 공급곡선은 우상향한다)**

| |
|---|
| (가) 기술개발로 생산비용 감소<br>(나) 대체재의 가격 상승<br>(다) 생산요소의 가격 상승<br>(라) 소비자들의 소득 증가 |

① (가)와 (나)　　② (나)와 (다)
③ (다)와 (라)　　④ (라)와 (가)

**79** **어떤 기업의 단기생산함수는 $Q = L$이고, 이 기업은 생산물시장에서 공급독점자이고 노동시장에서는 수요독점자이다. 생산물시장의 수요함수는 $Q = 120 - P$이고, 노동시장의 공급함수는 $L = w/4$일 때, 이 기업의 이윤을 극대화하는 노동 투입량 수준에서의 임금률은? (단, $P$는 가격, $Q$는 수량, $L$은 노동, $w$는 임금률이다)**

① 40　　② 44
③ 48　　④ 52

**80** **시장실패에 관한 설명으로 옳지 않은 것은?**

① 정보의 비대칭성은 시장실패의 원인 중 하나이다.
② 자연독점은 시장실패의 원인 중 하나이다.
③ 시장실패는 정부개입의 필요조건이다.
④ 국민건강보험의 의무가입제도는 도덕적 해이에 따른 시장실패의 문제를 해결할 수 있다.

# 2회 지방직 변형

정답 · 해설 p.143

## 2010년

**01** 현금/통화량비율이 $0.6$이고 예금지급준비율은 $0.5$일 때, 통화승수는?

① $0.75$ ② $1$
③ $1.25$ ④ $2$

**02** 외부성에 대한 설명으로 옳지 않은 것은?

① 코즈정리의 전제는 실현되기 어려운 경우가 많다.
② 소비의 외부불경제가 발생하면 사적편익이 사회적 편익보다 크다.
③ 생산의 외부불경제가 발생하면 사회적최적거래량이 시장균형거래량보다 적다.
④ 타인에게 손해를 끼칠 목적으로 불법행위를 하는 것은 외부불경제의 일종으로 사회적최적생산량보다 과다 생산된다.

**03** $GDP$에 대한 설명으로 옳지 않은 것은?

① 주택 임대료가 상승하면 $GDP$가 증가한다.
② 농부가 자신이 생산한 농산물을 소비하는 것은 $GDP$에 포함된다.
③ 목수가 가구를 만들기 위해 목재를 구입하는 것은 $GDP$에 포함된다.
④ 2016년에 생산된 자동차를 2017년에 판매하면 2017년 $GDP$는 증가하지 않는다.

**04** 고정환율제도를 가정할 때, 옳은 것은?

① 통화정책은 효과가 없다.
② 통화정책의 효과가 재정정책의 효과보다 크다.
③ 정부지출을 늘리면 $BP$곡선이 좌측으로 이동하므로 재정정책의 효과가 크다.
④ 통화량을 증가시키면 외자유출로 인해 환율이 상승하고, 이로 인한 순수출증가로 $IS$곡선이 우측으로 이동한다.

**05** 어떤 국민경제의 단기총공급곡선이 수직이라고 가정할 때, 이로부터 추론해 낼 수 있는 내용으로 옳지 않은 것은?

① 화폐환상이 존재한다.
② 가격변수가 신축적이다.
③ 경제주체들이 합리적 기대를 한다.
④ 재정정책을 실시하면 물가만 상승한다.

## 2011년

**06 비용에 대한 설명으로 옳지 않은 것은?**

① 준지대는 총가변비용이 클수록 커진다.
② 일반적으로 $LTC$는 원점을 통과하나 $STC$는 원점을 통과하지 않는다.
③ 단기에는 총고정비용의 존재 때문에 생산자잉여와 이윤이 같지 않다.
④ $X$재 생산에 있어 기술진보가 발생하면 $Y$재 생산의 기회비용은 증가할 것이다.

**07 주요 학파의 주장에 대한 설명으로 옳지 않은 것은?**

① 케인즈학파는 이자율을 금융정책의 중간목표로 사용한다.
② 예상된 정책은 단기적으로도 효과가 없다는 것이 정책무력성정리이다.
③ 고전학파는 정부지출을 늘리면 총수요곡선이 오른쪽으로 이동한다고 본다.
④ 공급경제학은 근로소득세율을 인하하면 조세수입이 증가할 것이라고 주장한다.

**08 수입대체형전략과 수출주도형전략의 비교로 옳지 않은 것은?**

| | 수입대체형전략 | 수출주도형전략 |
|---|---|---|
| ① 방법 | 보호무역장벽 | 비교우위산업육성 |
| ② 규모의 경제 | 이득 × | 이득 ○ |
| ③ 국내산업구조 | 효율적 | 독과점화 |
| ④ 경제자립도 | 제고 | 저하 |

**09 다음 자료에서 $X$재 시장에 대한 분석 및 추론으로 적절한 것은?**

그림은 갑국과 을국의 $X$재 시장을 나타낸다. 갑국의 $X$재 생산자는 개당 $P_0$ 가격에 $X$재를 무한히 공급할 수 있다. 을국의 $X$재 생산자는 가격에 관계없이 $X$재를 $Q_0$만큼만 공급할 수 있다.

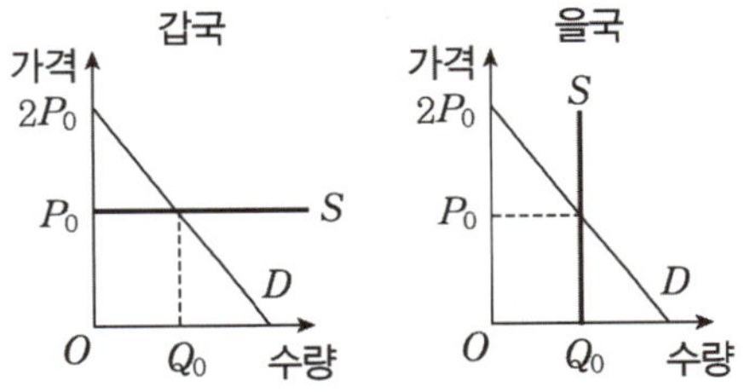


① 갑국의 생산자잉여는 소비자잉여보다 크다.
② 을국의 생산자잉여는 소비자잉여보다 크다.
③ 갑국과 달리 을국의 생산자잉여는 0이다.
④ 을국과 달리 갑국의 소비자잉여는 0이다.

**10 다음은 자본이동이 완전히 자유로운 변동환율제도에서의 재정정책 효과를 설명한 것이다. ㉠~㉣에 들어갈 말을 바르게 나열한 것은? (단, 이 국가는 소규모 개방경제국이다)**

재정지출의 증대 ⇨ 외자 ( ㉠ ) ⇨ 환율 ( ㉡ ) ⇨ 순수출 ( ㉢ ) ⇨ $IS$곡선 ( ㉣ ) 이동

| | ㉠ | ㉡ | ㉢ | ㉣ |
|---|---|---|---|---|
| ① | 유입 | 하락 | 감소 | 좌측 |
| ② | 유입 | 상승 | 증가 | 우측 |
| ③ | 유출 | 하락 | 증가 | 우측 |
| ④ | 유출 | 상승 | 감소 | 좌측 |

## 2012년

**11** **원/달러 환율이 1,200에서 1,000으로 변화하였다. 현재 상황에 대한 설명으로 옳지 않은 것은?**

① 미국산 수입 농산물의 국내 가격은 상승할 것이다.
② 국내 기업의 대미 수출품 가격경쟁력이 약화될 것이다.
③ 같은 시기에 원/엔 환율이 상승하였다면 가치상승정도는 엔화가 제일 크다.
④ 빅맥지수가 1,100으로 고정이라면, 이전 시기와 달리 원화가 고평가 되고 있는 것이다.

**12** **솔로우성장모형에서 $A$국의 인구증가율이 $B$국의 인구증가율보다 높을 때, 균제상태(steady state)에서의 $A$국과 $B$국에 대한 설명으로 옳지 않은 것은? (단, 두 나라의 생산기술, 기술진보율, 저축률 등 다른 여건은 동일하다)**

① $A$국의 자본증가율이 $B$국보다 높다.
② $A$국의 일인당 자본량이 $B$국보다 적다.
③ $A$국의 일인당 국민소득이 $B$국보다 적다.
④ $A$국의 일인당 국민소득 증가율이 $B$국보다 낮다.

**13** **$A$은행의 지급준비대상예금이 80조 원, 시재금이 5조 원이고 법정지급준비율이 25%라면 $A$은행의 지급준비 예치금은? (단, 초과지급준비율은 0%이다)**

① 15조 원
② 20조 원
③ 50조 원
④ 75조 원

**14** **소득분배지수에 대한 설명으로 옳지 않은 것은?**

① 오분위배율이 1에 가까울수록 평등한 사회이다.
② 십분위분배율이 1에 가까울수록 평등한 사회이다.
③ 지니계수는 특정 계층의 소득분배상태를 나타내지 못한다.
④ 갑국에서 원점을 지나는 우상향의 직선인 그래프로 소득세율을 정하고 있다면, 갑국의 소득세제는 소득재분배 기능을 수행할 것이다.

**15** **물가지수에 대한 설명으로 옳은 것은?**

① $GDP$ 디플레이터는 실질 $GDP$를 명목 $GDP$로 나누어 측정한다.
② 소비자물가지수는 수입품 가격을 제외하고, 통계청이 작성한다.
③ 소비자물가지수와 생산자물가지수는 모두 물가변화를 과대평가한다.
④ 2017년도의 물가지수가 130이면 2016년도 대비 물가상승률이 30%이다.

# 2013년

**16** ㉠ ~ ㉢에 들어갈 내용으로 옳은 것은?

> 중앙은행이 경제성장을 위한 금융정책을 실시하려고 한다. 일반적인 $IS-LM$모형을 가정할 때, $IS$곡선의 기울기가 ( ㉠ )(일)수록, $LM$곡선의 기울기가 ( ㉡ )(일)수록 정책의 유효성이 커진다. 만일 피구효과가 존재한다면 ( ㉢ )곡선의 우측이동으로 유동성함정하에서도 금융정책이 유효함을 보여준다.

| | ㉠ | ㉡ | ㉢ |
|---|---|---|---|
| ① | 완만할 | 급경사 | $IS$ |
| ② | 급경사 | 완만할 | $IS$ |
| ③ | 완만할 | 급경사 | $LM$ |
| ④ | 급경사 | 완만할 | $LM$ |

**17** 기울기에 대한 설명으로 옳은 것은?

① 통화량이 증가하면 $AD$곡선이 완만해진다.
② 환율이 상승하면 $IS$곡선이 완만해진다.
③ 예상물가수준이 상승하면 $AS$곡선이 가팔라진다.
④ 마샬 $k$가 작을수록 $LM$곡선이 완만해진다.

**18** $A$시는 사립학교 설립으로 인근 상권의 활성화에 기여하고 있는 $B$재단에 보조금을 지급하기로 하였다. 보조금 지급 이후의 상황에 대한 설명으로 옳지 않은 것은?

① 교육비가 보조금 지급 전보다 하락할 것이다.
② 보조금 지급으로 인해 자원배분이 불합리해진다.
③ 과수원 주인과 양봉업자 간의 갈등도 동일한 방법으로 해결할 수 있다.
④ 사적한계비용이 사회적한계비용보다 크기 때문에 생긴 문제를 해결할 수 있다.

**19** 이윤극대화를 추구하는 어느 독점기업의 한계비용은 9이고, 시장에서 수요의 가격탄력성은 2.5이다. 현재의 시장가격과, 정액세를 3만큼 부과할 경우의 시장가격으로 알맞은 것은?

| | 현재의 시장가격 | 정액세 부과 이후 시장가격 |
|---|---|---|
| ① | 15 | 15 |
| ② | 30 | 30 |
| ③ | 30 | 33 |
| ④ | 15 | 20 |

**20** 생산요소가 노동 하나뿐인 $A$국과 $B$국은 소고기와 의류만을 생산한다. 소고기 1단위와 의류 1단위 생산에 필요한 노동투입량이 다음과 같을 때, 무역이 발생하기 위한 의류에 대한 소고기의 상대가격의 조건은?

| 구분 | $A$ | $B$ |
|---|---|---|
| 소고기 1단위 | 1 | 2 |
| 의류 1단위 | 4 | 10 |

① $1 \leq \frac{P_{소고기}}{P_{의류}} \leq 4$

② $2 \leq \frac{P_{소고기}}{P_{의류}} \leq 10$

③ $0.2 \leq \frac{P_{소고기}}{P_{의류}} \leq 0.25$

④ $0.25 \leq \frac{P_{소고기}}{P_{의류}} \leq 4$

## 2014년

**21** **다음은 불평등지수에 대한 설명이다. ㉠ ~ ㉢에 들어갈 말로 알맞은 것은?**

> • 지니계수가 ( ㉠ )에 가까울수록, 소득불평등 정도가 크다.
> • 십분위분배율이 ( ㉡ )에 가까울수록, 소득불평등 정도가 크다.
> • 오분위배율이 ( ㉢ )에 가까울수록, 소득불평등 정도가 크다.

| | ㉠ | ㉡ | ㉢ |
|---|---|---|---|
| ① | 0 | 2 | 1 |
| ② | 0 | 2 | ∞ |
| ③ | 1 | 0 | 1 |
| ④ | 1 | 0 | ∞ |

**22** **어떤 독점기업의 생산비용함수가 $C=10Q^2+200Q$이고, 수요함수가 $P=2{,}000-50Q$일 때, 이윤극대화 가격이 결정되는 수요곡선상 점에서의 탄력도는? (단, $C$는 생산비용, $Q$는 생산량, $P$는 가격을 나타낸다)**

① $\frac{5}{3}$

② $\frac{3}{5}$

③ $\frac{7}{3}$

④ $\frac{3}{7}$

**23** **일반균형에 대한 설명으로 옳지 않은 것은?**

① 후생경제학 제2정리는 예외적인 정부개입의 가능성을 시사한다.

② $MRTS_{LK}^{X}=MRTS_{LK}^{Y}$이면 종합적인 산출물구성의 파레토효율성이 충족된다.

③ 생산가능곡선상의 모든 점은 생산이 파레토효율적으로 이루어지는 점들이다.

④ $MRS_{XY}^{A}>MRS_{XY}^{B}$일 때, 교환을 통해 $A$와 $B$의 효용이 증가할 수 있다.

**24** **$A$국은 노동과 자본만을 사용하여 노동집약재와 자본집약재를 생산하며 자본에 비해 상대적으로 노동이 풍부한 나라다. 스톨퍼 - 사무엘슨정리를 따를 때, 자유무역 후의 $A$국 상황에 대한 설명으로 옳은 것은?**

① 자본의 실질소득이 상승한다.

② 노동집약재의 상대가격이 상승한다.

③ 생산요소시장에서 자본에 대한 수요가 증가한다.

④ 관세를 부과하게 되면, 생산요소시장에서 노동에 대한 수요가 증가한다.

**25** **어느 폐쇄경제국가에서 재화의 수요함수와 공급함수가 다음과 같고, 현재는 아무런 규제가 존재하지 않는다. 정부가 정책을 시행하게 될 경우에 대한 설명으로 옳지 않은 것은?**

> • $Q_d=210-P$
> • $Q_s=2P$

① 정부규제가 없는 상황에서 사회적잉여는 14,700이다.

② 최저가격을 60으로 규제한다면, 초과공급량은 30이다.

③ 최고가격을 50으로 규제한다면, 초과수요량은 60이다.

④ 국제시장의 가격이 100인 상황에서 정부가 시장을 개방한다면, 90만큼 수출하게 된다.

## 2015년

**26 탄력성에 대한 설명으로 옳지 않은 것은?**

① 정량구매 시 가격변화율과 판매수입변화율이 같다.
② 공급곡선이 수평선일 때는 모든 점이 완전탄력적이다.
③ 보몰의 재고이론에서 화폐수요의 소득탄력성은 $\frac{1}{2}$ 이다.
④ 수요곡선이 우하향하는 직선일 때, 수요의 가격탄력성이 1보다 큰 구간에서는 가격상승 시 수입이 증가한다.

**27 $A$가 선물 받은 복권이 100달러에 당첨될 확률은 0.9이고 900달러에 당첨될 확률은 0.1이다. $A$의 효용함수가 $U=Y^{0.5}$일 때, 현재 상황에 대한 설명으로 옳지 않은 것은? (단, $U$는 효용의 크기, $Y$는 당첨금액이다)**

① 확실성등가는 144달러이다.
② 위험프리미엄은 36달러이다.
③ 기대치의 효용은 기대효용보다 낮다.
④ 친구인 $B$가 145달러와 복권을 바꾸자고 하면, $A$는 무조건 거래에 응한다.

**28 산업간무역이론에 대한 설명으로 옳지 않은 것은?**

① 무역 분쟁의 소지가 크다.
② 절대적 생산비가 낮은 재화를 특화하여 생산한다.
③ 선진국과 후진국 간의 무역을 설명하기에 적합하다.
④ 산업내무역에 비해 제품차별화의 중요성이 떨어진다.

**29 화폐수요에 대한 설명으로 옳은 것은?**

① 신화폐수량설에 따르면 화폐수요는 항상소득의 증가함수이다.
② 다른 조건이 일정할 때, 물가상승률이 3%이고 명목소득증가율이 10%이면 통화공급증가율은 7%이다.
③ 프리드만은 화폐를 일종의 재고로 보고 화폐보유의 총비용이 극소화되도록 화폐수요의 크기를 결정한다고 보았다.
④ 토빈의 자산선택이론에 따르면, 소득효과가 대체효과보다 크기 때문에 투기적 동기의 화폐수요는 이자율의 감소함수이다.

**30 필립스곡선에 대한 설명으로 옳은 것은?**

① 특정한 상황에서 필립스곡선은 우상향으로 나타나기도 한다.
② 기대인플레이션율이 상승하면, 필립스곡선상의 점이 좌상향으로 이동한다.
③ 새고전학파는 실업률 이력현상 때문에 재량적 안정화 정책이 필요하다고 주장한다.
④ 총공급곡선의 이동으로 인플레이션율과 실업률이 반비례인 필립스곡선을 도출할 수 있다.

## 2016년

**31** $GDP$**에 대한 설명으로 옳지 않은 것은?**

① $GDP$ 디플레이터는 물가변화를 과소평가하는 경향이 있다.

② $GDP$는 소득분배 상황을 정확히 파악할 수 없다는 한계가 있다.

③ $GNI$는 $GDI$와 실질무역손익, 해외순수취요소소득의 합으로 나타낼 수 있다.

④ 최종생산물의 시장가치는 '민간소비지출 + 민간총투자 + 정부지출 + 순수출'과 사후적으로 같다.

**32** $A$**국가는 옥수수 1kg을 생산하기 위해 노동 3단위, 모자 1개를 생산하기 위해 노동 4단위가 필요하다. 한편** $B$**국가는 옥수수 1kg을 생산하기 위해 노동 1단위, 모자 1개를 생산하기 위해 노동 2단위가 필요하다. 이에 대한 설명으로 옳지 않은 것은?**

① $A$국은 모자를 생산하는 데 비교우위를 가지고 있다.

② $A$국의 옥수수 1kg 생산의 기회비용은 모자 $\frac{3}{4}$개이다.

③ $B$국은 모자와 옥수수를 생산하는 데 절대우위를 가지고 있다.

④ 양국이 손해를 보지 않는 교역조건은 '옥수수 $\frac{1}{2}$kg ≤
모자 1개 ≤ 옥수수 $\frac{3}{4}$kg'이다.

**33** $BP$**곡선 및 개방경제에 대한 설명으로 옳지 않은 것은?**

① $BP$곡선의 상방은 국제수지적자를 의미한다.

② 자본이동성이 클수록 $BP$곡선은 완만해진다.

③ 완전자본이동을 전제한다면, 변동환율제도하에서 재정정책을 사용하면 결론적으로 $IS$곡선에 변화가 없다.

④ 시장개방 전, $A$국이 국제가격보다 국내가격이 낮은 재화를 생산하고 있다면 개방 후 $A$국의 생산자잉여는 증가할 것이다.

**34** **사회보장제도에 대한 설명으로 옳은 것은?**

① 정부는 목적달성 측면에서 가격보조보다 현물보조 정책을 선호한다.

② 현금보조를 실시할 경우의 소비자의 후생수준은 현물보조를 실시할 경우보다 항상 높다.

③ 현금보조를 실시하면 예산선이 우측으로 평행이동하고, 현물보조를 실시하면 예산선이 바깥쪽으로 평행이동한다.

④ 정부가 쌀을 지급하는 정책을 취하다가 동일한 가치의 현금을 지급하기로 정책을 바꾸게 되면, 기존보다 쌀 소비량이 적어질 수 있다.

**35** **중앙은행이 통화공급량을 감소하기로 결정하였다. 경제 전반에 미칠 영향에 대한 설명으로 옳지 않은 것은?**

① 채권자에 비해 채무자가 불리한 상황이다.

② 자국의 통화가치가 상승하므로 수출기업은 유리해질 것이다.

③ 중앙은행은 현재 경기가 과열되는 양상을 보인다고 판단했을 것이다.

④ 통화공급이 이자율에 민감하다면 중앙은행의 결정이 시장에 미치는 영향이 작아질 것이다.

## 2017년

**36** **시장실패(market failure)에 대한 설명으로 옳은 것은?**

① 생산의 외부불경제 발생 시 기업의 사적 한계비용이 사회적 한계비용보다 높다.

② 공유지의 비극은 일반적으로 비경합적이고 비배제적인 재화의 특징 때문에 발생한다.

③ 코즈정리는 시장실패에 대한 자발적인 해결 가능성을 제시하나, 협상능력의 차이라는 한계가 있다.

④ 생산의 외부경제 발생 시 한 기업의 생산 활동이 다른 경제주체의 후생을 변화시키고, 이에 대하여 적절한 보상이 이루어진다.

**37** **대체효과와 소득효과의 방향이 반대인 재화 $X$가 있다. $X$재의 수요곡선에 대한 설명으로 옳지 않은 것은?**

① $X$재의 보상수요곡선은 우하향하는 형태이다.

② $X$재 소비자의 실질소득이 증가하면 $X$재 소비가 줄어든다.

③ $X$재의 가격효과가 (−)라면, 통상수요곡선의 기울기가 보상수요곡선의 기울기보다 가파르다.

④ 대체효과의 절댓값이 소득효과의 절댓값보다 큰 경우에 $X$재는 일반적인 수요법칙을 따르지 않는다.

**38** **실업률과 고용률에 대한 설명으로 옳은 것은?**

① 대학을 졸업하고 유학을 준비 중인 $A$는 실업자이다.

② 직업탐색이론에 따르면, 실업보험이 축소되면 실업률이 상승한다.

③ 고용률이 감소하고 경제활동참가율이 증가할 때, 실업률은 감소한다.

④ 어느 도시의 15세 이상 인구 100만 명 중 경제활동인구가 80만 명, 실업자가 30만 명이라면, 이 도시의 취업률은 62.5%이다.

**39** **무역이론과 그에 대한 설명을 연결한 것으로 가장 알맞은 것은?**

① 절대우위론: 한 나라가 두 재화 생산에 모두 절대우위가 있는 경우에 발생하는 무역을 설명할 수 없다.

② 헥셔 - 오린정리: 자유무역하에서는 특화재에 집약적으로 사용되는 생산요소 소득이 증가한다.

③ 스톨퍼 - 사무엘슨정리: 리카르도의 비교우위론이 설명하지 못했던 비교우위의 발생원인을 요소부존의 차이로 설명한다.

④ 립진스키정리: 어떤 생산요소 부존량이 증가하면 그 요소를 집약적으로 사용하는 재화 생산량은 감소하고 다른 재화 생산량은 증가한다고 본다.

**40** **확장적 재정정책에 대한 설명으로 옳지 않은 것은?**

① 폐쇄경제 상황에서 총생산은 증가하고, 금리는 상승한다.

② 투자수요의 이자율 탄력성이 작을수록 확장적 재정정책의 효과가 크다.

③ 자본이동이 불가능한 변동환율제도를 전제로 할 경우, 재정정책은 효과가 없다.

④ 가처분소득이 1원 증가할 때 소비증가율이 클수록 $IS$곡선의 기울기가 완만해진다.

## 2018년

**41** 다음은 가계, 기업, 정부로 구성된 케인즈모형이다. 이때 투자지출은 $120$으로, 정부지출은 $220$으로, 조세수입은 $a$로 각각 증가할 경우 균형국민소득은 $10$만큼 증가했다면 $a$는?

- 소비함수: $C=0.75(Y-T)+200$
- 투자지출: $I=100$
- 정부지출: $G=200$
- 조세수입: $T=200$

① 250 ② 300
③ 350 ④ 400

**42** 돈 1만 원을 갑, 을 두 명이 나눠 가져야 한다. 갑의 몫을 $x$, 을의 몫을 $y$라 한다면 갑과 을의 효용함수는 각각 $u(x)=\sqrt{x}$, $v(y)=2\sqrt{y}$이다. 이때 공리주의적 가치판단에 의한 최적 배분하 효용으로 옳은 것은?

① $100\sqrt{4}$원 ② $100\sqrt{5}$원
③ $100\sqrt{6}$원 ④ $100\sqrt{7}$원

**43** 단기적으로 $a$개의 기업이 존재하는 완전경쟁시장이 있다. 모든 기업은 동일한 총비용함수 $TC(q)=q^2$을 가진다고 할 때, 시장공급함수($Q$)가 $Q=50P$이면, 완전경쟁시장에서 개별기업의 수 $a$는? (단, $P$는 가격이고 $q$는 개별기업의 공급량이며, 생산요소의 가격은 불변이다)

① 100 ② 200
③ 300 ④ 400

**44** 큰 기업인 $A$와 다수의 작은 기업으로 구성된 시장이 있다. 작은 기업들의 공급함수를 모두 합하면 $S(p)=\frac{P}{2}$, 시장의 수요곡선은 $D(p)=30-\frac{P}{2}$, $A$의 비용함수는 $c(Q)=\frac{Q^2}{2}$이다. 이때 $A$의 균형가격($p$)은? (단, $Q$는 $A$의 생산량이다)

① 10 ② 20
③ 30 ④ 40

**45** 어느 경제의 총생산함수는 $Y=AL^{\frac{1}{3}}K^{\frac{2}{3}}$이다. 솔로우 잔차(Solow residual)가 $2\%$, 노동증가율이 $3\%$, 자본증가율이 $3\%$라면 실질 $GDP$ 증가율은? (단, $Y$는 실질 $GDP$, $A$는 기술수준, $L$은 노동, $K$는 자본이다)

① 2% ② 5%
③ 6% ④ 12%

## 2019년

**46** 재화 1단위당 세금을 4만큼 부과했더니, 균형수량이 2,000에서 1,700으로 감소하였다. 이 경우 조세부과로 인한 경제적 순손실은? (단, 수요곡선은 우하향하는 직선이고, 공급곡선은 우상향하는 직선이다)

① 200 ② 400
③ 600 ④ 1,200

**47** 헥셔 - 올린정리에 대한 설명으로 옳지 않은 것은?

① 무역 후 생산요소의 상대가격은 균등화되지만 절대가격은 균등화되지 않는다.
② 무역 후 생산요소의 결합비율이 균등화된다.
③ 두 나라의 생산함수는 모두 수확체감의 법칙이 성립한다.
④ 두 나라의 생산요소는 질적 차이가 존재하지 않는다고 가정한다.

**48** $X$, $Y$ 두 종류의 재화가 있다. $Y$재 수요의 가격탄력성은 1.4이고, $Y$재 가격이 1% 상승할 때 $Y$재 수요량은 2.8% 감소한다고 한다. 램지원칙에 따라 과세하는 경우 $Y$재 세율이 10%일 때, $X$재의 최적 세율은?

① 0.5% ② 5%
③ 7% ④ 20%

**49** 한 국가의 총생산함수는 $Y = AL^{\frac{1}{3}}K^{\frac{2}{3}}$이고, 1인당 자본량의 변동은 $\triangle k = (1-b)y - \delta k$라고 할 때, 생산물 시장의 균형조건이 $Y = C + I$이며, 소비함수는 $C = bY$, $0 < b < 1$인 솔로우 성장모형에서 황금률 수준의 소비율 $b$는? (단, $Y$는 총생산량, $L$은 인구(노동량), $K$는 자본량, $A$는 기술수준, $y$는 1인당 생산량, $k$는 1인당 자본량, $C$는 소비, $I$는 투자, $b$는 소비율, $\delta$는 감가상각률을 의미한다)

① $\frac{1}{9}$ ② $\frac{1}{3}$
③ $\frac{4}{9}$ ④ $\frac{2}{3}$

**50** $A$국가의 경제주체들은 화폐를 현금과 예금으로 절반씩 보유한다. 또한 상업은행의 지급준비율은 10%이다. $A$국의 중앙은행이 본원통화를 증가시켰을 때 $A$국의 통화량이 800만 원만큼 증가하였다면 본원통화의 증가분은?

① 110만 원 ② 220만 원
③ 440만 원 ④ 880만 원

## 2020년

**51** **미국산 연필은 1달러, 중국산 연필은 2위안, 미국과 중국의 화폐 교환비율은 1달러당 $a$위안이다. 이때 미국 연필당 중국 연필로 표시되는 실질환율이 2.5이면, $a$는? (단, 미국산 연필과 중국산 연필은 완벽하게 동일하다)**

① 3　　② 4
③ 5　　④ 6

**52** **이자율의 기간구조에 대한 설명으로 옳지 않은 것은?**

① 만기가 서로 다른 채권들이 완전대체재일 경우 유동성 프리미엄이 0에 가까워지더라도 양(+)의 값을 갖는다.
② 기대이론에 의하면, 장기채권과 단기채권 간 완전대체재 관계로 본다.
③ 유동성 프리미엄 이론에 따르면 유동성 프리미엄은 항상 양(+)의 값을 갖고 만기가 길어질수록 커지는 경향을 보인다.
④ 유동성 프리미엄 이론에 의하면, 장기채권과 단기채권 간 불완전대체재 관계로 본다.

**53** **공공사업 $A$에 투입할 100억 원의 자금 중에서 40억 원은 민간부문의 투자에 사용될 자금이었고, 60억 원은 민간부문의 소비에 사용될 자금이었다. 이 공공사업을 평가하기 위한 사회적 할인율(social discount rate)은? (단, 민간부문 투자의 세전 수익률과 세율은 각각 20%와 50%이다)**

① 11%　　② 12%
③ 13%　　④ 14%

**54** **교역재인 자동차와 비교역재인 돌봄서비스만을 생산하는 갑국과 을국의 생산량과 가격은 다음과 같다. 표준적 소비바구니를 대상으로 한 구매력평가(purchasing power parity) 반영 환율은? (단, 교역재와 비교역재를 모두 포함한 표준적 소비바구니(consumption basket)는 자동차 1대와 돌봄서비스 10회로 구성된다)**

| 구분 / 국가 | 자동차 | | 돌봄서비스 | |
|---|---|---|---|---|
| | 1인당 생산량(대) | 가격 | 1인당 생산량(대) | 가격 |
| 갑 | 10 | 10 | 100 | 2 |
| 을 | 1 | 10 | 10 | 1 |

① 갑국 통화 1단위에 대해 을국 통화 2단위이다.
② 갑국 통화 3단위에 대해 을국 통화 2단위이다.
③ 갑국 통화 2단위에 대해 을국 통화 3단위이다.
④ 갑국 통화 5단위에 대해 을국 통화 4단위이다.

**55** **상품 $A$의 수요함수를 추정하기 위해서 다음과 같은 모형을 구성했다. 분석 결과로 $\beta_2$가 $-0.0123$로 추정되었을 때 이에 대한 설명으로 옳은 것은? (단, $Q^d$는 수요량, $P$는 가격, $\epsilon$은 오차항이다)**

$$\ln Q^d = \beta_1 + \beta_2 \ln P + \epsilon$$

① 가격 $P$가 1% 상승하면, 수요량 $Q^d$가 1.23% 감소한다.
② 가격 $P$가 1% 상승하면, 수요량 $Q^d$가 0.0123% 감소한다.
③ 가격 $P$가 1% 포인트 상승하면, 수요량 $Q^d$가 1.23% 포인트 감소한다.
④ 가격 $P$가 1% 포인트 상승하면, 수요량 $Q^d$가 0.0123% 포인트 감소한다.

## 2021년

**56** 다음 성장회계(growth accounting)식에서 노동자 1인당 $GDP$증가율이 $4\%$, 노동자 1인당 자본증가율이 $6\%$일 때, 총요소생산성증가율은?

> 성장회계식: $\frac{\Delta Y}{Y} = \frac{\Delta A}{A} + \frac{1}{3}\frac{\Delta K}{K} + \frac{2}{3}\frac{\Delta L}{L}$
>
> (단, $\frac{\Delta Y}{Y}$, $\frac{\Delta A}{A}$, $\frac{\Delta K}{K}$, $\frac{\Delta L}{L}$은 각각 $GDP$증가율, 총요소생산성증가율, 자본증가율, 노동자증가율이다)

① $1\%$　② $2\%$
③ $3\%$　④ $4\%$

**57** $A$국 경제의 인구와 기술 수준은 고정되어 있다. 안정상태(steady state)에서 자본의 한계생산물은 $0.125$, 감가상각률은 $0.1$이다. 현재 안정상태의 자본량에 대한 설명으로 옳은 것은? (단, 표준적인 솔로우모형이다)

① 황금률수준(golden rule level)의 자본량보다 많다.
② 황금률수준의 자본량보다 적다.
③ 황금률수준의 자본량과 동일하다.
④ 황금률수준의 자본량보다 많을 수도 적을 수도 있다.

**58** $A$국에서 어느 재화의 수요곡선은 $Q_d = 280 - 3P$이고, 공급곡선은 $Q_s = 10 + 7P$이다. A국 정부는 이 재화의 가격상한을 $20$원으로 설정하였고, 이 재화의 생산자에게 보조금을 지급하여 공급량을 수요량에 맞추고자 한다. 이 조치에 따른 단위당 보조금은? (단, $P$는 이 재화의 단위당 가격이다)

① $10$원　② $12$원
③ $14$원　④ $16$원

**59** 어느 재화의 시장에서 가격수용자인 기업의 비용함수는 $C(Q) = 5Q + \frac{Q^2}{80}$이며, 이 재화의 판매가격은 $85$원이다. 이 기업이 이윤극대화를 할 때, 생산량과 생산자잉여의 크기는? (단, $Q$는 생산량이며, 회수가능한 고정비용은 없다고 가정한다)

| | 생산량 | 생산자잉여 |
|---|---|---|
| ① | 3,000 | 128,000 |
| ② | 3,000 | 136,000 |
| ③ | 3,200 | 128,000 |
| ④ | 3,200 | 136,000 |

**60** 다음은 먼델-플레밍모형을 이용하여 고정환율제도를 취하고 있는 국가의 정책 효과에 대해서 설명한 것이다. ㉠과 ㉡을 바르게 연결한 것은?

> 정부가 재정지출을 ( ㉠ )하면 이자율이 상승하고 이로 인해 해외로부터 자본 유입이 발생한다. 외환 시장에서 외화의 공급이 증가하여 외화 가치가 하락하고 환율의 하락 압력이 발생한다. 하지만 고정환율제도를 가지고 있기 때문에 환율이 변할 수는 없다. 결국 환율을 유지하기 위해 중앙은행은 외화를 ( ㉡ )해야 한다.

| | ㉠ | ㉡ |
|---|---|---|
| ① | 확대 | 매입 |
| ② | 확대 | 매각 |
| ③ | 축소 | 매입 |
| ④ | 축소 | 매각 |

## 2022년

**61** **두 재화에 대한 소비자의 선호를 나타내는 무차별곡선에서 한 재화의 가격 변화 효과는 소득효과와 대체효과로 나타난다. 이에 대한 설명으로 옳지 않은 것은? (단, 무차별곡선은 우하향하며, 원점에 대해 볼록하다)**

① 열등재와 정상재의 가격효과는 모두 음(−)이다.
② 정상재의 가격 변화에 대한 소득효과는 음(−)이다.
③ 기펜재의 가격 변화에 대한 대체효과는 음(−)이다.
④ 기펜재의 가격 변화에 대한 가격효과는 음(−)이다.

**62** **$X$재의 한계효용은 $y$이고 $Y$재의 한계효용은 $x$이며, 예산선은 $E=2P_X \cdot x+P_Y \cdot y$로 주어져 있다. 이때 $X$재의 수요함수는? (단, $E$는 소득, $P_X$는 $X$재의 가격, $P_Y$는 $Y$재의 가격, $x$는 $X$재의 소비량, $y$는 $Y$재의 소비량이다)**

① $x=\frac{E}{2P_X}$  ② $x=\frac{E}{3P_X}$
③ $x=E-\frac{1}{2}P_X$  ④ $x=\frac{E}{2P_X+P_Y}$

**63** **甲국의 명목 $GDP$는 800, 실질 $GDP$는 200, 요구불예금은 100, 현금통화비율은 0.6일 때, 甲국 경제의 물가 수준과 화폐유통속도를 바르게 연결한 것은? (단, 물가 수준은 $GDP$ 디플레이터이고, 현금통화비율은 요구불예금 대비 현금 비중이다)**

| | 물가 수준 | 화폐유통속도 |
|---|---|---|
| ① | 200 | 4 |
| ② | 200 | 5 |
| ③ | 400 | 4 |
| ④ | 400 | 5 |

**64** **甲국과 乙국에서 $X$재를 독점 생산하는 기업이 있다. $X$재에 대한 수요의 가격탄력성은 甲국에서 3이고 乙국에서 5이다. 이 기업이 甲국에서 $X$재를 2,400에 판매하고 있다면, 乙국에서의 판매가격은? (단, 국가 간 차익거래는 없다)**

① 1,600  ② 2,000
③ 2,400  ④ 2,800

**65** **$IS-LM$ 모형에서 $IS$곡선과 $LM$곡선에 대한 설명으로 옳은 것은? (단, $IS$곡선은 우하향하며, $LM$곡선은 우상향한다)**

① $IS$곡선의 기울기는 한계저축성향이 클수록 완만하다.
② $IS$곡선의 기울기는 개방경제보다 폐쇄경제에서 더 가파르다.
③ 투기적 화폐수요를 중시하는 케인즈학파는 $LM$곡선이 수직선의 형태를 띤다고 주장하였다.
④ 화폐공급이 외생적으로 결정될 때보다 이자율에 대한 증가함수일 때, $LM$곡선의 기울기는 더 완만하다.

## 2023년

**66** 열등재에 대한 설명으로 옳지 않은 것은?

① 소득 증가는 수요량을 감소시킨다.
② 대체효과는 음(−)의 값을 가진다.
③ 소득효과는 양(+)의 값을 가진다.
④ 가격 변화 시의 대체효과보다 소득효과가 크다.

**67** 어느 기업의 생산함수가 $Q=2L^2K^3$으로 주어져 있다. 임금과 임대료가 각각 8 및 6일 때, 비용을 최소화하는 노동과 자본의 최적 투입 비율은? (단, $L$은 노동이고, $K$는 자본이다)

① 노동을 자본의 2배 투입
② 노동을 자본의 4배 투입
③ 자본을 노동의 2배 투입
④ 자본을 노동의 4배 투입

**68** 독점적 경쟁시장에 대한 설명으로 옳은 것만을 모두 고르면?

> ㄱ. 장기균형 상태에서 기업들은 초과이윤을 얻는다.
> ㄴ. 기업들은 대체성이 높지만 이질적인 상품을 생산한다.
> ㄷ. 기업들은 단기적으로 한계비용과 한계수입이 일치하는 점에서 이윤극대화 생산량을 결정한다.
> ㄹ. 단기적으로는 진입장벽이 존재하지 않지만, 장기적으로는 진입장벽이 존재한다.

① ㄱ, ㄴ　　② ㄱ, ㄹ
③ ㄴ, ㄷ　　④ ㄷ, ㄹ

**69** 수요함수가 $Q=160-4P$로 주어져 있을 때, 판매수입을 극대화시키는 $P$의 값은? (단, $P$는 가격이고, $Q$는 수량이다)

① 10　　② 15
③ 20　　④ 25

**70** 갑국의 총생산함수는 $Y=AK^{0.2}L^{0.8}$이다. 갑국의 경제성장률이 5.2%일 때, 자본증가율이 5%, 노동증가율이 4%라면, 갑국의 총요소생산성 증가율은? (단, $Y$는 총생산, $A$는 총요소생산성, $K$는 자본, $L$은 노동이다)

① 0.5%　　② 1.0%
③ 1.5%　　④ 2.0%

## 2024년

**71** 어느 독점기업은 $X$재를 생산하기 위해 공장 두 곳을 운영하고 있고, 제1공장과 제2공장의 한계비용함수는 각각 $MC_1 = 100 + 4Q_1$, $MC_2 = 360 + 2Q_2$이다. 이 기업이 두 공장에서 $X$재를 140단위 생산하고자 할 때, 제1공장과 제2공장의 생산량을 바르게 연결한 것은? (단, $Q_1$과 $Q_2$는 각각 제1공장과 제2공장의 $X$재 생산량이다)

| | $Q_1$ | $Q_2$ |
|---|---|---|
| ① | 60 | 60 |
| ② | 70 | 70 |
| ③ | 80 | 80 |
| ④ | 90 | 90 |

**72** 완전경쟁시장에서 어느 기업의 비용함수는 $TC = 2Q^2 + 128$이다. 이 기업의 장기균형에서의 가격과 생산량을 바르게 연결한 것은? (단, $Q$는 생산량을 의미한다)

| | 가격 | 생산량 |
|---|---|---|
| ① | 32 | 8 |
| ② | 32 | 16 |
| ③ | 40 | 8 |
| ④ | 40 | 16 |

**73** 동질적 재화를 생산하는 두 기업만 존재하는 복점시장의 역수요함수는 $P = 100 - Q$이다. 두 기업의 한계비용이 $MC_1 = MC_2 = 10$의 조건을 만족할 때, 꾸르노균형에서의 시장생산량과 완전담합에서의 시장생산량을 바르게 연결한 것은? (단, $Q$는 두 기업의 생산량의 합이고, $P$는 시장가격이다)

| | 꾸르노균형($Q$) | 완전담합($Q$) |
|---|---|---|
| ① | 45 | 30 |
| ② | 45 | 45 |
| ③ | 60 | 30 |
| ④ | 60 | 45 |

**74** 정상재인 $X$에 대한 수요함수는 $Q = 1,200 - 4P$이다. $X$의 수요에 대한 가격탄력성이 1일 때의 가격은? (단, $Q$는 수요량이고, $P$는 가격이다)

① 100  ② 150
③ 200  ④ 250

**75** 어느 소비자의 $X$재와 $Y$재에 대한 효용함수는 $U(x,y) = x^{0.6}y^{0.3}$이다. 소비자의 소득은 48이고, $X$재와 $Y$재의 가격은 각각 48이라고 할 때, 이 소비자의 $X$재와 $Y$재에 대한 최적의 소비량을 바르게 연결한 것은? (단, $x$와 $y$는 각각 $X$재와 $Y$재에 대한 소비량이고, 소득은 $X$재와 $Y$재에 모두 소비된다)

| | $X$재 소비량 | $Y$재 소비량 |
|---|---|---|
| ① | 3 | 12 |
| ② | 4 | 8 |
| ③ | 5 | 4 |
| ④ | 6 | 0 |

# 3회 서울시 변형

정답 · 해설 p.158

## 2013년

**01** $GDP$에 대한 설명으로 옳지 않은 것은?

① 환경오염으로 인해 사회적인 비용이 발생하더라도 $GDP$는 감소하지 않는다.
② 한국에서 일하던 외국인 노동자가 실직하여 자국으로 돌아가면 한국의 $GDP$는 감소한다.
③ 2016년도에 생산된 자동차가 2017년도에 판매되면, 2016년도 $GDP$가 감소하고 2017년도 $GDP$가 증가한다.
④ 한국 기업이 중국에 공장을 세우고 중국인 노동자와 한국인 노동자를 고용하면 한국의 $GNI$는 증가한다.

**02** 탄력성과 관련된 다음의 설명 중에서 옳지 않은 것은?

① 등량곡선이 우하향의 직선인 경우, 대체탄력성은 1이다.
② 수요의 교차탄력성의 부호가 (+)이면 두 재화는 대체관계이다.
③ 독점기업은 수요의 가격탄력성이 1보다 큰 구간에서 생산한다.
④ 보조금을 지급할 때, 생산자보다 소비자의 탄력성이 크다면 보조금으로 인한 혜택은 생산자가 더 많이 받는다.

**03** 시장실패에 대한 설명으로 옳지 않은 것은?

① 중고차 시장에서 발생하는 시장실패는 감춰진 특성으로 인한 것이다.
② 오염배출권거래제도는 외부효과를 해결하기 위한 간접규제장치이다.
③ 소비의 외부경제는 사적한계편익이 사회적한계편익보다 작기 때문에 발생한다.
④ 공공재의 적정공급조건은 $MB_A = MB_B = MC$ 혹은 $MRS_{XY}^A = MRS_{XY}^B = MRT_{XY}$이다.

**04** 화폐시장에 대한 설명으로 옳지 않은 것은?

① 현금통화비율이 작을수록 통화승수가 크다.
② 케인즈는 이자율을 유동성희생에 대한 대가로 본다.
③ 본원적예금이 100이고 법정지급준비율이 0.2이라면 순예금창조액은 400이다.
④ 통화공급증가율은 '물가상승률 - 경제성장률 + 유통속도증가율'로 구할 수 있다.

**05** 실업률과 인플레이션율에 대한 설명으로 가장 적절하지 않은 것은?

① 실직률이 5%이고 구직률이 45%이면 자연실업률은 10%이다.
② 석유 가격이 상승하는 상황에서 필립스곡선은 우상향한다.
③ 취업률이 80%이고 경제활동참가율이 75%이면 고용률은 60%이다.
④ 예상치 못한 인플레이션이 발생하면 탐색기간이 늘어나서 실업률이 높아진다.

## 2014년

**06 다음은 곡선의 이동과 이동요인을 연결한 것이다. 옳지 않은 것은?**

① 사이다 수요곡선의 우측이동 - 콜라가격상승
② 옥수수 공급곡선의 좌측이동 - 콩가격상승
③ 한계비용곡선의 상방이동 - 종량세부과
④ 주택 공급곡선의 우측이동 - 주택가격상승 예상

**07 다음 설명 중 옳지 않은 것은?**

① 비가격경쟁은 독점적 경쟁에서보다 과점이 치열하다.
② 독점기업은 한계비용곡선이 공급곡선이 되는 것이 일반적이다.
③ 완전경쟁시장에서 균형생산량이 90이면 꾸르노모형에서 시장전체생산량은 60이다.
④ 독점적 경쟁시장에서 시장균형가격이 50이고 수요의 가격탄력성이 1.25라면 한계비용은 10이다.

**08 어느 마을의 노동공급곡선과 노동수요곡선이 다음과 같다. 노동시장이 완전경쟁일 때와 수요독점일 때 임금차이로 옳은 것은?**

- 노동공급곡선: $L_S = 2w - 40$
- 노동수요곡선: $L_D = 80 - w$

① 5 ② 10
③ 15 ④ 20

**09 다음 중 비대칭정보에 대한 설명으로 옳은 것은?**

① 감춰진 행동은 계약 이전의 문제이다.
② 노동시장의 역선택은 자격증 제시 등의 신호발송을 통해 해결할 수 있다.
③ 주인 - 대리인 문제가 발생하는 것은 대리인의 정보수준이 주인의 정보수준보다 낮기 때문이다.
④ 감춰진 특성으로 정보수준이 높은 측이 바람직하지 않은 상대방을 만날 가능성이 높아지는 현상을 역선택이라 한다.

**10 $A$국이 수출을 장려하기 위해 수출보조금을 지급하기로 하였다. 다음 설명 중 옳지 않은 것은?**

① $A$국의 국내 소비자잉여가 감소한다.
② $A$국이 대국이라면 사회적후생이 증가할 수 있다.
③ $A$국이 대국이라면 국제시장에서 초과공급이 발생한다.
④ $A$국이 소국이라면 국내가격이 수출보조금 액수만큼 상승한다.

## 2015년

**11** **철수가 저축을 했을 때, 세후 실질 이자율이 $2\%$이고 이자소득에 대한 세율은 $20\%$이다. 피셔 가설에 따를 경우 명목이자율은? (단, 물가상승률은 $6\%$이다)**

① $5\%$ ② $8\%$
③ $10\%$ ④ $15\%$

**12** **물가상승 시, 발생할 상황에 대한 설명으로 옳지 않은 것은?**

① 정부가 세율인상을 고려할 수 있다.
② 필립스곡선에 따르면 실업률은 하락하는 것이 일반적이다.
③ $LM$곡선이 좌측으로 이동하므로 총수요곡선이 좌측으로 이동한다.
④ 원자재가격상승에 의한 물가상승이라면 중앙은행의 물가안정정책이 경제를 더욱 악화시킬 수 있다.

**13** **$A$는 놀이공원에서 입장료를 내고 들어가 놀이시설을 이용할 때 다시 요금을 냈다. 이에 대한 설명으로 옳지 않은 것은?**

① $MC = AC$가 3이고 수요곡선이 $P = 9 - Q$라면 놀이공원의 이윤은 18이다.
② 놀이공원이 소비자잉여를 흡수하기 위한 판매전략이다.
③ 골프장을 이용하려는 사람이 회원권과 이용료를 각각 지불하는 것과 동일한 방식이다.
④ 놀이공원의 입장료를 한계비용과 일치시키고 이용료를 소비자잉여와 일치시킬 때 독점기업의 이윤이 극대화된다.

**14** **정부정책의 효과에 대한 설명 중 옳지 않은 것은?**

① $IS$곡선이 급경사일수록 구축효과가 작다.
② $LM$곡선이 급경사일수록 금융정책의 유효성이 커진다.
③ 피구효과가 존재하면 유동성함정하에서도 금융정책이 유효하다.
④ 유동성제약이 존재하지 않는다면 리카도등가정리는 성립하지 않는다.

**15** **$A$국에서는 $X$재 1단위 생산에 10의 비용이 필요하고 $Y$재 1단위 생산에 30의 비용이 필요하다. $B$국에서는 $X$재 1단위 생산에 40의 비용이 필요하고 $Y$재 1단위 생산에 60의 비용이 필요하다. 이 경우에 대한 서술로 옳은 것은?**

① $B$국은 $X$재와 $Y$재 생산에 절대우위가 있다.
② $A$국은 $Y$재 생산에 비교우위가 있고, $B$국은 $X$재 생산에 비교우위가 있다.
③ $X$재 1단위 생산의 기회비용은 $A$국은 $Y$재 3단위, $B$국은 $Y$재 1.5단위이다.
④ 양국이 이득을 볼 수 있는 교역조건은 '$X$재 1.5단위 $<$ $Y$재 1단위 $<$ $X$재 3단위'이다.

## 2016년

**16** **총수요곡선의 우측 이동요인이 아닌 것은?**

① 수입감소
② 국공채 매입
③ 화폐수요감소
④ 한계소비성향의 증가

**17** **비용함수가 $C = 50 + 6Q - 12Q^2 + 2Q^3$로 주어져 있다면 평균가변비용이 최소가 되는 생산량은?**

① 1
② 2
③ 3
④ 4

**18** **경제성장모형에 대한 설명으로 가장 옳지 않은 것은?**

① 솔로우모형은 $Q = \min\left[\frac{k}{\nu}, \frac{L}{\alpha}\right]$ 생산함수를 가정한다.
② AK모형은 정부의 감세정책을 긍정적으로 평가할 것이다.
③ 솔로우모형에서 저축률이 상승하면, 단기적으로 경제성장률이 상승한다.
④ 지속적인 기술진보를 통해 지속적인 경제성장을 이룰 수 있다고 보는 관점은 AK모형과 솔로우모형의 공통점이다.

**19** **경제적잉여에 대한 설명으로 옳지 않은 것은?**

① 완전경쟁시장에서 총가변비용이 감소하면 생산자잉여가 증가한다.
② 경제주체들이 조세부과에 민감하게 반응할수록 규제로 인한 사회적손실이 커진다.
③ 최고가격제는 공급자보호를 위한 것이고, 최저가격제는 수요자보호를 위한 것으로 사회적잉여는 감소한다.
④ 수요곡선이 $P = -\frac{1}{2}Q + 30$이고, 공급곡선이 $P = \frac{1}{3}Q + 10$이면 소비자잉여는 144이다.

**20** **학파에 대한 설명으로 옳은 것은?**

① 새케인즈학파의 메뉴비용은 가격의 경직성을 설명하기 위한 것이다.
② 새고전학파에 따르면 예상된 정책이라도 단기에는 효과가 나타날 수 있다.
③ 리카르도등가정리에 따르면 유동성함정하에서는 금융정책의 효과가 전혀 없다.
④ 고전학파는 생산량조정으로, 케인즈학파는 가격조정으로 경제불균형을 해소한다고 본다.

## 2017년

**21** **무차별곡선(indifference curve)에 대한 설명으로 가장 옳은 것은?**

① 두 재화 중 한 재화가 비재화이면 무차별곡선은 수직선이다.
② 무차별곡선이론에서는 효용의 기수적 측정이 가능하다고 본다.
③ 두 재화가 완전대체재일 경우, 무차별곡선은 우하향의 직선 형태이다.
④ 두 재화가 비재화일 때, 무차별곡선은 원점에서 멀어질수록 더 높은 효용수준을 나타낸다.

**22** **다음에 설명하는 금융거래를 통해 나타난 통화량의 증가는 얼마인가?**

| |
|---|
| 윤석이는 아르바이트를 해서 받은 50만 원을 서연은행에 예금했다. 승주는 서연은행으로부터 월세로 쓸 30만 원을 대출받았다. |

① 20만 원
② 30만 원
③ 50만 원
④ 80만 원

**23** **$A$국, $B$국은 $X$재와 $Y$재만을 생산하고, 생산가능곡선은 각각 $X=2-0.2Y$, $X=2-0.05Y$이다. 현재 상황에 대한 설명으로 옳지 않은 것은?**

① $A$국의 $X$재 1개 생산의 기회비용은 $Y$재 5개이다.
② $X$재 1개와 $Y$재 10개를 거래하면 양국이 이득을 볼 수 있다.
③ 비교우위론을 전제로 하면, $B$국은 $X$재를 생산하는 것이 합리적이다.
④ 교역조건에 따라 양국은 생산가능곡선이 우측으로 이동한 것과 동일한 효과를 얻을 수 있다.

**24** **비용에 대한 설명으로 가장 옳은 것은?**

① 매몰비용을 고려하는 선택은 합리적 선택이 아니다.
② 생산량 증가시 한계비용이 평균비용보다 크면 평균비용은 감소한다.
③ 완전경쟁기업의 경우, 단기에 평균비용이 최저가 되는 생산량이 생산중단점이 된다.
④ 수입보다 비용이 커서 손실이 발생한 기업은 조업을 중단하는 것이 합리적 선택이다.

**25** **경제변동 상황과 그에 따른 대책을 연결한 것이다. 가장 옳지 않은 조합은? (단, 물가안정을 최우선 목표로 한다)**

① 인플레이션 - 외화 매입
② 디플레이션 - 재할인율 인하
③ 스태그플레이션 - 국공채 매각
④ 디플레이션 - 공무원 채용 인원 증대

## 2018년(3월 추가)

**26** 다음 표는 노동과 자본의 다양한 결합으로 얻을 수 있는 생산물의 양을 나타낸다(예를 들면 노동 1단위와 자본 1단위를 결합하여 생산물 100단위를 얻을 수 있다). 표에 나타난 생산함수에 대한 〈보기〉의 설명에서 ㉠과 ㉡에 맞는 표현은?

| 자본량 \ 노동량 | 1 | 2 | 3 |
|---|---|---|---|
| 1 | 100 | 140 | 150 |
| 2 | 130 | 200 | 240 |
| 3 | 150 | 230 | 300 |

〈보기〉
규모에 대한 수익㉠이고, 노동의 한계생산은 ㉡한다.

| | ㉠ | ㉡ |
|---|---|---|
| ① | 불변 | 체감 |
| ② | 체증 | 체감 |
| ③ | 불변 | 체증 |
| ④ | 체증 | 체증 |

**27** 어느 한 국가의 기대를 반영한 필립스곡선 $\pi = \pi^e - 0.5u + 2.2$에서, 잠재 $GDP$에 해당하는 실업률은? (단, $\pi$는 실제인플레이션율, $\pi^e$는 기대인플레이션율, $u$는 실업률이다)

① 4.4% ② 5.4%
③ 6.4% ④ 8.4%

**28** 표의 경기자 갑은 $A$와 $B$, 경기자 을은 $C$와 $D$라는 전략을 가지고 있다. 각 전략 조합에서 첫 번째 숫자는 경기자 갑, 두 번째 숫자는 경기자 을의 보수이다. 다음 중 내쉬균형으로 옳은 것은?

| 갑 \ 을 | $C$ | $D$ |
|---|---|---|
| $A$ | (5, 15) | (10, 12) |
| $B$ | (−2, 10) | (8, 5) |

① (5, 15) ② (10, 12)
③ (−2, 10) ④ (8, 5)

**29** $A$는 하루에 6시간, $B$는 하루에 10시간 일해서 물고기와 커피를 생산할 수 있다. 다음 표는 각 사람이 하루에 생산할 수 있는 물고기와 커피의 양이다. 두 나라가 이익을 얻을 수 있는 교역조건은? (단, 생산가능곡선은 가로축에 물고기, 세로축에 커피를 표시한다)

| 구분 | 물고기(kg) | 커피(kg) |
|---|---|---|
| $A$ | 12 | 12 |
| $B$ | 15 | 30 |

① 물고기 1kg : 커피 0.5kg
② 물고기 1kg : 커피 1.5kg
③ 물고기 1kg : 커피 2.5kg
④ 물고기 1kg : 커피 3.5kg

**30** 어느 한 국가의 생산함수가 $Y = AK^{0.6}L^{0.4}$이다. 이때, $A$가 1%, $L$이 5% 증가하고, 노동자 1인당 소득의 증가율이 1% 증가할 때, $K$의 증가율은? (단, $A$는 총요소생산성, $K$는 자본투입량, $L$은 노동투입량이다)

① 1% ② 3%
③ 5% ④ 7%

## 2018년(6월 시행)

**31** 주유소에 갈 때마다 갑(甲)은 휘발유 가격에 상관없이 매번 5만 원만큼 주유하고, 을(乙)은 5리터만큼 주유한다. 갑(甲)과 을(乙)의 휘발유에 대한 수요의 가격탄력성으로 옳은 것은? (단, 수요곡선의 가로축은 수량, 세로축은 가격이다)

| | 갑(甲) | 을(乙) |
|---|---|---|
| ① | 단위탄력적 | 완전비탄력적 |
| ② | 완전비탄력적 | 단위탄력적 |
| ③ | 단위탄력적 | 단위탄력적 |
| ④ | 완전비탄력적 | 완전비탄력적 |

**32** 완전경쟁적인 노동시장에서 노동의 한계생산(marginal product of labor)을 증가시키는 기술진보와 함께 여가선호증가로 조기은퇴자의 증가가 발생하였다. 노동시장에서 일어나게 되는 변화에 대한 설명으로 가장 옳은 것은? (단, 다른 외부조건들은 일정하다)

① 균형노동고용량은 반드시 증가하지만 균형임금의 변화는 불명확하다.
② 균형임금은 반드시 상승하지만 균형노동고용량의 변화는 불명확하다.
③ 임금과 균형노동고용량 모두 반드시 증가한다.
④ 임금과 균형노동고용량의 변화는 모두 불명확하다.

**33** 중앙은행이 국공채시장에서 국공채를 매각하는 공개시장조작 정책을 수행하기로 결정하였다. 이 정책이 통화량, 국공채 가격 및 국공채 수익률에 미치는 영향으로 가장 옳은 것은?

① 통화량증가, 국공채 가격상승, 국공채 수익률상승
② 통화량증가, 국공채 가격하락, 국공채 수익률하락
③ 통화량감소, 국공채 가격하락, 국공채 수익률상승
④ 통화량감소, 국공채 가격상승, 국공채 수익률하락

**34** 한 나라의 쌀 시장에서 국내 생산자의 공급곡선은 $P=2Q$, 국내 소비자의 수요곡선은 $P=12-Q$이며, 국제시장의 쌀 공급곡선은 $P=4$이다. 이 나라 정부가 수입 쌀에 대해 단위당 $a$의 관세를 부과할 때, 정부의 관세수입 규모가 6이면 단위당 관세인 $a$는? (단, 이 나라는 소규모 경제이며 $Q$는 생산량, $P$는 가격이다)

① 2　② 3
③ 6　④ 8

**35** 솔로우(Solow) 성장모형이 〈보기〉와 같이 주어져 있을 때 균제상태(steady state)에서 일인당 생산량은? (단, 기술 진보는 없다)

〈보기〉
- 생산함수: $y=2k^{1/2}$
  (단, $y$는 일인당 생산량, $k$는 일인당 자본량이다)
- 감가상각률 5%, 인구증가율 5%, 저축률 20%

① 2　② 4
③ 8　④ 16

## 2019년(2월 추가)

**36** 외부불경제를 초래하는 독점기업을 고려하자. 외부불경제의 크기는 이 기업의 생산량 $Q$에 비례하는 $kQ$이다. 이 기업의 총비용은 $50+0.5Q^2$이고 이 시장의 수요량은 가격 $P$의 함수 $Q=200-2P$로 주어진다. 시장의 거래량이 사회적 후생을 극대화하고 있다면 이 때의 $k$는?

① 10　② 15
③ 25　④ 50

**37** 어느 경제에서 생산량과 기술 및 요소 투입 간에 $Y=AF(L, K)$의 관계가 성립하며, $F(L, K)$는 노동, 자본에 대하여 규모에 대한 수익불변($CRS$)의 특징을 가지고 있다. 생산요소인 노동과 자본이 각각 2배 증가하고 기술수준이 2배로 높아지면 노동단위 1인당 생산량의 변화로 옳은 것은? (단, $Y$, $A$, $L$, $K$는 각각 생산량, 기술수준, 노동, 자본을 나타낸다)

① 1/2　② 1
③ 3/2　④ 2

**38** 노동시장의 수요와 공급에 대한 조사 결과가 다음 표와 같다고 하자.

| 시간 당 임금(원) | 6 | 7 | 8 |
|---|---|---|---|
| 수요량(개) | 20 | 15 | 10 |
| 공급량(개) | 10 | 15 | 20 |

시간당 최저임금을 8원으로 할 경우 발생하는 비자발적 실업의 규모는 ㉠이고, 이때 실업을 완전히 없애기 위한 보조금으로 소요되는 필요 예산이 ㉡이다. ㉠과 ㉡을 순서대로 바르게 나열한 것은?

① 5, 10　② 5, 20
③ 10, 20　④ 10, 40

**39** 최근 $A$는 비상금으로 숨겨두었던 현금 5천만 원을 은행에 요구불예금으로 예치하였다고 한다. 현재 이 경제의 법정지급준비율은 20%라고 할 때, $A$의 예금으로 인해 이 경제의 통화량이 최대 $a$까지 증가할 수 있다면 $a$는? (단, 현금통화비율이 0%이고, 은행시스템 전체를 통해 초과지급준비금을 전부 대출한다)

① 1억 원　② 2억 원
③ 2억 5천만 원　④ 3억 5천만 원

**40** 어떤 사람이 소득 수준에 상관없이 소득의 절반을 식료품 구입에 사용한다. 따라서 식료품의 소득탄력성의 절댓값은 ㉠이고, 식료품의 가격탄력성의 절댓값은 ㉡이다. ㉠과 ㉡으로 옳은 것은?

| | ㉠ | ㉡ |
|---|---|---|
| ① | 1 | 1 |
| ② | 1보다 크다 | 1보다 크다 |
| ③ | 1 | 1보다 크다 |
| ④ | 1보다 크다 | 1 |

## 2019년(10월 시행)

**41** 어느 경제의 국민총생산함수가 $Y = AL^{\frac{1}{2}}K^{\frac{1}{2}}$로 주어진다. 어느 기간 동안의 자료를 분석한 결과 국민총생산 증가율$\left(\frac{\triangle Y}{Y}\right)$이 8%, 노동증가율$\left(\frac{\triangle L}{L}\right)$이 1%, 자본증가율$\left(\frac{\triangle K}{K}\right)$이 7%로 나타났다. 이 기간 동안의 총요소생산성의 경제성장기여율은? (단, $Y$는 국민총생산, $L$은 노동, $K$는 자본이다)

① 1% ② 4%
③ 20% ④ 50%

**42** 한 나라의 소득분포가 제1오분위 8%, 제2오분위 12%, 제3오분위 15%, 제4오분위 25%, 제5오분위 40%로 주어졌을 때 십분위분배율은?

① 0.25 ② 0.30
③ 0.50 ④ 1.00

**43** 노동만을 이용해 제품을 생산하는 기업이 있다. 생산량을 $Q$, 노동량을 $L$이라 할 때, 이 기업의 생산함수는 $Q = \sqrt{L}$이다. 이 기업이 생산하는 제품의 단위당 가격이 20이고 노동자 1인당 임금이 10일 때, 이 기업의 최적 노동 고용량은? (단, 생산물시장과 노동시장은 모두 완전경쟁적이라고 가정한다)

① 1 ② 2
③ 4 ④ 8

**44** 보몰 - 토빈(Baumol-Tobin)의 거래적 화폐수요이론에 대한 설명으로 가장 옳은 것은?

① 거래적 화폐수요는 이자율의 증가함수이다.
② 거래적 화폐수요는 소득의 감소함수이다.
③ 화폐를 인출할 때 발생하는 거래비용이 증가하면 거래적 화폐수요는 감소한다.
④ 거래적 화폐수요의 소득탄력성은 1/2이다.

**45** 갑국의 필립스곡선은 $\pi = \pi^e + 4.0 - 0.8u$로 추정되었다. 5%의 인플레이션율이 기대되는 상황에서 실제인플레이션율이 3%가 되기 위한 실제실업률은? (단, $\pi$는 실제인플레이션율, $\pi^e$는 기대인플레이션율, $u$는 실제실업률이다)

① 4.5% ② 5.5%
③ 6.5% ④ 7.5%

# 4회 2010년 국회직 변형

정답 · 해설 p.167

**01** 다음 설명 중 옳지 않은 것은?

① 재화는 정상재인 경우 엥겔곡선(Engel curve)은 우상향한다.

② 재화의 가격이 하락하는 경우, 대체효과는 가격변화 전보다는 그 재화를 더 많이 소비하게 한다.

③ 정상재의 가격이 하락하는 경우, 소득효과로 인하여 소비자들은 그 재화를 더 많이 소비하게 될 것이다.

④ 열등재의 가격이 상승하는 경우, 소득효과로 인하여 소비자들은 그 재화를 덜 소비하게 될 것이다.

**02** 완전경쟁시장에서 수요와 공급이 각각 $Q^d = 300 - 5P$, $Q^s = 10P$ (단, $Q^d$: 수요량, $Q^s$: 공급량, $P$: 가격) 일 때, 정부가 가격상한을 15원으로 정한다면 후생손실(deadweight loss)은 얼마인가?

① 75　　② 175

③ 275　　④ 375

**03** 어떤 소비자가 주어진 예산 범위 내에서 $A$, $B$ 두 재화를 구매하였다. $A$재화의 가격이 단위당 100원, $B$재화의 가격이 단위당 200원이고 현재 한계대체율($A$재화의 한계효용 / $B$재화의 한계효용)은 3이다. 효용극대화를 위한 $A$, $B$ 두 재화의 소비 방향으로 옳은 것은? (단, 모서리해(corner soulution)는 없다고 가정한다)

① $A$재화의 소비를 늘리고 $B$재화의 소비를 줄여야 한다.

② $A$재화의 소비를 줄이고 $B$재화의 소비를 늘려야 한다.

③ $A$재화의 소비를 늘리고 $B$재화의 소비도 늘려야 한다.

④ $A$재화의 소비를 줄이고 $B$재화의 소비도 줄여야 한다.

**04** 다음 그래프는 생산자 보조금 지급과 사회후생의 변화에 관한 것이다. 보조금 지급으로 인한 생산자잉여 증가분은? (단, $S_1$는 원래의 공급곡선, $S_2$는 보조금 지급 이후의 공급곡선, $D$는 수요곡선, $E_1$는 원래의 균형점, $E_2$는 보조금 지급 이후의 균형점, $P$는 가격, $Q$는 수량이다)

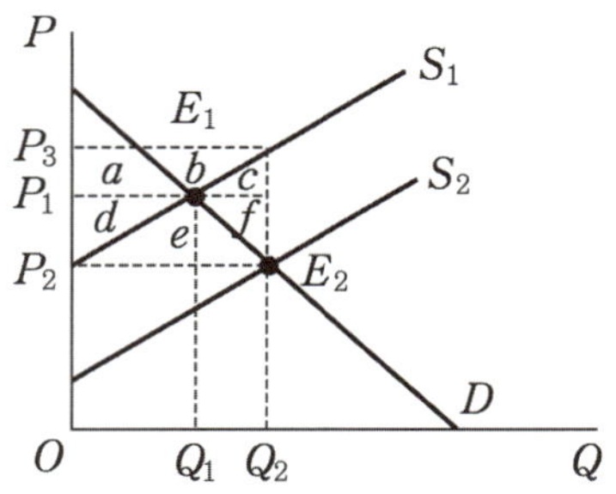


① $a+b$

② $a+b+d$

③ $a+b+d+e$

④ $a+b+c+d$

**05** 담배에 대한 수요곡선과 공급곡선이 모두 직선이고, 담배소비세가 없었을 때의 균형거래량은 월 1,000갑이라고 하자. 담배 1갑당 500원의 담배소비세가 부과됨에 따라 소비자가 실제로 부담해야 하는 담배가격은 2,500원에서 2,900원으로 올랐고, 생산자가 받는 실제담배가격은 2,500원에서 2,400원으로 하락하였다. 정부가 담배소비세 부과를 통해 얻는 세수가 40만 원이라고 할 때 담배소비세로 인한 후생손실(deadweight loss)은?

① 5만 원　　② 15만 원

③ 20만 원　　④ 25만 원

**06** 다음은 기대를 반영한 필립스곡선이다. 기대인플레이션이 전기의 실제인플레이션과 동일하다고 할 때, 실제인플레이션이 전기에 비해 $2\%p$ 감소하기 위한 실제실업률은?

$$\pi = \pi^e - 0.4(u-4)$$
($\pi$ : 실제인플레이션, $\pi^e$: 기대인플레이션, $u$ : 실제실업률)

① 1% ② 3%
③ 6% ④ 9%

**07** $A$국과 $B$국은 다음과 같은 생산가능곡선을 가지고 있다. 이에 대한 설명으로 옳은 것은? (단, $X$는 냉장고의 생산량, $Y$는 자동차의 생산량이다)

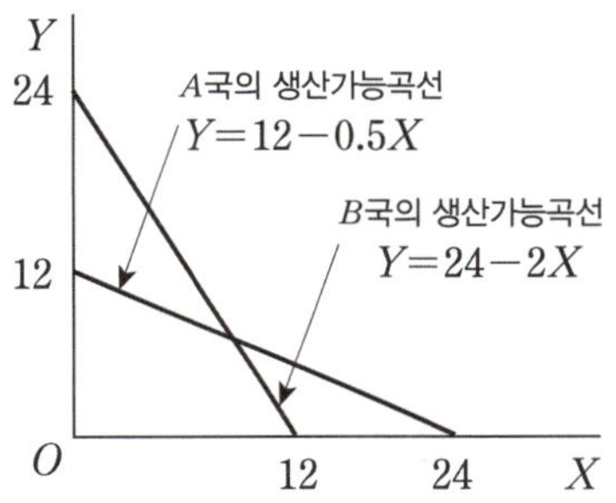


① $A$국의 자동차 생산의 상대가격은 $B$국보다 작다.
② 두 나라가 자유롭게 교역할 때, 냉장고 1대는 자동차 3대와 교환될 수 있다.
③ 교역이 발생할 때, $B$국은 자동차를 자국이 소비하는 양보다 더 많이 생산한다.
④ 두 나라의 생산가능곡선이 교차하는 곳에서 각 국이 소비하고 있다면 교역은 발생하지 않는다.

**08** 다음 글에서 계산된 실질환율은 얼마인가?

외국과 국내에서 컴퓨터가 재화와 서비스의 평균적인 가격을 대표한다. 컴퓨터의 국내가격은 192만 원이고 외국에서의 가격은 1,600달러이다. 명목환율은 1달러에 1,200원이다. (실질환율은 평균적인 외국의 재화와 서비스로 표시한 평균적인 국내재화와 서비스의 상대적 가격이다)

① 0.5 ② 1
③ 1.5 ④ 2

**09** 다음과 같은 특징을 보이는 $A$국 경제에서 현재 정부지출과 조세 및 대외거래가 없고 중앙은행이 통화를 외생적으로 공급하며, 물가는 일정하다고 할 때, 다음의 설명 중 옳지 않은 것은?

- 소비: $C = a + bY$
- 투자: $I = c + dr$
- 화폐수요: $L = eY + fr$
- 균형식: $Y = C + I,\ L = M$

(단, $Y$는 소득, $C$는 소비, $I$는 투자, $r$은 이자율, $L$은 화폐수요, $M$은 화폐공급이다. $a,\ b,\ c,\ d,\ e,\ f$는 상수이며, $0 < b < 1,\ d < 0,\ e > 0,\ f < 0$이다)

① $b$가 클수록 독립투자($c$)의 소득증대효과가 더 커진다.
② $d$가 0이면 독립투자가 증가하여도 소득에는 변함이 없다.
③ $f$의 절대값이 클수록 통화정책의 효과가 작아진다.
④ $e$가 작을수록 재정정책의 효과가 커진다.

**10** $A$국의 은행들은 $100M$의 필요지급준비금과 $25M$의 초과지급준비금을 보유하고 있고, $250M$을 국채로 보유하고 있으며, 고객예금 $1,000M$을 보유하고 있다. $A$국 국민들은 현금을 보유하지 않고 모든 현금을 은행의 예금형태로 보유하고 있으며, 중앙은행이 $A$국 은행들에 $50M$을 대출해 준다고 할 때, $A$국의 화폐공급은 얼마나 증가하겠는가? (단, 예금에 대한 필요지급준비율과 초과지급준비율은 예전과 같고, 화폐단위는 $M$이라고 가정한다)

① $600M$ ② $500M$
③ $400M$ ④ $300M$

**11** **다음의 〈모형〉을 통해서 경제성장을 분석한다고 할 때, 옳은 설명은?**

> 〈모형〉
> 생산함수 $Y_t = A_t K_t^{0.5} L_t^{0.5}$(단, 아래첨자 $t$는 시간을 의미하고, $Y_t$는 $t$기에서의 생산량, $A_t$는 $t$기에서의 기술수준, $K_t$는 $t$기에서의 자본량, $L_t$는 $t$기에서의 노동량임)이며, 기술수준은 $A_t = (1+a)^t A_0$에 의해서 결정되고, 노동량은 $L_t = (1+n)^t L_0$에 의해서 결정된다. (단, $A_0$는 초기기술수준, $L_0$는 초기노동량, $a$는 기술증가율, $n$은 인구증가율임) 자본량은 $t$기에서의 투자 $I_t$와 감가상각율이 $\delta$로 주어졌을 때 $K_{t+1} = (1-\delta)K_t + I_t$와 같이 결정된다. 그리고 매기마다 투자는 $I_t = sY_t$(단, $s$는 저축률임)에 의해서 결정된다. $t$기에서 노동 1단위당 자본량은 $(K_t/L_t)$으로 정의된다.

① 정상상태(stationary state 또는 steady state)에서의 노동 1단위당 자본량은 $s$가 증가하면 지속적으로 증가할 수 있다.
② 정상상태에서의 노동 1단위당 자본량은 $n$의 변화와 무관하다.
③ 정상상태에서의 노동 1단위당 자본량은 $\delta$가 증가하면 증가한다.
④ 정상상태에서의 노동 1단위당 자본량은 초기 기술수준인 $A_0$가 증가하면 증가한다.

**12** **케인즈의 단순폐쇄경제모형에서 가처분소득의 함수인 민간소비는 가처분소득이 0일 때 160, 한계소비성향이 $a$, 독립투자가 400, 정부지출이 200, 조세는 정액세만 존재하고 정부재정은 균형상태라고 가정할 때 균형국민소득이 1,600이라면 한계소비성향 $a$는?**

① 0.2
② 0.4
③ 0.6
④ 0.8

**13** **아래의 표는 가상경제의 생산활동을 정리한 것이다. 2016년의 $GDP$ 디플레이터는? (단, 국민소득통계의 기준 연도는 2015년이다)**

| 연도 | 쌀 | | 자동차 | | 컴퓨터 | |
|---|---|---|---|---|---|---|
| | 수량 (kg) | 가격 (천 원) | 수량 (대) | 가격 (천 원) | 수량 (대) | 가격 (천 원) |
| 2015 | 100 | 2 | 3,000 | 20,000 | 1,400 | 1,000 |
| 2016 | 120 | 4 | 2,800 | 25,000 | 1,500 | 1,050 |

① 약 121.5
② 약 122.5
③ 약 123.5
④ 약 124.5

**14** **자연실업률에 관한 설명으로 가장 옳지 않은 것은?**

① 인터넷의 발달은 자연실업률을 낮추는 역할을 한다.
② 최저임금제나 효율성임금, 노조 등은 마찰적 실업을 증가시켜 자연실업률을 높이는 요인으로 작용한다.
③ 새케인즈학파의 이력현상에 의하면 실제 실업률이 자연실업률을 초과하게 되면 자연실업률 수준도 높아지게 된다.
④ 일자리를 찾는 데 걸리는 시간 때문에 발생하는 실업은 자연실업률의 일부이다.

**15** **현재의 가격수준(또는 임금수준)에서 초과공급을 발생시키는 요인으로 옳지 않은 것은?**

① 노조에서 결정된 임금수준이 시장 균형임금보다 높았다.
② 정부가 정한 최저임금이 시장 균형임금보다 높게 설정되었다.
③ 정부가 정한 가격하한선이 시장 균형가격보다 높게 설정되었다.
④ 한 단위 더 만들어 팔 때마다 판매자들의 유보가격(reservation price)이 증가하였다.

**16** 다음 표는 가방만을 생산하는 어떤 기업의 노동자 수에 따른 주당 가방 생산량을 나타내고 있다. 만약, 완전경쟁시장에서 가방의 개당 가격이 10,000원이라면, 가방을 생산하는 이 기업은 이윤 극대화를 위하여 몇 명의 노동자를 고용하겠는가? (단, 노동자 1명의 주당 임금은 500,000원이며, 노동자에게 지급하는 임금 외에 다른 비용은 없다)

〈노동자의 수에 따른 주당 가방 생산량〉

| 노동자의 수(명) | 가방 생산량(개) |
|---|---|
| 0 | 0 |
| 1 | 60 |
| 2 | 160 |
| 3 | 240 |
| 4 | 280 |
| 5 | 300 |

① 1명
② 2명
③ 3명
④ 4명

**17** 다음 중 준화폐(near money)에 대한 설명으로 옳지 않은 것은?

① 통화당국의 정책목표가 이자율로 전환된 것과 관련있다.
② 준화폐의 존재는 중앙은행의 통화량 통제 능력을 제한한다.
③ 준화폐의 존재는 통화수요를 불안정하게 만들지만 유통속도는 안정시킨다.
④ 준화폐란 주식, 채권 등과 같이 어느 정도의 유동성을 가지고 있는 비화폐자산이다.

**18** $A$라는 사람의 2001년 연봉은 6천만 원이었고, 2010년에는 8천만 원의 연봉을 받았다. 소비자물가지수가 2001년에는 177이었고, 2010년에는 221.25였다고 할 때, $A$의 2010년 연봉을 2001년 가치로 계산했을 때 연봉으로 옳은 것은?

① 4천5백만 원
② 6천만 원
③ 6천4백만 원
④ 7천만 원

**19** 〈보기〉는 보몰(Baumol)의 화폐수요함수에 대한 내용이다. 이에 대한 설명으로 옳지 않은 것은?

> 〈보기〉
> 일정기간 동안의 화폐수요를 분석하기 위해서 다음과 같은 가정을 한다. 주어진 총거래금액은 매시간 동일액수만큼 거래되며, 이들 거래는 보유한 화폐에 의해서 매개된다. $k$는 일정기간 동안의 화폐를 은행에서 인출하는 거래횟수이며, 거래시마다 $b$만큼 비용이 든다. 동기간 총거래금액이 $Y$로 주어진다면, 평균적인 화폐보유량은 $\frac{1}{2}\frac{Y}{k}$이다.

① $b$가 증가할수록 최적 화폐보유량은 증가한다.
② $Y$가 증가할수록 최적 화폐보유량은 증가한다.
③ 이자율이 증가할수록 최적 화폐보유량은 증가한다.
④ 최적 거래횟수는 이자손실액과 은행인출비용의 합을 최소화하는 거래횟수이다.

**20** 노동시장에서 교육의 신호이론(signaling theory)에 대한 설명으로 옳지 않은 것은?

① 교육은 그 사람의 생산성에 대한 신호이다.
② 천부적인 능력에 따라 한계생산성이 결정된다.
③ 교육은 한계생산성이 낮은 노동자의 생산성을 향상시킨다.
④ 높은 학력은 높은 한계생산성을 가진 사람이 보내는 신호이다.

**21** **가격차별과 관련된 다음 설명 중 옳지 않은 것은?**

① 가격차별로 사회후생이 증대될 수 있다.
② 제2급 가격차별은 정보의 비대칭성과 무관하다.
③ 제1급 가격차별하에서 소비자잉여는 전혀 존재하지 않는다.
④ 소비자를 수요의 가격탄력성 등 특성에 따라 집단별로 구분하지 못하면 가격차별을 할 수 없다.

**22** **환율결정이론에 대한 설명으로 옳지 않은 것은? (단, 환율은 국내통화 / 외국통화의 비율을 의미한다)**

① 상대적 구매력평가설은 일물일가의 법칙을 전제하지 않더라도 성립할 수 있다.
② 구매력평가설에 따르면 외국의 물가가 상승하면 균형환율은 하락한다.
③ 구매력평가설에서 실제환율이 균형환율보다 높으면 수입은 늘어나고 수출은 줄어들게 된다.
④ 구매력평가설이 경상수지를 중요시하는 이론이라면, 이자율평가설은 자본수지에 초점을 맞춘 이론이라고 할 수 있다.

**23** **인플레이션에 대한 설명으로 옳지 않은 것은?**

① 인플레이션이 예상될 때, 메뉴비용이 발생된다.
② 인플레이션이 예상될 때, 명목이자율이 상승한다.
③ 인플레이션이 예상될 때, 실질화폐잔고를 줄임으로써 은행에 자주 가야 하는 불편이 발생한다.
④ 인플레이션이 예상될 때, 채권자로부터 채무자에게로 부와 소득이 재분배된다.

**24** **한국은행의 금융통화위원회에서 16개월간 동결되었던 정책금리를 인상하였다. 이에 따라 예상되는 결과로 옳은 것은?**

① 채권가격의 상승
② 원화가치의 상승
③ 통화증가율의 증가
④ 실질 $GDP$ 증가와 물가상승

**25** **100억 원을 갖고 있는 정연이는 $A$, $B$프로젝트 중 $B$프로젝트에 투자하기로 했다. 정연이의 결정이 합리적 선택이 되려면, $B$프로젝트 투자 자금 200억 원에 대한 연간 예상 수익률의 최저 수준은? (단, 각 프로젝트의 기간은 1년이다)**

- $A$프로젝트는 80억 원의 투자자금이 소요되고, 연 10.0%의 수익률로 8억 원의 수익이 예상되며, 남는 돈은 연 5.0%의 금리로 예금한다.
- $B$프로젝트는 200억 원의 투자자금이 소요되고, 부족한 돈은 연 5.0%의 금리로 대출받는다.

① 5.0%
② 6.5%
③ 7.0%
④ 7.5%

# 5회 2011년 국회직 변형

정답 · 해설 p.172

**01** 재산이 100만 원인 철수는 75만 원의 손실을 볼 확률이 $\frac{1}{5}$, 손실을 보지 않을 확률이 $\frac{4}{5}$이다. 보험회사는 철수가 일정 금액을 보험료로 지불하면 손실 발생 시 손실 전액을 보전해 주는 상품을 팔고 있다. 철수의 효용함수가 $U(x) = \sqrt{x}$이고 기대효용을 극대화한다고 할 때, 철수가 불확실한 재산을 확실한 재산으로 바꾸기 위해 포기할 용의가 있는 금액은?

① 4만 원
② 15만 원
③ 19만 원
④ 85만 원

**02** 등량선이 아래의 그림과 같이 우하향하는 직선의 형태($Q = \alpha L + \beta K$)를 취하는 경우에 대한 설명으로 옳은 것은?

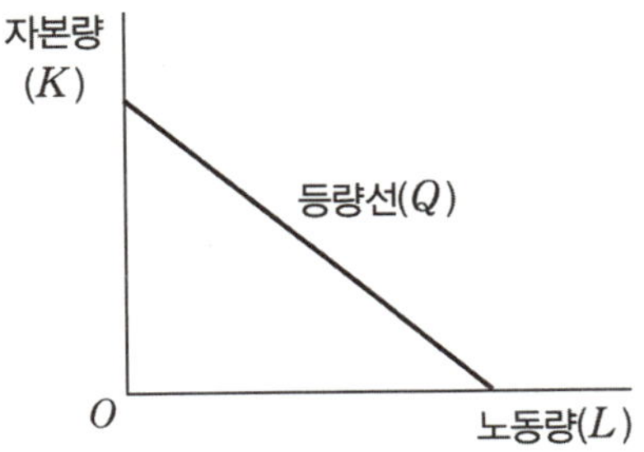


① 한계기술대체율이 0이다.
② 생산요소 간 대체탄력성이 0이다.
③ 생산요소 간 대체가 불가능하다.
④ 규모에 대한 수익불변을 보인다.

**03** 완전경쟁기업의 총비용이 $TC = Q^3 - 6Q^2 + 12Q + 32$와 같을 때 기업이 단기적으로 손실을 감수하면서도 생산을 계속하는 시장가격으로 옳은 것은?

① 10
② 20
③ 30
④ 40

**04** 스마트폰 시장은 기업 $A$가 독점하고 있다. 그러나 신규기업 $B$가 스마트폰 시장으로의 진입 여부를 검토하고 있다. $B$의 선택은 진입, 포기의 두 가지가 있으며, $B$의 진입 여부에 따라 $A$의 선택은 가격 인하($B$ 진입 보복), 현 가격 유지($B$ 진입 수용) 두 가지가 있다. 각 경우의 보수가 아래 표와 같을 때 내쉬균형은 무엇인가? (단, 앞의 숫자는 $B$의 보수이고 뒤의 숫자는 $A$의 보수이다)

기업 $A$

| | 구분 | 가격인하 | 현 가격유지 |
|---|---|---|---|
| 기업 $B$ | 진입 | (−30, 20) | (30, 30) |
| | 포기 | (0, 40) | (0, 60) |

① (−30, 20)
② (30, 30)
③ (0, 40)
④ (0, 60)

**05** 철수는 용돈으로 $X$, $Y$만 소비한다. 용돈이 10,000원이고 $X$, $Y$의 가격이 각각 1,000원과 500원일 때 철수는 $(x, y) = (5, 10)$을 소비했다. 그런데 $X$의 가격은 그대로인데 $Y$의 가격이 두 배로 오르자 어머니가 원래 소비하던 상품 묶음을 구매할 수 있는 수준으로 용돈을 인상해 주었다. 다음 중 옳지 않은 것은?

① 철수의 용돈은 5,000원만큼 인상되었다.
② 새로운 예산집합의 면적이 이전보다 크다.
③ $X$의 기회비용이 전보다 감소하였다.
④ 철수는 $Y$를 10개보다 많이 구매할 것이다.

**06** 신용카드 사기의 여파로 현금거래가 증가하였다고 한다. 이러한 현상이 경제에 미치는 영향에 대한 설명으로 옳은 것은?

① $IS$곡선이 우측으로 이동한다.
② $LM$곡선이 좌측으로 이동한다.
③ 화폐공급곡선이 우측으로 이동한다.
④ 화폐수요곡선이 좌측으로 이동한다.

**07** 돈 1만 원을 갑, 을 두 명이 나눠 가져야 한다. 갑의 몫을 $x$, 을의 몫을 $y$라 한다면 갑과 을의 효용함수는 각각 $u(x) = \sqrt{x}$, $v(y) = 2\sqrt{y}$ 이다. 이때 공리주의적 가치판단에 의한 최적배분하 효용으로 옳은 것은?

① $100\sqrt{4}$원
② $100\sqrt{5}$원
③ $100\sqrt{6}$원
④ $100\sqrt{7}$원

**08** 현재 우리나라는 ⅰ) 물건이 잘 팔리지 않아 재고가 늘어나고, ⅱ) 시중에는 돈이 많이 풀려 유동성이 넘치고, ⅲ) 수출의 부진과 외국인 증권투자자금의 유출로 국제수지가 적자를 보이고 있다고 하자. 그렇다면 우리 경제는 아래의 $IS-LM-BP$모형에서 어느 국면에 위치하고 있는가?

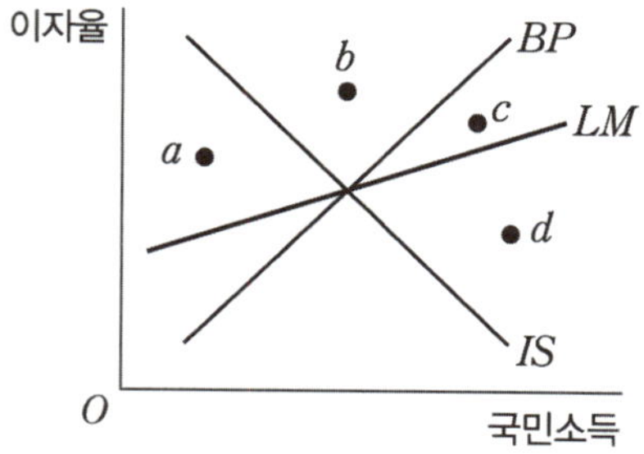


① $a$
② $b$
③ $c$
④ $d$

**09** 소득의 전부를 오직 사과와 배를 구입하는 데 지출하는 가상의 도시가 있다고 가정하자. 2009년 사과와 배의 가격은 각각 1,000원과 2,000원이었고 사과를 10개, 배를 5개 구입하였다. 반면에 2010년에는 사과 가격이 1,200원으로 상승하였고 사과를 10개, 배를 10개 구입하였다. 2009년을 기준년도로 하여 2010년도의 $GDP$ 디플레이터(파셰 방식)로 계산한 물가상승률이 10%였다면 2010년도의 배 가격은 얼마인가?

① 2,000원
② 2,100원
③ 1,900원
④ 2,200원

**10** 다음 중 화폐수요에 대한 설명으로 옳지 않은 것은?

① 케인즈(Keynes)에 따르면 화폐수요는 이자율에 반비례한다.
② 보몰 - 토빈(Baumol-Tobin)은 이자율이 올라가면 거래목적의 현금 보유도 줄어들기 때문에 화폐유통속도는 증가한다고 주장한다.
③ 토빈의 포트폴리오이론(Tobin's portfolio theory)에 의하면 이자율 상승 시 소득효과는 화폐수요를 증가시킨다.
④ 보몰 - 토빈(Baumol-Tobin)에 따르면 거래적 화폐수요에는 범위의 경제가 존재한다.

**11** 어떤 경제의 2009년, 2010년의 연간 물가상승률이 각각 2%, 4%였고, 같은 기간 동안 연초 명목이자율은 각각 5%, 6%였다고 하자. 또한 사람들의 예상물가상승률은 전년도의 물가상승률과 같다고 하자. (즉, 사람들은 전년도 물가상승률이 올해에 그대로 실현될 것이라고 예상한다) 만약 피셔 방정식(Fisher equation)이 성립한다면 2010년 초에 1년짜리 예금에 가입할 당시의 예상 실질이자율은?

① 1%
② 2%
③ 3%
④ 4%

**12** 현재 현물환율($E$)이 1,000원 / 달러이고 선물환율($F$)은 1,100원 / 달러, 한국의 이자율은 5%, 미국의 이자율은 3%라고 가정할 때 다음 글의 밑줄 친 ㉠, ㉡에 들어갈 말로 적절한 것은? (단, 외환시장에는 이자재정거래자만이 존재하고 두 국가 간 자본 이동은 완전하다고 가정한다)

> 한국의 이자율이 __㉠__하거나, 현물환율이 __㉡__할 것이다. (단, ㉠이나 ㉡ 발생 시 다른 조건은 일정하다고 가정한다)

| | ㉠ | ㉡ |
|---|---|---|
| ① | 상승 | 상승 |
| ② | 상승 | 하락 |
| ③ | 하락 | 상승 |
| ④ | 하락 | 하락 |

**13** 아래 표의 $x$, $y$, $z$, $w$는 각각 재화 $X$, $Y$, $Z$, $W$의 수요곡선상의 점이다. 자료에 따르면 각 점에서 가격이 100원 상승할 때 각 재화의 수요량은 모두 100단위 감소했다고 한다. 각 점에서의 가격탄력성 중 가장 큰 경우는?

| 구분 | $x$ | $y$ | $z$ | $w$ |
|---|---|---|---|---|
| 가격(원) | 1,000 | 1,000 | 500 | 500 |
| 수량(개) | 500 | 1,000 | 500 | 1,000 |

① $x$
② $y$
③ $z$
④ $w$

**14** 매년 이자를 지급하는 일반 이표채권(straight coupon bond)의 가격 및 이자율과 관련된 설명으로 옳지 않은 것은?

① 채권가격의 상승은 그 채권을 매입하여 얻을 수 있는 수익률의 하락을 의미한다.
② 채권가격이 액면가보다 높다면 이 채권의 만기수익률은 표면이자율보다 낮다.
③ 채권가격이 액면가 이하일 때는 만기수익률이 표면이자율보다 작아진다.
④ 채권가격이 액면가와 같은 경우 만기수익률은 표면이자율과 같다.

**15** 토빈의 $q$(Tobin's $q$)에 대한 설명으로 옳지 않은 것은?

① 미래에 대한 기대가 투자에 큰 영향을 미친다는 것을 강조한다.
② 자본조정비용을 고려할 경우 감가상각률이 증가하면 투자는 감소한다.
③ 주가변화와 투자변화 간에는 밀접한 관계가 있음을 강조한다.
④ 자본의 한계생산성이 증가하여 토빈의 $q$가 감소하면 투자유인이 증가한다.

**16** 경제성장에 관한 해로드-도마모형(Harrod-Domar model)과 솔로우모형(Solow model)에 대한 설명으로 옳은 것은?

① 솔로우모형은 생산요소 간 대체가 불가능하고 규모에 대한 보수가 불변인 레온티에프 1차 동차 생산함수를 가정한다.
② 해로드-도마모형은 매 기당 인구증가율과 자본증가율이 외생적으로 일정하게 주어진다고 가정한다.
③ 솔로우모형과 달리 해로드-도마모형에서 저축률은 일정한 반면 사전적 투자수요와 사후적 투자지출이 같아서 매 기당 균형이 유지된다고 본다.
④ 해로드-도마모형과 달리 솔로우모형에서 완전고용 균형성장은 경제성장률, 자본증가율, 인구증가율이 같을 때 이루어진다고 주장한다.

**17** 독점적 경쟁에 관한 설명으로 옳지 않은 것은?

① 시장 진입과 퇴거가 자유롭다.
② 독점적 경쟁기업은 장기에는 정상이윤만 얻는다.
③ 수요곡선이 한계비용곡선에 접할 때 장기균형점에 도달한다.
④ 각 기업이 생산하는 재화의 이질성이 높을수록 초과설비규모가 커진다.

**18** 아래의 그림은 가계의 노동소득과 여가 사이의 관계를 나타낸 것이다. 가로축($L$)은 여가, 세로축($C$)은 노동소득이며, 하루 24시간 중 총가용시간에서 여가를 제외한 나머지 시간은 노동으로 사용한다. 아래 그림에서 가계의 노동소득과 여가 사이의 관계가 점 $A$에서 점 $B$로 변화할 경우 이에 관한 설명으로 옳지 않은 것은?

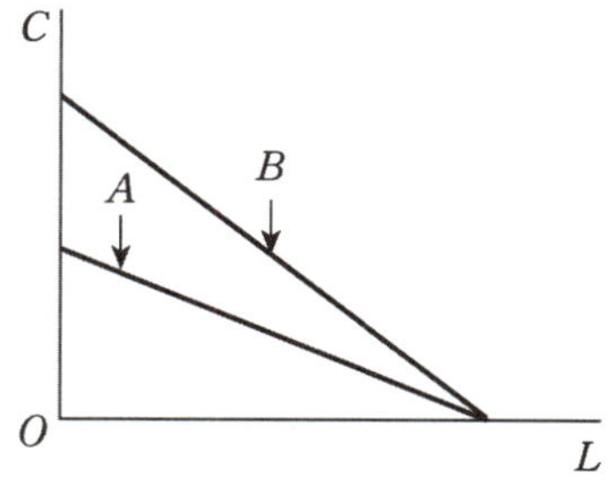


① 시장임금률이 높아진다.
② 가계의 노동소득이 증가한다.
③ 가계의 여가시간이 증가한다.
④ 가계의 노동시간이 증가한다.

**19** 아래의 그림은 어느 기업의 평균수입과 평균비용을 나타낸 것이다. 최대이윤 시 생산량은?

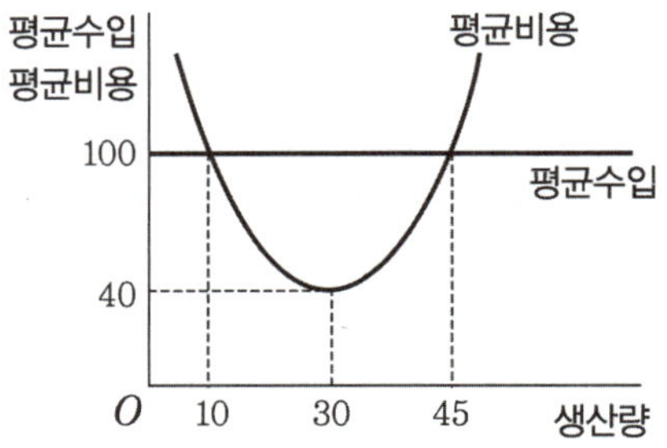


① 10 이하이다.
② 10보다 크고 30보다 작다.
③ 30보다 크고 45보다 작다.
④ 45 이상이다.

**20** 어느 섬나라에는 기업 $A$, $B$, $C$만 존재한다. 아래의 표는 기업 $A$, $B$, $C$의 오염배출량과 오염저감비용을 나타낸 것이다. 정부가 각 기업에 오염배출권 30장씩을 무료로 배부하고, 오염배출권을 가진 한도 내에서만 오염을 배출할 수 있도록 하였다. 오염배출권의 자유로운 거래가 허용된다면 사회적인 총비용은? (단, 오염 배출권 1장당 오염을 1톤씩 배출한다)

| 기업 | 오염배출량(톤) | 오염저감비용(만 원/톤) |
|---|---|---|
| $A$ | 70 | 20 |
| $B$ | 60 | 25 |
| $C$ | 50 | 10 |

① 1,000만 원 ② 1,100만 원
③ 1,300만 원 ④ 1,750만 원

**21** **재화시장과 화폐시장에서 정상적인 균형관계가 성립할 때, 고정환율제도하에서 확장적 통화정책의 효과에 대한 설명으로 옳지 않은 것은? (단, 확장적 통화정책은 국공채매입을 통해 실시하고 국내 및 외국물가수준은 고정이며, 자본이동이 불완전할 경우 중앙은행 완전중화정책을 실시하지만 자본이동이 완전할 경우에는 실시하지 않는다고 가정한다)**

① 자본이동이 불완전한 경우에 확장적 통화정책은 금리를 하락시키고 실질국민소득을 향상시킨다.
② 자본이동이 불완전한 경우에 확장적 통화정책은 자본의 이동성 정도와는 상관없이 국제수지를 악화시킨다.
③ 자본이동이 완전한 경우에 확장적 통화정책은 금리에는 영향을 주지 못하지만 실질국민소득은 향상시킨다.
④ 자본이동이 완전한 경우에 확장적 통화정책은 국제수지에 영향을 미치지 못한다.

**22** **$Y = AK^{0.3}L^{0.7}$인 콥-더글라스(Cobb-Douglas) 생산함수에 대한 설명으로 옳은 것은? (단, $Y$는 생산량, $K$는 자본량, $L$은 노동량이다)**

① 자본가에게는 전체 소득의 70%, 노동자에게는 전체 소득의 30%가 분배된다.
② 만약 이민으로 노동력만 10% 증가하였다면 총생산량과 자본의 임대가격은 상승하나 실질임금은 하락한다.
③ 만약 노동력과 자본 모두가 10%씩 증가하였다면 총생산량, 자본의 임대가격, 실질임금 모두 10%씩 증가한다.
④ $A$는 기술수준을 나타내는 매개변수로 $A$가 상승하면 총생산량은 증가하나 자본의 임대가격과 실질임금은 변화하지 않는다.

**23** **아래의 자료를 활용하여 어느 국가의 개방거시경제모형을 단순 케인지안의 측면에서 고찰할 때, 완전고용을 달성하고자 한다면 정부지출의 증가분으로 옳은 것은?**

- 독립적 소비지출: 50조 원
- 독립적 투자지출: 100조 원
- 독립적 정부지출: 200조 원
- 조세수입(정액세): 200조 원
- 독립적 수출: 140조 원
- 독립적 수입: 40조 원
- 한계소비성향: 0.8
- 한계수입성향: 0.05
- 완전고용 국민소득수준: 1,300조 원

① 15조 원 ② 25조 원
③ 35조 원 ④ 45조 원

**24** **아래의 그림은 자유무역하에서 갑국의 생산점($P$)과 소비점($C$)을 생산가능곡선과 사회무차별곡선을 사용하여 나타낸 것이다. 다음 중 헥셔-올린 무역이론의 입장에서 볼 때 옳지 않은 것은? (단, $X$재는 노동집약적 재화, $Y$재는 자본집약적 재화이다)**

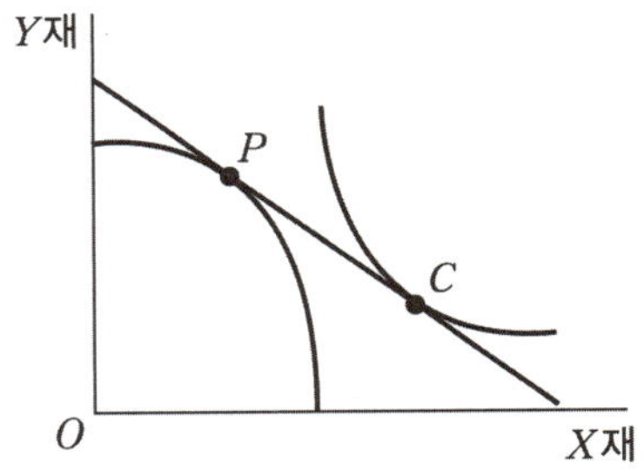


① 갑국은 상대적으로 자본이 풍부한 국가이다.
② 교역 후 갑국에서는 $Y$재의 상대가격이 상승하였다.
③ 교역 후 갑국에서는 자본의 상대가격이 상승하였다.
④ 교역 후 갑국에서는 $Y$재 생산의 자본집약도가 증가하였다.

**25** **국내 예상인플레이션율이 3.0%/년이고, 해외 예상인플레이션율이 2.0%/년인 경우 구매력평가설에 따를 때 향후 1년간 자국통화의 대외가치 관련 예상으로 옳은 것은?**

① 1% 절하될 것으로 예상
② 1% 절상될 것으로 예상
③ 5% 절하될 것으로 예상
④ 5% 절상될 것으로 예상

# 6회 2012년 국회직 변형

정답 · 해설 p.178

**01** 밀에 대한 시장수요함수는 다음과 같다.

$$Q^D = 100 - P$$

이때 $P$는 밀의 가격이고 $Q^D$는 밀의 수요량이다. 이에 대한 설명으로 옳은 것은?

① 밀의 수요는 비탄력적이다.
② 밀의 수요량이 75이면 밀의 수요탄력성은 1이다.
③ 밀의 수요탄력성은 가격의 증가함수이다.
④ 밀 판매로부터 얻는 수입은 가격의 증가함수이다.

**02** 수요의 가격탄력성이 3이고 공급의 가격탄력성이 2일 때, 단위당 1,000원의 조세가 부과되면 소비자가 실제 내는 가격은? (단, 조세부과 전 균형가격은 10,000원이다)

① 9,400원
② 9,600원
③ 10,400원
④ 10,600원

**03** 어떤 기업의 고정비용(fixed cost)은 50이고 평균가변비용(average variable cost)은 100일 때, 한계비용은 얼마인가?

① 50
② 100
③ 150
④ 200

**04** 서연이는 액면금액(face value)이 100만 원인 2년 만기 채권을 보유하고 있다. 이표이자율(coupon rate)은 4.5%이고 보유기간 1년이 경과하여 4만 5천 원의 이자를 지급받았으며 만기까지 남은 기간이 1년이라고 한다. 채권시장의 불완전성은 존재하지 않고 서연이가 보유하고 있는 채권의 가격이 95만 원일 때, 시장이자율은?

① 5%
② 10%
③ 15%
④ 20%

**05** $X$재와 $Y$재를 소비하는 어느 소비자의 효용함수가 $U(X, Y) = 3X + 4Y$이고 $X$재 가격은 3원, $Y$재 가격은 1원이다. 소득소비곡선은? (단, $M$은 소득이다)

① $X$축
② $Y$축
③ $Y = -\frac{3}{4}X + U$
④ $3X + Y = M$

**06** $IS$곡선에 대한 설명으로 옳은 것은?

① 한계저축성향이 클수록 $IS$곡선은 평평해진다.
② $IS$곡선 하방의 점은 생산물시장이 초과공급 상태이다.
③ 정부지출과 조세가 동액만큼 증가하더라도 $IS$곡선은 우측으로 이동한다.
④ 피구(Pigou)효과를 고려하면 $IS$곡선의 기울기는 보다 가팔라진다.

**07** 아래의 그림은 어떤 소규모 개방경제의 국내저축과 국내투자를 나타낸다. 세계이자율이 $r_0$에서 $r_1$으로 하락할 경우 이 경제에 발생할 변화에 대한 다음 설명 중 옳지 않은 것은?

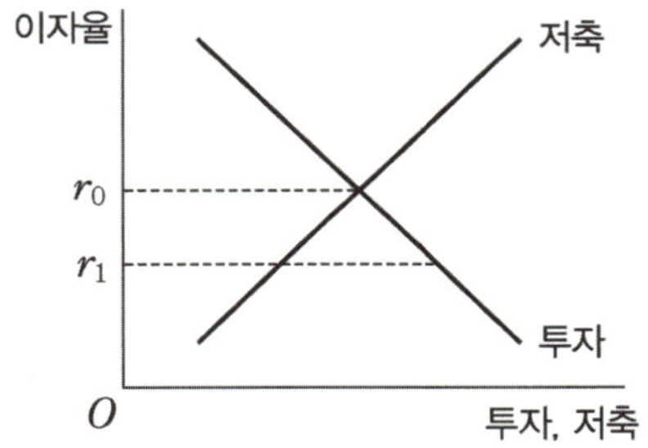


① 순수출은 감소한다.
② 순자본유입은 감소한다.
③ 1인당 자본스톡은 증가한다.
④ 실질환율은 하락한다.

**08** 통화량($M$)을 물가($P$)로 나눈 값을 실질화폐잔고라고 한다. 어떤 경제의 실질화폐잔고에 대한 수요는 $\frac{M}{P} = 0.5 \times Y - i$($Y$는 실질소득, $i$는 명목이자율)이고, 현재 $M$의 값은 1,000, $P$의 값은 20으로 주어져 있다. 중앙은행이 $M$을 1,000에서 1,100으로 증가시켰을 때, $LM$곡선의 이동에 대한 다음 설명 중 옳은 것은?

① 오른쪽으로 10만큼 이동한다.
② 왼쪽으로 10만큼 이동한다.
③ 오른쪽으로 5만큼 이동한다.
④ 왼쪽으로 5만큼 이동한다.

**09** 아래의 그림은 어떤 복점시장의 수요곡선과 각 기업이 직면하고 있는 한계비용곡선을 나타낸다. 각 기업의 총수입 범위로 옳은 것은?

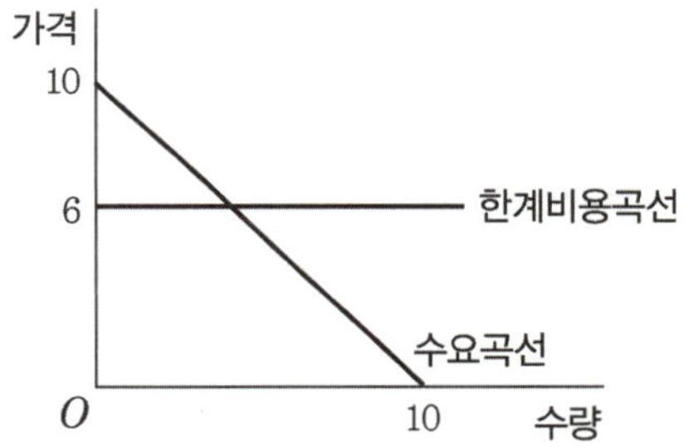


① 2 < 총수입 < 4
② 6 < 총수입 < 8
③ 8 < 총수입 < 12
④ 16 < 총수입 < 24

**10** 서연의 효용함수는 $\sqrt{C}$($C$는 소비)이다. 서연의 소비가 100일 확률이 0.5이고 900일 확률이 0.5일 때, 소비 변동에 따른 불확실성으로 인하여 서연이가 소비의 평균값을 항상 소비하지 못해 발생하는 후생비용을 소비로 나타내면 얼마인가?

① 100
② 200
③ 300
④ 400

**11** 소비자물가지수가 생계비의 변화를 과대평가한다는 주장에 대한 근거로 옳지 않은 것은?

① 수입재화의 가중치는 0이다.
② 소비자의 재화 대체가능성을 무시한다.
③ 소비자물가지수를 라스파이레스 방식으로 계산한다.
④ 가격보다 품질이 빠르게 향상되는 재화를 고려하지 않는다.

**12** 두 기간이 존재한다고 할 때 이자율이 상승한다면 다음 설명 중 옳지 않은 것은?

① 이자율이 상승하기 이전 1기 대여자의 효용은 항상 증가한다.
② 이자율이 상승하기 이전 1기 차입자의 효용은 항상 감소한다.
③ 이자율이 상승하기 이전 1기 대여자의 저축은 증가할 수도 있고 감소할 수도 있다.
④ 이자율이 상승하기 이전 1기 차입자는 대여자로 바뀔 수도 있다.

**13** 두 재화($X$재, $Y$재)를 소비하는 $A$의 효용함수는 $U_A = XY$이고, $B$의 효용함수는 $U_B = XY + X^2Y^2$이다. $A$와 $B$가 똑같은 예산으로 $X$, $Y$재를 소비할 때, 다음 설명 중 옳은 것은? (단, $X$재와 $Y$재의 소비량은 양의 값이다)

① $A$는 $B$와 항상 효용이 같다.
② $A$는 $B$보다 항상 효용이 더 높다.
③ $A$는 $B$와 $X$, $Y$재의 소비량이 같다.
④ $A$는 $B$보다 $X$, $Y$재의 소비량이 많다.

**14** 아래의 표는 $A$국의 $GDP$에 관한 자료이다. 다음 설명 중 옳지 않은 것은? (단, 기준연도는 2008년이다)

| 연도 | 명목 $GDP$ | $GDP$디플레이터 |
|---|---|---|
| 2008 | $2,000 | 100 |
| 2009 | $3,000 | 120 |
| 2010 | $3,750 | 150 |
| 2011 | $6,000 | 200 |

① 2008년에서 2009년 사이의 인플레이션율은 20%이다.
② 2010년에서 2011년 사이의 인플레이션율은 33.3%이다.
③ 2008년에서 2009년 사이에 경제성장을 경험했다.
④ 2010년에서 2011년 사이에 경제성장을 경험하지 못했다.

**15** 단기와 장기의 비용곡선 간 관계를 설명한 것이다. 다음 설명 중 옳지 않은 것은?

① 단기총비용곡선은 장기총비용곡선과 한 점에서만 접한다.
② 단기와 장기의 총비용곡선이 서로 접하면 단기와 장기의 한계비용곡선도 서로 접한다.
③ 단기평균비용곡선은 장기평균비용곡선과 한 점에서만 접한다.
④ 단기와 장기의 총비용곡선이 서로 접하면 단기와 장기의 평균비용곡선도 서로 접한다.

**16** 이윤극대화를 추구하는 어떤 독점기업이 자신의 생산물 1단위당 16원의 가격을 책정하였다. 이 기업의 한계비용과 한계수입이 같아지는 생산량의 수준은 10개이며, 평균비용은 8원일 경우, 이 기업의 이윤으로 옳은 것은?

① 20원 ② 40원
③ 60원 ④ 80원

**17** 인구증가율, 감가상각률, 기술진보율이 각각 $n$, $d$, $g$라고 할 때 황금률(golden rule)에 대한 설명으로 옳지 않은 것은?

① 황금률은 저축률이 노동소득분배율과 같을 때 달성된다.
② 황금률은 자본의 한계생산이 $n+d+g$와 같을 때 달성된다.
③ 황금률상태에서는 1인당 소비의 크기가 노동소득과 일치한다.
④ 황금률은 정상상태(균제상태)의 소비를 극대화하는 저축률과 자본량을 말한다.

**18** 아래의 그림은 소규모 개방경제의 어떤 기업이 국내시장에서 독점력을 행사함을 나타낸다. 이 기업의 총생산량으로 옳은 것은? (단, $MR$은 한계수입, $D$는 수요곡선, $MC$는 한계비용이다)

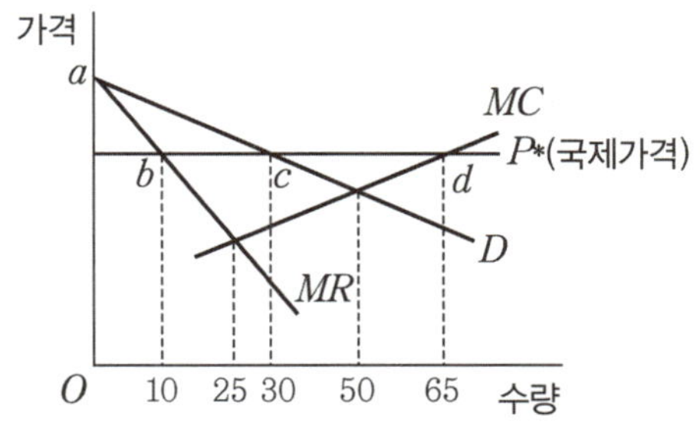


① 10 ② 25
③ 50 ④ 65

**19** 정부가 독점기업에 대한 세금을 부과하여 독점이윤을 환수하려고 할 때 나타날 수 있는 현상에 대한 설명 중 옳은 것은?

① 생산량 1단위당 100원씩의 세금을 부과하면 한계비용은 변하지 않는다.
② 독점이윤에 대해 30%의 세금을 부과하면 생산량이 줄고 가격이 올라간다.
③ 독점기업의 매출액에 10%의 세금을 부과하면 독점기업은 세금 부담을 모두 소비자에게 떠넘긴다.
④ 독점기업에 정해진 일정 금액을 세금(lump sum tax)으로 부과하면 생산량과 가격은 변하지 않는다.

**20** $A$, $B$ 두 기업이 존재하는 어떤 과점시장의 시장수요곡선은 $P=a-b(q_A+q_B)$이다. 여기서 $a$, $b$는 상수이고 $P$는 가격, $q_A$는 $A$ 기업의 생산량, $q_B$는 $B$ 기업의 생산량이다. 이 시장이 꾸르노(Cournot)모형에서 달성되는 균형상태일 때 시장가격은? (단, 각 기업의 생산비는 0이고 $Q=q_A+q_B$라고 가정한다)

① $\frac{a}{3}$ ② $\frac{2a}{3}$
③ $\frac{a}{3b}$ ④ $\frac{2a}{3b}$

**21** 다음 글의 밑줄 친 ㉠, ㉡에 들어갈 말로 적절한 것은?

> 솔로우(Solow) 성장모형에서 저축률이 상승하면 단기적으로 1인당 소득은 __㉠__, 경제성장률은 __㉡__.

| | ㉠ | ㉡ |
|---|---|---|
| ① | 증가하며 | 높아진다 |
| ② | 증가하며 | 변하지 않는다 |
| ③ | 감소하며 | 낮아진다 |
| ④ | 감소하며 | 변하지 않는다 |

**22** 아래의 그림은 단기 완전경쟁시장에서 어떤 개별 기업의 한계비용(marginal cost)과 평균비용(average cost)을 나타낸다. 현재 시장가격이 $P_0$라고 할 때 색칠한 부분과 그 아래 부분에 대한 설명으로 옳은 것은?

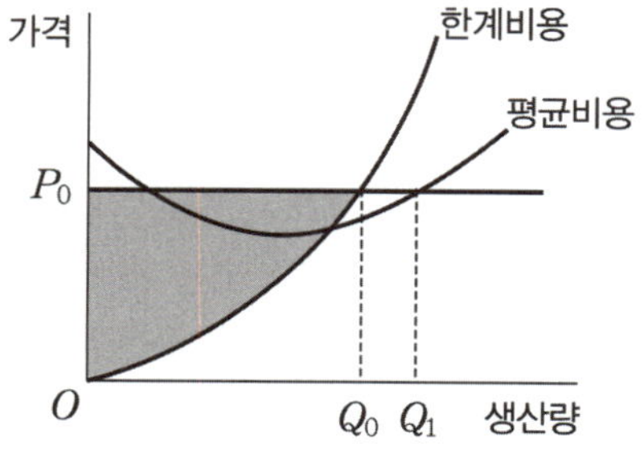


| | 색칠한 부분 | 그 아래 부분 |
|---|---|---|
| ① | 생산자잉여 | 총가변비용 |
| ② | 이윤 | 총가변비용 |
| ③ | 생산자잉여 | 총고정비용 |
| ④ | 이윤 | 총고정비용 |

**23** 실물적 경기변동론(Real Business Cycle)에 대한 다음 설명 중 옳지 않은 것은?

① 정부의 경제개입은 최소화되어야 한다.
② 경기의 동태성은 거시경제일반균형의 변동현상이다.
③ 경기변동은 실질변수가 동태적으로 변동하는 현상이다.
④ 불균형 상태가 균형 상태로 수렴하는 과정에서 경기변동이 발생하게 된다.

**24** 자본이동이 완전히 자유로운 어느 소규모 개방경제가 변동환율제도를 채택하고 있다고 할 때, 다음 설명 중 옳은 것은?

① 이자율이 세계이자율에 의하여 고정되고 총수요곡선이 $IS$곡선으로 결정되므로 재정정책은 유효하고 통화정책은 무력하다.
② 이자율이 세계이자율에 의하여 고정되고 총수요곡선이 $IS$곡선으로 결정되므로 통화정책은 유효하고 재정정책은 무력하다.
③ 이자율이 세계이자율에 의하여 고정되고 총수요곡선이 $LM$곡선으로 결정되므로 재정정책은 유효하고 통화정책은 무력하다.
④ 이자율이 세계이자율에 의하여 고정되고 총수요곡선이 $LM$곡선으로 결정되므로 통화정책은 유효하고 재정정책은 무력하다.

**25** 카르텔에 대한 다음 설명 중 옳지 않은 것은?

① 일회적인 용의자의 딜레마 게임 상황과 같이 기본적으로 카르텔은 붕괴할 위험이 존재한다.
② 유한반복게임의 상황을 도입하더라도 여전히 카르텔의 불안정성은 제거되지 않는다.
③ 카르텔의 시장균형조건은 한계수입과 각 기업의 한계비용의 합이 같다는 것이다.
④ 카르텔의 이윤극대화조건은 독점에서의 다공장 독점의 이윤극대화 조건과 동일하다.

# 7회 2013년 국회직 변형

정답 · 해설 p.183

**01** 어떤 상품의 수요곡선과 공급곡선이 아래와 같다.

$$Q^d = 150 - 2P,\ Q^s = -100 + 3P$$

정부가 상품 1개당 25원의 세금을 소비자에게 부과하는 경우 후생손실은?

① 375
② 750
③ 1,500
④ 3,000

**02** $A$국가와 $B$국가는 디지털TV와 의복을 생산하고 있다. 두 상품의 생산에는 다음 표에 제시한 바와 같은 노동시간이 투입된다고 하자. 양국이 무역에 참여할 수 있는 조건은?

| 구분 | 디지털TV | 의복 |
|---|---|---|
| $A$국가 | 10시간 | 4시간 |
| $B$국가 | 20시간 | 5시간 |

① 디지털TV 2.5단위 < 의복 1단위 < 디지털TV 4단위
② 디지털TV 0.5단위 < 의복 1단위 < 디지털TV 0.8단위
③ 의복 2.5단위 < 디지털TV 1단위 < 의복 4단위
④ 의복 0.25단위 < 디지털TV 1단위 < 의복 0.4단위

**03** 통화량의 감소를 가져오는 상황으로 옳은 것은?

① 중앙은행의 공채매각
② 민간의 현금보유비율 감소
③ 중앙은행의 외환보유고 증가
④ 중앙은행의 법정지급준비율 인하

**04** 다음에서 국내총생산($GDP$)의 추계에 포함되는 것은?

① 살던 집을 판 돈 7억 원
② 주택 임대료 상승분 연 100만 원
③ 해커스전자 주식을 매각한 돈 1억 5천만 원
④ 막걸리를 빚기 위해 구입한 정부미 구입비 50만 원

**05** 환율결정이론에 대한 설명 중 옳지 않은 것은?

① 절대구매력평가설이 성립한다면 실질환율은 1이다.
② 경제통합의 정도가 커질수록 구매력평가설의 설명력은 높아진다.
③ 구매력평가설에 따르면 자국의 물가가 5% 오르고 외국의 물가가 7% 오를 경우, 국내통화는 2% 평가절하된다.
④ 구매력평가설은 경상수지에 초점을 맞추는 반면, 이자율평가설은 자본수지에 초점을 맞추어 균형환율을 설명한다.

**06** 적응적 기대(adaptive expectations)이론과 합리적 기대(rational expectations)이론에 대한 설명 중 옳지 않은 것은?

① 적응적 기대이론에서는 경제변수에 대한 예측에 있어 체계적 오류를 인정한다.
② 적응적 기대이론에 따르면 통화량증가는 장기균형에서의 실질국민소득에는 영향을 미치지 않는다.
③ 합리적 기대이론에 따르면 예측오차는 발생하지 않는다.
④ 합리적 기대이론에 따르면 예측된 정부정책의 변화는 실질변수에 영향을 미치지 않는다.

**07** 소규모 폐쇄경제인 $A$ 국가의 $X$재에 대한 수요곡선과 공급곡선은 다음과 같고, 국제가격이 400이다. $A$ 국가가 경제를 개방할 때 사회적잉여의 변화로 옳은 것은?

$$Q_X^D = 500 - P_X,\ Q_X^S = -100 + P_X$$
(단, $Q_X^D$: $X$재의 수요량, $Q_X^S$: $X$재의 국내 공급량, $P_X$: $X$재의 가격이다)

① 10,000만큼 증가
② 10,000만큼 감소
③ 20,000만큼 증가
④ 20,000만큼 감소

**08** 공무원학원시장에 하나의 기업만 존재하는 완전독점시장을 가정할 때, 이 독점기업의 한계비용($MC$)함수는 $MC = 20$이고 시장의 수요는 $P = 100 - 5Q$이다. 만약, 이 기업이 이부가격(two part tariff) 설정을 통해 이윤을 극대화하고자 한다면, 고정요금(가입비)은 얼마로 설정해야 하는가?

① 160
② 320
③ 640
④ 1,280

**09** 고용통계에 대한 설명으로 옳은 것은?

① 구직 단념자가 많아지면 실업률이 상승한다.
② 구직 단념자가 많아져도 고용률은 변하지 않는다.
③ 경제활동참가율이 높아지면 실업률이 높아진다.
④ 고용률이 증가하면 실업률은 하락한다.

**10** 후생경제학에 대한 다음 설명에서 밑줄 친 ㉠에 들어갈 말로 옳은 것은?

생산가능곡선(production possibilities curve) 상에 있는 어느 한 점에서도 모든 재화와 서비스의 ___㉠___ 이/가 동일하다.

① 한계대체율($MRS_{XY}$)
② 한계변화율($MRT_{XY}$)
③ 한계기술대체율($MRTS_{LK}$)
④ 두 재화의 상대가격비$\left(\dfrac{P_X}{P_Y}\right)$

**11** 오쿤의 법칙에 대한 설명으로 옳은 것은?

① 물가상승률과 실업률은 (+)의 상관관계에 있다.
② 물가상승률과 실업률은 (-)의 상관관계에 있다.
③ 실업률과 $GDP$갭은 (+)의 상관관계에 있다.
④ 실업률과 $GDP$갭은 (-)의 상관관계에 있다.

**12** 생산함수가 $Y=L^2$일 때 평균비용과 한계비용에 대한 설명으로 옳은 것은? (단, $L$은 노동, $Y$는 생산량을 나타내고, 생산요소시장은 완전경쟁적이다)

| | 평균비용 | 한계비용 |
|---|---|---|
| ① | 우하향 | 우하향 |
| ② | 우하향 | 우상향 |
| ③ | 우상향 | 우상향 |
| ④ | 우상향 | 우하향 |

**13** 다음 설명 중 옳지 않은 것은?

① 확장적 통화정책으로 총수요곡선은 우측으로 이동한다.
② 기술진보는 장기총공급곡선을 우측으로 이동시킨다.
③ 물가가 하락하게 되면 자국화폐로 표시된 실질환율이 상승하여 총수요곡선이 우측으로 이동한다.
④ 향후 물가가 상승할 것이라고 예상하게 되면 총수요 증가가 나타난다.

**14** 인플레이션비용으로 조세왜곡을 설명하려 한다. 즉, 누진소득세 체제에서는 인플레이션으로 인해 기존과 동일한 실질소득을 얻더라도 세후 실질소득이 하락할 수 있다. 이를 설명하기 위한 다음 자료의 빈칸에 들어갈 수치로 옳지 않은 것은? (단, 실질이자율이 모두 4%인 경제$A$와 경제$B$의 인플레이션율은 각각 0%와 8%이다)

| 구분 | 경제 $A$ | 경제 $B$ |
|---|---|---|
| 명목이자율 | ㉠ | ㉡ |
| 25% 세금에 따른 명목이자율 | 1% | 3% |
| 세후실질이자율 | ㉢ | ㉣ |

① ㉠: 4%
② ㉡: 2%
③ ㉢: 3%
④ ㉣: 1%

**15** 아래의 경제상황에서 화폐공급이 50만큼 늘어나고 기대물가상승률이 7.5%로 상승하는 경우 새로운 균형실질이자율은 얼마인가?

> • $\frac{M^d}{P}=1{,}000-1{,}000i$
> • $M^s=1{,}700$
> • $P=2$
> • $\pi^e=0.05$
> (단, $M^d$: 명목화폐수요, $i$: 명목이자율, $M^s$: 명목화폐공급, $P$: 물가, $\pi^e$: 기대물가상승률이다)

① 2.5%
② 5%
③ 7.5%
④ 10%

**16** 아래의 폐쇄경제모형에서 균형국민소득은?

- $C=100+0.8(Y-T)$
- $I=150-600r$
- $G=200$
- $T=0.5Y$
- $M^d=M^s$
- $\frac{M^d}{P}=2Y-8,000(r+\pi^e)$
- $M^s=1,000$
- $P=1$
- $\pi^e=0$

(단, $Y$: 소득, $C$: 소비, $I$: 투자, $r$: 실질이자율, $T$: 세입, $G$: 정부지출, $P$: 물가, $\pi^e$: 기대물가상승률, $M^d$: 명목화폐수요, $M^s$: 명목화폐공급이다)

① 600 ② 700
③ 800 ④ 900

**17** 소비자의 이동전화 통화수요가 $Q_d=150-\frac{P}{20}$일 때, 월정액 없이 1분에 1,000원을 받는 통신사로부터 얻게 되는 소비자잉여로 옳은 것은? (단, $Q_d$는 분으로 표시한 통화시간, $P$는 분당 전화 요금을 나타낸다)

① 100,000 ② 105,000
③ 120,000 ④ 125,000

**18** 다음의 조건하 버스회사는, 버스 이용자의 소득이 10% 상승할 것으로 예상하여 버스 요금을 5% 인상해 줄 것을 건의하였다. 이와 함께 버스 수요가 요금 인상 전과 동일한 수준으로 유지되도록 지하철 요금도 10% 인상을 건의한다면 버스 수요의 소득탄력성은? (단, 주요 공공교통 수단인 버스와 지하철의 요금은 정부의 통제를 받는다)

- 버스 수요의 가격탄력성은 1.2
- 버스 수요의 지하철 요금에 대한 교차탄력성은 0.4

① 0.2 ② 0.4
③ 0.6 ④ 0.8

**19** 다음 표는 소비의 외부경제 시 한계비용과 한계편익관련 내용이다. 시장균형거래량이 사회적최적거래량과 같아지도록 하기 위한 정부의 세금 또는 보조금은?

(단위: 개, 원)

| 거래량 | 사적한계편익 | 사적한계비용 | 사회적한계편익 |
|---|---|---|---|
| 1 | 5,400 | 1,200 | 6,800 |
| 2 | 4,800 | 2,000 | 6,200 |
| 3 | 4,200 | 2,800 | 5,600 |
| 4 | 3,600 | 3,600 | 5,000 |
| 5 | 3,000 | 4,400 | 4,400 |
| 6 | 2,400 | 5,200 | 3,800 |

① 600원의 세금
② 600원의 보조금
③ 1,400원의 세금
④ 1,400원의 보조금

**20** 연기자를 고용하는 방송국이 하나만 존재하는 경우를 가정하자. 연기자 시장에서 발생하는 현상에 대한 설명 중 옳지 않은 것은?

① 연기자의 임금은 한계요소비용보다 낮다.
② 연기자의 임금은 한계수입생산보다 낮다.
③ 연기자의 임금 수준은 방송국이 여러 개일 때보다 낮다.
④ 연기자가 노동조합을 결성하여 단체 교섭을 하면 임금은 높일 수 있으나 고용 인원은 줄어들 수밖에 없다.

**21** 스마트폰 시장은 완전경쟁시장이며 각 생산업체의 장기 평균비용함수는 $AC(q_i) = 40 - 6q_i + \frac{1}{3}q_i^2$ 으로 동일하다. 스마트폰에 대한 시장수요가 $Q^d = 2,200 - 100P$ 일 때, 장기균형에서의 기업의 수로 옳은 것은? (단, $q_i$ 는 개별기업의 생산량, $Q^d$ 는 시장수요량을 나타낸다)

① 100 ② 150
③ 200 ④ 250

**22** 7명의 사냥꾼이 동시에 사냥에 나섰다. 각 사냥꾼은 사슴을 쫓을 수도 있고, 토끼를 쫓을 수도 있다. 사슴을 쫓을 경우에는 7명의 사냥꾼 중 3명 이상이 동시에 사슴을 쫓을 때에만 사슴사냥에 성공하여 1마리의 사슴을 포획하게 되고, 사냥꾼들은 사슴을 동일하게 나누어 갖는다. 만약 3명 미만이 동시에 사슴을 쫓으면 사슴을 쫓던 사냥꾼은 아무것도 얻지 못하게 된다. 반면 토끼를 쫓을 때에는 혼자서 쫓더라도 언제나 성공하며 각자 1마리의 토끼를 포획하게 된다. 모든 사냥꾼들은 사슴 $\frac{1}{4}$마리를 토끼 1마리보다 선호하고, 사슴이 $\frac{1}{4}$마리보다 적으면 토끼 1마리를 선호한다. 이 게임에서 내쉬균형으로 옳은 것은? (단, 사냥터에서 사냥할 수 있는 사슴과 토끼는 각각 1마리, 7마리이다)

① 모든 사냥꾼이 토끼를 쫓는다.
② 모든 사냥꾼이 사슴을 쫓는다.
③ 3명의 사냥꾼은 사슴을, 4명의 사냥꾼은 토끼를 쫓는다.
④ 5명의 사냥꾼은 사슴을, 2명의 사냥꾼은 토끼를 쫓는다.

**23** 어느 완전경쟁기업의 비용구조가 다음과 같을 때 이 기업이 조업을 중단하게 되는 시장가격은? (단, 이 기업의 고정비용은 100이다)

| 생산량 | 0 | 1 | 2 | 3 | 4 | 5 | 6 | 7 | 8 | 9 | 10 |
|---|---|---|---|---|---|---|---|---|---|---|---|
| 총비용 | 100 | 130 | 150 | 160 | 172 | 185 | 210 | 240 | 280 | 330 | 390 |

① 13 ② 15
③ 17 ④ 21

**24** 택시 수가 1만 대인 어떤 도시에서 택시 1대의 일일 운행시 500원의 공해비용이 발생할 때, 다음 설명 중 옳지 않은 것은?

① 택시운행의 사회적비용이 사적비용을 초과하고 있다.
② 택시 1대에 500원의 조세를 부과하면 사회후생이 감소한다.
③ 사회적으로 바람직한 수준의 택시운행대수는 1만 대 미만이다.
④ 일부 택시의 운행을 강제로 제한하면 사회후생이 증가할 수 있다.

**25** $X$재와 $Y$재의 가격이 각각 $P_X = 4$, $P_Y = 3$에서 $P_X = 3$, $P_Y = 4$로 바뀌었다고 가정하자. 현시선호이론과 관련된 다음 설명 중 옳지 않은 것은? (단, $X$재와 $Y$재에 대한 소비조합을 $(X, Y)$로 표현한다)

① 가격 변화 후에 소득이 증가하고 $X$재에 대한 소비가 감소하면 약공리에 위배된다.
② 소비자의 소득이 두 기간에 동일하며, 가격 변화 후에 $X$재에 대한 소비가 감소하였더라도 약공리에 위배되지 않을 수 있다.
③ 소비조합이 가격 변화 전 (3, 3)에서 가격 변화 후 (4, 2)로 바뀐 경우 약공리에 위배되지 않는다.
④ 강공리는 소비자의 선호체계가 이행성을 만족시킨다는 것을 달리 표현한 것으로 볼 수 있다.

# 8회 2014년 국회직 변형

정답 · 해설 p.188

**01** **폐쇄경제일 때 사과 가격을 바나나 가격으로 나눈 상대 가격이 $A$국에서는 2이고, $B$국에서는 5이다. 개방경제 하에서 교역가능조건이 아닌 것은? (단, 세계에서 $A$국과 $B$국만 있고 사과와 바나나 두 재화만 있다고 가정한다)**

① $A$국의 수출업자는 사과 150개를 수출하는데 그 대가로 바나나 600개를 받는다.
② $A$국의 수입업자는 바나나 90개를 수입하는데 그 대가로 사과 30개를 준다.
③ $B$국의 수출업자는 바나나를 200개를 수출하는데 그 대가로 사과 50개를 받는다.
④ $B$국의 수입업자는 사과 100개를 수입하는데 그 대가로 바나나 150개를 준다.

**02** **환율과 관련된 다음 설명에서 ㉠, ㉡에 들어갈 말로 적절한 것은?**

> 정부가 외환시장에서 달러를 매각하면 환율이 ㉠하고, 국가 간 자본이동이 완전히 자유로우면, 예상되는 환율 변화는 두 국가 간 ㉡차이만큼 나타난다.

| | ㉠ | ㉡ |
|---|---|---|
| ① | 상승 | 이자율 |
| ② | 상승 | 임금 |
| ③ | 하락 | 이자율 |
| ④ | 하락 | 임금 |

**03** **$BP$(Balance of Payments)곡선(가로축: 소득, 세로축: 이자율)의 우하향 이동에 영향을 주는 외생변수의 변화에 관한 설명 중 옳지 않은 것은?**

① 외국소득의 증가
② 외국이자율의 상승
③ 외국상품가격의 상승
④ 국내통화의 평가절상예상

**04** **$GDP$ 집계에 포함되지 않는 것은?**

① 재고증가
② 주가급등
③ 탈세규모축소
④ 귀속임대료상승

**05** **한계(marginal)에 관한 설명으로 옳지 않은 것은?**

① 한계개념은 원점에서 그은 기울기이다.
② 한계개념은 수학의 도함수개념을 응용한 것이다.
③ 한계요소비용($MFC_L$)은 생산요소를 한 단위 추가 투입 시 총비용의 증가분이다.
④ 한계수입생산($MRP_L$)은 생산요소를 한 단위 추가 투입 시 총수입의 증가분이다.

**06** 케인즈학파 경제학자들이 경기침체기에 금융정책이 효과를 나타내지 못한다고 생각하는 이유로 가장 옳은 것은?

① 화폐수요와 투자수요가 모두 이자율에 대해 상당히 탄력적이다.
② 화폐수요는 이자율에 대해 상대적으로 탄력적이며 투자수요는 이자율에 대해 상대적으로 비탄력적이다.
③ 화폐수요는 이자율에 대해 상대적으로 비탄력적이며 투자수요는 이자율에 대해 상대적으로 탄력적이다.
④ 화폐수요와 투자수요 모두 이자율에 대해 상당히 비탄력적이다.

**07** 다음은 케인즈의 국민소득결정모형이다. 완전고용국민소득수준이 $Y_3$이라면 인플레이션갭 또는 디플레이션갭은? (단, $Y$는 소득, $AE$는 총지출, $C$는 소비, $C_0$는 기초소비, $c$는 한계소비성향, $I$는 투자, $I_0$는 독립투자이다)

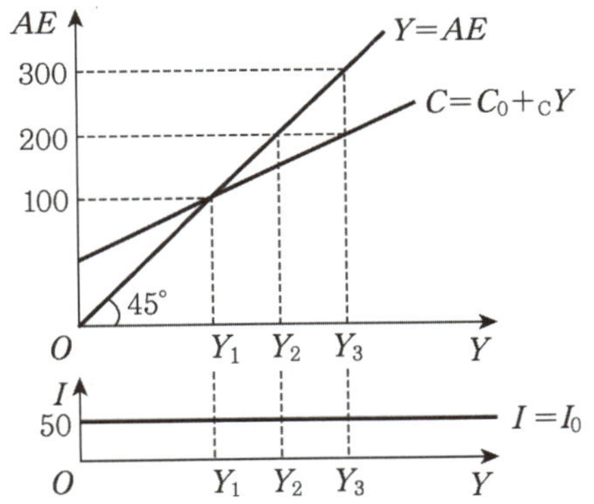


① 인플레이션갭 50
② 인플레이션갭 100
③ 디플레이션갭 50
④ 디플레이션갭 100

**08** 어느 독점기업이 생산과정에서 오염물질을 배출함으로써 외부불경제를 유발하고 있다. 독점기업의 수요함수는 $P=90-Q$이고, 독점기업의 한계비용은 $MC=Q$이며 생산 1단위당 외부비용은 6이다. 사회적으로 최적인 생산량 수준을 달성하도록 하기 위해서는 정부가 독점기업에 생산 1단위당 조세(또는 보조금)를 얼마나 부과(또는 지불)해야 하는가? (단, $P$는 가격, $Q$는 수요량, $MC$는 한계비용이다)

① 보조금 36
② 조세 36
③ 보조금 42
④ 조세 42

**09** 어느 경제의 국민소득균형모형이 아래와 같이 주어져 있다면 균형국민소득에서 경상수지적자의 규모는 얼마인가?

- $C=50+0.85Y_d$
- $T=0.2Y$
- $I=110$
- $G=208$
- $X=82$
- $M=10+0.08Y$

(단, $Y$: 소득, $Y_d$: 가처분소득, $C$: 소비, $T$: 조세, $I$: 투자, $G$: 정부지출, $X$: 수출, $M$: 수입이다)

① 10
② 16
③ 20
④ 24

**10** 실업과 인플레이션에 대한 설명으로 옳지 않은 것은?

① 장기필립스곡선은 자연실업률에서 수직이다.
② 비경제활동인구에는 전업학생, 전업주부, 은퇴자 등이 포함된다.
③ 경제활동인구는 생산가능연령인구 중 경제활동에 참가하고 있는 인구를 말한다.
④ 예상하지 못한 인플레이션이 발생할 경우 명목환율이 불변이면 실질 순수출은 증가한다.

**11** 다음은 국민소득계정과 산업연관표의 관계이다. ㉠과 ㉡에 들어갈 내용으로 옳은 것은?

> • 최종수요 - 수입 = ㉠
> • 총산출 - 중간투입 = ㉡

| | ㉠ | ㉡ |
|---|---|---|
| ① | 부가가치 | 총투입 |
| ② | 총투입 | 부가가치 |
| ③ | 총투입 | 총투입 |
| ④ | 부가가치 | 부가가치 |

**12** 세계 대부자금시장에서 대부자금에 대한 수요가 증가하는 경우 단기에 자본이동이 자유롭고 변동환율제를 채택하고 있는 소규모개방경제에 미치는 효과로서 옳지 않은 것은? (단, 먼델 - 플레밍(Mundell-Fleming)모형을 가정한다)

① 환율은 상승한다.
② 투자는 증가한다.
③ 소득은 증가한다.
④ 순수출은 증가한다.

**13** $A$시의 70세 이상 노인들에 대한 다음 설명 중 옳은 것은?

> $A$시의 시민은 대중교통($X$재)과 그 밖의 재화($Y$재)를 소비하여 효용을 얻는다. 현재 $A$시의 70세 이상 노인은 $X$재를 반값에 이용하고 있다. 이제 $A$시에서 70세 이상 노인에게 $X$재 요금을 할인해 주지 않는 대신, 이전에 할인받던 만큼을 현금으로 지원해 주기로 했다(이하 현금지원정책).

① $X$재 소비가 현금지원정책 실시 전에 비해 증가한다.
② $Y$재 소비가 현금지원정책 실시 전에 비해 감소한다.
③ 소득으로 구매할 수 있는 $X$재의 최대량이 현금지원정책 실시 이전보다 증가한다.
④ 현금지원정책 시 예산선의 기울기가 대중교통요금 할인 시 예산선의 기울기보다 크다.

**14** 다음의 시장 상황에 대한 설명으로 옳은 것은?

> 시장수요곡선이 $P = 100 - Q_d$인 시장에서 독점적으로 생산을 하는 기업이 있다. 이 기업은 고정비용이 100이고 한계비용이 40이다. 이 기업이 생산하는 재화는 단위당 30만큼의 외부한계비용을 발생시킨다(단, $P$는 가격, $Q_d$는 수요량이다).

① 이윤극대화생산량은 60이다.
② 사적비용이 사회적비용보다 크다.
③ 이 독점기업의 생산량은 사회적으로 최적이다.
④ 최적생산량에서 수요의 가격탄력성은 1보다 작다.

**15** 다음은 규모에 대한 수익과 비용곡선에 관한 설명으로 옳지 않은 것은?

① 장기 한계비용곡선은 단기한계비용곡선의 포락선이다.
② 규모에 대한 수익불변의 경우 모든 생산요소가격이 일정하게 유지된다면 생산요소투입량이 3배로 증가할 때 총비용도 3배로 증가한다.
③ 규모에 대한 수익불변의 경우 모든 생산요소가격이 일정하게 유지된다면 생산량과 총비용이 정비례하므로 장기 평균비용곡선이 수평선이다.
④ 생산량의 증가로 요소 수요가 증가할 때 생산요소가격이 상승한다면 단위당 생산비용이 상승하게 되므로 장기 평균비용곡선은 우상향의 형태가 된다.

**16** 다음을 참조할 때 $A$기업은 총수익의 몇 %를 광고비로 지출하겠는가?

> 이윤극대화를 추구하는 $A$기업이 광고를 하려고 한다. 이 기업은 정보의 제약 하에 놓여 있어 총수익 대비 광고비지출액을 결정하려고 한다. 이 기업은 판매하는 재화에 대한 수요의 가격탄력성은 $-10$이고 광고비를 1% 증가시키면 재화의 수요량이 2% 증가한다는 정보만을 가지고 있다.

① 5%　② 10%
③ 15%　④ 20%

**17** 정부는 $A$의 음식 소비를 지원하기 위해 음식 5단위를 구입할 수 있는 음식바우처(음식만 구입가능)지원을 고려하고 있다. 이에 따른 $A$의 효용으로 옳은 것은?

> $A$는 월 60만 원의 소득을 음식($F$)과 의복($C$)을 소비하는 데 모두 지출하며 그의 효용함수는 $U=2FC$이고, 음식의 가격은 2만 원, 의복의 가격은 1만 원이다. (단, $U$는 효용을 의미한다)

① 900　② 1,200
③ 1,225　④ 1,500

**18** 다음의 경제에서 재화의 가격은 얼마에 설정되는가?

> 어느 재화에 대한 시장수요함수가 $P=80-2Q$이다. 이 재화를 생산하는 지배적 기업이 하나 있고 나머지 군소기업들은 지배적 기업이 결정한 가격을 따른다. 지배적 기업을 제외한 군소기업들의 재화의 공급함수는 $P=2Q_F$이고 지배적 기업의 한계비용함수는 $MC=2Q_D$이다. (단, $Q_D$는 지배적 기업의 생산량, $Q_F$는 나머지 군소기업들의 생산량, $P$는 가격, $MC$는 한계비용, $Q$는 시장산출량($Q_D+Q_F$)이다)

① 10　② 20
③ 30　④ 40

**19** 다음에서 음반판매실적이 10만 장 이상일 확률이 50%일 때 $A$입장에서 새로운 계약을 회피하기 위해 지불할 최대금액은?

> 어느 기획사에 소속된 가수 $A$는 음반판매실적과는 관계없이 고정급으로 월 1,000달러를 받고 있다. 이때, 기획사에서 $A$에게 음반판매실적이 10만 장 이상인 경우에는 월 4,000달러를 지급하고, 판매실적이 10만 장 미만인 경우에는 월 160달러를 지급하는 새 계약을 제시했다고 하자. $A$의 효용함수는 $U=\sqrt{10I}$이다. (단, $U$는 효용, $I$는 급여이다)

① 600　② 620
③ 640　④ 660

**20** 다음 국제경제에 대한 설명으로 옳은 것은?

① 재정흑자와 경상수지적자의 합은 0이다.
② 경상수지적자의 경우 자본 및 금융계정적자가 발생한다.
③ 규모에 대한 수확이 체증하는 경우 이종산업 간 교역이 활발하게 되는 경향이 있다.
④ 중간재가 존재할 경우 요소집약도가 변하지 않더라도 요소가격 균등화가 이루어지지 않는다.

**21** 한국경제가 현재 단기 필립스곡선 $SP_1$상의 $a$점에 있다고 할 때, 중동지역 정세의 불안정으로 인해 에너지가격이 폭등할 경우 단기에서 장기까지 한국 경제의 예상이동경로 중 마지막 단계로 옳은 것은? (단, $U_n$은 자연실업률수준을 나타낸다)

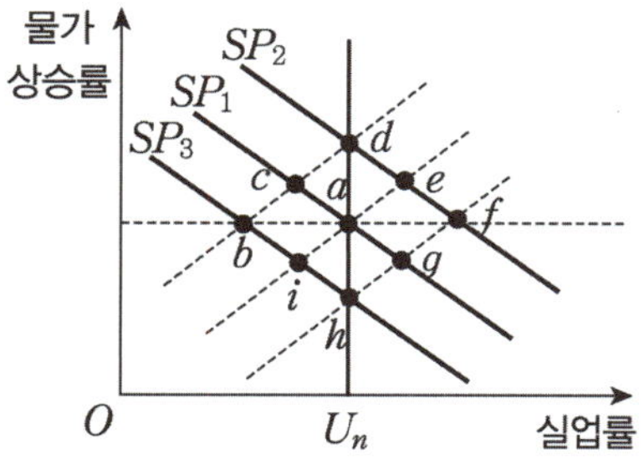


① $a$
② $d$
③ $e$
④ $f$

**22** 립진스키(Rybczynski)정리에 대한 다음 설명 중 교역당사국의 입장에서 가장 옳은 것은?

① 교역조건이 일정할 때 풍부한 생산요소의 증가는 모든 재화의 생산 증가를 가져온다.
② 풍부한 생산요소가 증가되면 오퍼곡선은 수입량방향으로 수축된다.
③ 일반적으로 희소한 생산요소가 증가되면 교역조건에 크게 영향을 주지 않는다.
④ 일반적으로 풍부한 생산요소가 증가되면 수입수요는 증가한다.

**23** 완전경쟁경제하에 있는 $A$국의 생산함수는 $Y=AL^{0.6}K^{0.4}$이다. 자본($K$)의 감가상각률이 $1\%$, 인구($L$)의 증가율이 $3\%$, 기술진보율이 $4\%$이다. 이 국가의 경제가 황금률(Golden Rule)의 자본수준에 있다고 할 때 자본은 소득의 몇 배인가?

① 2
② 3
③ 4
④ 5

**24** 다음 게임에서 완전균형은? (단, 앞은 신규기업, 뒤는 기존기업의 전략이다)

> 잠재적 진입기업 $A$는 기존기업 $B$가 독점하고 있는 시장으로 진입할지 여부를 고려하고 있다. $A$가 진입하지 않으면 $A$와 $B$의 보수는 각각 0과 2이다. $A$가 진입을 하면 $B$는 반격을 하거나 공생을 할 수 있다. $B$가 반격을 할 경우 $A$와 $B$의 보수는 각각 $-1$과 0이다. 반면 공생을 할 경우 두 기업이 시장을 나눠 가져 각각 1의 보수를 얻는다.

① (진입포기, 공생)
② (진입포기, 반격)
③ (진입, 공생)
④ (진입, 반격)

**25** 효용극대화를 추구하는 어느 소비자의 $X$재와 $Y$재에 대한 효용함수가 $U(X, Y)$로 주어져 있고, 예산제약식이 $P_X X + P_Y Y = I$이다. 이때, $P_X = 5$, $P_Y = 50$, $I = 10,000$이며, 이 예산제약선상의 어느 한 점에서 $X$재의 한계효용 $MU_X$가 120, $Y$재의 한계효용 $MU_Y$가 60이다. 효용극대화를 위한 $X$, $Y$ 두 재화의 소비 방향으로 옳은 것은? (단, 모서리해(corner soulution)는 없다고 가정한다)

① $X$재화의 소비를 늘리고 $Y$재화의 소비를 줄여야 한다.
② $X$재화의 소비를 줄이고 $Y$재화의 소비를 늘려야 한다.
③ $X$재화의 소비를 늘리고 $Y$재화의 소비도 늘려야 한다.
④ $X$재화의 소비를 줄이고 $Y$재화의 소비도 줄여야 한다.

# 9회 2015년 국회직 변형

정답·해설 p.193

**01** 수요함수가 $Q = 10 - \frac{P}{2}$인 시장에서 정부의 새로운 조세정책으로 균형가격이 10에서 12로 상승했을 때 소비자잉여의 변화분은?

① 7만큼 감소
② 7만큼 증가
③ 9만큼 감소
④ 9만큼 증가

**02** 해외부문이 존재하지 않는 폐쇄경제의 균형에서 총투자는 국민저축(national saving)과 같고, 국민저축은 민간저축(private saving)과 정부저축(public saving)으로 구성되어 있다. 국민소득이 580이고 소비지출이 350, 정부지출이 100, 조세가 80일 때 민간저축은?

① 100
② 150
③ 200
④ 250

**03** 어떤 사람의 효용함수가 $U = \sqrt{m}$ (단, $m$: 소득, $U$: 효용)으로 표현된다. 소득이 100만 원일 확률이 0.5이고 소득이 400만 원일 확률이 0.5일 때, 이 불확실한 소득의 위험프리미엄은?

① 25만 원
② 50만 원
③ 75만 원
④ 100만 원

**04** 효용함수가 레온티에프형일 때 무차별곡선과 가격효과에 대한 설명으로 옳은 것은?

| | 무차별곡선 | 가격효과 |
|---|---|---|
| ① | $L$자형 | 대체효과와 동일 |
| ② | 선형 | 소득효과와 동일 |
| ③ | $L$자형 | 소득효과와 동일 |
| ④ | 선형 | 대체효과와 동일 |

**05** 중앙은행이 정한 법정지급준비율이 15%이고, 시중은행의 초과지급준비율이 5%이다. 또한 민간은 통화의 일부를 현금으로 보유하며, 그 비율은 일정하다. 만약 중앙은행이 10억 원 상당의 공채를 매입한다면, 시중의 통화량은 얼마나 증가하겠는가?

① 20억 원
② 50억 원
③ 10억 원 초과 50억 원 미만
④ 20억 원 초과 60억 원 미만

**06** 완전경쟁기업의 총비용함수가 $TC(Q) = Q - \frac{1}{2}Q^2 + \frac{1}{3}Q^3 + 50$이다. 이 기업은 이윤이 어느 수준 미만이면 단기에 생산을 중단하겠는가?

① 40
② 50
③ −40
④ −50

**07** $W$가 10이고 생산함수가 $f(L,K) = L^{\frac{1}{2}}K^{\frac{1}{2}}$일 때, 케인지언 단기 폐쇄경제 모형에서 $AS$곡선은? (단, 자본투입량($K$)은 4로 고정이다)

① $P = 5Y$
② $P = 10Y$
③ $P = \frac{5}{2}Y$
④ $P = \frac{5}{4}Y$

**08** 해외부문이 존재하지 않는 폐쇄경제에서 소비함수는 $C = 100 + 0.8(1-t)Y$, 민간투자는 180, 정부지출은 180이다. 정부가 정부지출을 200으로 늘린다고 할 때, 국민소득의 변화로 옳은 것은? (단, $C$는 소비, $t$는 조세율로 0.25, $Y$는 국민소득이다)

① 40만큼 증가
② 50만큼 증가
③ 60만큼 증가
④ 70만큼 증가

**09** 어느 독점기업의 수요함수가 $P(Q) = 50 - Q$이며, 총비용함수는 $TC(Q) = 10Q$이다. 이 독점기업의 이윤을 극대화하는 가격($P$)과 마크업(mark-up)은 각각 얼마인가? (단, $Q$는 생산량, $TC$는 총비용을 나타내며 '마크업 = 가격 / 한계비용'으로 정의된다)

① (20, 2)
② (30, 2)
③ (20, 3)
④ (30, 3)

**10** 완전경쟁기업과 독점기업에 대한 설명으로 옳지 않은 것은? (단, 기업의 한계비용곡선은 우상향한다고 가정한다)

① 완전경쟁기업은 한계수입이 평균총비용보다 작은 경우 손실을 보게 된다.
② 한계비용과 평균수입이 일치하는 생산량을 생산할 때 완전경쟁기업의 이윤은 극대화된다.
③ 한계비용과 한계수입이 일치하는 생산량을 생산할 때 독점기업의 이윤은 극대화된다.
④ 독점기업이 정상적인 이윤만을 얻도록 하기 위해서는 정부가 독점가격을 한계비용과 같도록 규제해야 한다.

**11** 어느 복점시장에서 두 기업 $A$, $B$가 경쟁하고 있다. 불황 기간 중에 각 기업은 생산량감소와 생산량유지 중 하나의 전략을 선택해야 한다. 각 기업이 자신의 이윤을 극대화하고자 할 때 파레토효율적(Pareto efficient)인 내쉬균형은? (단, 괄호 안의 첫 번째 숫자는 기업 $A$의 이윤을, 두 번째 숫자는 기업 $B$의 이윤을 나타낸다)

| 기업 $B$의 전략 / 기업 $A$의 전략 | 생산량감소 | 생산량유지 |
|---|---|---|
| 생산량감소 | (100, 100) | (50, 80) |
| 생산량유지 | (80, 50) | (70, 70) |

① (생산량감소, 생산량감소)
② (생산량감소, 생산량유지)
③ (생산량유지, 생산량감소)
④ (생산량유지, 생산량유지)

**12** 노동수요곡선에 대한 설명으로 옳은 것은?

① 생산물에 대한 수요가 증가하면 노동수요곡선이 우측으로 이동한다.
② 노동 1단위당 자본량이 증가하면 노동수요곡선이 좌측으로 이동한다.
③ 노동의 한계생산물이 빠르게 체감할수록 노동수요는 임금탄력적이 된다.
④ 노동시장이 수요독점이면 수요독점기업의 노동수요곡선은 한계수입생산곡선이다.

**13** 알루미늄 시장의 사적 한계비용곡선($PMC$)과 사회적 한계비용곡선($SMC$), 수요곡선($D$)이 다음과 같다. 이 시장이 완전경쟁시장일 때, 다음 중 옳지 않은 것은? (단, $P$는 알루미늄 가격, $Q$는 알루미늄 생산량이다)

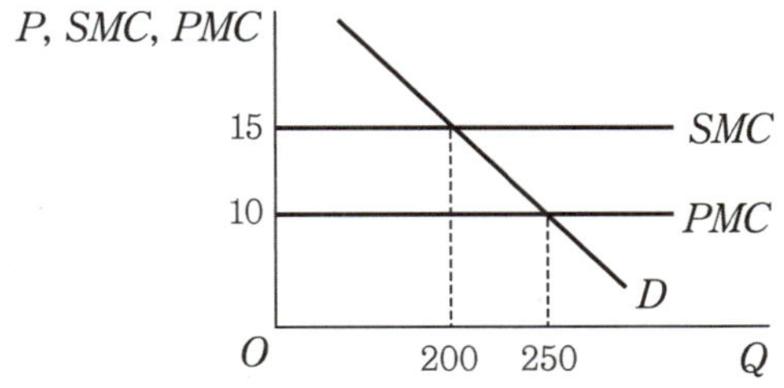


① 시장균형생산량은 250이다.
② 사회적최적생산량은 200이다.
③ 시장균형에서의 총외부비용은 1,250이다.
④ 1단위당 5의 조세를 부과하면 생산자잉여는 감소한다.

**14** 소비이론에 대한 설명으로 옳은 것은?

① 상대소득가설은 소비의 가역성과 소비의 상호의존성을 가정한다.
② 쿠즈네츠(Kuznets)의 실증분석에 따르면, 장기에는 평균소비성향이 한계소비성향보다 크다.
③ 절대소득가설에 따르면, 가처분소득이 증가할 때 소비지출이 증가하므로 소비함수곡선이 상방으로 이동한다.
④ 항상소득가설에 따르면, 현재소득이 일시적으로 항상소득 이상으로 증가할 때, 평균소비성향은 일시적으로 감소한다.

**15** 솔로우모형하, 현재의 균제상태(steady state)에서 자본의 한계생산성이 0.05이고, 인구증가율이 0.01, 감가상각률이 0.01, 기술진보율은 0.02, 저축률은 0.1일 때, 총소득 증가율과 1인당 소득증가율로 옳은 것은?

| | 총소득 증가율 | 1인당 소득증가율 |
|---|---|---|
| ① | 0.01 | 0.00 |
| ② | 0.03 | 0.02 |
| ③ | 0.05 | 0.04 |
| ④ | 0.07 | 0.06 |

**16** 서희와 문희가 옥수수 1단위를 생산하는 데 필요한 시간과 고기 1단위를 생산하는 데 필요한 시간은 다음 표와 같다.

(단위: 시간)

| 구분 | 옥수수 | 고기 |
|---|---|---|
| 서희 | 18 | 10 |
| 문희 | 16 | 12 |

서희는 하루에 6시간, 문희는 하루에 8시간을 일할 수 있으며, 두 재화 생산에 필요한 생산요소는 노동뿐이다. 두 사람이 모두 이득을 볼 수 있는 교환비율로 옳은 것은?

① 고기 1단위당 옥수수 0.4단위
② 고기 1단위당 옥수수 0.6단위
③ 고기 1단위당 옥수수 0.8단위
④ 고기 1단위당 옥수수 1.0단위

**17** 휴대폰을 생산하는 기업 $A$의 시장수요곡선은 $P = 15,000 - Q$이다. 기업 $A$는 휴대폰 액정화면을 생산하는 액정부문과 휴대폰을 조립하는 조립부문으로 이루어져 있고, 액정부문의 비용함수는 $C_L = 2.5Q_L^2$이며, 조립부문의 비용함수는 $C_H = 1,000Q_H$이다. 기업 $A$의 이윤극대화 생산량은? (단, $P$는 휴대폰 가격, $Q$는 휴대폰 생산량, $C_L$은 액정화면 생산비용, $C_H$는 조립비용, $Q_H$는 휴대폰 조립량으로서, $Q = Q_L = Q_H$이다)

① 2,000
② 4,000
③ 6,000
④ 8,000

**18** 두 기업 $A$와 $B$만이 존재하는 $X$재 시장에서 기업 $A$의 비용함수는 $TC^A(Q^A) = 20Q^A$이며, 기업 $B$의 비용함수는 $TC^B(Q^B) = 20Q^B$이다. 또한, $X$재 시장의 시장수요함수는 $P(Q) = 80 - Q$이다. 두 기업이 카르텔(cartel)을 형성하여 시장수요량을 반씩 나누어 갖기로 했다. 카르텔이 성공적으로 운영되었을 때 기업 $A$의 이윤극대화 가격은? (단, $TC^A$는 기업 $A$의 총비용, $TC^B$는 기업 $B$의 총비용, $Q^A$는 기업 $A$의 $X$재 생산량, $Q^B$는 기업 $B$의 $X$재 생산량, $P$는 $X$재 가격, $Q = Q^A + Q^B$이다)

① 20
② 35
③ 50
④ 65

**19** 어느 국민경제의 단기 총공급곡선과 총수요곡선은 각각 $Y = \overline{Y} + \alpha(P - P^e)$와 $Y = \frac{2M}{P}$이다. 경제주체들은 이용가능한 모든 정보를 활용하여 합리적으로 기대를 형성한다. 이 국민경제에 대한 설명 중 옳지 않은 것은? (단, $Y$는 산출량, $\overline{Y}$는 자연산출량, $P$는 물가수준, $P^e$는 기대물가수준, $M$은 통화량이며 $\alpha > 0$가 성립한다)

① 단기 총공급곡선의 기울기는 $\frac{1}{\alpha}$이다.
② 예상된 통화량 증가는 물가수준을 높일 것이다.
③ 예상된 물가수준의 상승은 산출량을 증가시키지 못한다.
④ 물가예상착오(price misconception)가 커질수록 공급곡선의 기울기는 가팔라질 것이다.

**20** 신용카드 수수료에 대한 세금인상정책이 국민경제에 미치는 파급효과에 대한 설명 중 옳지 않은 것은? (단, 장기공급곡선을 제외하고는 수직이거나 수평이지 않은 일반적인 $IS$, $LM$, $AS$, $AD$곡선을 가진 경제를 가정한다)

① 통화량은 감소한다.
② 민간의 현금보유비율은 증가한다.
③ 단기에 이자율은 상승하고 산출은 감소한다.
④ 화폐수량설과 피셔효과에 따르면 장기적으로 실질이자율은 하락한다.

**21** 장기총공급곡선이 $Y=2{,}000$에서 수직이고, 단기 총공급곡선은 $P=1$에서 수평이다. 총수요곡선은 $Y=\frac{2M}{P}$이고 $M=1{,}000$이다. 최초에 장기균형 상태였던 국민경제가 일시적 공급충격을 받아 단기 총공급곡선이 $P=2$로 이동하였을 때, 총수요곡선과 장기총공급곡선이 변하지 않았다면 공급충격 후에 장기균형은? (단, $Y$는 국민소득, $P$는 물가, $M$은 통화량을 나타낸다)

① $(P:Y)=(1:2{,}000)$
② $(P:Y)=(2:1{,}000)$
③ $(P:Y)=(1:1{,}000)$
④ $(P:Y)=(2:2{,}000)$

**22** 정부가 경기부양을 위하여 확장금융정책을 시행하면서 동시에 건전한 재정을 위하여 재정적자 폭을 줄이는 긴축재정정책을 시행할 때, 소규모 개방경제인 이 나라에서 나타날 것으로 기대되는 현상으로 옳지 않은 것은?

① 국내이자율은 하락한다.
② 국내채권가격이 상승한다.
③ 국내통화의 가치가 하락한다.
④ 무역수지보다 자본수지의 개선을 가져온다.

**23** 중앙은행이 실질이자율을 3%로 유지하는 실질이자율 타게팅(targeting) 규칙을 엄격하게 따르고, 이 실질이자율 수준에서 국민경제는 장기와 단기 균형상태에 있을 때 이에 대한 설명으로 옳은 것은? (단, 장기 공급곡선을 제외하고는 수직이거나 수평이지 않은 일반적인 $IS$, $LM$, $AS$, $AD$곡선을 가진 국민경제를 가정한다)

① 화폐수요증가충격을 받는 경우, $LM$곡선은 변하지 않는다.
② 화폐수요증가충격을 받는 경우, 단기에서 산출은 증가한다.
③ 소비증가충격을 받는 경우, $LM$곡선은 변하지 않는다.
④ 소비증가충격을 받는 경우, 단기에서 산출은 감소한다.

**24** $A$국의 6개월 만기 정기예금 이자율이 2%이고, $B$국의 6개월 만기 정기예금 이자율이 5%라고 하자. 무위험 이자율평가설(covered interest rate parity)에 따를 때 6개월 만기 선물시장(forward exchange rate)의 환율이 970이면, 현재 $A$국과 $B$국 통화의 현물시장(spot exchange rate) 환율은 대략 얼마인가? (단, 환율은 $B$국 화폐 1단위와 교환되는 $A$국 화폐액으로 정의된다)

① 950
② 970
③ 1,000
④ 1,030

**25** 인플레이션에 대한 설명 중 옳지 않은 것은?

① 먼델-토빈(Mundell-Tobin)효과에 따르면 기대인플레이션율이 상승하면 투자가 감소한다.
② 공급충격이 발생한 경우 인플레이션 타게팅(targeting) 정책은 산출을 불안정하게 한다.
③ 디스인플레이션(disinflation)정책이 실업률에 미치는 영향은 해당 정책이 기대되었는가에 의존한다.
④ 합리적 기대가설에 따르면 예상인플레이션율이 상승하면 실제인플레이션율이 높아진다.

# 10회 2016년 국회직 변형

정답 · 해설 p.198

**01** 다음 중 옳지 않은 것은?

① 가격소비곡선이 우하향하는 경우 수요곡선은 우하향할 수 있다.
② 우상향하는 엥겔곡선은 해당 재화가 정상재임을 의미한다.
③ 수요곡선은 대체효과의 절대값이 소득효과의 절대값보다 클 경우에 우하향한다.
④ 동일한 수요곡선상에 있는 서로 다른 재화묶음을 소비하더라도 소비자가 느끼는 만족감은 동일하다.

**02** 다음의 설명 중 옳지 않은 것은?

① 국민총소득(Gross National Income, $GNI$)은 한 나라 국민이 일정 기간 동안 벌어들인 임금 · 이자 · 지대 등의 요소소득을 모두 합한 것이다.
② 국민순소득(Net National Income, $NNI$)은 국민소득(National Income, $NI$)에서 간접세를 빼고 정부의 기업보조금을 합한 것이다.
③ 생산자물가지수(Producer Price Index, $PPI$)는 라스파이레스 방식을 이용하여 작성한다.
④ 소비자물가지수(Consumer Price Index, $CPI$)는 가계소비지출에서 차지하는 비중이 높은 품목의 가격을 가중평균하여 작성한다.

**03** 변동환율제를 채택하고 있는 어떤 소규모 개방경제에서 현재의 국내실질이자율이 국제실질이자율보다 낮다. 국제자본이동성이 완전한 경우의 먼델 - 플레밍모형(Mundell-Fleming model)에 의할 때 국내경제 상황의 변화로 옳지 않은 것은?

① 순수출이 증가할 것이다.
② 자본유출이 발생할 것이다.
③ 실질이자율이 상승할 것이다.
④ 외환시장에서 초과공급이 발생할 것이다.

**04** $A$국은 기준금리를 유지하였는데 $B$국은 기준금리를 인상하였을 때 $A$국 경제에 미치는 단기적 영향 중 가장 적절하지 않은 것은? (단, $A$국 경제는 자본이동이 자유롭고 변동환율제도를 채택하고 있다)

① 고용의 감소
② 자본유출 발생
③ 무역수지의 개선
④ 자본수지의 악화

**05** 다음은 $X$재와 $Y$재의 가격상승에 따른 수요자 갑, 을의 지출액변화율과 수요량변화율을 나타낸다. 이에 대한 분석으로 옳은 것은?

<$X$재 시장>

| 단위: % | 갑 | 을 |
|---|---|---|
| 가격변화율 | 10 | 10 |
| 지출액변화율 | 0 | 6 |

<$Y$재 시장>

| 단위: % | 갑 | 을 |
|---|---|---|
| 가격변화율 | 10 | 10 |
| 수요량변화율 | −10 | −6 |

① 갑의 $Y$재 수요는 가격에 대해 완전비탄력적이다.
② 을의 $X$재 수요는 가격에 대해 비탄력적이다.
③ 갑과 달리 을은 $Y$재에 대한 수요법칙이 성립한다.
④ 을과 달리 갑의 $X$재 수요량은 가격상승 전과 같다.

**06** 화폐수량 방정식에 따른 화폐수량설에 대한 설명으로 옳지 않은 것은?

① 통화량의 증가로 화폐의 유통속도는 증가한다.
② 통화량의 증가는 산출량에 영향을 미치지 않는다.
③ 통화량의 급속한 증가로 인플레이션율은 높아진다.
④ 통화량의 증가로 산출량의 명목가치는 비례적으로 증가한다.

**07** 다음 〈보기〉와 같은 상황에서 2015년을 기준연도로 할 때 2016년 연금수령자에 대한 소비자물가지수($CPI$)로 옳은 것은?

〈보기〉

- $X$와 $Y$ 두 재화만을 소비하는 연금수령자가 2015년 현재 $P_x = P_y = 1$에서 $X$와 $Y$를 각각 100단위씩 소비하고 있다.
- 연금수령자의 효용함수는 $U(X, Y) = \sqrt{XY}$이며 2015년의 연금지급액이 200이었다.
- 2016년에는 $P_y$는 그대로인데 $P_x = 1.1$로 상승함에 따라 정부가 연금지급액을 조정한다.

① 101
② 103
③ 105
④ 107

**08** 〈보기〉와 같은 노동시장에서 합리적 기대(rational expectations) 균형이 성립하고 기업이 위험중립적이라고 할 때 $p$의 값은?

〈보기〉

- 노동시장에 두 가지 유형 $A$와 $B$의 노동자들이 각각 $p$와 $1-p$의 비율로 존재한다.
- 기업은 유형 $A$에 대해서는 30의 임금을, 유형 B에 대해서는 10의 임금을 지불할 용의가 있다.
- 기업은 노동자의 유형을 알지 못한 채 모든 노동자를 동일한 임금을 지급하여 고용한다.
- $p = \frac{w}{40} - \frac{1}{20}$ (단, $w$는 임금)

① 0.1
② 0.2
③ 0.3
④ 0.4

**09** 〈보기〉와 같은 상황에서 정부지출이 100만큼 증가하고 조세가 100만큼 증가하는 경우 $IS-LM$균형에 의해 변하는 $GDP$ 값 중 가능한 값은? (단, 승수효과 > 구축효과 > 0이다)

〈보기〉

- 폐쇄경제를 가정한다.
- $IS$곡선은 우하향하고 $LM$곡선은 우상향하는 일반적인 형태를 가진다.
- 가계의 한계소비성향이 0.5이고 소득세는 존재하지 않는다.

① 0
② 50
③ 100
④ 200

**10** 자본재 가격이 일정할 때 소비재 가격이 하락하면? (단, 할인율은 일정하다)

① 자본의 한계효율곡선이 우측으로 이동한다.
② 자본의 한계효율곡선이 좌측으로 이동한다.
③ 자본의 한계효율곡선의 기울기의 절대값이 작아진다.
④ 자본의 한계효율곡선의 기울기의 절대값이 커진다.

**11** 어느 완전경쟁기업이 생산과정에서 오염물질을 배출함으로써 외부불경제를 유발하고 있다. 시장의 수요함수는 $P = 90 - Q$이고, 기업의 한계비용은 $MC = Q + 6$이며 생산 1단위당 외부비용은 $Q$이다. 사회적으로 바람직한 수준의 생산을 하도록 하기 위해 생산 1단위당 부과하는 피구세는 얼마인가? (단, $P$는 가격, $Q$는 수요량, $MC$는 한계비용이다)

① 28
② 42
③ 46
④ 50

**12** 케인즈학파의 입장과 관련없는 주장은?

① 화폐환상
② 세이의 법칙
③ 절약의 역설
④ 유동성선호설

**13** 노동시장에서 노동공급곡선과 노동수요곡선의 기울기의 절댓값이 〈보기〉의 그래프와 같이 서로 동일하다. 근로자와 고용주에게 4대 보험료를 반반씩 나누어 부담시킬 때, 노동시장에서의 근로자들이 수령하는 실질임금수령액과 고용주가 지급하는 실질임금지급액은?

〈보기〉

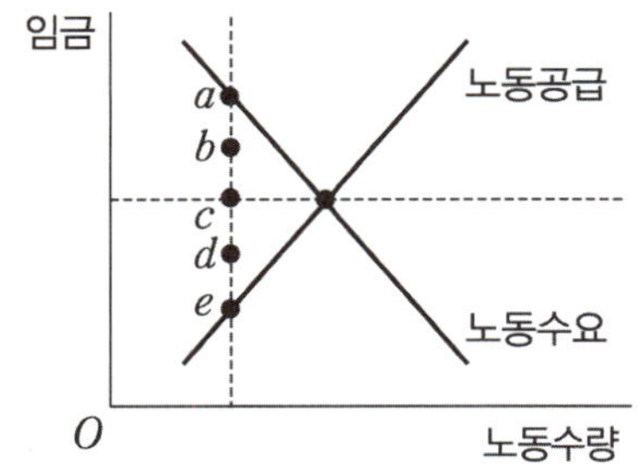


* 4대 보험료의 크기는 점 $a$와 점 $e$의 간격에 해당하고 점 $a$와 점 $b$, 점 $b$와 점 $c$, 점 $c$와 점 $d$, 점 $d$와 점 $e$의 간격은 모두 같다.

| | 실질임금수령액 | 실질임금지급액 |
|---|---|---|
| ① | $a$ | $e$ |
| ② | $e$ | $a$ |
| ③ | $c$ | $b$ |
| ④ | $d$ | $c$ |

**14** 노동공급의 결정에 있어 여가가 정상재인 경우에 임금 변화에 따른 소득효과와 대체효과가 항상 상쇄될 때 노동공급곡선과 총공급곡선으로 옳은 것은?

| | 노동공급곡선 | 총공급곡선 |
|---|---|---|
| ① | 수직선 | 수직선 |
| ② | 수직선 | 우상향 |
| ③ | 우상향 | 수직선 |
| ④ | 우상향 | 우상향 |

**15** 다음 ㉠ ~ ㉢에서 연간 $GDP$ 계산에 포함되는 금액으로 옳은 것은?

㉠ 수입 회사 사장인 甲은 연간 30억 원어치의 커피 원두를 수입한 후 가공해 35억 원에 커피 체인점에 공급했다.
㉡ 국수가게를 하는 乙은 올해 생산된 700만 원 상당의 밀가루를 구입해 10%는 가족 식생활에 사용하고, 나머지를 가지고 연 4,330만 원의 매출을 올렸다.
㉢ 이발소를 운영하는 丙은 매년 3,000원짜리 샴푸를 100통, 1,000원짜리 비누를 100개 구입하여 사용하는데, 손님이 연평균 3,600명이다. 이발요금은 1만 원이다.

① 35억 9,340만 원
② 35억 7,740만 원
③ 5억 8,000만 원
④ 5억 7,860만 원

**16** 개방경제하에서 단순 케인지안 거시경제모형의 설정에 필요한 정보를 수집하였더니 〈보기〉와 같았다. 〈보기〉에 나타난 거시경제 정책이 경상수지에 미치는 영향으로 옳은 것은?

〈보기〉

- 독립적 소비지출: 20조 원
- 독립적 정부지출: 200조 원
- 독립적 수출: 160조 원
- 한계소비성향: 0.8
- 독립적 투자지출: 150조 원
- 조세수입: 200조 원
- 독립적 수입: 30조 원
- 한계수입성향: 0.2
- 정부는 재정지출을 15조 원 늘리기로 하였다.
- 확장적 재정정책 이후 독립적 수출은 190조 원으로 증가하였다.
- 소득세는 존재하지 않고 정액세만 존재한다.

① 5.5조 원 악화
② 7.5조 원 악화
③ 5.5조 원 개선
④ 7.5조 원 개선

**17** 보몰(W. Boumol)의 거래적 화폐수요이론에 대한 설명으로 옳지 않은 것은?

① 거래적 화폐수요는 이자율의 감소함수이다.
② 거래적 화폐수요에는 규모의 경제가 존재한다.
③ 한 번에 인출하는 금액이 커지면 화폐수요도 커진다.
④ 한 번에 인출하는 금액이 커지면 거래비용이 증가한다.

**18** 〈보기〉와 같은 경제환경하에서 균형이자율($r^*$)은?

〈보기〉

- $Y=C+I+G$
- $Y=7,000$
- $G=1,000$
- $T=1,000$
- $C=200+0.8(Y-T)$
- $I=1,600-100r$

(단, $Y$는 국민소득, $C$는 소비지출, $T$는 조세, $I$는 투자지출, $r$은 이자율, $G$는 정부지출이다. 이 때 $r$의 균형값인 균형이자율은 $r^*$로 표시한다)

① 5 ② 6
③ 7 ④ 8

**19** 점수투표제란 투표자가 각 대안에 대해 자신의 선호 정도를 점수로 표시하여 투표하고 가장 많은 점수를 획득한 대안이 최종적으로 선택되는 방식을 의미한다. 〈보기〉의 표는 각 투표자가 10점을 후보 $A$, $B$, $C$에 대한 선호에 따라 나누어 배분하는 방식으로 표시하였다. 〈보기〉와 같은 상황에서 당선되는 후보는?

〈보기〉

- 투표자1 ~ 투표자4는 진실하게 자신의 선호를 표시하여 투표에 임한다.
- 투표자5는 다른 투표자들의 점수 배점에 대한 정보를 보유하고 있다.
- 투표자5는 자신에게 유리한 결과를 이끌고자 전략적 행동을 취하여 투표에 임한다.

| 구분 | 투표자1 | 투표자2 | 투표자3 | 투표자4 | 투표자5 |
|---|---|---|---|---|---|
| 후보 $A$ | 3 | 3 | 3 | 2 | 2 |
| 후보 $B$ | 6 | 4 | 5 | 5 | 1 |
| 후보 $C$ | 1 | 3 | 2 | 3 | 7 |

① 후보 $A$
② 후보 $B$
③ 후보 $C$
④ 후보 $A$와 후보 $C$ 모두 가능

**20** 완전경쟁시장에서 개별기업의 비용함수가 $C=Q^3-10Q^2+35Q$이고, 현재 시장에는 10개의 기업이 생산 중에 있다. 시장수요곡선은 $Q=70-P$라고 할 때 장기에 이 시장에 추가진입할 수 있는 기업의 수는? (단, 모든 개별기업은 동질의 속성을 보인다)

① 1 ② 2
③ 3 ④ 4

**21** 한 경제에 부유한 계층과 가난한 계층이 존재하고 부유한 계층의 한계소비성향은 가난한 계층의 한계소비성향보다 작다. 정부가 경기부양을 위해 조세를 감면하려고 할 때 다음 중 적절하지 않은 것은?

① 조세 감면 총액이 클수록 경기부양효과가 커진다.
② 가난한 계층의 비율이 높을수록 경기부양효과가 커진다.
③ 가난한 계층의 조세 감면을 크게 할수록 경기부양효과가 커진다.
④ 부유한 계층과 가난한 계층의 한계소비성향의 차이가 작을수록 경기부양효과가 커진다.

**22** 아래 〈그림〉은 이윤극대화를 추구하는 어떤 기업의 단기에서의 한계수입($MR$), 한계비용($MC$) 및 평균비용($AC$)을 표시한 그래프이다. $a$, $b$, $c$, $d$ 중에서 손실이 발생하는 점은?

〈그림〉

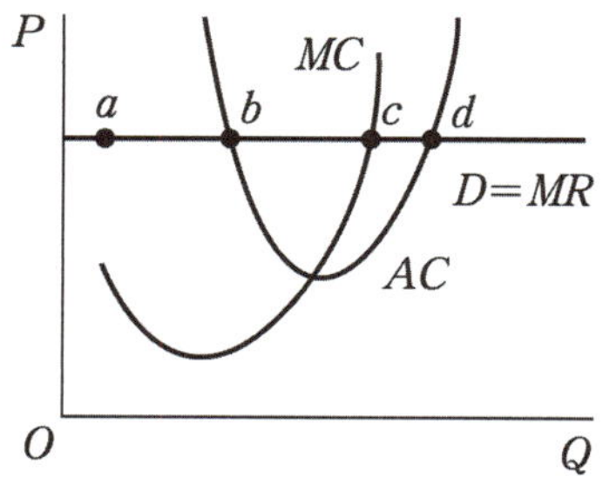


재화의 판매가격이 일정하여 한계수입곡선은 수평으로 표시된다.

① $a$　　② $b$
③ $c$　　④ $d$

**23** 〈보기〉와 같은 경제상황에서 어떤 보험회사가 개인 $A$에게 100% 확률로 일정한 소비수준을 보장해 준다고 한다면 개인 $A$가 동의할 수 있는 소비수준의 최저값이 존재한다. 이 때 경제 내에 개인 $A$와 같은 개인들이 무수히 많다면 보험회사가 받을 수 있는 개인당 보험료 수입의 최고값은?

〈보기〉
- 개인 $A$의 소비는 50%의 확률로 100, 나머지 50%의 확률로 400의 값을 가진다.
- 개인 $A$의 효용함수는 $U(C) = \sqrt{C}$이다. (단, $U$는 효용, $C$는 소비)
- 모든 개인은 기대효용을 극대화하며, 각 개인들의 소비는 서로 독립적으로 실현된다.

① 15　　② 175
③ 225　　④ 250

**24** $A$, $B$, $C$ 3인으로 구성된 경제상황에서 가능한 자원배분 상태와 각 상태에서의 3인의 효용이 다음과 같다. 다음 중 각 자원배분 상태를 비교했을 때 파레토효율적이지 않은 자원배분 상태는?

| 자원배분 상태 | $A$의 효용 | $B$의 효용 | $C$의 효용 |
|---|---|---|---|
| 가 | 3 | 10 | 7 |
| 나 | 6 | 12 | 6 |
| 다 | 13 | 10 | 3 |
| 라 | 5 | 12 | 8 |

① 가　　② 나
③ 다　　④ 라

**25** 다음은 균형재정승수에 대한 설명이다. ㉠, ㉡, ㉢에 들어갈 수리적 표현으로 적절한 것은?

정부지출의 증가는 일반적으로 그 자체가 즉각적으로 유효수요를 증가시키기에 $A$만큼의 정부지출증가는 ㉠만큼의 국민소득을 증가시킨다. 이에 비해 조세증가는 소비지출의 감소를 통해서만 유효수요에 영향을 미치기에 $A$만큼의 조세증가는 ㉡만큼의 국민소득을 증가시킨다. 따라서 $A$만큼의 정부지출증가와 조세증가는 ㉢만큼의 국민소득을 증가시키기에 균형재정승수는 1이다. (단, $c$는 한계소비성향)

| | ㉠ | ㉡ | ㉢ |
|---|---|---|---|
| ① | $\frac{1}{1-c} \cdot A$ | $\frac{-c}{1-c} \cdot A$ | $A$ |
| ② | $\frac{1}{1-c} \cdot A$ | $\frac{c}{1-c} \cdot A$ | $cA$ |
| ③ | $\frac{-c}{1-c} \cdot A$ | $\frac{1}{1-c} \cdot A$ | $cA$ |
| ④ | $\frac{c}{1-c} \cdot A$ | $\frac{1}{1-c} \cdot A$ | $A$ |

# 11회 2017년 국회직 변형

정답 · 해설 p.203

**01** 후방굴절 노동공급곡선에 대한 설명으로 옳은 것은?

① 여가가 정상재인 경우, 대체효과가 소득효과보다 클 때 후방굴절 노동공급곡선이 나타난다.
② 여가가 정상재인 경우, 소득효과가 대체효과보다 클 때 후방굴절 노동공급곡선이 나타난다.
③ 여가가 열등재인 경우, 대체효과가 소득효과보다 클 때 후방굴절 노동공급곡선이 나타난다.
④ 여가가 열등재인 경우, 소득효과가 대체효과보다 클 때 후방굴절 노동공급곡선이 나타난다.

**02** 패스트푸드 판매업자인 $A$씨는 아래와 같은 최대지불용의금액을 갖고 있는 두 명의 고객에게 햄버거, 감자튀김, 콜라를 판매한다. 판매전략으로 묶어팔기(Bundling)를 하는 경우, 햄버거와 묶어 팔 때가 따로 팔 때보다 이득이 더 생기는 품목과 해당상품을 햄버거와 묶어 팔 때 얻을 수 있는 최대 수입은?

| 구분 | 최대지불용의금액 | | |
|---|---|---|---|
| | 햄버거 | 감자튀김 | 콜라 |
| 고객 (ㄱ) | 4,000 | 2,500 | 1,500 |
| 고객 (ㄴ) | 6,000 | 3,000 | 1,000 |

① 감자튀김, 13,000
② 감자튀김, 14,000
③ 콜라, 10,000
④ 콜라, 11,000

**03** 어떤 제약회사의 신약은 특허 기간 중에는 독점적으로 공급되지만, 특허 소멸 후 다른 제약회사들의 복제약과 함께 경쟁적으로 공급된다. 이 약의 시장수요는 $P=10-Q$로 주어지고, 총생산비용은 $TC(Q)=2Q$라고 한다. 이 약의 특허 기간 중 생산량과 특허 소멸 후 생산량 간 변화로 옳은 것은?

① 4증가　② 4감소
③ 8증가　④ 8감소

**04** 스마트폰 시장은 완전경쟁시장이며 각 생산업체의 장기평균비용함수는 $AC(q_i)=40-6q_i+\frac{1}{3}q_i^2$으로 동일하다. 스마트폰에 대한 시장수요가 $Q^d=2,200-100P$일 때, 장기균형에서의 기업의 수로 옳은 것은? (단, $q_i$는 개별기업의 생산량, $Q^d$는 시장수요량을 나타낸다)

① 100　② 150
③ 200　④ 250

**05** 다음은 효용함수 $U=Ax^{\alpha}y^{\beta}$에 대한 설명이다. ㉠에 들어갈 비율로 옳은 것은?

> 효용함수 $U=Ax^{\alpha}y^{\beta}$는 $X$에 대한 지출이 소득에서 차지하는 비율이 언제나 ( ㉠ )의 수준을 유지한다.

① $\alpha$　② $\beta$
③ $\frac{\alpha}{\alpha+\beta}$　④ $\frac{\beta}{\alpha+\beta}$

**06** 스마트폰시장은 기업 $A$가 독점하고 있다. 그러나 신규기업 $B$가 스마트폰시장으로의 진입 여부를 검토하고 있다. $B$의 선택은 진입, 포기의 두 가지가 있으며, $B$의 진입 여부에 따라 $A$의 선택은 가격 인하($B$ 진입 보복), 현 가격 유지($B$ 진입 수용) 두 가지가 있다. 각 경우의 보수가 아래 표와 같을 때 내쉬균형은 무엇인가? (단, 앞의 숫자는 $B$의 보수이고 뒤의 숫자는 $A$의 보수이다)

기업 $A$

| | 구분 | 가격인하 | 현 가격유지 |
|---|---|---|---|
| 기업 $B$ | 진입 | (−30, 20) | (30, 30) |
| | 포기 | (0, 40) | (0, 60) |

① (−30, 20)
② (30, 30)
③ (0, 40)
④ (0, 60)

**07** 동질적인 상품을 생산하는 기업 $A$와 기업 $B$가 동시에 산출량으로 경쟁하는 꾸르노(Cournot)시장에서 시장 수요가 $P = 120 - Q$이고, 기업 $A$와 $B$의 한계비용이 각각 30이다. 이 시장의 내쉬균형 가격은? (단, $P$는 가격, $Q$는 기업 $A$와 기업 $B$의 산출량의 합을 의미한다)

① 30
② 50
③ 60
④ 90

**08** 어느 $X$재 생산공장이 수질오염을 일으킨다고 한다. 이 공장이 연간 $Q$톤의 $X$재를 생산할 때, 1톤을 더 생산하는 데 들어가는 한계비용은 $(1{,}000Q + 4{,}000)$원이다. 동시에 1톤을 더 생산하는 데 따른 수질오염의 한계피해액은 $500Q$원이다. 공장의 $X$재는 톤당 10,000원이라는 고정된 가격에 팔린다. 사회적으로 최적인 생산량과 외부비용을 고려하지 않는 균형생산량 간의 차이는?

① 1톤
② 2톤
③ 3톤
④ 4톤

**09** 역선택에 관한 설명으로 옳은 것은?

① 역선택은 정보를 가지고 있는 자의 자기선택 과정에서 생기는 현상이다.
② 교육수준이 능력에 관한 신호를 보내는 역할을 하는 경우 역선택의 문제가 심화된다.
③ 자동차 보험 가입 후 더욱 난폭하게 운전하는 것은 역선택이다.
④ 역선택 현상이 존재하는 상황에서 강제적인 보험프로그램의 도입은 후생을 악화시킨다.

**10** 컴퓨터에 대한 수요의 가격탄력성이 1.0이고, 수요의 소득탄력성은 1.5이다. 소득수준이 10% 하락할 경우, 이전과 동일한 컴퓨터 소비수준을 유지시키기 위해서는 컴퓨터의 가격을 얼마나 인하하여야 하는가? (단, 컴퓨터는 정상재이며, 다른 조건은 일정하다고 가정한다)

① 15%
② 20%
③ 25%
④ 30%

**11** 완전경쟁시장에서 수요와 공급이 각각 $Q^d = 300 - 5P$, $Q^s = 10P$(단, $Q^d$는 수요량, $Q^s$는 공급량, $P$는 가격이다)일 때, 정부가 가격상한을 15원으로 정한다면 초과수요와 가격 상한으로 인한 후생손실(deadweight loss)은 각각 얼마인가?

① 50, 2250
② 50, 375
③ 75, 2250
④ 75, 375

**12** $A$는 항상 매달 소득의 $\frac{1}{5}$을 일정하게 뮤지컬 혹은 영화티켓 구입에 사용한다. 이에 대한 다음의 글에서 ㉠과 ㉡에 대한 들어갈 말로 옳은 것은?

> $A$에게 뮤지컬 혹은 영화는 ( ㉠ )이며, 뮤지컬 혹은 영화티켓의 가격이 10% 상승하면 $A$의 뮤지컬 혹은 영화티켓 수요량은 ( ㉡ )한다.

| | ㉠ | ㉡ |
|---|---|---|
| ① | 정상재 | 10% 감소 |
| ② | 정상재 | 20% 감소 |
| ③ | 열등재 | 10% 감소 |
| ④ | 열등재 | 20% 감소 |

**13** $X$재의 시장수요함수와 시장공급함수가 각각 $Q_D = 3,600 - 20P$, $Q_S = 300$이다. 정부가 $X$재 한 단위당 100원의 세금을 소비자에게 부과할 때 자중손실(deadweight loss)은? (단, $Q_D$는 수요량, $Q_S$는 공급량, $P$는 가격이다)

① 0원
② 10,000원
③ 20,000원
④ 30,000원

**14** 개방경체체제하에 있는 소국 $A$는 세계시장에서 의류 한 벌을 10달러에 수입할 수 있다고 한다. $A$국 내 의류의 공급곡선($S$)은 $S = 50 + 5P$이고, 수요곡선($D$)은 $D = 450 - 15P$이다. 의류 한 벌당 5달러의 관세를 부과할 때, $A$국의 의류 수입량과 관세수입으로 옳은 것은? (단, $P$는 가격, 단위는 달러이다)

| | 의류수입량 | 관세수입 |
|---|---|---|
| ① | 100 | 500 |
| ② | 125 | 1,000 |
| ③ | 125 | 500 |
| ④ | 225 | 1,000 |

**15** 어떤 거시경제가 〈보기〉와 같은 조건을 만족하고, 최초에 장기 균형 상태에 있다고 할 때, 불리한 수요충격을 받을 경우와 불리한 공급충격을 받을 경우 장기균형으로 옳은 것은? (단, $Y$는 생산량, $P$는 물가수준이다)

> 〈보기〉
> • 장기 총공급곡선은 $Y = 1,000$에서 수직인 직선이다.
> • 단기 총공급곡선은 $P = 3$에서 수평인 직선이다.
> • 총수요곡선은 수직이거나 수평이 아닌 우하향 곡선이다.

| | 불리한 수요충격 | 불리한 공급충격 |
|---|---|---|
| ① | $Y < 1,000$, $P = 3$ | $Y < 1,000$, $P > 3$ |
| ② | $Y = 1,000$, $P < 3$ | $Y = 1,000$, $P = 3$ |
| ③ | $Y < 1,000$, $P = 3$ | $Y = 1,000$, $P > 3$ |
| ④ | $Y = 1,000$, $P < 3$ | $Y < 1,000$, $P = 3$ |

**16** 정부가 재정지출을 $k$만큼 늘리고, 조세를 $k$의 두 배를 늘리고, 화폐공급량을 $k$만큼 줄인 경우, $IS$곡선과 $LM$곡선의 이동을 바르게 설명한 것은? (단, 한계소비성향은 0.5이다)

① $IS$곡선은 우측 이동이고 $LM$곡선은 불변
② $IS$곡선과 좌측 이동이고 $LM$곡선은 불변
③ $IS$곡선은 불변이고 $LM$곡선의 우측 이동
④ $IS$곡선은 불변이고 $LM$곡선의 좌측 이동

**17** 다음과 같은 경제모형을 가정한 국가의 잠재총생산 수준이 $Y^*$라고 할 때, 총생산갭을 제거하기 위해 통화당국이 설정해야 하는 이자율은?

- $C = 1{,}400 + 0.5(Y - T) - 300r$
- $I = 500 - 200r$
- $G = 500$
- $NX = 40$
- $T = 800$
- $Y^* = 4{,}000$

(단, $Y$는 국민소득, $C$는 소비, $I$는 투자, $G$는 정부지출, $T$는 조세, $NX$는 순수출, $r$은 이자율이다)

① 2%
② 4%
③ 6%
④ 8%

**18** 내생적 성장이론에 대한 다음 설명 중 가장 옳지 않은 것은?

① R&D모형에서 기술진보는 지식의 축적을 의미하며, 지식은 비경합성과 배제가능성을 갖는다고 본다.
② R&D모형과 솔로우(Solow)모형은 한계수확체감의 법칙과 경제성장의 원동력으로서의 기술진보를 인정한다는 점에서는 동일하다.
③ AK모형에서 인적자본은 경합성과 배제가능성을 모두 가지고 있다.
④ AK모형과 솔로우(Solow)모형에서의 저축률 변화는 균제상태에서 수준효과뿐만 아니라 성장효과도 갖게 된다는 점에서 동일하다.

**19** 투자수요함수가 $I = \overline{I} - dr$, 실질화폐수요함수 $\frac{M}{P} = kY - hr$일 때 재정정책이 총수요에 미치는 영향으로 옳은 것은?

① $d$가 작을수록 $h$가 작을수록 재정정책이 상대적으로 강력해진다.
② $d$가 클수록 $h$가 작을수록 재정정책이 상대적으로 강력해진다.
③ $d$가 작을수록 $h$가 클수록 재정정책이 상대적으로 강력해진다.
④ $d$가 클수록 $h$가 클수록 재정정책이 상대적으로 강력해진다.

**20** 총수요곡선 및 총공급곡선에 대한 설명으로 옳지 않은 것은?

① 물가의 하락은 총수요곡선을 좌측으로 이동시킨다.
② 중앙은행의 기준금리 인상으로 총수요곡선은 좌측으로 이동한다.
③ IT기술의 발전은 장기 총공급곡선을 우측으로 이동시킨다.
④ 기업들이 향후 물가가 하락하여 실질임금이 상승할 것으로 예상하는 경우 총공급곡선이 우측으로 이동한다.

**21** 변동환율제도를 도입하고 있으며 자본이동이 완전히 자유로운 소규모 개방경제에서, 최근 경기침체에 대응하여 정부가 화폐공급을 확대하는 경우 나타날 수 있는 현상으로 옳은 것은?

① 자본수지가 개선된다.
② 균형이자율은 하락한다.
③ 경상수지가 개선된다.
④ 균형국민소득은 불변이다.

**22** 만성적인 국제수지적자를 기록하고 있는 나라에서 확대재정정책과 확대금융정책 중 하나를 실시하려한다. 이에 대한 설명으로 옳지 않은 것은? (단, 변동환율제도를 가정한다)

① 확대금융정책은 이자율을 하락시킨다.
② 확대재정정책은 자국통화의 평가절상을 가져온다.
③ 확대금융정책이 확대재정정책보다 더 효과적이다.
④ 확대재정정책은 수입을 증가시킬 우려가 있다.

**23** $A$국 경제의 더블딥에 대한 우려가 나오면서 $A$국의 중앙은행은 확장적 통화정책을 발표했다. 현재 $A$의 기준금리가 $0\%$에 가까운 상황에서 일부 경제 전문가들은 확장적 통화정책이 $A$국의 경기회복에 별 효과가 없을 것이라고 전망한다. 이런 주장의 이론적 근거로 가장 타당하지 않은 것은?

① $LM$곡선이 수평선이다.
② 채권가격의 하락이 예상된다.
③ 통화정책 파급경로 중 금리경로가 원활히 작동한다.
④ 투기적 화폐수요의 이자율 탄력성이 무한대에 가깝다.

**24** 다음 〈보기〉의 국내 총생산($GDP$) 계산 중 적절한 것을 모두 고른 것은?

〈보기〉
㉠ 집값이 3억 원에서 3억 5천만 원으로 상승하면 $GDP$도 5천만 원이 증가한다.
㉡ 중간재 10억 원 어치가 수출되는 경우 $GDP$도 10억 원 증가한다.
㉢ 올해 6천만 원짜리 자동차가 생산되었으나 판매되지 않았다면 올해 $GDP$는 작년과 비교해 변함이 없다.
㉣ 공무원의 임금이 상승하면 그만큼 $GDP$도 증가한다.

① ㉠, ㉡ ② ㉡, ㉢
③ ㉡, ㉣ ④ ㉢, ㉣

**25** $GDP$ 디플레이터와 소비자물가지수($CPI$)에 대한 설명으로 옳은 것은?

① 소비자물가지수($CPI$)는 변화하는 가중치를 사용하여 도출되고, $GDP$ 디플레이터는 고정된 가중치를 사용하여 도출된다.
② 수입물품의 가격 상승은 $GDP$ 디플레이터에 반영된다.
③ 파셰(Paasche)지수인 소비자물가지수($CPI$)는 생활비 인상을 과대평가하고, 라스파이레스(Laspeyres)지수인 $GDP$ 디플레이터는 물가 상승률을 과소평가한다.
④ 소비자물가지수($CPI$)는 신상품 도입이나 품질 향상을 반영하지 못하므로 인플레이션을 과장할 수 있다.

# 12회 2018년 국회직 변형

정답 · 해설 p.208

**01** 통신사가 서로 다른 유형의 이용자들로 하여금 자신이 원하는 요금제도를 선택하도록 하는 것과 관련된 개념으로 옳은 것은?

① 선별
② 신호
③ 역선택
④ 도적적 해이

**02** 커피와 크루아상은 서로 보완재이고, 커피와 밀크티는 서로 대체재이다. 커피 원두값이 급등하여 커피 가격이 인상될 경우, 각 시장의 변화로 옳지 않은 것은? (단, 커피, 크루아상, 밀크티의 수요 및 공급곡선은 모두 정상적인 형태이다)

① 커피의 공급곡선은 왼쪽으로 이동한다.
② 크루아상 시장의 생산자잉여는 감소한다.
③ 밀크티 시장의 총잉여는 감소한다.
④ 밀크티와 달리 크루아상의 거래량은 감소한다.

**03** 완전경쟁시장에서 어떤 재화가 거래되고 있다. 이 시장에는 총 $100$개의 기업이 참여하고 있으며 각 기업의 장기비용함수는 $c(q) = 2q^2 + 10$으로 동일하다. 이 재화의 시장 전체의 공급량은? (단, $q$는 개별기업의 생산량이다)

① $\sqrt{5}$　　② $\sqrt{40}$
③ $\sqrt{80}$　　④ $25\sqrt{80}$

**04** 한 국가의 명목$GDP$는 $1{,}650$조 원이고, 통화량은 $2{,}500$조 원일 때 유통속도증가율은? (단, 유통속도 변화 $\triangle V = 0.0033$이다)

① $0.5\%$　　② $1.0\%$
③ $1.5\%$　　④ $2.0\%$

**05** 자본이동이 완전히 자유로운 소규모 개방경제의 $IS-LM-BP$모형에서 화폐수요가 감소할 경우 고정환율제도와 변동환율제도하에서 발생하는 변화에 대한 설명으로 옳지 않은 것은?

① 변동환율제도하에서 화폐수요가 감소하면 $LM$곡선이 오른쪽으로 이동한다.
② 변동환율제도하에서 이자율 하락으로 인한 자본유출로 외환수요가 증가하면 환율이 상승한다.
③ 고정환율제도하에서 외환에 대한 수요증가로 환율 상승 압력이 발생하면 중앙은행은 외환을 매각한다.
④ 고정환율제도하에서 화폐수요가 감소하여 $LM$곡선이 오른쪽으로 이동하더라도 최초의 위치로는 복귀하지 않는다.

## 06 $IS-LM$ 모형에 대한 설명으로 옳지 않은 것은?

① 투자의 이자율탄력성이 클수록 $IS$곡선과 총수요곡선은 완만한 기울기를 갖는다.
② 화폐수요의 이자율탄력성이 클수록 $LM$곡선과 총수요곡선은 완만한 기울기를 갖는다.
③ 물가수준의 상승은 $LM$곡선을 왼쪽으로 이동시키지만 총수요곡선을 이동시키지는 못한다.
④ 통화량의 증가는 $LM$곡선을 오른쪽으로 이동시키며 총수요곡선도 오른쪽으로 이동시킨다.

## 07 수요와 공급의 가격탄력성에 대한 설명으로 옳은 것은?

① 어떤 재화에 대한 소비자의 수요가 비탄력적이라면, 가격이 상승할 경우 그 재화에 대한 지출액은 감소한다.
② 수요와 공급의 가격탄력성이 클수록 단위당 일정한 생산보조금 지급에 따른 자중손실(deadweight loss)은 커진다.
③ 독점력이 강한 기업일수록 공급의 가격탄력성이 작아진다.
④ 최저임금이 인상되었을 때, 최저임금이 적용되는 노동자들의 총임금은 노동의 수요보다는 공급의 가격탄력성에 따라 결정된다.

## 08 현시선호이론에 대한 설명으로 옳지 않은 것은?

① 소비자의 선호체계에 이행성이 있다는 것을 전제로 한다.
② 어떤 소비자의 선택행위가 현시선호이론의 공리를 만족시킨다면, 이 소비자의 무차별곡선은 우하향하게 된다.
③ $P_0Q_0 \geq P_0Q_1$일 때, 상품묶음 $Q_0$가 선택되었다면, $Q_0$가 $Q_1$보다 현시선호 되었다고 말한다(단, $P_0$는 가격벡터를 나타낸다).
④ 강공리가 만족된다면 언제나 약공리는 만족된다.

## 09 어떤 기업의 생산함수는 $Q=\frac{1}{2000}KL^{\frac{1}{2}}$이고 임금은 10, 자본임대료는 20이다. 이 기업이 자본 2,000단위를 사용한다고 가정했을 때, 이 기업의 단기 비용함수는? (단, $K$는 자본투입량, $L$은 노동투입량이다)

① $10Q^2+20,000$
② $10Q^2+40,000$
③ $20Q^2+10,000$
④ $20Q^2+20,000$

## 10 어떤 기업에 대하여 〈보기〉의 상황을 가정할 때, 이 기업의 가치로 옳은 것은?

〈보기〉
- 이 기업의 초기 이윤은 $\pi_0$이다.
- 이 기업의 이윤은 매년 $g$씩 성장할 것으로 기대된다.
- 이 기업이 자금을 차입할 경우, 금융시장에서는 $i$의 이자율을 적용한다.

① $PV=\pi_0\frac{1+i}{i-g}$
② $PV=\pi_0\frac{1+g}{i-g}$
③ $PV=\pi_0\frac{1+i}{i+g}$
④ $PV=\pi_0\frac{1+g}{i+g}$

**11** 어떤 경제의 총수요곡선은 $P_t = -Y_t + 2$, 총공급곡선은 $P_t = P_t^e + (Y_t - 1)$이다. 이 경제가 현재 $P = \frac{3}{2}$, $Y = \frac{1}{2}$에서 균형을 이루고 있다고 할 때, 개인들이 합리적 기대를 한다면 $P_t^e$로 옳은 것은? (단, $P_t^e$는 예상물가이다)

① 1
② 2
③ 3
④ 4

**12** 어떤 경제를 다음과 같은 필립스(Phillips)모형으로 표현할 수 있다고 할 때, 다음 설명 중 옳은 것은?

> $$\pi_t = \pi_t^e - \alpha(u_t - \bar{u})$$
> $$\pi_t^e = 0.7\pi_{t-1} + 0.2\pi_{t-2} + 0.1\pi_{t-3}$$
> (단, $\pi_t$는 $t$기의 인플레이션율, $\pi_t^e$는 $t$기의 기대 인플레이션율, $\alpha$는 양의 상수, $u_t$는 $t$기의 실업률, $\bar{u}$는 자연실업률이다)

① 적응적 기대를 가정하고, $\alpha$값이 클수록 희생률이 커진다.
② 적응적 기대를 가정하고, $\alpha$값이 클수록 희생률이 작아진다.
③ 합리적 기대를 가정하고, $\alpha$값이 클수록 희생률이 커진다.
④ 합리적 기대를 가정하고, $\alpha$값이 클수록 희생률이 작아진다.

**13** 어떤 국가의 인구가 매년 $1\%$씩 증가하고 있고, 국민들의 연평균 저축률은 $20\%$로 유지되고 있으며, 자본의 감가상각률은 $10\%$로 일정하고, 기술이 매년 $2\%$씩 진보한다면, 솔로우(Solow)모형에 따른 이 경제의 장기균형하 전체 자본량의 변화는?

① 1%
② 2%
③ 3%
④ 4%

**14** 어떤 기업의 비용함수가 $C(Q) = 100 + 2Q^2$이다. 이 기업이 완전경쟁시장에서 제품을 판매하며 시장가격이 20일 때, 최적산출량 수준에서 이 기업의 손실은? (단, $Q$는 생산량이다)

① 10
② 50
③ 110
④ 150

**15** 다음 중 실물부문의 투자가 비가역성을 갖고 있기 때문에 상품가격이 정상이윤을 얻을 수 있는 수준으로 상승하더라도 기업이 바로 시장에 진입하여 투자하지 못한다는 투자이론은?

① 토빈(Tobin) $q$이론
② 투자옵션모형
③ 재고투자모형
④ 신고전학파의 적정자본량결정

**16** **균형경기변동이론(Equilibrium Business Cycle Theory)에 대한 설명으로 옳은 것은?**

① 기술충격이 일시적일 때 소비의 기간 간 대체효과는 크다.
② 기술충격이 일시적일 때 실질이자율은 경기역행적이다.
③ 실질임금은 경기역행적이다.
④ 노동생산성은 경기와 무관하다.

**17** **다음 그림은 국내 통화의 실질 절하(real depreciation)가 $t_0$에 발생한 이후의 무역수지 추이를 보여준다. 장기적으로 실질 절하가 무역수지를 개선시키기 위한 조건으로 옳은 것은? (단, 초기 무역수지는 균형으로 0이다)**

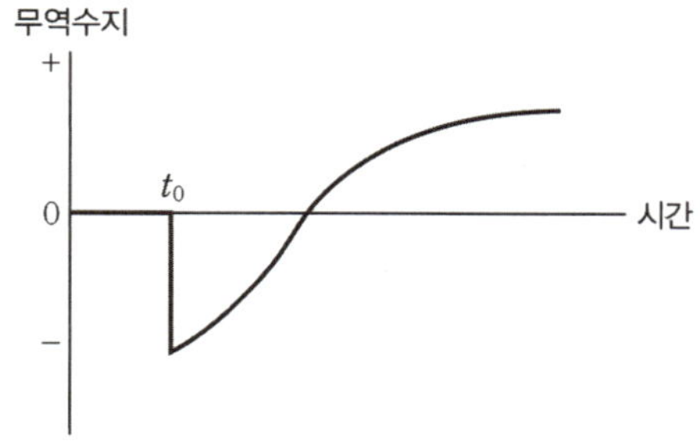


① 수입수요의 가격탄력성과 수출공급의 가격탄력성의 합이 1보다 작다면 장기적으로 실질 절하는 무역수지를 개선한다.
② 수입수요의 가격탄력성과 수출공급의 가격탄력성의 합이 1보다 크다면 장기적으로 실질 절하는 무역수지를 개선한다.
③ 수입수요의 가격탄력성과 수출공급의 가격탄력성의 차가 1보다 작다면 장기적으로 실질 절하는 무역수지를 개선한다.
④ 수입수요의 가격탄력성과 수출공급의 가격탄력성의 차가 1보다 크다면 장기적으로 실질 절하는 무역수지를 개선한다.

**18** **어떤 소비자의 효용함수는 $U(x,y)=20x-2x^2+4y$이고, 그의 소득은 24이다. 가격이 $P_X=6$, $P_Y=2$일 때, $X$재와 $Y$재의 최적 소비량은? (단, $x$, $y$는 각각 $X$재와 $Y$재의 소비량이다)**

① $(x=2,\ y=8)$
② $(x=4,\ y=8)$
③ $(x=2,\ y=6)$
④ $(x=4,\ y=6)$

**19** **완전경쟁시장에서 물품세가 부과될 때 시장에서 나타나는 현상들에 대한 설명으로 옳지 않은 것은?**

① 물품세 부과에 따라 감소하는 사회후생의 크기는 세율에 비례하여 증가한다.
② 수요곡선이 수평선으로 주어져있는 경우 물품세의 조세부담은 모두 공급자에게 귀착된다.
③ 소비자에게 귀착되는 물품세 부담의 크기는 공급의 가격탄력성이 클수록 증가한다.
④ 소비자와 공급자에게 귀착되는 물품세의 부담은 물품세가 소비자와 공급자 중 누구에게 부과되는가와 상관없이 결정된다.

**20** **절약의 역설(paradox of thrift)에 대한 설명 중 옳은 것은?**

① 경기침체가 심한 상황에서는 절약의 역설이 발생하지 않는다.
② 투자가 이자율 변동의 영향을 적게 받을수록 절약의 역설이 발생할 가능성이 크다.
③ 고전학파 경제학에서 주장하는 내용이다.
④ 임금이 경직적이면 절약의 역설이 발생하지 않는다.

**21** 꾸르노(Cournot) 복점기업 1과 2의 수요함수가 $P = 10 - (Q_1 + Q_2)$이고 생산비용은 0일 때, 꾸르노 균형산출량에서 균형가격은? (단, $P$는 시장가격, $Q_1$은 기업 1의 산출량, $Q_2$는 기업 2의 산출량이다)

① $P = \frac{10}{3}$
② $P = \frac{20}{3}$
③ $P = \frac{3}{10}$
④ $P = \frac{3}{20}$

**22** 노동시장에서 현재 고용상태인 개인이 다음 기에도 고용될 확률을 $P_{11}$, 현재 실업상태인 개인이 다음 기에 고용될 확률을 $P_{21}$이라고 하자. 이 확률이 모든 기간에 항상 동일하다고 할 때, 이 노동시장에서의 균형실업률은?

① $P_{21}/(1 - P_{21})$
② $P_{21}/P_{11}$
③ $(1 - P_{11})/(1 - P_{11} + P_{21})$
④ $(1 - P_{11})/(P_{11} + P_{21})$

**23** 어떤 마을에 총 10개 가구가 살고 있다. 각 가구는 가로등에 대해 동일한 수요함수 $p_i = 10 - Q(i = 1, \cdots, 10)$를 가지며, 가로등 하나를 설치하는 데 소요되는 비용은 20이다. 사회적으로 효율적인 가로등 수량은?

① 2개
② 4개
③ 6개
④ 8개

**24** 어떤 국가의 통신시장은 2개의 기업($A$와 $B$)이 복점의 형태로 수량경쟁을 하며 공급을 담당하고 있다. 기업 $A$의 한계비용은 $MC_A = 2$, 기업 $B$의 한계비용은 $MC_B = 4$이고, 시장수요곡선은 $P = 36 - 2Q$이다. 균형가격은? (단, $P$는 시장가격, $Q$는 시장의 총공급량이다)

① 11
② 12
③ 13
④ 14

**25** 두 폐쇄경제 $A$국과 $B$국의 총생산함수는 모두 $Y = EK^{0.5}L^{0.5}$와 같은 형태로 나타낼 수 있다고 하자. $A$국은 상대적으로 $K$가 풍부하고 $B$국은 상대적으로 $L$이 풍부하며, $A$국은 기술수준이 높지만 $B$국은 기술수준이 낮다. 만약 현재 상태에서 두 경제가 통합된다면 $A$국의 실질 임금률과 실질 이자율은 통합 이전에 비하여 어떻게 변화하는가? (단, $Y$, $K$, $L$은 각각 총생산, 총자본, 총노동을 나타내며 $E$는 기술수준을 나타낸다)

① 임금률은 상승하고 이자율은 하락할 것이다.
② 임금률은 하락하고 이자율은 상승할 것이다.
③ 임금률과 이자율 모두 상승할 것이다.
④ 임금률은 이자율 모두 하락할 것이다.

# 13회 2019년 국회직 변형

정답 · 해설 p.213

**01** 기업의 단기한계비용곡선이 통과하는 점으로 옳은 것은?

① 단기총비용곡선의 최고점
② 단기평균고정비용곡선의 최저점
③ 단기평균가변비용곡선의 최고점
④ 단기평균총비용곡선의 최저점

**02** $A$국은 빵과 쌀을 국내에서 생산하고, 밀은 수입한다. $GDP$ 디플레이터의 관점에서 $A$국의 물가수준 변화로 옳은 것은? (단, $A$국에는 빵, 쌀, 밀 세 가지 상품만 존재한다)

(단위: kg, 천 원)

| 상품 | 기준연도 | | 비교연도 | |
|---|---|---|---|---|
| | 수량 | 가격 | 수량 | 가격 |
| 빵 | 10 | 1 | 12 | 3 |
| 쌀 | 5 | 3 | 6 | 6 |
| 밀 | 4 | 30 | 5 | 20 |

① 비교연도의 물가가 140% 상승하였다.
② 비교연도의 물가가 240% 상승하였다.
③ 비교연도의 물가가 188% 하락하였다.
④ 비교연도의 물가가 288% 하락하였다.

**03** 에지워스 박스를 사용한 일반균형분석에 대한 설명으로 옳은 것은? (단, 이 경제에는 $A$와 $B$ 두 사람, $X$와 $Y$ 두 재화만 존재하며 재화의 총량은 $\overline{X}$와 $\overline{Y}$로 결정되어 있다)

① 재화 $X$, $Y$의 가격이 변동할 때 계약곡선은 이동한다.
② 계약곡선은 분배적 형평성을 실현했음을 의미한다.
③ 두 사람의 한계대체율이 서로 같게 되는 모든 점은 파레토효율점을 의미한다.
④ 만약 $X_A + X_B < \overline{X_A} + \overline{X_B}$라면, $X$재의 가격이 상승하여야 일반균형이 달성된다(단, $X_A$, $X_B$는 각각 $A$와 $B$의 $X$재화 수요량을, $\overline{X_A}$, $\overline{X_B}$는 각각 $A$와 $B$의 $X$재화 초기 소유량을 의미한다).

**04** 다음 글에 따를 때 이 경제의 민간저축(private saving)이 600일 때, 정부지출로 옳은 것은?

- 이 경제는 폐쇄경제이다.
- $Y = C + I + G + NX$가 성립한다 (단, $Y$는 국민소득, $C$는 소비, $I$는 투자, $G$는 정부지출, $NX$는 순수출을 의미한다)
- 국민저축(national saving)은 500, 조세는 200이다.

① 100
② 200
③ 300
④ 400

**05** $A$국은 글로벌 과잉유동성에 따른 대규모 투기 자본 유입에 대응하기 위해 $A$국의 주식 및 채권에 대한 외국인 투자자금에 2%의 금융거래세를 부과하고자 한다. $A$국의 금융거래세 도입 정책에 대한 설명으로 옳지 않은 것은?

① $A$국 통화의 절하 요인이다.
② $A$국 자본수지의 흑자 요인이다.
③ $A$국 증권시장의 변동성을 줄이는 요인이다.
④ $A$국으로의 외환 유입을 줄이는 요인이다.

**06** 거시경제의 총수요 · 총공급모형에 대한 설명으로 옳지 않은 것은?

① 단기 총공급곡선이 우상향하는 이유는 임금과 가격이 경직적이기 때문이다.
② 예상 물가수준이 상승하면 단기 총공급곡선이 오른쪽으로 이동한다.
③ 총수요곡선이 우하향하는 이유는 물가수준이 하락하면 이자율이 하락하고 자산의 실질가치가 상승하기 때문이다.
④ 자국화폐의 가치하락에 따른 순수출의 증가는 총수요곡선을 오른쪽으로 이동시킨다.

**07** 다음 글에 따를 때 $A$국에서 균제상태의 효율적 노동 1단위당 자본을 변화시켜 황금률 수준의 효율적 노동 1단위당 자본을 달성하기 위하여 필요한 조건으로 옳은 것은?

> • $A$국의 총생산함수는 $Y=K^{\alpha}(E\times L)^{1-\alpha}$이다. (단, $K$는 총자본, $L$은 총노동, $E$는 노동효율성, $Y$는 총생산, $\alpha$는 자본의 비중을 의미한다)
> • $\alpha=0.5$, $s=0.5$, $\delta=0.1$, $n=0.05$, $g=0.03$ (단, $s$는 저축률, $\delta$는 감가상각률, $n$은 인구증가율, $g$는 노동효율성 증가율을 의미한다)

① 균제상태에서 효율적 노동 1단위당 자본이 황금률 수준의 효율적 노동 1단위당 자본보다 많아서 저축률을 증가시켜야 한다.
② 균제상태에서 효율적 노동 1단위당 자본이 황금률 수준의 효율적 노동 1단위당 자본보다 적어서 저축률을 증가시켜야 한다.
③ 균제상태에서 효율적 노동 1단위당 자본이 황금률 수준의 효율적 노동 1단위당 자본보다 많아서 저축률을 감소시켜야 한다.
④ 균제상태에서 효율적 노동 1단위당 자본을 황금률 수준의 효율적 노동 1단위당 자본으로 변화시키기 위한 추가 조건은 없다.

**08** 구매력평가설에 대한 설명으로 옳은 것만을 〈보기〉에서 모두 고르면?

> 〈보기〉
> ㄱ. 구매력평가설은 일물일가의 법칙에 근거한다.
> ㄴ. 구매력평가설에 따르면 두 나라 화폐의 실질환율은 두 나라 물가수준의 차이를 반영해야 한다.
> ㄷ. 구매력평가설에 따르면 실질환율은 항상 일정해야 한다.

① ㄱ ② ㄴ
③ ㄱ, ㄷ ④ ㄴ, ㄷ

**09** $A$기업의 생산함수는 $Q=K^{0.5}L^{0.5}$이고 단기에 자본투입량은 1로 고정되어 있다. 임금이 10, 생산품 가격이 100이라면 이 기업의 단기 이윤극대화 생산량은? (단, $Q$는 산출량, $K$는 자본투입량, $L$은 노동투입량을 의미한다)

① 5 ② 15
③ 25 ④ 35

**10** 노동시장에 대한 설명으로 옳은 것만을 〈보기〉에서 모두 고르면?

> 〈보기〉
> ㄱ. 노동이 유일한 변동생산요소일 경우, 기업의 노동에 대한 수요곡선은 노동의 한계생산물수입곡선이다.
> ㄴ. 생산물시장이 독점일 경우, 경쟁시장일 경우보다 노동고용량이 감소한다.
> ㄷ. 기업이 노동시장에서 수요독점력을 가질 경우, 경쟁시장일 경우보다 노동고용량이 감소하며 임금이 낮아진다.

① ㄱ ② ㄱ, ㄴ
③ ㄱ, ㄷ ④ ㄱ, ㄴ, ㄷ

**11** **다음 글에 따를 때 이 경제의 2019년 통화량으로 옳은 것은?**

> • 이 경제는 폐쇄경제이며 화폐수량설을 따른다.
> • 이 경제는 단일 재화인 빵을 생산한다.
> • 2010년 빵의 가격은 개당 1, 생산량은 100이며 통화량은 5이다.
> • 2019년 빵의 생산량은 2010년 대비 50% 증가하였고 화폐의 유통 속도는 절반으로 줄어들었으며 빵의 가격은 변함이 없다.

① 10　　② 15
③ 20　　④ 25

**12** **어떤 상품시장의 수요함수는 $Q^d = 1{,}000 - 2P$, 공급함수는 $Q^s = -200 + 2P$이다. 최고가격이 150으로 설정되는 경우, 암시장가격과 사회적 후생손실은?**

① 400, 40,000
② 450, 40,000
③ 400, 45,000
④ 450, 45,000

**13** **다음 글에 따를 때 슈타켈버그 경쟁의 결과로 옳은 것은?**

> • 시장에는 $A$, $B$ 두 기업만 존재한다.
> • 시장수요곡선: $Q = 30 - P$(단, $Q = Q_A + Q_B$이고 $Q_A$, $Q_B$는 각각 $A$기업과 $B$기업의 생산량을 의미한다)
> • 한계비용: $MC_A = MC_B = 0$
> • $B$기업은 $A$기업의 반응곡선을 알고, $A$기업은 $B$기업의 반응곡선을 모른다.

| | $Q_A$ | $Q_B$ |
|---|---|---|
| ① | 6 | 12 |
| ② | 6.5 | 13 |
| ③ | 7 | 14 |
| ④ | 7.5 | 15 |

**14** **다음 그림에 따를 때 휘발유 가격이 리터당 1,500원인 경우 휘발유 시장 수요량으로 옳은 것은? (단, 이 경제에는 갑과 을이라는 두 명의 소비자만 존재한다)**

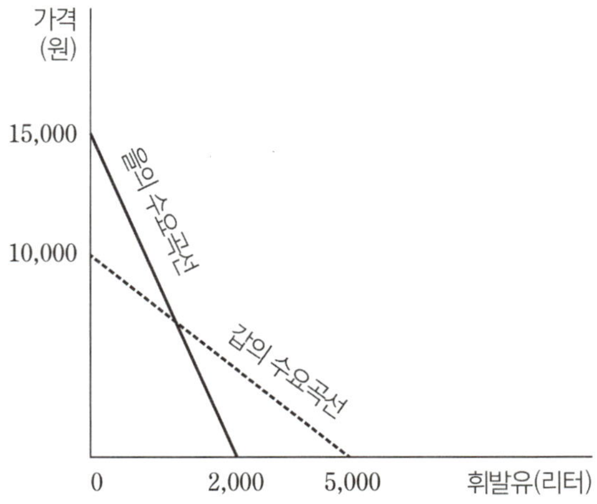

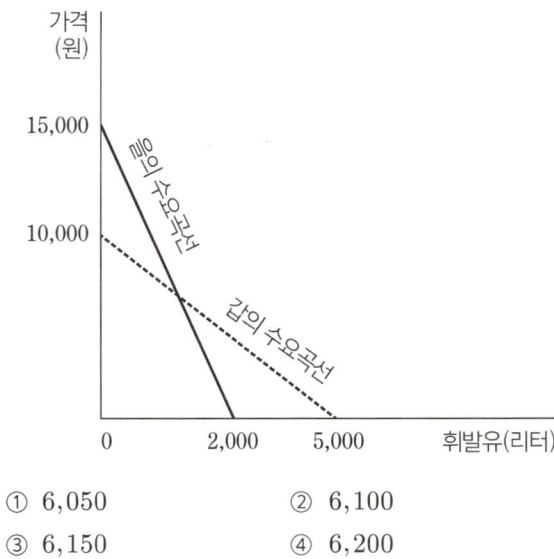

① 6,050　　② 6,100
③ 6,150　　④ 6,200

**15** **총수요－총공급 분석에서 부정적 수요충격과 일시적인 부정적 공급충격이 발생할 경우 장기적인 현상에 대한 설명으로 옳은 것은?**

① 물가수준과 총생산은 초기 균형수준으로 돌아간다.
② 물가수준은 영구적으로 상승하는 반면, 총생산은 잠재생산량 수준으로 돌아간다.
③ 총생산은 잠재생산량 수준으로 돌아가나, 물가수준은 초기대비 상승할 수도 있고 하락할 수도 있다.
④ 물가수준은 영구적으로 하락하는 반면, 총생산은 잠재생산량 수준으로 돌아간다.

**16** 중앙은행이 긴축적 통화정책을 시행할 때 나타나는 현상에 대한 설명으로 옳은 것은?

① 이자율이 하락한다.
② 외환에 대한 수요가 증가한다.
③ 국내 통화가치가 상승한다.
④ 수입가격의 하락으로 무역수지가 개선된다.

**17** 시간당 임금이 상승할 때 노동공급이 줄어든다면 다음 중 옳은 것은? (단, 여가는 정상재이다)

① 대체효과와 소득효과가 동일하다.
② 노동공급곡선이 후방굴절하지 않는다.
③ 대체효과가 소득효과보다 작다.
④ 소득효과가 대체효과보다 작다.

**18** 다음 그림에 따를 때 $A$국과 $B$국 사이에서 특화를 통한 무역이 가능하게 되는 컴퓨터 가격의 범위로 옳은 것은?

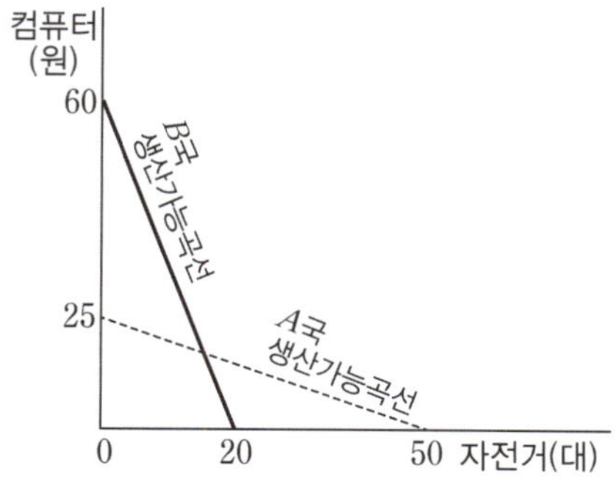


① $(P_{최저}, P_{최고})$ = (자전거 1/2대, 자전거 2대)
② $(P_{최저}, P_{최고})$ = (자전거 1/2대, 자전거 3대)
③ $(P_{최저}, P_{최고})$ = (자전거 1/3대, 자전거 2대)
④ $(P_{최저}, P_{최고})$ = (자전거 1/2대, 자전거 3대)

**19** $A$국 경제 성장의 급격한 둔화로 $A$국으로 유입되었던 자금이 $B$국으로 이동할 때, $B$국의 상품수지와 이자율의 변화로 옳은 것은?

① 상품수지 악화, 이자율 하락
② 상품수지 악화, 이자율 상승
③ 상품수지 개선, 이자율 하락
④ 상품수지 개선, 이자율 상승

**20** 다음 표는 수정과와 떡 두 가지 재화만을 소비하는 어떤 소비자의 한계효용을 나타낸 것이다. 이 소비자가 14,000원의 소득으로 효용극대화를 달성하였을 때 소비자잉여의 크기로 옳은 것은? (단, 수정과의 가격은 개당 1,000원이고 떡의 가격은 개당 3,000원이다)

(단위: 개, 원)

| 수량 | 한계효용 | |
|---|---|---|
| | 수정과 | 떡 |
| 1 | 10,000 | 18,000 |
| 2 | 8,000 | 12,000 |
| 3 | 6,000 | 6,000 |
| 4 | 4,000 | 3,000 |
| 5 | 2,000 | 1,000 |
| 6 | 1,000 | 600 |

① 24,000
② 32,000
③ 38,000
④ 52,000

**21** 케인즈 단순모형에서 총소득은 100, 민간소비는 80, 소비승수는 $a$이다. 총소득이 110으로 변화할 때 민간소비가 85로 증가한다면 소비승수 $a$로 옳은 것은? (단, 정부지출, 조세 및 순수출은 각각 0이다)

① 1 ② 2
③ 3 ④ 4

**22** 정상재인 $X$재와 $Y$재 두 가지 재화만을 소비하는 어떤 소비자의 효용함수는 $U(X, Y) = X + Y$이다. 만약 $X$재의 가격이 $Y$재의 가격보다 낮다면, 소득 증가시 효용극대화를 위한 재화 구입으로 옳은 것은? (단, $X$와 $Y$는 각각 $X$재와 $Y$재의 소비량을 의미하며 수평축에 $X$재의 수량을, 수직축에 $Y$재의 수량을 표시한다)

① $X$재만 소비한다.
② $Y$재만 소비한다.
③ $X$재와 $Y$재를 반씩 소비한다.
④ 어느 재화도 소비하지 않는다.

**23** 시장형태에 따른 특징을 설명한 것으로 옳은 것은?

① 완전경쟁시장에서 각 개별 공급자가 직면하는 수요곡선은 서로 다르다.
② 완전경쟁시장에서 새로운 기업이 진입할 경우 생산요소의 비용이 상승하면 장기시장공급곡선은 우상향으로 나타난다.
③ 시장수요곡선이 우하향의 직선인 경우 독점기업은 수요의 가격탄력성이 비탄력적인 구간에서 생산한다.
④ 독점적 경쟁기업이 직면하는 수요곡선이 탄력적일수록 이윤이 커질 가능성이 높다. 따라서 독점적 경쟁기업은 비가격전략을 사용하여 제품을 차별화한다.

**24** 완전경쟁시장에서 $A$기업의 총비용함수는 $TC(q) = 10,000 + 100q + 10q^2$이고 현재 시장가격은 제품 단위당 900원일 때, 이 기업의 이윤극대화 수준에서 기업의 이윤으로 옳은 것은?

① 6,000 ② 12,000
③ 16,000 ④ 24,000

**25** 다음 글에 따를 때 살충제 시장의 생산자가 외부효과를 고려하지 않았을 경우의 살충제 생산량과 사회적으로 바람직한 살충제 생산량의 차이로 옳은 것은?

> • 살충제 시장은 완전경쟁시장이다.
> • 살충제 생산은 환경오염을 초래한다.
> • 환경오염으로 인한 한계외부비용의 크기는 살충제 생산의 한계사적비용의 크기와 동일하다.
> • 살충제의 시장공급곡선은 $Q^s = \frac{2}{5}P$이고, 시장수요곡선은 $Q^d = 60 - \frac{2}{5}P$이다.

① 10 ② 15
③ 20 ④ 25

# 14회 2020년 국회직 변형

정답 · 해설 p.218

**01** **시장수요가 $Q = 120 - 2P$이며 총비용이 $C = 0.5Q^2 + 50$인 독점기업이 현재 규제에 의해 가격과 한계비용이 일치하도록 가격을 설정하고 있다. 규제 시 생산자잉여와 규제철폐 후 생산자잉여로 옳은 것은?**

| | 규제 시 생산자잉여 | 규제철폐 후 생산자잉여 |
|---|---|---|
| ① | 800 | 900 |
| ② | 900 | 800 |
| ③ | 1,800 | 1,600 |
| ④ | 1,600 | 1,800 |

**02** ***IS*곡선에 대한 설명으로 옳은 것은?**

① 한계소비성향이 클수록 *IS*곡선의 기울기가 커진다.
② *IS*곡선 상방의 한 점은 생산물시장의 초과수요상태이다.
③ 투자의 이자율탄력성이 작을수록 재정정책의 효과가 작아진다.
④ 정부지출과 조세를 같은 규모만큼 증가시키면 *IS*곡선이 우측으로 이동한다.

**03** **도덕적해이에 관한 예시로 옳지 않은 것은?**

① 정부의 은행예금보험으로 인해 은행들이 위험한 대출을 더 많이 한다.
② 경영자가 자신의 위신을 높이기 위해 회사의 돈을 과도하게 지출한다.
③ 정부부처가 예산낭비가 심한 대형국제사업을 강행한다.
④ 건강이 좋지 않은 사람이 민간 의료보험에 더 많이 가입한다.

**04** **위험선호자에 대한 설명으로 옳은 것만을 〈보기〉에서 모두 고르면?**

> 〈보기〉
> ㄱ. 확실성등가가 복권의 기대수익 이상이다.
> ㄴ. 효용함수가 아래로 볼록하다.
> ㄷ. 소득에 대한 한계효용이 체감한다.
> ㄹ. 위험 프리미엄이 양수이다.

① ㄱ, ㄴ　　② ㄱ, ㄷ
③ ㄴ, ㄷ　　④ ㄴ, ㄹ

**05** **빵과 옷만을 소비하는 $A$씨의 선호체계는 완비성, 이행성, 연속성, 단조성을 모두 만족시킨다. $A$씨가 주어진 예산제약 아래 빵과 옷 두 재화만을 소비하여 효용을 극대화할 때 $A$씨의 빵과 옷의 소비에 대한 설명으로 옳은 것은?**

① $A$씨는 항상 빵과 옷을 모두 소비한다.
② $A$씨는 항상 자신의 예산을 모두 사용한다.
③ 예산제약 아래 $A$씨가 가장 선호하는 빵과 옷에 대한 소비량은 항상 유일하다.
④ 빵의 가격이 상승하면 $A$씨의 빵에 대한 소비량은 감소한다.

**06** $A$사는 노동($L$)과 자본($K$)을 사용하여 자동차를 생산하고 있으며, $A$사의 생산기술은 $Q=K\sqrt{L}$로 주어져 있다. 단기에서 $A$사의 자본량은 $K=4$로 고정되어 있고, 자동차의 가격 $p$는 0보다 크다. 노동의 가격은 $W=2$로 주어져 있으며 자본의 가격은 $r=1$로 주어져 있다. 단기이윤극대화시 가격으로 옳은 것은?

① $P=Q$　② $P=\frac{Q}{2}$
③ $P=\frac{Q}{3}$　④ $P=\frac{Q}{4}$

**07** 두 재화 $X$와 $Y$만을 소비하는 어느 소비자의 효용함수가 $U(X,\ Y)=2\sqrt{X}+Y$이다. $X$재와 $Y$재의 가격이 모두 1일 때, 이 소비자에 대한 설명으로 옳은 것은?

① 이 소비자에게 $X$재는 정상재이다.
② 소득이 1보다 작으면 $Y$재만 소비한다.
③ 소득이 1보다 클 때 소득소비곡선은 곡선이다.
④ 한계대체율이 $Y$재 소비량에 영향을 받지 않는다.

**08** 통화정책에 대한 설명으로 옳은 것은?

① 재할인율을 높이면 시중의 통화량은 감소한다.
② 시중은행의 법정지급준비율을 높이면 통화량은 증가한다.
③ 중앙은행이 공개시장에서 국채를 매입하면 통화량은 감소한다.
④ 중앙은행이 화폐를 추가로 발행하면 통화승수가 커진다.

**09** 소비이론에 대한 설명으로 옳지 않은 것만을 <보기>에서 모두 고르면?

〈보기〉
ㄱ. 케인즈(J. M. Keynes)의 절대소득가설은 사람들의 장기소비 행태를 설명할 수 없다.
ㄴ. 프리드만(M. Friedman)의 항상소득가설에 따르면 임시소득의 비중이 높을수록 평균소비성향이 증가한다.
ㄷ. 안도(A. Ando)와 모딜리아니(F. Modigliani)의 생애주기가설에 따르면 사람들의 평균소비성향은 유·소년기와 노년기에는 낮고 청·장년기에는 높다.

① ㄱ　② ㄱ, ㄴ
③ ㄱ, ㄷ　④ ㄴ, ㄷ

**10** $A$국의 $GDP$에 포함되지 않는 것은? (단, 모두 $A$국 내에서 발생하였다)

① $B$국 국적자인 김씨가 $A$국 방송에 출연하여 받은 금액
② $A$국에서 생산된 자동차에 들어갈 부품을 납품한 뒤 받은 대가
③ $A$국의 중고차 딜러가 서비스를 제공한 뒤 받은 대가
④ $A$국 소재 주택에서 발생한 임대료

**11** 우리나라의 물가수준을 $P$(원)이라 하고 미국의 물가수준을 $P^f$(달러)라 하자. 또한, 우리나라의 실질이자율을 $r$이라 하고 미국의 실질이자율을 $r^f$라 하자. 우리나라와 미국 사이의 환율결정과 관련된 논의들 중 옳지 않은 것은? (단, 여기서 환율은 원/달러 환율을 의미한다)

① 구매력평가설에 따르면 환율은 $e = P / P^f$로 결정된다.
② 구매력평가설에 따르면 국내 물가상승률이 미국의 물가상승률보다 클 경우 환율은 하락한다.
③ 이자율평가설에 따르면 $r < r^f$일 경우 다른 조건이 일정할 때 미래환율은 하락할 것으로 예상된다.
④ 이자율평가설에 따르면 $r$이 상승하면 다른 조건이 일정할 때 미래환율은 상승할 것으로 예상된다.

**12** $A$국과 $B$국의 주민들은 다음과 같이 노동을 통해 쌀과 옷을 생산하여 생활한다.

> • $A$국의 주민들은 쌀 1kg의 생산에 2시간의 노동을 투입하며 옷 1벌의 생산에 3시간의 노동을 투입한다.
> • $B$국의 주민들은 쌀 1kg의 생산에 3시간의 노동을 투입하며 옷 1벌의 생산에 4시간의 노동을 투입한다.
> • $A$국의 주민들은 주어진 기간 동안 1,400시간의 노동을 할 수 있으며, $B$국의 주민들은 주어진 기간 동안 1,200시간의 노동을 할 수 있다.

이러한 상황에서 $A$국과 $B$국 사이에 무역이 이루어지는 경우 $A$국이 생산하는 쌀의 양은? (단, $A$국과 $B$국 간 거래비용은 존재하지 않는다)

① 600kg ② 700kg
③ 800kg ④ 900kg

**13** 두 재화 $X$와 $Y$만을 소비하는 사람이 있다. 기준연도 $t=0$에서의 가격은 $P^0 = (P_X^0, P_Y^0) = (12, 25)$이고 소비는 $(X^0, Y^0) = (20, 10)$이었다. 비교연도 $t=1$에서의 가격은 $P^1 = (P_X^1, P_Y^1) = (15, 15)$이고 소비는 $(X^1, Y^1) = (15, 12)$이었다면 이 사람의 후생은 어떻게 평가할 수 있는가?

① 비합리적인 소비행동을 보여주고 있다.
② 비교연도에 비해 기준연도의 후생수준이 높았다.
③ 기준연도에 비해 비교연도의 후생수준이 높았다.
④ 기준연도와 비교연도의 후생수준을 비교할 수 없다.

**14** 100명이 편익을 얻는 공공재가 있다. 100명 중 40명의 공공재에 대한 수요함수는 $Q = 50 - \frac{1}{3}P$로 표현되고 나머지 60명의 공공재에 대한 수요함수는 $Q = 100 - \frac{1}{2}P$로 표현된다. 공공재의 생산비용이 $C = 3{,}000Q + 1{,}000$일 때, 사회적으로 바람직한 이 공공재의 생산량은?

① 55 ② 57.5
③ 60 ④ 75

**15** 다음 식으로 나타낼 수 있는 경제를 가정할 경우, 개인저축은?

> • $Y = C + I + G$
> • $Y = 5{,}000$
> • $T = 800$
> • $G = 1{,}200$
> • $C = 250 + 0.75(Y - T)$
> • $I = 1{,}100 - 50r$
> ($Y$: 국민소득, $G$: 정부지출, $T$: 세금, $C$: 소비, $I$: 투자, $r$: 이자율)

① 500 ② 600
③ 700 ④ 800

**16** $X$재 시장에 두 소비자 $A$와 $B$만이 존재한다. 두 소비자 $A$와 $B$의 수요곡선이 각각 <보기>와 같고 $X$재의 가격이 $P=2$일 때, $X$재에 대한 시장수요의 가격탄력성은?

〈보기〉

- $P=5-\frac{1}{2}Q_A$ (단, $Q_A$는 소비자 $A$의 수요량)
- $P=15-\frac{1}{3}Q_B$ (단, $Q_B$는 소비자 $B$의 수요량)

① $\frac{25}{144}$　　② $\frac{1}{5}$

③ $\frac{2}{9}$　　④ $\frac{1}{4}$

**17** 정상재에 대한 설명으로 옳지 않은 것은?

① 소득과 소비량 간에 정(+)의 관계가 존재한다.

② 가격 상승 시 대체효과는 소비량을 감소시킨다.

③ 가격 하락 시 소득효과는 소비량을 증가시킨다.

④ 가격 변화 시 소득효과와 대체효과가 반대 방향으로 작용한다.

**18** 물가수준이 하락할 때의 설명으로 옳은 것만을 <보기>에서 모두 고르면?

〈보기〉

ㄱ. $IS-LM$모형에서 실질화폐공급이 증가하여 실질 이자율이 하락하고 투자가 증가한다.

ㄴ. 실질환율이 상승하여 순수출이 증가한다.

ㄷ. 가계의 실질자산가치가 상승하여 소비가 증가한다.

① ㄱ　　② ㄴ

③ ㄱ, ㄷ　　④ ㄱ, ㄴ, ㄷ

**19** 가격수용자인 기업의 단기평균비용곡선이 $AC(Q)=\frac{300}{Q}+12+3Q$이다. 생산물의 가격이 132인 경우 이 기업의 이윤은? (단, $Q$는 생산량이다)

① 450　　② 500

③ 900　　④ 950

**20** 아래의 그래프는 사탕수수의 생산을 장려하기 위해 생산자에게 보조금을 $S$만큼 지급하기 전($S_1$)과 후($S_2$)의 수요공급곡선이다. 이에 대한 설명으로 옳지 않은 것은?

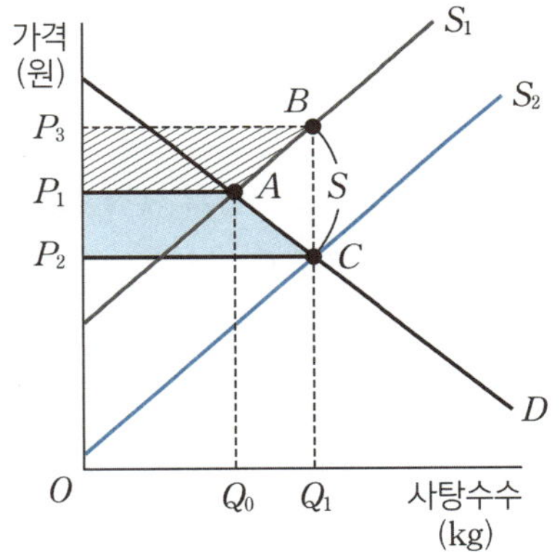


① 소비자잉여의 증가분은 □$P_1ABP_3$이다.

② 생산자잉여의 증가분은 □$P_1ABP_3$이다.

③ 이 보조금을 지불하기 위해 필요한 세금의 양은 □$P_2CBP_3$이다.

④ 이 보조금 정책의 시행으로 사회적 후생이 감소했다.

**21** **균형국민소득과 균형물가에 대한 설명으로 옳지 않은 것은?**

① 균형국민소득이 완전고용국민소득보다 더 크면 인플레이션갭이 존재한다.
② 인플레이션갭이 존재하는 경우 장기균형으로 수렴하는 과정에서 물가가 상승한다.
③ 경기침체갭이 존재하면 장기 조정과정에서 임금이 하락한다.
④ 발생한 경기침체갭이 해소되는 과정에서 총공급이 감소한다.

**22** **다음 중 솔로우(R. Solow)의 경제성장모형에 대한 설명으로 옳지 않은 것은?**

① 인구증가율이 상승하면 1인당 자본축적량이 감소한다.
② 기술진보는 균제상태에서의 경제성장률을 증가시킨다.
③ 저축률이 증가하면 균제상태에서의 1인당 소비가 감소한다.
④ 인구증가율이 상승하면 균제상태에서의 1인당 소득 증가율은 변화하지 않는다.

**23** **어떤 나라의 국민소득을 $Y$라 할 때, 이 나라의 경제는 다음과 같이 표현된다고 한다.**

- $Y = C + I + G + EX - IM$
- $C = 120 + 0.8Y_d$
- $T = 100 + 0.25Y$
- $TR = 200$
- $I = 80 + 0.2Y$
- $G = 120$
- $EX = 160$
- $IM = 60 + 0.2Y$

($Y$: 소득, $Y_d$: 가처분소득, $C$: 소비, $T$: 조세, $I$: 투자, $G$: 정부지출, $TR$: 정부이전지출, $EX$: 수출, $IM$: 수입)

**이 나라의 정부는 정부이전지출을 50만큼 증가시키고 이에 대한 재원 마련을 위해 정부지출을 50만큼 감소시키기로 했다. 이러한 정책의 장기적 효과로 옳은 것은?**

① 가처분소득이 감소한다.
② 소비가 증가한다.
③ 정부의 조세수입이 증가한다.
④ 순수출이 감소한다.

**24** **수요가 $Q = 200 - 2P$인 독점기업이 있다. 이 기업의 한계비용은 $MC = 2Q + 10$이다. 이 기업이 생산하는 재화는 단위당 40의 공해비용이 발생한다. 이윤을 극대화하는 이 독점기업의 생산량과 사회적 최적생산량 간 차이는?**

① 0　② 5
③ 10　④ 15

**25** **다음 중 원화의 가치가 상승하는 경우로 옳은 것은? (단, 우리나라는 변동환율제도를 채택하고 있다고 가정한다)**

① 우리나라 기업들의 해외공장 설립이 늘어날 때
② 우리나라에서 확장적인 통화정책이 시행될 때
③ 국내 항공사들의 미국산 항공기에 대한 수요가 증가할 때
④ 국내 투자의 예상 수익률이 상승할 때

# 15회 2021년 국회직 변형

정답 · 해설 p.224

**01** 현재의 균형국민소득은 완전고용국민소득보다 1,750억 원이 작다. 조세와 국제무역이 존재하지 않는 가장 단순한 모형에서 한계소비성향이 0.8이라면 완전고용국민소득을 달성하기 위하여 증가시켜야 하는 정부지출액은?

① 150억 원 ② 250억 원
③ 350억 원 ④ 450억 원

**02** $X$재와 $Y$재만 소비하는 소비자 $A$의 효용함수는 $U = \min\{2X, Y\}$이다. $A$의 효용함수와 최적의 소비선택에 대한 설명으로 옳지 않은 것은?

① $X$재와 $Y$재를 1 : 2 비율로 소비한다.
② 어느 한 상품의 소비 증가만으로 효용이 높아질 수 없다.
③ $X$재 가격이 $Y$재 가격보다 낮으면 $X$재를 상대적으로 많이 소비하게 된다.
④ 한계대체율은 정의할 수 없다.

**03** 소득과 이자율이 주어졌을 때 효용($U$)을 극대화하는 소비자 $A$의 효용함수는 다음과 같다. 소비자 $A$는 2기간(현재와 미래)에만 생존하고, $A$의 소득은 현재에만 발생한다. 이자율 상승의 효과에 대한 설명으로 옳은 것은?

> $U(C_1, C_2) = \sqrt{C_1 C_2}$
> (단, $C_1$과 $C_2$는 각각 현재와 미래의 소비를 나타낸다)

① 소비자 $A$의 $C_1$은 반드시 증가한다.
② 소비자 $A$의 $C_2$는 반드시 증가한다.
③ 소비자 $A$의 $C_1$은 반드시 감소한다.
④ 소비자 $A$의 $C_2$는 반드시 감소한다.

**04** $X$재와 $Y$재만 소비하는 소비자 $A$의 $X$재에 대한 수요함수는 $Q_X = \dfrac{I}{3P_X}$이다. 이 때, $v$재 수요의 가격탄력성과 $Y$재 수요의 소득탄력성으로 옳은 것은? (단, $Q_X$와 $P_X$는 각각 $X$재에 대한 소비량과 가격을, $I$는 소득을 나타낸다)

| | $X$재 수요의 가격탄력성 | $Y$재 수요의 소득탄력성 |
|---|---|---|
| ① | 1 | 1 |
| ② | 1 | 2/3 |
| ③ | 1/3 | 2/3 |
| ④ | 1/3 | 1 |

**05** 기업 $A$는 노동에 대한 수요를 독점하고 있다. $A$의 노동의 한계수입생산은 $MRP_L = 8{,}000 - 10L$이며, 노동공급곡선은 $W = 2{,}000 + 5L$이다. 이때 정부가 최저임금제를 도입하여 최저임금을 4,500으로 설정한 경우, 고용량의 변화로 옳은 것은? (단, $L$은 노동량, $W$는 단위임금이다)

① 50만큼 증가
② 50만큼 감소
③ 150만큼 증가
④ 150만큼 감소

**06** 어느 산업에 동질적 재화를 생산하는 200개의 기업이 있다. 각 기업의 고정비용은 1,000원이고 평균가변비용은 다음 표와 같다. 시장 가격이 1,000원일 경우에 대한 설명으로 옳은 것은?

| 생산량 | 평균가변비용 |
|---|---|
| 1 | 300원 |
| 2 | 400원 |
| 3 | 500원 |
| 4 | 600원 |
| 5 | 700원 |
| 6 | 800원 |

① 각 기업은 4개를 생산하고, 전체 생산량은 800개이다. 장기적으로 동일한 비용 구조를 가진 기업들이 이 시장에 진입하거나 이 시장에서 퇴출할 수 있다면, 이 시장에는 진입이 발생한다.
② 각 기업은 3개를 생산하고, 전체 생산량은 600개이다. 장기적으로 동일한 비용 구조를 가진 기업들이 이 시장에 진입하거나 이 시장에서 퇴출할 수 있다면, 이 시장에는 진입이 발생한다.
③ 각 기업은 4개를 생산하고, 전체 생산량은 800개이다. 장기적으로 동일한 비용 구조를 가진 기업들이 이 시장에 진입하거나 이 시장에서 퇴출할 수 있다면, 이 시장에는 퇴출이 발생한다.
④ 각 기업은 3개를 생산하고, 전체 생산량은 600개이다. 장기적으로 동일한 비용 구조를 가진 기업들이 이 시장에 진입하거나 이 시장에서 퇴출할 수 있다면, 이 시장에는 퇴출이 발생한다.

**07** 어느 공장의 생산활동으로 지역 주민들이 대기오염 피해를 입는 외부불경제가 발생하였다. 공장의 사적 한계비용함수는 $PMC=1+2Q$이고 사회적 한계비용함수는 $SMC=4+2Q$이다. 수요곡선이 $Q_D=40-P$일 때 외부불경제로 인한 사회적 후생손실은? (단, $P$는 가격, $Q_D$는 수요량, $Q$는 생산량이다)

① 0.5　　② 1.0
③ 1.5　　④ 2.0

**08** 솔로우(R. Solow)의 경제성장모형에 대한 설명으로 옳지 않은 것은?

① 균형성장경로에서 완전고용성장이 이루어진다.
② 황금률 자본량은 1인당 소비가 극대화되는 자본량 수준을 의미한다.
③ 균제상태에서 1인당 소득증가율은 0%이다.
④ 인구증가율이 감소하면 균제상태에서 1인당 산출도 감소한다.

**09** $A$는 두 종류의 일자리를 제안받았고, 다음과 같은 상황에 처해있다. $A$가 두 번째 일자리를 선택하기 위한 연간보수 $X$의 최솟값은?

- $A$의 효용함수: $U=2\sqrt{Y}$ (단, $Y$는 연간보수)
- 첫 번째 일자리에는 일시해고가 없으며, 연간 보수는 4,900만 원이다.
- 두 번째 일자리에는 일시해고에 대한 불확실성이 존재한다.
- 두 번째 일자리에서 전체의 1/4에 해당하는 연도는 경기가 좋아 일시해고가 되지 않으며, 이때의 연간보수는 $X$이다.
- 두 번째 일자리에서 전체의 3/4에 해당하는 연도는 경기가 좋지 않아 일시해고가 되며, 이때의 연간보수는 3,600만 원이다.

① 1억 원
② 1억 2,100만 원
③ 1억 4,400만 원
④ 1억 6,900만 원

**10** 경제지표에 대한 설명으로 옳지 않은 것은?

① 전업 학생이 졸업하여 바로 취업하면 경제활동참가율은 상승한다.
② 전업 학생이 졸업하여 바로 취업하더라도 실업률은 변하지 않는다.
③ 전업 학생이 졸업하여 바로 취업하면 고용률은 상승한다.
④ 이자율이 오르면 이미 발행된 채권 가격은 하락한다.

**11** 9명의 개별 경기자가 존재하는 어느 경제에서 공공재 공급에 필요한 기금을 모으기 위해 기여금을 낼지의 여부를 동시에 비협조적으로 결정하는 게임을 한다. 9명 중 5명 이상이 기여금을 내면 공공재 공급이 이루어지며, 5명 미만이면 공공재 공급이 이루어지지 않는다. 납부한 기여금은 공공재 공급이 이루어지지 않더라도 돌려받지 못한다. 모든 경기자의 선호체계가 다음과 같을 때, 게임의 결과에 대한 설명으로 옳은 것은?

- 1순위: 공공재 공급이 이루어지고 자신은 기여금을 내지 않은 상황
- 2순위: 공공재 공급이 이루어지고 자신은 기여금을 낸 상황
- 3순위: 공공재 공급이 이루어지지 않고 자신은 기여금을 내지 않은 상황
- 4순위: 공공재 공급이 이루어지지 않고 자신은 기여금을 낸 상황

① 순수전략 내쉬균형은 하나만 존재한다.
② 모든 순수전략 내쉬균형에서 공공재 공급은 이루어진다.
③ 9명 모두 기여금을 내는 것도 순수전략 내쉬균형에 해당한다.
④ 9명 모두 기여금을 내지 않는 것도 순수전략 내쉬균형에 해당한다.

**12** 재정정책에 대한 설명으로 옳지 않은 것은?

① 경제가 유동성 함정에 빠진 경우 확장적 재정정책의 구축효과는 없다.
② 최적조세와 같은 재정정책에서도 경제정책의 동태적 비일관성 문제가 발생할 수 있다.
③ 재정의 자동안정화장치가 강화되면 승수효과는 작아진다.
④ 재정의 자동안정화장치는 정책의 외부시차가 없어 경기안정화효과가 즉각적이다.

**13** 국내에서 $X$재의 생산은 기업 $A$가 독점하며, $X$재의 수입은 금지되어 있었는데, 다음과 같이 주어진 정보에 따라 정부가 수입쿼터제를 도입하여 수입쿼터를 40으로 정하였다. 쿼터제 도입으로 국내 가격의 변화로 옳은 것은?

- $C = 50Q + Q^2$
- $Q_d = 450 - P$
- $X$재의 국제 거래가격은 250이다.
(단, $Q$, $Q_d$, $P$, $C$는 각각 기업 $A$의 생산량, 국내 수요량, 국내 가격, 생산비용을 의미하며, 수입에 따른 관세나 운송비용은 0으로 가정한다)

① 30만큼 감소 ② 30만큼 증가
③ 50만큼 감소 ④ 50만큼 증가

**14** 한계소비성향이 0.5이고 소득세율이 20%인 경우, 소득이 30만 원 증가할 때 소비지출액의 증가분은?

① 12만 원 ② 15만 원
③ 19만 원 ④ 21만 원

**15** 두 재화($X$재와 $Y$재)와 두 사람($A$와 $B$)만 존재하는 경제에서 $A$의 효용함수는 $U_A = 2X + Y$이며, $B$의 효용함수는 $U_B = XY^2$이다. $A$는 $X$재 8단위와 $Y$재 4단위를 가지고 있으며 $B$는 $X$재 10단위와 $Y$재 20단위를 가지고 있다. 두 사람이 자발적 교환에 참여한다고 할 때, 교환에서 $B$에게 모든 협상력이 있다면, $B$는 $A$에게 $X$재 2단위를 주고 $Y$는 몇 단위를 받아 효용극대화를 추구하는지 옳은 것은? (단, 교환에 수반되는 거래비용은 없다)

① 1단위 ② 2단위
③ 3단위 ④ 4단위

**16** 소비자 $A$, $B$, $C$, $D$가 라면 한 그릇에 대해 지불할 용의가 있는 가격은 각각 10, 20, 30, 40이고, 판매자 $E$, $F$, $G$, $H$가 라면 한 그릇에 대해 수용할 용의가 있는 가격은 각각 40, 30, 20, 15이다. 이에 대한 설명으로 옳지 않은 것은? (단, 각 소비자는 라면 한 그릇만 소비할 수 있고, 각 판매자는 라면 한 그릇만 판매할 수 있다)

① 총잉여를 극대화하기 위한 균형 거래량은 2그릇이다.
② 총잉여를 극대화하기 위한 균형 가격은 40이다.
③ 극대화된 총잉여는 35이다.
④ 소비자 중 $A$와 $B$만 소비하지 않는 것이 총잉여를 극대화하는 방법이다.

**17** 표준적인 U자형의 장단기 평균비용곡선을 가지는 생산관계에 대한 설명으로 옳지 않은 것은?

① 단기 평균비용곡선이 상승할 때 단기 한계비용곡선은 단기 평균비용곡선보다 위에 있다.
② 장기 평균비용곡선이 하락할 때 장기 한계비용곡선은 장기 평균비용곡선보다 아래에 있다.
③ 특정 규모의 단기 한계비용곡선이 장기 한계비용곡선과 교차할 때 단기 평균비용은 장기 평균비용보다 크다.
④ 장기 평균비용곡선의 최소점에서 해당 규모의 단기 한계비용곡선과 장기 한계비용곡선은 교차한다.

**18** 다음과 같이 주어진 정보에 따를 때 $A$, $B$, $C$ 세 사람이 공동으로 소비하는 공공재 $X$의 사회적으로 최적인 산출수준은?

> • $Q_A = -2P + 24$
> • $Q_B = -3P + 51$
> • $Q_C = -P + 34$
> • 공공재 $X$를 생산하는 데 드는 한계비용은 30이다.
> (단, $Q_A$, $Q_B$, $Q_C$는 각각 $A$, $B$, $C$의 공공재 $X$에 대한 수요량을 의미하며, $P$는 공공재 $X$의 가격을 의미한다)

① 9　　② 14
③ 18　　④ 23

**19** 자본이동이 완전히 자유로우며 자유변동환율제도를 채택하고 있는 소규모 개방경제가 국공채를 매입하였다고 할 때, $IS-LM-BP$ 모형에 따른 설명으로 옳지 않은 것은? (단, $IS$곡선은 우하향하며, $LM$곡선은 우상향한다)

① $LM$곡선이 우측으로 이동한다.
② $IS$곡선은 우측으로 이동한다.
③ 자본이동이 불가능한 경우에 비해 소득 증가 폭이 작다.
④ 새로운 균형에서 순수출은 증가한다.

**20** 어느 경제의 필립스곡선과 중앙은행의 손실함수가 다음과 같다고 하자. 필립스곡선은 중앙은행에게 제약조건으로 작용하며, 중앙은행은 손실함수가 최소화되도록 인플레이션율($\pi$)을 선택한다. 장기균형에서의 인플레이션율($\pi$)은?

> • 필립스곡선: $u = u_n - (\pi - \pi^e)$
> • 손실함수: $L = 4(u - 0.02)^2 + 6(\pi - 0.01)^2$
> (단, $u$는 실제실업률, $u_n$은 자연실업률로 0.035(3.5%), $\pi^e$는 기대인플레이션율이다)

① 0%　　② 1%
③ 2%　　④ 3%

**21** 은행권 전체가 보유하는 지급준비금 총액이 100이다. 요구불예금에 대한 법정지급준비율이 5%이고, 은행은 초과지급준비금을 보유하지 않으며, 가계는 현금을 보유하지 않는다. 이러한 상황에서 중앙은행이 법정 지급준비율을 10%로 인상한다고 할 때, 이전과 비교한 예금통화승수와 화폐공급량의 변화에 대한 설명으로 옳은 것은?

① 예금통화승수는 10만큼 하락하고, 화폐공급량은 1,000만큼 감소한다.
② 예금통화승수는 10만큼 상승하고, 화폐공급량은 1,000만큼 증가한다.
③ 예금통화승수는 20만큼 하락하고, 화폐공급량은 2,000만큼 감소한다.
④ 예금통화승수는 20만큼 상승하고, 화폐공급량은 2,000만큼 증가한다.

**22** 다음은 $A$국의 연도별 명목 $GDP$, 실질 $GDP$, $GDP$ 디플레이터에 대한 자료이다. ㉠~㉣에 들어갈 수치들 중 가장 큰 값은?

| 연도 | 명목 $GDP$ | 실질 $GDP$ (2020년 기준) | $GDP$ 디플레이터 |
|---|---|---|---|
| 2000 | ㉠ | 5,000 | 60 |
| 2010 | 6,000 | ㉡ | 100 |
| 2020 | 8,000 | ㉢ | ㉣ |

① ㉠ ② ㉡
③ ㉢ ④ ㉣

**23** 국가 간 거래에 있어 정부의 개입에 대한 설명으로 옳지 않은 것은? (단, 소규모 개방경제를 가정한다)

① 수입국이 부과하는 수입관세와 수입쿼터는 모두 수입가격을 상승시키는 효과가 있다.
② 수입관세의 부과는 관세수입과 생산자잉여를 모두 증가시킨다.
③ 수입쿼터의 부과로 인한 생산자잉여의 증가분은 소비자잉여의 감소분보다 크다.
④ 수입관세의 부과로 인한 수입국의 순국내손실과 수입쿼터의 부과로 인한 순국내손실은 같다.

**24** 차별화된 재화를 생산하는 기업 $A$와 기업 $B$가 직면한 수요함수는 각각 $q_A = 25 - p_A + 0.5p_B$, $q_B = 35 - p_B + p_A$이다. $A$와 $B$의 한계생산비용은 생산량과 관계없이 5로 동일하다. 두 기업이 동시에 비협조적으로 가격을 결정하는 게임을 한다고 할 때 내쉬균형에서의 기업 $B$의 가격은? (단, $q_i$와 $p_i$는 각각 기업 $i(i = A, B)$의 생산량과 가격을 나타낸다)

① $\frac{50}{3}$ ② $\frac{160}{7}$
③ $\frac{70}{3}$ ④ $\frac{220}{7}$

**25** 생산량이 자연율 수준에 있는 국가에서 중앙은행이 통화량을 증가시키고, 이에 대해 사람들이 인플레이션율이 상승할 것으로 기대하고 있다. 장기적으로 이 국가에서 발생할 현상에 대한 설명으로 옳은 것은?

① 생산량 수준은 장기적으로 증가한다.
② 실질화폐잔고는 일정하다.
③ 물가와 총생산에 영향을 준다.
④ 인플레이션율은 상승하지만 실업률은 변하지 않는다.

# 16회 2022년 국회직 변형

정답 · 해설 p.231

**01** $GDP$디플레이터와 $CPI$(소비자물가지수)에 대한 설명으로 옳은 것은?

① 기업 또는 정부에 의해 구입된 물품가격 상승은 $CPI$에 반영되나 $GDP$디플레이터에는 반영되지 않는다.
② 해외에서 생산되어 우리나라에서 판매되는 자동차 가격의 인상은 $GDP$디플레이터에 영향을 미치나 $CPI$에는 영향을 미치지 않는다.
③ $GDP$디플레이터와 $CPI$는 재화가격에 고정된 가중치를 사용하여 도출된다.
④ $CPI$는 라스파이레스 지수(Laspeyres Index)이므로 농산물 가격의 급등으로 인해 소비자가 입은 충격을 과대평가한다.

**02** 어떤 재화의 공급곡선은 $Q=-4+P$이고 수요곡선은 $Q=20-P$이다. 한편 이 재화를 생산하는 데 따른 환경오염의 사회적 비용은 $C=2Q$이다. 이에 대한 설명으로 옳지 않은 것은? (단, $P$, $Q$는 각각 이 재화의 가격, 수량이다)

① 정부의 개입이 없을 경우 균형 생산량은 8이다.
② 정부의 개입이 없을 경우 균형 가격은 12이다.
③ 환경오염 비용까지 고려한 사회적 최적 생산량은 6이다.
④ 환경오염 비용까지 고려한 사회적 최적 가격은 13이다.

**03** 어떤 나라의 커피 시장의 수요곡선은 우하향하고 공급곡선은 우상향한다고 한다. 다음 중 이 나라의 정부가 커피에 대해 조세를 부과할 때 나타날 수 있는 현상으로 옳은 것은?

① 단위당 $T$원의 종량세를 공급자에게 부과했을 때의 커피 거래량과 소비자에게 부과했을 때의 커피 거래량은 동일하다.
② 커피 가격의 $t\%$의 세율로 종가세를 공급자에게 부과했을 때의 커피 거래량과 소비자에게 부과했을 때의 커피 거래량은 동일하다.
③ 종량세를 소비자에게 부과하면 수요곡선은 아래로 회전이동한다.
④ 종가세를 공급자에게 부과하면 공급곡선의 기울기는 완만해진다.

**04** 자동차를 생산하는 어느 기업의 생산함수는 $Q=L^{3/4}K^{1/2}$로 나타낼 수 있다. 이 기업에 대한 설명으로 옳은 것은? (단, $L$, $K$는 각각 노동, 자본이다)

① 자동차의 가격과 한계비용이 일치하는 곳에서 자동차의 생산량을 결정한다.
② 노동의 가격과 자본의 가격이 같다면 자본을 더 많이 투입한다.
③ 확장경로는 원점에서 오목한 곡선으로 나타난다.
④ 생산요소 간 대체탄력성은 항상 일정하다.

**05** 생산량이 자연율 수준에 있는 장기균형의 경제를 가정하자. 한국은행이 통화공급을 증대시킬 경우 나타나는 변화에 대한 설명으로 옳은 것은?

① $IS-LM$모형에서 단기적으로 이자율은 낮아지고 생산량은 감소한다.
② $IS-LM$모형에서 실질이자율이나 생산량 수준에서 장기적인 변화는 없다.
③ $AD-AS$모형에서 장기적으로 생산량은 자연율 수준으로 되돌아가고 물가수준은 하락한다.
④ 생산량이 자연율 수준 이하로 감소함에 따라 필립스곡선에서 실업률은 자연율 아래로 감소한다.

**06** $A$제품의 우리나라 가격은 $2,600$원, 미국 가격은 $2$달러, 그리고 원화의 달러 대비 명목환율은 $1,200$원/달러이다. 이에 대한 설명으로 옳지 않은 것은?

① 거래비용이 없다면 현재 재정거래(Arbitrage)의 기회는 존재하지 않는다.
② 실질환율에 의하면 국내의 $A$제품 1단위는 미국의 $A$제품 13/12단위와 교환될 것이다.
③ 구매력평가설에 따른 원화가치는 고평가되어 있다.
④ 구매력평가설에 따른 명목환율은 1,300원/달러이다.

**07** 2기간을 사는 어떤 소비자의 효용함수가 $U = C_1^{\alpha} C_2^{1-\alpha}$로 주어진다고 하자. 한편 이 소비자의 1기 소득은 $Y$, 2기 소득은 0이며, 이자율은 $r$로 주어진다. 이 소비자의 효용극대화를 달성하는 소비 및 저축에 대한 설명으로 옳지 않은 것은? (단, $C_1$, $C_2$는 각각 1기 소비와 2기 소비를 나타내며, $0 < \alpha < 1$, $0 < r < 1$이다)

① 1기의 저축률은 $1-\alpha$이다.
② 1기의 소비는 $\alpha Y$이다.
③ 2기의 소비는 $(1-\alpha)Y$이다.
④ 2기 소비의 크기는 이자율과 비례한다.

**08** 보몰(W. Boumol)의 거래적 화폐수요이론에 대한 설명으로 옳지 않은 것만을 <보기>에서 모두 고르면?

〈보기〉
ㄱ. 화폐수요의 소득탄력성은 1이다.
ㄴ. 거래적 화폐수요에는 규모의 경제가 존재한다.
ㄷ. 이자율이 상승하면 기회비용이 증가하므로 화폐수요가 증가한다.
ㄹ. 사회 내의 총소득이 일정할 때 소득분배가 균등해지면 화폐수요가 증가한다.

① ㄱ, ㄷ
② ㄴ, ㄹ
③ ㄱ, ㄴ
④ ㄷ, ㄹ

**09** 다음 글에 따를 때 기업이 설정하는 단일가격제도하에서의 단일요금, 이부가격제도하에서의 회원권 가격과 회원전용요금으로 옳은 것은?

어느 지역에서 콘도를 독점하고 있는 기업이 있다. 이 독점기업의 총비용함수는 $TC(Q) = 24Q$이다. 이 콘도를 이용하는 사람들의 수요함수는 $Q = 300 - (1/2)P$로 동일하다. 이 기업은 현재 1박당 일정액의 요금만 부과하는 단일가격제도를 시행하고 있는데, 회원권 판매와 1박당 회원전용 요금을 부과하는 형태의 이부가격제도로 변경하고자 한다. 독점기업이 이부가격제도를 시행하는 경우 회원권을 소지한 회원만 숙박서비스를 이용할 수 있다. (단, $Q$, $P$는 각각 숙박일수, 1박당 가격이다)

| | 단일요금 | 회원권 가격 | 회원전용 요금 |
|---|---|---|---|
| ① | 24 | 41,472 | 0 |
| ② | 156 | 41,472 | 0 |
| ③ | 312 | 82,944 | 24 |
| ④ | 312 | 41,472 | 24 |

**10** 어떤 도시의 시민들은 대형마트와 골목시장에서 생활용품을 구매하고 있다. 정부는 골목시장을 활성화하기 위해 골목시장에서 제품을 구매하는 경우 구매가격의 10%를 할인해주는 보조정책을 시행하였다. <보기>에서 이러한 정책이 시행된 이후 나타나는 효과로 옳지 않은 것만을 모두 고르면? (단, 생활용품에 대한 수요는 탄력적이다)

〈보기〉
ㄱ. 골목시장의 매출이 증가한다.
ㄴ. 골목시장의 이윤증가가 대형마트의 이윤감소보다 크다.
ㄷ. 소비자들의 생활용품에 대한 전체 지출이 증가한다.
ㄹ. 정부의 보조금 지출보다 소비자들과 대형마트 및 골목시장의 후생증가가 더 크다.

① ㄱ, ㄴ
② ㄱ, ㄷ
③ ㄴ, ㄷ
④ ㄴ, ㄹ

**11** **소득 $280$으로 단골 상점에서 두 재화 $X$, $Y$만을 구입하는 소비자가 있다. 단위당 가격은 $X$가 $14$, $Y$가 $7$이다. 어느 날 그 상점에서 $X$를 $10$단위보다 많이 구입하면 $10$단위 초과분에 대해 가격을 절반으로 할인해주는 행사를 실시하였다. 이 행사에 따른 소비자의 예산집합 면적의 증가율은?**

① 10%
② 15%
③ 20%
④ 25%

**12** **$A$국가와 $B$국가 사이에 무역이 이루어지기 전에 두 국가의 자동차시장에서 다음과 같은 상황이 관찰되었다고 한다. 두 국가 사이에 무역이 이루어졌을 때 각 나라들의 자동차 시장에서 나타날 수 있는 현상으로 옳지 않은 것은?**

- 두 국가 모두 수요곡선은 우하향하고 공급곡선은 우상향한다.
- $A$국가의 자동차 가격이 $B$국가의 자동차 가격보다 높다.
- $B$국가의 자동차 소비량이 $A$국가의 자동차 소비량보다 많다.

① $A$국가의 소비자잉여는 증가한다.
② $B$국가의 생산자잉여는 증가한다.
③ $A$국가의 사회후생은 무역 전보다 증가한다.
④ $A$국가의 무역 후의 자동차 가격이 무역 전보다 높게 형성될 수 있다.

**13** **소비이론에 대한 설명으로 옳은 것은?**

① 항상소득가설에 따르면 항상소득과 관련된 한계소비성향이 일시소득과 관련된 한계소비성향보다 더 작다.
② 생애주기가설에 따르면 소비자는 일생 동안의 소득을 염두에 두고 적절한 소비수준을 선택한다.
③ 상대소득가설에 따르면 처분가능소득의 절대적 크기가 소비수준을 결정하는 가장 중요한 요인이다.
④ 항상소득가설에 따르면 경기 호황기에도 저축률은 불변이다.

**14** **생산함수가 $F(L, K)= \sqrt{LK}$인 기업이 있다. 이 기업은 노동의 가격이 $w=9$, 자본의 가격이 $r=9$일 때 최소의 비용으로 $100$단위를 생산한다. 노동의 가격이 $w=1$로 하락하고 생산량을 $3$배로 늘리는 경우 이 기업의 비용 변화로 옳은 것은? (단, $L$, $K$는 각각 노동, 자본이다)**

① 300 감소한다.
② 100 감소한다.
③ 변하지 않는다.
④ 100 증가한다.

**15** **$IS$곡선은 우하향하고 이자율은 중앙은행에 의해 외생적으로 결정되는 폐쇄경제에서 다른 항목은 변화 없이 정부지출이 $100$조 증가한다고 하자, 소비자는 소득 $Y$의 $20\%$를 소득세로 납부하며, 한계소비성향은 $0.75$이다. 이때 가격이 고정된 단기에 민간저축 증가분은?**

① 20조
② 30조
③ 40조
④ 50조

**16** 어떤 개인이 2가지 재화 $X$와 $Y$를 각각 $Q_X$, $Q_Y$만큼 생산하고 있다고 하자. 가격수용자인 이 개인은 $X$와 $Y$를 시장가격에 판매 혹은 구매함으로써 $X$와 $Y$를 $C_X$, $C_Y$만큼 소비하는 소비자이기도 하다. $Q_X$, $Q_Y$가 주어진 상태에서 $X$의 가격이 상승할 때 이 개인에게 발생할 변화로 옳지 않은 것은? (단, $X$와 $Y$의 소비에 대한 무차별곡선은 일반적인 형태를 가지며 불확실성은 없다)

① 가격 상승 전에 $C_X < Q_X$이었다면 가격 상승 이후 이 소비자의 효용은 증가한다.
② 가격 상승 전에 $C_X = Q_X$이었다면 가격 상승 이후 이 소비자의 효용은 증가한다.
③ 가격 상승 전에 $C_X = Q_X$이었다면 가격 상승 이후에는 $C_X < Q_X$가 선택된다.
④ 가격 상승 전에 $C_X > Q_X$이었다면 가격 상승 이후에는 $C_X > Q_X$가 선택된다.

**17** 어느 기업의 평균비용함수가 $AC(Q) = Q^2 - 20Q + 150$이다. 이 기업의 비용에 대한 설명으로 옳은 것은?

① 고정비용이 존재한다.
② 한계비용이 최저가 되는 생산량은 7이다.
③ 한계비용이 증가하는 구간 전체에서 규모의 불경제가 발생한다.
④ 한계비용과 평균비용이 일치하는 생산량에서 총비용은 500이다.

**18** 인구가 일정하고 기술진보가 없는 솔로우(R. M. Solow)의 경제성장모형을 고려하자. $A$국의 생산함수는 $Y = L^{1/3}K^{2/3}$, 저축률은 60%, 자본의 감가상각률은 연 10%이다. 균제상태(steady state)에서의 1인당 자본량($k^*$)과 황금률(golden rule) 균제상태에서의 1인당 자본량($k_g$)은? (단, $L$, $K$는 각각 노동, 자본이다)

① $\left(\frac{3}{20}\right)^2$
② $\left(\frac{20}{3}\right)^2$
③ $\left(\frac{3}{20}\right)^3$
④ $\left(\frac{20}{3}\right)^3$

**19** 인플레이션에 대한 설명으로 옳지 않은 것은?

① 인플레이션 반영 비율의 차이에서 오는 상대가격의 변화로 자원배분의 왜곡을 초래할 수 있다.
② 실제물가상승률이 예상된 물가상승률보다 더 큰 경우, 채권자는 이득을 보고 채무자는 손해를 본다.
③ 프리드만(M. Friedman)에 따르면 인플레이션은 언제나 화폐적 현상이다.
④ 먼델-토빈효과(Mundell-Tobin effect)가 나타나면 기대인플레이션이 상승할 때 민간투자가 증가한다.

**20** 다음은 갑과 을의 전략 선택에 따라 결정되는 보수 구조이다. 갑이 전략 $A$를 선택할 확률을 $p$, 을이 전략 $C$를 선택할 확률을 $q$라고 하자. 혼합전략 내쉬균형하에서의 $p$와 $q$의 합으로 옳은 것은? (단, 보수 행렬의 괄호 안 첫 번째는 갑의 보수, 두 번째는 을의 보수를 나타낸다)

| | | 을 | |
|---|---|---|---|
| | | $C$ | $D$ |
| 갑 | $A$ | (50, 50) | (80, 20) |
| | $B$ | (90, 10) | (20, 80) |

① 0.9
② 1.0
③ 1.3
④ 1.5

**21** $A$국에서는 한 단위의 노동으로 하루에 쌀 4kg을 생산하거나 옷 4벌을 생산할 수 있고, $B$국은 한 단위의 노동으로 하루에 쌀 3kg을 생산하거나 옷 1벌을 생산할 수 있다. 두 국가의 부존 노동량은 동일하다고 할 때, $A$국과 $B$국 모두 교역을 통해 이득을 얻을 수 있는 교역조건에 해당하는 것은?

① 옷 1단위 = 쌀 0.5단위
② 옷 1단위 = 쌀 2.5단위
③ 옷 1단위 = 쌀 4.5단위
④ 옷 1단위 = 쌀 6.5단위

**22** 리카도의 등가정리(Ricardian Equivalence Theorem)가 성립한다고 가정하자. 이 경우 정부가 국채를 발행하여 조세부담을 경감시킬 때 나타나는 결과로 옳지 않은 것은?

① 민간저축 증가
② 소비 불변
③ 국민저축 증가
④ 이자율 불변

**23** 어떤 복점시장의 수요함수와 두 기업의 비용함수가 아래와 같이 주어진다고 하자. 다음 중 이 시장에서 꾸르노 복점의 내쉬균형은?

- 수요함수 $P=a-Q$
- 기업 1의 비용함수 $C_1=c_1 \times Q_1$
- 기업 2의 비용함수 $C_2=c_2 \times Q_2$
- $Q_1+Q_2=Q$
- $c_1 < c_2$

(단, 여기서 $P$, $Q_1$, $Q_2$, $C_1$, $C_2$는 각각 가격, 기업 1의 생산량, 기업 2의 생산량, 기업 1의 생산비용, 기업 2의 생산비용을 나타내며, $a$, $c_1$, $c_2$는 각각 0보다 큰 상수이다)

① $Q_1=\frac{(a+c_2-2c_1)}{3}$, $Q_2=\frac{(a+c_1-2c_2)}{3}$

② $Q_1=\frac{(a+2c_2-c_1)}{3}$, $Q_2=\frac{(a+c_1-2c_2)}{3}$

③ $Q_1=\frac{(a+c_2-2c_1)}{3}$, $Q_2=\frac{(a+2c_1-c_2)}{3}$

④ $Q_1=\frac{(a+2c_2-c_1)}{3}$, $Q_2=\frac{(a+2c_1-c_2)}{3}$

**24** 고품질과 저품질, 두 가지 유형의 TV가 거래되는 중고 TV 시장이 있다. 판매자는 자신이 파는 중고 TV의 품질을 알고 있으나 구매자는 중고 TV의 품질을 구매 전에는 알지 못한다. 판매자의 수용용의금액과 구매자의 최대지불용의금액은 아래의 표와 같고, 구매자는 위험중립적이다. 이러한 사실들은 판매자와 구매자에게 모두 알려져 있다. 전체 중고 TV 시장에서 고품질의 중고 TV가 차지하는 비중을 $p$라고 할 때, 고품질과 저품질의 중고 TV가 모두 시장에서 거래되기 위한 $p$의 최솟값은?

(단위: 만 원)

| | 고품질 TV | 저품질 TV |
|---|---|---|
| 구매자의 최대지불용의 금액 | 250 | 150 |
| 판매자의 수용용의금액 | 220 | 100 |

① 50% ② 55%
③ 65% ④ 70%

**25** 어떤 완전경쟁시장에서 모든 개별 기업의 장기평균비용($LTAC$)과 장기 한계비용($LTMC$)은 아래와 같이 생산량($q$)의 함수로 동일하다. 또한 가격($P$)과 총수요량($Q$)의 관계는 아래와 같은 함수로 주어진다. 이에 대한 설명으로 옳지 않은 것은?

- $LTAC=q^2-10q+40$
- $LTMC=3q^2-20q+40$
- $P=25-0.1Q$

① 장기균형에서 개별 기업의 이윤이 극대화되는 생산량은 5이다.
② 장기균형에서 가격은 15이다.
③ 장기균형에서 한계비용은 15이다.
④ 장기균형에서 개별 기업의 이윤은 75이다.

# 17회 2023년 국회직 변형

정답 · 해설 p.238

**01** 마스크 시장과 생산요소시장은 완전경쟁시장이다. 장기 균형 상태에서 코로나 종식으로 마스크에 대한 수요가 크게 감소했다. 이로 인해 장기에 나타날 수 있는 현상으로 옳은 것은?

① 마스크 가격의 하락
② 마스크 생산 기업의 이윤 감소
③ 마스크 생산 기업 수의 유지
④ 마스크 시장의 공급 감소
⑤ 마스크 생산요소 기업의 공급 증가

**02** 다음은 어떤 경제에 대한 조사결과의 일부이다. 옳은 것만을 <보기>에서 모두 고르면?

• 생산가능인구: 400명
• 비경제활동인구: 150명
• 취업인구: 200명

〈보기〉
ㄱ. 실업률은 20%이다.
ㄴ. 고용률은 80%이다.
ㄷ. 경제활동참가율은 37.5%이다.

① ㄱ
② ㄱ, ㄴ
③ ㄱ, ㄷ
④ ㄴ, ㄷ
⑤ ㄱ, ㄴ, ㄷ

**03** 고전학파 거시모형에서 생산함수는 $Y=64\sqrt{L}$, 노동공급함수는 $\frac{W}{P}=\sqrt{L}\,(P>0)$, 통화량은 128, 화폐의 유통속도는 8이다. 저축함수는 $S(r)=-26+1{,}000r$이고, 투자함수는 $I(r)=70-200r$이다. 다음 중 옳지 않은 것은? (단, $Y$, $L$, $W$, $P$, $r$은 각각 산출량, 노동, 명목임금, 물가, 이자율임)

① $W=16$
② $L=16$
③ $Y=256$
④ $P=8$
⑤ $r=0.08$

**04** 재화 $X$를 생산할 때, 사적 한계비용은 $PMC=Q$이고, 사회적 한계비용은 $SMC=Q+14$이다. 이 재화로 인한 사적 한계편익은 $PMB=20-Q$, 사회적 한계편익은 $SMB=19-Q$이다. 사회적 최적 산출량을 달성하기 위해 기업에게 피구세(Pigouvian tax)를 부과하려고 한다. $X$재 한 단위당 부가해야 할 피구세로 옳은 것은?

① 6
② 9
③ 10
④ 12
⑤ 15

**05** 환율을 상승시키는 요인으로 옳은 것만을 <보기>에서 모두 고르면? (단, 환율은 외국통화 1단위에 대한 자국통화의 교환 비율을 의미함)

〈보기〉
ㄱ. 외국 물가의 하락
ㄴ. 국제 이자율의 상승
ㄷ. 외국의 경기 침체
ㄹ. 자국의 국공채 매각

① ㄱ, ㄴ
② ㄴ, ㄹ
③ ㄱ, ㄴ, ㄷ
④ ㄱ, ㄴ, ㄹ
⑤ ㄱ, ㄷ, ㄹ

**06** 어떤 생산자는 노동($L$)과 자본($K$)만을 투입하여 생산한다. 이 생산자의 생산함수는 $Q = LK$이고, 투입요소 $L$의 단위당 가격은 $w$, $K$의 단위당 가격은 $r$이라 한다. 다음 설명 중 옳은 것은? (단, 완전경쟁시장을 가정함)

① $K = \frac{r}{w}L$은 이 생산자의 등량곡선과 등비용선이 한 점에서 접하는 조건을 표현한 것이다.
② 이 생산함수는 규모수익체감에 해당한다.
③ 이 생산자의 비용최소화 조건은 $L = \frac{w}{r}K$를 만족한다.
④ 이 생산자의 비용($C$)은 $C = \frac{rK}{2}$를 만족한다.
⑤ 만약 $w = 1$, $r = 25$이고 현재 생산량($Q$)이 25라면, 이 생산자의 최저생산비용은 50이다.

**07** 실물적 경기변동(Real Business Cycle)에 대한 설명으로 옳은 것만을 <보기>에서 모두 고르면?

| 〈보기〉 |
|---|
| ㄱ. 명목이자율의 변동은 현재 및 미래소비에 영향을 미친다. |
| ㄴ. 정부의 양적완화정책은 실질 $GDP$에 영향을 미칠 수 없다. |
| ㄷ. 불완전경쟁하에서 호황과 불황은 비대칭적으로 발생한다. |
| ㄹ. $IS$ 부문의 충격으로도 경기변동이 발생한다. |
| ㅁ. 가격경직성은 경기변동의 원인이 된다. |

① ㄱ, ㄷ
② ㄱ, ㄹ
③ ㄴ, ㄹ
④ ㄴ, ㅁ
⑤ ㄷ, ㄹ

**08** 중앙은행의 기준금리 결정 과정인 테일러 준칙에 대한 설명으로 옳은 것은?

① 기준금리는 인플레이션 갭과 산출 갭과는 무관하다.
② 코로나 사태나 금융위기와 같은 충격으로 경기침체가 발생하는 경우 중앙은행은 기준금리를 인상한다.
③ 현재 인플레이션율이 목표치보다 지나치게 높거나 경기가 과열되는 경우 중앙은행은 기준금리를 인하한다.
④ 지나친 경기침체나 경기과열이 발생하는 경우 중앙은행은 테일러 준칙에 따라 통화량을 조절한다.
⑤ 중앙은행의 테일러준칙은 주로 물가 변동 후 사후적 조치를 위해 사용된다.

**09** $A$, $B$, $C$ 3명으로 구성된 사회에서 공공재를 공급하려고 한다. 공공재에 대한 수요함수는 각각 $P_A = 10 - Q$, $P_B = 20 - Q$, $P_C = 30 - Q$이고 공공재를 생산하는 비용함수는 $C(Q) = 5 + 15Q$이다. 이때 공공재의 사회적 최적공급량으로 옳은 것은?

① 15
② $\frac{35}{2}$
③ 20
④ 25
⑤ 28

**10** 추석이나 설 같은 명절 직전에는 화폐수요가 크게 증가한다. 이 때 화폐수요의 증가를 상쇄하기 위해 한국은행은 공개시장 ($A$)을 통해 통화량을 변동시켜 이자율이 ($B$) 것을 유도하고자 한다. ($A$)와 ($B$)에 들어갈 내용으로 옳은 것은?

| | ($A$) | ($B$) |
|---|---|---|
| ① | 매각 | 하락하는 |
| ② | 매입 | 하락하는 |
| ③ | 매각 | 유지되는 |
| ④ | 매입 | 상승하는 |
| ⑤ | 매각 | 상승하는 |

**11** 독점적 경쟁시장에 대한 설명으로 옳은 것만을 <보기>에서 모두 고르면?

〈보기〉

ㄱ. 독점적 경쟁기업의 장기균형에서의 생산량은 장기평균비용이 최소가 되는 점이다.
ㄴ. 과점시장의 기업은 상대방의 반응을 보고 전략적으로 행동한다.
ㄷ. 독점적 경쟁기업은 장기균형에서 완전경쟁시장의 기업처럼 행동하기 때문에 이윤이 0이다.
ㄹ. 독점적 경쟁기업의 단기균형가격은 한계비용과 같다.

① ㄱ, ㄴ
② ㄱ, ㄷ
③ ㄴ, ㄷ
④ ㄴ, ㄹ
⑤ ㄷ, ㄹ

**12** 외생적 기술진보를 가정한 솔로우(R. Solow)의 경제성장 모형에 대한 설명으로 옳지 않은 것은? (단, 생산함수는 1차 동차함수를 가정함)

① 균제상태에서 1인당 자본량과 1인당 소득은 기술진보율만큼 증가한다.
② 황금률 자본량은 1인당 생산을 극대화하는 자본량을 말한다.
③ 기술이나 생산성은 균제상태의 1인당 소득을 변화시킨다.
④ 투자율이 증가는 균제상태의 경제성장률 증가와 관련이 없다.
⑤ 저축률이 증가해도 균제상태의 1인당 소득은 단기적으로만 증가한다.

**13** $A$와 $B$ 두 사람은 고기와 과일을 생산할 수 있다. 두 재화의 생산량은 모두 시간에 비례한다. 두 사람의 시간당 생산량은 아래 표와 같다. 다음 설명 중 옳지 않은 것은?

| 구분 | 고기(kg) | 과일(kg) |
|---|---|---|
| $A$ | 2 | 4 |
| $B$ | 1 | 3 |

① $B$는 모든 재화 생산에서 절대열위를 가지고 있다.
② $A$는 과일 생산에 절대우위를 가지고 있다.
③ $B$는 과일 생산에 비교우위를 가지고 있다.
④ $A$는 고기 1kg을 과일 3.5kg과 교환할 때 이득을 얻는다.
⑤ 고기 1kg을 과일 1kg과 교환하는 조건이면 두 사람 사이에 거래가 발생한다.

**14** 수요의 가격탄력성에 대한 설명으로 옳은 것만을 <보기>에서 모두 고르면?

〈보기〉

ㄱ. 기울기가 음(−)인 선형수요곡선의 가격탄력성은 측정 위치에 따라 값이 상이하다.
ㄴ. 직각쌍곡선인 수요곡선상 모든 점은 단위탄력적이다.
ㄷ. 수요의 가격탄력성은 가격 변화가 원인변수이고 수량 변화가 결과변수인 개념이며, 수량과 가격 변화를 백분율로 환산한 비율로 계산된다.

① ㄱ
② ㄱ, ㄴ
③ ㄱ, ㄷ
④ ㄴ, ㄷ
⑤ ㄱ, ㄴ, ㄷ

**15** 미국이 금리 인상을 계속할 때 한국 경제가 받는 영향을 분석한 결과로 옳지 않은 것은? (단, 한국은 자유변동환율제를 채택하고 있으며 자본유출입이 자유로운 소국임)

① 자본유출 발생
② 환율상승
③ 국내금리 상승
④ 국내생산 감소
⑤ 무역수지 개선

**16** 게임상황에 있는 경기자 $X$, $Y$가 선택할 수 있는 전략과 전략선택에 따른 보수가 다음 전략 게임으로 표현된다. 각 전략조합에서 괄호 안의 첫 번째 숫자는 경기자 $X$의 보수, 두 번째 숫자는 경기자 $Y$의 보수이다. 다음 설명 중 옳지 않은 것은?

| $X$ \ $Y$ | 전략 $c$ | 전략 $d$ |
|---|---|---|
| 전략 $a$ | (6, 7) | (2, 3) |
| 전략 $b$ | (12, 4) | (4, 6) |

① 경기자 $X$는 유일한 우월전략을 가진다.
② 내쉬균형은 파레토 효율성을 만족하지 못한다.
③ 이 게임은 죄수의 딜레마와 동일한 구조를 갖는 게임이다.
④ 내쉬균형에서 경기자 $Y$는 전략 $d$를 선택한다.
⑤ 경기자 $Y$가 먼저 전략을 선택하는 순차게임의 결과와 내쉬균형의 결과는 동일하다.

**17** 가격소비곡선($PCC$)에 대한 설명으로 옳은 것만을 <보기> 에서 모두 고르면?

〈보기〉
ㄱ. $PCC$는 한 재화의 가격변화에 따른 소비자의 최적 소비조합을 나타내는 곡선이다.
ㄴ. 수평축에 표시한 $X$재 수요의 가격탄력성이 1이면 $PCC$는 수직선으로 나타난다.
ㄷ. 수평축에 표시한 $X$재 수요의 가격탄력성이 1보다 크면 $PCC$는 우하향한다.

① ㄱ ② ㄴ
③ ㄱ, ㄴ ④ ㄱ, ㄷ
⑤ ㄱ, ㄴ, ㄷ

**18** 단기총공급곡선($SRAS$)은 수평, 장기총공급곡선($LRAS$)은 수직, 총수요곡선($AD$)은 우하향한다. 총수요 축소 정책의 결과 현재 실제 산출량이 잠재 산출량보다 부족한 상태에 있다면 나타날 수 있는 현상으로 옳은 것은?

① $LRAS$ 곡선과 $SRAS$ 곡선은 실제 산출량이 잠재 산출량과 같아질 때까지 오른쪽으로 이동한다.
② $SRAS$ 곡선은 실제 산출량이 잠재 산출량과 같아질 때까지 아래로 이동한다.
③ $LRAS$ 곡선은 실제 산출량이 잠재 산출량과 같아질 때까지 아래로 이동한다.
④ $SRAS$ 곡선은 실제 산출량이 잠재 산출량과 같아질 때까지 오른쪽으로 이동한다.
⑤ $LRAS$ 곡선은 실제 산출량이 잠재 산출량과 같아질 때까지 왼쪽으로 이동한다.

**19** 소비자 $A$는 $X$재와 $Y$재의 소비를 통해 효용을 얻으며, $A$의 무차별곡선은 원점에 대해 볼록하다. $A$의 효용을 극대화하는 예산선 위의 최적소비점에서 $X$재의 한계효용은 2, $X$재의 가격은 $\frac{1}{3}$, $Y$재의 가격은 $\frac{1}{2}$이다. 옳은 것만을 <보기>에서 모두 고르면? (단, $X$재와 $Y$재의 한계효용은 체감함)

〈보기〉
ㄱ. 예산선 위의 소비조합에서 $Y$의 한계효용이 2라면 소비자 $A$는 효용극대화를 위해 $X$재 소비량을 감소시키고 $Y$재 소비량을 증가시켜야 한다.
ㄴ. 예산선 위의 소비조합에서 $Y$의 한계효용이 3이라면 소비자 $A$는 효용극대화를 위해 현재 소비조합을 변경할 필요가 없다.
ㄷ. 예산선 위의 소비조합에서 $Y$의 한계효용이 4라면 소비자 $A$는 효용극대화를 위해 $Y$재 소비량을 증가시키고 $X$재 소비량을 감소시켜야 한다.

① ㄱ ② ㄴ
③ ㄱ, ㄴ ④ ㄱ, ㄷ
⑤ ㄴ, ㄷ

**20** 어떤 재화의 수요와 공급함수는 아래와 같다. 정부가 공급자에게 생산량 1단위당 20씩의 보조금을 지급할 때, 정부의 보조금 지출총액($A$)과 보조금으로 인한 후생손실($B$)의 비율($A:B$)로 옳은 것은?

> • 수요함수: $P=100-\frac{1}{2}Q_D$
>
> • 공급함수: $P=40+\frac{1}{2}Q_S$

① 2 : 1 ② 3 : 1
③ 4 : 1 ④ 6 : 1
⑤ 8 : 1

**21** 다음은 한계효용이 체감하는 $X$재의 보상수요곡선과 보통수요곡선에 대한 설명이다. 옳은 것만을 <보기>에서 모두 고르면?

> 〈보기〉
> ㄱ. $X$재가 정상재라면 보통수요곡선의 기울기가 보상수요곡선의 기울기보다 더 완만하다.
> ㄴ. $X$재가 기펜재가 아닌 열등재라면 보통수요곡선과 보상수요곡선 모두 우상향한다.
> ㄷ. $X$재가 기펜재가 아닌 열등재라면 보통수요곡선의 기울기가 보상수요곡선의 기울기보다 더 가파르다.
> ㄹ. $X$재가 기펜재라면 대체효과가 양(+)의 값을 갖기에, 보상수요곡선이 우상향한다.

① ㄱ, ㄴ ② ㄱ, ㄷ
③ ㄴ, ㄷ ④ ㄴ, ㄹ
⑤ ㄷ, ㄹ

**22** 단기 필립스곡선이 수평일 때 나타날 수 있는 현상으로 옳은 것은?

① 확장적 통화정책을 사용하면 인플레이션만 발생하고, 실질 $GDP$는 변동이 없다.
② 총수요가 감소하면 실업이 크게 증가한다.
③ 자연실업률이 하락한다.
④ 금리인상 정책으로 인플레이션을 억제할 수 있다.
⑤ 가격이 신축적이다.

**23** $A$국의 정책변화 전 경제상황은 아래와 같다. $A$국 정부는 총수요를 확대하기 위해 <보기> ㄱ~ㄹ의 정책수단들을 고려하고 있다. <보기>의 정책들을 모두 사용했을 때, 총수요 증가분의 크기를 모두 합치면? (단, $Y$, $C$, $I$, $G$, $T$, $NX$는 각각 총수요, 소비, 투자, 정부지출, 세금, 순수출을 의미함, ㄱ~ㄹ의 정책변화는 독립적임)

> • $Y=C+I+G+NX$ • $C=100+0.7(Y-T)$
> • $I=0$ • $G=0$ • $T=100$ • $NX=0$

> 〈보기〉
> ㄱ. 정부지출을 90으로 증가시킨다.
> ㄴ. 세금을 100에서 40으로 감소시킨다.
> ㄷ. 수출장려 정책으로 순수출을 60으로 증가시킨다.
> ㄹ. 소비촉진 정책으로 한계소비성향을 0.9로 증가시키고 투자를 10 증가시킨다.

① 64 ② 740
③ 840 ④ 940
⑤ 1,040

**24** **기업 1과 2가 차별화된 재화시장에서 가격 경쟁을 하고 있다. 기업 1이 생산하는 재화의 수요곡선은 $q_1 = 4 - p_1 + p_2$이고, 기업 2가 생산하는 재화의 수요곡선은 $q_2 = 4 - p_2 + p_1$이다. 두 기업 모두 생산비용은 0이다. 다음 설명 중 옳은 것은?**

① 두 기업이 동시에 가격을 결정하는 모형의 내쉬균형에서 두 기업은 동일하게 가격을 4로 결정한다.
② 두 기업이 동시에 가격을 결정하는 모형보다, 순차적으로 결정하는 모형에서 두 기업 모두 더 낮은 가격을 책정한다.
③ 두 기업이 동시에 가격을 결정하는 모형보다, 순차적으로 결정하는 모형에서 두 기업의 이윤은 더 작다.
④ 두 기업이 순차적으로 가격을 결정하는 모형에서 선도자(leader)의 이윤이 추종자(follower)의 이윤보다 더 크다.
⑤ 두 기업이 순차적으로 가격을 결정하는 모형에서 선도자(leader)는 추종자(follower)와 같은 가격을 책정한다.

**25** **구축효과(Crowding-out effect)에 대한 설명으로 옳은 것만을 <보기>에서 모두 고르면?**

〈보기〉

ㄱ. 확장적 재정지출 정책이 경기부양에 실효성이 적어질 때 발견되는 현상이며, 구축효과가 크면 경기부양 효과가 작아짐을 의미한다.
ㄴ. 다른 조건이 동일할 때, 투자의 이자율탄력성이 작아질수록 구축효과의 크기는 감소한다.
ㄷ. 고전학파는 재정지출의 확대가 대부자금에 대한 수요를 증가시켜 발생하는 현상으로 본다.

① ㄱ ② ㄴ
③ ㄱ, ㄴ ④ ㄴ, ㄷ
⑤ ㄱ, ㄴ, ㄷ

# 18회 2024년 국회직 변형

정답 · 해설 p.244

**01** **채권시장에 대한 설명으로 옳지 않은 것은?**

① 채권에 대한 수요는 채권시장에서 자금을 공급하려고 하는 경제 주체에 의해 결정된다.
② 통상적으로 장기채의 금리는 단기채의 금리보다 낮다.
③ 채권가격의 하락은 채권이자율의 상승을 의미한다.
④ 예상물가상승률이 높아지면 채권의 수요곡선은 좌측, 공급곡선은 우측으로 이동한다.

**02** **고용 관련 통계에 대한 설명으로 옳은 것은?**

① 취업자와 실업자를 합하면 생산가능인구가 된다.
② 실업률은 15세 이상 인구 중 실업자의 비율을 나타낸다.
③ 실업자의 일부가 일자리 찾는 것을 포기하고 비경제활동인구로 이동하면 고용률은 증가한다.
④ 경제활동참가율과 고용률 통계만 있으면 실업률을 계산할 수 있다.

**03** **중앙은행이 테일러(Taylor)준칙에 따라 기준금리를 결정한다고 할 때, $m > 0$이고 $n = 0$이면, 중앙은행은 이것을 실시한다는 것을 의미한다. 이것은? (단, *는 목표 또는 장기균형 수준을 나타낸다)**

| |
|---|
| • 테일러준칙: $r - r^* = m(\pi - \pi^*) + n(Y - Y^*)$ |
| • $r$=기준금리, $\pi$=인플레이션율, $Y$=산출량 |

① 물가안정목표제
② 고용안정목표제
③ 환율안정목표제
④ 국제수지균형목표제

**04** **$A$국의 $X$재 국내 수요곡선은 $Q = 120 - P$, 국내 공급곡선은 $Q = P$이다. $X$재의 국제가격은 $P = 20$에서 거래되고 있다. 소국인 $A$국 정부가 $X$재의 수입을 결정하여 수입량이 $40$이 되도록 관세를 부과하려고 할 때, $X$재 수입 $1$단위당 부과해야 하는 관세는? (단, $P$는 가격, $Q$는 수량이며 국제가격은 일정하고 무제한 수입할 수 있다)**

① 10　　② 15
③ 20　　④ 25

**05** **솔로우(Solow) 성장모형에서 $A$국의 생산함수는 $Y = 20\sqrt{LK}$, 저축률은 $40\%$, 자본감가 상각률은 연 $4\%$, 인구증가율은 연 $2\%$이고 $2024$년 초 $A$국의 $1$인당 자본량은 $900$이라 할 때, $2024$년 $A$국의 연간 $1$인당 자본의 증가량은? (단, $L$은 노동, $K$는 자본이며 기술진보는 없다)**

① 900　　② 1,800
③ 126　　④ 186

**06** 화폐수요이론에 대한 설명으로 옳지 않은 것은?

① 토빈(J. Tobin)의 포토폴리오 이론에 따르면, 이자율 상승 시 소득효과는 화폐수요를 감소시킨다.

② 프리드먼(M. Friedman)의 신화폐수량설에 따르면, 개인 화폐수요는 미시적 자산선택의 결과로 개인의 평생 부와 화폐를 포함한 여러 자산 수익률의 함수로 결정된다.

③ 케인즈(J. M. Keynes)의 유동성선호설에 따르면, 거래적 동기와 예비적 동기의 화폐수요는 소득과 양(+)의 관계가 있고 투기적 동기의 화폐수요는 이자율과 음(−)의 관계가 있다.

④ 보몰(W. Baumol)의 거래적 화폐수요이론에 따르면, 이자율이 높을수록 화폐보유에 따른 기회비용이 증가하므로 거래적 화폐수요는 감소한다.

**07** 정부가 국공채를 발행하여 정부지출을 증가시켰을 때, 옳지 않은 것은?

① 유동성함정 구간에서는 재정정책의 효과가 크게 나타난다.

② 구축효과는 재정정책의 효과를 감소시킨다.

③ 구축효과는 $IS$곡선의 기울기가 클수록 작아진다.

④ 다른 조건이 일정할 경우, 투자의 이자율탄력성이 클수록 구축효과는 작아진다.

**08** 생산과 연구개발 부문으로 이루어진 다음 2-부문 성장 모형에서, [연구개발에 투입되는 노동의 비중 $\ell$이 증가하면 재화생산은 ( $A$ )하지만(하여) 1인당 생산 증가율은 ( $B$ )한다.]라는 문장에서 $A$와 $B$에 들어갈 적절한 표현으로 옳은 것은?

- 재화(goods) 생산함수: $Y_t = A_t L_{yt}$
- 아이디어(idea) 생산함수:
  $\Delta A_{t+1} = \eta A_t L_{at}(\eta > 0)$
- 총노동투입량: $L_{yt} + L_{at} = \overline{L}$
  (단, $L_{at} = \ell \overline{L}$ : 아이디어 생산에 투입되는 노동의 양$(0 < \ell < 1)$, $L_{yt}$: 재화생산에 투입되는 노동의 양, $\Delta A_t$: 아이디어 스톡의 변화)

| | $A$ | $B$ |
|---|---|---|
| ① | 일시적으로 감소 | 이전 수준보다 증가 |
| ② | 일시적으로 감소 | 이전 수준보다 감소 |
| ③ | 일시적으로 증가 | 이전 수준보다 감소 |
| ④ | 일시적으로 증가 | 이전 수준보다 증가 |

**09** 정책무력성정리(policy ineffectiveness proposition)에 대한 설명으로 옳지 않은 것은?

① 경제주체들이 변동하는 물가를 평균적으로 정확하게 예측하고, 예측오차가 발생하더라도 양의 오차와 음의 오차가 상쇄되어 평균적으로는 예측오차가 0이 된다.

② 시장에 참여하는 독과점기업들이 차림표비용(menu cost)으로 인해 가격을 신축적으로 바꾸지 않는다면 확대 통화정책은 단기적으로 유효할 수 있다.

③ 시장에 참여하는 독과점기업들이 노동자들과 장기 임금계약을 체결한다면 확대 통화정책은 단기적으로도 효과가 없다.

④ 확대 통화정책이 경제주체들의 기대 이상으로 물가를 올리는 깜짝 정책이라면 단기적으로 유효할 수 있다.

**10** **통화승수에 대한 설명으로 옳은 것은?**

① 통화승수란 통화량을 본원통화로 나눈 값을 말하며, 화폐승수라고도 한다.
② 통화승수는 현금예금비율이 낮을수록 작아진다.
③ 지하경제 규모가 커지면 통화승수는 커진다.
④ 통화승수는 지급준비율이 낮을수록 작아진다.

**11** **개방경제하에서 확대 통화정책의 효과에 대한 설명으로 옳지 않은 것은? (단, $IS$곡선은 우하향, $LM$곡선은 우상향하며 자본의 완전이동을 가정한다)**

① 고정환율제하에서는 확대 통화정책이 확대 재정정책에 비해 생산증가효과가 크다.
② 고정환율제하에서는 확대 통화정책으로 이자율이 하락하고 자본이 유출되어 환율상승의 압력이 발생한다.
③ 변동환율제하에서는 확대 통화정책이 $LM$곡선을 우측으로 이동시켜 환율이 상승하고 $IS$곡선을 우측으로 이동시킨다.
④ 변동환율제하에서는 확대 통화정책으로 이자율이 하락하고 환율이 상승하여 수출이 증가한다.

**12** **미국의 1달러는 우리나라 2,600원과 교환되고, 사과 하나당 가격이 우리나라에서는 4,000원, 미국에서는 2달러일 때, 미국에 대한 우리나라의 실질환율로 옳은 것은?**

① 1,300 ② 1,000
③ 1.3 ④ 1.0

**13** **어떤 소비자가 다음과 같은 화재보험상품 가입을 고려하고 있을 때, 옳은 것은? (단, 모든 금액은 현재가치로 환산한 것이다)**

- 화재가 발생할 확률은 30%이다.
- 화재보험의 대상이 되는 자산의 가치는 10억 원이고, 화재가 발생할 경우 재산상 손실은 10억 원 전부이다.
- 화재가 발생할 경우 재산상 손실을 완전히 보상받기 위해서는 총 3억 원의 보험료를 납부하여야 한다.

① 위험기피적이라면, 공정한 보험이기에 반드시 화재보험에 가입한다.
② 위험기피적이라면, 공정한 보험이기에 반드시 화재보험에 가입하지 않는다.
③ 위험기피적이라면, 공정한 보험이 아니기에 반드시 화재보험에 가입한다.
④ 위험기피적이라면, 공정한 보험이 아니기에 반드시 화재보험에 가입하지 않는다.

**14** **$X$재의 수요곡선은 $Q=10-P$이고 공급곡선은 $Q=-2+P$이다. $X$재를 생산하는 기업들의 매출액 증대를 위해 정부가 가격하한제 실시 또는 보조금 지급 정책을 고려하고 있다고 하자. 이러한 정책이 기업의 매출액에 미치는 효과로 옳지 않은 것은? (단, $P$는 가격, $Q$는 수량이다)**

① 정책 실시 전 기업의 매출액은 24이다.
② $P=8$인 가격하한제를 실시하면 기업의 매출액은 감소한다.
③ 소비자에게 $X$재 한 단위당 1만큼의 보조금을 지급하면 기업의 매출액은 증가한다.
④ 위의 가격하한제 정책과 보조금 지급 정책이 기업의 매출액에 미치는 효과는 같다.

**15** **두 정상재 $X$와 $Y$만을 소비하여 효용을 극대화하는 소비자 $A$의 효용함수는 $U(X,\ Y)=3X^2Y$이다. $X$재의 가격은 10이고 $Y$재의 가격은 5이며, 소비자 $A$의 소득은 90이다. 주어진 예산제약하에서 소비자 $A$의 효율을 극대화하기 위한 $X$재와 $Y$재의 소비량의 합으로 옳은 것은?**

① 12
② 15
③ 18
④ 21

**16** **$X$재의 수요함수가 $Q=200-4P$일 때, 옳지 않은 것은? (단, $P$는 가격, $Q$는 수량이다)**

① $X$재의 가격이 10이면 수요의 가격탄력성 절댓값은 0.25이다.
② $X$재의 가격이 10에서 11로 오르면 $X$재에 대한 소비자 지출은 늘어나고 수요량은 줄어든다.
③ $X$재의 가격이 50이면 수요의 가격탄력성은 완전비탄력적이다.
④ 1개의 가격이 높아질수록 수요의 가격탄력성은 커진다.

**17** **노동만을 사용하여 생산하고 있는 수요독점기업이 직면한 노동공급곡선이 $W=20+L$이고 노동의 한계수입생산은 $MRP_L=100-2L$ 일 때, 정부가 최저임금을 50으로 설정하면 고용량은? (단, $W$는 단위임금, $L$은 고용량이다)**

① 20
② 25
③ 30
④ 35

**18** 효용극대화를 추구하는 어떤 소비자의 효용함수가 $U(x,\ y) = \min(x,\ y)$일 때, 가격소비곡선과 소득소비곡선으로 옳은 것은?

| | 가격소비곡선 | 소득소비곡선 |
|---|---|---|
| ① | 우상향 | 우상향 |
| ② | 우상향 | 수평선 |
| ③ | 수평선 | 우상향 |
| ④ | 수평선 | 수평선 |

**19** 완전경쟁 상태에 있는 $X$재의 수요곡선이 $P = 75 - 3Q$이고 공급곡선이 $P = 25 + 2Q$이다. $X$재를 생산하는 기업 $A$의 장기 비용함수는 $C(Q) = 25Q + 5Q^2$이라고 할 때, 이 기업의 이윤극대화 생산량으로 옳은 것은? (단, $P$는 가격, $Q$는 수량이다)

① 2　　② 5

③ 12　　④ 15

**20** 노동공급의 임금탄력성에 대한 설명으로 옳지 않은 것은? (단, 여가는 정상재이다)

① 노동공급의 임금탄력성은 임금이 1% 변화할 때 노동공급이 몇 % 변화하는지를 측정한다.

② 노동공급곡선이 후방굴절(backward bending)하는 구간에서는 노동공급의 임금탄력성이 음의 값을 갖는다.

③ 임금상승으로 인한 대체효과가 소득효과보다 크면 노동공급의 임금탄력성은 음의 값을 갖는다.

④ 임금상승으로 인한 소득효과가 대체효과보다 크면 노동공급의 임금탄력성은 음의 값을 갖는다.

**21** $A$국의 인구 1,000명 중 절반은 전혀 소득이 없고 나머지 절반은 소득을 균등하게 가지고 있는 경우, $A$국의 지니계수와 10분위분배율로 옳은 것은?

| | 지니계수 | 10분위분배율 |
|---|---|---|
| ① | 0.25 | 0 |
| ② | 0.25 | 1 |
| ③ | 0.50 | 0 |
| ④ | 0.50 | 1 |

**22** $X$재의 |수요량 변화율| ÷ |가격 변화율| = 3이다. 이에 대한 설명으로 옳은 것만을 모두 고르면? (단, $X$재는 수요와 공급 법칙을 따른다)

ㄱ. $X$재는 수요의 가격탄력성이 비탄력적이다.
ㄴ. $X$재의 공급이 감소하면 소비자의 총지출이 감소한다.
ㄷ. $X$재의 공급이 증가하면 공급자의 총수입이 증가한다.

① ㄱ　　② ㄴ

③ ㄷ　　④ ㄴ, ㄷ

**23** **다음 보수행렬(payoff matrix)을 갖는 게임에 대해 옳지 않은 것은? (단, 각 용의자의 전략은 부인과 자백이며, 괄호 안의 첫 번째 보수는 초범 용의자의 형량을, 두 번째 보수는 재범 용의자의 형량을 나타낸다)**

| 구분 | | 용의자2(재범) | |
|---|---|---|---|
| | | 부인 | 자백 |
| 용의자1 (초범) | 부인 | (1년, 1년) | (4년, 3년) |
| | 자백 | (2년, 1년) | (2년, 3년) |

① 담합이 유지될 수 있는 가능성을 보여준다.
② 다수의 내쉬균형이 존재한다.
③ 우월전략균형이 존재하지 않는다.
④ 일회성 게임에서 파레토효율성이 보장된다.

**24** **완전경쟁시장의 단기비용함수에 대한 설명으로 옳지 않은 것은?**

① 단기총비용곡선은 단기총생산물곡선과 쌍대관계에 있다.
② 평균총비용곡선은 $U$자 모양을 가지며 처음에는 생산량이 증가함에 따라 평균고정비용이 감소하고 나중에는 생산량이 증가함에 따라 평균가변비용이 증가한다.
③ 손익분기점은 평균총비용곡선과 한계비용곡선이 만나는 점이다.
④ 단기공급곡선은 평균총비용곡선과 한계비용곡선이 만나는 점에서부터 우상향하는 한계비용곡선이다.

**25** **일반균형이론 관점에서 에지워스상자(Edgeworth box)에 대한 설명으로 옳지 않은 것은?**

① 에지워스상자 안의 모든 점은 실현가능한 배분이다.
② 직각쌍곡선 형태를 띠는 두 무차별곡선이 접하는 모든 점은 파레토효율적이다.
③ 두 등량곡선이 접하는 모든 점에서 상품교환의 효율성이 달성된다.
④ 일반경쟁균형에서 소비자의 두 상품 간 한계대체율과 시장가격비율, 생산자의 두 상품 간 한계생산변화율이 모두 일치한다.

MEMO

# 정답 · 해설

# 1회 국가직 변형

**정답** p. 6

| | | | | | | | | | |
|---|---|---|---|---|---|---|---|---|---|
| 01 | ④ | 02 | ② | 03 | ④ | 04 | ② | 05 | ④ |
| 06 | ① | 07 | ① | 08 | ③ | 09 | ④ | 10 | ④ |
| 11 | ④ | 12 | ② | 13 | ② | 14 | ① | 15 | ① |
| 16 | ① | 17 | ④ | 18 | ② | 19 | ④ | 20 | ② |
| 21 | ④ | 22 | ② | 23 | ④ | 24 | ④ | 25 | ① |
| 26 | ④ | 27 | ② | 28 | ③ | 29 | ③ | 30 | ④ |
| 31 | ④ | 32 | ③ | 33 | ④ | 34 | ② | 35 | ① |
| 36 | ② | 37 | ③ | 38 | ④ | 39 | ② | 40 | ③ |
| 41 | ③ | 42 | ② | 43 | ④ | 44 | ① | 45 | ④ |
| 46 | ① | 47 | ① | 48 | ③ | 49 | ② | 50 | ② |
| 51 | ① | 52 | ③ | 53 | ③ | 54 | ③ | 55 | ③ |
| 56 | ③ | 57 | ③ | 58 | ① | 59 | ③ | 60 | ② |
| 61 | ② | 62 | ④ | 63 | ② | 64 | ④ | 65 | ② |
| 66 | ③ | 67 | ① | 68 | ② | 69 | ② | 70 | ① |
| 71 | ② | 72 | ① | 73 | ③ | 74 | ④ | 75 | ③ |
| 76 | ② | 77 | ② | 78 | ② | 79 | ③ | 80 | ④ |

2010년 국가직 1번 변형

**01** 거시 AK모형 답 ④

AK모형은 기술진보를 솔로우모형과 달리 경제성장의 내생적인 요인으로 본다.

**정답**

기술진보가 지속적인 경제성장에 기여한다는 것은 AK모형과 솔로우모형 모두 인정한다.

**오답피하기**

①, ②, ③ 수확체감의 법칙이 적용되지 않는 $Y=AK$라는 생산함수를 가정하기에 수렴가설이 성립하지 않고, AK모형은 정부의 감세정책 등으로 저축률이 높아지면 지속적인 경제성장이 가능함을 보여준다.

2010년 국가직 4번 변형

**02** 미시 무차별곡선 답 ②

소비자에게 동일한 효용을 주는 두 재화의 조합을 나타낸 곡선이 무차별곡선이다. 무차별곡선은 우하향의 형태로, 원점에서 멀어질수록 효용이 커지고 교차하지 않으며 원점에 대하여 볼록하다.

**정답**

완전보완재의 경우 무차별곡선은 '$L$자형'이고, 완전대체재의 경우 우하향의 직선 형태이다.

**오답피하기**

① 무차별곡선은 우하향의 형태로, 원점에서 멀어질수록 효용이 커진다.

③ 무차별곡선이론에서는 효용을 서수적으로만 측정이 가능하다고 가정한다.

④ 소비자가 극단적인 소비보다 여러 상품이 고루 섞여 있는 소비를 선호하기 때문에 무차별곡선의 기울기가 점차 완만해진다.

2010년 국가직 6번 변형

**03** 국제 무역이론 답 ④

각국이 상대적으로 생산비가 낮은 재화 생산에 특화하여 무역을 하면 두 나라가 모두 교역 이전보다 더 많은 재화를 소비할 수 있다는 것이 리카르도의 비교우위론이다.

**정답**

$B$국에서 공작기계 1대를 생산하는 데 발생하는 기회비용은 노동 40단위를 쌀 생산에 투입했을 때 생산가능한 쌀 톤수이다. 즉, 노동 30단위로 쌀 1톤 생산이 가능하므로 노동 40단위이면 쌀 $\frac{4}{3}$톤이다. 따라서 $B$국에서 공작기계 1대를 생산하는 데 발생하는 기회비용은 쌀 $\frac{4}{3}$톤이다.

| 각 재화 1단위 생산에 필요한 노동량 | $A$국 | $B$국 |
|---|---|---|
| 쌀 1톤 | 10 | 30 |
| 공작기계 1대 | 20 | 40 |

**오답피하기**

①, ② $A$국은 쌀 생산에, $B$국은 공작기계 생산에 비교우위를 가진다.

③ $A$국에서 쌀 1톤을 생산하는 데 발생하는 기회비용은 노동 10단위를 공작기계 생산에 투입했을 때 생산가능한 공작기계 대수이다. 즉, 노동 20단위로 공작기계 10대 생산이 가능하므로 노동 10단위이면 공작기계 $\frac{1}{2}$대이다. 따라서 $A$국에서 쌀 10톤을 생산하는 데 발생하는 기회비용은 공작기계 $\frac{1}{2}$대이다.

2010년 국가직 12번 변형

**04** 거시 **총수요곡선** 답 ②

$IS$곡선이나 $LM$곡선이 우측으로 이동하면 총수요곡선도 우측으로 이동한다.

**정답**

통화량증가로 $LM$곡선은 우측으로 이동한다.

**오답피하기**

① 물가상승은 총수요곡선 상에서의 이동요인이다.
③ 정부지출감소로 $IS$곡선은 좌측으로 이동한다.
④ 기술진보, 원자재가격하락(생산성향상), 인구증가 등은 $AS$곡선의 우측 이동요인이다.

2010년 국가직 17번 변형

**05** 거시 **정부정책** 답 ④

불경기에 대한 대책으로 국공채 매입, 지급준비율인하, 재할인율인하 등이 있다.

**정답**

경기침체 시, 정부는 세율을 낮추고 지출을 증가시키는 적자재정을 편성한다.

**오답피하기**

① 중앙은행은 국공채나 외화를 매입하면 통화량이 증가한다.
② 중앙은행이 재할인율을 낮추면 일반은행의 이자 부담이 줄어들어 통화량이 증가한다.
③ 중앙은행이 지급준비율을 낮추면 예치금이 감소되어 통화량이 증가한다.

2011년 국가직 3번 변형

**06** 국제 **무역이론** 답 ①

자유무역 이후, 특화재 소비의 기회비용은 커지고 비특화재 소비의 기회비용은 작아진다.

**정답**

특화재 소비의 기회비용이 커진다.

**오답피하기**

② 리카르도의 비교우위론은 무역의 발생원인을 노동생산성 차이로 보지만, 노동생산성 차이의 발생원인에 대해서 설명하지 못한다는 한계가 있다. 이를 극복하기 위해 나온 이론이 헥셔-오린정리이다.
③ 헥셔-오린정리는 각 국의 노동생산성 차이를 요소부존도의 차이로 설명한다. 따라서 노동풍부국은 노동집약재 생산에, 자본풍부국은 자본집약재 생산에 특화하게 되고 무역 이후의 국가 간 산업구조 차이가 커진다.
④ 립진스키정리는 어떤 생산요소 부존량이 증가하면 그 요소를 집약적으로 사용하는 재화 생산량은 증가하고 다른 재화 생산량은 감소한다는 것이다. 이로 인해 국가 산업구조가 변하게 된다고 본다.

2011년 국가직 9번 변형

**07** 국제 **구매력평가설과 이자율평가설** 답 ①

구매력평가설이 성립하면 실질환율은 1이다.

**정답**

구매력평가설이 성립하면 $P=e \cdot P_f$이고, 실질환율은 $\epsilon=\frac{e\times P_f}{P}$이기에 실질환율은 1로 변함이 없다. 따라서 실질환율변화율은 0이다.

**오답피하기**

② 이자율평가설에 의하면 '환율변화율 = 국내이자율 - 해외이자율'이다. 따라서 우변의 해외이자율을 이항하면, '국내이자율 = 해외이자율 + 환율변화율'이다.
③ 실질환율은 $\epsilon=\frac{e\times P_f}{P}$이고, 이를 변형하면 '실질환율변화율 = 명목환율변화율 + 해외물가상승률 - 국내물가상승률'이다. 구매력평가설이 성립하면 실질환율변화율이 0이고, '명목환율변화율 = 국내물가상승률 - 해외물가상승률'이다.
④ 구매력평가설이 성립하면 $P=e \cdot P_f$이고, 이를 변형하면 '환율상승률 = 국내물가상승률 - 해외물가상승률'이다. 우변의 국내물가상승률과 해외물가상승률이 동일하면 환율상승률은 0이다.

2011년 국가직 11번 변형

**08** 미시 **탄력성** 답 ③

가격이 1% 변화할 때, 수요량의 변화율이 수요의 가격탄력성이다.

**정답**

수요의 가격탄력성은 가격의 변화율(%)에 대한 수요량의 변화율(%)이다.

**오답피하기**

① 수요의 가격탄력성은 가격변화에 따른 수요의 민감도를 의미한다. 측정기간이 길어지게 되면 가격변화에 민감하게 대응하는 정도가 커지므로, 수요의 가격탄력성이 커진다.
② 교차탄력성은 다른 재화의 가격이 1% 변화할 때, 본 재화의 수요량변화율이다. (+)일 때 대체재, (-)일 때 보완재이다.
④ 공급곡선이 원점을 지나는 직선일 때는 모든 점이 단위탄력적이므로, 모든 점의 공급의 가격탄력도가 같다.

2011년 국가직 12번 변형

**09** 거시 **필립스곡선** 답 ④

인플레이션율과 실업률의 관계를 나타내는 곡선을 필립스곡선이라고 한다.

**정답**

총수요곡선의 이동으로 인플레이션율과 실업률이 반비례인 우하향의 필립스곡선을 도출할 수 있다.

**오답피하기**

① 합리적인 기대를 한다면 단기에서도 필립스곡선이 수직선이 될 수 있다.

② 일반적인 필립스곡선은 우하향으로, 이는 인플레이션율과 실업률이 상충관계임을 뜻한다. 따라서 물가안정과 고용안정을 동시에 달성할 수 없다.

③ 예상된 정책의 경우 단기에도 실업률에는 아무런 영향을 미칠 수 없으며, 물가상승만 초래한다는 것이 정책무력성정리이다.

2011년 국가직 16번 변형

**10** 미시 **사회적잉여** 답 ④

수요자 보호를 위한 최고가격제와 공급자 보호를 위한 최저가격제로 사회적잉여가 감소한다.

**정답**

최저임금제는 노동공급자 보호를 위해 균형임금보다 높은 임금을 설정하는 것이다. 최저임금제가 실시되면 고용량감소가 발생하여 사회적잉여가 줄어든다.

**오답피하기**

① 생산자이든 소비자이든 어느 일방에게 조세를 부과해도 분담정도는 탄력성에 반비례한다.

② 시장의 균형가격수준과 시장의 균형거래량수준에서 자원이 가장 효율적으로 배분된다.

③ 소비자에게 보조금을 지급하는 경우 보조금만큼 소비자잉여와 생산자잉여의 증가가 이루어지지 않기에 사회적잉여가 감소한다.

2012년 국가직 3번 변형

**11** 미시 **시장이론** 답 ④

독점기업에 정액세를 부과하는 경우에는 $MC$곡선이 불변이기에 소비자에게 조세가 전가되지 않는다.

**정답**

종량세는 재화 1단위당 일정액의 조세를 부과하는 것이다. 독점기업에 종량세를 부과하게 되면 $AC$곡선과 $MC$곡선이 상방이동하여 가격이 상승하고 생산량이 감소하며, 조세의 일부가 소비자에게 전가된다.

**오답피하기**

① 독점시장에서의 거래는 $M=0$인 지점보다 왼쪽에서 이루어지기에, 독점기업은 수요의 가격탄력성이 1보다 큰 구간에서 생산한다.

② 베르뜨랑모형은 균형상태에서 가격과 한계비용이 일치하므로 효율적인 자원배분이 이루어지고, 이때의 시장거래량은 완전경쟁시장에서의 균형거래량과 일치한다.

③ 이부가격모형에서 산출량은 완전경쟁수준에서 달성되고, 이때 소비자잉여는 독점기업의 이윤으로 전환된다.

2012년 국가직 5번 변형

**12** 거시 **정부정책** 답 ②

투자의 이자율탄력성이 작을수록 $IS$곡선이 가파르게 된다. 화폐수요의 이자율탄력성이 클수록 $LM$곡선이 완만해진다.

**정답**

이자율하락 시 투자증가로 국민소득이 증가하나, 소비함수에 실질자산이 도입되면 이자율하락 시 실질자산의 증가로 소비가 증가하여 국민소득이 더욱 증가하기에 $IS$곡선이 완만하게 된다. 따라서 통화정책이 효과적이다.

**오답피하기**

① 투자의 이자율탄력성이 작을수록 $IS$곡선이 가파르게 된다. 따라서 재정정책이 효과적이다.

③ 화폐수요의 이자율탄력성이 클수록 $LM$곡선의 기울기가 완만해진다. 따라서 재정정책이 효과적이다.

④ 화폐공급이 내생적일 경우 $LM$곡선의 기울기가 완만해진다. 따라서 재정정책이 효과적이다.

2012년 국가직 7번 변형

**13** 미시 **재화의 종류** 답 ②

동일한 실질소득 수준에서 상대가격의 변화에 따른 구입량의 변화를 대체효과라 하고 항상 음(−)이다.

**정답**

사치재의 소득소비곡선은 완만한 형태의 우상향하는 곡선이다. 필수재는 가파른 형태이며, 소득탄력도가 1일 때는 원점을 지나는 직선이다.

**오답피하기**

① 정상재의 경우, 대체효과와 소득효과 및 가격효과는 모두 음(−)의 값을 갖는다.

③ 두 재화가 완전보완재인 경우 무차별곡선은 $L$자형이고, 완전대체재인 경우의 무차별곡선은 우하향의 직선이다.

④ 기펜재의 경우, 대체효과는 음(−)의 값을 갖고 소득효과는 양(+)의 값을 갖는다. 소득효과의 절댓값이 대체효과의 절댓값보다 크기 때문에 가격효과는 양(+)의 값을 갖는다.

2012년 국가직 13번 변형

**14** 미시 **정보재** 답 ①

정보재는 그 안에 들어 있는 정보가 상품으로서의 특성을 결정하는 핵심적 의미를 갖는다. 예를 들어, 책 안에 담겨 있는 정보를 빼고 나면 그 책은 상품으로서의 가치가 거의 없어진다.

정답

전환비용은 하나의 정보재에 잠겨 있는 상태에 있던 소비자가 다른 정보재로 옮겨가기 위해 치러야 하는 비용을 의미한다. 따라서 잠김효과가 강할수록 전환비용이 더 크다.

오답피하기

② 소비자가 직접 사서 써보아야만 그 품질을 알 수 있는 상품을 경험재라고 한다. 정보재는 대부분 경험재의 성격을 갖기 때문에 판매자는 상품의 일부를 무료로 제공해 경험하게 함으로써 소비자의 구매의욕을 부추기는 전략을 사용한다.
③ 잠김효과는 어떤 제품을 사용하기 시작하면 그것에 묶여 자물쇠가 채워진 상태처럼 된다는 뜻으로 정보재에서 강하게 나타나지만, 일반적인 상품의 경우에도 존재한다.
④ 같은 상품을 쓰는 소비자들의 네트워크가 커질수록 소비자들이 느끼는 편리함이 더욱 커지는 것을 네트워크효과라고 한다.

2012년 국가직 17번 변형

**15** 미시 **생산이론** 답 ①

대체탄력성은 한계기술대체율$(MRTS_{LK})$의 변화율에 대한 요소집약도$\left(\frac{K}{L}\right)$의 변화율로, 한계기술대체율이 1% 변화할 때 요소집약도의 변화율로 나타낼 수 있다.

정답

완전대체재는 등량곡선이 우하향의 직선으로 $MRTS_{LK}$의 변화율이 0이기 때문에 대체탄력성이 ∞이다.

오답피하기

② 평균생산물이 극대일 때 평균비용이 아니라 평균가변비용이 극소이다.
③ $LAC$는 $SAC$의 포락선이나 $LMC$와 $SMC$는 서로 교차하기에 $LMC$는 $SMC$의 포락선이 아니다.
④ 모든 요소투입량이 $k$배 증가하면 생산량이 $k$배 증가하는 것을 규모에 대한 수익불변이라고 한다. 따라서 노동과 자본이 각각 2배씩 증가하였을 때, 생산량이 2배 증가하는 것이 규모에 대한 수익불변이다.

2013년 국가직 2번 변형

**16** 거시 **GDP디플레이터** 답 ①

'$GDP$디플레이터 = (명목 $GDP$/실질 $GDP$) × 100'이다.

정답

$GDP$디플레이터가 100이면 명목 $GDP$와 실질 $GDP$가 같으므로 명목 $GDP$는 50이다. '$GDP\text{디플레이터} = \frac{\text{명목 } GDP}{\text{실질 } GDP} \times 100$'이므로 '명목 $GDP \times 100 = GDP$디플레이터 × 실질 $GDP$'이다. 따라서 물가지수가 120으로 상승한 후의 명목 $GDP$는 60이다.

2013년 국가직 4번 변형

**17** 거시 **실업** 답 ④

경기침체로 발생하는 실업을 경기적실업, 산업구조변화로 발생하는 실업을 구조적실업, 노동시장의 정보불완전성으로 이직 과정에서 발생하는 실업을 마찰적실업이라 한다.

정답

전업주부와 취업준비생은 모두 비경제활동인구이기 때문에 전업주부가 취업준비생이 되어도 경제활동참가율은 변하지 않는다.

오답피하기

① 마찰적실업과 구조적실업만 존재할 때의 실업률이 자연실업률이다.
② 실망실업자는 비경제활동인구로 분류되기 때문에 공식실업률을 낮게 하는 요인이다.
③ 15세이상인구 중에서 취업자가 차지하는 비중인 고용률을 변형하면, '고용률 × 100 = 취업률 × 경제활동참가율'이다.
수치를 대입하면, '72 × 100 = 취업률 × 90'이므로 이 사회의 취업률은 80%이다.

2013년 국가직 6번 변형

**18** 미시 **이윤극대화** 답 ②

총수입에서 총비용을 차감한 값인 이윤은 $MR = MC$, 그리고 $MR$ 기울기 < $MC$기울기일 때 극대화된다.

정답

이윤극대화의 1계조건은 '$MR = MC$'이고, 2계조건은 '$MR$기울기 < $MC$기울기'로, 시장형태와 관계없이 항상 적용된다.

오답피하기

① 단기평균비용이 시장균형가격보다 높으면 독점기업이라도 단기에 손실을 볼 수 있다.
③ 수요곡선의 탄력도는 '완전경쟁 > 독점적경쟁 > 독점'이다.
④ 꾸르노모형에서 각 기업은 완전경쟁일 때 생산량의 $\frac{1}{3}$만큼씩 생산하기에 완전경쟁시장의 생산량이 60이면, 꾸르노모형에서 시장전체 생산량은 40이다.

2013년 국가직 7번 변형

| 19 | 미시 | 도덕적해이 | 답 ④ |
|---|---|---|---|

감춰진 행동으로 거래 이후에 정보가 부족한 측이 볼 때 상대방이 바람직하지 않은 행동을 하는 현상을 도덕적해이라 한다.

**정답**

보험회사가 피보험자에게 건강진단서를 요구하는 것은 역선택을 해결하기 위한 방법이다. 보험시장의 도덕적해이는 사고 시 손실액의 일정비율만 보상하거나 일정액을 본인에게 부담시키는 방법으로 해결한다.

**오답피하기**

① 거래 이후 주인의 입장에서 볼 때 대리인이 바람직하지 않은 행동을 하는 현상을 주인-대리인 문제라 하고, 이는 대리인이 주인을 위해 노력할 동기부여가 없기 때문에 발생하며 도덕적해이에 포함된다.

② 도덕적해이를 초래하는 감춰진 행동은 계약 이후의 행동 문제이다.

③ 효율성 임금은 시장균형임금보다 높은 임금을 지급하는 것으로 생산성을 높은 수준으로 유지할 수 있고, 높은 능력의 노동자 고용이 가능해지기 때문에 노동시장의 도덕적해이와 역선택을 동시에 해결할 수 있다.

2013년 국가직 18번 변형

| 20 | 국제 | 관세 | 답 ② |
|---|---|---|---|

관세가 부과되면 대국은 소비자잉여가 감소, 생산자잉여가 증가, 사회적후생은 감소 또는 증가를 보인다.

**정답**

관세가 부과되면 소국은 소비자잉여 감소, 생산자잉여 증가, 사회적 후생손실이 발생한다.

**오답피하기**

① 관세가 부과되면 소비자잉여는 감소하지만 생산자잉여는 증가한다.

③ 소국은 관세를 부과하더라도 국제가격(수입가격)이 변하지 않아 교역조건은 불변이다.

④ 대국이 관세를 부과하면 수입량감소로 국제시장에서 초과공급이 발생하여 국제가격(수입가격)이 하락하여 교역조건이 개선된다.

2014년 국가직 2번 변형

| 21 | 미시 | 공급곡선의 이동 | 답 ④ |
|---|---|---|---|

시장의 불확실성 감소는 공급증가요인으로 공급곡선의 우측이동으로 나타난다.

**정답**

시장의 불확실성이 커지면 미래의 위험에 대비하기 위해 생산량이 줄어들고 공급곡선이 좌측으로 이동한다.

**오답피하기**

①, ② 생산기업 수 증가, 기술혁신, 생산비감소, 가격하락 예상은 공급곡선의 우측이동 요인이다.

③ 국내자동차시장의 재화는 국산차와 수입차로 구성되는데, 이중 수입차의 수입이 증가하는 것은 공급이 증가하는 것으로 공급곡선의 우측이동요인이다.

2014년 국가직 3번 변형

| 22 | 미시 | 대체효과와 소득효과 | 답 ② |
|---|---|---|---|

동일한 실질소득수준에서 상대가격의 변화에 따른 구입량의 변화를 대체효과라 하고 항상 음(-)이다. 동일한 상대가격수준에서 실질소득의 변화에 따른 구입량의 변화를 소득효과라 하며, 정상재이면 음(-), 열등재이면 양(+)이다.

**정답**

정상재의 수요의 소득탄력성은 양(+)의 값을 갖는다.

- 대체효과와 소득효과의 부호가 같은 재화는 정상재이다.
- 열등재는 대체효과와 소득효과의 부호가 다르다.

**오답피하기**

① 재화$X$는 정상재이다.

③ 정상재는 통상수요곡선이 보상수요곡선보다 완만하다.

④ 기펜재는 소득효과 절댓값의 크기가 대체효과 절댓값의 크기보다 크다. 대체효과 및 소득효과 절댓값의 크기 비교로 정상재를 구분할 수 없다.

2014년 국가직 10번 변형

| 23 | 거시 | 솔로우(Solow)성장모형 | 답 ④ |
|---|---|---|---|

$H-D$모형은 인구증가율, 자본계수, 저축률이 모두 외생적으로 결정되기에 기본적으로 불안정적이다.

**정답**

- $H-D$모형의 균형조건: 자본증가율$\left(\frac{s}{v}\right)$과 인구증가율$(n)$이 동일할 때, 자본과 노동이 모두 완전고용되면서 경제성장이 이루어진다.
- 솔로우성장모형의 균형조건: 자본증가율$\left(\frac{sf(k)}{k}\right)$과 인구증가율$(n)$이 동일할 때, 자본과 노동이 모두 완전고용되면서 경제성장이 이루어진다.

**오답피하기**

① 자본주의의 불안정성을 전제한 것은 $H-D$모형이다.

② 솔로우성장모형에서는 저축률의 상승은 수준효과만 있을 뿐 성장효과는 갖지 못한다.

③ 저축률이 높을수록 균제상태의 1인당 자본량과 1인당 생산량이 많아진다.

2014년 국가직 18번 변형

| 24 | 거시 | 이표채권 | 답 ④ |
|---|---|---|---|

1년짜리 이표채권은 '채권가격(1+ 수익률) = (1+ 이표이자율)액면가'이다.

정답

수익률이 이표이자율인 20%보다 낮아진다면, '채권가격(1+ 수익률) = (1+ 이표이자율)액면가'에서 채권가격은 액면가인 100만 원보다 높아진다.

오답피하기

$$\text{• 수익률} = \frac{\text{원리금} - \text{채권가격}}{\text{채권가격}}$$

$$= \frac{\text{원리금} - \dfrac{\text{원리금}}{(1+\text{시장이자율})}}{\dfrac{\text{원리금}}{(1+\text{시장이자율})}}$$

$$= \text{시장이자율}$$

① 채권의 수익률과 시장이자율은 같다.

② '채권가격(1+ 수익률) = (1+ 이표이자율)액면가'로 채권가격의 상승은 수익률의 하락을 의미한다. 따라서 채권가격과 수익률은 반비례 관계이다.

③ 이표이자액은 채권에 표시되어 있는 액면가와 표면이자율을 곱한 금액으로, 매년 동일하게 지급된다.

2014년 국가직 19번 변형

| 25 | 국제 | 관세 | 답 ① |
|---|---|---|---|

관세수입은 '수입량 × 단위당 관세'이다.

정답

5달러 관세부과 시 관세포함 국내가격은 15달러로, 국내수요량은 225벌이나 국내생산량은 125벌로 100벌만큼 수입한다. 수입량이 100이고, 관세가 5달러이므로 관세수입은 500이다.

2015년 국가직 1번 변형

| 26 | 거시 | 물가안정 | 답 ④ |
|---|---|---|---|

$AD$곡선이 좌측으로 이동하거나 $AS$곡선이 우측으로 이동하면 물가를 안정시킬 수 있다.

정답

수출보조금 지급으로 순수출이 증가하면, $AD$곡선이 우측으로 이동하여 물가가 상승한다.

오답피하기

①, ③ 외화나 국공채를 매각하면 통화량이 감소하여 $AD$곡선이 좌측으로 이동한다.

② 지급준비율 인상으로 통화량이 감소하여 $AD$곡선이 좌측으로 이동한다.

2015년 국가직 5번 변형

| 27 | 거시 | 통화승수 | 답 ② |
|---|---|---|---|

현금/예금비율이 $k$일 때, 통화승수는 $m=\frac{k+1}{k+z}$이다.

정답

지급준비율은 $z=0.2$, 통화승수는 3이므로, $3=\frac{k+1}{k+0.2}$이다.

따라서 현금/예금비율 $k$는 0.2이다.

2015년 국가직 6번 변형

| 28 | 미시 | 비용이론 | 답 ③ |
|---|---|---|---|

$LAC$는 $SAC$의 포락선이나 $LMC$와 $SMC$는 서로 교차하기에 $LMC$는 $SMC$의 포락선이 아니다.

정답

모든 생산량 수준에서 $SMC$의 기울기가 $LMC$의 기울기보다 더 크다.

오답피하기

① 생산가능곡선상 기울기를 한계변화율($MRT_{XY}$)이라 하며, $X$재 한 단위 추가 시 $Y$재 변화량으로 $X$재 생산의 기회비용을 $Y$재로 나타낸 것이다.

② 생산요소시장이 수요독점이면 고용량은 $MRP_L = MFC_L$에서 결정되고, 임금은 평균요소비용과 일치한다.

④ 완전경쟁기업의 경우, $AVC$곡선의 최저점은 생산하는 것과 생산을 하지 않는 것이 동일한 생산중단점이다. 따라서 단기에 평균가변비용이 최저가 되는 생산량이 생산중단점이 된다.

2015년 국가직 9번 변형

| 29 | 거시 | 재정정책 | 답 ③ |
|---|---|---|---|

이자율이 매우 낮고 채권가격이 매우 높아 이후 이자율이 상승하고 채권가격이 하락할 것으로 예상하여, 자산을 전부 화폐로 보유하고 있는 상태를 유동성함정이라 한다.

정답

유동성함정하에서는 화폐수요의 이자율탄력성이 무한대로 재정정책의 효과가 극대화된다.

오답피하기

① $IS$곡선의 기울기가 작아질수록, 즉 $IS$곡선이 완만할수록 구축효과는 커진다.

② 화폐수요가 이자율에 영향을 받지 않으면 화폐수요의 이자율탄력성이 0으로 수직선인 $LM$곡선이 도출된다. $LM$곡선이 수직선일 때는 재정정책의 효과가 없다.

④ 고전학파의 화폐수량설($MV=PY$)을 변형한 $P=\frac{MV}{Y}$에서는 총수요에 정부지출이 포함되지 않는다.

2015년 국가직 11번 변형

**30** 미시 **대체재와 보완재** 답 ④

공급측면의 대체재는 콩과 옥수수를 예로 들 수 있다. 콩의 가격이 상승하면 옥수수 공급은 감소한다.

정답

$X$재 가격이 상승할 때 $Y$재 공급이 증가하는 것은 두 재화가 (생산측면)보완재 관계에 있을 때이다.

오답피하기

① 사이다 가격상승으로 콜라의 수요가 증가하는 것을 예로 들 수 있다. 두 재화는 (소비측면)대체재 관계이다.

② 효용이 극대화되는 지점은 $X$절편 혹은 $Y$절편으로, 두 재화는 완전대체재 관계에 있다.

③ 임금이 상승할 때 여가시간이 늘어나는 경우는 여가를 정상재로 보았을 때, 소득효과가 대체효과보다 큰 경우이다.

- 대체효과: 임금은 여가의 기회비용이므로, 임금이 상승하면 여가의 기회비용이 증가하므로 여가를 줄이고 노동시간을 늘린다.
- 소득효과: 임금상승으로 인해 실질소득이 증가하면 정상재의 소비는 늘어나고 열등재의 소비는 줄어든다.

2016년 국가직 2번 변형

**31** 미시 **소비자잉여** 답 ④

소비자의 최대지불의사금액에서 실제지불금액을 차감한 것을 소비자잉여라 한다.

정답

- 보조금지급 전 균형가격 및 거래량: '$2Q=40-2Q$'이므로 균형거래량은 10, 균형가격은 20이다.
- 보조금지급 후 균형가격 및 거래량: 생산자에게 보조금지급 시, 공급곡선의 $P$ 대신 $[P-(-X)]$를 대입하면 '$2Q-X=40-2Q$'라는 식이 도출된다. 보조금지급 후 시장균형생산량이 11이므로 $Q$ 대신 11을 대입하면 $X$는 4이다. 한편 시장균형가격 및 소비자가 지불하는 가격은 18이므로 소비자잉여 $Y$는 $22\times11\times\frac{1}{2}=121$이다.

2016년 국가직 3번 변형

**32** 거시 **세후 실질이자율** 답 ③

'세후 실질이자율 = 세후 명목이자율 - 인플레이션율'이다.

정답

명목이자율이 20%, 인플레이션율이 4%이고 이자소득세의 세율을 $a$라고 한다면 세후 실질이자율 $11\%=20\%\times(1-a)-4\%$이다. 따라서 이자소득세의 세율은 $\frac{1}{4}$, 즉 25%이다.

2016년 국가직 13번 변형

**33** 거시 **소비이론** 답 ④

케인즈의 절대소득가설에 따르면 소비는 현재의 가처분소득에 의해 결정($C=C_0+cY$)된다.

정답

톱니효과의 전제가 되는 소비의 비가역성은 소비가 일단 증가하면 소득이 감소해도 소비를 줄이기가 어렵다는 것이다. 개인의 소비가 동류집단의 소비행위에 영향을 받는 것은 소비의 상호의존성이다.

오답피하기

① 평균소비성향은 원점에서 그은 직선의 기울기이고 한계소비성향은 소비함수 접선의 기울기이다. 절대소득가설함수에서는 $Y$절편이 소비축을 지나기 때문에 원점을 지나는 직선의 기울기가 접선의 기울기보다 크다.

② 생애주기가설에 따르면 소비자가 생애전체소득의 현재가치를 감안하여 소비를 일정하게 유지하기 때문에 일시적인 조세정책은 효과가 미약하다.

③ 랜덤워크가설은 합리적 기대하 항상소득이 결정되면 그에 따라 소비가 결정된다는 것으로, 예상하지 못한 정책은 소비에 영향을 미칠 수 있으나 예상된 정책은 소비에 아무런 영향을 미칠 수 없다고 본다.

2016년 국가직 14번 변형

**34** 미시 **비용함수** 답 ②

완전경쟁기업의 단기공급곡선($MC$곡선)을 수평으로 합하여 도출한 곡선이 완전경쟁산업의 단기공급곡선이다.

정답

독점적 경쟁시장에서 장기에 $P>MC$이므로 완전경쟁시장을 가정했을 때보다 시장균형생산량이 적다.

오답피하기

① 독점시장에서 가격을 평균비용으로 규제하면 기업의 이윤과 비용이 같으므로 적자는 아니지만, 완전경쟁시장에 비하면 과소생산이 이루어진다.

③ 완전경쟁의 공급곡선은 $AVC$곡선의 최저점을 상회하는 $MC$곡선이지만, 나머지 시장의 경우 공급곡선이 존재하지 않는다.
④ 완전경쟁산업의 장기균형점을 연결하여 도출한 곡선이 완전경쟁산업의 장기공급곡선이다.

2016년 국가직 17번 변형

| 35 | 거시 | 총수요와 총공급 | 답 ① |
|---|---|---|---|

확장재정정책에도 이자율이 상승하여 민간소비와 민간투자가 감소하는 것을 구축효과라 한다.

정답

화폐수요의 이자율탄력성이 작아 $LM$곡선이 급경사일수록 구축효과가 크다.

오답피하기

② 인구증가, 생산성향상, 기술진보 등으로 $AS$곡선은 우측으로 이동한다.
③ 완전자본이동을 전제로 했을 때, 고정환율제도와 금융정책을 동시에 사용할 수 없는 것을 '트릴레마'라고 한다.
④ 중앙은행의 물가안정정책은 외화 및 국공채 매각, 지급준비율 인상 등을 통한 통화량감소정책이다. 이로 인해 $LM$곡선이 좌측으로 이동하고 총수요곡선도 좌측으로 이동한다.

2017년 국가직(8월 시행) 1번 변형

| 36 | 거시 | *GDP* | 답 ② |
|---|---|---|---|

일정기간 한 나라 안에서 새로이 생산된 모든 최종생산물의 시장가치를 국내총생산이라 한다.

정답

가사노동은 $GDP$에 포함되지 않지만, 놀이방에 자녀를 맡기는 것은 위탁서비스이므로 $GDP$가 증가한다.

오답피하기

① 국세청이 세무조사를 강화함에 따라 탈세규모가 줄어들면 $GDP$ 계산에 포함되는 규모가 커지므로 국내총생산이 증가한다.
③ 주가상승은 $GDP$계산에 포함되지 않는다.
④ 공해비용은 $GDP$계산에 포함되지 않는다.

2017년 국가직(8월 시행) 4번 변형

| 37 | 미시 | 규모 수익 | 답 ③ |
|---|---|---|---|

요소투입량이 $k$배 증가하면 생산량이 $k$배보다 크게 증가하는 것을 규모에 대한 수익체증이라 한다.

정답

요소투입량이 $k$배 증가하면 생산량이 $k$배보다 적게 증가하는 것을 규모에 대한 수익체감이라 한다.

오답피하기

① 생산의 규모가 커질수록 생산단가가 낮아질 때 규모의 경제가 있다고 말한다.
② 대가를 치르지 않는 사람을 소비에서 배제할 수 없는 속성을 비배제성, 한 사람의 소비가 다른 사람의 소비를 제한하지 않는 속성을 비경합성이라 한다.
④ 한 기업이 여러 상품을 동시에 생산함으로써 비용상의 이점이 있을 때, 범위의 경제가 있다고 한다.

2017년 국가직(8월 시행) 10번 변형

| 38 | 거시 | 지급준비율 | 답 ④ |
|---|---|---|---|

현금/통화량비율 시, $m=\frac{1}{c+z(1-c)}$이고, 현금/예금비율 시, $m=\frac{k+1}{k+z}$이다.

정답

신용카드 사용이 늘어나면 민간의 현금보유비율이 감소하여 통화승수가 증가하므로 통화량이 증가한다. 지급준비율 상승은 통화량을 감소시키는 효과가 있다.

오답피하기

① 중앙은행이 법정지급준비율을 인하하면 통화승수가 증가하여 통화량이 증가한다.
② 지급준비율은 지급준비금/예금통화의 비율로, 지급준비금은 법정지급준비금과 초과지급준비금의 합이다.
③ 재할인율이 상승하면 일반은행이 중앙은행으로부터의 차입을 줄이므로 통화량이 감소한다. 지급준비율을 올리면 은행이 지급준비금을 늘리므로 통화량이 감소한다.

2017년 국가직(8월 시행) 11번 변형

| 39 | 거시 | 화폐수량설 | 답 ② |
|---|---|---|---|

실질 $GDP$가 20,000, 물가수준이 30, 그리고 통화량은 600,000일 때, $MV=PY$에서 화폐의 유통속도는 1이다.

정답

$A$국의 $AD$곡선은 화폐수량설($MV=PY$)을 변형한 $P=\frac{MV}{Y}$에서 직각쌍곡선 형태의 $AD$곡선이 도출된다. 따라서 정액구매 시 수요곡선의 형태와 동일하다.

오답피하기

① 고전학파 이론에서는 물가가 변해도 균형고용량이 불변이기에 총생산량이 불변이므로 총공급곡선은 수직선으로 도출된다.
③, ④ 고전학파의 화폐수량설에 의하면, 통화량을 증가시켜도 실질 $GDP$는 불변이고 물가만 상승한다. 따라서 통화량($M$)을 10% 증가시켰을 때, 실질 $GDP$는 불변이고 물가만 10% 상승하기에 명목 $GDP(PY)$는 10% 증가한다.

2017년 국가직(8월 시행) 13번 변형

## 40 거시 GDP디플레이터 답 ③

'$GDP$디플레이터 = (명목 $GDP$/실질 $GDP$)×100'이다.

**정답**

- 2012년의 명목 $GDP$는 400억 달러, 실질 $GDP$는 500억 달러이기에 2012년의 $GDP$디플레이터는 80이다.
- 2013년의 명목 $GDP$는 400억 달러, 실질 $GDP$는 400억 달러이기에 2013년의 $GDP$디플레이터는 100이다.
- 2014년의 명목 $GDP$는 400억 달러, 실질 $GDP$는 300억 달러이기에 2014년의 $GDP$디플레이터는 133이다.
- 2013년의 $GDP$디플레이터는 100이고, 2014년의 $GDP$디플레이터는 약 133이다. 이를 통해 2014년의 물가는 2013년보다 더 높음을 알 수 있다.

**오답피하기**

① 2012년의 명목 $GDP$는 400억 달러, 실질 $GDP$는 500억 달러이다. 이를 통해 2012년의 $GDP$디플레이터는 80임을 알 수 있다.
② 2013년의 $GDP$디플레이터는 100으로 2012년의 $GDP$디플레이터인 80보다 더 크다.
④ 2012년의 $GDP$디플레이터는 80이고 2013년의 $GDP$디플레이터는 100이기에 2013년의 물가상승률은 25%이다. 2013년의 $GDP$디플레이터는 100이고 2014년의 $GDP$디플레이터는 약 133이기에 2014년의 물가상승률은 약 33%이다.

2017년 국가직(10월 추가) 2번 변형

## 41 거시 소비함수 답 ③

합리적 기대하 항상소득이 결정되면 그에 따라 소비가 결정된다는 것이 랜덤워크가설이다.

**정답**

랜덤워크가설에 따르면 예상된 정책은 소비에 영향을 미치지 못하나 예상하지 못한 정책은 소비에 영향을 미칠 수 있음을 설명한다.

**오답피하기**

① 유동성제약 시, 현재소비는 현재소득에 의해 결정되기에 일시적인 세율인하로 소비의 대폭 증가가 가능하다. 따라서 유동성제약 시, 케인즈의 절대소득가설의 설명력이 높아진다.
② 상대소득가설은 소비의 비가역성과 소비의 상호의존성을 가정한다.
④ 절대소득가설에 따르면, 가처분소득이 증가할 때 소비지출이 증가하므로 소비함수곡선상 우상방으로 이동한다.

2017년 국가직(10월 추가) 4번 변형

## 42 국제 환율 답 ②

일물일가의 법칙을 전제로, 양국의 구매력인 화폐가치가 같도록 환율이 결정되어야 한다는 이론이 구매력 평가설이다. 구매력평가설에 따르면, $P = e \times P_f$이고 이를 변형하면 '환율상승률 = 국내물가상승률 - 해외물가상승률'이다.

**정답**

정부가 외환시장에서 달러를 매각하면 달러 공급이 증가하므로 환율(= 달러값)이 하락한다.

**오답피하기**

① 구매력평가설이 성립하면, 실질환율이 1이다.
③ 이자율평가설에 의하면, '환율변화율 = 국내이자율 - 해외이자율'이다.
④ 수입은 외화의 수요요인이고, 수출은 외화의 공급요인이다.

2017년 국가직(10월 추가) 8번 변형

## 43 거시 솔로우성장모형 답 ④

솔로우성장모형에서는 자본증가율($\frac{sf(k)}{k}$)과 인구증가율($n$)이 동일할 때, 자본과 노동이 완전고용되면서 경제성장이 이루어진다고 본다.

**정답**

$H-D$모형과 솔로우성장모형은 모두 완전고용균형성장은 경제성장률, 자본증가율, 인구증가율이 같을 때 이루어진다고 주장한다.

**오답피하기**

① 황금률상태에서는 1인당 노동소득과 1인당 소비가 일치하고, 1인당 자본소득과 1인당 저축이 일치한다.
② 균제상태에서 1인당 소득증가율은 0이므로, 다른 요인의 영향을 받지 않는다.
③ 저축률이 상승하면 단기적으로 1인당 자본량이 증가하여, 1인당 경제성장률(= 경제성장률 - 인구증가율)이 (+)이다. 따라서 인구증가율이 일정하다면 경제성장률이 증가한다.

2017년 국가직(10월 추가) 11번 변형

## 44 국제 비교우위론 답 ①

각국이 절대적으로 생산비가 낮은 재화 생산에 특화하여 무역한다는 것이 절대우위, 상대적으로 생산비가 낮은 재화 생산에 특화하여 무역한다는 것이 비교우위론이다.

정답

노트북 1대의 기회비용은 $A$국에서는 전기차 $\frac{10}{120}(=\frac{1}{12})$대이고, $B$국에서는 전기차 $\frac{20}{400}(=\frac{1}{20})$대이다. 따라서 노트북 1대의 기회비용은 $A$국이 $B$국보다 크다.

오답피하기

② 단위당 노동소요량이 적을수록 생산성이 높으므로, $A$국이 노트북과 전기차 두 재화 생산에 절대우위가 있다.
③ 노트북 1대 생산의 기회비용이 $B$국이 더 작기에, $B$국은 노트북 생산에, $A$국은 전기차 생산에 비교우위를 가진다.
④ 표의 수치가 노동 1단위 투입 대비 산출량을 의미한다면, 노트북 1대 생산의 기회비용은 $A$국이 전기차 12대, $B$국이 전기차 20대이다. 따라서 $A$국이 노트북 생산에, $B$국이 전기차 생산에 비교우위를 가진다.

2017년 국가직(10월 추가) 18번 변형

**45 거시 거시지표 답 ④**

경제활동인구 중에서 실업자가 차지하는 비중을 실업률이라 하고, 15세이상인구 중에서 경제활동인구가 차지하는 비중을 경제활동참가율이라 한다.

정답

비정규직 근로자는 '지난 1주일 동안 수입을 목적으로 1시간 이상 일을 한 사람'으로 분류되므로 취업자이다. 그러나 불완전한 취업자가 많다는 것은 체감실업률이 그만큼 높다는 것을 의미하므로, 이들을 취업자로 분류하는 것은 공식실업률이 체감실업률보다 낮게 측정되는 요인이다.

오답피하기

① 소비자물가지수와 생산자물가지수는 라스파이레스방식으로, $GDP$는 파셰방식으로 측정한다.
② 마찰적실업과 구조적실업만 존재할 때의 실업률을 자연실업률이라 한다.
③ 소비자물가지수 측정 시, 소비재에는 수입품가격, 주택임대료는 포함되나 주택가격 등은 제외된다.

2018년 국가직 3번 변형

**46 미시 보조금 답 ①**

수요곡선이 $Q_d = 280-3P$이고, 공급곡선이 $Q_s = 10+7P$일 때, 가격상한을 $a$원으로 설정하면, 수요량은 $280-3a$이고 공급량은 $10+7a$이다.

정답

생산자에게 단위당 보조금 10원을 지급하여 공급량을 수요량에 맞추고자 한다면, 공급곡선은 $Q_s = 10+7P$에서 $Q_s = 10+7[P-(-10)]$으로 평행이동한다. 평행이동한 공급곡선 $Q_s = 10+7[P-(-10)]$이 가격상한 $a$원과 수요량 $280-3a$를 만족하려면, $280-3a = 10+7[a-(-10)]$에서 $a = 20$이다.

2018년 국가직 7번 변형

**47 미시 테일러준칙 답 ①**

$GDP$갭이 1%일 때, $\frac{Y^*-Y}{Y^*} = 0.01$이다.

정답

목표 이자율은 현재 인플레이션율이 4%이고 $GDP$갭이 1%일 때,

$$r = 0.03+\frac{1}{4}(\pi-0.02)-\frac{3}{4}\frac{Y^*-Y}{Y^*}$$
$$= 0.03+\frac{1}{4}(0.04-0.02)-\frac{3}{4}(0.01)$$
$$= 0.0275$$

즉, 2.75%이다.

2018년 국가직 11번 변형

**48 미시 시장 답 ③**

장기균형하에서, 완전경쟁기업과 독점적경쟁기업이 존재하는 시장에는 진입과 퇴거가 자유롭다.

정답

장기균형하에서, 완전경쟁기업과 독점적경쟁기업이 존재하는 시장에는 진입과 퇴거가 자유로우나, 독점기업이 존재하는 시장에는 진입장벽이 존재한다.

오답피하기

① 단기균형하에서, 완전경쟁은 $P = MR = MC$이고, 독점은 $P > MR = MC$이며, 독점적경쟁은 $P > MR = MC$이다.
② 완전경쟁시장에서 개별 기업이 직면하는 수요곡선은 시장에서 결정된 가격으로 생산하기에 수평선이 된다. 독점의 경우, 독점기업이 직면하는 수요곡선은 우하향하는 시장전체의 수요곡선이기에 독점기업이 직면하는 수요곡선은 우하향한다. 독점적경쟁의 경우도 독점의 경우와 마찬가지로 우하향이나, 다수의 대체재가 존재하기에 수요곡선은 독점의 경우보다 훨씬 완만하다.
④ 장기균형하에서, 완전경쟁기업과 독점적경쟁기업의 경우, 진입과 퇴거가 자유로워 (초과)이윤은 0인 반면, 독점기업의 이윤은 0보다 크거나 같다.

2018년 국가직 16번 변형

**49 미시 탄력도 답 ②**

우하향의 수요직선에서 탄력적 구간은 가격이 하락, 비탄력적 구간은 가격이 상승하면 판매 수입이 증가하며, 중점에서 판매 수입이 극대화된다.

정답

$TR=PQ$에서 '$TR$증가율 $=P$상승률 + $Q$증가율'이다. 가격이 5천원에서 1% 상승 시 판매 수입의 0.1% 감소이기에 '$TR$증가율 = $P$상승률 + $Q$증가율'에서 $Q$증가율 = $TR$증가율 - $P$상승률 $= -0.1-1 = -1.1$이다. 즉, 수요량은 1.1% 감소한다.

2018년 국가직 19번 변형

## 50 미시 비효율성계수 답 ②

'비효율성계수 = 초과부담/조세수입'이다.

정답

조세의 귀착 시 초과부담, 즉 후생손실은 '거래량 감소분 × 단위당 조세 × 1/2'을 통해 알 수 있다.

| | |
|---|---|
| 1. 조세부과 전 거래량 | $200-Q=100$<br>$Q=100,\ P=100$ |
| 2. 조세부과 후 곡선($P$로 도출) | 비법: 평행이동!<br>$Q_d=200-P$에서 $P$대신<br>$[P-(-a)]$를 대입하면,<br>$Q_d=200-(P+a)$로<br>$Q_d=200-P-a$이다. |
| 3. 조세부과 후 거래량 | $200-Q-a=100$<br>$Q=100-a,\ P=100$ |
| 4. 거래량 감소분 × 단위당 조세 $\times\frac{1}{2}$ | $[100-(100-a)]\times(a)\times\frac{1}{2}=\frac{a^2}{2}$ |

조세의 귀착 시 조세수입은 '조세부과 후 거래량 × 단위당 조세'를 통해 알 수 있다. 즉, $(100-a)\times(a)=(100-a)a$이다.
따라서 '비효율성계수 = 초과부담/조세수입'

$=\dfrac{\frac{a^2}{2}}{(100-a)a}=\dfrac{a}{2(100-a)}=\dfrac{1}{8}$에서 단위당 물품세는 $a=20$이다.

2019년 국가직 4번 변형

## 51 국제 무역이론 답 ①

갑국의 생산가능곡선이 $4X+Y=40$이고, 을국의 생산가능곡선이 $2X+3Y=60$일 때, 그래프는 다음과 같다.

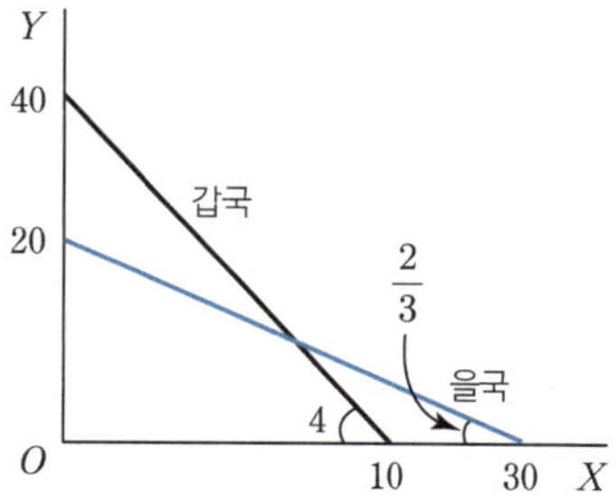


정답

양국이 이득볼 수 있는 교역조건은 기회비용 사잇값으로 $Y4>X1>Y2/3$이다. 따라서 $X$재와 $Y$재의 교역비율이 1:1이라면 양국이 모두 교역에 응할 것이다.

2019년 국가직 5번 변형

## 52 미시 수량규제 답 ③

정부의 수량규제로 소비자잉여와 생산자잉여의 합은 감소한다.

정답

규제전 사회적잉여인 삼각형 면적에서 규제 후 후생손실인 $A$면적을 차감하면 규제 후 소비자잉여와 생산자잉여의 합은

$(5-1)\times4\times\frac{1}{2}-(\frac{9}{2}-\frac{3}{2})\times3\times\frac{1}{2}=3.5$이다.

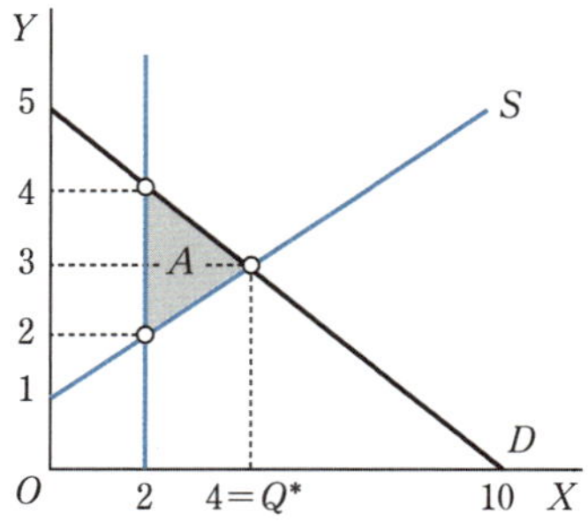


2019년 국가직 7번 변형

## 53 국제 국제수지 답 ③

자동차 공장 해외투자는 금융계정에 표시된다.

- 5억 달러 차관 도입은 금융계정에 +5억 달러로 표시된다.
- 10억 달러 휴대폰 수출은 상품수지에 +10억 달러로 표시된다.
- 2억 달러 과일 수입은 상품수지에 −2억 달러로 표시된다.
- 4억 달러 자동차 공장 해외투자는 금융계정에 −4억 달러로 표시된다.
- 3억 달러 외국인 관광객 수입은 서비스수지에 +3억 달러로 표시된다.

정답

10억 달러 휴대폰 수출은 상품수지에 +10억 달러로 표시되고, 2억 달러 과일 수입은 상품수지에 −2억 달러로 표시된다. 즉, 상품수지는 8억 달러 흑자이다. 3억 달러 외국인 관광객 수입은 서비스수지에 +3억 달러로 표시된다. 따라서 경상수지는 11억 달러 흑자이다.

오답피하기

① 10억 달러 휴대폰 수출은 상품수지에 +10억 달러로 표시되고, 2억 달러 과일 수입은 상품수지에 −2억 달러로 표시된다. 따라서 상품수지는 8억 달러 흑자이다.
② 5억 달러 차관 도입은 금융계정에 +5억 달러로 표시되고, 4억 달러 자동차 공장 해외투자는 금융계정에 −4억 달러로 표시된다. 따라서 금융계정은 1억 달러 흑자이다.
④ 주어진 자료에는 이전소득수지상의 변화는 없다.

2019년 국가직 10번 변형

**54** 미시 **소득과 여가 모형** 답 ③

소비자균형은 무차별곡선과 예산선이 접하는 점에서 이루어진다.

정답

- 베짱이의 효용함수가 $u(s,b)=s^{\frac{2}{3}}b^{\frac{1}{3}}$이므로 한계대체율 $MRS_{sb}=\dfrac{MU_s}{MU_b}=\dfrac{\frac{2}{3}s^{-\frac{1}{3}}b^{\frac{1}{3}}}{\frac{1}{3}s^{\frac{2}{3}}b^{-\frac{2}{3}}}=\dfrac{2b}{s}$이다.
- 베짱이는 시간당 30마리의 진딧물을 사냥할 수 있고 노래 부르는 시간($s$)을 제외한 시간은 진딧물($b$) 사냥에 사용하며, 매일 개미로부터 60마리의 진딧물을 공짜로 받기에 베짱이의 예산선은 $30(16-s)+60=b$, 즉 $b=540-30s$이다. 따라서 예산선의 기울기(절댓값)는 30이다.
- 소비자균형에서 $\dfrac{2b}{s}=30$, 즉 $b=15s$이다. 이를 예산선에 대입하면 $s=12$, $b=180$으로 계산된다.

2019년 국가직 11번 변형

**55** 미시 **십분위분배율** 답 ③

십분위분배율은 최하위 40%의 소득점유율을 최상위 20%의 소득점유율로 나눈 값으로, 클수록 소득분배가 균등하다.

정답

- 국민이 10명일 때 국민의 절반이 개인소득이 100달러이고, 나머지 절반이 200달러인 경우, 100, 100, 100, 100, 100, 200, 200, 200, 200, 200달러라고 할 수 있다.
- 따라서 십분위분배율$\left(\dfrac{\text{하위 }40\%\text{의 소득}}{\text{상위 }20\%\text{의 소득}}=\dfrac{100+100+100+100}{200+200}\right)$은 1이 된다.

2020년 국가직 3번 변형

**56** 거시 **재정정책** 답 ③

*LM*곡선이 완만할수록, *IS*곡선이 급경사일수록 재정정책의 유효성은 커진다.

정답

- *IS*곡선의 기울기가 완만할수록 상대적으로 *LM*곡선은 급경사로 확장적 재정정책의 효과는 작아진다. 즉, 국민소득의 증가폭이 작아진다(㉠).
- *LM*곡선의 기울기가 완만할수록 상대적으로 *IS*곡선은 가파른 기울기로 확장적 재정정책의 효과는 커진다. 즉, 국민소득의 증가폭이 커진다(㉡).

2020년 국가직 7번 변형

**57** 거시 **기대이론** 답 ③

3년 만기 장기이자율=(현재단기이자율+1년 후 기대단기이자율+2년후 기대단기이자율)/3

정답

- $x$: 현재 시점으로부터 1년 이후에 성립하리라 기대되는 1년 만기 국채의 이자율 예상치
- 2년 만기 장기이자율(10%)=[현재 단기이자율(6%)+1년 후 기대단기이자율($x$)]/2에서 $x=14\%$이다.
- $y$: 현재 시점으로부터 2년 이후에 성립하리라 기대되는 1년 만기 국채의 이자율 예상치
- 3년 만기 장기이자율(12%)=[현재 단기이자율(6%)+1년 후 기대단기이자율(14)+2년 후 기대단기이자율($y$)]/3에서 $y=16\%$이다.

2020년 국가직 10번 변형

**58** 거시 **통화정책** 답 ①

통화량이 증가하면 화폐시장의 초과공급으로 이자율이 하락한다.

정답

유동성선호이론에 의하면, 국채매입으로 통화량이 증가하면 화폐시장의 초과공급으로 이자율이 하락한다.

오답피하기

② 국채매입으로 통화량이 증가하면 *LM*곡선의 우측이동으로 *AD*곡선이 우측이동한다. 단기적으로 총공급곡선이 우상향일 때, 총수요곡선이 우측으로 이동하면 산출량은 증가하고 물가도 상승한다.

③ 단기적으로 총수요곡선의 우측이동으로 균형국민소득이 잠재 *GDP*를 초과하기에 경기과열이 초래된다. 이에 따라 장기적으로는 임금이 상승하여 단기총공급곡선이 상방으로 이동하기에 자연산출량 수준으로 복귀하고 물가만 상승한다.

④ 새고전학파에 따르면, 경제주체의 정책 예상이 완벽한 경우 단기에도 총공급곡선이 수직선이기에 총수요곡선의 우측이동으로 산출량은 불변이고 물가만 상승한다.

2020년 국가직 16번 변형

**59** 거시 **환율** 답 ③

외화공급감소나 외화수요증가로 환율은 상승할 수 있다.

정답

- 긴축적 재정정책으로 *IS*곡선이 좌측으로 이동하여 이자율이 하락하고, 확장적 통화정책으로 *LM*곡선이 우측으로 이동하여 이자율이 하락하면 이자율이 가장 크게 하락할 수 있다.
- 이자율이 크게 하락하여 외자유출이 대폭 증가하면 환율이 가장 크게 상승할 수 있다.

(오답피하기)

① 확장적 재정정책으로 $IS$곡선이 우측으로 이동하여 이자율이 상승하나, 확장적 통화정책으로 $LM$곡선이 우측으로 이동하여 이자율이 하락하기에 이자율의 변화는 불분명하다.

② 확장적 재정정책으로 $IS$곡선이 우측으로 이동하여 이자율이 상승하고, 긴축적 통화정책으로 $LM$곡선이 좌측으로 이동하여 이자율이 상승하면 이자율이 가장 크게 상승할 수 있다.

④ 긴축적 재정정책으로 $IS$곡선이 좌측으로 이동하여 이자율이 하락하나, 긴축적 통화정책으로 $LM$곡선이 좌측으로 이동하여 이자율이 상승하기에 이자율의 변화는 불분명하다.

2020년 국가직 18번 변형

**60** 국제 **무역이론** 답 ②

양국의 국내상대가격비, 즉 기회비용 사잇값에서 양국이 이득을 볼 수 있는 교역조건이 성립한다.

(정답)

- $X$ 1단위 생산 기회비용이 $B$국은 $Y\frac{3}{7}$이고 $A$국은 $Y\frac{3}{6}$이다.
- 즉, $Y\frac{3}{7}(0.43) < X1 < Y\frac{3}{6}(=0.5)$에서 교역조건이 성립할 때 양국은 교역 시 이득을 본다.

| 국가 \ 재화 | 기회비용 | |
|---|---|---|
| | $X$ | $Y$ |
| $A$ | $Y\frac{3}{6}$ | $X\frac{6}{3}$ |
| $B$ | $Y\frac{3}{7}$ | $X\frac{7}{3}$ |

2021년 국가직 4번 변형

**61** 거시 **$IS-LM$분석** 답 ②

$IS-LM$모형에서 확장통화정책을 실시하거나 긴축재정정책을 실시할 경우 실질이자율은 하락한다.

(정답)

$IS-LM$모형에서 확장통화정책을 실시하면 $LM$곡선이 우측으로 이동하고 긴축재정정책을 실시하면 $IS$곡선이 좌측으로 이동하기에 실질이자율은 하락한다.

2021년 국가직 5번 변형

**62** 거시 **산업내무역** 답 ④

산업간무역은 비교우위에 의해 두 나라가 서로 다른 산업에서 생산되는 재화를 수출하지만, 산업내무역은 주로 규모의 경제와 독점적 경쟁에 의해 두 나라가 동일 산업에서 생산되는 재화를 수출한다.

(정답)

ㄱ, ㄹ. 산업간무역은 노동생산성 차이에 따른 기회비용 차이로 인한 비교우위와 상이한 부존자원에 따른 요소집약도에 따라 무역이 발생한다고 본다.

(오답피하기)

ㄴ, ㄷ. 산업내무역이 발생하면 규모의 경제로 장기평균비용이 낮아지고 독점적 경쟁의 불완전경쟁으로 차별화된 상품을 생산하기에 무역을 통한 소비자의 후생이 증가한다.

2021년 국가직 12번 변형

**63** 거시 **통화승수** 답 ②

현금의 비중이 낮고 예금의 비중이 높을수록, 초과지급준비금이 작고 대출이 클수록 통화승수가 증가한다.

(정답)

예금에 대한 이자율이 하락하면 예금이 감소하기에 통화승수는 감소한다.

(오답피하기)

① 은행부도의 위험이 낮아지면 예금이 증가하기에 통화승수는 증가한다.

③ 현금보유의 비중이 감소하면 통화승수가 증가한다.

④ 은행 대출이 증가하면 통화승수가 증가한다.

2021년 국가직 12번 변형

**64** 미시 **비용함수** 답 ④

총비용함수에서 생산량이 영(0)일 때 비용이 총고정비용이다. 따라서 $TC=100+20Q$에서 $TFC=100$, $TVC=20Q$이고, $AVC=20$, $MC=20$이다.

(정답)

ㄴ. 생산량이 2일 때, 총가변비용은 $TVC=20Q$에서 40이다.

ㄷ. 생산량이 3일 때, 평균가변비용은 $AVC=20$에서 20이다.

ㄹ. 생산량이 4일 때, $MC=20$에서 한계비용은 20이다.

(오답피하기)

ㄱ. 생산량이 1일 때, 총고정비용은 $TFC=100$에서 100이다.

2021년 국가직 23번 변형

**65** 미시 **애킨슨지수** 답 ②

현재의 평균소득($Y$)에서 균등분배대등소득($Y_e$)을 차감한 값을 현재의 평균소득으로 나눈 값이 애킨슨지수로 $1-\frac{Y_e}{Y}$로 계산할 수 있다.

**정답**

효용을 소득으로 가정하면 현재의 평균소득은 1과 9의 평균인 5이다. 현재와 동일한 사회후생을 얻을 수 있는 완전히 균등한 소득분배 상태에서의 평균소득인 균등분배대등소득은 평등주의함수에서는 1과 9의 곱의 제곱근인 3이다. 따라서 애킨슨지수는 $1-\frac{Y_e}{Y}=1-\frac{3}{5}=0.4$ 이다.

2022년 국가직 5번 변형

**66** | 미시 | **수요의 가격탄력성** | 답 ③

우하향의 수요직선하 중점에서 수요의 가격탄력도는 1이다.

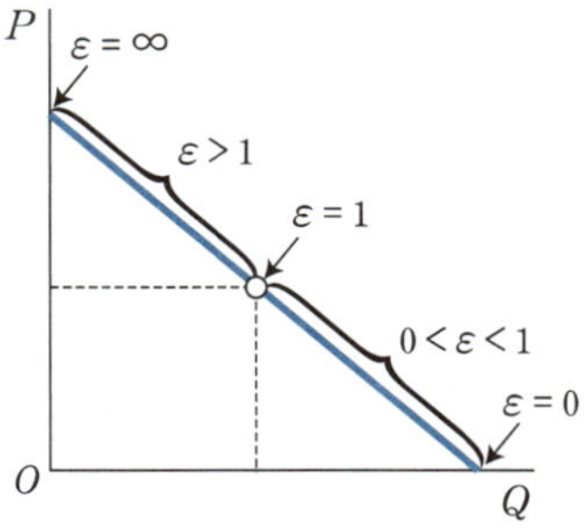


수요의 가격탄력도는 1인 중점에서 수직선을 그으면 그 점에서 원점까지 거리와 그 점에서 $X$절편까지 길이가 같기에 수요직선에서 $X$절편을 구하여 그 반이 수요량이고 이를 수요직선에 대입하여 가격을 구할 수 있다.

**정답**

- 수요곡선이 우하향의 직선인 경우, 임의의 점에서 원점까지의 거리와 수요곡선의 $X$절편까지의 거리가 동일할 때, 해당 수요량에서 수요의 가격탄력성은 1이다.
- 시장수요함수 $P=1,500-30Q$의 $X$절편은 50이기에 수요량이 $Q=25$일 때 수요의 가격탄력성은 1이고 가격은 $P=750$이다.

2022년 국가직 9번 변형

**67** | 미시 | **최대 보험료** | 답 ①

확실성등가를 $\overline{w}$라 가정하면 공정한 보험료 $pl$과 위험프리미엄 $\pi$의 합을 최대한 보험료 $w_0-\overline{w}$라 한다.

**정답**

- 갑의 사고발생 시 소득은 $2,500-1,600=900$만 원이고, 사고미발생 시 소득은 2,500만 원이다.
- 갑의 기대소득은 $0.3\times900+0.7\times2,500=2,020$만 원이다.
- 갑의 효용함수는 $U(I)=\sqrt{I}$ 이기에 갑의 기대효용은 $0.3\times\sqrt{900}+0.7\times\sqrt{2,500}=44$이고 이에 따른 확실성등가는 $44=\sqrt{CE}$, $CE=1,936$만 원이다.
- 최초의 자산은 2,500만 원, 확실성등가는 1,936만 원이기에 최대 보험료는 $2,500-1,936=564$만 원이다.

2022년 국가직 10번 변형

**68** | 미시 | **소비자균형** | 답 ②

주어진 예산선 수준에서 총효용이 극대가 되는 것을 소비자균형이라 하고, 무차별곡선과 예산선이 접하는 점에서 한계효용균등의 법칙에 따라 달성된다.

**정답**

- 조세를 부과하기 전 소비자의 예산선은 $4x_1+1x_2=220$이고 $x_2$에 단위당 2의 종량세를 부과하면 예산선은 $4x_1+(1+2)x_2=220$, $4x_1+3x_2=220$으로 바뀐다.
- 소비자의 효용함수 $U(x_1, x_2)=2\sqrt{x_1}+3\sqrt{x_2}$ 에서

$$MRS_{x_1x_2}=\frac{MU_{x_1}}{MU_{x_2}}=\frac{\frac{2}{2\sqrt{x_1}}}{\frac{3}{2\sqrt{x_2}}}=\frac{2\sqrt{x_2}}{3\sqrt{x_1}}$$ 이다.

- 효용극대화는 $MRS_{x_1x_2}=\frac{P_{x_1}}{P_{x_2}}$에서 이루어지고 $\frac{P_{x_1}}{P_{x_2}}=\frac{4}{3}$, $\frac{2\sqrt{x_2}}{3\sqrt{x_1}}=\frac{4}{3}$, $4x_1=x_2$이기에 이를 바뀐 예산선에 대입하면 $4x_2=220$, $x_2=55$이다.
- 따라서 조세수입은 $55\times2=110$이다.

2022년 국가직 15번 변형

**69** | 국제 | **교역조건** | 답 ②

양국의 국내상대가격비, 즉 기회비용 사잇값에서 양국이 이득을 볼 수 있는 교역조건이 성립한다.

**정답**

갑국의 $Y$재 가격에 대한 $X$재의 상대가격은 $\frac{P_x}{P_y}=\frac{21}{70}=0.3$이고 을국은 $\frac{P_x}{P_y}=\frac{12}{30}=0.4$이기에 교역조건은 $0.3<$교역조건$<0.4$이다.

2022년 국가직 25번 변형

**70** | 거시 | **동시균형** | 답 ①

$IS$곡선과 $LM$곡선이 만나는 점에서 생산물시장과 화폐시장의 동시균형이 달성된다.

**정답**

- 최초 $IS$곡선

  $Y=C+I+G$, $Y=300+0.8(Y-100)+200-10r+150$

  $0.2Y=-10r+570$, $Y=-50r+2,850$

- 최초 $LM$곡선

  $\frac{M^d}{P}=Y-50r$, $\frac{1,000}{2}=Y-50r$

  $Y=50r+500$

- $50r + 500 = -50r + 2,850$, $100r = 2,350$, $r = 23.5$, $Y = 1,675$
- 바뀐 $IS$곡선

  $0.2Y = -10r + 620$, $Y = -50r + 3,100$
- 바뀐 $LM$곡선

  $\frac{M^d}{P} = Y - 50r$, $\frac{1,000}{5} = Y - 50r$

  $Y = 50r + 200$
- $50r + 200 = -50r + 3,100$, $100r = 2,900$, $r = 29$, $Y = 1,650$
- 따라서 균형소득 변화량은 $-25$, 균형이자율 변화량은 $+5.5$이다.

2023년 국가직 2번 변형

**71** 미시 **공공재** 답 ②

공공재의 시장수요곡선은 개별수요곡선의 수직 합으로 구한다.

**정답**

- $A$의 수요함수는 $P_A = 50 - Q$, $B$의 수요함수는 $P_B = 15 - \frac{1}{2}Q$이다.
- 공공재의 시장수요곡선은 개별수요곡선의 수직 합으로 구하는데, $P = -\frac{3}{2}Q + 65(0 \le Q \le 30)$, $P = -Q + 50(30 < Q \le 50)$이다. 이때 $MC = 15$에서는 $A$만 소비하기에, $50 - Q = 15$로, $Q = 35$이다.

2023년 국가직 4번 변형

**72** 거시 **소비함수론** 답 ①

케인즈의 절대소득가설은 쿠즈네츠 실증에서 단기적으로만 증명될 수 있다. 따라서 평균소비성향은 현재가처분소득이 증가할수록 감소하게 된다.

**정답**

케인즈의 소비함수에서는 현재가처분소득이 증가할 경우 평균소비성향($APC$)이 점차 감소한다.

**오답피하기**

② 항상소득가설에 따르면, 일시소득은 주로 저축에, 항상소득은 주로 소비에 영향을 미친다.

③ 생애주기가설에 의하면 소비자는 각 시기의 수입에 따라 각기 다른 소비 정도를 결정하는 것이 아니라, 전체 생애의 수입을 고려하여 거의 일정한 소비수준을 유지한다.

④ 소비가 합리적 기대하 임의보행을 따르더라도, 단기적으로 예상치 못한 충격이 있을 경우 소비에 영향을 끼친다.

2023년 국가직 14번 변형

**73** 미시 **수요 · 공급이론의 응용** 답 ③

보조금이나 조세를 부과할 경우, 소비자잉여와 생산자잉여의 감소가 발생하는데, 이 중 일부만 정부의 세수증가로 전환되고 나머지는 후생손실이 발생한다. 총 보조금은 (단위당 보조금)×(거래량)으로 구할 수 있다.

**정답**

- 최초 거래량과 가격은 $5,000 - 10P = -2,000 + 10P$이기에 $P = 350$, $Q = 1,500$이다.
- 생산자가 $2,000$만큼 생산하기 위해서는 $-2,000 + 10P = 2,000$이기에, $10P = 4,000$으로, 생산자가 받는 가격은 $P = 400$이 되어야 한다. 또한 소비자가 $2,000$만큼 소비하기 위해서는 $5,000 - 10P = 2,000$이기에 $3,000 = 10P$로, 소비자가 받는 가격은 $P = 300$이 되어야 한다. 즉, 생산자가 받는 가격은 $50$ 올라야 하고 소비자가 내는 가격은 $50$ 줄어야 한다.
- 이때 생산자와 소비자의 가격탄력성이 $\frac{1}{10}$로 같기에, 보조금은 동일한 비율로 귀착된다. 따라서 생산자에게 $50$, 소비자에게 $50$의 혜택을 주기 위해서는 단위당 $100$만큼의 보조금을 지급하면 된다.
- 단위당 보조금은 $100$, 새로운 거래량은 $2,000$이기에 필요한 총 보조금 액수는 $200,000$이다.

2023년 국가직 9번 변형

**74** 국제 **무역정책론** 답 ④

관세가 부과되면 수입량감소로 국제시장에서 초과공급이 발생하여 국제가격(수입가격)이 하락하여 교역조건은 개선되고, 단위당 $T$원의 관세가 부과되면 하락한 국제가격에서 T원만큼 상승하기에 국내가격이 $T$원보다 더 적게 상승한다.

**정답**

- 관세부과 전 국제시장 가격 $20$에서 $X$재 수입 시, 국내가격은 $P = 20$, 수요량은 $60$, 공급량은 $15$로 총 $45$를 수입한다.
- $X$에 단위당 $10$의 관세부과 시, $15$로 감소한 국제가격에 $10$만큼의 관세를 부과하기에 가격은 $25$가 된다. 이때 공급량은 $20$, 수요량은 $50$이 되기에 총 수입량은 $30$이다.
- 손실은 (감소한 수요량+감소한 공급량)×(관세후 가격−기존 가격)이기에, $\frac{1}{2} \times 5 \times 5 + \frac{1}{2} \times 10 \times 5 = \frac{75}{2}$인데, 이때 벌어들인 관세가 효용이 되므로, $30 \times 5 = 150$으로, $-\frac{75}{2} + 150 = \frac{225}{2}$이다.

2023년 국가직 24번 변형

**75** 미시 **생산이론** 답 ③

자본절약적 기술진보는 자본을 줄이는 방식으로 이루어지고, 노동절약적 기술진보는 노동을 줄이는 방식으로 이루어진다.

**정답**

ㄱ. 기술진보는 생산비용을 감소시키기에 평균비용을 감소시킨다.

ㄴ. 한계기술대체율은 $MRTS_{LK}=\frac{\Delta K}{\Delta L}$로 나타낼 수 있다. 자본절약적 기술진보는 노동을 상대적으로 많이 투입하여 자본을 절약하는 방식의 기술진보이기에, $L$ 감소폭이 $K$ 감소폭보다 작다. 따라서 노동절약적 기술진보를 한 경우에 비해 자본절약적 기술진보는 한계기술대체율이 낮아진다.

ㄷ. 기술진보는 같은 산출에 들어가는 투입을 줄이기 때문에 등량곡선이 원점으로 이동한다.

**오답피하기**

ㄹ. 노동절약적 기술진보는 자본 투입량을 비교적 크게 하여 노동을 절약한다.

2024년 국가직 3번 변형

**76** 거시 **투자함수론** 답 ②

주식시장에서 평가된 기업의 시장가치와 실물자본의 대체비용을 비교하여 투자여부를 결정하는 이론이 $q$이론이다.

**정답**

$q=\frac{\text{주식시장에서 평가된 기업의 시장가치}}{\text{실물자본의 대체비용}}$으로 $q$값이 1보다 크면 투자가 증가하고, 1보다 작으면 투자가 감소한다. 즉, 토빈의 $q$가 1보다 큰 기업은 투자를 늘릴 유인이 있고, 1보다 작은 기업은 투자를 감소시킬 유인이 있다.

**오답피하기**

① 토빈의 $q$는 자본의 시장가치를 자본의 대체비용으로 나누어 계산할 수 있다.

③ 기업의 이윤이 증가하면 기업 가치, 즉, 주식이 증가하기에 토빈의 $q$가 상승한다.

④ 실질이자율이 하락하면 대체비용이 줄어 토빈의 $q$가 상승한다.

2024년 국가직 6번 변형

**77** 미시 **생산이론** 답 ②

생산자균형은 등량곡선과 등비용선이 접하는 점에서 등량곡선의 기울기인 한계기술대체율과 등비용선의 기울기가 일치함으로써 달성된다. 즉, $MRTS_{LK}=(-)\frac{\Delta K}{\Delta L}=(-)\frac{w}{r}$이다.

**정답**

- 노동과 자본의 한계생산이 각각 15, 60이기에 $MP_L=15$, $MP_K=60$으로 $MRTS_{LK}=\frac{MP_L}{MP_K}=\frac{15}{60}=0.25$이다.
- 이때 노동과 자본의 가격이 각각 10, 20이기에 $w=10$, $r=20$으로 등비용선의 기울기는 $\frac{w}{r}=\frac{10}{20}=0.5$이다.
- 현재 $MRTS_{LK}<\frac{w}{r}$이기에 노동 투입량을 줄이고 자본 투입량을 늘려야 한다.

2024년 국가직 8번 변형

**78** 거시 **거시경제의 일반균형** 답 ②

생산물시장과 화폐시장을 고려한 총수요곡선과 총생산함수와 노동시장을 고려한 총공급곡선이 만나는 점에서 거시경제 일반균형이 결정된다.

**정답**

| |
|---|
| (가) 생산비용 감소 → 공급 증가 |
| (나) 대체재 가격 상승 → 수요 증가 |
| (다) 생산요소의 가격 상승 → 공급 감소 |
| (라) 소비자들의 소득 증가 → 수요 증가 |

(나), (다)가 동시에 발생할 경우 수요곡선이 우측으로, 공급곡선이 좌측으로 이동하기에 균형가격이 확정적으로 하락한다.

**오답피하기**

① (가), (나)가 동시에 발생할 경우 공급곡선이 우측으로, 수요곡선이 우측으로 이동하기에 공급곡선이 더 큰 폭으로 이동하는 경우에만 균형가격이 하락한다.

③ (다), (라)가 동시에 발생할 경우 공급곡선이 좌측 이동, 수요곡선이 우측 이동하기에 균형가격이 확정적으로 상승한다.

④ (라), (가)가 동시에 발생할 경우 수요곡선이 우측으로, 공급곡선이 우측으로 이동하기에 공급곡선이 더 큰 폭으로 이동하는 경우에만 균형가격이 하락한다.

2024년 국가직 10번 변형

**79** 거시 **완전경쟁시장과 독점시장** 답 ③

생산요소의 수요와 공급이 모두 독점인 경우를 쌍방독점이라 하고, 공급독점자는 $MR=MC$인 점에서 요소공급량을 결정하려하고 수요독점자는 $MRP_L=MFC_L$에서 요소수요량을 결정하려한다.

**정답**

- 기업은 공급독점자인 동시에 수요독점자로, 생산요소시장에서는 $MRP_L=MFC_L$을 통해 이윤을 극대화할 것이다.

- 단기생산함수가 $Q = L$이기에 이를 미분하면, $MP_L = \frac{dQ}{dL} = 1$임을 알 수 있다.
- 생산물시장의 수요함수를 $P$에 대해 정리하면 $P = 120 - Q$이고, 한계수입은 $MR = 120 - 2Q$이다. $Q = L$이기에 $MRP_L = MR \times MP_L = (120 - 2Q) \times 1 = 120 - 2L$이다.
- 노동시장의 공급함수를 $w$에 대해 정리하면, $w = 4L$이고, $MFC_L$은 절편은 같고 기울기는 2배이기에 $MFC_L = 8L$이다.
- 수요독점자 기업은 $MRP_L = MFC_L$에서 이윤을 극대화하기에 $120 - 2L = 8L$, $120 = 10L$, $L = 12$이다. 즉, 기업의 이윤을 극대화하는 노동 투입량은 12이다.
- $w = 4L$이므로 노동 투입량이 12일 때 임금률은 48이다.

2024년 국가직 14번 변형

| 80 | 미시 | 시장실패론 | 답 ④ |
|---|---|---|---|

시장의 가격기구가 효율적인 자원배분을 가져오지 못하는 것을 시장실패라 한다.

**정답**

의무가입제는 역선택에 따른 시장실패의 문제를 방지하기 위한 해결책이다.

**오답피하기**

① 정보의 비대칭성은 시장실패의 원인 중 하나로 작용한다.
② 자연독점은 시장실패의 원인 중 하나이다.
③ 시장실패 시 정부개입만이 아니라 시장 스스로도 해결가능하기에, 시장실패는 정부개입의 필요조건이다.

# 2회 지방직 변형

## 정답

p. 22

| | | | | | | | | | |
|---|---|---|---|---|---|---|---|---|---|
| 01 | ③ | 02 | ④ | 03 | ③ | 04 | ① | 05 | ① |
| 06 | ① | 07 | ③ | 08 | ③ | 09 | ② | 10 | ① |
| 11 | ① | 12 | ④ | 13 | ① | 14 | ② | 15 | ③ |
| 16 | ① | 17 | ④ | 18 | ② | 19 | ① | 20 | ③ |
| 21 | ④ | 22 | ① | 23 | ② | 24 | ② | 25 | ② |
| 26 | ④ | 27 | ③ | 28 | ② | 29 | ① | 30 | ① |
| 31 | ③ | 32 | ④ | 33 | ① | 34 | ④ | 35 | ② |
| 36 | ③ | 37 | ④ | 38 | ④ | 39 | ① | 40 | ③ |
| 41 | ① | 42 | ② | 43 | ① | 44 | ② | 45 | ② |
| 46 | ③ | 47 | ① | 48 | ④ | 49 | ② | 50 | ③ |
| 51 | ③ | 52 | ① | 53 | ④ | 54 | ② | 55 | ② |
| 56 | ② | 57 | ② | 58 | ① | 59 | ③ | 60 | ① |
| 61 | ④ | 62 | ② | 63 | ④ | 64 | ② | 65 | ④ |
| 66 | ④ | 67 | ③ | 68 | ③ | 69 | ③ | 70 | ② |
| 76 | ④ | 77 | ① | 78 | ④ | 79 | ① | 80 | ② |

2010년 지방직 5번 변형

**01** 거시 **통화승수** 답 ③

$c = \frac{C}{M}$ = 현금/통화량비율, $z = \frac{Z}{D}$ = 지급준비율일 때,

통화승수 $m = \frac{1}{c+z(1-c)}$ 이다.

**정답**

$$m = \frac{1}{c+z(1-c)} = \frac{1}{0.6+0.5(1-0.6)} = 1.25$$

2010년 지방직 6번 변형

**02** 미시 **외부성** 답 ④

시장의 가격기구를 통하지 않고 제3자에게 의도하지 않은 이득이나 손해를 주지만 대가를 받지도 지불하지도 않는 것을 외부성이라 한다.

**정답**

불법행위는 의도를 갖는 것으로 의도치 않은 피해를 주는 외부불경제와는 다른 개념이다.

**오답피하기**

① 코즈정리는 거래비용 없이 협상을 할 수 있을 것을 전제로 하는데, 현실에서는 과도한 협상비용이나 능력의 차이 때문에 외부성 해결이 어렵다.

② 재화의 소비과정에서 제3자에게 의도하지 않은 손해를 주지만 대가를 지불하지 않아, 사적편익이 사회적편익보다 커서 과다소비가 되는 것을 소비의 외부불경제라 한다.

③ 생산의 외부불경제 시, 사적한계비용보다 사회적한계비용이 커서 시장균형거래량이 사회적최적거래량보다 많다.

2010년 지방직 12번 변형

**03** 거시 *GDP* 답 ③

*GDP*는 한 나라 안에서 생산된 모든 최종생산물의 시장가치이다.

**정답**

목수가 구입한 목재는 중간재의 일종으로 최종생산물, 즉 '가구'의 시장가치에 포함되어 있는 것이다. 따라서 '가구를 만들기 위한 목재'는 *GDP*집계에서 제외된다.

**오답피하기**

① 주택 임대료 상승분은 임대서비스 증가에 대한 대가로 국내총생산(*GDP*)의 추계에 포함된다.

② '농부'가 소비하는 농산물은 측정이 가능한 생산물로 *GDP*집계에 포함된다.

④ 재고판매는 재고발생과 달리 *GDP*증감에 영향을 주지 않는다.

2010년 지방직 15번 변형

**04** 국제 **고정환율** 답 ①

고정환율제도하 자본이동이 완전한 경우, *BP*곡선은 수평선으로, 통화정책은 전혀 효과가 없지만 재정정책은 매우 효과적이다.

**정답**

통화량을 증가시키면 *LM*곡선이 우측으로 이동하여 이자율이 하락한다. 고정환율제도하에서는 이자율하락으로 환율상승압력이 발생하게 되면, 외화를 매각하기 때문에 통화량이 줄어든다. 따라서 *LM*이 좌측으로 이동하고 통화정책은 아무런 효과가 없다.

**오답피하기**

②, ④ 변동환율제도에 대한 설명이다.

③ 고정환율제도하에서는 재정정책의 효과가 크다. 그러나 환율고정으로 *BP*곡선은 이동하지 않는다.

2010년 지방직 18번 변형

**05** 거시 **단기총공급곡선** 답 ①

- 완전화폐환상: 물가상승으로 노동수요곡선이 우측으로 이동해도 노동공급곡선은 불변이기에 고용량증가와 총생산증가로 우상향의 총공급곡선이 도출된다.
- 부분화폐환상: 물가상승으로 노동공급곡선도 일부 좌측이동이기에 완전화폐환상보다 작게 고용량 및 총생산이 증가해 보다 가파른 우상향의 총공급곡선이 도출된다.

정답

화폐환상이 존재하면 우상향의 총공급곡선이 도출된다.

오답피하기

② 가격변수의 신축성으로 물가가 변해도 균형고용량이 불변이기에 총생산량도 불변으로 총공급곡선은 수직선이다.

③ 단기에도 경제주체들이 완전한 예견을 하면 총공급곡선이 수직이다.

④ $AD$곡선이 이동해도 총공급곡선이 수직이면 총생산량에는 변화가 없고 물가만 상승하게 된다.

2011년 지방직 2번 변형

**06** 미시 **비용이론** 답 ①

생산자잉여는 총수입에서 총가변비용을 차감한 것이고, 이윤은 총수입에서 총비용(총가변비용 + 총고정비용)을 차감한 것이다.

정답

준지대는 단기적으로 고정된 생산요소에 대한 보수로, '총수입 - 총가변비용'으로 측정된다. 따라서 준지대는 총가변비용이 작을수록 커진다.

오답피하기

② 단기에는 고정비용이 있기 때문에 $STC$는 원점을 통과하지 않는다.

③ 단기에는 총고정비용이 0보다 크거나 같기에 생산자잉여가 이윤보다 크거나 같다. 장기에는 총고정비용이 0이므로 생산자잉여와 이윤이 동일하다.

④ $X$재 생산에 있어 기술진보가 발생하면 $Y$재 1단위 추가 생산을 위해 포기해야 하는 $X$재의 양이 많아지므로 $Y$재 생산의 기회비용은 증가할 것이다.

2011년 지방직 3번 변형

**07** 거시 **학파별비교** 답 ③

고전학파의 $AD$곡선은 화폐수량설($MV = PY$)을 변형한 $P = \frac{MV}{Y}$로 도출된다.

정답

고전학파의 $AD$곡선에는 정부지출변수가 포함되지 않기 때문에, 정부가 지출을 늘리더라도 총수요곡선은 변하지 않는다.

오답피하기

① 케인즈학파는 화폐부문($LM$곡선)이 불안정하기에 이자율을 금융정책의 중간목표로 사용해야 한다고 본다. 통화주의는 실물부문($IS$곡선)이 불안정하기에 통화량을 중간목표로 사용해야 한다고 본다.

② 예상된 정책은 단기적으로도 효과가 없다는 것이 정책무력성정리로, 예상된 정책으로 명목변수인 물가와 명목임금만 변하고, 실질변수인 실질 $GDP$와 실질임금은 변하지 않는다.

④ 공급경제학은 세율과 조세수입 간의 관계를 ∩자형의 래퍼곡선으로 나타내고, 래퍼곡선이 우하향하는 구간에서 근로소득세율을 인하하면 노동공급이 증가하고 조세수입도 증가할 것이라고 주장한다.

2011년 지방직 4번 변형

**08** 거시 **공업화전략** 답 ③

- 수입대체형전략: 보호무역장벽을 설치하고 수입되는 재화를 국내에서 생산될 수 있도록 유도하는 전략을 수입대체형전략이라 한다. 초기단계에서 육성이 용이하고 경제의 자립도를 제고할 수 있으나 국내산업구조의 독과점화 가능성이 있고 규모의 경제에 따른 이득을 얻기 어렵다.
- 수출주도형전략: 비교우위산업을 적극 육성하여 수출할 수 있도록 하는 전략을 수출주도형전략이라 한다. 규모의 경제에 따른 이득을 얻기 용이하고 국내기업의 효율성을 제고할 수 있으나 초기단계에서 육성이 어렵고 경제의 자립도가 저하될 수 있다.

정답

국내산업구조는 수입대체형전략이 독과점화될 수 있고, 수출주도형전략은 효율성을 제고할 수 있다.

2011년 지방직 15번 변형

**09** 미시 **사회적잉여** 답 ②

사회적잉여는 생산자잉여와 소비자잉여의 합이다.

정답

갑국의 생산자잉여는 0이다. 반면 소비자잉여는 $\frac{P_0Q_0}{2}$이다. 을국의 생산자잉여는 $P_0Q_0$이다. 반면 소비자잉여는 $\frac{P_0Q_0}{2}$이다. 을국의 생산자잉여($P_0Q_0$)는 소비자잉여$\left(\frac{P_0Q_0}{2}\right)$보다 크다.

오답피하기

① 갑국의 생산자잉여(0)는 소비자잉여$\left(\frac{P_0Q_0}{2}\right)$보다 작다.

③ 갑국과 을국의 생산자잉여는 각각 0, $P_0Q_0$이다.

④ 갑국과 을국의 소비자잉여는 모두 $\frac{P_0Q_0}{2}$이다.

2011년 지방직 20번 변형

| 10 | 국제 | $IS-LM-BP$분석 | 답 ① |
|---|---|---|---|

자본이동이 완전히 자유로운 변동환율제도에서 재정정책의 효과가 없다.

정답

변동환율제도에서 정부지출증가로 $IS$곡선이 우측이동하면, 국내이자율이 상승하여 외자 ㉠ 유입으로 환율(= 달러값 = 수입가격)이 ㉡ 하락한다. 따라서 순수출이 ㉢ 감소하고, 이로 인해 $IS$곡선이 ㉣ 좌측으로 이동한다.

2012년 지방직 4번 변형

| 11 | 미시 | 환율 | 답 ① |
|---|---|---|---|

'환율 = 달러가치 = 수입가격'이다.

정답

환율하락은 수입가격하락을 의미하므로 미국산 수입농산물의 국내가격은 하락할 것이다.

오답피하기

② 환율이 하락하면 원화표시 수입가격은 하락하지만, 달러표시 수출가격은 상승한다. 따라서 국내 기업의 수입은 유리한 반면, 수출은 불리하다.

③ 원/달러 환율하락은 원화가치상승 혹은 달러가치하락을 의미하고, 원/엔 환율상승은 원화가치하락 혹은 엔화가치상승을 의미하므로 가치상승 정도는 '엔 > 원 > 달러'이다.

④ 빅맥지수는 구매력을 기준으로 평가한 달러의 가치로, 공식 환율의 적정성 여부를 살펴볼 수 있다. 빅맥지수가 공식 환율보다 높다는 것은 우리나라 사람들이 미국 사람들보다 더 비싸게 빅맥을 소비한다는 것으로, 외환시장에서 원화가 고평가 되고 있음을 의미한다.

2012년 지방직 8번 변형

| 12 | 거시 | 솔로우성장모형 | 답 ④ |
|---|---|---|---|

솔로우성장모형에서 인구증가율이 상승하면 균제상태에서 경제성장률이 상승한다.

정답

양국이 모두 균제상태로 양국의 1인당 생산량은 불변이다. 따라서 양국의 일인당 국민소득증가율은 모두 0이다.

오답피하기

① 균제상태에서는 경제성장률, 인구증가율, 자본증가율이 같은 값을 가지므로 $A$국의 인구증가율이 $B$국의 인구증가율보다 높다면 $A$국의 자본증가율도 $B$국의 자본증가율보다 높다.

② 인구가 증가하면 1인당 자본량이 감소하기 때문에 $A$국의 1인당 자본량은 $B$국보다 적다.

③ 인구가 증가하면 1인당 생산량이 감소하기 때문에 $A$국의 1인당 생산량은 $B$국보다 적다.

2012년 지방직 12번 변형

| 13 | 거시 | 통화공급 | 답 ① |
|---|---|---|---|

- 지급준비금 = 지급준비대상예금 × 지급준비율
- 지급준비율 = 법정지급준비율 + 초과지급준비율
- (실제)지급준비금 = 시재금 + 지급준비예치금 = 초과지급준비금 + 법정지급준비금

정답

지급준비대상예금이 80조 원, 지급준비율이 25%(= 25% + 0%)이면 지급준비금은 20조 원이다. 지급준비금은 시재금과 지급준비예치금의 합이므로, 시재금이 5조 원이면 지급준비예치금은 15조 원(= 20조 원 - 5조 원)이다.

2012년 지방직 14번 변형

| 14 | 미시 | 소득분배 | 답 ② |
|---|---|---|---|

로렌츠곡선을 수치화한 것이 지니계수로, 대각선과 로렌츠곡선이 이루는 면적을 대각선 아래의 삼각형 면적으로 나눈 값이다.

정답

최하위 40%의 소득점유율을 최상위 20%의 소득점유율로 나눈 값이 십분위분배율이다. 십분위분배율은 0과 2사이의 값이고 그 값이 클수록, 즉 2에 가까울수록 소득분배가 균등함을 의미한다.

오답피하기

① 최상위 20%의 소득점유율을 최하위 20%의 소득점유율로 나눈 값이 오분위배율이다. 오분위배율은 1과 ∞사이의 값이고 그 값이 작을수록, 즉 1에 가까울수록 소득분배가 균등함을 의미한다.

③ 지니계수는 0과 1사이의 값이고 그 값이 작을수록 소득분배가 균등함을 의미하나 전 계층의 소득분배상태를 보여주기에 특정 계층의 소득분배상태를 나타내지 못한다.

④ 누진세는 세율 그래프가 원점을 지나는 직선으로, 소득재분배 기능을 한다. 비례세는 세액 그래프가 원점을 지나는 직선이다.

2012년 지방직 16번 변형

**15** 거시 **물가지수** 답 ③

물가상승률은 전년 또는 전월 대비 상승률이고, 물가지수는 기준 시점 대비 상승률이다.

**정답**

소비자물가지수와 생산자물가지수는 기준연도 거래량을 가중치로 사용하여 측정하는 라스파이레스 방식으로, 물가변화를 과대평가한다.

**오답피하기**

① $GDP$디플레이터는 명목$GDP$를 실질$GDP$로 나눈 값이다.
② 소비자물가지수는 소비재를 대상으로 수입품가격, 주택임대료 등을 포함하여 통계청이 작성한다.
④ 2017년도의 물가지수가 130이면 기준 시점 대비 30% 상승했다는 의미로, 전년도 대비 상승률인지는 알 수 없다.

2013년 지방직 4번 변형

**16** 거시 **금융정책** 답 ①

통화량이 증가하면 화폐시장의 공급곡선이 우측으로 이동하여 이자율이 하락한다. 이자율이 하락하면 투자가 증가하여 국민소득이 증가하게 된다.

**정답**

- $IS$곡선이 완만할수록 투자의 이자율탄력성이 커서 이자율이 하락하면 민간투자가 크게 증가한다.
- $LM$곡선이 급경사일수록 화폐수요의 이자율탄력성이 작아 이자율하락폭이 크기에 민간투자가 크게 증가한다.
- 따라서 $IS$곡선이 ㉠ 완만할수록, $LM$곡선이 ㉡ 급경사일수록 금융정책의 유효성이 커진다.
- 물가하락이 화폐구매력증가를 가져와 실질부증가에 의한 소비증가를 초래하여 총수요를 증가시키는데, 이를 피구효과라 한다. 피구효과가 존재하면, ㉢ $IS$곡선의 우측이동으로 유동성함정하에서도 금융정책이 유효함을 보여준다.

2013년 지방직 10번 변형

**17** 거시 **$IS-LM-AD-AS$곡선** 답 ④

마샬 $k$(화폐수요의 소득탄력성)가 작을수록, 유통속도$\left(V=\frac{1}{k}\right)$가 클수록, 화폐수요의 이자율탄력성($h$)이 클수록 $LM$곡선이 완만(탄력적)해진다.

**정답**

마샬 $k$가 작을수록 $LM$곡선이 완만해진다.

**오답피하기**

① 통화량증가는 $LM$곡선의 우측이동요인이다.
② 환율상승은 $IS$곡선과 $BP$곡선의 우측이동요인이다.
③ 예상물가수준의 상승은 $AS$곡선의 좌측이동요인이다.

2013년 지방직 11번 변형

**18** 미시 **외부효과** 답 ②

재화의 생산과정에서 제3자에게 의도하지 않은 이득을 주지만 대가를 받지 않아 사적비용이 사회적비용보다 커서 과소생산이 되는 것을 생산의 외부경제라 한다.

**정답**

보조금 지급으로 인해 과소생산되고 있는 시장균형거래량을 사회적 최적수준까지 늘릴 수 있다.

**오답피하기**

① 보조금 지급으로 사적한계비용이 감소하면 시장균형가격이 하락한다.
③ 과수원이 존재함에 따라 양봉업자가 추가적인 비용을 치르지 않고 이익을 얻고 있으므로 생산의 외부경제에 해당하고, 보조금을 지급하여 해결할 수 있다.
④ 생산의 외부경제는 사적한계비용이 사회적한계비용보다 커서 시장균형거래량이 사회적 최적생산량보다 적은 상황으로 보조금을 지급하여 해결할 수 있다.

2013년 지방직 19번 변형

**19** 미시 **아모로소 - 로빈슨 방정식** 답 ①

이윤극대화조건이 $MR=MC$이고, 수요곡선과 평균수입곡선이 $P=AR$이며, 아모르소 - 로빈슨 방정식이 $MR=P\left(1-\frac{1}{\epsilon}\right)$라는 점은 모든 시장에서 공통적이다.

**정답**

- 이윤극대화조건과 아모르소 - 로빈슨 방정식에 따라 $MR=MC=P\left(1-\frac{1}{\epsilon}\right)$에서, 한계비용이 9이고 수요의 가격탄력성이 2.5이므로 현재의 시장가격은 15이다.
- 정액세는 고정비용의 성격으로 $MC$곡선에 영향을 미치지 않는다.
- 따라서 정액세 부과 이후의 시장가격은 현재의 시장가격과 같다.

2013년 지방직 20번 변형

**20** 국제 **교역조건** 답 ③

양국의 국내상대가격비$\left(\frac{P_X}{P_Y}\right)$, 즉 기회비용($X$재 생산의 기회비용) 사잇값에서 양국이 이득을 볼 수 있는 교역조건이 성립한다.

정답

소고기를 $X$축, 의류를 $Y$축에 두면 양국의 국내상대가격비$\left(\frac{P_X}{P_Y}\right)$, 즉 $X$재 생산의 기회비용인 $A$국의 0.25와 $B$국의 0.2 사잇값에서 양국이 이득을 볼 수 있는 교역조건이 성립한다. 무역이 발생하기 위한 교역조건은 의류 $\frac{1}{5}$단위 ≤ 소고기 1단위 ≤ 의류 $\frac{1}{4}$단위이다.

2014년 지방직 1번 변형

| 21 | 거시 | 소득분배 | 답 ④ |
|---|---|---|---|

지니계수와 오분위배율은 작을수록, 십분위분배율은 클수록 소득분배가 균등함을 의미한다.

정답

㉠ 지니계수는 0과 1사이의 값이고, 그 값이 클수록 소득분배가 불균등함을 의미한다.

㉡ 십분위분배율은 0과 2사이의 값이고, 그 값이 작을수록 소득분배가 불균등함을 의미한다.

㉢ 최상위 20%의 소득점유율을 최하위 20%의 소득점유율로 나눈 값이 오분위배율로, 1과 ∞사이의 값이고, 그 값이 클수록 소득분배가 불균등함을 의미한다.

2014년 지방직 4번 변형

| 22 | 거시 | 이윤극대화 | 답 ① |
|---|---|---|---|

독점기업은 $MR=MC$에서 생산량을 결정하고, $MR=MC$의 위에 있는 수요곡선상의 점에서 가격이 결정된다.

정답

수요함수가 $P=2,000-50Q$로 총수입은 $TR=2,000Q-50Q^2$이기에 한계수입은 $MR=2,000-100Q$이다. 총비용이 $C=10Q^2+200Q$로 한계비용은 $MC=20Q+200$이다. 따라서 이윤극대화생산량은 $MR=2,000-100Q=MC=20Q+200$으로 $Q=15$이다. 수요함수가 $P=2,000-50Q$이기에 가격은 1,250이다. 따라서 수요의 가격탄력도는 $-\frac{\Delta Q}{\Delta P}\times\frac{P}{Q}=-(-\frac{1}{50})\times\frac{1,250}{15}=\frac{5}{3}$이다.

2014년 지방직 5번 변형

| 23 | 미시 | 일반균형 | 답 ② |
|---|---|---|---|

어느 누구의 효용도 감소하지 않으면서 한 개인의 효용이 증가하는 것을 파레토개선이라 하고, 더 이상 파레토개선이 불가능한 배분상태, 즉 자원배분이 가장 효율적인 상태를 파레토효율성이라 한다.

정답

무차별곡선의 기울기와 생산가능곡선의 기울기가 일치하는 $MRS_{XY}=MRT_{XY}$가 종합적인 산출물구성의 파레토효율성조건이다. $MRTS_{LK}^X=MRTS_{LK}^Y$는 생산측면에서 파레토효율성조건이다.

오답피하기

① 개인의 선호가 볼록성을 충족하면, 소득재분배를 통하여 임의의 파레토 효율성을 달성할 수 있다는 것이 후생경제학의 제2정리로, 공평한 소득분배를 위한 예외적인 정부개입의 가능성을 시사한다.

③ 생산측면에서 파레토효율성을 충족하는 점들을 이어 생산의 계약곡선이 도출되고, 이를 재화 공간으로 옮겨 놓은 것이 생산가능곡선이다. 따라서 생산가능곡선상의 모든 점은 파레토효율적이다.

④ $MRS_{XY}^A>MRS_{XY}^B$는 $A$는 $X$를 더 선호하고 $B$는 $Y$를 더 선호하는 상태이므로, $A$는 $B$에게 $X$를 받고 $Y$를 주는 방식으로 교환하면 효용이 증가할 수 있다.

2014년 지방직 15번 변형

| 24 | 국제 | 스톨퍼-사무엘슨정리 | 답 ② |
|---|---|---|---|

스톨퍼 - 사무엘슨정리는 어떤 재화의 상대가격이 상승하면 그 재화에 집약적으로 사용되는 생산요소소득이 증가한다는 것이다.

정답

자유무역이 이루어지면 노동풍부국인 $A$국에서는 노동집약재의 상대가격이 상승한다.

오답피하기

①, ③ 자유무역이 이루어지면 노동풍부국인 $A$국에서는 노동집약재의 상대가격이 상승하기에, 생산요소시장에서 노동에 대한 수요가 증가한다. 그 결과, 노동의 실질소득은 증가하고 자본의 실질소득은 감소한다.

④ 보호무역이 이루어지면 비특화재, 즉 자본집약재의 생산이 늘어나게 되므로 생산요소시장에서 자본에 대한 수요가 증가한다.

2014년 지방직 17번 변형

| 25 | 미시 | 최저가격제 | 답 ② |
|---|---|---|---|

최저가격제는 공급자 보호를 위해 균형가격보다 높게 설정해야 실효성이 있다.

정답

현재 시장균형가격은 70으로, 70보다 낮은 수준에서 최저가격을 설정할 경우 정책의 효과가 없다.

(오답피하기)

① 현재 시장균형거래량은 140, $y$절편은 210이다. 따라서 사회적 잉여는 $\frac{1}{2}\times140\times210=14,700$이다.

③ 가격이 50일 경우, 수요량은 160이고 공급량은 100이므로 초과 수요량은 60이다.

④ 가격이 100일 경우, 수요량은 110이고 공급량은 200이므로 90만큼 수출하게 된다.

2015년 지방직 4번 변형

| 26 | 미시 | 탄력성 | 답 ④ |
|---|---|---|---|

공급곡선이 수평선일 때는 모든 점이 완전탄력적이고, 수직선일 때는 모든 점이 완전 비탄력적이며, 원점을 지나는 직선일 때는 모든 점이 단위탄력적이다.

(정답)

수요곡선이 우하향하는 직선일 때, 탄력적 구간에서는 가격이 하락하면 판매수입이 증가한다.

(오답피하기)

① '판매수입변화율 = 가격변화율 + 수요량변화율'이다. 정량구매 시에는 수요량변화율이 0이므로 가격변화율과 판매수입변화율이 같다.

② '공급곡선의 탄력도 = $\frac{\text{공급량변화율}}{\text{가격변화율}}$'이다. 공급곡선이 수평선이라면 가격변화율이 0이므로 공급곡선의 탄력도는 ∞가 된다.

③ 지수는 탄력성을 의미하므로, 보몰의 재고이론인 $M^d=P\sqrt{\frac{bY}{2r}}$에서 화폐수요의 소득탄력성은 $\frac{1}{2}$이다.

2015년 지방직 6번 변형

| 27 | 미시 | 기대효용함수 | 답 ③ |
|---|---|---|---|

위험기피자란 불확실성이 내포된 자산보다 동일 액수의 확실한 자산을 더 선호하는 사람으로 기대효용보다 기대치의 효용이 더 크기에 효용함수가 아래로 오목하다.

(정답)

위험기피자이므로 기대치의 효용보다 기대효용이 낮다.

- 기대치: $100\times0.9+900\times0.1=180$(달러)
- 기대효용: $\sqrt{100}\times0.9+\sqrt{900}\times0.1=12$
- 기대치의 효용: $\sqrt{180}=13.416\cdots$

(오답피하기)

① 불확실성하에서 기대효용과 동일한 효용을 주는 확실한 현금의 크기를 확실성등가라고 한다. $12=\sqrt{Y}$이므로, 확실성등가는 144(달러)이다.

② 위험프리미엄은 '기대치 - 확실성등가'이므로 36(달러)이다.

④ 확실성등가인 144달러가 주는 효용보다 145달러가 주는 효용이 크기 때문에 $A$는 무조건 거래에 응한다.

2015년 지방직 9번 변형

| 28 | 국제 | 무역이론 | 답 ② |
|---|---|---|---|

산업간무역은 비교우위에 의해 두 나라가 서로 다른 산업에서 생산되는 재화를 수출하지만, 산업내무역은 주로 규모의 경제와 독점적 경쟁에 의해 두 나라가 동일산업에서 생산되는 재화를 수출한다.

(정답)

산업간무역은 두 나라가 비교우위에 의해 상대적 생산비가 낮은 재화를 특화하여 생산한다.

(오답피하기)

①, ③ 산업내무역은 선진국과 선진국 사이의 무역을 설명하는 데 적합하고, 무역으로 인해 모든 생산요소가 무역의 이득을 볼 수 있기 때문에 무역 분쟁의 소지가 적다. 반면, 산업간무역은 선진국과 후진국 사이의 무역을 설명하는 데 적합하고 무역으로 인한 이득이 풍부한 생산요소만 발생하기 때문에 무역 분쟁의 소지가 크다.

④ 산업간무역은 두 나라가 서로 다른 산업에서 생산되는 재화를 수출하기 때문에 제품차별화의 중요성이 떨어진다. 반면에 산업 내 무역은 두 나라가 동일 산업에서 생산되는 재화를 수출하기 때문에 제품차별화의 중요성이 크다.

2015년 지방직 12번 변형

| 29 | 거시 | 화폐수요이론 | 답 ① |
|---|---|---|---|

프리드만의 화폐수요함수는 $\frac{M^d}{P}=\frac{1}{V(r,\pi^e)}\cdot Y_P$이다.

(정답)

프리드만의 신화폐수량설은 화폐수요는 항상소득의 증가함수이고 유통속도가 이자율과 예상인플레이션율의 영향을 받지만 그 정도는 매우 미미하다고 본다.

(오답피하기)

② 다른 조건이 일정할 때, 명목소득증가율이 10%이면 통화공급증가율은 10%이다.

③ 보몰의 재고이론에 대한 설명이다.

④ 일반적으로 대체효과가 소득효과보다 크기 때문에 투기적 동기의 화폐수요는 이자율의 감소함수이다.

2015년 지방직 15번 변형

| 30 | 미시 | 필립스곡선 | 답 ① |
|---|---|---|---|

새케인즈학파는 재량적인 안정화정책을 통해 실업률감소 후 일정기간 유지 시 자연실업률이 낮아질 수 있기에 재량적인 안정화정책이 필요함을 주장한다.

**정답**

스태그플레이션의 경우 우상향의 필립스곡선이 도출된다.

**오답피하기**

② 기대인플레이션율이 변하면 필립스곡선이 상하이동을 한다. 즉, 기대인플레이션율이 상승하면 필립스곡선자체가 상방으로 이동한다.
③ 실업률 이력현상 때문에 재량적 안정화정책이 필요하다고 주장하는 학파는 새케인즈학파이다.
④ 총수요곡선의 이동으로 인플레이션율과 실업률이 반비례인 필립스곡선을 도출할 수 있다.

2016년 지방직 6번 변형

| 31 | 거시 | *GDP* | 답 ③ |
|---|---|---|---|

파셰가격지수는 비교년도 수량으로 평가한 비교년도 구입액과 기준년도 구입액을 비교하는 지수이다.

**정답**

'*GNI* = *GDI* + 해외순수취요소소득 = *GDP* + 교역조건변화에 따른 실질무역손익 + 해외순수취요소소득'이다.

**오답피하기**

① *GDP*디플레이터는 파셰방식을 취하며, 파셰방식은 물가변화를 과소평가하는 경향이 있다.
② *GDP*는 총량개념이기 때문에 소득분배 상황을 정확히 파악할 수 없다.
④ *GDP*를 생산, 분배, 지출의 어느 측면에서 측정해도 그 값이 사후적으로 같다는 것을 국민소득 3면 등가의 법칙이라 한다. 최종생산물의 가치는 생산측면에서 측정한 *GDP*이고, '민간소비지출 + 민간총투자 + 정부지출 + 순수출'은 지출측면에서 측정한 *GDP*이다.

2016년 지방직 7번 변형

| 32 | 국제 | 무역이론 | 답 ④ |
|---|---|---|---|

양국의 국내상대가격비, 즉 기회비용 사잇값에서 교역조건이 성립한다.

**정답**

양국이 손해를 보지 않는 교역조건은 '모자 $\frac{1}{2}$개 ≤ 옥수수 1kg ≤ 모자 $\frac{3}{4}$개'이다.

**오답피하기**

① *A*국은 모자 생산에, *B*국은 옥수수 생산에 비교우위를 가지고 있다.
② *A*국의 옥수수 생산 기회비용은 모자 $\frac{3}{4}$단위이다.
③ *B*국은 옥수수 및 모자의 단위당 노동투입량이 적으므로, 양자에 절대우위를 가지고 있다.

| 단위당 노동투입량 | *A*국 | *B*국 |
|---|---|---|
| 옥수수 | 3 | 1 |
| 모자 | 4 | 2 |

| 기회비용 | *A*국 | *B*국 |
|---|---|---|
| 옥수수 | 모자 $\frac{3}{4}$단위 | 모자 $\frac{1}{2}$단위 |
| 모자 | 옥수수 $\frac{4}{3}$단위 | 옥수수 2단위 |

2016년 지방직 9번 변형

| 33 | 국제 | *BP*곡선 | 답 ① |
|---|---|---|---|

완전자본이동을 전제로 하면 *BP*곡선이 수평선이고, 자본이동이 불가능하다고 전제하면 *BP*곡선이 수직선이다.

**정답**

*BP*곡선의 상방은 균형보다 이자율이 높기에 과다한 자본유입으로 국제수지흑자이고, *BP*곡선 하방은 균형보다 이자율이 낮기에 자본유출로 국제수지적자이다.

**오답피하기**

② 자본이동성이 높은 경우 국민소득증가로 수입이 증가할 때 이자율이 조금만 상승해도 충분한 자본유입으로 국제수지균형이 가능하기에 *BP*곡선은 완만해진다.
③ 정부가 재정정책을 사용하여 *IS*곡선이 우측으로 이동하면, 이자율이 상승해 외자가 유입되고 환율이 하락하여 *IS*곡선이 다시 좌측으로 이동한다.
④ *A*국의 가격이 국제가격보다 낮다면 개방 후 수출국이 되고 소비자잉여는 감소하고 생산자잉여는 증가한다.

2016년 지방직 13번 변형

| 34 | 미시 | 사회보장제도 | 답 ④ |
|---|---|---|---|

현금보조를 실시하면 예산선이 바깥쪽으로 평행이동하고, 현물보조를 실시하면 우측으로 평행이동하며, 구입가격의 일정비율을 보조하면 예산선이 회전이동한다.

**정답**

현물보조에서 현금보조로 정책을 바꾸게 되면, 소비자 입장에서 쌀(*X*축) 이외의 재화(*Y*축)를 더 소비할 수 있는 선택지가 생기게 되므로 쌀 소비량이 기존보다 적어질 수 있다.

오답피하기

① 특정목적 달성 측면에서는 현물보조보다 가격보조가 유리하다.
② 소비자 후생수준에서 현금보조는 현물보조보다 크거나 같다.
③ 현금보조를 실시하면 예산선이 바깥쪽으로 평행이동하고, 현물보조를 실시하면 우측으로 평행이동한다.

2016년 지방직 20번 변형

| 35 | 거시 | 통화량감소 | 답 ② |
|---|---|---|---|

이자율상승 시 화폐보유의 기회비용이 커서 통화공급량이 증가하기에 통화공급곡선은 우상향이고 이를 통화공급의 내생성이라 한다.

정답

통화공급량을 감소시키면 이자율상승으로 외자유입에 의한 환율하락을 초래한다. 환율하락은 자국의 통화가치가 상승으로 수입업체가 유리하고 수출기업은 불리해진다.

오답피하기

① 긴축통화정책으로 물가는 하락한다. 물가가 상승하면 통화가치는 하락하기 때문에 채권자가 불리하고, 반대로 물가가 하락하는 경우에는 채무자가 불리하다.
③ 통화공급량 감소는 경기과열 시, 물가안정을 위한 것으로 총수요곡선의 좌측이동요인이다.
④ 통화공급이 이자율에 민감하면 중앙은행이 통화량을 정확히 통제하기 곤란하기에 금융정책의 유효성이 낮아진다.

2017년 지방직 2번 변형

| 36 | 미시 | 시장실패 | 답 ③ |
|---|---|---|---|

시장의 가격기구를 통하지 않고 제3자에게 의도하지 않은 이득이나 손해를 주지만 대가를 받지도 지불하지도 않는 것을 외부성이라 한다.

정답

코즈정리는 거래비용 없이 협상을 할 수 있다면, 외부효과로 인해 초래되는 비효율성을 시장에서 스스로 해결할 수 있다는 원리이다. 그러나 과도한 협상비용이나 협상능력의 차이 등으로 문제해결에 어려움이 있다.

오답피하기

① 생산의 외부불경제 시 기업의 사적한계비용이 사회적한계비용보다 낮다.
② 경합적이나 비배제성으로 인해 공유자원이 과다하게 이용되는 현상을 공유지의 비극이라 한다.
④ 외부효과는 적절한 보상지급이나 비용지불이 이루어지지 않을 때 발생한다.

2017년 지방직 5번 변형

| 37 | 미시 | 수요곡선 | 답 ④ |
|---|---|---|---|

동일한 실질소득 수준에서 상대가격의 변화에 따른 구입량의 변화를 대체효과라 하고 항상 음(-)이다. 동일한 상대가격 수준에서 실질소득의 변화에 따른 구입량의 변화를 소득효과라 하며, 정상재이면 음(-), 열등재이면 양(+)이다.

정답

대체효과이 절댓값이 소득효과의 절댓값보다 작은 경우 $X$재는 기펜재로, 일반적인 수요법칙을 따르지 않는다.

오답피하기

① 재화가 정상재인지 열등재인지에 상관없이, 보상수요곡선은 우하향하는 형태이다.
② 열등재는 수요의 소득탄력성이 0보다 작은 값을 갖는 재화로, 대체효과와 소득효과의 방향이 반대로 나타난다.
③ $X$재의 가격효과가 (-)라면 기펜재가 아닌 열등재로, 통상수요곡선이 보상수요곡선보다 급경사이다.

2017년 지방직 8번 변형

| 38 | 거시 | 고용지표 | 답 ④ |
|---|---|---|---|

일할 의사가 없는 전업주부, 일할 능력이 없는 환자, 실망실업자, 취업준비생 등을 비경제활동인구라 한다.

정답

'고용률 $\times 100 = (100 -$ 실업률$) \times$ 경제활동참가율'이므로, '$50 \times 100 =$ 취업률 $\times 80$'이다. 따라서 취업률은 62.5%이다.

오답피하기

① $A$는 학생이므로 비경제활동인구로 분류된다.
② 실업보험이 축소되면 유보임금이 하락하므로 실업률이 하락한다.
③ 고용률이 감소하고 경제활동참가율이 증가할 때, 취업률은 크게 낮아지고 실업률은 크게 증가한다.

2017년 지방직 16번 변형

| 39 | 국제 | 무역이론 | 답 ① |
|---|---|---|---|

비교우위의 발생원인을 요소부존의 차이로 설명하는 헥셔-오린정리는 노동풍부국은 노동집약재 생산에, 자본풍부국은 자본집약재 생산에 비교우위가 있다고 설명한다.

정답

각국이 절대적으로 생산비가 낮은 재화생산에 특화하여 무역을 하면 두 나라가 모두 이익이라는 것이 절대우위론이다. 한 나라가 두 재화 생산에 모두 절대우위가 있는 경우는 설명할 수 없다.

(오답피하기)

② 스톨퍼 - 사무엘슨정리에 대한 설명이다.
③ 헥셔 - 오린정리에 대한 설명이다.
④ 립진스키정리에 따르면, 어떤 생산요소 부존량이 증가하면 그 요소를 집약적으로 사용하는 재화 생산량은 증가하고 다른 재화 생산량은 감소한다고 본다.

2017년 지방직 19번 변형

| 40 | 국제 | 재정정책 | 답 ③ |
|---|---|---|---|

$IS$곡선이 급경사일수록, $LM$곡선이 완만할수록 재정정책의 유효성이 크다. 즉, 투자의 이자율탄력성이 작을수록, 화폐수요의 이자율탄력성이 클수록 재정정책의 유효성이 크다.

(정답)

자본이동이 불가능한 변동환율제도하에서는 재정정책과 통화정책이 모두 유효하다.

(오답피하기)

① $IS$곡선이 우측으로 이동하므로 단기적으로 총생산이 증가하고, 이자율이 상승한다.
② 투자의 이자율탄력성이 작으면 이자율이 상승해도 민간투자가 적게 감소한다. 따라서 구축효과가 작고, 재정정책의 유효성이 커진다.
④ 가처분소득이 1원 증가할 때 소비증가율을 한계소비성향이라 한다. 다른 조건이 일정할 때, 한계소비성향이 클수록 $IS$곡선의 기울기가 완만하다.

2018년 지방직 5번 변형

| 41 | 거시 | 승수 | 답 ① |
|---|---|---|---|

투자/정부지출승수는 $\frac{1}{1-c}$이고, 조세승수는 $\frac{-c}{1-c}$이다.

(정답)

투자지출이 100에서 120으로 20만큼 증가하고 투자승수가 $4(=\frac{1}{1-c}=\frac{1}{1-0.75})$이기에 국민소득은 80만큼 증가한다.
정부지출이 200에서 220으로 20만큼 증가하고 정부지출승수가 $4(=\frac{1}{1-c}=\frac{1}{1-0.75})$이기에 국민소득은 80만큼 증가한다.
조세수입이 200에서 $a$로 $(a-200)$만큼 증가하고 조세승수가 $-3(=\frac{-c}{1-c}=\frac{-0.75}{1-0.75})$이기에 국민소득은 $3(a-200)$만큼 감소한다. 즉, 균형국민소득은 $80+80-3(a-200)$만큼 변화하여 10만큼 증가했다면 $80+80-3(a-200)=10$이기에, $a=250$이다.

2018년 지방직 6번 변형

| 42 | 미시 | 공리주의 | 답 ② |
|---|---|---|---|

공리주의적 배분은 각각의 한계효용이 일치할 때 달성된다.

(정답)

$x+y=1$하에서, 갑의 효용함수 $u(x)=\sqrt{x}$에서 갑의 한계효용인 $\frac{1}{2\sqrt{x}}$과, 을의 효용함수 $u(y)=2\sqrt{y}$에서 을의 한계효용인 $\frac{1}{\sqrt{y}}$이 일치할 때, 즉, $\frac{1}{2\sqrt{x}}=\frac{1}{\sqrt{y}}$, $y=4x$으로, $x+y=1$과 연립하면, $x+4x=1$에서 $x=\frac{1}{5}$, $y=\frac{4}{5}$가 공리주의적 배분이다.
$x=\frac{1}{5}$만 원, $y=\frac{4}{5}$만 원에서 $W=U^A+U^B=\sqrt{x}+2\sqrt{y}=\sqrt{2,000}+2\sqrt{8,000}=20\sqrt{5}+80\sqrt{5}=100\sqrt{5}$이다. 따라서 사회후생은 $100\sqrt{5}$에서 극대화된다.

2018년 지방직 8번 변형

| 43 | 미시 | 시장공급함수 | 답 ① |
|---|---|---|---|

시장공급함수는 개별공급함수의 수평합으로 구할 수 있다.

(정답)

완전경쟁시장에서 개별공급함수는 한계비용으로 총비용함수 $TC(q)=q^2$에서 $MC=2q$이다. 완전경쟁시장에서 이윤극대화, 즉 $P=MC$에 따라 $P=2q$이다. $P=2q$에서 $q=\frac{1}{2}P$이고, 단기적으로 $a$개의 기업이 존재하기에 수평합에 따라 $a$를 곱하면 $Q=\frac{1}{2}P\times(a)=\frac{1}{2}Pa$이다. 시장공급함수($Q$)가 $Q=50P$이기에 $\frac{1}{2}Pa=50P$에서 $a=100$이다.

2018년 지방직 17번 변형

| 44 | 미시 | 지배적 기업 | 답 ② |
|---|---|---|---|

지배적 기업과 군소기업들로 구성된 시장에서, 지배적 기업이 직면하는 수요곡선은 시장수요에서 군소기업들의 공급량을 차감하여 구할 수 있다.

(정답)

시장수요 $D(p)=30-\frac{P}{2}$에서 군소기업들의 공급함수 $S(p)=\frac{P}{2}$를 차감하면 지배적 기업이 직면하는 수요곡선은 $D_A(p)=(30-\frac{P}{2})-(\frac{P}{2})=30-P$이다. 즉, $Q=30-P$이다.
$Q=30-P$를 변형하면 $P=30-Q$이기에 $MR=30-2Q$이고, $A$의 비용함수는 $c(Q)=\frac{Q^2}{2}$이기에 $MC=Q$이다. 따라서 지배적 기업의 이윤극대화 생산량은 $MR=MC$에 따라 $MR=30-2Q=MC=Q$에서 $Q=10$이다. 결국, 가격은 $Q=30-P$에서 $P=20$이다.

2018년 지방직 18번 변형

**45** 거시 **솔로우 잔차** 답 ②

경제성장의 요인을 요인별로 분석해 보는 것을 성장회계라 하고, $\frac{\Delta Y}{Y}=\frac{\Delta A}{A}+\alpha\frac{\Delta L}{L}+(1-\alpha)\frac{\Delta K}{K}$로 나타낸다. 이때 $\frac{\Delta A}{A}$를 총요소생산성 증가율, 솔로우 잔차라 하고 총요소생산성은 기술수준 등에 의해 결정된다.

**정답**

총생산함수 $Y=AL^{1/3}K^{2/3}$에서 솔로우 잔차가 2%, 노동증가율이 3%, 자본증가율이 3%일 때, 실질 $GDP$증가율은

$\frac{\Delta Y}{Y}=\frac{\Delta A}{A}+\alpha\frac{\Delta L}{L}+(1-\alpha)\frac{\Delta K}{K}=2+\frac{1}{3}\times3+\frac{2}{3}\times3=5\%$이다.

2019년 지방직 1번 변형

**46** 미시 **조세부과** 답 ③

조세부과에 따른 사중적 손실의 크기는 '단위당 조세액 × 거래량의 감소분'이다.

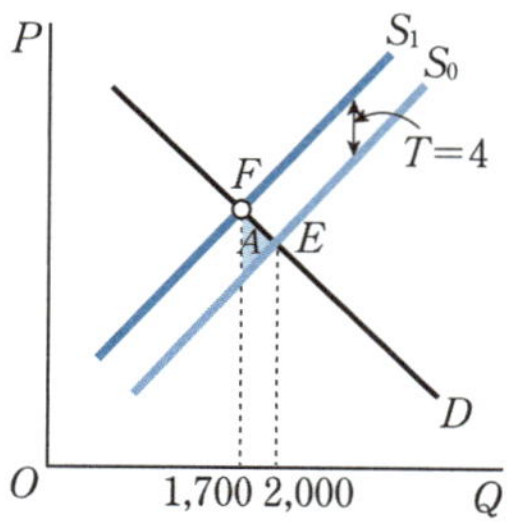


**정답**

단위당 조세액이 4이고, 조세부과에 따른 거래량의 감소분이 300이므로 조세부과에 따른 사중적 손실의 크기는 $600(=1/2\times4\times300)$으로 계산된다.

2019년 지방직 14번 변형

**47** 국제 **헥셔 - 올린모형** 답 ①

헥셔 - 올린정리(요소가격균등화정리)에 따르면, 각국이 비교우위에 따라 교역한다면 완전한 자유무역이 생산요소의 가격을 균등화시킨다.

**정답**

각국이 완전한 자유무역을 실시하게 되면 양국에서 요소의 상대가격이 일치할 뿐만 아니라 요소의 절대가격까지 동일해진다.

**오답피하기**

② 무역 후 생산요소의 결합비율, 즉 요소의 상대가격이 균등화된다.

③ 생산함수는 규모에 대한 수확불변이고, 수확체감의 법칙이 성립한다.

④ 두 나라의 생산함수는 동일하고, 생산요소는 질적 차이가 존재하지 않는다고 가정한다.

2019년 지방직 17번 변형

**48** 미시 **램지원칙** 답 ④

조세의 초과 부담을 최소화하고 정부의 효용을 극대화하기 위해서는, 조세 때문에 생기는 각 재화 수요량의 감소 비율이 동일하도록 세율 구조가 결정되어야 한다는 조세 이론을 램지원칙이라 한다.

**정답**

- $Y$재 세율이 10%일 때, $Y$재 수요의 가격탄력성 $=\frac{\text{수요량 변화율}}{\text{가격 변화율}}=\frac{2.8\%\text{감소}}{1\%\text{상승}}=\frac{28\%}{10\%}$이다.
- 램지원칙에 따라 각 재화 수요량의 감소 비율이 28%로 동일해야 하기에, $X$재 수요의 가격탄력성 $=1.4=\frac{14\%\text{감소}}{10\%\text{상승}}=\frac{28\%\text{감소}}{20\%\text{상승}}$이다.
- 따라서 $X$재의 최적 세율은 20%이다.
- 또는 역탄력성 원칙($\frac{t_X}{t_Y}=\frac{\varepsilon_Y}{\varepsilon_X}$)에 따라 풀면, $\frac{t_X}{t_Y(10\%)}=\frac{\varepsilon_Y(2.8)}{\varepsilon_X(1.4)}$에서 $X$재의 최적 세율은 20%이다.

2019년 지방직 18번 변형

**49** 거시 **황금률** 답 ②

1인당 소비가 극대화되는 상태를 자본축적의 황금률이라 하고 자본소득 분배율 = 저축률일 때 달성된다.

**정답**

- 총생산함수 $Y=AL^{\frac{1}{3}}K^{\frac{2}{3}}$에서 자본축적의 황금률하, $L$위의 지수 $\frac{1}{3}$은 노동소득분배율이자 소비율이고, $K$위의 지수 $\frac{2}{3}$는 자본소득 분배율이자 저축률이다.
- 따라서 솔로우성장모형에서 황금률 수준의 소비율 $b$는 $\frac{1}{3}$이다.

2019년 지방직 20번 변형

**50** 거시 **통화승수** 답 ③

$M^S=\frac{1}{c+z(1-c)}\times H$ 혹은 $M^S=\left(\frac{k+1}{k+z}\right)\times H$이다.

**정답**

- 화폐(통화량)를 현금과 예금으로 절반씩 보유한다면, 통화량을 2로 두면 통화량(2) = 현금(1) + 예금(1)이다.
- '통화량(2) = 현금(1) + 예금(1)'에서 현금/통화량비율은 $c=0.5$이고, 현금/예금비율은 $k=1$이다. 또한 지급준비율은 $z=0.1$이다.
- 즉, 통화량은 440만 원 $[M^S(800)=\frac{1}{c+z(1-c)}[=\frac{1}{0.5+0.1(1-0.5)}]\times H(440)]$ 증가한다.
- 또는 $M^S(800)=\left(\frac{k+1}{k+z}\right)[\frac{1+1}{1+0.1}]\times H(440)$에서도 440만 원 증가함을 알 수 있다.

2020년 지방직 4번 변형

**51** 국제 **실질환율** 답 ③

'실물단위'로 표시한 실질환율은 $\epsilon = \frac{e \times P_f}{P}$($\epsilon$: 실질환율, $e$: 명목환율, $P_f$: 해외물가, $P$: 국내물가)이다.

정답

미국산 연필 1달러를 해외물가, 중국산 연필 2위안을 국내물가, 미국과 중국의 화폐 교환비율 1달러당 $a$위안을 명목환율로 보면, 미국 연필당 중국 연필로 표시되는 실질환율이 2.5일 때, 다음과 같다. $\epsilon = \frac{e \times P_f}{P} = \frac{a \times 1}{2} = 2.5$이다. 따라서 $a$는 5위안이다.

2020년 지방직 10번 변형

**52** 거시 **이자율의 기간구조** 답 ①

이자율의 기간구조이론에 따르면, 동일한 채무불이행 위험, 유동성 등을 가지는 채권들은 만기가 다르기 때문에 서로 다른 이자율을 가질 수 있다.

정답

만기가 서로 다른 채권들이 완전대체재일 경우 장기채권은 유동성프리미엄이 없기에 유동성프리미엄은 0의 값을 갖는다.

오답피하기

② 기대이론에 의하면, 장기이자율은 현재의 단기이자율과 미래 예상되는 단기 이자율의 평균이다. 또한 장기채권과 단기채권 간 완전대체재 관계로 본다.
③ 유동성프리미엄이론에 따르면, 장기채권은 유동성프리미엄이 있기에 만기가 서로 다른 채권들이 불완전대체재 관계로 유동성프리미엄은 항상 양(+)의 값을 갖고 만기가 길어질수록 커진다.
④ 유동성프리미엄이론에 의하면, 장기이자율은 현재의 단기이자율과 미래 예상되는 단기이자율의 평균에 위험프리미엄을 더해 결정한다. 또한 장기채권과 단기채권 간 불완전대체재 관계로 본다.

2020년 지방직 14번 변형

**53** 거시 **사회적 할인율** 답 ④

사회적 할인율이란 경제전체 상황을 고려하여 결정된 할인율이다.

정답

세전 수익률과 세율은 각각 20%와 50%이기에 세후 수익률은 20%의 0.5인 10%이다.
사회적 할인율 = 민간부문의 투자(40) × 세전 수익률(20%) + 민간부문의 소비(60) × 세후 수익률[10% = 세전 수익률(20%) × 세율(50%)] = 14%이다.

2020년 지방직 15번 변형

**54** 국제 **환율** 답 ②

표준적 소비바구니를 대상으로 한 구매력평가 반영 환율은, 자동차 1대와 돌봄서비스 10회로 구성되는 표준적 소비바구니의 갑국과 을국의 통화 간 비율이다.

정답

표준적 소비바구니를 대상으로 한 구매력평가 반영 환율은, 자동차 1대당 10과 돌봄서비스 10회당 20의 합인 갑국 통화 30단위와 자동차 1대당 10과 돌봄서비스 10회당 10의 합인 을국 통화 20단위의 교환비율로 3 : 2이다. 즉, 갑국 통화 3단위에 대해 을국 통화 2단위이다.

2020년 지방직 16번 변형

**55** 미시 **자연로그와 탄력도** 답 ②

자연로그 $\ln(x)$의 변화량은 $x$의 변화율이다. 즉, $\frac{\Delta \ln X}{\Delta X} = \frac{1}{X}$, $\Delta \ln X = \frac{\Delta X}{X}$이다.

정답

- 자연로그 $\ln(Q)$의 변화량은 $Q$의 변화율: $\Delta \ln Q = \frac{\Delta Q}{Q}$
- 자연로그 $\ln(P)$의 변화량은 $P$의 변화율: $\Delta \ln P = \frac{\Delta P}{P}$
- $\frac{\Delta \ln Q}{\Delta \ln P} = \frac{\frac{\Delta Q}{Q}}{\frac{\Delta P}{P}} = \frac{\Delta Q}{\Delta P} \times \frac{P}{Q}$=수요의 가격탄력도이다.
- $\ln Q^d = \beta_1 + \beta_2 \ln P + \epsilon$에서, $\frac{\Delta \ln Q^d}{\Delta \ln P} = \beta_2 = -0.0123$이다.
- 따라서 $\beta_2 = -0.0123$이 수요의 가격탄력도이다. 결국, 가격 $P$가 1% 상승하면, 수요량 $Q^d$가 0.0123% 감소한다.

2021년 지방직 8번 변형

**56** 거시 **성장회계** 답 ②

경제성장의 요인을 요인별로 분석해 보는 것을 성장회계라 하고, $Y = AK^{\alpha}L^{1-\alpha}$에서 $\frac{\Delta Y}{Y} = \frac{\Delta A}{A} + \alpha\frac{\Delta K}{K} + (1-\alpha)\frac{\Delta L}{L}$로 나타낸다.
이때 $\frac{\Delta A}{A}$를 총요소생산성증가율이라 한다.

정답

- 노동자 1인당 $GDP$증가율(4%) = $GDP$증가율 − 노동자증가율에서 노동자증가율 = $GDP$증가율 − 4이다.
- 노동자 1인당 자본증가율(6%) = 자본증가율 − 노동자증가율에서 자본증가율 = 노동자증가율(= $GDP$증가율 − 4) + 6 = $GDP$증가율 + 2이다.

- $\frac{\Delta Y}{Y}=\frac{\Delta A}{A}+\frac{1}{3}\frac{\Delta K}{K}+\frac{2}{3}\frac{\Delta L}{L}$에서, $GDP$증가율=총요소생산성 증가율$+\frac{1}{3}(GDP$증가율$+2)+\frac{2}{3}(GDP$증가율$-4)$이다.
- 따라서 총요소생산성증가율은 2%이다.

2021년 지방직 20번 변형

**57** 거시 **황금률** 답 ②

1인당 소비가 극대화되는 상태를 자본축적의 황금률이라 하고 $MP_K=n+d+g$에서 달성된다.

**정답**

- 현재 안정상태에서, 인구($n$)와 기술 수준($g$)은 고정되어 있고, 자본의 한계생산물은 0.125, 감가상각률($d$)은 0.1일 때, $MP_K(=0.125)>n+d+g(0+0.1+0)$이다.
- 현재 안정상태에서 자본량은 $MP_K(=0.125)>n+d+g(0+0.1+0)$ 이기에 황금률수준의 자본량보다 적다.

2021년 지방직 4번 변형

**58** 미시 **보조금** 답 ①

수요곡선이 $Q_d=280-3P$이고, 공급곡선이 $Q_s=10+7P$일 때, 가격상한을 20원으로 설정하면, 수요량은 220이고 공급량은 150이다.

**정답**

- 생산자에게 단위당 보조금 $a$를 지급하여 공급량을 수요량에 맞추고자 한다면, 공급곡선은 $Q_s=10+7P$에서 $Q_s=10+7[P-(-a)]$로 평행이동한다.
- 평행이동한 공급곡선 $Q_s=10+7[P-(-a)]$가 가격상한 20원과 수요량 220을 만족하려면, $220=10+7[20-(-a)]=150+7a$에서 $a=10$이다.

2021년 지방직 7번 변형

**59** 미시 **생산자잉여** 답 ③

생산자잉여는 총수입에서 총가변비용을 차감한 값이다.

**정답**

- 총비용함수 $C(Q)=5Q+\frac{Q^2}{80}$을 미분하면 한계비용은 $MC=5+\frac{Q}{40}$이다.
- 이윤극대화 생산량은 $P=MC$에서 $85=5+\frac{Q}{40}$이기에 $Q$는 3,200이다.
- 총수입은 $P\times Q$로 $85\times3{,}200=272{,}000$이고, 총가변비용은 $Q=0$일 때의 총고정비용이 영(0)이기에 $TVC=5Q+\frac{Q^2}{80}$으로 $5\times3{,}200+\frac{3{,}200^2}{80}=144{,}000$이다.
- 생산자잉여는 총수입에서 총가변비용을 차감한 값으로 $272{,}000-144{,}000=128{,}000$이다.

2021년 지방직 5번 변형

**60** 국제 **먼델-플레밍모형** 답 ①

(고정환율제도하)자본이동이 완전한 경우, $BP$곡선은 수평선으로, 재정정책은 매우 효과적이나 금융정책은 전혀 효과가 없다.

**정답**

정부지출확대(㉠)로 $IS$곡선이 우측이동하면, 국내금리가 국제금리보다 커져 외국자본유입으로 환율을 하락시키기에, 환율 유지를 위해 중앙은행은 외화를 매입(㉡)하고 그 대가로 본원통화를 증가시켜 통화량이 증가하여 $LM$곡선이 우측이동한다. $BP$곡선이 불변이기에 재정정책은 매우 효과적이다.

2022년 지방직 6번 변형

**61** 미시 **가격효과** 답 ④

열등재의 가격효과는 음(−)이나, 기펜재는 수요의 법칙이 성립하지 않기 때문에 가격효과가 양(+)이다.

**오답피하기**

① 열등재의 소득효과는 양(+)이나 가격효과는 음(−)이다. 정상재는 소득효과와 대체효과 모두 음(−)이므로 가격효과도 음(−)이다.
② 정상재의 가격 변화에 대한 소득효과는 음(−)이고, 소득탄력성은 양(+)이다.
③ 모든 재화의 가격 변화에 대한 대체효과는 음(−)이므로, 기펜재의 가격 변화에 대한 대체효과도 음(−)이다.

2022년 지방직 7번 변형

**62** 미시 **수요함수** 답 ②

무차별곡선과 예선선이 접할 때 달성되는 효용극대화와 다시 예산선을 이용하여 수요함수를 도출할 수 있다.

**정답**

$X$재의 한계효용은 $y$이고, $Y$재의 한계효용은 $x$이기에 한계대체율은 $\frac{y}{x}$이다. 효용극대화는 무차별곡선과 예산선이 접하는 점에서 이루어지므로 $\frac{y}{x}=\frac{Px}{Py}$, $Px\times x=Py\times y$이다. 따라서 $E=3Px\times x$, $x=\frac{E}{3P_X}$가 된다.

2022년 지방직 8번 변형

**63** 거시 **화폐수요이론** 답 ④

고전학파의 화폐수량설 $MV=PY$을 변형한 $M=\frac{1}{V}PY$에서 $PY$(명목국민소득)만큼의 거래를 위해 일정비율($\frac{1}{V}$)만큼의 화폐수요가 필요하다는 화폐수요로 해석할 수 있다.

**정답**

- 甲국의 명목 $GDP$는 800, 실질 $GDP$는 200이기에 물가지수(= $GDP$디플레이터)는 $\frac{800}{200}\times 100=400$이다.
- 현금통화비율은 요구불예금 대비 현금 비중이므로 $0.6=\frac{3}{5}=\frac{\text{현금}}{\text{예금}(100)}$에서 현금은 60이다.
- 통화량은 현금과 요구불예금의 합이기에 160이다.
- 따라서 $MV=PY$에서 $PY$(명목 $GDP$)는 800, $M$(통화량)은 160이기에 화폐유통속도는 5로 도출된다.

2022년 지방직 15번 변형

**64** 미시 **독점** 답 ②

- 가격차별 독점기업의 이윤극대화 조건은 $MR_1=MR_2=MC$이다.
- $MR=\frac{dTR}{dQ}=P+\frac{QdP}{dQ}=P(1+\frac{Q}{P}\cdot\frac{dP}{dQ})=P(1-\frac{1}{\epsilon_d})$
- $MR_1=MR_2$에 따라 $P_1(1-\frac{1}{\epsilon_1})=P_2(1-\frac{1}{\epsilon_2})$이다.

**정답**

- 甲국과 乙국에서 $X$재를 독점 생산하고 있는 독점기업은, 국가간 차익거래가 없기에 가격차별을 통해 이윤을 극대화한다.
- $P_1(1-\frac{1}{\epsilon_1})=P_2(1-\frac{1}{\epsilon_2})$에서, 甲국 수요의 가격탄력성은 3, 乙국 수요의 가격탄력성은 5이기에 $2{,}400(1-\frac{1}{3})=P_2(1-\frac{1}{5})$이다. 따라서 乙국에서의 판매가격은 2,000이다.

2022년 지방직 18번 변형

**65** 거시 **$LM$곡선** 답 ④

통화공급의 내생성하 이자율상승 시 통화공급량이 증가하여 통화공급곡선은 우상향으로 국민소득이 증가하면 화폐수요가 증가하여 이자율이 상승하지만 그 정도는 통화공급의 외생성하보다 작기에 보다 완만한 우상향 형태의 $LM$곡선이 도출된다.

**정답**

화폐공급이 외생적으로 결정될 때보다 이자율에 대한 증가함수일 때, 즉, 통화공급의 내생성하 $LM$곡선의 기울기는 더 완만해진다.

**오답피하기**

① $IS$곡선의 기울기는 한계소비성향이 클수록, 한계저축성향이 작을수록 완만하다.
② 해외부문이 존재하면, 수입이 증가하고 총수요감소로 이어져 국민소득이 감소하기에 보다 급경사 형태의 $IS$곡선이 도출된다. 따라서 $IS$곡선의 기울기는 폐쇄경제보다 개방경제에서 더 가파르다.
③ 투기적 화폐수요를 중시하는 케인즈학파는 $LM$곡선이 완만한 우상향의 형태를 보인다.

2023년 지방직 2번 변형

**66** 미시 **무차별곡선이론** 답 ④

재화의 가격변화에 따른 구입량의 변화를 가격효과라 하고 대체효과와 소득효과로 나누어진다. 동일한 실질소득 수준에서 상대가격의 변화에 따른 구입량의 변화를 대체효과라 하고 항상 음(−)이다. 동일한 상대가격 수준에서 실질소득의 변화에 따른 구입량의 변화를 소득효과라 하며, 정상재이면 음(−), 열등재이면 양(+)이다.

**정답**

기펜재 아닌 열등재는 가격 변화 시의 대체효과가 소득효과보다 크다. 대체효과보다 소득효과가 더 큰 것은 기펜재이다.

**오답피하기**

① 소득이 증가하면 열등재의 수요량은 감소한다.
② 대체효과는 상대가격의 변화에 따른 구입량의 변화로, 가격이 증가하면 열등재 구매의 기회비용이 증가해 수요량이 감소하기에 대체효과는 음(−)의 값을 가진다.
③ 소득효과는 실질소득의 변화에 따른 구입량의 변화로, 가격이 증가하면 실질소득이 감소해 열등재의 수요량이 증가하기에 소득효과는 양(+)의 값을 가진다.

2023년 지방직 4번 변형

**67** 미시 **생산이론** 답 ③

$Q=AL^{\alpha}\cdot K^{\beta}$ 형태의 $C-D$ 함수에서 투입할 노동량과 자본량은 $L=\frac{\alpha}{\alpha+\beta}\times\frac{C}{w}$, $K=\frac{\beta}{\alpha+\beta}\times\frac{C}{r}$로 구할 수 있다.

**정답**

- 투입할 노동량은 $L=\frac{2}{5}\times\frac{C}{8}=\frac{C}{20}$이다.
- 투입할 자본량은 $K=\frac{3}{5}\times\frac{C}{6}=\frac{C}{10}$이다.
- 노동량에 2배를 해야 자본량이 되기에, 자본을 노동의 2배 투입하는 것이 노동과 자본의 최적 투입이다.

2023년 지방직 8번 변형

**68** 미시 **독점적 경쟁시장** 답 ③

제품차별화를 통한 어느 정도의 시장지배력을 갖고 비가격경쟁을 보이며, 다수의 기업이 존재하고, 진입과 퇴거가 대체로 자유로운 것 등은 독점적 경쟁의 특징이다.

정답

ㄴ. 기업들은 대체성이 높지만 이질적인, 차별화된 상품을 생산한다.
ㄷ. 독점적 경쟁시장의 기업들은 단기적으로 한계비용과 한계수입이 일치하는 점($MR=MC$)에서 이윤극대화 생산량을 결정한다.

오답피하기

ㄱ. 독점적 경쟁시장의 기업들은 장기균형 상태에서 완전경쟁시장의 기업들처럼 정상이윤만을 얻는다.
ㄹ. 독점적 경쟁시장에는 장기적으로도 진입장벽이 존재하지 않고, 기업들의 진출과 퇴거가 자유롭게 이루어진다.

2023년 지방직 9번 변형

**69** 미시 **수요와 공급의 탄력성** 답 ③

우하향의 수요직선에서 중점은 단위탄력적이고, 중점 위는 탄력적이며, 중점 아래는 비탄력적으로 모든 점의 수요의 가격탄력도가 다른 경우이다.

정답

- 수요함수 $Q=160-4P$는 $P=40-\frac{1}{4}Q$로 변형할 수 있다.
- 우하향하는 수요함수 중점 아래 점은 비탄력적이고, 중점 위 점은 탄력적이다. 중점의 가격과 수요량에서 판매수입을 극대화시킬 수 있다.
- $P=40-\frac{1}{4}Q$의 중점은 $Q=80$, $P=20$이다.

2023년 지방직 14번 변형

**70** 거시 **경제성장론** 답 ②

성장회계는 $\frac{\Delta Y}{Y}=\frac{\Delta A}{A}+\alpha\frac{\Delta K}{K}+(1-\alpha)\frac{\Delta L}{L}$로 구할 수 있다.

정답

경제성장률 $\frac{\Delta Y}{Y}$는 $\frac{\Delta Y}{Y}=A\%+0.2\times5\%+0.8\times4\%=5.2\%$로, $A\%+1\%+3.2\%=5.2\%$이기에, $A=1\%$이다. 즉, 갑국의 총요소생산성 증가율은 $1\%$이다.

2024년 지방직 10번 변형

**71** 미시 **다공장독점** 답 ④

독점기업이 여러 공장에서 동일한 재화를 생산하는 것을 다공장독점이라 하며, 과점시장에서 카르텔의 경우와 동일하다.

정답

- 독점기업이 두 개의 공장을 운영하고 있을 때 비용을 최소화하기 위한 조건은 $MC_1=MC_2$이므로 $100+4Q_1=360+2Q_2$, $2Q_1-Q_2=130$이 성립한다.
- 이 기업은 두 공장에서 총 140단위를 생산하고자 하므로 $Q_1+Q_2=140$, $Q_2=140-Q_1$이다.
- 아래의 식을 위의 식에 대입하면 $2Q_1-(140-Q_1)=130$, $Q_1=90$이고, $Q_2=50$이다.

2024년 지방직 12번 변형

**72** 미시 **완전경쟁시장** 답 ①

완전경쟁산업의 수요곡선과 공급곡선이 교차하는 점에서 가격과 거래량이 결정되고, 수요곡선($=MR$곡선)과 $LMC$곡선이 교차하는 점에서 완전경쟁기업의 생산량이 결정되는 장기균형을 보인다.

정답

- 완전경쟁시장의 장기균형점은 $LAC$최소점이고, 주어진 $TC$에서 $LAC=2Q+\frac{128}{Q}$이다.
- $LAC$최소점은 $\frac{dLAC}{dQ}=2-\frac{128}{Q^2}=0$이므로 장기균형에서의 생산량은 8이다. $Q=8$을 $LAC$에 대입하면 장기균형에서의 가격은 32이다

2024년 지방직 16번 변형

**73** 미시 **꾸르노모형** 답 ④

두 기업이 모두 추종자라고 가정하는 꾸르노모형은 완전경쟁의 $\frac{2}{3}$만큼 생산한다.

정답

- 두 기업의 한계비용이 같으므로 꾸르노균형에서의 시장생산량은 완전경쟁의 $\frac{2}{3}$이다. 완전경쟁의 시장생산량은 $100-Q=10$에서 $Q=90$이므로 꾸르노균형에서의 시장생산량은 60이다.
- 완전담합에서의 시장생산량은 독점의 시장생산량과 동일하다. 독점의 시장생산량은 $MR=100-2Q=10(=MC)$에서 $Q=45$이다. 즉, 완전담합에서의 시장생산량은 45이다.

2024년 지방직 17번 변형

| 74 | 미시 | 수요와 공급탄력성 | 답 ① |
|---|---|---|---|

수요의 가격탄력성은 가격의 변화율(%)에 대한 수요량의 변화율(%)로, 가격이 1% 변화할 때 수요량의 변화율로 나타낼 수 있다. 따라서 가격이 1% 변화할 때, 수요량의 변화율이 수요의 가격탄력성이다.

정답

- 수요의 가격탄력성은 $-\frac{\Delta Q}{\Delta P}\times\frac{P}{Q}$으로 구할 수 있다.
- 주어진 수요함수에서 $\frac{\Delta Q}{\Delta P}=-4$이고 가격탄력성이 1이므로,

  $4\times\frac{P}{Q}=1,\ Q=4P$가 성립한다.
- 수요함수에 대입하면 $4P=1{,}200-4P$이므로 가격은 150이다.

2024년 지방직 20번 변형

| 75 | 미시 | 소비자균형 | 답 ② |
|---|---|---|---|

주어진 소득 수준에서 총효용이 극대가 되는 것을 소비자균형이라 하고, 한계효용균등의 법칙에 따라 달성된다.

정답

- 효용함수가 $C-D$형($U=AX^{\alpha}Y^{\beta}$)일 경우 $X$재와 $Y$재에 대한 최적의 소비량은 $X=\frac{\alpha}{\alpha+\beta}\times\frac{M}{P_X}$, $Y=\frac{\beta}{\alpha+\beta}\times\frac{M}{P_Y}$로 구할 수 있다.
- 위의 식에 따라 계산하면 $X=\frac{0.6}{0.6+0.3}\times\frac{48}{8}=4$,

  $Y=\frac{0.3}{0.6+0.3}\times\frac{48}{2}=8$이다.

# 3회 서울시 변형

**정답** p. 37

| | | | | | | | | | |
|---|---|---|---|---|---|---|---|---|---|
| 01 | ③ | 02 | ① | 03 | ④ | 04 | ④ | 05 | ④ |
| 06 | ④ | 07 | ② | 08 | ① | 09 | ② | 10 | ② |
| 11 | ③ | 12 | ③ | 13 | ④ | 14 | ④ | 15 | ④ |
| 16 | ④ | 17 | ③ | 18 | ① | 19 | ③ | 20 | ① |
| 21 | ③ | 22 | ② | 23 | ③ | 24 | ① | 25 | ① |
| 26 | ① | 27 | ① | 28 | ① | 29 | ② | 30 | ③ |
| 31 | ① | 32 | ② | 33 | ③ | 34 | ① | 35 | ③ |
| 36 | ③ | 37 | ④ | 38 | ④ | 39 | ③ | 40 | ① |
| 41 | ④ | 42 | ③ | 43 | ① | 44 | ④ | 45 | ④ |

2013년 서울시 2번 변형

**01** 거시 *GDP* 답 ③

일정기간 한 나라 안에서 새로이 생산된 모든 최종생산물의 시장가치를 국내총생산(*GDP*)이라 한다.

**정답**

2016년도의 재고는 2016년도 *GDP*에 포함되고, 2017년도 *GDP*에 포함되지 않는다.

**오답피하기**

① 공해비용은 *GDP*에 포함되지 않는다.

② 외국인의 노동도 한국의 *GDP*에 포함되므로 외국인 노동자가 실직하면 한국의 국내총생산이 감소한다.

④ 일정기간 한 나라 국민이 생산요소를 국내외에 제공한 대가로 벌어들인 소득을 국민총소득(*GNI*)이라 한다. 따라서 한국의 *GNI*에는 중국에 노동을 제공한 대가로 벌어들인 소득이 포함된다.

2013년 서울시 3번 변형

**02** 미시 **탄력성** 답 ①

대체탄력성은 한계기술대체율의 변화율(%)에 대한 요소집약도의 변화율(%)이다.

**정답**

등량곡선이 우하향의 직선인 경우 대체탄력성은 ∞이다.

**오답피하기**

② 다른 재화의 가격이 1%변화할 때, 본 재화의 수요량 변화율이 교차탄력성으로, (+)일 때 대체재, (-)일 때 보완재이다.

③ 독점기업은 *MR*이 0보다 크고 수요의 가격탄력성이 1보다 큰 구간에서 생산한다.

④ 보조금의 혜택 정도는 탄력성에 반비례한다. 따라서 소비자의 탄력성이 크다면 혜택은 생산자가 더 많이 받는다.

2013년 서울시 15번 변형

**03** 미시 **시장실패** 답 ④

개인의 소비가 타인의 소비가능성을 감소시키지 않는 비경합성과 대가를 지불하지 않아도 소비할 수 있는 비배제성을 특성으로 하는 재화를 공공재라 한다.

**정답**

공공재의 소비자들은 동일한 양을 서로 다른 편익으로 소비하기에 공공재의 적정공급조건은 $MB_A + MB_B = MC$ 혹은 $MRS_{XY}^A + MRS_{XY}^B = MRT_{XY}$이다.

**오답피하기**

① 중고차 시장에서 품질에 대한 정보의 비대칭성이 존재하는 경우, 나쁜 품질의 중고차만 거래되는 현상이 중고차 시장의 역선택으로, 계약이전 선택의 문제이므로 감춰진 특성으로 인한 것이다.

② 오염배출권거래제도는 시장유인을 사용한다는 점에서 간접규제 장치이다.

③ 재화의 소비과정에서 제3자에게 의도하지 않은 이득을 주지만 대가를 받지 않아 사적편익이 사회적편익보다 작아서 과소소비가 되는 것을 소비의 외부경제라 한다.

2013년 서울시 16번 변형

**04** 거시 **화폐시장** 답 ④

일반적인 교환방정식 $MV = PY$를 변형하면, '통화공급증가율 + 유통속도증가율 = 물가상승률 + 경제성장률'이다.

**정답**

'통화공급증가율 = 물가상승률 + 경제성장률 - 유통속도증가율'이다.

오답피하기

① 통화승수 $m=\frac{1}{c+z(1-c)}=\frac{1}{z+c(1-z)}$에서 현금통화비율 $c$가 작을수록 통화승수는 커진다.

② 케인즈는 화폐부문에서 화폐의 수요와 공급에 의해 이자율이 결정된다는 유동성선호설에 따라 이자율을 유동성희생에 대한 대가로 본다.

③ 본원적예금이 $W$고 신용승수가 $\frac{1}{z_l}$일 때, 순예금창조액은 $\frac{1-z_l}{z_l}W$이므로 $\frac{1-0.2}{0.2}\times 100=400$이다.

2013년 서울시 19번 변형

**05** 거시 **실업률과 인플레이션율** 답 ④

자연실업률은 $u_n=\frac{s}{s+f}$이다. (단, $s$는 실직률, $f$는 구직률이다)

정답

직업탐색이론에 따르면 예상치 못한 인플레이션(제공임금상승), 실업보험의 축소(유보임금하락), 직업정보의 증대로 탐색기간이 줄고 (제공임금좌측이동 + 유보임금좌측이동) 실업률이 하락한다.

오답피하기

① 자연실업률 공식에 대입하면 $u_n=\frac{5}{5+45}=\frac{5}{50}$로, 10%이다.

② 석유파동과 같은 공급충격으로 총공급곡선이 좌측으로 이동하여 물가수준상승과 산출량감소로 인플레이션율과 실업률이 비례인 우상향의 필립스곡선을 도출할 수 있다.

③ '고용률 $\times 100=$ 취업률 $\times$ 경제활동참가율'이므로, 고용률 $\times 100=70\times 75=6{,}000$이므로 고용률은 60%이다.

2014년 서울시 1번 변형

**06** 미시 **곡선이동** 답 ④

당해 재화의 가격 이외의 요인이 변하여 수량에 변화가 있으면 곡선 자체가 이동한다.

정답

가격상승이 예상되면 수요곡선은 우측으로 이동하고, 공급곡선은 좌측으로 이동한다.

오답피하기

① 사이다와 콜라는 소비측면의 대체재 관계로, 대체재의 가격이 상승하면 수요곡선이 우측으로 이동한다.

② 콩과 옥수수는 공급측면의 대체재 관계로, 대체재의 가격이 상승하면 공급곡선이 좌측으로 이동한다.

③ 종량세를 부과하면 한계비용곡선과 평균비용곡선이 상방으로 이동하여, 가격이 상승하고 생산량이 감소한다.

2014년 서울시 5번 변형

**07** 미시 **시장의 종류** 답 ②

이윤극대화 조건($MR=MC$)과 아모로소-로빈슨 방정식 $\left(MR=P\left(1-\frac{1}{\epsilon_d}\right)\right)$은 모든 시장에서 공통적이다.

정답

독점기업은 우하향의 수요곡선상에서 가장 유리한 생산점을 선택할 수 있으므로 독점기업의 공급곡선은 존재하지 않는다.

오답피하기

① 가격 이외 측면에서 벌이는 비가격경쟁은 크게 상품 차별화, 광고, 판매조건경쟁의 세 가지로 나눌 수 있다. 이와 같은 비가격경쟁은 독점적경쟁에서보다 과점이 치열하다.

③ 꾸르노모형은 완전경쟁의 $\frac{2}{3}$만큼 생산한다.

④ $MC=MR=50\left(1-\frac{1}{1.25}\right)=10$이다.

2014년 서울시 8번 변형

**08** 미시 **수요독점** 답 ①

수요독점 시 이윤극대화는 $MRP_L=MFC_L$에서 이루어진다.

정답

노동시장이 완전경쟁 시 노동공급곡선과 노동수요곡선이 일치, 즉 $L=2W-40=80-W$일 때 $L=40$, $W=40$이다. 노동시장이 수요독점 시 노동공급곡선이 우상향의 직선일 때 한계요소비용곡선은 노동공급곡선과 절편은 동일하고, 기울기는 2배이기에 $MFC=L+20$이다. $MRP_L=MFC_L$이기에 $-L+80=L+20$이면 $L=30$이다. 그리고 임금률은 독점적 지위를 이용하여 노동공급곡선인 $L=2W-40$에서 $L=30$일 때 $W=35$이다. 따라서 노동시장이 완전경쟁일 때와 수요독점일 때 임금차이는 $40-35=5$이다.

2014년 서울시 9번 변형

**09** 미시 **정보경제학** 답 ②

기업이 노동자들이 원하는 임금의 평균값으로 임금을 제시하면, 낮은 능력의 노동자만 고용되는 현상을 노동시장의 역선택이라 한다.

정답

노동시장의 역선택은 높은 능력의 노동자가 학력이나 자격증 등을 제시하는 신호발송으로 해결할 수 있다.

오답피하기

① 감춰진 행동은 계약 이후 행동의 문제로 도덕적해이를 초래한다.

③ 주인 - 대리인 문제가 발생하는 것은 주인의 정보수준이 대리인의 정보수준보다 낮기 때문이다.

④ 감춰진 특성으로 정보수준이 낮은 측이 바람직하지 않은 상대방을 만날 가능성이 높아지는 현상을 역선택이라 한다.

2014년 서울시 18번 변형

**10** 국제 **수출보조금** 답 ②

수출촉진을 위해 수출품에 지급하는 보조금을 수출보조금이라 한다.

**정답**

관세가 부과될 경우, 대국은 사회적후생이 감소 또는 증가한다.

**오답피하기**

① 수출보조금을 지급하면 소비자잉여는 감소하고 생산자잉여는 증가한다.

③ 대국의 경우, 수출보조금을 지급하면 수출량이 증가하여 국제시장에서 초과공급이 발생한다.

④ 소국은 수출보조금액만큼 국내가격이 상승하고, 대국은 수출보조금액보다 적게 국내가격이 상승한다.

2015년 서울시 4번 변형

**11** 미시 **명목이자율** 답 ③

'세후실질이자율 = 세후명목이자율 - 인플레이션율'이다.

**정답**

세후실질이자율이 $2\%$, 이자소득에 대한 세율이 $20\%$이고 인플레이션율이 $6\%$라면 명목이자율을 구하는 식은 $2\% =$ 명목이자율$\times (1-20\%)-6\%$이다. 따라서 명목이자율은 $10\%$이다.

2015년 서울시 6번 변형

**12** 거시 **물가상승** 답 ③

물가가 상승하면 $LM$곡선이 좌측으로 이동한다.

**정답**

물가상승은 수요곡선상의 이동으로 나타난다.

**오답피하기**

① 정부는 물가안정을 위해 세율인상이나 정부지출감소 등의 흑자재정정책을 실시한다.

② 일반적인 필립스곡선은 인플레이션율과 실업률이 반비례관계이다.

④ 스태그플레이션의 경우 물가상승과 산출량감소가 동시에 나타나므로 그러한 상황에서 $AD$곡선이 좌측으로 이동하면 산출량이 추가적으로 감소하여 경제가 더욱 악화될 수 있다.

2015년 서울시 11번 변형

**13** 미시 **이부가격제** 답 ④

이부가격설정방식에서 산출량은 완전경쟁수준이고 소비자잉여는 독점이윤으로 전환된다.

**정답**

놀이공원의 입장료를 소비자잉여와 일치시키고 이용료를 한계비용과 같게 만들 때 이윤이 극대화된다.

**오답피하기**

① 이부가격설정에서 가격과 산출량은 $P=MC$에서 결정되며, 기업의 이윤은 소비자잉여의 크기와 같다. 가격은 $3$, $Y$절편은 $9$, 산출량이 $6$이므로 소비자잉여의 크기는 $18$이다.

②, ③ 이부가격설정방식이란 일정한 금액을 지불하고 특정한 상품을 사용할 권리를 사게 한 다음 그것을 사는 양에 비례해 추가적인 가격을 내게 만드는 방식으로, 소비자잉여를 독점이윤으로 흡수하려는 판매전략이다. 놀이공원 입장료와 이용료, 골프장 회원권과 이용료 등은 모두 이부가격 설정방식의 예이다.

2015년 서울시 16번 변형

**14** 거시 **정부정책** 답 ④

물가하락이 화폐구매력증가를 가져와 실질부증가에 의한 소비증가를 초래하여 총수요를 증가시키는 데 이를 피구효과라 한다. 피구효과가 존재하면 보다 완만한 형태의 $AD$곡선이 도출되며, 유동성함정하에서도 금융정책이 유효함을 보여준다.

**정답**

유동성제약이 존재하면 리카도등가정리는 성립하지 않는다.

**오답피하기**

① $IS$곡선이 급경사일수록 투자의 이자율탄력성이 작기에 이자율이 상승해도 민간투자가 적게 감소한다. 따라서 구축효과가 작고, 재정정책의 유효성이 커진다.

② $LM$곡선이 급경사일수록 화폐수요의 이자율탄력성이 작아 이자율하락폭이 크기에 민간투자가 크게 증가한다. 따라서 금융정책의 유효성이 커진다.

③ 유동성함정하에서 피구효과가 존재한다면 실질부가 증가하여 $IS$곡선이 우측으로 이동하고 $AD$곡선이 우측으로 이동하여 생산량이 증가하게 된다.

2015년 서울시 20번 변형

**15** 국제 **무역이론** 답 ④

각국이 상대적으로 생산비가 낮은 재화 생산에 특화하여 무역을 하면 두 나라가 모두 교역 이전보다 더 많은 재화를 소비할 수 있다는 것이 리카르도의 비교우위론이다.

정답

양국이 이득을 볼 수 있는 교역조건은 기회비용 사잇값이다. 따라서 '$X$재 1.5단위 < $Y$재 1단위 < $X$재 3단위' 혹은 '$Y$재 $\frac{1}{3}$단위 < $X$재 1단위 < $Y$재 $\frac{2}{3}$단위'에서 교역조건이 성립한다.

오답피하기

① 생산비용은 작을수록 우위에 있으므로 $A$국이 $X$재와 $Y$재 생산에 절대우위가 있다.

②, ③ $X$재 1단위 생산 기회비용이 $A$국이 $Y$재 $\frac{1}{3}$단위이고, $B$국은 $Y$재 $\frac{2}{3}$단위이므로 비용이 더 작은 $A$국이 $X$재 생산에 비교우위가 있다. $Y$재 1단위 생산 기회비용은 $A$국이 $X$재 3단위이고, $B$국은 $Y$재 $\frac{3}{2}$단위이므로 비용이 더 작은 $B$국이 $Y$재 생산에 비교우위가 있다.

| 생산비용 | $A$국 | $B$국 |
|---|---|---|
| $X$재 1단위 | 10 | 40 |
| $Y$재 1단위 | 30 | 60 |

| 기회비용 | $A$국 | $B$국 |
|---|---|---|
| $X$재 1단위 | $Y$재 $\frac{1}{3}$단위 | $Y$재 $\frac{2}{3}$단위 |
| $Y$재 1단위 | $X$재 3단위 | $X$재 $\frac{3}{2}$단위 |

2016년 서울시 2번 변형

**16** 거시 **총수요곡선의 이동** 답 ④

소비증가, 투자증가, 정부지출증가, 수출증가, 수입감소, 조세감소로 $IS$곡선은 우측으로 이동하고, 통화량증가, 화폐수요감소로 $LM$곡선은 우측으로 이동하여 총수요곡선이 우측으로 이동한다.

정답

한계소비성향이 커지면 $IS$곡선과 총수요곡선의 기울기가 완만해진다.

오답피하기

① 수입감소는 순수출증가요인으로 순수출이 증가하면 총수요곡선이 우측으로 이동한다.

② 중앙은행이 국공채를 매입하면 통화량이 증가하여 $LM$곡선과 총수요곡선이 우측으로 이동한다.

③ 화폐수요가 감소하면 $LM$곡선과 총수요곡선이 우측으로 이동한다.

2016년 서울시 3번 변형

**17** 미시 **평균가변비용** 답 ③

평균가변비용이 최소가 되는 생산량은 평균가변비용의 미분 값이 0일 때이다.

정답

비용함수가 $C=50+6Q-12Q^2+2Q^3$로 주어져 있다면, 생산량이 0일때 비용 50원은 총고정비용이고, $6Q-12Q^2+2Q^3$이 총가변비용이다. 이때 평균가변비용은 $6-12Q+2Q^2$이다. 따라서 평균가변비용이 최소가 되는 생산량은 평균가변비용의 미분 값이 0일 때로 3이다.

2016년 서울시 6번 변형

**18** 거시 **경제성장모형** 답 ①

솔로우모형의 생산함수는 1차 $C-D$ 생산함수이다.

정답

$Q=\min\left[\frac{k}{\nu},\ \frac{L}{\alpha}\right]$는 레온티에프 함수로, $H-D$모형에서 가정하는 생산함수이다.

오답피하기

② AK모형은 정부의 감세정책 등으로 저축률이 높아지면 지속적인 경제성장이 가능함을 보여준다.

③ 솔로우모형에서 저축률이 상승하면 단기적으로 1인당 경제성장률이 (+)값을 갖는다. 이때 인구증가율은 불변이므로 경제성장률이 증가하게 된다.

④ AK모형은 $Y=AK$형태의 생산함수를 가정하므로 기술진보가 이루어지면 그에 비례하여 지속적인 경제성장이 이루어진다. 솔로우모형에서도 지속적인 경제성장은 지속적인 기술진보에 의해서 가능하다고 본다.

2016년 서울시 10번 변형

**19** 미시 **경제적잉여** 답 ③

가격규제나 수량규제를 통해 사회적잉여는 감소한다.

정답

최고가격제는 수요자보호를 위해 가격을 균형가격보다 낮게 설정하는 것이고, 최저가격제는 공급자보호를 위해 가격을 균형가격보다 높게 설정하는 것이다.

오답피하기

① 생산자잉여는 총수입에서 총가변비용을 차감한 것이므로, 총가변비용이 감소하면 생산자잉여가 증가한다.

② 분담정도와 조세수입은 탄력성에 반비례하며, 이로 인한 후생손실인 초과부담 또는 자중적손실은 탄력성에 비례한다.

④ $-\frac{1}{2}Q+30=\frac{1}{3}Q+10$에서 균형거래량은 24이고, 균형가격은 18이다. 한편, 수요곡선의 $Y$절편은 30이므로 소비자잉여는 $\frac{1}{2}\times 24\times(30-18)=144$이다.

2016년 서울시 18번 변형

**20** 거시 **학파별 비교** 답 ①

예상된 통화량증가는 산출량증가 없이 물가상승만 초래한다는 것이 정책무력성정리이다.

**정답**

새케인즈학파는 메뉴비용이 크면 기업은 가격조정을 포기하기에 가격이 경직적이 된다는 메뉴비용이론을 제시한다.

**오답피하기**

② 새고전학파의 정책무력성정리에 따르면 예상된 정책은 단기적으로도 효과가 없다.
③ 케인즈학파에 따르면 유동성함정하에서 금융정책은 효과가 없다.
④ 고전학파는 모든 가격변수가 신축적이기에 불균형일 때, 가격조정으로 즉각 균형회복이 가능하다고 본다. 케인즈학파는 가격변수는 경직적이고 충분한 유휴설비가 존재하면 불균형일 때, 생산량조정으로 불균형이 조정된다고 본다.

2017년 서울시 1번 변형

**21** 미시 **무차별곡선** 답 ③

완전보완재의 경우 무차별곡선은 '$L$자형'이고 완전대체재인 경우 우하향의 직선 형태이다.

**정답**

두 재화가 완전대체재일 경우의 무차별곡선은 우하향의 직선 형태이다.

**오답피하기**

① 두 재화 중 한 재화가 비재화이면 무차별곡선은 우상향한다.
② 효용의 기수적 측정이 가능하다고 가정하는 것은 한계효용이론이다. 무차별곡선이론에서는 효용을 서수적으로만 측정이 가능하다고 전제한다.
④ 재화의 경우 원점에서 멀어질수록 더 높은 효용수준을 나타낸다.

2017년 서울시 2번 변형

**22** 거시 **통화량** 답 ②

'통화량 = 현금통화 + 예금통화'이다.

**정답**

윤석이가 50만 원을 은행에 예금하면 현금통화가 50만 원이 감소하고, 예금통화가 50만 원 증가하므로 통화량이 변하지 않는다. 그러나 승주가 은행에서 30만 원을 대출받으면 현금통화가 30만 원이 증가하게 되므로 이 거래가 이루어지면 총 통화량이 30만 원 증가하게 된다.

2017년 서울시 8번 변형

**23** 국제 **비교우위론** 답 ③

양국의 국내상대가격비, 즉 기회비용 사잇값에서 양국이 이득을 볼 수 있는 교역조건이 성립한다.

**정답**

비교우위론을 전제로 하면, $A$국의 $X$재 1개 생산기회비용은 $Y$재 5개, $B$국의 $X$재 1개 생산 기회비용은 $Y$재 20개이다. 따라서 $A$국은 $X$재, $B$국은 $Y$재를 생산하는 것이 합리적이다.

**오답피하기**

① $A$국 생산가능곡선을 변형하면 $Y=10-5X$이다. 기울기가 5이므로, $A$국의 $X$재 1개 생산의 기회비용은 $Y$재 5개이다.
② 교역조건이 $Y$재 $5<X$재 $1<Y$재 20이므로 $X$재 1개와 $Y$재 10개를 거래하면 양국이 이득을 볼 수 있다.
④ 만약 $X$재 1개와 $Y$재 10개를 교환한다면, $A$국은 $X$재 1개와 $Y$재 10개, $B$국은 $X$재 1개와 $Y$재 30개를 소비할 수 있으므로 이는 생산가능곡선이 우측으로 이동한 것과 동일한 효과이다.

2017년 서울시 12번 변형

**24** 미시 **비용** 답 ①

명시적 비용과 묵시적 비용의 합이 경제적 비용이고 기회비용의 관점에서 측정한다.

**정답**

매몰비용은 회수나 환불이 불가하기에 합리적 선택을 위해 매몰비용은 기회비용으로 고려하지 않는다.

**오답피하기**

② 한계비용이 평균비용보다 크면 평균비용이 증가하고, 한계비용이 평균비용보다 작으면 평균비용이 감소한다.
③ 완전경쟁기업의 경우, 평균가변비용 최저점이 생산하는 것과 생산을 하지 않는 것이 동일한 생산중단점이다. 따라서 단기에 평균가변비용이 최저가 되는 생산량이 생산중단점이 된다.
④ 수입보다 비용이 커서 손실이 발생하더라도 시장가격이 평균가변비용보다 크면 고정비용의 일부를 보상받을 수 있기에, 기업은 조업을 계속한다.

2017년 서울시 20번 변형

| 25 | 거시 | 인플레이션 | 답 ① |
|---|---|---|---|

총수요증가에 의한 물가상승을 수요견인 인플레이션, 총공급감소에 의한 물가상승을 비용인상 인플레이션이라 한다.

**정답**

외화를 매입하면 통화량이 증가하여 물가가 상승하므로, 인플레이션 해결방법이 될 수 없다.

**오답피하기**

② 재할인율을 인하하면 통화량이 증가하여 총수요곡선이 우측으로 이동하고 디플레이션 해결방법이 될 수 있다.
③ 국공채를 매각하면 통화량이 감소하므로 물가가 하락하므로 스태그플레이션 시 물가안정의 방법이 될 수 있다.
④ 공무원 채용 인원 증대는 정부지출증가이므로 총수요곡선이 우측으로 이동하고 디플레이션 해결방법이 될 수 있다.

2018년 서울시(3월 추가) 4번 변형

| 26 | 미시 | 생산함수 | 답 ① |
|---|---|---|---|

모든 요소투입량이 $k$배 증가하면 생산량이 $k$배 증가하는 것을 규모에 대한 수익불변(CRS)이라 한다.

**정답**

노동량과 자본량이 각각 1, 2, 3으로 1배, 2배, 3배 증가할 때 생산량이 100, 200, 300으로 1배, 2배, 3배 증가하기에 규모에 대한 수익불변(㉠)이 성립한다. 자본량은 1로 일정하다고 가정하면, 노동량이 1일 때 생산량은 100이고, 노동량이 1단위 추가되어 2일 때 생산량은 40단위 추가되어 140이며, 다시 노동량이 1단위 추가되어 3일 때 생산량은 10단위 추가되어 150이기에 노동의 한계생산은 100, 40, 10으로 노동의 한계생산은 체감(㉡)한다.

2018년 서울시(3월 추가) 8번 변형

| 27 | 거시 | 필립스곡선 | 답 ① |
|---|---|---|---|

필립스곡선 $\pi=\pi^e-\alpha(U-U_N)$에서 $\pi=\pi^e$일 때 실업률을 자연실업률이라 한다.

**정답**

잠재 $GDP$에 해당하는 실업률은 자연실업률로 $\pi=\pi^e$일 때 $-0.5u+2.2=0$에서 $u=4.4\%$이다.

2018년 서울시(3월 추가) 13번 변형

| 28 | 미시 | 내쉬균형 | 답 ① |
|---|---|---|---|

상대방의 전략을 주어진 것으로 보고 경기자는 자신에게 가장 유리한 전략을 선택하였을 때 도달하는 균형을 내쉬균형이라 한다.

**정답**

- 을이 전략 $C$를 선택하면 갑은 전략 $A$ 선택이 최선이고 을이 전략 $D$를 선택하면 갑은 전략 $A$ 선택이 최선이다. 따라서 갑의 우월전략은 전략 $A$이다.
- 갑이 전략 $A$를 선택하면 을은 전략 $C$ 선택이 최선이고 갑이 전략 $B$를 선택하면 을은 전략 $C$ 선택이 최선이다. 따라서 을의 우월전략은 전략 $C$이다.
- 따라서 내쉬균형은 (5, 15)이다.

2018년 서울시(3월 추가) 18번 변형

| 29 | 국제 | 무역이론 | 답 ② |
|---|---|---|---|

양국의 국내상대가격비, 즉 기회비용 사잇값에서 양국이 이득을 볼 수 있는 교역조건이 성립한다.

**정답**

물고기 1kg당 생산의 기회비용은 $A$는 커피 1kg이고 $B$는 커피 2kg이기에 두 나라가 이익을 얻을 수 있는 교역조건은 커피 1kg < 물고기 1단위 < 커피 2kg이다. 따라서 물고기 1kg당 커피 1.5kg과 교환하면 $A$, $B$ 모두에게 이익이다.

| 시간당 생산량 | 물고기(kg) | 커피(kg) |
|---|---|---|
| $A$ | 12/6 = 2 | 12/6 = 2 |
| $B$ | 15/10 = 1.5 | 30/10 = 3 |

| 기회비용 | 물고기(kg) | 커피(kg) |
|---|---|---|
| $A$ | 커피 2/2 = 1 | 물고기 2/2 = 1 |
| $B$ | 커피 3/1.5 = 2 | 물고기 1.5/3 = 0.5 |

2018년 서울시(3월 추가) 20번 변형

| 30 | 거시 | 성장회계 | 답 ③ |
|---|---|---|---|

경제성장의 요인을 요인별로 분석해 보는 것을 성장회계라 하고, $Y=AK^{\alpha}L^{1-\alpha}$에서 $\frac{\Delta Y}{Y}=\frac{\Delta A}{A}+\alpha\frac{\Delta K}{K}+(1-\alpha)\frac{\Delta L}{L}$로 나타낸다. 이때 $\frac{\Delta A}{A}$를 총요소생산성 증가율이라 한다. 또한 $Y$는 생산량, $L$은 노동인구일 때 노동자 1인당 생산량 $y$는 $y=\frac{Y}{L}$이다. 따라서 $y=\frac{Y}{L}$에서 $\frac{\Delta y}{y}=\frac{\Delta Y}{Y}-\frac{\Delta L}{L}$로 나타낸다.

**정답**

노동자 1인당 소득의 증가율($\frac{\Delta y}{y}$)이 1%, 노동증가율$\left(\frac{\Delta L}{L}\right)$이 5%이기에 $\frac{\Delta y}{y}=\frac{\Delta Y}{Y}-\frac{\Delta L}{L}$, $1\%=\frac{\Delta Y}{Y}-5\%$에서 국민총생산 증가율$\left(\frac{\Delta Y}{Y}\right)$은 6%이다. $\frac{\Delta Y}{Y}=\frac{\Delta A}{A}+\alpha\frac{\Delta K}{K}+(1-\alpha)\frac{\Delta L}{L}$에서 국민총생산 증가율$\left(\frac{\Delta Y}{Y}\right)$은 6%, 총요소생산성 증가율$\left(\frac{\Delta A}{A}\right)$이

1%, $\alpha$(자본소득분배율)$=0.6$, $1-\alpha$(노동소득분배율)$=0.4$, 노동증가율 $\left(\frac{\Delta L}{L}\right)$이 5%이기에, $\frac{\Delta Y}{Y}=\frac{\Delta A}{A}+\alpha\frac{\Delta K}{K}+(1-\alpha)\frac{\Delta L}{L}$, $6\%=1\%+0.6\times\frac{\Delta K}{K}+0.4\times 5\%$에서 자본증가율($\frac{\Delta K}{K}$)은 5%이다.

2018년 서울시(6월 시행) 5번 변형

**31** | 미시 | **정액구매과 정량구매** | 답 ①

수요곡선이 수직선일 때는 가격변화율과 판매수입변화율이 같은 경우(정량구매)이고, 직각쌍곡선일 때는 가격변화에도 판매수입이 불변(정액구매)이다.

**정답**

- 갑(甲)은 일정 금액(5만 원)만큼 주유하는 정액구매로 수요의 가격탄력성은 단위탄력적이다.
- 을(乙)은 일정 수량(5리터)만큼 주유하는 정량구매로 수요의 가격탄력성은 완전비탄력적이다.

2018년 서울시(6월 시행) 10번 변형

**32** | 미시 | **노동시장** | 답 ②

노동의 한계생산을 증가시키는 기술진보로 인해 노동수요곡선이 우측이동하게 되고, 여가선호증가로 조기은퇴자의 증가가 발생하면 노동공급곡선은 좌측으로 이동하게 된다.

**정답**

노동수요곡선의 우측이동과 노동공급곡선의 좌측이동으로 균형임금은 반드시 상승하지만 곡선의 이동폭을 모르기에 균형노동고용량의 변화는 불명확하다.

2018년 서울시(6월 시행) 14번 변형

**33** | 거시 | **공개시장조작정책** | 답 ③

국공채 매각은 통화량감소를 초래한다.

**정답**

국공채 매각으로 통화량은 감소하고, 통화량감소로 이자율은 상승하며, 이자율상승은 국공채 수익률의 상승을 의미한다. 또한 국공채 매각으로 국공채 공급이 증가하기에 국공채 가격하락으로 이어진다.

2018년 서울시(6월 시행) 17번 변형

**34** | 국제 | **관세** | 답 ①

관세수입은 '단위당 관세 × 초과수요'이다.

**정답**

국내 생산자의 공급곡선 $P=2Q$와, 국내 소비자의 수요곡선 $P=12-Q$에서 개방전 국내가격은 8이며, 국제시장의 쌀 공급곡선 $P=4$에서 국제가격은 4이다. 정부가 수입 쌀에 대해 단위당 $a$의 관세를 부과할 때, 수입쌀의 국내가격은 국제가격 4에 단위당 관세 $a$의 합으로 $4+a$이다. 관세부과 후 수요량은 국내 소비자의 수요곡선 $P=12-Q$에서 $P=4+a$일 때, $Q=8-a$이다. 관세부과 후 공급량은 국내 생산자의 공급곡선 $P=2Q$에서 $P=4+a$일 때, $Q=2+a/2$이다. 따라서 $6-(3/2)a$만큼의 초과수요가 발생한다. 관세수입은 단위당 관세$[=a]\times$ 초과수요$[=6-(3/2)a]=6$이다. 따라서 $\frac{3}{2}a^2-6a+6=0$에서 단위당 관세 $a$는 2이다.

2018년 서울시(6월 시행) 19번 변형

**35** | 거시 | **솔로우모형** | 답 ③

솔로우(Solow)의 경제성장모형하에서 1인당 실제투자액$[sf(k)]$과 1인당 필요투자액$[(n+d)k]$이 일치할 때 1인당 자본량이 불변으로 균제상태를 보인다.

**정답**

1인당 생산함수는 $y=2k^{1/2}$이고, 저축률은 20%이기에 1인당 실제투자액은 $sf(k)=0.2\times2\sqrt{k}$이다. 인구증가율은 5%이고 감가상각률이 5%이기에 1인당 필요투자액은 $(n+d)k=(0.05+0.05)k$이다. 따라서 균제상태하 $sf(k)=0.2\times2\sqrt{k}=0.4\sqrt{k}=(n+d)k=(0.05+0.05)k=0.1k$에서 $k=16$이다. $k=16$일 때, 일인당 생산량은 $y=2k^{1/2}=2\times16^{1/2}=8$에서 $y=8$이다.

2019년 서울시(2월 추가) 6번 변형

**36** | 미시 | **외부효과** | 답 ③

$P=SMC$에서 사회적 최적산출량이 달성되고 $P=PMC$에서 시장균형산출량이 결정된다.

**정답**

- 총비용 $50+0.5Q^2$에서 사적한계비용은 $PMC=Q$이고 외부불경제의 크기 $kQ$에서 외부한계비용은 $MEC=k$이기에 사회적한계비용은 $SMC=Q+k$이다.
- $Q=200-2P$이기에 $P[=100-(1/2)Q]=SMC(Q+k)$에서 사회적 최적산출량은 $Q=\frac{(100-k)2}{3}$이다.
- 그런데 독점시 $MR=100-Q$이기에 $MR(=100-Q)=PMC(=Q)$에서 이윤극대화 생산량은 $Q=50$이다.
- 따라서 $Q=\frac{(100-k)2}{3}=50$에서 $k=25$일 때 시장의 거래량은 사회적 후생을 극대화하게 된다.

2019년 서울시(2월 추가) 9번 변형

## 37 미시 규모에 대한 수익불변 답 ④

1차 $C-D$생산함수 $Q=AL^{\alpha}K^{\beta}(\alpha+\beta=1)$는 규모에 대한 수익불변의 특징을 보여준다.

**정답**

노동단위 1인당 생산량은

$AP_L=\frac{Q}{L}=AL^{\alpha-1}K^{\beta}=AL^{\alpha-1}K^{1-\alpha}=A(\frac{K}{L})^{1-\alpha}$이다.

생산요소인 노동과 자본이 각각 2배 증가하고 기술수준이 2배로 높아지면 $L$과 $K$ 및 $A$가 모두 2배 증가로, 노동단위 1인당 생산량 $AP_L=A(\frac{K}{L})^{1-\alpha}$은 2배 증가한다.

2019년 서울시(2월 추가) 11번 변형

## 38 미시 최저임금 답 ④

최저임금 시 노동 공급량과 수요량 간의 차이만큼 비자발적 실업이 발생한다.

**정답**

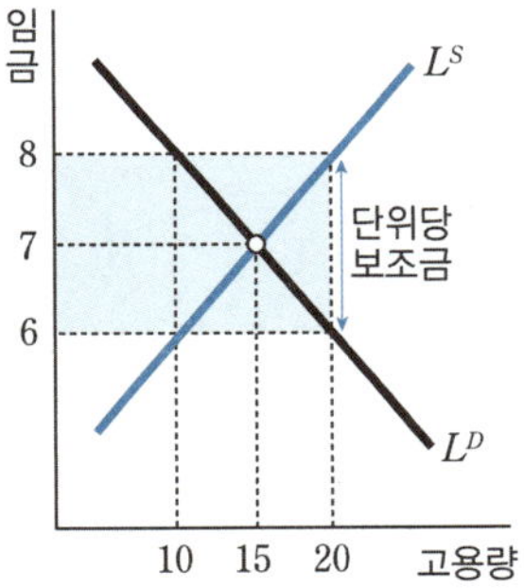


최저임금을 8원으로 할 경우, 노동 공급량은 20이고 수요량은 10이기에 10(㉠)만큼의 비자발적 실업이 발생한다.

최저임금 8원에서 노동 공급량이 20일 때 실업을 완전히 없애려면 수요량도 20이 되어야 하고, 이를 위해 임금은 6원이어야 한다.

따라서 단위당 보조금은 $8-6=2$원이다.

결국, 실업을 완전히 없애기 위한 보조금으로 소요되는 필요 예산은 거래량 × 단위당 보조금 $=20\times2=40$원(㉡)이다.

2019년 서울시(2월 추가) 15번 변형

## 39 거시 통화승수 답 ③

본원통화량이 불변인 경우 현금보유비율이 작아지고, 지급준비율이 낮을수록 통화승수가 커지기에 통화량은 증가한다. 즉, 예금이 커지고 대출이 늘수록 통화량은 증가한다.

**정답**

- 현금통화비율이 0%이고, 초과지급준비금을 전부 대출할 때, 은행 시스템 전체를 통해 최대로 증가할 수 있는 통화승수는 법정지급준비율의 역수로 $1/20\%=5$이다.
- 따라서 은행시스템 전체를 통해 최대로 증가할 수 있는 통화량의 크기는 5천만 원×5=2억 5천만 원이다.
- 즉, 통화량은 최대 2억 5천만 원까지 증가할 수 있다.

2019년 서울시(2월 추가) 20번 변형

## 40 미시 탄력도 답 ①

소득 수준에 상관없이 소득의 절반을 식료품 구입에 사용하면, 수요함수는 $P\times Q=\frac{1}{2}M$, $Q=\frac{1}{2}M^1P^{-1}$이다.

**정답**

㉠ 수요함수 $Q=\frac{1}{2}M^1P^{-1}$에서 식료품의 소득탄력성의 절댓값은 1이다.

㉡ 수요함수 $Q=\frac{1}{2}M^1P^{-1}$에서 식료품의 가격탄력성의 절댓값은 1이다.

2019년 서울시(10월 시행) 5번 변형

## 41 거시 총요소생산성 증가율 답 ④

경제성장의 요인을 요인별로 분석해 보는 것을 성장회계라 하고, $Y=AK^{\alpha}L^{1-\alpha}$에서 $\frac{\Delta Y}{Y}=\frac{\Delta A}{A}+\alpha\frac{\Delta K}{K}+(1-\alpha)\frac{\Delta L}{L}$로 나타낸다. 이때 $\frac{\Delta A}{A}$를 총요소생산성 증가율이라 한다.

**정답**

- $\frac{\Delta A}{A}=\frac{\Delta Y}{Y}-\alpha\frac{\Delta K}{K}-(1-\alpha)\frac{\Delta L}{L}$에서 국민총생산 증가율$\left(\frac{\Delta Y}{Y}\right)$이 8%, 노동증가율$\left(\frac{\Delta L}{L}\right)$이 1%, 자본증가율$\left(\frac{\Delta K}{K}\right)$이 7%이고, $\alpha$(자본소득분배율)$=0.5$, $1-\alpha$(노동소득분배율)$=0.5$이기에, $\frac{\Delta A}{A}=8-0.5\times7-0.5\times1=4\%$이다.
- 따라서 경제성장률이 8%이고 총요소생산성증가율이 4%이기에 총요소생산성의 경제성장기여율은 $\frac{4}{8}\times100=50\%$이다.

2019년 서울시(10월 시행) 9번 변형

## 42 미시 십분위분배율 답 ③

최하위 40%의 소득점유율을 최상위 20%의 소득점유율로 나눈 값이 십분위분배율이다.

**정답**

- 제1오분위와 제2오분위의 소득을 합한 최하위 40% 소득계층의 소득이 전체소득에서 차지하는 비중이 20%이고, 제5오분위에 해당하는 최상위 20% 소득이 전체소득의 40%이다.
- 따라서 최하위 40%의 소득점유율을 최상위 20%의 소득점유율로 나눈 십분위분배율은 0.5이다.

2019년 서울시(10월 시행) 14번 변형

## 43 미시 노동시장 답 ①

생산물시장이 완전경쟁이면 $P = MR$이기에 $MRP_L = MP_L \times MR = MP_L \times P = VMP_L$이고, 생산요소시장이 완전경쟁이면 개별기업은 주어진 임금으로 원하는 만큼 고용할 수 있기에 $MFC_L = w$이다. 따라서 $VMP_L = MRP_L = MFC_L = w$가 성립한다. $VMP_L = w$에서 $VMP_L = MP_L \times P$이기에 $MP_L \times P = w$이다.

**정답**

$Q = \sqrt{L}$에서 $MP_L$은 $\frac{1}{2\sqrt{L}}$이고 $P$는 20이며, $w$는 10이기에,

$20 \times \frac{1}{2\sqrt{L}} = 10$이다.

따라서 $L$은 1이다.

2019년 서울시(10월 시행) 7번 변형

## 44 거시 보몰 - 토빈의 화폐수요이론 답 ④

보몰 - 토빈의 화폐수요함수 $M^D = P\sqrt{\frac{bY}{2r}}$ ($b$: 거래비용)에서, 거래적 동기의 화폐수요는 소득의 증가함수이고, 이자율의 감소함수이다.

**정답**

보몰 - 토빈의 화폐수요함수 $M^D = P\sqrt{\frac{bY}{2r}}$ ($b$: 거래비용)에서, 화폐수요의 소득탄력성은 $\frac{1}{2}$이다.

**오답피하기**

①, ②, ③ 거래적 동기의 화폐수요는 이자율의 감소함수이고, 소득의 증가함수이며, 거래비용의 증가함수이다.

2019년 서울시(10월 시행) 11번 변형

## 45 거시 필립스곡선 답 ④

필립스곡선 $\pi = \pi^e - \alpha(U - U_N)$에서 $\pi = \pi^e$일 때 실업률을 자연실업률이라 한다.

**정답**

기대인플레이션율이 $\pi^e = 5\%$일 때 실제인플레이션율이 $\pi = 3\%$가 되기 위해서는 필립스곡선 $\pi = \pi^e + 4.0 - 0.8u$에서 $3 = 5 + 4.0 - 0.8u$이기에 실제실업률은 7.5%이다.

# 4회 2010년 국회직 변형

**정답** p. 46

| | | | | | | | | | |
|---|---|---|---|---|---|---|---|---|---|
| 01 | ④ | 02 | ④ | 03 | ① | 04 | ① | 05 | ① |
| 06 | ④ | 07 | ③ | 08 | ② | 09 | ② | 10 | ③ |
| 11 | ④ | 12 | ③ | 13 | ④ | 14 | ② | 15 | ④ |
| 16 | ③ | 17 | ③ | 18 | ③ | 19 | ③ | 20 | ③ |
| 21 | ② | 22 | ③ | 23 | ④ | 24 | ② | 25 | ③ |

## 01 미시 가격효과 답 ④

동일한 실질소득 수준에서 상대가격의 변화에 따른 구입량의 변화를 대체효과라 하고 항상 음(−)이다. 동일한 상대가격 수준에서 실질소득의 변화에 따른 구입량의 변화를 소득효과라 하며, 정상재이면 음(−), 열등재이면 양(+)이다.

**정답**

열등재의 가격이 상승하는 경우, 소득효과는 양(+)이기에 소비자들은 그 재화를 더 소비하게 될 것이다.

**오답피하기**

① 재화는 정상재인 경우 엥겔곡선(Engel curve)은 우상향한다. 즉, 사치재는 완만한 형태이고 필수재는 가파른 형태이며 소득탄력도가 1일 때 원점을 지나는 직선으로 우상향한다.

② 재화의 가격이 하락하는 경우, 대체효과는 항상 음(−)이기에 가격변화 전보다는 그 재화를 더 많이 소비하게 한다.

③ 정상재의 가격이 하락하는 경우, 소득효과는 음(−)이기에 소비자들은 그 재화를 더 많이 소비하게 될 것이다.

## 02 미시 가격상한 답 ④

수요자 보호를 위해 균형가격보다 낮게 설정하는 최고가격제하, 초과수요로 인한 암시장이 발생할 수 있다. 최고가격제로 거래량이 줄고 사회적 잉여도 감소한다.

**정답**

수요와 공급이 각각 $Q^d = 300 - 5P$, $Q^s = 10P$일 때, 균형가격과 균형거래량이 각각 20과 200이다. 따라서 가격상한을 15원으로 정한다면, 수요량이 225이고 공급량이 150이기에 초과수요는 75이다. 옆의 그림에서 가격상한으로 인한 후생손실은 $A$와 $B$의 합으로,

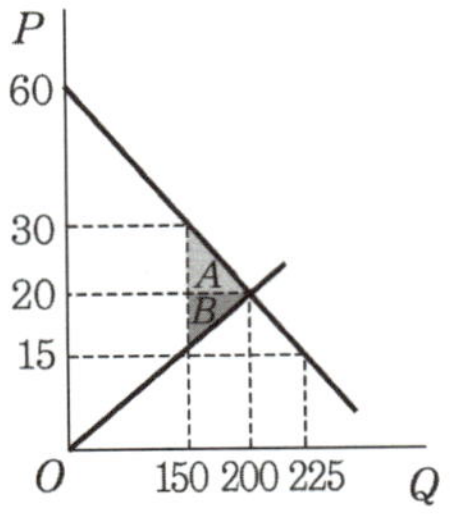


$(200-150)\times(30-15)\times\frac{1}{2}=375$이다.

## 03 미시 효용극대화 답 ①

$\frac{MU_A}{P_A} > \frac{MU_B}{P_B}$ 이면, $A$재의 1원당 한계효용은 $B$재의 1원당 한계효용보다 크다. 그러므로 $A$재 구입을 늘리고 $B$재 구입을 감소시켜 효용증대가 가능하다.

**정답**

$MRS_{AB} = \frac{MU_A}{MU_B}(=3) > \frac{P_A}{P_B}\left(=\frac{1}{2}\right)$이므로 $\frac{MU_A}{P_A} > \frac{MU_B}{P_B}$이다.

즉, $A$재의 1원당 한계효용은 $B$재의 1원당 한계효용보다 크다. 그러므로 $A$재 구입을 늘리고 $B$재 구입을 감소시켜 효용증대가 가능하다.

## 04 미시 보조금 지급 답 ①

생산자에게 보조금을 지급하면 소비자잉여와 생산자잉여는 증가하나 증가분의 합이 보조금에 미달하기에 총사회적후생은 감소한다.

**정답**

생산자에게 보조금을 지급하면 소비자잉여증가$(d+e)$, 생산자잉여증가$(a+b)$이나 증가분의 합$(a+b+d+e)$이 보조금 $(a+b+c+d+e+f)$에 미달하기에 총사회적후생은 감소$(c+f)$한다. 따라서, 생산자잉여 증가분은 $a+b$이다.

## 05 미시 조세의 귀착 답 ①

조세의 귀착 시 후생손실은 '거래량 감소분 × 단위당 조세 $\times\frac{1}{2}$'이다.

**정답**

정부가 담배 1갑당 500원의 담배소비세 부과를 통해 얻는 세수가 40만 원이기에 조세 부과로 변화된 거래량은 800갑이다. 담배소비세가 없었을 때의 균형거래량은 1,000갑으로 조세로 인한 거래량 감소분은 200갑이다. 따라서 후생손실은 거래량 감소분 × 단위당 조세 $\times\frac{1}{2} = 200\times500\times\frac{1}{2}=5$만 원이다.

## 06 거시 필립스곡선 답 ④

적응적 기대하 기대인플레이션은 전기의 실제인플레이션과 동일하다.

**정답**

기대인플레이션이 전기의 실제인플레이션과 동일하다고 할 때, 실제인플레이션이 전기, 즉 기대인플레이션에 비해 2%p 감소하기 위해서는 $0.4(u-4)$가 2이면 된다. 따라서 실제실업률 $u$는 9%이다.

## 07 국제 무역이론 답 ③

생산가능곡선의 기울기는 $X$재의 상대가격이고 $X$재 생산의 기회비용이다.

**정답**

$A$국의 냉장고 생산의 기회비용은 $\frac{12}{24}=\frac{1}{2}$이고 $B$국의 냉장고 생산의 기회비용은 $\frac{24}{12}=2$로, 냉장고 생산은 기회비용이 작은 $A$국에 비교우위가 있고, 따라서 자동차 생산은 $B$국에 비교우위가 있다. 따라서 교역이 발생할 때, $B$국은 자동차를 특화 생산하여 수출하기에 자국이 소비하는 양보다 더 많이 생산한다.

**오답피하기**

① $A$국의 자동차 생산의 상대가격은 $\frac{24}{12}=2$이고 $B$국의 자동차 생산의 상대가격은 $\frac{12}{24}=\frac{1}{2}$로 $A$국이 $B$국보다 크다.

② 양국의 국내상대가격비, 즉 기회비용 사잇값에서 양국이 이득을 볼 수 있는 교역조건이 성립한다. 따라서 $A$국의 냉장고 생산의 기회비용은 $\frac{12}{24}=\frac{1}{2}$이고 $B$국의 냉장고 생산의 기회비용은 $\frac{24}{12}=2$로, 두 나라가 자유롭게 교역할 때, 냉장고 1대는 자동차 $\frac{1}{2}$대와 2대 사이에서 교환될 수 있다.

④ 두 나라의 생산가능곡선이 교차하는 곳에서 각 국이 소비하고 있더라도 비교우위에 따라 특화하여 교역조건에 따라 교역하면 교역은 발생할 수 있다.

## 08 국제 실질환율 답 ②

외국 상품 1단위와 교환되는 자국 상품 간 교환비율로 정의되는 실질환율은 $\epsilon=\frac{e\times P_f}{P}$($\epsilon$: 실질환율, $e$: 명목환율, $P_f$: 해외물가, $P$: 국내물가)이다. 그러나 실질환율을 외국 상품으로 표시한 자국 상품의 상대적 가격으로 정의하면, $\epsilon=\frac{P}{e\times P_f}$이다.

**정답**

$\epsilon=\frac{P}{e\times P_f}=\frac{1,920,000}{1,200\times 1,600}=1$이다.

## 09 거시 승수효과 답 ②

승수효과는 정부지출이나 독립투자 등과 같이 국민소득이나 이자율과 관계없이 이루어지는 지출인 독립지출이 조금만 증가해도 '소득증가 → 소비증가 → 소득증가 → 소비증가…'로 이어져 국민소득이 훨씬 크게 증가하는 효과이다.

**정답**

$d$는 투자의 이자율탄력성으로 $d$가 0이면 $IS$곡선이 수직선이기에 재정정책의 효과는 커진다.

**오답피하기**

① $b$는 한계소비성향으로 $b$가 클수록 투자승수$\left(\frac{1}{1-b}\right)$가 커지기에 독립투자($c$)의 소득증대효과가 더 커진다.

③ $f$는 화폐수요의 이자율탄력성으로 $f$의 절대값이 클수록 $LM$곡선이 완만해지기에 통화정책의 효과가 작아진다.

④ $e$는 화폐수요의 소득탄력성으로 $e$가 작을수록 $LM$곡선이 완만해지기에 재정정책의 효과가 커진다.

## 10 거시 통화량증가분 답 ③

현금/예금비율 시 $m=\frac{k+1}{k+z}$이다.

**정답**

현금/예금비율($k$)이 0이고, 고객예금 $1,000M$ 중에서 $100M$의 필요지급준비금과 $25M$의 초과지급준비금을 보유하고 있기에 실제지급준비율($z$)은 0.125이다.

따라서 통화승수는 $\frac{1}{0.125}=8$이다. 결국 중앙은행이 $A$국 은행들에 $50M$을 대출해 준다면, 통화량은 $400M$만큼 증가한다.

## 11 거시 경제성장모형 답 ④

기술진보에 의한 생산함수의 상방이동 또는 저축함수의 상방이동이 이루어지면 정상상태에서의 노동 1단위당 자본량은 증가한다.

**정답**

기술진보로 생산함수의 상방이동이 이루어지면 정상상태에서의 노동 1단위당 자본량은 증가한다.

(오답피하기)

① 정상상태(stationary state 또는 steady state)에서의 노동 1단위당 자본량은 저축률인 $s$가 증가하면 일시적으로 증가하나 새로운 정상상태에 도달하면 변하지 않는다.
② 정상상태에서의 노동 1단위당 자본량은 인구증가율인 $n$이 증가하면 감소한다.
③ 정상상태에서의 노동 1단위당 자본량은 감가상각률인 $\delta$가 증가하면 감소한다.

## 12 거시 균형국민소득 답 ③

생산물시장의 균형은 총수요($C+I+G$)와 총공급($Y$)이 일치하는 점에서 결정된다.

정답

소비함수는 $C=160+a(Y-T)$이고, 투자는 $I=400$이며, 정부지출은 200이다. 따라서 생산물시장 균형은
$Y=160+a(Y-T)+400+200$에서 달성된다. 조세는 정액세만 존재하고 정부재정은 균형상태이기에 $T=G=200$이다. 따라서
$Y=160+a(Y-200)+400+200$에서 $Y=1{,}600$이면 $a$는 0.6이다.

## 13 거시 GDP디플레이터 답 ④

명목 $GDP$를 실질 $GDP$로 나눈 값을 $GDP$디플레이터[= (명목 $GDP$/실질 $GDP$) $\times$ 100]라 하고, 이는 대표적인 물가지수의 역할을 한다.

정답

2016년의 명목 $GDP$는
$120\times4+2{,}800\times25{,}000+1{,}500\times1{,}050=71{,}575{,}480$천 원이다.
2016년의 실질 $GDP$는
$120\times2+2{,}800\times20{,}000+1{,}500\times1{,}000=57{,}500{,}240$천 원이다.
따라서 2016년의 $GDP$디플레이터는 약 124.5이다.

## 14 거시 자연실업률 답 ②

마찰적 실업과 구조적 실업만 존재할 때의 실업률을 자연실업률이라 한다.

정답

최저임금제나 효율성임금, 노조 등은 구조적 실업을 증가시켜 자연실업률을 높이는 요인으로 작용하나, 마찰적 실업을 증가시키는 요인으로는 보기 곤란하다.

(오답피하기)

① 인터넷의 발달로 일자리 정보를 쉽게 찾을 수 있게 되면 마찰적 실업이 감소하기에 자연실업률을 낮추는 역할을 한다.
③ 경기침체로 실업률증가 후 일정기간 유지 시 노동자의 숙련도 상실과 근로에 대한 태도 변화로 자연실업률 자체가 높아지는 현상을 실업률의 이력현상 또는 기억효과라 한다. 따라서 이력현상에 의하면 실제 실업률이 자연실업률을 초과하게 되면 자연실업률 수준도 높아지게 된다.
④ 일자리를 찾는 데 걸리는 시간 때문에 발생하는 실업은 마찰적 실업으로 자연실업률의 일부이다.

## 15 미시 초과공급 답 ④

판매자들이 받고자 하는 최소요구가격을 유보가격(reservation price)이라 한다.

정답

한 단위 더 만들어 팔 때마다 판매자들의 유보가격(reservation price)이 증가하면 공급곡선이 우상향으로 도출된다.

(오답피하기)

① 노조에서 결정된 임금수준이 시장균형임금보다 높다면 노동의 초과공급이 발생한다.
② 정부가 정한 최저임금이 시장균형임금보다 높게 설정되면 노동의 초과공급이 발생한다.
③ 정부가 정한 가격하한선이 시장균형가격보다 높게 설정되면 생산물의 초과공급이 발생한다.

## 16 미시 생산요소시장 이윤극대화 답 ③

$VMP_L=P\times MP_L=w$에서 이윤은 극대화된다.

정답

노동자 1명의 주당 임금은 500,000원으로 3번째 고용 시 한계생산물가치가 800,000원이나, 4번째 고용 시 한계생산물가치가 400,000원이기에 기업은 3명 고용이 합리적이다.

| 노동자의 수(명) | 가방 생산량(개) | $MP_L$ | $VMP_L$ |
|---|---|---|---|
| 0 | 0 | 0 | 0 |
| 1 | 60 | 60 | 600,000 |
| 2 | 160 | 100 | 1,000,000 |
| 3 | 240 | 80 | 800,000 |
| 4 | 280 | 40 | 400,000 |
| 5 | 300 | 20 | 200,000 |

## 17 거시 준화폐 답 ③

준화폐란 교환 수단으로 기능하지 않지만 가치 저장수단으로 화폐와 거의 다르지 않은 자산으로서 유동적인(쉽게 화폐로 전환할 수 있는) 자산을 말한다.

**정답**

준화폐의 존재는 통화수요를 불안정(화폐와 준화폐 간 자금이동이 빈번하면 통화수요의 불안정 초래)하게 하기에 유통속도도 불안해진다.

**오답피하기**

①, ② 준화폐의 존재로 유통속도가 불안해지기에 중앙은행의 통화량 통제 능력을 제한한다. 따라서 통화당국의 정책목표가 이자율로 전환된 것과 관련 있다.

④ 준화폐란 화폐와 밀접한 대체성이 있는 금융자산으로 주식, 채권 등과 같이 어느 정도의 유동성을 가지고 있는 비화폐자산이다.

## 18 거시 소비자물가지수 답 ③

소비자물가지수가 2001년에는 177이었고, 2010년에는 221.25였다고 할 때, 2010년 8천만 원의 연봉을 2001년 가치로 계산했을 때 연봉은 $8,000 \times \frac{177}{221.25} = 6,400$만 원이다.

**정답**

소비자물가지수가 2001년에는 177이었고, 2010년에는 221.25였기에 물가상승률은 25%이다. 2010년 연봉을 2001년 가치로 계산하면, $\frac{8,000}{125} \times 100 = 6,400$만 원이다.

## 19 거시 보몰의 화폐수요함수 답 ③

거래적 동기의 화폐수요는 소득의 증가함수이고, 이자율의 감소함수이기에 보몰의 화폐수요함수는 $M^D = P\sqrt{\frac{bY}{2r}}$ ($b$: 거래비용)이다.

**정답**

이자율이 증가할수록 화폐보유의 기회비용이 증가하기에 최적 화폐보유량은 감소한다.

**오답피하기**

① $b$가 증가할수록 한 번에 많은 금액을 인출하기에 최적 화폐보유량은 증가한다.

② $Y$가 증가할수록 거래 시 더 많은 화폐가 필요하기에 최적 화폐보유량은 증가한다.

④ 최적 거래횟수는 화폐보유의 기회비용(이자손실액)과 거래비용(은행인출비용)을 합한 총비용이 최소화되는 거래횟수이다.

## 20 미시 교육의 신호이론 답 ③

교육의 신호이론(signaling theory)에 따르면, 노동의 생산성은 교육수준과 관계없이 타고난 재능에 의해서만 결정된다. 따라서 교육은 그 사람의 생산성에 대한 신호이다.

**정답**

일반적으로 교육은 생산성을 높이지만, 신호이론에 따르면 노동의 생산성은 타고난 재능에 의해서만 결정된다.

**오답피하기**

② 한계생산성은 천부적인 능력에 따라 결정된다.

①, ④ '생산성 높은 노동자에 대한 교육비용 < 임금', '임금 < 생산성 낮은 노동자에 대한 교육비용'에 따라 임금을 설정하면 생산성 높은 노동자만 교육을 받기에 자신의 생산성이 높다는 것을 알리려 한다. 따라서 교육은 그 사람의 사회적 위치가 아니라 생산성에 대한 신호이다. 즉, 높은 학력은 높은 한계생산성을 가진 사람이 보내는 신호이다.

## 21 미시 가격차별 답 ②

시장을 몇 개로 분할하여 각 시장에서 서로 다른 가격을 설정하는 것이 제3급 가격차별로 일반적인 가격차별이다.

**정답**

제2급 가격차별은 재화구입량에 따라 각각 다른 가격을 설정하는 것으로, 판매자가 소비자의 특성을 구별하지 못할 때 여러 가격을 제시하여 소비자들이 스스로 자신을 드러내게 하는 '선별'의 일종이다. 따라서 제2급 가격차별은 정보의 비대칭성하 이윤극대화 추구 방법의 일종이다.

**오답피하기**

① 가격차별로 생산량이 증가하여 사회후생이 증대될 수 있다.

③ 제1급 가격차별은 각 단위의 재화에 대하여 소비자들이 지불할 용의가 있는 최대금액을 설정하는 것으로 소비자잉여가 모두 독점이윤으로 전환된다. 따라서 소비자잉여는 전혀 존재하지 않는다.

④ 제3급 가격차별의 경우, 비탄력적인 시장에서는 높은 가격으로 판매하고 탄력적인 시장에서는 낮은 가격으로 판매하여 이윤극대화를 추구한다. 따라서 소비자를 수요의 가격탄력성 등 특성에 따라 집단별로 구분하지 못하면 가격차별을 할 수 없다.

## 22 국제 환율 답 ③

일물일가의 법칙을 전제로, 양국의 구매력인 화폐가치가 같도록 환율이 결정되어야 한다는 이론이 절대적구매력평가설로, $P = e \cdot P_f$ 이다.

**정답**

구매력평가설에서 실제환율이 균형환율보다 높으면 균형환율(가령, 1달러 = 1,000원)로 수출품 수출 후 달러를 실제환율(가령, 1달러 = 2,000원)로 교환하면 이득을 보기에 수입은 줄고 수출이 늘어 순수출은 증가한다.

오답피하기

① 상대적 구매력평가설은 절대적구매력평가설을 변화율의 형태로 표시하여 '환율변화율 = 국내물가상승률 - 해외물가상승률'이다. 따라서 일물일가의 법칙을 전제하지 않아 절대적구매력평가설이 성립하지 않더라도 상대적 구매력평가설은 성립할 수 있다.
② 구매력평가설에 따르면, $P = e \cdot P_f$이든 '환율변화율 = 국내물가상승률 - 해외물가상승률'이든 외국의 물가가 상승하면 균형환율은 하락한다.
④ 구매력평가설이 상품거래인 경상수지를 중요시하는 이론이라면, 이자율평가설은 자본거래인 자본수지에 초점을 맞춘 이론이라고 할 수 있다.

## 23 거시 인플레이션 답 ④

예상된 인플레이션의 경우, 부와 소득의 재분배는 발생하지 않는다.

정답

인플레이션이 예상될 때, 채권자는 이를 감안하여 그 만큼의 명목이자율을 요구하기에 실질이자율이 불변이고 결국, 채권자로부터 채무자에게로의 소득재분배는 발생하지 않는다.

오답피하기

① 인플레이션이 예상될 때, 구두창비용, 메뉴비용 등이 발생하고 조세부담이 증가하며, 경상수지가 악화된다.
② 인플레이션이 예상될 때, 이를 감안하여 그 만큼의 명목이자율이 상승한다.
③ 인플레이션이 예상될 때, 실질화폐잔고$\left(\frac{M}{P}\right)$를 줄임으로써 은행에 자주 가야 하는 불편이 발생한다.

## 24 거시 국내금리인상 답 ②

한국은행은 본원통화의 감소를 통해 기준금리를 인상시킨다.

정답

기준금리인상에 의한 이자율상승은 외자유입으로 이어져 환율하락을 초래하고 이는 원화가치의 상승을 의미한다.

오답피하기

① 기준금리인상에 의한 이자율상승은 채권가격의 하락을 초래한다.
③ 기준금리인상은 본원통화의 감소로 통화증가율의 감소를 뜻한다.
④ 기준금리인상에 의한 이자율상승은 소비와 투자의 감소와, 환율하락에 의한 순수출의 감소로 총수요가 감소한다. 따라서 실질 $GDP$감소와 물가하락을 초래한다.

## 25 미시 합리적 선택 답 ③

합리적 선택은 편익이 기회비용보다 커야 한다.

정답

$A$프로젝트를 선택했다면 정연이는 9억 원의 수익을 얻을 수 있었는데, $B$프로젝트를 선택했으므로 9억 원을 포기한 것이 된다. $B$프로젝트를 선택했으므로 정연이는 100억 원의 대출금에 대한 5억 원의 이자를 부담해야 한다. 따라서 정연이의 결정이 합리적 선택이 되려면 5억 원의 이자를 갚고 거기에 더하여 9억 원의 수익을 얻어야 한다. 즉, 200억 원의 투자금으로 14억 원 이상의 수익을 얻어야 합리적 선택이 될 수 있다. 200억 원의 투자로 14억 원 이상의 수익을 얻으려면 수익률이 최저 7%가 되어야 한다.

# 5회 2011년 국회직 변형

**정답** p. 51

| | | | | | | | | | |
|---|---|---|---|---|---|---|---|---|---|
| 01 | ① | 02 | ④ | 03 | ① | 04 | ② | 05 | ④ |
| 06 | ② | 07 | ② | 08 | ③ | 09 | ② | 10 | ④ |
| 11 | ④ | 12 | ① | 13 | ① | 14 | ③ | 15 | ④ |
| 16 | ② | 17 | ③ | 18 | ④ | 19 | ③ | 20 | ③ |
| 21 | ③ | 22 | ② | 23 | ③ | 24 | ④ | 25 | ① |

### 01 미시 위험프리미엄 답 ①

불확실한 자산을 확실한 자산으로 교환하기 위하여 지불할 용의가 있는 금액을 위험프리미엄이라 하고, '위험프리미엄($\pi$)=기대소득($E(w)$) - 확실성등가($CE$)'로 계산한다.

**정답**

재산이 100만 원인 철수가 75만 원의 손실을 보면 남은 재산은 25만 원이다. 기대소득을 구해보면 $\frac{1}{5}\times 25+\frac{4}{5}\times 100=85$이다. 그리고 기대효용을 구해보면 $\frac{1}{5}\times\sqrt{25}+\frac{4}{5}\times\sqrt{100}=9$이다. 또한 확실성 등가를 구하면 $9=\sqrt{x}$ 이고 $x=81$만 원이다. 위험프리미엄은 불확실한 자산을 확실한 자산으로 바꾸기 위해 포기할 용의가 있는 금액이므로 기대소득 - 확실성등가 $=85-81=4$만 원이다.

### 02 미시 선형생산함수 답 ④

선형생산함수는 등량선이 우하향하는 직선의 형태($Q=\alpha L+\beta K$)로 1차동차함수이다.

**정답**

따라서 규모에 대한 수익불변을 보인다.

**오답피하기**

① 등량곡선이 직선의 형태이면 접선의 기울기인 한계기술대체율은 일정하다.
② 대체탄력성은 한계기술대체율의 변화율(%)에 대한 요소집약도의 변화율(%)이다. 따라서 한계기술대체율의 변화율이 0이기에 생산요소 간 대체탄력성은 무한대이다.
③ 선형생산함수는 생산요소 간 완전한 대체가 가능하다.

### 03 미시 조업중단점 답 ①

기업은 평균비용 > 가격 > 평균가변비용이면 단기적으로는 생산을 지속하나 장기적으로는 생산을 중단한다. 즉, 조업중단점과 손익분기점 사이에 가격이 결정될 때 기업은 단기적으로 손실을 감수하면서도 생산을 계속한다.

**정답**

(단기적으로)총비용은 총고정비용과 총가변비용의 합이다. 총비용 $TC=Q^3-6Q^2+12Q+32$에서 $Q=0$일 때 32가 총고정비용이다. 따라서 총가변비용은 $TVC=Q^3-6Q^2+12Q$으로 평균가변비용은 $AVC=Q^2-6Q+12$이다. $AVC=Q^2-6Q+12$에서 $Q=3$일 때 $AVC=3$으로 평균가변비용의 최소점인 조업중단점이 결정된다. 평균비용 $AC=Q^2-6Q+12+\frac{32}{Q}$에서 $Q=4$일 때 $AC=12$으로 평균비용의 최소점인 손익분기점이 결정된다. 결론적으로 시장가격이 3 ~ 12 구간에 있을 때 기업은 단기적으로 손실을 감수하면서도 생산을 계속한다. 따라서 시장가격이 10일 때이다.

### 04 미시 내쉬균형 답 ②

상대방의 전략을 주어진 것으로 보고 경기자는 자신에게 가장 유리한 전략을 선택하였을 때 도달하는 균형을 내쉬균형이라 한다.

**정답**

- 기업 $A$가 가격인하를 선택하면 기업 $B$는 포기 선택이 최선이고, 기업 $A$가 현 가격유지를 선택하면 기업 $B$는 진입 선택이 최선이다.
- 기업 $B$가 진입을 선택하면 기업 $A$는 현 가격유지가 최선이고, 기업 $B$가 포기를 선택하면 기업 $A$는 현 가격유지가 최선이다.
- 따라서 내쉬균형은 (30, 30)이다.

### 05 미시 약공리 답 ④

$X$의 가격은 그대로 1,000원이나 $Y$의 가격이 두 배로 올라 1,000원임에도 본래 소비하던 $(x, y)=(5, 10)$을 구매한다면 용돈은 15,000원으로 인상되었을 것이다.

**정답**

$Y$의 가격이 올라도 최초의 구입점을 구매할 수 있다면 약공리에 따라 철수는 $Y$를 10개보다 많이 구매할 수 없다.

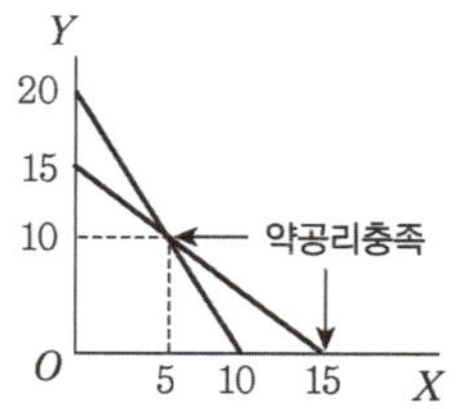

오답피하기

① 철수의 용돈은 10,000원에서 15,000원으로 5,000원만큼 인상되었다.

② 용돈이 10,000원이고 $X$, $Y$의 가격이 각각 1,000원과 500원일 때 $X$만 구입하면 최대 10개, $Y$만 구입한다면 최대 20개를 구입가능하기에 예산집합의 면적은 $10\times20\times\frac{1}{2}=100$이다.
인상된 용돈 15,000원으로 $X$, $Y$의 가격이 각각 1,000원과 1,000원일 때 $X$만 구입하면 최대 15개, $Y$만 구입한다면 최대 15개를 구입가능하기에 예산집합의 면적은 $15\times15\times\frac{1}{2}=112.5$이다. 따라서 새로운 예산집합의 면적이 이전보다 크다.

③ $X$의 기회비용은 상대가격 $\frac{P_X}{P_Y}$로 이전에는 $\frac{1{,}000원}{500원}=2$이었으나 $\frac{1{,}000원}{1{,}000원}=1$로 감소하였다.

## 06 거시 $LM$곡선의 이동 답 ②

$r=\frac{k}{h}Y-\frac{1}{h}\cdot\frac{M_0}{P_0}$의 $LM$곡선에서, 통화량증가, 신용카드 활성화로 $LM$곡선은 우측으로 이동하고, 물가상승, (거래적 동기)화폐수요증가로 $LM$곡선은 좌측으로 이동한다.

정답

신용카드 사기의 여파로 현금거래가 증가하면 거래비용이 높아져 화폐수요가 증가하기에 $LM$곡선은 좌측으로 이동한다.

## 07 미시 공리주의 사회후생함수 답 ②

사회후생이 소득분배와 관계없이 각 개인의 효용의 합으로 결정된다는 것이 공리주의(최대다수 최대행복) 사회후생함수이다. 즉, $W=U^A+U^B$이다.

정답

사회후생함수가 $W=U^A+U^B$이면, 사회후생은 $U^A+U^B$이 가장 클 때 극대화된다. $x+y=1$만 원과 $W=U^A+U^B=\sqrt{x}+2\sqrt{y}$에서, 사회후생극대화는 $\sqrt{x}+2\sqrt{y}=\sqrt{x}+2\sqrt{1-x}$를 미분하여 0이 될 때 달성된다. 즉, $\sqrt{x}+2\sqrt{1-x}$를 미분한
$\frac{1}{2\sqrt{x}}+2\times(-1)\frac{1}{2\sqrt{1-x}}$이 0일 때, $x=\frac{1}{5}$만 원, $y=\frac{4}{5}$만 원에서
$W=U^A+U^B=\sqrt{x}+2\sqrt{y}=\sqrt{2{,}000}+2\sqrt{8{,}000}=20\sqrt{5}+80\sqrt{5}$
$=100\sqrt{5}$이다. 따라서 사회후생은 $100\sqrt{5}$에서 극대화된다.

## 08 국제 $BP$곡선 답 ③

$IS$곡선의 상방은 생산물시장이 초과공급상태이고, $IS$곡선의 하방은 초과수요상태이다. $LM$곡선의 상방은 화폐시장이 초과공급상태이고, $LM$곡선의 하방은 초과수요상태이다. $BP$곡선의 상방은 국제수지흑자이고, $BP$곡선의 하방은 국제수지적자이다.

정답

ⅰ) 물건이 잘 팔리지 않아 재고가 늘어나면 생산물시장이 초과공급으로 $IS$곡선 상방이고, ⅱ) 시중에는 돈이 많이 풀려 유동성이 넘치면 화폐시장이 초과공급으로 $LM$곡선 상방이며, ⅲ) 수출의 부진과 외국인 증권투자자금의 유출로 국제수지가 적자로 $BP$곡선 하방이다. 따라서 $c$이다.

## 09 거시 파셰 방식 물가지수 답 ②

파셰물가지수는 비교년도 수량으로 평가한 비교년도 구입액과 기준년도 구입액을 비교하는 지수이다.

정답

2009년 사과와 배의 가격은 각각 1,000원과 2,000원이고, 2010년 사과의 가격이 1,200원, 배의 가격이 $P_{배}$이며, 2010년 사과를 10개, 배를 10개 구입했을 때 $GDP$디플레이터(파셰 방식)로 계산한 물가상승률이 10%였다면, $GDP$디플레이터는 파셰물가지수로 다음과 같다.

$P_P=\frac{P_t\cdot Q_t}{P_0\cdot Q_t}\times100=\frac{1{,}200\times10+P_{배}\times10}{1{,}000\times10+2{,}000\times10}\times100=110$이다.

따라서 $P_{배}=2{,}100$원이다.

## 10 거시 화폐수요 답 ④

보몰의 화폐수요함수는 $M^D=P\sqrt{\frac{bY}{2r}}$ ($b$: 거래비용)이다.

정답

다른 조건이 일정할 때 소득이 2배 증가하면 화폐수요는 2배보다 더 적게 증가한다. 즉, 거래적 화폐수요에는 규모의 경제가 존재한다.

오답피하기

① 케인즈(Keynes)에 따르면 거래적 동기와 예비적 동기의 화폐수요는 소득의 증가함수이고, 투기적 동기의 화폐수요는 이자율의 감소함수이다.

② 보몰-토빈(Baumol-Tobin)에 따르면 거래적 동기의 화폐수요는 소득의 증가함수이고, 이자율의 감소함수이다. 따라서 이자율이 올라가면 거래목적의 현금 보유도 줄어들기 때문에 회전횟수인 화폐유통속도는 증가한다.

③ 토빈의 포트폴리오이론(Tobin's portfolio theory)에 의하면 이자율 상승 시 소득효과는, '이자율 상승 → 실질소득 증가 → 화폐보유 증가 → 채권보유 감소'로 화폐수요를 증가시킨다.

## 11 거시 피셔 방정식 답 ④

실질이자율에 기대인플레이션율을 더한 값이 명목이자율이라는 것이 피셔의 방정식이다.

**정답**

2010년 초에 1년짜리 예금에 가입할 당시의 예상실질이자율은 2010년의 연초 명목이자율(6%)에서 2010년 초의 기대인플레이션율을 뺀 값이다. 2010년 초의 기대인플레이션율은 전년도의 물가상승률과 같기에 2%이다. 따라서 2010년 초 예상실질이자율은 $6-2=4\%$이다.

## 12 국제 무위험이자율평가설 답 ①

금융시장에서 일물일가의 법칙을 전제로, 국가 간 완전자본이동이 보장될 때 국내투자수익률과 해외투자수익률이 동일해야 한다는 것이 이자율평가설이다. 이때, 해외투자수익률의 불확실성은 선물계약을 통해 제거할 수 있기에, 무위험이자율평가설은 '현재환율(1 + 국내이자율) = 선도환율(1 + 해외이자율)'이다.

**정답**

1원을 국내에 투자할 때 한국의 이자율이 5%이기에 원리금은 1.05원이다. 1원을 현물환율($E$)인 1,000원/달러에 따라 $\frac{1}{1,000}$달러로 환전하여 미국에 투자할 때 미국의 이자율이 3%이기에 원리금은 $\frac{1}{1,000}\times1.03$달러이고 이를 선물환율($F$)인 1,100원/달러에 따라 원화로 환전하면 $\frac{1,100}{1,000}\times1.03$원이다. 따라서 1.05원 $<\frac{1,100}{1,000}\times1.03$원 ≒ 1.13원으로 국내투자수익률보다 미국투자수익률이 크다.
두 국가 간 자본 이동이 완전하기에 미국으로의 자본유출로 현물환율은 상승(㉡)하여 국내투자수익률과 미국투자수익률은 같아지게 된다. 다른 조건이 일정할 때 한국의 이자율이 상승(㉠)해도 국내투자수익률과 미국투자수익률은 같아지게 된다.

## 13 미시 수요의 가격탄력도 답 ①

수요의 가격탄력성은 $-\frac{\Delta Q}{\Delta P}\cdot\frac{P}{Q}$이다.

**정답**

$-\frac{\Delta Q}{\Delta P}=-\frac{-100}{100}=1$이다. $\frac{P}{Q}$는 $x$는 2, $y$는 1, $z$는 1, $w$는 $\frac{1}{2}$이다. 따라서 수요의 가격탄력성은 $x$에서 가장 크다.

## 14 거시 이표채권 답 ③

$$\text{수익률}=\frac{\text{원리금}-\text{채권가격}}{\text{채권가격}}=\frac{\text{원리금}-\dfrac{\text{원리금}}{(1+\text{시장이자율})}}{\dfrac{\text{원리금}}{(1+\text{시장이자율})}}$$
$$=\text{시장이자율}$$

이자지급과 원금상환을 보장하는 채권을 이표채권이라 한다. $C$원씩 이자를 받고 원금이 $F$인 이표채권의 현재가치는 $PV=\frac{C}{(1+r)}+\frac{C}{(1+r)^2}+\frac{C}{(1+r)^3}+\cdots+\frac{C}{(1+r)^n}+\frac{F}{(1+r)^n}$이다.
만약 기간이 1년이고 '이자 $C=$ 원금 $F\times$ 이표이자율'이라면 이표채권의 현재가치는 $PV=\frac{C}{(1+r)}+\frac{F}{(1+r)}=\frac{F(\text{이표이자율}+1)}{(1+r)}$이다. $r$은 시장이자율로 수익률과 같고 원금을 액면가라 하면, '채권의 현재가치(1 + 시장이자율) = (1 + 이표이자율)원금'이고 '채권가격(1 + 수익률) = (1 + 이표이자율)액면가'로 표현가능하다.

**정답**

채권가격(1 + 수익률) = (1 + 이표이자율)액면가'로 채권가격이 액면가 이하일 때는 수익률이 이표이자율보다 커진다.

**오답피하기**

① '채권가격(1 + 수익률) = (1 + 이표이자율)액면가'로 채권가격의 상승은 수익률의 하락을 의미한다.
② '채권가격(1 + 수익률) = (1 + 이표이자율)액면가'로 채권가격이 액면가보다 높다면 이 채권의 수익률은 이표이자율보다 낮다.
④ '채권가격(1 + 수익률) = (1 + 이표이자율)액면가'로 채권가격이 액면가와 같은 경우 수익률은 이표이자율과 같다.

## 15 거시 토빈의 $q$이론 답 ④

$q=\frac{\text{주식시장에서 평가된 기업의 시장가치}}{\text{실문자본의 대체비용}}$로 $q$값이 1보다 크면 투자가 증가하고, 1보다 작으면 투자가 감소한다.

**정답**

자본의 한계생산성이 증가하면 수익성 증가로 주가가 상승하여 $q$값은 증가한다.

**오답피하기**

① $q$값은 미래설비투자의 기대이윤을 설비자금의 조달비로 나눈 것으로 미래에 대한 기대가 투자에 큰 영향을 미친다는 것을 강조한다.
② 자본조정비용을 고려할 경우 감가상각률이 증가하면 실물자본의 대체비용이 증가하여 $q$값이 감소하기에 투자는 감소한다.
③ 주가가 상승하면 $q$값이 증가하여 투자가 증가한다. 즉, 주가변화와 투자변화 간에 밀접한 관계가 있음을 강조한다.

## 16 | 거시 | 경제성장 | 답 ②

자본주의의 불안정성을 전제한 해로드-도마 모형과 달리, 솔로우모형은 경제의 안정적 성장을 설명하였다.

**정답**

해로드-도마모형은 매 기당 인구증가율과 자본증가율이 외생적으로 일정하게 주어진다고 가정하기에 기본적으로 불안정적이다.

**오답피하기**

① 해로드-도마모형은 생산요소 간 대체가 불가능하고 규모에 대한 보수가 불변인 레온티에프 1차 동차 생산함수를 가정한다. 솔로우모형은 요소대체가 가능한 1차 동차 생산함수와 요소가격의 신축적 조정을 가정한다.

③ 솔로우모형과 해로드-도마모형은 모두 저축률은 일정한 반면 사전적 투자수요와 사후적 투자지출이 같아서 매 기당 균형이 유지된다고 본다.

④ 해로드-도마모형과 솔로우모형은 모두 완전고용균형성장은 경제성장률, 자본증가율, 인구증가율이 같을 때 이루어진다고 주장한다.

## 17 | 미시 | 독점적 경쟁시장 | 답 ③

독점적 경쟁은 평균비용곡선 최소점의 좌측에서 생산하기에 생산량 수준이 최적 수준에 미달하는 초과설비가 존재한다.

**정답**

수요곡선이 평균비용곡선 최소점의 좌측에서 접할 때 장기균형점에 도달한다.

**오답피하기**

① 제품차별화를 통한 어느 정도의 시장지배력을 갖고 비가격경쟁을 보이며, 다수의 기업이 존재하고, 진입과 퇴거가 대체로 자유로운 것 등은 독점적 경쟁의 특징이다.

② 독점적 경쟁기업은 장기에는 $P = LAC$에서 생산되기에 정상이윤만 얻는다.

④ 각 기업이 생산하는 재화의 이질성이 높아 독점력이 커질수록 초과설비 규모가 커진다.

## 18 | 미시 | 여가와 소득 효용극대화 | 답 ④

여가($L$)와 소득($C$) 간 효용 극대화는 $MRS_{LC} = -w$에서 이루어진다.

**정답**

가로축($L$)은 여가로 점 $A$에서 점 $B$로 변화할 경우 가계의 여가시간은 증가하고 가계의 노동시간은 감소한다.

**오답피하기**

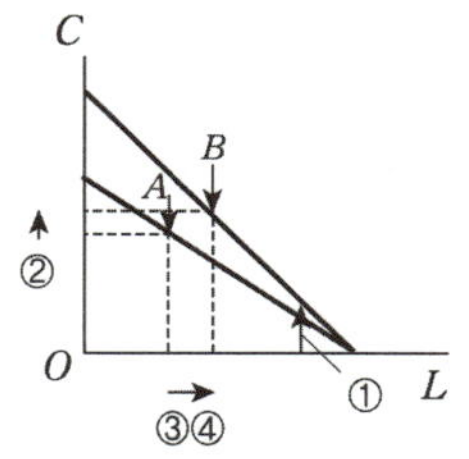


① 여가($L$)와 소득($C$) 간 효용 극대화에서 예산선의 기울기는 시장임금률로, $A$보다 $B$의 경우에 시장임금률이 더 높다.

② 세로축($C$)은 노동소득으로 점 $A$에서 점 $B$로 변화할 경우 가계의 노동소득은 증가한다.

③ 가로축($L$)은 여가로 점 $A$에서 점 $B$로 변화할 경우 가계의 여가시간은 증가한다.

## 19 | 미시 | 이윤극대화 | 답 ③

총수입에서 총비용을 차감한 값인 이윤은 $MR = MC$일 때 극대화된다.

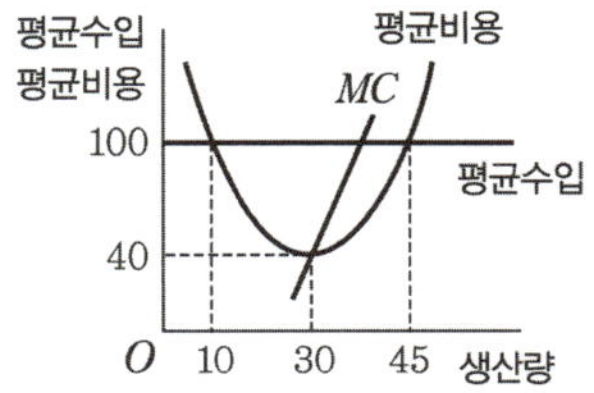


**정답**

평균수입곡선이 수평선일 때 $P = AR = MR$이고 평균비용의 최소점을 $MC$곡선이 지나기에 $MR$과 $MC$가 만나는 점인 이윤극대화 생산량은 30보다 크고 45보다 작다.

## 20 | 미시 | 오염배출권거래제도 | 답 ③

오염저감비용이 오염배출권가격보다 낮으면 배출권공급자이고, 오염저감비용이 오염배출권가격보다 높으면 배출권수요자이다.

**정답**

오염배출권가격이 10만 원과 20만 원 사이라면 기업 $C$는 배출권공급자이고, 기업 $A$와 $B$는 배출권수요자이다. 따라서 배출권수요자인 기업 $A$와 $B$ 간 경쟁으로 가격은 상승한다. 그리고 오염배출권가격이 20만 원과 25만 원 사이라면 기업 $B$는 배출권수요자이고, 기업 $A$와 $C$는 배출권공급자이다. 따라서 배출권공급자인 기업 $A$와 $C$ 간 경쟁으로 가격은 하락한다. 결국, 오염배출권의 자유로운 거래가 허용된다면 오염배출권의 가격은 톤당 20만 원으로 결정될 것이다. 20만 원의 가격하 수요자는 $B$ 기업이고, 공급자는 $C$ 기업이다. 오염배출권제도하에서의 오염저감비용은 기업 $A$는 $40 \times 20$만 원이고, 기업 $B$는 없으며, 기업 $C$는 $50 \times 10$만 원으로, 1,300만 원이다. 단, 기업 $B$는 30장$\times$20만 원 = 600만 원의 비용 발생이나 기업 $C$는 600만 원의 수입 발생으로 오염배출권제도하에서의 사회적인 총비용은 1,300만 원이다.

## 21 국제 *IS-LM-BP*곡선 답 ③

중화정책 또는 불태화정책이란 국제수지 불균형에 따른 통화량증감을 상쇄하는 정책으로 국제수지적자에 따른 통화량감소를 상쇄하는 확장통화정책이 그 사례이다.

**정답**

화폐공급증가로 *LM*곡선이 우측이동하면, 국내금리가 국제금리보다 작아져 외국자본유출로 환율상승이 우려된다. 고정환율제도하 환율을 유지하기 위한 외화매각이 통화량을 감소시키지만 불태화정책을 실시하지 않기에 *LM*곡선이 좌측이동한다. *BP*곡선이 불변이기에 금융정책은 전혀 효과가 없다. 즉, 자본이동이 완전한 경우에 확장적 통화정책은 금리와 실질국민소득에 영향을 주지 못한다.

**오답피하기**

① 화폐공급증가로 *LM*곡선이 우측이동하면, 국내금리가 국제금리보다 작아져 외국자본유출로 환율상승이 우려된다. 고정환율제도하 환율을 유지하기 위한 외화매각이 통화량을 감소시키지만 불태화정책을 실시하기에 통화량변화는 발생하지 않는다. 따라서 자본이동이 불완전한 경우에 확장적 통화정책은 금리를 하락시키고 실질국민소득을 향상시킨다.

② 자본이동이 불완전한 경우에 확장적 통화정책은 금리를 하락시키고 실질국민소득을 향상시키기에 자본의 이동성 정도와는 상관없이 국제수지를 악화시킨다.

④ 자본이동이 완전한 경우에 확장적 통화정책은 금리와 실질국민소득에 영향을 주지 못하기에 국제수지에 영향을 미치지 못한다.

## 22 거시 *C-D*생산함수 답 ②

생산함수가 $Y=AL^{\alpha}K^{1-\alpha}$인 경우, $L$ 위의 지수값은 생산의 노동탄력성과 노동소득분배율, $K$ 위의 지수값은 생산의 자본탄력성과 자본소득분배율을 나타낸다.

**정답**

$Y=AK^{0.3}L^{0.7}$에서 $L$ 위의 지수값 0.7은 생산의 노동탄력성을 나타내기에 이민으로 노동력만 10% 증가하였다면 총생산량은 7% 증가한다. $\frac{r}{P}=MP_K$, $\frac{w}{P}=MP_L$에서 자본의 (실질)임대가격과 실질임금은 각각의 한계생산물에 의해서 결정된다.

$MP_K=0.3AK^{-0.7}L^{0.7}=0.3A(\frac{L}{K})^{0.7}$,

$MP_L=0.7AK^{0.3}L^{-0.3}=0.7A(\frac{K}{L})^{0.3}$에서 이민으로 노동력만 10% 증가하였다면 $MP_K$증가와 $MP_L$감소로 자본의 (실질)임대가격은 상승하고 실질임금은 하락한다.

**오답피하기**

① $Y=AK^{0.3}L^{0.7}$에서 $K$ 위의 지수값 0.3은 자본소득분배율을 나타내기에 자본가에게는 전체 소득의 30%, $L$ 위의 지수값 0.7은 노동소득분배율을 나타내기에 노동자에게는 전체 소득의 70%가 분배된다.

③ $Y=AK^{0.3}L^{0.7}$에서 $L$ 위의 지수값 0.7은 생산의 노동탄력성, $K$ 위의 지수값 0.3은 생산의 자본탄력성을 나타내기에 노동력과 자본 모두가 10%씩 증가하였다면 총생산량은 각각 7%와 3%로 10% 증가한다. $MP_K=0.3A(\frac{L}{K})^{0.7}$, $MP_L=0.7A(\frac{K}{L})^{0.3}$에서 노동력과 자본 모두가 10%씩 증가하였다면 $MP_K$와 $MP_L$은 불변으로 자본의 (실질)임대가격과 실질임금 모두 불변이다.

④ $Y=AK^{0.3}L^{0.7}$에서 $A$가 상승하면 총생산량은 증가하고, $MP_K=0.3A(\frac{L}{K})^{0.7}$, $MP_L=0.7A(\frac{K}{L})^{0.3}$에서 $A$가 상승하면 $MP_K$와 $MP_L$도 증가하기에 자본의 (실질)임대가격과 실질임금 모두 상승한다.

## 23 거시 거시경제모형 답 ③

총수요와 총소득이 일치하는 점에서 균형국민소득이 결정되기에, $Y=C$(민간소비지출) + $I$(민간총투자) + $G$(정부지출) + $X-M$(순수출)에서, $c$는 한계소비성향, $t$는 세율, $i$는 유발투자계수, $m$은 한계수입성향일 때,

$Y=\frac{1}{1-c(1-t)-i+m}(C_0-cT_0+I_0+G_0+X_0-M_0)$이다.

정부지출승수는 $\frac{1}{1-c(1-t)-i+m}$이다.

**정답**

$Y=\frac{1}{1-c(1-t)-i+m}(C_0-cT_0+I_0+G_0+X_0-M_0)$에서,

$c=0.8$, 정액세로 $t=0$, 독립적 투자지출로 $i=0$, $m=0.05$이기에

$Y=\frac{1}{1-0.8+0.05}(50-0.8\times200+100+200+140-40)=1{,}160$조 원이다. 완전고용 국민소득수준이 1,300조 원으로 140조 원이 부족하고 정부지출승수가 $Y=\frac{1}{1-0.8+0.05}=4$이기에, 정부지출의 증가분은 35조 원이다.

## 24 국제 자유무역 답 ④

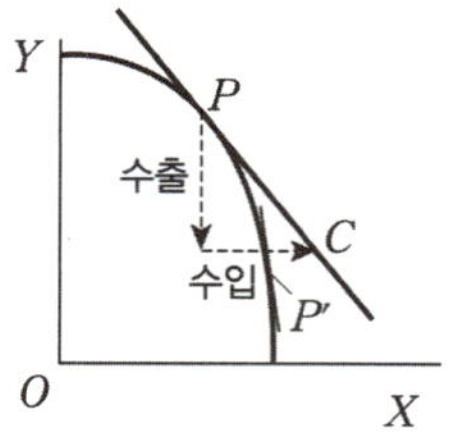


무역 이전 $P'$점에서 생산·소비하다 $Y$재의 국내상대가격비가 작기에 $Y$재 생산에 비교우위가 있어 $P$점에서 생산하고 무역($Y$재 수출과 $X$재 수입)을 통해 $C$점에서 소비하면 후생수준이 증가한다.

정답

갑국은 $P$점에서 생산하고 $Y$재 수출과 $X$재 수입으로 $C$점에서 소비하기에 자본집약재인 $Y$재 생산에 비교우위가 있음을 알 수 있다. 따라서 $Y$재 생산을 늘리면 자본수요증가로 자본의 상대가격이 상승한다. 이에 노동집약적인 생산방법을 모색함으로써 교역 후 갑국에서는 $Y$재 생산의 자본집약도$\left(\frac{K}{L}\right)$가 낮아진다.

오답피하기

① 갑국은 자본집약재인 $Y$재 생산에 비교우위가 있기에 자본이 풍부한 국가이다.
② 갑국은 $Y$재 생산에 비교우위가 있기에 $Y$재 생산에 특화하여 교역하면 교역 전 $P'$점보다 교역 후 $P$점에서 $Y$재의 상대가격이 상승한다.
③ 갑국은 자본집약재인 $Y$재 생산에 특화하여 생산을 늘리면 자본수요증가로 교역 후 자본의 상대가격이 상승한다.

| 25 | 국제 | 구매력평가설 | 답 ① |
|---|---|---|---|

일물일가의 법칙을 전제로, 양국의 구매력인 화폐가치가 같도록 환율이 결정되어야 한다는 이론이 구매력평가설로, $P=e \cdot P_f$이다. 이를 변형하면 '환율상승률 = 국내물가상승률 - 해외물가상승률'이다.

정답

국내예상인플레이션율이 3.0%이고, 해외예상인플레이션율이 2.0%이기에, 환율상승률 = 국내물가상승률 - 해외물가상승률 $=3-2=$ 1%이다. 따라서 환율상승으로 자국통화의 대외가치가 1% 절하될 것으로 예상된다.

# 6회 2012년 국회직 변형

**정답** p. 56

| | | | | | | | | | |
|---|---|---|---|---|---|---|---|---|---|
| 01 | ③ | 02 | ③ | 03 | ② | 04 | ② | 05 | ② |
| 06 | ③ | 07 | ② | 08 | ① | 09 | ③ | 10 | ① |
| 11 | ① | 12 | ② | 13 | ③ | 14 | ④ | 15 | ② |
| 16 | ④ | 17 | ① | 18 | ④ | 19 | ④ | 20 | ① |
| 21 | ① | 22 | ① | 23 | ④ | 24 | ④ | 25 | ③ |

## 01 미시 우하향의 수요직선 답 ③

우하향의 수요직선은 모든 점에서 수요의 가격탄력도가 상이하다.

**정답**

밀에 대한 시장수요함수($Q^D=100-P$)가 우하향의 수요직선으로 가격이 상승함에 따라 밀의 수요탄력성이 증가한다.

**오답피하기**

① 밀에 대한 시장수요함수($Q^D=100-P$)가 우하향의 수요직선이기에 모든 점에서 수요의 가격탄력도가 상이하다.

② 수요의 가격탄력성은 $-\frac{\Delta Q}{\Delta P}\cdot\frac{P}{Q}$이다. 밀에 대한 시장수요함수($Q^D=100-P$)에서 $\frac{\Delta Q}{\Delta P}=-1$이고, $\frac{P}{Q}=\frac{1}{3}$이다. 따라서 밀의 수요량이 75이면 밀의 수요탄력성은 $\frac{1}{3}$이다.

④ 밀에 대한 시장수요함수($Q^D=100-P$)가 우하향의 수요직선으로 밀 판매로부터 얻는 수입은 비탄력적 영역에서는 가격의 증가함수이나, 단위탄력적인 점에서 극대화된 이후 탄력적 영역에서는 가격의 감소함수이다.

## 02 미시 조세의 귀착 답 ③

조세의 귀착 시 분담정도와 조세수입은 탄력성에 반비례한다.

**정답**

조세부담은 탄력성에 반비례하기에 수요의 가격탄력성이 3이고 공급의 가격탄력성이 2일 때, 소비자부담과 생산자부담은 2 : 3이다. 따라서 소비자부담은 1,000원 중에서 $\frac{2}{5}$로 400원이다. 조세부과 전 균형가격은 10,000원이기에 소비자자 실제 내는 가격은 10,400원이다.

## 03 미시 한계비용 답 ②

한계비용은 총비용곡선의 접선의 기울기이다.

**정답**

평균가변비용이 100으로 일정하면 총가변비용은 원점에서 기울기가 100인 직선이다. 고정비용이 50이기에 총비용은 총가변비용곡선을 상방으로 50만큼 평행이동시켜 구할 수 있다. 따라서 한계비용은 총비용곡선의 접선의 기울기로 총가변비용곡선의 접선의 기울기인 100과 동일하다.

## 04 거시 채권가격 답 ②

채권가격은 원금과 이자의 현재가치와 일치한다.

**정답**

1년 뒤 받는 원금 100만 원과 이자 4만 5천 원의 현재가치, 즉 채권가격이 95만 원이다. 따라서 $\frac{1,045,000}{1+\text{시장이자율}}=950,000$에서 시장이자율은 10%이다.

## 05 미시 소득소비곡선 답 ②

소득변화에 따른 소비자균형점을 연결한 곡선이 소득소비곡선이다.

**정답**

예산선의 기울기(−3)절댓값이 무차별곡선의 기울기$\left(-\frac{3}{4}\right)$절댓값보다 크기에 소비자균형은 $Y$축에서 이루어진다. 따라서 소득이 변해도 소비자균형은 늘 $Y$축에서 달성되기에 소득소비곡선은 $Y$축과 일치한다.

## 06 거시 $IS$곡선 답 ③

생산물시장의 균형이 이루어지는 이자율과 국민소득의 조합을 $IS$곡선이라 한다.

**정답**

정부지출과 조세가 동액만큼 증가할 때의 승수를 균형재정승수라 하고, 정액세의 경우 1이지만, 비례세의 경우 1보다 작다. 따라서 정부지출과 조세가 동액만큼 증가하더라도 $IS$곡선은 우측으로 이동한다.

**오답피하기**

① 한계소비성향이 클수록, 한계저축성향이 작을수록 $IS$곡선은 완만해진다.

② $IS$곡선의 하방은 균형보다 이자율이 낮기에 투자과다로 생산물 시장이 초과수요상태이다.

④ 물가하락이 화폐구매력증가를 가져와 실질부증가에 의한 소비증가를 초래하여 총수요(국민소득)를 증가시키는데, 이를 실질잔고효과, 피구효과 또는 부의 효과라 한다. 따라서 피구(Pigou)효과를 고려하면 $IS$곡선은 우측으로 이동한다.

## 07 국제 세계이자율하락 답 ②

세계이자율이 $r_0$에서 $r_1$으로 하락하면 외자유입으로 국내이자율도 $r_0$에서 $r_1$으로 하락한다.

**정답**

외자유입으로 순자본유입은 증가한다.

**오답피하기**

①, ③, ④ 외자유입으로 1인당 자본스톡은 증가하고, 명목환율의 하락에 의한 실질환율하락으로 순수출은 감소한다.

## 08 거시 $LM$곡선의 이동 답 ①

$M$의 값이 1,000, $P$의 값이 20일 때, 실질화폐잔고에 대한 수요는 $\frac{M}{P}=0.5\times Y-i$에서 $Y=100+2i$이다.

**정답**

$M$을 1,000에서 1,100으로 증가시켰을 때, 실질화폐잔고에 대한 수요는 $\frac{M}{P}=0.5\times Y-i$에서 $Y=110+2i$이다. 따라서 이자율이 동일할 때 소득은 10만큼 증가하기에 $LM$곡선은 오른쪽으로 10만큼 이동한다.

## 09 미시 복점시장 답 ③

완전경쟁기업은 $P=MC$에서 이윤극대화를 이루고, 독점기업은 $MR=MC$에서 이윤극대화를 달성한다.

**정답**

수요곡선 $P=10-Q$이고 $MC=6$으로 완전경쟁기업은 $P=MC$인 $P=6$, $Q=4$에서 이윤극대화를 이룬다. 독점기업은 $MR(=10-2Q)=MC(=6)$하 $Q=2$와 $P=10-Q$하 $P=8$에서 이윤극대화를 달성한다. 복점의 가격은 독점(8)과 완전경쟁(6)의 사이이고, 산출량도 독점(2)과 완전경쟁(4)의 사이이며, 복점의 총수입은 독점(16)과 완전경쟁(24)의 사이이다. 따라서 복점의 각 기업의 총수입은 8과 12의 사이이다.

## 10 미시 위험프리미엄 답 ①

불확실한 자산을 확실한 자산으로 교환하기 위하여 지불할 용의가 있는 금액을 위험프리미엄이라 한다.

**정답**

기대소비 $=\frac{1}{2}\times 100+\frac{1}{2}\times 900=500$,

기대효용 $=\frac{1}{2}\times\sqrt{100}+\frac{1}{2}\times\sqrt{900}=20$이다. $U=\sqrt{C}$에서 $C$가 400일 때도 $U$는 20이 된다. 확실성등가가 400원이므로 소비의 평균값을 항상 소비하지 못해 발생하는 후생비용, 즉 위험프리미엄은 100원임을 알 수 있다.

## 11 거시 소비자물가지수 답 ①

라스파이레스 물가지수는 기준연도 거래량을 가중치로 사용하여 계산하는 물가지수로 물가변화를 과대평가하고, 소비자물가지수, 생산자물가지수 등이 있다.

**정답**

소비자물가지수에는 국내생산품가격과 함께 수입품가격도 포함된다.

**오답피하기**

②, ③, ④ 소비자물가지수는 라스파이레스 방식으로 기준연도 거래량을 가중치로 사용하기에 소비자의 재화 대체가능성을 무시하고, 품질이 빠르게 향상되는 재화를 고려하지 않음으로써 가격하락효과를 미반영하기에 물가변화를 과대평가한다.

## 12 미시 두 기간 모형 답 ②

이자율이 상승하면 1기 차입자는 계속 차입자이거나, 대여자로 전환될 수 있다.

**정답**

이자율이 상승할 때, 1기 차입자가 계속 차입자이면 효용은 감소하나, 대여자로 전환되면 효용이 증가, 불변, 감소할 수 있다.

오답피하기

① 이자율이 상승하면 1기 대여자는 계속 대여자가 되기에 효용은 항상 증가한다.
③ 이자율이 상승하면 1기 대여자의 저축은 대체효과가 소득효과보다 크면 증가하고, 소득효과가 대체효과보다 크면 감소한다.
④ 이자율이 상승하면 1기 차입자는 대여자로 바뀔 수도 있다.

| 13 | 미시 | 효용함수 | 답 ③ |
|---|---|---|---|

$A$의 효용함수가 $U_A = XY$이고, $B$의 효용함수가 $U_B = XY + X^2Y^2$일 때, 각각의 한계대체율은 $MRS_{XY}^A = \frac{MU_X}{MU_Y} = \frac{Y}{X}$, $MRS_{XY}^B = \frac{MU_X}{MU_Y} = \frac{Y+2XY^2}{X+2X^2Y} = \frac{Y}{X}$이다.

정답

$A$와 $B$의 한계대체율이 동일하기에 무차별곡선의 형태가 동일하고, 똑같은 예산으로 $X$, $Y$재를 소비하기에 예산선이 같다. 따라서 $A$와 $B$는 $X$, $Y$재의 소비량이 같다.

오답피하기

①, ②, ④ $A$는 $B$와 무차별곡선의 형태가 동일하고 예산선이 같아 $X$, $Y$재의 소비량이 같다. 그러나 효용은 $U_A(=XY) < U_B(=XY+X^2Y^2)$으로 $A$는 $B$보다 항상 효용이 더 낮다.

| 14 | 거시 | GDP디플레이터 | 답 ④ |
|---|---|---|---|

명목 $GDP$를 실질 $GDP$로 나눈 값을 $GDP$디플레이터[= (명목 $GDP$/실질 $GDP$) × 100]라 하고, 이는 대표적인 물가지수의 역할을 한다.

정답

경제성장은 실질 $GDP$증감으로 파악할 수 있기에 실질 $GDP$는 2010년의 2,500$에서 2011년의 3,000$로 경제성장을 경험했다.

| 연도 | 명목 $GDP$ | $GDP$디플레이터 | 실질 $GDP$ |
|---|---|---|---|
| 2008 | $2,000 | 100 | $2,000 |
| 2009 | $3,000 | 120 | $2,500 |
| 2010 | $3,750 | 150 | $2,500 |
| 2011 | $6,000 | 200 | $3,000 |

오답피하기

① $GDP$디플레이터가 물가지수이기에 2008년의 100에서 2009년의 120으로 인플레이션율은 20%이다.
② $GDP$디플레이터가 물가지수이기에 2010년의 150에서 2011년의 200으로 인플레이션율은 33.3%이다.
③ 경제성장은 실질 $GDP$증감으로 파악할 수 있기에 실질 $GDP$는 2008년의 2,000$에서 2009년의 2,500$로 경제성장을 경험했다.

| 15 | 미시 | 비용곡선 | 답 ② |
|---|---|---|---|

단기와 장기의 총비용곡선이 서로 접하는 점에서 단기와 장기의 평균비용곡선도 서로 접하지만, 단기와 장기의 한계비용곡선은 교차한다.

정답

단기와 장기의 총비용곡선이 서로 접하는 점에서 단기와 장기의 한계비용곡선은 교차하기에 장기한계비용곡선은 단기한계비용곡선의 포락선이 아니다.

오답피하기

① 단기에는 설비규모가 고정되어 있으나 장기에는 설비규모를 원하는 수준으로 조정가능하기에 자본량이 고정된 상태하 일정량을 생산할 때 총비용은 단기와 장기가 같으나 그 이상을 생산하려면 단기보다 장기에 총비용이 낮아진다. 따라서 단기총비용곡선은 장기총비용곡선과 한 점에서만 접한다.
③ 단기와 장기의 총비용곡선이 서로 접하는 점에서 단기와 장기의 평균비용곡선도 서로 접하기에 단기평균비용곡선은 장기평균비용곡선과 한 점에서만 접한다.
④ 단기와 장기의 총비용곡선이 서로 접하는 점에서 단기와 장기의 평균비용곡선도 서로 접하기에 장기평균비용곡선은 단기평균비용곡선의 포락선이다.

| 16 | 미시 | 이윤극대화 | 답 ④ |
|---|---|---|---|

총수입에서 총비용을 차감한 값인 이윤은 $MR = MC$, 그리고 $MR$기울기 < $MC$기울기일 때 극대화된다.

정답

총수입은 가격과 생산량의 곱으로 $16 \times 10 = 160$원이고, 총비용은 평균비용과 생산량의 곱으로 $8 \times 10 = 80$원이기에 이윤은 80원이다.

| 17 | 거시 | 황금률 | 답 ① |
|---|---|---|---|

1인당 소비가 극대화되는 상태를 자본축적의 황금률이라 하고 $MP_K = n+d+g$에서 달성된다.

정답

$MP_K \cdot k = sf(k)$로 $\frac{MP_K \cdot k}{f(k)} = s$이기에 자본축적의 황금률에서는 자본소득분배율과 저축률이 같다.

오답피하기

② 인구증가율, 감가상각률, 기술진보율을 고려하면 황금률은 자본의 한계생산이 $n+d+g$와 같을 때 달성된다.
③ 황금률상태에서는 1인당 노동소득과 1인당 소비가 일치하고, 1인당 자본소득과 1인당 저축이 일치한다.

④ 황금률은 1인당 소비가 극대화되는 정상상태(균제상태)로 $\frac{MP_K \cdot k}{f(k)} = s$에서의 저축률과 자본량을 말한다.

### 18 국제 독점 답 ④

독점의 이윤극대화조건은 $MR = MC$이다.

**정답**

$MR$이 국제가격보다 클 때는 국내에서도 판매가능하나 작을 때는 국내에서는 판매되지 않는다. 따라서 $MR$곡선은 $abcd$를 잇는 선이다. 이윤극대화는 $MR = MC$에 따라 $d$에서 결정되고 총생산량은 65이다.

### 19 미시 독점규제 답 ④

종량세와 매출액에 일정비율세금을 부과하는 경우는 일부가 소비자에게 전가되나 정액세와 이윤세의 경우는 전혀 소비자에게 전가되지 않는다.

**정답**

정액세의 경우는 평균비용만 상승하고 한계비용은 변하지 않기에 생산량과 가격이 변하지 않는다.

**오답피하기**

① 종량세의 경우는 평균비용과 한계비용 모두 상승한다.
② 이윤세의 경우는 평균비용만 상승하고 한계비용은 변하지 않기에 생산량과 가격이 변하지 않는다.
③ 매출액에 일정비율세금을 부과하는 경우는 평균비용과 한계비용 모두 상승하기에 생산량이 감소하고 가격이 상승한다. 따라서 일부가 소비자에게 전가된다.

### 20 미시 꾸르노모형 답 ①

두 기업이 모두 추종자라고 가정하는 꾸르노모형은 완전경쟁의 $\frac{2}{3}$ 만큼 생산한다.

**정답**

시장수요곡선은 $P = a - bQ$이고 $MC = 0$이다. 완전경쟁생산량은 $P = MC$에서 결정된다. 따라서 $P = a - bQ = MC = 0$에서 $Q = \frac{a}{b}$이다. 꾸르노모형은 완전경쟁의 $\frac{2}{3}$만큼 생산하기에 시장거래량은 $\frac{2a}{3b}$이다. 따라서 시장가격은 $P = a - bQ$에서 시장거래량이 $\frac{2a}{3b}$일 때 $\frac{a}{3}$이다.

### 21 거시 솔로우 성장모형 답 ①

저축률이 상승(저축함수의 상방이동)하면 단기적으로 경제성장률이 증가하나 장기적으로 경제성장률은 본래수준으로 복귀하기에 수준효과만 있을 뿐 성장효과를 갖지 못한다.

**정답**

저축률이 상승하면 단기적으로 1인당 자본량 증가에 의해 1인당 소득이 증가하여 1인당 경제성장률 > 0이기에 인구증가율이 일정할 때 경제성장률은 증가한다.

### 22 미시 완전경쟁시장 답 ①

생산자잉여는 총수입에서 총가변비용을 차감한 것이고, 이윤은 총수입에서 총비용(총가변비용 + 총고정비용)을 차감한 것이다.

**정답**

완전경쟁시장하 $P = MC$에 따라 $P_0$, $Q_0$일 때 이윤극대화를 보인다. $P_0$, $Q_0$일 때 한계비용곡선의 아래 면적은 총가변비용으로 색칠한 부분은 총수입에서 총가변비용을 차감한 생산자잉여이다.

### 23 거시 실물적 경기변동론 답 ④

생산성 변화(기술진보) 등 공급측면의 충격과 정부지출 변화 등에 의해 경기변동이 발생한다는 것이 키들랜드와 프레스콧 등의 실물적 균형경기변동이론이다.

**정답**

실물적 경기변동론은 불균형상태가 균형상태로 수렴하는 과정이 아니라 새로운 균형상태로 균형자체가 변동하는 현상으로 본다.

**오답피하기**

① 외부충격에 의한 경제주체들의 최적화 결과로 사회적 후생손실은 없다고 보기에, 경기변동을 기본적으로 균형현상으로 파악한다. 따라서 정부개입은 불필요하다고 본다.
② 경기의 동태성은 새로운 균형상태로 균형자체가 변동하는 거시경제일반균형의 변동현상이다.
③ 경기변동은 생산성 변화(기술진보) 등 공급측면의 충격과 정부지출 변화 등 실질변수가 동태적으로 변동하는 현상이다.

## 24 국제 $IS-LM-BP$분석 답 ④

(변동환율제도하)자본이동이 완전한 경우, $BP$곡선은 수평선으로, 재정정책은 전혀 효과가 없지만 금융정책은 매우 효과적이다.

**정답**

자본이동이 완전히 자유로운 경우 (국내)이자율과 세계이자율의 불일치 시 즉각적인 자본의 유출입으로 항상 (국내)이자율이 세계이자율에 의하여 고정된다. (변동환율제도하)자본이동이 완전한 경우, 재정정책은 전혀 효과가 없지만 금융정책은 매우 효과적이다. 따라서 총수요곡선이 $LM$곡선으로 결정된다.

## 25 미시 카르텔이론 답 ③

동일산업에 속하는 기업들이 명시적으로 합의하여 가격이나 생산량을 정하는 카르텔이론은 다공장 독점과 유사하다.

**정답**

따라서 카르텔이론은 과점기업들이 담합을 통해 다공장 독점기업처럼 $MR=MC_1=MC_2$에서 이윤극대화를 추구한다는 것이다.

**오답피하기**

① 일회적인 용의자의 딜레마는, 카르텔을 위반하면 더 큰 이득이 될 수 있기에 처음부터 비협조적 행동을 하는 상황, 즉 카르텔의 불안정적 상황을 보여준다.

② 게임이 1회가 아니라 무한반복할 수 있다면 상대방이 자신에게 불리한 선택 시 보복이 가능하기에 상대방의 비협조적 전략선택을 억제할 수 있다. 그러나 유한반복게임의 상황을 도입하더라도 여전히 카르텔의 불안정성은 제거되지 않는다.

④ 카르텔의 이윤극대화조건은 $MR=MC_1=MC_2$으로 독점에서의 다공장 독점의 이윤극대화조건과 동일하다.

# 7회 2013년 국회직 변형

## 정답

p. 61

| | | | | | | | | | |
|---|---|---|---|---|---|---|---|---|---|
| 01 | ① | 02 | ③ | 03 | ① | 04 | ② | 05 | ③ |
| 06 | ③ | 07 | ① | 08 | ③ | 09 | ② | 10 | ③ |
| 11 | ③ | 12 | ① | 13 | ③ | 14 | ② | 15 | ② |
| 16 | ② | 17 | ① | 18 | ① | 19 | ④ | 20 | ④ |
| 21 | ① | 22 | ① | 23 | ③ | 24 | ② | 25 | ① |

### 01 미시 조세의 귀착 답 ①

조세의 귀착 시 후생손실은 '거래량감소분 × 단위당 조세 × $\frac{1}{2}$'을 통해 알 수 있다.

**정답**

| | |
|---|---|
| 조세부과 전 거래량 | $150-2P=-100+3P$<br>$P=50,\ Q=50$ |
| 조세부과 후 곡선($P$로 도출) | 비법: 평행이동!<br>$Q^d=150-2P$에서 $P$대신<br>$[P-(-25)]$를 대입하면,<br>$Q^d=150-2(P+25)$으로<br>$Q^d=100-2P$이다. |
| 조세부과 후 거래량 | $100-2P=-100+3P$<br>$P=40,\ Q=20$ |
| 거래량감소분 × 단위당 조세 × $\frac{1}{2}$ | $(50-20)\times 25\times\frac{1}{2}=375$ |

### 02 국제 교역조건 답 ③

기회비용 사잇값에서 양국이 이득을 볼 수 있는 교역조건이 성립한다.

**정답**

디지털TV 1단위 생산의 기회비용은 $A$국가는 의복 2.5단위이고, $B$국가는 의복 4단위이다. 따라서 양국이 이득을 볼 수 있는 교역조건은 '의복 2.5단위 < 디지털TV 1단위 < 의복 4단위'이다.

### 03 거시 통화량 답 ①

중앙은행의 국공채매입이나 매각을 통해 통화량과 이자율을 조정하는 정책이 공개시장조작정책이다.

**정답**

중앙은행의 공채매각은 통화량을 감소시키는 공개시장조작정책이다.

**오답피하기**

② 민간의 현금보유비율 감소는 통화승수를 증가시켜 통화량의 증가를 가져온다.

③ 중앙은행의 외환보유고 증가는 본원통화 증가로 통화량의 증가를 가져온다.

④ 중앙은행의 법정지급준비율 인하는 통화승수를 증가시켜 통화량의 증가를 가져온다.

### 04 거시 GDP 답 ②

'일정기간 한 나라 안에서 새로이 생산된 모든 최종생산물의 시장가치'를 국내총생산($GDP$)이라 하고, 부가가치의 합으로 계산할 수 있다.

**정답**

주택 임대료 상승분은 임대서비스 증가에 대한 대가로 국내총생산($GDP$)의 추계에 포함된다.

**오답피하기**

① 기존주택거래는 소유권 변동으로 국내총생산($GDP$)의 추계에 포함되지 않는다.

③ 주식거래는 소유권 변동으로 국내총생산($GDP$)의 추계에 포함되지 않는다.

④ 막걸리를 빚기 위해 구입한 정부미는 중간생산물로 국내총생산($GDP$)의 추계에 포함되지 않는다.

### 05 국제 구매력평가설 답 ③

일물일가의 법칙을 전제로, 양국의 구매력인 화폐가치가 같도록 환율이 결정되어야 한다는 이론이 절대구매력평가설로, $P=e\cdot P_f$이다.

**정답**

상대구매력평가설에 따르면 환율변화율은 두 나라의 물가상승률차이이기에 자국의 물가가 5% 오르고 외국의 물가가 7% 오를 경우, 환율변화율은 5%−7%로 −2%이다. 따라서 환율하락으로 국내통화는 2% 평가절상된다.

오답피하기

① 절대구매력평가설에 의하면, $P = e \cdot P_f$에서 명목환율은 양국의 물가수준 $P$와 $P_f$에 의해 결정된다. 따라서 실질환율은 $\epsilon = \frac{e \times P_f}{P} = \frac{P}{P} = 1$이다.

② 구매력평가설은 일물일가의 법칙을 전제로 하기에 경제통합의 정도가 커질수록 설명력은 높아진다.

④ 상대구매력평가설에 의하면 환율변화율은 두 나라의 물가상승률차이로 경상수지에 초점을 맞추는 반면, 이자율평가설에 의하면 환율변화율은 두 나라의 이자율차이로 자본수지에 초점을 맞추어 균형환율을 설명한다.

## 06 거시 기대 답 ③

적응적 기대에 따르면 단기에는 예상이 틀릴 가능성이 높지만 장기에는 물가예상이 정확하다. 합리적 기대에 의하면 체계적 오류는 없지만 확률적 오류는 있다.

정답

정보의 불완전성이 존재하는 상황에서는 합리적 기대이론도 예측오차는 발생한다.

오답피하기

① 적응적 기대이론에서는 단기에는 예상이 틀릴 가능성이 높아 경제변수에 대한 예측에 있어 체계적 오류를 인정한다.

② 적응적 기대이론에 따르면 장기에는 물가예상이 정확하기에 통화량증가는 장기균형에서의 실질국민소득에는 영향을 미치지 않는다고 본다.

④ 합리적 기대이론에 따르면 현재 시점에서 이용가능한 모든 정보를 이용하기에 예측된 정부정책의 변화는 실질변수에 영향을 미치지 않는다.

## 07 국제 개방 답 ①

균형가격보다 국제가격이 높다면 수출국이다.

정답

$Q_X^D = 500 - P_X$, $Q_X^S = -100 + P_X$에서 균형가격은 300이다. 국제가격이 400으로 $A$국은 수출을 하게 된다. 400일 때 공급량은 300이고 수요량은 100이기에 초과공급인 200만큼을 수출하게 된다. 따라서 $200 \times (400 - 300) \times \frac{1}{2} = 10{,}000$만큼의 사회적잉여가 증가한다.

## 08 미시 이부가격제 답 ③

이부가격이란 재화를 구입할 권리에 대해 1차로 가격을 부과하고, 재화 구입량에 따라 2차로 다시 가격을 부과하는 가격체계로 가격차별의 한 유형이다.

정답

이부가격의 경우, $P = MC$에 따라 가격과 산출량을 설정하고 소비자잉여만큼의 가입비 부과가 가능하다. $P$는 $P = 100 - 5Q$이고, $MC$는 20이다. $P = MC$에 따라 $Q = 16$이고 $P = 20$이다. 소비자잉여는 $P = 100 - 5Q$에서 $Q = 16$일 때 최대지불의사금액에서 실제 지불금액을 차감한 면적으로 $80 \times 16 \times \frac{1}{2} = 640$이다.

## 09 거시 고용지표 답 ②

'고용률 × 100 = (100 - 실업률) × 경제활동참가율'에서 실업률을 측정할 수 있다.

정답

구직 단념자가 많아지면 실업자수가 감소하고 비경제활동인구수가 증가한다. 하지만, 취업자수나 15세이상인구는 변함이 없다. 따라서 '고용률 $= \frac{\text{취업자수}}{\text{15세이상인구}} \times 100$'에서 고용률은 변하지 않는다.

오답피하기

① 구직 단념자가 많아지면 실업자수가 감소하고 비경제활동인구수가 증가한다. 따라서 '실업률 $= \frac{\text{실업자수}}{\text{실업자수 + 취업자수}} \times 100$'에서 실업률이 하락한다.

③ '고용률 × 100 = (100 - 실업률) × 경제활동참가율'에서, 고용률을 모르기에 경제활동참가율의 변화만으로 실업률의 변화는 알 수 없다.

④ '고용률 × 100 = (100 - 실업률) × 경제활동참가율'에서, 경제활동참가율을 모르기에 고용률의 변화만으로 실업률의 변화는 알 수 없다.

## 10 미시 후생경제학 답 ③

생산의 계약곡선을 재화공간으로 옮겨놓은 것이 생산가능곡선이다. 생산가능곡선 상의 모든 점은 생산이 파레토효율적으로 이루어지는 점들이다. 생산 측면은 두 등량곡선이 접하는 $MRTS_{LK}^X = MRTS_{LK}^Y$에서 파레토효율성이 충족된다.

정답

따라서 생산가능곡선(production possibilities curve) 상에 있는 어느 한 점에서도 모든 재화와 서비스의 ㉠ 한계기술대체율($MRTS_{LK}$)이 동일하다.

## 11 거시 오쿤의 법칙 답 ③

*GDP*갭과 실업률 사이의 상관관계를 나타내는 법칙을 오쿤의 법칙 [$\frac{Y_P - Y}{Y_P} = \alpha(u - u_N)$, ($Y_P$: 잠재 *GDP*, $Y$: 실제 *GDP*, $\alpha$: 상수, $u$: 실제실업률, $u_N$: 자연실업률)]이라 하고, 이를 통해 실업에 따른 산출량손실을 계산할 수 있다.

**정답**

실업률과 *GDP*갭은 (+)의 상관관계에 있다.

## 12 미시 평균비용과 한계비용 답 ①

생산함수가 $Y = L^2$일 때 고정요소가 존재하지 않기에 평균비용과 평균가변비용은 일치한다.

**정답**

$Y = L^2$에서 $AP_L = L$로 노동투입량이 증가하면 평균생산물은 증가한다. 생산요소시장은 완전경쟁적이고, 고정요소가 존재하지 않기에 평균가변비용, 즉 평균비용은 우하향한다. $Y = L^2$에서 $MP_L = 2L$로 노동투입량이 증가하면 한계생산물은 증가한다. 따라서 한계비용은 우하향한다.

## 13 거시 총수요와 총공급 답 ③

물가가 하락하면 총수요곡선 상 점의 이동으로 나타난다.

**정답**

물가가 하락하게 되면 자국화폐로 표시된 실질환율이 상승하여 순수출이 증가함으로써 국민소득이 증가한다. 따라서 총수요곡선 상에서 우하방으로 이동한다.

**오답피하기**

① 확장적 통화정책을 쓰게 되면 이자율이 하락하고 투자가 증가하여 총수요곡선은 우측으로 이동한다.
② 인구증가, 생산성향상, 기술진보 등으로 장기총공급곡선은 우측으로 이동한다.
④ 향후 물가가 상승할 것이라고 예상하게 되면 현재의 총수요는 증가한다.

## 14 거시 인플레이션비용 답 ②

누진소득세 체제에서는 인플레이션으로 인해 기존과 동일한 실질소득을 얻더라도 세후 실질소득이 하락할 수 있다.

**정답**

㉡ 12%이다. '실질이자율 + 인플레이션율 = 명목이자율'이다.

| 구분 | 경제*A* | 경제*B* |
|---|---|---|
| 실질이자율 | 4% | 4% |
| 인플레이션율 | 0% | 8% |
| 명목이자율 | ㉠ 4% | ㉡ 12% |
| 25% 세금에 따른 명목이자율 | 1% | 3% |
| 세후 명목이자율 | 3% | 9% |
| 세후 실질이자율 | ㉢ 3% | ㉣ 1% |

## 15 거시 실질이자율 답 ②

실질이자율에 기대인플레이션율을 더한 값이 명목이자율이라는 것이 피셔의 방정식이다.

**정답**

$\frac{M^d}{P} = \frac{M^S}{P}$에서 $1{,}000 - 1{,}000i = 850$이다. 즉, 명목이자율은 $i = 0.15$로 15%이다. 그리고 기대물가상승률은 $\pi^e = 0.05$로 5%이다. '실질이자율 + 기대인플레이션율 = 명목이자율'에서 실질이자율은 명목이자율 - 기대인플레이션율$= 15\% - 5\% = 10\%$이다. 그런데, 화폐공급이 50만큼 늘어나고 기대물가상승률이 7.5%로 상승하는 경우, $\frac{M^d}{P} = \frac{M^S}{P}$에서 $1{,}000 - 1{,}000i = 875$로 명목이자율은 $i = 0.125$로 12.5%이다. 그리고 기대물가상승률이 7.5%로 '실질이자율 + 기대인플레이션율 = 명목이자율'에서 실질이자율은 명목이자율 - 기대인플레이션율$= 12.5\% - 7.5\% = 5\%$이다.

## 16 거시 균형국민소득 답 ②

*IS*곡선과 *LM*곡선이 만나는 점에서 균형국민소득이 결정된다.

**정답**

소비함수는 $C = 100 + 0.8(Y - T)$이고, 투자는 $I = 150 - 600r$이며, 정부지출은 200이다. 따라서 생산물시장균형은 $Y = 100 + 0.8(Y - T) + 150 - 600r + 200$에서 달성된다. $T$가 $0.5Y$이기에 $Y = 750 - 1{,}000r$이다. 실질화폐수요가 $2Y - 8{,}000(r + \pi^e)$이고, 실질화폐공급이 1,000이다. 따라서 화폐시장균형은 $2Y - 8{,}000(r + \pi^e) = 1{,}000$에서 달성된다. 기대물가상승률이 0이기에 $Y = 500 + 4{,}000r$이다. 결국, 균형이자율과 균형국민소득은 각각 0.05이고 700이다.

## 17 미시 소비자잉여 답 ①

소비자의 최대지불의사금액에서 실제지불금액을 차감한 것을 소비자잉여라 한다.

정답

월정액 없이 1분에 1,000원을 내야하기에 통화시간은 $Q_d = 150 - \frac{P}{20}$에서 $P = 1,000$원일 때 $Q_d = 100$분이다. 따라서 100분일 때 그림에서 최대지불의 사금액은 $A+B$이고 실제지불금액은 $B$이기에 소비자잉여는 $A$로 $(3,000-1,000)\times100\times\frac{1}{2} = 100,000$원이다.

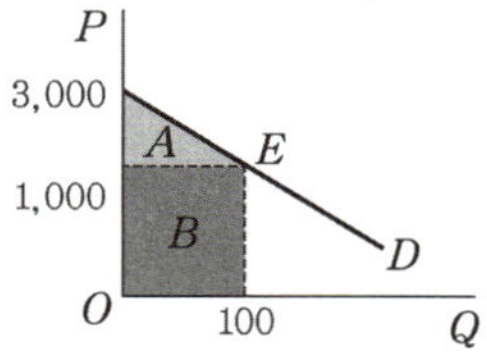


## 18 미시 소득탄력성과 교차탄력성 답 ①

$X$재 수요의 소득탄력성은 $\frac{\Delta Q_X}{\Delta M}\cdot\frac{M}{Q_X}$이다. $X$재의 $Y$재에 대한 교차탄력성은 $\frac{\Delta Q_X}{\Delta P_Y}\cdot\frac{P_Y}{Q_X}$이다.

정답

버스 수요의 가격탄력성은 1.2로 버스 요금을 5% 인상하면 버스 수요량은 6% 감소한다. 그리고, 버스 수요의 지하철 요금에 대한 교차탄력성은 0.4로 지하철 요금을 10% 인상하면 버스 수요는 4% 증가한다. 따라서 버스 수요는 2% 감소한다. 그럼에도 버스 수요가 요금 인상 전과 동일한 수준으로 유지되도록 하려면 2%의 수요 증가가 필요하다. 버스 이용자의 소득이 10% 상승할 때 버스 수요가 2% 증가하려면 버스 수요의 소득탄력성은 0.2이어야 한다.

## 19 미시 외부효과 답 ④

외부성 발생 시, 사적한계편익과 사적한계비용이 일치할 때 시장균형거래량이 결정되고, 사회적한계편익과 사회적한계비용이 일치할 때 사회적최적거래량이 결정된다.

정답

시장균형거래량은 사적한계편익과 사적한계비용이 3,600원일 때 4로 결정된다. 소비의 외부경제 시 사적한계비용과 사회적한계비용이 일치하기에 사회적최적거래량은 사회적한계편익과 사적한계비용(= 사회적한계비용)이 4,400원일 때 5로 결정된다. 따라서 거래량이 5일 때 사적한계편익(3,000원)이 사회적한계편익(4,400원)과 일치하도록 1,400원의 보조금이 필요하다.

## 20 미시 수요독점 답 ④

수요독점 시 이윤극대화는 $MRP_L = MFC_L > w$, 고용량은 $MRP_L = MFC_L$에서 결정되지만 임금은 $MRP_L = MFC_L$보다 낮은 수준에서 결정된다.

정답

연기자가 노동조합을 결성하여 단체 교섭을 하면 최저임금제 실시와 같은 효과가 발생한다. 생산요소시장에서 수요독점의 경우, 최저임금제가 실시되면 고용량이 불변이거나 증가할 수 있고, 최저임금이 $MRP_L$곡선과 $MFC_L$곡선이 교차하는 점보다 높은 수준에서 결정되면 고용량이 감소한다.

오답피하기

①, ② 수요독점 시 이윤극대화는 $MRP_L = MFC_L > w$로 연기자의 임금은 한계수입생산과 한계요소비용보다 낮다.

③ 생산요소시장이 완전경쟁($MRP_L = MFC_L = w$)일 때보다 수요독점($MRP_L = MFC_L > w$)일 때 연기자의 임금 수준은 낮다.

## 21 미시 장기균형 답 ①

완전경쟁시장하 개별기업은 '장기균형가격 = 장기평균비용의 최소점'에서 장기균형을 달성한다.

정답

$AC(q_i) = 40 - 6q_i + \frac{1}{3}q_i^2$은 $q_i = 9$에서 장기평균비용의 최소점은 13이다. 따라서 장기균형가격은 13이다. 스마트폰에 대한 시장수요 $Q^d = 2,200 - 100P$에서 $P = 13$이기에 $Q^d = 900$이다. 장기에서 각 기업의 생산량이 9이고 시장수요량이 900이기에 장기균형에서 기업의 수는 100개이다.

## 22 미시 내쉬균형 답 ①

상대방의 전략을 주어진 것으로 보고 경기자는 자신에게 가장 유리한 전략을 선택하였을 때 도달하는 균형을 내쉬균형이라 한다.

정답

모든 사냥꾼이 토끼를 쫓으면 사냥꾼 1명의 보수는 토끼 1이나 사슴을 쫓는 것으로 전략을 바꾸면 아무것도 얻지 못하기에 보수가 감소한다. 따라서 더 이상 자신의 전략을 바꿀 유인이 없기에 내쉬균형이다.

오답피하기

② 모든 사냥꾼이 사슴을 쫓으면 사냥꾼 1명의 보수는 사슴 $\frac{1}{7}$이나 토끼를 쫓는 것으로 전략을 바꾸면 토끼 1로 보수가 증가한다. 따라서 내쉬균형이 아니다.
③ 3명의 사냥꾼은 사슴을, 4명의 사냥꾼은 토끼를 쫓는 경우, 토끼를 쫓는 사냥꾼 1명의 보수는 토끼 1이나 사슴을 쫓는 것으로 전략을 바꾸면 사슴 $\frac{1}{4}$로 보수가 증가한다. 따라서 내쉬균형이 아니다.
④ 5명의 사냥꾼은 사슴을, 2명의 사냥꾼은 토끼를 쫓는 경우 사슴을 쫓는 사냥꾼 1명의 보수는 사슴 $\frac{1}{5}$이나 토끼를 쫓는 것으로 전략을 바꾸면 토끼 1로 보수가 증가한다. 따라서 내쉬균형이 아니다.

## 23 미시 조업중단점 답 ③

$AVC$곡선의 최저점은 생산하는 것과 생산을 하지 않는 것이 동일한 조업중단점이다.

정답

생산량이 5일 때 평균가변비용은 17로 최소이기에 조업을 중단하게 되는 시장가격은 17이다.

| 생산량 | 0 | 1 | 2 | 3 | 4 | 5 | 6 | 7 | 8 | 9 | 10 |
|---|---|---|---|---|---|---|---|---|---|---|---|
| 총비용 | 100 | 130 | 150 | 160 | 172 | 185 | 210 | 240 | 280 | 330 | 390 |
| 총고정 | 100 | 100 | 100 | 100 | 100 | 100 | 100 | 100 | 100 | 100 | 100 |
| 총가변 | 0 | 30 | 50 | 60 | 72 | 85 | 110 | 140 | 180 | 230 | 290 |
| 평균가변비용 | 0 | 30 | 25 | 20 | 18 | 17 | 18.3 | 20 | 22.5 | 25.6 | 29 |

## 24 미시 외부효과 답 ②

재화의 생산과정에서 제3자에게 의도하지 않은 피해를 주지만 대가를 지불하지 않아 사적비용이 사회적비용보다 작아서 과다생산이 되는 것을 생산의 외부불경제라 한다.

정답

생산의 외부불경제 시 과다생산을 조세부과로 해결하므로 사회후생이 증가한다.

오답피하기

① 생산의 외부불경제 시 사적비용이 사회적비용보다 작기에 택시 운행의 사회적 비용이 사적 비용을 초과하고 있다.
③ 생산의 외부불경제 시 과다생산되기에 사회적으로 바람직한 수준의 택시 운행 대수는 1만 대 미만이다.
④ 생산의 외부불경제 시 과다생산되기에 일부 택시의 운행을 강제로 제한하면 사회후생이 증가할 수 있다.

## 25 미시 현시선호이론 답 ①

현시선호이론에서 예산선의 기울기는 $\frac{P_X}{P_Y}$로 $P_X=4$, $P_Y=3$에서 $P_X=3$, $P_Y=4$로 바뀌었다면 기울기는 완만해진다.

정답

가격 변화 후에 소득이 증가하고 $X$재에 대한 소비가 감소하여 최초 $E$점에서 $G$점으로 이동 시 약공리에 위배되지 않는다.

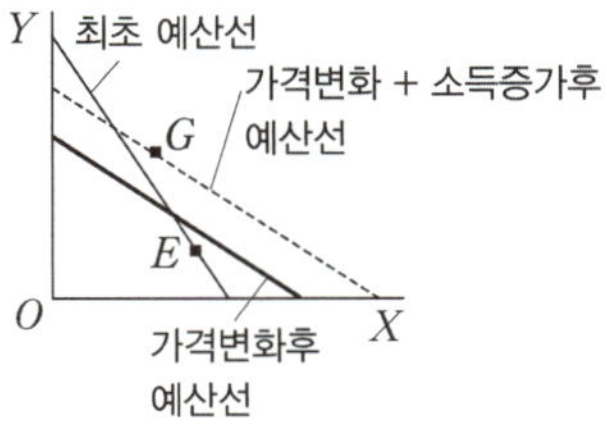


오답피하기

② 소비자의 소득이 두 기간에 동일하며, 가격 변화 후에 $X$재에 대한 소비가 감소하여 최초 $E$점에서 $F$점으로 이동 시 약공리에 위배되지 않는다.

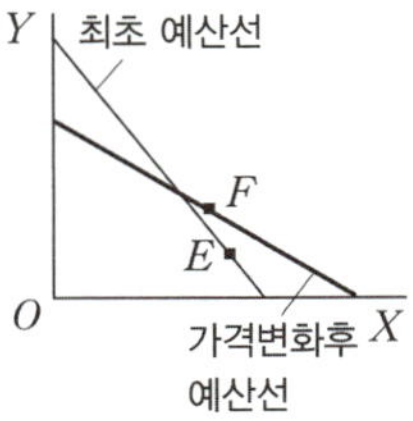


| 구분 | $P_X=4$, $P_Y=3$ | $P_X=3$, $P_Y=4$ |
|---|---|---|
| (3, 3) | 21 | 21 |
| (4, 2) | 22 | 20 |
| 위치 | 최초 가격기준 시 증가로 (3, 3)보다 (4, 2)는 오른쪽 | 바뀐 가격기준 시 감소로 (3, 3)보다 (4, 2)는 아래쪽 |

③ 소비조합이 가격 변화 전 (3, 3)에서 가격 변화 후 (4, 2)로 바뀐 경우 최초 $A$점에서 $B$점으로 이동으로 약공리에 위배되지 않는다.

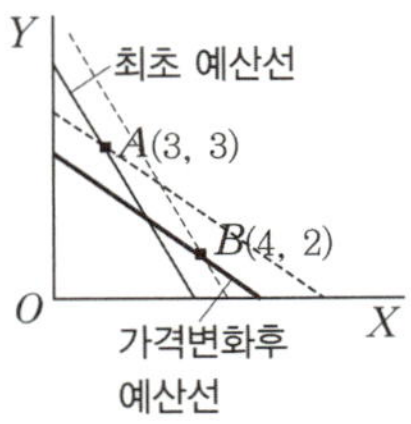


④ 재화묶음 $Q_0$가 $Q_2$보다 간접 현시선호되면 $Q_2$가 $Q_0$보다 간접 현시선호될 수 없다는 것이 강공리로 이행성의 공리로 볼 수 있다.

# 8회 2014년 국회직 변형

## 정답

p. 66

| | | | | | | | | | |
|---|---|---|---|---|---|---|---|---|---|
| 01 | ④ | 02 | ③ | 03 | ② | 04 | ② | 05 | ① |
| 06 | ② | 07 | ③ | 08 | ① | 09 | ② | 10 | ④ |
| 11 | ④ | 12 | ② | 13 | ④ | 14 | ③ | 15 | ① |
| 16 | ④ | 17 | ③ | 18 | ③ | 19 | ③ | 20 | ④ |
| 21 | ① | 22 | ④ | 23 | ④ | 24 | ③ | 25 | ① |

### 01 국제 교역조건 답 ④

기회비용 사잇값에서 양국이 이득을 볼 수 있는 교역조건이 성립한다.

**정답**

사과 가격을 바나나 가격으로 나눈 상대가격이 $A$국에서는 2이고, $B$국에서는 5이기에 양국이 이득을 볼 수 있는 교역조건은 사과 1개의 기회비용인 바나나 2개와 5개 사이에서 결정된다. $B$국의 수입업자는 사과 100개를 수입하는데 그 대가로 바나나 150개를 준다면 사과 1개의 기회비용은 바나나 1.5개이다. 따라서 양국이 모두 이득을 볼 수는 없다.

**오답피하기**

① $A$국의 수출업자는 사과 150개를 수출하는데 그 대가로 바나나 600개를 받는다면 사과 1개의 기회비용은 바나나 4개이다.
② $A$국의 수입업자는 바나나 90개를 수입하는데 그 대가로 사과 30개를 준다면 사과 1개의 기회비용은 바나나 3개이다.
③ $B$국의 수출업자는 바나나 200개를 수출하는데 그 대가로 사과 50개를 받는다면 사과 1개의 기회비용은 바나나 4개이다.

### 02 국제 환율 답 ③

금융시장에서 일물일가의 법칙을 전제로, 국가 간 완전자본이동이 보장될 때 국내투자수익률과 해외투자수익률이 동일해야 한다는 것이 이자율평가설로, '환율변화율 = 국내이자율 - 해외이자율'이다.

**정답**

정부가 외환시장에서 달러를 매각하면 달러공급의 증가로 환율이 ㉠ 하락하고, 국가 간 자본이동이 완전히 자유로우면, 이자율평가설에 따라 예상되는 환율변화는 두 국가 간 ㉡ 이자율 차이만큼 나타난다.

### 03 국제 $BP$곡선 답 ②

국제수지가 흑자이면 $BP$곡선은 우측(하방)이동하고, 국제수지가 적자이면 $BP$곡선은 좌측(상방)이동한다.

**정답**

외국이자율의 상승으로 자본유출이 이루어져 국제수지는 적자가 된다. 따라서 국제수지가 균형을 회복하기 위해 이자율은 상승하기에 $BP$곡선은 좌측(상방)이동한다.

**오답피하기**

①, ③, ④ 외국소득의 증가나 외국상품가격의 상승으로 순수출이 증가하여 국제수지가 흑자가 된다. 또한 국내통화의 평가절상예상으로 자본유입이 이루어져 국제수지는 흑자가 된다. 따라서 국제수지가 균형을 회복하기 위해 이자율은 하락하기에 $BP$곡선은 우측(하방)이동한다.

### 04 거시 $GDP$ 답 ②

'일정기간 한 나라 안에서 새로이 생산된 모든 최종생산물의 시장가치'를 국내총생산($GDP$)이라 하고, 부가가치의 합으로 계산할 수 있다.

**정답**

주가급등은 생산액증가와 관련없기에 국내총생산($GDP$)의 추계에 포함되지 않는다.

**오답피하기**

① 재고증가분은 재고투자를 통한 투자증가로 국내총생산($GDP$)의 추계에 포함된다.
③ 과거에 국내총생산($GDP$)의 추계에 포함되지 않았던 부분이 탈세규모의 축소로 현재는 국내총생산($GDP$)의 추계에 포함된다.
④ 자가주택에 거주하면서 얻는 편익인 귀속임대료의 상승분은 국내총생산($GDP$)의 추계에 포함된다.

### 05 미시 한계 답 ①

한계개념은 접선기울기를 의미한다.

**정답**

한계개념은 접선기울기이고 평균개념은 원점에서 그은 기울기이다.

(오답피하기)

② 경제학의 한계개념은 수학의 도함수개념을 응용한 것으로 수학의 미분개념이다.

③ 한계요소비용($MFC_L$)은 생산요소를 한 단위 추가 투입 시 총비용의 증가분으로 $MC \times MP_L$ 이다.

④ 한계수입생산($MRP_L$)은 생산요소를 한 단위 추가 투입 시 총수입의 증가분으로 $MR \times MP_L$ 이다.

## 06 거시 케인즈학파의 금융정책 답 ②

투자의 이자율탄력성이 작아 $IS$곡선이 급경사이고, 화폐수요의 이자율탄력성이 커서 $LM$곡선이 완만할 때, 금융정책의 유효성은 작아진다.

정답

$LM$곡선이 완만하고 $IS$곡선이 급경사일 때 확장금융정책의 효과는 작다.

## 07 거시 인플레이션갭 또는 디플레이션갭 답 ③

완전고용국민소득수준에서 총공급이 총수요를 초과할 때 발생하는 디플레이션갭은 디플레이션을 탈피하기 위해 증가시켜야 하는 유효수요의 크기로 측정된다.

정답

완전고용국민소득수준이 $Y_3$일 때, 총공급은 300이고 총수요는 소비와 투자의 합인 250으로 50만큼의 디플레이션갭이 발생한다.

## 08 미시 외부효과 답 ①

$P = SMC$에서 사회적최적산출량이 달성되고 $P = PMC$에서 시장균형산출량이 결정된다.

정답

$PMC = Q$이고 $SMC = Q + 6$이다. $P = 90 - Q$이기에 $P = SMC$에서 사회적최적산출량은 42이다. 그런데 독점 시 $MR = 90 - 2Q$이기에 $MR = PMC$에서 이윤극대화 생산량은 30이다. 따라서 독점기업이 사회적최적산출량을 달성하도록 하기 위해 단위당 보조금을 지급해야 한다. 즉, 단위당 $a$의 보조금을 독점기업에게 지급한다면, $MC$곡선은 단위당 $a$만큼 하방으로 이동한다. $MR = 90 - 2Q$이고 $PMC = Q - a$이기에 $MR = PMC$에서 이윤극대화 생산량은 사회적최적산출량인 42이어야 한다. 따라서 $a$는 36이다.

## 09 거시 거시경제모형 답 ②

총수요와 총소득이 일치하는 점에서 균형국민소득이 결정되기에, $Y = C$(민간소비지출) $+ I$(민간총투자) $+ G$(정부지출) $+ X - M$(순수출)이다.

정답

$Y = C + I + G + X - M = 50 + 0.85Y_d + 110 + 208 + 82 - (10 + 0.08Y)$

에서 $T = 0.2Y$, $Y_d = Y - T = Y - 0.2Y = 0.8Y$이기에

$Y = 50 + 0.85(0.8Y) + 110 + 208 + 82 - (10 + 0.08Y) = 440 + 0.6Y$

이다. 즉, $Y = 1,100$이다.

경상수지 $= X - M = 82 - (10 + 0.08Y) = 82 - (10 + 0.08 \times 1,100) = -16$이다. 따라서 경상수지적자는 16이다.

## 10 국제 실질환율 답 ④

실물단위로 표시한 실질환율은 $\epsilon = \frac{e \times P_f}{P}$ ($\epsilon$: 실질환율, $e$: 명목환율, $P_f$: 해외물가, $P$: 국내물가)이다.

정답

$\epsilon = \frac{e \times P_f}{P}$에서 예상하지 못한 인플레이션이 발생할 경우 명목환율이 불변이면 실질환율이 하락하여 실질 순수출은 감소한다.

(오답피하기)

① 인플레이션을 정확하게 예상하는 장기에 기대 인플레이션율이 상승하면, 단기 필립스곡선이 상방으로 이동해도 실제실업률이 자연실업률과 일치하기에 장기 필립스곡선은 수직선으로 도출된다.

② 비경제활동인구는 일할 의사나 능력이 없는 경우로 전업학생, 전업주부, 은퇴자 등이 포함된다.

③ 경제활동인구는 생산가능연령, 즉 15세 이상 인구 중 경제활동에 참가하고 있는 인구를 말한다.

## 11 거시 국민소득계정과 산업연관표 답 ④

'총산출 = 총투입', '중간수요 = 중간투입'일 때, '최종수요 - 수입 = 부가가치'이다.

정답

<산업연관표와 국민소득통계와의 관계>

| 구분 | 중간수요 | 최종수요 | 수입(-) | 총산출 |
|---|---|---|---|---|
| 중간투입 | $A$ (산업 간 순환) | $F - M$ (지출국민소득) | | $X$ |
| 부가가치 | $V$ (생산국민소득 또는 분배국민소득) | | | |
| 총투입 | $X$ | | | |

'중간투입 + 부가가치 = 총투입', '중간수요 + 최종수요 - 수입 = 총산출'에서 '총산출 = 총투입', '중간수요 = 중간투입'일 때, '최종수요 - 수입 = 부가가치'이기에 ㉠은 부가가치이다. '중간투입 + 부가가치 = 총투입'에서 '총산출 = 총투입'일 때, '총산출 - 중간투입 = 부가가치'이기에 ㉡은 부가가치이다.

## 12 국제 세계이자율상승 답 ②

세계 대부자금시장에서 대부자금에 대한 수요가 증가하면 세계이자율은 상승한다.

**정답**

세계이자율이 상승하면 외자유출로 국내대부자금시장에서 대부자금에 대한 공급이 감소하여 국내이자율도 상승한다. 즉, $BP$곡선은 상방으로 이동한다. 따라서 투자는 감소한다.

**오답피하기**

①, ④ 외자유출에 의해 명목환율상승에 의한 실질환율상승으로 순수출은 증가한다.

③ 환율상승으로 $IS$곡선이 우측으로 이동하면 국민소득은 증가한다.

## 13 미시 사회보장제도 답 ④

현금보조를 실시하면 예산선이 바깥쪽으로 평행이동하고, 구입가격의 일정비율을 보조하면 예산선이 회전이동한다.

**정답**

가격보조 전 최초균형점이 $E$이고, $X$재 가격을 할인해 주는 가격보조로 균형점이 $A$일 때, 보조금의 크기를 가격이 불변인 $Y$재 수량으로 표시하면 $AB$의 길이이다. 따라서 이전에 할인받던 만큼을 현금으로 지원해 주기로 했다면 $AB$만큼의 현금보조를 해주는 것과 같고 그만큼 바깥으로 평행이동하여 균형점이 $C$로 바뀔 수 있다. 따라서 현금지원정책 시 예산선(현금보조 시 예산선)의 기울기가 대중 교통 요금할인 시 예산선(가격보조 시 예산선)의 기울기보다 크다.

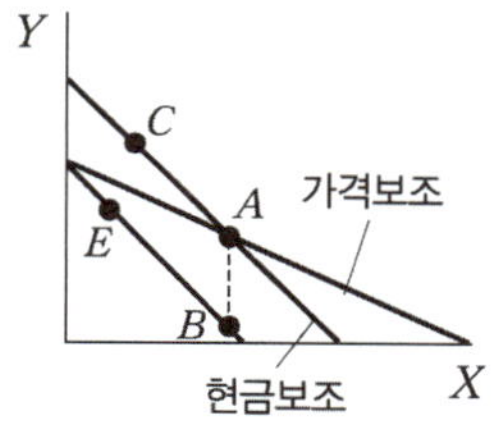


**오답피하기**

①, ②, ③ 가격보조 시 $A$에서 현금보조 시 $C$로 이동하기에 $X$재 소비는 현금지원정책 실시 전에 비해 감소하고, $Y$재 소비는 현금지원정책 실시 전에 비해 증가한다. 또한 $X$재의 최대량이 현금지원정책 실시 이전보다 감소한다.

## 14 미시 외부효과 답 ③

외부성이 발생하는 경우, 사적한계편익과 사적한계비용이 일치할 때 시장균형거래량이 결정되고, 사회적한계편익과 사회적한계비용이 일치할 때 사회적최적거래량이 결정된다.

**정답**

이 독점기업의 생산량은 30(①)이고, 사회적최적생산량은 30(④)과 같다.

**오답피하기**

① $MR=100-2Q_d$, $MC=40$이고, 이윤극대화생산량은 $MR=MC$이기에 $MR=100-2Q_d=MC=40$에 따라 $Q=30$이다.

② 사적(한계)비용은 40이고 외부(한계)비용이 30이기에 사회적(한계)비용은 70이다. 따라서 사적비용이 사회적비용보다 작다.

④ $P=100-Q_d$, $SMC=70$이고, 최적생산량은 $P=SMC$이기에 $P=100-Q_d=SMC=70$에 따라 $Q=30$이다.

최적가격은 $P=100-Q_d$에서 $Q=30$에 따라 $P=70$이다.

따라서 최적생산량에서 수요의 가격탄력성은

$-\frac{\Delta Q}{\Delta P}\cdot\frac{P}{Q}=-(-1)\cdot\frac{70}{30}=\frac{7}{3}$으로 1보다 크다.

## 15 미시 규모수익과 비용곡선 답 ①

단기와 장기의 총비용곡선이 서로 접하는 점에서 단기와 장기의 평균비용곡선도 서로 접하지만, 단기와 장기의 한계비용곡선은 교차한다.

**정답**

단기와 장기의 총비용곡선이 서로 접하는 점에서 단기와 장기의 한계비용곡선은 교차하기에 장기 한계비용곡선은 단기 한계비용곡선의 포락선이 아니다.

**오답피하기**

② 규모에 대한 수익불변의 경우 모든 생산요소가격이 일정하게 유지된다면 $LTC$곡선은 원점을 통과하는 직선이다. 따라서 생산요소투입량이 3배로 증가할 때 총비용도 3배로 증가한다.

③ 규모에 대한 수입불변의 경우 모든 생산요소가격이 일정하게 유지된다면 $LTC$곡선은 원점을 통과하는 직선이다. 따라서 장기 평균비용곡선은 수평선이다.

④ 생산량의 증가로 요소 수요가 증가할 때 생산요소가격이 상승한다면 단위당 생산비용이 상승하게 된다. 따라서 장기 평균비용곡선은 우상향의 형태가 된다.

## 16 미시 총수익 대비 광고비지출액 답 ④

이윤극대화를 위한 총수익 대비 광고비지출액은 $\frac{\text{수요의 광고탄력도}}{\text{수요의 가격탄력도}}$ 이다.

**정답**

따라서 이윤극대화를 위한 총수익 대비 광고비지출액은 수요의 가격탄력성이 $-10$이고, 수요의 광고탄력도가 2이기에,

$\frac{\text{수요의 광고탄력도}}{\text{수요의 가격탄력도}} = \frac{2}{10} = 20\%$이다.

## 17 미시 사회보장제도 답 ③

$C-D$형 효용함수인 $U=AX^{\alpha}Y^{\beta}$에서 $X=\frac{\alpha}{\alpha+\beta}\cdot\frac{M}{P_X}$이고,

$Y=\frac{\beta}{\alpha+\beta}\cdot\frac{M}{P_Y}$이다.

**정답**

$U=2FC$에서 $\alpha=1$, $\beta=1$이기에 $F$구입량은 $F=\frac{1}{2}\cdot\frac{60}{2}=15$이고, $C$구입량은 $C=\frac{1}{2}\cdot\frac{60}{1}=30$이다. $F$구입량이 15단위로 음식 5단위를 구입할 수 있는 음식바우처를 지원받으면 음식 5단위만큼의 정액보조, 즉 10만 원을 받는 것과 같다.
따라서 70만 원의 소득으로 소비할 때 $F$구입량은 $F=\frac{1}{2}\cdot\frac{70}{2}=17.5$이고, $C$구입량은 $C=\frac{1}{2}\cdot\frac{70}{1}=35$이고 효용은 $U=2FC=2\times17.5\times35=1{,}225$이다.

## 18 미시 지배적 기업 답 ③

지배적 기업과 군소기업들로 구성된 시장에서 군소기업들이 지배적 기업이 결정한 가격을 따른다면, 지배적 기업이 직면하는 수요곡선은 시장수요에서 군소기업들의 공급량을 차감하여 구할 수 있다.

**정답**

시장수요 $P=80-2Q$에서 $Q=40-\frac{1}{2}P$이고, 군소기업들의 공급함수 $P=2Q_F$에서 $Q_F=\frac{1}{2}P$이기에 지배적 기업이 직면하는 수요곡선은 $Q=40-P$이다. 따라서 $MR=40-2Q$이고 $MC=2Q$이기에 지배적 기업의 이윤극대화 생산량은 $MR=MC$에 따라 $MR=40-2Q=MC=2Q$에서 $Q=10$이다.
결국, 가격은 $Q=40-P$에서 $P=30$이다.

## 19 미시 위험프리미엄 답 ③

불확실한 자산을 확실한 자산으로 교환하기 위하여 지불할 용의가 있는 금액을 위험프리미엄이라 하고, '위험프리미엄 = 기대소득 − 확실성등가'로 계산한다.

**정답**

음반판매실적이 10만 장 이상일 확률이 50%일 때 월 4,000달러를 지급하고, 10만 장 미만인 경우에는 월 160달러를 지급한다면, 기대소득은 $0.5\times4{,}000+0.5\times160=2{,}080$달러이고, 기대효용은 $0.5\times\sqrt{10\times4{,}000}+0.5\times\sqrt{10\times160}=120$이다. 즉, 기대소득은 2,080달러이고 기대효용은 120이다. 이때 변동급일 때 기대효용과 동일한 효용을 주는 확실한 현금의 크기인 확실성등가는 $U=\sqrt{10I}$에서 1,440달러이다. 따라서 위험프리미엄 = 기대소득 − 확실성등가 $=2{,}080-1{,}440=640$달러이다.

## 20 국제 국제경제 답 ④

각국의 생산기술이 다르거나 중간재가 존재할 경우 요소집약도가 변하지 않더라도 요소가격 균등화가 이루어지지 않는다.

**정답**

따라서 중간재가 존재할 경우 요소집약도가 변하지 않더라도 요소가격 균등화가 이루어지지 않는다.

**오답피하기**

① $X-M=(S_P-I)+(T-G)$이다. 따라서 $(S_P-I)=0$일 때만 재정흑자와 경상수지적자의 합은 0이다.
② 경상수지적자의 경우 자본 및 금융계정흑자가 발생한다.
③ 규모에 대한 수확이 체증하는 경우 규모의 경제가 발생하여 동종산업 내 교역이 활발하게 되는 경향이 있다.

## 21 거시 필립스곡선 답 ①

공급충격을 받아 단기 총공급곡선이 좌측으로 이동하면 물가가 상승하고 실업이 증가한다. 정부가 개입하지 않았다면 장기적으로는 물가가 하락하고 임금이 하락하여 단기 총공급곡선이 우측으로 이동하므로 최초 균형으로 복귀한다.

**정답**

공급충격을 받아 단기 총공급곡선이 좌측으로 이동하면 물가가 상승하고 실업이 증가한다. 이는 필립스곡선의 우상방이동($SP_1\rightarrow SP_2$)으로 단기적으로 균형점은 $a$점에서 $e$점으로 이동한다. $e$점은 실제실업률이 자연실업률보다 높기에 정부가 개입하지 않았다면 장기적으로는 물가가 하락하고 임금이 하락하여 단기 총공급곡선이 우측으로 이동하므로 필립스곡선의 좌하방이동($SP_2\rightarrow SP_1$)으로 최초 균형으로 복귀한다. 결론적으로, $a\rightarrow e\rightarrow a$로 이동한다.

## 22 국제 립진스키정리 답 ④

어떤 생산요소 부존량이 증가하면 그 요소를 집약적으로 사용하는 재화 생산량은 증가하고 다른 재화 생산량은 감소한다는 것을 립진스키정리라 한다.

**정답**

일반적으로 풍부한 생산요소가 증가되면 이를 집약적으로 사용하는 재화인 수출재의 생산이 증가하여 오퍼곡선은 오른쪽으로 이동한다. 따라서 수출량과 수입량이 모두 증가한다.

**오답피하기**

① 교역조건이 일정할 때 풍부한 생산요소의 증가는 그 요소를 집약적으로 사용하는 재화의 생산은 증가하나 다른 재화의 생산은 감소한다.

② 풍부한 생산요소가 증가되면 이를 집약적으로 사용하는 재화인 수출재의 생산이 증가하여 오퍼곡선은 오른쪽, 즉 수출량방향으로 확장된다.

③ 일반적으로 희소한 생산요소가 증가되면 이를 집약적으로 사용하는 재화인 수입재의 생산이 증가하여 교역조건이 개선된다.

## 23 거시 황금률 답 ④

1인당 소비가 극대화되는 상태를 자본축적의 황금률이라 하고 $MP_K = n+d+g$에서 달성된다.

**정답**

$A$국의 생산함수는 $Y = AL^{0.6}K^{0.4}$에서 $MP_K = 0.4AL^{0.6}K^{-0.6}$이다. $n+d+g = 0.08$이다. 따라서 $MP_K = n+d+g$에서 $MP_K = 0.4AL^{0.6}K^{-0.6} = n+d+g = 0.08$이다. 양변에 $K$를 곱하면 $0.4Y = 0.08K$이다. 따라서 $K = 5Y$로 자본은 소득의 5배이다.

## 24 미시 완전균형 답 ③

신빙성이 없는 위협이 포함된 내쉬균형을 제외하고 찾아낸 조합이 완전균형이다.

**정답**

| 구분 | | 기업 $B$ | |
|---|---|---|---|
| | | 공생 | 반격 |
| 기업 $A$ | 진입포기 | (0, 2) | (0, 2) |
| | 진입 | (1, 1) | (−1, 0) |

내쉬균형은 (진입포기, 반격), (진입, 공생)의 두 개다. 그런데 내쉬균형 조합 중에서 신빙성이 없는 위협이 포함된 내쉬균형을 제외하고 찾아낸 조합이 완전균형이다. 즉, 신규기업은 진입하고 기존기업은 공생을 선택하는 조합인 (1, 1)이 완전균형이다.

## 25 미시 효용극대화 답 ①

$\frac{MU_X}{P_X} > \frac{MU_Y}{P_Y}$ 이면, $X$재의 1원당 한계효용은 $Y$재의 1원당 한계효용보다 크다. 그러므로 $X$재 구입을 늘리고 $Y$재 구입을 감소시켜 효용증대가 가능하다.

**정답**

$MRS_{XY} = \frac{MU_X}{MU_Y}(=2) > \frac{P_X}{P_Y}\left(=\frac{1}{10}\right)$이다. 따라서 $\frac{MU_X}{P_X} > \frac{MU_Y}{P_Y}$이다. 즉, $X$재의 1원당 한계효용은 $Y$재의 1원당 한계효용보다 크다. 그러므로 $X$재 구입을 늘리고 $Y$재 구입을 감소시켜 효용증대가 가능하다.

# 9회 2015년 국회직 변형

### 정답

p. 71

| | | | | | | | | | |
|---|---|---|---|---|---|---|---|---|---|
| 01 | ③ | 02 | ② | 03 | ① | 04 | ③ | 05 | ③ |
| 06 | ④ | 07 | ① | 08 | ② | 09 | ④ | 10 | ④ |
| 11 | ① | 12 | ① | 13 | ④ | 14 | ④ | 15 | ② |
| 16 | ② | 17 | ① | 18 | ③ | 19 | ④ | 20 | ④ |
| 21 | ① | 22 | ④ | 23 | ① | 24 | ③ | 25 | ① |

### 01 미시 소비자잉여 답 ③

소비자의 최대지불의사금액에서 실제지불금액을 차감한 것을 소비자잉여라 한다.

**정답**

수요함수가 $Q=10-\frac{P}{2}$인 시장에서 균형가격이 10이면 균형거래량은 5이다. 균형가격이 12이면 균형거래량은 4이다. 따라서 소비자잉여는 그림의 색칠한 면적인 $(10\times5\div2)-(8\times4\div2)=9$만큼 감소한다.

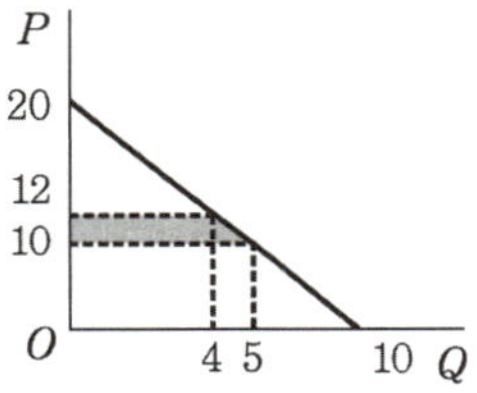


### 02 거시 저축과 투자 답 ②

민간저축$(S_P=Y-T-C)$과 정부저축$(T-G)$의 합은 총저축$(S_P+T-G)$이다.

**정답**

민간저축$(S_P=Y-T-C)$은 $580-80-350=150$이다.

### 03 미시 위험프리미엄 답 ①

불확실한 자산을 확실한 자산으로 교환하기 위하여 지불할 용의가 있는 금액을 위험프리미엄이라 하고, 위험프리미엄$(\pi)$ = 기대소득 $E(w)$ – 확실성등가$(CE)$로 계산한다.

**정답**

소득이 100만 원일 확률이 0.5이고 소득이 400만 원일 확률이 0.5일 때, 기대소득을 구해보면 $0.5\times100+0.5\times400=250$만 원이다. 그리고 기대효용을 구해보면 $0.5\times\sqrt{100}+0.5\times\sqrt{400}=15$이다. 또한 확실성등가를 구하면 $15=\sqrt{m}$ 이고 $m=225$만 원이다.

위험프리미엄은 불확실한 자산을 확실한 자산으로 바꾸기 위해 포기할 용의가 있는 금액이고, 이는 기대소득 - 확실성등가$=250-225=25$만 원이다.

### 04 미시 레온티에프형 효용함수 답 ③

레온티에프형 효용함수는 완전보완재 성격으로 $U=\min\left[\frac{X}{a}, \frac{Y}{b}\right]$으로 표현된다.

**정답**

무차별곡선은 완전보완재 성격으로 $L$자형이고, 대체효과가 영(0)이기에 가격효과는 소득효과와 동일하다.

### 05 거시 통화량 답 ③

통화승수는 현금/통화량비율 시 $m=\frac{1}{c+z(1-c)}$이다.

**정답**

법정지급준비율이 15%이고, 시중은행의 초과지급준비율이 5%이기에 실제지급준비율은 20%이다. 현금통화비율 $c=1$이면 통화승수 $m=1$이기에 중앙은행이 10억 원 상당의 공채를 매입한다면 통화량은 10억 원 증가한다. 현금통화비율 $c=0$이면 통화승수 $m=\frac{1}{z}=\frac{1}{0.2}=5$이기에 중앙은행이 10억 원 상당의 공채를 매입한다면 통화량은 50억 원 증가한다. 따라서 민간은 통화의 일부를 현금으로 보유하기에 통화량은 10억 원 초과 50억 원 미만 증가한다.

### 06 미시 생산중단점 답 ④

$AVC$곡선의 최저점은 생산하는 것과 생산을 하지 않는 것이 동일한 생산중단점이다.

**정답**

생산중단점은 '총수입 = 총가변비용'이기에, '이윤 = 총수입 - 총가변비용 - 총고정비용'에서 '이윤 = - 총고정비용'이다. 총수입이 총가변비용에 미달하면 단기에도 조업을 중단한다. 따라서 '이윤 < - 총고정비용'이면 단기에도 조업을 중단한다. 총비용함수가 $TC(Q)=Q-\frac{1}{2}Q^2+\frac{1}{3}Q^3+50$에서 $Q=0$일 때, 총고정비용은 50으로 이윤이 $-50$보다 작으면 단기에도 조업을 중단한다.

| 07 | 거시 | $AS$곡선 | 답 ① |
|---|---|---|---|

노동시장의 균형은 $(VMP_L=)MP_L\times P=W$이다.

**정답**

생산함수가 $f(L,K)=L^{\frac{1}{2}}K^{\frac{1}{2}}$이고 자본투입량($K$)이 4일 때, 생산함수는 $Y=2\sqrt{L}$이다. $W$가 10이고, $MP_L$은 생산함수 $Y=2\sqrt{L}$을 미분한 $MP_L=\frac{1}{\sqrt{L}}$이다. $L$은 $MP_L\times P=W$에서 $\frac{1}{\sqrt{L}}\times P=10$을 통해 $L=\frac{P^2}{100}$이다. 이를 생산함수 $Y=2\sqrt{L}$에 대입하면 $P=5Y$의 $AS$곡선을 구할 수 있다.

| 08 | 거시 | 승수 | 답 ② |
|---|---|---|---|

정부지출승수는 $\frac{1}{1-c(1-t)}$이다.

**정답**

조세율이 0.25일 때, 정부지출승수는 $\frac{1}{1-c(1-t)}=\frac{1}{1-0.8(1-0.25)}=2.5$이다. 따라서 정부지출을 180에서 200으로 20만큼 증가시키면 국민소득은 50만큼 증가한다.

| 09 | 미시 | 독점 | 답 ④ |
|---|---|---|---|

'마크업 = 가격/한계비용'으로 정의한다.

**정답**

독점기업은 $MR=MC$에서 생산량을 결정하고, $MR=MC$의 위에 있는 수요곡선 상의 점에서 가격이 결정된다. 즉, $MR=50-2Q$이고, $MC=10$이기에 $MR=MC$에서 이윤극대화 생산량은 20이다. 따라서 가격은 수요곡선 $P(Q)=50-Q$에서 30이다. 마크업은 가격/한계비용$=30/10=3$이다.

| 10 | 미시 | 시장 | 답 ④ |
|---|---|---|---|

완전경쟁에서 $P$가 고정된 상수이기에 $TR(=PQ)$은 원점을 지나는 직선이고, $AR\left(=\frac{TR}{Q}=\frac{PQ}{Q}=P\right)$과 $MR\left(=\frac{\Delta TR}{\Delta Q}=\frac{P\Delta Q}{\Delta Q}=P\right)$은 수평선이다. 즉, $P$(고정된 상수)$=AR=MR$이다.

**정답**

한계비용가격설정하, $P=MC$로 독점가격을 규제하면, 생산은 효율적이나 적자가 발생한다. 평균비용가격설정하, $P=AC$로 독점가격을 규제하면, 적자는 아니나 생산이 비효율적이다.

**오답피하기**

① 완전경쟁기업은 '가격 = 평균수입 = 한계수입'이기에 한계수입이 평균총비용보다 작은 경우 손실을 보게 된다.

② 완전경쟁기업은 '가격 = 평균수입 = 한계수입'이기에 한계비용과 평균수입이 일치하는 생산량을 생산할 때 완전경쟁기업의 이윤은 극대화된다.

③ 독점기업은 한계비용과 한계수입이 일치하는 생산량을 생산할 때 이윤이 극대화된다.

| 11 | 미시 | 내쉬균형 | 답 ① |
|---|---|---|---|

상대방의 전략을 주어진 것으로 보고 경기자는 자신에게 가장 유리한 전략을 선택하였을 때 도달하는 균형을 내쉬균형이라 한다.

**정답**

- 기업 $B$가 생산량감소를 선택하면 기업 $A$는 생산량감소가 최선이고, 기업 $B$가 생산량유지를 선택하면 기업 $A$는 생산량유지가 최선이다.
- 기업 $A$가 생산량감소를 선택하면 기업 $B$는 생산량감소가 최선이고, 기업 $A$가 생산량유지를 선택하면 기업 $B$는 생산량유지가 최선이다.
- 따라서 내쉬균형은 (생산량감소, 생산량감소), (생산량유지, 생산량유지)이다. 그런데, (생산량감소, 생산량감소)가 (생산량유지, 생산량유지)보다 이윤이 더 크기에 파레토효율적(Pareto efficient)인 내쉬균형은 (생산량감소, 생산량감소)이다.

| 12 | 미시 | 노동수요곡선 | 답 ① |
|---|---|---|---|

생산물시장이 완전경쟁이면, 가격과 한계수입이 일치하기에 한계생산물가치($VMP_L$)곡선이 개별기업의 노동수요곡선이다.

**정답**

생산물에 대한 수요가 증가하면 가격상승으로 노동수요곡선인 한계생산물가치곡선이 우측으로 이동한다.

**오답피하기**

② 노동 1단위당 자본량이 증가하면 $\frac{K}{L}$가 증가하여 $Q=AL^{\alpha}K^{\beta}$하 $MP_L=\alpha AL^{\alpha-1}K^{\beta}=\alpha AL^{\alpha}\frac{K}{L}K^{\beta-1}$에서 $MP_L$증가로 노동수요곡선이 우측으로 이동한다.

③ 노동의 한계생산물이 빠르게 체감할수록 한계생산물가치($VMP_L$)곡선이 급경사가 되기에 노동수요는 임금비탄력적이 된다.

④ 노동시장이 수요독점이면 생산물시장도 불완전경쟁(독점)으로 우상향의 노동공급곡선상에서 가장 유리한 고용량을 선택할 수 있으므로 수요독점의 노동수요곡선은 존재하지 않는다.

## 13 미시 외부효과 답 ④

외부성이 발생하는 경우, 사적한계편익과 사적한계비용이 일치할 때 시장균형거래량이 결정되고, 사회적한계편익과 사회적한계비용이 일치할 때 사회적최적거래량이 결정된다.

**정답**

1단위당 5의 조세부과 전후 사적한계비용곡선은 모두 수평선으로 생산자잉여는 0으로 같다.

**오답피하기**

① 시장균형생산량은 사적한계편익(수요곡선)과 사적한계비용(공급곡선)이 일치할 때 250으로 결정된다.
② 사회적최적생산량은 사회적한계편익(수요곡선)과 사회적한계비용(공급곡선)이 일치할 때 200으로 결정된다.
③ 외부한계비용이 5이고 시장균형생산량은 250이기에 시장균형에서의 총외부비용은 1,250이다.

## 14 거시 소비이론 답 ④

항상소득가설에 따르면, 소비는 항상소득의 일정비율이다.

**정답**

임시소득이 증가하여 현재소득이 일시적으로 항상소득 이상으로 증가할 때, 소비는 그 영향이 미미하기에 평균소비성향은 일시적으로 감소한다.

**오답피하기**

① 상대소득가설은 소비의 비가역성과 소비의 상호의존성을 가정한다.
② 쿠즈네츠(Kuznets)의 실증분석에 따르면, 단기에는 $APC$가 $MPC$보다 크고 장기에는 $APC$와 $MPC$가 같다.
③ 절대소득가설에 따르면, 가처분소득이 증가할 때 소비지출이 증가하므로 소비함수곡선상 우상방으로 이동한다.

## 15 거시 솔로우모형 답 ②

기술진보를 가정한 솔로우모형의 균제상태에서
• 1인당 경제성장률 = 기술진보율
• 경제성장률 = 인구증가율 + 기술진보율

**정답**

총소득증가율(경제성장률)은 인구증가율 + 기술진보율 = 0.03이고, 1인당 소득증가율은 기술진보율 = 0.02이다.

## 16 국제 무역이론 답 ②

양국의 국내상대가격비, 즉 기회비용 사잇값에서 양국이 이득을 볼 수 있는 교역조건이 성립한다.

**정답**

고기 1단위 생산 기회비용은 서희의 경우 옥수수 $\frac{10}{18}$이고 문희의 경우 $\frac{12}{16}$이다. 따라서 두 사람이 이익을 얻을 수 있는 교역조건은 옥수수 $\frac{10}{18}$ < 고기 1단위 < 옥수수 $\frac{12}{16}$이다. 즉, 옥수수 $\frac{10}{18}$(= 0.56) < 고기 1단위 < 옥수수 $\frac{12}{16}$(= 0.75)이다. 따라서 고기 1단위당 옥수수 0.6단위이면 두 사람이 모두 이득을 볼 수 있다.

## 17 미시 이윤극대화 답 ①

총수입에서 총비용을 차감한 값인 이윤은 $MR = MC$, 그리고 $MR$ 기울기 < $MC$기울기일 때 극대화된다.

**정답**

총수입은 $P \times Q = (15,000 - Q)Q = 15,000Q - Q^2$이기에 $MR$은 $MR = 15,000 - 2Q$이다. 총비용은 $C = C_L(= 2.5Q_L^2) + C_H(= 1,000Q_H)$이기에 $MC$는 $Q = Q_L = Q_H$일 때 $MC = 5Q + 1,000$이다. 따라서 이윤극대화는 $MR = MC$에 따라 $15,000 - 2Q = 5Q + 1,000$에서 $Q = 2,000$이다.

## 18 미시 카르텔 답 ③

동일산업에 속하는 기업들이 명시적으로 합의하여 가격이나 생산량을 정하는 카르텔이론은 다공장 독점과 유사하다.

**정답**

다공장 독점기업의 이윤극대화조건은 $MR = MC_A = MC_B$이다. $MR = 80 - 2Q$이고, $MC_A = MC_B = 20$이기에 생산량은 $Q = 30$이다. 따라서 이윤극대화가격은 시장수요함수 $P(Q) = 80 - Q$에서 $P = 50$이다.

## 19 거시 합리적기대 답 ④

합리적기대하 정책이 예상되면 $P = P^e$이기에 총공급곡선은 수직선이 된다.

**정답**

물가예상착오가 없다면 $P = P^e$이기에 총공급곡선은 수직선이 된다. 따라서 물가예상착오가 커질수록 공급곡선의 기울기는 완만해진다.

오답피하기

① 단기 총공급곡선 $Y=\overline{Y}+\alpha(P-P^e)$에서 $P$로 정리하면 기울기는 $\frac{1}{\alpha}$이다.

② 합리적기대하 통화량 증가가 예상되면 $P=P^e$이기에 총공급곡선은 수직선이 된다. 통화량 증가는 총수요곡선의 우측이동을 초래하여 물가수준을 높일 것이다.

③ 합리적기대하 물가수준의 상승이 예상되면 $P=P^e$이기에 총공급곡선은 수직선이 된다. 따라서 예상된 물가수준의 상승은 산출량을 증가시키지 못한다.

## 20 거시 피셔효과 답 ④

신용카드 수수료에 대한 세금인상정책으로 신용카드 대신 현금사용이 늘기에 민간의 현금보유비율은 증가한다.

정답

통화승수가 감소하여 통화량은 감소한다. 통화량감소에 의한 $LM$곡선의 좌측이동은 $AD$곡선의 좌측이동을 초래한다. 이에 따라 물가가 하락하고 $LM$곡선은 일부 우측이동한다. 단기적으로 이자율은 상승하나 물가는 하락하고 산출은 감소한다. $AD$곡선의 좌측이동으로 실업이 발생하면 장기적으로 임금하락에 의한 단기총공급곡선의 우측이동을 초래한다. 물가의 추가하락으로 $LM$곡선은 다시 우측이동한다. 따라서 화폐수량설과 피셔효과에 따르면 장기적으로 실질이자율은 본래 수준으로 복귀한다.

오답피하기

①, ②, ③ 신용카드 수수료에 대한 세금인상정책으로 민간의 현금보유비율은 증가하고 통화량은 감소하며 단기에 이자율은 상승하고 산출은 감소한다.

## 21 거시 총수요와 총공급 답 ①

장기 총공급곡선이 $Y=2{,}000$에서 수직이고, 단기 총공급곡선은 $P=1$에서 수평이다. 총수요곡선은 $Y=\frac{2M}{P}$이고 $M=1{,}000$이기에 최초균형은 $(P:Y)=(1:2{,}000)$이다.

정답

공급충격을 받아 단기 총공급곡선이 $P=2$로 이동하면 국민소득은 $Y=\frac{2M}{P}$에서 $P=2$, $M=1{,}000$일 때 $Y=1{,}000$으로 잠재 $GDP$인 2,000에 미달한다. 즉, 총수요가 잠재$GDP$에 미달한다. 따라서 총수요곡선과 장기 총공급곡선이 변하지 않았다면 물가가 하락하고 임금이 하락하여 단기 총공급곡선이 하방으로 이동함으로써 장기적으로는 최초 균형인 $(P:Y)=(1:2{,}000)$으로 복귀한다.

## 22 거시 확장금융과 긴축재정 답 ④

확장금융정책에 의한 $LM$곡선의 우측이동과 긴축재정정책에 의한 $IS$곡선의 좌측이동으로 국내이자율은 하락한다.

정답

국내이자율이 하락하면 외자유출로 자본수지의 악화를 가져온다.

오답피하기

①, ② 국내이자율이 하락하기에 반비례관계인 국내채권가격은 상승한다.

③ 국내이자율이 하락하면 외자유출로 환율이 상승하기에 국내통화의 가치가 하락한다.

## 23 거시 실질이자율 타게팅(targeting) 규칙 답 ①

이자율이 상승할 때, 실질이자율 타게팅(targeting) 규칙으로 통화량을 증가시켜 이자율은 본래수준으로 복귀한다.

정답

화폐수요증가충격을 받는 경우, $LM$곡선은 좌측으로 이동하여 이자율이 상승하나, 실질이자율 타게팅(targeting) 규칙으로 통화량을 증가시켜 $LM$곡선은 우측으로 이동하여 본래위치로 돌아오기에 $LM$곡선은 변하지 않는다.

오답피하기

② 화폐수요증가충격을 받는 경우, 단기에서 산출은 변하지 않는다.

③, ④ 소비증가충격을 받는 경우, $IS$곡선이 우측으로 이동하여 이자율이 상승하나, 실질이자율 타게팅(targeting) 규칙으로 통화량을 증가시켜 $LM$곡선은 우측으로 이동하기에 이자율은 불변이나 산출은 증가한다.

## 24 국제 무위험 이자율평가설 답 ③

금융시장에서 일물일가의 법칙을 전제로, 국가간 완전자본이동이 보장될 때 국내투자수익률과 해외투자수익률이 동일해야 한다는 것이 이자율평가설이다. 이때, 해외투자수익률의 불확실성은 선물계약을 통해 제거할 수 있기에, 무위험 이자율평가설은 '현재환율(1 + 국내이자율) = 선도환율(1 + 해외이자율)'이다.

정답

$A$국이 한국, $B$국이 미국이라면, 한국과 미국의 6개월 만기 이자율이 각각 2%와 5%이고, 6개월 후의 예상 환율이 970원/달러이기에 현재환율(1 + 국내이자율) = 선도환율(1 + 해외이자율)에서, 현재환율$(1+0.02)=970(1+0.05)$이다. 따라서 현재환율은 대략 1,000원/달러이다.

## 25 거시 인플레이션 답 ①

기대인플레이션율 상승분이 모두 명목이자율상승으로 반영되지 못하여 실질이자율이 하락하는 효과를 먼델 - 토빈(Mundell-Tobin) 효과라 하고, 먼델- 토빈효과로 실질이자율이 하락하면 소비와 투자가 증가하므로 총수요가 증가하게 된다.

**정답**

따라서 먼델 - 토빈효과에 따르면 기대인플레이션율이 상승하면 실질이자율이 하락하여 투자가 증가한다.

**오답피하기**

② 공급충격이 발생한 경우 물가가 상승하기에 인플레이션율을 일정하게 유지하려는 인플레이션 타게팅(targeting)정책으로 긴축정책을 취하면 산출량이 더 감소하여 산출을 불안정하게 한다.

③ 디스인플레이션(disinflation)정책을 경제주체들이 예상했다면 예상인플레이션이 낮아져 단기 필립스곡선이 하방으로 이동하기에 실업률의 변화가 미미하나, 그렇지 못하면 단기 필립스곡선을 따라 우하방으로 이동하기에 실업률은 크게 증가할 수 있다. 따라서 실업률에 미치는 영향은 해당 정책이 기대되었는가에 의존한다.

④ 합리적 기대가설에 따르면 예상인플레이션율이 상승하면 단기 필립스곡선이 상방으로 이동하기에 실제인플레이션율도 같은 폭으로 높아진다.

# 10회 2016년 국회직 변형

**정답** p. 76

| | | | | | | | | | |
|---|---|---|---|---|---|---|---|---|---|
| 01 | ④ | 02 | ② | 03 | ④ | 04 | ① | 05 | ② |
| 06 | ① | 07 | ③ | 08 | ④ | 09 | ② | 10 | ② |
| 11 | ① | 12 | ② | 13 | ② | 14 | ① | 15 | ③ |
| 16 | ④ | 17 | ④ | 18 | ② | 19 | ① | 20 | ② |
| 21 | ④ | 22 | ① | 23 | ② | 24 | ① | 25 | ① |

**01** 미시 **열등재** 답 ④

대체효과의 절대값이 소득효과의 절댓값보다 클 경우는 협의의 열등재로 수요곡선은 우하향한다.

정답

가격소비곡선에서 가격하락 시 예산선은 완만해지고 소비자의 효용은 증가한다. 따라서 동일한 수요곡선상에 있는 서로 다른 재화묶음을 소비하더라도 우하방의 점일수록 소비자가 느끼는 만족감은 커진다.

오답피하기

① 가격소비곡선이 우하향하는 경우 수요의 가격탄력도가 탄력적일 때 수요곡선은 우하향으로 도출된다.

② 엥겔곡선의 형태는 소득소비곡선처럼 소득탄력도에 따라 결정되는데 정상재는 우상향, 열등재는 좌상향의 형태이다.

③ 기펜재는 대체효과가 (−)고, 소득효과가 (+)나 대체효과보다 소득효과가 커서 가격효과는 (+)다. 협의의 열등재는 대체효과가 (−)고, 소득효과가 (+)나 대체효과가 소득효과보다 커서 가격효과는 (−)다. 따라서 대체효과의 절댓값이 소득효과의 절댓값보다 클 경우 협의의 열등재로 수요곡선은 우하향한다.

**02** 거시 **물가지수** 답 ②

'국민소득($NI$) = 국민순소득($NNI$) − 간접세 + 정부의 기업보조금'이다.

정답

국민소득($NI$)은 국민순소득($NNI$)에서 간접세를 빼고 정부의 기업보조금을 합한 것이다.

오답피하기

① 국민총소득은 한 나라 국민이 일정 기간 동안 벌어들인 임금 · 이자 · 지대 등의 요소소득을 모두 합한 것으로 국민의 생활수준을 측정하기 위한 소득지표이다.

③ 생산자물가지수, 소비자물가지수는 라스파이레스 방식을 이용하여 작성한다.

④ 소비자물가지수는 가계소비지출에서 차지하는 비중이 0.01% 이상인 품목의 가격을 가중평균하여 작성한다.

**03** 국제 **세계이자율상승** 답 ④

국내실질이자율이 국제실질이자율보다 낮다면 외자유출이 발생한다.

정답

외자유출에 의해 외화수요가 증가하면 환율상승으로 외환시장은 균형상태를 보인다.

오답피하기

①, ② 외자유출에 의해 외화수요가 증가하면 환율상승으로 순수출은 증가한다.

③ 외자유출로 국내대부자금시장에서 대부자금에 대한 공급이 감소하여 국내실질이자율도 상승한다.

**04** 국제 **세계이자율상승** 답 ①

$A$국 기준금리는 일정하나 $B$국 기준금리가 높아졌다면 $B$국으로의 외자유출이 발생한다.

정답

외자유출에 의해 $B$국의 화폐수요가 증가하면 $A$국의 환율상승으로 $A$국의 순수출은 증가하기에 $A$국의 총수요는 증가한다. 총수요증가는 물가상승과 국민소득증가를 초래하고 국민소득증가로 고용도 증가한다.

오답피하기

②, ④ $A$국에서 $B$국으로의 외자유출이 발생하고 따라서 $A$국의 자본수지는 악화된다.

③ 외자유출에 의해 $B$국의 화폐수요가 증가하면 $A$국의 환율상승($A$국 통화의 평가절하)으로 $A$국의 순수출은 증가하고 따라서 $A$국의 무역수지는 개선된다.

**05** 미시 **탄력성** 답 ②

우하향의 수요직선하, 비탄력적인 영역에서 가격상승 시 지출액은 증가한다.

**정답**

을의 경우 $X$재 가격이 상승할 때 지출액이 증가했기에 을의 $X$재 수요는 가격에 대해 비탄력적이다.

**오답피하기**

① 갑의 경우 $Y$재 가격이 10% 상승할 때 수요량은 10% 감소했기에 갑의 $Y$재 수요는 가격에 대해 단위탄력적이다.
③ $Y$재 시장에서 가격이 상승할 때 갑과 을 모두 수요량변화율이 (−)이기에 갑과 을 모두 수요량이 감소한다. 따라서 갑과 을 모두 $Y$재에 대한 수요법칙은 성립한다.
④ $X$재 시장에서 갑은 가격이 상승해도 지출액이 불변으로 직각쌍곡선의 정액구매이다. 따라서 수요량은 감소한다. 을은 가격이 상승할 때 지출액이 증가했기에 가격에 대해 비탄력적으로 수요곡선은 우하향의 형태이다. 따라서 수요량은 감소한다.

## 06 거시 화폐수량설 답 ①

피셔의 교환 방정식 $MV=PT$($M$: 통화량, $V$: 유통속도, $P$: 물가, $T$: 거래량)을 변형한 $MV=PY$($Y$: 실질국민소득)에서 $V$는 제도상 일정하고 $Y$는 고전학파의 경우 완전고용국민소득에서 일정하기에, 고전학파의 화폐수량설 $MV=PY$는 통화량과 물가가 정비례하다는 물가이론으로 볼 수 있다.

**정답**

통화량이 증가하면 화폐의 유통속도는 제도상 일정하고 국민소득은 완전고용수준에서 일정하기에, 물가만 비례적으로 상승한다.

**오답피하기**

② 산출량은 통화량이 아니라 생산요소의 공급량과 생산기술에 의해 결정된다. 통화량의 증가는 물가만 비례적으로 상승시킬 뿐 산출량에 영향을 미치지 않는다.
③ $MV=PY$를 변형하면 '통화량증가율 + 유통속도증가율 = 물가상승률 + 경제성장률'이기에 통화량을 급속히 증가시키면 통화량증가율이 커지고 인플레이션율도 높아진다.
④ 중앙은행이 통화량을 증가시키면 화폐의 유통속도는 제도상 일정하기에 산출량의 명목가치($PY$)는 비례적으로 증가한다.

## 07 미시 효용극대화 답 ③

소비자물가지수($CPI$)는 라스파이레스 물가지수로 계산가능하다.

**정답**

2015년 $P_x=P_y=1$에서 $X$와 $Y$를 각각 100단위씩 소비하였으나, 2016년 $P_y=1$이나 $P_x=1.1$로 상승할 때, 2015년을 기준연도로 하면 2016년의 소비자물가지수($CPI$)는 다음과 같다. 소비자물가지수($CPI$)는 라스파이레스 물가지수로 계산가능하기에

$L_P=\dfrac{P_t\cdot Q_0}{P_0\cdot Q_0}\times 100=\dfrac{1.1\times 100+1\times 100}{1\times 100+1\times 100}\times 100=105$이다.

## 08 미시 기대수익 답 ④

'기대임금 = 유형 $A$ 임금 × 유형 $A$ 비율 + 유형 $B$ 임금 × 유형 $B$ 비율'이다.

**정답**

$w=30\times p+10\times(1-p)=20p+10$이다. 즉, $p=\dfrac{w}{20}-\dfrac{1}{2}$이다.

주어진 $p=\dfrac{w}{40}-\dfrac{1}{20}$과 연립하면 $w=18$이고 $p=0.4$이다.

## 09 거시 $IS$곡선과 $LM$곡선의 이동 답 ②

$IS$곡선 이동폭은 '독립지출변화분 × 승수'이다.

**정답**

한계소비성향이 $c$일 때, 소득세가 존재하지 않기에 정부지출승수는 $\dfrac{1}{1-c}$이고, 조세승수는 $\dfrac{-c}{1-c}$이다. 한계소비성향은 0.5이기에 정부지출승수 = 2, 조세승수 = −1이다. 따라서 정부지출을 100만큼 늘리면, $IS$곡선은 200만큼 우측이동하고, 조세를 100만큼 늘리면 $IS$곡선은 100만큼 좌측이동하기에 결국, $IS$곡선은 100만큼 우측이동한다. 그런데 $LM$곡선은 우상향하기에 균형국민소득은 100보다 적게 증가한다.

## 10 거시 자본의 한계효율 답 ②

투자로부터 얻는 수입의 현재가치($PV$)와 투자비용($C$)이 같아지는 내부수익률을 투자(자본)의 한계효율($m$)이라 한다.

**정답**

자본재 가격이 일정할 때 소비재 가격이 하락하면 기대수익이 감소하기에 내부수익률인 투자(자본)의 한계효율($m$)이 감소한다. 따라서 자본의 한계효율곡선이 좌측으로 이동한다.

## 11 미시 외부효과 답 ①

$P=SMC$에서 사회적최적산출량이 달성되고 $P=PMC$에서 시장균형산출량이 결정된다.

**정답**

$PMC=Q+6$이고 외부한계비용이 $Q$이기에 $SMC=2Q+6$이다. 시장수요는 $P=90-Q$이기에 $P=SMC$에서 사회적최적산출량은 28이다. 그런데 완전경쟁 시 $P=PMC$에서 시장균형생산량은 42이다. 따라서 사회적최적산출량 28에서 $SMC$와 $PMC$의 차이, 즉 $(2Q+6)-(Q+6)=28$이다.

## 12 거시 학파비교 답 ②

고전학파는 세이의 법칙을 주장하고, 케인즈학파는 절약의 역설을 강조한다.

정답

공급은 스스로 수요를 창출한다는 세이의 법칙은 고전학파의 기본 가정이다.

오답피하기

① 미래에 대해 현상태가 그대로 유지될 것으로 예상하는 정태적 기대인 화폐환상은 케인즈학파와 관련된다.

③ 모든 개인이 저축을 증가시키면 총수요감소로 국민소득이 감소하여 저축이 증가하지 않거나 오히려 감소하는 절약의 역설은 케인즈학파의 주장이다.

④ 화폐부문에서 화폐의 수요와 공급에 의해 이자율이 결정된다는 유동성선호설은 케인즈학파의 주장이다.

## 13 거시 조세의 귀착 답 ②

생산자든 소비자든 누구에게 조세를 부과해도 양자가 분담하게 되는 것을 조세의 귀착이라 하고, 분담 정도는 탄력성에 반비례한다.

정답

노동공급곡선과 노동수요곡선의 기울기의 절댓값이 동일하기에 균형점에서 탄력도는 같다. 따라서 근로자(노동공급자)와 고용주(노동수요자)에게 4대 보험료를 반반씩 나누어 부담시킬 때, 부담분도 동일하여 반반씩 부담한다. 즉, 4대 보험료는 점 $a$와 점 $e$의 간격으로 이를 4라고 하면 이 중 반인 2를 근로자에게 부담시키면 근로자와 고용주는 각각 1씩 부담한다. 다시 나머지 반인 2를 고용주에게 부담시키면 근로자와 고용주는 각각 1씩 부담한다. 결국, 근로자와 고용주는 각각 2씩, 즉 4대 보험료의 반씩을 부담한다. 따라서 근로자는 균형임금(점 $c$)보다 4대 보험료의 반(점 $c$와 점 $e$의 간격)을 차감한 점 $e$를 수령하고, 고용주는 균형임금(점 $c$)보다 4대 보험료의 반(점 $c$와 점 $a$의 간격)을 더한 점 $a$를 지급한다. 즉, 근로자에게 4대 보험료(점 $a$와 점 $e$의 간격)의 반(점 $c$와 점 $e$의 간격)을 부담시키면 노동공급곡선은 점 $c$와 점 $e$의 간격만큼 상방으로 이동하고, 고용주에게 4대 보험료(점 $a$와 점 $e$의 간격)의 반(점 $a$와 점 $c$의 간격)을 부담시키면 노동수요곡선은 점 $a$와 점 $c$의 간격만큼 하방으로 이동한다. 따라서 균형은 점 $c$이다. 이제 근로자는 4대 보험료의 반(점 $c$와 점 $e$의 간격)을 부담하면 실질수령액은 점 $e$이다. 고용주는 4대 보험료의 반(점 $a$와 점 $c$의 간격)을 부담하면 실질지급액은 점 $a$이다.

## 14 거시 노동공급곡선과 총공급곡선 답 ①

여가가 정상재인 경우 임금상승 시 노동공급의 증감여부는 대체효과(여가의 기회비용상승으로 여가소비감소와 노동공급량증가)와 소득효과(실질소득증가로 여가소비증가와 노동공급량감소)의 상대적 크기에 의하여 결정된다.

정답

소득효과와 대체효과가 항상 상쇄될 때 노동공급량은 불변으로 노동공급곡선은 수직선으로 도출된다. 노동공급곡선이 수직선이면 물가상승 시 노동수요가 증가해도 고용량은 불변이고 생산량도 불변이기에 총공급곡선은 수직선이다.

## 15 거시 GDP 답 ③

$GDP$는 일정기간 동안 한 나라 안에서 새로이 생산된 최종 생산물의 시장가치의 합이다.

정답

㉠ 연간 30억 원 어치의 커피 원두를 수입해 가공 후 35억 원에 커피 체인점에 공급했다면 최종생산물 커피 35억 원에서 수입 커피 원두 30억 원을 뺀 5억 원이 $GDP$에 포함된다.

㉡ $GDP$는 최종 생산물의 시장가치의 합으로 700만 원 상당의 밀가루 중 10%를 가족 식생활에 사용했기에 70만 원 상당의 밀가루가 최종생산물이다. 나머지를 가지고 연 4,330만 원의 매출을 올렸다면 국수가 최종생산물이다. 따라서 4,400만 원이 $GDP$에 포함된다.

㉢ 매년 3,000원짜리 샴푸를 100통, 1,000원짜리 비누를 100개 구입하여 이발요금이 1만 원인 이발을 연평균 3,600명에게 했다면 이발서비스가 최종생산물이다. 따라서 3,600만 원이 $GDP$에 포함된다.

결국, 5억 원 + 4,400만 원 + 3,600만 원 = 5억 8,000만 원이 $GDP$에 포함된다.

## 16 거시 거시경제모형 답 ④

총수요와 총소득이 일치하는 점에서 균형국민소득이 결정되기에, $Y=C$(민간소비지출)$+I$(민간총투자)$+G$(정부지출)$+X-M$(순수출)에서, $c$는 한계소비성향, $t$는 세율, $i$는 유발투자계수, $m$은 한계수입성향일 때,

$Y=\frac{1}{1-c(1-t)-i+m}(C_0-cT_0+I_0+G_0+X_0-M_0)$이다.

정부지출/수출승수는 $\frac{1}{1-c(1-t)-i+m}$이다.

정답

$Y=\frac{1}{1-c(1-t)-i+m}(C_0-cT_0+I_0+G_0+X_0-M_0)$에서,

$c=0.8$, 정액세로 $t=0$, 독립적 투자지출로 $i=0$, $m=0.2$이기에 정부지출/수출승수는 $\frac{1}{1-0.8+0.2}=2.5$이다. 재정지출을 15조 원만큼 늘리고 독립적 수출이 190조 원으로 30조 원만큼 증가하면 각각 $15\times2.5=37.5$조 원, $30\times2.5=75$조 원이 늘어 균형국민소득은 112.5조 원 증가한다. 따라서 수입은 소득증가분 112.5조 원 중 한계수입성향 0.2인 22.5조 원만큼 증가한다. 독립적 수출이 30조 원만큼 증가하기에 경상수지는 $30-22.5=7.5$이다. 즉, 7.5조 원이 개선된다.

## 17 거시 화폐수요 답 ④

보몰의 화폐수요함수는 $M^D=P\sqrt{\frac{bY}{2r}}$ ($b$: 거래비용)이다.

정답

거래비용은 은행인출비용으로 '거래횟수 × 1회 거래 시 소요비용'이다. 한 번에 인출하는 금액이 커지면 거래횟수가 적어지기에 거래비용이 감소한다.

오답피하기

① 보몰-토빈(Baumol-Tobin)에 따르면 거래적 동기의 화폐수요는 소득의 증가함수이고, 이자율의 감소함수이다.
② 보몰의 화폐수요함수에서 다른 조건이 일정할 때 소득이 2배 증가하면 화폐수요는 2배보다 더 적게 증가한다. 즉, 거래적 화폐수요에는 규모의 경제가 존재한다.
③ 한 번에 많은 금액을 인출하면 화폐수요는 증가한다.

## 18 거시 균형국민소득 답 ②

생산물시장의 균형은 총수요$(C+I+G)$와 총공급$(Y)$이 일치하는 점에서 결정된다. 화폐시장의 균형은 화폐의 수요$(L)$와 공급$(M)$이 일치하는 점에서 결정된다.

정답

소비함수는 $C=200+0.8(Y-T)$이고, 투자는 $I=1,600-100r$이며, 정부지출은 1,000이다. 따라서 생산물시장균형은 $Y=200+0.8(Y-T)+1,600-100r+1,000$에서 달성된다. $T$가 1,000이고 $Y=7,000$이기에 $r=6$이다.

## 19 미시 점수투표제 답 ①

점수투표제는 전략적 행위(어떤 투표자가 다른 투표자의 투표성향을 미리 예측하고 자신의 행동을 이에 맞춰 변화시킴으로써 자기가 원하는 결과를 얻으려 하는 태도)에 취약하다는 문제점이 있다.

정답

투표자1~4의 투표점수를 합산하면 후보$A$는 11점, $B$는 20점, $C$는 9점이다. 투표자5가 진실하게 자신의 선호를 표시하면 후보$A$는 13점, $B$는 21점, $C$는 16점을 얻어 후보$B$가 당선된다. 그런데 후보$B$는 투표자5가 가장 싫어하는 후보이기에 전략적 행동을 취하게 된다. 만약 가장 좋아하는 후보$C$에게 10점을 모두 준다면 후보$A$는 11점, $B$는 20점, $C$는 19점으로 여전히 후보$B$가 당선된다. 그런데 덜 싫어하는 후보$A$에게 10점을 모두 준다면 후보$A$는 21점, $B$는 20점, $C$는 9점으로 후보$A$가 당선된다.

## 20 미시 완전경쟁시장 답 ②

완전경쟁기업의 생산은 장기평균비용곡선의 최소점에서 이루어진다.

정답

$C=Q^3-10Q^2+35Q$에서 장기평균비용은 $LAC=Q^2-10Q+35$이다. 이때 최소점은 장기평균비용을 미분하여 0이 되는 $Q=5$일 때 $LAC=10$이다. 따라서 장기균형가격은 10이다. 시장수요곡선 $Q=70-P$에서 $P=10$일 때 $Q=60$이다. 완전경쟁기업의 장기생산량은 5이기에 장기에는 12개의 동질적인 기업이 존재할 것이다. 현재 시장에는 10개의 기업이 생산 중이기에 2개 기업이 추가로 진입한다.

## 21 거시 조세감면효과 답 ④

정액조세감면 시 승수는 $\frac{c}{1-c}$이다.

정답

부유한 계층과 가난한 계층의 한계소비성향의 차이가 커서 가난한 계층의 한계소비성향이 더욱 커진다면 경기부양효과가 커진다.

오답피하기

① 동일한 승수라도 조세감면총액이 커지면 소비증가가 커지기에 경기 부양효과가 커진다.
② 가난한 계층의 한계소비성향이 더 크기에 승수$\left(=\frac{c}{1-c}\right)$가 더 크다. 따라서 가난한 계층의 비율이 높을수록 경기부양효과가 커진다.
③ 가난한 계층의 한계소비성향이 더 크기에 승수$\left(=\frac{c}{1-c}\right)$가 더 크다. 따라서 가난한 계층의 조세감면을 크게 할수록 경기부양효과가 커진다.

## 22 미시 이윤극대화 답 ①

총수입에서 총비용을 차감한 값인 이윤은 $MR = MC$, 그리고 $MR$ 기울기 < $MC$ 기울기일 때 극대화된다.

**정답**

점 $c$에서 $MR = MC$이기에 이윤이 최대가 되고, 점 $b$와 $d$에서 $P = AC$이기에 정상이윤만 발생한다. 점 $a$에서 $P < AC$이기에 손실이 발생한다.

## 23 미시 보험료 답 ②

공정한 보험료와 위험프리미엄의 합을 최대한 보험료라 하고 자산에서 확실성등가를 차감하여 구한다.

**정답**

기대소비 $= \frac{1}{2} \times 100 + \frac{1}{2} \times 400 = 250$, 기대효용 $= \frac{1}{2} \times \sqrt{100} + \frac{1}{2} \times \sqrt{400} = 15$이다. 또한 확실성등가는 $15 = \sqrt{C}$에서 225이다. 최대한 보험료는 자산에서 확실성등가를 뺀 $400 - 225 = 175$이다.

## 24 미시 파레토효율성 답 ①

어느 누구의 효용도 감소하지 않으면서 한 개인의 효용이 증가하는 것을 파레토개선이라 하고, 더 이상 파레토개선이 불가능한 배분상태, 즉 자원배분이 가장 효율적인 상태를 파레토효율성이라 한다.

**정답**

자원배분상태가 '가'에서 '라'로 변경되면 3인의 효용은 모두 개선된다. 따라서 '가'는 파레토효율적 자원배분상태가 아니다.

**오답피하기**

②, ③, ④ 나머지는 모두 다른 자원배분상태로 변경되면 한 명 이상의 효용이 감소하기에 파레토효율적 자원배분상태이다.

## 25 거시 균형재정승수 답 ①

균형재정승수는 정부지출과 조세가 동액만큼 증가할 때의 승수로 정부지출승수와 조세승수의 합으로 계산된다. 정액세의 경우는 1이다.

**정답**

정부지출의 증가는 일반적으로 그 자체가 즉각적으로 유효수요를 증가시키기에 $A$만큼의 정부지출증가는 ㉠ $\frac{1}{1-c} \cdot A$만큼의 국민소득을 증가시킨다. 이에 비해 조세증가는 소비지출의 감소를 통해서만 유효수요에 영향을 미치기에 $A$만큼의 조세증가는 ㉡ $\frac{-c}{1-c} \cdot A$만큼의 국민소득을 증가시킨다. 따라서 $A$만큼의 정부지출증가와 조세증가는 ㉢ $A$만큼의 국민소득을 증가시키기에 균형재정승수는 1이다.

# 11회 2017년 국회직 변형

**정답** p. 81

| | | | | | | | | | |
|---|---|---|---|---|---|---|---|---|---|
| 01 | ② | 02 | ④ | 03 | ① | 04 | ① | 05 | ③ |
| 06 | ② | 07 | ③ | 08 | ② | 09 | ① | 10 | ① |
| 11 | ④ | 12 | ① | 13 | ① | 14 | ① | 15 | ② |
| 16 | ④ | 17 | ④ | 18 | ④ | 19 | ③ | 20 | ① |
| 21 | ③ | 22 | ③ | 23 | ③ | 24 | ③ | 25 | ④ |

## 01 미시 후방굴절 노동공급곡선 답 ②

대체효과와 소득효과에 따라 우상향(대체효과 > 소득효과) 또는 후방굴절(대체효과 < 소득효과) 하는 개별노동공급곡선을 수평으로 합하여 도출한 곡선이 완만한 우상향의 시장노동공급곡선이다.

**정답**

여가가 정상재인 경우, 소득효과(임금상승 - 실질소득증가 - 여가소비증가 - 노동공급감소)가 대체효과(임금상승 - 여가소비의 기회비용증가 - 여가소비감소 - 노동공급증가)보다 클 때 후방굴절 노동공급곡선이 나타난다.

**오답피하기**

③, ④ 여가가 열등재인 경우, 소득효과(임금상승 - 실질소득증가 - 여가소비감소 - 노동공급증가)와 대체효과(임금상승 - 여가소비의 기회비용증가 - 여가소비감소 - 노동공급증가)에 따라 임금상승 시 항상 노동공급이 증가하기에 후방굴절이 발생하지 않는다.

## 02 미시 묶어팔기 답 ④

묶어팔기는 소비자들이 서로 다른 수요를 갖고 있으나 가격차별이 곤란할 때 이윤극대화를 위한 전략이다.

**정답**

| 구분 | 최대지불용의금액 | | |
|---|---|---|---|
| | 햄버거 | 콜라 | 묶어팔기 |
| 고객 (ㄱ) | 4,000 | 1,500 | 5,500 |
| 고객 (ㄴ) | 6,000 | 1,000 | 7,000 |

- 따로팔기 시 햄버거를 따로 팔아 $4,000\times2=8,000$의 수입과 콜라를 따로 팔아 $1,000\times2=2,000$의 수입으로 총수입은 $10,000$이다.
- 묶어팔기 시 햄버거와 콜라를 함께 팔아 $5,500\times2=11,000$의 총수입이다.

| 구분 | 최대지불용의금액 | | |
|---|---|---|---|
| | 햄버거 | 감자튀김 | 묶어팔기 |
| 고객 (ㄱ) | 4,000 | 2,500 | 6,500 |
| 고객 (ㄴ) | 6,000 | 3,000 | 9,000 |

- 따로팔기 시 햄버거를 따로 팔아 $4,000\times2=8,000$의 수입과 감자튀김을 따로 팔아 $2,500\times2=5,000$의 수입으로 총수입은 $13,000$이다.
- 묶어팔기 시 햄버거와 감자튀김을 함께 팔아 $6,500\times2=13,000$의 총수입이다.

따라서 햄버거와 묶어 팔 때가 따로 팔 때보다 이득이 더 생기는 품목은 콜라이고, 햄버거와 묶어 팔 때 얻을 수 있는 최대 수입은 $11,000$이다.

## 03 미시 독점 답 ①

독점기업은 $MR=MC$에서, 완전경쟁기업은 $P=MC$에서 이윤극대화를 달성한다.

**정답**

특허 기간 중 생산량은 독점기업 이윤극대화조건에서, 특허 소멸 후 생산량은 완전경쟁기업 이윤극대화조건에서 구할 수 있다. 수요곡선이 우하향의 직선일 때 $MR$은 수요곡선과 $y$절편은 같고 기울기는 2배이다. 따라서 수요곡선이 $P=10-Q$일 때 $MR$곡선은 $MR=10-2Q$이다. 비용곡선은 $TC=2Q$일 때 $MC$곡선은 $MC=2$이다. 독점기업의 이윤극대화 생산량은 $MR=MC$이기에 $10-2Q=2$에서 $Q=4$이다. 완전경쟁기업의 이윤극대화 생산량은 $P=MC$이기에 $10-Q=2$에서 $Q=8$이다. 따라서 특허 기간 중 생산량과 특허 소멸 후 생산량 간 변화는 4증가이다.

## 04 미시 완전경쟁 장기균형 답 ①

완전경쟁시장하 개별기업은 '장기균형가격 = 장기평균비용의 최소점'에서 장기균형을 달성한다.

**정답**

$AC(q_i)=40-6q_i+\frac{1}{3}q_i^2$은 $q_i=9$에서 장기평균비용의 최소점은 13이다. 따라서 장기균형가격은 13이다. 스마트폰에 대한 시장수요 $Q^d=2,200-100P$에서 $P=13$이기에 $Q^d=900$이다. 장기에서 각 기업의 생산량이 9이고 시장수요량이 900이기에 장기균형에서 기업의 수는 100개이다.

## 05 미시 효용함수 답 ③

효용함수 $U=Ax^{\alpha}y^{\beta}$에서 $X$에 대한 수요함수는 $P_x x=\frac{\alpha}{\alpha+\beta}M$이다.

**정답**

따라서 $X$에 대한 지출이 소득에서 차지하는 비율이 언제나 $\frac{\alpha}{\alpha+\beta}$의 수준을 유지한다.

## 06 미시 내쉬균형 답 ②

상대방의 전략을 주어진 것으로 보고 경기자는 자신에게 가장 유리한 전략을 선택하였을 때 도달하는 균형을 내쉬균형이라 한다.

**정답**

- 기업 $A$가 가격인하를 선택하면 기업 $B$는 포기 선택이 최선이고, 기업 $A$가 현 가격유지를 선택하면 기업 $B$는 진입 선택이 최선이다.
- 기업 $B$가 진입을 선택하면 기업 $A$는 현 가격유지가 최선이고, 기업 $B$가 포기를 선택하면 기업 $A$는 현 가격유지가 최선이다.
- 따라서 내쉬균형은 (30, 30)이다.

## 07 미시 꾸르노모형 답 ③

두 기업이 모두 추종자라고 가정하는 꾸르노모형은 완전경쟁의 $\frac{2}{3}$만큼 생산한다.

**정답**

완전경쟁시장에서는 항상 가격과 한계비용이 일치하므로 $P=MC$로 두면 $120-Q=30$, $Q=90$이다. 꾸르노모형에서는 각 기업은 완전경쟁의 $\frac{1}{3}$만큼씩을 생산하므로 꾸르노모형 전체의 생산량은 60단위가 될 것이다. 이제 $Q=60$을 시장수요함수에 대입하면 꾸르노모형에서의 시장가격 $P=60$으로 계산된다.

## 08 미시 외부효과 답 ②

$P=SMC$에서 사회적 최적산출량이 달성되고 $P=PMC$에서 시장균형산출량이 결정된다.

**정답**

$PMC=(1{,}000Q+4{,}000)$원이고 $SMC=(1{,}000Q+4{,}000)+500Q=(1{,}500Q+4{,}000)$원이다. $P=10{,}000$원이기에 $P=PMC$에서 시장균형산출량은 6이고, $P=SMC$에서 사회적 최적산출량은 4이다. 따라서 사회적으로 최적인 생산량과 외부비용을 고려하지 않는 균형생산량 간의 차이는 2이다.

## 09 미시 정보비대칭성 답 ①

감춰진 특성으로 정보수준이 낮은 측이 바람직하지 않은 상대방을 만날 가능성이 높아지는 현상을 역선택이라 한다.

**정답**

역선택은 정보수준이 낮은 측이 바람직하지 않은 상대방을 만날 가능성이 높아지는 현상으로, 이는 정보를 가지고 있는 자의 자기선택 과정에서 생기는 현상이다.

**오답피하기**

② 자격증 취득이나 교육수준이 능력에 관한 신호를 보내는 역할을 하는 경우 역선택의 문제가 완화된다.
③ 자동차 보험 가입 후 더욱 난폭하게 운전하거나, 실업급여를 받게 되자 구직 활동을 성실히 하지 않는 것은 도덕적 해이이다.
④ 강제적인 보험프로그램의 도입으로 사고확률이 높은 사람만 보험에 가입하는 역선택이 나타나지 않아 후생을 증가시킨다.

## 10 미시 탄력성 답 ①

수요의 소득탄력도 = 수요변화율/소득변화율이다.

**정답**

수요의 소득탄력성은 1.5이기에 소득수준이 10% 하락할 경우, 정상재인 컴퓨터의 수요량변화율은 15% 감소이다. 동일한 컴퓨터 소비수준을 유지시키기 위해서는 수요량은 15% 증가가 필요하다. 수요의 가격탄력성이 1.0이기에 가격은 15% 하락이 요구된다.

## 11 미시 가격규제 답 ④

수요자 보호를 위해 균형가격보다 낮게 설정하는 최고가격제하, 초과수요로 인한 암시장이 발생할 수 있다. 최고가격제로 거래량이 줄고 사회적 잉여도 감소한다.

**정답**

수요와 공급이 각각 $Q^d=300-5P$, $Q^s=10P$일 때, 균형가격과 균형거래량이 각각 20과 200이다. 따라서 가격상한을 15원으로 정한다면, 수요량이 225이고 공급량이 150이기에 초과수요는 75이다. 옆의 그림에서

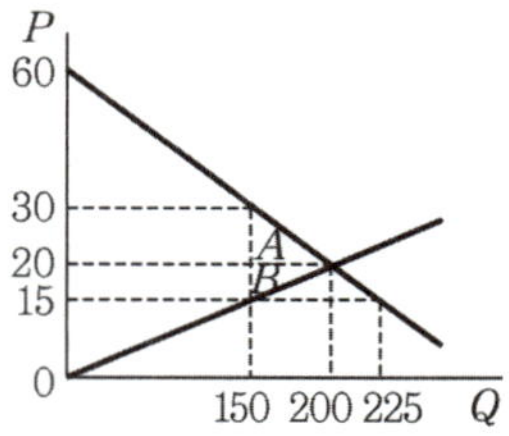


가격상한으로 인한 후생손실은 $A$와 $B$의 합으로 $(200-150)\times(30-15)\times\frac{1}{2}=375$이다.

## 12 미시 탄력성 답 ①

소득의 일정비율로 구매하면, $Q=\frac{1}{5}\times M\times P^{-1}$로 수요곡선은 직각쌍곡선이다.

정답

- 소득의 $\frac{1}{5}$을 일정하게 구입하면 $P\times Q=\frac{1}{5}\times M$으로 수요의 소득탄력도는 1이다. 따라서 $A$에게 뮤지컬 혹은 영화는 ㉠정상재이다.
- 소득의 $\frac{1}{5}$을 일정하게 구입하면 $Q=\frac{1}{5}\times M\times P^{-1}$으로 수요의 가격탄력도는 1이다. 따라서 가격이 10% 상승하면 수요량은 ㉡ 10% 감소한다.

## 13 미시 조세의 귀착 답 ①

$Q_S=300$은 재화 가격에 관계없이 공급량이 300으로 고정되어 있다는 것을 뜻한다.

정답

$Q_S=300$은 공급곡선이 수직선이란 의미로 물품세가 부과되더라도 거래량이 전혀 변하지 않는다. 따라서 물품세가 부과되더라도 자중적 손실(deadweight loss)이 발생하지 않는다. 공급곡선이 수직선일 때는 물품세가 부과되면 세금은 전부 생산자가 부담하게 된다.

## 14 국제 관세 답 ①

관세수입은 '수입량 × 단위당 관세'이다.

정답

- 5달러 관세부과 시 관세포함 국내가격은 15달러로, 국내수요량은 225벌이나 국내생산량은 125벌로 100벌만큼 수입한다.
- 수입량이 100이고, 관세가 5달러이므로 관세수입은 500이다.

## 15 거시 총공급곡선 답 ②

장기 총공급곡선이 $Y=1{,}000$에서 수직이고, 단기 총공급곡선은 $P=3$에서 수평이다. 총수요곡선은 우하향의 곡선이기에 최초 균형은 $Y=1{,}000$, $P=3$이다.

정답

- 불리한 수요충격을 받을 경우 우하향의 총수요곡선이 좌측으로 이동하면 단기균형에서 $Y<1{,}000$, $P=3$이다. 즉, 총수요가 잠재 $GDP$에 미달하기에 총수요곡선과 장기 총공급곡선이 변하지 않았다면 물가가 하락하고 임금이 하락하여 단기 총공급곡선이 하방으로 이동함으로써 장기균형에서 $Y=1{,}000$, $P<3$이다.
- 불리한 공급충격을 받을 경우 단기 총공급곡선이 $P=3$보다 상방으로 이동하면 단기균형에서 $Y<1{,}000$, $P>3$이다. 즉, 총수요가 잠재$GDP$에 미달하기에 총수요곡선과 장기 총공급곡선이 변하지 않았다면 물가가 하락하고 임금이 하락하여 단기 총공급곡선이 하방으로 이동함으로써 장기적으로는 최초 균형인 $Y=1{,}000$, $P=3$으로 복귀한다.

## 16 거시 $IS$곡선과 $LM$곡선 답 ④

$IS$곡선 이동폭은 '독립지출변화분 × 승수'이다.

정답

한계소비성향이 $c$일 때, 정부지출승수는 $\frac{1}{1-c}$이고, 조세승수는 $\frac{-c}{1-c}$이다. 한계소비성향은 0.5이기에 정부지출승수 $=2$, 조세승수 $=-1$이다. 따라서 재정지출을 $k$만큼 늘리면, $IS$곡선은 $2k$ 우측이동이고, 조세를 $k$의 두 배를 늘리면 $IS$곡선은 $2k$만큼 좌측이동이기에 결국, $IS$곡선은 불변이다. 화폐공급량을 $k$만큼 줄인 경우 $LM$곡선은 좌측 이동이다.

## 17 거시 총생산갭 답 ④

국민소득과 잠재총생산이 같을 때 총생산갭이 제거된다.

정답

$Y=C+I+G+NX=1{,}400+0.5(Y-T)-300r+500-200r+500+40$에서 $T=800$이기에, $Y=1{,}400+0.5(Y-800)-300r+500-200r+500+40=2{,}040+0.5Y-500r$이다.

$Y=4{,}080-1{,}000r$이다. 따라서 $Y=4{,}080-1{,}000r=Y^*=4{,}000$에서 $r=8\%$이다.

## 18 거시 내생적 성장이론 답 ④

AK모형에서는 저축률상승으로도 지속적인 성장이 가능하다.

정답

AK모형은 솔로우(Solow)모형과 달리 저축률상승으로도 지속적인 성장이 가능하다고 보아 수준효과뿐만 아니라 성장효과도 갖게 된다.

오답피하기

① R&D모형에서 지식은 공유시 비용이 들지 않는 비경합성과 재산권이나 특허권 등에 의해 배제성을 갖는다고 본다.
② R&D모형은 솔로우(Solow)모형처럼 한계수확체감의 법칙을 전제로 경제성장의 원동력으로서의 기술진보를 인정한다.
③ AK모형은 물적자본외 인적자본도 고려하여 한계수확체감의 법칙을 부인하였으며 이때 인적자본은 경합성과 배제가능성을 모두 가지고 있다고 본다.

| 19 | 거시 | 재정정책 | 답 ③ |
|---|---|---|---|

투자의 이자율탄력성이 작을수록, 화폐수요의 이자율탄력성이 클수록 재정정책의 유효성은 커진다.

**정답**

투자수요함수가 $I=\overline{I}-dr$일 때 투자의 이자율탄력성인 $d$가 작을수록, 실질화폐수요함수가 $M/P=kY-hr$일 때 화폐수요의 이자율탄력성인 $h$가 클수록 금융정책의 유효성은 커진다.

| 20 | 거시 | 총수요곡선과 총공급곡선 | 답 ① |
|---|---|---|---|

물가변화는 총수요곡선과 총공급곡선상 점의 이동으로 나타나고 물가변화예상은 총수요곡선과 총공급곡선 자체의 이동을 초래한다.

**정답**

물가변화로 총수요곡선상 점이 이동한다.

**오답피하기**

② 중앙은행의 기준금리 인상은 통화량 감소에 의한 총수요감소로 총수요곡선은 좌측으로 이동한다.

③ IT기술의 발전 등 신기술개발로 장기 총공급곡선은 우측으로 이동한다.

④ 향후 물가가 하락하여 실질임금상승이 예상되는 경우 기업은 현재 노동수요증가로 노동고용량증가이기에 총공급곡선은 우측으로 이동한다.

| 21 | 국제 | 변동환율제도하 금융정책 | 답 ③ |
|---|---|---|---|

변동환율제도하 자본이동이 완전할 때, 화폐공급증가로 $LM$곡선이 우측이동하면, 국내금리가 국제금리보다 작아져 외국자본유출로 환율이 상승하기에 $IS$곡선이 우측이동한다. $BP$곡선이 우측이동하나 수평선이기에 금융정책은 매우 효과적이다.

**정답**

변동환율제도하 자본이동이 완전할 때, 화폐공급확대로 $LM$곡선이 우측이동하면, 국내금리가 작아져 외국자본유출로 환율이 상승하면 수출이 증가하고 경상수지가 개선된다.

**오답피하기**

① 변동환율제도하 자본이동이 완전할 때, 화폐공급확대로 국내금리가 국제금리보다 작아져 외국자본유출로 자본수지가 악화된다.

②, ④ 변동환율제도하 자본이동이 완전할 때, 화폐공급확대로 $LM$곡선이 우측이동하고 $IS$곡선이 우측이동하며 $BP$곡선이 우측이동하나 수평선이기에 균형이자율은 불변이고, 균형국민소득은 증가한다.

| 22 | 국제 | 국제수지적자 시 정부정책 | 답 ③ |
|---|---|---|---|

확대금융정책으로 $LM$곡선이 우측이동하여 이자율이 하락하면 자본유출이 이루어지고, 확대재정정책으로 $IS$곡선이 우측이동하여 이자율이 상승하면 자본유입이 이루어진다.

**정답**

만성적인 국제수지적자 시 확대금융정책은 자본유출로 적자를 심화시키나, 확대재정정책은 자본유입으로 적자를 줄일 수 있다. 따라서 만성적인 국제수지적자를 기록하고 있는 나라에서는 확대재정정책이 확대금융정책보다 더 효과적이다.

**오답피하기**

① 확대금융정책은 $LM$곡선이 우측이동하여 이자율을 하락시킨다.

② 확대재정정책은 $IS$곡선이 우측이동하여 이자율이 상승하면 자본유입이 이루어져 환율하락으로 자국통화의 평가절상을 가져온다.

④ 확대재정정책은 $IS$곡선이 우측이동하여 이자율이 상승하면 자본유입이 이루어져 환율이 하락하고 수입을 증가시킬 우려가 있다.

| 23 | 거시 | 금융정책 | 답 ③ |
|---|---|---|---|

이자율이 매우 낮고 채권 가격이 매우 높아 이후 이자율이 상승하고 채권 가격이 하락할 것으로 예상하여, 자산을 전부 화폐로 보유하고 있는 상태를 유동성함정이라 한다.

**정답**

이자율이 매우 낮은 상태에서 통화량을 증가시켜도 전부 투기적 화폐수요로 흡수되기에 더 이상 이자율이 하락하지 않는다. 따라서 통화정책 파급경로 중 금리경로가 원활히 작동하지 않는다.

**오답피하기**

① $LM$곡선이 수평선이다.

② 채권 가격의 하락이 예상된다.

④ 유동성함정은 투자적 화폐수요의 이자율탄력성이 무한대에 가깝기에, 이자율이 매우 낮은 상태에서 통화량을 증가시켜도 전부 투기적 화폐수요로 흡수되어 $LM$곡선이 수평이 되는 영역을 뜻한다.

| 24 | 거시 | $GDP$ | 답 ③ |
|---|---|---|---|

'일정기간 한 나라 안에서 새로이 생산된 모든 최종생산물의 시장가치'를 국내총생산($GDP$)이라 한다.

정답

㉡ 중간재를 수출한 경우 중간재는 최종생산물로 순수출을 증가시켜 국내 총생산을 증가시킨다.

㉣ 공무원의 임금상승은 정부지출의 증가로 국내 총생산을 증가시킨다.

오답피하기

㉠ 기존 집의 가격상승은 추가적인 부가가치창출과 무관하기에 국내 총생산에 포함되지 않는다.

㉢ 올해 생산되었으나 판매되지 않은 자동차는 재고투자로 투자를 증가시키기에 국내 총생산을 증가시킨다.

| 25 | 거시 | 물가지수 | 답 ④ |
|---|---|---|---|

라스파이레스 방식(LP)은 기준연도 거래량을 가중치로 사용하여 계산($L_P = \frac{P_t \cdot Q_0}{P_0 \cdot Q_0}$)하는 물가지수로 물가변화를 과대평가하고, 소비자물가지수, 생산자물가지수 등이 있다. 파셰 방식(PP)은 비교연도 거래량을 가중치로 사용하여 계산($P_P = \frac{P_t \cdot Q_t}{P_0 \cdot Q_t}$)하는 물가지수로 물가변화를 과소평가하고, $GDP$디플레이터 등이 있다.

정답

소비자물가지수($CPI$)는 기준연도 가중치를 사용하기에 고정된 가중치를 사용하기에 신상품 도입이나 품질 향상을 반영하지 못하므로 인플레이션을 과장할 수 있다.

오답피하기

① 소비자물가지수($CPI$)는 기준연도 가중치를 사용하기에 고정된 가중치를 사용하여 도출되고, $GDP$디플레이터는 비교연도 가중치로 사용하기에 변화하는 가중치를 사용하여 도출된다.

② $GDP$디플레이터는 국내 생산물을 대상으로 하기에 수입물품의 가격 상승은 $GDP$디플레이터에 반영되지 않는다.

③ 라스파이레스(Laspeyres)지수인 소비자물가지수($CPI$)는 생활비 인상을 과대평가하고, 파셰(Paasche)지수인 $GDP$디플레이터는 물가 상승률을 과소평가한다.

# 12회 2018년 국회직 변형

## 정답

p. 86

| | | | | | | | | | |
|---|---|---|---|---|---|---|---|---|---|
| 01 | ① | 02 | ③ | 03 | ④ | 04 | ① | 05 | ④ |
| 06 | ② | 07 | ② | 08 | ① | 09 | ② | 10 | ① |
| 11 | ① | 12 | ② | 13 | ③ | 14 | ② | 15 | ② |
| 16 | ① | 17 | ② | 18 | ③ | 19 | ① | 20 | ② |
| 21 | ① | 22 | ③ | 23 | ④ | 24 | ④ | 25 | ② |

### 01 미시 정보의 비대칭성 답 ①

신호발송이란 정보가 풍부한 경제주체가 거래 상대방에게 자신이 가지고 있는 정보를 알리기 위해 행하는 행위를 말한다. 선별이란 정보가 불충분한 경제주체가 상대방의 특성을 파악하려는 노력을 뜻한다.

**정답**

통신사가 이용자들로 하여금 요금제도를 선택하도록 하는 것은 정보가 불충분한 경제주체의 선별(screening) 사례이다.

**오답피하기**

② 신호(signaling)는 정보를 보유한 측이 역선택 문제를 해결하기 위해 사용할 수 있는 수단 중 하나이다.

③ 역선택이란 감춰진 특성으로 정보수준이 낮은 측이 바람직하지 않은 상대방을 만날 가능성이 높아지는 현상이다.

④ 도덕적해이란 감춰진 행동으로 거래 이후에 정보가 부족한 측이 볼 때 상대방이 바람직하지 않은 행동을 하는 현상이다.

### 02 미시 보완재와 대체재 답 ③

커피 원두값이 급등하여 커피 가격이 인상되면 보완재인 크루아상의 수요는 감소하고, 대체재인 밀크티의 수요는 증가한다.

**정답**

대체재인 밀크티의 수요가 증가하면 밀크티 시장의 총잉여는 증가한다.

**오답피하기**

① 커피 원두값이 급등하면 생산비 상승으로 커피의 공급은 감소하기에 공급곡선은 왼쪽으로 이동한다.

② 보완재인 크루아상의 수요가 감소하면 가격과 거래량이 모두 감소하여 크루아상 시장의 생산자잉여는 감소한다.

④ 대체재인 밀크티의 수요가 증가하면 거래량이 증가하나, 보완재인 크루아상의 수요가 감소하면 크루아상의 거래량은 감소한다.

### 03 미시 완전경쟁의 장기균형 답 ④

완전경쟁은 $P=LAC$ 최소점에서 장기균형을 보인다.

**정답**

- 완전경쟁하 개별기업의 장기비용함수 $c(q)=2q^2+10$에서 장기평균비용은 $LAC=2q+\frac{10}{q}$이다.
- $LAC=2q+\frac{10}{q}$에서 최소점은 $\frac{dLAC}{dq}=2-\frac{10}{q^2}=0$, $q=\sqrt{5}$일 때, $LAC=2q+\frac{10}{q}=4\sqrt{5}=\sqrt{80}$이다.
- 따라서 $P=LAC$최소점에서 장기균형을 보이기에 장기균형가격은 $P=\sqrt{80}$이다.
- 장기비용함수가 동일한 100개의 기업이 참여하고 있기에 시장 전체의 공급량은 개별기업의 공급량인 $q=\sqrt{5}$의 100배인 $100\sqrt{5}=25\sqrt{80}$이다.

### 04 거시 화폐수량설 답 ①

일반적인 교환방정식 $MV=PY$에서, 유통속도증가율은 $\frac{\triangle V}{V}\times 100$이다.

**정답**

- 통화량은 $M=2{,}500$조 원, 명목 $GDP$는 $PY=1{,}650$조 원이기에, $MV=PY$에서 $2{,}500\times V=1{,}650$, $V=1{,}650/2{,}500=0.66$이다.
- $\triangle V=0.0033$이고 $V=0.66$이기에 유통속도증가율 $=\frac{\triangle V}{V}=\frac{0.0033}{0.66}$이다. 따라서 유통속도증가율은 $(0.0033/0.66)\times 100=0.5\%$이다.

### 05 국제 $IS$-$LM$-$BP$모형 답 ④

- (고정환율제도하)자본이동이 완전한 경우, 화폐수요감소로 $LM$곡선이 우측이동하면, 국내금리가 국제금리보다 작아져 외국자본유출로 환율상승우려 시 중앙은행의 외환매각으로 통화량이 감소하기에 $LM$곡선이 좌측이동한다. $BP$곡선이 불변이기에 새로운 균형은 최초의 균형점이다.
- (변동환율제도하)자본이동이 완전한 경우, 화폐수요감소로 $LM$곡선이 우측이동하면, 국내금리가 국제금리보다 작아져 외국자본유출로 환율이 상승하기에 $IS$곡선이 우측이동한다. $BP$곡선이 우측이동하나 수평선이기에 국민소득은 증가하게 된다.

정답

고정환율제도하에서 화폐수요감소로 $LM$곡선이 우측이동하면, 환율상승우려 시 중앙은행의 외환매각으로 통화량이 감소하기에 $LM$곡선이 좌측이동한다. $BP$곡선이 불변이기에 새로운 균형은 최초의 균형점이다.

오답피하기

① 변동환율제도하에서 화폐수요가 감소하면 $LM$곡선이 우측이동한다.

② 변동환율제도하에서 화폐수요감소로 $LM$곡선이 우측이동하면, 국내금리가 국제금리보다 작아져 외국자본유출로 환율이 상승한다.

③ 고정환율제도하에서 화폐수요감소로 환율상승우려 시 중앙은행의 외환매각으로 통화량이 감소한다.

## 06 거시 $IS$-$LM$모형 답 ②

물가수준의 변동은 $LM$곡선은 곡선자체이동이나 총수요곡선은 곡선상이동을 초래한다.

정답

화폐수요의 이자율탄력성이 클수록 $LM$곡선은 완만해지나 총수요곡선은 가팔라진다.

오답피하기

① 투자의 이자율에 대한 탄력성이 커지면 $IS$곡선은 완만해지고 총수요곡선도 완만해진다.

③ 물가수준의 상승은 $LM$곡선을 왼쪽으로 이동시키지만 총수요곡선은 곡선상이동으로 곡선자체를 이동시키지는 못한다.

④ 통화량의 증가는 $LM$곡선의 우측이동과 총수요곡선의 우측이동을 초래한다.

## 07 미시 가격탄력성 답 ②

우하향의 수요직선에서 탄력적 구간은 가격이 하락, 비탄력적 구간은 가격이 상승하면 판매수입이 증가하며, 중점에서 판매수입이 극대화된다.

정답

수요와 공급의 가격탄력성이 클수록 생산보조금 지급 시 자중손실(deadweight loss)은 커진다.

오답피하기

① 수요가 비탄력적인 구간은 가격이 상승하면 지출액은 증가한다.

③ 독점력이 강한 기업일수록 수요의 가격탄력성이 작아진다.

④ 최저임금인상 시 최저임금이 적용되는 노동자들의 총임금은 노동의 공급보다는 수요의 가격탄력성에 따라 결정된다.

## 08 미시 현시선호이론 답 ①

전통적인 소비자이론은 관찰불가능한 선호체계, 효용 등의 개념을 이용하나, 현시선호이론은 효용측정이 불가능하다는 전제하에 소비자의 객관적 구매행위, 즉 관찰된 소비행위인 현시선호를 통해 우하향의 수요곡선을 도출하는 이론이다.

정답

전통적인 소비자이론이 소비자의 선호체계에 대한 가정이 필요하다.

오답피하기

② 현시선호이론을 통해서도 원점에 대해 볼록한 우하향의 무차별곡선을 도출할 수 있다.

③ $P_0Q_0 \geq P_0Q_1$일 때, 상품묶음 $Q_0$가 선택되었다면, $Q_0$가 $Q_1$보다 직접 현시선호 되었기에 $Q_1$이 $Q_0$보다 직접 현시선호 될 수 없다.

④ 강공리가 성립하면 약공리는 자동적으로 성립한다.

## 09 미시 단기비용함수 답 ②

단기비용함수는 $C=wL+rK$이다.

정답

- 단기비용함수 $C=wL+rK$에서 임금은 10, 자본임대료는 20이기에 $C=wL+rK=10L+20K$이다.
- 생산함수 $Q=\frac{1}{2000}KL^{\frac{1}{2}}$에서 자본이 2,000단위이기에 $Q=\frac{1}{2000}KL^{\frac{1}{2}}=L^{\frac{1}{2}}$이다. 즉, $L=Q^2$이다.
- 따라서 단기비용함수 $C=10L+20K$에서 자본이 2,000단위이고 $L=Q^2$이기에 $C=10Q^2+40,000$이다.

## 10 미시 기업의 가치 답 ①

기업의 가치는 이윤 흐름의 현재가치 합으로 계산한다.

정답

초기 이윤이 $\pi_0$이고 매년 $g$씩 성장하기에 이윤은 $\pi_0$, $\pi_0(1+g)$, $\pi_0(1+g)^2$, …이다. 이윤 흐름의 현재가치 합은

$\pi_0+\pi_0\frac{1+g}{1+i}+\pi_0\frac{(1+g)^2}{(1+i)^2}\cdots=\frac{\pi_0}{1-\frac{1+g}{1+i}}=\pi_0\frac{1+i}{i-g}$이다.

## 11 거시 합리적 기대 답 ①

개인들이 합리적 기대를 한다면 $P_t = P_t^e$이다.

**정답**

- 개인들이 합리적 기대를 한다면 $P_t = P_t^e$로 총공급곡선 $P_t = P_t^e + (Y_t - 1)$에서 $Y_t = 1$이고, 총수요곡선 $P_t = -Y_t + 2$에서 $P_t = 1$이다.
- 따라서 $P_t = P_t^e$이기에 $P_t^e = 1$이다.

## 12 거시 필립스모형 답 ②

적응적 기대는 과거 정보를 통해 예상오차를 부분적으로 수정하여 다음기의 물가를 예상한다.

**정답**

- $\pi_t^e = 0.7\pi_{t-1} + 0.2\pi_{t-2} + 0.1\pi_{t-3}$에서 $t$기의 기대 인플레이션율은 전기의 인플레이션율에 의해 결정된다. 즉, 적응적 기대를 가정한다.
- $\alpha$값이 클수록 필립스(Phillips)모형은 수직선에 가깝게 된다. 따라서 희생률이 작아진다.

## 13 거시 솔로우모형 답 ③

기술진보를 가정한 솔로우모형의 균제상태에서

- 1인당 경제성장률(자본증가율) = 기술진보율
- 경제성장률(자본증가율) = 인구증가율 + 기술진보율

**정답**

'자본증가율 = 인구증가율 + 기술진보율'이기에 자본증가율은 인구증가율(1%) + 기술진보율(2%) = 3%이다.

## 14 미시 비용함수 답 ②

비용함수가 $C(Q) = 100 + 2Q^2$이기에 $TFC = 100$, $TVC = 2Q^2$이다.

- $MC = 4Q$
- $AVC = 2Q$

**정답**

- 완전경쟁시장에서 이윤극대화 또는 손실최소화를 위한 최적산출량은 $P = MC$에서 $20 = 4Q$, $Q = 5$이다.
- 최적산출량 수준은 $Q = 5$로, $P = 20$, 총수입은 $PQ = 100$, 총비용은 $C(Q) = 100 + 2 \times 5^2 = 150$에서 이 기업의 손실은 50이다.

## 15 거시 투자이론 답 ②

실물부문의 투자가 비가역성을 갖고 있기 때문에 상품가격이 정상이윤을 얻을 수 있는 수준으로 상승하더라도 기업이 바로 시장에 진입하여 투자하지 못한다는 투자이론이 투자옵션모형이다.

**정답**

투자옵션모형에 따르면, 투자의 비가역성 때문에 투자의 진입가격은 정상이윤수준보다 높게 나타난다. 따라서 불확실성의 존재는 투자시기를 지연시킨다.

**오답피하기**

① $q$값이 1보다 크면 투자가 증가하고, 1보다 작으면 투자가 감소하기에 투자는 토빈(Tobin) $q$의 증가함수이다.

③ 재고투자모형은 생산의 평준화, 재고고갈의 회피 등으로 불확실성의 증가가 재고투자를 증가시킬 수도 있다고 주장한다.

④ 자본의 한계생산물가치($VMP_K$)와 자본의 사용자비용[$(r+d)P_K$]이 일치하는 수준에서 적정자본량이 결정되고 투자가 이루어진다는 이론이 신고전학파이론이다.

## 16 거시 균형경기변동이론 답 ①

노동자들이 상대적으로 실질임금이 높은 기간에는 노동공급을 증가시키고, 실질임금이 낮은 기간에는 노동공급을 감소시키는 것을 노동의 기간 간 대체라 한다. 생산성 충격이나 유리한 수요충격으로 현재의 상대임금[$\frac{(1+r)w_1}{w_2}$]이 상승하면 노동자들은 현재의 노동공급을 증가시키고 미래의 노동공급을 줄이는 노동의 기간 간 대체가 발생한다.

**정답**

실물적 경기변동이론에 따르면, 기술충격이 일시적일 때, 미래임금이 불변하 현재임금만 상승한다면 소비의 기간 간 대체효과는 커진다.

**오답피하기**

② 기술충격이 일시적일 때 실질이자율의 상승으로 현재의 상대임금이 상승하여 현재 호경기를 보여주기에, 실질이자율은 경기순행적이다.

③ 경기가 좋아지면 노동수요증가로 실질임금이 상승하기에 실질임금은 경기순행적이다.

④ 노동생산성이 향상되면 노동수요증가이고, 이는 경기가 좋아지고 있는 모습으로 노동생산성은 경기순행적이다.

## 17 국제 마샬 - 러너조건 답 ②

마샬-러너조건은 '(자국의 수입수요의 가격탄력성) + (외국의 수입수요의 가격탄력성) $>1$'이다.

**정답**

평가절하 시 경상수지가 개선되기 위해서는 양국의 수입수요의 가격탄력성의 합(= 수입수요의 가격탄력성과 수출공급의 가격탄력성의 합)이 1보다 커야 한다는 것을 마샬-러너조건이라 한다.

## 18 미시 효용극대화 답 ③

한계효용균등의 법칙에 따라 $\frac{MU_X}{P_X}=\frac{MU_Y}{P_Y}$에서 효용극대화가 이루어진다.

**정답**

- 가격이 $P_X=6$, $P_Y=2$이고, $U(x,y)=20x-2x^2+4y$에서 $MU_X=20-4X$, $MU_Y=4$이기에 $\frac{MU_X}{P_X}(=\frac{20-4X}{6})=\frac{MU_Y}{P_Y}(=\frac{4}{2})$이다. 따라서 $X=2$이다.
- 예산선 $P_X \cdot X+P_Y \cdot Y=M$에서 소득은 $M=24$이기에 $P_X \cdot X(=6\times 2)+P_Y \cdot Y(=2\times Y)=M(=24)$이다. 따라서 $Y=6$이다.

## 19 미시 조세의 귀착 답 ①

생산자든 소비자든 어느 일방에게 조세를 부과해도 양자가 분담하게 되는 것을 조세의 귀착이라 한다. 분담 정도와 조세 수입은 탄력성에 반비례하며, 이로 인한 후생손실인 초과부담 또는 자중적 손실은 탄력성에 비례한다.

**정답**

물품세 부과에 따라 감소하는 사회후생의 크기는 세율의 제곱에 비례하여 증가한다.

**오답피하기**

② 수요곡선이 수평선으로 주어져있는 경우, 수요의 가격탄력도가 완전탄력적으로 물품세의 조세부담은 모두 공급자에게 귀착된다.
③ 조세부과 시 분담 정도는 탄력성에 반비례하기에 공급의 가격탄력성이 클수록 공급자에게 귀착되는 물품세 부담의 크기는 감소하고 소비자에게 귀착되는 물품세 부담의 크기는 증가한다.
④ 소비자와 공급자에게 귀착되는 물품세의 부담은 탄력성에 반비례하기에 물품세가 누구에게 부과되는가와 상관없이 결정된다.

## 20 거시 절약의 역설 답 ②

모든 개인이 저축을 증가시키면 총수요감소로 국민소득이 감소하여 저축이 증가하지 않거나 오히려 감소하는 현상을 절약의 역설이라 한다.

**정답**

절약의 역설은 주로 경기침체가 심한 상황에서 발생하기에 투자가 이자율 변동의 영향을 적게 받을수록 침체기가 심화되고 따라서 절약의 역설이 발생할 가능성이 크다.

**오답피하기**

① 주로 경기침체가 심한 상황에서 절약의 역설이 발생한다.
③ 케인즈 경제학에서 주장하는 내용이다.
④ 임금의 경직성을 가정하는 케인즈 경제학에서 절약의 역설이 발생한다.

## 21 미시 꾸르노모형 답 ①

동일 제품을 생산하는 복점기업 1과 2의 이윤을 극대화하는 균형생산량은 $MR_1=MC_1, MR_2=MC_2$에서 달성된다.

**정답**

꾸르노 균형산출량에서 균형가격은 $P=\frac{10}{3}$이다.

- 기업 1의 총수입은 $P=10-(Q_1+Q_2)$이고 $Q_1$일 때, $TR_1=[10-(Q_1+Q_2)]\times Q_1=10Q_1-Q_1^2-Q_1Q_2$이기에 $MR_1=10-2Q_1-Q_2$이다. 생산비용이 0이기에 $MC_1=0$이다.
- 따라서 기업 1의 균형생산량은 $MR_1=10-2Q_1-Q_2$와 $MC_1=0$이 같을 때 결정된다. 즉, 기업 1의 반응함수는 $Q_1=5-\frac{1}{2}Q_2$이다.
- 기업 2의 총수입은 $P=10-(Q_1+Q_2)$이고 $Q_2$일 때, $TR_2=[10-(Q_1+Q_2)]\times Q_2=10Q_2-Q_1Q_2-Q_2^2$이기에 $MR_2=10-Q_1-2Q_2$이다. 생산비용이 0이기에 $MC_2=0$이다.
- 따라서 기업 2의 균형생산량은 $MR_2=10-Q_1-2Q_2$와 $MC_2=0$이 같을 때 결정된다. 즉, 기업 2의 반응함수는 $Q_2=5-\frac{1}{2}Q_1$이다.
- 결국, $Q_1=5-\frac{1}{2}Q_2$와 $Q_2=5-\frac{1}{2}Q_1$에서 이를 연립하면 $Q_1=\frac{10}{3}$, $Q_2=\frac{10}{3}$이다. 즉, 산업 전체의 산출량은 $Q=\frac{20}{3}$이다.
- $P=10-(Q_1+Q_2)$이고, $Q=(Q_1+Q_2)$에서 $Q=\frac{20}{3}$일 때, 꾸르노 균형산출량에서 균형가격은 $P=\frac{10}{3}$이다.

## 22 거시 자연실업률 답 ③

자연실업률하에서 노동시장이 균형으로 취업자수와 실업자수가 변하지 않는다. 따라서 자연실업률은 $u_N = \frac{U}{U+E} = \frac{U}{U+\frac{f}{s}U} = \frac{s}{s+f}$

($s$: 실직률, $f$: 구직률)이다.

정답

- 현재 고용상태인 개인이 다음 기에도 고용될 확률은 $P_{11}$이기에 실직률은 $s = 1 - P_{11}$이다.
- 현재 실업상태인 개인이 다음 기에 고용될 확률은 $P_{21}$이기에 구직률은 $f = P_{21}$이다.
- 따라서 자연실업률은 $u_N = \frac{s}{s+f} = \frac{1-P_{11}}{(1-P_{11})+(P_{21})}$이다.

## 23 미시 공공재 답 ④

공공재의 소비자들은 동일한 양을 서로 다른 편익으로 소비하기에 공공재의 적정공급조건은 $MB_A + MB_B = MC$이다.

정답

- 가로등 하나를 설치하는 데 소요되는 비용이 20이기에 한계비용은 $MC = 20$이다.
- 가로등과 같은 공공재의 시장수요곡선은 개별수요곡선을 수직으로 합하여 도출하기에, $p_i = 10 - Q(i = 1, \cdots, 10)$에서 수직합으로 도출된 총 10개 가구의 가로등에 대한 시장수요는 $P = 100 - 10Q$이다.
- 시장수요가 $P = 100 - 10Q$이기에 마을의 사회적으로 효율적인 가로등 수량은 $P = MC$에서 $Q = 8$개이다.

## 24 미시 복점 답 ④

복점기업 $A$와 $B$의 이윤을 극대화하는 균형생산량은 $MR_A = MC_A$, $MR_B = MC_B$에서 달성된다.

정답

- 기업 $A$의 총수입은 $P = 36 - 2Q$이고 $Q = Q_A + Q_B$일 때, $TR_A = [36 - 2(Q_A + Q_B)] \times Q_A = 36Q_A - 2Q_A^2 - 2Q_AQ_B$이기에 $MR_A = 36 - 4Q_A - 2Q_B$이다. $MC_A = 2$이다.
- 따라서 기업 $A$의 균형생산량은 $MR_A = 36 - 4Q_A - 2Q_B$와 $MC_A = 2$가 같을 때 결정된다.
- 기업 $B$의 총수입은 $P = 36 - 2Q$이고 $Q = Q_A + Q_B$일 때, $TR_B = [36 - 2(Q_A + Q_B)] \times Q_B = 36Q_B - 2Q_AQ_B - 2Q_B^2$이기에 $MR_B = 36 - 2Q_A - 4Q_B$이다. $MC_B = 4$이다. 따라서 기업 $B$의 균형생산량은 $MR_B = 36 - 2Q_A - 4Q_B$와 $MC_B = 4$가 같을 때 결정된다.
- 결국, $MR_A = 36 - 4Q_A - 2Q_B = MC_A = 2$와 $MR_B = 36 - 2Q_A - 4Q_B = MC_B = 4$에서 결정된다. 즉, 이를 연립하면 $Q_A = 6, Q_B = 5$이다. 즉, 전체 생산량은 $Q = 11$이다.
- 균형가격은 $Q = 11$일 때, $P = 36 - 2Q$에서 $P = 14$이다.

## 25 국제 스톨퍼 - 사무엘슨정리 답 ②

어떤 재화의 상대가격이 상승하면 그 재화에 집약적으로 사용되는 생산요소 소득이 증가하고 다른 생산요소 소득은 감소한다는 것을 스톨퍼 - 사무엘슨정리라 한다.

정답

- 두 경제가 통합된다면 자유무역이 이루어진다고 볼 수 있다.
- $A$국은 상대적으로 $K$가 풍부하고 $B$국은 상대적으로 $L$이 풍부한 나라이다. 따라서 자유무역이 이루어지면 자본풍부국인 $A$국에서는 자본집약재의 상대가격이 상승하기에 이자율은 상승하고 임금률은 하락할 것이다.

# 13회 2019년 국회직 변형

## 정답

p. 91

| | | | | | | | | | |
|---|---|---|---|---|---|---|---|---|---|
| 01 | ④ | 02 | ① | 03 | ③ | 04 | ③ | 05 | ② |
| 06 | ② | 07 | ④ | 08 | ③ | 09 | ① | 10 | ④ |
| 11 | ② | 12 | ④ | 13 | ④ | 14 | ① | 15 | ④ |
| 16 | ③ | 17 | ③ | 18 | ③ | 19 | ① | 20 | ④ |
| 21 | ② | 22 | ① | 23 | ② | 24 | ① | 25 | ① |

### 01 미시 비용곡선 답 ④

단기한계비용곡선은 단기평균가변비용곡선의 최저점과 단기평균총비용곡선의 최저점을 통과한다.

**정답**

- $AVC$가 극소가 되는 점에서 $MC$와 $AVC$가 일치한다.
- $AC$가 극소가 되는 점에서 $MC$와 $AC$가 일치한다.

### 02 거시 GDP디플레이터 답 ①

명목 $GDP$를 실질 $GDP$로 나눈 값을 $GDP$디플레이터[= (명목 $GDP$/실질 $GDP$)×100]라 하고, 이는 대표적인 물가지수의 역할을 한다. 따라서 '$GDP$디플레이터/100 = (명목 $GDP$/실질 $GDP$)'으로 변형할 수 있다.

**정답**

- $GDP$디플레이터에 수입품은 포함시키지 않기에, 빵과 쌀만 고려한다.
- $GDP$디플레이터$=\dfrac{3\times12+6\times6}{1\times12+3\times6}\times100=240$이다.
- 따라서 기준연도 대비 물가상승률은 140%이다.

### 03 미시 일반균형과 파레토효율성 답 ③

두 무차별곡선이 접하는 점에서 충족되는 소비측면의 파레토효율성은 무수히 많이 존재하고, 이를 연결한 곡선을 소비의 계약곡선이라 한다.

**정답**

두 무차별곡선이 접하는 점에서 두 사람의 한계대체율이 서로 같게 되고, 이러한 모든 점은 소비측면에서 파레토효율점을 의미한다.

**오답피하기**

① 두 무차별곡선이 접하는 점들을 연결한 곡선을 소비의 계약곡선이라 한다. 따라서 재화 $X$, $Y$의 가격이 변동해도 계약곡선은 이동하지 않는다.

② 계약곡선은 자원배분의 효율성을 실현했음을 의미한다.

④ 모든 생산물시장과 생산요소시장이 동시에 균형을 이루는 상태를 일반균형이라 한다. 따라서 만약 $X_A+X_B<\overline{X_A}+\overline{X_B}$라면, $A$와 $B$의 $X$재화 수요량이 $A$와 $B$의 $X$재화 초기 소유량보다 적기에 $X$재의 가격이 하락하여야 일반균형이 달성된다.

### 04 거시 민간저축 답 ③

민간저축($S_P=Y-T-C$)과 정부저축($T-G$)의 합이 국민저축($S_P+T-G$)이다.

**정답**

- 국민저축(500) = 민간저축(600) + 정부저축($T-G=200-G=-100$)이다.
- 따라서 정부지출은 300이다.

### 05 국제 민간저축 답 ②

금융거래세는 급격한 자본 유입 · 유출 방지와 세수 확대를 목적으로 주식 · 채권 · 파생상품에 부과된다.

**정답**

- 외국인 투자자금에 대해 금융거래세를 부과하면 $A$국 기업의 외자조달 비용을 높이는 요인으로 작용하여 $A$국으로의 외환 유입을 줄이게(④) 된다.
- 외환 유입의 감소는 $A$국 자본수지의 적자 요인(②)으로, 환율 상승을 초래하여 $A$국 통화는 절하된다(①).
- 하지만, 대규모 투기 자본 유입을 막아 $A$국 증권시장의 변동성을 줄이는(③) 요인이 될 수 있다.

### 06 거시 총수요 · 총공급모형 답 ②

루카스 단기$AS$곡선인 $Y=Y_N+\alpha(P-P^e)$에서 예상 물가수준이 상승하면 빼는 값인 $P^e$가 증가하여 $Y$가 감소함으로써 단기$AS$곡선이 좌상방으로 이동한다.

**정답**

예상 물가수준이 상승하면 단기$AS$곡선이 좌상방으로 이동한다.

**오답피하기**

① 단기에는 가격변수가 완전신축적이지 않으며 정보불완전성으로 총공급곡선($AS$)은 우상향으로 도출된다.

③ 총수요곡선이 우하향하는 이유는 물가수준이 하락하면 실질통화량증가를 가져와 이자율이 하락하고 자산의 실질가치가 상승하여 총수요(국민소득)를 증가시키기 때문이다.

④ 환율상승에 따른 순수출의 증가는 $IS$곡선을 우측으로 이동시켜 총수요곡선을 오른쪽으로 이동시킨다.

## 07 거시 균제상태 답 ④

주어진 생산함수를 효율노동 $EL$로 나누면 $\frac{Y}{EL} = \frac{K^{\alpha}(EL)^{1-\alpha}}{EL} = \left(\frac{K}{EL}\right)^{\alpha}$이다. 효율노동 1단위당 생산량 $y = \frac{Y}{EL}$, 효율노동 1단위당 자본량 $k = \frac{K}{EL}$로 두면 1인당 생산함수는 $y = k^{\alpha}$가 된다.

**정답**

- 균제상태에서 $sf(k) = (n+\delta+g)k$로 $sk^{\alpha-1} = (n+\delta+g)$이다.
- 효율노동 1인당 생산함수에서 $MP_K = \alpha k^{\alpha-1}$이다.
- 황금률에서 $MP_K = n+\delta+g$로 $\alpha k^{\alpha-1} = (n+\delta+g)$이다.
- 따라서 $s=\alpha$이면 균제상태이자 황금률로 $s=\alpha=0.5$로 추가 조건은 필요 없다.

## 08 국제 구매력평가설 답 ③

일물일가의 법칙을 전제로, 양국의 구매력인 화폐가치가 같도록 환율이 결정되어야 한다는 이론이 구매력 평가설로, $P = e \cdot P_f$이다.

**정답**

ㄱ. 구매력평가설은 일물일가의 법칙을 전제한다.

ㄷ. 구매력평가설이 성립하면, $P = e \cdot P_f$이기에 실질환율은 $\epsilon = \frac{e \times P_f}{P}$($\epsilon$: 실질환율, $e$: 명목환율, $P_f$: 해외물가, $P$: 국내물가) 1로 일정하다.

**오답피하기**

ㄴ. 구매력평가설에 따르면 두 나라 화폐의 실질환율이 아니라 명목환율이 두 나라 물가수준의 차이를 반영해야 한다.

## 09 미시 이윤극대화 답 ①

$VMP_L = P \times MP_L = W$에서 이윤은 극대화된다.

**정답**

- 생산함수가 $Q = K^{0.5}L^{0.5}$이고 단기에 자본투입량이 1로 고정되어 있기에 $Q = \sqrt{L}$이다. 즉, $Q^2 = L$이다.
- $Q = \sqrt{L}$에서 $MP_L = \frac{1}{2\sqrt{L}}$이고, 임금은 10, 생산품 가격은 100이다.
- 이윤극대화는 $VMP_L = P \times MP_L = W$에서 $100 \times \frac{1}{2\sqrt{L}} = 10$이기에 노동투입량은 $L = 25$이다.
- 이윤극대화 생산량은 $Q = \sqrt{L}$에서 $L = 25$일 때 $Q = 5$이다.

## 10 미시 노동시장 답 ④

생산물시장이 완전경쟁이면, 한계생산물가치($VMP_L$)곡선이 개별기업의 노동수요곡선이 되고, 생산물시장이 불완전경쟁이면, 한계수입생산($MRP_L$)곡선이 개별기업의 노동수요곡선이 된다.

ㄱ. 노동시장이 완전경쟁시장일 경우, 기업의 노동에 대한 수요곡선은 노동의 한계수입생산($MRP_L$)곡선이다.

ㄴ. 생산물시장이 독점일 경우, 경쟁시장일 경우보다 노동수요곡선이 아래에 있기에 노동고용량이 감소한다.

ㄷ. 노동시장이 수요독점일 경우, 경쟁시장일 경우보다 노동고용량이 감소하며 임금이 낮아진다.

## 11 거시 화폐의 유통속도 답 ②

고전학파의 화폐수량설 $MV = PY$에서 M은 통화량이고, $V$는 유통속도이다.

**정답**

- 2010년, 빵의 가격은 개당 1, 생산량은 100이며 통화량은 5이기에, $MV = PY$에서 $V = 20$이다.
- 2019년, 빵의 생산량은 2010년 대비 50% 증가하여 150이고, 화폐의 유통 속도는 절반으로 줄어 10이며, 빵의 가격은 변함이 없기에 개당 1이다. 따라서 $MV = PY$에서 $M = 15$이다.

## 12 미시 최고가격제 답 ④

수요자 보호를 위해 균형가격보다 낮게 설정하는 최고가격제하, 초과수요로 인한 암시장이 발생할 수 있다. 최고가격제로 거래량이 줄고 사회적 잉여도 감소한다.

정답

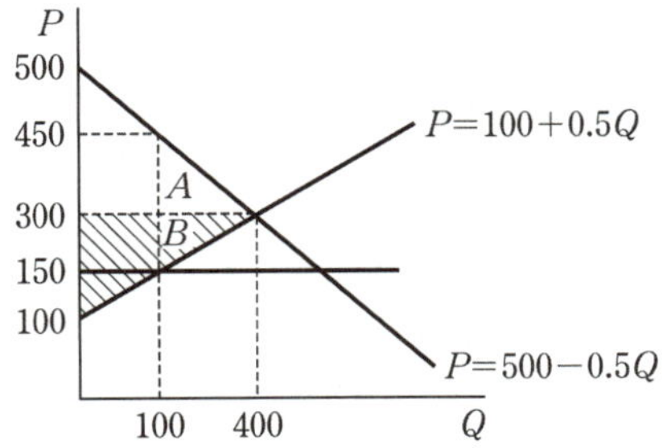


- 수요함수 $Q^d = 1{,}000 - 2P$, 공급함수 $Q^s = -200 + 2P$에서 균형가격은 300이고, 균형거래량은 400이다.
- 최고가격이 150으로 설정되는 경우, 거래량은 100으로 수요곡선 상에서 최대 450까지 가격설정이 가능하기에 암시장가격은 450이 된다.
- 최고가격이 150으로 설정되는 경우, 사회적 후생손실은 $A$와 $B$의 합으로 $(450-150)\times(400-100)\times 1/2 = 45{,}000$이 된다.

## 13 미시 슈타켈버그 모형 답 ④

선도자란 자신이 임의의 생산량을 선택하였을 때 추종자가 어떤 반응을 보일지 미리 예상하고 자신에게 가장 유리한 생산량을 선택하는 기업이다.

정답

- 슈타켈버그모형은 선도기업의 생산량이 독점일 때와 동일(완전경쟁의 $\frac{1}{2}$)하고, 추종기업의 생산량은 선도기업의 절반(완전경쟁의 $\frac{1}{4}$)이다.
- 완전경쟁시장하 이윤극대화는 $P=30-Q$, $MC=0$이기에 $P=MC$에서 $Q=30$이다.
- 따라서 반응곡선을 알고 있는 $B$기업이 선도자이기에 완전경쟁의 1/2인 15만큼 생산하고, 추종자인 $A$기업은 완전경쟁의 1/4인 7.5만큼 생산한다.

## 14 미시 시장수요량 답 ①

시장수요곡선은 개별수요곡선의 수평적 합으로 도출된다.

정답

- 갑의 수요곡선은 $P=10{,}000-2Q$로, 휘발유 가격이 리터당 1,500원일 때, $1{,}500=10{,}000-2Q$에서 $Q=4{,}250$이다.
- 을의 수요곡선은 $P=15{,}000-7.5Q$로, 휘발유 가격이 리터당 1,500원일 때, $1{,}500=15{,}000-7.5Q$에서 $Q=1{,}800$이다.
- 따라서 시장 수요량은 $4{,}250+1{,}800=6{,}050$이다.

## 15 거시 총수요 - 총공급 답 ④

부정적 수요충격과 일시적인 부정적 공급충격이 발생할 경우 총수요가 잠재 $GDP$에 미달로 침체를 보인다.

정답

총수요곡선과 장기 총공급곡선이 변하지 않았다면 실업이 발생하고 임금이 하락하여 단기 총공급곡선이 하방으로 이동함으로써 장기적으로는 물가는 하락하고 총생산은 잠재생산량 수준으로 돌아간다.

## 16 국제 긴축통화정책 답 ③

긴축적 통화정책으로 통화공급이 감소하여 이자율이 상승하고, 외자유입증가로 환율이 하락하며, 수입가격의 하락으로 수입이 증가한다.

정답

외자유입증가로 환율이 하락하여 국내 통화가치가 상승한다.

오답피하기

① 통화공급이 감소하여 이자율이 상승한다.
② 외자유입증가로 외환에 대한 공급이 증가한다.
④ 수입가격의 하락으로 수입이 증가하고, 수출가격이 상승하여 수출이 감소한다.

## 17 미시 노동공급 답 ③

시간당 임금이 상승할 때, 대체효과에 의하면 여가의 기회비용상승으로 여가소비는 줄고 노동공급은 증가한다. 소득효과에 의하면 실질소득증가로 여가가 정상재일 때 여가소비는 늘고 노동공급은 감소한다.

정답

대체효과로 노동공급은 증가하고, 소득효과로 노동공급은 감소하기에, 대체효과가 소득효과보다 작다면, 노동공급은 감소한다.

오답피하기

① 대체효과로 노동공급은 증가하고, 소득효과로 노동공급은 감소하기에, 대체효과와 소득효과가 동일하다면 노동공급은 불변이다.
② 대체효과가 소득효과보다 작다면, 노동공급은 감소하기에 노동공급곡선은 후방굴절한다.
④ 대체효과로 노동공급은 증가하고, 소득효과로 노동공급은 감소하기에, 소득효과가 대체효과보다 작다면, 노동공급은 증가한다.

## 18 국제 교역조건 답 ③

양국의 국내상대가격비, 즉 기회비용 사잇값에서 양국이 이득을 볼 수 있는 교역조건이 성립한다.

정답

- 컴퓨터 가격의 범위로 표시한 교역조건은 컴퓨터의 기회비용으로 표시할 수 있다. 즉, 컴퓨터의 기회비용 사잇값에서 교역조건이 성립한다.
- 컴퓨터의 기회비용은 생산가능곡선의 $Y$축 기울기로 $A$국 기회비용은 자전거(50/25=) 2대이고, $B$국 기회비용은 자전거 (20/60=)1/3대이다.
- 따라서 최저는 자전거 1/3대이고, 최고는 자전거 2대이다.

## 19 국제 상품수지 답 ①

외자유입으로 환율은 하락한다.

정답

- 외자유입으로 환율이 하락하면 순수출이 감소하여 상품수지는 악화된다.
- 외자유입으로 통화량이 증가하면 이자율은 하락한다.

## 20 미시 효용극대화 답 ④

한계효용균등의 법칙에 따라 효용극대화를 추구한다.

정답

(단위: 개, 원)

| 수량 | 원당한계효용 | | | |
|---|---|---|---|---|
| | 수정과(개당 1,000원) | | 떡(개당 3,000원) | |
| 1 | 10,000 | 10 | 18,000 | 6 |
| 2 | 8,000 | 8 | 12,000 | 4 |
| 3 | 6,000 | 6 | 6,000 | 2 |
| 4 | 4,000 | 4 | 3,000 | 1 |
| 5 | 2,000 | 2 | 1,000 | 1/3 |
| 6 | 1,000 | 1 | 600 | 1/5 |

- 14,000원의 소득으로 수정과는 5개(=5,000원), 떡은 3개(=9,000원) 소비 시 원당한계효용균등의 법칙에 따라 효용극대화가 달성된다.
- 소비자의 최대지불의사금액에서 실제지불금액을 차감한 값이 소비자잉여이다.
- 소비자의 최대지불의사금액은 총효용으로 구할 수 있다. 수정과(10,000+8,000+6,000+4,000+2,000=30,000원) + 떡(18,000+12,000+6,000=36,000원)=66,000원이다. 실제지불금액은 수정과는 5,000원, 떡은 9,000원으로 14,000원이다. 따라서 소비자잉여는 66,000−14,000=52,000원이다.

## 21 거시 소비승수 답 ②

소비/투자/정부지출/수출승수는 $\frac{1}{1-c}$이다.

정답

- 민간소비가 80에서 85로 증가한다면 민간소비는 5만큼 증가한다.
- 총소득이 100에서 110으로 10만큼 증가했기에 민간소비는 $10 \times c$(한계소비성향)=$10c$만큼 증가했다.
- $10c=5$에서 $c=0.5$이다.
- 한계소비성향이 0.5이기에 소비승수는 $\frac{1}{1-c}=\frac{1}{1-0.5}=2$이다.

## 22 미시 최적소비량 답 ①

선형의 효용함수 $U(X, Y)=X+Y$에서 한계대체율은 $MRS_{XY}=1$이다.

정답

$X$재의 가격이 $Y$재의 가격보다 낮다면, 예산선의 기울기 $\frac{P_X}{P_Y}(<1)$가 한계대체율($MRS_{XY}=1$)보다 작기에 $X$재만을 구입한다. 따라서 소득이 증가해도 $X$재만을 소비한다.

## 23 미시 시장 답 ②

선형의 효용함수 $U(X, Y)=X+Y$에서 한계대체율은 $MRS_{XY}=1$이다.

정답

완전경쟁산업의 장기공급곡선은 비용불변산업 시 수평선이고, 비용증가산업 시 우상향이며, 비용감소산업 시 우하향이다.

오답피하기

① 완전경쟁시장에서 각 개별 공급자가 직면하는 수요곡선은 수평선으로 같다.

③ 시장수요곡선이 우하향의 직선인 경우 독점기업은 수요의 가격탄력성이 탄력적인 구간에서 생산한다. 비탄력적인 구간에서 생산량을 늘리면 총수입이 감소한다.

④ 차별화된 제품을 공급하여 제품의 이질성이 커질수록 수요는 비탄력적이다. 독점적 경쟁기업이 직면하는 수요곡선이 비탄력적일수록 이윤이 커질 가능성이 높다. 따라서 독점적 경쟁기업은 비가격전략을 사용하여 제품을 차별화한다.

## 24 미시 생산자잉여와 이윤 답 ①

생산자잉여는 총수입에서 총가변비용을 차감한 것이고, 이윤은 총수입에서 (총가변비용 + 총고정비용)을 차감한 것이다.

정답

- 완전경쟁시장의 이윤극대화인 $P=MC$에 따라 $P=900=MC=100+20q$에서 $q=40$이다.
- 이윤은 $\pi=TR-TC$에 따라 $(900\times40)-(10{,}000+100\times40+10\times40\times40)=6{,}000$이다.

## 25 미시 외부효과 답 ①

$P=SMC$에서 사회적 최적산출량이 달성되고 $P=PMC$에서 시장균형산출량이 결정된다.

정답

- 살충제의 시장공급곡선 $Q^s=\frac{2}{5}P$에서 $PMC=2.5Q$이고, 외부한계비용도 동일한 $2.5Q$이기에 $SMC=2.5Q+2.5Q=5Q$이다.
- 시장수요곡선 $Q^d=60-\frac{2}{5}P$에서 $P=150-2.5Q$이다.
- 외부효과를 고려하지 않았을 경우의 시장 균형산출량은 $P=PMC$에 따라 $P=150-2.5Q=PMC=2.5Q$에서 $Q=30$이다.
- 사회적으로 바람직한 사회적 최적산출량은 $P=SMC$에 따라 $P=150-2.5Q=SMC=5Q$에서 $Q=20$이다.
- 따라서 외부효과를 고려하지 않았을 경우의 살충제 생산량과 사회적으로 바람직한 살충제 생산량의 차이는 $30-20=10$이다.

# 14회 2020년 국회직 변형

**정답** p. 96

| | | | | | | | | | |
|---|---|---|---|---|---|---|---|---|---|
| 01 | ① | 02 | ④ | 03 | ④ | 04 | ① | 05 | ② |
| 06 | ④ | 07 | ④ | 08 | ① | 09 | ④ | 10 | ② |
| 11 | ② | 12 | ② | 13 | ② | 14 | ④ | 15 | ④ |
| 16 | ③ | 17 | ④ | 18 | ④ | 19 | ③ | 20 | ① |
| 21 | ④ | 22 | ③ | 23 | ① | 24 | ③ | 25 | ④ |

## 01 미시 독점규제 답 ①

규제철폐를 위해 독점기업이 로비로 지불할 용의가 있는 최대 금액은 규제철폐 후 생산자잉여와 규제 시 생산자잉여 간 차이로 구할 수 있다.

**정답**

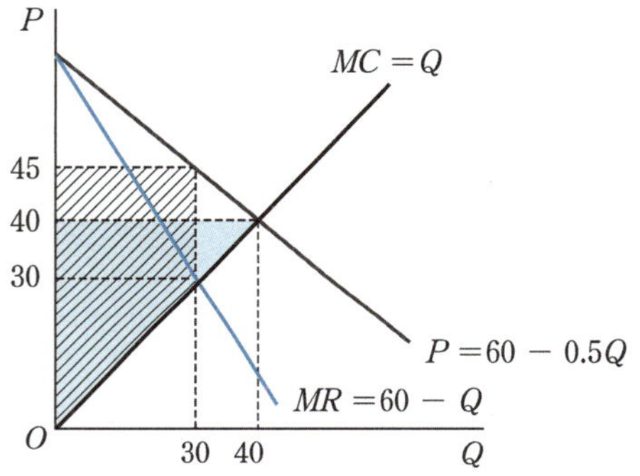


- 규제철폐 후 생산자잉여
  수요곡선 $P=60-0.5Q$에서 구한 한계수입곡선 $MR=60-Q$와 총비용곡선 $C=0.5Q^2+50$에서 구한 한계비용곡선 $MC=Q$가 만나는 점에서 이윤극대화 생산량 $Q=30$과 $P=45$를 구할 수 있다. 따라서 빗금 친 면적으로 구한 생산자잉여는 $45\times30-30\times30\times0.5=900$이다.
- 규제 시 생산자잉여
  가격과 한계비용이 일치하도록 가격을 설정하면, $P=60-0.5Q$와 $MC=Q$가 만나는 점에서 생산량 $Q=40$과 $P=40$을 구할 수 있다. 따라서 색칠한 면적으로 구한 생산자잉여는 $40\times40\times0.5=800$이다.

## 02 거시 *IS*곡선 답 ④

정부지출과 조세가 동액만큼 증가할 때의 승수를 균형재정승수라 하고, 정액세의 경우 1이지만, 비례세의 경우 1보다 작다.

**정답**

정부지출과 조세를 같은 규모만큼 증가시키면 정부지출증가분×균형재정승수만큼 *IS*곡선이 우측으로 이동한다.

**오답피하기**

① 한계소비성향이 클수록 소득증가가 크기에 *IS*곡선이 완만해진다.
② *IS*곡선 상방의 한 점은 균형보다 이자율이 높기에 투자과소로 생산물시장의 초과공급상태이다.
③ 투자의 이자율탄력성이 작을수록 *IS*곡선이 가팔라지기에 재정정책의 효과가 커진다.

## 03 미시 도덕적해이 답 ④

감춰진 행동으로 거래 이후에 정보가 부족한 측이 볼 때 상대방이 바람직하지 않은 행동을 하는 현상을 도덕적해이라 한다.

**정답**

건강이 좋지 않은 사람이 민간 의료보험에 더 많이 가입하는 경우는 계약 이전의 선택의 문제로 역선택이다.

**오답피하기**

① 정부의 은행예금보험으로 인해 이를 믿고 은행들이 위험한 대출을 더 많이 한다면 이는 바람직하지 않은 행동으로 도덕적해이이다.
② 경영자가 자신의 위신을 높이기 위해 회사의 돈을 과도하게 지출한다면 이는 바람직하지 않은 행동으로 도덕적해이이다.
③ 정부부처가 예산낭비가 심한 대형국제사업을 강행한다면 이는 바람직하지 않은 행동으로 도덕적해이이다.

| 04 | 미시 | 기대효용이론 | 답 ① |
|---|---|---|---|

불확실성이 내포된 자산을 동일 액수의 확실한 자산보다 더 선호하는 사람을 위험선호자라 한다.

**정답**

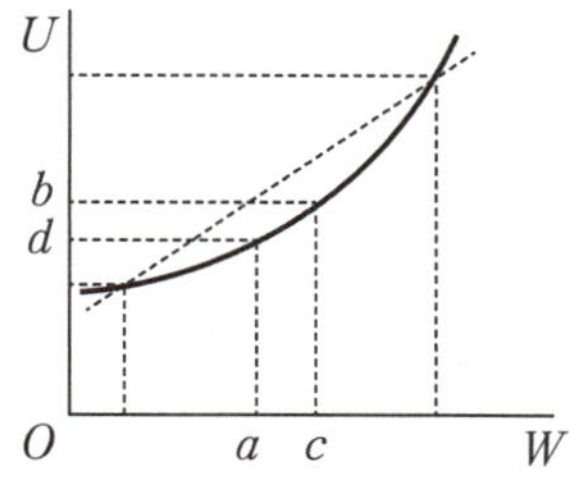


$a$는 기대치, $b$는 기대효용, $c$는 확실성등가, $d$는 기대치의 효용이다.

ㄱ. 위험선호자의 경우 확실성등가가 기대치보다 크기에, 확실성등가가 복권의 기대수익 이상이다.

ㄴ. 위험선호자의 경우 기대효용이 기대치의 효용보다 더 크기에 효용함수가 원점이 아니라 아래로 볼록하다.

**오답피하기**

ㄷ. 소득에 대한 한계효용은 접선기울기로 체증한다.

ㄹ. 위험선호자의 경우 확실성등가가 기대치보다 크기에 위험프리미엄은 $a-c$로 (-)이다.

| 05 | 미시 | 효용극대화 | 답 ② |
|---|---|---|---|

주어진 예산선 수준에서 총효용이 극대가 되는 것을 소비자균형이라 하고, 무차별곡선과 예산선이 접하는 점에서 한계효용균등의 법칙에 따라 달성된다.

**정답**

효용극대화는 항상 자신의 예산을 모두 사용한다는 전제하에 이루어진다.

**오답피하기**

① $A$씨는 빵이나 옷 중에서 하나만을 소비해도 효용극대화를 달성할 수 있다.

③ 예산제약 아래 무차별곡선의 형태가 바뀐다면 $A$씨가 가장 선호하는 빵과 옷에 대한 소비량은 변경될 수 있다.

④ $A$씨에게 빵이 기펜재라면, 빵의 가격이 상승할 때 $A$씨의 빵에 대한 소비량은 증가한다.

| 06 | 미시 | 이윤극대화 | 답 ④ |
|---|---|---|---|

생산물시장과 생산요소시장이 모두 완전경쟁일 때, $VMP_L = W$에서 단기 이윤극대화가 달성된다.

**정답**

$Q = K\sqrt{L}$에서 $K=4$일 때 $MP_L = \frac{4}{2\sqrt{L}} = \frac{2}{\sqrt{L}}$이다. $W=2$이기에, $VMP_L(=P \cdot \frac{2}{\sqrt{L}}) = W(=2)$, $P=\sqrt{L}=\frac{Q}{4}$에서 $A$사는 단기 이윤극대화를 달성할 수 있다.

| 07 | 미시 | 효용함수 | 답 ④ |
|---|---|---|---|

무차별곡선과 예산선이 접하는 점에서 효용극대화가 달성된다.

**정답**

- 효용함수 $U(X, Y) = 2\sqrt{X} + Y$에서 무차별곡선은 $Y = -2\sqrt{X} + \overline{U}$이다.
- $X$재와 $Y$재의 가격이 모두 1일 때, 예산선은 $X+Y=M$이다.
- 효용극대화는 무차별곡선의 접선의 기울기인 $MRS_{XY} = \frac{MU_X}{MU_Y} = \frac{\frac{1}{\sqrt{X}}}{1} = \frac{1}{\sqrt{X}}$과 예산선의 기울기인 $\frac{P_X}{P_Y} = \frac{1}{1} = 1$이 일치할 때, 즉, $X=1$에서 달성된다.

  한계대체율이 $MRS_{XY} = \frac{1}{\sqrt{X}}$이기에 $Y$재 소비량에 영향을 받지 않는다.

**오답피하기**

① $X=1$이기에 $X = 1 \cdot M^0 \cdot P^0$이다. 따라서 소득탄력도가 0으로 이 소비자에게 $X$재는 정상재도 열등재도 아니다.

② $X=1$에서 효용극대화를 달성하기에 $X$재의 가격이 1일 때 소득은 1보다 작을 수 없다. 만약 소득이 1보다 작으면 $X$만 1보다 적게 구입할 것이기에 소득소비곡선은 수평선이다.

③ 소득이 1보다 클 때 소득소비곡선은 $X=1$로 직선이다.

| 08 | 거시 | 통화정책 | 답 ① |
|---|---|---|---|

중앙은행이 국채를 매입하면 통화량은 증가하고, 국채를 매각하면 통화량은 감소한다.

**정답**

재할인율을 높이면 시중은행의 중앙은행으로부터의 차입이 줄어 시중의 통화량은 감소한다.

**오답피하기**

② 시중은행의 법정지급준비율을 높이면 시중은행의 대출이 줄어 통화량은 감소한다.

③ 중앙은행이 공개시장에서 국채를 매입하면 본원통화의 공급으로 통화량은 증가한다.

④ 중앙은행이 화폐를 추가로 발행해도 통화승수와는 직접적 관련이 없다.

| 09 | 거시 | 소비이론 | 답 ④ |
|---|---|---|---|

소비는 항상소득의 일정비율이라는 것이 프리드만의 항상소득가설이다.

**정답**

ㄴ. 프리드만(M. Friedman)의 항상소득가설에 따르면, 소비는 항상소득의 일정비율이기에, 평균소비성향 $APC=\frac{C}{Y}=\frac{kY_P}{Y_P+Y_T}$ ($C$: 소비, $Y$: 소득, $k$: 상수, $Y_P$: 항상소득, $Y_T$: 임시소득)에서 임시소득의 비중이 높을수록 평균소비성향은 감소한다.

ㄷ. 안도(A. Ando)와 모딜리아니(F. Modigliani)의 생애주기가설에 따르면 사람들의 평균소비성향은 유·소년기와 노년기에는 소득보다 소비가 크기에 1보다 높고, 청·장년기에는 소득보다 소비가 작기에 1보다 낮다.

**오답피하기**

ㄱ. 케인즈(J. M. Keynes)의 절대소득가설은 사람들의 단기소비 행태를 설명할 수 있으나 장기소비 행태를 설명하는 데는 한계가 있다.

| 10 | 거시 | *GDP* | 답 ② |
|---|---|---|---|

*GDP*는 '한 나라 안에서' 생산된 것으로 해외에서 생산된 것은 포함되지 않고, '일정기간 새로이 생산된' 것으로 중고품이나 재고품 판매는 포함되지 않으며, '모든 최종생산물의 시장가치'로 원재료나 반제품은 포함되지 않는다.

**정답**

*A*국에서 생산된 자동차에 들어갈 부품을 납품한 뒤 받은 대가는 최종생산물이 아니기에 *GDP*에 포함되지 않는다.

**오답피하기**

① *B*국 국적자인 김씨가 *A*국 방송에 출연하여 받은 금액은 *A*국에서 생산된 것으로 *A*국의 *GDP*에 포함된다.

③ *A*국의 중고차 딜러가 서비스를 제공한 뒤 받은 대가는 새로이 생산된 서비스 제공대가로 *GDP*에 포함된다.

④ *A*국 소재 주택에서 발생한 임대료는 임대서비스 제공대가로 *GDP*에 포함된다.

| 11 | 국제 | 환율 | 답 ② |
|---|---|---|---|

일물일가의 법칙을 전제로, 양국의 구매력인 화폐가치가 같도록 환율이 결정되어야 한다는 이론이 구매력평가설로, $P=e\cdot P^f$이다.

**정답**

구매력평가설에 따르면, '환율상승률 = 국내물가상승률 − 해외물가상승률'에서, 국내물가상승률이 미국의 물가상승률보다 클 경우 환율은 상승한다.

**오답피하기**

① 구매력평가설에 따르면 환율은 양국의 물가수준의 비율, 즉, $e=P/P^f$로 결정된다.

③ 유위험이자율평가설에 따르면, '환율변화율 = 국내이자율 − 해외이자율'에서, $r<r^f$일 경우 다른 조건이 일정할 때 환율변화율이 (−)로 미래환율은 하락할 것으로 예상된다.

④ 무위험이자율평가설에 따르면, 현재환율$(1+r)$=선도환율$(1+r^f)$에서, $r$이 상승하면 다른 조건이 일정할 때 미래환율, 즉 선도환율은 상승할 것으로 예상된다.

| 12 | 국제 | 무역 | 답 ② |
|---|---|---|---|

재화 1단위 생산의 기회비용이 작은 국가가 그 재화 생산에 비교우위가 있다.

**정답**

| 노동투입량 | *A*국 | *B*국 |
|---|---|---|
| 쌀 | 2h | 3h |
| 옷 | 3h | 4h |

| 기회비용 | *A*국 | *B*국 |
|---|---|---|
| 쌀 | 옷 2/3벌 | 옷 3/4벌 |
| 옷 | 쌀 3/2kg | 쌀 4/3kg |

쌀 1단위 생산 기회비용이 *A*국(옷 2/3단위)이 *B*국(옷 3/4단위)보다 작기에 *A*국은 쌀 생산에 비교우위가 있다. 옷 1단위 생산 기회비용이 *B*국(쌀 4/3단위)이 *A*국(쌀 3/2단위)보다 작기에 *B*국은 옷 생산에 비교우위가 있다.

두 국가 사이에 무역이 이루어지면 *A*국은 쌀 생산에 비교우위가 있기에, 시간당 쌀 1/2kg을 생산하는 *A*국은 1,400시간의 노동을 통해 생산하는 쌀의 양은 700kg이다.

| 13 | 미시 | 후생수준평가 | 답 ② |
|---|---|---|---|

기준연도에서 $P_X=12$, $P_Y=25$일 때 $(X=20,\ Y=10)$을 선택하였기에 소득은 490으로 *X*재 최대구입량은 대략 41이고 *Y*재 최대구입량은 19.6이다. 비교연도에서 $P_X=15$, $P_Y=15$일 때 $(X=15,\ Y=12)$를 구입하였기에 소득은 405로 *X*재 최대구입량과 *Y*재 최대구입량은 모두 27이다.

정답

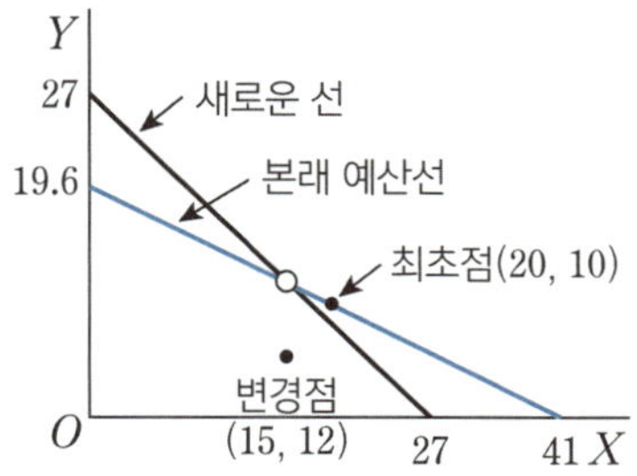


- 기준연도 $P_X=12, P_Y=25$일 때 비교연도 선택점 $(X=15, Y=12)$은 480의 소득이 필요하다. 따라서 비교연도 선택점은 최초에도 구입가능하다.
- 비교연도 $P_X=15, P_Y=15$일 때 최초 선택점 $(X=20, Y=10)$은 450의 소득이 필요하다. 따라서 최초 선택점은 비교연도에 구입불가능하다.
- 결국, 소비조합 $(X=20, Y=10)$은 소비조합 $(X=15, Y=12)$보다 현시선호되었다.
- 따라서 비교연도에 비해 기준연도의 후생수준이 높았다.

## 14 미시 공공재 답 ④

개별수요곡선을 수직으로 합하여 도출하는 공공재의 시장수요곡선하에서 소비자들은 동일한 양을 서로 다른 편익으로 소비한다.

정답

공공재의 시장수요곡선은 개별수요곡선을 수직으로 합하여 도출한다.

- 100명 중 40명의 공공재에 대한 수요함수는 $Q=50-\frac{1}{3}P$로 $P=150-3Q$이다. 이를 수직합으로 구하면 $P=150-3Q$를 40배하여 $P=6{,}000-120Q$이다.
- 100명 중 60명의 공공재에 대한 수요함수는 $Q=100-\frac{1}{2}P$로 $P=200-2Q$이다. 이를 수직합으로 구하면 $P=200-2Q$를 60배하여 $P=12{,}000-120Q$이다.
- 40명의 시장수요곡선 $P=6{,}000-120Q$의 Q절편 50을 60명의 시장수요곡선 $P=12{,}000-120Q$에 대입하여 꺾이는 점을 구하면 꺾이는 점은 $P=6{,}000$이기에, 한계비용 3,000보다 높아, $Q=50-\frac{1}{3}P$의 개별수요곡선을 가진 40명의 소비자들은 시장에서 이탈하게 된다.
- 결국, 시장에는 $Q=100-\frac{1}{2}P$의 개별수요곡선을 가진 60명의 소비자들만이 남기에 공공재의 적정공급조건은 $Q=100-\frac{1}{2}P$를 수직합으로 구한 시장수요곡선 $P=12{,}000-120Q$과 한계비용 3,000이 만나는 $Q=75$이다.

## 15 거시 균형이자율 답 ④

총수요$(C+I+G)$와 총공급$(Y)$이 일치할 때 균형국민소득이 결정된다.

정답

개인저축은 $Y-T-C=5{,}000-800-[250+0.75(5{,}000-800)]=800$이다.

## 16 미시 수요의 가격탄력성 답 ③

수요의 가격탄력성은 $-\frac{\Delta Q}{\Delta P}\times\frac{P}{Q}$이다.

정답

- 개별수요곡선을 수평으로 합하여 도출하는 사용재의 시장수요곡선하에서 소비자들은 동일한 가격으로 서로 다른 양을 소비한다.
- 소비자 $A$의 수요함수 $P=5-\frac{1}{2}Q_A$, 즉 $Q_A=10-2P$와 소비자 $B$의 수요함수 $P=15-\frac{1}{3}Q_B$, 즉 $Q_B=45-3P$를 수평합으로 구하면, 시장수요곡선은 $Q=55-5P$이다.
- 시장수요곡선 $Q=55-5P$에서 $p=2$일 때 $Q=45$이고, $\frac{\Delta Q}{\Delta P}=-5$로, 시장수요의 가격탄력성은 $-\frac{\Delta Q}{\Delta P}\times\frac{P}{Q}=-(-5)\times\frac{2}{45}=\frac{2}{9}$이다.

## 17 미시 정상재 답 ④

소득이 1% 변화할 때 수요량 변화율(%)이 소득탄력성으로, (+)일 때 정상재, (−)일 때 열등재이다.

정답

정상재의 소득효과는 (−)이고, 대체효과는 (−)이기에, 가격 변화 시 소득효과와 대체효과가 같은 방향으로 작용한다.

오답피하기

① 정상재의 소득탄력성은 (+)이기에, 소득과 소비량 간에 정(+)의 관계가 존재한다.
② 정상재의 대체효과는 (−)이기에, 가격 상승 시 상대가격의 상승으로 대체효과는 소비량을 감소시킨다.
③ 정상재의 소득효과는 (−)이기에, 가격 하락 시 실질소득의 증가로 소득효과는 소비량을 증가시킨다.

## 18 거시 물가수준의 하락 답 ④

실질환율은 $\epsilon = \frac{e \times P_f}{P}$($\epsilon$: 실질환율, $e$: 명목환율, $P_f$: 해외물가, $P$: 국내물가)이다.

**정답**

ㄱ. 물가수준이 하락하면, $IS-LM$모형에서 실질화폐공급이 증가하여 $LM$곡선이 우측으로 이동함으로써 실질이자율이 하락하고 투자가 증가한다.

ㄴ. 물가수준이 하락하면, $\epsilon = \frac{e \times P_f}{P}$에서 실질환율이 상승하여 순수출이 증가한다.

ㄷ. 물가수준이 하락하면, 가계의 실질자산가치가 상승하여 소비가 증가한다.

## 19 거시 물가수준의 하락 답 ③

가격수용자이기에 $P = MC$에서 이윤극대화를 추구한다.

**정답**

- 단기평균비용곡선 $AC(Q) = \frac{300}{Q} + 12 + 3Q$에서 $TC(Q) = 300 + 12Q + 3Q^2$이다. 따라서 $MC = 12 + 6Q$이다.
- 이윤은 총수입($TR$)-총비용($TC$)이다. 생산물의 가격이 132인 경우, $P = MC$에 따라 $132 = 12 + 6Q$에서 $Q = 20$이다.
- 따라서 이윤은 $TR - TC = 132 \times Q - (300 + 12Q + 3Q^2)$에서 $Q = 20$일 때, 900이다.

## 20 미시 보조금 답 ①

보조금 지급 시 사회적 후생은 감소한다.

**정답**

생산자에게 보조금을 지급한 이후 소비자실제지불가격 $P_2$와 거래량 $Q_1$에서 소비자잉여의 증가분은 □$P_1ACP_2$이다.

**오답피하기**

② 생산자에게 보조금을 지급한 이후 생산자실제수취가격 $P_3$와 거래량 $Q_1$에서 생산자잉여의 증가분은 □$P_1ABP_3$이다.

③ 이 보조금을 지불하기 위해 필요한 세금의 양은 단위당 보조금 $S$와 생산자에게 보조금을 지급한 이후 거래량 $Q_1$의 곱인 □$P_2CBP_3$이다.

④ 이 보조금 정책의 시행으로 필요한 세금의 양은 □$P_2CBP_3$이지만, 생산자잉여의 증가분은 □$P_1ABP_3$이고 소비자잉여의 증가분은 □$P_1ACP_2$으로 양자의 증가분은 □$P_2CABP_3P_1$이다. 따라서 필요한 세금보다 잉여증가분의 합이 적기에 사회적 후생은 감소했다.

## 21 거시 균형국민소득 답 ④

인플레이션갭이 존재하는 경우 임금이 상승하고, 경기침체갭이 존재하는 경우 임금이 하락한다.

**정답**

경기침체갭이 존재하여 실업이 발생하여 임금이 하락하면, 발생한 경기침체갭이 해소되는 과정에서 총공급이 증가한다.

**오답피하기**

① 균형국민소득이 완전고용국민소득보다 더 크면 경기과열로 인플레이션갭이 존재한다.

② 인플레이션갭이 존재하는 경우 노동공급부족으로 임금이 상승하여 총공급이 감소함으로써 장기균형으로 수렴하는 과정에서 물가가 상승한다.

③ 균형국민소득이 완전고용국민소득보다 더 작으면 경기침체갭이 존재하여 실업이 발생하고 장기 조정과정에서 임금이 하락한다.

## 22 거시 솔로우 성장모형 답 ③

지속적 기술진보 시 균제상태에서의 경제성장률은 인구증가율 + 기술진보율이고, 1인당 경제성장률은 기술진보율이다.

**정답**

황금률 이전의 균제상태에서 저축률이 증가하면 균제상태에서의 1인당 소비가 증가한다.

**오답피하기**

① 인구증가율이 상승하면 1인당 필요투자액이 증가하여 1인당 자본축적량이 감소 한다.

② 지속적 기술진보 시 균제상태에서의 경제성장률은 인구증가율 + 기술진보율이기에, 기술진보는 균제상태에서의 경제성장률을 증가시킨다.

④ 지속적 기술진보시 균제상태에서의 1인당 경제성장률은 기술진보율이기에, 인구증가율이 상승해도 균제상태에서의 1인당 소득증가율, 즉 1인당 경제성장률은 변화하지 않는다.

## 23 거시 승수 답 ①

정부지출승수는 $\frac{1}{1-c(1-t)-i+m}$이고, 이전지출승수는 $\frac{c}{1-c(1-t)-i+m}$이다.

**정답**

- 이전지출승수:
  $\frac{c}{1-c(1-t)-i+m}=\frac{0.8}{1-0.8(1-0.25)-0.2+0.2}=2$
- 정부지출승수 :
  $\frac{1}{1-c(1-t)-i+m}=\frac{1}{1-0.8(1-0.25)-0.2+0.2}=2.5$
- 정부이전지출을 50만큼 증가시키면 이전지출승수인 2배만큼 증가하여 국민소득은 100만큼 증가한다. 정부지출을 50만큼 감소시키면 정부지출승수인 2.5배만큼 감소하여 국민소득은 125만큼 감소하여 전체적으로 국민소득은 25만큼 감소한다.
- 가처분소득은 $Y-T=Y-(100+0.25Y)=0.75Y-100$이다. 국민소득이 감소하기에 가처분소득도 감소한다.

**오답피하기**

② 소비는 $C=120+0.8Y_d$이기에 가처분소득의 감소로 소비도 감소한다.

③ 정부의 조세수입은 $T=100-0.25Y$로 국민소득이 감소하기에 정부의 조세수입도 감소한다.

④ 순수출은 $X-M=160-(60+0.2Y)=100-0.2Y$이다. 국민소득이 감소하기에 순수출은 증가한다.

## 24 미시 외부효과 답 ③

$P=SMC$에서 사회적 최적산출량이 달성되고 $MR=PMC$에서 독점시장의 균형산출량이 결정된다.

**정답**

- 이윤을 극대화하는 독점기업의 생산량은 $MR=PMC$에서 결정된다. 즉, 수요함수인 $Q=200-2P$에서 $P=100-0.5Q$, $MR=100-Q$와 (사적)한계비용인 $PMC=2Q+10$이 일치할 때 생산량은 $Q=30$이다.
- 사회적 최적생산량은 $P=SMC$에서 달성된다. 즉, 수요함수인 $Q=200-2P$에서 $P=100-0.5Q$와 외부한계비용인 40과 (사적)한계비용인 $PMC=2Q+10$의 합인 (사회적)한계비용인 $SMC=2Q+50$이 일치할 때 생산량은 $Q=20$이다.
- 따라서 이윤을 극대화하는 이 독점기업의 생산량(30)과 사회적 최적생산량(20) 간 차이는 10이다.

## 25 국제 환율 답 ④

외화수요가 감소하거나 외화공급이 증가할 때 환율이 하락하여 원화가치가 상승한다.

**정답**

국내 투자의 예상 수익률이 상승하면 외자유입이 증가함으로써 외화공급이 증가한다. 따라서 환율이 하락하여 원화가치가 상승한다.

**오답피하기**

① 우리나라 기업들의 해외공장 설립이 늘어나면 외화 수요가 증가한다.

② 우리나라에서 확장적인 통화정책이 시행되면 이자율이 하락하여 외자유출이 증가함으로써 외화수요가 증가한다.

③ 국내 항공사들의 미국산 항공기에 대한 수요가 증가하면 외화수요가 증가한다.

# 15회 2021년 국회직 변형

## 정답

p. 101

| | | | | | | | | | |
|---|---|---|---|---|---|---|---|---|---|
| 01 | ③ | 02 | ③ | 03 | ② | 04 | ① | 05 | ① |
| 06 | ① | 07 | ③ | 08 | ④ | 09 | ① | 10 | ② |
| 11 | ④ | 12 | ④ | 13 | ① | 14 | ① | 15 | ④ |
| 16 | ② | 17 | ③ | 18 | ③ | 19 | ③ | 20 | ③ |
| 21 | ① | 22 | ③ | 23 | ③ | 24 | ④ | 25 | ④ |

### 01 거시 정부지출승수 답 ③

현재의 균형국민소득이 완전고용국민소득보다 1,750억 원이 작기에 완전고용국민소득수준을 달성하기 위해 정부지출증가분×정부지출승수=1,750억 원이 성립한다.

**정답**

한계소비성향이 0.8이기에 정부지출승수는 $\frac{1}{1-0.8}=5$이다. 따라서 정부지출증가분×정부지출승수=1,750에서 정부지출증가분은 350억 원이다.

### 02 미시 레온티에프형 효용함수 답 ③

효용함수가 $U(x,\ y)=\min(ax,\ by)$이면 $ax=by$에서 효용이 극대화된다.

**정답**

$X$재 가격이 $Y$재 가격보다 낮더라도 $X$재와 $Y$재를 1 : 2 비율로 소비한다.

**오답피하기**

① 효용함수 $U=\min\{2X,\ Y\}$는 레온티에프형으로 $X$재와 $Y$재를 1 : 2 비율로 소비한다.
② 레온티에프형 효용함수는 완전보완재의 성격을 보이기에 어느 한 상품의 소비증가만으로 효용이 높아지지 않는다.
④ 레온티에프형 효용함수는 무차별곡선이 $L$자형으로 한계대체율이 수평구간에서는 0이고 수직구간에서는 무한대이며 꺾이는 점에서는 정의할 수 없다.

### 03 미시 2기간 소비선택모형 답 ②

저축자이고 현재소비와 미래소비가 정상재의 경우, 이자율 상승시 저축자의 저축 증감여부는 대체효과(이자율↑ → 현재소비의 기회비용↑ → 현재소비↓, 미래소비↑ → 저축↑)와 소득효과(이자율↑ → 실질소득↑ → 현재소비↑, 미래소비↑ → 저축↓)의 상대적 크기에 의하여 결정된다.

**정답**

- 효용함수가 $U(C_1, C_2)=C_1^{\frac{1}{2}}C_2^{\frac{1}{2}}$이기에 $MRS_{C_1C_2}=\frac{C_2}{C_1}$이다.
- $A$의 예산선은, $A$의 소득이 현재($Y_1$)에만 발생하기에 $C_1+\frac{C_2}{1+r}=Y_1$에서 $C_2=-(1+r)C_1+(1+r)Y_1$이다.
- 소비자균형에서 $\frac{C_2}{C_1}=(1+r)$이다. 따라서 소비자균형에서는 $C_2=(1+r)C_1$의 관계가 성립한다.
- $C_2=(1+r)C_1$을 예산제약식에 대입하면 $2C_1=Y_1$, $C_1=\frac{1}{2}Y_1$이고, $C_2=(1+r)\frac{1}{2}Y_1$이다.
- $B$의 예산선은, $B$의 소득이 현재($Y$)와 미래($Y$)에 동일하기에 $C_1+\frac{C_2}{1+r}=Y+\frac{Y}{1+r}$에서 $C_2=-(1+r)C_1+(2+r)Y$이다.
- 소비자균형에서 $\frac{C_2}{C_1}=(1+r)$이다. 따라서 소비자균형에서는 $C_2=(1+r)C_1$의 관계가 성립한다.
- $C_2=(1+r)C_1$을 예산제약식에 대입하면 $C_1=\frac{(2+r)Y}{2(1+r)}$이고, $C_2=\frac{(2+r)Y}{2}$이다.

소비자 $A$의 미래소비는 $C_2=(1+r)\frac{1}{2}Y_1$에서 이자율상승 시 반드시 증가한다.

**오답피하기**

①, ③ 소비자 $A$의 현재소비는 $C_1=\frac{1}{2}Y_1$에서 이자율과 무관하다.
④ 소비자 $A$의 미래소비는 이자율상승 시 반드시 증가한다.

## 04 미시 탄력도 답 ①

수요함수가 $Q=AP^{-\alpha}$($A$: 상수)일 때 수요의 가격탄력성은 $\alpha$이다.

**정답**

- $P_XQ_X+P_YQ_Y=I$에서, $Q_X=\frac{I}{3P_X}$ 일 때

  $3P_XQ_X=I$, $P_XQ_X=\frac{I}{3}$이기에

  $P_YQ_Y=\frac{2I}{3}$이다. 즉, $Q_Y=\frac{2I}{3P_Y}$이다.
- 수요함수가 $Q_X=\frac{I}{3P_X}=\frac{1}{3}IP_X^{-1}$일 때, $X$재 수요의 가격탄력성은 1이다.
- $P_YQ_Y=\frac{2I}{3}$에서 $Q_Y=\frac{2}{3}IP_Y^{-1}$이기에 $A$의 $Y$재 수요의 소득탄력성은 1이다.

## 05 미시 수요독점하 최저임금제 답 ①

생산요소시장에서 수요독점의 경우, 최저임금제가 실시되면 고용량이 불변이거나 증가할 수 있고, 최저임금이 $MRP_L$곡선과 $MFC_L$곡선이 교차하는 점보다 높은 수준에서 결정되면 고용량이 감소한다.

**정답**

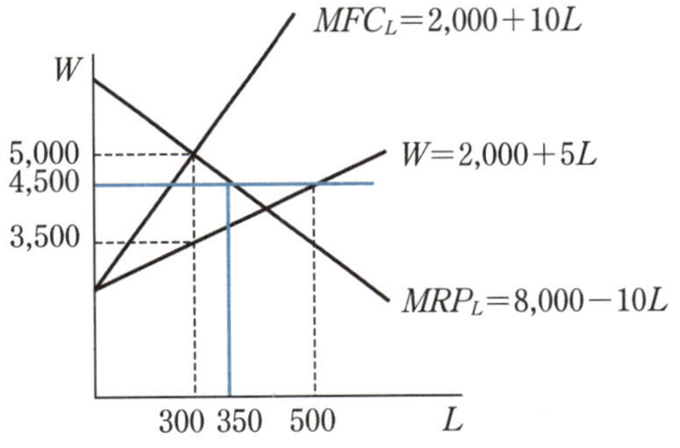


- 수요독점은 $MRP_L=MFC_L$에서 이윤극대화가 달성된다. $MFC_L$은 노동공급곡선과 절편이 동일하고, 기울기는 노동공급곡선의 2배이기에 $MFC_L=2,000+10L$이다. 따라서 최저임금 도입 이전의 균형고용량은 $MRP_L=8,000-10L=MFC_L=2,000+10L$에서 300이다.
- 최저임금 도입으로 고용량은 $MRP_L=8,000-10L=4,500$에서 $L=350$이기에 고용량은 300에서 350으로 50만큼 증가한다.

## 06 미시 완전경쟁시장 답 ①

동질적 재화를 생산하는 완전경쟁시장에서 각 기업은 $P=MC$에서 이윤극대화를 추구한다.

**정답**

- 총가변비용과 한계비용은 다음과 같다.

| 생산량 | 평균가변비용 | 총가변비용 | 한계비용 |
|---|---|---|---|
| 1 | 300원 | 300 | 300 |
| 2 | 400원 | 800 | 500 |
| 3 | 500원 | 1,500 | 700 |
| 4 | 600원 | 2,400 | 900 |
| 5 | 700원 | 3,500 | 1,100 |
| 6 | 800원 | 4,800 | 1,300 |

- 완전경쟁기업은 $P=MC$에서 이윤극대화를 추구하기에, 가격이 1,000일 때 생산량은 한계비용이 900과 1,100사이에서 결정될 것이다.
- 한계비용이 900일 때 이윤은 총수입 $P(=1,000)\times Q(=4)$에서 총비용 $TFC(=1,000)+TVC(2,400)$을 뺀 600이다.
- 한계비용이 1,100일 때 이윤은 총수입 $P(=1,000)\times Q(=5)$에서 총비용 $TFC(=1,000)+TVC(=3,500)$을 뺀 500이다.
- 따라서 각 기업은 4개를 생산하고, 200개의 기업이 있기에 전체 생산량은 800개이다. 또한 초과이윤을 보이기에 장기적으로 이 시장에는 진입이 발생한다.

## 07 미시 외부불경제 답 ③

생산의 외부불경제 시 사회적 후생손실은 시장균형거래량에서 사회적 한계비용과 사적 한계비용의 차이와 시장균형거래량과 사회적 최적거래량의 차이에서 계산할 수 있다.

**정답**

수요곡선이 $Q_D=40-P$일 때, $P=40-Q$이다.

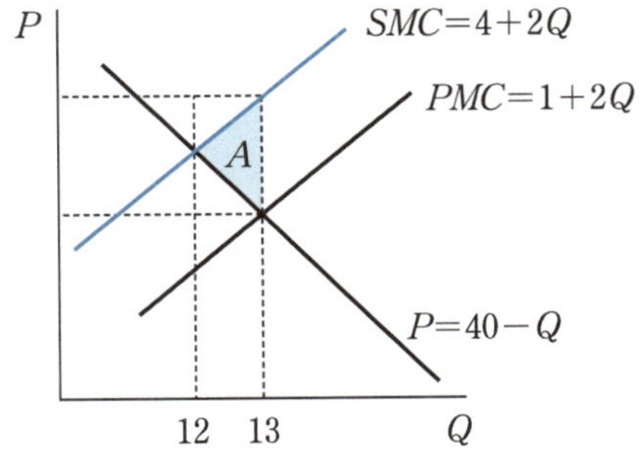


- 시장균형거래량은 $P=PMC$에서 이루어지기에 $40-Q=1+2Q$, $Q=13$이다.
- 사회적 최적거래량은 $P=SMC$에서 이루어지기에 $40-Q=4+2Q$, $Q=12$이다.
- 시장균형거래량에서 사회적 한계비용과 사적 한계비용의 차이는 $(4+2Q)-(1+2Q)=3$이다.
- 따라서 사회적 후생손실은 $A$면적으로 $3\times(13-12)\times1/2=1.5$이다.

### 08 거시 솔로우 성장모형 답 ④

1인당 소비가 극대화되는 상태를 자본축적의 황금률이라 하고 $f'(k)=n+d+g$에서 달성된다.

**정답**

인구증가율이 감소하면 균제상태에서 1인당 산출은 증가한다.

**오답피하기**

① 균형성장경로에서는 균제상태로 자본과 노동이 완전고용되면서 경제가 성장한다.

② 황금률하에서 균제상태(steady state)의 1인당 소비가 극대화 된다.

③ 균제상태에서 지속적인 기술진보가 없을 때, 1인당 소득증가율은 0%이다.

### 09 미시 기대효용이론 답 ①

불확실성하에서 기대효용을 극대화하는 이론을 기대효용이론이라 한다.

**정답**

- 첫 번째 일자리에서 연간 보수는 4,900만 원으로 이에 따른 효용은 $U=2\sqrt{Y}=2\sqrt{49,000,000}=14,000$이다.
- 두 번째 일자리에는 일시해고에 대한 불확실성이 존재하기에, 이에 따른 효용은 기대효용으로 구한다. 즉, 1/4은 일시해고가 되지 않으며, 연간보수는 $X$이고, 3/4은 일시해고가 되며, 연간보수는 3,600만 원이다. 따라서 기대효용은 $U=\frac{1}{4}\times2\sqrt{X}+\frac{3}{4}\times2\sqrt{36,000,000}$이다.
- $\frac{1}{4}\times2\sqrt{X}+\frac{3}{4}\times2\sqrt{36,000,000}\geq2\sqrt{49,000,000}$일 때, 두 번째 일자리를 선택한다. 따라서 $X$의 최솟값은 1억 원이다.

### 10 거시 경제지표 답 ②

15세이상인구 중에서 경제활동인구가 차지하는 비중을 경제활동참가율이라 하고, 15세이상인구 중에서 취업자가 차지하는 비중을 고용률이라 한다.

**정답**

전업 학생이 졸업하여 바로 취업하면, 취업자와 실업자의 합인 경제활동인구 중에서 실업자가 차지하는 비중인 실업률은 감소한다.

**오답피하기**

①, ③ 전업 학생이 졸업하여 바로 취업하면 비경제활동인구가 줄고 취업자가 증가하기에, 15세이상인구는 일정하고 취업자만 증가한다. 따라서 경제활동참가율은 증가하고, 고용률도 증가한다.

④ 이자율과 채권 가격은 반비례로, 이자율이 오르면 채권 가격은 하락한다.

### 11 미시 내쉬균형 답 ④

상대방의 전략을 주어진 것으로 보고 경기자는 자신에게 가장 유리한 전략을 선택하였을 때 도달하는 균형을 내쉬균형이라 하고, 내쉬균형은 더 이상 자신의 전략을 바꿀 유인이 없기에 안정적 모습을 보인다.

**정답**

- 1순위인 공공재 공급이 이루어지고 자신은 기여금을 내지 않은 상황은 더 이상 자신의 전략을 바꿀 유인이 없기에 안정적 모습을 보인다. 따라서 내쉬균형으로 볼 수 있다.
- 3순위인 공공재 공급이 이루어지지 않고 자신은 기여금을 내지 않은 상황 중, 9명 모두 기여금을 내지 않는 것도 자신의 전략을 바꿀 유인이 없기에 순수전략 내쉬균형에 해당한다(①, ②, ④).
- 9명 모두 기여금을 내는 것은 2순위의 선호를 보이지만, 자신은 기여금을 내지 않은 상황으로 변경하면 1순위의 선호를 보이기에 전략을 바꿀 유인이 있다. 따라서 순수전략 내쉬균형에 해당하지 않는다(③).

### 12 거시 재정정책 답 ④

최적조세와 같은 재정정책에서도 경제정책의 동태적 비일관성 문제가 발생할 수 있다.

**정답**

재정의 자동안정화장치는 제도를 통해 자동으로 경기진폭을 완화해 주는 장치로, 내부시차가 없다.

**오답피하기**

① 경제가 유동성 함정에 빠진 경우, $LM$곡선이 수평으로 확장적 재정정책으로 $IS$곡선이 우측으로 이동해도 이자율이 불변이기에 구축효과는 없다.

② $T$시점에서는 최적조세이나 $T+1$시점에서는 최적조세가 아닐 수 있다. 가령, $T$시점에서 투자촉진을 위해 자본소득에 비과세가 최적이나, $T+1$시점에서는 재정수입증가를 위해 이미 형성된 자본에 과세를 하는 것이 최적일 수 있다. 따라서 재정정책에서도 경제정책의 동태적 비일관성 문제가 발생할 수 있다.

③ 재정의 자동안정화장치가 강화되어 누진세가 도입되면 승수는 $\frac{1}{1-c(c\text{: 한계소비성향})}$에서 $\frac{1}{1-c(1-t)(t\text{: 세율})}=\frac{1}{1-c+ct}$로 바뀌어 분모값이 커짐으로써 승수효과는 작아진다.

## 13 거시 수입쿼터 답 ①

수입국에 수입수량을 할당하는 수입쿼터는 수입을 제한하는 것으로 국내생산자에게 유리하지만, 수입금지국에 수량을 할당하는 수입쿼터는 수입을 증가시키는 것으로 국내생산자에게 불리하다.

**정답**

$Q_d=450-P$에서 $P=450-Q$이기에 $MR=450-2Q$이고, $C=50Q+Q^2$에서 $MC=50+2Q$이다.

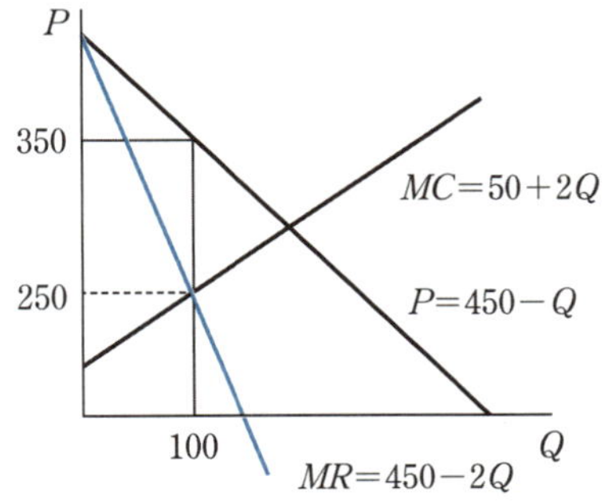


$X$재 수입이 금지되어 있는 경우, 독점기업 $A$는 $MR=MC$에서, $450-2Q=50+2Q$에 따라 이윤극대화 수량은 $Q=100$이고 가격은 $P=350$이다.

수입금지국에 수량을 할당하는 수입쿼터는 수입을 증가시키는 것으로 국내독점기업 직면수요곡선을 수입쿼터만큼 감소시킨다. 즉, $P=450-Q$에서 $P=450-[Q-(-40)]=410-Q$로 이동한다. 독점기업 $A$는 $MR=MC$에서, $410-2Q=50+2Q$에 따라 이윤극대화 수량은 $Q=90$이고 가격은 $P=320$이다.

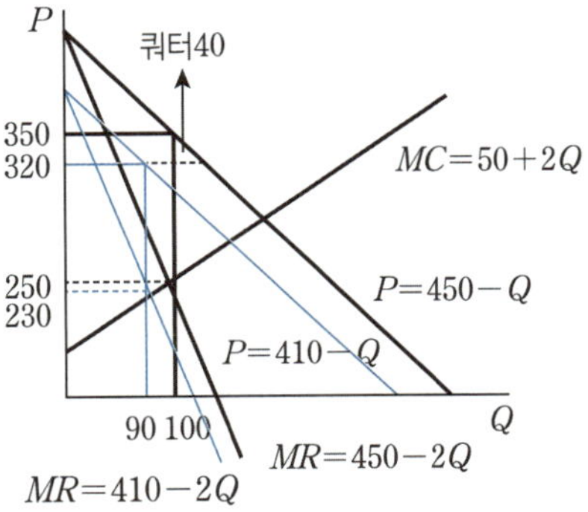


쿼터제 도입으로 국내 가격은 350에서 320으로 30만큼 감소한다.

## 14 거시 소비지출 답 ①

소비는 가처분소득의 증가함수이다.

**정답**

- 소득이 30만 원 증가할 때, 소득세율이 20%이면 가처분소득은 $30-300.2=24$만 원 증가한다.
- 가처분소득이 24만 원 증가할 때, 한계소비성향이 0.5이면 소비지출액은 $24\times0.5=12$만 원 증가한다.

## 15 미시 소비지출 답 ④

$MRS_{XY}^{A}>MRS_{XY}^{B}$: (상대적으로) $A$는 $X$를 더 선호하고 $B$는 $Y$를 더 선호하기에 $A$가 $X$를 받고 $Y$를 주는 교환이 이루어지면 효용이 증가한다.

**정답**

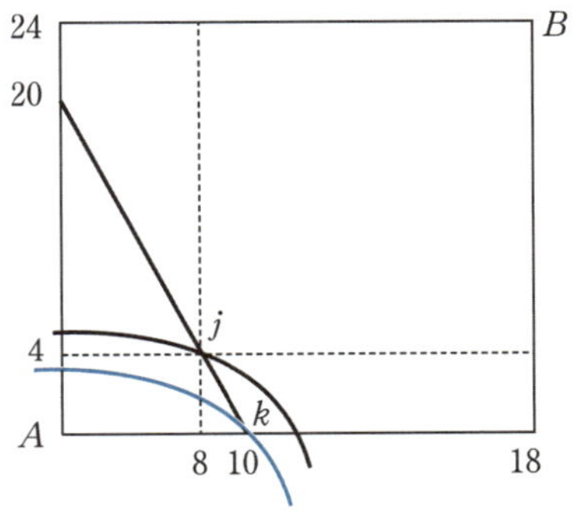


- $A$의 무차별곡선은 효용함수 $U_A=2X+Y$에서 $Y=-2X+\overline{U}$으로 도출된다. $A$는 $X$재 8단위와 $Y$재 4단위를 가지고 있기에 효용은 $U_A=2\times8+4=20$이다. 따라서 $y$축 절편은 $X$가 0일 때 20이고, $X$축 절편은 $Y$가 0일 때 10이다.
- $B$의 무차별곡선은 효용함수 $U_B=XY^2$에서 직각쌍곡선으로 도출된다.
- 최초에 $A$($X$재 8단위, $Y$재 4단위)와 $B$($X$재 10단위, $Y$재 20단위)의 무차별곡선이 교차하는 $J$점에 있다고 하자.
- 이제, $B$에게 모든 협상력이 있다면, $B$입장에서 볼 때 바깥쪽으로 효용을 더 증가시키기에 $K$점($X$재 10단위, $Y$재 0단위)으로 이동함으로써, $B$는 $A$에게 $X$재 2단위를 주고 $Y$재 4단위를 받아 효용을 증가시킬 것이다.

## 16 미시 사회적잉여 답 ②

소비자의 최대지불의사금액을 반영한 한계편익곡선이 수요곡선이고, 생산자의 최소요구금액을 반영한 한계비용곡선이 공급곡선으로, 두 곡선이 만날 때 사회적잉여, 즉 총잉여가 극대화된다.

**정답**

소비자 $A$, $B$, $C$, $D$의 최대지불의사금액과 판매자 $E$, $F$, $G$, $H$의 최소요구금액을 표시하면 아래와 같다.

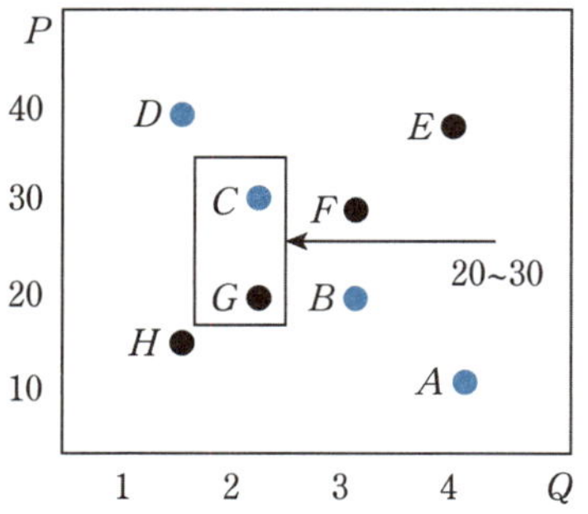


- 처음 한 그릇에 대해 판매자 $H$가 최소 15(한계비용)를 요구하고 소비자 $D$가 최대 40(한계편익)을 지불할 때 순편익은 25이다.
- 두 번째 한 그릇에 대해 판매자 $G$가 최소 20(한계비용)을 요구하고 소비자 $C$가 최대 30(한계편익)을 지불할 때 순편익은 10이다.
- 이 때 균형 거래량은 2그릇이고 가격은 30과 20사이에서 결정될 때, 사회적잉여는 25와 10의 합인 35로 극대화된다(①, ②, ③).
- 세 번째 한 그릇에 대해 판매자 $F$가 최소 30(한계비용)을 요구하고 소비자 $B$가 최대 20(한계편익)을 지불할 때 순편익은 $-10$이다.
- 네 번째 한 그릇에 대해 판매자 $E$가 최소 40(한계비용)을 요구하고 소비자 $A$가 최대 10(한계편익)을 지불할 때 순편익은 $-30$이다.
- 따라서 소비자 $A$와 $B$ 그리고 판매자 $E$와 $F$가 거래하지 않으면 총잉여는 극대화된다(④).

## 17 미시 비용곡선 답 ③

한계비용이 평균비용보다 크면 평균비용은 증가하고, 한계비용이 평균비용보다 작으면 평균비용은 감소한다.

**정답**

특정 규모의 단기한계비용곡선이 장기한계비용곡선과 교차($a''$)할 때 단기평균비용은 장기평균비용보다 같다($a'$).

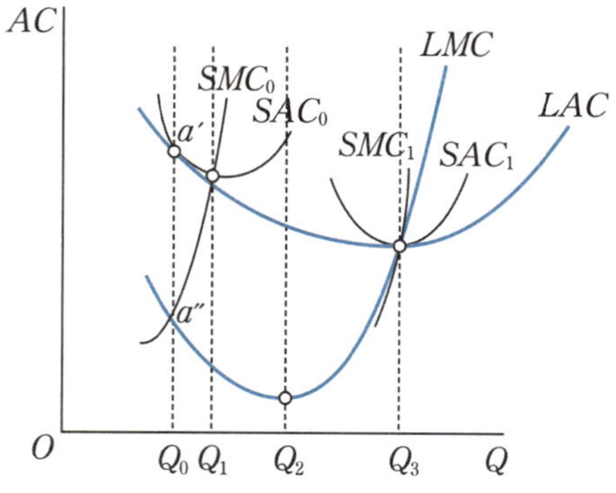


**오답피하기**

① 단기한계비용이 단기평균비용보다 크면 단기평균비용은 증가한다.

② 장기한계비용이 장기평균비용보다 작으면 장기평균비용은 감소한다.

④ 장기평균비용곡선의 최소점에서 해당 규모의 장기평균비용곡선과 단기평균비용곡선은 접하고, 단기한계비용곡선과 장기한계비용곡선은 교차한다.

## 18 미시 공공재 답 ③

개별수요곡선을 수직으로 합하여 도출하는 공공재의 시장수요곡선 하에서 소비자들은 동일한 양을 서로 다른 편익으로 소비한다.

**정답**

- $Q_A = -2P+24$, $Q_B = -3P+51$, $Q_C = -P+34$를 $P$에 대해 정리하면 $P=12-\frac{1}{2}Q_A$, $P=17-\frac{1}{3}Q_B$, $P=34-Q_C$이다.
- 공공재의 시장수요곡선은 개별수요곡선을 수직으로 합하여 도출하기에, 공공재의 시장수요곡선은 $P=63-\frac{11}{6}Q$이다. 그리고 한계비용은 30이다.
- 공공재의 적정공급조건은 P=MC에 따라 $P=63-\frac{11}{6}Q$와 한계비용 30이 만나는 $Q=18$이다.

## 19 국제 $IS-LM-BP$모형 답 ③

(변동환율제도하)자본이동이 완전한 경우, 재정정책은 전혀 효과가 없지만 금융정책은 매우 효과적이다.

**정답**

- 중앙은행의 국공채매입은 확장통화정책이다.
- 변동환율제 하에서 확장통화정책으로 $LM$곡선이 우측이동(①)하면, 국내금리가 국제금리보다 작아져 외국자본유출로 환율이 상승하여 순수출이 증가(④)하기에 $IS$곡선이 우측이동(②)한다.
- $BP$곡선이 우측이동하나 수평선이기에 이자율은 원위치로 돌아오지만, 소득은 크게 증가한다.
- 또한 아래 그림에서 보듯, 자본이동이 완전히 자유로운 경우($a$), 자본이동이 불가능한 경우($b$)에 비해 소득증가폭이 크다(③).

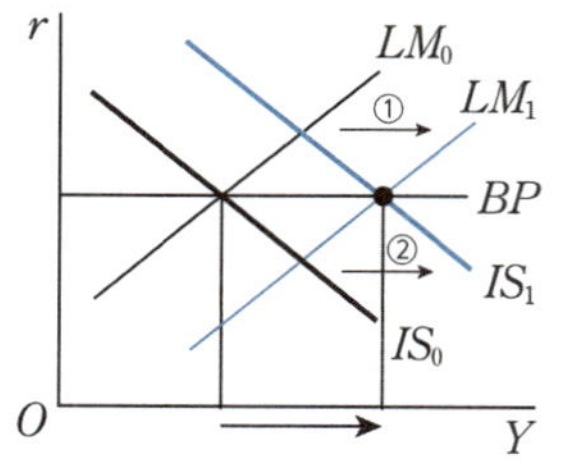


($a$)

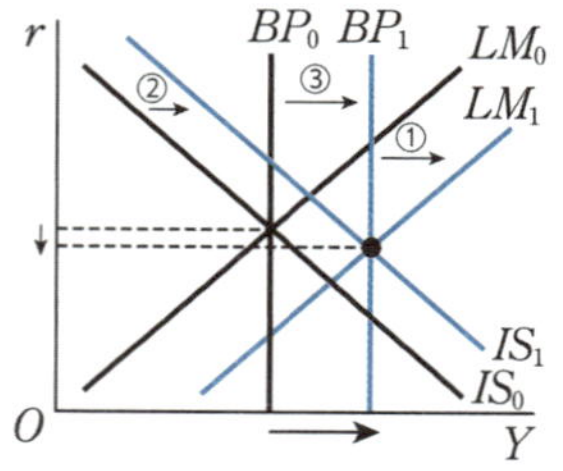


($b$)

## 20 거시 필립스곡선 답 ③

중앙은행이 손실을 최소화하는 인플레이션율은, 필립스곡선을 손실함수에 대입하여 손실함수를 $\pi$에 대해 미분한 뒤 0으로 두면 구할 수 있다.

**정답**

필립스곡선 즉, $u = u_n - (\pi - \pi^e)$를 손실함수에 대입하면,

$L = 4(u_n - \pi + \pi^e - 0.02)^2 + 6(\pi - 0.01)^2$이 된다.

손실함수를 $\pi$에 대해 미분한 뒤 0으로 두면,

$\dfrac{d4(U_n - \pi + \pi^e - 0.02)^2 + 6(\pi - 0.01)^2}{d\pi} = 0$에서, $\pi = 2\%$이다.

즉, $\dfrac{d4(U_n - \pi + \pi^e - 0.02)^2 + 6(\pi - 0.01)^2}{d\pi} = 0$

$U_n = 0.035$일 때

$8(-\pi + \pi^e + 0.015) \times (-1) + 12(\pi - 0.01) \times (1) = 0$

장기균형에서 $\pi = \pi^e$이기에

$-0.12 + 12\pi - 0.12 = 0,\ \pi = 0.02$이다. 즉, 2%이다.

## 21 거시 신용승수 답 ①

본원통화는 현금통화와 지급준비금의 합으로 정의하고, 신용승수는 $\dfrac{1}{z_l(\text{법정지급준비율})}$이다.

**정답**

- 은행은 초과지급준비금을 보유하지 않으며, 가계는 현금을 보유하지 않기에, 통화승수는 최댓값인 신용승수로 $\dfrac{1}{z_l(\text{법정지급준비율})}$이다.
- 즉, 신용승수는 법정지급준비율이 5%일 때 $\dfrac{1}{5\%} = 20$에서 법정지급준비율이 10%로 인상되면 $\dfrac{1}{10\%} = 10$으로 10만큼 하락한다.
- 은행권 전체의 지급준비금이 100이고, 가계는 현금을 보유하지 않기에, 본원통화는 100이다. 법정지급준비율이 5% 때 신용승수는 20으로 화폐공급량은 $100 \times 20 = 2{,}000$이다.
- 법정지급준비율이 10%로 인상되면 신용승수는 10으로 하락하기에 화폐공급량은 $100 \times 10 = 1{,}000$으로 1,000만큼 감소한다.

## 22 거시 GDP디플레이터 답 ③

*GDP*디플레이터=(명목 *GDP*/실질 *GDP*)×100이다.

**정답**

㉠ 명목 $GDP$ = $GDP$디플레이터×실질 $GDP$÷100
= 60×5,000÷100
= 5,000×0.6 = 3,000

㉡ 실질 $GDP$=명목 $GDP$÷ $GDP$디플레이터×100
= 6,000÷100×100
= 6,000

㉢ 2020년이 기준이기에 실질 *GDP*는 명목 *GDP*와 같다. 따라서 실질 *GDP*는 8,000이다.

㉣ 2020년이 기준이기에 실질 *GDP*는 명목 *GDP*와 같다. 따라서 *GDP*디플레이터는 100이다.

## 23 국제 수입관세와 수입쿼터 답 ③

관세와 수량할당(수입쿼터)의 경제적 효과는 동일하고, 관세수입이 수량할당 시 수입업자의 초과이윤으로 귀속된다는 차이점이 있다.

**정답**

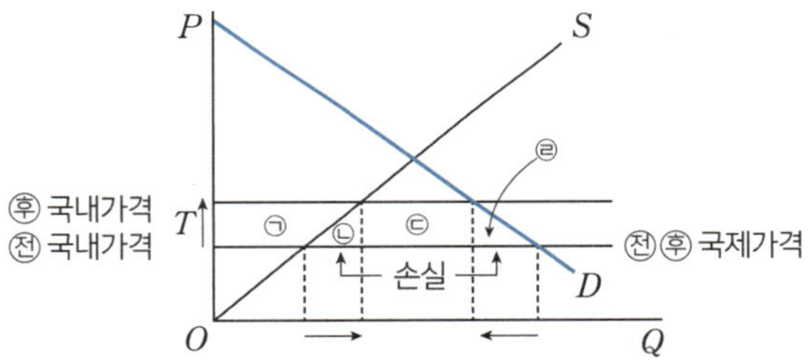

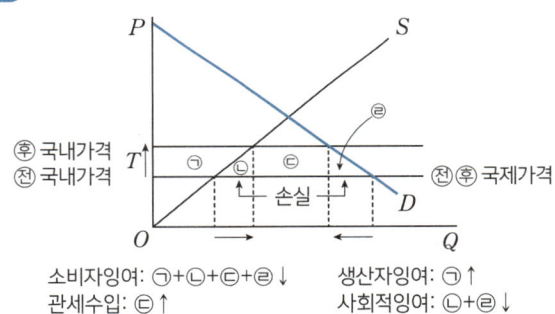

소비자잉여: ㉠+㉡+㉢+㉣↓ 생산자잉여: ㉠↑
관세수입: ㉢↑ 사회적잉여: ㉡+㉣↓

수입쿼터의 부과로 인한 생산자잉여의 증가분(㉠)은 소비자잉여의 감소분(㉠+㉡+㉢+㉣)보다 작다.

**오답피하기**

① (소국)관세가 부과되더라도 국제가격이 변하지 않아 교역조건은 불변이고 단위당 $T$원의 관세가 부과되면 수입품의 국내가격이 $T$원만큼 상승한다. 수입쿼터도 관세부과와 마찬가지로 상승시키는 효과가 있다.

② 수입관세의 부과는 관세수입(㉢)발생과 국내생산증가로 생산자잉여를 증가(㉠)시킨다.

④ 수입관세의 부과로 인한 수입국의 순국내손실(㉡+㉣)은 수입쿼터의 부과로 인한 순국내손실과 같다.

## 24 미시 차별적 베르뜨랑모형 답 ④

베르뜨랑모형은 각 기업이 상대방의 가격을 주어진 것으로 보고 자신의 가격을 결정하는 과점모형이다.

**정답**

- $A$와 $B$의 한계생산비용은 생산량과 관계없이 5로 동일하고, 고정비용은 없다고 가정하면, 총비용은 각각 $5q_A$, $5q_B$이다.
- 기업A의 이윤극대화는 다음과 같다.

$$\pi = TR_A - TC_A$$
$$= q_A \times P_A - 5q_A = (P_A - 5) \times q_A = (P_A - 5) \times (25 - P_A + 0.5P_B)$$
$$\pi = 25P_A - P_A^2 + 0.5P_AP_B - 125 + 5P_A - 2.5P_B$$
$$\frac{d\pi}{dP_A} = 30 - 2P_A + 0.5P_B = 0$$

- 기업$B$의 이윤극대화는 다음과 같다.

$$\pi = TR_B - TC_B$$
$$= q_B \times P_B - 5q_B = (P_B - 5) \times q_B = (P_B - 5) \times (35 - P_B + P_A)$$
$$\pi = 35P_B - P_B^2 + P_AP_B - 175 + 5P_B - 5P_A$$
$$\frac{d\pi}{dP_B} = 40 - 2P_B + P_A = 0$$

- 기업$A$와 $B$의 내쉬균형에서의 가격은, 각각 $P_A = \frac{160}{7}, P_B = \frac{220}{7}$이다.

## 25 거시 장기균형 답 ④

장기균형에서 확장통화정책에 의해 $AD$곡선이 우측으로 이동하나 기대인플레이션율의 상승에 의한 단기$AS$곡선의 좌측이동으로 장기적으로 생산량은 최초수준으로 복귀한다.

**정답**

확장통화정책으로 $AD$곡선이 우측으로 이동하면 총수요가 잠재 $GDP$를 초과하기에 기대인플레이션율의 상승으로 단기$AS$곡선이 좌측(상방)으로 이동함으로써 장기적으로 생산량은 최초수준으로 복귀한다. 따라서 인플레이션율은 상승하지만 실업률은 변하지 않는다.

**오답피하기**

① 확장통화정책으로 $AD$곡선이 우측으로 이동하지만, 기대인플레이션율의 상승으로 장기적으로 생산량은 최초수준으로 복귀한다.

② $\frac{M^S}{P} = L(Y, R)$에서 실질화폐수요는 소득의 증가함수이고, (명목)이자율의 감소함수이다. 또한, $R$(명목이자율)$= r$(실질이자율)$+ \pi^e$이다.
그런데, $M^S\uparrow - \pi^e\uparrow - R\uparrow - L\downarrow$(투기적 동기는 명목이자율의 감소함수)$- \frac{M^S}{P}\downarrow$($M^S$증가이나 $P$상승이 더 크기에 실질화폐잔고는 감소)이다.

③ 총공급곡선은 장기에 수직으로 총수요곡선의 이동으로 물가만 상승한다.

# 16회 2022년 국회직 변형

## 정답

p. 106

| | | | | | | | | | |
|---|---|---|---|---|---|---|---|---|---|
| 01 | ④ | 02 | ③ | 03 | ① | 04 | ④ | 05 | ② |
| 06 | ① | 07 | ③ | 08 | ① | 09 | ③ | 10 | ④ |
| 11 | ④ | 12 | ④ | 13 | ② | 14 | ③ | 15 | ④ |
| 16 | ④ | 17 | ④ | 18 | ④ | 19 | ② | 20 | ③ |
| 21 | ② | 22 | ③ | 23 | ① | 24 | ④ | 25 | ④ |

### 01 거시 물가지수 답 ④

라스파이레스 방식은 기준연도 거래량을 가중치로 사용하여 계산($L_P = \frac{P_t \cdot Q_0}{P_0 \cdot Q_0}$)하는 물가지수로 물가변화를 과대평가하고, 소비자 물가지수, 생산자물가지수 등이 있다. 파셰 방식은 비교연도 거래량을 가중치로 사용하여 계산($P_P = \frac{P_t \cdot Q_t}{P_0 \cdot Q_t}$)하는 물가지수로 물가변화를 과소평가하고, *GDP*디플레이터 등이 있다.

**정답**

소비자 물가지수(*CPI*)는 라스파이레스 방식으로 기준연도의 고정된 가중치를 사용하기에 가격급등으로 인한 충격을 과대평가한다.

**오답피하기**

① *GDP*디플레이터는 *GDP*에 포함되는 모든 재화와 서비스를 대상으로 하기에 기업 또는 정부에 의해 구입된 물품가격 상승은 반영되나, 소비재를 대상으로 하는 소비자 물가지수(*CPI*)에는 반영되지 않는다.

② 수입물품의 가격 상승은 소비자 물가지수(*CPI*)에는 영향을 미치나, *GDP*디플레이터는 국내 생산물을 대상으로 하기에 수입물품의 가격 상승은 *GDP*디플레이터에 반영되지 않는다.

③ 소비자 물가지수(*CPI*)는 라스파이레스 방식으로 기준연도의 고정된 가중치로 계산하고, *GDP*디플레이터는 파셰 방식으로 비교연도의 변화하는 가중치로 도출된다.

### 02 미시 외부효과 답 ③

생산의 외부불경제시 시장균형거래량에서 "사회적 후생손실 = 비용증가분 − 편익증가분"이다.

**정답**

- 공급곡선이 $Q=-4+P$, $P=4+Q$이기에 $PMC=4+Q$이다.
- 이 재화를 생산하는 데 따른 환경오염의 사회적 비용 $C=2Q$에서 외부한계비용은 $EMC=2$이기에 $SMC=6+Q$이다.

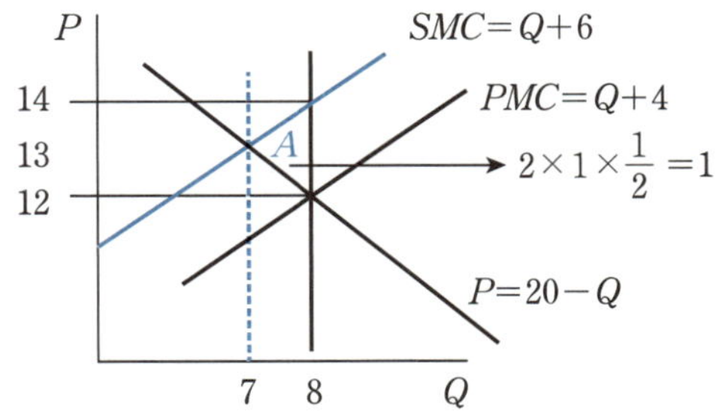


- 정부의 개입이 없을 경우, 시장균형거래량은 $P=PMC$에 따라 $20-Q=4+Q$에서 $Q=8$이다(①). 이를 *PMC*곡선 $PMC=4+Q$에 대입하면 시장균형가격은 $P=12$이다(②).
- 사회적 최적거래량은 $P=SMC$에 따라 $20-Q=6+Q$에서 $Q=7$이다(③). 이를 *SMC*곡선 $SMC=6+Q$에 대입하면 사회적 최적가격은 $P=13$이다(④).

### 03 미시 종량세와 종가세 답 ①

종량세부과로 곡선은 평행이동하고, 종가세부과로 곡선은 회전이동한다.

- 종량세: 생산자에게 부과될 때 생산자가 소비자로부터 받고자 하는 가격이 단위당 조세($T$원)만큼 상승하고, 소비자에게 부과될 때 소비자가 생산자에게 지불할 용의가 있는 금액이 단위당 조세($T$원)만큼 하락한다.
- 종가세: 생산자에게 부과될 때 생산자가 소비자로부터 받고자 하는 가격이 세율($t$%)만큼 상승하고. 소비자에게 부과될 때 소비자가 생산자에게 지불할 용의가 있는 금액이 세율($t$%)만큼 하락한다.

1) 생산자에게 종량제 부과 시 공급곡선이 상방으로 평행이동하고, 소비자에게 종량제 부과 시 수요곡선이 하방으로 평행이동한다.

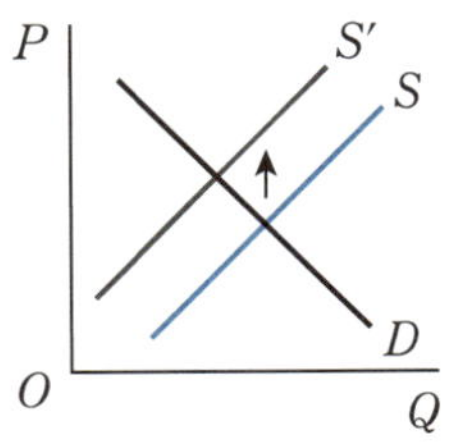


생산자에게 종량세 부과 시

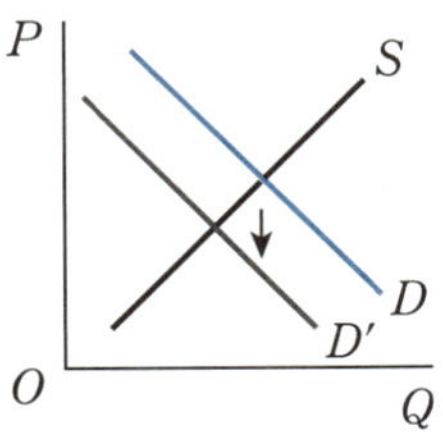


소비자에게 종량세 부과 시

2) 생산자에게 종가세 부과 시 공급곡선이 회전하면서 상방으로 이동하고, 소비자에게 종가세 부과 시 수요곡선이 회전하면서 하방으로 이동한다.

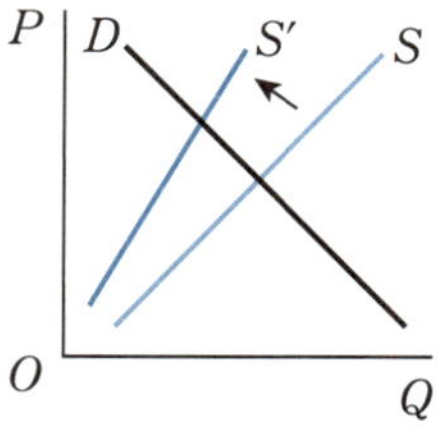


생산자에게 종가세 부과 시

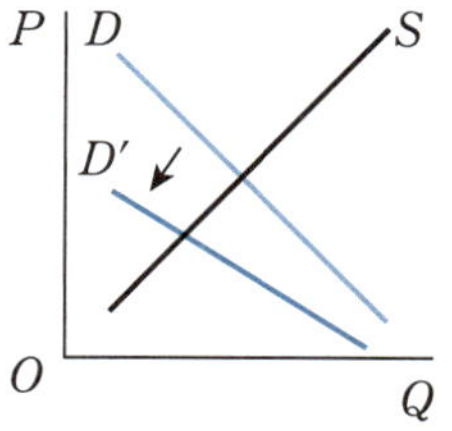


소비자에게 종가세 부과 시

**정답**

종량세 부과 시 공급자부과든 소비자부과든 동일한 폭으로 평행이동하기에 거래량은 동일하다.

**오답피하기**

② 종가세 부과 시 비율로 회전이동하기에 공급자부과와 소비자부과 시 거래량은 동일하지 않다.

③ 종량세를 소비자에게 부과하면 수요곡선은 하방으로 평행이동한다.

④ 종가세를 공급자에게 부과하면 공급곡선은 상방으로 회전이동하기에 공급곡선의 기울기는 가팔라진다.

## 04 미시 생산함수 답 ④

$C-D$ 생산함수 $Q=AL^{\alpha}K^{\beta}$는 1차동차함수 여부와 관계없이 대체탄력성은 1이다.

**정답**

생산함수 $Q=L^{3/4}K^{1/2}$은 $C-D$형 생산함수로 생산요소 간 대체탄력성은 1로 일정하다.

**오답피하기**

① 생산함수 $Q=L^{3/4}K^{1/2}$은 5/4차 동차함수로 규모수익체증이기에 규모의 경제를 초래하여 독과점이 된다면, 완전경쟁시장처럼 가격과 한계비용이 일치하는 곳에서 생산량을 결정한다고 할 수 없다.

②, ③ 생산함수 $Q=L^{3/4}K^{1/2}$은 $C-D$형 생산함수로 확장경로는 원점을 지나는 직선으로 나타난다. 즉, 생산함수 $Q=L^{3/4}K^{1/2}$의 등량곡선의 접선의 기울기는 $MRTS_{LK}=\dfrac{\frac{3}{4}K}{\frac{1}{2}L}=\dfrac{3K}{2L}$이고 등비용선 기울기가 $\dfrac{w}{r}$일 때, 생산자균형에서 $\dfrac{3K}{2L}=\dfrac{w}{r}$이기에 확장경로는 $K=\dfrac{2w}{3r}L$로 원점을 지나는 직선이다. 확장경로 $K=\dfrac{2w}{3r}L$에서, 노동의 가격과 자본의 가격이 같다면 $K=\dfrac{2}{3}L$이기에 노동을 더 많이 투입한다.

## 05 거시 통화정책 답 ②

확장적 통화정책으로 통화량이 증가하면 $LM$곡선의 우측이동으로 이자율이 하락한다. 이자율이 하락하면 투자와 소비가 증가하여 국민소득이 증가한다.

**정답**

- $IS-LM$모형에서 통화량이 증가하면 $LM$곡선의 우측이동으로 이자율은 낮아지고 생산량은 증가한다.
- $AD-AS$모형에서 $LM$곡선의 우측이동으로 $AD$곡선이 우측이동하면 물가가 상승하고 국민소득은 증가한다.
- $IS-LM$모형에서 $P$상승으로 $LM$곡선이 일부 좌측이동하면 단기적으로 최초 균형점에 비해 이자율은 하락하고 생산량은 증가한다(①).
- 단기적으로 최초 균형점에 비해 생산량이 증가하여 자연율 수준보다 크면 과열로 임금이 상승하고, $AD-AS$모형에서 단기 총공급곡선이 좌측 이동하기에 장기적으로 물가는 상승하고 생산량은 자연율 수준으로 복귀한다(③).
- $IS-LM$모형에서 $P$상승으로 $LM$곡선이 좌측이동하면 최초 균형점으로 복귀하기에 실질이자율이나 생산량 수준에서 장기적인 변화는 없다(②).
- 단기적으로 생산량이 자연율 수준 이상으로 증가함에 따라 필립스곡선에서 실업률은 자연율 아래로 감소한다(④).

## 06 국제 구매력평가설 답 ①

실질환율을 국내제품 1단위와 미국제품 간 교환비율로 정의하면, $\epsilon=\dfrac{P}{e\times P_f}$이다.

**정답**

2,400원으로 2달러를 교환하여 미국에서 $A$제품을 구입하여 한국에서 2,600원에 판매하면, 거래비용이 없다고 전제할 때 1개당 200원의 수익을 얻을 수 있다. 이와 같은 차익거래를 재정거래라 한다.

**오답피하기**

② 실질환율을 국내제품 1단위와 미국제품 간 교환비율로 정의하면, $\epsilon=\dfrac{P}{e\times P_f}=\dfrac{2{,}600}{1{,}200\times 2}=\dfrac{13}{12}$ 단위이다.

③, ④ (구매력평가설)명목환율$=\dfrac{P}{P_f}=\dfrac{2{,}600}{2}=1{,}300$원/달러이고, 실제 명목환율은 1,200원/달러이기에 구매력평가설에 따른 원화가치는 고평가되어 있다.

## 07 미시 두 기간모형 답 ③

예산선의 기울기는 예산제약식 $C_1+\frac{C_2}{1+r}=Y$에서 $(1+r)$이고, 무차별곡선의 접선의 기울기는 효용함수 $U=C_1^{\alpha}C_2^{1-\alpha}$에서 $MRS_{C_1C_2}=\frac{\alpha C_2}{(1-\alpha)C_1}$이기에 $\frac{\alpha C_2}{(1-\alpha)C_1}=1+r$일 때 소비자균형점은 달성된다.

**정답**

- 소비자균형 조건$[\frac{\alpha C_2}{(1-\alpha)C_1}=1+r]$과 예산선$(C_1+\frac{C_2}{1+r}=Y)$을 이용하여 계산하면, 다음과 같다.
- $\frac{\alpha C_2}{(1-\alpha)C_1}=1+r$, $C_1+\frac{C_2}{1+r}=Y$에서

  $C_1+\frac{\frac{1-\alpha}{\alpha}C_1(1+r)}{1+r}=Y$이기에

  $C_1(\frac{1}{\alpha})=Y$, $C_1=\alpha Y$이고

  $C_2=(1-\alpha)(1+r)Y$이다.

  또한 $S_1=Y-C_1=(1-\alpha)Y$이다.
- 따라서 2기의 소비는 $C_2=(1-\alpha)(1+r)Y$이다.

**오답피하기**

① 1기의 저축률은 $S_1=(1-\alpha)Y$이기에 $1-\alpha$이다.

② 1기의 소비는 $C_1=\alpha Y$이다.

④ 2기 소비는 $C_2=(1-\alpha)(1+r)Y$이기에 이자율에 비례적이다.

## 08 거시 화폐수요 답 ①

보몰의 화폐수요함수는 $M^D=P\sqrt{\frac{bY}{2r}}$ ($b$-거래비용)이다.

**정답**

ㄱ. 지수함수에서 지수는 탄력성이다. 따라서 보몰의 화폐수요함수 $M^D=P\sqrt{\frac{bY}{2r}}$ 에서 화폐수요의 소득탄력성은 1/2이다.

ㄷ. 보몰의 화폐수요함수에서 이자율이 상승하면 기회비용이 증가하기에 화폐수요가 감소한다. 즉, 거래적 화폐수요는 이자율의 감소함수이다.

**오답피하기**

ㄴ. 보몰의 화폐수요함수에서 다른 조건이 일정할 때 소득이 2배 증가하면 화폐수요는 2배보다 더 적게 증가한다. 즉, 거래적 화폐수요에는 규모의 경제가 존재한다.

ㄹ. 보몰의 화폐수요함수에서 소득이 증가하는 것만큼 화폐수요가 증가하지는 않기에 소득분배가 균등해지면 화폐수요가 증가한다. 즉, 완전불평등하여 1인만 거래한다고 할 때 화폐수요보다 완전평등하여 모두 거래할 때의 화폐수요가 더 크다. 따라서 사회 내의 총소득이 일정할 때 소득분배가 균등해지면 화폐수요가 증가한다.

## 09 미시 이부가격 답 ③

이부가격이란 재화를 구입할 권리에 대해 1차로 가격을 부과하고, 재화 구입량에 따라 2차로 다시 가격을 부과하는 가격체계로 가격차별의 한 유형이다.

**정답**

- 수요함수 $Q=300-(1/2)P$에서 $P=600-2Q$이기에 $MR=600-4Q$이다. 총비용함수 $TC(Q)=24Q$에서 $MC=24$이다. 독점하, 단일요금은 $MR=MC$에서 구할 수 있다. 즉, $600-4Q=24$에서 $Q=144$이고, 이를 수요함수에 대입하면 $P=260$이다. 따라서 단일요금은 312이다.
- 이부가격의 경우, $P=MC$에 따라 가격과 산출량을 설정하고 소비자잉여만큼의 회원권 가격 부과가 가능하다. $P=600-2Q$이고, $MC=24$이다. $P=MC$에 따라 $Q=288$이고 $P=24$이다. 소비자잉여는 $P=600-2Q$에서 $Q=288$일 때 최대지불의사금액에서 실제지불금액을 차감한 면적으로 $576\times288\times1/2=82{,}944$이다.

## 10 미시 수요의 가격탄력성과 판매수입 답 ④

우하향의 수요직선에서 탄력적 구간은 가격이 하락, 비탄력적 구간은 가격이 상승하면 판매수입이 증가하며, 중점에서 판매수입이 극대화된다.

**정답**

ㄴ. 골목시장에서의 할인행사로 골목시장은 이윤이 증가하고 대형마트는 이윤이 감소하지만, 비용조건을 알 수 없기에 그 폭을 알 수 없다. 따라서 골목시장의 이윤증가가 대형마트의 이윤감소보다 크다고 단정할 수 없다.

ㄹ. 수요곡선과 공급곡선을 알 수 없기에 주어진 조건으로는 소비자잉여나 생산자잉여를 알 수 없다.

**오답피하기**

ㄱ. 골목시장에서 제품구매 시 구매가격의 10%를 할인해주면 생활용품에 대한 수요는 탄력적이기에 골목시장의 매출이 증가한다.

ㄷ. 골목시장에서의 할인행사를 대형마트와 골목시장 전체에서의 가격하락으로 볼 수 있고, 생활용품에 대한 수요가 탄력적이기에 소비자들의 생활용품에 대한 전체 지출은 증가한다.

| 11 | 미시 | 예산선 | 답 ④ |
|---|---|---|---|

주어진 소득으로 구입가능한 두 재화의 조합을 나타낸 직선이 예산선이다.

**정답**

- 최초 예산선은 소득 280으로 단위당 가격이 14인 $X$는 최대 20단위, 단위당 가격이 7인 $Y$는 최대 40단위 구입가능하다.
- 따라서 최초 예산선의 예산집합 면적은 $(40\times20\times0.5=)400$이다.
- $X$를 10단위 구입하면 소득 280에서 남은 140으로 $X$를 추가로 구입하면 절반으로 할인한 7로 구입가능하기에 최대 20단위를 추가구입할 수 있다. 즉, $X$만 구입한다면 최대 30단위까지 구입가능하다.
- 따라서 증가된 예산선의 예산집합 면적은 $A$로 $(10\times20\times0.5=)100$이다. 결국, 예산집합 면적의 증가율은 25%이다.

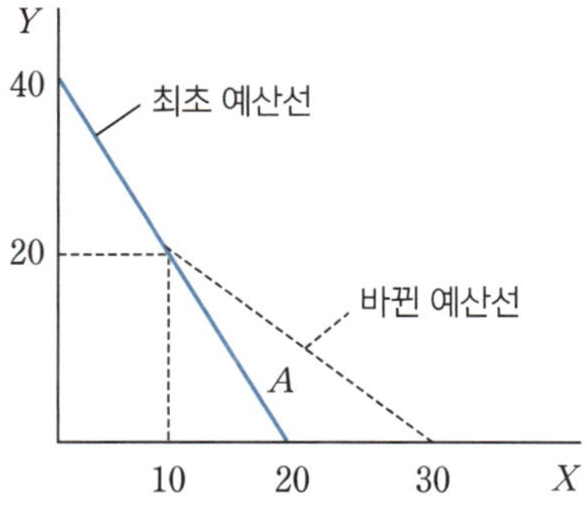


| 12 | 국제 | 무역 | 답 ④ |
|---|---|---|---|

가격이 $P1$에서 $P0$으로 하락함으로써 $A$국의 소비자 잉여는 $a+b$만큼 증가하고, 생산자 잉여는 $a$만큼 감소한다. 가격이 $P2$에서 $P0$으로 상승함으로써 $B$국의 생산자 잉여는 $c+d$만큼 증가하고, 소비자 잉여는 $c$만큼 감소한다.

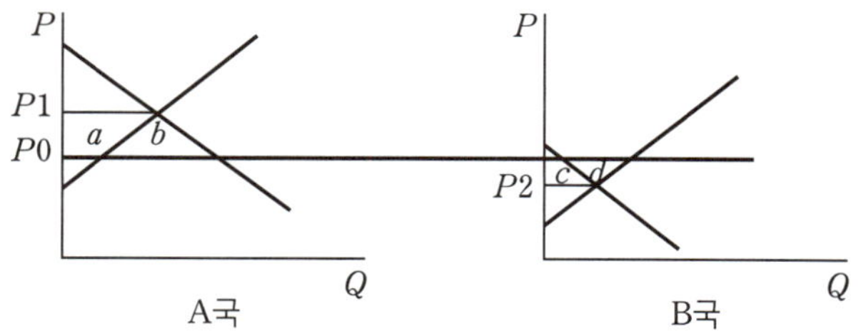


- $A$국가의 자동차 가격이 $B$국가의 자동차 가격보다 높다.
- $B$국가의 자동차 소비량이 $A$국가의 자동차 소비량보다 많다.
- $P1>P0>P2$이기에 가격이 비싼 $A$국은 수입국이고 가격이 싼 $B$국은 수출국이다.

**정답**

$A$국가는 수입국이기에 가격하락으로 $A$국가의 무역 후의 자동차 가격이 무역 전보다 높게 형성될 수 없다.

**오답피하기**

① $A$국가는 수입국이기에 가격하락으로 소비자잉여는 $a+b$만큼 증가한다.

② $B$국가는 수출국이기에 가격상승으로 생산자잉여는 $c+d$만큼 증가한다.

③ $A$국가는 수입국이기에 가격하락으로 소비자잉여는 $a+b$만큼 증가하고, 생산자 잉여는 $a$만큼 감소하여 사회적 잉여는 $b$만큼 증가한다.

| 13 | 거시 | 소비함수 | 답 ② |
|---|---|---|---|

한계소비성향은 소비함수의 기울기로 측정되고, 평균소비성향은 소비함수상의 각 점에서 원점으로 연결한 직선의 기울기로 측정된다. 케인즈의 절대소득가설에 따르면 소비함수는 소비축(세로축)을 통과하기에 항상 소비함수 기울기보다 소비함수상의 각 점에서 원점으로 연결한 직선의 기울기가 더 크다. 즉, 평균소비성향이 한계소비성향보다 크다.

**정답**

일생동안 소득의 변화는 불규칙하나 생애전체 소득의 현재가치를 감안하여 소비는 일정하게 유지한다는 가정아래 소비는 소득과 자산의 크기에 영향을 받는다는 것이 생애주기가설이다.

**오답피하기**

① 항상소득가설에 따르면 항상소득이 증가하면 소비가 크게 증가하나 일시소득이 증가해도 소비가 거의 증가하지 않기에, 항상소득의 한계소비성향은 일시소득의 한계소비성향보다 높다.

③ 소비는 현재의 가처분소득에 의해 결정($C=C_0+cY$)된다고 보는 케인즈의 절대소득가설에 따르면, 가처분소득의 절대적 크기가 소비수준을 결정하는 가장 중요한 요인이다.

④ 소비는 항상소득의 일정비율이라는 프리드만의 항상소득가설에 따르면, 호황기 일시소득의 증가는 소비가 아니라 저축의 증가를 초래하기에 저축률이 상승한다.

| 14 | 미시 | 비용최소화 | 답 ③ |
|---|---|---|---|

생산자균형은 등량곡선과 등비용선이 접하는 점에서 등량곡선의 기울기인 한계기술대체율과 등비용선의 기울기가 일치함으로써 달성된다.

**정답**

- $MRTS_{LK} = \dfrac{K}{L} = \dfrac{w}{r}$에서 $K = \dfrac{w}{r}L$, $L = \dfrac{r}{w}K$이다.
- $Q = \sqrt{LK} = \sqrt{L \cdot \dfrac{w}{r}L} = L\sqrt{\dfrac{w}{r}}$에서 $L = \sqrt{\dfrac{r}{w}}Q$이고,

  $Q = \sqrt{LK} = \sqrt{\dfrac{r}{w}K \cdot K} = \sqrt{\dfrac{r}{w}}K$에서 $K = \sqrt{\dfrac{w}{r}}Q$이다.
- $C = wL + rK = 2\sqrt{wr}Q$이기에

  $w = 9$, $r = 9$일 때 $C = 18Q$이고,

  $w = 1$, 생산량이 3배이면 $C = 18Q$이다.

  따라서 비용은 변함이 없다.

## 15 거시 승수 답 ④

정부지출승수는 $\dfrac{1}{1-c(1-t)}$이다.

**정답**

- 세율이 20%, 한계소비성향이 0.75일 때,

  $\dfrac{1}{1-c(1-t)} = \dfrac{1}{1-0.75(1-0.2)} = 2.5$이다.
- 정부지출이 100조 증가하면 $100 \times 2.5$에 따라 소득은 250조 증가한다.
- 소득이 250조 증가하면 $250 \times 0.2$에 따라 조세는 50조 증가한다. 따라서 가처분소득은 200조 증가한다.
- $200 \times 0.75$에 따라 소비는 150조 증가하며 $200 \times 0.25$에 따라 민간저축은 50조 증가한다.

## 16 미시 저축자와 차입자 답 ④

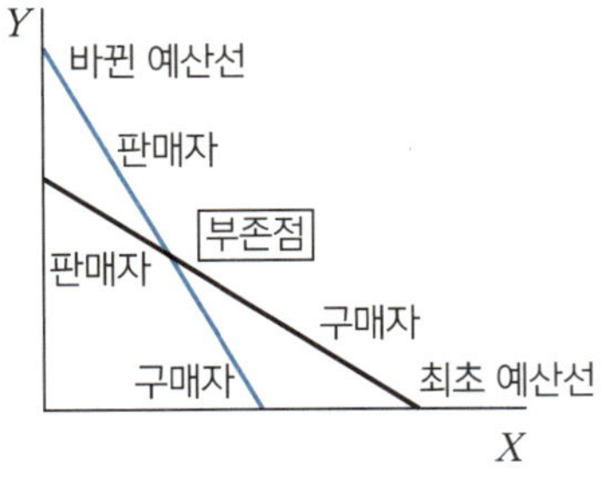


부존점 좌측은 X재 판매자(Y재 구매자)이고, 부존점 우측은 X재 구매자(Y재 판매자)이다.

**정답**

가격 상승 전에 $C_X > Q_X$이었다면, X재 생산량보다 X재 소비량이 많기에 이는 X재 구매자이고 Y재 판매자이다. 따라서 X재 가격 상승 이후 X재 판매자가 될 수 있기에 $C_X > Q_X$가 선택된다고 단정할 수 없다.

**오답피하기**

① 가격 상승 전에 $C_X < Q_X$이었다면, X재 생산량보다 X재 소비량이 적기에 이는 X재 판매자이고 Y재 구매자이다. 따라서 X재 가격 상승 이후 이 소비자의 효용은 증가한다.

②, ③ 가격 상승 전에 $C_X = Q_X$이었다면, X재 가격 상승 이후 X재 소비를 줄이고 Y재 소비를 늘림으로써 이 소비자의 효용은 증가한다. 즉, $C_X < Q_X$가 선택된다.

## 17 미시 비용함수 답 ④

평균비용함수 $AC(Q) = Q^2 - 20Q + 150$에서 총비용함수는 $TC(Q) = Q^3 - 20Q^2 + 150Q$이다. 따라서 한계비용함수는 $MC(Q) = 3Q^2 - 40Q + 150$이다.

**정답**

한계비용 $MC(Q) = 3Q^2 - 40Q + 150$과 평균비용 $AC(Q) = Q^2 - 20Q + 150$이 일치하면, $2Q^2 - 20Q = 0$에서 생산량은 $Q = 10$이다. 따라서 총비용은 $TC(Q) = Q^3 - 20Q^2 + 150Q$에서 $TC = 500$이다.

**오답피하기**

① 총비용함수 $TC(Q) = Q^3 - 20Q^2 + 150Q$에서, 고정비용은 존재하지 않는다.

② 한계비용은 $TC(Q) = Q^3 - 20Q^2 + 150Q$에서 $MC(Q) = 3Q^2 - 40Q + 150$이다. 따라서 MC를 미분하여 0일 때 생산량은 $6Q - 40 = 0$에서 $Q = \dfrac{20}{3}$이다.

③ 한계비용의 최소값은 $Q = \dfrac{20}{3}$일 때이다. 평균비용 $AC(Q) = Q^2 - 20Q + 150$에서 AC를 미분하여 0일 때 생산량은 $2Q - 20 = 0$에서 $Q = 10$이다. $\dfrac{20}{3} < Q < 10$에서는 MC가 증가하나 AC는 감소하기에 한계비용이 증가하는 구간 전체에서 규모의 불경제가 발생한다고 볼 수 없다.

## 18 거시 황금률 답 ④

1인당 소비가 극대화되는 상태를 자본축적의 황금률이라 하고 $MP_K = n + d + g$에서 달성된다.

**정답**

- 생산함수 $Y = L^{1/3}K^{2/3}$에서 1인당 생산함수는 $y = k^{2/3}$이다.

  $MP_K$는 1인당 생산함수를 미분하여 구할 수 있기에 $MP_K = \dfrac{2}{3}k^{-\frac{1}{3}}$이다.
- 황금률은 다음과 같다. 즉, $MP_K = (n + d + g)$

  $\dfrac{2}{3}k^{-\frac{1}{3}} = 0.1$

  $k = (\dfrac{20}{3})^3$

## 19 거시 인플레이션 답 ②

기대인플레이션율 상승분이 모두 명목이자율 상승으로 반영되지 못하여 실질이자율이 하락하는 효과를 멘델-토빈효과라 한다.

**정답**

실제물가상승률이 예상된 물가상승률보다 더 큰 경우, 경기는 과열로 인플레이션이 발생한다. 따라서 화폐가치 하락으로 채무자에게는 부채 감소 효과가 발생하기에 채무자는 이득을 보고 채권자는 손해를 본다.

**오답피하기**

① 인플레이션 시 상대가격의 변화로 인한 대체효과에 의해 자원배분의 왜곡을 초래할 수 있다.

③ 프리드만(M. Friedman)은 인플레이션은 언제나 어디서나 화폐적 현상이라 주장한다.

④ 멘델-토빈효과로 기대인플레이션이 상승할 때 실질이자율이 하락하기에 민간투자가 증가한다.

## 20 미시 인플레이션 답 ③

경기자가 하나의 전략을 선택하고 그것을 유지하는 전략을 순수전략이라 하고, 경기자가 2가지 이상의 순수전략 중 미리 선택된 확률에 의해 무작위로 선택하는 전략을 혼합전략이라 한다.

**정답**

- 상대방이 어떤 전략을 선택해도 기대보수가 동일하도록 확률을 결정하면 상대방은 더 이상 변경유인이 없기에 내쉬균형이 달성된다.
- 갑이 $A$를 선택할 확률을 $p$, 을이 $C$를 선택할 확률을 $q$라 하면, 갑의 기대보수는 $A$의 기대보수$[50q+80(1-q)]=B$의 기대보수$[90q+20(1-q)]$일 때, $q=0.6$에서 같아진다.
- 을의 기대보수는 $C$의 기대보수$[50p+10(1-p)]=D$의 기대보수$[20p+80(1-p)]$일 때, $p=0.7$에서 같아진다. 따라서 $p=0.7$, $q=0.6$에서 혼합전략 내쉬균형이 달성된다.
- 따라서 $p$와 $q$의 합은 1.3이다.

## 21 국제 무역이론 답 ②

양국의 기회비용 사잇값에서 양국이 이득을 볼 수 있는 교역조건이 성립한다.

**정답**

옷 1단위 생산 기회비용이 $A$국이 쌀 1단위이고, $B$국이 쌀 3단위이기에 양국이 모두 교역을 통해 이득을 볼 수 있는 교역조건은 쌀 1단위 < 옷 1단위 < 쌀 3단위이다.

| 노동1단위 산출량 | $A$국 | $B$국 |
|---|---|---|
| 쌀 | 4kg | 3kg |
| 옷 | 4벌 | 1벌 |

| 기회비용 | $A$국 | $B$국 |
|---|---|---|
| 쌀 | 옷 1단위 | 옷 1/3단위 |
| 옷 | 쌀 1단위 | 쌀 3단위 |

## 22 거시 리카도의 등가정리 답 ③

정부지출의 규모가 동일하게 유지되면서 조세감면이 이루어지면 합리적 경제주체들은 가처분소득의 증가분을 모두 저축하여 미래에 납부할 조세의 증가를 대비하기에 소비증가를 유발하지 못한다는 이론이다.

**정답**

- 리카도의 등가정리가 성립하면, 민간저축만 증가할 뿐 소비증가는 없다. 따라서 총수요도 불변이다.
- 정부지출이 일정할 때, 조세삭감으로 정부저축은 감소한다.
- 따라서 국민저축은 불변이고 이자율도 불변이다.

## 23 미시 꾸르노 균형 답 ①

동일 제품을 생산하는 복점기업 1과 2의 이윤을 극대화하는 균형생산량은 $MR_1=MC_1, MR_1=MC_1$에서 달성된다.

**정답**

- $\pi_1=P_1\times Q_1-c_1\times Q_1$
  $=(a-Q_1-Q_2)Q_1-c_1Q_1$
  $=(a-c_1)Q_1-Q_1^2-Q_1Q_2$
- $\frac{d\pi_1}{dQ_1}=(a-c_1)-2Q_1-Q_2=0,\ Q_1=\frac{(a-c_1)}{2}-\frac{Q_2}{2}$
- $\pi_2=P_2\times Q_2-c_2\times Q_2$
  $=(a-Q_1-Q_2)Q_2-c_2Q_2$
  $=(a-c_2)Q_2-Q_2^2-Q_1Q_2$
- $\frac{d\pi_2}{dQ_2}=(a-c_2)-2Q_2-Q_1=0,\ Q_2=\frac{(a-c_2)}{2}-\frac{Q_1}{2}$
- $Q_1=\frac{(a+c_2-2c_1)}{3},\ Q_2=\frac{(a+c_1-2c_2)}{3}$

| 24 | 미시 | 정보 비대칭성 | 답 ④ |
|---|---|---|---|

중고 TV의 성능에 관한 정보를 매도자는 알고 있지만 구매자는 알지 못하기에 중고 TV 시장에서 정보의 비대칭성이 존재한다.

**정답**

- 고품질 TV 차지비중이 $p$이고, 저품질 TV 차지비중이 $1-p$일 때 구매자의 최대지불용의 금액은 기댓값으로 구할 수 있다.
- 즉, $250\times p+150\times(1-p)=100p+150$이다.
- 판매자의 수용용의금액은 고품질은 최소 220, 저품질은 최소 100이기에 $100p+150\geq 220$에서 $p$의 최솟값은 70%이다.

| 25 | 미시 | 완전경쟁시장 | 답 ④ |
|---|---|---|---|

완전경쟁시장의 장기균형에서 개별기업은 장기평균비용의 최소점에서 생산이 이루어진다. 즉, $P=AR=MR=SMC=SAC=LMC=LAC$에서 장기균형을 보인다.

**정답**

장기평균비용곡선의 최저점에서 생산하고 있기에 기업은 정상이윤만을 얻고 있다.

- $LTAC=LTMC$에서 장기균형을 보인다. 즉, $LTAC=q^2-10q+40=LTMC=3q^2-20q+40$에서, $q=5$, $p=15$이다.
- $P=25-0.1Q$에서 $p=15$일 때, $Q=100$이다.

**오답피하기**

① 장기균형에서 개별 기업의 이윤이 극대화되는 생산량은 $q=5$이다.
② 장기균형에서 가격은 $p=15$이다.
③ 장기균형에서 한계비용은 $LTMC=3q^2-20q+40$에서 $q=5$일 때, $MC=15$이다.

# 17회 2023년 국회직 변형

**정답** p. 111

| | | | | | | | | | |
|---|---|---|---|---|---|---|---|---|---|
| 01 | ④ | 02 | ① | 03 | ④ | 04 | ⑤ | 05 | ③ |
| 06 | ⑤ | 07 | ③ | 08 | ④ | 09 | ② | 10 | ② |
| 11 | ③ | 12 | ② | 13 | ⑤ | 14 | ⑤ | 15 | ④ |
| 16 | ③ | 17 | ③ | 18 | ② | 19 | ⑤ | 20 | ⑤ |
| 21 | ② | 22 | ② | 23 | ② | 24 | ① | 25 | ③ |

**01** 미시 **수요 · 공급이론** 답 ④

완전경쟁시장은 $P=LAC$ 최소점에서 장기균형을 이루기에 정상이윤만을 얻는다.

**정답**

- 완전경쟁시장은 장기균형상태에서 정상이윤만을 얻는다.
- 마스크에 대한 수요가 크게 감소할 경우, 진입과 탈퇴가 자유로운 장기에는 기존 기업의 탈퇴로 기업 수가 감소하고(③), 공급이 줄어 더 이상 손실을 보이지 않을 때까지 마스크 시장의 공급이 감소한다(④). 따라서 마스크 가격은 처음 가격과 동일하게 된다(①). 결국, 마스크 생산 기업들은 단기에는 수요곡선이 좌측이동하여 손실을 볼 수 있으나, 장기에는 공급곡선 또한 좌측이동하기에 생산 기업의 이윤은 유지된다. 즉, 장기에는 $P=(LAC$ 최소점)에서 정상이윤만을 보인다(②).

**02** 거시 **실업이론** 답 ①

15세이상인구 중에서 경제활동인구가 차지하는 비중을 경제활동참가율이라 하고, 15세이상인구 중에서 취업자가 차지하는 비중을 고용률이라 하여, 고용시장의 현실을 지표에 보다 잘 반영한다.

**정답**

ㄱ. 생산가능인구 400명 중 비경제활동인구 150명을 제외한 250명이 경제활동인구이다. 경제활동인구 250명 중 실업인구 50명이 차지하는 비중은 $\frac{50}{250}$이기에, 실업률은 20%가 된다.

**오답피하기**

ㄴ. 생산가능인구 400명 중 취업인구 200명이 차지하는 비중은 $\frac{200}{400}$이기에, 고용률은 50%가 된다.

ㄷ. 생산가능인구 400명 중 경제활동인구는 250명이 차지하는 비중은 $\frac{250}{400}$이기에, 경제활동참가율은 62.5%이다.

**03** 거시 **거시경제의 일반균형** 답 ④

총생산함수와 노동시장에서 균형을 보이는 상태를 공급측면의 균형이라 하고 $AS$곡선으로 나타낸다.

**정답**

화폐수량설에서, $MV(=1,024)=P\times256$이기에 $P=4$이다.

**오답피하기**

① 노동공급함수에서, $\frac{W}{P}=\sqrt{L}$, $\frac{W}{4}=\sqrt{16}$, $W=16$이다.

② 노동시장균형에서, $VMP_L=W$이고, $MP_L=\frac{W}{P}$이다.

$MP_L=\frac{32}{\sqrt{L}}$이고, $\frac{W}{P}=2\sqrt{L}$이기에, $MP_L=\frac{W}{P}$에서 $L=16$이다.

③ 총생산함수에서, $Y=64\sqrt{16}=64\times4=256$이다.

⑤ 대부자금설에서, $S=I$이다.

$S(r)=-26+1000r$이고, $I(r)=70-200r$이기에

$96=1200r$, $r=0.08$이다.

**04** 미시 **시장실패론** 답 ⑤

$X$재 한 단위당 부가해야 할 피구세는 사회적 최적 거래량 수준에서 $SMC$와 $PMC$의 차이와 $SMB$와 $PMB$의 차이를 더해서 구한다.

**정답**

- 피구세는 사회적 최적 거래량에서 $SMC$와 $PMC$의 차이, $SMB$와 $PMB$의 차이로 구할 수 있다.
- $SMC$와 $PMC$의 차이는 14, $PMB$와 $SMB$의 차이는 1이다. 둘의 합은 15이기에, 한 단위당 부가해야 할 피구세는 15이다.

**05** 국제 **환율** 답 ③

환율상승은 자국 화폐가치 하락으로 원화의 평가 절하이고, 환율상승 시 달러 가치 상승으로 '환율은 달러 가치'라고 볼 수 있고, 환율상승 시 원화표시 수입가격의 상승으로 '환율은 수입 가격'이라고 볼 수 있다.

**정답**

ㄱ. 외국 물가가 하락하면 외국의 수입이 감소하여 자국의 수출이 감소하게 된다. 자국 수출이 감소하면 $IS$곡선이 좌측이동하여 이자율이 하락하게 된다. 결국 외자가 유출되어 환율이 상승하게 된다.

ㄴ. 국제 이자율이 상승하면 국내 이자율이 비교적 낮아지기에, 외자가 유출되어 환율이 상승하게 된다.
ㄷ. 외국의 경기가 침체되면 외국의 수입이 감소하여 자국 수출 또한 감소한다. 자국 수출이 감소하면 $IS$곡선이 좌측이동하여 이자율이 하락하고, 이에 따라 외자가 유출되어 환율이 상승한다.

오답피하기

ㄹ. 자국이 국공채를 매각하면 통화공급이 감소하기에, $LM$곡선이 좌측이동하여 이자율이 상승하게 된다. 결국, 외자가 유입되어 환율이 하락하게 된다.

## 06 미시 생산이론 답 ⑤

주어진 등비용선 수준에서 총생산물이 극대가 되는 것을 생산자균형이라 하고, 등량곡선과 등비용선이 접하는 점에서 달성된다.

정답

$w=1$, $r=25$, $Q=25$라면, $C=2rK$이고 $C=2wL$에서

$L=\frac{1}{2}\cdot\frac{C}{w(=1)}=\frac{C}{2}$, $K=\frac{1}{2}\cdot\frac{C}{r(=25)}=\frac{C}{50}$이다.

따라서 $Q(=25)=LK=\frac{1}{100}C^2$에서 $C=50$이다.

오답피하기

①, ③ 생산자균형에서, $MRTS_{LK}=\frac{w}{r}$이다.

$MRTS_{LK}=\frac{K}{L}$이고, 등비용선기울기$=\frac{w}{r}$이기에,

$\frac{K}{L}=\frac{w}{r}$, $wL=rK$, $K=\frac{w}{r}L$, $L=\frac{r}{w}K$이다.

② 생산함수는 $Q=LK$로 $C-D$형의 2차 동차함수이기에, 규모수익 체증에 해당된다.
④ 등비용선에서, $C=wL+rK$이고, $wL=rK$이기에 $C=2rK$이다.

## 07 거시 경기변동론 답 ③

생산성 변화 등 공급측면의 충격과 정부지출 변화 등 $IS$곡선에 영향을 미치는 충격으로 경기변동이 발생한다는 것이 실물적 균형경기변동이론이다.

정답

ㄴ. 실물적 경기변동론자들은 화폐중립성을 가정한다.
ㄹ. 실물적 경기변동론자들은 기술충격 등으로 인한 공급충격과 정부지출 변화 등으로 인한 $IS$충격을 인정한다.

오답피하기

ㄱ. 명목이자율이 아닌 실질이자율이 상승하면 현재소비의 기회비용이 상승하여 현재소비를 줄이고 미래소비의 기회비용이 하락하여 미래소비를 늘리기에 현재 및 미래소비에 영향을 미친다.
ㄷ. 실물적 경기변동론자들은 완전경쟁을 가정한다.
ㅁ. 가격 경직성을 주장하는 학파는 새케인즈학파이다.

## 08 거시 인플레이션이론 답 ④

테일러 준칙은 $i=\pi+r+\alpha(\pi-\pi^*)+\beta(\frac{y-y_p}{y_p})$이다.

정답

테일러 준칙은 중앙은행이 인플레이션과 경기를 감안해 적정 이자율을 추정할 때 사용하는 모델로, 재량정책이 아니다.

오답피하기

① 기준금리는 인플레이션 갭$(\pi-\pi^*)$과 산출 갭$(\frac{y-y_p}{y_p})$에 영향을 받는다.
② 코로나 사태나 금융위기와 같은 충격으로 경기 침체가 발생하는 경우 중앙은행은 기준금리를 인하시켜 경기를 확장하려한다.
③ 목표 인플레이션율이 실제 인플레이션율보다 높을 경우 또는 경기 과열 시 중앙은행은 기준금리를 인상시켜 물가 상승에 대비한다.
⑤ 중앙은행은 기대인플레이션율을 고려하여 앞으로 목표치 이상으로 오를 것으로 예상하면 선제적으로 조치를 취한다.

## 09 미시 공공재 답 ②

공공재의 소비자들은 동일한 양을 서로 다른 편익으로 소비하기에 공공재의 적정공급조건은 $MB_A+MB_B=MC$ 혹은 $MRS^A_{XY}+MRS^B_{XY}=MRT_{XY}$이다.

정답

- 공공재 생산은 수직합으로 푼다.
- 비용함수를 미분하여 $MC$를 구하면 $MC(Q)=15$이기에 $B$와 $C$만 공공재에 비용을 지불한다. $B$와 $C$의 공공재 수요를 수직으로 합하면, $50-2Q=15$로, $2Q=35$이기에, 공공재의 사회적 최적 공급량은 $Q=\frac{35}{2}$이다.

## 10 거시 금융정책 답 ②

통화량이 증가하면 화폐시장의 초과공급으로 이자율이 하락한다.

정답

화폐수요가 크게 증가하면 화폐수요곡선이 많이 우측이동하여, 이자율이 크게 상승한다. 중앙은행은 이를 상쇄하기 위해 공개시장 매입 정책을 통해 통화량을 증가시킨다. 따라서 화폐공급곡선이 우측 이동하기에 이자율이 하락하는 것을 유도할 수 있다.

## 11 미시 독점적 경쟁시장 답 ③

제품차별화를 통한 어느 정도의 시장지배력을 갖고 비가격경쟁을 보이며, 다수의 기업이 존재하고, 진입과 퇴거가 대체로 자유로운 것 등은 독점적 경쟁의 특징이다.

**정답**

ㄴ. 상대방의 반응을 보고 전략적으로 행동하는 것은 과점시장의 특징이다.

ㄷ. 독점적 경쟁기업의 장기에는 완전경쟁의 성격이 크기에 정상이윤만을 보인다.

**오답피하기**

ㄱ. 독점적 경쟁기업의 장기에는 $P=LAC$ 최소점 좌측에서 생산한다.

ㄹ. 독점적 경쟁기업의 단기에는 독점의 성격이 크기에 $P>MR=MC$인 구간에서 생산한다.

## 12 거시 경제성장론 답 ②

Solow모형하 균제상태에서, 감가상각 시 $sf(k)=(n+d)k$이고, 기술진보 시 $sf(k)=(n+g)k$이다.

**정답**

황금률 자본량은 1인당 생산이 아니라, 1인당 소비를 극대화하는 자본량을 뜻한다.

**오답피하기**

① 균제상태에서 1인당 자본증가율과 1인당 경제성장률은 기술진보가 있을 시에는 기술진보율과 같다.

③ 기술진보나 생산성향상은 균제상태의 1인당 소득을 증가시킨다.

④ 균제상태에서 경제성장률은 인구증가율과 기술진보율의 합과 같기에, 투자율 증가와는 관련이 없다.

⑤ 저축률이 증가하면, 단기적으로 균제상태의 1인당 소득은 증가한다.

## 13 국제 국제무역론 답 ⑤

각국이 절대적으로 생산비가 낮은 재화생산에 특화하여 무역을 하면 두 나라가 모두 교역 이전보다 더 많은 재화를 소비할 수 있다는 것이 아담 스미스의 절대우위론이고, 상대적으로 생산비가 낮은 재화생산에 특화하여 무역을 하면 두 나라가 모두 교역 이전보다 더 많은 재화를 소비할 수 있다는 것이 리카르도의 비교우위론이다.

**정답**

$A$의 고기 1kg 생산의 기회비용은 과일 2kg, $B$의 고기 1kg 생산의 기회비용은 과일 3kg으로, 과일 2kg<고기 1kg<과일 3kg에서 교환해야 두 사람 모두 이득을 볼 수 있다.

**오답피하기**

①, ② 고기와 과일에 대한 $A$와 $B$의 생산량(산출유형)을 나타낸 표이기에 값이 큰 사람이 절대우위를 가진다. 따라서 고기와 과일의 생산 모두 $A$에게 절대우위가 있다. 이때 $B$는 반대로 고기와 과일 생산 모두에서 절대열위를 가진다.

③ $A$의 고기 1kg 생산의 기회비용은 과일 2kg, $B$의 고기 1kg 생산의 기회비용은 과일 3kg이기에 $A$는 고기 생산에, B는 과일 생산에 비교우위가 있다.

## 14 미시 수요·공급이론 답 ⑤

수요의 가격 탄력성은 가격의 변화율(%)에 대한 수요량의 변화율(%)로, 가격이 1% 변화할 때 수요량의 변화율로 나타낼 수 있다. 따라서 가격이 1% 변화할 때, 수요량의 변화율이 수요의 가격 탄력성이다.

**정답**

ㄱ. 기울기가 음(−)인 선형수요곡선의 가격탄력성은 중점인 1을 기준으로 위쪽은 탄력적인 영역, 아래쪽은 비탄력적인 영역이기에 측정 위치에 따라 0에서 ∞까지의 값을 갖는다.

ㄴ. 직각쌍곡선인 수요곡선상 모든 점의 가격탄력성은 1로 동일하다. 가격탄력성이 1일 때를 단위탄력적이라고 한다.

ㄷ. 수요의 가격 탄력성은 가격의 변화율(%)에 대한 수요량의 변화율(%)로, 가격이 1% 변화할 때 수요량의 변화율로 나타낼 수 있다. 따라서 가격 변화가 원인변수이고 수량 변화가 결과변수인 개념이다.

## 15 국제 환율 답 ④

외화의 수요와 공급에 의해 결정되는 변동환율제도는 국제수지 불균형 시 환율변동에 의해 자동적으로 조정된다.

**정답**

- 미국이 금리 인상을 계속한다면 비교적 이자율이 낮은 한국에서 비교적 높은 미국으로 외자가 유출된다(①).
- 외자가 유출되면 환율이 상승하기에, 원화가치는 평가절하된다(②).
- 외자유출로 국내대부자금공급이 감소하면 국내 금리도 상승(③)하기에 $BP$곡선은 상방으로 이동한다.
- 환율이 상승하면 순수출이 증가하여 무역수지가 흑자가 되고(⑤) $IS$곡선과 $BP$곡선은 우측이동하게 된다.
- 따라서 국내이자율이 상승하고 국내생산도 증가하게 된다(④).

## 16 미시 게임이론 답 ③

상대방의 전략을 주어진 것으로 보고 경기자는 자신에게 가장 유리한 전략을 선택하였을 때 도달하는 균형을 내쉬균형이라 하고, 우월전략균형은 내쉬균형에 포함된다.

**정답**

죄수의 딜레마와 달리 이 게임은 우월전략균형이 존재하지 않는다.

**오답피하기**

① $X$가 전략 $a$를 선택하면 $Y$는 전략 $c$를 선택하고, $X$가 전략 $b$를 선택하면 $Y$는 전략 $d$를 선택하기 때문에 $Y$의 우월전략은 존재하지 않는다.

② 이 게임의 내쉬균형은(4, 6)으로 1개이지만, (6, 7)이라는 유인동기가 있어 파레토 효율성을 만족하지 않는다.

④ 내쉬균형에서 경기자 $Y$는 전략 $d$를 선택한다.

⑤ 경기자 $Y$가 전략 $c$를 선택하면 경기자 $X$는 전략 $b$ 선택이 최선이고 경기자 $Y$가 전략 $d$를 선택하면 경기자 $X$는 전략 $b$ 선택이 최선이다. 경기자 $X$가 전략 $a$를 선택하면 경기자 $Y$는 전략 $c$ 선택이 최선이고 경기자 $X$가 전략 $b$를 선택하면 경기자 $Y$는 전략 $d$ 선택이 최선이다. 따라서 내쉬균형은 (4, 6)이다. 경기자 $Y$의 전략에 상관없이 경기자 $X$는 전략 $b$를 우월전략으로 선택하기에 경기자 $Y$가 먼저 전략을 선택하는 순차게임의 결과와 내쉬균형의 결과는 동일하다.

## 17 미시 무차별곡선이론 답 ③

가격변화에 따른 소비자 균형점을 연결한 곡선이 가격소비곡선으로 그 형태는 수요의 가격탄력도에 따라 다르다. 즉, 탄력적일수록 우하향 형태이고 비탄력적일수록 우상향 형태이며 가격탄력도가 1일 때 수평이다. 수요곡선은 가격소비곡선에서 도출된다.

**정답**

ㄱ. 가격변화에 따른 소비자균형점을 연결한 곡선을 가격소비곡선이라고 한다.

ㄷ. 가격소비곡선은 수요의 가격탄력도가 1보다 큰 탄력적 영역에서는 우하향의 형태로 나타난다.

**오답피하기**

ㄴ. 수요의 가격탄력도가 1일 때 가격소비곡선은 수평선으로 나타난다.

## 18 거시 공급측면의 균형 답 ②

단기에는 유휴설비가 존재하여 주어진 물가수준에서 원하는 만큼 생산이 가능하기에 총공급곡선은 수평선이 된다. 장기에는 가격변수가 신축적이기에 총공급곡선은 자연 산출량 수준에서 수직선이 된다.

**정답**

단기 총공급곡선이 수평선의 형태이고, 장기총공급곡선이 수직선인 형태에서 총수요곡선이 우하향일 때, 총수요 축소 정책으로 현재 실재 산출량이 잠재 산출량보다 작으면, 침체상태로 임금이 감소하여 단기총공급곡선이 실재 산출량과 잠재 산출량이 같아지는 지점까지 하방이동하게 된다.

## 19 미시 한계효용이론 답 ⑤

$\frac{MU_X}{P_X}=\frac{MU_Y}{P_Y}$로, 두 재화 1원어치의 한계효용이 동일하여 더 이상의 총효용이 증가될 여지가 없어 총효용이 극대화되는 조건을 한계효용균등의 법칙이라 한다.

**정답**

ㄴ. $Y$의 한계효용이 3이라면 $\frac{MU_X(2)}{P_X(1/3)}=6=\frac{MU_Y(3)}{P_Y(1/2)}=6$이기에 $A$의 총효용은 극대화된 상태이다.

ㄷ. $Y$의 한계효용이 4라면 $\frac{MU_X(2)}{P_X(1/3)}=6<\frac{MU_Y(4)}{P_Y(1/2)}=8$이기에 $A$는 $Y$재 소비량을 증가시키고 $X$재 소비량을 감소시켜야 한다.

**오답피하기**

ㄱ. $Y$의 한계효용이 2라면 $\frac{MU_X(2)}{P_X(1/3)}=6>\frac{MU_Y(2)}{P_Y(1/2)}=4$이기에 $A$는 $Y$재 소비량을 감소시키고 $X$재 소비량을 증가시켜야 한다.

## 20 미시 수요 · 공급이론의 응용 답 ⑤

보조금 지출총액은 단위당 보조금×바뀐 거래량이고, 후생손실은 단위당 보조금×(바뀐 거래량-최초거래량)×$\frac{1}{2}$이다.

**정답**

- 수요함수가 $P=100-\frac{1}{2}Q_D$이고, 공급함수가 $P=40+\frac{1}{2}Q_S$이기에 수요와 공급을 일치시켜 균형가격과 균형거래량을 구하면 $P=70$, $Q=60$이다.
- 정부가 공급자에게 생산량 1단위당 30의 보조금을 지급하면, 공급함수가 $P-(-20)=40+\frac{1}{2}Q_S$, $P=20+\frac{1}{2}Q_S$이기에 이를 다시 수요곡선과 일치시키면 $P=60$, $Q=80$이다.
- 보조금 지출총액은 단위당 보조금 × 바뀐 거래량이기에 $20\times80=1{,}600$이고, 후생손실은 단위당 보조금 × (바뀐 거래량 − 최초거래량)×$\frac{1}{2}$이기에 $20\times20\times\frac{1}{2}=200$이다.
- 결국, 보조금 지출총액과 보조금으로 인한 후생손실의 비율은 $1{,}600:200=8:1$이다.

## 21 미시 무차별곡선이론 답 ②

대체효과만을 고려한 수요곡선을 보상수요곡선이라 한다. 정상재는 통상수요곡선이 보상수요곡선보다 완만하고, 열등재는 통상수요곡선이 보상수요곡선보다 급경사이며, 기펜재는 통상수요곡선이 우상향한다.

**정답**

ㄱ. 정상재는 통상수요곡선이 보상수요곡선 기울기보다 완만하다.
ㄷ. 기펜재 아닌 열등재는 통상수요곡선이 보상수요곡선보다 급경사이다.

**오답피하기**

ㄴ. 대체효과만을 반영한 보상수요곡선은 재화종류와 관계없이 우하향한다.
ㄹ. 기펜재는 통상수요곡선이 우상향한다. 대체효과만을 반영하는 보상수요곡선은 우하향한다.

## 22 거시 필립스곡선 답 ②

명목임금상승률과 실업률의 관계를 나타내는 곡선을 필립스곡선이라 한다. 현재는 명목임금상승률 대신 인플레이션율로 수정하여, 총수요곡선의 이동으로 인플레이션율과 실업률이 반비례인 필립스곡선을 도출할 수 있다.

**정답**

- 총수요가 감소하여 총수요곡선이 좌측으로 이동하면 산출량이 크게 줄어 실업이 크게 증가한다.
- 단기 총공급곡선이 수평일 때, 총수요곡선이 좌측으로 이동하면 물가는 불변이고, 산출량만 감소하기에 물가상승률이 일정한 수평선의 단기 필립스곡선을 도출할 수 있다.

**오답피하기**

① 확장적 통화정책으로 인해 총수요곡선이 우측으로 이동하여도 총공급곡선이 수평선이기에 인플레이션이 발생하지 않는다.
③ 수평선의 필립스곡선은 총공급곡선이 수평선일 때 가능하기에 자연실업률의 하락과는 관련이 없다.
④ 금리인상으로 투자가 줄어 총수요곡선이 좌측이동 하더라도 총공급곡선이 수평선이어서 물가가 불변이기에 인플레이션율을 낮추기 어렵다.
⑤ 총공급곡선이 수평선으로 물가가 불변이기에 가격이 경직적이다.

## 23 거시 케인즈의 국민소득결정이론 답 ②

$\frac{dY}{dG}=\frac{1}{1-c(1-t)-i+m}$에서 한계소비성향$(c)$, 유발투자계수$(i)$가 클수록, 한계저축성향$(s)$, 세율$(t)$, 한계수입성향$(m)$이 작을수록 승수는 커진다.

**정답**

ㄱ. 한계소비성향이 0.7이기에 정부지출승수는 $\frac{1}{1-0.7}=\frac{10}{3}$이고 정부지출 증가분이 90이기에 총수요 증가분은 300이다.
ㄴ. 감세승수는 $\frac{0.7}{1-0.7}=\frac{7}{3}$이고 세금 감소분이 60이기에 총수요 증가분은 140이다.
ㄷ. 순수출승수는 $\frac{1}{1-0.7}=\frac{10}{3}$이고 순수출 증가분은 60이기에 총수요 증가분은 200이다.
ㄹ. 투자승수는 $\frac{1}{1-0.9}=10$이 되고, 투자 증가분은 10이기에, 총수요 증가분은 100이다.
따라서 총수요 증가분의 크기를 모두 합하면, $300+140+200++100=740$이다.

## 24 미시 과점시장 답 ①

각 기업이 상대방의 가격을 주어진 것으로 보고 자신의 가격을 결정하는 베르뜨랑모형은 치열한 가격경쟁으로 균형상태에서 가격과 한계비용이 일치한다.

**정답**

- 기업 1의 수요곡선은 $q_1=4-p_1+p_2$이고, 기업 2의 수요곡선은 $q_2=4-p_2+p_1$이다. 또한 두 기업 모두 생산비용은 0이기에 $TC_1=0,\ TC_2=0$이다.
- 두 기업이 동시에 가격을 결정한다면 이윤함수는
$\Pi_1=TR_1-TC_1=p_1(4-p_1+p_2)-0=4p_1-p_1^2+p_1p_2$이고,
$\Pi_2=TR_2-TC_2=p_2(4-p_2+p_1)-0=4p_2-p_2^2+p_1p_2$이기에
- 이를 각각 $p_1$과 $p_2$로 미분하여 0으로 두면, 반응곡선은 각각 다음과 같다.
즉, $\frac{d\pi}{dp_1}=4-2p_1+p_2=0,\ \frac{d\pi_2}{dp_2}=4-2p_2+p_1=0$이기에 이를 연립하면, $p_1=4,\ p_2=4$이다(①).
- 두 기업이 순차적으로 가격을 결정할 때 만약 기업 1이 선도자라면, 기업 2의 반응곡선 $4-2p_2+p_1=0,\ p_2=2+\frac{1}{2}p_1$을 기업 1의 수요함수에 대입하면, $q_1=4-p_1+2+\frac{1}{2}p_1=6-\frac{1}{2}p_1$이고,
$\Pi_1=TR_1-TC_1=(6-\frac{1}{2}p_1)p_1-0=6p_1-\frac{1}{2}p_1^2$이기에,
이를 $p_1$으로 미분하여 0으로 두면, $p_1=6$이고, 이를 기업 2의 반응곡선에 대입하면 $p_2$식에 대입하면 $p_2=5$이다(⑤).

- 재화의 가격은 동시에 결정하는 모형에서는 $p_1 = 4$, $p_2 = 4$이고, 순차적으로 결정하는 모형에서는 $p_1 = 6$, $p_2 = 5$이기에, 동시에 가격을 결정하는 모형보다 순차적으로 결정하는 모형에서 더 높은 가격을 책정한다(②).
- 이윤은 동시에 결정하는 모형에서는 $\Pi_1 = 16$, $\Pi_2 = 16$이고, 순차적으로 결정하는 모형에서는 $\Pi_1 = 18$, $\Pi_2 = 25$이기에, 동시에 가격을 결정하는 모형보다 순차적으로 결정하는 모형에서 이윤이 더 크다(③, ④).

| 25 | 거시 | 재정정책 | 답 ③ |
|---|---|---|---|

정부지출증가가 이자율을 상승시켜 민간투자를 감소시키는 효과를 구축효과라 하고, 투자의 이자율탄력성이 클수록, 화폐수요의 이자율탄력성이 작을수록 구축효과는 커진다.

정답

ㄱ. 확장적 재정지출 정책 시, 정부지출증가가 이자율을 상승시켜 투자를 감소시키기에, 구축효과가 크면 경기부양 효과는 작아진다.

ㄴ. 투자의 이자율탄력성이 작을수록, 화폐수요의 이자율탄력성이 클수록 구축효과는 작아진다.

오답피하기

ㄷ. 재정지출을 확대하면, 정부저축의 감소로 대부자금의 공급을 줄여 이자율을 상승시킴으로써 발생한다.

정답·해설

# 18회 2024년 국회직 변형

## 정답

p. 117

| | | | | | | | | | |
|---|---|---|---|---|---|---|---|---|---|
| 01 | ② | 02 | ④ | 03 | ① | 04 | ③ | 05 | ④ |
| 06 | ① | 07 | ④ | 08 | ① | 09 | ③ | 10 | ① |
| 11 | ① | 12 | ③ | 13 | ① | 14 | ④ | 15 | ① |
| 16 | ③ | 17 | ② | 18 | ① | 19 | ① | 20 | ③ |
| 21 | ③ | 22 | ④ | 23 | ④ | 24 | ④ | 25 | ③ |

### 01 거시 채권 답 ②

통상적으로 장기가 단기보다 리스크가 크기에, 장기 채권은 프리미엄을 붙여 리스크에 보상한다.

**정답**

통상적으로 장기채의 금리는 단기채의 금리보다 높다.

**오답피하기**

① 채권 수요는 채권시장에서 자금을 공급하려 하는 경제 주체, 즉 채권을 구매하는 주체에 의해 결정된다.

③ 채권가격은 채권이자율과 상충관계이기에, 채권가격의 하락은 채권이자율 상승을 의미한다.

④ 예상물가상승률이 높아지면 이자율의 상승이 예상되기에, 당장의 채권수요는 감소하고, 채권공급은 증가한다.

### 02 거시 실업이론 답 ④

실망실업자를 비경제활동인구로 분류하는 것은 공식 실업률을 체감 실업률보다 낮게 만드는 문제점이 있기에, 이를 보완하기 위해 고용률을 사용할 수 있다.

**정답**

경제활동참가율은 $\frac{\text{경제활동인구}}{\text{15세 이상 인구}}$이고, 고용률은 $\frac{\text{취업자}}{\text{15세 이상 인구}}$이다. 고용률을 경제활동참가율로 나누면 취업률을 구할 수 있는데, 취업률과 실업률을 합치면 $100\%$이기에, 두 통계만으로 실업률을 계산할 수 있다.

**오답피하기**

① 취업자와 실업자의 합은 경제활동인구이다.

② 실업률은 경제활동인구 중 실업자의 비율을 나타낸 것이다.

③ 고용률은 $\frac{\text{취업자}}{\text{15세 이상 인구}}$인데, 실업자의 일부가 실망실업자로 이동해도 취업자 수와 15세 이상 인구수는 불변이다. 따라서 고용률은 변하지 않는다.

### 03 거시 테일러준칙 답 ①

테일러준칙에 따라 기준금리를 결정하더라도, 중앙은행의 독립성이 낮을수록 인플레이션갭과 $GDP$갭의 계수는 경제상황의 영향을 크게 받는다.

**정답**

$GDP$갭의 계수 $n$이 $0$일 때, 인플레이션갭의 계수 $m$이 양의 값을 갖는다는 것은 산출량변동은 고려하지 않고 물가만을 고려하는 물가안정목표제를 실시한다는 것을 의미한다.

### 04 국제 무역정책론 답 ③

관세가 부과되더라도 국제가격(수입가격)이 변하지 않아 교역조건은 불변이고 단위당 $T$원의 관세가 부과되면 국내가격이 $T$원만큼 상승한다. 따라서 국내생산증가, 국내소비감소, 국제수지개선, 및 재정수입증가 효과가 발생한다. 그리고 소비자잉여감소, 생산자잉여증가, 재정수입증가이나 사회적 후생손실이 발생한다.

**정답**

- 기존에 $A$국은 $120-P=P$에서, 균형가격 $60$, 균형거래량 $60$에서 균형을 이뤘다.
- 국제가격이 $20$이기 때문에, $A$국이 시장 개방을 결정할 때 수요는 $120-20=100$, 공급은 $20$으로, $100-20=80$만큼 수입한다.
- 소국인 $80-2t=40$국이 관세 $t$를 부과하면, 관세 부과 후 $A$국에서의 $X$재 가격은 $20+t$가 된다. 이때의 수요는 $120-(20+t)$, 공급은 $(20+t)$로, $120-20-t-20-t=80-2t$만큼 수입한다.
- $80-2t=40$국 정부는 수입량을 $40$으로 제한하려고 하기에, $80-2t=40$으로, $X$재 수입 한 단위당 부과해야 하는 관세는 $20$이다.

### 05 거시 경제성장론 답 ④

자본증가율[$\frac{sf(k)}{k}$]과 인구증가율($n$)이 동일할 때, $\frac{sf(k)}{k}=n$에서 자본과 노동이 모두 완전고용되면서 경제성장이 이루어진다. 이를 Solow모형의 기본방정식이라 한다. 이 때 자본증가율이 가변적이기에 균형은 자동적으로 충족되고 모형은 안정적이다.

**정답**

1인당 실제투자액은 $sf(k)=0.4\times20\sqrt{900}=240$이고, 1인당 필요투자액은 $(n+d)k=0.06\times900=54$이기에 균제상태를 이루기 위해 연간 1인당 자본의 증가량은 $186(=240-54)$이다.

## 06 거시 화폐수요이론 답 ①

거래적 동기와 예비적 동기의 화폐수요는 소득의 증가함수이고, 투기적 동기의 화폐수요는 이자율의 감소함수이기에 케인즈의 화폐수요함수는 $\frac{M^D}{P}=kY-hr$($k$: 거래적 동기, $h$: 투기적 동기)이다.

**정답**

토빈의 포트폴리오이론에 따르면, 이자율 상승 시 소득효과는 화폐수요를 증가시킨다.

**오답피하기**

② 프리드먼의 신화폐수량설에 따르면, 개인 화폐수요는 미시적 자산선택의 결과이고, 개인이 가진 여러 자산 수익률의 함수로 결정된다.
③ 케인즈의 유동성선호설에 따르면, 투기적 동기의 화폐수요는 소득이 아닌 이자율과 음(−)의 관계를 갖는다.
④ 보몰의 거래적 화폐수요이론에 따르면, 이자율이 높을수록 화폐보유에 따른 기회비용이 증가하여, 거래적 화폐수요가 감소한다.

## 07 거시 재정정책 답 ④

현재 이자율이 매우 낮고 채권가격이 매우 높아 이후 이자율이 상승하고 채권가격이 하락할 것으로 예상하여, 자산을 전부 화폐로 보유하고 있는 상태를 유동성함정이라 한다. 유동성함정하 화폐수요의 이자율탄력성이 무한대로 재정정책의 효과가 극대화된다.

**정답**

투자의 이자율탄력성이 클수록 $IS$의 기울기가 완만해지기에 구축효과는 커진다.

**오답피하기**

① 유동성함정 구간에서는 $LM$곡선이 완전탄력적으로, 구축효과가 없어지기에, 재정정책의 효과가 크게 나타난다.
② 구축효과는 재정정책의 효과를 감소시킨다.
③ 구축효과는 $IS$곡선의 기울기가 작을수록 커진다.

## 08 거시 경제성장론 답 ①

수확체감의 법칙이 적용되지 않는 $Y=AK$라는 생산함수를 가정할 때, $AK$모형은 정부의 감세정책 등으로 저축률이 높아지면 지속적인 경제성장이 가능함을 보여준다.

**정답**

- 재화(goods) 생산함수($Y_t=A_tL_{yt}$)에서, 연구개발에 투입되는 노동의 비중이 증가하면, 총노동투입량은 일정하기에, 재화 생산에 투입되는 노동이 줄어 재화생산이 일시적으로 감소($A$)한다.
- 재화(goods) 생산함수($Y_t=A_tL_{yt}$)를 증가율형태로 변형하면, $Y_t$증가율 $=A_t$증가율 $=L_{yt}$증가율이기에, $Y_t$증가율 $-L_{yt}$증가율 $=A_t$증가율에서 아이디어 스톡($A_t$증가율)이 늘어나면 1인당 생산 증가율($Y_t$증가율 $-L_{yt}$증가율)은 이전보다 증가($B$)하게 된다.

## 09 거시 새고전파이론 답 ③

예상된 정책의 경우 단기에도 실업률에는 아무런 영향을 미칠 수 없으며, 물가상승만 초래한다. 이를 정책무력성정리라 한다.

**정답**

시장에 참여하는 독과점기업들이 노동자들과 장기임금계약을 체결한다면 가격변수가 경직적이 되기에, 이는 새케인즈학파의 가정으로, 확대 통화정책이라도 단기적으로는 유효할 수 있다.

**오답피하기**

① 정책무력성정리에서의 예측오차는 양의 예측오차와 음의 예측오차가 서로 상쇄되어 평균적으로 예측오차가 0이 된다.
② 시장에 참여하는 독과점기업들이 메뉴비용으로 인해 가격변수가 경직적이 되는 상황은 새케인즈학파의 가정으로, 확대 통화정책이라도 단기적으로는 효과가 있다.
④ 확대 통화정책이 예상치 못한 깜짝 정책처럼 집행된다면 단기적으로 유효하다.

## 10 거시 화폐공급이론 답 ①

본원통화가 1단위 공급되었을 때 통화량이 얼마나 증가하였는지를 보여주는 배수를 통화승수라 하고, $m=\frac{\text{통화량}}{\text{본원통화}}$이다.

**정답**

통화승수는 통화량을 본원통화로 나눈 값으로($m=\frac{M}{H}$), 화폐승수라고도 한다.

**오답피하기**

② 현금예금비율은 $k$로, 통화승수는 $m=\frac{k+1}{k+z}$과 같이 표시할 수 있기에, 현금예금비율이 낮을수록 커진다.
③ 지하경제 규모가 커지면 개인들의 현금보유비율이 커지기에 통화승수는 작아진다.
④ 통화승수는 $m=\frac{k+1}{k+z}$과 같이 쓸 수 있다. 따라서 지급준비율($z$)이 낮을수록 커진다.

## 11 거시 화폐공급이론 답 ①

(고정환율제도하)자본이동이 완전한 경우, $BP$곡선은 수평선으로, 재정정책은 매우 효과적이나 금융정책은 전혀 효과가 없다. (변동환율제도하)자본이동이 완전한 경우, $BP$곡선은 수평선으로, 재정정책은 전혀 효과가 없지만 금융정책은 매우 효과적이다.

**정답**

고정환율제하에서는 확대 재정정책이 확대 통화정책에 비해 생산증가효과가 크다.

**오답피하기**

② 고정환율제하에서는 확대 통화정책으로 이자율이 하락하고 자본이 유출되어 환율상승의 압력이 발생한다. 따라서 $LM$곡선이 원 자리에 복귀하게 되기에 통화정책은 효과가 없다.

③ 변동환율제하에서는 확대 통화정책이 $LM$곡선을 우측으로 이동시키기에 환율이 상승하고, 그로 인해 순수출이 증가하기에 $IS$곡선도 우측으로 이동한다.

④ 변동환율제하에서는 확대 통화정책으로 이자율이 하락하고 환율이 상승하여 수출이 증가하고, 그로 인해 $IS$곡선도 우측 이동하면서 국민소득이 크게 증가한다.

## 12 국제 환율 답 ③

'화폐단위'로 표시하여, 미국 화폐 1달러와 자국 화폐 간 교환 비율을 명목환율이라 하고, 통상 환율을 의미한다. '실물단위'로 표시한 실질환율은 $\epsilon=\frac{e\times P_f}{P}$($\epsilon$: 실질환율, $e$: 명목환율, $P_f$: 해외물가, $P$: 국내물가)이기에, 이를 변형하면 실질환율변화율=명목환율변화율+해외물가상승률−국내물가상승률이다.

**정답**

해외에 대한 국내 실질환율은 $\epsilon=\frac{e\times P_f}{P}$로, $\epsilon=\frac{2{,}600\times 2}{4{,}000}$이기에 1.3이다.

## 13 미시 기대효용이론 답 ①

불확실성이 내포된 자산보다 동일 액수의 확실한 자산을 더 선호하는 사람을 위험기피자라 하고, 불확실성이 내포된 자산을 동일 액수의 확실한 자산보다 더 선호하는 사람을 위험선호자라 한다.

- 위험선호자는 불리한 복권일 경우에만 의사가 불분명, 그 밖에는 모두 구매
- 위험기피자는 유리한 복권이라 할지라도 살지에 대한 의사가 불분명
- 위험기피자는 불리한 보험일 경우에만 의사가 불분명, 그 밖에는 모두 구매
- 위험선호자는 유리한 보험이라 할지라도 살지에 대한 의사가 불분명

**정답**

- 어떤 위험기피자가 $w_0$의 재산을 가지고 있으며, 화재발생확률이 $p$이고, 화재 시 손실액이 $l$원이라 가정하면, 기대손실액인 $pl$이 공정한 보험료이다. 발문에서 화재발생확률이 0.3이고, 화재 시 손실액이 10억 원이기에, 공정한 보험료는 3억으로, 이 보험은 공정한 보험이다.
- 이 보험은 공정한 보험이기에 위험기피적인 소비자는 보험에 가입한다. 따라서 보험 가입의 효용이 보험에 가입하지 않을 경우의 기대효용보다 크다.

## 14 미시 수요·공급이론의 응용 답 ④

공급자 보호를 위해 균형가격보다 높게 설정하는 최저가격제하, 초과공급으로 인한 암시장이 발생할 수 있다. 최저가격제로 거래량이 줄고 사회적 잉여도 감소한다.

**정답**

① 정책 실시 전 수요곡선과 공급곡선을 일치시키면 $10-P=-2+P$로, $12=2P$이기에 균형가격은 6, 균형거래량은 4이다. 기업의 매출액은 가격과 거래량을 곱해 구할 수 있기에 24이다.

② $P=8$인 가격하한제를 실시하면 수요량이 2이기에, 거래량이 2에서 결정된다. 따라서 가격하한제하에서 기업의 매출액은 16이다. 따라서 기업의 매출액은 24에서 16으로 감소하는 것이다.

③ 소비자에게 $X$재에 대한 보조금을 지급하면 수요가 증가하기에, 가격과 거래량이 증가하여 기업의 매출액은 증가한다.

④ 가격하한제 정책은 기업의 매출액을 감소시키는 반면, 보조금 지급 정책은 기업의 매출액을 증가시키기에 각 정책은 기업의 매출액에 미치는 효과가 상이하다.

## 15 미시 효용함수 답 ①

$U=AX^{\alpha}Y^{\beta}$의 형태를 갖는 $C-D$함수에서 소비자의 효용을 극대화하는 $X$재의 양은 $X=\frac{\alpha}{\alpha+\beta}\times\frac{M}{P_X}$, $Y$재의 양은 $Y=\frac{\beta}{\alpha+\beta}\times\frac{M}{P_Y}$로 구할 수 있다.

**정답**

- $U=AX^{\alpha}Y^{\beta}$의 형태를 갖는 $C-D$함수에서 소비자의 효용을 극대화하는 $X$재의 양은 $X=\frac{\alpha}{\alpha+\beta}\times\frac{M}{P_X}$, $Y$재의 양은 $Y=\frac{\beta}{\alpha+\beta}\times\frac{M}{P_Y}$로 구할 수 있다.
- 위 공식에 발문에서 주어진 수를 대입하면 $X=\frac{2}{3}\times\frac{90}{10}=6$이고, $Y=\frac{1}{3}\times\frac{90}{5}=6$로, $X$재와 $Y$재의 소비량의 합은 $12(=6+6)$이다.

## 16 미시 수요와 공급의 탄력성 답 ③

우하향의 수요직선에서 중점은 단위 탄력적이고, 중점 위는 탄력적이며, 중점 아래는 비탄력적으로 모든 점의 수요의 가격탄력도가 다르다.

**정답**

$X$재의 가격이 50이면 수요의 가격탄력성은 완전탄력적이고, $X$재의 가격이 0이 되면 수요의 가격탄력성은 완전비탄력적이다.

**오답피하기**

① $P_X = 10$이면 $(P, Q) = (10, 160)$이고, 한 점의 가격탄력성은 $-(\frac{\triangle Q}{\triangle P} \times \frac{P}{Q})$로 구할 수 있기에, $-4 \times \frac{10}{160} = -0.25$로 수요의 가격탄력성 절댓값은 0.25이다.

② 주어진 수요곡선은 우하향하는 직선 형태로, 중점은 $M(Q=100, P=25)$로 $X$재의 가격이 10이면 중점 하방에 위치하기에 비탄력적 구간이다. 따라서 이때 가격을 인상하면 $X$재에 대한 소비자 지출은 늘어나고(1,600에서 1,716) 수요량이 소량 감소한다.

④ 재화의 가격이 높아질수록 수요의 가격탄력성은 커진다.

## 17 미시 가변생산요소시장 답 ②

생산요소시장에서 수요독점의 경우, 최저임금제가 실시되면 고용량이 불변이거나 증가할 수 있고, 최저임금이 $MRP_L$곡선과 $MFP_L$곡선이 교차하는 점보다 높은 수준에서 결정되면 고용량이 감소한다.

**정답**

정부가 최저임금을 50으로 설정하면, $50 = 100 - 2L$로, $L = 25$이기에 기존 고용량 20보다 고용량이 더 늘어난다.

## 18 미시 사회후생이론 답 ①

사회후생이 가장 가난한 계층의 후생에 의해 결정된다는 것이 롤스(최소극대화) 사회후생함수이다. 즉, $W = \min[U^A, U^B]$이다. 롤스 사회후생함수 $W = \min[U^A, U^B]$의 사회무차별곡선은 $L$자 형태로 도출된다.

**정답**

효용함수가 $U(x, y) = \min(x, y)$인 경우, 가격소비곡선과 소득소비곡선은 모두 원점에서 나오는 우상향의 직선이다.

## 19 미시 완전경쟁시장 답 ①

완전경쟁시장에서는 총수입에서 총비용을 차감한 값인 이윤은 $MR = MC$, 그리고 $MR$기울기$<MC$기울기일 때 극대화된다.

**정답**

- 완전경쟁시장의 기업은 $P = MC$에서 이윤을 극대화한다.
- 주어진 수요곡선과 공급곡선을 일치시키면 $75 - 3Q = 25 + 2Q$로, $50 = 5Q$이기에 $Q = 10$이고, $P = 45$이다.
- 장기 비용함수가 주어져 있기에, 이를 미분하면, $\frac{\triangle C(Q)}{\triangle Q} = 10Q + 25$이다.
- 따라서 $P = MC$를 일치시키면, $10Q + 25 = 45$이고, $10Q = 20$이기에 $Q = 2$이다. 즉, 이윤극대화 생산량은 2이다.

## 20 미시 수요와 공급의 탄력성 답 ③

수요의 가격탄력성은 가격의 변화율(%)에 대한 수요량의 변화율(%)로, 가격이 1% 변화할 때 수요량의 변화율로 나타낼 수 있다. 따라서 가격이 1% 변화할 때, 수요량의 변화율이 수요의 가격탄력성이다.

**정답**

여가가 정상재인데 임금상승으로 인한 대체효과가 소득효과보다 크면 근로자는 시간당 임금이 상승했을 때 여가를 줄이고 노동을 늘린다. 따라서 노동공급곡선은 우상향하고, 노동공급의 임금탄력성은 양의 값을 갖는다.

**오답피하기**

① 노동공급의 임금탄력성은 임금이 1% 변화할 때 노동공급이 몇 % 변화하는지를 측정하는 수치이다.

② 노동공급곡선이 후방굴절하는 구간에서는 소득효과가 대체효과를 압도하고, 임금이 오를수록 노동공급이 감소하기에 노동공급의 임금탄력성이 음의 값을 갖게 된다.

④ 여가가 정상재인데 임금상승으로 인한 소득효과가 대체효과보다 크면 근로자는 시간당 임금이 상승했을 때 여가를 늘리고 노동을 줄인다. 따라서 노동공급곡선은 우하향하고, 노동공급의 임금탄력성은 음의 값을 갖는다.

## 21 미시 소득분배이론 답 ③

최하위 40%의 소득점유율을 최상위 20%의 소득점유율로 나눈 값이 십분위분배율로, 0과 2사이의 값이고 그 값이 클수록 소득분배가 균등함을 의미한다.

**정답**

- 발문에서 주어진 상황의 로렌츠 곡선을 그리면 다음과 같다.

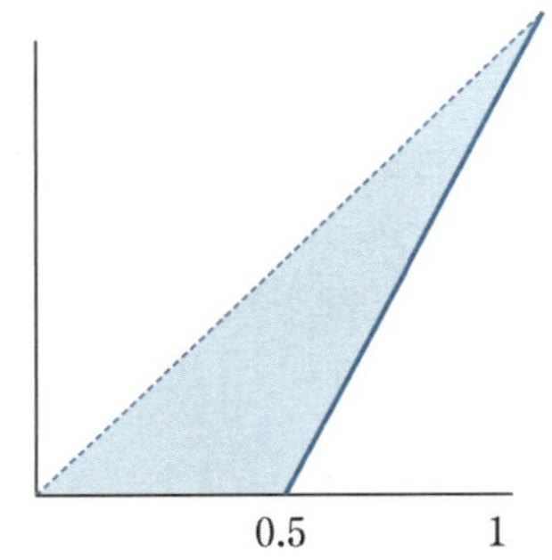


- 따라서 지니계수는 $\dfrac{1\times\frac{1}{2}\times\frac{1}{2}}{1\times1\times\frac{1}{2}}$로, 0.5이다.
- 10분위분배율은 $\dfrac{\text{최하위 40\% 소득점유율}}{\text{최상위 20\% 소득점유율}}$의 값인데, 현재 최하위 50%은 소득이 전혀 없는 상황이기에, 최하위 40% 소득점유율이 0%이다. 따라서 10분위분배율은 0이다.

## 22 미시 수요와 공급의 탄력성 답 ④

'우하향의 수요직선에서 탄력적 구간은 가격이 하락, 비탄력적 구간은 가격이 상승하면 판매수입이 증가하며, 중점에서 판매수입이 극대화된다.

**정답**

$\dfrac{\text{수요량 변화율}}{\text{가격 변화율}}$=수요의 가격탄력성이기에, $\epsilon_d=3$이다.

ㄴ. $X$재의 공급이 감소하면 가격이 증가하는데, 재화가 탄력적인 상황에서 가격이 인상되면 소비자의 총지출이 감소한다.

ㄷ. $X$의 공급이 증가하면 가격이 감소하는데, 재화가 탄력적인 상황에서 가격을 인하하면 소비자의 총지출이 증가한다.

**오답피하기**

ㄱ. 수요의 가격탄력성이 2이기에 $X$재는 수요의 가격탄력성이 탄력적이다.

## 23 미시 게임이론 답 ④

경기자가 우월전략을 선택했을 때의 보수가 열위전략을 선택했을 때의 보수보다 작아지는 현상을 죄수의 딜레마라 하고, 개인적 합리성이 집단적 합리성을 보장하지 못함을 시사한다.

**정답**

| 구분 | | 용의자2(재범) | |
|---|---|---|---|
| | | 부인 | 자백 |
| 용의자1 (초범) | 부인 | (★1, 1★) | (4, 3) |
| | 자백 | (2, 5) | (★2, 3★) |

일회성 게임에서는 죄수의 딜레마 때문에 파레토효율성이 보장되지 않는다.

**오답피하기**

① 담합이 유지될 수 있는 가능성을 보여준다.

② 내쉬균형이 '부인, 부인', '자백, 자백'으로 2개(다수 개) 존재한다.

③ 우월전략균형은 존재하지 않는다.

## 24 미시 완전경쟁시장 답 ④

완전경쟁기업은 $P=MC$인 점에서 생산을 하기에 $AVC$곡선의 최저점을 상회하는 $MC$곡선이 완전경쟁기업의 단기공급곡선이다.

**정답**

완전경쟁시장의 공급곡선은 평균가변비용곡선과 한계비용곡선이 만나는 점에서부터 우상향하는 한계비용곡선이다.

**오답피하기**

① 최소비용으로 효용을 극대화하는 반대관계의 단기총비용곡선과 단기총생산물곡선을 쌍대관계에 있다고 표현한다.

② 평균총비용곡선은 $U$자 모양을 가지고, 처음에는 생산량이 증가함에 따라 평균고정비용이 감소하나 나중에는 생산량 증가에 따라 평균가변비용이 증가한다.

③ 평균총비용곡선과 한계비용곡선이 만나는 점을 손익분기점이라 한다.

## 25 미시 일반균형이론 답 ③

소비 측면은 두 무차별곡선이 접하는 $MRS^A_{XY}=MRS^B_{XY}$, 생산 측면은 두 등량곡선이 접하는 $MRTS^X_{LK}=MRTS^Y_{LK}$, 경제전체 측면은 무차별곡선의 기울기와 생산가능곡선의 기울기가 일치하는 $MRS_{XY}=MRT_{XY}$에서 파레토효율성이 충족된다.

**정답**

등량곡선이 아닌 두 무차별곡선이 접하는 점에서 상품교환의 효율성이 달성된다.

**오답피하기**

① 에지워스상자는 실현가능한 배분점들을 나타낸다.

② 직각쌍곡선 형태를 띠는 두 무차별곡선이 접하는 모든 점은 파레토효율적이다.

④ 에지워스상자의 일반경쟁균형에서 소비자의 두 상품 간 한계대체율, 시장가격비율, 한계생산변화율이 모두 일치하여 파레토효율을 이룬다.

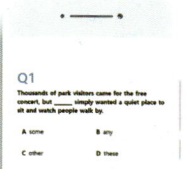